THE INTERNATIONAL COVENANT ON CIVIL AND POLITICAL RIGHTS:Cases, Materials, and Commentary (Third Edition) was originally published in English in 2013.This translation is published by arrangement with Oxford University Press. Social Sciences Academic Press(China) is solely responsible for this translation from the original work and Oxford University Press shall have no liability for any errors, omissions or inaccuracies or ambiguities in such translation or for any losses caused by reliance thereon.

本书英文原版由牛津大学出版社于 2013 年出版。社会科学文献出版社对本书全权负责，牛津大学出版社对翻译中的任何错误、遗漏、不准确或含糊不清的内容，或因此造成的任何损失不承担责任。

中国社会科学院国际法研究所
国际人权公约评注译丛

《公民及政治权利国际公约》
案例、资料和评注

THE INTERNATIONAL COVENANT ON CIVIL AND POLITICAL RIGHTS
Cases, Materials, and Commentary

萨拉·约瑟夫　　梅莉莎·卡斯坦 / 著
Sarah Joseph　　Melissa Castan

孙世彦 / 译

社会科学文献出版社
SOCIAL SCIENCES ACADEMIC PRESS (CHINA)

著者

萨拉·约瑟夫（Sarah Joseph）
澳大利亚布里斯班格里菲斯大学教授

梅莉莎·卡斯坦（Melissa Castan）
澳大利亚墨尔本莫纳什大学副教授

译者

孙世彦
中国社会科学院国际法研究所研究员
中国社会科学院人权研究中心副主任
中国社会科学院大学法学院教授

中国社会科学院国际法研究所
国际人权公约评注译丛编辑委员会

主　任：陈国平　　副主任：柳华文

主　编：孙世彦　　副主编：戴瑞君

编　委：郝鲁怡　蒋小红　李庆明　李西霞

　　　　刘敬东　刘小妹　曲相霏　沈　涓

　　　　孙南翔　张万洪　张　伟　钟瑞华

中译本序言

《公民及政治权利国际公约》已生效 45 年，目前有 173 个缔约国，只有 21 个联合国会员国不是《公约》的缔约国。中华人民共和国这一世界上人口最多的国家于 1998 年签署了《公约》，但迄今尚未批准（不过，《公约》适用于中国的香港特别行政区和澳门特别行政区）。

人权理事会对中国的报告进行的三轮普遍定期审议表明，一方面，国际社会十分关心中国何时批准《公约》；另一方面，中国也表示一直在稳妥推进行政和司法改革，为批准《公约》做准备。一旦中国批准《公约》——我们希望越早越好，不仅将体现中国对所有人权的真正承诺，而且将大大有助于《公约》的普遍接受和覆盖，并将有助于整个国际人权事业。

孙世彦教授承担了将我们的《〈公民及政治权利国际公约〉：案例、资料和评注》译成中文的艰巨任务，我们对此甚为激动，深表感激。我们希望，该书的中译本能对中国的学术界和决策者有所帮助，能使他们更好地了解国际公认的公民权利和政治权利，进而在一定程度上促进中国批准《公约》。

我们诚挚欢迎所有中国读者阅读本书并批评指正。

萨拉·约瑟夫（澳大利亚布里斯班格里菲斯大学教授）
梅莉莎·卡斯坦（澳大利亚墨尔本莫纳什大学副教授）
2021 年 7 月

序　言

为萨拉·约瑟夫和梅莉莎·卡斯坦研究《公民及政治权利国际公约》和人权事务委员会工作的专著的新一版作序，本人不胜荣幸。

《公民及政治权利国际公约》(《公约》)在我的生活中占有难以置信的重要分量。20世纪80年代末，我大部分时间都在游说我自己的国家爱尔兰批准《公约》。我们取得了成功，尽管当时的司法部部长解释说，由于国内一切顺利，批准的目的只是"激励他人"(*pour encourager les autres*)。不管怎样，重要的是批准了。20世纪90年代初的任务则是在人权事务委员会(委员会)审议爱尔兰的初次报告时，提交一份影子报告。这一努力在许多方面取得了惊人的成功。它不仅聚集了一批以前迥然不同的志愿团体，而且将人权注入公共政策辩论，并在爱尔兰外交部和民间社会之间建立了一种从此一直持续的对话。委员会审查爱尔兰的初次报告是在1993年，当时还没有非政府组织向委员会通报情况的安排。在这方面，可以有点不好意思地回忆起我们的一些伎俩，例如在旅店餐厅里，对正在吃早餐的某些倒霉的委员慷慨激昂、喋喋不休。不过，这一切都是有益的，因为委员会对爱尔兰的结论性意见对保护人权促成了显著的变化，例如提请国际社会注意被监禁妇女的状况。

接下来的15年左右，我为联合国工作，主要是在受冲突影响国家的实地派驻工作。在这方面，《公约》也发挥了重要作用。我记得1994年在萨拉热窝(当时该市仍然处于围困)大学的法律教授们给我留下的深刻印象，即不管情况如何混乱，关于人权的教学和辩论必须继续进行，因为《公约》和其他人权条约必须为冲突后解决办法确定伦理和价值观。这些学者为确保

《公民及政治权利国际公约》：案例、资料和评注

《代顿和平协定》突出地提到《公约》发挥了不小的作用。几年后，在塞拉利昂，我们向叛军领导人提交了一份备忘录，说明他们犯下的暴行如何与国际标准不符。我们在很大程度上是参照《公约》来制作这一说明的。几年后，我在塞拉利昂特别法庭根据该文件为检方作证。我还记得《公约》是如何拯救生命的。1998 年，一些军官在弗里敦被判处死刑，辩护律师根据《任择议定书》向人权事务委员会提出了申诉。委员会发布了一项临时措施，要求暂停执行死刑。虽然利比里亚政府在很大程度上无视了这一要求，但确实将一小部分士兵的死刑减刑。一位政府高级官员告诉我，减刑的部分原因是委员会的干预。

在我为联合国工作期间，人权事务委员会的认定在多大程度上为联合国秘书长和人权事务高级专员的国别访问确定了讨论要点，给我留下了深刻印象。例如，中国批准《公约》一直是历任高级专员的目标。尽管这一目标尚未实现，但有关《公约》的辩论一直构成中国参加的若干人权对话之一。

我于 2004 年当选为人权事务委员会委员，并一直担任委员至 2012 年。虽然我现在评价这段时期还为时过早，但我确实认为，这使我有幸与我所遇到的一些最富才华、最有热情的人权捍卫者合作（在委员会及其不堪重负但杰出优秀的秘书处）。他们也非常富有成效，在我参加的 36 届会议中，每一次都取得了法律上的进展（jurisprudential advances）和程序上的改善。

新的第 32、33 和 34 号一般性意见最能说明法律上的进展。第 32 号一般性意见使得就第 14 条发展起来的相对广泛的案例法变得连贯一致，也扎牢了在紧急状态等情况下的权利保护。我荣幸地担任了关于《公约》第 19 条的第 34 号一般性意见的报告员。将由其他人评判我们面对当代威胁和挑战，是否成功地加强了见解和表达自由的权利。然而，鼓舞委员会的是，民间社会和学术界很早就接受了这一意见，许多国家也采取了支持的立场。

最近根据《任择议定书》通过的许多意见也反映了委员会对《公约》解释的深思熟虑。例如，在一系列针对韩国的案件中，委员会改变了立场，认为宗教或信仰自由（第 18 条）包括基于信念拒服兵役（尽管我仍属于坚持少数意见的委员，即将此类案件归入表示宗教或信仰的框架即第 18 条第 3 款，而不是归入像多数委员所赞成的第 18 条第 1 款）。另一个实践法理发展

涉及基于性倾向或性别认同的侵犯人权行为。值得欢迎的是，委员会现在从容应对这类案件，并愿意在不歧视和隐私的有限范畴之外审议这些案件。

在我担任委员会委员八年期间经历的许多程序发展中，我只想提到两个。迄今为止，影响最深远的发展，是允许那些希望对委员会的一系列问题提出书面答复的国家以这些答复取代定期报告。这一选项将对委员会的工作和饱受困扰的政府官员产生深远影响。这还可能被推广到其他条约机构（禁止酷刑委员会已经在实行）。当然，很别扭地称作"LOIPR"*的程序还有待检验，它可能会削弱委员会对特定国家情况的关涉程度，尽管它确实代表了一种更好地关注与各国对话的富有想象力的尝试。近年来在程序上的另一个显著进展，是汇纂和加强与非政府组织和国家人权机构接洽的安排，因此早餐时间的伏击就不再必要了。"讯佳普"（Skype）和其他通信创新的使用也正在彻底改变参与的机会。

显然，有一些方法可以改进人权事务委员会的工作，还必须认识到它在已经被称为"条约机构制度"——由十项条约的监督机构组成——中的位置。关于这一制度所面临的挑战及其在多大程度上可以被定性为处于危机之中，已经有很多著述。正是这场危机促使我发起了被称为"都柏林进程"的关于加强联合国人权条约机构制度的进程。在2009~2012年，我们在诊断该制度的核心问题和提出改革建议方面取得了很大成就。联合国人权事务高级专员采纳了几乎所有这些建议，并将其提交各国和其他方面审议。目前，联合国大会的非正式会议正在辩论这些问题。当前，还无法预测这一进程将走向何方，但人权事务委员会和其他条约机构显然正处于其历史上的关键时刻。同样清楚的是，这一制度的问题在很大程度上与联合国会员国长期投入资源不足有关。

通过这种相当放飞自我的游历，我试图观察《公约》对促进和保护人权的重要性，人权事务委员会不断演变的作用以及风险与机遇的当代背景。这

---

* 人权事务委员会在2009年第九十七届会议上决定，在缔约国需要提交定期报告之前，委员会将准备和通过一份"报告前问题清单"（list of issues prior to reporting-LOIPR）并将其转发给缔约国，而缔约国对这一清单的书面答复就成为《公约》第40条所指的报告本身，缔约国不必再提交另外的报告。

些情况就是莎拉·约瑟夫和梅莉莎·卡斯坦所著《〈公民及政治权利国际公约〉：案例、资料和评注》第三版的背景。

多年来，我们受益于他们关于《公约》的著述。这本书的前两版一直起到权威参考著作的作用，约瑟夫教授在《人权法评论》（*Human Rights Law Review*）上发表的对人权事务委员会案件的定期评论一向颇有见地。她们不止一次促使我重新考虑我在委员会中的立场。本书的不同凡响之处在于其处理方式，即成功地平衡了严格的法律推理和对复杂的制度和文化背景的理解——委员会正是在这样的背景中解释《公约》的。

所有这些品质都在全面总结了委员会实践的本书新版中得到了体现。所用的思路总是新颖的、原创性的。例如，我特别欢迎的方式，是摘引最近的一般性意见并给予这些意见其意在具有的对于解释《公约》的极大重要性。鉴于对《公约》法律和委员会工作的定期更新的评注极为缺乏，本书更加值得欢迎。

莎拉·约瑟夫教授和梅莉莎·卡斯坦的本书新版，贡献至伟。

迈克尔·奥弗莱厄蒂（Michael O'Flaherty）
爱尔兰人权中心主任、人权教授
北爱尔兰人权委员会首席专员
人权事务委员会委员（2004年至2013年）

前　言

我们这本关于《公民及政治权利国际公约》的著述的第二版出版了才仅仅十年。第三版的写作和校勘工作使我们认识到：十年太短，只争朝夕！然而，同样很明显，人权事务委员会的案例法已经发展和成熟了许多，处理了诸如基于信念拒服兵役、捕鱼权分配、土著民族与自由和事先知情的同意、域外义务和特别移送等复杂问题。

鉴于获得救济权在过去十年中的重大演变，新版包括了新的一章专论这项权利。新版还大大扩展了现有的大多数章节，例如关于表达自由的第18章，现在纳入了第34号一般性意见。我们决定删除许多有关联合国其他人权条约的材料，因为这些材料增长太多，会排挤确实根据《公民及政治权利国际公约》形成的实践法理，并成为一本完全不同的书。这些材料仍被简要提及：禁止酷刑委员会的案例法仍然是关于酷刑、不人道和侮辱性待遇的一章的关键部分，消除种族歧视委员会关于仇恨言论的一些案例也被使用。由于篇幅有限，我们省略了前两版的附录资料，包括《公约》和《任择议定书》约文、一般性意见清单、案件清单、人权事务委员会委员名单和缔约国名单。值得庆幸的是，现在通过互联网获得所有这些资料都轻而易举，我们特别建议读者访问"公民权利和政治权利中心（CCPR Centre，〈http：//www.ccprcentre.org〉）的资源，以做进一步的研究。当然，我们还必须感谢联合国人权事务高级专员办事处向我们提供了大量的人权资料。

读者会注意到，我们保留了本书前两版中采用的引注体系，该体系仿照的是曼弗雷德·诺瓦克教授在其开创性的《〈公民及政治权利国际公约〉评注》中使用的体系。本版包括截至2012年6月裁决的案件。

《公民及政治权利国际公约》：案例、资料和评注

莎拉·约瑟夫主要负责第三版的更新。如果没有莫纳什大学法学院卡斯坦人权法研究中心的平行工作——为牛津大学出版社的系列出版物《牛津国际法报告》审查整理最近的联合国人权案件，本版不可能完成。许多人在这个项目中发挥了巨大的作用，特别是埃里卡·康蒂尼（Erica Contini）、亚历克斯·庞格（Alex Pung）、莎拉·奥斯汀（Sarah Austin）、安德烈·道（Andre Dao）、拉吉卡·沙阿（Rajika Shah）、克里斯·格莱德希尔（Kris Gledhill）、亚历山大·费兰（Alexander Phelan），以及过去六年里卡斯坦中心的许多实习生。在牛津大学出版社，我们还必须感谢弗朗西斯卡·吉布森（Francesca Gibson）、艾米·理查兹（Amy Richards）和詹妮·汤森（Jenny Townshend）对我们的《牛津国际法报告》工作的帮助和耐心，我们当然还要感谢我们的责任编辑约翰·洛斯（John Louth）。

关于处理这一版本的实际手稿的工作，必须感谢亚当·弗莱彻（Adam Fletcher）敏锐的眼睛和不懈的研究工作，并再次感谢牛津大学出版社的梅勒尔·奥尔斯坦（Merel Alstein）和我们的版权编辑巴拉斯·拉贾斯卡兰（Barath Rajasekaran）。我们也鸣谢与我们合著前两版的珍妮·舒尔茨（Jenny Schultz）打下的基础。我们还必须感谢莫纳什大学法学院院长布莱恩·霍里根（Bryan Horrigan）和前任院长阿里·弗赖贝格（Arie Freiberg），感谢他们支持我们在莫纳什大学的工作。我们还感谢优秀的法律图书馆工作人员，以及我们在卡斯坦人权法研究中心的出色同事和朋友。莎拉·约瑟夫还必须感谢阿姆斯特丹自由大学法学院的工作人员，特别是院长埃利斯·范·斯莱德雷格特（Elies van Sliedregt），感谢他们在最后编辑阶段的盛情款待。

澳大利亚人权委员会前委员伊丽莎白·伊瓦特（Elizabeth Evatt）阁下和荣休教授伊万·希勒（Ivan Shearer）给予本书极大的支持和鼓励。卡斯坦人权法研究中心赞助人、前高等法院大法官迈克尔·柯比（Michael Kirby）一直是这项工作的热情支持者，我们希望他欣见我们最终更新的本书。我们还非常感谢刚刚结束其在委员会任期的迈克尔·奥弗莱厄蒂教授为本书作序，包括他对我们著述的溢美之词。当然，我们必须再次感谢我们的家人，感谢他们对这项事业的无限耐心。

我们要特别感谢两个特殊的人在我们各自的生活中所扮演的重要角

色——彼得·拉波尔特（Peter Rappolt，1933~2011）和罗恩·卡斯坦（Ron Castan，1939~1999）。他们离开我们的生活令人悲痛，我们希望这本书中的工作反映了一些他们对我们的持久影响。

莎拉·约瑟夫　梅莉莎·卡斯坦

2013年3月

格式和引用说明/译者说明

本说明结合了原书中的说明和译者的说明，译者说明使用楷体字。

由于这本书中摘引了大量原始资料，因此有必要解释所使用的格式和引用。

正文中的段落号：本书每章中的段落按序号排列，如［1.01］。然而，并非所有段落都有其单独编号。实际上，每个序号都有关某一相对独立的主题，而不是一个自然段。使用段落序号便利于相互参照。正文或脚注中出现的［1.01］或第［1.01］段即指第一章中的第［1.01］段。

"提交人"：在摘引的案件中，申诉人（提起案件的人）通常被称为"author/作者"，这与人权事务委员会本身的用语一致。中译本中，将"author"译为"提交人"，"作者"将指本书的原作者。

摘引根据《任择议定书》提交的来文：摘引根据《任择议定书》提交的来文的体系心怀敬意地借鉴自曼弗雷德·诺瓦克1993年的《〈公民及政治权利国际公约〉评注》中使用的体系。所引来文的例证如下：*Lovelace v Canada* (27/77)。前一个数字是来文编号，是根据联合国人权秘书处收到来文的时间给予案件的。"*Lovelace*"是第27件登记的来文。后一个数字是指来文提交的年份即1977年，而非作出决定的年份（这一时间往往在提交来文几年之后）。*在中译本中，该案将显示为拉夫雷斯诉加拿大案*（*Lovelace v Canada*，27/1977）。*中译本将标全提交来文的年份，如1977而非77，2003而非03。*根据《任择议定书》提交的个人来文中，大多数的提交人就是据称的受害者。但是，也有提交人并非受害者本人而是例如其家人的情况。对于这样的来文，有不同标识方式，大多采用"受害者诉某国"的方式，但本书对有些案件，采用的是"提交人诉某国"的方式，如第［9.70］段所引谢德科诉白俄罗斯案（*Schedko v Belarus*，886/1999）——该案中的据称受害者是邦达连科（Bondarenko），提交来文的谢德科只是邦达连科的母亲（尽管她也声称并被委员会认定是连带受害者）。因此，该案与其他文献中被标为邦达连科诉白俄罗斯案（*Bandarenko v Belarus*）的来文实为同一案件。提交人一般仅标出其姓氏。但有时，对于东亚人提交的来文，也许由于人权事务委员会不熟悉其姓前名后的习惯顺序，会出现来文标题中仅以其名字标注提交人的情况，如 *Kuok Koi v Portugal*（925/2000），中译本将根据委员会意见全文补上其全名，如尹国驹诉葡萄牙；大部分东亚人的姓名为音译。

一般性意见：正文经常提到"一般性意见"。一般性意见是对《公民及政治权利国际公约》中权利的详细解释，尽管有时可能涉及其他问题，例如保留或退约问题。在摘引中，有时一般性意见会用两个数字表示：例如"第20（44）号一般性意见"，括号内的数字是指通过该一般性意见的人权事务委员会届会。这是引用一般性意见的另一种方式，但我们选择仅按一般性意见的序号引用。本书第三版没有像前两版那样在附录中列出当时已经发布的一般性意见的列表。中译本在附录中列出了委员会截至2013年即本书出版时通过的一般性意见的标题和文件号。

结论性意见：正文还经常提到对各国的结论性意见。这些是人权事务委员会发表的、涉及各缔约国的情况是否符合《公民及政治权利国际公约》的评论。摘引这些结论性意见是因为它们具有判例价值（jurisprudential value），即有助于确定《公约》各项权利的含义。本书摘引这些结论性意见并不是为了提请特别注意有关国家的人权记录。

提及委员会成员：人权事务委员会是一个准司法机构，因此不称其成员为"某法官"。实际上，人权事务委员会委员通常被称为 X 先生、Y 女士或 Z 夫人。也有一些例外，如科尔维尔勋爵（Lord Colville）或奈杰尔·罗德利爵士（Sir Nigel Rodley）。本书中提到的人名，如无特别说明，以及/或者特别是出现在审议个人来文的语境中（如提出异议意见），均指委员会委员。本书第三版没有像前两版那样在附录中列出曾经或当时任职的委员的名单，但中译本在附录中列出了本书提到的委员的姓名原文、译名和国籍。

摘引中的段落编号：在大多数摘引文本中，出现的编号是指所摘引资料本身的段落编号。例如，人权事务委员会的所有决定（即多数委员的决定）都自带段落编号。少数委员的意见，既可能有也可能没有段落编号。

摘要资料中的脚注：对于所摘引的原始资料自带的脚注，一般都予以省略。

其他人权条约机构的意见和建议：原书引用了其他人权条约机构如禁止酷刑委员会、消除种族歧视委员会和消除对妇女歧视委员会的意见。应注意，这些引文中的"《公约》"和"委员会"系指所涉各该公约及其所设委员会，而非《公民及政治权利国际公约》和人权事务委员会。

《公民及政治权利国际公约》中文本：

《公约》通过时之标题为《公民及政治权利国际盟约》。2001 年，中国政府向联合国提出，以"公约"取代该文书之标题和约文中的"盟约"（Depositary Notification C. N. 782. 2001. TREATIES-6，5 October 2001）；对此无任何国家提出反对，这一更正于 2002 年 1 月 3 日生效（Depositary Notification, C. N. 8. 2002. TREATIES-1，3 January 2002）。在本书中译本中，一律使用"公约"，而不论 2002 年 1 月 3 日之前用词如何。

在联合国和中国的出版物中，还广泛通行一份题为《公民权利和政治权利国际公约/盟约》的中文本，该文本并非《公约》的具有法律效力的中文本，而且其约文与《公约》作准中文本有一定差异。* 鉴于《公约》的各语文作准文本才是具有法律效力的文本，而且目前联合国官方网站和中国外交部的条约数据库提供的都是《公约》的作准中文本，** 本书中译本采用《公

---

* 关于《公约》有两份中文本的问题，参见孙世彦：《有关 *International Covenant on Civil and Political Rights* 中文本的若干问题》，载徐显明主编《人权研究》（第 4 卷），山东人民出版社，2004；《〈公民及政治权利国际公约〉的两份中文本：问题、比较和出路》，《环球法律评论》2007 年第 6 期；《国际人权公约中文本问题之再探讨：兼与司马晋、黄旭东商榷》，《台湾人权学刊》2016 年第 4 期；Sun Shiyan, "International Covenant on Civil and Political Rights: One Covenant, Two Chinese Texts?", (2006) 75 *Nordic Journal of International Law* 187; "The Problems of the Chinese Texts of the International Human Rights Covenants: A Revisit", (2016) 15 *Chinese Journal of International Law* 773。

** 联合国人权事务高级专员办事处：《公民及政治权利国际盟约》，https://www.ohchr.org/CH/ProfessionalInterest/Pages/CCPR.aspx；联合国公约与宣言检索系统：《公民及政治权利国际公约》，https://www.un.org/zh/documents/treaty/files/A-RES-2200-XXI-2.shtml；中华人民共和国—条约数据库：《公民及政治权利国际公约》，http://treaty.mfa.gov.cn/Treaty/web/detail1.jsp?objid=1531876071756。

约》的作准中文本。不过，由于《公约》通行中文本长久且广泛流传，极大地影响和塑造了联合国和中国有关《公约》及其内容的语汇和表述，因此本书中译本在必要之处，也会使用《公约》通行中文本的若干语汇和表述。

其他文书的中文本：

本书所涉国际公约，凡有作准中文本者，中译本皆用各该作准中文本之标题和约文。

本书中所涉联合国大会文件（如联合国大会决议）之行文，中译本皆用联合国发布之中文本；其他国际文件，包括可能有中文本者（如人权事务委员会的一般性意见和结论性意见），则由译者参考可能存在的中文本从英文本翻译而成。脚注中，凡标题译为中文且有文号的联合国文件，皆可在"联合国正式文件系统"（https://documents.un.org/prod/ods.nsf/home.xsp）中，据其文号找到中文本。凡译者未发现有中文本的，其标题则保留英文原样。

编排和内容改动：

原书按国际惯例，在目录之后、正文之前有案件列表、文书列表、人权条约机构的意见和建议列表，中译本予以删除。中译本将原书目录之后、正文之前的缩略语列表挪至附录中。

原书中有一些笔误和脱漏，经与作者核对，中译本对其作了更正或补充。多数更正或补充之处，在脚注中以＊号或"译者注"的方式标明；少数更正之处如更正年份或文件号错误，不赘说明。其他译者认为有必要说明之处，亦在脚注中以＊号或"译者注"的方式标明。

原书中有少数地方提到中国香港和中国澳门，对其表述和若干观点需予说明。第一，原书第四章在"殖民地"的标题之下讨论涉及澳门居民的案例是错误的。澳门在中国恢复对其行使主权之前，属于被葡萄牙非法占据的中国领土，从来不是葡萄牙的殖民地。该节的标题无法改变，但译者对于此节以及第二十六章第49段原文中有关澳门是葡萄牙殖民地的内容，均改为符合中国立场的表述。第二，原书第二十六章第47段称中国继承了英国和葡萄牙就香港和澳门所承担的《公约》义务，第49段称中国就澳门继承了《公民及政治权利国际公约任择议定书》，只是原书作者的认识，在国际法上并不正确。关于《公约》在中国对香港和澳门恢复行使主权以后，对该两地继续适用的法律分析，参见孙世彦的《国际人权公约的持续效力》，载朱晓青主编《变化中的国际法：热点与前言》，中国社会科学出版社2012年版，第66~77页。第三，英国于1976年批准《公约》之时，声明其适用于香港；葡萄牙于1978年批准《公约》后，于1992年将其适用延及澳门。因此，在香港和澳门回归中国以前，有关《公约》在该两地实施情况的报告是由英国和葡萄牙提交的，人权事务委员会对其作出的结论性意见均以"英国（香港）"和"葡萄牙（澳门）"为标题——例如见CCPR/C/79/Add.57 (1995)，有关香港，和CCPR/C/79/Add.77 (1997)，有关澳门；由于联合国文件的标题如此，中译文不作改动，但读者需认识到这些标题的特定历史背景。第四，鉴于上述几点，对原文中有关香港和澳门的一些表述，中译文有所调整，不再一一说明。

原书中有少部分内容或表述，在中译本中作出删改。

中译本由中国社会科学院创新工程学术出版资助项目资助。

目 录

第一部分	导论	1
第一章	导论	3
第二部分	《公民及政治权利国际公约》规定的受理来文标准	71
第二章	"属时理由"规则	73
第三章	"受害者"的要求	91
第四章	领土和管辖限制	118
第五章	另一国际程序之审查	144
第六章	用尽国内救济	154
第三部分	公民权利和政治权利	191
第七章	自决权——第一条	193
第八章	生命权——第六条	209
第九章	免受酷刑的自由和获得人道待遇的权利——第七、十条	272
第十章	杂项权利——第八、十一、十六条	416
第十一章	免受无理拘禁的自由——第九条	429
第十二章	迁徙自由——第十二条	495
第十三章	针对驱逐的程序性权利——第十三条	528
第十四章	获得公正审判权——第十四条	543
第十五章	禁止追溯性的刑法——第十五条	659
第十六章	隐私权——第十七条	674

第十七章　思想、信念和宗教自由——第十八条 …………………… 711
　第十八章　表达自由——第十九、二十条 …………………………… 746
　第十九章　集会和结社自由——第二十一、二十二条 ……………… 815
　第二十章　保护家庭——第二十三条 ………………………………… 840
　第二十一章　保护儿童——第二十四条 ……………………………… 885
　第二十二章　政治参与权——第二十五条 …………………………… 919
　第二十三章　不受歧视权——第二条第一款、第三条
　　　　　　　和第二十六条 ………………………………………… 959
　第二十四章　少数者权利——第二十七条 …………………………… 1053
　第二十五章　获得救济权——第二条第三款 ………………………… 1098

第四部分　《公民及政治权利国际公约》义务的更改 ………………… 1119
　第二十六章　保留、退出、继承和克减 ……………………………… 1121

附　录 ……………………………………………………………………… 1169
　缩略语 …………………………………………………………………… 1171
　人权事务委员会一般性意见 …………………………………………… 1172
　人权事务委员会委员名单 ……………………………………………… 1175

索　引 ……………………………………………………………………… 1178

第一部分
导　论

第一章 导论

公民权利和政治权利——哲学背景 ········· [1.03]
    自然权利 ····················· [1.03]
    《世界人权宣言》 ················ [1.09]
    人权两公约 ···················· [1.10]

《公民及政治权利国际公约》 ············ [1.12]
    批准 ······················· [1.13]
    实质性权利 ···················· [1.14]

支持性保障 ······················· [1.15]

《公民及政治权利国际公约》与国内法 ········ [1.25]

人权事务委员会 ···················· [1.31]
    报告制度和结论性意见 ·············· [1.37]
    一般性意见 ···················· [1.43]
    国家间申诉 ···················· [1.45]
    根据《任择议定书》提出的个人来文 ······· [1.48]
        临时措施的要求 ················ [1.64]

《公民及政治权利国际公约》规范的解释和发展 ··· [1.68]
    概览 ······················· [1.69]
    先例的作用 ···················· [1.78]
    对《公民及政治权利国际公约》权利的限制 ··· [1.82]
    国际法中的《公民及政治权利国际公约》 ···· [1.87]
    积极义务 ····················· [1.100]

《公民及政治权利国际公约》：案例、资料和评注

    国家责任：纵向和横向义务 ·················· ［1.106］
    体系性的人权侵犯 ··························· ［1.116］
文化相对主义与公民权利和政治权利 ················ ［1.119］
    个人权利和集体权利 ························· ［1.120］
    权利和义务 ······························· ［1.121］
    公民权利和政治权利对于经济、社会和文化权利的优越地位 ··· ［1.122］
    经济相对主义 ······························ ［1.123］
    《公民及政治权利国际公约》与文化/经济相对主义 ······· ［1.125］
人权事务委员会——简短评价 ···················· ［1.138］
结语 ······································· ［1.144］

［1.01］《公民及政治权利国际公约》由联合国于 1966 年通过，并在获得所需批准数目后于 1976 年生效。它很可能是世界上最重要的人权条约，因为它具有普遍的覆盖面（不像例如 1951 年《欧洲人权公约》等区域性公约），包含大量的权利（不像例如 1984 年《禁止酷刑和其他残忍、不人道或有辱人格的待遇或处罚公约》等规定单一事项的条约），而且意在适用于所有的人（不像例如 1989 年《儿童权利公约》）。另外，根据《公民及政治权利国际公约》形成了丰富的判例*，这与其姊妹公约即《经济社会文化权利国际公约》不同。《公民及政治权利国际公约》还被纳入许多缔约国的国内法中。[1]

［1.02］《公约》旨在保护公民权利和政治权利，诸如生命权、免受无理拘禁的自由以及表达自由。《公约》由此在其第三编中包含了一系列的实

---

  * 原书用词为"jurisprudence"，该词在英文中有多个释义。在《公民及政治权利国际公约》的语境中，该词指人权事务委员会在履行其各项职能的实践中形成的各种判断和认定（参见第［1.69］段），有时也仅指委员会审议个人来文所形成的"案例法"（case-law）。中译本将"jurisprudence"译为"判例"，但不应将其理解为普通法所用的、有约束力意义上的"判例"（precedents）。

  1 例如，《公民及政治权利国际公约》已经被直接纳入诸如芬兰、荷兰、俄罗斯联邦以及韩国等许多缔约国的法律，也为若干地区和国家的权利法案提供了模板，如中国香港、新西兰、澳大利亚的维多利亚州和首都领地。

质性人权保障。《公约》第二编规定的是支持性保障，诸如缔约国为《公约》权利受侵犯的情况提供国内救济的必要义务。《公约》第四编规定了一套监督和监测制度，据此可以追踪缔约国实施《公约》的记录。很重要的一点是，第四编建立了人权事务委员会*，即《公约》的条约监督机构，并列出了委员会的某些职能。另外，根据《任择议定书》**——这是《公约》的一个附属条约，委员会能够审议个人提交的、声称他们的《公约》权利受到了《任择议定书》缔约国侵犯的来文。《公约》的《第二任择议定书》*** 则进一步规定了实质性的公民权利保障，即禁止适用死刑。

公民权利和政治权利——哲学背景

自然权利

[1.03] 公民权利和政治权利的概念实际上源自 17 世纪和 18 世纪的西方自由主义哲学。尤其是，洛克的《政府论》（下篇）认为，"自然状态"中的人生来就处于平等状态中，内在地具有"自然权利"，诸如生命权、自由权和财产权。² 类似的观点也启发了 18 世纪启蒙时代的法国哲学家，如卢梭、孟德斯鸠和伏尔泰，他们主张说，这样的权利源自人的固有理性和德行，并以此反对在中世纪占统治地位的"非理性的"科学和宗教信条。³

---

* 与《公约》英文本中的"Human Rights Committee"对应的，在中文本中为"人权事宜委员会"。鉴于目前联合国文件中文本一律使用"人权事务委员会"指代"Human Rights Committee"，中译本也使用这一名称。

** 该议定书还经常被称为《第一任择议定书》，尽管其正式标题中并无"第一"字样。

*** 该议定书的全称为《旨在废除死刑的〈公民权利和政治权利国际公约〉第二项任意议定书》。

2　J Locke, *The Second Treatise of Government*, reprinted in P Laslett (ed), *Locke, Two Treatises of Government* (2nd edn, Cambridge University Press, 1988), 265ff.

3　BH Weston, 'Human Rights' (1984) 3 *Human Rights Quarterly* 257 at 259. 这里有意使用了带有性别色彩的语言（即原文中的"man"，本义为"男人"，尽管此处译为"人"——译者注），因为看来 17、18 世纪的自然权利理论并不同等地适用于女人。See H Lauterpacht, *International Law and Human Rights* (Garland Publishing, 1973), 104–5.

[1.04] 在 18 世纪末,自然权利理论在西方政治思想中有极大影响,特别是在美国和法国的革命热潮中。例如,美国 1776 年《独立宣言》宣布,"人人生而平等,他们都从造物主那里被赋予了某些不可剥夺的权利,包括生命权、自由权和追求幸福的权利"。在 1789 年法国《人权与公民权宣言》中,也能看到"自然权利"的类似影响。

[1.05] 在经典的自然权利理论中,社会是由"社会契约"形成的一种人为但方便的构建,人在其中保留自己的自由,但要以这些自由不威胁或损害他人的自由为条件。在政府方面,它们要尊重这些业已存在的人的自然权利,只在必要时干预以落实社会契约。因此,早先的自然权利理论家提出了一种有限或"小"政府的哲学,强调的是免受政府干涉的自由,而非对于政府所提供之利益的权利。传统的公民权利和政治权利,即美国的《权利法案》和法国《人权与公民权宣言》的主题,主要有关按照一个人自己的意愿行动的自由。对公民权利和政治权利的享有并不被理解为要求国家的援助,因此公民权利和政治权利符合早期西方资本主义社会的自由放任性质。

[1.06] 早期的自然权利与生命、自由、财产有关,而无关经济或社会权利,如工作权或合理生活水准权。对后一类"权利"的享有被视为要求来自政府的积极干预,[4] 而一种恐惧是,这种干预可能允许政府假借加强权利之名,而施加压迫性的市场限制。因此,在 18 世纪和 19 世纪初的西方资本主义社会,对于经济关系适用的是一种自由放任的进路;经济关系和契约自由一般而言不受政府管控的限制。[5]

[1.07] 从 18 世纪晚期开始,自然权利理论受到了基于各种理由的攻击,比如这些理论的前提以个人私利为中心,而且可以说是反社会的(即实行社会契约是为了人的互相防范),[6] 或者这些理论是"无政府主义谬论",

---

[4] Weston, 'Human Rights', 264. 不过,如同下文所指出的,将公民权利和政治权利与经济、社会和文化权利等同于消极权利与积极权利是一种简单化的认识。

[5] Lauterpacht, *International Law and Human Rights*, 105.

[6] See eg Karl Marx, 'On the Jewish Question', reprinted in D McLellan (ed), *Marx: Selected Writings* (Oxford University Press, 1977), 51 – 7. (该文中译本见,马克思:《论犹太人问题》,《马克思恩格斯全集》第 3 卷,人民出版社 2002 年版,第 163~198 页。——译者注)

挑战社会之稳定[7]以及代议制议会之主权。[8] 严重侵犯人权之情况的存在——其形式如美国的奴隶制以及法国大革命之后的"恐怖统治",而不论它们对权利有怎样的宪法保障,使得边沁将自然权利称为"高跷上的胡话"[9]的著名定性有了可信度。

[1.08] 尽管有这些批评,自然权利理论仍持续存在并成熟起来,将其范围扩展到包括女性、奴隶和工人的权利。[10] 例如,工人权利的概念——这缓和了早期资本主义的过分性质——于19世纪开始在西方社会出现。[11] 实际上,现代西方自由主义从其过分自由放任的源头演变为以福利国家的"安全网"的形式容纳经济权利;[12] 而福利国家为了赋予最贫穷者经济权利,以税收的形式让不那么贫穷者付出经济代价。[13]

《世界人权宣言》

[1.09] 在第二次世界大战期间的暴行表明了完全无视人之权利将导致何种惨烈的结果之后,自然权利在1948年随着联合国通过《世界人权宣言》,变形为得到国际承认的"人权"原则。[14]《宣言》第1条使人联想起早期的西方权利法案,因为该条宣布"人皆生而自由,在权利及尊严上均各平等"。[15] 此外,在这一文件中占主导地位的,仍是其第2条至第21条规定的公民权利和政治权利标准。尽管确实能在西方世界以外的许多文明的哲学源

---

7 Jeremy Bentham, 'Anarchical Fallacies', reprinted in J Waldron (ed), *Nonsense Upon Stilts: Bentham, Burke and Marx on the Rights of Man* (Methuen, 1987) 46ff.

8 AV Dicey, *Introduction to the Study of the Law of the Constitution* (10th edn, Macmillan, 1964), 199ff.

9 Bentham, 'Anarchical Fallacies', 53.

10 Weston, 'Human Rights', 261.

11 Weston, 'Human Rights', 265.

12 H Steiner, P Alston, and R Goodman, *International Human Rights in Context* (3rd edn, Oxford University Press, 2008), 512-16.

13 D Kelley, *Life of One's Own: Individual Rights and the Welfare State* (Cato Institute, 1998), quoted in Steiner, Alston, and Goodman, *International Human Rights in Context*, 286-7.

14 See also M Ignatieff, *Human Rights as Politics and Idolatry* (Princeton University Press, 2001), 65-6.

15 J Morsink, 'The Philosophy of the Universal Declaration' (1984) 3 *Human Rights Quarterly* 309 at 310-11.

头中发现人的权利和尊严的观念,[16] 但同样真确的是,参与起草《宣言》的绝大多数国家的想法受到了自然权利理论的启迪。[17] 不过,《宣言》在第22条至第27条中还包括了若干经济、社会和文化权利,表明了从正统的自然权利概念的部分偏离。[18]

人权两公约

[1.10]《世界人权宣言》中的大部分权利都在国际人权两公约即《公民及政治权利国际公约》与《经济社会文化权利国际公约》中获得了条约表现形式。[19]《宣言》的自然权利语言再次体现在人权两公约的序言中:两者都宣布"人类一家,对于人人天赋尊严及其平等而且不可割让权利之确认",以及"此种权利源于天赋人格尊严"之主张。

[1.11] 作为联合国话语体系之一部分,公民权利和政治权利与经济、社会和文化权利总是被宣布为相互依存、不可分割。然而,某些政府严格遵奉正统的自然权利理论可能促成了将《世界人权宣言》中的权利分开规定在两项公约中的决定。尤其是,西方国家政府主张说,这两套权利根本不同,这种两分情况应该体现在两项不同的条约中。特别是存在这样的主张,即只有公民权利和政治权利是可诉的;[20] 只有"针对不当的国家干涉的自由〔公民和政治〕权利"才被认为"可在法院直接执行"。[21] 东方社会主义集团则声言反对将这些权利分列在两项条约中,因为这可能暗示在这两套权利之间

---

[16] See eg PG Lauren, *The Evolution of International Human Rights* (University of Pennsylvania Press, 1998), Ch 1.

[17] Morsink, 'The Philosophy of the Universal Declaration', 310–16.

[18] Morsink, 'The Philosophy of the Universal Declaration', 325–32, 讨论了在《世界人权宣言》中包括这些"新权利"的情况。有人主张,包括这些新的权利是与作为自然权利传统之后裔的现代自由理论相伴随行的,见, Steiner, Alston, and Goodman, *International Human Rights in Context*, 269–72。

[19] 一个突出的例外有关《世界人权宣言》第17条第1款规定的财产权,该权利将不符合在人权两公约起草之时,在东方社会主义集团占主导地位的社会主义理论。

[20] D McGoldrick, *The Human Rights Committee* (Oxford University Press, 1994), para 1.16.

[21] M Nowak, *UN Covenant on Civil and Political Rights: CCPR Commentary* (2nd edn, NP Engel, Kehl, 2005), xxii–xxiii. (该书中译本见,曼弗雷德·诺瓦克:《〈公民权利和政治权利国际公约〉评注》,孙世彦、毕小青译,三联书店2008年修订第二版。——译者注)

存在高低之分。[22] 西方的观点最终占了上风，导致创立了两项非常不同的公约。尽管人权两公约的序言都以华丽的语言宣称这两类权利相互依存、不可分割，但无疑《公民及政治权利国际公约》是两者中更强的那一个。《公民及政治权利国际公约》包含的是"经典"人权即公民权利和政治权利，这些权利根据第2条第1款对缔约国有即时约束力，而且根据《任择议定书》在国际层次上可诉。[23] 与此相反，《经济社会文化权利国际公约》中的权利则要根据国家的可用资源逐渐实施，而且到目前在国际层次上尚不可诉。联合国在2008年通过了一项《经济、社会和文化权利国际公约任择议定书》，个人将能够根据这一条约提出申诉。在得到10个国家批准之后，该议定书已经在2013年5月5日生效。很大程度上由于其规定的国家义务的标准模糊并缺乏解释，《经济社会文化权利国际公约》的保障与《公民及政治权利国际公约》中的当代"自然权利"相比，在规范上和判例发展上（jurisprudentially），都处于欠发达状态。

《公民及政治权利国际公约》

[1.12] 《公民及政治权利国际公约》是有关公民权利和政治权利的最全面、最牢固的联合国条约，产生了联合国在这一领域中的判例的大部分。因此，本书主要关注该公约以及由其产生的判例。其他联合国条约也产生了有关特定公民权利和政治权利的重要资料，本书有关章节中将提到其中一些。尤其是，1984年《禁止酷刑和其他残忍、不人道或有辱人格的待遇或处罚公约》（本书以下称《禁止酷刑公约》）产生了有关免受酷刑和不人道或有辱人格待遇或处罚之权利的重要资料。两项有关不歧视的条约，即1966年

---

[22] McGoldrick, *The Human Rights Committee*, para 1.25.
[23] 必须指出，在《公民及政治权利国际公约》中，出现了某些并非经典的权利，例如第1条规定的自决权、第23条和第24条规定的家庭和儿童受保护的权利，以及第27条中有关文化权利的规定。

《消除一切形式种族歧视国际公约》（本书以下称《消除种族歧视公约》）*和 1979 年《消除对妇女一切形式歧视公约》（本书以下称《消除对妇女歧视公约》）产生了有关免受歧视之权利的大量资料，本书也将简短地提到这两项公约。

批准

[1.13]《公民及政治权利国际公约》由联合国大会（联大）于 1966 年 12 月 16 日通过，并在得到 35 个国家批准后，于 1976 年 3 月 23 日生效。[24] 截至 2012 年 10 月，《公约》有 167 个缔约国，《第一任择议定书》有 114 个缔约国，《第二任择议定书》有 75 个缔约国。[25]《公约》和《第一任择议定书》的缔约国数目在冷战结束以后，当人权在联合国成为不那么政治化的科目时，有显著增长。例如，美国这样一个国际人权制度的颇为惹眼的长期缺席者，于 1992 年批准了《公约》。同年，《第一任择议定书》对俄罗斯联邦生效。

实质性权利

[1.14]《公民及政治权利国际公约》中的实质性保障规定在第三编中，尽管第 1 条反常地规定在第一编中。[26] 这些实质性权利是：

第 1 条：自决权

第 6 条：生命权

第 7 条：免受酷刑、残忍、不人道或侮辱之处遇或惩罚的自由

第 8 条：免受奴隶、奴役及强迫劳动的自由

第 9 条：人身自由和安全权

---

* 该公约于 1965 年 12 月 21 日由联合国大会通过，但因其 1966 年 3 月 7 日才开放供签署，所以有时也称 1966 年《消除种族歧视公约》。

[24] 根据《公约》第 49 条的规定。

[25] *United National Treaties Database*,〈http://untreaty.un.org〉(accessed October 2012). 某些国家以继承方式接受《公约》或其议定书规定的义务。见本书有关继承的部分：第［26.45］及以下各段。（截至 2023 年 3 月，《公约》有 173 个缔约国，《第一任择议定书》有 116 个缔约国，《第二任择议定书》有 90 个缔约国。——译者注）

[26] 这可能反映了其作为一种非个人权利的异常地位，参见第［7.24］段。

第 10 条：被拘禁者获得人道待遇的权利

第 11 条：免受因无力履行契约义务而被监禁的自由

第 12 条：迁徙自由

第 13 条：面临驱逐的外国人的正当程序权利

第 14 条：获得公正审判的权利

第 15 条：免受追溯性刑法适用的自由

第 16 条：在法律前被承认为人的权利

第 17 条：隐私权

第 18 条：思想、信念及宗教自由

第 19 条：意见和表达自由

第 20 条：免受战争宣传的自由与免受鼓吹种族、宗教或民族仇恨之煽动的自由

第 21 条：集会自由

第 22 条：结社自由

第 23 条：家庭受到保护的权利和结婚权利

第 24 条：儿童受到保护的权利

第 25 条：参与公共生活的权利

第 26 条：在法律上平等的权利和不受歧视的权利

第 27 条：少数者的权利

支持性保障

［1.15］《公约》第二编即第 2~5 条包含了支持性保障。

［1.16］**第 31 号一般性意见**

5. 第 2 条第 1 款中有关尊重并确保《公约》确认之权利的义务对于所有缔约国有立即适用的效果。第 2 条第 2 款提供了促进和保护《公约》所具体规定权利的根本框架。委员会因此曾经在其第 24 号一般性意见中指出，对于第 2 条的保留，根据《公约》之目的及宗旨考虑，与

《公约》不相符合。[27]

[1.17] 第2条第1款具有根本性；该款是一种"义务"规定，指令各国在国内层次上即时实施《公约》规定的实质性保障。尤其是，第2条第1款规定各国有义务"尊重并确保所有境内受其管辖之人，无分……等等，一律享受"《公约》规定的实质性权利。义务的这种即时性促进了一国根据《公约》所承担之义务的可诉性和界定。一国履行或未履行其义务一清二楚；第2条第1款看来不允许任何例外。如果将其与《经济社会文化权利国际公约》第2条第1款规定的逐渐义务相对比，这种即时义务的重要性就非常明显。根据《经济社会文化权利国际公约》第2条第1款，一国需要"尽其资源能力所及，……采取种种步骤，务期……逐渐……完全实现"该公约规定的权利。界定逐渐义务的内容并不容易，因为难以确定何时出现了违反这一义务的情况。"所及"（available）一词给国家留下了太多的"腾挪空间"。[28]《经济社会文化权利国际公约》所规定义务的逐渐性质肯定阻碍了该公约之规范的发展。

[1.18] 第2条第1款还界定了《公民及政治权利国际公约》的属人和属地适用范围；《公约》的受益者是"个人"，而且缔约国仅对"其境内受其管辖"的人和事件负责。[29]

[1.19] 最后，第2条第1款还包含了一项不歧视的重要保障。第3条通过特别保障男女在享有《公约》权利方面的平等，补充了这一不歧视的保障（因此也可以说是多余的）。第2条第1款和第3条对于第26条中禁止歧视的独立规定也构成了支持。[30]

[1.20] 第2条第2、3款是对第1款的补充，要求的是在国内保护《公约》所规定权利的特别措施。第2条第2款规定各国有义务"采取必要步

27　就保留问题，见本书第二十六章。

28　R Robertson, 'Measuring State Compliance with the Obligation to Devote the "Maximum Available Resources" to Realising Economic, Social and Cultural Rights' (1994) 16 Human Rights Quarterly 693, 694.

29　参见本书第四章。

30　就不歧视的保障，见本书第二十三章。

骤，制定必要之立法或其他措施，以实现"《公约》所规定的权利。因此，各国必须改变其法律以符合其《公约》义务。在最近的若干单独意见中，萨尔维奥利先生明确认定，造成违反《公约》情况的国内立法违反了第2条第2款。³¹ 在出现这种情况的任何时候，当然也就暗含着这种违反。³²

[1.21] 第2条第3款（子）项要求各缔约国向其《公约》权利受到侵犯的个人提供有效的国内救济。第2条第3款（丑）项明确规定这些救济应由主管政府当局裁定——最好是由司法当局裁定，而第2条第3款（寅）项指示此种救济必须得到执行。

[1.22] 第4条赋予缔约国"在公共紧急状态时期"克减其《公约》义务的权利。不过，这一克减权利受到第4条本身的规定的严格限制，因此对于防止其被国家滥用，存在内置保障。

[1.23] 第5条规定，《公约》不得被国家、团体或个人滥用，以至破坏其他人对《公约》权利之享有。例如，个人不得滥用其权利以促进提倡破坏他人之权利的法西斯政策。³³ 第5条第2款规定，《公约》不得被用作借口，降低其他国际条约或者国内法或习俗为公民权利和政治权利规定的保护水平。第5条第2款是一项"保留"（savings）规定，目的在于，对于提供了比《公约》所要求的更高水平的人权保护的任何法律，保持其不可侵犯性。³⁴

[1.24] 第2~5条规定的支持性保障无法被缔约国独立违反。例如，如果一个人不首先证明，他就《公约》第三部分所规定的某项实质性权利，能够提出有理由的、可论证的申诉，就不能声称其根据第2条第3款享有的获得救济的权利受到了侵害 [25.09]。

31　See eg *Weerawansa v Sri Lanka* (1406/2005). （"单独意见""个人意见""异议意见""附议意见"等，均指在人权事务委员会对个人来文的审议中，少数委员发表的有别于整个委员会即多数委员之意见的意见。——译者注）

32　另见拉拉赫先生的单独意见，*Adonis v Philippines* (1815/2008)。

33　*MA v Italy* (117/1981)，对该案的摘引，见第 [18.53] 段。

34　对于援用第5条第2款的例证，见拉拉赫先生在金德勒诉加拿大案中的异议意见：*Kindler v Canada* (470/1991)。

《公民及政治权利国际公约》与国内法

[1.25] 尽管《公约》在法律的国际层次上为各国施加了义务，但其中所含权利的实施主要是一种国内事项。[35] 实际上，第2条是对一般义务的规定，要求各缔约国在国内层次上保护《公约》权利。诸如人权事务委员会的监督机制等国际执行措施，意在成为保护《公约》权利的次要渊源。例如，个人在用尽国内救济之前，是不能利用个人申诉机制的。[36] 给予国内执行以优先地位表明了一种对国家主权的让步，以及对国内执行制度的更优越的效能、便捷和效率的承认。[37]

[1.26] 因此，各缔约国具有一种国际义务，即将《公约》的保障转化为个人能享有的国内权利。[38] 提供给《公约》权利的实际国内保护取决于有关缔约国的法律和政治制度。例如，只要《公约》规定的各种权利以某种方式得到保护，一国就无须通过一项纳入《公约》权利的宪法性的权利法案，或者即便是制定法性质的权利法案。[39] 不过，一项宪法性的权利法案可能是保护《公约》权利的最有效方式，而且人权事务委员会的确在无数结论性意见中建议，采取这样的宪法保护措施。

---

[35] See Nowak, *UN Covenant on Civil and Political Rights: CCPR Commentary*, 28.

[36] 参见本书第六章。

[37] See DL Donoho, 'Relativism versus Universalism in Human Rights: The Search for Meaningful Standards' (1991) 27 *Stanford Journal of International Law* 345, 372–3; See also D Harris, 'The International Covenant on Civil and Political Rights and the United Kingdom: An Introduction', in D Harris and S Joseph, *The International Covenant on Civil and Political Rights and United Kingdom Law* (Clarendon Press, 1995), 6.

[38] 对于这种国际法中的权利/义务与国内法中权利/义务的相互作用的全面分析，见，S Joseph, 'A Rights Analysis of the Covenant on Civil and Political Rights' (1999) 5 *Journal of International Legal Studies* 57。

[39] 但是见，*Faure v Australia* (1036/2001)，该案中，澳大利亚实施委员会之决定的唯一方式是通过一份宪法性的权利法案，以使人能够以人权为由质疑立法的有效性 [25.09]。（"权利法案"原文为"Bill of Rights"。在中文法律语言中，"法案"通常指提交立法机关审议的法律草案，但此处所说"权利法案"——系从美国法而来——指的是无论作为一国宪法之一部分还是单行法的、规定基本权利的法律本身，而非草案。——译者注）

[1.27] **第 31 号一般性意见**

13. 第2条第2款要求各缔约国采取必要步骤在其国内制度中落实《公约》所承认的权利。因此，除非这些权利已经获得其国内法律或者惯例的保护，否则各缔约国必须在批准《公约》时对其国内法律以及惯例作出必要修正，以确保符合《公约》。如果国内法与《公约》之间存在不一致之处，第2条要求必须修正国内法律或者惯例，以达到《公约》的实质性保障所施予的标准。第2条允许缔约国根据其国内宪法架构实现这一点，因此并没有要求将《公约》纳入其国内法，从而能够在法院直接适用。然而，委员会认为，在那些《公约》已经自动成为国内法律制度的一部分或者通过特别的纳入成为国内法律制度的一部分的国家中，《公约》的保障可能会获得更加有力的保护。委员会希望那些《公约》并未构成其国内法律制度之一部分的缔约国考虑纳入《公约》，使之转变为其国内法的一部分，以按照第2条的要求促进《公约》所承认之权利的全面实现。[40]

[1.28] **第 31 号一般性意见**

当然，一国不能在开脱其根据《公约》承担的责任时诉称，其本身的国内法禁止其履行《公约》规定的义务。

4.……通常在国际上（包括在本委员会之前）代表缔约国的行政部门不得指出不符合《公约》规定的行动是政府的另一部门采取的，以这种方式试图免除缔约国对于这种行动及其导致的不合规情况应当承担的责任。这种认识直接源于《维也纳条约法公约》第27条所载的原则，根据这条原则，缔约国"不得援引其国内法规定为理由而不履行条约"。虽然第2条第2款允许各缔约国根据其国内宪法程序落实《公约》规定的权利，但是上述原则适用于防止缔约国引用其宪法的规定或者国内法的其他方面来为其未能履行或者落实条约义务辩解。在这一方面，委员会提请实行联邦制的缔约国注意第50条，根据该条，"本公约各项规定

---

40 在众多结论性意见中（见有关结论性意见的第[1.40]段），委员会都建议将《公约》纳入国内法。不过，这种纳入并非一种《公约》规定的义务。

应一律适用于联邦国家之全部领土，并无限制或例外"。

[1.29]《公约》第50条规定《公约》的保障"一律适用于联邦国家之全部领土，并无限制或例外"。因此，诸如美国、加拿大、澳大利亚、巴西、德国[41]、瑞士[42]、墨西哥[43]、阿根廷[44]和俄罗斯联邦等联邦制国家的中央政府需要保证其省级政府的法律和行为遵守《公约》规范。实际上，在若干认定《公约》被违反了的案件中，受到责难的法律并非联邦法律，而是省级法律。[45] 尽管如此，这种违反仍归咎于中央政府，因为这一政府承担着该国的国际法律人格，同时也是实际的条约一方。当然，一国的各联邦组成单位之间的差别也是允许的；[46] 地域差别是联邦制政府制度的特征之一。不过，这种差别必须"合理且客观"，否则就将违反《公约》的不歧视条款。[47] 第50条是《公约》权利的一个重要保障因素；如果省一级的法律领域被排除在《公约》的触及范围之外，那么《公约》的效果将大打折扣。[48] 必须承认，如果中央政府缺少推翻或"纠正"违反《公约》的省级法律的宪法权力，那么第50条有可能给中央政府造成内部法律问题。[49]

[1.30] 给予《公约》权利的实际国内保护取决于有关缔约国的法律和政治制度。在某些国家，例如荷兰，《公约》具有直接效力，因此是缔约国国内法的一部分。据称违反《公约》的情况可在国内法院诉讼。在其他国家，《公约》是非自执行的，因此并非自动地是国内法的一部分。例如，在

---

41 委员会对德国的结论性意见，(2004) UN doc CCPR/CO/80/DEU, para 12。

42 委员会对瑞士的结论性意见，(2009) UN doc CCPR/C/CHE/CO/3, para 6。

43 委员会对墨西哥的结论性意见，(2010) UN doc CCPR/C/MEX/CO/5, para 5。

44 委员会对阿根廷的结论性意见，(2010) UN doc CCPR/C/ARG/CO/4, para 8。

45 See eg *Ballantyne et al. v Canada* (359, 385/1989) [18.39]; *Waldman v Canada* (694/1996) [23.60]; *Toonen v Australia* (488/1992) [16.50]; *Coleman v Australia* (1157/2003) [18.58].

46 *Cheban et al. v Russia* (790/1997), para 7.4.

47 参见本书有关不歧视的第二十三章。另见，*Lindgren et al. v Sweden* (298 - 9/1988) and *Hesse v Australia* (1087/2002)，其中的申诉有关在一个国家之内不同地点之间的据称歧视，但都没有成功（在后一案件中未获受理）。

48 另见委员会对澳大利亚的结论性意见，(2000) UN doc A/55/40, paras 516 - 17。

49 例如，加拿大的联邦政府对于根据国际条约（包括《公约》）出现的问题，并不必然具有权力；例如见，*Attorney-General (Canada) v Attorney-General (Ontario)* [1937] AC 326。因此，联邦政府可能需要与省政府谈判，以纠正违反《公约》的情况。作为对比，澳大利亚联邦政府则可以推翻有违澳大利亚根据国际条约所承担义务的各州法律。例如见，*Commonwealth v Tasmania* (1983) 158 CLR 1。

英国和澳大利亚，条约必须被专门纳入国内法，其规定才能在国内法院得到执行。在这两个国家，《公约》都没有以这种方式被纳入国内法。[50] 不过，在这两国，《公约》权利以分散的方式受到各种制定法的保护，例如规范警察权力之行使的法律以及反歧视法。另外，在这两国，《公约》还具有一种间接效果，即其规范被司法机关用来解释含混的制定法以及弥补普通法的空白。[51]

人权事务委员会

[1.31] 人权事务委员会是根据《公约》第 28 条创建的，是一个由 18 名人权专家组成的机构。委员会委员由他们是其国民的缔约国提名，[52] 并由所有缔约国投票选举产生，任期四年；[53] 每两年改选半数委员。[54] 委员会每年召开三次各为期三周的会议，但一些较小的工作组要在全会前，先开上一周的会。

[1.32]《公约》第 31 条第 2 款明确规定，应考虑委员的"地域公匀分配及确能代表世界不同文化及各主要法系"。因此，各缔约国应尽力从西欧和其他国家、东欧、拉丁美洲和加勒比海地区、非洲和亚洲选举公允数目的人权事务委员会委员。

[1.33] 极为重要的一点是，人权事务委员会委员以其个人资格行事。[55] 尽管他们是由其国籍国提名的，但他们并不是以政府代表的身份任职。因此，委员会的会议并不具有公开政治化的情况，不像例如联合国人权理事会

50　1998 年的《人权法》(*Human Rights Act*) 将《欧洲人权公约》纳入了英国法。

51　See Justice M Kirby, 'The Australian Use of International Human Rights Norms: From Bangalore to Balliol—a View from the Antipodes' (1993) 16 *University of New South Wales Law Journal* 363.

52　《公约》第 29 条。

53　《公约》第 32 条。

54　《公约》第 32 条第 1 款中必然蕴含着这一规则。

55　《公约》第 28 条第 3 款。

的会议。⁵⁶ 为确保政治上的公正无偏，采取了若干保障措施。例如，委员会委员并不参与直接涉及其本国的决定。不过，各国当然都不太可能提名公然反对其政策的人担任委员。⁵⁷ 委员会委员无疑受到——也许无意识地——其各自母国的政治和文化的影响。⁵⁸ 实际上，在整个冷战期间，在东方和西方之间发生了政治信仰的明显碰撞，导致了委员会的某种制度性瘫痪。⁵⁹ 自从冷战结束，在 20 世纪 90 年代，委员会的举措有明显的增加，而委员会内部更大程度的协商一致促成了这种增加。

[1.34] 考察 18 名现任（2012 年 10 月时）委员的履历，几乎所有委员与其政府都没有直接联系，都具有专家级别的人权资历。因此，目前的人权事务委员会看来符合独立性和专业能力的必要标准。对于先前的委员会，情况可能并非如此，因为里面可能有太多的大使担任委员，他们可能倾向于推动其母国的"官方"观点。⁶⁰

[1.35] 尽管人权事务委员会的《议事规则》规定了多数表决制，但委员会尽力以协商一致作出决定。⁶¹ 这样的决定当然比经表决产生的多数意见分量更重。⁶² 不过，协商一致有时必然会导致不那么令人满意的折中，这种折中会很不幸地冲淡某些决定。⁶³ 尽管协商一致仍然是常规，但在最近几年，在委员会中出现了更多的个人意见。

---

56 人权理事会是一个联合国之内由 47 个国家的政府代表组成的机构，其议事过程更加政治化，因为该理事会成员为其各自政府代言，而非作为独立的人权专家行事。

57 在这一方面可以注意的是，1994 年，南斯拉夫联邦共和国（塞尔维亚和黑山）未能成功地再次提名迪米特里耶维奇担任委员会委员，他最初是由前南斯拉夫政府于 1982 年提名的。

58 Harris, 'The International Covenant on Civil and Political Rights', 21.

59 S Joseph, 'New Procedures Concerning the Human Rights Committee's Examination of State Reports' (1995) 13 *Netherlands Quarterly of Human Rights* 5, 5–6. See also L Heffernan, 'A Comparative View of Individual Petition Procedures under the European Convention on Human Rights and the International Covenant on Civil and Political Rights' (1997) 19 *Human Rights Quarterly* 78, 85.

60 A Bayefsky, *The UN Human Rights Treaty System: Universality at the Crossroads* (Kluwer Law International, 2001).

61 《人权事务委员会议事规则》（UN doc CCPR/C/3/Rev. 10, 11 January 2012）第 51 条。该条允许采取多数表决制，但其下的注解 1、2 表明了一种对全体协商一致通过的偏向。

62 Joseph, 'New Procedures Concerning the Human Rights', 6.

63 M Schmidt, 'Individual Human Rights Complaint Procedures based on United Nations Treaties and the Need for Reform' (1992) 43 *International and Comparative Law Quarterly* 645, 656–8.

第一章 导论

[1.36] 人权事务委员会在对《公约》的监督中，承担着四项重要职能：（一）与缔约国对话，并从国家报告中得出结论；（二）发布阐释《公约》条款之含义的一般性意见*；（三）根据第41条审理国家间申诉；以及（四）根据《第一任择议定书》作出决定。这些职能在很大程度上被其他人权条约机构所复制，或者在有关任择议定书生效后，将被复制。

报告制度和结论性意见

[1.37] 人权事务委员会根据《公约》第40条审查**缔约国报告并提出意见。这是《公约》规定的唯一强制性监督机制：缔约国需要提交定期报告，说明其实施《公约》的情况。各国必须在《公约》对其生效后一年内，提交初次报告，然后在委员会作此要求的任何时候提交定期报告，通常是每五年一次。[64] 从1999年起，委员会发布了多项国家报告的综合准则——最近一次修正是在2010年，[65] 对于各国如何为第40条之目的编写充分的报告，给予了重要的指导。

---

* 与《公约》英文本中的"general comments"对应的，在中文本为"一般评议"。鉴于目前联合国文件中文本一律使用"一般性意见"指代"general comments"，中译本也使用这一名称。

** 对于委员会在缔约国报告程序和国家间来文程序中的行为，《公约》英文本中，第40~42条主要使用"consider/consideration"，有一处即第41条第1款（卯）项使用"examine"；在《公约》中文本中，与"consider/consideration"对应的用词是"审议"（仅在一处即第41条第1款第二句中的对应用词为"审查"），与"examine"对应的用词是"审查"。对于委员会在个人来文程序中的行为，《任择议定书》英文本序言、第1条、第2条、第5条第1款和第2款使用"consider/consideration"，第5条第3款则使用"examine"，第5条第2款（子）项提到另一国际调查或解决程序的行为时也使用"examine"；在《任择议定书》中文本中，对应的用词则一律是"审查"。无论是从《公约》和《任择议定书》的英文约文还是委员会的各种意见中，都看不出"consider/consideration"与"examine/examination"的含义有实质区别。包括本书在内的英文学术著述也经常混用这两组词语（例如本书在此处的用词即"examine"，尽管《公约》英文本第40条第2款的用词是"consideration"）。中译本主要依据《公约》中文本的用词情况，一律将"consider/consideration"译为"审议"，将"examine/examination"译为"审查"，除非是在直接引用《任择议定书》约文的情况中。对这种译法，《经济、社会、文化权利国际公约任择议定书》可作为佐证：该议定书英文本同时使用了这两组词语，其中文本中的对应用词就是"审议"和"审查"。

64 见《人权事务委员会议事规则》第66条第2款。

65 *Guidelines for the treaty-specific document to be submitted by States parties under article* 40 *of the International Covenant on Civil and Political Rights* (*Guidelines for the treaty-specific document*), UN doc CCPR/C/2009/1, 22 November 2010.

[1.38] 现在对各国的期望是，它们在编写报告时与当地公民社会组织联络，而这些组织也经常向人权事务委员会提交它们自己的"影子报告"，并就所涉国家向委员会通报情况。[66] 例如，委员会对摩尔多瓦共和国表示关切，该国将公民社会组织排除在报告程序之外：[67]

28. 委员会注意到，缔约国承认在编写其报告时没有邀请公民社会组织以征询其意见，并重申其观点，即公民社会组织是实现包括《公约》所载权利的人权的重要支持力量。

缔约国应通过适当的磋商进程，促进公民社会组织参与将来根据《公约》提交之报告的编写工作。

[1.39] 1992年，人权事务委员会启动了一种做法，即要求正在遭受严重人权危机的国家，如波斯尼亚-黑塞哥维那、克罗地亚和前南斯拉夫共和国（塞尔维亚与黑山），在当年提交紧急报告。此后，委员会很少使用紧急报告程序。但这种程序的存在确保了委员会和其他条约机构——它们也采取了这一做法——在极端人权侵犯的情况中，保持其关涉。另一方面，紧急报告程序也成问题，因为如果委员会被看作"针对"它希望审查的国家，而非依据每一国家的报告到期时间审议每一国家，这种程序就会有损委员会的准司法性质。[68] 联合国人权理事会可能更适合作出必将被视为带有政治性的决定，将其关注点聚焦在特定的"人权热点"上。

[1.40] 人权事务委员会通常在与缔约国代表的公开对话中审查缔约国的报告。在这一过程结束之时，委员会发布一套经协商一致通过的结论性意见，这些意见构成了国家根据《公约》得到的"成绩单"。尽管缔约国报告制度自1977年就开始运行，但委员会在1992年才开始通过结论性意见。一国应将最近得到的结论性意见中所表达的关切用作编写其下一次报告的基础，而且每次报告均应包含资料，说明该国将如何确保对结论性意见的后续

66　See generally CCPR Centre, *UN Human Rights Committee: Participation in the Reporting Process—Guidelines for Non-Governmental Organisations (NGOs)*, ⟨http://ccprcentre.org/doc/CCPR/Handbook/CCPR_Guidelines%20for%20NGOs_en.pdf⟩ (accessed 11 February 2013).

67　委员会对摩尔多瓦的结论性意见，(2009) UN doc CCPR/C/MDA/CO/2。

68　Bayefsky, *The UN Human Rights Treaty System*, 23–4.

行动。[69] 一位从委员会委员中任命的结论性意见后续行动报告员将追踪缔约国的反应。

[1.41] 2009年10月，人权事务委员会采取了一套新的报告程序，其依据是将在每次定期报告提交以前就转达给缔约国的问题清单。该国对这一问题清单的答复将作为其根据第40条应提交的报告，除非该国选择不使用这一新程序。[70]

[1.42] 报告制度一直遭受国家不合作的情况的折磨［1.141］。例如，许多国家迟交报告。[71] 在2002年的第30号一般性意见中，人权事务委员会对于不提交报告以及/或者国家代表不到场辩解报告的情况，明确地提出了更强硬的路线。委员会现在的做法是，如果缔约国的代表团在设定的日期不到场，委员会将在没有缔约国代表团的情况下审查该国的报告；[72] 在缔约国未提交报告的情况中，委员会甚至会在通知有关国家对其审查的日期后，在没有报告的情况下审查该国实施《公约》的情况。[73] 如果委员会在没有缔约国代表团到场的情况下审查报告或并无报告而审查其实施《公约》的记录，则会任命一位特别报告员以努力建立或恢复与有关国家的对话。[74]

一般性意见

[1.43] 起初，人权事务委员会拒绝将《公约》第40条为其规定的职权解释为授权其发表对具体国家的报告及随后对话的经协商一致达成的评估意见。委员会早期的某些委员，特别是来自东方集团的委员，觉得这种做法将

69　*Guidelines for the treaty-specific document*, paras 19–20.

70　*Guidelines for the treaty-specific document*, paras 14–15. 这一新的程序不适用于初次报告，或截至2009年10月已经处于审议中的报告。

71　例如，委员会对菲律宾的结论性意见，(2003) UN doc CCPR/CO/79/PHL, para 2。

72　委员会第30号一般性意见，第3段、第4(a)段。例如见，委员会对冈比亚的结论性意见，(2002) UNdoc CCPR/CO/75/GMB, para 2。

73　委员会第30号一般性意见，第4(b)段；另见《人权事务委员会议事规则》第70条。例如委员会结论性意见：赤道几内亚，(2004) UN doc CCPR/CO/79/GNQ, para 2；格林纳达，(2009) UN doc CCPR/C/GRD/CO/1, para 2。消除种族歧视委员会采用了一种类似的程序，见消除种族歧视委员会对马拉维的结论性意见，(2003) UN doc CERD/C/63/CO/12。（原书中，最后一份结论性意见的文件号有误，经与作者核实更正。——译者注）

74　委员会第30号一般性意见，第5段。

不当地干涉一国的内政。[75] 为了达成协商一致，委员会最初将第 40 条第 4 款解释为授权其发表对所有缔约国普遍地提出的意见。

[1.44] 由此，人权事务委员会发布了众多的"一般性意见"，这些意见探讨与所有缔约国有关的事项。这些一般性意见中的大部分阐释了具体的《公约》权利的含义。某些意见，如有关"外国人根据《公约》具有的地位"的第 15 号一般性意见和有关"男女权利平等"的第 28 号一般性意见，探讨了在某一主题之下，一系列更广泛的权利。少量一般性意见探讨了一些附带事项，如保留、退约以及给各国的有关如何编写报告的建议。一般而言，较老的一般性意见（如有关第 1 条规定的民族自决权的第 12 号一般性意见）不那么详细，因此也不如后来的更为详尽的一般性意见（如有关表达自由的第 34 号一般性意见）有用。尽管在开端之时，委员会的一般性意见可以说是在解释第 40 条方面的一种软弱折中，但这些意见已经证明是一种宝贵的判例来源。在后续各章中，但凡妥切之处，都将大量摘引这些一般性意见。

国家间申诉

[1.45] 根据《公约》第 41 条，缔约国可以就另一国违反《公约》提出申诉，条件是两国都作出了人权事务委员会有权审理这种申诉的声明。因此，这一程序是任择性的。尽管截至 2012 年 10 月，有 48 个国家作出了第 41 条规定的声明，[*] 但这种国家间申诉机制从未得到运用。估计这是因为这种行动所具有的外交和政治含义及影响；各国都惧怕对于自己的人权记录的报复性攻击。

[1.46] **第 31 号一般性意见**

在第 31 号一般性意见中，人权事务委员会提醒各缔约国注意《公约》中的国家间义务：

  2. 虽然第 2 条是以缔约国对作为《公约》规定之权利的拥有者的个人承担义务的方式表述的，但是每一缔约国对于其他缔约国履行其义

---

[75] 例如见来自德意志民主共和国的委员格雷弗拉特先生的意见，UN doc CCPR/C/SR 231, para 10。

[*] 截至 2023 年 3 月，接受《公约》第 41 条规定的国家间申诉机制的缔约国为 50 个。

务的情况仍然有法律上的利益。其由来则是这样的事实，即"有关人的基本权利的规定"是对世义务（erga omnes obligations），而且正如《公约》序言部分第 4 段所指出的，各国根据《联合国宪章》负有义务促进对人权和基本自由的普遍尊重和遵行。此外，条约的契约性层面意味着任何缔约国都对其他缔约国承担义务，必须遵守根据条约作出的承诺。在这一方面，委员会提请缔约国注意作出第 41 条规定的声明的可取性。委员会还提请已经作出声明的缔约国注意使用该条所规定程序的潜在价值。然而，虽然在已经根据第 41 条作出声明的缔约国之间，存在着向人权事务委员会提出申诉的正式的国家间机制，但仅仅这一事实并不意味着这种程序是缔约国表示对其他缔约国履行《公约》具有利益的唯一方法。与此相反，第 41 条规定的程序应被视为是增补了而不是减少了缔约国对彼此之间履行义务情况的利益。因此，委员会向缔约国推荐这样一种观点：任何缔约国侵犯《公约》规定的权利都应该引起它们的重视。注意其他缔约国对《公约》义务的可能违反并且吁请它们遵守《公约》义务根本不应被视为一种不友好行动，而应该被看成是一种合法的共同利益的反映。

因此，委员会提醒各缔约国，第 2 条明确责令它们将任何缔约国对《公约》保障之违反视作值得其关注的事务。提请注意其他缔约国对《公约》义务的可能违反不应被视为一种不友好行动，而应该被看成是一种合法的共同利益的反映。委员会提醒各国，作出第 41 条规定的声明值得欢迎；还提醒那些已经作出了声明的缔约国使用该条所规定之程序的潜在价值。*

[1.47] 在杜蒙·德查萨诉意大利案（Dumont de Chassart v Italy，1229/2003）中，提交人的子女随其母亲住在奥地利——这违反意大利法院的禁令，提交人试图主张说，意大利未能足够地帮助他重新获得对其子女的监护权。例如，他主张说，意大利应该根据第 41 条对奥地利提出申诉。在决定来文可否受理时，人权事务委员会确认，个人并不根据第 41 条享有权利。

---

* 原书中，该段被当成了第 31 号一般性意见第 2 段的一部分。经与作者核实，应为作者对该段的评论，因此更改为非引文格式。

根据《任择议定书》提出的个人来文

［1.48］《任择议定书》是与《公约》有别的一项单独条约。如果一国批准了《任择议定书》，个人就可以对于该国据称侵犯他们根据《公约》享有的权利的情况，向人权事务委员会提出申诉，或"来文"。

［1.49］**第 33 号一般性意见**

4.《任择议定书》第 1 条规定，《任择议定书》的缔约国"承认委员会有权接受并审议该国管辖下之个人声称为该缔约国侵害公约所载任何权利之受害者之来文"。因此，缔约国有义务不妨碍个人诉诸委员会，并有义务防止针对任何已向委员会提交来文者的任何报复措施。[76]

［1.50］偶尔，人权事务委员会会因为来自不同提交人的申诉可能起因于同样一些事实，而将这些申诉合并。[77] 极其不寻常的一次是，委员会将同一提交人针对两个不同国家的申诉合并，即索尔特斯诉捷克共和国和斯洛伐克案（*Soltes v Czech Republic and Slovakia*，1034－1035/2001）。

［1.51］所有证据都是以书面提交人权事务委员会的，不允许口头证据。[78] 在有关土著人权利的霍华德诉加拿大案（*Howard v Canada*，879/1999）［24.34］中，委员会提出了如下意见：

4. 提交人在 1998 年 10 月 9 日的最初来文中，提及了米西索加（Mississauga）第一民族的一些口头传统，要求委员会在审议当事各方提交的书面材料之外，还考虑以录像带形式制作的口头证据，其中所包含的是，就捕鱼对其身份特性、文化以及生活方式的重要意义，对提交人以及米西索加第一民族其他两位成员的采访。2000 年 1 月 12 日，委员会经由其新来文问题特别报告员行事，参照《任择议定书》有关只进行书面程序的规定（《任择议定书》第 5 条第 1 款），决定不接受录像带

---

[76] 另见，*Hanafi v Algeria*（CAT 341/2008），该案中，禁止酷刑委员会认定了对《禁止酷刑公约》第 22 条规定的呈文权的侵犯，因为国家当局试图劝阻一个人代表其兄弟提出申诉（见禁止酷刑委员会意见的第 9.8 段）。

[77] See eg *Pratt and Morgan v Jamaica*（210/1986 and 225/1987）.

[78] 禁止酷刑委员会的规则允许提交口头证据：*Abdussamatov et al. v Kazakhstan*（CAT 444/2010），paras 9.1－10.9。

证据。提交人在 2000 年 2 月 7 日的信件中,向委员会提供了一份有关录像带证词的文字记录。委员会对提交人愿意提供文字记录协助委员会表示感谢。

[1.52] 人权事务委员会必须首先审议来文可否受理。受理标准规定在《任择议定书》第 1、2、3、5 条中。有数项有关管辖的受理标准。首先,必须有一位个人受害者(属人管辖);不能抽象地主张《公约》被违反。[79] 其次,来文必须涉及有关国家管辖范围内的某一事项。[80] 最后,来文必须涉及在有关国家批准《任择议定书》后发生的某一事项(属时管辖)。[81] 程序性的受理要求则规定在《任择议定书》第 5 条中:来文不得同时由另一国际裁判机构处理,[82] 申诉人("提交人")在向委员会提交来文之前,必须用尽了国内救济。[83] 在委员会着手处理来文之前,提交人还必须提出足够的证据证实来文。主要的实质性障碍是,来文必须涉及根据《公约》出现的某一事项。这一受理方面的障碍是从《任择议定书》第 2 条和第 3 条得出的解释,因为第 2 条规定受害者必须根据《公约》规定的某项权利提出诉求,第 3 条禁止受理"不符合"《公约》的来文。例如,声称财产权被侵犯[84]或受庇护权被侵犯[85]的来文都被裁定为基于属事理由不可受理,因为这些来文都未能根据《公约》的任何特定条款提出主张。

[1.53] 另一个常见的来文不可受理的理由则是独立于《任择议定书》的规定出现的。人权事务委员会作为一个国际监督机构,并不是作为一个上诉法院运行(因此可以就一国国内等级最高之法院的判决向其提出上诉),即委员会并不是作为一个"第四审级法院"运行 [14.63]。这意味着,委员会将极少支持已经被国内法院认定为没有根据的申诉,只要这些国内诉讼

---

79 对于"受害者"要求,见本书第三章。
80 参见本书第四章。
81 就属时理由的受理标准,见本书第二章。
82 参见本书第五章。
83 参见本书第六章。
84 *OJ v Finland* (419/1990).
85 *VMRB v Canada* (236/1987).

过程涉及了与根据《任择议定书》提出的申诉有关的实质问题即可。[86] 这是因为,委员会作为一个只接受书面证据的准司法机构,在作出各种评估和认定方面,特别是在认定事实方面,其地位与国内法院相比差很多。只有在很明显国内法院以一种显然任意武断的方式行事或者从客观角度来看未能基于公正程序行事时,委员会才会"推翻"国内法院的认定。不过,委员会一直有可能在某些情况中推翻当地法院的裁决,甚至是在如下所述的敏感的、富有争议的家庭法领域中 [1.75]。

[1.54] 这一"第四审级"原则起作用的一个例证是约纳森等人诉挪威案(*Jonassen et al. v Norway*, 942/2000)。在该案中,提交人声称,挪威未能承认土著萨米人的某些土地权利以及与之相随的资格违反了《公约》第27条 [24.42]。判定萨米人的土地权利牵扯到挪威法院对有关以下方面之事实的认定,即在一个土著群体和所涉土地之间究竟是否存在一种强烈的历史联系。在当地法院的一项裁决即"1997年奥尔逊登(Aursunden)案"中,挪威最高法院极度依赖早先的最高法院在1897年的一项裁决中作出的事实认定。根据《任择议定书》提交的申诉之一涉及的是,挪威法院"以最高法院在1897年作出的事实认定作为其认定"的根据,而"当时对萨米人的普遍意见具有歧视性",因此挪威法院未能保护提交人免受歧视;[87] 提交人主张说,1897年的裁决带有针对土著民族及其文化的制度性偏见的不良色彩。[88] 人权事务委员会适用了其"第四审级"原则,认定来文在这一方面不可受理;"不应由委员会来重新评估"挪威最高法院的结论,即1897年的裁决并不具有偏向性,因此是一个合理的、法院据其得出有关萨米人土地权利的结论的基础。[89] 这一决定表明了委员会的"第四审级"原则的强度。委员会拒绝到挪威最高法院裁决的背后,去看一下早先于1897年作出的裁决对萨米人的歧视,尽管有提交的大量证据表明,在19世纪后期,挪威政府机关对萨米人持有轻蔑贬低的态度。

---

86 另见,例如,第 [14.65] 和 [17.24] 段。
87 在委员会意见的第3.15段。
88 这种偏见的证据见,*Jonassen et al. v Norway* (942/2000), paras 2.14 – 2.17。
89 在委员会意见的第8.3段。

[1.55]《任择议定书》没有规定提交申诉的严格时限。

[1.56] **戈宾诉毛里求斯**（*Gobin v Mauritius*，787/1997）

6.3. 缔约国声称，由于提交来文中存在延迟，委员会应将其视作《任择议定书》第 3 条规定的滥用呈文权而不予受理。委员会指出，《任择议定书》并没有规定提交来文的确切时限，因此仅是延迟提交来文本身并不涉及滥用呈文权。然而，在某些情况下，委员会指望得到合理的解释，说明延迟提交的正当理由。在本案中，所指控的侵犯发生在有人代表据称的受害者向委员会提交来文五年前举行的定期选举之时，但没有提供令人信服的解释，说明这种延迟的正当理由。由于没有这种解释，委员会认为，在过去这么长时间后才提交来文，应被视为滥用呈文权，这使得该来文根据《任择议定书》第 3 条不可受理。

[1.57] 尽管人权事务委员会在戈宾案中的意见刚通过时，曾存在一些争论，[90] 但被后来的若干案件所跟从，包括 SL 诉捷克共和国案（*SL v Czech Republic*，1850/2008）、雅赫尔卡诉捷克共和国案（*Jahelka v Czech Republic*，1583/2007）、库德纳诉捷克共和国案（*Kudrna v Czech Republic*，1582/2007）、布朗诉纳米比亚案（*Brown v Namibia*，1591/2007）和菲拉希尔诉法国案（*Fillacier v France*，1434/2005）。这一潜在的不予受理理由现在已经在委员会的《议事规则》第 96 条第 5 款中被正式化，明确允许委员会对于在有关提交人用尽最终国内救济后超过五年或在另一国际解决程序结束对事项的审议后超过三年才提交的申诉，以滥用程序为由裁定其不可受理。并不清楚的是，这一新的规则除了为这样的决定提供一种更正式的根据之外，会使委员会在这方面的做法出现多大不同。

[1.58] 个人来文程序的第二个阶段是人权事务委员会审议申诉的实质问题。最终，委员会根据《任择议定书》第 5 条第 4 款作出对实质问题的"意见"，其中委员会宣布是否存在违反《公约》的情况。

[1.59] 直到 1997 年，根据《任择议定书》提出的来文是分两个阶段审议的：先是可否受理阶段，如果必要，则随之以审议实质问题的阶段。在

90　在戈宾案中，有 6 位委员会委员表示异议。

1997年中，人权事务委员会通过了新的议事规则以理顺《任择议定书》之下的程序。这是对于所提交来文的数量飙升的一种反应，这种飙升是由《任择议定书》缔约国数目的迅速增长以及公众对这一程序的不断增长的认识造成的。[91] 委员会的《议事规则》第97条第2款现在规定，委员会将一并审议来文的实质问题和可否受理问题，除非它决定仍将这两个方面分开审议。不过，有关可否受理的规则仍保持不变。[92] 来文如果明显不可受理，例如在来文基于属时理由不可受理的情况中，就会被驳回。否则，国家一般会得到6个月的时间，对所指控的违反情势作出回应。[93]

[1.60] **第33号一般性意见**

人权事务委员会的意见不具有法律约束力，因为委员会不是一个司法机构。

11. 虽然人权事务委员会在审议个人来文中的职能，就其本身而言，并非司法机构之职能，但委员会根据《任择议定书》发表的"意见"显示了一项司法决定所具有的某些主要特点。这些"意见"是以一种司法精神达成的，其中包括委员会委员的公正无偏和独立、对《公约》语言的慎重解释以及决定的终决性质。……

13. 委员会依据《任择议定书》通过的"意见"是根据《公约》本身设立的、负责解释该文书的机构的权威性判定。这些"意见"的性质及其具有的重要性，是从委员会根据《公约》和《任择议定书》所发挥的整体作用中产生的。……

15. 委员会"意见"的性质亦由缔约国应以善意行事的义务所进一步决定——这既体现在它们参与《任择议定书》规定的程序方面，也和《公约》本身有关。与委员会合作的义务来自应善意遵守所有条约义务这一原则的适用。

---

[91] *Annual Report of the Human Rights Committee* (1998), A/53/40, Vol. 1, 61.

[92] 根据《人权事务委员会议事规则》第99条第4款，如果对可否受理问题和实质问题分开审议，委员会就有可能基于从缔约国收到的新资料，改变其有关来文可否受理的决定。例如见，*Pingault-Parkinson v France* (1768/2008)。

[93] 见《人权事务委员会议事规则》第97条第3款。

第一章 导论

[1.61] 人权事务委员会是本身有法律约束力的《公约》的杰出解释者。因此，委员会的决定是对法律义务的强烈指示，一国反对这些决定是该国对于其《公约》义务之恶意态度的明确证据。[94] 实际上，委员会的决定是"以一种司法精神"得出的。[95] 有关实质问题的决定就像是对有关国家是否违反了《公约》的明确裁定。委员会还会建议给予适当的救济，例如修改受到质疑的法律[96]、损害赔偿[97]、在将提交人递解出境*违反《公约》时向其被递解至的国家派出代表[98]以及/或者释放受到不公正拘禁的个人[99]。另外，委员会建立了一种"后续"程序，公布其根据《任择议定书》对个人来文作出的建议的最终命运。[100] 由此，一国未能落实委员会的意见将被公开记录，这有可能促成谴责和批评。因此，当国家在《任择议定书》规定的程序中被认定存在违反情势以及没有做到补救这些情势时，就可以运用负面宣传这种为人熟知的国际法律制裁方式。害怕由国际监督而来的公开谴责往往能

---

[94] S Joseph, 'Toonen v Australia: Gay Rights under the ICCPR' (1994) 13 *University of Tasmania Law Review* 392, 401; See also J S Davidson, 'The Procedure and Practice of the Human Rights Committee under the First Optional Protocol to the International Covenant on Civil and Political Rights' (1991) 4 *Canterbury Law Review* 337 at 353; and Heffernan, 'A Comparative View of Individual Petition Procedures', 102–3.

[95] *Selected Decisions of the Human Rights Committee under the Optional Protocol*, CCPR/C/OP/2 (1988), 1.

[96] See eg *Toonen v Australia* (488/1992).

[97] See eg *A v Australia* (560/1993). 在对以下两案提出的单独意见中，舍伊宁先生表示遗憾的是，委员会未能提出更具体的救济，例如具体说明赔偿金额：*McLeod v Jamaica* (734/1997); *McTaggart v Jamaica* (749/1997)。

* 英文中为"deport"。本书和委员会的意见使用了若干含义相近的用语："deport/deportation""expel/expulsion""repatriate/repatriation"，其中仅有"expel/expulsion"出现在《公约》英文本第13条中——与之对应的中文用词为"驱逐出境"。本中译本将"deport/deportation"译为"递解"或"递解出境"，将"expel/expulsion"译为"驱逐"（这也是《禁止酷刑公约》中文本中与"expel"对应的用词）或"驱逐出境"，将"repatriate/repatriation"译为"遣返"或"遣返回国"。"deport/deportation"与"expel/expulsion"的含义没有明显区别；例如，在《儿童权利公约》第9条第4款中，相互对应的中英文用词即"驱逐"和"deportation"。

[98] *Ng v Canada* (469/1991), para 18; *Weiss v Austria* (1086/2002), para 11.1.

[99] 在众多针对牙买加的有关死刑的来文中，委员会认定有关的审判程序中出现了对第14条的违反。委员会在这样的案件中提出的释放受害者的建议导致了争议，因为缔约国害怕释放具有潜在危险的罪犯。

[100] 例如见，'Follow-Up Activities under the Optional Protocol', in *Annual Report of the Human Rights Committee* (1998), A/53/40, Vol. 1, 70–7; 第33号一般性意见，第16–18段。另见，委员会对赞比亚的结论性意见，(2007) UN doc CCPR/C/ZMB/CO/3, para 11。

为国家提供改善其人权记录的充分动力。[101] 委员会的决定曾直接导致国家改变其法律以及/或者做法以符合《公约》的要求。[102] 不过，根据《任择议定书》作出的决定未获遵守的比例之高令人不安。这一现象将在下文讨论［1.141］。

［1.62］ **第33号一般性意见**

人权事务委员会在第33号一般性意见中，评论了国家在《任择议定书》规定的程序的进行过程中，有时不合作的情况。

> 10. 从委员会的经验来看，国家并不总是尊重它们的义务。来文所针对的缔约国不对来文作出回应或作出不全面的回应，就会使自己处于不利地位，因为委员会就会被迫在没有关于来文的充分资料的情况下审议来文。在这种情况下，委员会可能得出结论认为来文所载指控是真实的——如果这些指控从所有情节来看证据充足。
>
> 因此，对于内容详实的指控，如果有关缔约国不作具体说明予以拒绝或辩解，委员会往往就会将这些内容接受为事实。[103]

［1.63］ 人权事务委员会曾在对澳大利亚的结论性意见中谴责该国未能遵守委员会根据《任择议定书》所提出意见的情况：[104]

> ……委员会再次表示关切的是，该缔约国限制性地解释并且不履行其根据《任择议定书》和《公约》承担的义务，受害人没有获得补偿。委员会又回顾指出，缔约国通过加入《任择议定书》，承认了委员会有权接受并审查在缔约国管辖下的个人提出的申诉，而不落实委员会的意见，会使人质疑缔约国对《任择议定书》的承诺（第2条）。

---

[101] R Higgins, 'Some Thoughts on the Implementation of Human Rights' (1990) *Interights Bulletin*, vol. 5, 52.

[102] 例如，委员会在图纳恩诉澳大利亚案（*Toonen v Australia*, 488/1992）中的决定导致了制定一项联邦立法以提供救济，以及受到质疑的塔斯马尼亚州的法律最终被废除。See also C Cohn, 'The Early Harvest: Domestic Legal Changes Related to the Human Rights Committee and the Covenant on Civil and Political Rights' (1991) 13 *Human Rights Quarterly* 295.

[103] 对此有许多例证，例如见，*Butovenko v Ukraine* (1412/2005)。

[104] (2009) UN doc CCPR/C/AUS/CO/5, para 10.

临时措施的要求

[1.64] 第 33 号一般性意见

19. 当缔约国已经采取或准备采取的一项行为看来可能会对提交人或受害者造成不可弥补的损害之时——除非该行为在委员会充分审议来文前撤销或暂停,提交人可以要求采取一些措施,或者委员会可以主动决定一些措施。实例包括判处死刑和违反不推回的义务。为能够满足《任择议定书》规定的这些需要,委员会根据其《议事规则》设立了一项程序,要求在适当情况下采取临时或暂时保护措施。不实施此类临时或暂时措施,将不符合以善意尊重《任择议定书》所设立之个人来文程序的义务。

[1.65] 人权事务委员会确立的一种做法是,在某些根据《任择议定书》提出的案件中,要求一国采取临时措施保持原状。这样的要求是根据委员会《议事规则》第 92 条(以前是第 86 条)* 提出的,针对的是国家采取某些行动会对根据《任择议定书》提出申诉的提交人造成不可弥补之损害的情况。[105] 例如,如果某一提交人声称死刑判决不适当地作出,委员会就可能根据《议事规则》第 92 条提出要求;在这种情况中,自然就会要求缔约国在根据《任择议定书》提交的来文被审议期间,不要处决提交人。委员会通常会根据《议事规则》第 92 条提出要求的另一种情况,是在来文涉及一国的递解出境决定是否符合《公约》之时,要求国家不执行这种递解。出现这种要求的更不寻常的情况是:要求暂停在一个对土著民族有文化重要性的地区伐木[106],保护被拘禁者的生命、健康和安全[107],保护提交人及其家人免受

---

* 人权事务委员会的《议事规则》自 1977 年制定后,经历了多次修订。2004 年 8 月 4 日发布的《议事规则》(CCPR/C/3/Rev.7)对第 69 条以后各条重新编号,由此,规定临时措施的前第 86 条变为现第 92 条。

105 有关临时措施,参见,J Harrington, ' Punting Terrorists, Assassins, and Other Undesirables: Canada, the Human Rights Committee, and Requests for Interim Measures of Protections' (2003) 48 *McGill Law Journal* 2。

106 *Jouni Länsman et al. v Finland* (671/1995); *Länsman et al. v Finland* (1023/2001)。

107 *Umarov v Russian Federation* (1449/2006)。

骚扰[108]，要求一国在其权力范围内采取一切措施以确保一个人在其申诉正被审议期间，不会在另一国家被处决[109]。后面的这四个例证表明，要求临时措施可能同时包括要求一国避免从事某种行为（如处决某人）以及要求一国采取某种行动（如采取步骤保护某人）。

[1.66] 一国通常会遵守人权事务委员会根据《议事规则》第92条提出的临时措施要求，尽管这种遵守不是绝对的。

皮安东诉菲律宾（*Piandiong v Philippines*，869/1999）

菲律宾在收到委员会不要处决三位提交人的要求两星期之后，处决了这些提交人。委员会强烈地谴责了菲律宾政府的行为：[110]

5.1.《公约》缔约国加入《任择议定书》，即已承认人权事务委员会有权接受并审议个人声称为侵犯《公约》所载任何权利的受害者的来文（序言和第1条）。缔约国加入《任择议定书》意味着已承诺与委员会真诚合作，允许和授权委员会审议此类来文，并在审查后将意见转达缔约国及个人（《任择议定书》第5条第1、4款）。缔约国采取会妨碍或阻挠委员会审议和审查来文并发表意见的任何行动，都与上述义务相悖。

5.2. 除了来文中指控的缔约国对《公约》的任何违反外，缔约国如采取行动妨碍或阻挠委员会审议指控《公约》被违反的来文，或使得委员会的审查没有任何意义或发表其意见实属徒劳，就严重违反了其根据《任择议定书》承担的义务。对于本来文，提交人诉称，据称的受害者被拒绝享有《公约》第6条和第14条规定的权利。缔约国在获悉来文后，如在委员会结束其审议和审查并形成和提出其意见前，就径行将据称的受害者处决，即违反其根据《任择议定书》承担的义务。在委员会根据《议事规则》第86条行事、请求缔约国不要这样做后，缔约国仍如此行事，尤其不可原谅。……

5.4. 根据《公约》第39条通过的委员会《议事规则》的第86条

108　*Gunaratna v Sri Lanka*（1432/2005）. See also *VK v Bulgaria*（CEDAW 20/2008），paras 5.1 – 5.4.
109　*Munaf v Romania*（1539/2006）[4.34].
110　See also *Mansaraj et al. v Sierra Leone*（839 – 841/1998）.

规定的临时措施，对于委员会履行《任择议定书》为其规定之作用至关重要。无视该规则，特别是诸如将据称的受害者处决或递解出境等不可挽回的措施，破坏了通过《任择议定书》对《公约》规定权利的保护。因此，不遵守临时措施的要求被认为是对《任择议定书》的严重违反。[111] 委员会后来在许多案件中遵循了皮安东案中的意见，如纳兹里夫诉乌兹别克斯坦案（*Nazriev v Uzbekistan*，1044/2002）、韦斯诉奥地利案（*Weiss v Austria*，1086/2002）、托利珀库扎耶夫诉乌兹别克斯坦案（*Tolipkhuzhaev v Uzbekistan*，1280/2004）、乌提夫诉乌兹别克斯坦案（*Uteev v Uzbekistan*，1150/2003）以及萨伊多夫诉塔吉克斯坦案（*Saidov v Tajikistan*，964/2001）。[112]

[1.67] **阿尔泽里诉瑞典**（*Alzery v Sweden*，1416/2005）

该案涉及极为恶劣的非常规移送（extraordinary rendition）的情况[9.104]。人权事务委员会扩展了其在皮安东案中的推理。尽管提交人不是在委员会发出临时措施的要求以后被驱逐的，却是在他有机会利用诸如《任择议定书》规定的国际救济以尽力预防被递解出境之前，被迅速和有意驱逐的：

> 11.11.……在本案中，委员会注意到，提交人（当时）的律师早在政府作出决定之前，就明确将其意图告知了缔约国，即如果决定不利，他将寻求国际救济（……）。在决定作出之后，律师被错误地通知，没有作出任何决定；而缔约国在执行驱逐时完全明白，决定通知将在事后送达律师。委员会认为，这些情况表明了缔约国对《任择议定书》第1条所规定之义务的公然违反。

《公民及政治权利国际公约》规范的解释和发展

[1.68] 本书关注的是人权事务委员会的判例，并有限地提及其他联合

---

[111] 禁止酷刑委员会对于国家不遵守其对临时措施的要求，作出了类似的认定。例如见，*Pelit v Azerbaijan*（CAT 281/2005），*Tebourski v France*（CAT 300/2006），*Brada v France*（CAT 195/2002），*Sogi v Canada*（CAT 297/2006），and *Dar v Norway*（CAT 249/2004）。

[112] 另见，委员会的结论性意见：乌兹别克斯坦，(2005) UN doc CCPR/CO/83/UZB, para 6；加拿大，(2006) UN doc CCPR/C/CAN/CO/5, para 7。

国人权条约机构。由于对这种判例的摘引和分析按照有关实质性权利分散安排在各章中，因此有必要在导论一章中，对于这种判例中某些宽泛的、贯穿性的主题，作些评论。

概览

［1.69］人权事务委员会判例的基本来源是其根据《任择议定书》作出的决定、其一般性意见及其对缔约国报告的结论性意见。委员会根据《任择议定书》作出决定是将《公约》适用于具体情况，因此这些决定产生了对于《公约》的最明确具体解释。如下所述，在涉及对《公约》权利的系统性侵犯问题时，结论性意见和一般性意见的粗描方式则有其优势［1.116］。

［1.70］截至 2012 年 10 月，人权事务委员会审结了大约 2000 件来文。[*]但必须注意的是，数目比大得过分的来文仅有关几个国家以及范围很窄的问题。从 1976 年到大约 1985 年，绝大多数来文有关乌拉圭的军政府粗暴侵犯人权的情况，包括对于酷刑、失踪以及拖长的任意拘禁的指控。从 20 世纪 80 年代中期到 21 世纪初，大量的案件是由加勒比海地区特别是牙买加的死刑犯提交的。这些案件通常有关导致死刑判决的审判的公正性，尽管其中一些也涉及拘禁的时长以及死囚牢的条件。这种"申诉率"中的不平衡情况导致委员会根据《任择议定书》产生的判例过分地有关涉及《公约》第 7、9、10 和 14 条的事项。与之相比，有关某些权利——如第 21、22 条所述之权利——的判例则相对较少，尽管这样的判例正在增加。

［1.71］尽管数量多得过分的来文具有基本相同的性质，但人权事务委员会根据《任择议定书》进行的工作仍产生了触及绝大部分《公约》权利的重要方面的判例体系。委员会处理了大量复杂的问题，这些问题使得委员会必须对法律问题作出实质性认定，而非仅仅是确定事实。例如，委员会根据《任择议定书》作出的决定讨论了国家以下类型的法律、行政决定或做法是否符合《公约》：一项法律禁止否认种族大屠杀（Holocaust）［18.90］，

---

[*] 截至 2022 年 3 月底，委员会共登记了 4121 件个人来文，对其中 815 件来文宣布不可受理，对 1812 件来文的实质性问题作出了意见，其他来文被撤回、被中止或者尚未进入受理程序。(2022) UN doc A/77/40, para. 22.

在各种情况中对人的递解出境或引渡[113]，对于未能履行义务兵役者的护照控制［12.25］，基于军纪实行的拘禁［11.89］，对于未获授权即到来的寻求庇护者的拘禁[114]，禁止同性恋者的性关系［16.50］，大赦法［9.185］，在死囚牢中拖长时间的拘禁［9.81］，旨在促进某种语言文化的语言要求［18.39］，在土著人土地上的商业勘探[115]，禁止媒体入场报道议会的开会过程［18.61］，禁止同性婚姻［20.42］，审判恐怖主义活动的特别法院［23.124］，对土著人提出的悬而未决主张的立法解决［24.20］，强制性死刑［8.57］，《公约》和《任择议定书》规定的义务被认为延及附属领土的程度［4.06］，堕胎[116]，信息自由[117]，对律师与客户间保密关系的侵扰［16.37］，预防性拘禁［11.35］，基于信念拒服兵役[118]以及国家对于联合国安全理事会（安理会）决议规定的义务的履行。[119]

[1.72] 根据《任择议定书》作出的最激烈的决定中，有些有关独立保障不歧视的第 26 条。[120] 在 1987 年对布鲁克斯诉荷兰案（*Broeks v the Netherlands*, 172/1984）［23.14］和兹万－德弗里斯诉荷兰案（*Zwaan-de-Vries v the Netherlands*, 182/1984）作出的里程碑式的决定中，人权事务委员会认定，第 26 条保障与所有权利（包括经济、社会和文化权利）有关的不歧视。在许多后来的来文中，委员会不得不审议国内社会福利政策中许多据称具有歧视性的措施是否符合《公约》。鉴于《欧洲人权公约》中相应的保障不歧视的第 14 条只禁止与该公约规定的其他权利有关的歧视［23.17］，[121] 委员会的这些决定尤其重要。

[1.73] 可以批评人权事务委员会的是，有时它在所用方法上并不连贯

113　例如见，第［9.98］~［9.126］段。参见第十三章。
114　例如见，第［11.24］~［11.27］段。
115　见第［24.27］及以下各段。
116　见第［8.90］及以下各段。
117　见第［18.22］及以下各段。
118　见第［17.41］及以下各段。
119　见第［1.87］和［4.28］段。
120　Harris, 'The International Covenant on Civil and Political Rights', 17. 参见第二十三章。
121　《欧洲人权公约第十二议定书》第 1 条现在规定了该公约制度之内的一项独立的不受歧视的权利。

一致。例如，在尼可拉斯诉澳大利亚案（*Nicholas v Australia*，1080/2002）中，所提出的主张有关第 15 条［15.05］。委员会在认定该条未被违反时，提出可能存在与第 14 条有关的问题，但它不能审议这些问题，因为当事各方并没有提出这些问题。[122] 然而，在坎卡纳姆哥诉斯里兰卡案（*Kankanamge v Sri Lanka*，909/2000）中，委员会认定第 14 条第 3 款（寅）项被违反，尽管提交人并没有援引这一规定。

［1.74］出现方法上不连贯一致的另一种情况，有关人权事务委员会如何对待表面上看来违反《公约》的法律。有时，委员会将认定所涉法律违反《公约》，例如在有关无差别禁止囚犯投票的耶维多基莫夫和热扎诺夫诉俄罗斯联邦案（*Yevdokimov and Rezanov v Russian Federation*，1410/2005）［22.27］以及有关基于性情况（sexuality）而拒绝某些社会保障福利的杨诉澳大利亚案（*Young v Australia*，941/2000）［23.54］中，就是如此。[123] 但是，有时委员会会认定没有出现违反情势，因为所涉法律在其要处理的特定案件中的适用根据《公约》是可予允许的，例如在有关否认种族大屠杀的弗里森诉法国案（*Faurisson v France*，550/1993）［18.90］以及有关基于国籍作出区分之恢复原状法的适用的阿斯特诉捷克共和国案（*Aster v Czech Republic*，1575/2007）中，就是如此。实际上，在耶维多基莫夫和热扎诺夫案中，少数委员即特林先生和奥弗莱厄蒂先生就认定不存在违反情势，因为在他们看来，所涉法律适用于被判犯有严重有组织犯罪行为的提交人并不是无理的。[124]

［1.75］最后，就方法问题，看来人权事务委员会根据其"第四审级"原则给予当地法院的裁决的尊重程度是有差别的［1.54］。尽管传统上委员会持尊重态度，例如在家庭法领域中［20.62］——对此亨德里克斯诉荷兰案（*Hendriks v the Netherlands*，201/1985）可以作为例证，但也有可能"推翻"当地法院的裁定——在 NT 诉加拿大案（*NT v Canada*，1052/2002）［20.39］中就能看到这种情况。因为委员会缺少这种尊重而导致争议的一个案件，是涉及冰岛的渔业监管的哈拉尔德森和斯文森诉冰岛案（*Haraldssonand*

---

[122] 在委员会意见的第 7.4 段。

[123] 本案中，澳大利亚主张，无论提交人的性情况如何，反正都没有资格享有这一福利待遇。

[124] 另见下案中的多数和少数意见：*Correia de Matos v Portugal*（1123/2002）。

Sveinsoon v Iceland（1306/2004）[23.71]。尽管多数委员认定存在违反，但少数委员即奈杰尔·罗德利爵士、岩泽先生和韦奇伍德夫人持不同意见，认为对于这一具有极高经济和环境重要性的事务，委员会本应尊重冰岛当局的决定。[125]

[1.76] 当然，根据《任择议定书》产生的判例也得到了一般性意见和结论性意见的补充，后两者涉及了众多超出所提交的来文涵盖的范围以外的问题。最后，一些其他重要事项是由其他联合国人权条约机构处理的，例如禁止酷刑委员会所处理的涉及酷刑的事项。

[1.77] 得到普遍承认的是，人权文本应该宽松地加以解释，因此相应的限制则要狭窄地加以解释。[126] 不过，将人权事务委员会的解释与其他人权机构相比较，难以确定任何连贯一致的自由主义、激进主义或保守主义的趋势。例如，委员会在1988年将《公约》第26条延伸到经济、社会和文化权利领域被认为是激进的。[127] 然而可以说，在其后来对有关社会和经济权利分配中的歧视的来文的审议中，委员会又相当保守。对于"死囚牢现象"，委员会表现出比索灵诉英国案（*Soering v UK*）中的欧洲人权法院要保守得多的反应。[128] 但是，在其拒绝谨慎的自由判断余地原则方面，委员会又比欧洲人权机构要激进得多。[129] 委员会缺少一种连贯一致的解释"哲学"可以归因于这样一个事实，即每两年都有新委员加入委员会。[130]

---

[125] 另见，*Jazairi v Canada*（958/2000），该案表明，多数委员和少数委员尊重国内决定的不同程度也会造成意见的差别。

[126] 'Siracusa Principles on Limitations and Derogations to the ICCPR' (1985) 7 *Human Rights Quarterly* 3, 4; Nowak, *UN Covenant on Civil and Political Rights: CCPR Commentary*, XXVII. 另见艾伯塔联盟案（*Alberta Unions Case*, 118/1982）中多数委员的意见，第5段。

[127] 见，T Opsahl, 'Equality in Human Rights Law with Particular Reference to Article 26 of the International Covenant of Civil and Political Rights', in M Nowak, D Steurer, and H Tretter (eds), *Festschrift für Felix Ermacora* (Engel, 1988), 52, 其中描述了荷兰对布鲁克斯案和兹万－德弗里斯案中的认定的抵抗；另见，Harris, 'The International Covenant on Civil and Political Rights', 18, note 92。

[128] *Soering v UK*, No 161 (1989) 11 EHRR 439. 另见，*Johnson v Jamaica* (588/1994)，其中委员会拒绝了索灵案中的推理 [9.81]。

[129] 见第 [18.68]~[18.69] 段、第 [24.29]~[24.30] 段。

[130] 大部分任职委员通常都会重新当选。不过，总会有退休、去世造成的若干空缺，或者偶尔也会出现未能被再次提名或重新当选的情况。

《公民及政治权利国际公约》：案例、资料和评注

先例的作用

[1.78] 人权事务委员会并不明确地受任何先例原则的约束。在托马斯诉牙买加案（*Thomas v Jamaica*，532/1993）中，波卡尔先生和拉拉赫先生声称：

> 委员会基于法律理由的任何……意见，都可以根据委员会委员在审议另外案件时提出的进一步主张，在任何时候得到翻转或修正。

在汤普森诉圣文森特和格林纳丁斯案（*Thompson v Saint Vincent and the Grenadines*，806/1998）中，克雷茨梅尔、奥马尔、约尔登和扎基亚先生声称：

> 委员会不受其以往判例之约束。它可自由选择背离此等判例，如果它确信过去的做法是错误的，它就应该这样做。不过，在我看来，如果委员会希望缔约国认真对待其判例并在实施《公约》中受其引导，那么当它改变方针时，就必须向各缔约国和所有其他相关者解释它为何选择这样做。……

[1.79] 在很多场合，人权事务委员会都明确遵循了自己的决定，[131] 但偶尔也会表达并不连贯一致的意见。例如，佛因诉法国案（*Foin v France*，666/1995）[23.58] 看来推翻了先前雅维宁诉芬兰案（*Jävinen v Finland*，295/1988）中的决定 [23.57]。贾治诉加拿大案（*Judge v Canada*，829/1998）[8.69] 明确推翻了金德勒诉加拿大案（*Kindler v Canada*，470/1991）[8.67]。尼斯特罗姆诉澳大利亚案（*Nystrom v Australia*，1557/2007）[12.40] 和瓦萨梅诉加拿大案（*Warsame v Canada*，1959/2010）[12.41] 就如何解释第12条第4款，明显地背离了斯图尔特诉加拿大案（*Stewart v Canada*，538/1993）[12.39]。尹汝范和崔明镇诉韩国案（*Yoon and Choi v Republic of Korea*，1321-2/2004）就基于信念拒服兵役的问题，则背离了 LTK 诉芬兰案（*LTK v Finland*，184/1984）[17.43]。委员会的结论性意见表明，《公

---

[131] 例如，约翰森诉牙买加案（*Johnson v Jamaica*，588/1994）中有关死因牢现象的推理在多数委员的意见中得到了遵循，例如以下案件：*Hylton v Jamaica* (600/1994), *Lewis v Jamaica* (527/1993), and *Spence v Jamaica* (59/1994)[9.81]。

约》可能的确保护罢工权，这与其早先在 JB 诉加拿大案（*JB v Canada*，118/1982）中的决定相反［19.24］。委员会偏离其自身的判例尽管不经常，但表明《公约》是一项活的文书，能够动态发展。

［1.80］当然，人权事务委员会判例的通常发展方向是有利于对人权的扩张解释。也就是说，委员会的决定更可能倾向于自由而非保守。

科迪洛夫诉乌兹别克斯坦（*Kodirov v Uzbekistan*，1284/2004）

在该案中，可以说，委员会采取了比其以往的案例法更为保守的进路，即它拒绝审查一项有关死刑的申诉，因为有关的死刑判决已经被减刑。有三位委员即夏内夫人、马约迪纳女士和萨尔维奥利先生对这一点持异议，他们认为，拒绝审议有关第6条的申诉是从以往案件的"一步倒退"。[132] 然后他们称：

6. 在对人权法的解释中并以进展之名，一个国际机构可以修订它以前持有的看法，而代之以一种对国际文书所载权利提供更大程度保护的解释：这构成了对国际人权法之适当和必要发展。

7. 但是，相反的过程是不可接受的：对人权规定采取比以前更加严格的解释是不合适的。违反《公约》之情势的受害者得到保护的方式，至少应该与同一机构在以往审议的案件中使用的方式相同。

［1.81］人权事务委员会很少提到并依循作为其同道的其他联合国人权条约机构的决定。它也并不经常提到已经形成了大量相关判例的区域性人权机构。《公约》与其他人权条约的关系将在下文讨论［1.96］。

对《公民及政治权利国际公约》权利的限制

［1.82］某些《公约》权利是绝对的。这些绝对权利的例证包括禁止酷刑和残忍、不人道或侮辱之待遇或惩罚的第7条，以及禁止奴隶制的第8条第1款。一国不能对一项绝对权利施加任何限制，除非根据第4条作出了一项有效克减[133]或提出了一项有效保留[134]。

---

[132] 在其异议意见第5段。委员会关于这一点的案例法并不连贯一致［8.54］。

[133] 不过，绝大部分绝对权利是不可克减的。第10条第1款尽管是以绝对性的语言表述的，却是一项可以克减的权利。

[134] 见本书有关缔约国的保留权利的第二十六章。

[1.83] 尽管允许对《公约》权利予以限制，但这些限制必须由国内法所规定。[135] 这意味着对于什么情况将施予限制应清楚地规定在可为人所知的法律中，无论是制定法还是普通法。[136] 法律不能是模糊的，以至于在其实施中允许太多的酌处余地和不可预测性。[137]

[1.84] 某些《公约》权利（即第 12 条第 1 款和第 2 款、第 13 条、第 14 条第 1 款的一部分、第 18 条第 1 款、第 19 条第 2 款、第 21 条和第 22 条）包含了明确的限制条款，这些条款列出了可予限制的理由，诸如公共秩序、国家安全以及保护其他人的权利。[138] 多数明定的限制必须"在民主社会中必要"，这为判定某一特定限制是否可予允许带来了比例性的概念。[139] 其他《公约》权利（即第 6 条第 1 款、第 9 条第 1 款、第 12 条第 4 款和第 17 条）允许"并非无理的"限制。"无理"的概念也将比例性纳入对这些限制之限度的判定中。[140] 第 25 条规定的权利明确地可以受到"合理"措施的限制，[141] 第 26 条规定的不受歧视的权利按照人权事务委员会的判例，[142] 可以受到"客观且合理"的措施的限制，因此这两条也同样受到比例性概念的限制。一项限制性规定，除非其旨在达到明示限制条款所确定的正当目标之一，否则不太可能被认为是并非无理的、合理的以及/或者合比例的。因此，尽管对于可予允许之限制的用语并不相同，但大部分《公约》权利可以受到旨在保护某种具有抗衡性的社会利益——如公共秩序或保护其他个人的相冲突利益——的

---

[135] 这一要求以各种不同的表述方式贯穿于《公约》的各项保障。

[136] See Nowak, *UN Covenant on Civil and Political Rights: CCPR Commentary*, 224. 另见, *Sunday Times v UK* (1979 – 80) 2 EHRR 245, para 49, 欧洲人权法院在该案中确认，法官所造的法律，为了限制《欧洲人权公约》所规定之权利，可能足以构成所指称的"法律"。

[137] See eg *Pinkney v Canada* (27/1978) [16.08]. 另见第 27 号一般性意见第 13 段 [12.28]。

[138] 这些限制并没有在每一相关权利的情况中都得到解释。不过，看来这些术语会在所有的情况中，以一种相似的方式加以解释。

[139] *Pietraroia v Uruguay* (44/1979), para 16. 另见伊瓦特夫人、克雷茨梅尔先生和克莱因先生在弗里森诉法国案（*Faurisson v France*, 550/1993）中的单独意见第 8 段 [18.91]。

[140] *Toonen v Australia* (488/1992), para 8.3 [16.10]。

[141] *Gillot v France* (932/2000), para 13.2, 其中确认比例性对于判断对第 25 条所规定之权利的限制的相关性 [7.07]。

[142] 见第 [23.48] 及以下各段。

合乎比例的法律的限制。[143]

[1.85] **第 31 号一般性意见**

人权事务委员会本身确认了在判定对《公约》权利的限制是否正当时，比例概念的核心地位。

> 6.……对其中任何权利的任何限制，根据《公约》的有关条款，必须是允许如此限制的。在作出此种限制时，缔约国必须表明其必要性，而且只能采取与追求的正当目的成比例的措施，以便确保持续地、有效地保护《公约》权利。在任何情况下，都不得以可能损害《公约》权利之实质的方式适用或实行限制。

[1.86] 某项《公约》权利与对其之限制之间的界线绝非清楚明白，尤其是在这一权利的"边缘"之处。一项权利的边缘可以归结为：明确遵行与公然不遵行之间的一个区域。[144] 对于人权的边缘地带有影响的法律是否符合人权的问题，一般要在个案的基础上解决，除非存在具有高度相关性的先例。这种不确定性证实，抽象的《公约》权利尚没有全部具体化。具体化的过程需要通过人权事务委员会判例的增长，经过一段时间才发生，而且受到有关《公约》权利之国内裁决以及学术著述的促进。

国际法中的《公民及政治权利国际公约》

[1.87] **萨雅迪和维因克诉比利时**（*Sayadi and Vinck v Belgium*, 1472/2006）

该案中的提交人是一个非政府组织 FSI——据说是全球救灾基金（Global Relief Fund, GRF）的欧洲分支——的成员。GRF 于 2002 年 10 月被"列在了"联合国安理会的与恐怖主义有联系的组织和人员名单上。根据安理会的

---

143 P Hassan, 'International Covenant on Civil and Political Rights: Background Perspectives on Article 9 (1)' (1973) 3 *Denver Journal of International Law and Policy* 153, 其中详细介绍了在第 9 条第 1 款中包括"无理"一词以代替——列举对个人自由权之限制的起草历史。该文章的结论是，禁止对自由的"无理"限制"能够针对政府对其人民的压迫，提供比任何具有对限制之详细列举的条款更好的保障"（该文第 183 页）。

144 See M Delmas-Marty, 'The Richness of Underlying Legal Reasoning', in M Delmas-Marty (ed), *The European Convention for the Protection of Human Rights* (Martinus Nijhoff, 1992), 332.

决议，各国有义务对这一名单上的实体或个人施加若干制裁，包括旅行限制和冻结财产。2002年11月，比利时将提交人的姓名交给安理会，声称他们是FSI的核心成员；他们随后按规定被安理会的制裁委员会列在了名单上。其结果是，比利时根据安理会的决议有义务冻结他们的银行账户并对其实施旅行限制。对于比利时将他们的姓名提交给安理会，提交人针对政府发起了诉讼。2005年2月，布鲁塞尔法院作出了有利于提交人的裁决。比利时政府对于将其姓名从安理会的名单上移除进行了一定的游说活动，但没有成功。针对提交人的有关据称与恐怖主义存在联系的国内刑事调查，也因为缺乏证据而终结。提交人声称，对他们的迁徙和财产的限制以及对他们声誉的损害，侵犯了他们根据第12条［12.23］和第17条［16.46］享有的权利。比利时对其行为提出了如下辩解：

4.6.……缔约国辩称，首先，按照安理会的决议，它有义务提供有关提交人的资料。缔约国指出制裁委员会确认的一点是，一旦一个慈善组织被列入名单，与之相关的主要人员也必须被列入名单。……

6.1. 缔约国在2007年1月17日的答复中指出，提交人无权在委员会质疑联合国有关打击恐怖主义的规定。根据《任择议定书》第1条，提交人无权质疑缔约国为履行其《联合国宪章》义务而采取的措施。在这种情况下，提交人不受缔约国的管辖，委员会亦不得审议其申诉。对于国家依据一项国际义务之要求而采取的行为超出该国管辖范围，提交人并无异议。提交人的意见错误地假设，委员会可以判断安理会决议的有效性；提交人的意见还认为，联合国各会员国可以按照《宪章》审查安理会决议的合法性，并将这些决议与《公约》条款一并考量。即使会员国拥有这种酌处权，那充其量也只意味着限于对安理会明显滥用权力进行有限的监督。安理会最近强调了"所有会员国都承担的全面实施安理会通过的强制性措施的义务"。本案中，提交人没有表明任何明显违反《宪章》的情况。关于据称安理会越权行事之指控，实情是安理会并未越权行事，而且公认恐怖主义构成对国际和平与安全之威胁。

人权事务委员会多数委员认定来文可予受理：

7.2.……虽然委员会不能审议对诸如《联合国宪章》等其他文书的

据称违反，或质疑联合国有关打击恐怖主义之规则的指控，但委员会有权受理声称一缔约国侵犯《公约》所载权利之来文，而不论该缔约国履行之义务源于何处。委员会的结论是，《任择议定书》第1条之规定并不妨碍委员会审议本来文。

[1.88] 奈杰尔·罗德利爵士、希勒先生和莫托科女士不同意多数委员的意见，认为这一申诉不可受理：

> 尽管该缔约国没有明确说明这一论点，但显然该国已尽其所能争取提交人被除名，从而提供了其力所能及范围内的唯一救济。因此，除非委员会认为缔约国仅仅遵守安理会的列出名单程序（在缔约国没有心怀恶意或安理会没有明显的滥用权力或越权的情况下）本身就能够违反《公约》，否则就无法清楚地解释，为什么根据《任择议定书》第1条，提交人仍可以被视为缔约国违反《公约》义务的受害者。

韦奇伍德夫人也对来文可予受理表示了异议：

> ……提交人之申诉有关联合国安理会的行动和决定，而非比利时的行为。安理会的决议确立了防止资助和帮助国际恐怖主义活动的行政措施。……
>
> ……正如委员会所承认的，它并无审查安理会之决定的上诉管辖权。委员会也不能因一国遵守这些决定而处罚之，因为这将不符合《联合国宪章》的宪法框架及其根据《公约》所承担之职责。

对联合国所有会员国和《公约》所有缔约国都有约束力的《联合国宪章》第103条规定，《宪章》义务优先于其他国际法义务。这样的义务之一规定在第25条中，即遵守安理会决议的义务。在上述案件中，少数委员觉得比利时实际上被安理会的决议缚住了手脚，因此针对其提出的申诉不能予以受理。

[1.89] 多数委员接着讨论了案件的实质问题：

> 10.3. 尽管当事双方没有援用《公约》第46条，但考虑到本案的特殊情况，委员会认为有必要考虑该条的相关性。委员会忆及，《公约》第46条规定，《公约》中任何条款都不得以有损《联合国宪章》条款的方式解释。然而，委员会认为，本案丝毫不涉及以有损《联合国宪章》

条款的方式解释《公约》的一项规定。本案有关缔约国为执行联合国安理会的一项决议而采取的国内措施是否符合《公约》。因此，委员会认定，第46条与本案无关。

10.4. 委员会掌握的事实表明，在提交人的姓名被列入联合国制裁委员会的综合名单后——这一名单随后被附在欧洲共同体的一项规章以及在该缔约国之内发布的一项部长命令之后，缔约国冻结了他们的财产。提交人的姓名被列入制裁名单使其无法自由旅行。提交人诉称，这侵犯或违反了其获得有效救济的权利、其自由旅行的权利、其名誉及信用不受非法破坏的权利、罪刑法定原则、对无罪假定之尊重以及他们进行具有程序和制度保障之诉讼的权利。……

10.6. 委员会忆及，在本案中，对被列入制裁名单者——尤其是提交人——所施加的旅行限制，是安理会决议所规定的，而缔约国相信自己根据《联合国宪章》受此等决议的约束。但是，委员会认为，且不论上述观点，委员会仍有权审议为执行联合国安理会的一项决议而采取的国内措施是否符合《公约》。作为《公约》所保护之权利的保障机构，委员会有责任审议安理会决议施予缔约国之义务，在多大程度上能证明对《公约》第12条所保护的迁徙自由权的损害正当合理。

10.7. 委员会指出，遵守安理会根据《联合国宪章》第七章所作决定的义务，可以构成第12条第3款所述之"限制"，即为保护国家安全或公共秩序所必要之限制。然而，委员会忆及，旅行禁令是该缔约国先将提交人姓名传给联合国制裁委员会，才产生的后果。缔约国在2002年9月3日开始刑事调查短短几周后，就于2002年11月19日提出将提交人列入名单。提交人认为，此举显得仓促且无道理。关于这一点，委员会注意到缔约国主张，提交人的协会是"全球救灾基金"的欧洲支部，该基金已于2002年10月22日被列入制裁名单，而且制裁名单还提到了该基金与其欧洲各支部（包括提交人的协会）有干系。缔约国还提出，当一个慈善组织被列入名单时，与之相关的主要人员也必须被列入名单，此说已得到制裁委员会证实。本委员会认定，缔约国的主张并不具有决定性，特别是考虑到其他国家并没有将该慈善组织的其他雇员的姓名传给制裁委员会……。本委员会还注意到，提交人的姓名甚至在其本人还没有获得听审之前，就已被传给制裁委员会。委员会认定，在本案中，缔约国虽然无权将提交人的姓名从联合国和欧洲的名单上除名，但对提交者的姓名被列入上述名单以及他们因此被禁止旅行负有责任。

[1.90] 人权事务委员会接着认定了对第12条 [12.23] 和第17条 [16.46] 的违反。多数委员的决定得以回避了《公约》义务与《联合国宪章》义务的不一致问题：这一决定实际上认定安理会决议并不要求比利时转交姓名，因此根据《公约》，比利时要为其如此行为的错误决定所导致的后果负责。多数委员提出的救济也很有意思：

> 12.……尽管缔约国本身无权将提交人的姓名从制裁委员会的名单上除名，但本委员会仍认为，缔约国有义务尽其所能，争取尽快将提交人姓名从名单上删除、向提交人提供某种形式的赔偿并公布除名的申请。缔约国还有义务确保将来不再发生类似的侵权行为。

因此，多数委员没有下令该国取消财产冻结和旅行禁令——如果取消就必将违反要求对名单所列人员采取此种措施的安理会决议，而无论这种列名是否有道理。因此，在该案中，多数委员实际上表现出对《联合国宪章》义务的尊重。

[1.91] 如同对来文可否受理提出异议一样，希勒先生同样以"缔约国乃是善意行事、履行其根据更高一级的法律所承担之义务"为由，对案件的实质问题提出了异议。岩泽先生则相反，赞同人权事务委员会多数委员对案件实质问题的意见，即"该缔约国本可以在遵守联合国安理会决议的同时，以其他方式行事"。奈杰尔·罗德利爵士在一项有关实质问题的进一步附议意见中，讨论了如何解决联合国安理会决议与人权义务之冲突的复杂问题。他总结说：

> ……情况有可能是，安理会为了打击"基地组织"异乎寻常的残暴的恐怖主义活动之必要——这种活动在2001年9月11日达到了暴行的巅峰，作为第一个反应，也许采取了一些涉及克减可以克减之权利（迁徙自由、个人隐私以及尽管并非受《公约》保护的财产权）的措施。显然，列出制裁名单的程序可以也确实被视为包含这些内容。但是必要

性和比例性不能保证永久稳妥的答案。相反，对这些问题的应答随着所面临情况而变化。不易令人理解的是，在安理会的第一项决议即第1267 (1999) 号决议通过已近10年、"9·11"事件发生也已7年之后，为什么安理会还不能制定出更加符合公开透明、尽职负责以及对事实作出公正无偏且独立之评估等人权价值的程序。也许可以希望，调整这些程序、使之符合上述原则，不会再有更长时间的拖延。这将避免使各国，包括《公约》和其他国际人权文书的缔约国，在确定应该采取的立法或行政措施时，陷入不得不艰难地解释甚至挑战安理会决议有关规定之合法有效性的尴尬局面中。

[1.92] 在对新西兰的结论性意见中，人权事务委员会称:[145]

13. 委员会一方面注意到安理会第1373 (2001) 号决议所施予的义务，一方面对2007年《制止恐怖主义修正法》的一些条款是否符合《公约》表示关切。委员会尤其关切指定某些组织或个人为恐怖主义实体的程序，以及在《修正法》中没有用以质疑这种指定的条款，这不符合《公约》第14条。委员会还关切的是，在《修正法》中规定了新的一节，允许法院在被指定为恐怖主义实体的组织或个人缺席的情况下，接受或审理针对他们的机密安全信息（第2、14、26条）。

该缔约国应确保其反恐立法完全符合《公约》。缔约国尤其应采取步骤，确保为实施安理会第1267 (1999) 号决议所采取之措施以及国家指定恐怖组织之程序完全遵守《公约》第14条规定的所有法律保障措施。

[1.93] **瑟切雷默利斯诉希腊**（*Sechremelis v Greece*, 1507/2006）

该案的提交人是第二次世界大战期间，纳粹德国于1944年在希腊的屠杀事件受害者的后代。1995年，他们在希腊法院就此事件起诉德国并胜诉。随后，他们提出了针对德国的执行诉讼。然而，根据希腊法律，希腊司法部部长的同意是执行的先决条件。司法部部长没有授权执行，德国也拒绝赔偿。提交人诉称，这违反了与《公约》第2条第3款［25.18］连同理解的

145　(2010) UN doc CCPR/C/NZL/CO/5.

第 14 条第 1 款［14.83］，因为希腊未能授权执行其本身的法院的判决。希腊辩称，其行为符合有关国家豁免的国际法。人权事务委员会尽管裁决该案可予受理，但没有认定存在违反情势：

  10.2. 本来文的源头是里瓦迪亚（Livadia）初审法院的第 137/1997 号裁决，其中命令德国向 1944 年 6 月 10 日德国占领军在希腊迪斯托莫（Distomo）所犯大屠杀的受害者的亲属支付赔偿。2000 年 5 月 4 日，希腊最高上诉法院驳回了要求司法审查的申请，该裁决于是成为最终裁决。2000 年 5 月 26 日，提交人根据《民事诉讼法》提起了有关执行该裁决的诉讼。2000 年 7 月 17 日，德国在雅典初审法院提出申诉，声称根据《民事诉讼法》第 923 条，司法部部长事先给予同意是执行一项针对外国的裁决的先决条件，但该部长没有给予此种同意。法院驳回了这一申诉，理由是该第 923 条与《欧洲人权公约》第 6 条以及本《公约》第 2 条第 3 款不符。但在德国上诉后，雅典上诉法院认定，该第 923 条没有违反《欧洲人权公约》或本《公约》。该法院认为，该第 923 条施加的限制并未绝对禁止执行针对外国的裁决；该条旨在达到一个符合公共利益的目的，即避免干扰国家间关系；此种限制并不影响获得有效法律保护的权利；而且可在稍后的日期或在其他国家行使使得该项裁决得以执行的权利。2002 年 6 月 28 日，最高上诉法院维持了雅典上诉法院的裁决，其后德国拒绝支付赔款，而司法部部长则拒绝授权执行该裁决。

  10.3. 委员会需要处理的问题是，司法部部长根据《民事诉讼法》第 923 条拒绝授权执行第 137/1997 号裁决，是否构成了对第 2 条第 3 款规定的获得有效救济的权利的侵犯，其中要参考第 14 条第 1 款规定的获得公正审理的权利。

  10.4. 委员会认为，《公约》第 2 条第 3 款和第 14 条第 1 款所保障的保护，如果不延及对法院充分遵守第 14 条所规定条件而作出之判决的执行，就是不完整的。委员会指出，在本案中，要求司法部部长事先同意希腊当局执行第 137/1997 号裁决的《民事诉讼法》第 923 条，对获得公正审理的权利和获得有效救济的权利施加了限制。问题在于这种限制是否正当合理。

10.5. 委员会注意到，缔约国提到了有关国家豁免的相关国际法以及1969年《维也纳条约法公约》。委员会还注意到缔约国声明，此种限制并未损害提交人获得有效司法保护这一权利的实质；以及不能排除国内法院的裁决可能在稍后的日期得到执行，例如，如果享有执行豁免的外国同意接受希腊当局采取的制约措施，从而自愿放弃适用对之有利的国际法规定；而这是国际法有关规定明示的一种可能。委员会也注意到提交人的论点，即德国不处于法律诉讼程序豁免的范围之内。鉴于本案的特定情况，在不妨碍国际法的今后发展以及1944年6月10日发生的大屠杀以来可能已发生的事态的情况下，委员会认为，司法部部长拒绝根据《民事诉讼法》第923条同意采取执行措施并未构成对与《公约》第14条第1款连同理解的第2条第3款的违反。

该案涉及国际法规范即有关国家豁免的习惯国际规则与《公约》第2条第3款、第14条之间的一种潜在冲突。多数委员简单地暗示，国家豁免规则构成了一种对于有关《公约》权利的合理限制。希勒先生的异议更进一步，以希腊根据国家豁免的清楚规则无法以任何其他方式行动为依据，认定该案不可受理。

[1.94] 拉拉赫先生、布齐德先生和萨尔维奥利先生表示了异议，认定多数委员的推理否定了有关《公约》权利。他们指出，事实上能够在相关国际法规则之间达成一种协调，因为没有什么事情能阻止希腊政府自己满足这一判决，然后再向德国寻求弥补 [25.19]。

[1.95] 因此，人权事务委员会在瑟切雷默利斯案中对国家豁免法、在萨雅迪和维因克案中对《联合国宪章》都给予了尊重。与之相对，委员会在拉英诉澳大利亚案（*Laing v Australia*, 901/1999）中却没有承认1980年《海牙国际诱拐儿童民事方面公约》能以任何方式修正《公约》义务 [21.31]。在波尔佐夫诉爱沙尼亚案（*Borzov v Estonia*, 1136/2002）中，委员会也没有体现出对爱沙尼亚与俄罗斯之间的一项双边引渡条约的尊重。[146] 还可以指出的是，委员会有关保留问题的第24号一般性意见看来与有关这一事项的其他

---

146 See also *Maksudov et al. v Kyrgyszstan* (1461–2, 1476–7/2006).

国际法渊源相抵触。[147]

[1.96] 人权事务委员会在提到其他人权条约方面,并不规律。例如,提到欧洲人权法院裁决的情况很少见,而且通常是由当事方的意见提出的。一个例证出现在拉拉纳加诉菲律宾案（*Larrañaga v Philippines*，1421/2005）中,有关《公约》第7条和死刑。[148] 更连贯一致地参考类似国际机构的决定可能是可取的,这可以促进连贯一致的国际人权原则的发展。[149]

[1.97] 当然,在若干情形中,人权事务委员会偏离了欧洲人权法院的案例法,例如在有关以下方面的情况中：一个人在刑事诉讼中自我代表的权利[150]、刑事诉讼中的上诉权利[151]以及"死因牢现象"[152]。

[1.98] 在若干涉及强迫失踪的案件中,人权事务委员会明确运用了《国际刑事法院罗马规约》第7条第2款第（9）项对"失踪"的定义。在尤里奇诉智利案（*Yurich v Chile*，1078/2002）中,少数但数量不少的委员会委员批评了这种做法。夏内女士、帕尔姆女士、拉拉赫先生、奥弗莱厄蒂先生和索拉里－伊里戈延先生称：

> 委员会同意接受这些与另一国际条约有关的标准,即忽视了一个事实,即委员会必须适用《公约》、必须适用整个《公约》且只能适用《公约》而非其他文书。

在类似的奇福恩特诉智利案（*Cifuentes v Chile*，1536/2006）中[2.12],夏内女士、马约迪纳女士和拉拉赫先生批评的一点是,多数委员使用的"失踪"定义来自"《保护所有人免遭强迫失踪国际公约》第2条,并且在脚注中援引《国际刑事法院罗马规约》、《美洲被迫失踪人员公约》和《保护所有人免遭强迫失踪宣言》作为额外的根据"。[153] 他们接着称：

> ……"强迫失踪"尽管明显对于《公约》维护的一些权利具有负

---

[147] 参见,第［26.05］和［26.17］及以下各段。
[148] 在委员会意见的第7.11段。另见韦奇伍德夫人的异议意见。
[149] Harris, 'The International Covenant on Civil and Political Rights', 15.
[150] *Correia de Matos v Portugal* (1123/2002) [14.151].
[151] *Gomariz Valera v Spain* (1095/2002) [14.198]; *Uclés v Spain* (1364/2005).
[152] *Johnson v Jamaica* (588/1994) [9.81].
[153] 见委员会意见的第8.4段以及异议意见。

面影响,但不是《公约》使用的措辞或概念。

令人遗憾的是,委员会多数委员将其推理的主要依据基于其他国际文书所创立定义中的构成要素,却没有考虑委员会有责任适用的正是《公约》及其《任择议定书》的规定。在这方面,多数委员随后又没有考虑委员会必须判定缔约国是否履行了其根据《公约》承担的义务,侵犯了据称受害者的某些《公约》权利。

因此,少数委员的意见对于为了根据《公约》作出决定之目的而使用其他条约来阐明人权侵犯情势,提出了警告。

[1.99] 第31号一般性意见

11.……《公约》也适用于国际人道法规则可对之适用的武装冲突的情况。虽然,就某些《公约》权利而言,国际人道法的更为具体的规则对于解释《公约》权利的目的来说可能特别相关,但是这两个法律领域是互补的,而不是互相排斥的。

该一般性意见确认,在战时《公约》与国际人道法并行适用。[154]

积极义务

[1.100] 在经典意义上,公民权利和政治权利被视为免受国家任意干涉的自由。[155] 因此,它们在概念上一般被归为"消极的"权利,即国家要避免某些行动。公民权利和政治权利的这种传统概念在很大程度上造成的认识是,这些权利是无须花费的,即一国为避免做某事不必"付出"什么。无须花费的权利还可能更适于立即施行,这又使这些权利可诉诸司法裁判。公民权利和政治权利的这些"特色"可以与通常和经济、社会和文化权利相联系的特色形成对比。后一类权利在传统上被视为是"积极的",即需要国家采取行动提供这些权利(例如国家需要提供适足的保健以及教育水准)。由此,积极权利被视为需要花费的、逐渐的以及不可司法裁判的。实际上,这种公民权利和政治权利与经济、社会和文化权利之间被认为具有的显著区别,在

154　See also Advisory Opinion on the Legal Consequences of the Construction of a Wall in the Occupied Palestinian Territory (Advisory Opinion, ICJ Reports 2004 at 46 – 8).

155　McGoldrick, *The Human Rights Committee*, 11.

很大程度上导致了将两套权利分开规定在两项公约中的决定。[156]

［1.101］然而，这种区分经证明是简单化的、有缺陷的。实际上，仅凭直觉就足以发现众多《公约》条款中存在的积极方面。例如，第 10 条第 1 款对于拘禁中的人道待遇的保障就使得建造足够数量的拘禁场所以避免过度拥挤成为必要。第 14 条第 1 款规定的公正审判权明显使得提供独立的司法机关成为必要。第 25 条（丑）项规定的投票权说到底涉及提供必要的机制以确保公正的选举。第 23 条和第 24 条明确规定的保护家庭和儿童的义务明显要求采取积极措施。

［1.102］**第 31 号一般性意见**

> 6. 第 2 条第 1 款所规定的法律义务从性质上来说既是消极的又是积极的。缔约国必须避免侵犯《公约》所确认的权利，对其中任何权利的任何限制，根据《公约》的有关条款，也必须是允许如此限制的。……
>
> 7. 第 2 条要求各缔约国采取立法、司法、行政、教育以及其他适当措施，以履行其法律义务。委员会认为，不仅仅是政府官员和国家机关工作人员，而且全体人民都必须提高对于《公约》的认识。

［1.103］人权事务委员会明确认定，多项实质性的《公约》权利施予国家众多积极义务。委员会声明，各国有义务调查《公约》被违反的指控，[157] 还有义务提供程序和机制以预防对《公约》的违反再次发生。[158] 相关人员必须得到适足的培训以获取有关如何行为以符合《公约》的知识。[159] 在众多的结论性意见中，都提到了国家有义务教育大众，以使人权文化浸淫在社会中。[160] 最后一个例证是，委员会在第 23 号一般性意见中，明确将积极义务纳入其对有关保障少数者权利的第 27 条的解释中。[161]

---

[156] McGoldrick, *The Human Rights Committee*, 11. See also C Scott, 'The Interdependence and Permeability of Human Rights Norms: Towards a Partial Fusion of the International Covenants on Human Rights' (1989) 27 *Osgoode Hall Law Journal* 769, 832.

[157] 例如见第 20 号一般性意见第 14 段，有关调查违反第 7 条之指控的义务［9.161］。

[158] 例如见第 20 号一般性意见第 11 段［9.151］。

[159] 例如见第 20 号一般性意见第 10 段［9.150］。

[160] 例如见委员会的结论性意见：匈牙利，(1994) UN doc CCPR/C/79/Add.22, para 11; 厄瓜多尔，(1998) UN doc CCPR/C/79/Add.92, para 21。

[161] 见第［24.53］段。

[1.104] 与人权事务委员会揭示公民权利和政治权利的积极方面相联系的,是其将明显的经济、社会和文化因素"渗入"《公约》权利的意愿。[162] 如前所述,第 26 条被解释为延及经济、社会和文化权利领域中的不歧视[1.72]。而规定生命权的第 6 条则被解释为包含了国家降低婴儿死亡率、减少流行病以及采取措施延长预期寿命的义务。[163] 因此,国家需要提供某种最低标准的保健,而这在传统上被视为一项社会权利。

[1.105] 人权事务委员会的判例在一定程度上的走向,是颠覆在公民权利和政治权利与经济、社会和文化权利之间的传统区分。委员会确认,所有《公约》权利均施予各缔约国克制的消极义务和履行的积极义务。[164]

国家责任:纵向和横向义务

[1.106] 最明显的一点是,《公约》权利应是可强制执行的,在缔约国的国内管辖制度之内,应存在可用的针对国家的救济;这有时被称作《公约》的纵向实施。

[1.107] **第 31 号一般性意见**

> 4.《公约》的一般性义务和第 2 条特别规定的义务对于每一个缔约国作为整体都是有约束力的。政府的所有部门(执法、立法和司法[165])以及无论任何层次——国家、区域或者地区——上的其他公共机构或者政府机构均应承担缔约国的责任。……

因此,一国对其自身官方人员的行为直接负责,这些人员有警察、监狱官员、军人、公务员、立法者以及司法官员。第 31 号一般性意见反映了国际法委员会有关国家对国际不法行为的责任条款的进路,其第 7 条称:[166]

> 国家机关或经授权行使政府权力要素的个人或实体,若以此种资格行事,即使逾越权限或违背指示,其行为仍应视为国际法所指的国家行为。

162　See generally Scott, 'The Interdependence and Permeability of Human Rights Norms'.
163　见关于第 6 条的第 6 号一般性意见第 5 段 [8.75]。
164　Nowak, *UN Covenant on Civil and Political Rights: CCPR Commentary*, XXI.
165　一国的司法机构侵权的例证,可见,*Fernando v Sri Lanka* (1189/2003), para 9.2,该案涉及对蔑视法庭施以严苛的惩罚 [11.41]。
166　见联大 2002 年 1 月 28 日第 56/83 号决议。

[1.108] **杰格提斯瓦拉-萨尔玛诉斯里兰卡**（*Jegatheeswara Sarma v Sri Lanka*，950/2000）

该申诉有关提交人儿子的失踪。缔约国承认，斯里兰卡陆军的一位军官萨拉特下士对这一失踪情况负责。缔约国主张，萨拉特下士绑架提交人的儿子是不为缔约国所知的、在其职权范围外的行为。提交人主张，失踪是系统性的陆军政策的一部分。人权事务委员会拒绝在这两种事实主张之间作出决定，而是称：

> 9.2. 对于提交人就其儿子失踪提出的申诉，委员会注意到，缔约国没有否认提交人的儿子于1990年6月23日遭到一名斯里兰卡军官的绑架，此后一直下落不明。委员会认为，为确定缔约国责任之目的，在本案中，造成失踪之军官的行为是否越权行事或者上级军官是否知晓该军官的行为无关紧要。因此，委员会的结论是，从本案的情况看，缔约国对提交人之子的失踪负有责任。

[1.109] **勒克拉夫特诉西班牙**（*Lecraft v Spain*，1493/2006）

该案涉及一项有关种族形象定性*的申诉［23.50］。一位警官因为提交人的肤色，将其单挑出来检查身份证件。就西班牙对这一警官的行为的责任，人权事务委员会称：

> 7.3. 对于一国违反《公民及政治权利国际公约》之国际责任，要客观判断，这种责任可能产生于该国任何权力机关的作为或不作为。在本案中，虽然看起来在西班牙并没有任何书面命令明确要求警察基于肤色这一标准来检查身份证件，但看来该警员认为自己是在根据该标准行事，而审理此案的法院认为该标准正当合理。这显然涉及缔约国的责任问题。因此，委员会必须确定该行动是否违反《公约》之一项或多项规定。

[1.110] 国家在履行其保护和确保对《公约》权利之享有的义务的同时，还有一项积极义务，即施予非政府实体不侵犯他人权利的义务；这被称

---

* 英文中为"racial profiling"，大意是指执法人员在行动中，主要或完全基于某人的种族样貌特征而非证据而予以特别关注和对待的情况。对这一用语，联合国文件中文本并无统一译名。

作《公约》的横向实施。因此，批准《公约》意味着国家必须限制个人的某些自由，这可能看来在直觉上有违《公约》的西方自由主义根源。[167] 不过，国家根据《公约》承担的"横向"义务的范围与其"纵向"义务的范围相比，是一个模糊得多的领域，因为横向性是国际人权法中一个相对欠发达的领域。一国的横向义务无法像其纵向义务那么严格；无法指望一国能在与控制其自己的工作人员同等的程度上，控制私人行为者，否则就会侵害这些私人的权利。

[1.111] 在维拉斯奎兹－罗德里格兹案（*Velasquez-Rodriguez Case*）中，美洲人权法院对于一国根据《美洲人权公约》承担的横向义务，指出：[168]

> 172. 某一侵犯人权且最初不能直接归咎于一国之非法行为——例如因为这是私人之行为或因为无法认定负责任者，也能够导致该国之国际责任，不是因为该行为本身，而是因为该国没有尽到《美洲人权公约》所要求之恪尽职守（due diligence）以预防侵犯或对其予以应对。

[1.112] 在欧洲人权法院审理的奥斯曼诉英国案（*Osman v UK*）中，对缔约国的指控是，该国未能采取充分步骤保护阿里·奥斯曼的生命，使其不被保罗·帕吉特－路易斯（Paul Paget-Lewis）所谋杀。欧洲人权法院得出了《欧洲人权公约》第2条（保障生命权）没有被违反的结论，为此称：[169]

> 116. 对本法院而言，同时考虑到第2条所保护的权利的性质——《欧洲人权公约》制度中的一项根本性权利，申诉人能表明以下一点即足以：国家当局没有采取可以合理期望其采取的行动以避免对生命的真实和紧迫威胁，而对这种威胁，它们已经或本应知晓。这是一个只能根据任何特定案件的所有情节才能回答的问题。

[1.113] 上述两起案件表明，人权条约的缔约国需要采取合理步骤并恪

167　Joseph, 'A Rights Analysis of the Covenant on Civil and Political Rights', 74 – 5. 不过，需要注意的是，早期的自然权利理论预见到了为防止损害他人而限制自由的情况［1.05］。

168　Reported at (1988) 9 *Human Rights Law Journal* 212, 强调为作者所加。

169　1998年10月28日的判决，载(2000) 29 *European Human Rights Review* 245 at 306, 强调为作者所加。

尽职守，预防、阻遏、调查和惩处私人实体对人权的侵犯。与之相对，一国对于其本身的工作人员侵犯人权的行为，有预防或救济的严格责任。

[1.114] 某些《公约》权利具有明确的横向效力。第 20 条要求各国禁止战争宣传以及鼓吹民族、种族和宗教仇恨。[170] 第 6 条第 1 款和第 17 条第 2 款分别规定生命和隐私必须受到法律的保护。因此，各国必须针对非政府实体的杀人行为和侵扰隐私提供法律保护。[171] 其他联合国条约同样规定其所包含的权利具有横向效力。例如，《消除种族歧视公约》和《消除对妇女歧视公约》这两项反歧视条约都要求采取措施以分别打击私领域中的种族歧视和性别歧视，[172] 这也反映在据这两项条约发展出的案例法中。[173] 1990 年《保护所有移徙工人及其家庭成员权利国际公约》在第 16 条第 2 款中明确要求，缔约国有义务对移徙工人提供有效保护，"以免遭到无论公务人员或个人、团体或机构施以暴力、身体伤害、威胁和恫吓"。最后，人权事务委员会在其一般性意见中，频繁提及《公约》权利的横向效力。例如，在有关第 7 条和第 26 条的一般性意见中，委员会强调，缔约国应采取措施打击施予酷刑、不人道和侮辱性的待遇以及歧视的私人行为。[174] 本书第四章还将讨论《公约》的横向适用。

[1.115] 如果国家没有义务控制私人领域中侵犯人权的情况，那么享有绝大部分《公约》所规定之人权的能力就会被彻底破坏。因此，第 2 条第 1 款规定的"确保"《公约》权利的一般性义务意味着一种保护个人免受他人对所有《公约》权利之侵犯的义务。

---

[170] 参见第十八章。

[171] 就私人的杀人行为，见第 [8.41] 及以下各段；就对隐私的非政府性的侵扰，见第 [16.15] 及以下各段。有关国家应如何对待家庭暴力和强奸的情况，另见委员会的结论性意见：喀麦隆，(2010) UN doc CCPR/C/CMR/CO/4, para 11；科威特，(2011) UN doc CCPR/C/KWT/CO/2, para 15。

[172] 例如见，《消除种族歧视公约》第 2 条（卯）项和《消除对妇女歧视公约》第 2 条（e）项。

[173] 例如见消除对妇女歧视委员会有关家庭暴力的案件：*AT v Hungary*（CEDAW 2/2003），*Goekce v Austria*（CEDAW 5/2005），*Yildirim v Austria*（CEDAW 6/2005），*Kell v Canada*（CEDAW 19/2008），and *VK v Bulgaria*（CEDAW 20/2008）。有关歧视和妇女的生育健康，另见，*Teixiera v Brazil*（CEDAW 17/2008）。

[174] 见第 [9.28] 和 [23.96] 段。

体系性的人权侵犯

［1.116］尽管《公约》权利主要是赋予个人的，但某些侵犯公民权利和政治权利的情况是如此顽固，以至于无法在个人层次上现实地加以应对。例如，在某一社会中的某些群体数百年来一直受压迫的情况中，就会出现体系性的不平等。然而，很难证明某人是"体系性不平等"的个人受害者。[175] 对公民权利和政治权利的这类体系性侵犯，并不容易根据《任择议定书》规定的基于个人的程序加以识别和纠正。

［1.117］体系性的人权侵犯的普遍存在证明，从个人权利理解所有人权是一种谬误。国家的某些更加"体系性的"人权义务在概念上更适合从群体权利来看。例如，第1条中的自决权明确属于民族，而且实际上无法根据个人来文机制来执行。[176] 在这一方面，人权事务委员会的一般性意见和结论性意见提供了对于《公约》权利的重要的协商一致的解释，尤其是就宏观层次上的复杂问题而言。

［1.118］**第31号一般性意见**

在第31号一般性意见中，人权事务委员会指出了多种能用以应对体系性地侵犯公民权利和政治权利的情况的法律外方法。

> 7. 第2条要求各缔约国采取立法、司法、行政、教育以及其他适当措施，以履行其法律义务。委员会认为，不仅是政府官员和国家机关工作人员，而且全体人民都必须提高对于《公约》的认识。

文化相对主义与公民权利和政治权利

［1.119］鉴于公民权利和政治权利的明显西方起源，并不奇怪"国际"公民权利和政治权利的概念的权威性一直受到非西方国家的质疑。也许，西

---

[175] 见第［23.104］及以下各段。
[176] See eg *Kitok v Sweden* (197/1985), [7.24].

方国家坚持其他国家遵守公民权利和政治权利的标准具有文化上的帝国主义性质。对于反对公民权利和政治权利的"文化帝国主义的"主张的最初反应，是提到代表所有文化和宗教类型的相当大比例的国家都自由地批准了《公约》，而这表明对于其中所表达的宽泛原则的有效性，存在一种合理程度的国际共识。然而，也有一些重要的缺席者，包括强烈地提倡公民权利和政治权利方面的文化相对主义概念的国家，诸如中华人民共和国[177]、马来西亚和沙特阿拉伯*。另外，对于如何解释《公约》权利，在各国之间存在巨大差异。因此很重要的一点，是检视一些提出公民权利和政治权利本质上是西方的构建、对于非西方世界基本没有什么相关性的主张。

个人权利和集体权利

[1.120] 公民权利和政治权利——包括《公约》规定的权利——具有的强烈的个体主义色彩并不符合某些非西方国家中更具集体性的权利观念。[178]不过，可以指出的是，《公约》第1条承认一项重要的集体权利，即民族自决权。另外，某些《公约》权利必然导致人之群体享有某些权利，诸如第22条规定的结社自由权或第27条规定的对少数者权利的保障。[179]再者，《公约》所阐明的权利缓和了见于某些早期的西方权利法案的个体主义。例如，美国《权利法案》中的第一修正案以绝对的语言宣布，"国会不得制定关于确立国教或禁止信教自由或剥夺言论自由……的法律"。与此相比，《公约》第19条对表达自由的保障可以受到"由法律规定"并为保护他人的权利或名誉、国家安全、公共秩序、公共卫生或公共道德"所必要"的措施的限制。《公约》通过为其包含的权利规定众多可予允许的限制，准许了集体权

---

[177] 中华人民共和国继承了英国对香港的《公约》义务以及葡萄牙对澳门的《公约》义务。见第[26.47]段。中国在1998年签署了《公约》。（中国从未承认其对香港和澳门承担《公约》义务系对英国和葡萄牙先前对该两地之义务的继承。有关分析见孙世彦《国际人权条约的持续效力》，载朱晓青主编《变化中的国际法：热点与前沿》，中国社会科学出版社2012年版，第70~73页。——译者注）

* 与中国不同，这两国甚至没有签署《公约》。

[178] F Jhabvala, 'The International Covenant on Civil and Political Rights as a Vehicle for the Global Promotion and Protection of Human Rights' (1985) 15 *Israel Yearbook on Human Rights* 184, 198.

[179] 第31号一般性意见，第9段。

利乃至社会的文化需要可以优先于个人自由的许多情况。[180]

权利和义务

[1.121] 关注个人的"权利"与非西方在传统上关注个人对其社会所负的"义务"（duties）形成了鲜明对比。不过，霍菲尔德在其对权利的极具影响的分析中令人信服地主张，权利是义务的法律对应物（jural correlative）。[181] 就是说，当一个人具有权利时，另一个人就有尊重这些权利的义务。因此，义务产生权利，反之亦然，它们可以被看作是一枚硬币的两面。由此来说，权利/义务的文化两分法可能只不过是一种命名的问题。[182] 当然，西方自由理论中经典的公民权利和政治权利的概念是，它们施予政府而非其他个人义务。不过，如上所述［1.114］，《公约》已经被解释为要求国家施予其管辖范围内的个人和其他私主体尊重他人之权利的义务。[183] 在这一方面，可以再次注意第19条，该条明确宣称，表达自由之权利的行使"带有特别责任及义务"。

公民权利和政治权利对于经济、社会和文化权利的优越地位

[1.122] 对公民权利和政治权利的另一个批评有关其在现代人权制度中，对于经济、社会和文化权利无疑具有的优越地位，而后一类权利被认为是不那么发达的非西方世界更关注的。[184] 的确，基本没有疑问的是，某些西方国家，特别是美国，一直敌视经济、社会和文化"权利"的概念。[185] 另一方面，大量的经济和社会权利在欧洲联盟和欧洲理事会的框架内得到保障。

---

[180] Donoho, 'Relativism versus Universalism in Human Rights', 378. See also Joseph, 'A Rights Analysis of the Covenant on Civil and Political Rights', 68.

[181] WN Hohfeld, 'Some Fundamental Legal Conceptions as Applied to Judicial Reasoning' (1913) 23 *Yale Law Journal* 16.

[182] See also M Perry, *The Idea of Human Rights* (Oxford University Press, 1998), 51.

[183] See also Lauren, *The Evolution of International Human Rights*, Ch 1.

[184] See O Yasuaki（大沼保昭）, 'Toward an Inter-Civilizational Approach to Human Rights', in J Bauer and D Bell (eds), *The East Asian Challenge for Human Rights* (Cambridge University Press, 1999), 112–18.

[185] Steiner, Alston, and Goodman, *International Human Rights in Context*, 528–31.

说到底,这种有关"优越地位"的主张本质上提倡的,是承认两套权利的确"不可分割、相互依存、相互联系",[186] 意味着要加强经济、社会和文化权利,而非必须削弱公民权利和政治权利。

经济相对主义

[1.123] 一个有关的主张是,保护公民权利和政治权利与保护经济、社会和文化权利是格格不入的。这种主张认为,经典的政治权利,诸如选举权和政治参与权以及表达、集会和结社自由[187]对于经济脆弱、正在发展中的国家来说,并不合适。据说,当需要坚强的领导——最具争议的是以一党政治制度的形式——以确保强有力的经济指导时,实施这些权利将使国家走向混乱和分裂。在这样的国家,据说国家的优先事务是经济发展;因此"全面"保护公民权利和政治权利应该被推迟到已经达到令人满意的经济发展程度之后。[188] 这种主张由此提出,公民权利和政治权利具有经济意义上的相对性,即对这些权利的保护应根据一国的经济能力而各不相同。

[1.124] 作为回应,有人提出,尊重公民权利和政治权利能确保政府高度负责任,并因此起到防止腐败流行的实质性屏障的作用:官方腐败对于有序的经济发展,是最糟糕的危害之一。即使没有腐败,公民和政治自由也能确保政府和人民接触到广泛的观点,并因此不会失去获取"好"主意的可能机会。[189] 另外,有人提出的强有力主张是,发展不能被单纯视为一项经济事务,以免社会中最弱势者甚或是大多数人被扔在后面。一个社会中真正有益的发展意味着公民、政治和社会的发展而非仅仅是经济发展。[190] 最后一点是,《公约》的那些不发达的缔约国自由同意了第 2 条第 1 款中的义务,即立即

---

186 见 1993 年《维也纳宣言和行动纲领》第 5 段。

187 当然,表达、集会和结社自由的权利也适用于非政治性情况。

188 See eg A Sen, 'Critical Perspectives on the "Asian Values" Debate', in Bauer and Bell (eds), *The East Asian Challenge for Human Rights*, 90–1, 其中描述了有关争论。

189 See eg Sen, 'Critical Perspectives on the "Asian Values" Debate', 93, 给出了有关例证。

190 See generally A Sen, *Development as Freedom* (Oxford University Press, 2001). 另见 1986 年《发展权利宣言》。

保障《公约》中的权利，而非将其实现推迟到过渡到令人满意的发展状况之后。

《公民及政治权利国际公约》与文化/经济相对主义

[1.125]《公约》总体上是以一种普遍化的语言阐述的。例如，其序言提到了"固有尊严"以及"人类家庭所有成员的平等且不可剥夺之权利"。*这些用语并没有引入不同文化的成员具有不同权利的概念。另外，缔约国是自由地批准该条约的。在这种基于自愿的批准之后，一国再主张对某些权利的文化豁免可能看起来并不令人信服。最后，第2条第1款所规定之义务的即时性，特别是与《经济社会文化权利国际公约》义务的逐渐性相比时，看来确认了一点，即《公民及政治权利国际公约》的实施不能被"推迟到"经济情况改善以后。[191]

[1.126] **第31号一般性意见**

14. 第2条第2款中有关采取步骤落实《公约》权利的要求是无条件的和立即生效的。国家之内政治、社会、文化或者经济方面的考虑不能作为不遵守这项义务的理由。

[1.127] 然而，《公约》在某种程度上也顾及了文化差异。首先，如果有国家拒绝实施某些权利，它们可以提具相关保留。[192] 不过，人权事务委员会在第24号一般性意见中意图严格限制国家的保留权利，列出了若干不允许保留的权利，包括某些与文化主张存在交叉的权利，诸如第18条第1款规定的思想、信念和宗教自由。实际上，第24号一般性意见被证明是极具争议的，尽管无人对其特别提出"文化上的"反对。[193]

[1.128] 其次，存在对某些《公约》权利的众多限制，为解释这些权利中的文化多样性留下了一定空间。例如，若干权利明确地可以受到旨在保

---

* 此处对《公约》序言之引文系译者从其英文本所译，不同于《公约》中文本，其中的相应表述是：确认"人类一家，……人人天赋尊严及平等而且不可割让权利"。

191 但需要注意第23条第4款中明显的逐渐义务，见第[20.55]段。
192 Donoho, 'Relativism versus Universalism in Human Rights', 364.
193 参见第二十六章。

护"公共道德"的成比例措施的限制,而这一概念本质上具有相对性,其适用在各国之间必不相同。[194] 实际上,《公约》规定的限制所具有的不确定性给人权的解释带来了灵活性,并促成了对人权保障之内容的意识形态和文化争论。[195]

[1.129] 由于人权事务委员会的成员来自多国,代表了"世界不同文化及各主要法系",[196] 而且委员会对于世界各地的国家都有管辖权,因此委员会对《公约》的解释为识别以及也许解决关于人权的文化碰撞提供了丰厚的土壤。

[1.130] 在图纳恩诉澳大利亚案（*Toonen v Australia*, 488/1992）中,人权事务委员会认定塔斯马尼亚州的反男性同性性行为的法律违反了规定隐私权的《公约》第17条。委员会以全体一致作出的决定明显受到了一个事实的影响,即澳大利亚的所有其他州都废除了此类法律,而且在塔斯马尼亚,对于这种法律的适当性,"并无共识"。[197] 这一决定表明,《公约》有可能以一种相对主义的方式得到解释:也许对于一个不同的、不具有对同性恋的容忍和接受的类似记录的国家,此类法律会经受住这种挑战。[198] 另外,在奥弥尔鲁迪－斯吉弗拉等人诉毛里求斯案（*Aumeeruddy-Cziffra et al. v Mauritius*, 35/1978）（"毛里求斯妇女案"）中,对于保障家庭受保护之权利的《公约》第23条,委员会声明:

> 9.2（b）2（ii）1.……委员会的意见是,一个社会或国家能够给予家庭的法律保护或措施在不同的国家各有不同,取决于不同的社会、经济、政治和文化条件与传统。

因此,有某些迹象表明,委员会对以相对主义的方式解释《公约》权利,是有准备的。

[1.131] 不过,自1994年对图纳恩案的裁决之后,人权事务委员会明

194　See eg *Delgado Páez v Colombia* (195/1985), [18.70]; *Hertzberg et al. v Finland* (61/79), [18.68]. See also *Handyside v UK*, judgment of the European Court of Human Rights of 7 December 1976, reported in (1979) 1 EHRR 737, para 48.

195　See Donoho, 'Relativism versus Universalism in Human Rights', 370 and 382–4.

196　《公约》第31条。

197　在委员会意见的第8.6段 [16.50]。

198　Joseph, 'Toonen v Australia: Gay Rights under the ICCPR', 407–8.

显地表现出不赞成文化相对主义的主张。例如,在委员会认定歧视同性伴侣的社会保障法律违反第 26 条的杨诉澳大利亚案(*Young v Australia*, 941/2000)和 X 诉哥伦比亚案(*X v Colombia*, 1361/2005)中[23.54],都没有承认相对主义的迹象,虽然在 X 案中,奥马尔先生和哈利勒先生从不赞成同性恋的角度提出了少数意见。委员会反倒是一贯批评大量国家的反同性恋的法律,而这些国家的民众在传统上比澳大利亚人更反对同性恋[16.52]。委员会还抓住机会,谴责了有可能被辩解为文化传统的许多做法,诸如非洲的女性生殖器残割[9.62]和一人多配偶制*[20.52]、有关叛教的伊斯兰法律[17.12]以及禁止堕胎。[199]

[1.132] **第 28 号一般性意见**

在有关男女权利平等的第 28 号一般性意见中,人权事务委员会指出:

> 5. 全世界妇女在享受权利方面的不平等现象深深植根于传统、历史和文化,包括宗教态度之中。……缔约国应确保传统的、历史的、宗教的或文化的态度不被用作证明侵犯妇女在法律前平等的权利和平等享受所有《公约》权利的借口。缔约国应提供适当资料,说明传统、历史、文化习俗和宗教态度中,那些损害或有可能损害对第 3 条之遵守的方面,并指出已经采取或打算采取何种措施克服这些因素。

对于妇女权利这样一个导致尖锐文化分歧的问题,在委员会以全体一致达成的意见中出现对于文化相对主义的最强烈反对,并不令人奇怪。[200]

[1.133] 同样,人权事务委员会一般也不接受经济相对主义的主张。例如,在卢布托诉赞比亚案(*Lubuto v Zambia*, 390/1990)中,该国的经济困难不能成为拖延提交人就其被定罪上诉的正当理由[14.140]。[201] 在穆孔诉喀麦隆案(*Mukong v Cameroon*, 458/1991)中,委员会拒绝接受经济困难和预算考虑可以免除该国对于提交人所遭受的极其恶劣的监狱条件[9.46]或

---

* 原文为"polygamy"。该词最严格的含义是"一人多配偶(制)",尽管通常理解为并在实践中也多体现为一夫多妻(制)。

[199] 见第[8.90]及以下各段。
[200] 另见,委员会的结论性意见:赞比亚,(2007) UN doc CCPR/C/ZMB/CO/3, para 13;喀麦隆,(2010) UN doc CCPR/C/CMR/CO/4, para 8。
[201] 另见委员会的决定,*Fillastre and Bizouarn v Bolivia* (336/1988) [11.63]。

压制自由言论［18.60］的责任。在吉里诉尼泊尔案（*Giri v Nepal*，1761/2008）中，缔约国试图以该国的一般生活水平为由证明其糟糕的监狱条件是合理的，委员会对此未予同意［9.203］。实际上，在其有关第10条的第21号一般性意见中，委员会指出，以尊重其尊严的方式对待被拘禁者的义务"不能取决于缔约国现有的物质资源水平"。[202] 因此，不够发达不能作为监狱中过分拥挤或未能向被拘禁者提供适足资源的理由。另一方面，在奥弥尔鲁迪-斯吉弗拉等人诉毛里求斯案中，委员会的确声明，《公约》第23条所要求的对家庭之保护的程度可以根据"不同的社会、经济、政治和文化条件与传统"而各有不同。[203] 这可能表明，经济相对主义确实适用于第23条规定的权利所导致的主张的程度，尽管这可能对于《公约》极为独特。不过，经济相对主义并不一般性地适用于《公约》权利，这与《经济社会文化权利国际公约》所规定的权利相当不同。[204]

［1.134］因此，看来人权事务委员会极少将"文化"以及/或者脆弱的经济作为减免《公约》规定的责任的理由。实际上，委员会在第31号一般性意见中称：

> 14. 第2条第2款中有关采取步骤落实《公约》权利的要求是无条件的和立即生效的。国家之内政治、社会、文化或者经济方面的考虑不能作为不遵守这项义务的理由。

［1.135］不过，人权事务委员会还承认，尽管第2条第1款规定，《公约》中的义务明确具有即时性，但扭转传统态度并不是朝夕之间可实现的。例如，对于喀麦隆，委员会就体系性的性别歧视提出：[205]

> 25. 委员会请该国政府改善妇女的状况，以期达到《公约》第3条的有效适用，尤其是通过采取必要的教育措施和其他措施来消除某些习俗和传统的压力……

202　见第21号一般性意见第4段［9.200］。
203　在委员会意见的第9.2（b）2（ii）1段，见第［20.05］段。
204　《经济社会文化权利国际公约》在其对逐渐义务的规定即第2条第1款中，默示承认较贫穷国家无法在与较富裕国家同等的程度上，保障该公约规定的权利。
205　委员会对喀麦隆的结论性意见，(1994) UN doc CCPR/C/79/Add. 33, para 25。

在对塞内加尔的结论性意见中,委员会则声明:[206]

> 12.……委员会鼓励缔约国开展体系性的运动,提高公众认识,使其知晓对妇女的顽固的负面态度……

因此,一种切合实际的认识是,各国无法实现文化态度的瞬时转变,但当这些态度威胁公民权利和政治权利之享有时,必须在这一方面采取真诚的努力。委员会对于教育而非强制性措施的不时强调,可以说表现了在文化敏感领域中,对于《公约》义务的通常即时性的某种免除。也有可能的是,在对公民权利和政治权利的"文化"威胁来自其民众的态度而非直接来自所涉国家的法律时,委员会给予该国更多的回旋余地。[207]

[1.136] 上述评论不应被解释为暗示西方国家具有实施《公约》的完美记录。在许多情况中,西方国家都被认定违反了《公约》。实际上,《公约》(以及之前的《世界人权宣言》)的功用不仅仅是将某些西方价值观普遍化,而是也普遍地禁止其中的某些价值观,诸如种族主义、反犹太主义、殖民主义以及奴隶制。[208]

[1.137] 人权事务委员会是否曾因政治原因尊重国家的权力?即是说,权利是否偶尔在政治上是相对的?一种想法会是,这种尊重将彻底破坏委员会作为人权守护者的作用。然而,对于下一案件,基本没有什么其他的解释。

奥尼尔和奎因诉爱尔兰(O'Neill and Quinn v Ireland,1314/2004)

该案的两位提交人因为 1996 年在恐怖主义组织临时爱尔兰共和军(IRA)在爱尔兰的一次未遂抢劫中杀害一名爱尔兰警官麦凯布(McCabe)而被定罪。1998 年,英国政府和爱尔兰政府在贝尔法斯特缔结了《耶稣受难日协定》(GFA),实际上终止了在北爱尔兰的长期冲突。该协定中有一章有关释放囚犯,包括冲突双方定罪的恐怖分子。爱尔兰根据 1998 年《刑事司法(释放囚犯)法》执行了这一释放计划,按照这一法律,"适格囚犯"

---

206 (1997) UN doc CCPR/C/79/Add. 82.

207 这一方式可以说是反映了在一国的纵向义务与横向义务之间(在严格性方面的)的比较:见第 [1.110] 段。

208 See Ignatieff, *Human Rights as Politics and Idolatry,* 92; J Donnelly, 'Human Rights and Asian Values: A Defence of "Western" Universalism', in Bauer and Bell (eds), *The East Asian Challenge for Human Rights,* 68.

会被释放，而对适格囚犯的界定则留由司法部部长酌处决定。提交人根据信息自由立法获得的文件确认，他们被排除在"适格囚犯"的类别之外。看起来，在《耶稣受难日协定》缔结之前、以爱尔兰共和军的名义犯下罪行者属于适格囚犯。许多因杀害爱尔兰警察被定罪者也属此类。最后，在《耶稣受难日协定》缔结之后以爱尔兰共和军的名义犯下罪行者也属于适格囚犯。但是，提交人被明确排除，明显是为了确保公众支持释放计划和《耶稣受难日协定》的需要。提交人声称，爱尔兰没有根据《耶稣受难日协定》规定的释放计划释放他们是歧视性的，有违《公约》第 2 条第 1 款和第 26 条，因为其他因类似或更严重罪行而被定罪的人都已获得释放。他们声称，这种区别对待是任意的，因为将他们排除在释放计划之外是基于政治考虑。爱尔兰确认，这两人被排除在释放计划之外，是因为"据信释放他们将不会被爱尔兰人民所容忍"。[209] 委员会认定不存在对《公约》的违反［23.128］：

8.4. 委员会注意到，"释放囚犯计划"是根据一项多党协定——这是一项政治协定——制定的，并认为不能在其政治背景之外审查该案件。委员会注意到，提早释放的计划并没有创设任何获得提早释放的权利，而是留由有关当局酌处决定，在具体个案中，有关人员应否得益于该计划。委员会认为，这种酌处权相当宽泛，因此，仅仅其他处于类似情况的囚犯获得释放之情况并不自动地构成对第 26 条的违反。委员会注意到，缔约国将提交人（以及其他涉及麦凯布警官被杀事件的人）排除在该计划之外的理由是所涉事件的综合情况：其发生时间（在破坏停火协定的情况中）、其凶残性质和确保获得公众对《耶稣受难日协定》之支持的需要。在 1996 年该事件发生时，政府将该事件的影响评估为异乎寻常。为此，政府认为，所有涉案者都应被排除在后来的任何释放囚犯协定之外。这一决定是在该事件发生后但负责任者被定罪前作出的，因此所针对的是事件本身的影响而不是涉案个人。所有负责任者从一开始就被告知，如果他们被判定参与了该事件，他们就会被排除在释放计划之外。委员会也注意到，显然其他因杀害爱尔兰警察被定罪、获

---

[209] 在委员会意见的第 4.6 段。

益于提早释放计划的人已经服刑很长时间……。委员会认为，它无法以自己的观点代替缔约国对事实的评估，特别是关于一项几乎在十年前、在一种政治背景下作出并导致了一项和平协定的决定。委员会认定，它收到的材料并没有揭示武断情况，并得出结论认为，提交人根据第26条享有的法律前平等的权利和受法律平等保护的权利没有受到侵犯。

该案抛出了一个复杂的问题：在什么程度上——如果确实如此，人权应为政治必要作出牺牲？委员会的决定允许挑出提交人（及其从犯）不予释放——这也许不公平，以确保公众持续支持为长期的血腥冲突带来和平的进程，从而服务于一种功利性的目的。尽管人权在本质上不是功利主义的，但在判定对于人权的某种可予允许的限制是否是为了促进诸如公共秩序或国家安全等广泛公共利益的情况中，功利主义偶尔是一个考虑因素。不过，将"政治必要"接受为一种限制人权之适用的正当理由确立了一种危险的先例，有可能被用于牺牲不受欢迎的少数人的权利以满足多数人的心血来潮、变幻不定的政治偏好。因此一种希望是，奥尼尔和奎因诉爱尔兰案被当作一种因为独特的情况而必要的异常现象。[210]

人权事务委员会——简短评价

[1.138] 本书有关从人权事务委员会而来的对于《公约》权利之含义的判例，以及《任择议定书》规定的来文受理条件。本书一般而言不涉及委员会以及更广泛的联合国人权条约制度的工作和职能。

[1.139] 就如联合国人权事务高级专员最近的一份报告所承认的，对于这一制度毫无疑问存在压力。[211] 所有联合国人权条约机构的成员都是兼职的，鉴于他们都不领薪酬（尽管会议期间的费用能报销），这并不令人奇怪。每

---

[210] 另见韦奇伍德夫人的异议意见，*Czernin v Czech Republic* (823/1998)。

[211] *Strengthening the United Nations human rights treaty body system: A report by the United Nations High Commissioner for Human Rights Navanethem Pillay*, June 2012, available at〈http://www2.ohchr.org/english/bodies/HRTD〉（accessed December 2012）.

一委员会在审议缔约国报告以及在个人来文（如果接受和审议个人来文）方面都面临着严重的积压。只有16%的报告是按时提交的，但如果各国在提交报告方面更准时，积压情况就会更糟糕。2010年，一个非政府组织"国际人权服务机构"报告称，对于根据《任择议定书》提交的案件，等待其实质问题得到解决的平均时长是47个月。[212]

[1.140] 2000年以后，联合国人权条约制度的规模扩大了一倍，委员总数从74人增加到将近200人。这种增长的部分原因是随着诸如2006年《残疾人权利公约》等新的条约生效，建立了一些新的条约机构。不过，对于人权条约制度的资助还远不能应对这种扩张。

[1.141] 还令人担忧的一点，是缔约国所表现的对人权事务委员会和其他人权条约机构的明显缺乏尊重。如上所述，国家报告经常延迟。另外，报告在实质内容和真实程度方面的质量都很糟。最后，各国往往做不到实施委员会在结论性意见和根据《任择议定书》作出的意见中提出的建议。这种不尊重不能简单归咎于委员会缺乏司法地位，或缺乏强有力的后续机制。[213]各国的不能令人满意的反应可能在很大程度上是由"拒不服从的国家的强硬态度"造成的。[214]实际上，我们可以注意到，不遵守是国际法律制度的一个普遍问题。例如，国家会不时无视联合国国际法院这一在世界上占首位的国际性法院的裁决。[215]因此，基于某些国家的不良遵守情况而对人权事务委员会作出苛刻的评判，是不公平的。

[1.142] 还必须记住的一点是，人权事务委员会的唯一关切是监督《公

212　International Service for Human Rights, 'The Treaty Body Complaint System', *Human Rights Monitor Quarterly*, October 2010, 1.

213　See generally M Schmidt, 'Follow-up of Treaty Body Conclusions', in A Bayefsky (ed), *The UN Human Rights System in the 21st Century* (Kluwer Law International, 2000), 233–49.

214　H Steiner, 'Individual Claims in a World of Massive Violation: What Role for the Human Rights Committee', in P Alston and J Crawford (eds), *The Future of the UN Human Rights Treaty Monitoring System* (Cambridge University Press, 2000), 30.

215　例如，在国际法院审理的一个案件中，美国违反了国际法院的临时措施命令：*Germany v USA (LaGrand)*, Order of 3 March 1999, [1999] ICJ Rep 9, 该命令要求美国不要处决一位德国公民（LeGrand）——他在被捕时未能与本国领事馆联系，这违反了国际法。国际法院随后认定其临时措施命令具有法律约束力：[2001] ICJ Rep 104, decision of 27 June 2001。

约》的实施；普遍影响各国政府的外界的政治或经济上的权衡考量通常与委员会有关这一条约是否被违反的决定不相干。[216] 因此不可避免的是，委员会会作出并不让政府觉得舒服的决定。另外，即使国家不立即予以遵从，委员会的裁决也能具有一种实质性的影响。这些裁决会将《公约》问题注入国内的辩论，并为国内游说团体和监督机构提供向政府施压的论据，还会对未来的改革提供指针。最后，它们为解释《公约》提供了指导，这种指导不仅对于目标国，而且对于所有缔约国——尤其是那些其国内法院经常提到委员会的案件的国家，都有相关性。

[1.143] 对于本书有更大相关性的，是有关人权事务委员会的工作作为解释《公约》之指导的实质价值的批评。根据《任择议定书》作出的决定的质量参差不齐。尽管这些决定通常列举了申诉人和被诉国的各种主张，但委员会的最后意见往往很简短，极少有线索表明这些决定是如何作出的。[217] 不过，有许多出色的决定阐明了一些极为重要的人权问题，诸如否认种族大屠杀［18.90］、堕胎［8.90］、死因牢现象［9.81］以及预防性拘禁［11.35］。另外，频率越来越高的个人意见，包括异议意见和附议意见，是一个值得欢迎的发展，因为这些意见往往比委员会整体的决定说理更好［1.35］。一般性意见和结论性意见对解释《公约》也提供了重要的指导。一般性意见一直以来对于有关事项有极佳的阐明，而结论性意见的质量在过去十年间也有了显著的进步。

结　语

[1.144] 尽管存在一些明显的问题，但以人权事务委员会为代表的人权

---

[216] Alston and Crawford (eds), *The Future of the UN Human Rights Treaty Monitoring System*, 10–11. 但是，另见第［1.137］段。

[217] Steiner, 'Individual Claims in a World of Massive Violation', 38–42. See also A Byrnes, 'An Effective Individual Complaints Mechanism', in Bayefsky (ed), *The UN Human Rights System in the 21st Century*, 149–51. 委员会对以下两件来文的决定就是这种质量不佳的决定的例证：*Ominayak v Canada* (167/1984)［24.27］；*Kivenmaa v Finland* (412/1990)［19.08］。

条约监督机构"在很短的时间内，已经走了很长的路"。[218] 这种人权条约监督制度是对诸如人权理事会和联大等更加政治性的联合国人权机构的一种重要的准司法附件。人权条约监督制度确保了所有国家要在专家机构面前承担某种程度的人权责任，因为所有国家现在都批准了至少两项联合国核心人权条约。与可以说更优秀的区域性人权制度不同，联合国人权制度要应付的，是数量极大并在文化、经济和政治上千差万别的缔约国，其中许多并不愿意创建一种真正有效的普遍性人权监督制度。[219] 在这种背景中，委员会根据《任择议定书》以及通过其结论性意见和一般性意见，还有也许并不完美的国家报告制度的运作，在 35 年的时间里以发展大量的判例所取得的成就，的确意义重大、意味深长。

[1.145] 尽管有其缺陷，但根据《公约》和其他联合国条约发展出来的公民权利和政治权利规范由于其普遍可适用性，对于所有国内法律制度中的法官、律师、政府官员和人权提倡者解释这些权利，都具有明显的相关性。这些规范以及人权事务委员会和其他人权条约机构的判例的力量与缺陷，将在以下各章所摘引的段落和相伴的评论中探讨。

218　P Alston, 'Beyond "Them" and "Us": Putting Treaty Body Reform into Perspective', in Alston and Crawford (eds), *The Future of the UN Human Rights Treaty Monitoring System*, 522.

219　Alston, 'Beyond "Them" and "Us"', 522.

第二部分
《公民及政治权利国际公约》规定的受理来文标准

第二章 "属时理由"规则

时间何时起算? ………………………………………………[2.03]
持续的侵犯 …………………………………………………[2.06]
 失踪和持续侵犯 …………………………………………[2.11]
 确认原则 …………………………………………………[2.14]
结语 …………………………………………………………[2.23]

[2.01] 根据《任择议定书》第1条，只能由个人针对同时是《任择议定书》缔约国的《公约》缔约国提出申诉。根据《任择议定书》第3条，不得提交"不符合《公约》规定"的来文。根据这两项规定，人权事务委员会不得对基于属时理由（ratione temporis）不可受理的事项作出裁决。如果所指控的事实发生在《任择议定书》对有关缔约国生效之前的某个时期，委员会基于属时理由就无权审议申诉。这一规则之根据源自公认的国际法规则，即条约不溯及既往。[1]

[2.02] 金君泰诉韩国案（Kim v Republic of Korea, 574/1994）表明，知晓什么样的事件引起了申诉非常重要。该案中，提交人的申诉有关他因为表达某些政治意见而根据《国家安全法》被定罪。韩国主张说，由于提交人违反《国家安全法》发生在《任择议定书》对韩国生效之前，因此申诉基于属时理由不可受理。人权事务委员会不同意这一点，因为"提交人所指控的

---

[1] 见，JS Davidson, 'Admissibility under the Optional Protocol to the International Covenant on Civil and Political Rights' (1991) 4 *Canterbury Law Review* 337 at 342, 援引了《维也纳条约法公约》第4条和第28条。

违反有关他根据《国家安全法》被定罪",而非导致他被定罪的事件。而他被定罪是在《任择议定书》对韩国生效以后。² 另外,在萨默斯诉匈牙利案(*Somers v Hungary*,566/1993)中,部分申诉有关匈牙利的共产党政府于 1951 年没收提交人父母的财产。这一申诉显然基于属时理由不可受理。³ 不过,该申诉还有关新的匈牙利政府于 1991、1992 年通过的恢复原状的立法,这是在《任择议定书》对匈牙利生效以后。由于 1991~1992 年立法所补救的,只是共产党政府的没收行为的部分受害者而非所有受害者的损失,因此有可能质疑其违反第 26 条对不歧视的保障。⁴

时间何时起算?

[2.03] 一个问题是,人权事务委员会能否审查在《公约》生效以后但在《任择议定书》生效以前发生的侵犯情势。委员会在大量的案件中都处理了这一问题,包括科涅和科涅诉匈牙利案。

科涅和科涅诉匈牙利(*Könye and Könye v Hungary*,520/1992)

6.4. 委员会首先指出,该缔约国根据《公约》承担的义务自《公约》对其生效之日起适用。然而,一个不同的问题是,委员会何时有权根据《任择议定书》审议指控《公约》被违反的申诉。委员会在其根据《任择议定书》作出的判例中认定,它不能审议在《任择议定书》对有关缔约国生效之前发生的据称违反《公约》的情况,除非所诉违反在《任择议定书》生效以后继续。……

委员会一贯持有这一观点。⁵ 尽管无论一国是否批准了《任择议定书》,

---

2   See also *Holland v Ireland* (593/1994), para 9.2. See also T Zwart, *The Admissibility of Human Rights Petitions* (Martinus Nijhoff Publishers, 1994), 125 – 6.
3   该来文还因为《公约》并不保障财产权而基于属事理由不可受理。
4   在委员会意见的第 6.3 – 6.4 段;该案后来基于实质理由被驳回。
5   See also *MT v Spain* (310/1988), *AIE v Libya Arab Jamahiriya* (457/1991), *Perera v Australia* (536/1993), *KLBW v Australia* (499/1992), *AS and LS v Australia* (490/1992), *Kurowski v Poland* (872/1999). 只有波卡尔先生曾对这一点表示异议,见,*Aduayom v Togo* (422/1990)。

其侵犯《公约》规定的权利就是违反《公约》，但对于判断某一对侵犯的申诉是否可予受理，《任择议定书》对所涉国家的生效日期则是关键。

[2.04] 在帕卡尼诉匈牙利案（*Párkányi v Hungary*, 410/1990）中，对于人权事务委员会审议有关提交人被拘禁之申诉的职权，匈牙利没有提出反对，尽管事实是，所指控的事件发生在《公约》对匈牙利生效之后，但是在《任择议定书》对匈牙利生效之前。实际上，缔约国明确承认来文基于属时理由可予受理。[6] 委员会的多数委员在认为委员会有权审议该申诉时，暗示地认定，匈牙利有效地放弃了其在这一方面的权利。[7] 帕卡尼案是唯一一个委员会没有严格适用属时理由规则的案件。[8]

[2.05] 在对日本的结论性意见中，人权事务委员会称：[9]

> 22. 委员会关切地注意到，缔约国仍未接受其对于第二次世界大战期间的"慰安妇"制度的责任，肇事者没有被起诉，给予受害者的赔偿来自私人捐款而非官方资金且金额不足，几乎没有历史课本提到"慰安妇"问题，一些政客和大众媒体继续诋毁受害者或否认事实（第7条和第8条）。
>
> 缔约国应当接受法律责任，以能够被大多数受害者所接受并恢复其尊严的方式毫无保留地就"慰安妇"制度道歉，起诉仍然在世的肇事者，公道地采取立即的、有效的立法和行政措施充分赔偿所有幸存者，就这一问题教育学生和大众，驳斥和制裁任何诋毁受害者或否认这些事件的企图。

这些事件明显发生在《公约》对日本生效之前，只有对受害者的诋毁例外。因此，可以说这一建议表现出委员会过于扩张其权限。对于委员会批评

6　在委员会意见的第4段。

7　文纳尔格伦先生表示异议，认定委员会在国际法中无权审查此类申诉，哪怕是缔约国表示了同意。

8　另见，Zwart, *The Admissibility of Human Rights Petitions*, 137–8。例如参见，*Mukunto v Zambia* (768/1997)，其中，尽管缔约国没有提出这一问题，但某些指控仍基于属时理由未获受理（在委员会意见的第6.3段）。

9　(2008) UN doc CCPR/C/JPN/CO/5.（原书将该结论性意见的时间标为1998年，有误，经与作者核实，更正为2008年。——译者注）

澳大利亚未能赔偿"被偷走的一代政策"的受害者,[10] 以及批评瑞士未能向在 1960~1987 年被强制绝育的男女受害者提供赔偿,[11] 也可以这样说。

持续的侵犯

[2.06] 如同科涅和科涅诉匈牙利案 [2.03] 以及其他案件所表明的,对于属时理由规则,存在一种例外,即所指控的侵犯属于"持续的侵犯"的情况。如果某一来文所指控的侵犯发生在《任择议定书》对所涉国家生效之日以前,但在此日期以后仍然持续或具有本身就构成侵犯情势之后果,则人权事务委员会就能审议该来文。

[2.07] **拉夫雷斯诉加拿大**(*Lovelace v Canada*, 24/1977)

该案中,提交人桑德拉·拉夫雷斯在 1970 年 5 月 23 日与一位非印第安人结婚,并因此根据《印第安人法》失去了作为马利希特印第安人的身分*——这大约发生在《任择议定书》生效(也是对加拿大生效)之前 6 年。拉夫雷斯辩称,这种情况侵犯了她根据《公约》第 27 条享有的少数者权利。尽管加拿大没有从这一方面对该来文可否受理提出任何反对,但人权事务委员会依据职权审查了它在属时理由方面,是否有权审议该来文。

7.3. 然而,对本来文,人权事务委员会还必须考虑的是,《公约》于 1976 年 8 月 19 日对加拿大生效,这是在拉夫雷斯夫人已婚几年之后。在她因结婚失去作为印第安人的身分时,加拿大尚未受《公约》约束。委员会曾认定,当被诉措施虽然发生在《公约》生效之前,但在《公

---

[10] 委员会对澳大利亚的结论性意见,(2009) UN doc CCPR/C/AUS/CO/5, para 15。"被偷走的一代"政策涉及将土著儿童系统性地从其父母身边带走,这种政策一直延续到 20 世纪 70 年代初,而澳大利亚在 1980 年才成为《公约》缔约国。

[11] 委员会对瑞士的结论性意见,(2009) UN doc CCPR/C/CHE/CO/3, para 20。瑞士在 1992 年才成为《公约》缔约国。

* 英文用词为"status"。在《公约》第 2 条第 1 款、第 10 条第 2 和 3 款、第 24 条第 1 款、第 26 条中文本中,与英文本中的"status"对应的用词即"身分"——不是"身份"。中译本遵循《公约》中文本的用词,在适当之处将"status"译为"身分"。中译本中使用的"身份",出现在对"identity""identification"等词的翻译中。

约》生效后继续具有本身就构成违反《公约》之后果时，委员会即有权审议有关来文。因此，委员会必须知道拉夫雷斯夫人在 1970 年的婚姻是否有任何此类后果。

7.4. 因为提交人在种裔上是印第安人，她失去作为印第安人的法律身分的某些持续后果自《公约》对加拿大生效之日起，可能构成对《公约》保护的权利的侵犯。人权事务委员会获悉，处于提交人状态的人无权在印第安保留地上生活，其结果是与印第安社群以及她们的家人相分离。这样的禁止可能影响《公约》在第 12 条第 1 款、第 17 条、第 23 条第 1 款、第 24 条和第 27 条中保障的权利。她失去身分可能还有其他此类后果。……

10. 人权事务委员会在审查本来文之时，只能依据下列基本事实进行：桑德拉·拉夫雷斯于 1970 年 5 月 23 日与一位非印第安人结婚，随后根据《印第安人法》第 12（1）（b）节失去了作为马利希特印第安人的身分。这一规定在当时（目前依然如此）的基础是以性别为依据的法律上的区分。但是，无论是该规定对她的婚姻的适用以及由此导致的她失去印第安人身分，还是其后果，在当时都不构成对《公约》的违反，因为该文书直到 1976 年 8 月 19 日才对加拿大生效。再者，作为一项规则，委员会无权审查与《公约》和《任择议定书》生效之前发生的事件有关的指控。因此，对加拿大，委员会只有权审议在 1976 年 8 月 19 日或其后发生的侵犯人权的指控。就某一特定个人声称其是某一违反情势之受害者的情况，委员会不能在不考虑所涉法律在何时对据称的受害者适用的情况下，抽象地对该法律发表意见。就桑德拉·拉夫雷斯的案件而言，委员会无权对其失去印第安人身分的初始原因，即在她于 1970 年结婚时对其适用的《印第安人法》，发表意见。

11. 不过，委员会承认，如果所指控的违反尽管与 1976 年 8 月 19 日之前发生的事件有关，但是在此日期后持续或具有本身就构成侵犯情势之后果，则情况可能有所不同。从这一方面审查桑德拉·拉夫雷斯的情况，委员会必须考虑《公约》的所有相关规定。委员会特别考虑了第 2 条和第 3 条中的一般规定以及第 12 条第 1 款、第 17 条第 1 款、第 23

条第1款、第24条、第26条和第27条规定的权利可能适用于她目前情况之事实的程度。

委员会得出的结论是,该来文在属时理由方面可予受理:[12]

13.1. 委员会认为,本申诉的实质有关《印第安人法》的持续后果,这一后果即否认了桑德拉·拉夫雷斯作为印第安人的法律身分,特别是因为她由于这一原因不能主张在她愿意居住的地方即托比克(Tobique)保留地居住的法律权利。这一事实在《公约》生效后仍继续,因此不论其初始原因如何,这一后果都必须得到审查。……

[2.08] **JL诉澳大利亚**(*JL v Australia*, 491/1992))

该案的申诉人是一位律师,他不愿意向澳大利亚维多利亚州的法律协会支付为更新其执照所需的年费。结果,法律协会拒绝向其颁发执照,但他继续无照执业。根据法律协会的申请,维多利亚州最高法院对提交人处以罚款、将其从律师名册上除名并下令以藐视法庭将其监禁。提交人向人权事务委员会申诉称,他被拒绝在一个独立无私[*]的法庭上诉讼,这有违《公约》第14条。对于属时理由,他提出了如下意见:

3.3. 就《任择议定书》对澳大利亚的生效日期问题,提交人称,因为他仍处于从最高法院的律师名册上被除名的状态且没有复职的希望,对《公约》第14条的违反具有持续的后果。

在这一点上,委员会同意提交人的意见:

4.2. ……关于提交人指控的没有得到公正无偏的审理,委员会注意到,尽管相关法庭诉讼发生在《任择议定书》于1991年12月25日对澳大利亚生效之前,但最高法院所作裁决之后果一直持续到现在。因此,有关这些裁决导致提交人的权利受到侵犯的申诉在原则上并没有基于属时理由被排除。

---

[12] 对该案实质问题的决定,见第[24.12]段。

[*] 对应英文用词为"impartial"。与《公约》第14条第1款英文本中的"impartial tribunal"相对应的,在中文本为"无私……法庭"。由于"impartial"的基本含义是"公正""不偏不倚",因此中译本中,在涉及司法机关或法官之处,依据第14条第14款之用词,将"impartial/impartiality"译为"无私"——这不仅指司法机关和法官没有私利,而且指司法机关和法官不偏不倚(参见第[14.48]段);在涉及其他方面如调查或审理之时,则将"impartial/impartiality"译为"公正无偏"。

不过，委员会以其他理由认定该案不可受理。[13]

[2.09] 在许多其他案件中，人权事务委员会认定存在持续的侵犯，由此能够认定有关来文在属时理由上可予受理，其中包括库洛敏诉匈牙利案（*Kulomin v Hungary*，521/1991）——该案所涉及的审前拘禁期间始于《任择议定书》对匈牙利生效之前，但终于生效日之后［11.56］；以及居耶等人诉法国案（*Gueye et al. v France*，196/1985）——该案有关一直持续的歧视［23.76］。在帕拉加诉克罗地亚案（*Paraga v Croatia*，727/1996）中，委员会认定，《公约》中规定受审不被无故拖延之权利的第14条第3款（寅）项被违反，因为有关审判始于《任择议定书》对克罗地亚生效之前，但在生效日之后，又持续了很多年。

[2.10] **格拉西莫夫诉哈萨克斯坦**（*Gerasimov v Kazakhstan*，CAT 433/2010）

该案有关《禁止酷刑公约》中的类似规则。在这一就属时理由问题可以说颇为宽容的决定中，禁止酷刑委员会称：

> 11.2. 委员会注意到，缔约国质疑委员会在属时理由方面的权限，其根据是：所申诉的酷刑行为（2007年3月27日）以及2008年2月1日关于拒绝开展刑事诉讼的最后一项程序性决定都发生在哈萨克斯坦根据《公约》第22条发表声明之前。委员会忆及，某一缔约国根据《公约》承担的义务自《公约》对其生效之日起适用。如果所指控的违反《公约》的情势发生在缔约国根据《公约》第22条承认委员会的职权之前，但这些侵犯情势之后果在发表声明之后继续，而且这些后果本身即构成对《公约》之违反，则委员会就可以审查所指控的违反情势。对《公约》之持续违反必须被解释为，在发表声明之后，通过行动或者清楚的暗示，确认缔约国以往的违反情势。委员会注意到，哈萨克斯坦是在2008年2月21日根据《公约》第22条发表声明的。虽然所申诉的事件发生在此之前，但是打击经济犯罪和腐败行为办公室（DCECC）2008年2月1日关于拒绝针对有关警察开展刑事诉讼的决定，在2008

---

[13] 该来文最终被认定为不符合《公约》的规定。See also *MA v Italy* (117/1981), para 13.2.

年3月19日得到了地区检察官办公室的决定的支持；申诉人向库斯塔奈市第二法院提出的进一步上诉，也于2008年3月25日（即在哈萨克斯坦根据第22条发表声明之后）被驳回。此外，总检察长办公室于2008年6月11日支持打击经济犯罪和腐败行为办公室的决定，拒绝启动刑事调查。因此，缔约国在其根据《公约》第22条承认委员会的职权之后，仍然没有履行其调查申诉人的指控并且为他提供补救的义务。在这种情况下，属时理由并不能阻碍委员会审议本申诉。

因此，在禁止酷刑委员会看来，单纯从确认以往侵犯人权行为之效力的程序性决定中，就会出现持续的侵犯的情况。并不确定的是，人权事务委员会对于《公民及政治权利国际公约》是否也采用了这一标准。

失踪和持续侵犯

[2.11] **SE 诉阿根廷（275/1988）**

该案的提交人所申诉的，是其亲属在国家工作人员手上"失踪"。但据认定，这些失踪情势以及任何后续的侵犯，都发生在1986年即《任择议定书》对阿根廷生效之前。提交人还诉称，制定1987年《正当服从法》——这始于《任择议定书》对阿根廷生效以后——本身就违反了《公约》的若干条款。这一法律对于军人可能严重侵犯人权之行为，实际上赋予了豁免。对于来文可否受理的问题，人权事务委员会提出了如下意见：

5.3.……提交人援引了《公约》第2条，声称存在对获得救济之权利的侵犯。对此，委员会忆及其以往的判例，即《公约》第2条构成缔约国的一项一般性义务，无法由个人根据《任择议定书》单独援引（M.G.B. 和 S.P. 诉特立尼达和多巴哥，第268/1987号来文，委员会于1989年11月3日宣布不予受理的意见，第6.2段）。委员会牢记的是，个人只有在与《公约》的其他条款相联系的情况下，才能援用第2条，并指出《公约》第2条第3款（子）项规定，每一缔约国承担"确保任何人所享本公约确认之权利或自由如遭受侵害，均获有效之救济"。……因此，根据第2条，只有在一项《公约》权利遭侵犯得到确认之后，才会产生获得救济的权利。不过，有可能构成对《公约》数条之违反、对其可能提起救济的事件，都发生在《公约》和《任择议定书》对阿根廷生效之前。因此，委员会因来文的这一方面在属时理由上不可受理而无法审议这一事项。

5.4. 委员会认为有必要提醒缔约国，就《公约》生效之后发生或持续的侵犯而言，它有义务全面调查据称的指控并在可适用时向受害者或其亲属提供救济。

《公约》第2条第3款为《公约》被违反的受害者规定了获得救济权。然而，如同 SE 诉阿根廷案已经确认的，第2条第3款并没有规定一项自主性的权利。[14] 任何人都无法主张第2条第3款被违反，除非同时提出《公约》规定的某项实质性权利可能受到了侵犯［25.08］。在本案中，提交人无法主张对实质性权利的侵犯，因为这些侵犯情势发生在《任择议定书》对阿根廷生效之前。[15]

[2.12] **齐芬特斯诉智利**（*Cifuentes v Chile*，1536/2006）

该来文有关一个叫何塞·亚历杭德罗·坎波斯·齐芬特斯的人于1981年失踪。他的母亲诉称，智利当局没有认真地调查他的失踪，侵犯了他的多项权利。《任择议定书》直到1992年8月才对智利生效。而且，智利在批准《任择议定书》时提出了一项声明，限定人权事务委员会无权审查在1990年3月11日之前发生的事件。这一声明的作用非常奇怪，因为这一声明提到的日期早于智利开始受《任择议定书》约束的实际日期，所以可以说这一声明扩展了委员会的权限。不过，委员会同意智利的抗辩，即这一来文在属时理由上不可受理：

8.5. 在本案中，最初的剥夺自由的行为以及随后的拒绝提供关于受害者下落的信息——这两个都是构成违犯或侵权的关键因素——发生在《任择议定书》对该缔约国生效之前，甚至在1990年3月11日之前。此外，提交人没有提到缔约国在这两个日期后有任何行为会构成使其儿子遭受强迫失踪的情况。因此，委员会认为，尽管智利法院像委员会一

14　See also *RAVN v Argentina* (343–345/1988)，*Atkinson v Canada* (573/1994)，para 8.2. 另见，第［1.24］段。

15　See also *Inostroza et al. v Chile* (717/1996)，*Vargas v Chile* (718/1996).

样，将强迫失踪视为一种持续犯罪，但既然缔约国援引了其关于属时理由的声明，委员会就需要考虑该声明。显然，本案涉及的事件发生在缔约国批准《任择议定书》之前，或无论如何也开始于1990年3月11日之前，因此明确包括在缔约国的声明的范围之内。鉴于上述情况并基于委员会的判例，委员会根据《任择议定书》第1条认定，来文基于属时理由不可受理。因此，委员会认为没有必要再考虑国内救济是否用尽的问题。

[2.13] 人权事务委员会有几位委员在这一点上持异议意见。夏内女士、马约迪纳女士和拉拉赫先生首先指出，委员会多数委员使用了见于许多其他条约的"强迫失踪"的定义，例如《国际刑事法院罗马规约》以及《保护所有人免遭强迫失踪公约》。他们接着说：

> 委员会多数委员的主要推理依据的是其他国际文书所创立定义中的构成要素，却令人遗憾地没有考虑到委员会有职责适用的是《公约》及其《任择议定书》的条款。在这一方面，多数委员接着又没有考虑到委员会必须确定的是，对于据称受害者的若干《公约》权利受到侵犯，缔约国是否履行了其根据《公约》承担的义务。
>
> 从提交人的指控来看，这些权利是什么？并且更重要的是，缔约国在保护和维护这些权利方面一直存在的和持续的义务是什么？委员会认为……这些权利和义务涉及与第6、7、9、10和16条相结合的第2条第3款……，还涉及——我们谨建议说——第23条第1款……。
>
> 因此，在某人据称失踪以后，根据《公约》第2条第3款，国家继续有义务进行尽责、认真的调查以确定：这个人的遭遇如何？他作为一个人的目前状况如何？是死了还是活着（《公约》第16条）？如果他已经死亡，国家继续有义务进行有效和持续的调查以确定谁对其死亡负责，或者如果他还活着，则立即采取步骤确保其生命不会处于危险中（《公约》第6条）。国家还继续有义务确保他未曾或正在遭受酷刑或不人道的、侮辱性的待遇（《公约》第7条和第10条），或者无理拘禁，或者没有以其他方式被剥夺自由和安全（《公约》第9条）。同样，国家继续有义务确保失踪者以其作为一个家庭之成员的身分——

而家庭乃是"社会之自然基本团体单位",得到国家和社会应给予他的保护(《公约》第23条第1款)。就这些权利来说,缔约国还负有一项基本义务(《公约》第2条第3款和委员会第31号一般性意见第18段),即在这些情况下确保1998年或2000年开始的诉讼尽责、有力和有效,并且确保任何负有最终责任者被绳之以法,面对其行为的法律后果。

如我们上面探讨的情况所反映的,委员会多数委员看来承认的一起失踪……从本质上对一些《公约》权利具有持续性后果。这起失踪由于对《公约》权利具有不可避免的持续的侵犯性影响而具有持续性。造成失踪的行为本身发生在何时,与这一负面影响的持续性无关。缔约国就这些权利所负的义务不可避免地持续存在。

因此,我们的结论是,这一申诉对据称受害者持续违反《公约》的来文排除了属时理由之例外的适用,并且据此来文并非不可受理。

凯勒女士和萨尔维奥利先生也持异议。他们首先强调,委员会对于来文可否受理的问题应采取一种自由式进路:

9. 在事关承认或保障权利或行使监督之国际职权时尽可能广义地解释一项公约,而在事关限制权利或监督之国际职权时尽可能狭义地解释一项公约,正是本委员会这类国际人权机构的义务。因此,如果不存在本异议意见第7段所提到的任何情况,[16] 委员会本应当认定来文可予受理,并因此着手审议实质案情。……

这两人同意夏内等人的意见的实质,并补充说,一桩没有解决的、未予调查的失踪情势可能导致其他持续的侵犯。

20. 强迫失踪的做法导致了新权利的形成及其通过逐渐性的解释被引入这些一般性的文书中;"获知真相的权利"就是一个例证。对基本人权的大规模或体系性侵犯是对整个国际社会的冒犯,引发对世义务并引起彻底调查有关事实和事件的责任。因此,获知真相的权利有两个不

---

16 在他们的意见的第7段中,凯勒和萨尔维奥利只是指出了《任择议定书》所列出的来文不可受理的明确理由,如未能用尽当地救济。

同的方面：个体性方面（权利持有者是此种侵犯行为的受害者及其家人）和集体性方面（社会）。在联合国之内，获知真相的权利的社会维度和个人的获知真相的权利都已经得到充分承认。获知真相之权利的切实行使是充分补救的一个重要组成部分，但其本身并不足以达此目的，因为真相之披露必须与司法工作相结合，才能满足当代国际法对于采取行动打击有罪不罚现象的要求。……

23. "获知真相的权利"体现在《公约》何处？显而易见，该权利之出现有关获得有效救济的权利［第2条第3款（子）项］——结合无任何歧视地尊重和确保一切个人之由《公约》所确认之权利的一般性义务（第2条第1款）理解。

24. 根据《公约》的规定，获知真相的权利所要求的，是有权获知主管国家机关对于构成侵犯情势的事件以及对其负责任者的澄清。因此，国家必须对强迫失踪事件开展有效调查，以确定、起诉和惩罚此类侵犯的肇事者和煽动者。……

26. 考虑到个人的和社会的获知真相的权利，调查和审判诸如强迫失踪等罪行的义务已经逐渐从一种行为的义务转变为一种结果的义务。因此，有必要区分这一国家义务的不同要素。……

30. 在这一类案件中，可能出现的另一种侵犯情势是——尽管齐芬特斯·厄尔格塔女士提交的来文中没有提出这种指控，当某人因国家应负责的作为或不作为而失踪，国家又隐瞒有关失踪人员命运的所有信息时，其家属所遭受的残忍的和不人道的待遇。……

31. 事实上，与失踪人员具有情感联系的人（例如像失踪者的母亲一样的近亲属）因为不知道受害者的命运而遭受的痛苦，在没有相反证据能证明不存在真实影响的情况下，构成对《公约》第7条的违反。如果这个人已经死亡，其家属必须能够行使其哀悼的权利，以便他们能尽力在经历这种悲惨的情况后继续生活下去，而国家应保障他们的这一权利。

32. 鉴于强迫失踪案件的复杂性，人权事务委员会在决定它是否有权审议某一案件时，必须非常密切地注意可能的侵犯人权行为实施的时间。这必须被理解为，在有些情况中，构成自动违反《公约》的某种行为可能是在所涉人员被剥夺自由之后实施的。

在尤里奇诉智利案（*Yurich v Chile*，1078/2002）中，委员会中也出现了类似的多数意见和少数意见。在这些案件中，多数委员采取了体现在诸如SE诉阿根廷等案中的正统进路，即在《任择议定书》对一国生效之前很久发生的失踪事件，在该国没有采取可能导致持续侵犯的确认行为的情况下，基于属时理由不可受理。夏内等少数委员认定，对于《公约》权利的各种持续侵犯有可能得到确认，其中许多有关缔约国未能调查所涉事件。少数委员的这种决定表明，如果失踪事件发生在《任择议定书》生效之前的12年（或更长时间）以内但尚未得到解决，那么对此提出的申诉从来都不会基于属时理由不可受理。夏内等少数委员批评多数委员关注其他条约对强迫失踪的定义［1.98］，同时觉得多数委员未能尽到其调查对《公约》之违反的责任。凯勒和萨尔维奥利采取了一种甚至比夏内等少数委员更为激进的方式，指出失踪是极其严重的情况，因此有关失踪的任何可信申诉都应该可予受理。[17]

确认原则

[2.14] **科涅和科涅诉匈牙利**（*Könye and Könye v Hungary*，520/1992）

提交人的财产在《任择议定书》于1988年12月对匈牙利生效之前，被匈牙利没收。提交人诉称，该国未予赔偿是对《公约》第17条的一种持续违反，而该第17条保障他们享有在家庭和住宅之内的隐私权。[18] 他们还诉称，匈牙利在1988年之后拒绝他们所要求的新的赔偿听证违反了第14条，因为这一拒绝不是在"公开审理"中作出的。人权事务委员会不同意提交人的主张，并对持续违反作出了如下声明：

> 6.4.……这种持续违反行为应被解释为，在《任择议定书》生效后，缔约国通过行为或明确暗示，确认以往的违反情势。

---

17 有关失踪问题，另见，第［8.27］及以下各段、第［9.145］段、第［10.22］段、第［11.105］段和第［25.14］段。

18 See also *Anton v Algeria* (1424/2005).

[2.15] 多数委员在科涅案中对"确认"的检验并无助益。[19] 需要"确认"意味着,在某一侵犯的持续后果于《任择议定书》生效以后一直存在,但并无国家加剧这些侵犯情势的任何行为的情况中,受理的可能性即被排除。若如此,那么拉夫雷斯案 [2.07] 本来也能够基于属时理由不可受理。

[2.16] **桑卡拉等人诉布基纳法索**(*Sankara et al. v Burkina Faso*,1159/2003)

该案有关布基纳法索前总统托马斯·桑卡拉于1987年被杀害。尽管他乃是被暗杀一事众所周知,但1988年签发的一份死亡证明错误地宣称他自然死亡。来文是由他的妻子和子女提交的,他们在1997年启动诉讼,试图追究杀害桑卡拉的人的责任,这些诉讼一直持续到2001年,即布基纳法索当局决定军事法院而非普通法院对此案有管辖权之时。《任择议定书》1999年对布基纳法索生效,而来文则于2003年提交,此时要求当局启动在军事法院之诉讼的请求仍在处理之中。[20] 有关桑卡拉身亡一事的申诉被认定基于属时理由不可受理。然而,在这一方面提出的,还有另一项申诉:

3.1. 提交人认为,没有组织公开调查和法律诉讼以确定暗杀托马斯·桑卡拉的凶手的身份及其民事和刑事责任,也没有纠正他的死亡证明,这从他们作为桑卡拉的家属应得的保护来看,构成严重的拒绝司法公正……。

人权事务委员会认定上述申诉可予受理,尽管缔约国抗辩说,这一审议基于属时理由也不可受理。

6.2. ……1988年1月17日签发的托马斯·桑卡拉的死亡证明声称,他死于自然原因——这与公众所知并得到缔约国确认的事实相反,以及当局在自那时以来的期间内没有纠正该证明,这些情况必须参考其对桑

---

[19] See also PR Ghandhi, *The Human Rights Committee and the Right of Individual Communication* (Ashgate, 1998), 147–50.

[20] 布基纳法索主张,来文因为未用尽国内救济而不可受理,但这一主张未能成立,因为委员会认定有关救济被不合理拖延。

卡拉夫人及其子女的持续影响加以考虑。

6.3.……这种持续违反行为应被解释为，在《任择议定书》生效后，缔约国通过行为或明确暗示，确认了以往的违反情势。委员会注意到提交人有关下列几点的主张：第一，当局没有调查托马斯·桑卡拉的（众所周知的）死亡，也没有起诉负责任者——缔约国事实上没有对这些指控提出质疑。这些情况侵犯了提交人根据《公约》享有的权利、违反了国家根据《公约》承担的义务。第二，显然为了补救这一情况，提交人于1997年9月29日即在10年法定时效期限内发起了司法诉讼，这些诉讼在《公约》和《任择议定书》对布基纳法索生效以后仍在继续。……委员会认为这些诉讼被拖延……。因此，根据提交人提供的资料，没有进行调查和起诉有罪方所引起的据称违反情势，自《公约》和《任择议定书》生效以来，由于有关诉讼迄今仍无结论，而一直对他们造成影响，委员会认为来文的这一部分在属时理由上可予受理。

［2.17］在上述人权事务委员会没有认定存在持续侵犯的案件中——即 SE 诉阿根廷案［2.11］和齐芬特斯诉智利案［2.12］中的据称酷刑和杀害以及科涅和科涅诉匈牙利案［2.14］中的没收，所指控的行为都在《任择议定书》对有关国家生效前已经全部结束。与之相对，拉夫雷斯诉加拿大案中桑德拉·拉夫雷斯被逐出其部落［2.07］、库罗敏诉匈牙利案中对提交人的审前拘禁［2.09］[21]、桑卡拉诉布基纳法索案中的调查程序［2.16］以及居耶等人诉法国案中的歧视性待遇［2.09］[22]，在《任择议定书》对有关国家生效前并没有完结。在布拉加诉罗马尼亚案（*Blaga v Romania*，1158/2003）中，来文所指控的没收发生在《任择议定书》对罗马尼亚生效之前，但是，法院的一项确认该没收的裁决是在《任择议定书》对罗马尼亚生效之后作出的，因此该来文并非基于属时理由不可受理。不过，区分有关决定究竟属于"持续性侵犯"这一检验的哪一边，并不总是容易的。

---

[21] 另见，第［11.56］段。

[22] 另见，第［23.76］段。

[2.18] **库罗斯基诉波兰**（*Kurowski v Poland*，872/1999））

该案的提交人指控说，由于他因为据称的政治迫害而被解除公职，《公约》第 25 条被违反。解职行为发生在波兰批准《任择议定书》之前，但在《任择议定书》对波兰生效后，提交人就其被解职发起了国内诉讼，虽未胜诉。人权事务委员会认定该申诉基于属时理由不可受理：

> 6.5. 本案中，提交人于 1990 年根据当时有效的法律被解除职位，同年，他作为候选人接受了一个地区资格审查委员会的审查，以确定他是否符合受雇于已改组的内务部的新的法定标准，但他没有通过审查。他在《任择议定书》于 1995 年对波兰生效之后提起的诉讼中未能胜诉，但这一事实本身并不构成对《公约》的潜在违反。本委员会无法得出结论认为，在《任择议定书》对该缔约国生效之前发生的违反情势，在生效之后还在继续。因此，委员会根据《任择议定书》第 1 条宣布，本来文基于属时理由不可受理。

[2.19] 人权事务委员会对 JL 诉澳大利亚案中一位律师被除名（委员会认定存在持续违反）[2.08] 与库罗斯基案中提交人被解除公职的区分很难让人理解。不过，"除名"是一种持续剥夺一个人之生计可能的行为，而解除一个人的公职工作并不排除其寻求另一公职工作，因此委员会所作区分有可能是基于受到质疑的行为何时"结束"的判断。虽然库罗斯基案和 JL 案的区分有可能得到理解，但库罗斯基案与下述案件的区分则难以理解。

[2.20] **阿多约姆等人诉多哥**（*Aduayom et al. v Togo*，422/1990）

该案的一个方面涉及提交人因为受到政治迫害而在 1985 年被解除公务员职位，这发生在《任择议定书》于 1988 年对多哥生效之前。几位提交人在 1991 年复职。人权事务委员会认定该案的这一方面可予受理：

> 6.2. ……委员会注意到，所指控的违反行为在《任择议定书》对多哥生效之后仍有持续的后果，因为提交人直到 1991 年 5 月 27 日和 7 月 1 日分别复职之前，一直被拒绝复职，而且没有得到补发的工资或其他任何形式的补偿。委员会认为，这些持续的后果可以被认为是确认了据称缔约国先前犯下的侵权行为。因此，委员会的结论是，属时理由并不阻碍其审查来文，并认为来文可能提出了与《公约》……第 19 条、第

25条（寅）项有关的问题。

并不清楚的是，为何在阿多约姆案中，缔约国在《任择议定书》对其生效之日（"相关日期"）后拒绝恢复提交人的职位，能够与在库罗斯基案中，缔约国的法院在相关日期后未能赔偿提交人或将其复职，有道理地区别开来。有可能，在阿多约姆案中，所诉的政治迫害更加清楚。不过，对于申诉之实质问题的认识完全不应影响对一件来文基于属时理由可否受理的判断。

[2.21] 在姜勇洙诉韩国案（*Kang v Republic of Korea*，878/1999）中，提交人申诉的情况包括，他被判犯有间谍罪侵犯了他根据《公约》第19条享有的政治表达权。他被定罪发生在《任择议定书》对韩国生效之前，但是，他因为这一定罪而被监禁在此生效日之后仍持续。人权事务委员会确认，"在这样的情况中，如果不涉及其他更多因素，监禁这一情况本身并不构成一种违反《公约》的'持续侵犯'，足以使造成监禁的最初情况处于委员会的属时管辖范围之内"。[23]

[2.22] 消除对妇女歧视委员会对于持续侵犯的问题，看来采取了一种更宽松的进路。斯吉贾托诉匈牙利案（*Szijjarto v Hungary*，CEDAW 4/2004）涉及违背一位妇女的意愿将其绝育，这被认定为违反了《消除对妇女歧视公约》的若干规定。尽管绝育发生在《消除对妇女一切形式歧视公约任择议定书》对匈牙利生效以前，但该来文仍被认为可予受理，消除对妇女歧视委员会对此声明如下：

10.4. 根据《任择议定书》第4条第2款（e）项，如果作为来文主题之事实发生在《任择议定书》对所涉缔约国生效之前，委员会应宣布来文不可受理，除非这些事实在生效之日后持续。在考虑这项规定时，委员会注意到引发来文的事件发生于2001年1月2日，即在《任择议定书》于2001年3月22日对匈牙利生效之前。但是，来文者请求委员会判断，她遭受绝育手术是否导致了她根据《公约》享有的一些权利已经受到了侵犯且继续受到侵犯。已经得到令人信服之说明的是，绝育应该被认为是永久性的，尤其是：绝育的意图就是使结果不可逆转；恢复

23　在委员会意见的第6.3段。See also *Zhurin v Russia* (851/1999).

生育能力的手术成功率很低且取决于很多因素，如实行绝育的方式、对输卵管以及其他生殖器官造成了多少损伤以及外科医生的技术；恢复生育能力的手术存在风险；手术后宫外孕的可能性增加。委员会由此认为，作为来文主题之事实具有持续性质，因此基于属时理由可予受理合理成立。

绝育的后果被认为具有持续性，因为所涉及的妇女终其一生都将受其折磨，或至少是在其有可能生育的年纪是如此。因此，消除对妇女歧视委员会认定这一来文可予受理。

结　语

[2.23] 因此，对于所指控事件发生在《任择议定书》对所涉缔约国生效之前的情况，适用属时理由规则将使得案件不可受理。不过，当一项侵权情势开始于生效日之前并在此日期后持续之时，或者在侵权情势之后果本身就构成在此日期之后仍持续的侵犯情势的情况中，适用这一规则就无法排除有关申诉可被受理。令人遗憾的是，在持续侵犯和非持续侵犯之间的界线并不总是很清楚。

第三章 "受害者"的要求

根据《任择议定书》受理来文的"受害者"要求 …………… [3.01]
受害者必须是个人 …………………………………………… [3.10]
  集体权利 ………………………………………………… [3.11]
  非政府组织 ……………………………………………… [3.14]
  政党 ……………………………………………………… [3.16]
  公司 ……………………………………………………… [3.17]
  合伙关系 ………………………………………………… [3.21]
  宗教组织 ………………………………………………… [3.22]
第三方的地位 ………………………………………………… [3.24]
  代理 ……………………………………………………… [3.26]
  受害者自身无法授权提交来文 ………………………… [3.29]
  代表儿童 ………………………………………………… [3.33]
  受害者由继承人代表 …………………………………… [3.36]
  未出生儿 ………………………………………………… [3.37]
将来的侵犯 …………………………………………………… [3.38]
  将来的受害者 …………………………………………… [3.38]
  合理的可预见性 ………………………………………… [3.39]
  立法即使不执行也可能违反《公约》 ………………… [3.46]
结语 …………………………………………………………… [3.49]

根据《任择议定书》受理来文的"受害者"要求

[3.01]《任择议定书》第1条声明,申诉必须由认为其本身是《公约》被违反之受害者的个人提交。在毛里求斯妇女案(*Mauritian Women's Case*, 35/1978)中,人权事务委员会提出了以下经常被摘引的论断:

9.2.……一个人只有在确实受到影响时,才能声称自己是《任择议定书》第1条意义上的受害者。应如何具体地采用这一要求,则是一个程度问题。但是,没有任何个人能够抽象地以一种"公益诉讼"(actio popularis)的方式,质疑据称有违《公约》的某一法律或做法。……

因此,一位申诉人只有在其个人受到所涉作为或不作为影响之时,才可以主张自己是受害者。如果申诉人无法表明这种受害者地位,委员会将驳回来文、不予受理。在特殊情况中,某一第三方可以代表一位受害者提交来文[3.26]。不过,在来文中总要涉及一位受害者,正如以下案例所显示的。

[3.02] **普恩加瓦纳姆诉毛里求斯**(*Poongavanam v Mauritius*, 567/1993)

该案中,提交人被毛里求斯巡回法院判定犯有谋杀罪并被判处死刑。他是由一名法官以及九名男子组成的陪审团审判的,他们一致裁决其有罪。他质疑《陪审团法》不符合《公约》。他的主张如下:

3.2. 提交人声称,毛里求斯《法院法》第42节规定,陪审团"由九名符合《陪审团法》规定的男子组成",这违反了《公约》第3条,因其歧视妇女,使得妇女实际上被排除在陪审团工作之外。

3.3. 他还提出,《公约》第25条(寅)项也被违反,因为毛里求斯女性过去不能、现在实际上也不能在一般的平等条件下担任公职,而参加陪审团可被解释为构成公职。

3.4. 提交人认为,缔约国违反了《公约》第26条,因为在陪审团中排除妇女实际上意味着她们在法律前的平等没有得到保障。

人权事务委员会认为,提交人的申诉不可受理:

4.2. 委员会注意到提交人的申诉，即因为妇女在他被审判之时被排除在陪审团之外，他是毛里求斯违反第3条、第25条（寅）项和第26条的受害者。但是，提交人未能表明陪审团中没有女性如何实际妨碍了他享有《公约》规定的权利。因此，他不能主张自己是《任择议定书》第1条意义上的"受害者"。

[3.03] 在莫里森诉牙买加案（*Morrison v Jamaica*，663/1995）中，提交人是牙买加的一位犯人，他发现同狱犯人的信件被堆放在一个废弃的囚室中，这表示他自己的信件在被适当投递之前，也曾被如此丢弃。但是，人权事务委员会认定，提交人在这一方面没有主张可以提出，因为没有证据表明，他发现了"他自己发出或发给他的信函或文件"。[1]

[3.04] 在范杜真诉加拿大案（*Van Duzen v Canada*，50/1979）中，人权事务委员会就实质问题作出了不利于提交人的认定，理由是来文受理阶段后的事态发展已经补救了他所受的不公正。不过，一个人不必在审议其申诉的整个过程中，都一直是一个"受害者"。范杜真案是一个特例，因为提交人甚至不能主张他的权利曾受到侵犯。[2] 作为对照，A 诉澳大利亚案（*A v Australia*，560/1993）的提交人可以主张自己是《公约》第9条被违反的相关"受害者"，尽管在委员会对该案的实质问题作出决定之时，他已经被释放。[3] 但即使如此，A 仍然有权就其受到的无理拘禁获得赔偿。

[3.05] **塔德曼诉加拿大**（*Tadman v Canada*，816/1998）

该案表明了人权事务委员会内部对"受害者"的要求，存在颇有意思的不同意见。该案的几位提交人本身不信仰天主教，他们诉称，在加拿大，罗马天主教学校是唯一接受公共资助的非世俗学校。在沃尔德曼诉加拿大案（*Waldman v Canada*）中 [23.60]，一位将其子女送入私立犹太学校的犹太人家长就同样的事项提出的申诉得到了委员会的支持，即这种情况违反了《公约》第26条。但是，塔德曼案中的提交人被认为并非受害者，因为他们的子女入读的是公立世俗学校，而这些学校和私立天主教学校一样，得到公

---

1 在委员会意见的第6.7段。See also *Brandsma v the Netherlands* (977/01), para 6.4.
2 另见第 [15.15] 段。
3 有关讨论见，*A v Australia* (560/1993) at [11.24], [11.85], and [11.91]。

共资助。委员会在其不受理来文的决定中，支持了加拿大的主张：

> 6.2. 该缔约国对来文可否受理提出质疑，依据是提交人不能声称是《公约》被违反的受害者。对这一情况，委员会注意到，提交人虽然声称是歧视的受害者，但并没有试图让其子女上公共资助的宗教学校，相反却试图取消政府对单立的天主教学校的公共资助。因此，如果按他们的要求所为，提交人在宗教教育得到资助方面的个人情况并不会得到改善。提交人并未充分证实，目前给予单立的天主教学校的资助如何对他们造成损害或产生不利影响。在这种情况下，委员会认为，根据《任择议定书》第1条的含义，他们不能声称是据称的歧视的受害者。

少数几位委员——伊瓦特夫人、梅迪纳－基罗加夫人、巴格瓦蒂先生和亨金先生——提出了异议意见：

> 那些希望向其子女提供宗教教育但不能在学校制度中获得，而必须自己支付此种教育费用的父母本身也可被视为受害者。本案的申诉人包括这类人，在我看来，至少这些人的申诉应被认为可予受理。（强调为后加）

该案表明了受害者要求的严格性。案中所涉家长需要将其子女实际送入一所非天主教的宗教学校，才能被赋予"受害者"地位，而无论这一举动的费用如何高昂。塔德曼案中的少数委员的意见更可取，因为这一意见考虑到了这种入学举动将导致的经济困难。

[3.06] SB 诉吉尔吉斯斯坦案（*SB v Kyrgysztan*，1877/2009）被认为是一种有关获取信息的公益诉讼而未获受理。人权事务委员会认为，提交人没有表明对于所要求的信息有某种个人利益。然而，可以主张说他确实有某种个人利益，这表现在他向国家要求获取信息但没有得到这一简单的事实中[18.24]。可以说，这一拒绝使其至少为了来文可被受理的目的而言，成为一个受害者。无论如何，委员会后来在托克塔库诺夫诉吉尔吉斯斯坦案（*Toktakunov v Kyrgyzstan*，1470/2006）中的决定使得 SB 案的决定不再站得住脚，因为在该案中，委员会认定，一位与 SB 案中的提交人处于类似境况的提交人对提出一项可受理的申诉，具有充分的利益根据。

[3.07] 根据《任择议定书》第 3 条，匿名来文被认为是不可受理的。埃尔－阿巴尼诉利比亚案（*El Abani v Libyan Arab Jamahiriya*，1640/2007）看来是一个人权事务委员会多数委员未能对若干申诉人实行这一规则的案件。匿名的情况与禁止公开披露申诉人的身份有区别，后者在根据《任择议定书》提出的申诉中，相当普遍。

[3.08] 在希尔和希尔诉西班牙案（*Hill and Hill v Spain*，526/1993）中，人权事务委员会确认，即使某人自己的行为有瑕疵，他仍可以根据《任择议定书》提出申诉。该案中，提交人逃离西班牙、违反西班牙之保释条件一事，并不影响其根据《任择议定书》提出申诉的资格。[4] 同样，在戈麦兹－瓦兹克孜诉西班牙案（*Gomez Vazquez v Spain*，701/1996）中，提交人作为逃亡者的地位也不排除来文可被受理。卡巴诉加拿大案（*Kaba v Canada*，1465/2006）涉及一项有关加拿大拒绝给予提交人及其女儿庇护的申诉［9.62］。加拿大提出，申诉应基于滥用程序予以驳回，因为提交人在国内层面提出申诉时，伪造了一些文件。委员会则未如此行为，主要是因为来文提出了有关提交人的女儿——她本人并无过错——的严重问题。

[3.09] **拉英诉澳大利亚**（*Laing v Australia*，901/1999）

该案有关家庭权利。提交人从美国诱拐了其女儿杰西卡并生活在澳大利亚。孩子的父亲从美国法院获得了一项命令，赋予他对女儿的单独监护权。澳大利亚家庭法院随后下令，该女儿应回到在美国的父亲身边。在认定该案不可受理时，人权事务委员会很明显受到了母亲行为的影响：

> 7.4. 关于提交人本身权利受到侵犯的指控，委员会注意到，目前的情况，包括其对提交人享受《公约》多项权利方面的可能不利影响，均是由以下情况导致的：她本人于 1995 年初决定将其女儿杰西卡从美国诱拐到澳大利亚，以及她随后拒绝《海牙公约》* 的实施，让有关主管法院决定父母对杰西卡的监护和探视权。考虑到这些因素，委员会认

4　在委员会意见的第 12.1 段。See also *Gómez Vazquez v Spain* (701/1996), para 10.3.

*　指 1980 年《海牙国际诱拐儿童民事方面公约》。

定，就可否受理问题而言，来文的这部分内容没有依据，因此根据《任择议定书》第 2 条不可受理。

受害者必须是个人

[3.10] 受害者必须是个人。

第 31 号一般性意见

9.《公约》所承认的权利的受益者是个人。虽然除第 1 条中的例外规定以外，《公约》没有提到法人或者类似实体或者集体的权利，但是《公约》所确认的许多权利，例如表示自己宗教或者信仰的自由（第 18 条）、结社自由（第 22 条）以及少数群体成员的权利（第 27 条），都是可以同他人共同享有的。委员会的职权只限于接受和审议由个人或者代表个人提出的来文（《任择议定书》第 1 条），但是这并不禁止个人声称关涉法人和类似实体的作为或者不作为构成对这些个人自己的权利的侵犯。

10. ……享受《公约》权利的人并不限于缔约国的公民，而是必须还包括正好在缔约国的领土内或者受其管辖的所有个人，而不论其国籍或者无国籍状态，例如寻求庇护者、难民、移徙工人以及其他人。……

集体权利

[3.11] 在卢比康湖营居群首领伯纳德·奥米纳亚克诉加拿大案（*Ominayak, Chief of the Lubicon Lake Band v Canada*，167/1984）中，人权事务委员会称：

32.1. ……《任择议定书》规定了一项个人可以据其声称自己的个人权利被侵犯的程序，而这些权利列举在《公约》第三编即第 6~27 条中。然而，委员会不反对声称受到同样影响的一群个人共同提出一项声称他们的权利被侵犯的来文。

[3.12] 需要指出的是，《公约》第 1 条所载的自决权的地位很特异，因

为这是一项民族的权利,所以并不是一项能够根据《任择议定书》可诉的权利。[5]

[3.13] 在 EW 等人诉荷兰案(*EW et al. v the Netherlands*,429/1990)中,人权事务委员会对于该案有 6588 名提交人的情况指出:

> 6.3. 委员会审议了缔约国关于来文事实上属于一项"公益诉讼"的说法。委员会认为,只要每一提交人都是《任择议定书》第 1 条意义上的受害者,就没有任何理由阻止很多人根据《任择议定书》提交案件。仅仅申诉者人数众多这一事实并不能使他们的来文成为一项公益诉讼,委员会认定本来文不存在基于这一点的问题。

因此,在若干受害者提出同样的申诉时,他们可以将其案件组团成为一个案件。

非政府组织

[3.14] **哈提凯南诉芬兰**(*Hartikainen v Finland*,40/1978)

该来文的提交人是芬兰的一位学校教师,他为自己并以"芬兰自由思想者联盟"秘书长的身份提交来文。对于提交人试图代表一个组织,人权事务委员会作出了如下评论:

> 3. 1978 年 10 月 27 日,人权事务委员会决定……通知提交人,除非他提供他声称代表的其他人的姓名、地址以及有关他有权代表他们行事的资料,否则对其以芬兰自由思想者联盟秘书长的身份提交的来文,委员会将不予审议。
>
> 4. 1978 年 12 月和 1979 年 1 月,提交人提供了授权他代表据称的受害者提交来文的 56 个人的签名和其他细节。

因此,非政府组织并无以自己的名义提出案件的资格。[6] 不过,委员会允许非政府组织在来文中帮助提交人,就如它们在赫兹伯格等人诉芬兰案(*Hertzberg et al. v Finland*,61/1979)和伊诺斯特罗扎等人诉智利案(*Inostro-*

5　见第［7.24］段。

6　See also *Coordinamento v Italy* (163/1984).

za et al. v Chile，717/1996）中所做的。

[3.15] **贝登诉法国**（*Beydon v France*，1400/2005）

申诉人是一个叫做"DIH"（公民抗议运动）的非政府组织的成员，但他们以个人身分而非以 DIH 的名义提出申诉。申诉的一部分有关指控规定获得公正审理权的第 14 条第 1 款——与第 2 条第 3 款（寅）项规定的获得有效救济的权利相结合——被违反。这一主张基于以下理由被宣布为不可受理：

4.3.……委员会忆及，若某人宣称他是受《公约》保护之权利被侵犯的受害者，他或她必须表明缔约国的作为或不作为，已经对他或她享有这种权利造成了不利影响，或基于现行法律以及/或者司法或行政决定或惯例，这种影响迫在眉睫。委员会注意到，并不是提交人，而是 DIH，一个依法国法律具有法人地位的社团，才是国内诉讼的当事方。因此，委员会认定，提交人并不是《任择议定书》第 1 条意义上的、据称违反与《公约》第 14 条第 1 款相结合的第 2 条第 3 款（寅）项之情势的受害者。

政党

[3.16] 在 JRT 和 WG 党诉加拿大案（*JRT and the WG Party v Canada*，104/1981）中，来文是由一位加拿大公民和一个不具有法人地位的政党 W.G. 党提交的。人权事务委员会裁定：

8（a）.……W.G. 党是一个社团而非个人，因此不能根据《任择议定书》向委员会提交来文。因此，与 W.G. 党有关的来文根据《任择议定书》第 1 条不可受理。

公司

[3.17] 在一家报纸出版公司诉特立尼达和多巴哥案（*A Newspaper Publishing Co v Trinidad and Tobago*，360/1989）、一家出版社和一家印刷公司诉特立尼达和多巴哥案（*A Publication and a Printing Co v Trinidad and Tobago*，361/1989）以及（部分地）克罗谢诉法国案（*Crochet v France*，1777/2008）中，申诉是以公司名义提交的。因为公司在人权事务委员会前并无诉权，因

此这些来文被认为不可受理。

[3.18] 在下一案件中，据称对公司的权利的侵犯同时构成对诸如股东等个人的权利的侵犯。

拉玛格纳诉澳大利亚（*Lamagna v Australia*，737/1997）

该案的提交人与其丈夫一道，拥有一家以公司形式存在的护理院拉玛格纳企业有限公司。这一公司得到政府的法定补贴。该公司在澳大利亚提起了有关取消这些津贴之一部分的国内诉讼。向人权事务委员会提出的主张有关第14条第1款规定的获得公正审理权。委员会认定这一诉求不可受理：

> 6.2. 委员会注意到缔约国的论点，即来文应该基于属人理由被宣布为不可受理。在这一方面，委员会注意到提交人提交来文诉称，她是《公约》规定的受到公正和公平待遇的权利被侵犯的受害者，因为一个政府部门拒绝向她提供后来用来针对她的资料。然而，提交人——她将此护理院作为一家企业购买——实质上向委员会主张的是她的公司的权利被侵犯的问题，而公司有它自己的法律人格。本案提到的所有国内救济实际上都是以公司的名义而非以提交人的名义向法院提出的；此外，提交人也没有证实她根据《公约》享有的权利受到了侵犯。根据《任择议定书》第1条，只有个人才能向人权事务委员会提交来文。委员会认为，提交人因为声称她的公司的权利受到侵犯——这些权利不受《公约》保护，所以对于有关她的公司的申诉，根据《任择议定书》第1条的含义并没有诉讼资格；而且从《任择议定书》第2条的目的来看，也没有任何与提交人个人有关的申诉得到证实。

委员会在拉玛格纳案中的推理遵循了先前的SM诉巴巴多斯案（*SM v Barbados*，502/1992）中的推理，在有关非政府组织的方面，也遵循了贝登诉法国案（*Beydon v France*，1400/2005）中的推理[3.15]。这些案件可以与下述案件做一对比。

[3.19] **辛格诉加拿大**（*Singer v Canada*，445/1991）

阿兰·辛格运营一家文具和印刷商铺，其顾客主要是说英语的。他针对加拿大魁北克的法律提出了一项申诉，这些法律禁止在户外广告中使用法语以外的语言。⁷ 缔约国对提交人提出申诉的资格提出了质疑,指出真正的受害者是提交人的公司"阿兰·辛格有限公司"。⁸ 然而,人权事务委员会认定申诉可予受理:

  11.2. 缔约国辩称,提交人主张的是对其公司的权利的侵犯,但公司不具有根据《任择议定书》第1条提交来文的资格。委员会指出,本来文涉及的《公约》权利,尤其是表达自由的权利,在本质上与个人紧密相连、不可分割。提交人享有自由,以他选择的语言传播有关他的商铺的信息。委员会因此认为,提交人本身而非仅仅是他的公司,受到有争议的第101号和第178号法令的规定的直接影响。

[3.20] 在辛格案中,对辛格的公司的商业表达权的限制自然会影响他自己的表达自由权。⁹ 可能有许多这样的情况,对某一公司的侵犯将同样导致对其股东或雇员的权利的侵犯,他们当然就能够以自己的名义提出申诉。不过,人权事务委员会断言"表达自由"与"个人紧密相连、不可分割"可能走得太远了,因为这意味着对公司表达的限制总是可以定性为对个人的表达的限制。必须注意的是,辛格的公司是一个小型家庭商铺。假设一项法律限制一个其股东对其业务运营并无真正影响的大型上市公司作出政治捐助以试图影响选举的权利,那么是否可以现实地说,这样一项法律限制了那些股东或雇员或甚至是董事的表达自由?¹⁰

合伙关系

[3.21] **沃尔曼诉奥地利**（*Wallman v Austria*,1002/2001）

在该案中,提交人的有限责任合伙企业赫斯·约瑟夫·沃尔曼旅店依据法律要求,需要加入奥地利商会并缴纳联系会员费。提交人声称,这一法律侵犯了其结社自由权 [19.34]。对于这一义务是直接施予旅馆而非提交人的

---

  7 对于类似的巴兰坦等人诉加拿大案（*Ballantyne et al. v Canada*, 359, 385/1989）的实质问题的讨论,见第 [18.39] 段。

  8 在委员会意见的第8.1段。

  9 这一认定对于报纸编辑和记者会有特别重要的意义。

  10 See *Citizens United v Federal Election Commission*, 130 S Ct 876 (2010).

事实，人权事务委员会称：

> 8.9.……委员会还注意到，赫斯·约瑟夫·沃尔曼旅店作为有限责任合伙企业，根据奥地利法律不具备法人地位。尽管这一旅店具有参与在国内法院进行的诉讼的能力，其自身也运用了这一能力，但第二提交人［沃尔曼夫人］[11]——她持有该有限责任合伙企业百分之百的股份——以其作为合伙人的身份为该合作企业对债权方的义务承担责任。因此委员会认为，第二提交人直接并亲身受到了该合作企业被强迫加入商会并由此需缴纳年度会员费带来的影响，她因此可以声称自己是《公约》第 22 条被违反的受害者。

促使沃尔曼案中的申诉得到受理的一个因素是，所涉实体是一种合伙关系而非一个公司。由此，提交人作为百分之百的合伙人，对其债务承担直接法律责任。如果这一实体是一家责任有限公司、提交人不对其负直接责任，那么这一案件可否被受理就会显得可疑。

宗教组织

［3.22］VS 诉白俄罗斯（*VS v Belarus*，1749/2008）

该来文涉及白俄罗斯最高法院不允许福音路德教宗教联盟宗教法庭——提交人是其秘书——在据称《公约》被违反的情况中上诉。人权事务委员会认定来文不可受理，其理由与 SM 诉巴巴多斯案以及拉玛格纳诉澳大利亚案［3.18］非常相似，即所涉及的公正审判权被认为属于宗教联盟而非提交人本身。[12] 提交人还声称，他本人根据第 18 条第 1 款享有的宗教权利也受到了侵犯，因为白俄罗斯向其宗教联盟发出了一个警告——有关其没有遵守该国关于宗教组织的法律，而且拒绝允许宗教联盟邀请九位宗教来访者入境。委员会同样认定这一申诉不可受理：

> 7.5. 在这方面，委员会忆及，一个人只有在确实受到影响时，才能声称自己是《任择议定书》第 1 条意义上的受害者。应如何具体地采用

---

[11] 该案是沃尔曼夫人和她丈夫提出的，后者被列为第一提交人。该案也以一位第三提交人即合伙企业本身的名义提出，这一主张当然不可受理（委员会意见的 8.13 段）。

[12] 见委员会意见的第 7.3 段。

这一要求,则是一个程度问题。诚然,在某些情况下,施予作为法人之宗教组织的限制可能会产生一些直接侵犯个人信徒根据《公约》所享有之权利的不利影响。然而,在本案中,提交人未能——例如——解释"上帝福音城市布道团"的九名成员无法访问白俄罗斯对于他本人在现实中表示其宗教或信仰的自由所带来的具体后果。因此,委员会得出结论,提交人没有为了可否受理的目的证实他可以根据《公约》第18条第1款提出申诉。因此,根据《任择议定书》第2条,来文的这一部分不可受理。

[3.23] 在辛格案中,第19条中的表达自由权被认定与"个人紧密相连、不可分割"[3.20],但类似的推理没有适用于VS案中的第18条。这一差别的原因可能在于,VS案中的提交人根本没有充分说明有关警告对所涉宗教组织的成员的后果,也未能解释禁止九个人来访如何干涉了他自己的宗教自由。[13]

第三方的地位

[3.24] 通常,受害者必须自己提交《任择议定书》规定的申诉。例如,在费伊诉哥伦比亚案(*Fei v Colombia*,514/1992)中,提交人声称《公约》第24条被违反,这涉及其子女据信具有的获得意大利国籍的权利以及他们得到父母双方的平等探视的权利。[14] 人权事务委员会认定申诉的这一部分不可受理,因为"这一侵犯本来应该以提交人孩子的名义提出,但来文并非以提交人孩子的名义提出"。[15]

[3.25] 不过,对于只有受害者自己才能提出申诉的基本原则,有一些例外。在若干情势中,人权事务委员会允许第三方提交来文。首先,受害者

---

13 可以比较两个案件: *Malakhovsky and Pikul v Belarus*(1207/2003)[17.33]和 *Sister Immaculate Joseph v Sri Lanka*(1249/2004)[17.22]。

14 就该案,见第[20.65]段。

15 在委员会意见的第5.2段。

可以指定一个代表代其处理来文。其次，某一第三方可以在据称的受害者无法提交来文时，提交来文。第三，如果来文提交人在来文审议过程中去世，提交人的继承人可以代其继续案件的进行。[16]

代理

[3.26] 人权事务委员会的《议事规则》第96条（b）项允许一种可能性，即在来文中指定一位代理人为受害者之利益行事。本质上，代理人的行为就像是受害者的代理律师（attorney），而且在大多数案件中，这些代理人的确是律师（legal counsel）。必须向委员会提交书面证据，例如委托书，来证明代理人有权代表据称的受害者行事。

[3.27] **Y 诉澳大利亚**（*Y v Australia*，772/1997）

该申诉是由两位律师据称代理一位在抵达澳大利亚时被拘禁、最终被递解出境的庇护寻求者提交的。缔约国答复称，这两位律师无权代理据称的受害者。

6.2. 缔约国对来文的可受理性提出了质疑，理由是来文不是由据称《公约》被违反的受害者提交的。委员会注意到，提交来文的那位律师既没有在国内法院的诉讼中代理过 Y 先生，也没有出示其有权代理 Y 先生行事的书面委托书。从律师与 Y 先生之间的电话交谈（该次交谈的记录已提交给委员会）来看，律师告诉 Y 先生，他想向人权事务委员会提出一个原则性问题（即缔约国是否有义务告知非法进入澳大利亚的人他们有权咨询律师），并问 Y 先生是否同意律师以 Y 先生的名义提交一份来文，以检验这一问题。据交谈记录，律师明确指出，所述来文不会影响 Y 先生本人（无论是好的还是坏的影响），Y 先生所说的一切就是他不反对律师提交此种来文。尽管所述电话交谈与 Y 先生被递解出境之间已超过 24 天，律师却从未收到过 Y 先生有关来文主题的任何指示。自从 Y 先生被递解出澳大利亚，律师便失去了与他的联系。

6.3. 委员会一直从宽看待据称的受害者由律师代理提交《任择议

16　T Zwart, *The Admissibility of Human Rights Petitions* (Martinus Nijhoff, 1994), 71.

定书》所规定之来文的权利。但是，代理据称违反情势的受害者行事的律师必须证明，他们得到了受害者（或其直系亲属）请其代为行事的确切授权，或者证明存在阻碍律师得到此种授权的具体情况，或者鉴于律师过去与据称的受害者之间的密切关系，可以正当地假定受害者实际上授权律师向人权事务委员会提交来文。委员会认为，在本案中，律师未能证明任何此种条件可适用。因此，委员会认为律师没有证明他可以代理Y先生提交本来文。来文不符合《任择议定书》第1条关于来文必须由据称的违反情势的受害者提交的要求。因此，委员会裁定，来文不可受理。[17]

[3.28] 在戈麦兹－瓦兹克孜诉西班牙案（*Gómez Vazquez v Spain*，701/1996）中，人权事务委员会指出，除了受害者的书面授权之外，对于确定某一第三方有权根据《任择议定书》代为某一受害者行事，并无具体的形式要求。[18]

受害者自身无法授权提交来文

[3.29] 在有些情况中，受害者不可能亲自授权提交来文，受害者被杀、失踪或被与外界隔绝地拘禁就是这种情况的例证。在这样的情况中，人权事务委员会要求的是，要在提交人和受害者之间存在充分的联系。必须看起来据称的受害者将很可能同意由提交人代表其提出申诉。[19]

[3.30] 人权事务委员会确认，近亲属关系将是证明提交人可以代为据称的受害者行事的充分联系。[20] "近亲属" 包括核心家庭之外的人，例如各种堂表亲。[21] 委员会不太愿意允许受害者亲属之外的人代为提交来文。[22] 例

17　另见，*Solís Palma v Panama*（436/1990），*AD v Canada*（78/1980），*R and MH v Italy*（565/1993）；以及禁止酷刑委员会的意见，*Barakat v Tunisia*（CAT 14/1994）。

18　在委员会意见的第10.4段。

19　Zwart, *The Admissibility of Human Rights Petitions*, 76.

20　Zwart, *The Admissibility of Human Rights Petitions*, 76.

21　Zwart, *The Admissibility of Human Rights Petitions*, 76.

22　M Nowak, *UN Covenant on Civil and Political Rights: CCPR Commentary*（2nd edn, NP Engel, 2005），836.

如，在穆本哥诉扎伊尔案（*Mbenge v Zaire*，16/1977）中，委员会认定提交人可以代表他的亲属，但不能代表他的司机或药剂师。[23] 在伊萨耶夫和卡里莫夫诉乌兹别克斯坦案（*Isaev and Karimov v Uzbekistan*，1163/2003）中，提交人获准代其儿子提交来文，但不能代其儿子的朋友和共同被告提交来文。

[3.31] 一旦据称的受害者能够直接与人权事务委员会联系，他/她就必须确认其有意申诉，否则来文就会被宣布为不可受理。例如，在穆潘丹吉拉诉扎伊尔案（*Mpandanjila v Zaire*，138/1983）中，最初的申诉是有人代表13个据称处于与外界隔绝的拘禁中的人提出的。这13个人后来被释放，因此能够与委员会联系。最初的这13名受害者中的4人后来不再被列为来文的当事人，因为他们未能确认他们继续申诉的意图。

[3.32] 联合国人权条约机构并不轻易假定据称的受害者无法授权提交来文，禁止酷刑委员会的下述案例就是证明。

JHA诉西班牙（*JHA v Spain*，CAT 323/2007）

该案中，一些海外庇护寻求者的申诉是由一个非政府组织代其向禁止酷刑委员会提出的。这些被西班牙当局拘禁在毛里塔尼亚的庇护寻求者［4.15］并没有授权提交来文。禁止酷刑委员会适用与人权事务委员会类似的有关诉讼资格的规则，声明：

> 8.3.……在本案中，据称的受害者本应明确授权申诉人代表他们与委员会接洽，除非他们因为所处境遇不可能这么做。委员会注意到，据称受害者在其被拘禁在［毛里塔尼亚的］努瓦迪布期间，曾接受联合国难民署、国际移民组织和非政府组织"世界医师协会"的代表的询问。委员会同样注意到，西班牙难民援助事务委员会依据据称受害者的授权，曾在国内层面上对同样的事件申请救济。据此，委员会所得到的资料无法使委员会得出结论认为，在任何时间都无法接触据称受害者，以获得他们的同意在委员会代表他们，尤其是在已经就他们的境况在国内提出了救济申请之时。委员会也无法得出结论认为，宣称没有经济能力就可以准许申诉人不必获得据称受害者（他们随后被送到了梅利拉）的

---

[23] 在委员会意见的第5（d）段。

同意而代表其行事。在这样的情况下，委员会认为，根据《公约》第22条第1款，申诉人缺乏代表据称受害者行事之权能。

代表儿童

[3.33] 人权事务委员会承认未成年人向其提出案件的权利，尽管在大部分情况中，这些未成年人是由其父母代表的。[24]

PS 诉丹麦（*PS v Denmark*, 297/1990）

5.2. 委员会注意到缔约国的争辩，即提交人无权代表其儿子［T. S.］行事，因为丹麦法律将此权利仅限于具有监护权的家长。委员会认为，对于《任择议定书》所规定之诉讼资格的确定，应独立于规范个人在国内法院的诉讼资格的国内条例和立法。在本案中，很明显 T. S. 自己无法向委员会提出申诉，必须认为父子关系以及指控的性质足以证明，由其父亲在委员会代表 T. S. 正当合理。

[3.34] 在 EB 诉新西兰案（*EB v New Zealand*, 1368/2005）中，有关一位父亲对子女的探视权的申诉是由该父亲以自己的名义并代其子女提交的。这些子女的年纪分别为 7 岁、10 岁和 14 岁，因此完全有能力同意他们被代表。由于没有证据表明该父亲曾寻求这种同意，更不要说取得这种同意，这一申诉有关子女的部分未获受理。[25] 与该案相反的，则是同样涉及父母探视问题的下述案件。

NT 诉加拿大（*NT v Canada*, 1052/2002）

7.4. 关于提交人在……其所提申诉方面代表其女儿的资格问题，委员会注意到，提交人的女儿现在已 14 岁而且已被收养。委员会进一步注意到，提交人未提供女儿同意让她代为行事的授权书。然而，委员会忆及，一个并非监护方的父亲或母亲有充分资格在本委员会代表其子

---

24 Zwart, *The Admissibility of Human Rights Petitions*, 43–4, 78; PR Ghandhi, *The Human Rights Committee and the Right of Individual Communication* (Ashgate, 1998), 89. 在宇特罗妮奇诉智利案（*Yutronic v Chile*, 740/1997）中，一位代受害者已经成年的儿子们提出的申诉不可受理，因为这几个儿子本来能够自己提出申诉，而且没有证据表明，这些儿子授权提出申诉（委员会意见的第 6.2 段）。

25 在委员会意见的第 8.3 段。

女。母亲与其孩子之间存在的纽带以及本案中的指控，应被视为足以成为由母亲代表其女儿的理由。此外，委员会还注意到，提交人一再试图获得其女儿授权其代为行事的证明书……但未能成功。在这种情况下，委员会并未被排除审查由母亲代其孩子提出的申诉。[26]

[3.35] **X 诉塞尔维亚**（*X v Serbia*，1355/2005）

在该案中，一个非政府组织试图代表一个据称在 10 岁时受到了性侵犯的男童，但他没有授权该组织提交来文。该非政府组织辩称：

3.5. 关于没有代表受害者的明确授权的问题，提交者忆及，委员会允许在据称的受害者本人无法提交来文，尤其是在案件涉及儿童之时，有人代其提交来文。……提交者提出，在本案中，受害者不存在其他法律代理，因为家长和监护人都不愿意提起私人诉讼。提交者忆及，它在国内诉讼程序中曾是该儿童的代理律师。……最后，在提出本来文方面，提交者与受害者之间不存在可能的利益冲突，因为提交者所述及的，是提交者已经得到适当授权在国内层面上代表受害者的事项。

人权事务委员会不予同意，并在其有关诉讼资格问题的最详尽讨论之一中，认定来文不可受理。

6.5. 对于本案，委员会必须确定的是，在部分国内审理程序中作为该当事儿童之律师行事的提交者是否有资格代表该儿童向委员会提出来文，而不论提交者未得到当事儿童、其法定监护人或父母授权之事实。委员会注意到，提交者承认，它未得到当事儿童、其法定监护人或其父母的行事授权……。实际上，指示提交者代表当事儿童向委员会提交来文的问题，并未与当事儿童、其法定监护人或父母讨论过。没有迹象表明，在来文于 2004 年提交之时 12 岁且因此可能有能力同意提出申诉的当事儿童、其法定监护人或父母曾在任何时候表示过同意由提交者代表当事儿童行事。

6.6. 委员会还注意到，提交者辩称，无法从当事儿童、其法定监护人或父母处获得同意，因为他们都遭到据称的性虐待施害者的影响。不

---

[26] 另见，*Laing v Australia*（901/1999），para 7.3；以及舍伊宁先生的附议意见 [21.31]。

过,委员会还注意到,委员会在收到初次陈述后,曾要求提交者提交一份当事儿童母亲出具的法律授权书——若她已重新获得家长监护权,或若该儿童仍处于法定监护人之照管下,则至少表明该法定监护人同意审查该案。2005年1月14日,提交者解释说,由于已经阐述过的理由,提交者无法提供代理授权书或对审查的同意。没有迹象表明,提交人曾寻求征得与之不再有联系的当事儿童之非正式同意。

6.7. 在没有明确授权的情况下,提交者应提出证据证明,其与当事儿童具有充分密切的关系,从而有理由使之在未获授权的情况下行事。委员会注意到,2003年1月至8月,提交者曾断断续续地在国内审理程序中作为当事儿童的代理律师行事。由于提交者从2003年8月起,不再在国内审理程序中代理儿童行事,提交者与当事儿童、其法定监护人或父母不再有联系。在这种情况下,委员会甚至无法假定当事儿童不会反对——更不要说同意——提交者向委员会提出来文。因此,尽管委员会对本案中的证据感到严重不安,但是《任择议定书》的规定阻止委员会审议该问题,因为提交者没有证明,它可代表受害者提出本来文。

受害者由继承人代表

[3.36] 在克罗斯诉荷兰案(*Croes v the Netherlands*, 164/1984)中,对于提交人在人权事务委员会审议其案件期间去世的情况,委员会允许其继承人继续来文审议。不过,如果没有来自提交人的继承人的指示,案件就会被中止,就如沃伦诉特立尼达和多巴哥案(*Wallen v Trinidad and Tobago*, 576/1994)中所发生的一样。

未出生儿

[3.37] **奎南诉加拿大案**(*Queenan v Canada*, 1379/2005)

提交人试图代表尚未出生的婴儿,提交有关加拿大的堕胎法的来文。人权事务委员会以下述理由驳回了申诉:

4.2. 委员会注意到,提交人并没有称其本人为缔约国据称违反《公约》行为的受害者。提交人称,他在总体上代表缔约国境内所有未

第三章 "受害者"的要求

出生儿提交来文。委员会指出,根据《任择议定书》第1条,来文必须由宣称"《公约》所载任何权利"遭到侵犯的"个人"或其代表提出。委员会认为,在不存在能够从个体上认定的具体申诉者的情况下,提交人的来文相当于公益诉讼,因此根据《任择议定书》第1条的规定不可受理。

对加拿大的堕胎法的这种质疑不可受理,是因为申诉人并非以该法律的某一受害者的名义行事。因此值得疑问的是,是否能够根据《任择议定书》切实提出对堕胎问题的质疑。被流产婴儿或者可能在堕胎失败后出生的婴儿的亲属也许具有诉讼资格。[27]

将来的侵犯

将来的受害者

[3.38] **EPH 诉加拿大**(*EPH v Canada*, 67/1980)

该案的提交人以自己的名义并为加拿大安大略省霍普港的"当代人和后代人"提出申诉。她声称,在霍普港的范围内倾倒有毒废料威胁了她的生命,以及当代人和后代人的生命。对于提交人的诉讼资格,人权事务委员会声明如下:

8(a). 委员会认为,来文提交人有资格为其本人并代表具体授权她代表其行事的霍普港居民提交来文。因此,在本案的情况中,没有必要解决她是否可以代表"后代人"提交来文的问题。对于提交人提到"后代人",委员会将其作为一种对顾虑的修辞,目的在于将来文所提出之问题的重要性放在一个合适的角度上。

该申诉因为没有用尽国内救济而被认定不可受理。[28] 不过,委员会在取

---

[27] 委员会在以下案件中,认定对堕胎的限制违反《公约》:*Llantoy Huamán v Peru* (1153/03) [9.58] and *LMR v Argentina* (1608/07) [8.92, 9.59]。

[28] 参见第六章。

消"后代人"的提法时的含混值得注意。但是，有关霍普港的申诉又进了一步，因为提交人主张的诉讼资格有关甚至尚未孕育的人。即使这样的申诉可予受理，人们也无法想象会有很多这样的情况：后代人的"权利"将受到侵犯可以预见，由此足以引致申诉可被受理。下文就将讨论可预见的侵犯问题。

合理的可预见性

[3.39] 人权事务委员会曾收到不少申诉，有关尚未实际发生但提交人声称会在将来发生违反《公约》的情况。下一案件中，就出现了这一问题。

ARS 诉加拿大（*ARS v Canada*，91/1981）

该案的提交人是一位在加拿大监狱中服刑的加拿大公民。他的刑期将于1988年届满，但他得到书面通知说，他获得了减刑，会在1982年被释放。他反对1970年《假释法》的某些规定——这一法律是在他犯下被判犯有的罪行之后生效的。提交人声称，对他不应该适用新的假释制度，因为这一制度施加了一种比原先的制度更沉重的负担，违反了《公约》第15条。[29] 委员会指出，提交人于1981年提出的申诉是有关假设的情况，因此不可受理。[30] 委员会作出了如下评论：

> 5.2. 关于可能使提交人有理由提出申诉的强制性监视的实际实施，委员会注意到，他尚未服完未被免除的2/3刑期，而且他能否在1982年9月8日获释还要取决于他到那天之前的良好表现。因此，强制性监视制度还没有对他适用。他获得的减刑在他获释后被废除的可能性目前更多的是一种假设。因此在目前情况中，他并没有遭受《任择议定书》第1条和第2条为个人的来文可被受理规定的任何实际冤屈。

[3.40] **奥弥尔鲁迪－斯吉弗拉等人诉毛里求斯**（*Aumeeruddy-Cziffra et al. v Mauritius*，35/1978）

根据毛里求斯法律，毛里求斯男子的外籍妻子自动有资格取得在毛里求斯居住的地位，而毛里求斯女子的外籍丈夫则不是如此。申诉人是若干毛里

29　见第 [15.07] 段。

30　另见，委员会在麦基萨克案（*MacIsaac v Canada*, 55/1979）中的意见，其中委员会无法最终决定提交人是一位受害者，因为这需要委员会作出若干会引起疑问的假定。

求斯妇女,她们声称,这些法律因为基于性别的歧视而违反了《公约》。人权事务委员会对于受理问题,作出了如下评论:

> 9.2（a）.委员会注意到,对于 17 位未婚的共同提交人,不存在实际干预任何家庭或未能确保法律对任何家庭之平等保护的问题。再者,没有证据表明,她们中的任何人实际面临着由于所指控的两项法律而使其享有《公约》规定的此项或其他权利受到影响的风险。特别是,无法说她们根据第 23 条第 2 款享有的缔结婚姻的权利和根据第 23 条第 4 款享有的配偶之间平等的权利受到了这些法律的影响。

因此,该案只在其有关三位已婚提交人的权利的部分,才得到受理。

[3.41] **金德勒诉加拿大**（*Kindler v Canada*，470/1991）

该来文的提交人在提交来文时,被拘禁在加拿大的一座监狱中,随后被引渡到美国,在那里他面临着死刑威胁［8.67］。他向人权事务委员会提出如下申诉:

> 3. 提交人诉称,引渡他的决定违反了《公约》第 6、7、9、14、26 条。他提出,死刑本身就构成残忍、不人道的待遇或惩罚,死囚牢的条件是残忍、不人道和侮辱性的……。

缔约国基于若干理由反对申诉可予受理,其抗辩除其他外,有关提交人作为《公约》被违反的"受害者"的地位:

> 4.2.缔约国主张,提交人不能被认为是《任择议定书》意义上的受害者,因为他的指控源自对未来可能事态的假设,而这些事态可能不会出现,并且取决于美国当局的法律和行为。……

委员会认定申诉可予受理,因为引渡有可能使金德勒暴露在美国侵犯其《公约》权利的真实风险中:[31]

> 13.2.如果某一缔约国引渡受其管辖的某人,而引渡将导致该人之《公约》权利在另一国管辖下受到侵犯的真实风险,则该缔约国自己就可能违反了《公约》。

31　另见第［4.33］段,有关加拿大在该案中的领土管辖权的问题。

[3.42] **第 31 号一般性意见**

12. 此外,第 2 条规定的义务要求缔约国尊重和确保在其领土内以及在其控制下的所有个人享有《公约》所承认的权利,这导致的一项义务是,如果有真实充分的理由相信,在驱赶某人的目的地国家或者该个人可能随后被逐往的任何国家之中,存在造成不可弥补的损害的真实风险[32]——诸如《公约》第 6 条和第 7 条所设想的那种损害,缔约国就不得引渡、递解、驱逐该个人或以其他手段将其逐出本国领土。

[3.43] 在贾治诉加拿大案(*Judge v Canada*, 828/1998)中 [8.69],人权事务委员会认定,加拿大将贾治引渡到美国——他在那里将面临死刑,却未寻求他不会被处决的保证,确实违反了第 6 条。颇具讽刺意味的是,如果他的确被美国处决,这却不会构成美国对第 6 条的违反 [8.71]。

[3.44] **EW 等人诉荷兰**(*EW et al. v the Netherlands*, 429/1990)

该案的事实列在人权事务委员会有关受理问题的决定中,摘取如下:

6.2. 提交人声称,缔约国准备在翁斯德雷赫特(Woensdrecht)部署巡航导弹以及在荷兰存在其他核武器侵犯了他们根据《公约》第 6 条享有的生命权。委员会在这方面忆及,其关于第 6 条的第二项一般性意见指出,"设计、试验、制造、拥有和部署核武器显然是当今人类所面对的对生命权的最大威胁之一"(第 14 号一般性意见,1984 年 11 月 2 日通过)。同时,委员会指出,《任择议定书》规定的程序的目的,并不在于就诸如支持裁军以及有关核武器和其他大规模杀伤性武器的事项的公众政策问题,进行公众辩论。……

6.4. 委员会接着审议了提交人是否属于《任择议定书》意义上的受害者。一个人为了声称自己是受《公约》保护的权利被侵犯的受害者,他或她必须证明缔约国的某种作为或不作为已经对他或她享有此等权利造成了不利影响,或者这种影响迫在眉睫,例如基于现行法律以及/或者司法或行政决定或惯例。本案中的问题在于,准备部署或实际部署核武器是否已经或即将使提交人的生命权受到侵犯。委员会认为,

---

[32] 对于这一测试的讨论见,*Pillai v Canada* (1763/2008) [9.100]。

准备在荷兰于 1984 年 6 月 1 日至 1987 年 12 月 8 日部署巡航导弹以及继续部署其他核武器,在有关本案的期限内,并未使提交人能够声称他们是其生命权已受到侵犯或即将受到侵犯的受害者。因此,委员会在仔细审查其所获主张和材料后认定,提交人不能声称自己是《任择议定书》第 1 条意义上的受害者。

[3.45] **博德斯和特梅阿罗诉法国**(Bordes and Temeharo v France, 645/1995)

该案的提交人诉称,法国于 1995 年在南太平洋进行地下核试验导致了他们的生命权以及家庭生活不受侵扰的自由受到了侵犯。[33] 人权事务委员会同意缔约国的意见,即来文不可受理:

5.4. 委员会注意到缔约国的抗辩,即提交人无资格作为《任择议定书》第 1 条意义上的"受害者"。委员会忆及,一个人为了声称自己是受《公约》保护的权利被侵犯的受害者,他或她必须证明缔约国的某种作为或不作为已经对他或她享有这些权利造成了不利影响,或者这种结果是真实的威胁。

5.5. 因此本案的问题是,法国宣布并随后在穆鲁罗瓦岛和方阿陶法岛进行的地下核试验是否导致了对博德斯女士和特梅阿罗先生的生命权以及享有家庭生活权利的侵犯,或者对他们享有这些权利形成了紧迫威胁。委员会认为,根据当事方提供的资料,提交人未能证实其申诉,即 1995 年 9 月至 1996 年初进行的核试验使得他们能够合理地宣称自己为受害者、他们的生命权和家庭生活权遭到了侵犯或受到了被侵犯的真实威胁。

5.6. 最后,就提交人的另一诉求,即核试验将进一步损害进行核试验之地的环礁的地质结构,进一步劈裂环礁的石灰顶盖等,并因此增加发生灾害的风险,委员会认为,这一诉求即使在相关科学界也是极有争议的;委员会无法确证其有效性或正确性。

5.7. 基于上述考虑并经仔细审查向其提出的主张和材料,委员会不

---

33 另见第 [8.85] 段。

能自觉满意地得出结论认为,提交人能够宣称自己是《任择议定书》第1条意义上的受害者。

这一决定表明,如果一个人在将来提出有关全球变暖对其人权的影响的申诉,他或她很可能面临证明精确因果关系的困难。

立法即使不执行也可能违反《公约》

[3.46] 人权事务委员会还认定,国内立法即使没有直接针对特定提交人实施,也可能与《公约》不符。

奥弥尔鲁迪－斯吉弗拉等人诉毛里求斯(Aumeeruddy-Cziffra et al. v Mauritius,35/1978)

该案的事实已经在上文列出 [3.40]。委员会在拒绝一些申诉人具有诉讼资格之后,审议了剩余的提交人在其所质疑的法律没有被强制实施的情况下,是否能被认为是受害者的问题。

9.2(b)1. 然后委员会将审查来文中,有关1977年的两项法律对另外3位已婚妇女之家庭生活的影响的部分。……

9.2(b)2(i)3. 在本案中,不仅毛里求斯人的外籍丈夫被递解出境的可能性,而且已经存在的他们的不稳定的居住状态,在委员会看来,都表现了缔约国当局对毛里求斯女子及其丈夫的家庭生活的干涉。对于有关家庭能否以及在多长时间内可以在毛里求斯共同居住以继续其家庭生活,本案所涉及的法令使之变得很不确定。另外,如上所述,在一种情形中,对准予居住许可拖延几年而没有肯定的答复,这必须被视为非常不便,原因包括:准予工作许可以及由此而来的丈夫对支撑家庭作出贡献的可能性,都取决于居住许可,还因为他随时可能被递解出境而又无法对之提起司法审查。

委员会由此决定,剩下的三名提交人可以被认为是"受害者"。

[3.47] **巴兰坦等人诉加拿大**(Ballantyne et al. v Canada,359/1989 and 385/1989)

在该案中,提交人质疑的是加拿大魁北克省政府制定的《法语语言宪章》中的一项规定,该规定声明,在公共招牌和室外商业广告中,只能使用

法语 [18.39]。人权事务委员会认定来文可予受理，尽管所涉法律并未针对两位提交人正式执行。委员会的意见如下：

10.4. 委员会自行进一步审议了是否所有提交人均可被适当地视为《任择议定书》第 1 条意义上的受害者。在这一方面，委员会注意到，巴兰坦先生和戴维森女士并没有收到"保护法语委员会"的调查专员的不得使用英语标志的警告通知，也没有受到任何处罚。但是，委员会的立场是，如果某一范畴的人的活动根据有关立法被视为违法，则他们可以作为《任择议定书》第 1 条意义上的"受害者"提出权利主张。

[3.48] **图纳恩诉澳大利亚**（*Toonen v Australia*，488/1992）

该案有关对澳大利亚塔斯马尼亚州的法律的质疑——这些法律将两厢情愿的男性之间的性关系规定为犯罪 [16.50]。尽管塔斯马尼亚警察多年间都没有根据这一法律起诉任何人，但提交人主张说，这一法律的污名化效果不管怎样仍使其成为受害者。他的主张如下：

2.3. 尽管数年来，塔斯马尼亚警察在实践中并未指控任何人犯有[《塔斯马尼亚州刑法典》规定的]"不自然的性交"或"反自然的性交"（第 122 条）或者"男性之间的猥亵行为"（第 123 条），但是提交人辩称，因为他和另一男子的长期关系，他对塔斯马尼亚政治人物的长期游说活动以及当地新闻对其行为的报道，还因为他作为同性恋者权利活动者以及艾滋病毒/艾滋病工作者的活动，他的私生活和自由因《塔斯马尼亚州刑法典》的第 122 条（a）（c）项和第 123 条的继续存在而受到威胁。

2.4. 图纳恩先生进一步声称，将私下的同性恋规定为犯罪使得他不能公开地表露其性情况（sexuality）、公布他对改革与性情况有关的法律的意见，因为他觉得这将对自己的就业极为不利。在这一方面，他辩称，第 122 条（a）（c）项和第 123 条为就业中的歧视、持续污名化、诽谤、人身暴力威胁和侵犯基本民主权利创造了条件。

2.5. 提交人指出，在塔斯马尼亚，众多"权威人士"在过去几年间对同性恋男女使用了贬损和侮辱的言辞，其中包括州众议院议员和市政委员会成员的说法（诸如"同性恋群体的代表并不比萨达姆·侯赛因强多少""同性恋行为在任何社会中都是不可接受的，更不要说在一个文明社会中"），还有教会人士和普通民众的说法——这些说法针对的是塔斯马尼亚的同性恋男女的人品和福祉（诸如"同性恋者要把社会拉低到和他们一样的档次""你被一个同性恋谋杀的可能性比被一个异性恋谋杀的可能性高15倍……"）。在一些公开会议中，有人建议将塔斯马尼亚的所有同性恋者拢到一处并"倾倒"到一个荒岛上，或对其强制绝育。提交人认为，这些说法的后果是造成了在与塔斯马尼亚当局进行本属常规的接触时的紧张和疑虑。

2.6. 提交人还声称，在塔斯马尼亚一直并继续存在针对男女同性恋者的"官方和非官方的仇恨运动"，这一运动使得"塔斯马尼亚同性恋法律改革团体"难以传播有关其活动的资料和提倡将同性恋非罪化。例如，在1988年9月，"塔斯马尼亚同性恋法律改革团体"被拒绝在霍巴特市的一处广场上树立一处展台；提交人声称，他作为反对这一禁止的抗议领导者，受到了警察的威胁。

2.7. 最后，提交人辩称，《塔斯马尼亚刑法典》第122条（a）（c）项和第123条的持续存在，对塔斯马尼亚的包括他在内的许多人持续具有深刻和有害的影响，因为这些规定煽动了对塔斯马尼亚同性恋社群的歧视、骚扰和暴力。

人权事务委员会同意，提交人能够被认为是《任择议定书》第1条意义上的受害者。委员会对于可否受理问题作出了如下评论：

5.1. ……对于提交人能否被认为是《任择议定书》第1条意义上的"受害者"的问题，委员会注意到，提交人所质疑的法律规定若干年来并未被塔斯马尼亚司法当局执行。但是委员会认为，提交人作出了合理努力表明，执行的威胁以及这些规定的持续存在对行政行为和公众舆论的不利影响曾经并继续影响到他个人，因此这些规定可能引起与《公约》第17条和第26条有关的问题。据此，委员会相信，提交人能够被认为是《任择议定书》第1条意义上的受害者，以及其申诉基于属时理由可予受理。

委员会同意，这些法律的存在本身侵犯了图纳恩的权利或至少对其权利构成紧迫威胁。因此,图纳恩能够主张"受害者"地位,即使其所质疑的法律并未得到执行。

结　语

[3.49] 人权事务委员会对《任择议定书》中"受害者"的要求的解释相当严格。一般而言,除非某人是一项《公约》权利被侵犯的个人受害者,或处于可预见的《公约》被违反的危险之中,否则其来文将不被受理。确有一些例外,即一个人可以代另一个人提交来文,或一个人在有关立法并未执行的情况中,也可以被确定为受害者。

第四章 领土和管辖限制

殖民地	［4.05］
域外国家责任	［4.11］
缩减的领土内责任	［4.18］
国家对私人行为的责任	［4.19］
国家对国际组织行为的责任	［4.25］
有关其他国家行为的责任	［4.32］
结语	［4.41］

［4.01］《公约》第 2 条第 1 款规定一国根据《公约》承担之责任限于"所有境内受其管辖之人"。《任择议定书》第 1 条规定国家根据《任择议定书》承担的责任限于"该国管辖下之个人"。本章探讨国家根据《公约》和《任择议定书》所承担之义务的领土和管辖限制。

［4.02］一国对其管辖范围内的所有人均承担责任，而不论某人的国籍如何。[1]

第 31 号一般性意见

> 10.……正如在 1986 年委员会第二十七届会议上所通过的第 15 号一般性意见所指出的，享受《公约》权利的人并不限于缔约国的公民，而是必须还包括正好在缔约国的领土上或者受其管辖的所有个人，而不论其国籍或者无国籍状态，例如寻求庇护者、难民、移徙工人以及其他人。……

---

[1] *Miha v Equatorial Guinea* (414/1990).

[4.03] 人权事务委员会对这一要求的解释是，一个人即使已经不在一国管辖范围之内，仍可对在此管辖范围内发生的侵权情势提出申诉。例如，在马希奥蒂和巴里图西奥诉乌拉圭案（*Massiotti and Baristussio v Uruguay*, 25/1978）中，两位提交人在提交来文时，分别住在荷兰和瑞典。虽然乌拉圭辩称，委员会审理此事就将超越其职权，但委员会明确宣称，在所诉侵权情势发生时，提交人是在乌拉圭管辖之下的受害者。[2]

[4.04] 穆本哥诉扎伊尔案（*Mbenge v Zaire*, 16/1977）表明，对于身处一国领土之外的某人，在该国领土内仍有可能发生对他的侵犯。该案中，穆本哥受到了缺席审判，虽然在受质疑的审判发生之时他在比利时，但这一审判仍违反了《公约》第14条第3款（卯）项。[3]

殖民地

[4.05] 一般而言，人权事务委员会的实践表明，除非有相反的声明，否则一国对《公约》及《任择议定书》之批准延及该国之殖民地。[4] 对这一问题，最全面的讨论发生在下述案件中，但很遗憾，其推理让人颇为困惑。

[4.06] **尹国驹诉葡萄牙**（*Kuok Koi v Portugal*, 925/2000）

该案有关一位澳门居民提出的申诉，涉及据提交人所称违反了《公约》第14条中的公正审判权的一次审判中的多项违规情况。[5] 澳门直到1999年12月19日，一直由葡萄牙治理。1999年12月20日，中华人民共和国对澳门恢复行使主权。提交人最初提交来文是在1999年12月15日。因此，在来文提交之时，澳门仍在葡萄牙管辖之下，但在2001年底即人权事务委员会审议来文可否受理之时，澳门已经处于中国管辖之下。葡萄牙主张，该案基

2　在委员会意见的第7.1 – 7.2段。
3　见[14.142]。
4　M Nowak, *CCPR Commentary* (2nd edn, NP Engel, 2005), 45.
5　对该案的介绍和评论选自，S Joseph, 'Human Rights Committee: Recent Cases' (2002) 2 *Human Rights Law Review* 287 at 287 – 90。

于多个理由不可受理,理由之一是,在澳门仍处于葡萄牙管辖之下时,《任择议定书》从未对该地适用。

1992年12月17日,葡萄牙议会明确将《公约》本身之效力延及澳门,但并未提到《任择议定书》。因此,该缔约国主张:

4.1. ……缔约国认为,葡萄牙议会通过1992年12月17日第41/92号决议将《公约》之适用延及澳门,但并未就《任择议定书》通过此种决议。

4.2. 缔约国还指出,葡萄牙政府在1999年11月致联合国秘书长的说明——有关中华人民共和国同意承担继承责任的条约——所列的条约未包括《任择议定书》。

委员会不同意该缔约国的意见,而认定《任择议定书》的确曾对澳门适用(至少在其处于葡萄牙管辖之下时):

6.2. 就1999年12月19日之前、在澳门由葡萄牙治理期间,《任择议定书》是否适用于该地的问题,委员会注意到,缔约国加入了《任择议定书》,并自1983年8月3日起生效。委员会还注意到,《任择议定书》的适用问题不能以《任择议定书》第10条为依据,因为在1976年通过新的《宪法》之后,澳门已不是葡萄牙的组成部分。此外也无法从将《公约》之适用正式延及澳门的葡萄牙议会第41/92号决议得出肯定结论,因为《公约》和《任择议定书》是不同的条约。

6.3. 另一方面,委员会不同意下一观点:该缔约国没有就《任择议定书》发表类似声明的事实,排除了《任择议定书》适用于此案。委员会忆及,《任择议定书》第1条的条文,其第一句规定:

"成为本议定书缔约国之公约缔约国承认委员会有权接受并审查该国管辖下之个人声称为该缔约国侵害公约所载任何权利之受害者之来文。"

所有这些因素均出现在本案中。葡萄牙是《公约》的缔约国,也是《任择议定书》的缔约国,因此它承认委员会有权接受并审查"该国管辖下"的个人的来文。1999年12月19日之前,澳门的每一个人都受葡萄牙管辖。在本案中,缔约国对提交人行使了法院管辖权。

因为《任择议定书》意在进一步落实《公约》的各项权利,所以

第四章　领土和管辖限制

在没有（以保留/声明）明确指出不适用的情况下，不能假定《任择议定书》不适用于缔约国管辖范围内的某一地区。该案中不存在任何这类性质的行为。因此委员会得出结论，它有权接受和审议提交人的来文，因为该来文涉及指称葡萄牙侵犯《公约》规定的一些权利。

在一个脚注中，委员会援用1969年《维也纳条约法公约》第29条支持其结论。该条规定："除条约表示不同意思，或另经确定外，条约对每一当事国之拘束力及于其全部领土。"

[4.07] 因此，看来按照人权事务委员会的推理，《任择议定书》自1983年葡萄牙批准之日起，就对澳门适用。不过，这一结论被委员会自己的说法弄得有些模糊了："第41/92号决议……将《公约》之适用正式延及澳门"，这种说法似乎承认《公约》只是从1992年12月开始，才对澳门适用。情况若是如此，则《任择议定书》只能从1992年12月开始对澳门适用；《任择议定书》适用于某一领土而《公约》却不适用，这是不可能的，因为《任择议定书》只是一种对《公约》所规定之实质性权利的程序性附属。不过，可以提出的一个问题是，为何《任择议定书》在没有明确声明的情况下对澳门适用，而《公约》却非如此。当然可以主张说，《公约》从1978年起对澳门适用，因为葡萄牙没有提出否定此种适用的声明或保留。另外，一个可用作全面考虑的因素是，委员会委员与葡萄牙代表在1992年之前根据葡萄牙的报告所进行的对话表明，《公约》在1992年之前即适用于澳门。令人遗憾的是，委员会在尹国驹案中有关《任择议定书》在澳门回归中国之前对澳门适用的决定并不周全。实际上，源自委员会与葡萄牙的对话的、先前有关这一问题的判例也不周全。在逻辑上，情况只能是，或者《任择议定书》和《公约》自其各自对葡萄牙生效之日（分别在1983年和1978年）起就对澳门适用，或者只有《公约》从1992年12月起对澳门适用。

[4.08] 克莱因先生、里瓦斯-波萨达先生和约尔登先生（也许还有舍伊宁先生[6]）在他们的单独意见中同意委员会的结论，即在1999年12月20日之前，《任择议定书》就澳门而言对葡萄牙有约束力。他们觉得不清楚的

6　舍伊宁先生的单独意见在这一点上不是很清楚。

是，在哪一天，《任择议定书》或者《公约》开始对澳门适用。克雷茨梅尔先生在这一点上明确持保留意见，因为他觉得，在该案的情况中没有必要作出这样一项决定。总体上，委员会的多数委员认定，在澳门回归中国之前，《任择议定书》对澳门适用。[7]

[4.09] 奥马尔先生和巴格瓦蒂先生持异议意见（在这一点上安藤先生同意他们的意见）。他们称：

> ……无可争议的是，《公约》并不是自葡萄牙批准之时即可适用于澳门。《公约》实际上是由葡萄牙议会于1992年12月17日通过的一项决议首次延及澳门的。在该日期之前，《公约》不适用于澳门；根据1992年12月17日的议会决议，《公约》才适用于澳门。议会于1992年12月17日将《公约》延及澳门也表明，无论如何，葡萄牙均无意在批准《公约》之时即使其适用于澳门。因此结论必然是，《公约》于1992年12月17日才第一次适用于澳门。

> ……如果《公约》直到1992年12月17日才适用于澳门，那么只是为补救对《公约》权利之侵犯提供机制的《任择议定书》，怎么可能在任何更早之时即适用于澳门？既然《任择议定书》没有因为葡萄牙的批准而可适用于澳门，就有必要审议其是否在随后的任何时间被延及适用于澳门。

> ……在本案中很重要的一点是要注意，虽然《公约》由葡萄牙议会专门通过的一项决议于1992年12月17日延及澳门，但这种延伸并不包括《任择议定书》。葡萄牙专门使一项条约适用于澳门，而没有使另一项条约也具有此效果。这清楚地表明了葡萄牙的用意，即《公约》应适用于澳门，而《任择议定书》却不应如此。……因此，我认为毫无疑问，《任择议定书》从来就不可适用于澳门，所以必须根据《任择议定书》第2条认定来文不可受理。

少数委员的这一意见的前提是，《公约》只是从1992年12月17日起才

---

[7] 这一"移交"（transfer）问题对于条约继承提出了重要的问题，这在第［26.45］及以下各段讨论。（由于中国从未承认过葡萄牙治下的澳门是国际法意义上的殖民地，澳门"回归"中国不是"移交"，而是中国对澳门"恢复行使主权"。——译者注）

适用于澳门"无可争议"。不过，如上所述，这种论断实际上是有争议的，因此并未给少数委员的这一决定提供一个坚实的基础。不过，奥马尔和巴格瓦蒂的意见比委员会的意见具有更多的内在一致性。

[4.10] 最终，尹国驹案被认定不可受理。三位委员（奥马尔、巴格瓦蒂和安藤）认定，《任择议定书》从来就不适用于澳门。其他的多数委员（赞成来文不可受理）认定，提交人未能用尽国内救济［6.40］。

域外国家责任

[4.11]《公约》第2条第1款的约文看来明确排除缔约国对发生在其领土外的行为负责。不过，人权事务委员会对于一国之《公约》义务的管辖范围，采取了一种自由宽松的解释，确认各国确有一定程度的域外责任。

第31号一般性意见

10. 第2条第1款规定，缔约国必须尊重并确保所有境内受其管辖之人享受本《公约》所确认的权利。这就意味着缔约国必须尊重并确保在其权力范围内或者有效控制下的任何人——即使不在缔约国领土上——享有《公约》所规定的权利。……

[4.12] 各缔约国需要在其主权领土内并在其有效控制的领土内实施《公约》。例如，以色列负有责任在该国之内实施《公约》，也负有责任在约旦河西岸和加沙的被占领领土内实施《公约》。在对以色列的结论性意见中，人权事务委员会称：[8]

5. 委员会重申其……意见，即在武装冲突期间和占领状态下可适用国际人道法制度并不排除《公约》的适用，除非是实施第4条，据其可在公共紧急状态时克减某些规定。国际法院在"有关在被占领巴勒斯坦领土修建隔离墙的法律后果的咨询意见"中，一致肯定了委员会的立场

---

[8] (2010) UN doc CCPR/C/ISR/CO/3;另见委员会早先对以色列的结论性意见，(2003) UN doc CCPR/CO/78/ISR, para 11 and (1999) UN doc CCPR/C/79/Add. 93, para 10。

(Advisory Opinion, I. C. J. Reports 2004, p. 136); 根据这一意见,《公约》可适用于一国在其领土外行使管辖的行为。另外,可适用国际人道法制度也不排除缔约国根据《公约》第 2 条第 1 款对其当局或人员在本国领土以外,包括在被占领土上,所采取的行动承担责任。因此委员会重申并强调,在当前情况下,与缔约国的意见相反,就缔约国当局或人员在被占领土(包括加沙地带)上采取的、影响享有《公约》规定之权利的一切行动而言,《公约》的规定适用于保障这些领土上的居民的利益(第 2 条和第 40 条)。

该缔约国应确保《公约》在以色列以及被占领土——包括约旦河西岸、东耶路撒冷、加沙地带和被占叙利亚戈兰高地——全面适用。根据委员会第 31 号一般性意见,缔约国应确保其管辖和有效控制下的所有人都充分享有《公约》规定的权利。

[4.13] 在以下各案中,人权事务委员会处理了缔约国域外责任的问题,其中的申诉均指控说,国家公职人员在域外的行动违反了《公约》。

洛佩兹·布格斯诉乌拉圭(*López Burgos v Uruguay*, 52/1979)

该案的受害者在阿根廷被乌拉圭特工绑架,这些特工将他秘密拘禁在布宜诺斯艾利斯两个星期之后,跨过边界送到了乌拉圭。对于来文可否受理,委员会提出了以下意见:

12.1. 人权事务委员会……认为,尽管对洛佩兹·布格斯的逮捕、最初的拘禁和虐待据称发生在外国领土上,但这不能阻止委员会根据《任择议定书》第 1 条("该国管辖下之个人")或《公约》第 2 条第 1 款("所有境内受其管辖之人")审议这些指控,同时审议的还有对随后被绑架到乌拉圭领土的申诉,只要这些行为是由在外国领土上行事的乌拉圭特工犯下的。

12.2.《任择议定书》第 1 条提到"该国管辖下之个人"并不影响上述结论,因为该条所指的不是侵犯行为所发生的地点,而是就无论发生于何处的对《公约》所规定之任何权利的侵犯而言,个人与国家的关系。

12.3.《公约》第 2 条第 1 款为缔约国施加了尊重并确保"所有境

内受其管辖之人"的权利的义务，但这并不意味着有关缔约国不必为其特工在另一国领土上侵犯《公约》规定之权利的行为承担责任，无论后一国家的政府是默许还是反对这种行为。《公约》第5条第1款规定：

"本公约条文不得解释为国家、团体或个人有权从事活动或实行行为，破坏本公约确认之任何一种权利与自由，或限制此种权利与自由逾越本公约规定之程度。"

按照这一规定，将《公约》第2条规定的责任解释为允许一个缔约国在另一国的领土上违反《公约》——它在本国领土上不能做此违反——将是不合情理的。

[4.14] **蒙特罗诉乌拉圭**（*Montero v Uruguay*，106/1981）

该案中，申诉人的乌拉圭护照被乌拉圭驻德国的领事馆没收，申诉人声称，这违反了保障迁徙自由的《公约》第12条。[9] 虽然没收发生在德国，但人权事务委员会认定，受质疑的行为处于乌拉圭的管辖范围之内：

5. 在对来文可否受理作出决定之前，人权事务委员会依据其职权审查了这样一个问题，即马贝尔·佩雷拉·蒙特罗居住在国外一事是否影响委员会根据《任择议定书》第1条并考虑《公约》第2条第1款的规定接受和审议其来文的职权。在这一方面，委员会提出如下意见：《任择议定书》第1条适用于处于有关国家管辖之下、声称自己为该国侵害《公约》所载任何权利之受害者的个人。向乌拉圭公民颁发护照很明显属于乌拉圭当局的管辖事项，该公民就此事受乌拉圭的"管辖"。另外，护照属于使该公民可以按《公约》第12条第2款的规定"自由离去任何国家，连其本国在内"的手段。委员会据此认定，根据这一权利的实质，对居住在国外的公民，该权利同时施予居住地国和国籍国义务，因此，《公约》第2条第1款不能被解释为将乌拉圭根据第12条第2款承担的义务仅限于处于其境内的公民。

9　见对以下类似案件的实质问题的讨论：*Vidal Martins v Uruguay*（57/1979）[12.20]；*El Ghar v Libyan Arab Jamahiriya*（1107/2002）。

《公民及政治权利国际公约》：案例、资料和评注

[4.15] **JHA 诉西班牙**（*JHA v Spain*，CAT 323/2007）

该来文是根据《禁止酷刑公约》提出的申诉，有关 23 位印度的寻求庇护者在毛里塔尼亚被拘禁。他们是在船只倾覆后，被捞救他们的西班牙当局带到那里的，依据的是西班牙与毛里塔尼亚的一项协定。西班牙警察对他们进行了身份辨认。这 23 名寻求庇护的据称受害者被拘禁在努瓦迪布一处受西班牙控制的老海鱼加工厂中。申诉的内容有关拘禁的条件和据称受害者的庇护请求。西班牙主张其并无任何责任，因为据称的受害者被拘禁在毛里塔尼亚而非西班牙：

6.1.……缔约国还坚称，西班牙……没有责任，因为事件发生在其管辖范围之外。该国指出，它采取的行动远远超出了有关海上援助和急救的国际义务，这一义务只限于救助船只并将其带到安全的港口，而对于船上搭乘者的治疗、看护和遣返，则没有任何随同的责任。

禁止酷刑委员会并不认同西班牙的观点，而且并未基于缺少领土管辖权而裁决该案不可受理：

8.2. 委员会注意到缔约国的主张，即提交人无权代表据称的受害者，因为构成申诉内容的事件发生在西班牙领土之外。但是，委员会忆及其第 2 号一般性意见，其中委员会指出，缔约国的管辖范围是指该国按照国际法直接或间接、全部或部分、法律上或事实上有效控制的任何领土。[10] 尤其是，委员会认为，这种管辖还必须包括缔约国直接或间接、事实上或法律上控制被拘禁者的情况。对于管辖概念的这种解释不仅可适用于第 2 条，也可适用于包括第 22 条的《公约》所有条款。在本案中，委员会注意到，缔约国从"海洋一号"获救之时直到在努瓦迪布进行的辨认和遣返的整个过程中，都一直控制着船上的人。尤其是，缔约国通过与毛里塔尼亚缔结的外交协定，在据称的受害者被拘禁在努瓦迪布期间，对他们实行了不间断的事实上的控制。委员会据此认为，就构成本来文主题的申诉而言，据称受害者受

---

10 禁止酷刑委员会第 2 号一般性意见第 7 段和第 16 段确认了《禁止酷刑公约》的域外效力范围，其所表达的内容类似于人权事务委员会第 31 号一般性意见对《公民及政治权利国际公约》之适用范围的表述。See also *Sonko v Spain*（CAT 368/2008）.

到了西班牙的管辖。

最终，因为申诉人没有资格代表据称的受害者提出申诉，该来文被裁定为不可受理［3.32］。

[4.16] **第31号一般性意见**

10.……这项原则也适用于在境外行动的缔约国武装部队的权力范围内或者有效控制下的所有人，而不论这种权力或者有效控制是在何种情况下获得的，例如，这种武装部队是缔约国因为参加国际维持和平行动或者强制执行和平行动而派出的一支部队。

因此，各缔约国要对其驻扎在国外的武装部队（如2003年派驻伊拉克的部队）的行为负责。[11] 例如，对比利时，人权事务委员会称：[12]

14. 委员会关切比利时依据联合国索马里行动（"联索"第二期行动）派驻索马里的士兵的所作所为，并认识到该缔约国已承认《公约》在这一方面可适用，并为调查之目的建立了270份档案。委员会遗憾的是，它未收到关于调查结果和案件审判的进一步资料，并要求该缔约国提交这一资料。

对荷兰，委员会称：[13]

8. 委员会仍然关切的是，在该缔约国的维持和平部队成员被指控涉及1995年7月有关波斯尼亚－黑塞哥维那的斯雷布雷尼察陷落事件之后6年，有关人员的责任尚未公开和最后确定。委员会认为，对于如此严重的事件，尤为重要的是有关缔约国确保生命权之义务的问题以迅速、全面的方式解决（《公约》第2条）。

该缔约国应当尽快完成关于其武装部队涉及斯雷布雷尼察事件的调查，广泛地公布调查结果，审查结论以确定适当的刑事或纪律行动。

---

[11] See T Meron, 'Extraterritoriality of Human Rights Treaties: the 1994 US Action in Haiti' (1995) 89 *American Journal of International Law* 78.

[12] UN doc CCPR/C/79/Add.99. 另见委员会对比利时的结论性意见，(2004) UN doc CCPR/CO/81/BEL, para 6。

[13] (2001) UN doc CCPR/CO/72/NET.

对德国，委员会称：[14]

11. 委员会关切地注意到，德国对于在其部队或者警察在国外行动的情况中，特别是在维和任务的情况中，《公约》可否适用于受其管辖之人的问题，尚未采取立场。委员会重申，可适用国际人道法制度并不排除缔约国根据《公约》第2条第1款对于其人员在其领土外采取的行动应负的责任。

[4.17] 对英国，人权事务委员会对于其有限地接受域外义务，表示了遗憾：[15]

14. 令委员会不安的是，该缔约国声称，它根据《公约》承担的义务只适用于在非常情况下被军队抓获并且关押在联合王国以外的英属军事拘留设施的人员。……

该缔约国应明确声明《公约》适用于受其管辖或控制下的所有个人。……

缩减的领土内责任

[4.18] 国家对于其控制的领土的域外责任的反面是，一国可能无须对其缺乏事实控制的领土内发生的情况承担责任。例如，古巴对关塔那摩湾没有事实控制，如果它是《公约》的缔约国，[16] 它对这片领土的责任会是什么？人权事务委员会在对格鲁吉亚的意见中，处理了这一问题：[17]

6. 委员会注意到该缔约国表示，在阿布哈兹和茨辛瓦利地区/南奥

---

[14] (2004) UN doc CCPR/CO/80/DEU. 另见委员会对以下国家的结论性意见：波兰，(2004) UN doc CCPR/CO/82/POL, para 3; 意大利，(2006) UN doc CCPR/C/ITA/CO/5, para 3; 刚果民主共和国，(2006) UN doc CCPR/C/COD/CO/3, para 13; 挪威，(2006) UN doc CCPR/C/NOR/CO/5, para 6; 俄罗斯联邦，(2009) UN doc CCPR/C/RUS/CO/6, para 13。

[15] (2008) UN doc CCPR/C/GBR/CO/6. 另见委员会对美国的结论性意见：(2006) UN doc CCPR/C/USA/CO/3/Rev 1, para 10。

[16] 古巴于2008年签署了《公约》，但尚未批准。

[17] (2007) UN doc CCPR/C/GEO/CO/3.

塞梯履行《公约》存在困难，也认识到该缔约国已经采取积极步骤，确保生活在目前不在其控制下的领土上的人根据《公约》享有的权利得到保护，包括鼓励应邀访问格鲁吉亚的联合国特别程序访问此类领土，并与事实当局开展对话，但委员会关切的是，有关民众并未全面享有《公约》条款的保障（第1条和第2条）。

缔约国应当继续采取一切可能的、无所歧视的措施，增进阿布哈兹和茨辛瓦利地区／南奥塞梯事实上的当局依据《公约》保护这些地区的民众。缔约国应确保各国际机构能够毫无障碍地开展工作。

因此，看来委员会承认，格鲁吉亚对于在阿布哈兹和茨辛瓦利地区／南奥塞梯尊重、保护和实现《公约》权利，只有有限的权力，因为俄罗斯有效控制着这些领土。不过，格鲁吉亚应尽其所能，确保《公约》权利在这些领土上落实。对于摩尔多瓦共和国缺乏对德涅斯特地区的有效控制，委员会也作出了类似的评论：该国"在其有效权力的限度内"，仍承担着义务。[18]

国家对私人行为的责任

[4.19] **第31号一般性意见**

8. 第2条第1款所规定的义务约束缔约国，这些义务因此并不具有国际法意义上直接的横向效力。《公约》不能被视为国内刑法或者民法的替代品。然而，只有在缔约国保护个人既免受国家工作人员对《公约》权利的侵犯，又免遭私人或者私人实体妨碍享受应在私人或者私人实体之间适用的《公约》权利的情况下，缔约国才充分履行了有关确保《公约》权利的积极义务。可能会有这样的情况：由于缔约国没有能够采取适当措施或者恪尽职守（due diligence）来防止、惩罚、调查或者补救私人或者私人实体的这种行为所造成的伤害或者允许这种伤害，结

18　委员会对摩尔多瓦共和国的结论性意见：CCPR/C/MDA/CO/2 (2009), para.5；另见委员会对塞尔维亚的结论性意见，(2011) UN doc CCPR/C/SRB/CO/2, para 3。

果就是没有能够按照第 2 条的要求确保《公约》所确认之权利，最后引起缔约国对这些权利的侵犯。委员会提请缔约国注意根据第 2 条承担的积极义务与第 2 条第 3 款规定的、对违反情况提供有效救济之必要之间的相互联系。《公约》本身在其一些条款中考虑了某些领域，在这些领域中缔约国对于处理私人或者私人实体的活动承担积极义务。例如，第 17 条中有关隐私的保障必须获得法律的保护。第 7 条也隐含着这样的规定：缔约国必须采取积极措施以确保私人或者私人实体不得在其权力控制的范围内对他人施加酷刑或者残忍的、不人道的或者侮辱性的待遇或者惩罚。在诸如工作或者住房等影响日常生活之基本方面的领域中，必须保护个人免遭第 26 条的含义之内的歧视。

[4.20] **科沙福基诉加拿大**（*Keshavjee v Canada*, 949/2000）

提交人向人权事务委员会提交了一份有关某一工会之行动的来文。委员会裁决来文不可受理，并声称：

> 4.2. 对于针对工会的行为提出的指控，委员会认为，这些指控是针对私主体提出的。在没有任何主张说明缔约国可能对这些个人之行为负责的情况下，来文的这一部分根据《任择议定书》第 1 条、在属人理由上不可受理。

对各缔约国的一般要求是，它们应在其管辖范围内防止公民私人侵犯其他人的权利。[19] 不过，《公约》并不施予私主体直接责任。科沙福基案中的申诉之所以不成立，是因为提交人未能证明甚或主张，在国家与受质疑的工会行为之间存在联系。

[4.21] **克拉索夫斯基诉白俄罗斯**（*Krasovsky v Belarus*, 1820/2008）

该案中，受害者在白俄罗斯的街道上被绑架，从此下落不明，但有确凿的理由相信，他已经被杀。提交人试图主张，受害者失踪是白俄罗斯精心策划的。人权事务委员会的决定如下：

> 8.2. ……委员会指出，委员会收到的陈述并未包括充分的资料，能说明克拉索夫斯基先生的失踪或据信死亡的原因，或说明任何可能涉案

---

[19] 另见，第 [1.110] 及以下各段。

人员的身份,因此来文没有表明,在克拉索夫斯基先生失踪与缔约国的据称导致此失踪的行为和活动之间,存在充分的关联。根据这些情况,委员会认为,其所获事实无法使其得出结论认为,克拉索夫斯基先生的失踪系由缔约国本身所致……。

8.3. 委员会忆及,各缔约国具有一项积极义务,即确保个人受到其《公约》权利不遭侵犯的保护,这种侵犯不仅可能由国家工作人员所为,而且可能由私人或私人实体所为。委员会还忆及其第31号一般性意见,其中称,缔约国必须设立处理侵权指控的适当司法和行政机制(第15段);而对于诸如受《公约》第6、7条所保护的人权遭受的侵犯,刑事调查和随后起诉是必要的救济。对于本案,委员会注意到,两位提交人提出的无数次申诉并未导致任何一名案犯受到逮捕或起诉。委员会还注意到,该国不仅未展开适当的调查,而且在克拉索夫斯基先生失踪10年之后,无法说明调查到底进行到了哪个阶段。鉴于缔约国没有解释为何调查缺乏进展,并参照委员会所掌握的资料,委员会得出结论认为,缔约国对于克拉索夫斯基先生失踪没有开展适当调查并采取合适的救济行动,违反了结合第6条和第7条解读的第2条第3款所规定的义务。

[4.22] 其他一些决定,诸如有关人身安全权的德尔加多·帕埃兹诉哥伦比亚案(*Delgado Páez v Colombia*, 195/1985)[11.03] 和有关私营监狱中待遇的卡巴尔·伯特兰和帕西尼·伯特兰诉澳大利亚案(*Cabal and Pasini Bertran v Australia*, 1020/2002)[9.199],都证实了《公约》的横向适用。另外,在 LMR 诉阿根廷案(*LMR v Argentina*, 1608/2007)中,对于国家未能管控天主教压力团体的行为的指控之所以没有成立,是因为未获证实,而不是因为无法根据《公约》提出可予申诉的主张 [17.26]。

[4.23] 有关《公约》权利之横向适用的争论实际上会涉及有关权利的冲突。毕竟,为了保护他人的权利而管控某一私人通常会涉及限制这个人的自由乃至权利。阿伦兹诉德国案(*Arenz v Germany*, 1138/2002)有关两位科学论派教徒对于他们因为自己的宗教被逐出一个主要德国政党"基民盟"的申诉。在某种意义上,该案显示了提交人的宗教自由与"基民盟"成员的结社自由之间的冲突。德国法院对此冲突作出了有利于"基民盟"的裁决,而

人权事务委员会并不准备干涉这一裁决。因此，该案表明，人权事务委员会将相当尊重各国对于此类权利冲突的解决。[20]

[4.24] 猜测以下问题将饶有兴味：某缔约国是否会被认定，要对以私人身份在境外行事的本国国民的行为负责。[21] 例如，一缔约国是否要为其未能阻止在该国登记的公司在境外严重侵犯人权承担责任？这是一个相当紧迫的问题，因为某些跨国公司在政治上和经济上都比某些它们在其中运营的东道国（特别是发展中国家）更强大，因此强制性的"母国"规制可能极为可取。[22]

国家对国际组织行为的责任

[4.25] **HvdP 诉荷兰**（*HvdP v the Netherlands*，217/1986）
该来文的提交人申诉的是其雇主欧洲专利局的聘用政策：

2.3. 提交人……向人权事务委员会申诉。他认为委员会有权审议此案，因为《欧洲专利公约》的 5 个缔约国（法国、意大利、卢森堡、荷兰和瑞典）也是《公民及政治权利国际公约任择议定书》的缔约国。他声称："根据第 25 条（寅）项，每个公民有权以一般平等之条件，担任本国公职。欧洲专利局虽然是各缔约国共有的公共机构，但是一个行使荷兰公权力的机构。"提交人称，向欧洲专利局局长申诉和内部申诉委员会提出的意见不构成《公约》第 2 条含义之内的对违反《公约》第 25 条（寅）项行为的有效救济。此外，"内部申诉委员会根本没有体现出《公约》第 14 条要求的合格性、独立性和无私性。内部申诉委员会拒绝根据申诉人所援引的、各缔约国庄严承担遵守的国际公法裁决"。

---

[20] 见第 [17.24]、[19.33] 段。

[21] See generally T Zwart, *The Admissibility of Human Rights Petitions* (Ashgate, 1998), 87–90.

[22] See *Guiding Principles on Business and Human Rights: Implementing the United Nations' Protect, Respect and Remedy' Framework*, principles 1 and 2 (annexed to Report of the Special Representative of the Secretary-General on the issue of human rights and transnational corporations and other business enterprises, John Ruggie (2011) UN doc A/HRC/17/31).

人权事务委员会认定案件不可受理：

> 3.2. 对这一方面，人权事务委员会认为，它只能接受和审议有关处于《公约》某一缔约国管辖范围之内的申诉的来文。但是，提交人的控诉有关一个国际组织的聘用政策，这无论如何不能被解释为处于荷兰或《公民及政治权利国际公约》及其《任择议定书》任何其他缔约国管辖范围之内的事务。因此，提交人无权根据《任择议定书》提出主张。

[4.26] 人权事务委员会对国际组织无管辖权并不令人奇怪，因为这些组织不是《公约》的缔约方。不过，诸如欧洲联盟[23]及其许多机关、世界贸易组织、国际货币基金组织、世界银行和联合国本身等现代国际组织的力量和影响已经扩展到了也许它们应明确地受人权条约约束的程度。

[4.27] 极不寻常的是，联合国科索沃临时行政当局特派团（UNMIK）对于科索沃的人权状况，向人权事务委员会提交了一份报告[24]（于 2005 年审议）。委员会称，科索沃人民在其由塞尔维亚和黑山治理时，曾享有《公约》权利，而"一旦人民根据《公约》享有的权利得到保护，这种保护即随领土而转移并继续属于他们，而不论对该领土之管治如何变化"。[25] 因此，在这种情况中，委员会提出，联合国科索沃特派团实际上直接受《公约》的约束 [26.50]。[26]

[4.28] **萨雅迪和维因克诉比利时**（*Sayadi and Vinck v Belgium*，1472/2006）

在比利时将提交人的姓名交给联合国安理会的制裁委员会之后，他们的姓名就被这一机构列在联合国的制裁名单上，这导致他们根据联合国安理会的决议受到严厉的制裁，即禁止旅行和冻结财产。提交人成功地主张说，这

23　在本书写作之时，欧洲联盟正准备成为《欧洲人权公约》的缔约方。See EU accession to the European Convention on Human Rights, at 〈http://hub.coe.int/what-we-do/human-rights/eu-accession-to-the-convention〉（accessed November 2012）.（截至 2023 年 3 月，欧盟尚未成为《欧洲人权公约》的缔约方。——译者注）

24　*Report Submitted by the United Nations Interim Administration Mission in Kosovo to the Human Rights Committee on the Human Rights Situation in Kosovo since June 1999* (2006) UN doc CCPR/C/UNK/1.

25　委员会的结论性意见，(2006) UN doc CCPR/C/UNK/CO/1, para 4。

26　另见委员会对塞尔维亚的结论性意见，(2011) UN doc CCPR/C/SRB/CO/2, para 3，其中重申了联合国科索沃特派团对科索沃的责任。

些措施侵犯了多项权利,例如第 12 条 [12.23] 和第 17 条 [16.46] 规定的权利。缔约国则试图主张该来文不可受理,因为其本质上有关联合国安理会而非该国自己的行为:

> 4.12. 关于据称的对《公约》的实质性违反,缔约国声称,它的作用只不过是根据联合国规则的要求,向制裁委员会转达了有关提交人的资料。制裁委员会随后审查了这些资料并将提交人列入名单。缔约国已在其权限内采取了一切适当措施为提交人争取除名,以既尊重提交人的基本权利也不违反联合国的规定。另外,打击资助恐怖主义行为的措施是由安理会根据《联合国宪章》第七章采取的。存在对国际和平与安全之威胁,是一种特殊情况,能够成为限制国际人权文书所确立的个人权利之享有的正当理由。《联合国宪章》第 103 条规定:"联合国会员国在本宪章下之义务与其依任何其他国际协定所负之义务有冲突时,其在本宪章下之义务应居优先。"另外,为打击资助恐怖主义行为而采取的措施并不是绝对的。例如,可以向制裁委员会提出免除冻结资金和禁止旅行的请求。……

人权事务委员会多数委员认定,来文因与指控《公约》被违反有关而可予受理,"不论缔约国所履行之义务的来源如何"[1.87]。四位委员对该来文可以受理提出了异议 [1.88],其中韦奇伍德夫人的推理是最直截了当的:

> ……提交人的申诉,乃是有关联合国安全理事会的行动和决定,而不是比利时的行为。……

[4.29] 对于该案的实质问题,人权事务委员会称:

> 10.6. 对于本案,委员会忆及,对被列入制裁名单者特别是提交人施加旅行禁令,是由安全理事会的决议规定的,而缔约国认为这些决议根据《联合国宪章》对其有约束力。但是,委员会认为,无论上述观点如何,委员会都有权审议为执行联合国安理会的一项决议而采取的国内措施是否符合《公约》。作为保障受《公约》保护之权利的机构,委员会有责任审议,安理会决议施予缔约国之义务,在多大程度上可作为限制受《公约》第 12 条保护之自由迁徙权的正当理由。

结果,人权事务委员会认定,比利时将提交人的姓名交给联合国制裁委员会并不是安理会的决议所要求的，而且比利时的这种作为是"草率的、无理的"。[27] 因此，人权事务委员会实际上决定，该案的确有关比利时的行为而非联合国安理会的行为。不太确定的一点是，对于人权侵犯之发生乃是受联合国安理会决议迫使的案件，人权事务委员会会如何决定。萨雅迪和维因克案可能表明，国家会被免除责任。[28] 毕竟，人权事务委员会所建议的最终救济是比利时赔偿受害者并努力使其从名单上除名；人权事务委员会并没有要求比利时以立即解除制裁的方式违反安理会的决议［1.90］。

［4.30］人权事务委员会有关参加联合国索马里行动的比利时分遣部队的意见［4.16］似乎意味着，即使当一国的武装部队处于联合国指挥之下时，该国仍对这些部队承担《公约》之下的责任。[29]

［4.31］人权事务委员会在穆纳夫诉罗马尼亚案（*Munaf v Romania*, 1539/2006）［4.34］中有关受理问题的决定表明，各国也要对诸如驻伊拉克多国部队（MNF-I）等国际组织的可预见侵权行为负责。这类似于适用于一国对于其他国家之行为所负责任范围的标准，而这种责任就在下文讨论。

有关其他国家行为的责任

［4.32］《任择议定书》第1条明确规定，申诉必须由"该缔约国"的侵犯行为的受害者提交。因此，各缔约国一般而言不对其他国家侵犯《公约》权利的行为负责。[30]

［4.33］**金德勒诉加拿大**（*Kindler v Canada*, 470/1991）

该来文的提交人声称，加拿大计划将其引渡到美国——他在那里面临死刑的可能——违反了《公约》［8.67］。加拿大主张，这一申诉基于属地理

---

27 在委员会意见的第10.7段［1.89］。
28 在委员会意见的第10.7段。另见奈杰尔·罗德利爵士就实质问题提出的附议意见［1.91］。
29 另见，*Kurbogaj v Spain*（1374/2005），该申诉有关作为联合国科索沃特派团之一部分的西班牙部队的行为。该来文最终因为没有用尽国内救济而不可受理，因此并未出现西班牙对其部队所负责任的问题。
30 例如见，*EMEH v France*（409/1990）。不过，见有关第1条第3款之管辖限制的第［7.23］段。

由不可受理，因为该申诉实质上有关另一国家（即在当时甚至不是《公约》缔约国的美国）预计采取的行动。人权事务委员会不同意这一点：

6.2. 委员会审议了缔约国认为这一申诉基于属地理由不可受理的主张。《公约》第2条要求缔约国保障在其管辖范围内的个人的权利。如果一个人被依法驱逐或引渡，有关缔约国一般而言将不对此后可能在其他国家管辖下发生的对此人权利的任何侵犯，承担《公约》之下的责任。在这一意义上，一缔约国显然不需要保障在另一国管辖范围内的个人的权利。然而，如果一缔约国作出的决定关涉其管辖范围内的个人，而必然和可预见的后果是此人根据《公约》享有的权利将在另一国管辖范围内受到侵犯，那么该缔约国本身可能违反《公约》。理由是，一缔约国将一个人移交另一国家（无论是否是《公约》的缔约国），而此人在后一国家一定会受到有违《公约》的待遇或者这种待遇恰是移交此人的目的，那么前一国家根据第2条承担的义务就会被违反。例如，如果一缔约国在可以预见会发生酷刑的情况下将一个人移交另一国，则该缔约国自己就将违反《公约》。后果的可预见性将意味着，目前就存在缔约国违反《公约》的情况，尽管这一后果将在以后发生。

6.3. 因此委员会认为，它本身有权审查缔约国根据1976年美国和加拿大之间的引渡条约以及1985年《引渡法》引渡提交人的决定是否违反《公约》。

[4.34] **穆纳夫诉罗马尼亚**（*Munaf v Romania*，1539/2006）

该案的提交人具有伊拉克和美国双重国籍，在来文时被驻伊拉克多国部队（MNF-I）以及/或者美国军队羁押在巴格达，并被伊拉克中央刑事法院判处死刑——该判决后经上诉被撤销。

2005年3月15日，提交人从罗马尼亚来到伊拉克，从事翻译和向导工作。此后不久，据称他被武装人员绑架并被拘禁了55天。他获释后，被带到了罗马尼亚大使馆，后者应他的请求将其移交给美国大使馆。申诉有关罗马尼亚移交他的意愿，对此穆纳夫主张，罗马尼亚本应认识到他的《公约》权利，包括第6条、第7条、第9条、第10条第1款和第14条规定的权利，受到侵犯的真实风险［4.39］。罗马尼亚提出，这一申诉不可受理：

4.10. 缔约国……辩称，根据《任择议定书》第1条和《公约》第2条第1款，来文不可受理，因为提交人既不在缔约国领土之内，也不受其管辖。缔约国指出，自提交人于2005年3月15日离开缔约国、同三名罗马尼亚记者前往伊拉克起，他就不再受其管辖。罗马尼亚从来不是伊拉克的占领国，如果是的话，可能会引起罗马尼亚对于伊拉克领土及其公民的域外管辖问题。自提交人从绑架中获释以来，他就一直在经过伊拉克政府同意和请求在伊拉克领土上行动的MNF-I国际部队的羁押之下，并在此期间受到了根据伊拉克法律运作的一个伊拉克国内法院CCCI的审判。根据联合国安全理事会的有关决议，MNF-I和伊拉克政府还商定，鉴于许多伊拉克监狱设施在战争期间遭到破坏或者损毁，仍将由MNF-I羁押依据伊拉克法律在伊拉克法院等候刑事诉讼的被审前拘禁者。自从提交人来到伊拉克，他就从来没有在罗马尼亚的权力和有效控制之下，因为唯一在伊拉克领土上行使权力的外国当局是根据联合国授权行事的MNF-I。缔约国未能尽力将提交人置于其管辖之下以接受在罗马尼亚的指控，甚至没有能够获得提交人在伊拉克的刑事诉讼档案的副本……，说明缔约国对于提交人无法行使权力或控制，因而对他也就没有管辖权。

4.11. 提交人自己也在来文中承认，他不在缔约国的管辖之下，而是被作为MNF-I一部分的"美国军方人员""实际羁押"。以下情况进一步证明了这一点：提交人只向美国法院提出上诉，寻求阻止"克罗珀营"（Camp Cropper）的美国管理方将他交给伊拉克当局。在这一方面，缔约国提到了美国法院的裁决，其中声称提交人是在"多国实体的羁押之下"，因此并不在美国或者缔约国的管辖之下。

4.12. 缔约国否认罗马尼亚大使馆"允许"美国军事人员接管提交人。确保人质获释的是MNF-I，而不是美国军事人员。提交人来到罗马尼亚大使馆并没有法律意义；他一直受MNF-I羁押，无论在法律上或是事实上，都从来没有被交由缔约国管辖。罗马尼亚当局没有理由要求提交人被羁押，因为当提交人离开大使馆时，他只是去接受MNF-I的盘问。由于当时没有情况能表明，后来在伊拉克会启动对他的刑事诉讼，因此缔约国当局当时不可能知道是否有足够的理由相信，提交人有可能遭到委员会在第 31 号一般性意见中所指出的酷刑、虐待或者死刑。缔约国当局没有理由要求将提交人转交自己接管，以面对他由于参与绑架而在罗马尼亚被提起的指控。只是在第二天，提交人才因为参与绑架三名罗马尼亚记者的指控而被逮捕。缔约国指出，提交人曾经"要求前往美国大使馆"，因此可以从中推断，他是自愿离开罗马尼亚大使馆的。

人权事务委员会认定来文可予受理：

7.5. 委员会注意到缔约国的……主张：提交人既不在其领土之上，也不受其管辖；提交人不应被视为《任择议定书》第 1 条所指的"受害者"；提交人的申诉没有充分根据，因为它们所依据的任何事实在提交人从大使馆被带走时都根本没有发生，因此缔约国也无从得知这些事实。委员会还注意到以下论点：这些事件并不是提交人从使馆被带走的必然的和可以预见的后果，因此不存在必要的因果联系。委员会忆及其先前判例，即原则上，如果将某一个人从某个缔约国的管辖范围内带走的必然的和可以预见的后果是此人根据《公约》享有的权利会受到侵犯，那么该缔约国可能要为另一国家侵犯该个人的权利承担责任。委员会在这一方面指出，与这些问题相关的是：罗马尼亚基于认定提交人参与了同一事件——也即本来文的事由，已经提出了针对提交人的国内刑事诉讼，而且还参与了解救人质行动的策划和启动。委员会的结论是，所有这些问题都与案件的实质问题紧密相连，最好在审议来文阶段全部解决。

但对于案件的实质问题，委员会认定不存在任何违反：

14.2. 委员会需要审议的主要问题是：罗马尼亚驻巴格达大使馆允许提交人离开其官邸，是否就是对其行使了管辖权，致使其遭到一种真实的风险——成为其根据《公约》第 6 条、第 7 条、第 9 条、第 10 条第 1 款和第 14 条享有的权利受到侵犯的受害者，而这是本来可以合理预计到的。委员会忆及其判例，即如果一个缔约国是使得在另外一国管辖范围内的侵权行为成为可能的因果链中的一环，那么该缔约国就有可能为域外违反《公约》的情况承担责任。因此，域外违反《公约》的风险必须是一种必然的和可以预见的结果,而且必须根据缔约国当时的知情情况加以评判;在本案中,"当时"就是提交人离开罗马尼亚大使馆之时。

14.3. 当事双方虽然对本案中的一些事实有不同意见,但是对于以下情况看法一致:提交人被带到罗马尼亚大使馆,他在那里逗留了几个小时;他因为自己拥有的双重国籍而明确要求前往美国大使馆;当时他本人并不知道随后他可能会被指控在伊拉克犯有刑事罪行,并因此可能需要罗马尼亚的保护。……

14.4. 考虑到缔约国和提交人对于委员会在其关于可否受理的决定中所提出问题的答复,十分明显,缔约国参与了有关解救人质行动的启动和策划;提交人被指控在缔约国的领土上犯有刑事罪行(并且最终被定罪),这些罪行涉及在伊拉克发生的绑架案。提交人辩称,伊拉克政府在缔约国调查他在罗马尼亚所犯罪行方面提供了一些协助。他争辩说,由于这种合作,缔约国得知提交人在离开使馆的第二天就遭到指控,并不应该"感到惊讶"……。然而,委员会并不认为,不"感到惊讶"就等于缔约国知道《公约》被违反是提交人离开使馆的必然的和可以预见的后果。委员会也不认为,所有这些信息,即使从其整体来看,能够证明甚或表明,缔约国在提交人离开使馆时,本来就会或者应该知道后来在伊拉克会对提交人启动刑事诉讼。缔约国也不可能知道启动这样的诉讼会对提交人造成真实的风险,使他在有违第14条的情况下被定罪、受到有违第7条和第10条的虐待、有违第6条而被判处死刑以及最终以有违第6条第2款的方式被处决。

14.5. 委员会注意到,在提交人离开罗马尼亚大使馆时,缔约国认为他只是去参加一个盘问程序;缔约国没有理由拒绝提交人前往美国大使馆的明确要求,特别是考虑到他拥有双重国籍的身分。委员会认为,提交人关于缔约国了解内情的说法过去和现在都是推测性的。在这一方面,委员会注意到,自从提交来文以来,提交人不再受到伊拉克的死刑的威胁,他的定罪和判决已经被撤销,正在等待进一步调查。此外,提交人承认,由于撤销上诉,伊拉克上诉法院已经着手处理他根据第14

条提出的有关在伊拉克中央刑事法院进行的刑事诉讼的申诉。委员会认为，针对提交人的诉讼尚未完成，经过审查，至少他的部分申诉已经得到处理。这些事实进一步支持了缔约国的论点，即缔约国在提交人离开使馆时不可能知道他根据《公约》享有的权利可能会遭到侵犯的风险。

14.6. 鉴于上述原因，委员会无法认定，缔约国以一种使提交人遭到有可能成为《公约》被违反之受害者的真实风险的方式，对提交人行使了管辖权。

委员会的可受理决定非常宽松，而且非常有争议。穆纳夫的主要主张是，罗马尼亚允许他离开其驻伊拉克大使馆并被美国和伊拉克当局接管使其暴露在各种侵犯人权的情况中。鉴于穆纳夫自愿离开罗马尼亚大使馆，这样的说法似乎很无力，并且最终在对实质案情的审议中被驳回也就不足为奇了。穆纳夫曾试图指控罗马尼亚与据称违反之间存在其他联系，但是委员会就实质问题只审议了后果的合理可预见性问题。

[4.35] 希勒先生、岩泽先生、奈杰尔·罗德利爵士对来文可受理表示了异议——卡林先生在一项单独意见中基本同意他们的意见：

我们只提及一点：我们认为，在提交人与缔约国之间，完全不存在《公约》第2条所要求的地域或者管辖方面的联系。在宣告针对缔约国的来文可予受理之前，确认这种联系是必要的。

对于和本案的这一方面有关的事实，似乎不存在争议。驻伊拉克多国部队的军人将提交人同其他三名获救人质带到了罗马尼亚驻巴格达大使馆。三名获救人质留在了大使馆，以便作出安排被遣送回罗马尼亚。拥有伊拉克和美国双重国籍的穆纳夫先生在多国部队人员的陪同下离开了使馆，并要求前往美国大使馆。穆纳夫先生没有要求罗马尼亚大使馆提供庇护或者表示希望留在大使馆。没有证据显示，他离开使馆是非自愿的。只是在第二天，穆纳夫先生因涉嫌犯罪而被驻伊拉克多国部队拘留。

我们认为，得出的结论只能是：本来文是人为制造出来的，用来指控作为《任择议定书》缔约国的罗马尼亚，其目的是间接地引起人们注意伊拉克和美国据称违反《公约》的行为。这两个国家都不是《任择议定书》的缔约国，因此提交人无法向委员会提出针对它们的指控。

[4.36] 人权事务委员会在若干案件中认定，一国若将人员递解至另一国并导致该另一国对这些人根据第6条享有的生命权[31]或根据第7条享有的免受酷刑之自由[32]的可预见侵犯，则该国就违反了《公约》。不过，委员会从未审议有关以下递解出境情况的申诉的实质问题：被遣送者惧怕在接收国受到其对"次一等"的人权的侵犯（例如对可克减权利的侵犯）。

[4.37] **第31号一般性意见**

12. 此外，第2条规定的义务要求缔约国尊重和确保在其领土内以及在其控制下的所有个人享有《公约》所承认的权利，这导致的一项义务是，如果有真实充分的理由相信，在驱赶某人的目的地国家或者该个人可能随后被逐往的任何国家之中，存在造成不可弥补的损害的真实风险[33]——诸如《公约》第6条和第7条所设想的那种损害，缔约国就不得引渡、递解、驱逐该个人或以其他手段将其逐出本国领土。应当使得有关的司法和行政机构明白，在这些事务中有必要确保遵守《公约》所规定的义务。

在第31号一般性意见中，人权事务委员会将一国对被递解出境者的义务——这些义务有关接收国的可预见侵犯——限于那些造成"不可弥补之损害"的侵犯。委员会只给出了违反第6条和第7条的情况作为这种不可弥补之损害的侵犯。对于大多数其他违反《公约》的情况，看来都可以用弥补和赔偿作为救济。不过，"不可弥补"的标准令人困惑。如果接收国并非《公约》的缔约国并因此处于《公约》监督机制的范围之外，这是否意味着会有更多的侵犯被定性为"不可弥补的"？

[4.38] 在对乌兹别克斯坦的结论性意见中，人权事务委员会称：[34]

13. 委员会关切的是，对于将包括在乌兹别克斯坦寻求庇护者在内的个人引渡或者驱逐到他们可能会面临死刑、酷刑或残忍的、不人道或

31　见第[8.67]及以下各段。
32　见第[9.98]及以下各段。
33　对于这一测试的讨论见，*Pillai v Canada* (1763/2008) [9.100]。
34　(2001) UN doc CCPR/CO/71/UZB.

侮辱性的待遇或惩罚的风险的国家,并不存在禁止。

该缔约国应确保,声称会在接收国受到酷刑、不人道或侮辱性的待遇或死刑的个人有机会寻求乌兹别克斯坦的保护,或者至少得到不被推回的保证(《公约》第6、7条)。

这些意见表明,《公约》对引渡和递解的禁止仅延及被递解出境者在接收国面临对第6条以及/或者第7条之潜在违反的情况。[35]

[4.39] 在贾治诉加拿大案(*Judge v Canada*,829/1998)中,缔约国将提交人引渡到美国——他在那里被判处了死刑——被认定为违反了第6条第1款[8.69]。提交人的申诉事项之一有关的情况是,他在被送回美国后,将无权在该国对其死刑判决提出上诉,因为他的上诉在他逃到加拿大后,已经在他缺席的情况下审结。如果美国拒绝上诉,这可能构成美国对第14条第5款的违反。因此,引渡贾治可能使其面临对其根据第14条第5款享有的权利的可预见侵犯。人权事务委员会多数委员没有处理这一问题。在TT诉澳大利亚案(*TT v Australia*,706/1996)、英芳诉澳大利亚案(*Yin Fong v Australia*,1442/2005)和穆纳夫诉罗马尼亚案中,委员会也都回避了这一问题。

[4.40] 在贾治案中,委员索拉里-伊里格延先生在一项单独意见中认定,存在对第14条第5款的违反。索拉里-伊里格延先生确信,各国不应使任何人面临其他国家对其权利的可预见侵犯,即使在有关权利超出第6、7条规定的权利时也是如此。在同一案件中,夏内女士称:

我认为,虽然委员会可以宣布自己有权评估生命遭受的危险(死刑判决)或身体完整遭受的风险(酷刑)的程度,但不那么清楚的是,它是否能根据某一第三国没有遵守《公约》的某项规定,而得出在另一个缔约国中发生了侵权情况的意见。

采取相反立场就等于要求一个在其与第三国的关系中将尊重人权作为问题提出的缔约国,对于该第三国针对有关人员尊重《公约》所保障的一切权利负责。

---

[35] 另见委员会对也门的结论性意见,(2002) UN doc CCPR/CO/75/YEM, para 18。

为什么不能这样做？这在实现人权方面肯定会是一种进步，但是，马上就会出现一些法律和现实问题。

例如，什么是第三国？《公约》的非缔约国怎么办？是《公约》缔约国但不参加有关程序的国家怎么办？《公约》缔约国在与第三国的关系方面承担的义务是包括《公约》中的所有权利，还是只包括其中一些权利？《公约》缔约国是否可以提具保留，排除在其与另一国的双边关系中履行《公约》？

即便把这些问题的答案的复杂性放在一边，在实践中采取"最大程度"的解决办法也仍然有很多问题。

虽然委员会可以查明一个缔约国没有冒任何不应有的风险，而且也许能够就该缔约国为此采取的预防措施提出意见，但是，如果第三国不是程序的一方，委员会就可能永远不能真正确定该第三国是否侵犯了《公约》保障的权利。……

[委员会]必须全面研究缔约国在与第三国的关系中，根据《公约》承担的义务的问题。

结　语

[4.41] 对于国家根据《公约》承担的责任的地域和管辖限制，人权事务委员会采取了一种扩张性的观点，这体现在其有关以下方面的决定中：申诉者在提出申诉时所在的地点，国家对其工作人员的域外行动的责任，国家对其域内决定的域外后果的责任，国家对其领土中私主体的行为的责任。不过，委员会尚未认定国家对于国际组织的行为本身具有任何管辖权，除非是或许在有部队参与维和行动的情况中。虽然一国对其管辖范围内的个人的责任已经确立，但不确定的是，国家对其国民在国外的、以其私人身份所为的行动是否承担任何责任。

第五章 另一国际程序之审查

什么构成另一国际程序？	[5.03]
什么是审查"同一事件"？	[5.07]
欧洲缔约国的保留	[5.08]
结语	[5.14]

《任择议定书》第5条第2款（子）项

> 委员会不得审查任何个人来文，除非已断定：
> （子）同一事件不在依照另一国际调查或解决程序审查之中。

[5.01]《任择议定书》第5条第2款（子）项规定人权事务委员会不得根据《任择议定书》受理的申诉，只是正在由类似于人权事务委员会的某一国际机构审议的申诉。例如，在 LESK 诉荷兰案（*LESK v the Netherlands*, 381/1989）中，同一事件先前曾由欧洲人权委员会审议。由于该案并没有同时在别处接受审查，因此该案先前曾被另一机构宣布为不可受理并不紧要。[1] 另外，第5条第2款（子）项将不适用于向其他国际机构提出的申诉已经被撤回的情况。[2]

---

1 See also eg *HvdP v the Netherlands* (217/1986); *RLA W v the Netherlands* (372/1989); *CBD v the Netherlands* (394/1990); *Nikolov v Bulgaria* (824/1998).

2 *Millán Sequeira v Uruguay* (6/1977), para 6; *Torres Ramirez v Uruguay* (4/1977), para 9; *Thomas v Jamaica* (321/1988), para 5.1.

［5.02］同样无关紧要的是，其他机构已经作出了对于实质性问题的决定；这并不会影响人权事务委员会受理有关申诉。[3] 但是，戴维森不同意这一点，认为这种解释增加了各国际人权机构提出的意见之间出现分歧的可能性，而这可能导致人权方面的"择地行诉"（forum shopping）以及失去对国际人权机构的尊重。[4] 不过，人权事务委员会的解释符合对第 5 条第 2 款（子）项的字面解释：在该项的用语中，一起已经审结的案件"不在……审查之中"。

什么构成另一国际程序？

［5.03］**巴博拉姆等人诉苏里南**（*Baboeram et al. v Suriname*, 146, 148 – 154/1983）

在该案中，人权事务委员会合并审议了若干来文，因为它们都有关同样的事件。就每一来文，苏里南都反对申诉可予受理，根据是来文据称正在由另一国际程序审议。委员会则认定每一案件均可予受理：

> 9.1. 对于来文可否受理的问题，人权事务委员会首先认为，无论是由政府间组织对某一个国家的人权状况的审视（如美洲人权委员会对苏里南的审视）或是对某一个国家的工会权利状况的审视（如国际劳工组织的结社自由委员会就苏里南审查的事项），还是对更具有全球性的人权问题的审视（如人权委员会的有关即决或任意处决问题的特别报告员的审视），[5] 尽管这些审视可能提到或参考涉及某些个人的信息资料，但这些审视不能被视为与《任择议定书》第 5 条第 2 款（子）项含义之内

---

[3] 见，*Wright v Jamaica*（349/1989），其中提交人的处境曾一度被认定违反了《美洲人权公约》。See also *Pezoldova v Czech Republic*（757/1997），para 6.6.

[4] JS Davidson, 'The Procedure and Practice of the Human Rights Committee under the First Optional Protocol to the International Covenant on Civil and Political Rights' (1991) 4 *Canterbury Law Review* 337 at 348.

[5] See also *Marcellana and Gumanoy v Philippines*（1560/2007），para 6.3; *Hernandez v Philippines*（1559/2007），para 6.4.

的个人案件的审查相同的事件。其次，非政府组织确立的程序（如大赦国际、国际法学家委员会或红十字国际委员会，且不论后者的国际法律地位如何）并不构成《任择议定书》第 5 条第 2 款（子）项含义之内的国际调查或解决程序。第三，人权事务委员会查明，尽管（一个无关的第三方）已经将据称受害者的个别案件提交美洲人权委员会并被该机构集体登记为第 9015 号案件，但是该案件已经不在审议之中。因此，人权事务委员会的结论是，《任择议定书》第 5 条第 2 款（子）项的规定并没有阻碍委员会审议这些来文。

[5.04] 在 A 诉 S 案（*A v S*，1/1976）中，人权事务委员会认为，经济及社会理事会第 1503 号决议建立的程序不能被归为第 5 条第 2 款（子）项含义之内的程序；这一程序并不旨在补救个人申诉，而是对更大规模的体系性侵犯，尤其是"一贯严重侵犯人权的情况"，作出补救。[6] 同样，在塞利斯·劳里亚诺诉秘鲁案（*Celis Laureano v Peru*，540/1993）中，申诉并不因其同时由联合国强迫和非自愿失踪问题工作组审议而不可受理。[7] 在班达耶维斯基诉白俄罗斯案（*Bandajevski v Belarus*，1100/2002）中，委员会同样认定，联合国教育、科学和文化组织的申诉程序从第 5 条第 2 款（子）项的目的来看，不是一项"国际调查或解决程序"。[8]

[5.05] 在珀莱·坎波斯诉秘鲁案（*Polay Campos v Peru*，577/1994）中，尽管该案也在美洲人权委员会登记，但仍被人权事务委员会受理。不过，美洲人权委员会"没有计划在此后 12 个月内编写一份有关该案的报告"。由于这种在美洲层面上的诉讼当时正处于停滞状态，因此人权事务委员会认定，该案并不因第 5 条第 2 款（子）项不可受理。

[5.06] 因此，看来只有在其他联合国人权条约机构——如禁止酷刑委员会——的个人申诉程序，或在区域性人权机构——即《欧洲人权公约》《美洲人权公约》《非洲人权和民族权宪章》规定的机构——的个人程序，

---

[6] See also *Poma Poma v Peru* (1457/2006), para 6.2; *Randolph v Togo* (901/2000), para 8.4.

[7] 在委员会意见的第 7.1 段。See also *El Abani v Libya* (1640/2007), para 6.2; *Madoui v Algeria* (1495/2006), para 6.2.

[8] 在委员会意见的第 5 段。

才构成第 5 条第 2 款（子）项所指的"国际调查或解决程序"。

什么是审查"同一事件"？

[5.07] **法纳利诉意大利**（*Fanali v Italy*，75/1980）

在该案中，和来文提交人作为先前一次国内审判的共同被告的人已经将同类问题提交欧洲人权委员会。人权事务委员会需要解决的问题是，在这样的情况中，提交人的来文可否受理。人权事务委员会认定该案可予受理，并在受理决定中，对于什么情况构成第 5 条第 2 款（子）项所指的"同一事件"，作出了非常清楚的说明：

> 7.2. 就《任择议定书》第 5 条第 2 款（子）项，委员会不同意缔约国的意见，即因为其他个人已经将他们有关看来从同一事项而来的申诉的案件提交欧洲人权委员会，所以"同一事件"已经被提交给了这一机构。本委员会认为，《任择议定书》第 5 条第 2 款（子）项含义之内的"同一事件"的概念必须被理解为包括有关同一个人的同一申诉，由其本人或有权代理他的另一人向另一国际机构提交。因为缔约国自己承认本来文的提交人并没有将其案件提交欧洲人权委员会，因此人权事务委员会总结认为，本来文根据《任择议定书》第 5 条第 2 款（子）项并非不可受理。

后来的布罗姆诉瑞典案（*Blom v Sweden*，191/1985）、桑切斯·洛佩兹诉西班牙案（*Sánchez López v Spain*，777/1997）和阿克万加诉喀麦隆案（*Akwanga v Cameroon*，1813/2008）都遵循了法纳利案的处理方式。同样，在米兰·色奎拉诉乌拉圭案（*Millán Sequeira v Uruguay*，6/1977）中，美洲人权委员会有一个案件的判决的两行字提到米兰·色奎拉先生，"其方式与提到数百名其他据称在乌拉圭被拘禁者的名字的方式相同"，而这"并不构成与提交人在其提交人权事务委员会的来文中详细说明的情况相同的事件"。[9] 在

---

[9] 在委员会意见的第 9 段。

《公民及政治权利国际公约》：案例、资料和评注

萨雅迪和维因克诉比利时案（*Sayadi and Vinck v Belgium*，1472/2006）中，人权事务委员会确认，联合国制裁委员会并非一个从第5条第2款（子）项的目的来看相关的国际机构，因为有关从其名单上删除提交人姓名的请求是由国家而非有关个人自己提出的。[10]

欧洲缔约国的保留

[5.08] 第5条第2款（子）项的关键在于，人权事务委员会不能审议在同一时间、正由另一国际机构审理的来文。《任择议定书》并不排除委员会审查先前曾由另一机构审议的来文。不过，许多欧洲国家提具了保留，拒绝委员会有权再次审查已经根据另一国际程序审议的来文。这些保留背后的明显意图在于防止从《欧洲人权公约》机构向人权事务委员会"上诉"的可能性。[11] 在许多案件中，这种保留都成功地做到了使来文不可受理。[12]

[5.09] 绝大部分此类保留都是在根据《欧洲人权公约》提出的申诉首先向欧洲人权委员会提出、以之为一审机构时提具的。现在，欧洲人权委员会已经被撤销，来文被直接提交给重组的欧洲人权法院。在寇拉诉奥地利案（*Kollar v Austria*，989/2001）中，人权事务委员会确认，奥地利的保留——该保留明确地只适用于曾提交给欧洲人权委员会的案件——将被解读为适用于向欧洲人权法院提交的案件，因为后者被视为继承了已经停止运行的欧洲人权委员会的职能。[13]

[5.10] **彼得森诉德国**（*Peterson v Germany*，1115/2002）

该来文是由一位非婚生子的父亲提出的，其申诉有关未经他同意甚至不

---

10 在委员会意见的第7.3段。

11 PR Ghandhi, *The Human Rights Committee and the Right of Individual Communication*（Ashgate, 1998），228. 就对《公约》的保留问题，参见第二十六章，特别是第[26.30]及以下各段。

12 See eg *VØ v Norway*（168/1984）; *Linderholm v Croatia*（744/1997）.

13 在委员会意见的第8.2～8.3段。另见，*Althammer v Austria*（998/2001），para 8.3; *Mahabir v Austria*（944/2000），para 8.2; *Wallman v Austria*（1002/2001），para 8.6.（因欧洲人权委员会和欧洲人权法院的所在地为法国斯特拉斯堡，因此这两个机构也经常被称为"斯特拉斯堡机构"。——译者注）

与他商量就更改孩子的姓氏。提交人诉称,他的有关获得公正审理的权利(第14条)、家庭生活的权利(第17条)和不受歧视的权利(第26条)受到了侵犯。他曾经向欧洲人权法院申诉,但该法院基于若干理由认定其申诉不可受理。德国向人权事务委员会辩称,基于其对第5条第2款(子)项提具的保留——该保留排除了欧洲人权法院"已经审议的"来文可被受理,该申诉不可受理。人权事务委员会只是部分地同意了德国的主张:

> 6.3. ……委员会注意到,第31180/96号申诉是由同一提交人提交给欧洲人权法院的,所依据的事实也相同,所涉及的至少一部分实质性权利也与目前来文中提出的相同,因为《欧洲人权公约》第6条和第8条与本《公约》第14条和第17条的范围与内容相似。

> 6.4. ……委员会忆及其判例,即在斯特拉斯堡机构宣布某一案件不可受理,不仅仅是基于程序理由,而且还因为在对案件的实质问题作了某些审议的情况中,同一事件按照对《任择议定书》第5条第2款(子)项的相应保留所指的含义,已经得到了"审查"。

> 6.5. 提交人诉称,更改他儿子的姓氏及驳回其赔偿要求侵犯了结合《公约》第14条规定的程序性权利理解的、他根据第17条享有的家庭生活受到尊重的权利。对此,委员会注意到,欧洲人权法院宣布,根据《欧洲人权公约》第35条第3、4款,同样的申诉因明显没有根据而不可受理。该法院作出认定的依据是,孩子从未使用过提交人的姓氏,因此姓氏从未构成提交人与他儿子之间联系的一种外在表现。关于赔偿要求,该法院认定,这一问题主要属于经济问题,无关获得一项涉及探视子女或落实探视子女的权利的决定。因此,驳回赔偿要求并不影响提交人的家庭生活受尊重的权利。委员会的结论是,欧洲人权法院在审查提交人根据《欧洲人权公约》第8条提出的申诉时,已超出了对纯粹是程序性的受理标准的审查。这对于提交人根据《欧洲人权公约》第6条提出的申诉也是一样的,这一申诉有关不伦瑞克地区和区域法院是否有必要进行公开审理并公开宣布判决,由此涉及在内容和范围上类似于本《公约》第14条的《欧洲人权公约》第6条的一些方面。因此,按照缔约国的保留的含义,来文的这部分内容已经得到"审议"。

因此，为了决定标准的欧洲式保留是否排除了某一来文根据《任择议定书》可予受理，在实质意义上的不可受理（例如欧洲人权法院认定某一申诉"明显没有根据"）有别于根据《欧洲人权公约》在程序意义上的不可受理（例如没有用尽国内救济）。这些保留一般而言适用于排除前一类而非后一类的认定，因为在后一类情况中，在欧洲人权制度内提出的案件根据没有真正得到欧洲人权法院的"审查"或"审议"。[14]

[5.11] 在彼得森案中，人权事务委员会接着审议了德国的保留[*]与提交人根据第 26 条提出的申诉的相关性。

6.6. 提交人声称，根据《公约》第 26 条，与孩子的母亲或婚生子女的父亲相比，他受到了歧视。对此，委员会注意到，欧洲人权法院宣布，提交人所提出的类似申诉基于属事理由不可受理，因为不存在适用《欧洲人权公约》第 14 条的空间……。委员会忆及其判例，即如果在欧洲人权法院提到的权利与《公约》中相应权利的实质内容不同，则基于属事理由被宣布为不可受理的案件，按照对第 5 条第 2 款（子）项的相应保留的含义，不能认为已得到审议，以至于排除委员会对其审查之可能。

6.7. 委员会忆及，《公约》第 26 条所规定的独立的平等和不受歧视的权利比《欧洲人权公约》第 14 条所含的附属性的不受歧视的权利提供范围更大的保护。委员会注意到，在没有按照《欧洲人权公约》及其有关议定书提出任何独立的申诉的情况下，欧洲人权法院不可能审查提交人根据《欧洲人权公约》第 14 条享有的附属性权利是否受到了侵犯。因此，提交人有关本《公约》第 26 条的申诉并未得到欧洲人权法院的审议。据此，缔约国对《任择议定书》第 5 条第 2 款（子）项的保留并不排除委员会审查来文的这部分内容。

因此，欧洲国家的保留只是取消了人权事务委员会对于类似的实质性权利

---

[14] See also *Trébutien v France* (421/1990); *Glaziou v France* (452/1991); *Valentijn v France* (584/1994); *Pauger v Austria* (716/1996); *Kollar v Austria* (989/2001); *Weiss v Austria* (1086/2002); *Pindado Martínez v Spain* (1490/2006).

[*] 原书中此处为"来文"（communication），有误，经与作者核实更正。

已经由欧洲人权法院审议的来文的管辖权。例如上文所述，获得公正审判权[15]和家庭生活权的欧洲版本与《公约》中的相当条款类似。由于有关这些权利的申诉已经由欧洲人权法院审议并被驳回（基于实质性的而非仅仅是程序性的理由），德国的保留就使得这些申诉在人权事务委员会不可受理。[16] 然而，第26条中的不受歧视的权利是一项比彼得森案中提出的欧洲的相当规定——《欧洲人权公约》第14条——要广泛得多的权利。[17] 由于欧洲人权法院没有审议彼得森有关这一相当权利的申诉，因此德国的保留不适用于来文的这一部分。[18]

[5.12] **马哈比尔诉奥地利**（*Mahabir v Austria*，944/2000）

在该案中，人权事务委员会简洁地重申了彼得森案中列出的有关欧洲国家的保留可否适用的原则：

> 8.3. 关于欧洲人权法院是否"审查了"该事件的问题，委员会忆及其判例，即在斯特拉斯堡机构不受理某一案件的决定不仅仅基于程序理由，而且还因为涉及对案件实质问题的哪怕有限审议的情况中，同一事件按照对《任择议定书》第5条第2款（子）项的相应保留所指的含义，已经得到了"审查"。委员会认为，在本案中，欧洲人权法院的作为已超出了对纯粹是程序性的受理标准的审查，而认定提交人的申诉"没有揭示任何《[欧洲人权]公约》或其各项议定书规定的权利和自由受到侵犯的迹象"。……
>
> 8.5. 然而，只有当《欧洲人权公约》所保护的实质性权利与本《公约》所保护的权利相一致时，而且所申诉的事件发生在1999年5月18日（提交人向欧洲人权法院提出申诉之日）以前时，欧洲人权法院才算得上能审查同一事件。委员会注意到，本《公约》第8条和第17条与《欧洲

15　事实上，《公民及政治权利国际公约》在公正审判方面保障的权利比《欧洲人权公约》的更多。例如，上诉权并没有得到《欧洲人权公约》第6条的保障，就像其在《公民及政治权利国际公约》第14条第5款中一样（尽管后来的《欧洲人权公约第七议定书》第2条增加了上诉权）。不过，在彼得森案中，上诉权并非问题所在。

16　See also *Fernández v Spain* (1396/2005), para 6.2.

17　见第［23.17］段。一项同等的不受歧视的权利现在也见于《欧洲人权公约第十二议定书》。

18　See also *Althammer v Austria* (998/2001); *Karakurt v Austria* (965/2000); *Casanovas v France* (441/1990).

人权公约》第4条和第8条基本一致。但是,《欧洲人权公约》及其各项议定书均不含有相当于《公约》第10条和第26条的规定。据此,委员会认为,只要案件提出的问题有关《公约》第8条和第17条,而且有关在1999年5月18日以前发生的事件,缔约国的保留就适用。因此,根据《任择议定书》第5条第2款(子)项,来文的这一部分不可受理。

[5.13] **罗特诉德国**(*Loth v Germany*, 1754/2008)
该来文指控的是和享有财产权有关的歧视。

6.4. 委员会忆及,《公约》第26条所规定的独立的平等和不受歧视的权利比《欧洲人权公约》第14条所含的附属性的不受歧视的权利提供范围更大的保护,后者需要与《欧洲人权公约》或其相关议定书所保护的另一项权利相结合,才能加以主张。然而,委员会注意到,提交人声称,他在死者的地产所有权方面受到广泛歧视。委员会还注意到,欧洲人权法院已经审查了死者是否在享有其地产权方面受到歧视的问题。……因此,委员会的结论是,按照缔约国的保留的含义,"同一事件"已经由欧洲人权法院审议。据此,缔约国对《任择议定书》第5条第2款(子)项所作的保留排除了委员会审查本来文。

如上所述,《公约》第26条的范围比《欧洲人权公约》规定不受歧视权利的第14条的范围宽泛很多[5.11]。不过,罗特的申诉被认定不可受理是因为,她的特定的有关财产权的非歧视申诉已经由欧洲人权法院审理并被驳回。她根据《公约》第26条提出的申诉有关同一事件。虽然《欧洲人权公约》中的非歧视规定要比《公约》中的狭窄,但足以涵盖所涉申诉。因此,在此类案件中,关键问题不仅是相关权利的宽度,而且还有相关申诉的宽度。[19]

结　语

[5.14]《任择议定书》第5条第2款(子)项排除了在同一时间、正

---

[19] See also *Linderholm v Croatia* (744/1997).

由某一类似的人权机构在一种类似于《任择议定书》所规定之程序中审议的案件的可受理性。一旦这种审议停止，第5条第2款（子）项就不再对可受理性构成障碍。然而，欧洲的若干缔约国对《任择议定书》提具了一项保留，在所涉事件已经由一个类似的人权机构审议的情况中，即使这种审议已经完结，也排除来文之可受理性。在许多来文中，这些保留阻挡了人权事务委员会充当《欧洲人权公约》机构的"上诉"机构。但是，人权事务委员会对这些保留作狭窄解读。例如，除非欧洲人权法院对有关申诉作实质性审议，而不是基于纯粹程序上的理由而驳回，否则这些保留就不适用。再者，如果一项申诉处于《公约》规定的权利范围之内，而在《欧洲人权公约》规定的权利范围之外，则保留也将不适用。

第六章　用尽国内救济

什么样的救济必须用尽？ ·· [6.03]
救济必须如何用尽？ ·· [6.09]
不要求用尽无效救济 ·· [6.19]
提交人是否必须用尽昂贵的救济？ ······································ [6.28]
救济的不合理拖延 ·· [6.32]
在国家继承情况中用尽国内救济的要求 ································· [6.40]
举证责任 ··· [6.44]
结语 ·· [6.49]

《任择议定书》第5条第2款（丑）项

二、委员会不得审查任何个人来文，除非已断定：

……

（丑）该个人对可以运用之国内救济办法悉已援用无遗。但如救济办法之实施有不合理之拖延，则不在此限。

[6.01] 这一有关来文受理的规则使得缔约国有机会在国内的侵犯人权情况在国际层面上处理之前，就予以纠正。人权事务委员会在 TK 诉法国案（*TK v France*, 220/1987）中，说明了该第5条第2款（丑）项背后的道理：[1]

---

[1] See also *MK v France* (222/1987), para 8.3.

8.3.……《任择议定书》第 5 条第 2 款（丑）项的宗旨包括指导《公约》规定被违反的可能受害者首先从缔约国主管当局寻求满意的解决，与此同时，使得各缔约国能够根据个人申诉审查《公约》各项条款在其领土内由其各个机构实施的情况，并在如有必要时，在本委员会处理此事之前，对所发生的侵犯情势提供救济。

[6.02] 一国可以选择放弃用尽国内救济的要求，就如在拉简和拉简诉新西兰案（*Rajan and Rajan v New Zealand*, 820/1998）中出现的情况。[2] 在这样的情况中，仍存在"国内救济"并不构成根据《任择议定书》受理来文的障碍。

什么样的救济必须用尽？

[6.03] **帕提诺诉巴拿马**（*Patiño v Panama*, 437/1990）[3]

5.2.……从《任择议定书》第 5 条第 2 款（丑）项的目的来看，任何申诉人必须利用给予他合理补救希望的所有司法或行政途径。

[6.04] **RT 诉法国**（*RT v France*, 262/1987）

7.4.……委员会认为，《任择议定书》第 5 条第 2 款（丑）项提到的"所有可以运用之国内救济办法"很明显首先指的就是司法救济。……

因此，一般认为，当对于某一事项已经作出最终司法裁决，而且并无上诉可能时，当地救济就已经用尽。[4]

文森特等人诉哥伦比亚（*Vicente et al. v Colombia*, 612/1995）

5.2.……委员会认为，一项救济的效能还取决于所指控的侵权行为的性质。换言之，如果所指控的违犯行为特别严重，如在侵犯基本人权特别是生命权的案件中，则纯粹行政性和纪律性的措施不能被认为是适

---

2 见委员会意见的第 6.2、7.2 段。
3 See also *Thompson v Panama* (438/1990), para 5.2.
4 A Conçado Trindade, *The Application of the Rule of Exhaustion of Local Remedies in International Law: its Rationale in the International Protection of Individual Rights* (Cambridge University Press, 1983), 58.

足的和有效的。……

人权事务委员会在帕提诺案中的声明证实，非司法性救济有时也需要用尽，而 RT 案证明，司法救济被认为是最可能有效的救济，因此从《任择议定书》第 5 条第 2 款（丑）项的目的来看，也是最妥切的救济。文森特案则确认，对于诸如杀害和酷刑等严重侵犯人权的指控，司法救济至关重要。委员会对于行政救济（executive remedies）的有效性，表现出更大程度的怀疑，因此也不太可能要求其被用尽。例如，在艾利斯诉牙买加案（*Ellis v Jamaica*，276/1988）中，委员会认定，死囚犯可以请求总督赦免并非"第 5 条第 2 款（丑）项含义之内的国内救济"。[5] 同样，如同穆霍宁诉芬兰案（*Muhonen v Finland*，89/1981）所显示的，委员会对于"非常救济"的有效性也持怀疑［6.48］。在霍华德诉加拿大案（*Howard v Canada*，979/1999）这一有关土著人的捕鱼权的案件中，在土著部落和政府之间正在进行的政治谈判，从第 5 条第 2 款（丑）项的目的来看，也不是有关的、悬而未决的救济。

［6.05］在下述案件中，人权事务委员会看来对行政救济（administrative remedies）的效能采取了一种更为宽容的态度。

约纳森等人诉挪威（*Jonassen et al. v Norway*，942/2000）

该来文有关挪威的一群土著萨米人提出的一项土地权利申诉［24.42］。提交人用尽了所有可用的司法救济，但仍有行政救济可用，方式是向政府申请让渡有关土地。在有关第 5 条第 2 款（丑）项的问题上，委员会的多数委员作出了有利于缔约国的认定：

8.6. 对于缔约国根据《任择议定书》第 5 条第 2 款（丑）项声称，提交人未用尽国内救济，委员会注意到缔约国主张，提交人没有用尽向行政当局申请让渡的救济。尽管提交人在"塔姆内斯案"（Tamnes Cases）、"1997 年奥尔逊登案"（Aursunden Cases 1997）和"科尔斯约菲尔案"（Korssjofjell Case）中的与土地拥有者的争端中，采用了国内司法救济，但后两个案件中的让渡请愿仍然悬而未决，而提交人没有在前

---

[5] 在委员会意见的第 9.1 段。See also *Chisanga v Zambia*（1132/2002），para 6.3; *Singarasa v Sri Lanka*（1033/2001），para 6.5.

一个案件中提出让渡请愿。委员会忆及，为了《任择议定书》第 5 条第 2 款（丑）项的目的，申诉人必须利用给予他合理补救希望的所有司法或行政途径。让渡申请这种 1996 年的法律规定的救济，现在仍然未决。因此，国内救济似乎没有用尽。

8.7. 但问题是，这些救济的适用是否受到不合理拖延。委员会注意到提交人的主张，即他们在一个多世纪的时间里一直在寻求国内司法救济，而且他们在 1998 年和 1999 年提出的让渡请愿仍然未决，这使得获得救济受到了不合理拖延。

8.8. 委员会认为，提交人为取得救济所费时间不应该从萨米人就放牧权提起诉讼之时算起，而应该从提交人本身寻求救济之时算起。委员会注意到，提交人于 1998 年 4 月 2 日在"奥尔逊登案"、于 1999 年 4 月 9 日在"科尔斯约菲尔案"中提出了让渡诉求。作为该进程一部分而进行的谈判于 2000 年 2 月提出了一项协定，但这项协定于 2000 年 5 月被拒绝。这迫使有关当局只能重新开始让渡程序。

8.9. 委员会认为，修正《驯鹿牧养法》和随后的旨在为提交人提供一种救济的谈判，为审查提交人的诉求需要很长时间提供了一种合理解释。挪威立法要求提交人在提出让渡诉求之前，应当先经过与土地拥有者解决诉求的程序，因此不能得出结论认为，挪威立法是不合理的。委员会还注意到，尽管提交人曾一度因非法使用争议土地而受到刑事指控，但被宣告无罪，因此他们能够像最高法院作出有关判决之前一样继续牧养驯鹿。因此，委员会不能得出结论认为，国内救济的适用被过分拖延。根据《任择议定书》第 5 条第 2 款（丑）项，提交人根据第 27 条提出的申诉由于未能用尽国内救济而不可受理。

8.10. 委员会认为，鉴于 1996 年的法律规定的新的救济，该项申诉必须被视为不可受理。不过，委员会促请缔约国迅速完成有关提交人放牧权的所有诉讼。

[6.06] 人权事务委员会中，亨金先生、舍伊宁先生和索拉里－伊里格延先生提出了异议，认为该来文根据第 27 条本应可予受理：

首先，我们不同意的是，向缔约国的行政当局提出请愿，目的在于

《公民及政治权利国际公约》：案例、资料和评注

这些当局能进行让渡诉讼以确保提交人牧养驯鹿的权利，完全是一项《任择议定书》第5条第2款（丑）项含义之内的有效救济。提交人的案件已经由最高法院作出了判决，因此他们已经用尽了这一方面的司法救济。提交人甚至不是让渡诉讼的一方……，因此这种诉讼不能被当作构成了提交人应寻求的一种有效国内救济。提交人只是提出请愿，以便能够发起让渡诉讼，因此，提交人充其量用尽了与让渡有关的额外救济。至于这些让渡诉讼产生何种结果以及在何种时限内进行，这是委员会在讨论缔约国旨在落实第27条规定的提交人权利的措施时，要审议的案情实质中的一个问题。

其次，即使认为实际的让渡诉讼构成了提交人必须用尽的一项救济，这些诉讼也已经受到了《任择议定书》第5条第2款最后一句含义之内的不合理拖延。提交人在最高法院审理的奥尔逊登案中败诉以后——该案的过程本身就需要一定时间，于1998年4月2日提出了其让渡请愿。在将近三年以后的2001年3月26日，提议的解决办法被土地拥有者拒绝。尽管此后缔约国于2002年3月7日向委员会提交了陈述，但它甚至没有告知委员会此后的任何事态发展，没有对提交人提出请愿以后四年半的拖延作出任何解释，也没有对解决这一问题提出任何时限。在这种情况下，委员会应该认定这项救济受到不合理拖延。

再次，看来提交人根据第27条享有的权利受到最高法院作出的不利于他们的裁决的影响。提交人在他们原先使用的地区放牧已经成为非法行为，因此如果他们继续在这些地区放牧驯鹿，就有可能受到进一步的法律诉讼和法律制裁。缔约国甚至没有提到，让渡诉讼的结果作为对提交人根据第27条所提诉求的这一部分的一种救济，具有相关性。

最后，除了上述法律论点以外，还有一个政策方面的理由。未用尽国内救济对于不予受理来说，是一种可收回的理由。即使委员会的多数委员也提到了《委员会议事规则》第92条第2款，根据这一款，提交人可以在以后要求委员会审查其关于不予受理的决定。尽管提交人显然

可以指望在近期内要求重启此案，但我们认为宣布来文不予受理是不合理的。

土著人有关土地权利的申诉通常涉及土著人努力弥补历史上的不公正情况，例如长期受殖民者的剥夺。有关国家的法律以及由此而来的可用司法救济，往往不足以应对这些申诉，而是会固化殖民情况。在约纳森案中，缔约国选择以提供行政救济而非通过立法修正，来处理历史上的不公正情况。委员会多数委员在其有关来文可否受理的决定中，支持这种手段。但委员会本应该更清楚地解释，为何在5年之后都未得出解决方案（在几年的诉讼之后）的纯粹的行政程序，被认为足以可能补救本案中所称的侵犯。

[6.07] **C 诉澳大利亚**（*C v Australia*，900/1999）

> 7.3. 关于用尽国内救济的问题，委员会注意到缔约国的主张，即提交人没有寻求某些行政救济（如联邦监察专员和人权与机会均等委员会）。委员会指出，这些机构对提交人的申诉作出的任何决定，即使有利于提交人，也只具有建议作用而没有约束效力，由此执行机构可自行酌情决定不予重视。这样，从《任择议定书》来看，这些救济不能够被视为是有效的。

因此，满足第5条第2款（丑）项的救济必须具有义务性的约束效力。[6]

[6.08] **CF 诉加拿大**（*CF v Canada*，113/1981）

> 6.2. ……《公约》规定，无论在何时发生对其保障的权利之一的侵犯，都应该给予救济；因此，《公约》一般而言并不规定预防性保护，而限于要求事后的有效补救。……

尽管事后救济一般被接受为，在通过《任择议定书》求助人权事务委员会之前，就必须用尽的救济，但是在有些情况中，这样的救济将被认为是无效的，例如奥米纳亚克诉加拿大案（*Ominayak v Canada*，167/1984）就是这种情况 [6.22]。

---

[6] See also *Kanganamge v Sri Lanka* (909/2000), para 6.3.

《公民及政治权利国际公约》：案例、资料和评注

救济必须如何用尽？

[6.09] 有望根据《任择议定书》提出申诉者在其申诉能被受理之前，必须已经向本地当局提出了其根据《公约》提出的申诉的实质性问题。这一原则体现在对以下案例的摘引中。

格兰特诉牙买加（*Grant v Jamaica*，353/1988）

5.1. ……就提交人有关死囚牢中的拘禁条件的申诉，委员会注意到，他没有说明，曾采取过何种步骤将其不满提交主管监狱当局，以及是否有任何调查进行。因此，委员会认定，这一方面的国内救济没有用尽。

佩雷拉诉澳大利亚（*Perera v Australia*，536/1993）

6.5. 关于提交人的说法，即由于在对其重审的上诉的审理中，法官之一曾参加对其第一次定罪的上诉的审理，因此驳回其对重审的上诉是不公正的，委员会指出，被告并未对该法官参加上诉提出质疑，因而有关这一问题的国内救济并未用尽。因此，来文的这一部分不予受理。

6.6. 关于提交人所称未能向其提供翻译服务一事，委员会指出，这一问题从未在审判或上诉过程中向法院提出。因此，根据《任择议定书》第5条第2款（丑）项，来文的这一部分因未用尽国内救济而不予受理。

[6.10] **BdB 诉荷兰**（*BdB v the Netherlands*，273/1989）

6.3. ……委员会认为，尽管提交人必须援引《公约》中包含的实质性权利，但从《任择议定书》的目的来看，他们没有必要一定通过提到《公约》的具体条款来做到这一点。

人权事务委员会对 BdB 案的决定的这一方面，也被范阿尔芬诉荷兰案（*Van Alphen v the Netherlands*，305/1988）、亨利诉牙买加案（*Henry v Jamaica*，230/1987）和利特尔诉牙买加案（*Little v Jamaica*，283/1988）所遵循。因此，对于判断某人是否适当地提醒了国内当局注意对其《公约》权利的潜在侵犯，他在国内提出的申诉的含义不是决定性的。例如，如果在国内场合

没有对某一逮捕行为提出质疑，那么向委员会提出的有关该逮捕之无理性的申诉将不可受理；但是，申诉人并无必要明确援用《公约》第 9 条。另外，根据《任择议定书》提交来文者只需要在国内场合提到了与《公约》有关的问题，而无须确保这些问题在这些场合得到了适当审议。[7]

［6.11］ 在克洛歇诉法国案（*Crochet v France*，1777/2008）中，提交人经历了两次诉讼，一次是刑事的，一次是行政的。他的申诉仅有关前者，因此他只需就刑事诉讼而非所有两次诉讼用尽救济。

［6.12］ 某些国内救济可能需要在一定的期间内落实。例如，某人若要寻求就下级法院的裁决向上级法院上诉，他可能只有一段有限的时间。一般而言，要由提交人自己确保遵守了国内的程序性要求。

APA 诉西班牙（*APA v Spain*，433/1990）

该案中，提交人的申诉有关对其获得公正审判权的据称违反。他详细叙述了自己如何努力用尽国内救济：

> 2.3. 提交人基于程序理由向西班牙最高法院上诉，最高法院于 1989 年 6 月 2 日维持了一审判决。据称由于暑假，提交人直到 1989 年 9 月 11 日才获知该裁决，而这已经大大超过了申请对此裁决提起宪法保护动议（*recurso de amparo*）的截止日期，即 20 个工作日的期限。
>
> 2.4. 1990 年 1 月 15 日，A.P.A 向宪法法庭上诉，声称保障公正审判权的宪法第 24 条被违反。1990 年 2 月 26 日，宪法法庭宣布宪法保护令不适用，因为提起动议的法定期限已过。
>
> 2.5. 对上述情况，提交人指出，在八月，由于暑假，西班牙的司法系统几乎是瘫痪的，因此《西班牙民法典》第 304 条规定，在确定提出上诉的截止日期时，八月不计在内。但 1982 年 6 月 15 日的一项法规（*Acuerdo de Pleno*）第 2 条又规定，为了宪法法庭的若干程序（包括宪法保护动议程序）的目的，在计算截止日期时又将八月包括在内。

然而，人权事务委员会认定提交人未能用尽国内救济：

> 6.2. 委员会注意到当事各方有关国内救济是否用尽问题的主张；还

---

[7] See eg *Henry v Jamaica* (230/1987), para 7.2; *Little v Jamaica* (283/1988).

注意到，在确定提出大部分刑事上诉的截止时间时，八月不计在内，但根据规范在宪法法庭提起的宪法保护动议的程序，八月却计算在内。尽管《任择议定书》第5条第2款（丑）项含义之内的当地救济的确只需在可用和有效的限度内被用尽，但一项既定的原则是，在寻求可用的救济时，被告必须尽到适当责任（due diligence）。在此方面，"不原谅任何人对法律无知"（ignorantia iuris neminem excusat）也适用于《任择议定书》第5条第2款（丑）项。

6.3. 在本案中，最高法院1989年6月2日的裁决已经适当地通知了提交人的律师。提交人声称，律师在宪法保护动议程序的申请截止日期到期之前，未告知其该裁决。委员会所获案卷并未表明，提交人的律师不是提交人自己聘雇的。根据这些情况，提交人的律师在通知提交人最高法院的裁决方面的不作为或疏忽不能归咎于缔约国，而必须归咎于提交人。委员会并不认为，根据《公约》第14条，最高法院的登记部门或检察院在本案的情况中有义务将1989年6月2日的裁决直接通知提交人本人。据此，结论只能是，提交人并未尽到必要责任寻求当地救济，因此《任择议定书》第5条第2款（丑）项的要求并未得到满足。

委员会在多个场合确认，如果因为提交人或其律师的过错而未能遵守当地救济的法定时限，这将使来文根据《任择议定书》第5条第2款（丑）项不可受理。[8] 在平高特－帕金森诉法国案（Pingault-Parkinson v France, 1768/2008）中，来文根据第5条第2款（丑）项不可受理，因为提交人向错误的法国法院申请了错误的救济，而法国不能为其错误负责。[9]

[6.13] **索尔特诉捷克共和国和斯洛伐克**（Soltes v Czech Republic and Slovakia, 1034–1035/2001）

该案非比寻常，因为它是同时针对两个缔约国提出的［1.50］。提交人没有用尽在捷克共和国的最终救济，因为他不知道在捷克斯洛伐克分裂为两

---

[8] See eg *Aduhene and Agyeman v Germany* (1543/2007), para 6.2; *PL v Germany* (1003/2001); *Bhullar v Canada* (982/2001), para 7.3; *Lim v Australia* (1175/2003), para 6.2; *CP and MP v Denmark* (CERD 5/1994), para 6.2; *Barbaro v Australia* (CERD 7/1995), para 10.4.

[9] 在委员会意见的第10.1—10.3段。

个国家时，有一个新的法院即捷克共和国宪法法院建立。人权事务委员会正确地认定来文不可受理：

> 7.4. 关于……用尽国内救济的问题，委员会注意到缔约国提出的主张和提交人给出的解释，即除了他据称不知道存在的宪法法院之外，他已向捷克法律制度的所有层级提出了申诉，并用尽了在捷克共和国境内可用的一切救济。委员会注意到，在最高法院裁决驳回提交人的申诉时，宪法法院已经成立，而且实际上已在受理宪法申诉。……作为外国人或因为其他情况而不知道宪法法院的存在，并不能免除个人用尽可用国内救济的义务，除非有特殊情况使之无法获得必要的信息或援助。鉴于提交人在捷克的所有诉讼过程中都有法律代理，而且宪法法院拥有对所提出的公正审判问题的管辖权，委员会认为，上述两种例外情况都不适用于提交人的案件。因此，委员会认为，提交人未能表明，为何不能合理地期待他就最高法院的裁决向宪法法院提出质疑。因此，委员会得出结论认为，就来文有可能引起基于《公约》的申诉而言，并未为《任择议定书》第5条第2款（丑）项之目的用尽国内救济。

[6.14] 在格里芬诉西班牙案（*Griffin v Spain*，493/1992）中，提交人未能在法定时限内寻求一项有关救济并没有对其构成不利，因为法院指派给他的律师没有告知他这一救济（实际上这一律师根本就没和他联系）。[10] 格里芬案表明，在提交人没有用尽国内救济乃是由国家提供的律师的疏忽或无能导致的情况中——这与私人聘雇的律师相反，提交人可以免于用尽国内救济的要求。[11]

[6.15] 在穆霍宁诉芬兰案（*Muhonen v Finland*，89/1981）中，提交人已经"被清楚地告知不存在进一步的救济"，[12] 因此不需要寻求未完的救济。[13]

[6.16] **JRT 和 WG 党诉加拿大**（*JRT and the WG Party v Canada*，104/1981）

对于该案中提交人的申诉之一，人权事务委员会指出：

---

10 在委员会意见的第6.1段。
11 See also *Owen v France* (1620/2007), para 6.4.
12 在委员会意见的第6.1段。
13 另见YL诉加拿大案中少数委员的意见：*YL v Canada* (112/1981), para 2。

8（b）. 提交人宣称，针对他适用《加拿大人权法案》第 13 条第 1 款——据此他使用电话服务受到限制——违反了《公约》第 19 条。对此，委员会注意到，他没有在法定时限内，申请进行司法审查。但是，鉴于所涉及的各项法律有关时限的规定互相矛盾造成的混乱，看来 T 先生确实在这方面已经为用尽国内救济作出了合理努力，因此委员会并不认为就这项申诉而言，应该根据《任择议定书》第 5 条第 2 款（丑）宣布来文不可受理。……

[6.17] **穆潘丹吉拉等人诉扎伊尔**（*Mpandanjila et al. v Zaire*，138/1983）

2.4. 1982 年 7 月 7 日，[受害者的两位比利时]律师代表他们的诉讼委托人对 1982 年 7 月 1 日的判决向最高法院提出了上诉。最高法院于 1982 年 10 月 26 日裁决，因未交法庭费用而不受理上诉。这方面，两位律师指出，他们曾采取步骤确保遵守缴付法庭费用的要求。他们声称，由于他们的委托人分散在若干拘禁中心，无法与他们联系，因此曾请一位扎伊尔律师马泰尔·穆肯迪（Maitre Mukendi）……完成必要的交费手续。他们在 1982 年 9 月 15 日的一封信中，敦促马泰尔·穆肯迪与比林德瓦（Birindwa）夫人（据称受害者之一的妻子）联系，而后者应去筹集必要的资金。同时，他们写信给最高法院首席法官，告知法院为遵行必要的手续所采取的步骤。后来才清楚的是，比林德瓦夫人当时不在金沙萨，原打算的筹集和缴付法庭费用没有办成。不过，两位律师解释说，为遵行手续所作的努力虽不成功，也应当认为是令人满意的，特别是因为在他们告知最高法院正在为筹集和缴付法庭费用作出努力之后不久，就作出了不受理上诉的决定。

人权事务委员会同意该案可予受理：

5.2. ……委员会注意到，据称由于提交人分散在不同的拘禁中心，他们及时缴付法庭费用面临着特殊困难。委员会还注意到最高法院根据这一理由决定不受理上诉的速度——对这一决定无法上诉……。在这种情况下，委员会的结论是，根据《任择议定书》第 5 条第 2 款（丑）项，来文在这方面并非不可受理。

因此，如果提交人或其律师为遵守程序要求以用尽当地救济作出了实际但不成功的努力，就满足了第 5 条第 2 款（丑）项的要求。[14]

[6.18] **布拉夫诉澳大利亚**（*Brough v Australia*，1184/2003）

该案的提交人是一位精神残疾的 17 岁土著男孩，其申诉有关他所受禁闭的条件 [9.202]。人权事务委员会在决定他是否用尽了所有可用救济时，将其各方面的脆弱情况纳入了考虑：

8.8. 关于向改造事务部或向重罪犯复查事会提出申诉的可能性，委员会注意到，提交人提出的未受反驳的申诉是，他没有被告知上述救济或任何其他行政救济，他在帕克利（Parklea）教养中心被分隔关押的时候，只有能力勉强阅读或书写。

8.9. 委员会还忆及，提交人数次向"土著居民在关押中死亡事件委员会"的干事和改造中心典狱长提出申诉，以图改善他的禁闭情况。委员会也注意到提交人在典狱长答复他的申诉时提出的论点，并认为这些答复的效果是阻遏提交人向监狱当局提出进一步申诉。鉴于提交人的年纪、他在智力上的残疾以及他作为土著人的特别脆弱的地位，委员会的结论是，在提交人知道行政救济之存在而且这些救济可被认为有效的限度上，他已经作出了合理努力来运用这些现有的行政救济。

不要求用尽无效救济

[6.19] **普拉特和摩尔根诉牙买加**（*Pratt and Morgan v Jamaica*，210/1986，225/1987）

12.3. ……用尽当地救济的规则并不要求诉诸在客观上没有成功可能的上诉，是国际法和委员会判例的一项既定原则。

申诉人并不需要寻求在客观上徒劳的救济。不过，如同 RL 诉加拿大（*RL v Canada*，358/1989）、RT 诉法国（*RT v France*，262/1987）和卡伯尔诉冰岛（*Kaaber v Iceland*，674/1995）等许多案件所表明的，申诉人主观上

14　See also *MAK v Germany*（CAT 214/2002），para 7.2.

相信国内救济实属徒劳本身并不免除其需要用尽这些救济。

[6.20] **德米特·巴巴托诉乌拉圭**（*Dermit Barbato v Uruguay*，84/1981）

9.4. 对于古利莫·德米特·巴巴托的案件中用尽国内救济的问题，委员会还考虑了下列因素：缔约国所列尚未用尽的救济，在据称受害者的情况中，不能被认为是可为其所用的救济。它们不是在法律上就是在事实上不适用，因此对于所申诉的事项，并不构成《公约》第2条第3款含义之内的有效救济。因此，没有任何理由改变委员会1981年10月28日的决定中得出的结论，即根据《任择议定书》第5条第2款（丑）项的规定，来文并非不可受理。

在人权事务委员会早年间审议的、针对乌拉圭军政权提出的若干类似案件中，[15] 委员会认定，该缔约国没有表明据称可用的救济会是有效的。[16] 这些案件涉及对严重侵犯人权情势的指控，诸如侵犯生命权、免受酷刑的自由以及/或者无理拘禁。在许多这样的案件中，国家安全部队实际上任意行事、不受惩罚，对法治概念根本不屑一顾。德米特·巴巴托案中提到不存在"法律上或事实上"的救济，指的就是这种情况。在这样的情况中，看来委员会将承认，根据这样的制度寻求国内救济很可能是徒劳的，因此需要国家承担很重的举证责任，来证明未被用尽的救济的效能。委员会对阿祖亚加·吉尔邦诉乌拉圭案（*Arzuaga Gilboa v Uruguay*，147/1983）的决定支持了这种主张——委员会在其中称，"有效的"救济意味着"对于'由独立无私之法定管辖法庭进行的公正和公开审理'的程序性保障"。[17] 没有为司法工作规定这种制度的国家不太可能提供有效的、可强制执行的救济，尤其是针对它自己的官员，因为这种制度不符合法治。这样的情况出现在下述案件中。

[6.21] **阿瓦达诺夫诉阿塞拜疆**（*Avadanov v Azerbaijan*，1633/2007）

该案的提交人曾就据称的人权被侵犯的情况向欧洲人权法院申诉，但没

15　See eg *Torres Ramírez v Uruguay* (4/1977), *Grille Motta et al. v Uruguay* (11/1977), *Martínez Machado v Uruguay* (83/1980).

16　See, generally, PR Ghandhi, *The Human Rights Committee and the Right of Individual Communication: Law and Practice* (Ashgate, 1998), 240–9.

17　在委员会意见的第7.2段。

有成功。他诉称自己在提出申诉后受到了迫害,包括遭到警察殴打、他的妻子被强奸。他们因为害怕报复而没有提出申诉。提交人夫妇后来逃离阿塞拜疆,在希腊取得了难民地位。而后,他们就因为向欧洲人权法院提出申诉而遭到迫害一事,向人权事务委员会提出了申诉。阿塞拜疆称,他们未能用尽当地救济。实际上,他们对于受迫害,没有用尽任何救济。然而,人权事务委员会认定该申诉可予受理。对于第5条第2款(丑)项,委员会称:

6.3. 缔约国辩称,提交人从来没有在国内法院内提出对酷刑的指控,这使得来文的这一部分因没有用尽可用的国内救济而不可受理。提交人承认,他、他的妻子或其他代表他们的人,都没有在他们离开阿塞拜疆之前或之后,向缔约国当局或法院提出这些指控。他解释说,没有这样做的理由是害怕报复,没有财力雇用律师,还有部分理由是据称这样做毫无意义,因为无论如何,警方会集体地维护自身。提交人声称,对他而言,在阿塞拜疆的国内救济是无效的、不可用的。

6.4. 委员会注意到,缔约国仅抽象地声称,与《任择议定书》第5条第2款(丑)项的要求相反,提交人从未在国内法院内提出对酷刑的指控,但是没有讨论提交人及其家人据称受到的威胁。委员会总结认为,在这样的情况下,并且鉴于没有来自缔约国的进一步资料,不能因为提交人害怕这可能导致他本人和他的家人受迫害而未向缔约国当局或法院提出这些指控,就作出不利于他的决定。委员会还认为在这方面相关的一点是,提交人成功地在第三国获得了难民地位。因此,委员会接受提交人的论点,即对他而言,阿塞拜疆的国内救济是无效的、不可用的。并认为,《任择议定书》第5条第2款(丑)项的规定不阻碍委员会审议本来文。

如同上文摘引的针对乌拉圭的案件一样,本案证实,在用尽国内救济在客观上存在危险或者因为一国法治之正常运行崩溃而纯属浪费时间的情况中,人们不必用尽救济。[18] 同样,在菲利普诉牙买加案(*Phillip v Jamaica*,

---

18 See also *Traoré v Côte d'Ivoire* (1759/2008), *Ltaief v Tunisia* (CAT 189/2001), *Thabti v Tunisia* (CAT 187/2001)。

594/1992）中，"鉴于他因为害怕监狱看守而没有提出申诉"，提交人无须提醒监狱当局注意其拘禁条件的糟糕状态。[19] 任何人都无须寻求可预见会导致或加剧其受迫害情况的救济。

[6.22] **奥米纳亚克等人诉加拿大**（Ominayak et al. v Canada，167/1984）[20]

本案涉及加拿大的一个印第安人土著部落卢比康湖营居群（Lubicon Lake Band）的首领关于他自己和他的民族的权利的申诉。主要的指控有关营居群成员根据《公约》第 27 条享有的少数者权利据称受到侵犯，其起因是艾伯塔省政府的各种行为对卢比康文化的破坏性影响，这些行为包括为了私营公司的利益而征用卢比康人的土地，以及授权在其家园土地上进行能源勘探 [24.27]。关于用尽国内救济，提交人声称：

> 3.2. ……卢比康湖营居群一直在通过各种国内政治和法律渠道提出其诉求。据称，政府官员和能源公司代表利用加拿大的国内政治和法律程序阻挠和拖延营居群的诉讼行动，最终使得营居群无法继续其寻求，该地区目前工业开发的速度，再加上营居群的环境和经济基础受到的破坏，将使得营居群作为一个民族无法再生存多年。……
>
> 3.5. 1982 年 2 月 16 日，有一项诉讼在艾伯塔省高等法院提起，要求发布临时禁止令，以暂停对该地区的开发，直到营居群对土地和自然资源的主张引起的问题获得解决为止。申诉人称，临时禁止令的主要目的是防止艾伯塔省政府和石油公司（被告）进一步破坏卢比康湖营居群人民的传统狩猎和诱捕区域。这会使得营居群成员能够为了他们的生计和生存，继续狩猎和诱捕，以此作为其原生生活方式的一部分。高等法院近两年没有作出裁决，在此期间石油和天然气开发继续，同时营居群的经济基础遭到迅速破坏。1983 年 11 月 17 日，关于临时禁止令的请求被驳回，而且营居群尽管财务状况不佳，但承担了与诉讼有关的所有法庭费用和律师费。

---

[19] 在委员会意见的第 6.4 段。
[20] 也被称为"卢比康营居群案"（Lubicon Lake Band Case）。

3.6. 对高等法院的判决，有上诉向艾伯塔省上诉法院提出，但于1985年1月11日被驳回。上诉法院在作出裁决时，同意下级法院的认定：营居群对土地所有权的原始要求提出了在审判时要决定的一个严重法律问题。不过，上诉法院认定，如果资源开发全面持续，卢比康湖营居群不会受到不可弥补的损害，因此经过权衡，赞成否定禁止令。

对于有效救济已经用尽，加拿大提出了争辩：

5.4. 营居群没有继续寻求对实质问题的审判，而是对临时申请被驳回提出了上诉。1985年1月11日，艾伯塔省上诉法院驳回了上诉。就驳回临时禁止令，营居群申请向加拿大最高法院提出特许上诉，这一申请于1985年3月14日被驳回。差不多两个月后的1985年5月13日，缔约国补充说，加拿大最高法院否决了营居群的另一项要求，即法院修改其规则以重新审理该申请。因此，缔约国声称，加拿大最高法院维持其既定规则，禁止重新审理特许上诉申请。

5.5. 缔约国指出，在临时程序引起的过长拖延和对已经明确解决的法律程序问题的争辩之后，提交人声称国内救济之适用被无理拖延是没有道理的。缔约国提出，营居群作为原告，可以在其任何一项法律诉讼中采取实质性步骤，以便将这些事项提交审判。

在这一点上，人权事务委员会作出了有利于申诉人的认定：

13.2. 关于《任择议定书》第5条第2款（丑）项的要求——提交人在向人权事务委员会提交来文之前，必须先用尽国内救济，本来文的提交人援用了一项限定，即"在救济之适用被不合理拖延的情况中"，应该免除这一要求。委员会注意到，提交人主张，在本案的情况中，唯一有效的救济是寻求一项临时禁止令，因为"如果不保持现状，那么对案情实质问题的最终判决，即使有利于营居群，也将会变得无效"，理由是，只要"任何承认土著人权利或者条约权利的最终判决，都可能永远无法恢复营居群的生活方式、生计和生存手段"。委员会提到了其既定判例——"只有在国内救济有效和可用的程度上，才能要求用尽这些救济"，并认定在本案的情况中，对于卢比康湖营居群并无仍然可用的救济。……

31.1. 委员会认真审议了缔约国的如下要求：委员会应审查其宣布来文根据《任择议定书》，"就其可能根据《公约》第27条或其他条款引起争议而言"，可予受理的决定。按照所获得的资料，委员会注意到，缔约国有说服力地辩称，通过积极向有关法院起诉，卢比康湖营居群本可以减少看来不合理的拖延。然而，存在争议的是这样的问题，即诉讼之路是否是挽救或恢复卢比康湖营居群传统或文化生活的有效方法，据说这种生活在案发时处于崩溃边缘。委员会不相信这会构成《任择议定书》第5条第2款（丑）项含义之内的有效救济。在这种情况下，委员会维持它先前作出的受理决定。

尽管提供事后救济一般而言将能够满足国内救济的规则［6.08］，但奥米纳亚克案中的决定证实，期望提交人寻求这样的救济并不合理，即救济是在对《公约》权利之不可弥补的损害发生后才能确定的。在某些情况中，事后的救济，尤其是拖延许久的救济，将无法提供有意义的补救。例如，奥米纳亚克案中有关受理问题的决定表明，破坏一个人的文化、侵犯第27条所规定之少数者权利的情况，无法通过诸如支付赔偿或立法改革等事后救济得到充分补救。[21] 在这样的案件中，提交人仍有义务在根据《任择议定书》寻求救济之前，先寻求禁止令性质的救济。[22]

［6.23］同样，在维斯诉奥地利案（*Weiss v Austria*，1086/2002）中，可用于质疑引渡之合法性的救济，在引渡已经发生后，就被认为是"按定义即无效的"救济。[23]

［6.24］在瓦科梅诉法国案（*Vakoumé v France*，822/1998）中，提交人诉称，在他们的祖传土地上建设旅馆侵犯了他们的隐私权和家庭生活权。他

---

[21] 颇具讽刺性的是，委员会最终对实质问题的决定是，加拿大对从卢比康营居群征收的土地提供赔偿构成一项合适的救济：见第［24.28］段；关于临时命令，另见第［1.64］及以下各段。

[22] 在EHP诉加拿大案（*EHP v Canada*，67/1980）中，提交人声称，在其住所附近储存放射性废料威胁了她的生命权［8.76］。她还声称，用尽救济将耗时许久，期间会发生不可弥补的损害。委员会认定，该案根据《任择议定书》第5条第2款（丑）项不可受理。兹瓦特提出，"如果提交人曾寻求禁令性补救而不是完全避开当地救济，情况可能会有所不同"。T Zwart, *The Admissibility of Human Rights Petitions* (Martinus Nijhoff Publishers, 1994), 197.

[23] 在委员会意见的第8.2段。

们声称，因为旅馆已经建完，所以可用的救济是无效的。但是，人权事务委员会不同意他们的主张，认定申诉根据《任择议定书》第5条第2款（丑）项不可受理。可以将瓦科梅案与奥米纳亚克案区别开来的依据在于，其中的救济没有受到不合理拖延。另外，由于旅馆已经建完，对于寻求可用国内救济的提交人而言，并不会造成更多的损害。

[6.25] 下列各案涉及的，是先例原则对判定某一救济之潜在有效性的作用。

兰斯曼等人诉芬兰（*Länsman et al. v Finland*, 511/1992）

6.1. ……只要最高国内法庭的判例就某事作出了裁决，从而排除了向国内法院上诉成功的任何可能性，则从《任择议定书》的目的来看，提交人就不必用尽国内救济。

卡斯塔诺－洛佩兹诉西班牙（*Castaño López v Spain*, 1313/2004）

6.3. 委员会注意到，缔约国坚持认为来文不可受理，因为国内救济并未被用尽——提交人没有在宪法法院提出平等权利被侵犯的问题。但委员会也注意到，宪法法院已经对一个类似案件作出了否定性裁决。委员会重申判例，即当最高等级的国内法院的判例就某一争端事项作出了裁决，从而排除了向国内法院成功上诉的任何可能性，则从《任择议定书》的目的来看，提交人就不必用尽国内救济。因此，委员会得出结论认为，在本来文的情况下，《任择议定书》第5条第2款（丑）项的要求已经达到。

该案证明，在已经存在较高级法院的相反先例的情况中，不能指望提交人能就法律问题提出上诉。[24] 同样，提交人也无须质疑得到国内立法明确授权的行为，[25] 特别是如果这种授权包含在国内宪法中。[26] 与之相对，对于相

24　See also *Sohn v Republic of Korea* (518/1992). 在弗里森诉法国案中，当提交人的同案被告已经在其上诉中败诉时，提交人就不再需要就其案件向法国上诉法院上诉。*Faurisson v France* (550/1993), para 6. 1. See also *Johannes Vos v the Netherlands* (786/1997), para 6. 2; *Maille v France* (689/1996), para 6. 2; *Kazantzis v Cyprus* (972/2001), para 6. 3; *Jeong et al. v Republic of Korea* (1642–1741/2007), para 6. 3; *SL v Czech Republic* (1850/2008), para 6. 4.

25　See also *A v Australia* (560/1993), para 5. 6.

26　See *Barzhig v France* (327/1988), para 5. 1.

关的先例较弱且因而可予挑战的情况中,提交人很可能需要就法律问题提出上诉。[27]

[6.26] 除非所有可用的司法救济都已用尽——无论这意味着多少次国内上诉,否则联合国人权条约机构不太愿意继续审议来文的实质问题。[28] 考虑到不断增多的连续上诉的困难和花费,这样一种要求对于潜在的提交人来说,无疑是繁重的负担。第5条第2款(丑)项的要求的繁重性质,表现在以下案件中。

迪克希特诉澳大利亚(*Dixit v Australia*, 978/2001)

该案中的申诉有关澳大利亚(特别是其移民和多元文化事务部即DIMA)拒绝给提交人及其家人发放签证。缔约国依据若干理由主张来文不可受理,包括提交人未能用尽当地救济,即寻求对移民和多元文化事务部的决定的司法审查。提交人对此答复称:

5.3. 关于所称的未用尽国内救济,提交人提出,缔约国所述的这些救济遥不可及、昂贵、无效而且可能徒劳。提交人还提请委员会注意,在提出本来文之前,他就签证申请采取的有关行动:书写了相当数目的信件,索取了信息并寻求了各类机构的援助,向人权和平等机会委员会、监察专员和医学委员会提出了申诉。然而,尽管他与移民和多元文化事务部和部长有广泛的书信联系,但提交人从未被告知缔约国所述救济之存在。提交人还提出,他花费了三年多才搞清楚所有要素,以明白其签证为何遭到拒绝,而当他联络澳大利亚境内的律师时,律师因为没有这些信息可用而无法帮助他。提交人请自己的法律顾问古德史密斯律师事务所向移民和多元文化事务部索取他的档案副本,然而,当他收到档案时,他才发觉,没有充分的资料足以确定导致签证被拒绝的具体健康评估问题。因此,他请一位参议员协助查明事实,而直到1999年,他才能够提起诉讼,但这已经超过了向联邦法院起诉的时限。提交人认为,在获得有关资料方面出现的拖延不该归咎于他。此外,提交人争辩

---

[27] See *Barbaro v Australia* (CERD 7/1995).

[28] See also *Barbaro v Australia* (CERD 12/1998).

说，他没有义务寻求并不能提供合理成功希望的国内救济。对于有关签证申请的决定的性质，由于他居住在美国，既没有收到拒签的理由，又没有资格获得澳大利亚境内的法律援助，因此要在澳大利亚境内、向联邦法院或高等法院提出法律诉讼实际上是不可能的。提交人还称，司法审查的目的，不是评估是否存在侵犯人权的情况，而是审查是否存在法律上的失误，并不包括审查提交人所关注的实质性问题。因此，这些救济不会向提交人提供对实质性问题的任何补救。最后，提交人辩称，不存在海外的非本国公民针对基于健康理由拒绝签证的问题向高等法院提出上诉的先例，主要作为终审法院的高等法院也不鼓励诉讼当事人在这个阶段开始提出申诉。因此，提交人认为，他已经用尽了所有合理的、可用的国内救济。

缔约国则回复说：

6.3. 关于用尽国内救济，缔约国主张，缔约国先前提到的救济并不昂贵，因为此类申诉费用是可以免缴的；提交人本人也不需要在联邦法院或高等法院出庭；如果符合司法的利益，高等法院本来能够允许在通常时限之外提出申诉；诸如移民和多元文化事务部之类的联邦部门不宜告知个人可诉诸的司法审查权利；根据上述两项救济，拒签的决定本来有可能被推翻，并按照指示重新作出决定；曾有100多起移民案件，包括海外非本国公民提出的案件，被申诉到高等法院。

人权事务委员会作出了有利于缔约国的认定：

8.3. 委员会注意到，提交人似乎同意，原则上，在缔约国的联邦法院存在对其女儿可用的救济。尽管目前已经超过了正式时限，但委员会认为，提交人没有表明为采用缔约国的这些司法救济作出过任何努力。此外并就目前情况而论，委员会注意到，提交人没有证明无法超过时限提出特许上诉申请；委员会还注意到，后来提出的一次签证申请证明是成功的。因此，根据第5条第2款（丑）项，来文不予受理。

[6.27] 在两个有关导致女性受害者死亡的家庭暴力案件中，消除对妇女歧视委员会对于用尽国内救济，采取了一种令人耳目一新的现实方式。在郭科齐诉奥地利案（*Goekce v Austria*，CEDAW 5/2005）和伊尔迪里姆诉奥地

利案（*Yildirim v Austria*，CEDAW 6/2005）中，申诉的核心问题都是，国家未能充分恪尽职守以保护该两案所涉妇女不受最终杀害了她们的丈夫的虐待。对于这样的情况，消除对妇女歧视委员会决定，救济的可用性和适足性实际上是一个需要在对实质性问题的审理中解答的问题，因为受到质疑的正是国家之程序和法律的适足性。另外，在这两个案件中，据称可用的救济都是奥地利联邦宪法第140条第1款，本可以根据该款提出主张，质疑对于检察官不拘禁丈夫的决定，无法上诉的情况。在两起案件中，这一救济"不能被认为是有可能给其生命受到犯罪的危险威胁的妇女带来有效补救的救济"。[29]

提交人是否必须用尽昂贵的救济？

[6.28] **PS 诉丹麦**（*PS v Denmark*，397/1990）

5.4.……委员会忆及缔约国的辩解，即根据《丹麦宪法法》第63条寻求对行政规章和决定的司法审查，是提交人可用的有效救济。委员会注意到，提交人基于对原则和所涉费用的考虑拒绝使用这些救济。但是，委员会认定，经济考虑和对国内救济有效性的怀疑都不能免除提交人将其用尽的义务。因此，提交人在这一方面，未能满足第5条第2款（丑）项的要求。

RL 诉加拿大（*RL v Canada*，358/1989）

6.4.……委员会还注意到，其他印第安人部落已经向联邦法院提起了诉讼，尽管诉讼尚无结果……，而且据称的高昂诉讼费用在特定情况下，可以根据缔约国设立的许多方案的资助来抵销。

因此，一个人即使自己无法负担法律行动的费用，就正在进行的诉讼，至少也要用尽政府资助的渠道。[30]

---

[29] See *Goekce v Austria*（CEDAW 5/2005），para 7.5 *Yildirim v Austria*（CEDAW 6/2005），para 7.4.

[30] See also *Faurisson v France*（550/1993），para 6.1；*GT v Canada*（420/1990），para 6.3；*RSAN v Canada*（CAT 284/2006），para 6.4.

[6.29] **亨利诉牙买加**(*Henry v Jamaica*,230/1987)

在本案中,缔约国声称,提交人对于其有关所受审判是否公正的申诉,本可以在牙买加最高宪法法院寻求宪法救济。提交人声称,他因为没有资金、没有提起宪法动议的法律援助可用而无法用尽这一救济。缔约国的答复是:

> 6.4. 关于在提出宪法动议方面没有法律援助可用这一点,缔约国提出,在《任择议定书》或习惯国际法中,都没有任何内容支持这样的主张,即申诉人基于没有提供法律援助,而且贫困使其不能利用可用的救济,就可免于履行用尽国内救济的义务。在这一方面,缔约国指出,《公约》只对刑事罪行规定了一种提供法律援助的义务〔第14条第3款(卯)项〕。而且,有关经济、社会和文化权利的国际公约都没有施予缔约国落实这些权利的无条件义务:例如,《经济社会文化权利国际公约》第2条规定可逐渐实现经济权利,并联系缔约国的"实现能力"。在这种情况下,缔约国主张,由提交人的贫困以及在申请宪法补救的权利方面没有法律援助这一情况,就推断救济必然不存在或不可用,是错误的。……

在这一点上,人权事务委员会作出了有利于提交人的认定:

> 7.3. 委员会忆及,缔约国曾于1991年10月10日在对另一案件的陈述中表明,在提出宪法动议方面不提供法律援助。委员会认为,这支持了可以认定……,宪法动议不是一项从《任择议定书》之目的来看必须被用尽的可用救济。在这种情况中,委员会认为,免除了提交人寻求宪法救济之义务的,不是提交人的贫困,而是缔约国不愿意或无能力为此目的提供法律援助。

> 7.4. 缔约国声称,它根据《公约》没有义务在宪法动议方面提供法律援助,因为这种动议不涉及《公约》第14条第3款(卯)项所要求的判定刑事指控的问题。但是,委员会要处理的问题不是在第14条第3款(卯)项的语境内提出的,而只是国内救济是否被用尽的语境内提出的。……

> 7.6. 鉴于上述原因,委员会坚持认为,宪法动议不是《任择议定

书》第5条第2款（丑）项含义范围内可用的、有效的救济。……

在后来的案件中，亨利案中的这种推理不断得到支持。[31] 这证明，在判断提交人是否克服了《任择议定书》规定的可否受理的程序性障碍时，贫穷的人是否有法律援助可用，具有相关性。委员会在柯里诉牙买加案（*Currie v Jamaica*，377/1989）中的决定将亨利案中的推理又向前推进了一步，认定对于宪法动议无法律援助可用构成对《公约》的实质性违反，即违反了第14条第1款对公正审判的保障。[32]

［6.30］对于人权事务委员会在 PS 诉丹麦案中的决定［6.28］的字面解读表明，在委员会判断一项救济的有效性时，经济因素无关紧要。亨利案以及后续的案件证实，情况并非如此。可以将 PS 案与这些案件区分开的一个依据是，PS 没有试图寻求任何司法救济，而且也许更重要的是，他没有表明他无力承担寻求这些救济。实际上，如果提交人具有保证得到法律帮助的手段，经济考虑就不免除其寻求一种花费高昂之救济的义务。例如，在 RW 诉牙买加案（*RW v Jamaica*，340/1988）中，[33] 提交人有能力负担为提起宪法动议所需的法律代理的费用，因此，在牙买加对提起这种动议没有法律援助可用，从《任择议定书》第5条第2款（丑）项的目的来看，就是无关紧要的。

［6.31］ **CM 诉瑞士**（*CM v Switzerland*，CAT 355/2008）*

对于《禁止酷刑公约》中同等的用尽国内救济的规则，禁止酷刑委员会免除了寻求庇护者寻求他们根本无法负担的救济的要求：[34]

9.2. 委员会注意到，缔约国以申诉未能用尽国内救济而否定该申诉可予受理。缔约国强调，如果申诉人交纳了诉讼费用，法官本来能够就其复议申请作出裁决；而由于没有交纳费用，申请只能被认定为不可受

---

[31] See eg *Campbell v Jamaica* (248/1987), *Little v Jamaica* (283/1988), *Ellis v Jamaica* (276/1988), *Hibbert v Jamaica* (293/1988), *Thomas v Jamaica* (321/1988), *Wright v Jamaica* (349/1989), *Hylton v Jamaica* (600/1994), *Gallimore v Jamaica* (680/1996), *Osborne v Jamaica* (759/1997).

[32] 见第［14.34］段。

[33] 在委员会意见的第6.2段。

* 原书将该案的被申诉国误作加拿大，经与作者核实更正。

[34] See also *ZT v Norway* (CAT 238/2003).

理。委员会注意到申诉人主张的理由，即他因为不被允许工作或得到社会救济，所以正经历财力困难，无力支付复查程序的费用。委员会注意到的事实是，申诉人甚至不被允许提前支付部分费用。委员会认为，考虑到申诉人的个人情况，为使其最后的复议申请得以受理而责成其缴纳1200瑞士法郎，是不公平的。这一看法所依据的事实是：申诉人未获准许在缔约国境内工作，他获得社会救济似乎也遭拒绝。由此来看，考虑到申诉人财力困难的情况，以财力原因拒绝申诉人申请对其案件复查之可能是不合理的。因此，委员会认为，该申诉因未用尽国内救济而不可受理的主张在本案中并不成立。因此，根据《公约》第22条第5款（丑）项，该申诉可予受理。

救济的不合理拖延

[6.32]《任择议定书》第5条第2款（丑）项明确规定申诉人不必寻求"不合理拖延"的救济。奥米纳亚克案表明，不合理拖延之救济还如何可能导致所涉救济被认定为从第5条第2款（丑）项来看属于无效的救济[6.22]。

[6.33] **菲拉斯特和比左安诉玻利维亚**（*Fillastre and Bizouarn v Bolivia*, 336/1988）

该申诉有关玻利维亚当局逮捕和长期拘禁两位法国私人侦探。人权事务委员会有关来文可否受理的决定有利于提交人：

5.2. 委员会在第四十届会议上审议了本来文可否受理。委员会注意到缔约国对该案在玻利维亚法院的目前状况所发表的意见和作出的澄清，指出受害者现在——也就是被捕3年多以后——仍在等待1987年9月对他们提起的诉讼的结果。在这种情况中，委员会认为，此案的初审裁判拖延了3年多（扣除用于后续上诉的时间），这是《任择议定书》第5条第2款（丑）项含义之内的"不合理之拖延"。根据现有资料，委员会断定，现已发生的拖延既不可归咎于据称的受害者，也不可以案情复杂作为解释。因此,委员会的结论是,第5条第2款(丑)项的要求已经达到。

委员会在菲拉斯特案中的决定表明,可能之拖延是否合理取决于案件的复杂程度。[35] 约纳森等人诉挪威案(*Jonassen et al. v Norway*,942/2000)也暗示了这一点 [6.05]。

[6.34] **亨德里克斯诉荷兰**(*Hendriks v the Netherlands*,201/1985)

该案涉及的指控是,荷兰家庭法院在有关提交人儿子的监护权诉讼中,不公正地偏向提交人的前妻,因此违反了第23条第4款。[36] 人权事务委员会在认定来文可予受理时,对于用尽国内救济,评论如下:

6.3.《任择议定书》第5条第2款(丑)项规定,除非国内救济已被用尽,否则委员会不得审议一项来文。在这一方面,委员会指出,缔约国在其1986年7月9日的陈述中告知委员会,没有事情将阻止亨德里克斯先生再次要求荷兰法院发出准予探视的命令。但是,委员会注意到,亨德里克斯先生在12年前在荷兰法院提出的申诉,在1980年由最高法院作出了裁决。考虑到《任择议定书》第5条第2款(丑)项……有关不合理拖延之救济的规定,不能期望提交人再继续要求同样的法院根据"情势变化"发出准予探视的命令,即使国内法律中的程序改变(1982年制定)现在要求听取提交人的儿子的意见。委员会认为,虽然在诸如涉及监护权的案件等家庭法律纠纷案件中,情势变化往往能够作为提起新的诉讼的正当理由,但委员会同意,在本案中,用尽国内救济的要求已经满足。

[6.35] **HS 诉法国**(*HS v France*,184/1984)

人权事务委员会认定该申诉不可受理:

9.4. 委员会注意到,在布比尼地方法庭提出的诉讼已历时六年半以上。但是委员会发现,1984年和1985年发生的诉讼中的拖延是由提交人本人造成的。因此,委员会无法得出结论认为,当事双方都声称正在进行中的国内救济受到的不当拖延的程度,足以使提交人不必根据《任

---

[35] 在对某人的审判结束以前,免受不合理的拖延,也是《公约》第14条第3款(寅)项规定的一项实质性保障。实际上,委员会在菲拉斯特案中认定这一保障被违反。

[36] 对该案之实质性问题的讨论见第 [20.58] 及以下各段。

择议定书》第 5 条第 2 款（丑）项用尽这些救济。

该案有关缔约国不承认提交人据称具有的法国国籍。委员会认定，在为期六年半的诉讼中，有两年的拖延是提交人自己的责任；委员会由此默示承认，移民诉讼费时四年半是"合理的"。[37]

[6.36] HS 案中的原则，即如果国内救济中的拖延归咎于提交人，则这种拖延将不被认为不合理，在若干案件中得到了确认，包括 NAJ 诉牙买加案（*NAJ v Jamaica*, 246/1987）：该案中，提交人仍有可能向枢密院司法委员会上诉，而 13 年的拖延在很大程度上是因为提交人没有诉诸这一渠道。

[6.37] **KLY 诉加拿大**（*KLY v Canada*, 1576/2007）

该案有关一项对年龄歧视的申诉。提交人没有到法院寻求任何救济，而向萨斯喀彻温省人权委员会（SHRC）提出的申诉，在其向人权事务委员会提交来文时，仍悬而未决。他同意，在 SHRC 解决一个类似案件期间，推迟其诉求。但是，该案费时六年，于是提交人诉称余下的可用救济被过分拖延。对此，人权事务委员会不予同意：

6.6. 尽管 SHRC 估计，不能指望不经过相当长的时间，作为检验的卡尔森（Carlson）案就会有最终的解决，但提交人并没有反对在该案有结果之前，搁置对他本人的案件的解决。此外，提交人似乎并没有要求 SHRC 聆讯他的案件，他也没有就 SHRC 处理过程中的拖延向国内主管当局申诉。委员会的结论是，很明显，提交人默认了 SHRC 处理过程中的拖延。因此，本委员会无法得出结论认为，当事双方都指出目前仍在进行中的国内救济受到不当拖延，并足以免除提交人用尽这些救济。

[6.38] **布兰科诉尼加拉瓜**（*Blanco v Nicaragua*, 328/1988）

提交人的申诉有关对人权的多项严重侵犯，这些侵犯的起因是他被尼加拉瓜政府拘禁期间受到的待遇。在人权事务委员会尚未审结其来文之时，尼加拉瓜有一个新政府上台，并辩称提交人目前可诉诸多项新的可用救济。不过，委员会仍认定申诉可予受理：

9.1. 委员会认真地注意到缔约国的陈述，即提交人没有用尽当地救

---

[37] 可比较禁止酷刑委员会的一个案件：*VNIM v Canada* (CAT 119/1998)。

济,因为他现在可以向尼加拉瓜当前政府的管辖法院申诉。

9.2.……委员会欢迎缔约国愿意审查提交人的申诉,并认为这样的审查可被视为《公约》第2条第3款规定的救济。但是,从《任择议定书》第5条第2款(丑)项的目的来看,委员会认为,在现阶段不能要求提交人——他在1979年被捕并被拘禁了10年——在他的案件根据《任择议定书》得到审查之前,就与尼加拉瓜当前政府的法院交涉。就此情况,委员会忆及,来文是在1988年提交给委员会的,当时国内救济既不可用,也非有效。即使现在有了可用的国内救济,申请这些救济也将导致提交人的要求(对其所受拘禁和虐待予以平反)被不合理地拖延。委员会的结论是,《任择议定书》并不要求本案的提交人在其案件的具体情况中,进一步与尼加拉瓜法院交涉。另外,委员会重申其认定,即《任择议定书》规定的受理标准在来文提交之时得到了满足……。

[6.39] 人权事务委员会在诸如 RL 等人诉加拿大案(*RL et al. v Canada*, 358/1989)等案件中称,"恐怕诉讼时间过长并不免除对提交人至少作出合理努力以用尽国内救济的要求"。[38] 这反映了有关提交人担心国内救济无效不免除其用尽国内救济义务的规则 [6.19]。当然,在某些案件中,申诉人有可能在客观上证明他们担心不合理拖延是有道理的,例如奥米纳亚克案就是这种情况 [6.22]。

在国家继承情况中用尽国内救济的要求

[6.40] **尹国驹诉葡萄牙**(*Kuok Koi v Portugal*, 925/2000)

本案涉及一名澳门居民对一场审判中的各种违规行为提出的申诉,提交人诉称该审判违反了《公约》第14条规定的公正审判权。[39] 澳门直到1999年12月19日之前由葡萄牙治理。对澳门的治权于1999年12月20日移交给

---

[38] 在委员会意见的第6.4段。

[39] 对该案的述评见,S Joseph, 'Human Rights Committee: Recent Cases' (2002) 2 *Human Rights Law Review* 287 at 294–5。另见第[4.06]及以下各段。

中华人民共和国。提交人最初是在1999年12月15日提交其来文的。因此，在来文提交时，澳门仍处于葡萄牙管治之下，但在人权事务委员会于2001年底审议来文可否受理时，澳门已经处于中华人民共和国管辖之下。葡萄牙反对来文可予受理的理由之一有关用尽国内救济：

4.5. ……缔约国辩称，国内救济尚未被用尽，因为提交人的上诉仍有待判决。……再者，对上诉作出判决已不再是葡萄牙的责任，因为在中华人民共和国管辖下的澳门特别行政区法院将负责判决。

事实上，提交人的申诉是在相关审判的所有司法途径用尽之前提交的。然而，在来文审议期间，最终的可用国内救济已被用尽，但提交人并未胜诉。因此，在委员会对来文可否受理作出决定时，国内救济已被用尽。不过，委员会同意葡萄牙的观点，即申诉根据《任择议定书》第5条第2款（丑）项不可受理。对此，委员会解释说：

6.4. 对于用尽国内救济，《任择议定书》第2条规定：

"以不违反第一条之规定为限，凡声称其在公约规定下之任何权利遭受侵害之个人，如对可以运用之国内救济办法，悉已援用无遗，得向委员会书面提出声请，由委员会审查。"（强调为后加）

该条规定的含义很清楚：只有在国内法律制度规定的可用救济已被用尽之时，任何声称其在《公约》规定下的任何权利遭受侵害的个人才有权向委员会提交来文。因此，对未满足该项条件的来文，委员会有责任视其为不可受理而予以驳回。事实上，委员会的一贯做法是，在可用之国内救济非常明显尚未用尽时，不受理来文。因此，举例来说，对于声称在刑事案中违反公正审判的来文，如果显然上诉仍在进行中，委员会不会接受和登记来文。问题是，在许多案件中，从来文本身无法看出是否有可以利用的国内救济，以及如果有，是否已被提交人用尽。在此情况下，委员会别无选择，只能先登记来文，然后在审议提交人和缔约国双方有关国内救济的陈述之后，再决定可否受理。在决定是否依《任择议定书》第5条第2款（丑）项以此等来文不可受理而予以驳回时，委员会一般遵循其他国际决策机构的做法，并审查国内救济在审议该问题之时（而不是在提交来文之时）是否已被用尽。这一做法的理由是，若在审议时国内救济已被用尽,则以来文不可受理而予以驳回毫无意义,因为提交人完全可以就声称的同一侵犯行为再提交一份新的来文。但需要指出的是,采取这一做法所依据的假定是,缔约国的法律地位在提交来文的日期与审议来文的日期之间没有改变,因此提交人对声称的侵犯行为提交一份新的来文没有任何法律上的障碍。如果该假定无效,这种做法就会不符合《任择议定书》的要求。*

6.5. 在本案中,提交人有关葡萄牙特别法官无权审理的主张,以及有关《公约》第14条在审判提交人的过程中据称被违反的主张,在向澳门二审法庭上诉时均已提出。在来文提交之时,该上诉尚未得到审理。对于该上诉的判决以及对于进一步向终审法庭提出的上诉的判决,分别于2000年7月28日和2001年3月16日作出,而此时澳门已不再由葡萄牙管理。据此,在来文提交时,国内救济尚未用尽,因此依《任择议定书》第2条,提交人无权提交来文。而在用尽国内救济时,提交人已不再受葡萄牙管辖,因此根据《任择议定书》第1条,其来文不可受理。

6.6. 应进一步指出的是,提交人的上诉是在葡萄牙不再管辖澳门之后才予审理的,但这一事实绝不意味着,这些救济不再是在针对葡萄牙提交来文之前必须用尽的国内救济。来文提交之后,澳门成为中华人民共和国的一个特别行政区,而其法律制度未受任何影响,其刑事上诉制度也未改变。因此,仍然存在必须依国内法律制度用尽的救济,而不论控制该领土的是哪一个国家。

[6.41] 克莱因先生、里瓦斯-波萨达先生和约尔登先生则认定这一申诉可予受理——舍伊宁先生似乎同意他们的观点:[40]

> 第一,我们不认为,在葡萄牙对澳门的管辖终止时,提交人有进一步的国内救济可用。缔约国与中华人民共和国议定,刑事上诉制度不变,这是事实。但1999年12月19日之后,提交人本可(实际上已经)向其提出申请的法庭不再受本来文所针对的缔约国的管辖,这也是事

---

* 原书中,该段被误排为作者的评论,实为委员会意见第6.4段的一部分,经与作者核实更正。
[40] 舍伊宁先生在这点上的观点并不清楚。

实。提交人提交来文的时间是1999年12月15日，离澳门回归中国只有四天。认为提交人本应该在如此短的时间内进一步用尽国内（即葡萄牙的）救济的观点，显然是没有道理的。因此，即使对于决定国内救济何时被用尽的问题，关键时刻是提交来文的时间，而不是委员会审议来文的时间（对此问题我们无须在此发表意见），由于本案的特殊情况，这一要求本来也是可以满足的。

其次，我们认为委员会的意见还有一个缺点。一方面要求提交人在提交来文时必须用尽了国内救济——否则来文不可受理，而另一方面采取的做法是，在提交人做到这一点时，又以他不再受葡萄牙管辖为由而不受理其来文，这样就造成了一种无法令人接受的情况，即提交人被剥夺了《公约》和《任择议定书》旨在确保的任何有效保护。

鉴于以上理由，我们认为委员会本来应该宣布来文可予受理。

[6.42] 因此，对于在有关某一事件的国内救济被用尽以前，领土管理变化的情况中，用尽国内救济规则该如何适用，在人权事务委员会内部出现了争论。这对委员会来说是一种新情况，因此其先前的判例并不具有指导意义。可以说，这两个立场都有道理。但应该注意的是，少数委员克莱因、里瓦斯－波萨达和约尔登以一个明显的政策论据支持他们的观点。他们还补充说，委员会的观点"造成了一种无法令人接受的情况，即提交人被剥夺了《公约》和《任择议定书》旨在确保的任何有效保护"。当然，委员会的观点使得不可能对葡萄牙提出任何申诉，因为在1999年12月19日之前，国内救济根本不可能用尽。不过，如果中国继承了《任择议定书》之下的义务，就有可能就根据第14条提出的指控针对中国提出申诉。对于继承日之前发生的事件，可以针对继承国提出《任择议定书》规定的申诉。[41] 因此，少数委员推定《任择议定书》现在就澳门不适用于中国，这一点很不确定。[42]

[6.43] 尽管人权事务委员会多数委员认定该案不可受理，但舍伊宁先

---

41 See eg *Drbal v Czech Republic* (498/92). 虽然该案被认定基于其他理由不可受理，但对于整个事实情况发生在捷克斯洛伐克于1993年分裂为捷克共和国与斯洛伐克共和国之前，并没有出现任何问题。

42 关于《任择议定书》的继承问题，见第[26.45]及以下各段。

生在一份单独意见中指出,"对不予受理的任何具体理由,均无多数意见"。对于国内救济问题,并没有出现多数意见,因为三名委员出于其他原因驳回了该案,而没有对国内救济问题发表评论。[43]

举证责任

[6.44] 是否有国内救济可用可能会引起如何理解有关国家之国内法的高度技术性的问题,而这些问题不在人权事务委员会的能力范围之内。因此,很重要的一点是知道,对于证明有效国内救济之可用或不可用,究竟谁来承担举证责任。

[6.45] **CF 诉加拿大**(*CF v Canada*,113/1981)

本案中的申诉有关加拿大联邦监狱中的犯人无法在魁北克省的选举中投票。缔约国称,提交人未能用尽国内救济。

4.2. 关于没有用尽国内救济,缔约国辩称,提交人通过寻求反对副检察长否定答复的临时决定,选择了一项不适当的救济,而他们本应该申请对其选举权作出宣告性判决。缔约国主张,这种宣告按照国际判例和加拿大法律惯例,本可以是"有效且充分"的救济。缔约国承认,可以辩称,在1981年魁北克省级选举进行之前,没有足够的时间取得宣告性判决,因此这种宣告对本来文并不是一项有效的救济。但是,缔约国辩称,来文的真正目的是肯定联邦监狱中的囚犯在将来的选举中的权利……,因此结论是,对提交人在国内法院寻求关于他们权利的宣告以达成其申诉的这一目标,并不"太晚"。因此,国内救济没有被用尽。

提交人在后来的陈述中,对据称救济的有效性提出了质疑。人权事务委员会最初在这一点上同意提交人的意见。

6.2. 关于《任择议定书》第5条第2款(丑)项,委员会指出,提交人或许不可能在1981年4月13日选举之前获得宣告性判决,但是

---

43 见第[4.09]段。

后来的判决在原则上能够作为《公约》第 2 条第 3 款和《任择议定书》第 5 条第 2 款所构想含义之内的一项有效救济。《公约》规定,在发生对其所保障权利之一的侵犯时,应保证予以救济;因此,它并没有普遍规定预防性的保护,而只限于要求事后的有效补救。不过,委员会认为,加拿大政府并没有表明,作出宣告性判决的行为对于无论是 1981 年 4 月 13 日的选举或将来的任何选举,都会构成一种有效救济。根据加拿大政府 1982 年 8 月 20 日提出的意见,并不清楚的是,寻求将监狱主管当局拒绝让据称受害者参加 1981 年 4 月 13 日的选举宣布为非法的行动是否会被接受。另一方面,考虑到 1983 年 6 月 7 日收到的提交人的意见,委员会表示怀疑的是,加拿大行政当局是否有义务在将来出现的类似情况中,执行宣告性判决,以及执行至何种程度。因为要由有关缔约国证明其所主张之未被用尽的救济的有效性,所以委员会的结论是,《任择议定书》第 5 条第 2 款(丑)项并不妨碍本来文可予受理。

缔约国接着提交了极其详细的证据,说明加拿大的宣告性判决的有效性。委员会随后改变了其有关来文可否受理的认定:[44]

10.1. 人权事务委员会按照其临时议事规则第 93 条第 4 款,审查了其 1983 年 7 月 25 日的受理决定……。根据 1984 年 2 月 17 日的意见所载的详细解释,……法律立场看来足够明确,即宣告性判决的具体救济确实可用,而且一旦作出,将会是针对有关当局的一种有效救济。委员会在得出这一结论时,也注意到提交人由律师代理之情况。

[6.46] CF 案清楚地表明,缔约国在证明相关国内救济之存在和有效方面,承担着相当大的责任。[45] 不过,人权事务委员会对于这种举证责任的"规则"的坚持并不连贯,也许下述案件就是证明。

SHB 诉加拿大(*SHB v Canada*, 192/1985)

提交人的申诉有关地方法院如何对待他。尤其是,地方法院在有关家事

---

44 Zwart, *The Admissibility of Human Rights Petitions*, 该书在第 202 页批评了这种反转,因为这种救济将只与以后的选举有关,而非补救提交人在 1981 年的选举中的投票权被剥夺的情况。

45 See also *Randolph v Togo* (910/2000).

法的诉讼中,给予其前妻对提交人的孩子的监护权,并下令他向前妻支付大额的赡养费。提交人诉称,这些裁决违反了《公约》的若干规定。对于用尽国内救济,提交人提出:

2.4. 关于用尽国内救济,提交人声称,他曾向艾伯塔省上诉法院上诉,但是上诉法院拒绝调查审判法官运用自由裁量权的情况,对于拒绝审议上诉,也没有给出书面理由。提交人曾致信艾伯塔省首席法官、司法委员会、加拿大司法部部长、艾伯特省司法部部长和艾伯塔省监察专员,但都未获成功,因为法官的自由裁量权被认为是不可置疑的,所以不必进行任何调查。提交人表示,他仍可向加拿大最高法院上诉,但解释说这不是一项现实选项,因为主要的问题有关法官运用自由裁量权,而目前的法律规定,法官在裁决子女监护权和分割婚姻财产方面具有绝对的自由裁量权;因此,如果不改变立法,最高法院无法推翻下级法院的判决。此外,加拿大最高法院即使能够审查这一问题,由于积案太多,也无法在合理时间内审查他的案件。……

6.3. 关于缔约国的说法,即提交人在监护问题上尚未用尽国内救济,提交人声称,"若干法律专家的一致意见是,裁决子女监护权完全属于法官的自由裁量权",因此,向最高法院上诉完全是徒劳的。他主张,他无法争取上诉法院重新评估事实,对下级法院的判决提出异议的唯一可能方式,是确证法官或"法庭之友"存有偏见或渎职行为。在采用这种"非传统方法"时,他曾请求艾伯塔省监察专员调查艾伯塔省"法庭之友"部门的运行方式。然而,提交人声称,艾伯塔省检察长提出了技术性反对,从而使得监察专员没有机会调查这一问题和确证提交人的指控。他还向艾伯塔省首席法官和司法委员会控告下级法院的法官。然而,"司法委员会拒绝开展调查,从而实际上使我没有机会证明我关于偏见的指控,并使我无法就监护权问题请求重审"。提交人还递交了新闻报道,表明最近有许多离婚的父亲试图控告"法庭之友"未获成功,因为书记官(此人不是法官)阻止了法律诉讼,"从而剥夺了该省公民使其案件由法院判决的基本宪法权利"。

6.4. 提交人的结论是，凡是能够被认为有效的国内救济都已用尽。他进一步强调了时间因素，"直到达成一项解决方法之前，对我儿子的伤害就会继续下去"。

缔约国则主张如下：

5.2. 关于提交人有关监护权的申诉，缔约国指出，他在就赡养费和分割婚姻财产问题向艾伯塔省上诉法院上诉时，并未就监护权问题上诉，尽管他本来可以按照1980年《艾伯塔省裁判法》这样做。……

5.4. 关于赡养费和分割财产，缔约国指出，提交人没有就艾伯塔省上诉法院的判决，寻求向加拿大最高法院提出特许上诉申请。缔约国提出，自1975年以来，加拿大最高法院在至少18起有关赡养费和/或婚姻财产的案件中，准予了特许上诉申请，并在其中8起案件中批准了上诉。因此，"就这些事项向加拿大最高法院提出特许上诉申请是一项有效和充分的国内救济，尽管案件有多少实质性理由当然会影响准予补救的可能性。任何国家的最高法院在行使上诉管辖权时，都会无可避免地出现拖延，但加拿大认为，在加拿大最高法院的诉讼所需时间在这方面并无不适合之处，而且对于诸如本案的仅涉及经济和财产利益的问题，拖延情况是最轻的"。

就这一点，人权事务委员会赞同缔约国的主张：

7.2. 在这方面，委员会根据所收到的资料指出，提交人没有寻求缔约国提出的他可以寻求的救济，即就监护权问题向上诉法院上诉，并就赡养费和分割婚姻财产问题向加拿大最高法院申请特许上诉。委员会注意到，提交人认为就监护权问题再次上诉将是徒劳的，在加拿大最高法院的诉讼将引起进一步的拖延。然而，委员会认为，根据来文所披露的特定情节，提交人怀疑这些救济是否有效并没有根据，不能使其无须按照《任择议定书》第5条第2款（丑）项的要求用尽这些救济。因此，委员会的结论是，国内救济尚未用尽。

缔约国没有讨论提交人的主张，即有关儿童监护的裁决实际上属于审判法官的自由裁量事项。在这一方面，似乎没有满足CF案中提出的严格的举证责任标准。

[6.47] 实际上，麦克古德利克提出了一个令人信服的观点："难以确定最初的举证责任是要由提交人承担，提供证据说明他已经运用了国内救济，还是要由缔约国承担，证明有国内救济可用且有效。"[46] 他提出，最初的举证责任很可能在于提交人，虽然这种责任"可能并不很重"。[47] 坎卡多－特林达德在其有关人权事务委员会最初几年的工作的文章中，也认为委员会采取了一种"灵活的"方式，即在国家和申诉人之间分担和分配举证责任。[48]

[6.48] 在穆霍宁诉芬兰案（*Muhonen v Finland*, 89/1981）中，提交人诉称其根据第 14 条第 6 款享有的权利被侵犯。缔约国辩称，提交人本可以寻求一种"非常救济"，即申请最高行政法院裁定司法部的有问题决定为无效。[49] 虽然缔约国提出详细证据说明了这种非常救济的机制，但是人权事务委员会仍认定，这并非提交人必须用尽的救济。[50] 这表明，对于证明在主流司法制度之外的救济的有效性，缔约国承担着很重的举证责任。实际上，对于 CF 诉加拿大案［6.45］和 SHB 诉加拿案［6.46］的明显区别的一种可能解释是，SHB 案中可用的救济涉及从下级法院向上级法院上诉的通常途径，而 CF 案有关司法宣告这样一种更为不寻常的救济。[51]

结 语

[6.49] 人权事务委员会在实施国内救济规则时相当严格：这是拒绝来文可予受理的最常见原因。不过，对于救济无效的情况，委员会表现出一定

46　See D McGoldrick, *The Human Rights Committee* (Clarendon Press, 1994), 189.

47　McGoldrick, *The Human Rights Committee*, 189. 另见第［6.20］~［6.21］段的评论，有关在法治崩溃的情况中，举证责任之情形。

48　See A Cançado Trindade, 'Exhaustion of Local Remedies under the UN Covenant on Political and Political Rights and its Optional Protocol' (1979) 28 *International and Comparative Law Quarterly* 734 at 758 – 9, 762, and 764.

49　在委员会意见的第 4.2~5.2 段。

50　在委员会意见的第 6.1 段。

51　例如，在 CF 案中，缔约国承认（在委员会意见的第 7.3 段），一项宣告"对于不尊重此宣告的被告，并不宣明任何直接的制裁"。实际上，一项宣告代表了对将来行动之合法性的司法指导。

的灵活性，这种救济无效的情况可能表现为：缔约国一直没有落实明显可用的救济，存在高一级法院的相反先例，可用救济被不合理拖延，偶尔还有可用救济费用昂贵的情况。对于在提交人和缔约国之间就适当用尽有效的当地救济的问题，如何分配举证责任，委员会一直也很灵活。

第三部分
公民权利和政治权利

第七章　自决权
——第一条

自决之定义	[7.03]
民族	[7.06]
对外自决	[7.09]
对内自决	[7.13]
第1条第2款	[7.19]
第1条第3款	[7.22]
根据《任择议定书》不可诉	[7.24]
结语	[7.26]

第1条

一、所有民族均享有自决权，根据此种权利，自由决定其政治地位并自由从事其经济、社会与文化之发展。

二、所有民族得为本身之目的，自由处置其天然财富及资源，但不得妨害因基于互惠原则之国际经济合作及因国际法而生之任何义务。无论在何种情形下，民族之生计，不容剥夺。

三、本公约缔约国，包括负责管理非自治及托管领土之国家在内，均应遵照联合国宪章规定，促进自决权之实现，并尊重此种权利。

［7.01］共同于《公民及政治权利国际公约》和《经济社会文化权利国际公约》的第 1 条突出表现了自决权的复杂性质及其对于实现所有公民、政治、经济、社会和文化权利的重要性。

第 12 号一般性意见

1. ……自决权具有特别重要的意义，因为其实现是有效地保障和遵守个人人权以及促进和巩固这些权利的基本条件。基于这些原因，各国将自决权载列在两项公约的实在法条款中，并将此权利与由两项公约所载的其他权利加以区别，作为第 1 条列于所有其他权利之前。

［7.02］除了人权事务委员会以外，消除种族歧视委员会也发表了一份有关自决权的一般性建议，而且比人权事务委员会的一般性意见更加详细、有用。

自决之定义

［7.03］对于就《公约》而言，自决的含义如何，人权事务委员会作出的判例微乎其微。其部分原因是委员会拒绝根据《任择议定书》受理有关第 1 条的申诉［7.24］。另外，对第 1 条的一般性意见也未能在重复第 1 条的明确用语之外，给出关于自决的任何清楚定义。

［7.04］**第 12 号一般性意见**

2. 第 1 条第 1 款和第 2 款包含了所有民族的一项不可剥夺的权利。他们凭这种权利"自由决定其政治地位并自由从事其经济、社会与文化之发展"。该条款施予所有缔约国相应的义务。这项权利及落实这项权利的义务是与《公约》的其他条款和国际法的规则相互关联的。……

7. 关于《公约》第 1 条，委员会提及有关所有民族之自决权的其他国际文书，尤其是联合国大会于 1970 年 10 月 24 日通过的《关于各国依联合国宪章建立友好关系及合作之国际法原则之宣言》（大会第 2625（XXV）号决议）。

［7.05］该一般性意见含混地提到了其他"国际法"义务，表明自决在

《公约》中的含义符合其国际法律含义。[1] 这一方面最重要的国际法律文件，正如该一般性意见第 7 段所指，是联大第 2625 号决议所载《友好关系宣言》。[2] 该宣言确认，"各民族之受异族奴役、统治与剥削违背" 自决原则。[*] 不过，对于如何解释 "民族" 和 "异族奴役"，仍存争议。

民族[**]

[7.06] 自决是 "各民族" 的集体权利。人们提出了各种各样的 "民族" 的条件或特征，包括共同的历史传统、种族或族裔（ethnic）特征、文化同质性、语言统一性、宗教或意识亲缘性、领土上的联系、共同的经济生活、由一定的最低数目的人组成。[3] 不过，并不存在恒常的、得到普遍接受的 "民族" 标准的清单。[4] 人权事务委员会和消除种族歧视委员会都没有提出任何一种定义。

---

1 但是见，D McGoldrick, *The Human Rights Committee* (Clarendon Press, 1993)，248。

2 H Hannum, ' Rethinking Self-Determination' (1993) 34 *Virginia Journal of International Law* 1, 14. 消除种族歧视委员会有关自决的第 21 号一般性建议（第 3 段）也赞同《友好关系宣言》。（该宣言在中文文献中经常被称作《国际法原则宣言》。——译者注）

* 原书中，该句为："The Declaration describes the right of self-determination as ' the right of peoples to be free from alien subjugation, domination and exploitation'"。然而，《友好关系宣言》中并无此等内容。经与作者核实，更改为当前表述。

** 与《公民及政治权利国际公约》（以及《经济社会文化权利国际公约》）作准中文本中的 "民族" 相对应的，在其作准英文本中，为 "people(s)"。在中译本中，对于凡有作准中文本之国际条约（含《联合国宪章》）或联大决议中出现的 "people(s)"，均使用各该条约之作准中文本或各该决议之正式中文本中的对应中文用词，无论其为 "民族" 或 "人民"。本书中译本在其他地方，则多将 "people(s)" 翻译为 "民族"，以便与《公约》作准中文本之用词统一；但在语境必要时，也有将 "people(s)" 翻译为 "人民" 之处。但无论如何，至少在《公民及政治权利国际公约》（以及《经济社会文化权利国际公约》）之语境中，应推定 "民族" "people(s)" 具有相同之含义，尽管对其准确含义并无共识。

3 见，R McCorquodale, ' Self-Determination: A Human Rights Approach' (1994) 43 *International and Comparative Law Quarterly* 857, 866, n 52; R White, ' Self-Determination: Time for a Re-Assessment?' (1981) 28 *Netherlands International Law Review* 147, 163, n 52, 其中摘引的是国际法学家委员会的报告：International Commission of Jurists, *The Events in East Pakistan* (ICJ, 1972)，70。

4 McCorquodale, ' Self-Determination: A Human Rights Approach'，865; M Koskenniemi, ' National Self-Determination Today: Problems of Legal Theory and Practice' (1994) 43 *International and Comparative Law Quarterly* 241, 261.

[7.07] **吉洛等人诉法国**（*Gillot et al. v France*，932/2000）

提交人是法国殖民地新喀里多尼亚岛上的法国居民。他们的申诉有关对他们在全民公投中的投票权的限制，包括1998年的一次全民投票以及2014年及以后的各次全民投票——这些公投最终将为行使新喀里多尼亚人民自决之目的，决定该地的地位。首次全民公投的目的在于决定是否继续自决的进程。将来的全民公投则将有关自决的模式——究竟是独立还是采取其他方式。提交人对受到质疑的、为全民投票之目的而对投票的限制，叙述如下：

2.5. 对1998年11月8日举行的第一次公民投票，1998年8月20日关于举行《宪法》第76条所规定的新喀里多尼亚人民公民投票的第98-733号法令参照1988年11月9日的第88-1028号法案第2条确定了选民资格（在《努美阿协定》第6.3条中也有规定），该第2条规定："投票之日登记在本领土的选民名册上并自1988年11月6日起在新喀里多尼亚居住的人，有资格投票。"

2.6. 对于未来的公民投票，选民资格由法国议会在1999年3月19日的《新喀里多尼亚组织法》（第99-209号）第218条——体现了《努美阿协定》第2条第（2）款——中予以确定，根据该第218条："公民投票之日登记在选民名册上并符合以下条件之一的人，有资格投票：

（a）曾有资格参加1998年11月8日的公民投票；

（b）未登记在1998年11月8日的公民投票的选民名册上，但符合该公民投票的居住要求；

（c）因不符合居住要求而未登记在1998年11月8日公民投票的选民名册上，但必须能证明其之所以未登记在册是由于家庭、职业或健康的原因；

（d）享有习惯法上的民事地位，或者如果出生于新喀里多尼亚，其主要道义和物质利益均在该领土内；

（e）父母一方出生于新喀里多尼亚，其主要道义和物质利益均在该领土内；

（f）能够证明于公民投票之日或最晚于2014年12月31日之前在新

喀里多尼亚已连续居住 20 年；

(g) 如果在 1989 年 1 月 1 日之前出生，自 1988 年至 1998 年一直居住在新喀里多尼亚；

(h) 如果在 1989 年 1 月 1 日之后（含该日）出生，在公民投票之日已达投票年龄且其父母一方符合参加 1998 年 11 月 8 日的公民投票的条件。

由于执行国家公务、学习或培训，或者家庭、职业或健康的原因而在新喀里多尼亚之外居住的时间，对于先前在该领土上居住的人，应计入为决定居所的目的而计算的时间内。"

2.7. 提交人均不符合上述标准，他们指出，他们被排除在 1998 年 11 月 8 日的公民投票之外，而且还将被排除在计划于 2014 年及以后举行的公民投票之外。

该案是根据保障了投票权的第 25 条以及保障了免受歧视之自由的第 26 条提交的。不过，第 1 条与人权事务委员会的推理关系密切，尽管对自决的保障根据《任择议定书》是不可诉的 [7.24]。

11.2. 委员会需要确定，为举行 1998 年 11 月 8 日以及 2014 年及以后的当地公民投票而施予选民资格的限制，是否如提交人所认为的，构成对《公约》第 25 条和第 26 条的违反。……

13.3. 在本案中，委员会注意到，该地方投票是在新喀里多尼亚民众的自决进程的背景中举行的。在此方面，委员会考虑了缔约国的意见，即这些公民投票——其程序由《努美阿协定》确定并根据经国会或议会表决的投票类型来确立——鉴于其自身的目的，必须能提供手段来确定与新喀里多尼亚的前途"有关"的人的意见，而不是全体民众的意见。

13.4. 虽然依据《任择议定书》，委员会无权审议声称《公约》第 1 条所保护的自决权受到侵犯的来文，但是委员会在相关的情况下，可以解释第 1 条，以确定《公约》第二部分和第三部分保护的权利是否受到了侵犯。因此，委员会认为，在本案中，它可以在解释《公约》第 25 条时考虑第 1 条的规定。

13.5. 对于提交人的申诉，委员会认为，正如缔约国实际确认的，规范在公民投票中的投票权的标准产生了确立一种限制性选民资格的效果，并因此区分了以下两类人：（a）在有关投票中被剥夺了投票权的人，包括提交人，以及（b）由于与该领土——其制度发展乃是待决之事项——有足够牢固的联系，因此被允许行使投票权的人。因此，委员会必须决定的问题是，这种区分是否符合《公约》第25条。委员会忆及，如果基于客观、合理的标准，而且所追求的目标依《公约》是正当的，则并非所有的区分都构成歧视。

13.6. 委员会首先必须审议用来确定该限制性选民资格的标准是否客观。

13.7. 委员会注意到，按照每一次投票的议题，除了在选民名册上登记的要求外，所采用的标准有：（a）对于1998年有关是否继续自决进程的公民投票，在新喀里多尼亚居住时间的条件；以及（b）从直接有关选择独立的未来公民投票的目的来看，有关是否具有习惯法上的民事地位以及是否在该领土内有道义和物质利益的附加条件，并结合有关人员或其父母出生在该领土的情况。由此可以看出，随着对自决问题作出决定之日的临近，标准会越来越多，而且会考虑能证明与该领土之联系的强弱程度的具体因素。除用来确定与该领土的一般联系的居住时间长短的条件（相对于居住时间长度的截断点）以外，又增加了更多的具体联系。

13.8. 委员会认为，上述标准所依据的，是就居民与新喀里多尼亚的关系而对他们加以区分的客观因素，即按照每一次投票的宗旨和性质，居民与该领土的不同形式的联系，无论是具体的还是一般的。……

13.14. 委员会还必须审查因上述标准而出现的区别对待是否合理，以及其所寻求的目的按《公约》的规定是否合法。……

13.16. 委员会忆及，在本案中，《公约》第25条必须结合第1条一起审议。因此委员会认为，所确定的标准，只要严格地且仅适用于在自决进程的框架中举行的投票，便是合理的。也就是说，这些标准只有与《公约》第1条相联系，才可能正当合理，而缔约国正是这样做的。委员会没有对第1条所述"民族"概念的定义发表意见，但认为在本案中，将参加地方公民投票的资格仅限于与新喀里多尼亚的前途"有关"的，而且已证明与该领土有足够牢固的联系的人，不无道理。委员会尤其注意到，最高上诉法院高级检察长的结论，其大意是，在每一个自决进程中，由于需要确保对身份的充分界定，因此对选民资格作出的限制是合法的。委员会还注意到《努美阿协定》和1999年3月19日的《组织法》承认新喀里多尼亚公民身份（不排除法国公民身份而是与其挂钩）这一事实，这反映了经选择的共同命运，并为限制选民资格，尤其是为了最后的公民投票，提供了根据。

13.17. 此外，在委员会看来，因用于1998年公民投票和2014年及以后的公民投票的标准而产生的对选民资格的限制遵守了比例性标准，因为这些限制严格限于属地理由，即仅限于有关自决的地方投票，因此不会对参加大选产生任何后果，无论是立法选举、总统选举、欧洲或市政选举，还是其他公民投票。

13.18. 因此，委员会认为，确定1998年公民投票和2014年及以后的公民投票的选民资格的标准不具有歧视性，而是依据合理的、符合《公约》规定的区别对待的客观理由。

14.1. 最后，提交人争辩，为居住期要求的时间长短所确定的截断期间——对于所涉公民投票分别为10年和20年——太长，影响了他们的投票权。……

14.7. 委员会认为，既然居住期长短的标准不具歧视性，那么本案中为1998年的公民投票和2014年及以后的公民投票所规定的截断点不过分，因为符合这些公民投票的性质和宗旨，即一种由能证明自己与前途待定的领土有足够牢固联系的人参加的自决进程。有鉴于此，对于一种由如下情形之居民参加的非殖民化进程——他们无论族裔或党派如何，都通过与新喀里多尼亚的足够牢固的联系，曾经帮助而且将继续帮助建设该地，这些截断点似乎并无任何不成比例之处。

新喀里多尼亚公决中投票权的范围，符合法国政府对哪些合适的人有权决定这一法国殖民地的未来政治地位的界定。委员会显然赞同这一将自决权限于与该领土有长期关系的人的界定。

[7.08] 有关自决的当代学术研究大多将这一权利分为对外自决（ESD）权和对内自决（ISD）权。[5] 只要承认所有民族都享有某种形式的自决，那么如何从《公约》来界定"民族"就会有较少的争议，虽然并非所有的民族都有权享有这一权利的最极端表现形式即对外自决。在这一方面，"民族"可以宽泛地界定为一个群体，其具有一种共同的种族或族裔身份，或一种在很长时期内建立起来的文化身份（这可能包含政治、宗教或语言因素）。[6]

对外自决

[7.09] **消除种族歧视委员会第21号一般性建议**

4.……自决的对外方面意味着所有民族有权根据权利平等的原则自由决定其政治地位及其在国际社会中的地位，具体实例是民族摆脱殖民主义获得解放以及禁止民族受到外国奴役、统治和剥削。

[7.10] 主张对外自决等于是某一民族对某一领土提出权利主张。[7] 行使对外自决的方式，是维持现存的国家边界或改变现存国家的边界。对外自决的前一种形式出现在相关"自决单位"是某一现存国家的人口的情况中，后一种形式出现在相关"自决单位"希望脱离一个现存国家的情况中。最有争议的行使对外自决的模式是分离方式。[8] 在20世纪50、60年代，分离权以及实际上是自决的概念，与非殖民化的概念交织在一起。[9] 不过，在冷战结束后的时代，若干非殖民民族也实现了分离，包括苏联、捷克斯洛伐克、南斯拉夫、厄立特里亚、东帝汶和南苏丹的各民族。此外，《公约》第1条

---

5 See eg McCorquodale, 'Self-Determination: A Human Rights Approach', 863; M Pomerance, *Self-Determination in Law and Practice* (Martinus Nijhoff Publishers, 1982), 37–42.

6 S Joseph, 'Resolving Conflicting Claims of Territorial Sovereignty and External Self-Determination, Part 1' (1999) 3 (1) *International Journal of Human Rights* 40, 42–5.

7 L Brilmayer, 'Secession and Self-Determination: A Territorial Interpretation' (1991) 16 *Yale Journal of International Law* 177.

8 《友好关系宣言》明确规定了其他模式：与其他独立国家自由结合或合并。

9 *Western Sahara Advisory Opinion* [1975] ICJ Rep 12, 37. See also G Simpson, 'The Diffusion of Sovereignty: Self-determination in the Post-Colonial Age' (1996) 32 *Stanford Journal of International Law* 255, 265; R McCorquodale, 'South Africa and the Right of Self-Determination' (1994) 10 *South African Journal on Human Rights* 4, 6. 另见消除种族歧视委员会第21号一般性建议第4段 [7.09]。

的约文没有将此权利明确局限于殖民地民族。实际上,人权事务委员会现在已经确认,自决原则,在某些情况中可能还有分离权,"适用于所有民族,而不仅仅是被殖民的民族"。[10]

[7.11] 对外自决权在政治上存在争议,因为它明显威胁了国家的领土完整。

消除种族歧视委员会第 21 号一般性建议

1. 委员会注意到,族裔或宗教群体或少数群体经常提到自决权,以之作为主张分离权的基础。……

6. 委员会强调,根据联合国大会的《友好关系宣言》,委员会的任何行动都不得被解释为同意或鼓励完全或部分肢解或破坏主权及独立之国家的领土完整或政治统一,只要这些国家按照权利平等和民族自决之原则管理国家事务,并有一个代表领土上全体人民之政府,而不分种族、信仰或肤色。委员会认为,国际法并未承认各民族单方面宣布脱离一个国家的一般性权利。在这方面,委员会同意《和平议程》(第 17 段及以后各段)中表达的意见,即国家分裂可能损害对人权之保护以及对和平与安全之维持。但是,这并不排除有关各方经自由协议达成安排之可能。[11]

[7.12] 对于现存缔约国之内分离群体对领土的愿望,人权事务委员会在很大程度上避免一概而论。未来潜在的分离候选者包括车臣人、魁北克人和加泰罗尼亚人,虽然对于这些民族存在一项分离的国际权利很可能受到俄罗斯联邦、加拿大和西班牙的反对。* 不过,在这一方面,委员会曾批评摩洛哥有关西撒哈拉的政策:[12]

9. 委员会仍关切以下两点:在西撒哈拉就自决问题进行公民投票的筹备工作进展非常缓慢,而且缺乏有关该地区人权情况的资料。

10　委员会对阿塞拜疆的结论性意见,(1994) UN doc CCPR/C/79/Add. 38, para 6。

11　《和平议程》是由联合国秘书长布特罗斯·布特罗斯-加利于 1992 年发布的:(1992) UN doc A/47/277 – S/24111。

* 原书中,"加泰罗尼亚人"(Catalonians)为"科索沃人"(Kosovars),"西班牙"为"南斯拉夫联邦共和国"。译者对原书表述提出疑问,作者建议改为目前表述。

12　(1999) UN doc CCPR/C/79/Add. 113。

缔约国应当在完成为这次公民投票所必要的筹备工作方面，迅速采取行动，并进行充分合作……。

由于国际法院已经裁决西撒哈拉各民族有对外自决权，[13] 委员会单挑出他们的分离愿望予以明确支持，也就不令人惊奇了。[14]

对内自决

[7.13] 对内自决指的是各民族在一国之内选择其政治地位的权利，[15] 或行使一种有实际意义的政治参与权的权利。例如，在南非确立民主统治构成在该国占多数的黑人行使对内自决的情况。对内自决的概念与《公约》第25条保障的权利（政治参与权）和第27条保障的权利（少数者权利）[16] 有相当大的重叠部分。实际上，卡塞斯将对内自决描述为"对《公约》所包含之权利作为整体的体现"。[17]

[7.14] **消除种族歧视委员会第21号一般性建议**

4. ……民族自决权具有一种对内方面，即所有民族有权在不受外来干预的情况下自由寻求其经济、社会和文化发展。在这方面，与《消除一切形式种族歧视国际公约》第五条（寅）项提到的每个公民参加各级公共事务管理的权利存在一种联系。因此，政府应代表全体人民，而不分种族、肤色、世系、民族或族裔本源*……

5. 为了充分尊重一国之内所有民族的权利，委员会再次呼吁各国政府遵守和充分实施国际人权文书，特别是《消除一切形式种族歧视国际

13　*Western Sahara Advisory Opinion* [1975] ICJ Rep 12.

14　另见委员会的结论性意见：摩洛哥，(2004) UN doc CCPR/CO/82/MAR, para 8；美国，(2006) UN doc CCPR/C/USA/CO/3/Rev. 1, para 37；巴拿马，(2008) UN doc CCPR/C/PAN/CO/3, para 21。

15　McCorquodale, 'Self-Determination: A Human Rights Approach', 864.

16　参见第二十四章。

17　A Cassese, *Self-Determination of Peoples* (Cambridge University Press, 1995).

* 在该一般性建议英文本中，此处用语为"national or ethnic origins"。在《消除种族歧视公约》中文本中，与其英文本中的"national or ethnic origin"对应的用语为"原属国或民族本源"。鉴于《公民及政治权利国际公约》中文本第2条第1款中，与英文本中的"national origin"相对应的用词为"民族本源"，因此本书中译本将"national origin"译为"民族本源"，而将《公民及政治权利国际公约》中没有出现的"ethnic origin"译为"族裔本源"。

公约》。各国政府的政策必须以关切对个人权利之保护为指导原则,不得有基于种族、族裔、部落、宗教或其他理由的歧视。根据《消除一切形式种族歧视国际公约》第2条和其他有关国际文书,各国政府应该高度关心属于族裔群体之人的权利,特别是他们有尊严地生活、文化受保护、公平分享国民生产增长的成果以及在他们是其公民的国家的政府中发挥作用的权利。各国政府也应该考虑在其各自的宪法框架之内,酌情赋予作为其公民的、属于族裔或语言群体的人从事与维护这种人或群体的身份特征特别有关的活动的权利。

[7.15] 因此,自决是一项复杂的权利,具有一种"对内"和一种"对外"形式。这一权利从概念上可以理解为一种政治解放权之不同程度的滑尺,由各种形式的对内自决构成,最后移动到这一权利的顶点,即只在例外情况中才赋予的对外自决权。[18] 不同的"民族"享有不同"程度"的自决。

[7.16] 有人辩称,一个民族在以下情况中有权以分离的方式享有对外自决:[19] 生活在殖民[20]或新殖民统治[21]之下;受到严重迫害、其人权受到系统侵害,以至于必须对外自决以纠正这种侵害并维持其作为一个民族的长期生存能力。[22] 另一种方式是,各民族可以自由达成协议,彼此分离,[23] 就像捷

18　F Kirgis Jr, 'The Degrees of Self-Determination in the United Nations Era' (1994) 88 *American Journal of International Law* 304, 306; B Kingsbury, 'Claims by Non-State Groups in International Law' (1992) 25 *Cornell International Law Journal* 481, 503.

19　有关一些民族应被认为具有一种对外自决权的情况,参见,S Joseph, 'Resolving Conflicting Claims of Territorial Sovereignty and External Self-Determination, Part 1', and S Joseph, 'Resolving Conflicting Claims of Territorial Sovereignty and External Self-Determination, Part 2' (1999) 3(2) *International Journal of Human Rights* 49。

20　见第[7.10]段。

21　二战后的入侵情况可以被称为"新殖民情势",极少被国际社会承认为正当。例如,就印度尼西亚入侵东帝汶,见联大第3485(XXX)号决议和安理会第384(1975)号决议,有关被以色列占领的领土,见联大第ES-7/2(1980)号决议;有关土耳其入侵北塞浦路斯,见安理会第353(1974)号决议、第440(1978)号决议和第541(1983)号决议。See also S Joseph, 'Resolving Conflicting Claims of Territorial Sovereignty and External Self-Determination, Part 2', 52-3.

22　许多学者承认一种"救济性对外自决"的权利,如,L Buchheit, *Secession: The Legitimacy of Self Determination* (Yale University Press, 1978), 220; White, 'Self-Determination: Time for a Re-Assessment?', 160. 其存在也暗含在《友好关系宣言》中,该宣言只保障"在行为上符合各民族享有平等权及自决权原则"的国家的领土完整。另见消除种族歧视委员会第21号一般性建议第6段[7.11]。

23　例如见消除种族歧视委员会第21号一般性建议第6段[7.11]。

克斯洛伐克于 1993 年和平分裂为捷克共和国与斯洛伐克共和国时发生的那样。最后，不享有对外自决的民族无论如何享有对内自决。

[7.17] 人权事务委员会在对以色列提出有关其在被占领领土上扩建定居点的关切时，援用了第 1 条，并建议该国在这些领土上，"停止建造定居点"。[24]

[7.18] 土著民族是有权享有对内自决的民族。例如，人权事务委员会对芬兰提出：[25]

> 17. 委员会遗憾的是，对于萨米人作为土著民族（《宪法》第 17 节第 3 分节）根据《公约》第 1 条享有的权利，它没有收到明确答复。委员会重申其对以下情况的关切：该缔约国未能解决萨米人土地所有权的问题，以及影响萨米人传统生计（尤其是驯鹿牧养）的公共和私人土地使用方式——这危及其传统文化与生活方式，并因此危及其身份特征。
>
> 缔约国应当与萨米人民一起迅速采取果断行动，根据《公约》第 27 条，适当顾及维护萨米人身份特征的必要性，达成土地争端的适当解决办法。同时，促请缔约国避免采取可能不利于解决萨米人土地权问题的任何行动。

这一意见还显示了第 1 条和第 27 条规定的权利之间的强烈联系。[26]

第 1 条第 2 款

[7.19] 第 1 条第 2 款规定的权利听起来很重要。例如，其行文意味着，未经一个民族同意，政府不得允许在其土地上采矿。[27] 这一权利被一项保留规定所弱化，即"不得妨碍……因国际经济合作而生之国际义务"。不过，

---

[24] 见委员会对以色列的结论性意见，(2010) UN doc CCPR/C/ISR/CO/3, para 16。

[25] (2004) UN doc CCPR/CO/82/FIN. 另见委员会对智利的结论性意见，(2007) UN doc CCPR/C/CHL/CO/5, para 19。

[26] 见第 [24.02] 段和第 [24.03] 段。

[27] 在这一方面，见第 [24.27] 及以下各段。

这种弱化有可能被《公约》第47条取消了。[28] 该条规定：

> 本公约之解释，不得损害所有民族充分与自由享受及利用其天然财富与资源之天赋权利。

[7.20] 令人遗憾的是，人权事务委员会对第1条第2款的规定基本未作阐明。委员会最重要的声明是在有关承认土著人土地权利的语境中出现的。在对加拿大的结论性意见中，委员会称：[29]

> 8. 委员会注意到，如该缔约国所确认的那样，土著民族的情况仍是"加拿大面临的最紧迫的人权问题"。在这方面，委员会特别关切的是，该缔约国尚未实施皇家土著民族委员会（RCAP）的建议。RCAP的结论是，不掌握更大份额的土地和资源，土著人自治政府的机构将一事无成。对于这个结论，本委员会强调，自决权的要求中包括所有民族都必须能自由处置其天然财富和资源，而且其自身之生计不得被剥夺（第1条第2款）。委员会建议采取紧急、果断行动，以全面实施RCAP关于土地和资源分配的建议。委员会还建议废弃不符合《公约》第1条的取消固有土著权利的做法。

因此，取消以及据估计减少土著人的固有权利的做法违反第1条第2款。[30]

[7.21] 人权事务委员会还对瑞典称：[31]

> 委员会关切的是，对于影响土著萨米民族的传统土地和经济活动的问题，诸如水力发电、采矿和林业等方面的项目以及土地私有化，萨米人议会在决策过程中能发挥重要作用的程度有限……

因此，土著民族对于要如何使用他们的传统土地，应具有真正的政治影响。

28　McGoldrick, *The Human Rights Committee*, 15 and 251.

29　(1999) UN doc CCPR/C/79/Add.105.

30　消除种族歧视委员会认定，减少土著人的固有权利违反《消除种族歧视公约》，因为这具有种族歧视性，见该委员会对澳大利亚的结论性意见，(1999) UN doc CERD/C/54/Misc.40/Rev.2。有关自决的性质及其与生存之经济和社会方面的关系，见, SJ Anaya, *Indigenous People and International Law* (Oxford University Press, 1996)。

31　委员会对瑞典的结论性意见，(2002) UN doc CCPR/CO/74/SWE。另见第［24.27］及以下各段提到的根据《任择议定书》处理的案件，其中土著民族提出的申诉有关其文化权利由于使用土地而据称被侵犯的情况（大部分没有成功）。

第 1 条第 3 款

[7.22] **第 12 号一般性意见**

6. 委员会认为第 3 款特别重要，因为依照该款的规定，缔约国不仅对其本国各民族承担具体的义务，而且对无法行使自决权或被剥夺了行使自决权机会的所有民族都承担具体的义务。该款的起草过程可以确证该款的总括性质。……这项义务之存在，不取决于有权自决的民族是否附属于本《公约》的某一缔约国。为此，《公约》所有缔约国均应采取积极行动，促进各民族自决权利的实现和对这种权利的尊重。这种积极行动必须符合各国根据《联合国宪章》和国际法承担的义务。各缔约国尤其不得干涉其他国家的内政，以免对自决权之行使产生不利影响。……

[7.23] 第 1 条第 3 款之不寻常之处在于，它施予缔约国对于在其管辖范围之外的个人的义务，实际上即便这些人处于另一缔约国管辖范围之内，也是如此。[32] 这一义务超出了第 2 条第 1 款所规定的标准义务，即尊重和确保处于缔约国管辖范围之内的个人的《公约》权利。[33] 对各缔约国的期望，是采取积极措施在自决权被剥夺之处"促进"该权利。此等措施可以包括断绝与剥夺自决权之国家的外交关系。[34] 不过，各国必须遵守《联合国宪章》，而且不"干涉其他国家的内政"；因此禁止各国使用武力帮助某一外国的受压迫民族实现自决。[35]

---

[32] McGoldrick, *The Human Rights Committee*, 253. 另见有关对缔约国责任之领土限制的第四章。

[33] McGoldrick, *The Human Rights Committee*, 253.

[34] 在 20 世纪 80 年代，作为委员会之整体的结论性意见出现之前，单个委员会委员曾就以色列（因其占领巴勒斯坦领土）和南非（因其种族隔离制度）向缔约国的代表提问。参见，McGoldrick, *The Human Rights Committee*, 251 – 2。

[35] See J Crawford, *The Creation of States in International Law* (Clarendon Press, 1979), 114 – 18. 需要注意的是，一直没有关于单边人道主义干涉的普遍理论在国际法中得到正式接受。See eg B Simma, 'NATO, the UN, and the Use of Force: Legal Aspects' (1999) 10 *European Journal of International Law* 1.

根据《任择议定书》不可诉

[7.24] 尽管第1条无疑非常重要，但人权事务委员会颇为矛盾地决定，这一权利根据《任择议定书》是不可诉的。

基托克诉瑞典（*Kitok v Sweden*，197/1985）

该案涉及的申诉有关否认提交人——一位斯堪的纳维亚北部的萨米民族的成员——具有牧养驯鹿的权利。提交人声称这违反了，除其他外，第1条。[36] 委员会裁决，关于第1条的申诉不可受理：

> 6.3. ……委员会指出，提交人作为个人，不能主张是《公约》第1条所规定的自决权利被侵犯的受害者。尽管《任择议定书》规定了一种个人可以主张他们的权利被侵犯的求助程序，但是《公约》第1条涉及的是赋予民族的权利，如此而已。

后来的许多案件在第1条不可诉方面，都遵循了基托克案的决定，包括奥米纳亚克诉加拿大案（*Ominayak v Canada*，167/1984）[37]、马歇尔诉加拿大案（*Marshall v Canada*，205/1986）[38]、马慧卡诉新西兰案（*Mahuika v New Zealand*，547/1993）[39] 和珀马－珀马诉秘鲁案（*Poma Poma v Peru*，1457/2006）。[40]

令人遗憾的是，委员会对于《任择议定书》中的"受害者"要求作出如此狭窄的解释，[41] 排除了根据《公约》第1条提出的申诉，由此剥夺了第

---

[36] 对于这一申诉有关第27条的方面，见第［24.27］段。

[37] 在委员会意见的第13.3段。虽然卢比康湖营居群从《公约》第1条来看可以被称为一个"民族"，但只有个人而非民族，才有《任择议定书》规定的来文资格：见第［3.10］~［3.13］段。

[38] 在委员会意见的第5.1段。该案又被称为米克马克部落社群诉加拿大案（*Mikmaq Tribal Society v Canada*）。

[39] 在委员会意见的第9.2段。

[40] 在委员会意见的第6.3段。

[41] 另见第［3.11］及以下各段。

1条被违反的受害者获得一种宝贵的国际补救措施。[42] 如果提交人获准依赖第1条而非《公约》规定的个人权利,某些申诉本有可能更加成功。例如,博德斯和特梅阿罗诉法国案(*Bordes and Temeharo v France*,645/1995)的提交人申诉,法国在他们居住的岛屿附近进行核试验侵犯了他们的生命权和家庭生活权,但没有成功〔3.45〕。也许,由于进行这些试验没有得到岛民同意并严重损害了自然环境,根据第1条提出申诉本可能会更切实可行。

〔7.25〕在迪尔加特诉纳米比亚案(*Diergaardt v Namibia*,760/1997)中,提交人诉称,他们的群体里赫伯斯巴斯特人(Rehoboth Basters)的政治权力被减少,因为他们"传统的"自治区域被划分为两个地区,使得巴斯特人在这两个地区中都属于少数,而不是像在原先的一个区域中一样居于多数。关于减少这一群体(纳米比亚的里赫伯斯巴斯特人)的政治权力违反了(保障有效政治参与权的)第25条的申诉之所以泡汤,是因为这一权利的个人性质〔22.05〕。迪尔加特案也是更明显地涉及第1条规定的集体权利而非可诉的个人权利的一个申诉例证。不过无论如何,人权事务委员会都不太可能宣布纳米比亚的宪法安排有违第1条,因为采取这些安排是为了促进整个纳米比亚民族——他们曾长期被南非拒绝自决——根据第1条享有的权利〔22.06〕。

结　语

〔7.26〕人权事务委员会根据《公约》第1款所产出的判例既简短,又令人失望。现在到了委员会对围绕这一最重要的权利的法律作出更重大贡献的时候。如果委员会放弃其有关该权利根据《任择议定书》不可诉的狭窄思路,它作出这种贡献的能力才会增强。另一个建议是,经济、社会和文化权利委员会发布一项对两公约共同第1条的一般性意见。

---

[42] Cassese, *Self-Determination of Peoples*, 141–6 and 345–6,令人信服地论证了在这一方面应对《任择议定书》做一种更自由的解释。

第八章 生命权
——第六条

不被国家杀害的权利 …………………………………………… [8.02]
  试图暗杀 ………………………………………………… [8.15]
  调查国家杀害行为的义务 ……………………………… [8.16]
  惩罚国家杀害行为的违犯者的义务 …………………… [8.22]
失踪 ……………………………………………………………… [8.27]
培训相关人员的义务 …………………………………………… [8.35]
保护被拘禁者的义务 …………………………………………… [8.36]
控制私人实体的义务 …………………………………………… [8.41]
死刑 ……………………………………………………………… [8.46]
  强制性死刑 ……………………………………………… [8.56]
  恢复死刑 ………………………………………………… [8.58]
  寻求赦免的权利 ………………………………………… [8.61]
  免于死刑的人 …………………………………………… [8.65]
不递解出境的义务 ……………………………………………… [8.67]
  引渡到一个保留死刑的国家 …………………………… [8.67]
  其他不递解出境的义务 ………………………………… [8.74]
第6条的环境和社会-经济方面 ………………………………… [8.75]
参与战争 ………………………………………………………… [8.83]
  核能力 …………………………………………………… [8.84]
女性和生命权 …………………………………………………… [8.88]

《公民及政治权利国际公约》：案例、资料和评注

堕胎 ··· [8.90]
安乐死 ·· [8.96]
结语 ··· [8.100]

第6条

一、人人皆有天赋之生存权。此种权利应受法律保障。任何人之生命不得无理剥夺。

二、凡未废除死刑之国家，非犯情节最重大之罪，且依照犯罪时有效并与本公约规定及防止及惩治残害人群罪公约不抵触之法律，不得科处死刑。死刑非依管辖法院终局判决，不得执行。

三、生命之剥夺构成残害人群罪时，本公约缔约国公认本条不得认为授权任何缔约国以任何方式减免其依防止及惩治残害人群罪公约规定所负之任何义务。

四、受死刑宣告者，有请求特赦或减刑之权。一切判处死刑之案件均得邀大赦、特赦或减刑。

五、未满十八岁之人犯罪，不得判处死刑；怀胎妇女被判死刑，不得执行其刑。

六、本公约缔约国不得援引本条，而延缓或阻止死刑之废除。

[8.01]《公约》第6条保护的是生命权*，这一权利被人权事务委员会称为"最重要的权利"。[1] 第6条既有一种消极的成分，如不被国家或其工

---

* 《公约》作准中文本第6条中，与英文本中"right to life"对应的用词为"生存权"。由于"生存权"目前在中文中的含义与该条所述权利的含义很不相同，而且《公约》作准中文本第6条第三句以"生命"作为英文本中"life"的对应用词，因此中译本均将"right to life"译为"生命权"——这也是《第二任择议定书》《儿童权利公约》《残疾人权利公约》等条约作准中文本中与"right to life"对应的用词。

[1] 第6号一般性意见，第1段。

作人员无理*或非法剥夺生命的权利，也有一种积极的成分，即国家必须采取有助于人之生存的措施。

不被国家杀害的权利

[8.02] **第 6 号一般性意见****

3. 第 6 条第 1 款第 3 句明确要求，不得无理剥夺生命，这是极其重要的规定。委员会认为，各缔约国应当采取措施，不仅防止和惩罚剥夺生命的犯罪行为，而且防止本国保安部队任意杀人。国家当局剥夺生命是极其严重的问题。因此，法律必须严格约束和限制这种国家当局可能剥夺个人之生命的各种情况。

[8.03] **苏亚雷兹·德·古列罗诉哥伦比亚**（*Suárez de Guerrero v Colombia*, 45/1979）

人权事务委员会的意见基于如下事实。1978 年 4 月 13 日，哥伦比亚警方突查了波哥大的一所房屋，因为他们相信一位被绑架的前大使被关押在此处，但没有找到这个人。然而，警察躲在该房屋内，等待被怀疑的绑架者到来。7 个人后来进入该房屋，并被警察射杀。

11.5. 虽然警察最初称，受害者是挥舞各种武器甚至开火拒捕时被击毙的，但法医机构的报告……以及弹道报告和火药痕迹检测都表明，这些受害者中没有任何人开枪射击，他们都是被近距离枪杀的，有些人是背部或头部中枪。另外也得到证实的是，他们不是在同一时间被射杀的，而是在他们到达房屋的不同时间里被杀的；而且，他们中的多数人是在试图躲避突然袭击的时候被打死的。……

---

* 与《公约》作准中文本第 6 条中的"无理"相对应的用词，在英文本中为"arbitrary"。该词在《公约》中多次出现，还具有"任意""专横""武断"的含义，与"不合理"（unreasonable）有区别。

** 第 6 号一般性意见和第 14 号一般性意见已经被 2019 年发布的第 36 号一般性意见所取代。

参加行动的警察被指控以暴力造成死亡,但被判无罪。判决无罪的根据是哥伦比亚的一项法规,即1978年1月20日第0070号法令的第1条。

11.2. 1978年1月20日的第0070号法令规定,"只要公共秩序继续受到扰乱,国家领土处于戒严状态",就要执行经修改的《哥伦比亚刑法典》的第25条。该法令确立了一个新的辩护理由,即警察在"计划目的在于防止和控制勒索与绑架以及生产、加工和运输毒品之罪行的行动"中所犯的行为,即使根据其他规定应受惩罚,也可以援引这一理由而不负刑事责任。

尽管杀害这些人根据哥伦比亚国内法被认为是"合法的",但委员会认定,玛利亚·范妮·苏亚雷兹·德·古列罗被"无理"剥夺了生命,这违反了第6条第1款。

13.2. 本案的事实清楚地表明,由于警察的有预谋行动,7个人丧失了生命,因此对生命的剥夺是故意的。再者,警察采取行动时,显然没有向受害者发出警告,也没有给他们任何机会向警察投降或者对自己为何身处该地或意图如何作出解释。没有证据表明警察的行为是为保护自己或他人所必要,或者是为执行逮捕或防止有关人员逃跑所必要。再者,受害者只不过是被怀疑实施了几天前发生的绑架,而他们被警察枪杀剥夺了他们享有《公约》规定的正当法律程序的所有保护。……

13.3. 基于这些原因,委员会认为,警察的导致玛利亚·范妮·苏亚雷兹·德·古列罗夫人死亡的行动与本案情况中执法的要求并不成比例,她的生命被无理剥夺,这违反了《公民及政治权利国际公约》第6条第1款。因为警察的行为根据1978年1月20日的第0070号立法令被判定为在哥伦比亚法律中具有正当合法性,所以生命权没有按照第6条第1款的要求得到哥伦比亚法律的充分保护。

[8.04] 苏亚雷兹·德·古列罗案证实,"无理"是一个比"非法"更宽的概念。就是说,杀害行为即使得到国内法授权,也有可能违反第6条。禁止"无理"剥夺生命意味着,不得在不合理或不成比例的情况中夺取生

命。杀人行为之无理性的某些标志,是这一行为背后的意图和必要性。²

[8.05] 人权事务委员会在其意见第13.3段中证实,对执法的比例要求将证明国家使用致命武力正当合理。委员会在第13.2段中描述了若干相关的执法要求,声明为了保护自己或他人、执行逮捕或防止逃跑而致人死亡不算杀害。这些例外也对应于《欧洲人权公约》第2条第2款中明确列举的对生命权的"执法"例外。³

[8.06] 在最近对以色列的结论性意见中,人权事务委员会谴责了暗杀嫌疑恐怖分子的做法:⁴

> 10. 委员会注意到该缔约国承认,在采取军事行动期间与应对恐怖威胁和攻击之时,在最大限度上考虑了必要性和比例性原则。然而,委员会重申其关切……即自2003年以来,缔约国武装部队在加沙地带以个人为目标,对184人实行了法外处决,并附带造成另外155人意外死亡。然而,缔约国最高法院2006年的裁决指出,当以参与恐怖活动的个人为目标时,必须适用严格的比例检验并尊重其他保障(第6条)。
>
> 缔约国应当停止其法外处决涉嫌参加恐怖活动者的做法。缔约国应当确保其所有工作人员在应对恐怖威胁和活动时恪守比例原则。缔约国还应确保在最大限度上注意保护每一平民(包括加沙地带的平民)的生命权。对于涉嫌参加恐怖活动者,缔约国应当在诉诸致命武力之前,用尽一切逮捕和拘禁的措施。缔约国也应设立一个独立机构,及时和彻底调查关于过度使用武力的申诉。

[8.07] 在1994年对塞浦路斯的结论性意见中,人权事务委员会关切的是在"使用武力"方面给予警察的"广泛酌处权"。⁵ 委员会建议塞浦路斯

2　See D McGoldrick, *The Human Rights Committee* (Clarendon Press, 1994), 342. 另见在诸如第9条第1款[11.15]和第17条[16.10]等其他保障的语境中,如何解释"无理"一词。

3　关于《欧洲人权公约》第2条第2款,见,*McCann and Others v UK*, Series A, No 324, Judgment of 27 September 1995, *Andronicou v Cyprus*, Case 86/1996/705/897, Judgment of 25 August 1997, reported in (1998) 3 *Butterworths Human Rights Reports* 389。

4　(2010) UN doc CCPR/C/ISR/CO/3; See also (2003) UN doc CCPR/CO/78/ISR, para 15; see also S Joseph, 'Denouement of the Deaths on the Rock: The Right to Life of Terrorists' (1995) 14 *Netherlands Quarterly of Human Rights* 5.

5　(1994) UN doc CCPR/C/79/Add. 39, para 6.

依据联合国《执法人员使用武力和火器的基本原则》(简称《基本原则》)重新制定其指导使用武力的准则。[6] 委员会对美国[7]以及最近对葡萄牙[8]也提出了类似的建议。联合国的上述《基本原则》以及因此按道理来说的第6条,严格限制使用可能致命的武力。尤其是,《基本原则》第9项建议,只是在"为了保护生命而确实不可避免的情况下",才使用枪支。[9] 值得注意的是,委员会在2009年建议澳大利亚,只有在"别无他法,否则就将有理由使用更大程度或致命的武力的情况中",才应使用泰瑟枪。[10] 委员会还表示关切的是,以色列对于一艘突破以色列对加沙的封锁、载有给该地的人道援助物资的船只,使用了致命武力。[11]

[8.08] 需要注意的是,在苏亚雷兹·德·古列罗案中,杀害行为是"故意的"这种表面上的重要性。[12] 那么,国家工作人员非故意的或过失性的杀人是否违反第6条第1款?下一案件处理了这一问题。

伯勒尔诉牙买加(*Burrell v Jamaica*, 546/1993)

伯勒尔是一位被关押在牙买加一所监狱的死囚牢中的囚犯。1993年10月,在该监狱发生骚乱期间,他被一位狱警枪杀。伯勒尔的律师提交证据称,伯勒尔被"冷血"枪杀。牙买加回应说,伯勒尔是在营救某些被其他犯人劫为人质的狱警时,遭意外误杀的。人权事务委员会认定第6条被违反:

9.5. 委员会认真地审查了律师和缔约国提交的一切有关伯勒尔先生

---

[6] (1995) UN doc CCPR/C/79/Add.39, para 18. 这些基本原则重印于:*UN Human Rights—A Compilation of International Instruments*, UN doc A/CONF.144/28 (1990)。

[7] (1995) UN doc CCPR/C/79/Add.50, para 32.

[8] (2003) UN doc CCPR/CO/78/PRT, para 9. 另见对德国的结论性意见,(2004) UN doc CCPR/CO/80/DEU, para 15。

[9] See also N Rodley, 'Rights and Responses to Terrorism in Northern Ireland', in D Harris and S Joseph (eds), *The International Covenant on Civil and Political Rights and United Kingdom Law* (Clarendon Press, 1995), 142–3. 另见委员会对列支敦士登的结论性意见,(2004) UN doc CCPR/CO/81/LIE, para 10。

[10] 委员会对澳大利亚的结论性意见,(2009), UN doc CCPR/C/AUS/CO/5, para 21。另见委员会的结论性意见:新西兰,(2010) UN doc CCPR/C/NZL/CO/5, para 10;比利时,(2010) UN doc CCPR/C/BEL/CO/5, para 13。

[11] 委员会对以色列的结论性意见,(2010) UN doc CCPR/C/ISR/CO/3, para 8。

[12] 在委员会意见的第13.2段。

死亡的资料——其死亡是由1993年10月31日圣凯瑟琳监狱死囚牢中某些狱警被抓为人质的事件导致的。委员会遗憾的是,缔约国没有提供解剖报告或关于本案的验尸结果。委员会注意到,律师根据圣凯瑟琳监狱中其他囚犯的来信指控说,伯勒尔先生是在狱警们已经得到释放之后,即使用武力的必要性不再存在之时,被枪杀的。委员会注意到,缔约国本身承认,伯勒尔先生的死亡是狱警一方的慌乱造成的不幸结果,这些狱警因为看到他们的同事遭到囚犯威胁而惊慌失措;缔约国提交的报告承认,在狱警获救之后,枪击仍继续。在此情况下,委员会的结论是,缔约国未采取有效措施保护伯勒尔先生的生命,违反了《公约》第6条第1款。

看来,好像委员会将疑点利益(benefit of the doubt)归于缔约国,接受了其辩解,即伯勒尔被杀并非出于故意。不过,委员会仍认定伯勒尔被杀违反了第6条,因为该国未能尽到其不得无理杀人的消极义务,也未能尽到在伯勒尔处于国家羁押之下时,保护其生命的积极义务。[13]

[8.09] **乌梅塔里耶夫诉吉尔吉斯斯坦**(*Umetaliev v Kyrgyzstan*, 1275/2004)

该案有关警察向大规模示威者实弹射击后,提交人的儿子身亡一事。这被认定违反了第6条,虽然无人提出警察故意以受害者为目标:

9.5.……国家当局剥夺生命是一个极其严重的问题。因此,法律必须严格控制和限制人之生命可被当局剥夺的情况。委员会还考虑到,提交人提供的论述表明,缔约国由于过度使用武力,对埃尔迪亚尔·乌梅塔里耶夫的死亡负有直接责任;并认为,缔约国没有质疑且提交人充分证实的这些申述,必然导致认定,对于埃尔迪亚尔·乌梅塔里耶夫的死亡,存在对《公约》第6条第1款的违反。

[8.10] **多明戈斯诉巴拉圭**(*Domínguez v Paraguay*, 1828/2008)
该案的事实体现在人权事务委员会对违反的认定中:

7.2. 委员会注意到提交人的指控,即她的丈夫是在示威游行期间由

13　See also *Dermit Barbato v Uruguay* (84/1981) [8.36].

于警察非法、无必要和不成比例地使用武力而遭到任意处决的受害者。她诉称,她丈夫投降后遭近距离枪击并头部中弹。她还诉称,这次事件没有得到有效调查,事件的各方面情况仍然没有得到澄清,而且尽管时日已久,仍未确定责任归属。……缔约国没有提交任何具体证据,说明布兰科·多明戈斯是如何或由谁造成致命伤的。……

7.5. 委员会认为,国家有义务保护受其管辖的一切个人的生命;就本案而言,该缔约国有义务保护示威者的生命。造成布兰科·多明戈斯死亡的情况严重,要求有效调查缔约国警察部队可能涉案的情况。虽然如此,但缔约国没有解释为什么2003年6月16日开始的调查进展甚微,仍未得出任何明确结论。委员会注意到提交人的陈述——缔约国对此未予反驳,即没有做尸检,而且从布兰科·多明戈斯的尸体中取出的子弹没有受到检查,还被弄丢了,是造成现在无法澄清调查的特别重要的方面。委员会还忆及,举证责任不能仅由来文提交人承担,特别是考虑到提交人和缔约国并非总是能够平等地获取证据,往往只有缔约国可以获取有关资料。隐含在《任择议定书》第4条第2款中的一点是,缔约国有义务秉持善意调查所有针对该国和国当局违反《公约》的指控,并向委员会提供其所拥有的资料。鉴于上述情况,委员会的结论是,其所获事实揭示了对《公约》第6条第1款的违反,以及在缺少调查方面,对结合第6条第1款解读的第2条第3款的违反。

与乌梅塔里耶夫案的情况相比,在多明戈斯案中,表明官方卷入枪杀的明确证据更少。不过,鉴于巴拉圭调查这一事项的拙劣做法(或者是没有调查),委员会认定第6条直接被违反,还认定,就缺乏调查,与第6条结合解读的第2条第3款被违反。[14]

[8.11] 在2008年对英国的结论性意见中,人权事务委员会评论说,"旨在确定让·查尔斯·德梅内兹被杀之责任的程序进展缓慢,委员会也关注他在斯托克威尔地铁站遭警察枪击的所有情节"。[15] 其中所提到的德梅内兹

14　See also *Benitez v Paraguay* (1829/2008) [25.12].

15　(2008) UN doc CCPR/C/GBR/CO/6, para 10.

先生于 2005 年 7 月,被英国伦敦警察误当成一位自杀炸弹袭击者,错误地遭枪击身亡。委员会建议英国"严格地"按照法医的最终认定行事,"包括在有关个人责任、情报工作失误和警察培训等问题的方面"。[16]

[8.12] **埃肖诺夫诉乌兹别克斯坦**(*Eshonov v Uzbekistan*,1225/2003)

该案表明了人权事务委员会考虑与死亡原因有关的事实调查的方式,因为提交人与缔约国之间正是对死亡原因存在争议。委员会认定乌兹别克斯坦对提交人的儿子在被羁押期间死亡负有直接责任,违反了第 6 条:

> 9.3. 委员会注意到,在本案中,如缔约国所证实……,提交人的儿子在 2003 年 5 月 6 日被国家安全局警员逮捕,他当天没有抱怨自己有健康问题。提交人主张,他的儿子被拘禁前健康状况良好,他不知道他儿子患有任何疾病。九天之后,即 2003 年 5 月 15 日,他儿子死在卡什卡达亚(Kashkadarya)地区医疗中心。根据 2003 年 5 月 30 日第 45 号官方法医报告,提交人的儿子患有多种威胁生命的慢性疾病,包括高血压、严重肺哮喘、慢性肾功能不全、严重贫血、慢性支气管炎和肺炎,并因高血压造成脑血液循环异常和脑出血死亡。委员会还注意到,缔约国提到卡希市(Karshi)内政局临时拘留所人员的证词……,根据这份证词,提交人的儿子"因患有狂犬病"不得不住院治疗。但缔约国没有对什么事情可以在羁押中引发狂犬病提出任何解释。
>
> 9.4. 委员会指出,提交人向委员会提交的一份医疗证明证实了其说法,即他的儿子没有在其惯常住所地的医疗机构登记过并进行有关任何疾病的定期医疗检查。尽管缔约国争辩,没有在死者惯常住所地的这种登记并不是决定性的,但缔约国并未提供任何证据,可以表明提交人的儿子在被羁押前,就的确患有上述任何疾病。此外,缔约国也没有解释,为什么根据缔约国自己的医疗报告,提交人[*]仅在几天时间里就多次需要紧急医疗,却一再从卡什卡达亚地区医疗中心被送回拘禁地点。鉴于提交人的儿子最后死在同一医疗中心,委员会本来指望缔约国能调

---

16 (2008) UN doc CCPR/C/GBR/CO/6, para 10.

* 委员会意见的原文如此,显系"提交人的儿子"之笔误。

查或最起码解释为什么不断把他送回去继续拘禁,为什么没有在提交人儿子死前及时通知他其儿子的严重病况。

9.5. 委员会注意到,提交人指控缔约国对其儿子死亡的调查未做到公正无偏,还存在其他不足之处,并详细描述了其儿子尸体上的伤痕状况——这表明他是非正常死亡的……。委员会注意到,提交委员会的照片证据或缔约国自己的法医报告证实了提交人对其儿子伤情的描述。这些报告特别证明的一个事实是,死者有七根肋骨骨折。检察官办公室三次正式调查得出的结论是,没有理由就提交人的儿子死亡一事提起刑事诉讼,因为没有哪个人的行为中存在犯罪事实。

9.6. 在这一方面,委员会忆及,举证责任不能仅由来文提交人承担,特别是考虑到提交人和缔约国并非总是能够平等地获取证据,往往只有缔约国可以获取有关资料。隐含在《任择议定书》第4条第2款中的一点是,缔约国有义务秉持善意调查所有针对该国和该国当局违反《公约》的指控,并向委员会提供其所拥有的资料。委员会认为,在既定调查程序履行不充分的案件中,在受害者家属就这些不充分之处或其他重大原因提出申诉的情况下,缔约国应通过独立的调查委员会或类似程序开展调查。如果死者尸体已被埋葬,之后看来需要进行调查,则应及时妥善地挖掘尸体作解剖检查。解剖报告必须叙述死者受到的所有伤害,包括遭受酷刑的证据。死者家属及其法律代理人应该获得与调查有关的全部资料,并有权提呈其他证据。

9.7. 委员会认为,在本案中,提交人提出的论点说明缔约国对其儿子因酷刑死亡负有直接责任,以及除其他外,缔约国最起码有必要对其执法人员涉嫌参与提交人儿子遭受的酷刑和死亡另行开展独立调查。因此,委员会认为,除其他外,缔约国未能挖出提交人儿子的尸体,未能在国内一级妥善处理提交人的任何诉求,以及就本来文的情况,也未能解决提交人儿子身体上的伤痕和缔约国当局作出的解释不一致的情况,这使得委员会必须认定,对于提交人的儿子,存在对《公约》第6条第1款和第7条的违反。

第八章 生命权

[8.13] **朱姆巴耶娃诉吉尔吉斯斯坦**（*Zhumbaeva v Kyrgysztan*, 1756/2008）

在该案中，和在埃肖诺夫案中一样，人权事务委员会在证据方面采取了严密的方式，认定吉尔吉斯斯坦对一起羁押中的死亡事件负责。该案的事实体现在委员会对违反的认定中：

  8.3. 委员会注意到，2004年10月24日下午（2005年5月16日关于刑事指控的决议称是在16时30分），提交人的儿子即受害者和他的妻子发生争吵，达到了扰乱公共秩序的程度，因此被要求跟随警察前往巴扎科贡（Bazarkorgon）警察局。受害者遭羁押，妻子获释。根据缔约国提供的资料，提交人的儿子死于2004年10月24日17时［苏扎克（Suzak）区法院的判决称是在17时20分］。委员会注意到，急救医生在其2004年11月18日的证词中断定，受害者没有任何遭扼杀的痕迹，但颈部有红色的指痕。委员会还注意到，2004年10月25日在几位医生和两名受害者亲属在场的情况下，法医专家检查了受害者的尸体；该专家在2005年4月25日的调查作证中说，受害者的眉毛、颏下、颈部和右上肢可见抓痕，受害者的颈部左侧可见带血伤痕。法医专家称，此类伤痕可由指甲或手腕一类硬物造成，对尸体组织的组织学检查得出的结论是，受害者死于机械性窒息。机械性窒息可能由柔软织物悬吊造成。在询问用手掐是否可能导致受害者死亡时，法医专家说，在颈部组织和皮肤处没有发现抓痕，但甲状软骨下角骨折可源于双手的压力。

  8.4. 委员会进一步注意到，苏扎克区法院依据曼提巴耶夫（Mantybaev）先生的证词于2005年9月21日作出裁决，认定受害者是在行政拘禁室中用自己的运动裤上吊自杀的。然而，该裁决没有表明是否评估了其他证据，也没有理顺曼提巴耶夫先生的不同说法。委员会注意到，受害者的哥哥坚持要求找到助理警官，并重审此案。然而，法院认定被告与受害者亲属达成了和解，这免除了曼提巴耶夫先生的刑事责任。经上诉，贾拉拉巴德（Zhalalabad）地区法院在2006年9月5日认定，在初步调查期间，曼提巴耶夫先生、阿布杜凯莫夫（Abdukaimov）先生和受害者的妻子对受害者的死亡有不同说法，这些相互抵牾处在法庭诉讼过程中没有解决。该法院还认为，受害者的亲属并没有表示同意和解，因为他们要求重审此案。该法院的结论是，该案应当在全面和客观推究所有情况的基础上重新审理。委员会注意到，该国最高法院在其2006年12月27日的判决中认定，受害者代表、证人、医学知识和案卷中其他材料提供的证言，都证实了存在刑事过失的事实，但没有进一步说明法院如何评估它所审议的材料。最高法院还指出，通过向受害者亲属支付30000吉尔吉斯斯坦索姆，被告与受害者家属之间达成了和解，受害者律师关于调查工作前后不一的种种说法均属猜测。

8.5. 委员会注意到提交人称，受害者死于警方羁押期间是由警察过度使用不必要的武力造成的，因为受害者在被羁押前身体和精神状况良好。同时据他妻子说，他并没有一条据称用于上吊的运动裤，对用作证据的运动裤也从未进行法医检查，而由于受害者处于沉醉状态，他既无体力也无时间自己上吊。委员会还注意到，提交人表示接受补贴丧葬费用的小笔款项，并不等于她放弃查明儿子死亡真相、追究肇事者责任的权利。……

8.7. ……隐含在《任择议定书》第4条第2款中的一点是，缔约国有义务秉持善意调查所有针对该国和该国当局违反《公约》的指控，并向委员会提供其所拥有的资料。

8.8. 委员会认为，缔约国及其司法当局始终没有解释其依据什么，得出了受害者是在警方羁押期间自杀的结论。提出这一点，尤其是因为考虑到法医专家的证词——称甲状软骨下角骨折可能由柔软织物的悬吊或双手压力造成，并考虑到急救医生的证词——称她没有发现任何扼杀的迹象，但观察到受害者颈部的红色指痕。委员会还注意到，曼提巴耶夫先生对受害者的死亡给出了三种不同说法，而缔约国的一审法院和最高法院看来没有评估这些说法的矛盾之处，而是完全依赖他的最后一次陈述，即他发现受害者在行政拘留室中已经用自己的运动裤上吊。委员会进一步注意到，缔约国的司法当局没有考虑一级警司阿布杜凯莫夫先生的任何证言。委员会的结论是，就本案情况而言，由于缔约国缺乏有说服力的论据来反驳提交人关于她儿子在羁押期间被杀的说法，同时鉴于法医专家提供的信息与缔约国的说法不一致，缔约国对无理剥夺受害者的生命负有责任，违反了《公约》第 6 条第 1 款。

埃肖诺夫案和朱姆巴耶娃案都是较为晚近的案件（分别在 2010 年和 2011 年审结），很可能表明了与以往的案件相比，委员会对于证据问题采取的更激烈、更有信心的思路，足以认定国家直接对死亡事件负责。

[8.14] **佩里斯诉斯里兰卡**（*Peiris v Sri Lanka*，1862/2009）

人权事务委员会最近有关认定直接违反第 6 条的气势也延及此案，一个受害者被不明身份的凶手枪杀的案件：

> 7.2. 关于提交人根据第 6 条提出的诉求，委员会忆及，生命权是绝不允许克减的最重要的权利。委员会还忆及，缔约国负有一项积极义务，即确保个人针对侵犯其《公约》权利的情况受到保护，这种侵犯可能是由国家工作人员所为，但也有可能系由私人或实体所为。委员会注意到，根据其掌握的没有争议的材料，提交人及其家人受到警察即缔约国工作人员的直接威胁，包括死亡威胁，试图非法强迫他们撤回对警务人员提出的申诉。据报告，2008 年 9 月 20 日，提交人的丈夫被蒙面男子枪杀，而三个月前，有两个人曾告诉提交人一家，尼甘布（Negombo）警察已经指令他们杀死提交人一家。这次威胁之后，提交人和她的丈夫多次提出申诉，包括向副总监办公室和警方投诉，但有关部门没有采取任何行动保护提交人一家。在这种情况下，并鉴于缔约国不予合作，委员会认为其掌握的事实表明，提交人丈夫的死亡必须归咎于缔约国本身。因此，委员会得出结论，缔约国对无理剥夺提交人丈夫的生命负有责任，违反了《公约》第 6 条。

试图暗杀

[8.15] **崇维诉赞比亚**（*Chongwe v Zambia*，821/1998）

提交人诉称，他和其他人是缔约国的工作人员试图暗杀的对象。人权事务委员会认定，试图暗杀，即使并未造成切实死亡，也构成对第 6 条第 1 款的违反：[17]

17　See also *Jimenez Vaca v Colombia* (859/1999).

5.2. 委员会认为，第 6 条第 1 款规定缔约国有义务保护所有在其领土内和受其管辖的人的生命权。在本案中，提交人提出而且所涉缔约国未能向委员会提出反驳的是，缔约国在没有合法理由的情况下，授权使用了本有可能导致提交人遭杀害的致命武力。在此情况下，委员会认定，缔约国并没有按照其义务行事，保护提交人根据《公约》第 6 条第 1 款享有的生命权。……

调查国家杀害行为的义务

[8.16] 人权事务委员会确认，各国必须调查所有杀人事件，尤其当其由国家工作人员所为或被怀疑由他们所为之时。不进行调查或调查不充分，将引起在结合第 6 条的意义上，对第 2 条第 3 款规定的获得救济权的侵犯。[18]

[8.17] **巴博拉姆等人诉苏里南**（*Baboeram et al. v Suriname*，146，148－154/1983）

在本案中，人权事务委员会认定，苏里南宪兵逮捕和打死 15 人造成了对第 6 条第 1 款的违反。委员会建议的合适救济是：

16. 委员会因此敦促缔约国采取有效步骤以：（1）调查 1982 年 12 月的杀害事件；（2）将发现的任何对这些受害者的死亡负责的人绳之以法；（3）对依然健在的家属予以赔偿；（4）确保生命权在苏里南得到妥当保护。

自这一早期案件起，人权事务委员会一直确认各缔约国具有积极义务，要调查所有国家杀害的事件，并向那些第 6 条被违反的情况提供补救。在崇维诉赞比亚案中 [8.15]，出自第 6 条第 1 款的调查义务明确延及未遂暗杀。

[8.18] **赫雷拉·鲁比欧诉哥伦比亚**（*Herrera Rubio v Colombia*，161/1983）

该案的案情如下：

10.2. 何阿奎因·赫雷拉·鲁比欧于 1981 年 3 月 17 日被哥伦比亚军方人员以具有"游击分子"的嫌疑而逮捕。他声称自己遭到了哥伦比

---

18 见第二十五章。

亚军方的酷刑折磨（"浸水"、"悬吊"和"殴打"）；他们还威胁他，除非他签署供状，否则他的父母将被杀害。1981年3月27日，几个身穿军服、表明自己为反游击部队成员的人到提交人的父母何塞·赫雷拉和艾玛·鲁比欧·德·赫雷拉的家中，将他们强行带走。一周后，提交人父母的尸体在附近被发现。据报道，当时查奎塔地区（District of Caquetá）正在进行一场打击叛乱的军事行动，其间该地区的绝大部分村庄都受到军队的严密控制。缔约国表明，在1982年9月24日到1983年1月25日对两人的死亡进行了司法调查，并声称确证没有任何军方人员曾参与杀害。

对于调查这些杀害事件，哥伦比亚提交了如下资料：

6.1. 在其陈述中，……缔约国指出，对何塞·赫雷拉和艾玛·鲁比欧·德·赫雷拉的死亡已进行妥当的调查，没有证据能支持对军事人员的指控。因此，基于驻武装部队检察长代表在1984年8月15日发布的命令，结束了调查。……

6.2. 缔约国还提交了弗罗伦西亚高等法院刑事庭在1983年2月18日作出的裁决书，其中认定，经过从1982年9月24日至1983年1月25日的司法调查，确定这两人是被武装人员打死的，但不能确定凶手属于哪一团体。……

缔约国后来确认，由于缺乏足够的证据，没有任何新的调查正在进行中。人权事务委员会认定第6条被违反，尽管哥伦比亚官员显然尽力调查了这一事件：

10.3. 尽管委员会认为，根据提交人的指控，有理由相信哥伦比亚军人对何塞·赫雷拉和埃玛·鲁比欧·德·赫雷拉的死亡负责，但是并未出现确凿的证据以确定杀害者的身份。在这一方面，委员会提及其有关《公约》第6条的第6（16）号一般性意见，该意见的内容包括：缔约国应当采取具体而有效的措施，防止个人失踪，而且应当建立有效的机构和制定有效的程序，以便在可能涉及侵犯生命权的情况中，由一个合适的、公正无偏的机构彻底调查个人失踪的案件。委员会的确注意到缔约国提出对本案进行了调查，但是，考虑到缔约国根据《公约》第2

条承担的义务,这样的调查看起来是不充分的。

[8.19] 朱姆巴耶娃诉吉尔吉斯斯坦(*Zhumbaeva v Kyrgysztan*, 1756/2008)

人权事务委员会认定,不管吉尔吉斯斯坦如何否认,都对提交人的儿子在羁押中死亡负有责任[8.13]。而未进行适当调查构成一项单独违反。[19]

8.10. 提交人根据第6条第1款和第7条提出申诉的理由是,缔约国未履行其程序性义务,切实调查受害者的死亡和酷刑指控,并采取适当的调查和救济措施,对此委员会忆及其一贯判例,即刑事调查和随后的起诉对于侵犯例如《公约》第6条第1款和第7条所保护的人权,是必要的救济。委员会注意到,2004年11月9日的调查令认为受害者上吊自杀是确定无疑的,因此没有考虑提交人关于受害者被无理杀害的立场。巴扎科贡警察局总督察曼提巴耶夫先生因刑事过失罪被判刑,但由于据认为被告与受害者家人之间达成的和解,他被免除了刑事责任。委员会注意到提交人诉称,当局没有得出对受害者身体的情况的详细描述,没有模拟上吊情景,没有确定确切的时间和事件顺序,没有要求索取病历以查明受害者是否有任何自杀倾向,没有下令对据称受害者用来上吊的运动裤进行法医鉴定,从来没有确定据称受害者口袋里所装的现金的下落,也始终没有确定受害者是否因酷刑或虐待致死。委员会还注意到,[在死亡发生时当值的]警官阿布杜凯莫夫先生从来未曾受到指控或起诉。鉴于缔约国从未解释刑事调查中的矛盾之处,以及为何据称的肇事者之一从来没有受到指控或起诉,同时考虑到提交委员会的详尽材料,委员会得出结论认为,缔约国未做到切实调查提交人儿子之死的各项情势以及对酷刑和虐待之指控,因此实际上拒绝给予提交人任何救济,这侵犯了她根据第2条第3款——结合第6条第1款和第7条解读——享有的权利。

[8.20] 马赛拉纳和古玛诺伊诉菲律宾(*Marcellana and Gumanoy v Philippines*, 1560/2007)

该案中的两位受害者曾一直调查有人可能在军方手中失踪的事件。他们

---

[19] See also *Umateliev v Uzbekistan* (1275/2004).

被军人逮捕,次日他们的尸体被发现,显然死于枪击。人权事务委员会认定《公约》被违反:

> 7.2. 对于依据第6条第1款提出的申诉,委员会注意到,司法部2004年12月17日的决定承认的一个确定事实是,马赛拉纳女士和古玛诺伊先生遭到了武装团体的绑架、抢劫和杀害。对于这一点,委员会忆及其判例,即刑事调查和随后的起诉对于侵犯例如《公约》第6条所保护的人权,是必要的救济。委员会还忆及其第31号一般性意见,其中指出,如调查显示某些《公约》权利遭到侵犯,缔约国必须确保肇事者被绳之以法。
>
> 7.3. 在本案中,虽然枪杀事件已过去5年多,但缔约国各当局没有指控、起诉与这些事件有关的任何人或将其交付审判。委员会注意到,缔约国检察机关在初步调查之后决定,因缺少充分证据,不对嫌疑人之一提起刑事诉讼。除了政策层面的举措外,委员会没有收到任何资料说明缔约国是否进行过任何调查,以查实证人辨认出的武装团体其他成员的责任。
>
> 7.4. 鉴于以上情况,也鉴于缔约国没有对此事给予其他相关解释,委员会得出结论认为,没有进行调查来确定绑架和谋杀受害者的责任相当于拒绝司法公正。因此,必须认定缔约国违反了它根据第6条——结合第2条第3款——所负的义务,即切实调查受害者的死亡,并针对被认定有罪者采取适当行动。

委员会并没有认定缔约国直接违反第6条,因为并不确定国家是否卷入了谋杀。不过,因为缔约国未能对谋杀事件进行切实调查,所以侵犯了与第6条相结合的第2条第3款中的获得救济权。

[8.21] 同样,在阿米洛夫诉俄罗斯联邦案(*Amirov v Russian Federation*,1447/2006)中,人权事务委员会无法认定对第6条的直接违反,因为没有足够证据证明国家工作人员实施了有关谋杀。不过,未能切实调查死亡事件违反了与第2条第3款相结合的第6条。[20] 在佩斯塔诺诉菲律宾案

20　见委员会意见的第11.3～11.5段。

（*Pestaño v Philippines*，1619/2007）和特立钦诉俄罗斯联邦案（*Telitsin v Russian Federation*，888/1999）中，委员会作出了类似的认定。

惩罚国家杀害行为的违犯者的义务

［8.22］在苏亚雷兹·德·古列罗诉哥伦比亚案中，哥伦比亚安全部队过度使用武力的行为基于一项免责法规被裁定无罪［8.03］。该法规本身被认定构成了对第6条第1款的违反。[21] 这表明，缔约国没有做到通过惩处无理杀人行为的违犯者来适足地保护生命。[22]

［8.23］**鲍提斯塔·德·阿雷拉纳诉哥伦比亚**（*Bautista de Arellana v Colombia*，563/1993）[23]

尼迪娅·鲍提斯塔·德·阿雷拉纳于1987年8月30日在家中被绑架。她的尸体在1987年9月12日被发现，但直到1990年9月11日，其尸体的身份才得到正式确认。在随后的行政程序中，有名有姓的国家工作人员被认定对她的失踪和死亡负责。人权事务委员会认定第6条被违反如下：

8.2. 缔约国在其1995年7月14日的陈述中提到，1995年7月5日的第13号决议宣布了对弗兰迪亚·乌塔多（Velandia Hurtado）和奥特加·阿拉克（Ortega Araque）的纪律惩戒制裁，以及昆迪纳马卡（Cundinamarca）行政法庭于1995年6月22日作出的赔偿判决批准了尼迪娅·鲍提斯塔的家人提出的赔偿请求。缔约国还重申，它愿意充分保障人权和基本自由的行使。这些意见似乎表明缔约国认为，上述决定足以构成对尼迪娅·鲍提斯塔的家人的有效救济。委员会不同意这种观点，因为在发生了对人权的特别严重侵犯的情况中，尤其是在据称发生了对生命权的侵犯的情况中，纯粹是纪律性和行政性的救济不能被认为构成了《公约》第2条第3款含义之内的充分和有效救济。……

10.……委员会敦促缔约国尽速开展刑事诉讼，以便及时起诉对尼迪娅·鲍提斯塔的被绑架、遭酷刑和死亡负有责任者，并将其定罪。

---

[21] 在委员会意见的第13.3段。
[22] 另参见，有关救济和有罪不罚问题的第［9.176］及以下各段和第二十五章。
[23] 类似的情况，另见，*Vicente et al. v Colombia* (612/1995)，paras 8.2–8.3。

[8.24] 桑吉万诉斯里兰卡（*Sanjeevan v Sri Lanka*, 1436/2005）

提交人的儿子无任何明显原因即被逮捕。在他的父母到他被警察羁押处探望他时，他显示出健康状况糟糕的迹象，并声称遭到了酷刑折磨。在他被捕四天后，他的父母在一处停尸房看到了他的尸体，而前一天晚上，警察告诉他们到医院去。调查的结论是，他死于枪伤。警察声称，移送他到另一个警察局的车队遭到了泰米尔猛虎组织（LTTE）的攻击，他在双方的交火中受伤。然而，斯里兰卡当局的结论是，警察的解释是编造的。但是，没有对有关警员提起刑事诉讼，而是采取了纪律惩戒行动。人权事务委员会认为，存在对第6条的违反：

6.2. 对于根据第6条所提出的关于受害者的死亡可直接归咎于缔约国的申诉，委员会忆及，根据未受到反驳的材料，受害者在被带去受警方羁押之前，健康状况正常，而不久之后就有证人在警方的拘禁场所看到他遍体鳞伤。他随后死亡的据称原因，即他在一次泰米尔猛虎组织的袭击中身亡，已经被缔约国本身的司法和行政当局否认。在这种情况下，委员会必须适当地看重这样一种假设：即受害者在羁押期间所受创伤以及有更加充分理由证明的死亡，必须被认为可归咎于缔约国本身。据此委员会得出结论，缔约国对于受害者的生命被无理剥夺负有责任，违反了《公约》第6条。……

6.4. ……在本案中，缔约国当局就否认了警方提出的有关受害者在由其羁押时如何死亡的解释，而且缔约国的司法当局指示对肇事的警官开展刑事司法程序。由于缔约国没有提出任何解释，并鉴于委员会所得到的详细证据，委员会不得不得出结论，司法部部长关于不开展刑事司法程序而选择进行纪律惩戒程序的决定明显是武断的，并构成拒绝司法公正。据此，必须认为缔约国违反了根据第6条和第7条承担的义务，即妥当调查受害者的死亡和遭受酷刑的情况，并对那些经查明负有罪责者采取适当行动。出于同样的原因，缔约国也违反了其根据第2条第3款承担的向提交人提供有效救济的义务。[24]

24　参见有关获得救济权的第二十五章。

[8.25] 在以上案件中，人权事务委员会对于国家杀害行为，将重点放在刑法"救济"上，这可能与其在以下案件中的决定相抵牾。

克罗斯诉荷兰（*Croes v the Netherlands*, 164/1984）

该案的提交人是一个促进阿鲁巴岛独立的政党"人民选举运动"（简称MEP）的领导人。在1983年MEP进行的一次游行中，据称提交人遭到一位警官枪击。他幸存下来，并提出了该国威胁其生命权的指控。最终，委员会因为提交人未用尽国内救济而认定申诉不可受理：

10.……克罗斯先生本可以针对缔约国提起民事诉讼，对于据称的缔约国未履行其根据《公约》承担的义务而对提交人造成的损害，提出赔偿请求。提交人声称，此种补救不能解决其关切。对这一情况，委员会认为，尽管缔约国有义务秉持善意调查侵犯人权的指控，但刑事诉讼并非唯一可用救济。因此，委员会不能接受提交人和其继承人[25]的主张，即在阿鲁巴法院的诉讼如果没有导致对警察的刑事起诉，就不构成《任择议定书》第5条第2款（丑）项含义之内的有效救济。委员会还认为，提交人申诉的所有方面本来可以针对整个阿鲁巴当局提出，但提交人及其继承人未能寻求他们可以使用的所有司法追索途径。

[8.26] 在无数案件中得到确认的是，《公约》并不包含一项独立的看到某人被起诉的权利。[26] 不过，看来对据称违反《公约》的情势秉持善意进行调查的义务有时会导致起诉某一个人的义务，就如在鲍提斯塔案和桑吉万案中发生的那样。此外，一国进行了适足调查的表现能提供证据，证明其不起诉的决定是有道理的，就如在克罗斯案中发生的那样——荷兰对克罗斯遭枪击的调查表明，没有证据证明警方行为失当。[27]

---

[25] 在来文审议期间，克罗斯先生死于车祸，因此他的继承人承继了申诉。
[26] See eg *HCMA v the Netherlands* (213/1986), *SE v Argentina* (275/1988).
[27] 在委员会意见的第8.2段。另见，*IM v Italy* (266/1987)，该案中，有关IM死亡的来文不可受理，因为针对据称对此死亡事件负有责任的医生的国内民事救济尚未被用尽。

失 踪

[8.27] **第 6 号一般性意见**

4. 缔约国也应当采取具体而有效的措施，防止个人失踪。不幸的是，这种事情频繁发生，常常造成无理剥夺生命的后果。此外，各国应当建立有效的机构和制定有效的程序，以便在可能涉及侵犯生命权的情况中，彻底调查个人失踪的案件。

在最近大量针对利比亚和阿尔及利亚的案件中，人权事务委员会进一步推演了这一义务。

[8.28] **萨克尔诉阿尔及利亚**（*Saker v Algeria*, 992/2001）

提交人的丈夫于 1994 年失踪，他最后一次被人看见显然是在其被警察羁押之时。人权事务委员会认定第 6 条被违反：

9.11. ……对于本案，委员会注意到，缔约国没有否认，自从康斯坦丁（Constantine）法院刑事庭于 1995 年 7 月 29 日下达缺席判决以来，提交人的丈夫下落不明。由于缔约国未能提供任何有关从国土研究和调查中心释放受害者的资料和证据，委员会认为，其所掌握的事实揭示了对第 6 条第 1 款的违反，因为缔约国未能保护萨克尔先生的生命。

委员会在萨克尔案中的意见延续了早先的失踪案件的趋势，诸如圣胡安·阿雷瓦罗诉哥伦比亚案（*Sanjuán Arévalo v Colombia*, 181/1984）、莫吉卡诉多米尼加共和国案（*Mojica v the Dominican Republic*, 449/1991）和劳里亚诺诉秘鲁案（*Laureano v Peru*, 540/1993）。对于这些案件中的失踪情况，即使失踪者何时死亡没有得到证实，但有关国家仍被认定对违反第 6 条直接负责。[28] 在其他案件中，委员会有时对这一方面则更为谨慎小心。

[8.29] **奥阿博迪亚诉阿尔及利亚**（*Aouabdia v Algeria*, 1780/2008）

在来文提交前，受害者已经失踪了 17 年。人权事务委员会认定第 6 条

28　但是见，*Bleier v Uruguay* (30/1978), para 14。

被违反:

7.10. 提交人还援用了《公约》第 2 条第 3 款,该款要求各缔约国确保所有人都具有可及的、有效的和可强制实施的救济,以便维护《公约》保障的权利。委员会重申,缔约国根据国内法为解决侵权申诉而建立适当的司法和行政机制十分重要。委员会提及其第 31 号一般性意见,这项意见声明,如果缔约国不调查对侵犯权利的指控,这种不行为本身就可能引起对《公约》的一项单独违反。在本案中,委员会收到的资料表明,布拉欣·奥阿博迪亚并没有获得有效的救济,因为缔约国没有履行保护他的生命的义务,因此委员会的结论是,它所掌握的事实揭示了对于结合第 2 条第 3 款解读的《公约》第 6 条的违反。

7.11. 既然已经决定与第 2 条第 3 款结合解读的《公约》第 6 条被违反,委员会认为没有必要另行审查仅与第 6 条有关的申诉。

因此,委员会并没有认定对第 6 条的直接违反,而是认定对与第 2 条第 3 款中的获得救济权相结合解读的第 6 条的间接违反。[29]

[8.30] **萨尔玛诉尼泊尔**(*Sharma v Nepal*,1469/2006)

在这一失踪案件中,人权事务委员会对于生命权采取了一种不同的处理方式。[30]

7.8. 关于《公约》第 6 条可能被违反,委员会注意到,提交人和缔约国看来都同意,提交人的丈夫已经身亡。然而,提交人在援引第 6 条的同时,还要求释放她的丈夫,这表明她尚未放弃他生还的希望。委员会认为,在这种情况下,似乎不应该由委员会来推测提交人的丈夫死亡的情节,尤其是因为,对这一事件一直没有正式调查。由于下文第 9 段所述的缔约国义务,在无论有无此种认定的情况下都是一样的,委员会认为不宜在本案就第 6 条作出认定。

[8.31] **贝纳吉扎诉阿尔及利亚**(*Benaziza v Algeria*,1588/2007)

在该案中,人权事务委员会委员萨尔维奥利先生对他认为委员会在有关

---

[29] See also *Aboussedra v Libyan Arab Jamahiriya* (1751/2008), para 7.10; *El Abani v Libyan Arab Jamahiriya* (1640/2007), para 7.10; *Benaziza v Algeria* (1588/2007), para 9.9.

[30] See also *El Hassy v Libyan Arab Jamahiriya* (1422/2005), para 6.10.

第 6 条和失踪方面表现的胆怯，在单独意见中提出了异议：

> 18. 在本案中，提交人声称，其祖母于 1996 年 6 月 2 日被国家安全官员逮捕（其中有些人穿着制服）；至今她没有收到任何关于其祖母的命运的信息；向有关部门发出的 17 份申诉没有任何结果。考虑到缔约国没有对提交人的指控作出令人满意的解释——她至今没有收到任何关于其祖母的命运的信息，委员会本来应该认定，它所收到的事实表明了对第 6 条第 1 款的违反，因为缔约国没有履行其保障贝纳吉扎女士的生命权的义务。……
>
> 23. 委员会在对一些强迫失踪案件作出决定的过程中认定，即使这些受害者的遭遇并不完全清楚，但他们根据《公约》第 6 条享有的权利都遭到了侵犯。然而，令人遗憾的是，在其他一些案件中（包括贝纳吉扎女士的案件），委员会没有采用这种推理思路。人权法的发展就其性质而言是朝向进步的，这在逻辑上就要求负责适用人权法的国际机构不得对已经确立的标准作出倒退性的法律解释。一种希望是，委员会在有关程序和实质的事项方面，在作出符合《公约》之目的及宗旨的解释时，重新使用更加重视保障的标准。这将有助于确保各缔约国真诚地采取所需措施，为侵权行为作出适足的弥补，从而履行它们作为国际社会一部分而承担的义务。

[8.32] 在除了长期失踪以外，有证据表明失踪者已经死亡时，人权事务委员会肯于认定对第 6 条的直接违反。在以下案件中，委员会都认定存在这样的违反：埃尔·阿尔瓦尼诉利比亚（*El Alwani v Libyan Arab Jamahiriya*，1295/2004，其中缔约国确认失踪者已经死亡）、[31] 冈萨雷斯诉阿根廷（*González v Argentina*，1458/2006，其中一具无法辨认的尸体很可能就是失踪者）、[32] 特饶雷诉科特迪瓦（*Traoré v Côte d'Ivoire*，1759/2008，其中与他的两位表兄弟一起被逮捕的提交人有理由相信，后来失踪的这两人已经被处决）。[33]

---

[31] 在委员会意见的第 6.8 段。
[32] 在委员会意见的第 9.3～9.4 段。
[33] 在委员会意见的第 7.7 段。

[8.33] **齐侯布诉阿尔及利亚**(*Chihoub v Algeria*, 1811/2008)

提交人的儿子在 15 年前被军方人员带走,提交人对其遭遇一无所知。人权事务委员会认定了对第 6 条的直接违反,表明委员会可能返回到其早期的做法,即认定这种直接违反,而不是只认定间接违反:

8.4. 委员会注意到,贾梅尔·齐侯布(Djamel Chihoub)于 1996 年 5 月 16 日被缔约国武装部队成员逮捕。至于莫拉德·齐侯布(Mourad Chihoub),据称他在 16 岁时,于 1996 年 11 月 13 日被来自巴拉基(Baraki)营房的军官们逮捕,下令逮捕的是几个月前领导对贾梅尔·齐侯布的逮捕的同一名指挥官;据称,再没有他的家人见到他或听到他的消息。据提交人称,在贾梅尔·齐侯布和莫拉德·齐侯布失踪 15 年后,发现他们还活着的机会极其渺茫,他们长时期杳无音讯以及他们被捕时的背景与状况很可能表明,他们已在拘禁中死亡。委员会指出,缔约国没有提供任何资料反驳这些指控,并得出结论认为,缔约国未做到履行其保障贾梅尔·齐侯布和莫拉德·齐侯布的生命权的责任,违反了《公约》第 6 条。

特林和奥弗莱厄蒂作为少数委员,注意到并且不同意委员会在齐侯布案中的这种思路的转变。[34]

[8.34] 在对塞尔维亚和黑山的结论性意见中,人权事务委员会称:[35]

10. 委员会注意到,[缔约国]对巴塔尼卡(Batajnica)乱葬坑的约 700 具尸骸开展了有效的发掘和验尸工作,但委员会关切的是,对这些罪行的施行者的调查和起诉工作缺少进展(第 2、6 条)。

缔约国应与发掘尸骸的工作一道,立即开始调查违反《公约》的明显犯罪行为。缔约国还应当同时解决下落不明和失踪人员亲属的特殊需要,包括给予充分的补救。

---

[34] 另见,*Djebrouni v Algeria* (1781/2008),其中多数委员和少数委员的意见;以及,*Ouaghlissi v Algeria* (1905/2009),其中的各种意见。

[35] (2004) UN doc CCPR/CO/81/SEMO.

第八章　生命权

培训相关人员的义务

[8.35] 关于其他《公约》权利，人权事务委员会一直强调，缔约国负有一种义务，即培训诸如警察和监狱看守等有关人员，以最大程度减少违反的可能。[36] 可以认定，这种义务对于第 6 条也存在。例如，委员会建议罗马尼亚密切监管警察使用枪支的情况。[37] 密切监管估计包括规定使用枪支的适当准则。在对坦桑尼亚联合共和国的结论性意见中，委员会表示遗憾的是，"没有对警察进行关于人权问题和正确使用防暴设备——例如橡皮子弹——的培训"。[38]

保护被拘禁者的义务

[8.36] **德米特·巴巴托诉乌拉圭**（*Dermit Barbato v Uruguay*, 84/1981）

人权事务委员会收到的这一申诉有关被乌拉圭当局关押的一位犯人雨果·德米特·巴巴托死亡一事。

9.2……缔约国……没有提交有关雨果·德米特·巴巴托死亡情况的任何报告或者有关进行的任何调查或其结果的资料。因此，委员会别无他法，只能给予提交人提供的资料以适当的看重，这些资料表明，就在雨果·德米特·巴巴托死亡前几天，其他犯人见到了他，据说他精神不错，尽管要为突然来临的获释和离开乌拉圭作准备。虽然委员会就雨果·德米特·巴巴托是自杀、被逼自杀还是在羁押中被人杀害不能得出确定的结论，但是不可避免的结论是，根据所有情况，乌拉圭当局或者

36　关于第 7 条，例如见第［9.150］段。
37　(1999) UN doc CCPR/C/79/Add. 111, para 12.
38　(1998) UN doc CCPR/C/79/Add. 97, para 18；另见委员会对以色列的结论性意见，(1998) UN doc CCPR/C/79/Add. 93, para 17. 有关使用枪支的过失，另见，*Burrell v Jamaica* (546/1993)［8.08］。

出于作为或者出于不作为，均需对未能采取足够措施按照《公约》第6条第1款的要求保护他的生命负责。

10. 人权事务委员会依据《任择议定书》第5条第4款行事，认为来文揭示了对《公约》的违反，特别是：(a) 就雨果·德米特·巴巴托而言，第6条被违反，因为乌拉圭当局未能采取适当措施在其被羁押期间保护他的生命。……

11. 委员会因此认为，缔约国有义务采取有效步骤以 (a) 查证雨果·德米特·巴巴托死亡的事实情况，将任何被发现对其死亡负责的人绳之以法，并向雨果·德米特·巴巴托的家属提供适当赔偿……。

[8.37] 有明显的迹象表明，是乌拉圭当局杀害了德米特·巴巴托先生。然而，人权事务委员会并不愿意作出这种认定。委员会认定第6条第1款被违反，是基于该国未能采取适足措施防止受害者在被羁押期间死亡。[39] 按照类似的思路，委员会在1995年批评在英国"囚犯——特别是未成年囚犯——自杀的数量很高"的情况。[40] 因此，各国具有一项积极义务，即采取合理可能措施，确保人们不在被国家羁押期间死亡。这补充了国家不得杀害的消极义务。以下案件为这种积极义务提供了一个很好的例证。

兰特索夫诉俄罗斯（*Lantsov v Russian Federation*, 763/1997）

该案除其他外，涉及提交人的儿子在审前拘禁中死亡一事。人权事务委员会认定第6条第1款被违反：

9.2. 关于兰特索夫先生死亡一事，委员会注意到提交人根据几名与他一同被拘禁的人的证词所提出的指控，即提交人的儿子的健康状况恶化以后，只是在生命的最后几分钟里得到了医疗，而在此前几天监狱当局拒绝为其提供医疗，正是这种情况引起了他的死亡。委员会还注意到缔约国提供的资料，即就死亡原因进行了几次调查——死因是急性肺炎引起的心力衰竭，以及兰特索夫先生没有请求医疗帮助。委员会申明，缔约国对于确保被拘禁者的生命权责无旁贷，而请求保护并不是后者的

---

[39] 可比较这一点与委员会对以下来文的更为有力的认定：*Eshonov v Uzbekistan*（1225/2003）[8.12]；*Zhumbaeva v Kyrgysztan*（1756/2008）[8.13]。

[40] (1996) UN doc CCPR/C/79/Add. 55, para 12.

责任。缔约国所称的关于改善条件的意愿对于评估本案没有任何影响。委员会注意到,缔约国没有反驳兰特索夫先生的拘禁条件与其健康状况致命恶化之间的因果关系。进一步说,即使委员会从缔约国的说法出发,即兰特索夫先生或与他一同被拘禁的人都没有及时请求医疗帮助,基本事实仍然是,缔约国逮捕和拘禁个人,就承担了照顾他们的生命的责任。应当由缔约国通过组织拘禁设施来了解在可以合理预见的范围内,被拘禁者的健康状况。缺乏财力无法减轻这种责任。委员会认为,拘禁中心里一个运转正常的医疗服务设施本来可以而且应该知道兰特索夫先生健康状况的危险变化。委员会认为,缔约国没有采取适当措施在兰特索夫先生待在拘禁中心的时间内保护他的生命。因此,委员会得出结论认为,在本案中,存在对《公约》第6条第1款的违反。

[8.38] **提提亚霍尼约诉喀麦隆**(*Titiahonjo v Cameroon*,1186/2003)

提交人的丈夫是反对政府的政治人士,在喀麦隆被逮捕。提交人声称,她的丈夫在羁押期间受到虐待,并最终在狱中因病死亡。人权事务委员会认定她的丈夫根据第6条享有的生命权受到了侵犯:

> 6.2. 提交人声称,其丈夫在羁押期间死亡构成了对第6条的违反,因为该条要求缔约国保护在其领土内受其管辖的所有人的生命权。在本案中,提交人诉称,缔约国未能保护其丈夫的生命权,即(a)当其丈夫显然病重时,未允许护士进入他的牢房;(b)放任巴富萨姆(Bafoussam)监狱存在这种危及生命的拘禁条件,特别是显然没有控制危及生命的疾病的传播。缔约国没有反驳这些指称。根据这些情况,委员会认定,缔约国未履行其根据《公约》第6条第1款承担的义务来保护提提亚霍尼约先生的生命权。

[8.39] **托内尔诉西班牙**(*Tornel v Spain*,1473/2006)

该来文的起因是一个人在西班牙的监狱中因艾滋病死亡。人权事务委员会认定第6条第1款没有被违反:

> 7.2. 提交人诉称,他们死去的亲人根据《公约》第6条第1款享有的权利受到了侵犯,因为当他只能再活几个月时,他被拒绝有条件释放,还因为他没有得到他的病情所需的治疗。委员会注意到,莫拉勒

斯·托内尔先生在提出申请时已经被诊断患有不治之症；而且鉴于其疾病的性质，并无理由在其死亡与他被继续监禁之间确立因果关系。至于所称的他未得到他的病情所需的医疗，委员会注意到，案卷中并没有充分的资料，能使其认定医疗不适足，或者认定国内法院在这方面对事实和证据的评估具有任意性。因此，委员会没有充分证据来确认，莫拉勒斯·托内尔先生与《公约》第 6 条有关的权利受到了侵犯。

[8.40] 在卡巴尔·伯特兰和帕西尼·伯特兰诉澳大利亚案（*Cabal and Pasini Bertran v Australia*，1020/2002）中，人权事务委员会指出，"没有将患有传染性疾病的被拘禁者与其他被拘禁者隔离，有可能引起主要有关第 6 条第 1 款和第 10 条第 1 款的问题"。[41] 而且，委员会在法伯里坎特诉加拿大案（*Fabrikant v Canada*，970/2001）中更进一步，声称一国"对被其拘禁者的生命和安宁负责"，[42] 由此将积极义务超出了采取合理步骤维护被拘禁者之生命的范围，扩展到采取步骤以维持被拘禁者的适足程度的健康 [9.230]。在对奥地利的结论性意见中，委员会强调，该国必须向绝食的被拘禁者（包括等待被递解出境者）提供充足的医疗监护。[43]

控制私人实体的义务

[8.41] 生命权方面的积极义务包括防止和惩处私人行为者致人死亡和失踪的义务 [8.02]。[44] 在上述若干案件中——例如马赛拉纳和古玛诺伊诉菲律宾案（*Marcellana and Gumanoy v Philippines*，1560/2007），尽管并不确定有关死亡出自缔约国之手，但人权事务委员会仍认定缔约国违反了第 6

41　在委员会意见的第 7.7 段。

42　在委员会意见的第 9.3 段。该来文有关指控加拿大当局未能向一位具有心脏疾病的囚犯提供适当的手术。委员会认定来文不可受理，因为证据表明，加拿大确实向提交人提供了要进行的有关手术。

43　(2007) UN doc CCPR/C/AUT/CO/4, para 12.

44　See also H Kabaalioglu, 'The Obligations to "Respect" and "Ensure" the Right to Life', in B Ramcharan (ed), *The Right to Life in International Law* (Martinus Nijhoff, 1985), 160 at 179.

条。不过,在这些案件中,国家有很大的嫌疑参与其中。无论如何,国家根据第 6 条承担的义务延及无疑是由非国家行为者实施的杀人行为。

[8.42] 这一义务明确地规定在第 6 条第 1 款中,因为该条款规定国家有义务"以法律"保护人之生命。[45] 文纳尔格伦先生在其对金德勒诉加拿大案(*Kindler v Canada*, 470/1991)发表的异议意见中,讨论了第 6 条的这一方面:

> 确保保护生命权的标准做法是将杀人行为规定为犯罪。剥夺生命的行为通常被归入诸如"过失杀人""杀人"或"谋杀"等罪名中。另外,可能还有一些可归入犯罪的涉及无理剥夺生命的不作为,即造成人身死亡的不行动或不作为,如医生故意不启用生命支持设备而未能抢救病人的生命,或未能救助生命处于危急情况下的人。对于剥夺生命,个人和国家的代表都同样要承担刑事责任。在评估某一缔约国为履行《公约》第 2 条第 1 款所承担之义务、保护其管辖范围内的生命权的限度时,刑事立法的办法可提供某些指导。

[8.43] 人权事务委员会在若干结论性意见中论述了这一义务。在这一方面,巴拉圭因其有关杀婴的法律过于宽容而受到批评。[46] 若干非洲国家因其纵容女性生殖器残割的习俗而受到指责,部分地是因为这种习俗对年轻受害者的生命造成的威胁。[47] 美国受到的指责是,"很容易得到枪支",这威胁了"对生命权的保护和享有"。[48] 对危地马拉,委员会关切的是,"公共和私人警察"对街头儿童的严重侵害,包括对其生命权的侵害,[49] 其中的"私人

---

[45] See M Nowak, *UN Covenant on Civil and Political Rights: CCPR Commentary* (2nd edn, NP Engel, 2005), 122 – 3.

[46] (1995) UN doc CCPR/C/79/Add. 48, para 16.

[47] 委员会的结论性意见:莱索托,(1999) UN doc CCPR/C/79/Add. 106, para 12;塞内加尔,(1997) UN doc CCPR/C/79/Add. 82, para 12;苏丹,(1997) UN doc CCPR/C. 79/Add. 85, para 10。另见第[9.62]段。

[48] (1995) UN doc CCPR/C/79/Add. 50, para 17. 另见委员会对瑞士的结论性意见,(2009) UN doc CCPR/C/CHE/CO/3, para 12,其中委员会关切的是,大量在家中保存服兵役所用的制式武器造成了很高的自杀率;以及委员会对危地马拉的结论性意见,(2012) CCPR/C/GTM/CO/3, paras 12 and 14。

[49] (1996) UN doc CCPR/C/79/Add. 63, para 20.

警察"指的是有组织的义务治安团体。[50] 危地马拉还因其"持续存在私刑"而受到批评。[51] 最后,委员会在第 28 号一般性意见中称,"仍不受惩罚的所谓'为维护荣誉而犯罪'(honour crime)构成对《公约》的严重违反,特别是对第 6 条、第 14 条和第 26 条的严重违反"。[52]

[8.44] 各缔约国还需要防止和惩处在公共和私人部门中,因疏忽或鲁莽造成的死亡。例如,乌克兰立法将制作和销售具有放射性污染的产品规定为犯罪,就此受到了表扬。[53]

[8.45] **诺瓦科维奇诉塞尔维亚**(*Novaković v Serbia*,1556/2007)

提交人的儿子因牙齿感染到一家国营医院接受面部手术后,在医院身亡。提交人声称,他死于医疗事故。人权事务委员会同意提交人的意见,即存在对第 6 条的违反:

7.2. ……在本案中,委员会认定,它没有获得足够的证据,表明缔约国对于未履行《公约》第 6 条为其规定的义务,负有直接责任。

7.3. 委员会注意到缔约国提出,国内刑法规定了医疗事故和严重危害健康罪行的刑事责任。然而,委员会注意到,缔约国没有解释卫生部督察员的作用或者刑事诉讼在医疗事故和其他危害健康罪行案件中的效能。在本案中,委员会注意到,直到受害者死亡 40 个月后,才审讯第一名嫌疑人并启动刑事诉讼;直到 2008 年 1 月 21 日,即受害者死亡近 5 年后,才对可能的肇事者提起诉讼;而 2009 年 6 月才开始一审。委员会还注意到,到 2003 年 4 月 1 日才有关于诺瓦科维奇先生死因的医疗报告;然而,直到 2005 年 8 月,才进行全面的法医专家检查。最初的尸检和贝尔格莱德法医研究所后来另外提出的专家意见,都强烈表明标准的医疗程序没有得到执行,引起可能导致医疗事故以及/或者危害健康罪行的问题。缔约国没有就这些指控提供任何解释,包括在开展和完

---

[50] 另见委员会的结论性意见:阿尔及利亚,(1998) UN doc CCPR/C/79/Add.95, para 8;贝宁,(2004) UN doc CCPR/CO/82/BEN, para 14;阿尔巴尼亚,(2004) CCPR/CO/82/ALB, para 12。

[51] (2012) CCPR/C/GTM/CO/3, para 18.

[52] 在第 31 段;另见委员会对瑞典的结论性意见(有关其某些移民社群),(2002) UN doc CCPR/CO/74/SWE, para 8。

[53] (1996) UN doc CCPR/C/79/Add.52, para 6.

成对诺瓦科维奇先生之死的刑事调查和诉讼方面为何存在延误。委员会认为,这些事实构成缔约国违反其根据《公约》承担的、适当调查受害者死亡和对负责任者采取适当行动的义务,因此揭示了对与《公约》第 6 条相结合的第 2 条第 3 款的违反。

尽管死亡发生在一家国营医院,但假如这是一家私营医院,委员会的决定估计也不会有什么不同。毕竟,在该案中,国家没有被认定为对死亡直接负责。

死　刑

[8.46] 第 6 条第 2 款至第 6 款有关生命权的一个例外,即司法上判处死刑。

第 6 号一般性意见

6. 虽然从第 6 条第 2 款至第 6 款的规定来看,缔约国并没有义务彻底废除死刑,但它们有义务限制死刑的适用,特别是对 "情节最重大之罪" 以外的罪行,废除这种刑罚。因此,它们必须考虑参照这一点,审查它们的刑法,同时,无论如何,它们有义务把死刑的适用范围局限于 "情节最重大之罪"。本条款也一般性地提到废除死刑,其用语强烈提示(第 2 款和第 6 款*),各国宜废除死刑。委员会总结说,所有废除死刑的措施都应该被认为属于第 40 条所意指的在享受生命权方面所取得的进展,从而应当就此向委员会报告。委员会注意到,若干缔约国已废除死刑或暂停适用死刑。然而,从缔约国的报告来看,在废除死刑或限制死刑的适用方面,所获的进展相当不足。

7. 委员会认为,对 "情节最重大之罪" 这一表述必须作限制性的

---

* 在联合国发布的第 6 号一般性意见的英文本上(HRI/GEN/1/Rev.7, p.155),此处为 "paras. 2 (2) and (6)";在中文本上(HRI/GEN/1/Rev.7,第 128 页),则为 "第 2 (2) 款和第 (6) 款"。经与联合国人权高专办核实,这两处均为印刷错误,故改为 "第 2 款和第 6 款"。这一部分的正确表述见,A/37/40, Annex V, General comment 6 (16), para. 6。

解读，它意味着死刑应当是极为非常的措施。由第 6 条的明确表述来看，死刑的判处只能按照犯罪时有效并且不违反本《公约》规定的法律行之。《公约》规定的程序性保障必须得到遵守，包括由一个独立的法庭进行公正审理的权利、无罪假定原则、对被告的最低限度保障和由上级法院复判的权利，这些是寻求赦免或减刑等特定权利以外的可以适用的权利。

[8.47] 已经批准了《第二任择议定书》的缔约国，不得判处死刑。截至 2013 年 4 月，只有 76 个国家批准了该议定书，尽管人权事务委员会在其与《公约》缔约国的对话中，一直大力鼓励批准这一文书。

[8.48] **卢布托诉赞比亚**（Lubuto v Zambia, 390/1990）

在该案中，人权事务委员会讨论了第 6 条第 2 款中"情节最重大之罪"的含义:[54]

> 7.2. 委员会注意到，提交人据以被判决有罪和判处死刑的法律规定，对使用枪支的严重抢劫判处死刑。因此，必须决定的问题是，本案中的量刑是否符合《公约》第 6 条第 2 款——该款只允许判处"情节最重大之罪"死刑。考虑到在本案中使用枪支并未造成任何人死亡或受伤，而法院根据法律在量刑时不能将这些因素考虑在内，因此委员会认为，在这种情况中强制判处死刑违反了《公约》第 6 条第 2 款。

委员会委员安藤同意这一意见，但补充说，有些犯罪，如"在繁忙的街区引爆炸弹、破坏水库、在饮水里投毒、在地铁站上施放毒气，而且很可能包括战时的间谍活动"，即使没有造成人身伤亡，也严重到足以引致死刑。这是因为，某些犯罪"造成可能导致许多不特定的人死亡或不可弥补之损害的严重危险"，因此无论其最终后果如何，均应予以严厉惩罚。

[8.49] 在肯尼迪诉特立尼达和多巴哥案（Kennedy v Trinidad and Tobago, 845/1998）中，克雷茨梅尔先生和约尔登先生在一项联合附议意见中指出，并非故意的或"粗心大意"的杀人没有严重到可根据第 6 条第 2 款引致

54　See also *Chisanga v Zambia* (1132/2002), para 7.4.

死刑。在对肯尼亚的结论性意见中,人权事务委员会称:[55]

> 13. 委员会……关切地注意到,死刑适用于没有造成死亡或类似严重后果的犯罪,诸如暴力抢劫或暴力抢劫未遂罪,这些犯罪未达到《公约》第 6 条第 2 款含义所指的"情节最重大之罪"。

[8.50] 人权事务委员会还确认,下列罪行不是"情节最重大之罪",因此不能引致死刑,否则就将违反第 6 条:叛国、海盗[56]、抢劫[57]、贩运有毒或危险废物[58]、教唆自杀、贩毒[59]、与毒品相关的犯罪[60]、财产犯罪[61]、多次逃避兵役[62]、叛教、实施第三次同性性行为、官员挪用公款、使用暴力盗窃[63]、"未导致死亡的绑架"[64]、偷窃牲畜[65]、非法性行为[66]、经济犯罪、通奸、腐败、"有关对内和对外安全的含混罪行"[67]、政治和经济犯罪[68]以及"没有导致生命损失的犯罪"[69]。克莱因先生和克雷茨梅尔先生在 TT 诉澳大利亚案(*TT v Australia*, 706/1996)中作为少数委员提出的意见暗示,毒品犯罪没有严重到足以引致死刑。[70] 委员会在对伊拉克的结论性意见中,强烈暗示"非暴力"的侵权行为没有严重到足以引致死刑。[71] 最后,报复不能在

---

55 (2005) UN doc CCPR/CO/83/KEN.
56 委员会对英国海外属地的结论性意见,(2001) UN doc CCPR/CO/73/UKOT, para 37。
57 委员会对韩国的结论性意见,(1992) UN doc A/47/40, 122-4, para 9。
58 委员会对喀麦隆的结论性意见,(1994) UN doc CCPR/C/79/Add. 33, para 9。
59 委员会对泰国的结论性意见,(2005) UN doc CCPR/CO/84/THA, para 14;对苏丹的结论性意见,(2007) UN doc CCPR/C/SDN/CO/3, para 19。
60 委员会对科威特的结论性意见,(2011) UN doc CCPR/C/KWT/CO/2, para 14 (b)。
61 委员会对斯里兰卡的结论性意见,(1996) UN doc CCPR/C/79/Add. 56, para 14。
62 委员会对伊拉克的结论性意见,(1997) UN doc CCPR/79/Add. 84, para 11。
63 委员会对苏丹的结论性意见,(1997) UN doc CCPR/C/79/Add. 85, para 8; (2007) UN doc CCPR/C/SDN/CO/3, para 19。
64 委员会对危地马拉的结论性意见,(2001) UN doc CCPR/CO/72/GTM, para 17。
65 委员会对马达加斯加的结论性意见,(2007) UN doc CCPR/C/MDG/CO/3, para 15。
66 委员会对苏丹的结论性意见,(2007) UN doc CCPR/C/SDN/CO/3, para 19。
67 委员会对科威特的结论性意见,(2011) UN doc CCPR/C/KWT/CO/2, para 14 (b)。
68 委员会对利比亚的结论性意见,(1998) UN doc CCPR/C/79/Add. 101, para 8。
69 委员会对伊朗伊斯兰共和国的结论性意见,(1995) UN doc CCPR/C/79/Add. 25, para 8。
70 该申诉有关提交人被引渡到马来西亚,据称他在那里面临因为毒品犯罪被判处死刑的可能。多数委员认定,他在回到马来西亚后,甚至不太可能因为毒品犯罪受到审判。
71 (1997) UN doc CCPR/79/Add. 84, para 10。

法律上被接受为判处死刑的理由。[72] 综上所述，似乎只有故意杀人或企图杀人，以及也许是故意造成严重的身体伤害，才可以根据第 6 条第 2 款引致死刑。[73]

[8.51] 在对也门的结论性意见中，人权事务委员会称：[74]

> 15.……受害者家属根据经济赔偿（"血钱"）的情况，对决定是否执行死刑具有主导作用，这违背了《公约》。

因此，与若干伊斯兰国家的习俗相反，受害者的家属——考虑到其固有的偏向性——对决定是否判处以及/或者执行死刑，不应起任何作用。

[8.52] **古南诉吉尔吉斯斯坦**（*Gunan v Kyrgyzstan*, 1545/2007）

提交人在经历不公正的审判后，被判处死刑。他因此声称，判决本身就违反了第 6 条。人权事务委员会遵循其先前的案例法，认定存在对《公约》的违反：

> 6.5. 提交人最后声称，他根据《公约》第 6 条享有的生命权受到侵犯，因为他在不公正审判后被判处死刑。在这方面，委员会重申其判例，即在没有尊重《公约》第 14 条之规定的情况下审结案件、判处死刑，构成对《公约》第 6 条的违反。鉴于委员会已认定第 14 条被违反，委员会的结论是，提交人还是其根据《公约》第 6 条第 2 款享有的权利——结合第 14 条解读——被侵犯的受害者。

委员会随后在其意见的第 7 段中确认，它认定与第 14 条（获得公正审判权）相结合的第 6 条——而非特定的第 6 条第 2 款——被违反。这种更宽泛的进路也为诸如库尔巴诺夫诉塔吉克斯坦案（*Kurbanov v Tajikistan*, 1096/2002）和第 32 号一般性意见第 59 段所采用。

[8.53] 在古南案中，人权事务委员会两位委员拉拉赫先生和萨尔维奥利先生采用了一种更为宽泛的进路，主张在不公正的审判后判处死刑等于是对第 6 条的单独违反（"第 6 条本身"），而非对与第 14 条相结合的第 6 条的违反。相反，里瓦斯－波萨达先生提出，本来应该只认定对与第 14 条

---

[72] (1997) UN doc CCPR/79/Add.84, para 10.

[73] See also *Kennedy v Trinidad and Tobago* (845/1998) [8.49].

[74] (2005) UN doc CCPR/CO/84/YEM.

相结合的第 6 条第 2 款的特定违反,这将符合委员会早先就这一点针对一些加勒比海地区国家作出的案例法,如列维诉牙买加案(*Levy v Jamaica*,719/1996)。[75]

[8.54] 甚至在死刑已经被减刑为终身监禁时,人权事务委员会也会认定这种违反。[76] 不过,委员会在这一问题上的做法并不连贯一致;在其他案件中,如果死刑已获减刑,委员会就认定申诉是没有实际意义的假设。[77] 在拉拉纳加诉菲律宾案(*Larrañaga v Philippines*,1421/2005)中,又出现了一种新的变化:对于在不公正的审判后作出的死刑判决(后被减刑),委员会认定的是第 7 条而非第 6 条被违反 [9.78]。

[8.55] 必须注意的是,并不是在判处死刑的审判中对第 14 条的所有违反都会产生对第 6 条第 2 款的同时违反。尤其是,违反迅速进行刑事审判和对上诉的保障 [第 14 条第 3 款(寅)项和第 14 条第 5 款] 并不同时违反第 6 条第 2 款。[78] 虽然不合理的拖延构成对被告的不公平待遇,但这并不意味着实际的审判方式不公正,因此任何由此产生的死刑判决都不容易受到质疑。这方面的一个例外情况似乎适用于香帕涅诉牙买加案(*Champagnie v Jamaica*,445/1991),却没有任何解释:在该案中,与认定第 14 条第 3 款(寅)项和第 14 条第 5 款因为审判拖延而被违反相伴的,的确还有对第 6 条的违反。在这方面,卡莫约诉赞比亚案(*Kamoyo v Zambia*,1859/2009)也是一个例外:该案件中的延误确实非同寻常,其上诉审理拖延了 17 年(而且还在继续)。[79]

---

[75] See also eg *Pinto v Trinidad and Tobago* (232/1987), *Reid v Jamaica* (250/1987), *Kelly v Jamaica* (253/1987), *Wright v Jamaica* (349/1989), *Henry v Jamaica* (230/1987), *Campbell v Jamaica* (248/1987), *Burrell v Jamaica* (546/1993), *Price v Jamaica* (572/1994).

[76] See eg *Akhadov v Kyrgyzstan* (1503/2006), *Khoroshenko v Russian Federation* (1304/2004), *Phillip v Trinidad and Tobago* (594/1992), *Karimov v Tajikistan* (1108 and 1121/2002), *Siragev v Uzbekistan* (907/2000).

[77] See eg *Dunaev v Tajikistan* (1195/2003), *Kodirov v Uzbekistan* (1284/2004), *Kasimov v Uzbekistan* (1378/2005), *Isaev and Karimov v Uzbekistan* (1163/2003), *El Hagog v Libya* (1755/2008).

[78] See eg *Brown and Parish v Jamaica* (665/1995), para 9.2; *Thomas v Jamaica* (614/1995).

[79] 在委员会意见的第 6.4 段。

强制性死刑

[8.56] **布朗诉牙买加**（*Brown v Jamaica*, 775/1997）

提交人的申诉除其他外，有关因其"情节严重的谋杀"而被强制性判处死刑。人权事务委员会认定，提交人被判死刑的强制性质并未导致任何违反：

6.14. 律师辩称，对于可判处死刑的谋杀罪强制性地判处死刑是一种任意武断和不成比例的惩罚，违反《公约》。对此，委员会注意到，牙买加法律区分了不可判处死刑的谋杀罪和可判处死刑的谋杀罪，后者是情节极为严重的谋杀罪。因此，委员会认为律师的争辩没有根据，它了解的事实没有揭示在这方面有任何违反《公约》的情况。此外，委员会认为，律师未能提出任何论点，使法官在对提交人判刑时可以考虑从轻情节，也未能说明提交人如何据此受到所称违反的影响。

[8.57] **汤普森诉圣文森特和格林纳丁斯**（*Thompson v St Vincent and The Grenadines*, 806/1998）

提交人被判定犯有谋杀罪——这一罪行在该国被定义为导致另一人死亡的故意暴力行为，并被判处死刑，即圣文森特对谋杀罪的强制刑罚。提交人诉称，除其他外，"该死刑判决的强制性质侵犯了提交人根据第6条第1款享有的权利"。[80] 人权事务委员会最终就第6条第1款，作出了有利于提交人的认定：

8.2. 律师声称，死刑的强制性质及其适用于提交人的案件，构成对《公约》第6条第1款……的违反。缔约国答复称，死刑仅对谋杀罪是强制性的，谋杀罪是法律规定的最严重罪行，这本身意味着死刑是比例适当的刑罚。委员会指出，根据缔约国法律强制判处死刑的唯一依据，是罪犯被判定犯下的罪行的类别，而不考虑被告的个人情况或犯罪的具体情节。对于所有"谋杀"案件（造成某人死亡的故意暴力行为），均强制性地判处死刑。委员会认为，这样一种强制性的死刑制度会剥夺提交人的最基本权利，即生命权，而没有考虑这一特殊惩罚形式对于具体案情是否比例适当。《公约》第6条第4款要求，要存在寻求特赦或减

---

[80] 在委员会意见的第3.3段。

刑的权利，但这并不能保证对生命权的充分保护，因为这些由执行部门掌握的酌处裁量措施，相比于对刑事案件的所有方面的适当司法审查，会受到各种其他考虑的影响。委员会认定，在提交人的案件中执行死刑，将构成对其生命的无理剥夺，违反《公约》第6条第1款。

委员会现在已在许多场合确认，强制性死刑违反第6条。[81]

恢复死刑

［8.58］人权事务委员会在贾治诉加拿大案（*Judge v Canada*，829/1998）中的决定表明，如果一国已经废除死刑，则不能以任何方式仰赖第6条第2款至第6款中对死刑的例外。这必然意味着，恢复死刑违反第6条。一缔约国除非已经废除了死刑，否则是无法"恢复"死刑的。

［8.59］人权事务委员会在卡珀诉菲律宾案（*Carpo v Philippines*，1077/2002）、拉约斯诉菲律宾案（*Rayos v Philippines*，1167/2003）和罗兰多诉菲律宾案（*Rolando v Philippines*，1110/2002）中，曾有机会对恢复死刑是否符合《公约》的问题，作出明确裁决。在每一起案件中，判处死刑都是强制性的。由于委员会以此为由认定第6条被违反［8.57］，因此它没有对恢复死刑的问题作出决定。舍伊宁先生、拉拉赫先生和夏内女士在罗兰多案中提出了单独意见，确认贾治案事实上禁止了恢复死刑。他们接着称：

> 我们认为，废除死刑和暂停执行死刑之间的区别至关重要。1987年，菲律宾在其法律制度中取消了死刑，因此任何刑事法的条文都不包括判处任何人死刑的可能性。不能基于《宪法》提及死刑而适用之。相反，《宪法》本身已非常清楚地表示，法律制度已经取消也就是废除了死刑。……
>
> 因此，我们的结论是，从《公约》第6条第2款的目的来看，菲律宾在1987年废除了死刑，而在1993年恢复了死刑。随后，本来文提交

81　See also *Kennedy v Trinidad and Tobago* (845/1998), para 7.3; *Mwamba v Zambia* (1520/2006), para 6.3; *Chisanga v Zambia* (1132/2002), para 7.4; *Chan v Guyana* (913/2000), para 6.5; *Hussain and Singh v Guyana* (862/1999), para 6.2; *Persaud and Rampersaud v Guyana* (812/1998), para 7.2; *Carpo et al. v Philippines* (1077/2002), para 8.3; *Rayos v Philippines* (1167/2003), para 7.2; *Rolando v Philippines* (1110/2002), para 5.2.

人被判处死刑。我们认为，这构成对《公约》第 6 条的违反。这种违约行为有别于委员会根据死刑的强制性质而确定的对第 6 条的违反，是一种额外的违反。[82]

[8.60] 在对黎巴嫩的结论性意见中，人权事务委员会表示：[83]

20. ……深为关切的是，该国政府增加了可予判处死刑的罪行的数目。鉴于《公约》第 6 条限制了可予判处死刑的情况，意味着这些情况应受到持续审查以期废除死刑，政府的这种做法不符合第 6 条。

因此，对一缔约国的死刑罪名清单的任何扩展——估计包括恢复死刑，看来都违反第 6 条，即使这种扩展只适用于"情节最重大之罪"，也是如此。

寻求赦免的权利

[8.61] **肯尼迪诉特立尼达和多巴哥**

该案中，提交人诉称第 6 条第 4 款被违反。人权事务委员会驳回了这一申诉：

7.4. 委员会注意到律师的说法，即肯尼迪先生在任何阶段都没有就他提出的赦免申请获得审理，也未被告知关于审查该申请的状态，因此他根据《公约》第 6 条第 4 款所享有的权利受到了侵犯。换言之，律师争辩，行使寻求特赦或减刑之权利应当由第 14 条中的程序保障所规范……。但是，委员会认为，第 6 条第 4 款的措辞并没有对行使赦免特权的模式规定一种具体程序。因此，各缔约国保留具体规定行使第 6 条第 4 款所规定之权利的模式的酌处权。看不出目前存在于特立尼达和多巴哥的程序以及该国宪法第 87~89 节所详细规定的模式有效地否定了第 6 条第 4 款规定的权利。在这样的情况下，委员会不能认定这一规定被违反。

[8.62] **奇库诺夫诉乌兹别克斯坦**（*Chikunov v Uzbekistan*，1043/2002）

在对人权事务委员会意见的以下引文中，就能明显看出其认定缔约国违

---

[82] 安藤先生和韦奇伍德夫人不同意这一观点。不过，他们也不同意多数委员有关强制性死刑违反《公约》的认定。在涉及死刑中的情势是否违反《公约》的决定中，这两位委员经常属于持少数意见的委员。

[83] (1997) UN doc CCPR/C/79/Add. 78, para 20. 另见委员会对秘鲁的结论性意见，(1996) UN doc CCPR/C/79/Add. 67, para 15。

反第6条第4款的原因：

7.6. 提交人还诉称，对她儿子的处决是非法执行的，因为根据乌兹别克斯坦的法律，在犯人提出的赦免申请得到审查之前，不得执行死刑。本案中，有多项赦免申请向总统府提出，但未得到任何答复。缔约国未对这一指控发表意见。在此情况下，必须适当看重提交人的指控。因此，委员会认为，其所获材料表明存在对《公约》第6条第4款的违反。

[8.63] **奇桑加诉赞比亚**（*Chisanga v Zambia*，1132/2002）

1995年，提交人被判定犯有情节严重的抢劫罪并被判处死刑。在1997年的上诉中，最高法院取消了对他的死刑判决，取而代之的是18年监禁。他在当时被带离死囚牢。不过，最高法院在1999年作出了另一判决，恢复了对他的死刑判决。2004年，赞比亚总统赦免了所有在死囚牢中被关押超过10年者。提交人无法从中得益——因为虽然他在监狱中被关押了11年（他于1993年被捕），但是他在1997~1999这两年间，被移出了死囚牢。人权事务委员会认定第6条第4款被违反：

7.5. 委员会注意到提交人诉称，他曾从死囚牢房转到长期徒刑牢房，在那里被关押了两年。在他被送回死囚牢房之后，总统签发了适用于已在死囚牢房关押10年以上的囚犯的大赦令或减刑令。但对提交人没有减刑——他已经被监禁了11年，其中两年是在长期徒刑牢房服刑。由于缔约国对此没有作出任何澄清，因此，应当适当看重提交人的指控。委员会认为，将他从死囚牢房转到长期徒刑牢房，随后又拒绝对他适用对已在死囚牢房关押了10年的囚犯适用的大赦令，剥夺了提交人的有效救济机会，这一救济有关他得到《公约》第6条第4款连同第2条保护的寻求大赦或减刑的权利。

[8.64] 在对日本的结论性意见中，人权事务委员会批评的一个情况是，"赦免、减刑或缓刑的权力"未得使用，而且没有"有关寻求此等补救之益的程序的透明度"。[84]

---

[84] (2008) UN doc CCPR/C/JPN/CO/5, para 16.

免于死刑的人

[8.65] 第6条第5款禁止处决孕妇以及在犯下所涉罪行时未满18岁之人。[85] 另外,人权事务委员会对于美国未能保护智力残疾者不受死刑表示"遗憾",[86] 由此暗示这样的人也不应被处决。在威廉姆斯诉牙买加案(*Williams v Jamaica*,609/1995)中,委员会并没有审议有关一个"精神失常"者预计被处决的申诉,因为在申诉审议期间,他的死刑被减为终身监禁。[87] 在 RS 诉特立尼达和多巴哥案(*RS v Trinidad and Tobago*,684/1996)中,对一个精神上失去能力者签发死刑令被认定违反了第7条[9.92]。委员会指出,"没有有关提交人在诉讼早期阶段的精神状态的资料,因此它无法判断提交人根据第6条享有的权利是否也遭到了侵犯"。[88] 在对日本的结论性意见中,委员会关切的一个情况是,具有精神残疾者被处决。[89] 意思很明显,施予某一精神上失去能力者死刑违反第6条第1款。

[8.66] 在对日本的同一结论性意见中,人权事务委员会同样对"年纪大的人"被处决表示关切。[90]

不递解出境的义务

引渡到一个保留死刑的国家[91]

[8.67] **金德勒诉加拿大**(*Kindler v Canada*,470/1991)

一个需要人权事务委员会处理的有争议的问题出现在涉及加拿大的"引

---

[85] 例如见,*Johnson v Jamaica* (592/1994),para 10.3,其中,提交人在犯下据称罪行时只有17岁并被判处了死刑,这有违第6条第5款。

[86] 委员会对美国的结论性意见,(1995) UN doc CCPR/C/79/Add. 50, para 16。

[87] 在委员会意见的第6.2段。

[88] 在委员会意见的第7.2段。

[89] 委员会对日本的结论性意见,(2008) UN doc CCPR/C/JPN/CO/5, para 16。

[90] 委员会对日本的结论性意见,(2008) UN doc CCPR/C/JPN/CO/5, para 16。

[91] 见第[9.98]及以下各段,有关将某人递解或推回到其根据第7条享有的权利可能被侵犯之国家的相关问题。

渡"案件中，金德勒案是其中第一个委员会对实质问题作出决定的案件。在该案中，金德勒在美国宾夕法尼亚州被判定犯有谋杀罪，而且可能被判处死刑；他逃到了加拿大，但在1991年9月被引渡回美国。他诉称，除其他外，引渡他的决定违反了第6条，因为这使其在美国面临死刑风险。在他提交来文之时，美国尚不是《公约》的缔约国。委员会拒绝了加拿大的主张，即来文基于属地理由不可受理。[92] 对于实质问题，委员会的认定则有利于缔约国：

13.2. 如果某一缔约国引渡受其管辖下的某人，而引渡将导致其《公约》权利在另一国管辖下受到侵犯的真实风险，则该缔约国自己就可能违反了《公约》。……

14.3. 委员会指出，第6条第1款必须与第6条第2款结合理解，而第2款没有禁止对情节最重大之罪判处死刑。加拿大本身没有判处金德勒先生死刑，而是将他引渡给美国，他在那里面临死刑。如果金德勒先生由于被加拿大引渡而在美国受到第6条第2款被违反的真实风险，这将造成加拿大对其根据第6条第1款承担的义务的违反。第6条第2款的要求包括：只能在不违反《公约》和其他文书的情况下对情节最重大之罪判处死刑，且死刑只能根据管辖法庭的最后判决执行。委员会注意到，金德勒先生被判定犯下了预谋杀人罪（premeditated murder），这无疑是非常严重的犯罪。他在犯罪时已超过18岁。提交人没有向加拿大法院或本委员会声称，宾夕法尼亚法院的审判侵犯了他根据《公约》第14条享有的获得公正审理的权利。

14.4. 此外，委员会注意到，金德勒先生在加拿大法院进行了大量的诉讼活动后被引渡到美国，这些法院审查了所提交的有关金德勒先生的审判和定罪的所有证据。在这种情况下，委员会认定第6条第1款规定的义务并不要求加拿大拒绝引渡提交人。

[8.68] 在金德勒案中，人权事务委员会五位委员发表了异议意见。在吴志达诉加拿大案（*Ng v Canada*, 469/1991）和考克斯诉加拿大案（*Cox v Canada*, 539/1993）中，多数委员作出的决定和少数委员提出的异议也是类

92　见第［4.33］段。

似的。在贾治诉加拿大案中，多数委员改变了其想法，在很大程度上采取了早先的金德勒案、吴志达案和考克斯案中，少数持异议的委员的推理。

[8.69] **贾治诉加拿大**（*Judge v Canada*, 829/1998）

贾治案的事实情况与金德勒案的类似。提交人从加拿大被引渡到美国宾夕法尼亚州，在那里面临电椅处决。他是在向人权事务委员会提交来文之前一天被递解到美国的。他被递解使他无法在加拿大行使对递解出境提出上诉的法律权利。委员会最终必须对两个问题的答案作出决断，这明显地体现在其决定中。

问题一：鉴于加拿大已废除死刑，将提交人递解到已判处其死刑的国家而没有确保不对其执行死刑，这是否侵犯了提交人根据《公约》第6条享有的生命权……？

10.2. 在考虑加拿大的义务时，……委员会忆及其先前在金德勒诉加拿大案中的判例……。委员会这一决定的原理是基于将《公约》第6条第1款和第6条第2款结合起来的一种解释，后者没有禁止对情节最重大之罪判处死刑。……

10.3. 委员会承认应当确保其判例法的一致性和连贯性，但指出，可能存在需要审查《公约》所保护之权利的适用范围的特殊情况，例如，如果据称的违反行为涉及最基本的权利——生命权，以及特别是，如果就所提出的问题，存在着明显的事实和法律发展以及国际意见的变化。委员会注意到，上述判例法是在约10年前确定的，自那以后，就出现了一种越来越广泛的赞成废除死刑的国际共识；而在保留死刑的国家，则出现了越来越多广泛的不执行死刑的共识。尤其重要的是，委员会注意到，自金德勒案以来，在美国诉伯恩斯案（*United States v Burns*）中，该缔约国本身也承认需要修改自己的国内法，以保证那些被从加拿大引渡、在接收国已被判处死刑的人受到保护。在伯恩斯案中，加拿大最高法院认定，除特殊情况以外，政府在将一个人引渡到已将其判处死刑的国家之前，必须寻求不对该人执行死刑的保证。有必要指出的是，根据这一判决，"其他废除死刑的国家一般不在没有保证的情况下引渡"。委员会认为，《公约》应当被解释为一份活的文书，它所保护的

第八章　生命权

权利应当根据现实情况的背景和条件适用。

10.4. ……第6条第1款……是一项普遍规则：其目的是保护生命。根据该款，已废除死刑的缔约国具有在任何情况下保护生命的义务。第6条中包括第2款至第6款显然是为了避免对第6条第1款的错误理解，因为该款可能被理解为废除死刑。……实际上，第2款至第6款具有双重作用：将死刑确立为生命权的一个例外，以及确定这一例外之范围的界限。只有在具备某些要素的情况下宣判的死刑，才能利用这种例外。在这些限制中，就包括第2款的开头语，即只有"未废除死刑"的缔约国，才可援用第2款至第6款确立的例外。对已经废除死刑的国家而言，存在一种义务，即不使任何人面临被适用死刑的真实风险。因此，如果可以合理预计有关人员会被判处死刑，这类国家就不得在没有获得不执行死刑的保证的情况下，通过递解或引渡将其转移到本国管辖范围之外。

10.5. 委员会承认，以这种方式解释第6条第1款和第2款，是区别对待废除死刑和保留死刑的缔约国。但它认为，这是有关条款本身措词的不可避免的结果，从起草工作来看已经很明显，这是力求调和在死刑问题上的严重歧见，以努力在该条款的起草者之间达成妥协。委员会注意到，在起草过程中曾表达的是，一方面，《公约》的主要原则之一应当是废除死刑，另一方面，据指出，在某些国家仍存在死刑，废除将给这些国家造成困难。参加起草工作的许多代表和机构都把死刑视为一种"不正常现象"或"必要的恶"。因此，按广义解释第6条第1款，而按狭义解释有关死刑的第2款，看来是符合逻辑的。

10.6. 鉴于这些原因，委员会认为，加拿大作为一个已废除死刑的缔约国，不论其是否已批准《旨在废除死刑的第二任择议定书》，未能确保死刑不执行，即侵犯了提交人根据第6条第1款享有的生命权。……

问题二：缔约国承认，提交人在未能就其要求暂缓递解出境的申请被驳回一事，行使在魁北克上诉法院的上诉权之前，就被递解到美国。因此，提交人无法寻求任何可用的进一步救济。缔约国在提交人未及行使其质疑递解出境的所有权利之前，就将其递解到已判处其死刑的国家，这是否侵犯了提交人根据《公约》第 6 条……享有的权利？

10.8. ……委员会注意到，缔约国在魁北克高等法院作出裁决之后几个小时，就将提交人转移到其管辖范围之外，这似乎是为了阻止提交人行使向上诉法院上诉的权利。……

10.9. ……在本案中，缔约国阻止提交人提出根据国内法本可提出的上诉，未能表明提交人的说法，即把他递解到一个他将面临死刑的国家会侵犯他的生命权，得到了充分考虑。缔约国建立上诉制度的目的是保证……任何申诉人的权利，特别是最基本的权利——生命权。考虑到缔约国已废除死刑，将提交人递解到已判处其死刑的国家而不给予他利用可用之上诉机会的决定是任意作出的，违反了《公约》第 6 条第 1 款本身以及结合第 2 条第 3 款解读的第 6 条第 1 款。[93] ……

12. 根据《公约》第 2 条第 3 款（子）项，委员会得出结论认为，提交人有权得到适当救济，包括尽可能向接收国派出代表，以防止对提交人执行死刑。

[8.70] 与金德勒案不同，在贾治案中，仅有一位委员发表了异议意见：安藤先生认为申诉不可受理。因此，人权事务委员会几乎是全体一致地偏离了其在金德勒案中的决定，现在将第 6 条解释为禁止一个已经废除了死刑的国家将某人引渡到一个可以合理地预见该人将遭受死刑风险的国家，[94] 除非引渡国采取步骤确保该人在接收国不会被处决。看来同样的义务并不适用于保留死刑的引渡国。这样的国家仍可利用第 6 条第 2 款至第 6 款规定的生命权的例外，尽管也许现在已经不确定的是，这些例外在任何意义上是否适用于一国的、与其处决行为相对的引渡行为。

[8.71] 如同在其他情况中一样，[95] 反常的死刑例外迫使人权事务委员会以一种造成古怪且也许是不合逻辑的结果的方式解释《公约》。在贾治案

---

[93] *Alzery v Sweden* (1416/2005)，委员会在该案中认定，迅速驱逐某人实际上违反了《任择议定书》，因为这阻碍了受害者寻求国际救济的努力，而国家知道他希望寻求这种救济 [1.67]。

[94] See also *Pillai v Canada* (1763/2008) [9.100]。

[95] 例如见第 [9.128] 段。

中，加拿大将提交人引渡到美国违反了第 6 条，因为可预见美国会处决他。不过，有可能的是——这当然取决于处决的具体情况和最初如何定罪，美国处决提交人却不会违反第 6 条：作为一个保留死刑的国家，美国可以利用第 6 条第 2 款中规定的死刑例外。[96] 除非美国成为《任择议定书》的缔约国，否则这种假设就无法验证。

[8.72] **英芳诉澳大利亚**（*Yin Fong v Australia*，1442/2005）

该案的提交人在澳大利亚，但在其原籍国被指控腐败，这是一种有可能被判处死刑的罪行。她企图得到一份保护性签证以留在澳大利亚，但未果。她主张说，澳大利亚将她递解回原籍国将违反第 6 条，对此人权事务委员会表示同意：

> 9.4.……委员会忆及，本身已废除死刑的缔约国，若将某人移送到会判处其死刑的国家，就会侵犯该人根据第 6 条第 1 款享有的生命权。本案涉及的问题是，是否有充分理由认为，递解提交人会造成她被判处死刑这种不可弥补的损害的真实风险……

> 9.5. 至于事实，提交人看来尚未被起诉，但至少当地机关对她发出了逮捕证。缔约国承认，在提交人的原籍国，可能的起诉罪名——包括贪污罪——可以导致死刑，但认为这不是强制性的，而且即使她被起诉，也不一定会被定罪……提交人的原籍国当局就对提交人发出逮捕证一事与缔约国接洽，但对于提交人若回到其管辖范围，该国当局是否打算起诉她，缔约国不发表意见。委员会虽然认识到，委员会或缔约国都不能够评估提交人是否有罪，或者在被定罪以后面临非强制性的死刑判决的可能性，但是注意到，提交人的生命所面临的风险，要到缔约国根据《公约》第 6 条保护其生命权为时已晚时才会最后确定。

> 9.6. 委员会注意到，缔约国没有反驳提交人的丈夫已经因腐败被定罪和判处死刑的说法，提交人原籍国当局对提交人发出的逮捕令也有

---

[96] 不过，提交人声称，由于他逃亡加拿大，他在宾夕法尼亚州已经不再有权对其死刑提出上诉。这一情况有可能违反第 14 条第 5 款，并因此影响他的死刑，导致第 6 条被违反。就这一方面，见第 [8.53] 段。

关她参与同样一些腐败行为。2004 年 11 月 4 日，缔约国的难民审查法庭本身尽管没有对提交人有罪或无罪得出结论，却拒绝了针对她的指控是有预谋的说法。委员会重申，没有必要按照缔约国的建议证明，提交人"会"被判处死刑……，而只需证明存在她被判处死刑的"真实风险"。委员会不接受缔约国的明显假设，即一个人要被判处死刑才能证明存在生命权受到侵犯的"真实风险"。委员会也指出，关于将提交人递解到原籍国是否会使她面临违反《公约》第 6 条的真实风险，有关论点不是由司法和移民法庭向委员会提供的复审结果——尽管不完整——形成的。

委员会接着认定，如果"缔约国没有得到充分的保证，即将提交人强行移送到其原籍国"，就将出现对第 6 条的违反。

[8.73] **埃斯莱依诉哈萨克斯坦**（*Israil v Kazakhstan*，2024/2011）

该案有关提交人从哈萨克斯坦被递解到中国，他在逃离中国之前，面临严重指控，包括可能判处死刑的罪名。哈萨克斯坦废除了死刑，因此根据贾治案中的决定，该国不得将任何人引渡到可预见他或她会被处决的国家。中国对哈萨克斯坦作出了外交承诺，不判处提交人死刑。但是，人权事务委员会仍认定第 6 条被违反。

9.5.……此外，很清楚提交人因严重的罪行而被中国追捕，在中国可能会面临死刑。虽然中国当局在引渡请求中作出声明，提交人不会被判处死刑……，缔约国也没有讨论这个问题，但委员会认为，通过与《公约》第 7 条不符的待遇定罪和判处死刑的风险并没有被排除。在这种情况下，委员会认为，也存在《公约》第 6 条被违反的风险。

9.6. 委员会忆及，如某一缔约国将在其管辖下的一人移送至有充分理由相信存在如《公约》第 6 条和第 7 条所设想的不可弥补的损害的真实风险的另一司法管辖区，该缔约国自身可能违反《公约》。在本案的情况中，委员会的结论是，引渡提交人因此构成对《公约》第 6 条和第 7 条的违反。

第八章　生命权

看起来，委员会不相信有关不判处提交人死刑的承诺。[97] 对于这一类案件，委员会的主要顾虑似乎是，导致死刑的定罪如果是以酷刑方式取得的，会同时违反第7条［9.105］和第6条。

其他不递解出境的义务

[8.74] **瓦萨梅诉加拿大**（*Warsame v Canada*，1959/2010）

提交人是一位索马里国民，因为在加拿大的刑事记录而面临被递解到索马里。他从四岁起就生活在加拿大，从来没去过索马里（他出生在沙特阿拉伯）。他声称，除其他外，将他递解到索马里将违反第6条：

3.2. 提交人提出，他出生在索马里境外并且从未在该国住过或去过该国。由于他的语言技能非常有限、在邦特兰（Puntland）地区没有家人、不熟悉部族的习俗或文化，他无法将自己认定为邦特兰地区的一个部族的成员。他的父母都出生在摩加迪沙，在他要被遣返去的博萨索（Bossasso）没有远亲。

3.3. 提交人担心在博萨索或索马里的其他地方，在没有家庭或部族的支持下，他将无法保护自己或生存，将沦为无家可归之人，极易受到对范围广泛的人权的侵犯。此外，在无任何办法确定他是来自邦特兰地区的情况下，提交人可能受到拘禁以及/或者被递解到索马里南部或中部那些他有更大生命风险的地方。提交人提到了有关索马里形势的文件证据，表明那里是世界上最危险的地方之一，那里的所有居民都面临严重的生命威胁以及遭受残忍和非寻常的待遇或处罚的严重风险。

3.4. 提交人还提出，这些风险对于一个在索马里没有经历、语言技能极其有限并缺乏部族以及/或者家庭支持的人来说，更要高出数倍。他还提出，作为一个26岁的健康人，他会有更高的风险被青年党（Al-Shabaab）和伊斯兰党（Hizbul Islam）等团体，甚至过渡联邦政府

---

[97] See also *Alzery v Sweden* (1416/2005)[9.104]. （埃斯莱依案中，2011年5月30日即委员会尚未审结该案时，哈萨克斯坦就已经将提交人引渡到中国。——译者注）

(TFG)及其同盟部队强行征招。他还提出,如果他被递解到索马里,他将成为该国严重的人道形势的受害者。此外,提交人提出,由于他皈依了基督教,他到达索马里后就会成为攻击目标。

3.5. 提交人提出,将他递解到索马里等于判他死刑。他坚称,他最严重的罪行是为贩卖目的持有违禁物质,而将他递解到一种具有真正的、迫在眉睫的死亡危险的境地,对于这类罪行是一种不成比例的过分惩罚,因此有违《公约》第6条第1款。

人权事务委员会同意,将提交人递解出境会违反第6条:

8.3. ……委员会注意到,从未在索马里生活过、不会说当地的语言、部族支助有限或没有、在邦特兰没有任何亲人的提交人,面临《公约》第6条第1款和第7条规定的伤害的真实风险。因此,委员会得出结论,递解提交人到索马里,如果执行的话,将构成对《公约》第6条第1款和第7条的违反。

委员会的多数委员[98]显然相信索马里确实是一个非常危险的地方,因为他们同意,如果任何与索马里没有关系的人被送到那里,就面临死亡或酷刑的极大的真实风险。可以注意的是,在道芬诉加拿大案(*Dauphin v Canada*,1792/2008)中,提交人提出了类似的主张。提交人是一位海地国民、加拿大的长期居民,因为刑事记录而要被递解到海地。他诉称,递解他到海地将违反第6条,因为"任何人在那里都可能遭到杀害、绑架或虐待,而且海地当局将无力保护他"。[99] 委员会认定其申诉没有根据、不可受理。

第6条的环境和社会-经济方面

[8.75] 拉姆查兰曾经称,"生存要求",如活下去的权利,必须被视为

---

[98] 奈杰尔·罗德利爵士以及特林先生、纽曼先生、岩泽先生认定不存在对第6条的违反。

[99] 在委员会意见的第3.1段。

生命权的一部分，"因为死于饥饿和疾病的人，要比被杀的人更多"。[100] 人权事务委员会确认，第6条具有社会－经济方面。

第6号一般性意见

5. 此外，委员会注意到，对生命权的解释，常常十分狭窄。以一种限制性的方式理解"固有*生命权"这一表述，就无法恰当地了解它的意义，而保护这项权利则需要缔约国采取积极措施。在这方面，委员会认为，缔约国最好采取一切可能措施，降低婴儿死亡率和提高预期寿命，特别是采取措施消除营养不良和流行病。

提到"最好"可能表明，各国对于解决诸如很高的婴儿死亡率和较低的预期寿命，具有一种道德上的"软法"义务，而非一种法律上的"硬法"义务。[101]

[8.76] **EHP 诉加拿大**（*EHP v Canada*，67/1980）

1.1. 来文的提交人是一位加拿大公民（首次来文日期为1980年4月11日，后来的来文日期为1981年2月4日）。她为自己以及作为霍普港环境团体的主席代表加拿大安大略省霍普港的当代人（其中包括特别授权提交人代表其行事的129名霍普港居民）和子孙后代提交来文。提交人所述情况如下。

1.2. 从1945年到1952年，埃尔多拉多（Eldorado）核有限公司——一家联邦所有的公司和加拿大唯一的镭和铀提炼厂——在安大略省霍普港镇境内的垃圾场处理核废料。霍普港是一个拥有一万名居民的城镇，所在地区计划成为北美人口最密集的地区之一。1975年，发现住宅和其他建筑受到了大规模污染（毫无戒心的公民使用了来自垃圾倾倒场的材料作为其房屋的填充或建筑材料）。原子能控制委员会（AECB）——一个全面负责加拿大的核事务、有关发证和管控的联邦政

---

[100] B Ramcharan, 'The Right to Life' (1983) 30 *Netherlands International Law Review* 297, 305; Cf. Y Dinstein, 'The Right to Life, Physical Integrity, and Liberty', in L Henkin (ed), *The International Bill of Rights* (Columbia University Press, 1981), 115.

* 英文用词为"inherent"。《公约》作准中文本第6条中，与之对应的用词为"天赋"。鉴于"天赋"之含义不明，本中译本使用"固有"作为"inherent"的对应用词。对使用了"天赋"一词的《公约》第10条，亦作同样处理。

[101] Nowak, *UN Covenant on Civil and Political Rights: CCPR Commentary*, 124, n 17.

府部门——启动了一项清理行动。从 1976 年到 1980 年，从大约 400 个地点挖掘出的废料被移走并被另行放置（在距离霍普港 6 英里到 200 英里不等之处）。这些新的垃圾倾倒场目前已经关闭，不能再向其转移来自霍普港的放射性废料。提交人称，原因主要是政治性的，即没有其他选区愿意接收这些废料，联邦政府也不愿意解决这个问题。与此同时，大约 20 万吨放射性废料（AECB 的估算）仍留在霍普港，存放在正经历清理过程的八个"临时"处置场所，而这些地点靠近或紧挨着居民区（有一个距一个公共游泳池约 100 码）。提交人坚称，这种临时解决方案是不可接受的，并指出大型"临时"处理地点在获得批准书超过 30 年以后，仍然存在。提交人声称，由于加拿大联邦政府未能提供替代垃圾倾倒场，原子能控制委员会代表霍普港居民行事的努力也受到了阻碍。AECB 无法强迫联邦和各省政府提供这样的地点。

1.3. 提交人声称，当前的事态是对霍普港的当代人和子孙后代的生命的一种威胁，这是考虑到过分暴露于放射性物质已知会引致癌症和遗传缺陷，目前对于霍普港居民的健康危害包括超出了安全程度的——这是原子能控制委员会基于国际放射性保护委员会所确立之安全标准而核可的——阿尔法、贝塔和伽马射线以及氡气释放……。

人权事务委员会在有关来文可否受理的决定中指出，"本来文提出了有关各缔约国保护人命之义务的重大问题"。[102] 委员会还认定，提交人有资格为自己提交来文，也获授权代表霍普港的其他居民提交来文。她和其他居民都可以正当地宣称是对第 6 条之潜在违反的受害者。[103] 委员会没有决定的是，她是否能代表子孙后代提出申诉。不过，该来文因为未能用尽国内救济而被宣布为不可受理。[104]

[8.77] **达哈纳亚克诉斯里兰卡**（*Dahanayake v Sri Lanka*，1331/2004）

该案的提交人是斯里兰卡南部村庄的长期居民。在 20 世纪 90 年代中期，一条从科伦坡到马塔拉的高速公路得到规划，其最终选择的路线意味着

---

[102] 在委员会意见的第 8 段。
[103] 另见第 [3.38] 段。
[104] 参见本书第六章。

提交人的房地产只能被强制收购,而他们将被迫搬迁。他们诉称第6条被违反,因为没有调查这条道路的环境影响。缔约国声称,这一筑路工程对该国南部的开发至关重要,并将该地区与首都科伦坡联系起来。对于提交人的主张,人权事务委员会基本没有买账:

> 6.4. 关于提交人声称他们是第6条规定的生命权被侵犯的受害者——因为他们被剥夺了健康的环境,委员会认为,提交人没有根据《任择议定书》第2条,为了可受理的目的,充分证实这一诉求。

[8.78] 在布伦诉法国案(*Brun v France*, 1453/2006)中,申诉有关法国允许进行转基因作物的露地试验的决定。提交人声称,这种试验将违反第6条,因为环境保护是生命权中固有的一个方面。人权事务委员会认定该申诉不可受理,理由是提交人没有提出任何证据证明,"在露地种植转基因植物对提交人而言,构成对其生命权的实际侵犯或迫在眉睫的侵犯威胁"。[105] 尽管这种推理表述为布伦未能确证其本人生命处于危险之中,但看来不太可能的是,这种试验会被认定为不符合第6条。

[8.79] 在对科索沃的结论性意见中,人权事务委员会称:[106]

> 14. 委员会注意到过去几个月来所取得的进展,但也关切地注意到,直到最近才将1999年以来生活在受铅污染的北米特罗维察地区的境内流离失所的罗姆人、阿什卡利人和吉卜赛人从收容营迁走,虽然从2004年年中起,铅污染对有关社群的健康的不良影响已为人所知。委员会还关切的是,在搬迁境内流离失所者社群之前,与他们的磋商程度有限,奥斯特罗德临时收容营距一个污染地点很近,并且未对受影响的人员提供后续性医疗(第6条)。
>
> 科索沃特派团应确保仍留在受铅污染的境内流离失所者收容营内的居住者,以及那些暂时迁入奥斯特罗德收容营的人,在与其依照联合国有关境内流离失所问题指导原则(E/CN.4/1998/53/Add.2)磋商之后,搬迁至环境安全的区域,为遭受铅污染的受害者提供充分医疗以及有效

105　在委员会意见的第6.3段。
106　(2006) UN doc CCPR/C/UNK/CO/1. (报告实际上是联合国科索沃临时行政当局特派团提交的。参见第[4.27]段。——译者注)

救济以寻求和获得对其健康造成的任何损害的赔偿。

[8.80] 在对以色列的结论性意见中，人权事务委员会称:[107]

18. 委员会关切的是，由于缔约国不准建造和维护水及卫生基础设施以及禁止打井，因此缺水状况过度地影响西岸的巴勒斯坦居民。委员会还关切的是，有指控称，巴勒斯坦土地受到了来自定居点等处的污水的污染（第6条和第26条）。

缔约国应确保所有西岸居民根据世界卫生组织的质量和数量标准，平等享用水资源。缔约国应当允许建造水和卫生基础设施以及打井。另外，缔约国应当解决被占领土上源自以色列的污水和废水问题。

[8.81] **普罗特尼科夫诉俄罗斯联邦**（*Plotnikov v Russian Federation*, 784/1997）

3. 提交人诉称，缔约国对储蓄款采用错误的按指数调整法，造成他没钱买药，使他的生命受到威胁，从而违反了《公约》第6条。

人权事务委员会认定申诉不可受理：

4.2. 委员会注意到，提交人申诉的根据，是使他的储蓄贬值因而无法购买药品的缔约国的恶性通货膨胀以及指数调整法。委员会指出，提交人提出的主张并没有为可否受理的目的证实，发生恶性通货膨胀或未能以指数调整法抵消通货膨胀等于侵犯了提交人根据《公约》享有的任何权利，而缔约国应对此承担责任。

普罗特尼科夫案中不可受理的决定表明，将难以证明一个人因为受到社会-经济剥夺而成为第6条被违反的受害者。实际上，委员会看来还承认，在一种经济全球化的情况中，外部因素和内部因素一样，都可能引发一国经济崩溃。

[8.82] 鉴于《任择议定书》对于弥补社会-经济剥夺可能是一种不足的机制，人权事务委员会在若干结论性意见中探讨第6条的社会-经济方面，倒是很鼓舞人心。例如，对加拿大：[108]

---

[107] (2010) UN doc CCPR/C/ISR/CO/3.
[108] (1999) UN doc CCPR/C/79/Add.105.

12. 委员会关注无家可归的情况导致了严重的健康问题,甚至导致了死亡。委员会建议该缔约国采取《公约》第 6 条要求的积极措施以处理这个严重问题。

委员会还提到了罗马尼亚的"婴儿死亡率上升"、[109] 尼泊尔的女性预期寿命较短是其"主要关切事项"。[110] 对乌干达,委员会表示关切的是,无法获得对艾滋病毒的适足治疗,特别是抗逆转录病毒药品。[111] 对纳米比亚,委员会表示关切的是,从该国艾滋病毒/艾滋病危机的规模来看,性教育不足。[112] 委员会赞扬约旦"在预期寿命领域以及就降低儿童死亡率所取得的显著成就",[113] 以及赞比亚努力将认识艾滋病毒/艾滋病纳入学校课程。[114]

参与战争

[8.83] **第 6 号一般性意见**

2. 委员会注意到,战争和其他大规模暴行继续给人类带来灾祸,每年夺走成千上万无辜者的生命。根据《联合国宪章》的规定,除行使其固有自卫权利的情况外,任何国家不得对另一个国家威胁使用或使用武力。委员会认为,各国有防止战争、种族灭绝和造成无理剥夺生命的其他大规模暴行的重大责任。它们为防止战争危险,特别是热核战争,以及加强国际和平与安全所作的任何努力,都构成了维护生命权的最重要条件和保障。在这方面,委员会特别注意到第 6 条和第 20 条之间的关系。第 20 条规定,法律应当禁止任何鼓吹战争的宣传(第 1 款)或它

---

[109] (1994) UN doc CCPR/C/79/Add. 30, para 11. 另见委员会对巴西的结论性意见,(1996) UN doc CCPR/C/79/Add. 66, para 23。

[110] (1995) UN doc CCPR/C/79/Add. 42, para 8.

[111] (2004) UN doc CCPR/CO/80/UGA, para 14; 另见委员会对肯尼亚的结论性意见,(2005) UN doc CCPR/CO/83/KEN, para 15。

[112] (2004) UN doc CCPR/CO/81/NAM, para 10.

[113] (1995) UN doc CCPR/C/79/Add. 35, para 4.

[114] (1998) UN doc CCPR/C/79/Add. 89, para 7.

所指明的煽动暴力的行为（第2款）。

并无任何达成一致的委员会意见特别批评一国参与战争。有些国家受到的批评是，他们在战争期间过度使用武力。[115]

核能力[116]

[8.84] 人权事务委员会对武装冲突的谴责随着其通过第14号一般性意见，又向前了一步：该意见谴责了具有核能力的国家。

第14号一般性意见

3. 委员会一方面继续深为关切在武装冲突中由常规武器所致人命损失，同时又指出，联合国大会连续几届会议上，来自世界各地理区域的代表们对于越来越令人畏惧之大规模毁灭性武器的研制与扩散日益关切。这种武器不但威胁人命，同时还占用了资源，这些资源本可用于重要的经济和社会用途，特别是用于有利于发展中国家之目的，并由此促进和保障人人安享人权。

4. 委员会对此亦表关切。设计、试验、制造、拥有和部署核武器显然是当今人类所面对的对生命权的最大威胁之一。不仅在战时有可能实际使用这种武器，甚至因人为的或机械的过失或故障也有可能实际使用这种武器的危险，使得核武器的威胁倍增。

5. 此外，这种威胁的实际存在本身和严重性在国家之间造成了猜疑和恐怖气氛；从而足以妨害按照《联合国宪章》和"国际人权两公约"促进对人权及基本自由的普遍尊重和遵守。

6. 核武器的制造、试验、拥有、部署和使用均应予以禁止并被认作危害人类的罪行。

7. 为了人类的利益，委员会因此吁请所有国家，不论是否为《公

---

[115] 另见委员会的结论性意见：南斯拉夫联邦共和国（塞尔维亚和黑山），(1992) UN doc A/48/40, 86-8, paras 6-7; 俄罗斯联邦，(1996) UN doc CCPR/C/79/Add. 54, paras 26-30。

[116] See also *Advisory Opinion of the International Court of Justice on the Legality of the Threat or Use of Force of Nuclear Weapons*, 8 July 1996, reprinted in (1996) 4 ILM 809. 多数法官最终未能得出使用核武器在任何情况下均属非法的结论。

第八章　生命权

约》的缔约国，都以单独方式和签订协定方式采取紧急步骤消除对世界的这一威胁。

［8.85］在 EW 等人诉荷兰案（*EW et al. v the Netherlands*，429/1990）中，6588 名提交人诉称在荷兰部署核武器威胁了他们的生命权。提交人在其陈述中广泛地引用了第 14 号一般性意见。但是，人权事务委员会认定，提交人无法确立他们是任何违反第 6 条的行为的"受害者"。[117] 博德斯和特梅阿罗诉法国案（*Bordes and Temeharo v France*，645/1995）有关法国的核试验是否与提交人——这些人生活在法国的南太平洋核试验场附近——根据第 6 条享有的生命权相符。当事双方都提交了详细的证据，说明核试验对这一地区的人类的影响。委员会接受了法国的主张，即提交人没有证明对于他们的生命存在一种"真正和直接的威胁"，因此与 EW 案一样，提交人也未能确立他们作为"受害者"的地位。[118]

［8.86］在 ECW 诉荷兰案（*ECW v the Netherlands*，524/1992）中，提交人在一次反对部署巡航导弹的示威中被逮捕。人权事务委员会否认这种情况引起了任何与第 6 条有关的问题。在 ARU 诉荷兰案（*ARU v the Netherlands*，509/1992）中，委员会否认提交人在荷兰被征召入伍违反第 6 条，尽管提交人主张入伍将导致其参与"以使用或威胁使用核武器为基础"的北约防务战略。在林登诉澳大利亚案（*Lindon v Australia*，646/1995）中，提交人抗议澳大利亚在松树峡（Pine Gap）维持一个核防务研究设施，但这也没有提出任何有关第 6 条的问题。在 CBD 诉荷兰案（*CBD v the Netherlands*，394/1990）、JPK 诉荷兰案（*JPK v the Netherlands*，401/1990）、TWMB 诉荷兰案（*TWMB v the Netherlands*，403/1990）、布林克霍夫诉荷兰案（*Brinkhof v the Netherlands*，402/1990）和阿尔伯斯伯格等人诉荷兰案（*Aalbersberg et al. v the Netherlands*，1440/2005）中，委员会作出了同样的决定。

［8.87］第 14 号一般性意见是人权事务委员会较具争议的一般性意见中

117　见第［3.44］段。
118　在委员会意见的第 3.9 段。参见第［3.45］段。另见，*LCB v UK*（1999）27 EHRR 212，其中欧洲人权法院认定，有关在圣诞岛上进行核试验的致命后果的申诉没有得到充分证实。

263

的一个。[119] 虽然后来根据《任择议定书》作出的决定可能表明，委员会不再遵循该一般性意见中的观点，但在博德斯和特梅阿罗案中，委员会重申了其对第14号一般性意见的支持。[120] 也许核武器问题难以根据《任择议定书》解决，因为很难证明某人是部署核武器的受害者。虽然没有一致的委员会意见批评任何特定国家的核武器政策，但委员会确曾赞扬乌克兰加入各项核不扩散条约。[121]

女性和生命权

[8.88] **第28号一般性意见**

10. 在报告有关受第6条保护的生命权的事项时，各缔约国应提供关于出生率和关于妇女与怀孕和分娩有关的死亡率的数据。关于婴儿死亡率的数据应按性别分列。各缔约国应提供资料，说明国家是否采取了任何措施，帮助妇女防止不想要的怀孕和保证她们不必经受威胁生命的秘密堕胎。缔约国也应报告为保护妇女免遭侵犯其生命权的做法而采取的措施，这些做法包括杀害女婴、烧死遗孀以及因为嫁妆不足而遭杀害。委员会还希望获得有关有可能威胁妇女生命的贫困和一无所有现象对她们的特别影响的资料。

[8.89] 消除对妇女歧视委员会在郭科齐诉奥地利案（*Goekce v Austria*, CEDAW 5/2005）和伊尔迪里姆诉奥地利案（*Yildirim v Austria*, CEDAW 6/2005）中，处理了家庭暴力的情况。该委员会在泰谢拉诉巴西案（*Teixiera v Brazil*, CEDAW 17/2008）中，处理过有关妊娠期间照料不足导致死亡的案件。

---

[119] See McGoldrick, *The Human Rights Committee*, 335 – 6; R Higgins, ' The United Nations: Still a Force for Peace' (1989) 52 Modern Law Review 1, 4; Nowak, *UN Covenant on Civil and Political Rights: CCPR Commentary*, 126.

[120] 在委员会意见的第5.9段。

[121] (1996) UN doc CCPR/C/79/Add. 52, para 7.

堕胎

［8.90］ 积极反对堕胎者主张，堕胎构成对未出生之胎儿的生命权的侵犯。[122] 在奎南诉加拿大案（*Queenan v Canada*，1379/2005）中，提交人声称，加拿大的堕胎法违反了第 6 条。因为提交人并不旨在为任何特定的受害者行事，该申诉被认定不可受理。可以提出的一个疑问是，是否能根据《任择议定书》实际提出对堕胎的质疑，因为无法确定的是，到底谁有必要的申诉资格［3.37］。

［8.91］ 人权事务委员会并没有过多关注堕胎本身是否侵犯了生命权，而是关注反堕胎法造成的损害人权的后果，就如同在第 28 号一般性意见中所做的一样［8.88］。[123]

［8.92］ **LMR 诉阿根廷**（*LMR v Argentina*，1608/2007）

提交人的女儿年龄为 20 岁，但心理年龄大约为 10 岁，在被强奸后怀孕。阿根廷的一审法院发布了一项禁止令，不准她去堕胎。这一决定在 6 个星期以后被推翻，但到了这一阶段，她已经无法找到一家愿意做流产手术的医院。提交人和她女儿安排了一次非法堕胎，要在怀孕 23 周时进行。提交人称，这些情况构成对第 6 条的违反。人权事务委员会认定该申诉不可受理：

> 8.6. 委员会注意到提交人声称，所述事实构成了对 LMR 生命权的侵犯，因为缔约国未采取措施、恪尽职守行事以确保 LMR 能够获得安全堕胎，而不必诉诸非法的、不安全的堕胎。不过，委员会注意到，卷宗中并没有资料表明，由于怀孕的性质或中止妊娠的情况，LMR 的生命面临特别的危险。因此，委员会认为，申诉没有得到证实，因此根据《任择议定书》第 2 条不可受理。

委员会认为，非法堕胎并没有威胁 LMR 的生命，因此根据第 6 条提出的申诉不可受理。不过，与合规的堕胎相比，非法堕胎一般来讲有更大的可能威胁女性的生命。委员会本不应驳回根据第 6 条提出的申诉，只是因为

122　See Dinstein, 'The Right to Life, Physical Integrity, and Liberty', 122.

123　See also *LC v Peru*（CEDAW 22/2009）.

LMR很幸运地找到一个人为她进行了合格与安全的手术。[124]

［8.93］在蓝托伊·瓦曼诉秘鲁案（*Llantoy Huamán v Peru*，1153/2003）中，人权事务委员会认定一项根据第6条提出的申诉可予受理，该申诉有关一个年轻女孩在妊娠危及其身心健康的情况中，仍被拒绝堕胎。不过，由于委员会最终认定该案中存在对第7条的违反［9.58］，因此委员会认为不必再作出有关第6条的认定。[125]

［8.94］人权事务委员会在结论性意见中，也曾提出这一问题。例如，对智利，委员会称：[126]

> 15. 特别是鉴于有无可辩驳的报告称，许多妇女进行非法堕胎——这给她们的生命造成了威胁，无一例外地将所有堕胎定为刑事罪行引起了严重问题。施予医疗保健人员的、报告堕胎妇女的情况的法律责任可能阻止妇女寻求医疗，从而危及她们的生命。该缔约国有责任确保所有人的生命，包括中止妊娠的怀孕妇女。在这方面：
>
> 委员会建议修正法律，以便对普遍禁止所有堕胎规定例外，并保护医疗信息的机密性。

对厄瓜多尔，委员会称：[127]

> 11. 委员会表示关切的是，报告中提到青年女性的自杀数量甚高，其中有些看来与禁止堕胎有关。在这一方面，委员会遗憾的是，该缔约国未能解决这些青春期少女面临的问题，特别是那些强奸受害者的问题——她们要终生承受这种行为的苦果。无论从法律还是现实观点来看，这种情况都不符合《公约》第3条、第6条和第7条以及——涉及未成年女性时——第24条的规定。委员会建议，缔约国采取一切必要的立法和其他措施帮助妇女（特别是青春期少女）面对非自愿怀孕的问题，使她们能有机会获取适当的保健和教育设施。

---

[124] 另见第［9.59］、［16.55］、［17.26］和［23.109］段。
[125] 另见第［9.58］、［16.54］、［21.13］和［23.109］段。
[126] (1999) UN doc CCPR/C/79/Add.104.
[127] (1998) UN doc CCPR/C/79/Add.92.

对于赞比亚，委员会称：*

18. 委员会还关切的是，尽管取得了进展，但赞比亚产妇死亡率仍然很高。委员会虽然注意到缔约国在计划生育方面作出了重大努力，但仍关切的是，堕胎需得到三位医生同意的要求对于希望合法和安全堕胎的妇女，构成严重阻碍（第6条）。

委员会鼓励缔约国加强努力以防止产妇死亡。缔约国应修订其堕胎法，协助妇女避免意外怀孕以及不必诉诸可能威胁其生命的非法堕胎。

因此，反堕胎法根据其严重性和全面性，有可能不仅违反第6条，而且违反第7条和第24条，还可能侵犯女性根据第3条和第26条享有的不受歧视的权利。[128]

[8.95] 在对摩尔多瓦共和国的结论性意见中，人权事务委员会称：**

18. 委员会关切的是，代表团未能答复一个问题，即依赖堕胎作为一种避孕手段的做法是否为该缔约国产妇高死亡率的一个原因。

缔约国应仔细评估堕胎和产妇死亡率问题，并采取必要措施降低产妇的死亡率。

这一意见表明，在一个社会中，堕胎一般应被认为是一种最后手段，而非避孕的首要方式。因此，向妇女提供有关避孕之替代方式的教育机会极为重要。[129]

对波兰，委员会称：[130]

9. 委员会还重申其对该缔约国通过的计划生育条例的关切。避孕费

---

* (2007) UN doc CCPR/C/ZMB/CO/3.

[128] 另见，除其他外，委员会的以下结论性意见：爱尔兰，(2008) UN doc CCPR/C/IRL/CO/3, para 13；尼加拉瓜，(2008) UN doc CCPR/C/NIC/CO/3, para 13；哈萨克斯坦，(2011) UN doc CCPR/C/KAZ/CO/1, para 11。最后，委员会还批评了爱尔兰限制有关堕胎的信息，(1994) UN doc CCPR/C/79/Add. 21, para 15。

** (2002) UN doc CCPR/CO/75/MDA.

[129] 另见委员会的结论性意见：阿尔巴尼亚，(2004) UN doc CCPR/CO/82/ALB, para 14；摩尔多瓦，(2009) UN doc CCPR/C/MDA/CO/2, para 17；哈萨克斯坦，(2011) UN doc CCPR/C/KAZ/CO/1, para 11。（原书中，该段被误作委员会对摩尔多瓦的结论性意见的一部分，经与作者核实更正。——译者注）

[130] (2004) UN doc CCPR/CO/82/POL.

用高、可报销的口服避孕药品的数量减少、没有免费计划生育服务和性教育的性质,也令委员会关切(第6条)。

缔约国应当确保有避孕手段可用,以及可免费享受计划生育服务和方法。教育部应当确保学校在教学大纲中包括正确和客观的性教育。

安乐死

[8.96] 2001年,荷兰通过了世界上最激进的安乐死法,对此人权事务委员会称:[131]

5.(a)委员会讨论了安乐死和经协助的自杀问题。委员会认识到,关于根据要求结束生命和经协助自杀的审查程序的一项新法律将于2002年1月1日生效,这是公众对于一个非常复杂的法律和伦理问题进行广泛辩论的结果。委员会进一步认识到,这一新的法律寻求对多年来在案例法和医疗实践中一直演变的情况提供法律确定性和清晰性。委员会清楚地意识到,这一新的法律本身并没有将安乐死和经协助的自杀非罪化。不过,委员会相信,当一个缔约国寻求就明显企图结束人命的行为放松法律保护时,《公约》责成该国进行最严格的审查以确定缔约国是否遵守了确保生命权的义务(《公约》第2条和第6条)。

(b)然而,这一新的法律载有若干条件,根据这些条件,当一个医生在诸如一个病人处于"无法忍受的痛苦"、看不到"改善的希望"而且"没有其他合理解决办法"的境况中,根据病人提出的"自愿和深思熟虑的要求"结束其生命时,医生将不受惩罚。委员会关切的是,这一体制有可能无法查明和防止不适当的压力可能造成这些标准被绕开的情况。委员会还关切的是,随着时间流逝,这种做法可能导致无法预见到的因循了事以及对于严格的适用要求的麻木不仁。委员会不安地获悉,在现行法律制度下,2000年有2000宗以上安乐死和经协助的自杀

---

[131] (2001) UN doc CCPR/CO/72/NET.

（或两者结合）的事件报告给审查委员会，而该委员会只对其中三件给予了否定性评估。案件数目众多引起了这样的疑问：是否现行制度只适用于确已满足所有实质性条件的极端事例。

（c）委员会严重关注的是，这一新的法律也适用于已满 12 岁的未成年人。委员会注意到，法律规定对于不满 16 岁的未成年人，需经其父母或监护人的同意，而对于 16~18 岁的未成年人，其意愿可以代替父母或监护人的同意，只要该未成年人能够适当地评估他或她在这件事上的利害。委员会认为，很难把理性地决定结束生命与未成年人不断发展的、正在成熟的能力调和一致。鉴于安乐死和经协助的自杀的不可逆转性，委员会希望强调其信念，即未成年人特别需要保护。

（d）委员会充分注意到审查委员会的监督任务，但关切的是，该委员会只行使事后的控制，而不能防范未满足法定条件而结束生命的情况。缔约国应当参照这些意见，重新审查它关于安乐死和经协助自杀的法律。它必须确保运用的程序针对滥用和误用——包括第三方的不当影响，提供适足保障。应当加强事先的控制机制。这一法律适用于未成年人一事突出了这些关切的严重性。下次报告应当提供详细的资料，说明适用何种标准以判定是否存在"自愿和深思熟虑的要求"、"无法忍受的痛苦"以及"没有其他合理解决办法"。报告还应载有准确资料，说明这一新的法律已经适用的案件数目和审查委员会的相关报告。缔约国应严格监督和持续观察这一法律及其适用情况。

由此看来，委员会对荷兰法律允许"积极"安乐死持谨慎态度。[132] 这些法律并没有被谴责为违反第 6 条，除非是在有关同意结束未成年人的生命方面。实际上，委员会暗示说，自愿安乐死在"极端情况"中是可予允许的〔见意见第 5（b）段〕，尽管委员会关切的一点是，要确保采取所有的程序性保障，以确保在所有情况中，对于自愿安乐死都有严格的同意。

[8.97] 八年以后，人权事务委员会继续对荷兰的安乐死法律表示

---

[132] See also G Zdankowski, 'The International Covenant on Civil and Political Rights and Euthanasia' (1997) 20 *University of New South Wales Law Journal* 170.

关切:¹³³

7. 委员会依然关切该缔约国的安乐死和经协助自杀的程度。根据《经请求而结束生命和协助自杀法》,尽管必须有第二位医生的意见,但医生可不经法官或治安法官（magistrate）的任何独立审查以保障该决定并非出于不当影响或误解,即结束病人的生命（第6条）。

[8.98] 对瑞士,人权事务委员会称:¹³⁴

13. 委员会注意到,《刑法典》第115条规定:"为了私利煽动他人自杀或为此类人员自杀提供协助者应判处监禁",但关切地注意到,没有独立监督或司法监督来判断寻求协助以实施自杀者是在完全自由和知情同意的情况下自杀的（第6条）。

缔约国应该考虑修正其立法,以便确保有独立监测或司法监测来判断寻求协助以实施自杀者是在完全自由和知情同意的情况下自杀的。

[8.99] 人权事务委员会明确谴责杀死残疾婴儿的做法,这种做法据报道曾出现在荷兰:*

6. 委员会严重关注初生残疾婴儿的生命被医护人员结束的报告。

缔约国应当仔细调查这种关于侵犯生命权的指控（《公约》第6条）,这种情况处于有关安乐死的法律的范围之外。缔约国应当进一步通知委员会这类事件的数目和法院处理它们的结果。

结　语

[8.100] 人权事务委员会证实,各国承担着一种严格责任,不得无理杀人或试图无理杀人。这一责任还蕴含着一种积极义务,即调查所有国家杀人的情况或惩罚任何不当杀人的情况。

[8.101] 大部分死刑案件都有关最终判处死刑的审判的公正性。人权事

133　(2009) UN doc CCPR/C/NLD/CO/4.

134　(2009) UN doc CCPR/C/CHE/CO/3.

*　委员会对荷兰的结论性意见,(2001) UN doc CCPR/CO/72/NET。

务委员会严格地解释了审判中的任何瑕疵（拖延除外），认为其构成对《公约》中公正审判的规定以及第6条的违反。强制性死刑违反第6条，而恢复死刑看来受到禁止。另外，将某一据称的罪犯引渡到一个可预见其将面临死刑风险的国家是不允许的，至少在引渡国已经废除了死刑的情况中是如此。

［8.102］人权事务委员会确认了在生命权中，存在广泛的积极成分。例如，各国必须控制私人实体以防止和惩罚无理杀人的情况。更为激进的，也许是在第6条中纳入一种社会－经济和环境因素，由此要求各国努力确保其管辖范围内的民众能得到基本的生存必需品。不过，在根据《任择议定书》提交的案件中，尚无认定第6条的这些积极成分被违反的情况。

［8.103］许多申诉有关部署或试验核武器给生命造成的威胁。人权事务委员会驳回了这些申诉，这可能表明它从曾在第14号一般性意见中表达的强烈的反核武器情绪上，有所倒退。

［8.104］人权事务委员会确认，堕胎符合第6条。实际上，反堕胎法可能违反第6条：这样的法律肯定违反其他《公约》权利。委员会对于允许自愿安乐死的法律，表现出警惕。

第九章 免受酷刑的自由和获得人道待遇的权利

——第七、十条

第 7 条 ………………………………………………………………… [9.01]
定义 …………………………………………………………………… [9.03]
 酷刑 ………………………………………………………………… [9.03]
  疼痛和痛苦的剧烈性 …………………………………………… [9.05]
  蓄意 ……………………………………………………………… [9.06]
  作为和不作为 …………………………………………………… [9.08]
  目的要求 ………………………………………………………… [9.09]
  公职人员的参与 ………………………………………………… [9.11]
  合法制裁的附加规定 …………………………………………… [9.22]
  酷刑的认定 ……………………………………………………… [9.23]
 《公约》规定的酷刑 ……………………………………………… [9.25]
 "第7条"待遇：残忍、不人道或侮辱之待遇或惩罚 ………… [9.28]
对第7条所规定之权利的限制 ……………………………………… [9.40]
对第7条和《禁止酷刑公约》的特定违反 ………………………… [9.49]
 证据要求 …………………………………………………………… [9.54]
 妇女和其他弱势者根据第7条享有的权利 ……………………… [9.57]
 精神痛苦 …………………………………………………………… [9.68]
 死刑和死囚牢现象 ………………………………………………… [9.78]

第九章 免受酷刑的自由和获得人道待遇的权利

　　处决方式 …………………………………………………………［9.94］
　　引渡、驱逐和推回 ………………………………………………［9.98］
　　肉体惩罚 …………………………………………………………［9.127］
　　拘禁的条件 ………………………………………………………［9.131］
　　拘禁中低劣的医疗待遇 …………………………………………［9.136］
　　单独关押和与外界隔绝的拘禁 …………………………………［9.141］
　　失踪 ………………………………………………………………［9.145］
　　未经同意的医学试验 ……………………………………………［9.146］
培训适当人员的义务 …………………………………………………［9.150］
确立程序以尽量降低"第7条待遇"之风险的义务 …………………［9.151］
　　防止与外界隔绝的拘禁的义务 …………………………………［9.154］
在司法诉讼中不使用以违反第7条之方式取得的口供的义务 ……［9.156］
对违反第7条之情况提供救济的义务 ………………………………［9.159］
　　通过和执行立法的义务 …………………………………………［9.159］
　　调查有违第7条之待遇的指控的义务 …………………………［9.161］
　　赔偿受害者的义务 ………………………………………………［9.174］
　　惩罚违反者的义务 ………………………………………………［9.176］
　　大赦 ………………………………………………………………［9.183］
对酷刑的普遍管辖权 …………………………………………………［9.188］
第10条 …………………………………………………………………［9.193］
"自由被剥夺之人"的含义 ……………………………………………［9.195］
私营拘禁机构 …………………………………………………………［9.196］
拘禁的最低限度条件 …………………………………………………［9.200］
　　单独关押和与外界隔绝的拘禁 …………………………………［9.218］
　　与亲朋的联系 ……………………………………………………［9.221］
　　获得信息 …………………………………………………………［9.222］
　　死囚牢现象 ………………………………………………………［9.223］
　　受害 ………………………………………………………………［9.224］
第10条第1款之下的积极义务 ………………………………………［9.225］

第10条第2款（子）项——被告应与判决有罪之人分别羁押 …… [9.232]
第10条第2款（丑）项和第10条第3款——保护少年被拘禁者
………………………………………………………………… [9.237]
第10条第3款——拘禁的改造目的 ………………………… [9.240]
结语 ………………………………………………………………… [9.250]

第7条

任何人不得施以酷刑，或予以残忍、不人道或侮辱之处遇或惩罚。非经本人自愿同意，尤不得对任何人作医学或科学试验。

[9.01] 第7条禁止酷刑以及不人道、侮辱之待遇*和惩罚。这是《公约》中极少数的绝对权利之一，不允许任何限制，而且也是一项不可克减的权利。第7条禁止对人的三个层次的"恶劣"待遇或惩罚。对于令人发指的"待遇"的禁止要比对令人发指的"惩罚"的禁止更宽泛，后者是为惩戒目的施加的（无论理由多么靠不住），而前者可为许多目的而施行。在《公约》中，第7条由第10条所补充，后者所禁止的，是与第7条所禁止的相比，不那么严重的待遇形式。第10条将在稍后讨论。[1]

[9.02] 1984年联合国《禁止酷刑和其他残忍、不人道或有辱人格的待遇或处罚公约》（《禁止酷刑公约》）阐述了不得施行酷刑以及——在稍弱的程度上——其他令人发指形式的惩罚或待遇的义务的范围。一种期望可能是，人权事务委员会有关酷刑的判例会与禁止酷刑委员会的判例一致。[2] 本章将同时参考这两个机构的判例。

---

* 与《公约》英文本第7条中"treatment"对应的用词，在作准中文第7条中为"处遇"。由于现代中文不常使用"处遇"一词，因此中译本选择"待遇"作为"treatment"的对应用词；在《禁止酷刑公约》中文本中，与其英文本中"treatment"对应的用词也是"待遇"。

1 见第[9.193]及以下各段。
2 例如见考克斯诉加拿大案中律师的主张：*Cox v Canada* (539/1993), para 9.4。

第九章　免受酷刑的自由和获得人道待遇的权利

定　义

酷刑

[9.03] 酷刑是《公民及政治权利国际公约》第 7 条和《禁止酷刑公约》禁止的待遇的三项标准中，最受谴责的一种。[3] 对酷刑的定义——与不人道或侮辱之待遇或惩罚相对——十分重要，尽管施行所有这三种形式的待遇都被这两项条约所禁止。如果认定存在酷刑，可能会产生一些认定存在较低程度的待遇不会导致的后果。例如，《禁止酷刑公约》第 16 条规定，该公约第 10~13 条只适用于不那么令人发指的待遇形式。[4] 最后，一国就算被贴上不人道以及/或者侮辱待遇之赞成者的标签，不被贴上"施用酷刑者"的标签仍具有一种道德价值，因为酷刑带有一种特别的污名。[5]

[9.04]《禁止酷刑公约》第 1 条规定了酷刑的定义，鉴于该条约的普遍地位，该定义被广泛接受。

《禁止酷刑公约》第 1 条第 1 款

> 就本公约而言，"酷刑"一词系指为了从某人或第三者取得情报或供状，为了他或第三者所作或被怀疑所作的行为对他加以处罚，或为了恐吓或威胁他或第三者，或为了基于任何一种歧视的任何理由，蓄意使他在肉体或精神上遭受剧烈疼痛或痛苦的任何行为，而这种疼痛或痛苦是由公职人员或以官方身份行使职权的其他人所造成或在其唆使、同意或默许下造成的。纯因法律制裁而引起或法律制裁所固有或附带的疼痛或痛苦则不包括在内。

---

[3] M Nowak, *UN Covenant on Civil and Political Rights: CCPR Commentary* (2nd edn, NP Engel, 2005), 160. 另见沃兰纳诉芬兰案中缔约国的主张，*Vuolanne v Finland* (265/1987), para 6.4。

[4] 不过，见第 [9.174] 段。

[5] Nowak, *UN Covenant on Civil and Political Rights: CCPR Commentary*, 160; See also *Aydin v Turkey* (1998) 25 EHRR 251, para 82.

疼痛和痛苦的剧烈性

[9.05] 这一定义证实，"酷刑"必然涉及疼痛和痛苦的某种剧烈情况。重要的一点是，这种痛苦既可能是肉体上的，也可能是精神上的。国际人权案例已经证实，对于酷刑的剧烈性的门槛相当高。例如，欧洲人权法院认定，英国在20世纪70年代初期用于恐怖主义嫌疑人的下述审讯技术的综合效果构成不人道的待遇而非酷刑：将被拘禁者蒙头、对他们加以不停的和强烈的"白色"噪声、不让他们睡觉、给予的食物和饮水不足、强迫他们以痛苦的姿势站立（"靠墙站"）很长的时间。[6] 该法院直到1997年才首次认定酷刑，即在艾丁诉土耳其案（*Aydin v Turkey*）中，认定申诉人在被羁押时反复遭到强奸构成了酷刑。[7]

蓄意

[9.06] 根据《禁止酷刑公约》第1条，酷刑行为必须是蓄意施予的。这种"蓄意"究竟有关造成疼痛和痛苦的意图，还是有关做出实际行为的意图？后者会造成更宽的界定范围；很有可能出现的情况是，并未预计或特别"意图"引起某种行为所实际造成的那种疼痛或痛苦程度。由于这一定义两次提到了"疼痛和痛苦"，看来有关的意图应是造成疼痛或痛苦，或至少是满不在乎地无视造成疼痛或痛苦的可能。因此，出于"疏忽大意"施加的疼痛和痛苦——这在道德上不像蓄意施予那么受到谴责——并不构成"酷刑"。[8] 另外，不会给平常人造成剧烈疼痛和痛苦的行为一般来说也在这一定义范围之外。除非施行酷刑者认识到受害者的特别脆弱的方面，否则就将缺少必需的意图环节。

[9.07] **罗哈斯·加西亚诉哥伦比亚**（*Rojas García v Colombia*, 687/1996）

该案的事实细节如下：

6　*Ireland v UK* (1979–80) 2 EHRR 25, para 167. 但是见下注37。

7　*Aydin v Turkey* (1998) 25 EHRR 251, paras 80–6.

8　J Herman Burgers and H Danelius, *The United Nations Convention Against Torture* (Martinus Nijhoff, 1988), 118.

第九章 免受酷刑的自由和获得人道待遇的权利

2.1. 1993年1月5日凌晨2时,一群来自检察官办公室的便衣武装人员从屋顶强行进入提交人的住宅。这群人搜查了住宅的每个房间,恐吓和辱骂提交人的家人,包括幼童。在搜查过程中,有一个官员开了一枪。然后另外两个人从前门进入;其中一人打印了一份声明并强迫家中唯一的成年男子(阿尔瓦罗·罗哈斯)在上面签字;签字前没有让他先读一遍,也不让他保留一份副本。当阿尔瓦罗·罗哈斯问到是否有必要那么粗暴行事时,他得到的答复是去问检察官卡洛斯·费尔南多·门多萨(Carlos Fernando Mendoza)。就在这个时候,这一家人被告知,搜查其住房是调查博查勒马(Bochalema)市长西罗·阿隆索·科尔梅纳雷斯(Ciro Alonso Colmenares)被谋杀案件的一部分。

证据表明,警察突击了错误房屋,并在认识到这一点时立即停止了行动。这种突击被认定为侵犯了提交人根据第17条享有的隐私权[16.28]。人权事务委员会多数委员还认定,在突击期间对待提交人及其家人的方式违反了第7条。对于第7条被违反这一点,安藤先生和希勒先生提出了异议:

> 据提交人本人称,搜查队显然找错了房子(第2-44号而不是第2-36号),当他们了解到当地检察官办公室的一位官员住在那里时,搜查队的一些成员道了歉并说他们弄错了……。
>
> 我们认为,搜查队肯定预计房屋内会有强烈的反抗,甚至是用武器反抗,因为他们认定其中藏着杀害市长的凶手。……
>
> 在我们看来,搜查队在了解到他们找错对象之前是秉持善意行事的。缔约国坚称对提交人住房的搜查是合法的。缔约国还声称,当地调查处主任对开枪一事进行了初步调查,但认为那不是渎职而是意外……。根据这些情况,我们的结论是搜查队无意恐吓提交人的家人。
>
> 通常来讲,第7条要求行为者方面具有造成其行为的可能效果的意图,缺少这种意图即消除或减轻行为的非法性。本案件中的警察调查即这种情况。因此,我们认为,在本案中不存在违反第7条的情况。

这一决定凸显了意图与违反第7条之关系的恼人问题(第7条的范围当然超出了《禁止酷刑公约》第1条的"酷刑")。当然,在罗哈斯·加西亚案中，警察具有做出受质疑之行为的意图，但并无对该案中的实际受害者做出这种行为的意图。人权事务委员会极少仔细审查违反第 7 条的肇事者的意图。当然，在若干肇事者并无伤害实际受害者的特定意图的案件中，委员会也认定了存在违反情势。⁹

作为和不作为

[9.08] 提到酷刑的"行为"是否就将不作为排除在"酷刑"的归类之外？例如，故意不提供食物或医疗是否构成酷刑？保勒斯巴曾令人信服地主张，不将对酷刑的界定延及不作为，将"等于是一种帮助各国躲避《[禁止酷刑]公约》之规定的一种伎俩"，并会违背该公约的目的及宗旨。¹⁰ 因此，如果存在其他必要的因素，那么积极的和消极的行为都应该足以构成酷刑。实际上，人权事务委员会已经明确认定，不作为违反第 7 条（尽管它们可能并不必然涉及认定存在"酷刑"）。

目的要求

[9.09]《禁止酷刑公约》第 1 条还规定酷刑是为某一目的施加的。该定义列出了一些示例性目的，但其清单并非详尽无遗。列举的目的都与因受害者是谁而迫害他们个人的愿望有关。不确定的是，所指向的"目的"是否必须与列举的目的相似。例如，某一虐待狂仅仅为了自我满足而作出的一项行为，是不是为相关目的而犯下的一种酷刑行为？¹¹ 出于"好奇"进行的医学实验是否构成酷刑？¹² 任何恶意的目的都有望满足定义的这一方面。

[9.10] 恶意目的的要求使得以善意为目的的行为免于被归类为酷刑。¹³ 后者的一个例子是，在没有麻醉的情况下进行紧急截肢。尽管如此，酷刑定

---

9   See eg *Quinteros v Uruguay* (107/1981) [9.68].

10 A Boulesbaa, *The UN Convention on Torture and the Prospects for Enforcement* (Martinus Nijhoff, 1999), 15.

11 See Burgers and Danelius, *The United Nations Convention Against Torture*, 119.

12 See Boulesbaa, *The UN Convention on Torture and the Prospects for Enforcement*, 21. 这样一种做法会违反《公民及政治权利国际公约》第 7 条，因为它很可能构成"未经授权的医学试验"。见第[9.146]段及以下各段。

13 不过，需要指出的是，"目的"并非一定要是恶意的，因为试图从某人处获取信息是完全正当的：Burgers and Danelius, *The UN Convention on Torture and the Prospects for Enforcement*, 118。

义中对目的的要求显然得到了人权事务委员会的认可［9.25］。[14]

公职人员的参与

［9.11］《禁止酷刑公约》第1条还明确规定，"这种疼痛或痛苦是由公职人员或以官方身份行使职权的其他人所造成或在其唆使、同意或默许下造成的"。《禁止酷刑公约》第16条将有公职人员参与的要求延及该公约对残忍的、不人道和有辱人格的待遇的禁止。在另一方面，《公民及政治权利国际公约》第7条可能没有包含任何有关公职人员参与的要求［9.19］。《禁止酷刑公约》第1条和第16条确定了对公职人员参与某一行为的不同要求尺度，"默许"构成最弱的程度，在这一行为将被界定为"酷刑"之前。[15] 因此，默许的含义对于探究某种非国家行为根据《禁止酷刑公约》是否构成责任至关重要。未能禁止某种类型的酷刑是否构成默许？这种禁止执行不力或者采用对受害者不敏感的执行程序（由此阻挠正式申诉）是否构成默许？在定义中包括"公职人员"的要求旨在不让国家为不受其控制的行为负责。不过，如果国家未能对私人施行的酷刑作出充分反应，或者没有采取合理措施加以预防，就要为这些行为承担责任。以下案件涉及了国家未能做到这些方面是否等于就《禁止酷刑公约》而言的"默许"。

［9.12］**德杰玛吉尔等人诉南斯拉夫**（*Dzemajl et al. v Yugoslavia*，CAT 161/2000）

该案的提交人是65位罗姆族人，有关一个黑山族女孩在达尼洛夫格莱德（Danilovgrad）被强奸以及随后两个罗姆男子被逮捕和招供（据称是在胁迫之下）造成的种族暴乱。在他们被逮捕的当晚，有一群人聚在一起，要求把罗姆人驱赶出其定居点，并威胁使用暴力。警察警告该定居点的罗姆人以及从拘禁中被释放的人（与那两个招供的人一同被逮捕的人），他们必须离开，否则就有可能遭到愤怒的非罗姆人邻居的私刑。第二天早上，一群达尼

14　D Harris, M O'Boyle, and C Warbrick, *The Law of the European Convention on Human Rights*（Butterworths, 1995），60，讨论了"目的"如何可能包括在欧洲对酷刑的界定之中。1985年的《美洲预防和惩治酷刑公约》声明，酷刑可为"任何目的"施行。

15　See, generally, R McCorquodale and R La Forgia, ' Taking off the Blindfolds: Torture by non-State Actors'（2001）1 *Human Rights Law Review* 189, 205 – 11.

洛夫格莱德的非罗姆居民闯入罗姆人定居点，袭击了申诉人的房屋。当天下午，几百名非罗姆人涌进该定居点，当时该定居点已被放弃。这些暴徒摧毁了定居点，包括申诉人的个人财产和牲畜。据称警察对制止这种迫害无所作为。提交人声称，这些情况或者等于酷刑，或者等于有违《禁止酷刑公约》第 16 条的待遇。对于"公职人员"的要求，他们指出：

3.7. 关于这些行为主要由非政府行为者所为这一事实，申诉人依据对有关"恪尽职守"原则的国际判例的回顾，并且提请注意有关国家负有"积极"义务的国际法的当前状态。他们提出，《公约》规定的目的不仅限于缔约国的消极义务，而且包括为避免私人施行酷刑和其他有关行为而必须采取的积极步骤。

3.8. 申诉人进一步提出，这些暴行是在负有确保他们安全、向他们提供保护的责任的警察的"同意或默许"下发生的。……

8.8. 关于据称违反《公约》第 1 条和第 16 条的施暴者，申诉人提出，尽管只有公职人员或者以官方身份行事的人才可以是上述任一规定意义上的施暴者，但两条规定均称，酷刑或者其他虐待行为也可能在一名公职人员的同意或默许下进行。因此，申诉人尽管并不争辩这些行为并非警察所为并且警察没有予以煽动，但认为这些行为是在警察的同意和默许下进行的。警察被告知 1995 年 4 月 15 日将要发生什么事，攻击发生当时也在现场，但没有阻止施暴者的恶行。……

8.13. 申诉人总结提出，"他们确实遭受了集体暴行，这给他们造成了相当于酷刑和/或残忍、不人道和有辱人格的待遇或处罚的巨大身心伤害"。他们还说，"这样做的目的是为第三者的行为（强奸 S. B.）而惩罚他们，所说的集体暴行（或者更应该说是种族主义袭击）是在警察在场因此得到警察'同意或默许'的情况下发生的，而这些警察的法定责任恰恰与此相反，应该是确保他们安全、向他们提供保护"。

禁止酷刑委员会同意《禁止酷刑公约》被违反：

9.2. 至于如何在法律上认定按申诉人所描述的 1995 年 4 月 15 日发生的事件，委员会首先认为，焚烧和毁坏房屋在当时的情况下构成残忍、不人道或有辱人格的待遇或处罚。房屋被焚烧和毁坏时部分申诉人仍旧躲在定居点的事实，据称的受害人的脆弱易损以及所犯行为具有显著的种族动机的事实，更加重了这些行为的严重性。不仅如此，委员会认为申诉人已经充分表明，警察（公职人员）尽管被告知申诉人面临的紧迫危险，并且出现在事发现场，但没有采取任何适当步骤保护申诉人，因此意味着《公约》第16条意义上的"默许"。在这方面，委员会曾多次重申，其关切"警察和执法官员的不作为，即在一些群体受到威胁时，没有充分保护他们免受出于种族动机的攻击"。尽管申诉人所指的行为不是公职人员自身所为，但委员会认为这些行为是在他们的默许下做出的，因此构成缔约国对《公约》第16条第1款的违反。

因此，警察在面临明目张胆的酷刑（或残忍、不人道和侮辱之待遇）时无所作为构成国家对这种施虐的默许，有违《禁止酷刑公约》第1条（或第16条）。德杰玛吉尔案中的决定表明，一国未能采取合理步骤防止酷刑（或残忍、不人道和侮辱之待遇）构成默许，导致《禁止酷刑公约》规定的责任。[16]

[9.13] **阿尔泽里诉瑞典**（*Alzery v Sweden*，1416/2005）

该案中，被怀疑与恐怖分子有联系的提交人被递解到埃及。他描述自己被驱逐的情形是：

> 3.10. 2001年12月18日下午，在驱逐决定作出几小时之后，瑞典安全警察拘禁了提交人。……在被拘禁几小时之后，他被汽车转移到布洛马（Bromma）机场。然后，他被押送到机场的警察局，并在那里被交给约十名身穿便衣、头戴面罩的外国特工。瑞典议会监察专员后来的调查表明，戴面罩的人是美国和埃及的安全人员。

> 3.11. 提交人称，戴面罩的特工强迫他进入一个衣帽间，然后对他进行了所谓的"安全搜查"，虽然瑞典警察已经对他进行了一次不那么粗暴的搜查。戴面罩的特工用剪刀剪开了他的衣服，检查了每一块布，然后将其放进一个塑料袋。据见证搜查的瑞典官员说，另外一名特工检查了他的头发、嘴和嘴唇，第三名特工在旁边拍照。当他的衣服被从身

---

[16] See also *Osmani v Republic of Serbia*（CAT 261/2005）.

上剪掉时,他被戴上了手铐和脚镣。然后,他们用某种镇静剂通过直肠对他实行麻醉,并给他穿上了尿布。随后,他们给他穿上罩衫,他被蒙着眼、罩着头、光着脚,押上了飞机。在拘捕和处理申诉人时,美国大使馆的两名代表也在场。在一架在外国注册的飞机里,他被以一种令人难受和痛苦的姿势放置在地板上,并有锁链限制动作。在整个押送过程中,他一直被蒙着眼、罩着头,包括约五小时后在开罗机场被交给埃及军事安全人员时。据他(当时)的瑞典律师说,他被蒙着眼一直到2002年2月20日,只是因为瑞典大使2002年1月23日的探访和一位瑞典记者2002年2月的采访,蒙眼才被解除了几天。

提交人声称,将他移送到埃及是美国特工促成的。实际上,后来被揭露的是,这一驱逐是"反恐战争"中一次非常规移送的可耻事例。尽管这种虐待是由美国特工施行的,但人权事务委员会认定,瑞典是施行这种待遇的同谋,违反了第7条:[17]

11.6. 关于提交人在布洛马机场遭受的待遇,委员会首先必须判断,根据《公约》规定和可适用的国家责任规则,提交人在外国特工手中所受待遇是否应当归咎于当事缔约国。委员会指出,一个缔约国至少应对外国官员经其同意或默许在其领土内行使主权权力的行为负责(另见《禁止酷刑公约》第1条)。因此,所申诉的行为,因为是在缔约国官员在场的情况下、在缔约国管辖范围内、发生在执行公务的过程中,所以除要归咎于执行任务者所代表的国家以外,还应当归咎于缔约国。只要缔约国接受其议会监察专员的调查结果,即提交人所遭受的待遇与任何正当执法目的都不成比例,那么很明显,武力被过度使用、《公约》第7条被违反。因此,由于提交人在布洛马机场遭受的待遇,缔约国违反了《公约》第7条。

在几乎完全相同的阿吉扎诉瑞典案(*Agiza v Sweden*, CAT 233/2003)

---

[17] See 'CIA terror deportee given residency in Sweden', *The Local*, 4 July 2012, ⟨http://www.thelocal.se/41832/20120704/⟩ (accessed 2 October 2012). 另见委员会的结论性意见:捷克共和国,(2007) UN doc CCPR/C/CZE/CO/2, para 8;爱尔兰,(2008) UN doc CCPR/C/IRL/CO/3, para 11;丹麦,(2008) UN doc CCPR/C/DNK/CO/5, para 9。

中，禁止酷刑委员会得出了类似的结论——实际上，该案的申诉人被移交的时间和方式都与阿尔泽里先生的相同。

[9.14] **GRB 诉瑞典**（*GRB v Sweden*，CAT 83/1997）

该案的提交人申诉说，计划中的将她递解回秘鲁将违反《禁止酷刑公约》第3条——该条禁止将任何人递解到其可能遭受酷刑的国家［9.108］，因为可预见她被送回秘鲁后面临酷刑的危险。提交人的申诉之一有关在她回到秘鲁后，预计一个秘鲁恐怖主义团体"光辉道路"（Sendero Luminoso）给她造成的危险。就这一申诉，缔约国辩称：

> 4.14. 关于提交人害怕遭到"光辉道路"迫害一事，缔约国强调，"光辉道路"的行为并不能归咎于本国当局。不过，缔约国也承认，基于单个案件的情况，虽然受到迫害的危险并不直接同政府有关，而是同一个非政府实体有关，但也可能存在准予个人避难的理由。不过，缔约国对本案的看法是，尽管存在遭到"光辉道路"迫害的危险，但这具有局限于地方的性质，因此提交人可以在国内转换地方来确保自己的安全。

在这一点上，禁止酷刑委员会的认定有利于缔约国。该委员会在重申《禁止酷刑公约》第1条之后，指出：

> 6.5.……委员会认为，缔约国是否有义务不驱逐可能被某一非政府实体在并无政府同意或默许的情况下施以疼痛或痛苦的某人这一问题，处于《公约》第3条的范围之外。

尽管秘鲁政府如其在 GRB 案中所称，可能无法保护提交人免遭"光辉道路"恐怖团体对她施以酷刑，但这不意味着秘鲁政府"默许了""光辉道路"的侵犯行为。看来可能的是，秘鲁政府采取了合理的步骤以打击"光辉道路"，因为这符合其利益，而"光辉道路"具有以暴力反抗政府的记录。无能力保护某人免遭非政府行为者的侵害与未做到采取合理步骤保护此人有别。GRB 案也因此可能与德杰玛吉尔案［9.12］有别。[18] 在许多案件中，禁

---

[18] 不过，需要注意的是，GRB 案中的提交人声称（在委员会的意见第2.3段），她曾被"光辉道路"的成员强奸，而警察对此事无动于衷。但是这一情况并非实质性申诉的一部分，因为该申诉是针对瑞典而非秘鲁提出的。然而，这也许表明，秘鲁当局可能不愿意在提交人返回秘鲁后，保护她免受"光辉道路"的侵害，因此这些当局默许了恐怖主义团体可能对提交人造成的任何伤害。

止酷刑委员会都遵循了 GRB 案中的决定模式，包括 VXN 和 HN 诉瑞典（*VXN and HN v Sweden*，CAT 130－131/1999）、SV 诉加拿大（*SV v Canada*，CAT 49/1996）、MPS 诉澳大利亚（*MPS v Australia*，CAT 138/1999）、SS 诉荷兰（*SS v the Netherlands*，CAT 191/2001）、MF 诉瑞典（*MF v Sweden*，CAT 326/2007）、古奇鲁诉瑞典（*Güclü v Sweden*，CAT 349/2008）、艾图伦和古奇鲁诉瑞典（*Aytulun and Güclü v Sweden*，CAT 373/2009）。

[9.15] **埃尔米诉澳大利亚**（*Elmi v Australia*，CAT 120/1998）

提交人诉称，计划中的将他递解到索马里将违反《禁止酷刑公约》第 3 条，因为他面临被索马里军事团体施以酷刑的危险。缔约国主张说，这些团体是非国家行为者，因此与该第 3 条无涉。提交人的律师称：

> 5.5. 关于索马里，有充分证据表明，一些部落至少从 1991 年以来，在一些地区发挥的作用或表面上行使的权力与政府当局的类似。这些部落在他们的地区内制定了自己的法律和执法机制，建立了自己的教育、卫生和税收系统。联合国人权委员会独立专家的报告说明，各国和国际组织已经接受这些活动类似于政府机构的活动，并且"国际社会仍在与交战各派谈判，具有讽刺意味的是，交战各派是索马里人民与外部世界的对话者"。

禁止酷刑委员会作出了有利于提交人的认定：

> 6.5. 委员会不同意缔约国的意见，即《公约》不适用于本案，因为据缔约国说，提交人害怕他在索马里会遭受的酷刑行为不属于第 1 条中阐明的酷刑的定义范围（即疼痛或痛苦是由公职人员或以官方身份行使职权的其他人所造成或在其唆使、同意或默许下造成的，在本案中是出于歧视）。委员会注意到，索马里已有多年没有中央政府，国际社会与交战各派谈判，在摩加迪沙活动的几派建立了准政府机构并正在商谈建立共同管理机构。由此而来的是，事实上，这些派别行使某些与通常由合法政府行使的特权相似的特权。因此，从《公约》适用之目的来看，这些派别的成员可归入第 1 条中所含之"公职人员或以官方身份行使职权的其他人"这一用语之内。

[9.16] 可以说，无论是在 GRB 案还是埃尔米案中，中央政府都无力保

护有关提交人免遭非国家团体的酷刑。但从禁止酷刑委员会的决定来看，两案的主要差别是，埃尔米案有关将提交人强行送回一个实际上不存在中央政府的国家（索马里）。在 GRB 案中，禁止酷刑委员会不会认为"光辉道路"的人员是公职人员——即便他们对秘鲁的某些区域进行有效控制，因为秘鲁的"公"权力在法律上由秘鲁政府行使。在没有任何法律上的政府控制的情况中——就如埃尔米案结案时（1999 年 5 月）的索马里，禁止酷刑委员会将更有可能承认具有事实上权力的人为"公职人员"。[19] 如果叛乱团体在与中央政府的得到承认的战争期间有效控制某片领土，猜想一下禁止酷刑委员会是否会将其认定为"公职人员"是很有意思的。

[9.17] 从人道观点来看，重要的问题是个人能否得到政府保护，免遭酷刑，而不论这种威胁是来自政府工作人员还是非政府团体。"缺少可能的保护"在没有中央政府之时可能更容易确定，但也会发生在公认的中央政府无力控制残暴的非政府团体的情况中。对于《禁止酷刑公约》所规定的"酷刑"，一种更加人道的解释——这种解释将特别有关中央政府无能力（而非不愿意）控制反政府力量的情况——有可能使得重新书写第 1 条中的定义成为必要。

[9.18] **禁止酷刑委员会第 2 号一般性意见**

18. 委员会已表明，如果国家当局或以官方身份行事或表面上依法行事的其他人知悉或有合理理由相信非国家官员或私人行为者正在施行酷刑或虐待，却未做到按照符合《公约》的方式恪尽职守以防止、调查、起诉和惩罚这些非国家官员或私人行为者，则国家应承担责任，其官员应视为违禁行为的行为者、共犯或根据《公约》须为同意或默许此种行为负责任者。由于国家未能恪尽职守干预以防止和制裁酷刑行为并为受害者提供救济会纵容非国家行为者，使他们能够犯下《公约》不准许的行为而不受惩罚，因此，国家的漠不关心或无所作为构成鼓励和/或事实上的准许。对于缔约国未能防止诸如强奸、家庭暴力、残割女性生殖器和贩卖等基于性别的暴力行为和保护受害者不受此等行为之

---

[19] See also Boulesbaa, *The UN Convention on Torture and the Prospects for Enforcement*, 27 – 8.

害，委员会适用了这项原则。

因此，禁止酷刑委员会在判断某一公职人员是否默许了有违《禁止酷刑公约》的行为时，明确采用了恪尽职守的标准。不过，看来这很可能是一种比《公民及政治权利国际公约》的情况中普遍适用的标准更严格的恪尽职守标准［4.19］，因为《禁止酷刑公约》第1条和第16条都明确提到了公职人员的参与。如果标准一样的话，这些明确的提法就可以说是无的放矢的。但是，也可以注意到，禁止酷刑委员会最近在恩简巴和巴里克萨诉瑞典案（*Njamba and Balikosa v Sweden*，CAT 322/2007）中，对于刚果民主共和国中广泛存在的强奸的国家责任，就这一方面采取了一种相对宽松的决定［9.65］。

［9.19］如下所述，《公民及政治权利国际公约》第7条并没有定义"酷刑"。人权事务委员会有可能在这一方面适用更为宽松的标准，由此非国家行为者施加的酷刑或虐待与其被纳入《禁止酷刑公约》相比，更容易被纳入第7条的范围中。实际上，在其第20号一般性意见第2段中，人权事务委员会声明，各缔约国具有一种禁止私人施行酷刑、不人道和侮辱之待遇的积极义务。因此，人权事务委员会特别确认了打击对人身完整和尊严的"私人"侵袭的重要性。

［9.20］在威尔逊诉菲律宾案（*Wilson v Philippines*，868/2000）中，申诉之一除了有关同狱囚犯和监狱看守对提交人施暴以外，还有关糟糕的监狱条件。人权事务委员会看来单挑出前一方面而非后一方面，认定其违反第7条。不过，委员会认定提交人受到的待遇整体上违反了第10条第1款［9.135］，然后称：

7.3. ……至少某些针对提交人的暴力行为是监狱看守所为，或在他们指使或默许之下犯下，因而也违反了第7条。

威尔逊案表明，为使某一特定行为可被认定为违反第7条，必须有公职人员的参与，至少是以默许的形式。不过，以下各案所指不同。

［9.21］**陈志阳诉荷兰**（*Chen v the Netherlands*，1609/2007）

该案中针对递解出境提出申诉的起因是，看来提交人惧怕返回中国时，会遭到非国家团体的酷刑。[20] 尤其是，据称这种威胁来自提交人已故父亲的一个债主。人权事务委员会认定这一申诉不可受理：

> 6.4. 关于提交人根据第 7 条提出的指控，即据称绑架他的人在他回到中国后，可能威胁或伤害他，委员会注意到，这些行为要归咎于非国家行动者，而就可否受理问题而言，提交人没有表明中国主管当局无法或不愿保护他不受到这种私人行为的侵害。委员会据此宣布，来文的这一部分根据《任择议定书》第 2 条不可受理。

委员会没有说，因为这一威胁来自非国家的源头，所以这一申诉处于第 7 条的范围之外。这一申诉之所以不可受理反倒是因为，提交人未能证明中国做不到保护他不受这种威胁。委员会在陈志阳案中遵循了早先在可汗诉加拿大案（*Khan v Canada*, 1302/2004）中的决定，在后一案件中，提交人诉称自己被递解到巴基斯坦会使他暴露在遭受恐怖主义团体折磨的威胁中。这一申诉因为没有根据而未获受理，[21] 而不是因为其处于《公民及政治权利国际公约》的范围之外。因此，对于那些寻求避免遭受私人行为者所施酷刑的人，看来《公民及政治权利国际公约》是比《禁止酷刑公约》更好的保护来源。

合法制裁的附加规定

[9.22]《禁止酷刑公约》第 1 条对酷刑的定义排除了"纯因法律制裁而引起或法律制裁所固有或附带的疼痛或痛苦"。因此，有可能"法律制裁"无法构成酷刑，但仍有可能根据该公约被界定为残忍的、不人道的和有辱人格的待遇或惩罚。[22] 不过，看来不太可能的是，禁止酷刑委员会会将这一附加规定解释为使得国家能够只是通过制定有悖常情的法律，就避免自己被贴上"酷刑者"的标签。应将"合法"解释为允许的是依据《禁止酷刑

20　另见第［9.98］及以下各段。
21　在委员会意见的第 5.4 段。
22　A Na'im, ' Towards a Cross-Cultural Approach to Defining International Standards of Human Rights: The Meaning of "Cruel Inhuman or Degrading Treatment"', in A Na'im (ed), *Human Rights in Cross-Cultural Perspectives: A Quest for Consensus* (University of Pennsylvania Press, 1992), 29 – 32.

公约》和其他相关国际法可予允许的制裁。[23] 例如，对相当严重的罪行的监禁处于"合法"的这种定义之内，因此这种监禁给患有极度幽闭恐惧症的人所造成的疼痛和痛苦将被排除在这一定义之外。然而，如果这种监禁的条件极度严酷，这一附加条件无法使其不被归为"酷刑"。

酷刑的认定

[9.23] **德拉甘·迪米特里耶维奇诉塞尔维亚和黑山**（*Dragan Dimitrijevic v Serbia and Montenegro*，CAT 207/2002）

对该案的决定是2004年11月24日作出的，表现的是禁止酷刑委员会首次具体认定第1条被违反的情况。有关的待遇是由警察施予一位罗姆裔塞尔维亚公民的，对其描述如下：

2.1. 在一项刑事罪行的调查过程中，申诉人于1999年10月27日上午大约11时在塞尔维亚克拉古耶瓦茨（Kragujevac）市的家中被捕。他被带到位于斯维托扎拉·马科维卡（Svetozara Markovica）街的当地警察局。一到那里，他就被铐到一个散热器上，被几名警察毒打一顿，申诉人知道其中一些警员的名字或绰号。这些警员对他全身拳打脚踢，同时侮辱他的族裔出身，咒骂他的"吉卜赛妈妈"。其中一名警员用一根大金属棒打他。过了一会儿，这些警员把他从散热器上放下来，又把他铐到一辆自行车上。然后，他们又继续用警棍和铁条对他猛击狠打。尽管申诉人耳朵开始流血，但击打一直继续，直到下午4时30分左右他被释放为止。

2.2. 由于这场虐待，提交人不得不卧床数日。他两臂和双腿都受伤，后脑有开放性伤口，背部数处受伤。事发后几天，他的左耳还在出血，两眼、双唇仍然肿胀。由于担心警察报复，申诉人没有到医院求治。……

禁止酷刑委员会认定，所描述的待遇构成第1条规定的酷刑。[24]

---

[23] 比较禁止酷刑委员会在第[11.91]及以下各段和第[16.06]及以下各段中对"合法"的解释。（《禁止酷刑公约》英文本中，与其中文本第1条中的"法律制裁"对应的用词为"lawful sanctions"，亦可理解为"合法制裁"，故而此处将"lawful"译为"合法"。——译者注）

[24] 在禁止酷刑委员会意见的第5.3段。

[9.24] 在德拉甘·迪米特里耶维奇案之前，禁止酷刑委员会对于实质性地认定存在酷刑的侵权行为，一直缩手缩脚，而是更愿意关注程序性的违反，诸如一国未能适当地调查对酷刑的指控。一个能说明以往这种瞻前顾后的例证是阿博德利诉突尼斯案（Abdelli v Tunisia, CAT 188/2001）：该案中，虽然有详细的、令人毛骨悚然的指控和提交的证据，但禁止酷刑委员会仍没有认定第1条被违反。在德拉甘·迪米特里耶维奇案以后，禁止酷刑委员会又在以下案件中作出了第1条被违反的类似认定：达尼洛·迪米特里耶维奇诉塞尔维亚和黑山（Danilo Dimitrijevic v Serbia and Montenegro, CAT 172/2000），其中受害者被绑在墙上，遭警棍殴打差不多一个小时，然后三天没有得到食物、水和使用厕所；迪米特洛夫诉塞尔维亚和黑山（Dimitrov v Serbia and Montenegro, CAT 171/2000），其中受害者遭拳打脚踢以及被钢缆和棒球棍殴打13个小时；本·萨勒姆诉突尼斯（Ben Salem v Tunisia, CAT 269/2005），其中受害者被无数次地殴打和脚踢导致失去意识、被拖了15米并被脸朝下拖上一段台阶、脸上被喷催泪瓦斯导致眼睛闭塞灼痛；哈纳菲诉阿尔及利亚（Hanafi v Algeria, CAT 341/2008），其中殴打加之未予医疗导致受害者死亡；阿里诉突尼斯（Ali v Tunisia, CAT 291/2006），其中受害者被无数次地殴打和脚踢导致失去意识、衣服被脱到半裸、害怕被强奸；斯吕萨尔诉乌克兰（Slyusar v Ukraine, CAT 353/2008），涉及严酷的殴打、非常冷的囚室、不让睡觉、威胁伤害家人；以及杰拉西莫夫诉哈萨克斯坦（Gerasimov v Kazakhstan, CAT 433/2010），其中殴打导致住院、性暴力的威胁、反复用塑料袋罩住窒息。

《公约》规定的酷刑

[9.25] 人权事务委员会尚未发布对《公民及政治权利国际公约》第7条而言的"酷刑"的具体定义。实际上，它决定不区分第7条所禁止的待遇/惩罚的三个层次。

第20号一般性意见

> 4.《公约》并未界定第7条所涉的各种概念。委员会认为不必逐一列出所禁止的行为，也不必明确区分不同种类的惩罚或待遇；这些区分视实际待遇的性质、目的和严厉程度而定。

按照这一意见,人权事务委员会经常不具体说明第7条的哪个方面被违反;侵犯情况可能被简单地描述为"违反第7条"。这可以与欧洲人权法院解释《欧洲人权公约》中的同等规定即第3条的做法形成对比。该法院通常会明确究竟发生了哪种类型的"待遇"。[25] 另一方面,人权事务委员会做到了详细阐述和发展禁止的范围,但不去实际界定这些术语。有趣的是,尽管委员会未能通过某种特定的酷刑的定义,但它曾向各国表示关切的是,它们未能在国内刑法中,将酷刑作为一种特定罪行予以禁止和界定。[26] 对乌兹别克斯坦,委员会特别建议该国采用《禁止酷刑公约》第1条中的定义。[27]

[9.26] **吉里诉尼泊尔**(*Giri v Nepal*, 1761/2008)

提交人诉称,在当局在他身处的一个镇子上追捕一个据称的尼共(毛)成员之时,他遭受了如下对待:

2.2. ……一个尼泊尔皇家陆军士兵问提交人从哪里来、往哪里去。当他回答时,两名早些时候追赶尼共(毛)成员的便衣男子过来,其中一人对士兵说,他看到过提交人与逃脱的尼共(毛)成员在一起。这名男子用靴子踢提交人的胸部和腹部三次,在踢的时候还用手枪指着提交人,说他是尼共(毛)成员。被踢三脚后,提交人倒在地上。这名男子第四次踢提交人的胸部,使他失去了知觉。

2.3. 提交人醒过来时,正在行驶的卡车上,面朝下趴着,但并没有被蒙上眼睛或戴上手铐。由于呼吸困难,他问是否可以坐起,并得到允许。尼泊尔皇家陆军的士兵没有告知他逮捕的原因,也没有在逮捕时告知他的权利。他发现周围都是穿军服的男子,但是那些便衣男子不在卡车上。当卡车到达高速公路时,提交人被蒙住眼睛。一些士兵骂他,并揪他的胡子。大约30分钟后,卡车停了下来,提交人被命令下车。他

---

[25] See Harris et al., *The Law of the European Convention on Human Rights*, 56–7.

[26] 委员会的结论性意见:纳米比亚,(2004) UN doc CCPR/CO/81/NAM, para 11;马达加斯加,(2007) UN doc CCPR/C/MDG/CO/3, para 19;巴巴多斯,(2007) CCPR/C/BRB/CO/3, para 11;博茨瓦纳,(2008) UN doc CCPR/C/BWA/CO/1, para 15;爱尔兰,(2008) UN doc CCPR/C/IRL/CO/3, para 11。

[27] 委员会对乌兹别克斯坦的结论性意见,(2010) CCPR/C/UZB/CO/3, para 10。另见委员会的结论性意见:以色列,(2010) UN doc CCPR/C/ISR/CO/3, para 11;科威特,(2011) UN doc CCPR/C/KWT/CO/2, para 16。

第九章　免受酷刑的自由和获得人道待遇的权利

在眼罩被摘下后，能够看出他是在一所军营中，后来听士兵称之为伊曼纳加尔（Immamnagar）军营。士兵随后又蒙上他的眼睛，并把他的手铐在背后。

2.4. 提交人被迫步行10~15分钟到一座建筑，被锁在一个称为"医疗拘留室"的房间内。房间大约3米宽4米长，光线昏暗，气味难闻，蚊子成群。有两个钢床，但没有被褥。屋内有一个抽水马桶，但没有水。有一个小窗户，但以塑料和黄麻口袋遮住。被拘禁的头三四天，提交人双手被铐在背后，后来改铐在身前。提交人与至少一个人、有时则与几个人被拘禁在一起，导致过度拥挤。他得不到充足的水、食物、床上用具、自然光线或休闲设施。被拘禁的头三个月，两名被拘禁者都获准在进餐时间解除眼罩和手铐。哨兵通过牢房窗口递进食物和水。被拘禁三个月后，进餐时哨兵不再摘下提交人的手铐。他被告知哨兵丢失了手铐钥匙，再也不能摘下手铐。因此，他在被拘禁在军营的剩余时间里一直被蒙着眼睛、戴着手铐，吃饭和如厕相当困难。他补充说，拘禁期间他只获准洗了两次澡，并且必须请哨兵提供有限量的饮水。他从来没有得到可更换的衣服。

2.5. 从2004年4月29日至2005年5月12日，提交人被拘禁在伊曼纳加尔军营中，与外界隔绝，近13个月。拘禁期间他从未获准与家人或律师联系。尼泊尔皇家陆军的士兵折磨他，并对他施以残忍、不人道和侮辱的待遇。一星期内，他每天都遭受酷刑，通常在白天。一个星期后，酷刑停止三四天，然后又恢复几天，再停几天。这种模式持续了约三个月之后，酷刑的频率降低，但仍然持续了七个月左右。酷刑发生在审讯期间，包括用塑料管和硬木棍打肩膀、背部和腿部。提交人也遭到扇耳光、拳打头部和耳朵、用军靴踢背部——包括前一天被殴打过的部位。审讯者会问提交人参与尼共（毛）的情况。在刑讯中，提交人被蒙着眼睛、戴着手铐。他曾听出一名施刑者的声音类似于被捕时打他的一名便衣男子的声音。当提交人否认有任何牵连时，酷刑会加剧。被拘禁的第一天，提交人在经历了审讯和殴打后，被告知休息，因为第二天他会被带上直升机，再从机上把他抛下去。在拘禁期间，有的哨兵说他将获释，别的哨兵则说他将被处死。其他的酷刑包括用冰块磨蹭他的身体，用针刺他的背部、乳头附近的胸部以及脚指甲缝。在军营里，提交人至少两次被从医疗拘留室转移到其他场区。尼泊尔皇家陆军士兵告诉他，转移他是为了不让红十字国际委员会或国家人权委员会发现他。

2.6. 在被拘禁的第七个月，提交人被迫写下供词，说自己是尼共（毛）成员，尼泊尔皇家陆军已经从他那里缴获了有关尼共（毛）的文件，并且他现在想"投降"。提交人被迫在文件上按了拇指印。后来，他还被迫写下并签署类似的供述。在被拘禁八个月后，他只遭受了一次酷刑。然而，尼泊尔皇家陆军的士兵继续辱骂他，有些人说他将被处死，另一些人则说他将被释放。提交人估计他总共遭受了约100次酷刑。拘禁期间他不敢要求看病，而医生只看过他一次。他所遭酷刑造成的后果是，他一直患有经常性头痛和头晕，颚、头、肩、背、臀和腿部疼痛，并被诊断出脊柱骨关节炎。他还患有创伤后遗症，如抑郁、注意力难以集中、愤怒、恐惧和焦虑，包括惧怕制服以及往事回现。

人权事务委员会认定第7条被违反，并声明：

7.5. 委员会忆及，其第20号一般性意见指出，"委员会认为不必逐一列出所禁止的行为，也不必明确区分不同种类的惩罚或待遇；这些区分视实际待遇的性质、目的和严厉程度而定"。然而，委员会认为，如果有事实根据，则可以将某种待遇定为酷刑。在此方面，委员会遵循《禁止酷刑和其他残忍、不人道或有辱人格的待遇或处罚公约》中的酷刑定义……。委员会注意到，这一定义不同于先前在《保护人人不受酷刑和其他残忍、不人道或有辱人格待遇或处罚宣言》中的定义——该定义将酷刑描述为"过分严厉的、故意施加的、残忍、不人道或有辱人格的待遇或处罚"。因此，委员会的一般做法是认为，酷刑与其他残忍、不人道或侮辱之待遇或惩罚之间的关键区别，在于有无一个相关的目的因素。

7.6. 根据掌握的资料，并回顾第7条甚至在公共紧急状态下都不允许任何限制，委员会认定，提交人遭受的酷刑和虐待、对他的与外界隔绝的拘禁和拘禁条件，揭示出缔约国单独和累计违反了《公约》第7条。

第九章　免受酷刑的自由和获得人道待遇的权利

[9.27] 自吉里案以后，人权事务委员会在根据第 7 条作出对"酷刑"具体认定方面，更加坚定。在埃尔·哈果戈诉利比亚案（*El Hagog v Libya*, 1755/2008）中，委员会认定下述待遇构成"酷刑"：[28]

> 2.3. ……将他赤裸裸地绑在铁床上，多次电击腿、脚、手和胸部；打脚底板；绑住手吊起来；让他感到窒息和扼勒；吊起手臂挂在半空中；蒙上眼睛威胁放狗咬；殴打；注射药物；不让睡觉；剥夺感官；用热水或冰水浇；关在极为拥挤的牢房里；用强光刺眼睛。提交人声称遭到肛交强奸。……

"第 7 条"待遇：残忍、不人道或侮辱之待遇或惩罚

[9.28] 人权事务委员会在第 20 号一般性意见中，对于如何界定第 7 条禁止的行为（"第 7 条待遇"），声明如下：

> 2.《公民及政治权利国际公约》第 7 条规定的宗旨是保护个人的尊严、身体和精神的完整性。缔约国有责任通过必要的立法以及其他措施保护每一个人免遭第 7 条禁止的各项行为的伤害，而不论施行者是以官方身份、以其官方身份以外的身份或以私人身份行事。《公约》第 10 条第 1 款的积极要求充实了第 7 条规定的禁止，该款规定："自由被剥夺之人，应受合于人道及尊重其天赋人格尊严之处遇。"……
>
> 5. 第 7 条所规定之禁止不仅有关造成身体疼痛的行为，而且有关造成受害者精神痛苦的行为。……

[9.29] **沃兰纳诉芬兰**（*Vuolanne v Finland*, 265/1987）

沃兰纳因为违纪被处以军事拘禁，在一个小囚室中被关押了 10 天。他申诉说，除其他外，这一拘禁违反了第 7 条。他对其拘禁条件的描述如下：

> 2.6. 提交人声称，对他的处罚由两部分构成，在此期间他被锁在一个 2 米×3 米的囚室内，该囚室只有一个小小的窗户、一张行军床、一张小桌子、一把椅子和一盏昏暗的电灯。他只被允许在吃饭、如厕时以及每天半小时呼吸新鲜空气时离开囚室。他被禁止与其他被拘禁者交谈和在囚室内发出任何声音。他声称这种隔绝几乎是全面的。他还称，为

28　在委员会意见的第 8.6 段。See also *Nenova v Libya* (1880/2009).

了减轻紧张,他写了一些有关与其亲近之人的个人笔记,但有一天晚上守卫拿走了这些笔记并互相传看。只是在他要求面见数位军官之后,他的笔记才被归还。

就有关第7条的问题,人权事务委员会作出了有利于缔约国的认定,并对第7条的内容陈述如下:

> 9.2. 委员会忆及,第7条禁止酷刑和残忍的或其他不人道的或侮辱的待遇。委员会认为,评估何种待遇构成第7条含义之内的不人道或侮辱之待遇取决于案件的所有情况,诸如待遇的持续时间和方式、对身体或精神的影响以及受害者的性别、年龄和健康状况。对本来文的全面审查没有表明有任何事实支持提交人的指控,即他是第7条为其规定的权利被侵犯的受害者。在任何情况中,都没有公务官员对安提·沃兰纳施以或唆使施以无论是身体或精神上的剧烈疼痛或痛苦,也看不出提交人遭受的单独关押就其严格程度、持续时间和所寻求的目的而言,对其产生了任何不利的身体或精神影响。另外,无法确定除了沃兰纳先生受到的纪律惩戒措施所固有的不便以外,他还遭受了任何羞辱或其尊严受到了干预。在这一方面,委员会认为,某一惩罚若要具有侮辱性,则其中涉及的羞辱或贬低必须超过一定的程度,并且无论如何必须造成除了仅只剥夺自由这一事实以外的其他情况。另外,委员会认定,其所知事实没有证实这样一项指控,即沃兰纳先生在被拘禁期间,没有得到《公约》第10条第1款所要求的合于人道及尊重其固有人格尊严的待遇。

[9.30] 沃兰纳案证实,判断是否发生了"第7条待遇"部分地是一种主观评估。诸如受害者的年龄和精神健康状况等因素会加重某些待遇的后果,使其成为第7条所禁止的待遇。

[9.31] 需要注意人权事务委员会的说法,即"侮辱之待遇"所涉及的,必须超出"仅只剥夺自由"。不过,似乎这一说法走得太远了。"仅只"拘禁一位患有极度幽闭恐惧症的人,而原因只不过是要摧毁其意志,难道这不违反第7条吗?[29]

---

[29] See also *Jensen v Australia* (762/1997) [9.72] and *C v Australia* (900/1999) [9.73].

[9.32] 在对美国的结论性意见中，人权事务委员会称：[30]

13. 委员会关切的是，一段时间以来，缔约国授权采用强化审讯技术，如长时间强制体位和隔离、剥夺感觉、罩头、冷冻或热烤、睡眠和饮食调节、20 小时审讯、脱光衣服、剥夺所有舒适和宗教物品、强制外表修饰和利用被拘禁者的个人恐惧症。根据 2005 年《被拘禁者待遇法》，这些审讯技术被现行《军事情报审讯现场手册》禁止。委员会虽然欢迎这种保障，但仍然关切的是：(a) 缔约国拒绝承认这些办法违反《公约》第 7 条所含的禁令，虽然据称这些办法长期以来一直单独或合并适用；(b) 没有武装部队的任何军官、雇员或成员或美国政府的其他工作人员因使用这种获准的严酷审讯技术而被判刑；(c) 其他机构，包括情报机构和"私营承包者"，可能仍然被允许使用这些审讯技术；(d) 缔约国没有提供任何资料，说明为确保遵守第 7 条成立了监督这些机构的制度。

缔约国应确保对《军事情报审讯现场手册》的任何修改都只能规定符合对《公约》第 7 条所载禁止范围的国际理解的审讯技术；缔约国还应确保现行审讯技术或任何修改的办法约束美国政府的所有机构或其代理机构；缔约国应确保采取有效措施，随时注意防止军事系统之外机构的违规行为，对使用或批准使用目前禁用办法的人员施予适当制裁；缔约国应确保尊重这些做法的受害者得到补救的权利；缔约国应通知委员会《军事情报审讯现场手册》核可的对审讯技术的任何修改。

[9.33] 对于如何界定可根据第 7 条质疑的待遇，从本章随后对案例法的检视中，能够发现更多的线索。

[9.34] 《禁止酷刑公约》第 16 条

1. 每一缔约国应保证防止公职人员或以官方身份行使职权的其他人在该国管辖的领土内施加、唆使、同意或默许未达到第 1 条所述酷刑程度的其他残忍、不人道或有辱人格的待遇或处罚的行为。特别是，第 10、11、12 和 13 条所规定义务均应适用，唯酷刑一词应代之以其他形

30　(2006) UN doc CCPR/C/USA/CO/3/Rev.1.

式的残忍、不人道或有辱人格的待遇或处罚等字。

［9.35］因此，在《公民及政治权利国际公约》或《禁止酷刑公约》中，对于"残忍的"、"不人道的"或"侮辱的"待遇，都没有具体的界定。在判断是否发生了这样的待遇时，对剧烈性、蓄意和目的的要求据估计会更宽松地适用。例如，有可能因疏忽大意而造成此类待遇。

［9.36］**松科诉西班牙**（*Sonko v Spain*，CAT 368/2008）

这一申诉有关在位于摩洛哥领水的西班牙管辖范围内发生的行为。四位非洲移民试图搭载小艇进入位于非洲北部海岸的西班牙自治市休达（Ceuta）。他们被一艘西班牙船只截住，并被带回到摩洛哥领水内。这四个人都被告知跳入水里、游到摩洛哥。提交人的兄弟松科先生声称不会游泳，紧抓着西班牙船只，直到被迫放手。在他显然溺水后，一名西班牙船员试图抢救他，把他带到了海滩上。尽管作出了救活他的努力，他还是死在了那里。禁止酷刑委员会对其受到待遇的界定如下：

10.4. ……委员会认为，考虑到松科先生在被拖离水面时依然活着，缔约国要负责说明其死亡时的情况。委员会还认为，无论国民卫队军官是否刺破了松科先生的小艇或他被驱赶下船时离岸边多远，他都被置于导致其死亡的境地。至于2007年9月26日松科先生所受待遇的法律定性问题，委员会认为，虽然松科先生死前遭受的身体和精神痛苦（其作为移民的弱势地位加剧了这种痛苦）未构成对《公约》第1条的违反，但根据《公约》第16条的规定，确实越过了残忍、不人道或有辱人格的待遇或处罚的界限。

有时，甚至结果是造成某人死亡的行为都可能不构成酷刑。当然需要指出，该行为意图达到的结果并非致人死亡。

［9.37］**克热梅德齐夫诉保加利亚**（*Keremedchiev v Bulgaria*，CAT 257/2004）

申诉人对警察的残暴行为提出了如下指控：

2.1. 2003年冬天，申诉人在保加利亚潘珀洛沃（Pamporovo）滑雪度假村内位于斯内詹卡（Snezhanka）峰的锡扎塔（Hizhata）餐馆工作。2003年2月3日的傍晚，他和一些朋友光顾潘珀洛沃的一家酒吧。次日早晨6点左右，他回家时决定在穆加维茨（Murgavets）酒店的大堂等候早8点的头班缆车返回到他在斯内詹卡峰的住所。他在酒店大堂睡着了，然后有人把他踢醒。这个申诉人不认识的踢他的人试图强迫他离开酒店。申诉人解释了他待在那里的理由，并说他只要再等一个小时。后来，那个人在另一个人的帮助下，再次试图使申诉人离开大堂。

2.2. 不久，两位警察到场，并向申诉人咆哮，给他戴上手铐，并要求他出示身份证。然后警察带他离开酒店；他被踢了"一到两次"。申诉人要求警察不再踢他，但被推了一把并跌倒在地。他开始呼叫求助，但被命令住嘴；他没有听令，于是被踢并且被警棍殴打，直到昏迷不醒。他醒来时已在警车上，戴着手铐和脚镣。在车上他再次被殴打，而且据称其中一名警察试图使他窒息，他当时又昏了过去。他被带出警车并遭到威胁说要被枪毙。他在切珀拉热（Chepelare）地区警察局的一间囚室中醒来；他要求看医生，医生两小时之后到达。申诉人让医生给他松绑并给一些药品，但医生说他只是来做酒精测试。申诉人后来被指控犯有流氓罪，他声称这一罪名的起因是他威胁那些虐待他的警察说要投诉他们的行为。

他在后来的陈述中还补充说，医学检查包含的"证据表明了他多处受伤以及他腰部有瘀伤、尿中也带血"。[31]

禁止酷刑委员会认定第16条被违反：

9.3. 委员会审查医务报告后注意到，申诉人身体表面有多处瘀伤，这些伤害导致他的腰部出现瘀伤以及尿中带血。此外，2003年7月12日由缔约国当局自身为调查目的下令作出的法医报告，也证实了先头两份医务报告所描述的伤情，并提出意见认为，这些伤情可能如同申诉人所描述的时间以及手法所导致。委员会还注意到，医务报告本身并未提及"轻微身体伤害"，但这是国内法院的解释。委员会承认，在合法逮捕一个不合作以及/或者狂暴的个人时，有可能出现疼痛和痛苦，然而委员会认为，在这种情况下使用武力应限于必要的和比例适当的程度。

31　在禁止酷刑委员会意见的第8段。

缔约国辩称使用武力是"必要的",并声称必须给申诉人戴上手铐。然而,缔约国并未描述使用何种武力,也没说明使用的武力是否以及/或者如何比例适当,即在该案具体情况下,所使用武力的强度如何必要。委员会认为,申诉人所受伤害非常严重,与两位警察使用比例适当的武力不相吻合,尤其是看来申诉人当时手无寸铁。委员会无法赞同国内法院的解释,即申诉人由于对其施用的武力,只遭受了"轻微身体伤害"。根据所提供的证据,委员会指出,所致伤害看来并不构成第1条第1款含义范围的"剧烈疼痛和痛苦",但的确认为警察对待申诉人的方式构成《公约》第16条含义之内的残忍、不人道或有辱人格的待遇或处罚。

[9.38] 在阿吉扎诉瑞典(*Agiza v Sweden*, CAT 233/2003)这一涉及移送的案件中,据称在申诉人被驱逐的过程中在他身上发生的情况是:

12.29. 12月18日下午瑞典政府刚作出决定不久,被驱逐人就被瑞典警察逮捕,随后转移到布洛马机场。美国飞机晚上九点不到降落在机场。一些戴着面罩的美国保安人员进行了安全检查,其中包括至少如下情节:被驱逐人的衣服被剪刀剪破后脱掉,被全身搜查,然后戴上手铐和脚镣,套上罩衫和戴上头套。最后,被驱逐人光着脚被带上了飞机,然后被绑在床垫上。在押回埃及的整个航程中,被驱逐人都被迫保持这种姿态。据声称,驱逐者的直肠中还被放入了镇静剂……。

实际上,这与人权事务委员会所处理的阿尔泽里诉瑞典案所描述的待遇是一样的[9.13]。同样的指控并不令人奇怪,因为这两个人是在同一时间,由瑞典在美国特工的帮助下移送给埃及的。禁止酷刑委员会认定这一待遇违反了"至少是"第16条。[32]

[9.39] 在德杰玛吉尔等人诉南斯拉夫案中[9.12],禁止酷刑委员会的多数委员认定,故意焚烧和摧毁房屋,特别是其带有种族主义动机时,构成有违《禁止酷刑公约》第16条的"残忍、不人道或有辱人格的待遇或处

---

[32] 在禁止酷刑委员会意见的第13.4段。

罚的行为"。[33] 在奥斯玛尼诉塞尔维亚共和国案（Osmani v Republic of Serbia, CAT 261/2005）中，禁止酷刑委员会认定，在拆迁一个罗姆人的定居点时发生的下述待遇违反了第16条：[34]

> 2.1. ……在迁离过程中，便衣警察殴打了一些罗姆人，而穿制服的警察则用种族主义语言辱骂他们。一名便衣警察抓住申诉人的左手，打了申诉人两个耳光，还拳击他的头部和腰部，此时申诉人的右手拉着他4岁的儿子。小孩也被击中，但受伤不严重。申诉人逃离定居地并寻医治伤。2000年6月12日的医疗证明称，他的左手臂有一处血肿，医生建议他寻求一名专家检查其腹部。

德杰玛吉尔案和奥斯玛尼案还证实，国家既能够由于从事了某些行为，也能够由于没有采取行动而违反《禁止酷刑公约》以及《公民及政治权利国际公约》第7条 [9.08]。

对第7条所规定之权利的限制

[9.40] 第7条是以绝对方式表述的，不容许任何例外。

第20号一般性意见

> 3. 第7条的约文不容许任何限制。委员会还重申，即使在诸如《公约》第4条所指的公共紧急状态的情况中，仍不得克减第7条的规定，其规定仍有效。委员会还指出，不得出于任何理由，包括以执行上级军官或公共机构的命令为理由，来证明违反第7条具有正当合理性或存在可减轻罪责的情况。

这一点在《禁止酷刑公约》第2条中，针对"酷刑"进行了重申：

> 2. 任何意外情况，如战争状态、战争威胁、国内政局不稳定或任何其他社会紧急状态，均不得作为施行酷刑之理由。

---

33 另见委员会对以色列的结论性意见，(2003) CCPR/CO/78/ISR, para 16，其中，以色列在被占领领土上损毁嫌疑恐怖分子的家人的财产，被定性为违反了第7条。

34 对违反情况的实际认定见禁止酷刑委员会的意见的第10.5段。

3. 上级官员或政府当局之命令不得作为施行酷刑之理由。

[9.41] **禁止酷刑委员会第 2 号一般性意见**

5. [《禁止酷刑公约》] 第 2 条第 2 款规定，禁止酷刑是绝对的，不可减损的。该款强调，缔约国不得援引"任何意外情况"作为在其管辖的任何领土内施行酷刑的理由。《公约》所指之此等情况包括战争状态、战争威胁、国内政局动荡或任何其他公共紧急状态。这包括了任何恐怖主义行为或暴力犯罪的威胁以及国际性或非国际性武装冲突。委员会深为关切并断然反对的是，任何国家试图以在此等情况或一切其他情况下维护公共安全或防止紧急状态为理由而施行酷刑或虐待。同样，委员会也反对违反这种绝对禁止的任何宗教或传统理由。委员会认为，采用特赦或其他阻挠办法，事先排除或表明不愿意对施行酷刑或虐待者予以即时和公正的起诉和处罚，违反这一规定不可减损的原则。[35]

[9.42] 因此，在考虑是否发生了违反《公民及政治权利国际公约》第 7 条或《禁止酷刑公约》的情况时，看来诸如比例性等概念并无作用。例如，在以色列，在审讯嫌疑恐怖主义分子时，授权使用了"适度的身心压力"。1997 年，以色列声称，使用这些技术已经挫败了 90 起计划中的恐怖攻击，挽救了无数生命。[36] 尽管如此，禁止酷刑委员会在 1997 年对以色列提出的结论性意见中，仍将这些审讯技术中的一些归类为"酷刑"以及"不人道的和有辱人格的待遇"。这些技术尽管旨在保护民众不受极其致命的恐怖威胁，但仍被认定为违反《禁止酷刑公约》。对此，禁止酷刑委员会称：[37]

134. 委员会承认，以色列在处理对其安全的恐怖主义威胁方面，面临着极其麻烦的两难。不过，作为《公约》的缔约国，以色列不得向委

---

[35] 另见禁止酷刑委员会 2001 年 9 月 11 日的声明，UN doc A/57/44, paras 17–18。

[36] 见以色列根据《禁止酷刑公约》提交的第二次定期报告，CAT/C/33/Add.2/ Rev.1，特别是其第 2、3、24 段。

[37] UN doc CAT/C/18/CRP1/Add.4. 对实际使用的技术的这种分类，禁止酷刑委员会依据的是非政府组织的报告。所报告的技术有：禁锢在令人疼痛的姿态中、带头罩、长时间播放大声量的音乐、长时间不让睡觉、威胁（包括死亡威胁）、粗暴的摇晃、使用"令人颤栗的冷气"。对此，可比较欧洲的一个案件：*Ireland v UK* (1979–80) 2 EHRR 25. 另见人权事务委员会对以色列的结论性意见，(1999) UN doc CCPR/C/79/Add.93, para 19。

员会提出例外情况，以之作为施行《公约》第 1 条所禁止之行为的理由。这在《公约》第 2 条中有清楚明白的规定。[38]

对于以色列，人权事务委员会先是批评说，"所有对酷刑的申诉或者被否认，或者作为'滴答作响的炸弹'的案件而以'必要之防护'为辩解理由"，然后重申了第 7 条规定的权利是绝对的。[39]

[9.43] 但是，在判定对《公民及政治权利国际公约》第 7 条之违反时，比例性的确发挥作用。例如，截肢在许多情况中会违反第 7 条。不过，截肢本身并不构成违反第 7 条的待遇，如果为救命而实施截肢（例如为防止坏疽扩散）就不会违反第 7 条。因此，实施某种行为的决定的"合理性"——哪怕这种行为造成极大的疼痛、痛苦或侮辱，在判定某种待遇事实上是不是违反第 7 条的待遇时，具有相关性。[40]无论如何，一旦某一行为被认定为构成第 7 条所指的待遇，那么就无法提出理由，使得这种情况不被认定为违反。因此，在考虑将某种行为适当地归类为第 7 条所指的待遇时，而非考虑施予第 7 条所指待遇的任何据称理由时，比例性才会相关。

[9.44] **VS 诉俄罗斯联邦**（*VS v Russian Federation*，1627/2007）

这一来文有关一个被指控受贿的人所受的待遇。提交人对于最初的逮捕情况描述如下，并称其违反了第 7 条：

2.1. 提交人是俄罗斯联邦萨马拉市的理疗师。他声称，在 2002 年 3 月 21 日，萨马拉市内政厅（DDIA）警务部的一队警察在他的工作场所、当着他同事和患者的面，对他野蛮殴打。他们拳击他的面部、掐喉咙、将手臂扭到背后，还逼迫他承认受贿。

缔约国提出的解释是：

6.1. ……它反驳提交人受到警察虐待的指控，并且指出提交人援引

---

38 在一起案件中，作为高等法院审理该案的以色列最高法院认定，对嫌疑恐怖分子的这种对待违宪：*The Public Committee Against Torture in Israel v The Government of Israel et al.*（HCJ 5100/1994），decision of 6 September 1999。

39 委员会对以色列的结论性意见，(2010) UN doc CCPR/C/ISR/CO/3, para 11。

40 在这一方面，需要注意的是，尽管"目的"是界定"酷刑"的一个因素 [9.09]，但是看来它并非界定其他违反第 7 条的待遇的一个因素。委员会在第 20 号一般意见第 4 段中暗示了这一点 [9.25]。

的法医报告显示有下列伤情：面部和右前臂瘀伤、右颈部擦伤、两颊黏膜出血和两颊黏膜伤口。由于提交人被逮捕时试图吞咽收取的贿金，没有对警察的指令作出反应并且表现出反抗，警察用力按住他的双手并挤压其颊骨，防止他吞下钞票。使用的武力是在阻止犯罪行为所需的限度之内，而且符合《警察法》第12条和第13条。

人权事务委员会认定申诉不可受理：

8.3. 委员会注意到提交人指控称在被捕时受到虐待，2002年3月23日的法医报告也有相关记载。它还注意到缔约国反驳这些指控，称使用的武力比例适当，而且是为阻止提交人损毁证据（吞咽贿金）所必需。委员会进一步注意到，提交人对警察提起的申诉因缺乏犯罪事实被驳回，撤销原判上诉和监察复审程序均维持了这一决定。委员会注意到，双方给出的事件版本大相径庭，但是缔约国没有反驳曾使用武力这一情况。

8.4. 委员会注意到提交人举出的法医报告记载了以下伤情：面部和右前臂瘀伤、右侧颈部擦伤以及构成轻微伤害的两颊黏膜出血和两颊黏膜伤口。它还注意到缔约国的解释，即警察使用武力按住了提交人的双手并挤压其颊骨，防止他吞下收取的贿金。考虑到缔约国为逮捕行动期间使用武力的程度提出的正当理由，并鉴于卷宗所含资料关于申诉中所指称事实是否存在证人证言相互矛盾，委员会的结论是，提交人未能为使其来文受理的目的充分证实其申诉，并宣布根据《任择议定书》第2条不予受理。

[9.45] 这种推理的另一例证是卡巴尔·伯兰特和帕西尼·伯特兰诉澳大利亚案（*Cabal and Pasini Bertran v Australia*，1020/2002）：

8.2. 关于在提交人受到的拘禁条件和待遇方面，缔约国违反第7条和第10条第1款的申诉，委员会注意到提交人的指控，即提交人在往返监狱的移送过程中，都须戴着12节脚镣——后来改戴17节脚镣，每次探视后，都要接受脱衣搜查和凹处检查，缔约国没有否认这些事实。然而，缔约国提出了给予这些待遇的理由，解释说，对提交人作了逃跑风险评估，因为他们过去曾使用伪造旅行和身份证件躲避逮捕，有可能

第九章　免受酷刑的自由和获得人道待遇的权利

得到相当数额的资金，曾经给其他犯人钱，监狱情报机构曾报告说其他犯人曾主动提出有偿协助他们越狱。缔约国还解释说，提交人并不是被单挑出来接受搜查，而且搜查的方式尽可能减少了他们的窘迫，这样做是为了确保监狱安全。委员会评估认为，在这些方面不存在对第7条或第10条第1款的违反。*

[9.46] 在穆孔诉喀麦隆案（*Mukong v Cameroon*, 458/1991）中，缔约国试图依据喀麦隆的欠发达情况所造成的经济和预算困难，来证明其令人震惊的监狱条件正当合理；不过，人权事务委员会认定监禁穆孔的条件违反了第7条。[41]

[9.47] 在克热梅德齐夫诉保加利亚案中，禁止酷刑委员会承认，"在合法逮捕一个不合作以及/或者狂暴的个人时，有可能出现疼痛和痛苦" [9.37]。该委员会警告说，"在这种情况下使用武力应限于必要的和比例适当的程度"。[42] 禁止酷刑委员会承认，这样一种至少在客观上可能违反《禁止酷刑公约》第16条（就算不违反该公约第1条）的待遇，如果是为某种正当目的而对武力的必要使用，则可能得到原谅。同样，在伯尼特兹诉巴拉圭案（*Benitez v Paraguay*, 1829/2008）中，由于在逮捕一位抗议者时使用武力"过度"，缔约国被认定违反了《公民及政治权利国际公约》第7条。[43] 如上所述，在决定某一行为是否应被归类为违反《公民及政治权利国际公约》第7条（或《禁止酷刑公约》第16条）时，而非在决定一种表面上看来违反《公民及政治权利国际公约》第7条（或《禁止酷刑公约》第16条）的情况是否有理由时，待遇发生的情景将起作用。在伯尼特兹案和克热梅德齐夫案中，用于控制申诉人的武力程度没有被证明为正当合理，因此分别被认定为违反了《公民及政治权利国际公约》第7条和《禁止酷刑公约》第16条。

---

* 原书的该段引文与委员会意见的原文略有差别，此处使用委员会意见的原文。

41　见第 [9.132] 段。实际上，经济情况一般而言无法作为偏离《公约》规范的正当理由。见第 [1.33] 段。

42　在禁止酷刑委员会意见的第9.3段。有关对精神病人使用武力，另见人权事务委员会对挪威的结论性意见，(2011) CCPR/C/NOR/CO/6, Para 10。

43　在委员会意见的第7.4段。

[9.48] 有关警察使用武力，人权事务委员会曾对澳大利亚称：[44]

21. 委员会表示关切的是，执法人员据报对某些群体——诸如土著居民、少数民族、残疾人和青年人等过度使用武力，并感到遗憾的是，由警方本身调查对警察不当行为的指控。委员会关切的是，据报在澳大利亚某些州和领地，警察部队过度使用破坏肌肉的电刺激装置"泰瑟枪"（第6条和第7条）。

对第7条和《禁止酷刑公约》的特定违反

[9.49] 在早期众多针对拉丁美洲国家的案件中，人权事务委员会认定以下行为的各种组合构成酷刑[45]：成体系的殴打，电击，灼烧，用链子绑住手以及/或者腿吊很长时间，反复浸泡在血、尿、呕吐物和排泄物的混合物中（"潜水艇"）、站立很长时间，模拟处决，截肢。[46] 在穆特巴诉扎伊尔案（*Muteba v Zaire*, 124/1982）、米安哥·穆伊约诉扎伊尔案（*Miango Muiyo v Zaire*, 194/1985）和卡纳纳诉扎伊尔案（*Kanana v Zaire*, 366/1989）中，委员会认定以下行为的各种组合构成酷刑：殴打、电击生殖器、模拟处决、不给食物和水、按压拇指。[47] 如同上文指出的，在吉里诉尼泊尔案中，出现了对酷刑的具体认定［9.26］。

[9.50] 在林顿诉牙买加案（*Linton v Jamaica*, 255/1987）中，提交人

44　(2009) UN doc CCPR/C/AUS/CO/5. 另见委员会的结论性意见：新西兰，(2010) UN doc CCPR/C/NZL/CO/5, para 10；比利时，(2010) UN doc CCPR/C/BEL/CO/5, para 13（有关泰瑟枪的使用）。

45　另见 *Domukovsky et al. v Georgia*（623 - 624, 626, 627/1995），para 18. 6，其中所描述的待遇同时被称为"酷刑和不人道的待遇"（毒打以及身体和精神压力，包括脑震荡、骨折、烧灼和创伤、伤痕留疤、威胁家人）。

46　Nowak, *UN Covenant on Civil and Political Rights: CCPR Commentary*, 162, 摘引的案件有：*Grille Motta v Uruguay*（11/1977），*López Burgos v Uruguay*（52/1979），*Sendic v Uruguay*（63/1979），*Angel Estrella v Uruguay*（74/1980），*Arzuago Gilboa v Uruguay*（147/1983），*Cariboni v Uruguay*（159/1983），*Berterretche Acosta v Uruguay*（162/1983），*Herrera Rubio v Colombia*（161/1983），*Lafuente Peñarrieta v Bolivia*（176/1984）。See also PR Ghandhi, 'The Human Rights Committee and Articles 7 and 10 (1) of the International Covenant on Civil and Political Rights, 1966' (1990) 13 *Dalhousie Law Journal* 758, 762 - 6.

47　Nowak, *UN Covenant on Civil and Political Rights: CCPR Commentary*, 131.

被殴打到失去意识、遭到模拟处决并被拒绝提供适当的医疗。在贝利诉牙买加案（Bailey v Jamaica, 334/1988）中，身为囚犯的提交人遭受棍棒、铁管和警棍的反复殴打，然后被扔在那里，他的头和手受的伤没有得到任何医疗。在希尔顿诉牙买加案（Hylton v Jamaica, 407/1990）中，身为囚犯的提交人遭受狱卒的毒打并反复受到他们的死亡威胁。在戴德里克诉牙买加案（Deidrick v Jamaica, 619/1995）中，提交人被锁在囚室中达一天23小时，没有床垫或被褥、卫生设施、自然光、消遣设施、过得去的食物或适足的医疗。[48] 在所有这些案件中，人权事务委员会都决定有关待遇是"残忍的和不人道的"。

[9.51] 在弗朗西斯诉牙买加案（Francis v Jamaica, 320/1988）中，人权事务委员会认定，提交人受到了"士兵和狱卒的攻击，他们殴打他、用刺刀推搡他、往他头上倾倒尿桶、把他的食物和水扔到地板上并把他的床垫扔出囚室"。[49] 在托马斯诉牙买加案（Thomas v Jamaica, 321/1988）中，委员会认定，提交人被人用枪托殴打，并被拒绝就此所受的伤提供医疗。[50] 在杨诉牙买加案（Young v Jamaica, 615/1995）中，提交人被拘禁在一个小小的囚室中、极少允许对他的探视、受到狱卒的攻击、他的个人财产被盗、他的床铺被反复浸水。[51] 在珀莱·坎波斯诉秘鲁案（Polay Campos v Peru, 577/1994）中，提交人被关在一个笼子里向媒体展示。[52] 在所有这四个案件中，受到质疑的行为都构成"第7条含义之内的侮辱之待遇"。此外，在对贝宁的结论性意见中，委员会称：[53]

21. 委员会认为，要求被审前拘禁者和被定罪者都必须穿着标明被拘禁地点的囚衣，构成侮辱之待遇；要求被审前拘禁者在审理期间必须穿着这类囚衣的规定，可能违反无罪推定的原则（《公约》第7条和第14条［14.110］）。

[9.52] 在大部分有关第7条的案件中，人权事务委员会都只是认定第7

---

48 在委员会意见的第9.3段。
49 在委员会意见的第12.4段。
50 在委员会意见的第9.2段。
51 在委员会意见的第3.6、5.2段。
52 在委员会意见的第8.5段。
53 (2004) UN doc CCPR/CO/82/BEN.

条被违反，而不明确究竟第 7 条的哪一分支被违反。例如，在维特诉马达加斯加案（*Wight v Madagascar*，115/1982）中，10 个月与外界隔绝的拘禁——其中包括被链子与床垫拴住、只有极少量的衣物和配给食物、单独关押的三个半月，随后又在一个狭小的囚室中被与外界隔绝地拘禁了一个月，后来又和另一个人被拘禁在一个长宽各 3 米的囚室中，有 18 个月没有与外界接触，被认定违反了第 7 条。[54] 在加农·加西亚诉厄瓜多尔案（*Cañón García v Ecuador*，319/1988）中，委员会认定，向提交人的鼻腔中灌盐水、提交人被铐在一把椅子上过夜、"连杯水都没得到"构成对第 7 条的违反。[55] 在亨利诉特立尼达和多巴哥案（*Henry v Trinidad and Tobago*，752/1997）中，提交人的头部遭到监狱官员的毒打，乃至于缝了好几针，[56] 这一行为违反了第 7 条。[57] 在文森特等人诉哥伦比亚案（*Vicente et al. v Colombia*，612/1995）中，被士兵"蒙住眼、浸入沟渠中"违反了第 7 条。[58] 在对波兰的结论性意见中，对新入伍者的仪式性的虐待和羞辱也被认为违反了第 7 条。[59] 在对卢旺达的结论性意见中，单独关押的终身监禁被认为违反了第 7 条。[60] 在精神病机构中的电击治疗，除非得到密切监督和报告，否则也引起有关第 7 条的问题。[61] 在厄瓜多尔存在的对女性易性癖者强制施以的性"重新定向"治疗，也引起有关第 7 条的问题。[62]

［9.53］注意到一点具有指导意义：在一些案件中，被认定违反的是第 10 条第 1 款而非第 7 条。这些案件所描述的待遇糟糕到足以违反第 10 条，但是又含蓄地没有糟糕到构成"第 7 条待遇"的地步。

---

[54] 在委员会意见的第 15.2、17 段。
[55] 在委员会意见的第 5.2 段。
[56] 在委员会意见的第 2.1 段。
[57] 在委员会意见的第 7.1 段。
[58] 在委员会意见的第 8.5 段。
[59] (1999) UN doc CCPR/C/79/Add. 110, para 15. 另见委员会在对乌克兰的结论性意见中，对于"戏弄"新兵的做法的关切：(2006) UN doc CCPR/C/UKR/CO/6, para 13。
[60] (2009) UN doc CCPR/C/RWA/CO/3, para 14.
[61] 委员会对瑞典的结论性意见，(2009) UN doc CCPR/C/SWE/CO/6, para 11。另见委员会对保加利亚的结论性意见，(2011) CCPR/C/BGR/CO/3, para 10, 有关在医疗机构中对人的待遇。
[62] 委员会对厄瓜多尔的结论性意见，(2009) UN doc CCPR/C/ECU/CO/5, para 12。

第九章　免受酷刑的自由和获得人道待遇的权利

证据要求

［9.54］许多根据第 7 条提出的案件实际上有关事实而非法律问题。在这样的案件中，人权事务委员会只需考虑是否有足够的证据表明某些行为确实发生，而无须考虑所称的行为是否违反了第 7 条。这是因为，众多的案件所指控的行为极为残暴恶毒，无疑违反第 7 条。

［9.55］**穆孔诉喀麦隆**（*Mukong v Cameroon*，458/1991）
对于根据第 7 条提出申诉的证据要求，该案包含了某些有用的声明：

9.1. 提交人辩称，他在 1988 年和 1990 年两次被拘禁时的条件构成了对第 7 条的违反，特别是因为拘禁处所的肮脏破旧的条件、雅温得第一警察局的囚室过分拥挤、剥夺食物和衣物、死亡威胁和在军营中与外界隔绝的拘禁。缔约国答复称，对这些指控的举证责任在于提交人，而且就拘禁条件而言，它们是喀麦隆发展程度不足的一个因素。

9.2. 委员会不接受缔约国的意见。正如委员会过去多次认为的，不能仅由来文提交人承担举证责任，特别是考虑到提交人和缔约国并不总是具有获得证据的同等可能，而且往往是只有缔约国才能获得有关资料（见 1982 年 3 月 29 日通过的对第 30/1978 号来文布雷尔诉乌拉圭案的意见第 13.3 段）。穆孔先生对他遭受的待遇提供了详细的资料；在这种情况下，缔约国有义务详细驳斥指控，而非将举证责任推卸给提交人。

［9.56］**贝利诉牙买加**（*Bailey v Jamaica*，709/1996）
该案有关根据第 10 条第 1 款而非第 7 条提出的申诉。不过，可以推测，证据方面的要求是类似的。在该案中，人权事务委员会多数委员认定，提交人未能为了来文可被受理的目的证实其申诉，即他在牙买加圣凯瑟琳区监狱被拘禁在不人道的条件中。由伊瓦特夫人提出，盖坦-德庞波夫人、梅迪纳-基罗加夫人和约尔登先生签署的少数委员的意见则对提交人更宽容一些：

……提交人除了在他的意见中提到大赦国际根据 1993 年的视察情况提交的报告和 1990 年一份题为《牙买加监狱状况》的报告外，没有

307

提供指控的具体细节。这些报告（来文中没有附上）涵盖了提交人被关押在圣凯瑟琳区监狱的那个阶段。考虑到委员会早先的一些意见曾认定圣凯瑟琳区监狱内死囚牢的条件违反了《公约》第10条第1款[63]以及缔约国没有答复提交人的指控，我认为，提交人根据第10条第1款提出的申诉为了可被受理的目的已经得到充分证实，并可支持作出该款规定被违反的裁定。

多数委员在贝利案中对证据问题所持的强硬路线，在安藤先生早先在摩尔根和威廉姆斯诉牙买加案（*Morgan and Williams v Jamaica*, 720/1996）、亚辛和托马斯诉圭亚那案（*Yasseen and Thomas v Guyana*, 676/1996）中提出的异议意见中，就有先兆。当时的安藤以及后来的多数委员看来在没有具体证据表明提交人个人所遭受痛苦的情况下，不那么愿意从非政府组织提交的证据中推断出第7条或第10条第1款被违反。贝利案中少数委员的意见——同意某些监狱条件如此令人震惊、肯定"影响"提交人个人——更可取一些。

妇女和其他弱势者根据第7条享有的权利

[9.57] **第28号一般性意见**

11. 在评估遵守《公约》第7条以及规定对儿童给予特别保护的第24条的情况时，委员会需要获得资料，其中要说明有关侵害妇女的家庭和其他类型的暴力（包括强奸）的国内法律和实践。[64] 委员会还需要了解缔约国是否向因被强奸而怀孕的妇女提供安全的堕胎措施。[65] 缔约国也应向委员会提供资料，说明如何防止强迫堕胎或强迫绝育的措施。存在生殖器残割习俗的缔约国应提供资料，说明这种习俗的程度以及消除这种习俗的措施。在缔约国提供的有关所有这些问题的资料中，应包括为保护

---

[63] 例如见，*McTaggart v Jamaica* (749/1997), paras 8.5 – 8.6, 以及下文注201摘引的其他针对牙买加的案件。

[64] 另见，*AT v Hungary* (CEDAW 2/2003) 和第［23.107］段。另见委员会对马达加斯加的结论性意见，(2007) UN doc CCPR/C/MDG/CO/3, para 11。

[65] 有关堕胎，另见第［8.90］及以下各段。

其第 7 条规定的权利遭到侵犯的妇女采取的措施，包括法律救济措施。[66]

[9.58] **蓝托伊·瓦曼诉秘鲁**（*Llantoy-Huamán v Peru*，1153/2003）

该案涉及在一个 17 岁的女孩所怀胎儿被诊断出无脑畸形的情况中，拒绝其堕胎。这意味着这个婴儿将在出生后很短时间内就死亡，而怀有这个胎儿对母亲的心理和身体健康造成了威胁。尽管如此，秘鲁当局仍拒绝她进行治疗性堕胎。人权事务委员会认定第 7 条被违反：

> 6.3. 提交人……声称，由于医务部门拒绝实施治疗性堕胎，她不得不遭受亲眼看到女儿明显的缺陷和明知她很快将死去的痛苦。这一经历使她在被迫继续妊娠期间已承受的痛苦和折磨更加不堪忍受。提交人附上了 2001 年 8 月 20 日出具的精神病学证明，确认她患有严重的抑郁症，而且考虑到她的年龄，这对她造成了严重后果。委员会注意到，这一局面本可预料，因为医院的一位医生已诊断胎儿无脑畸形，而医院院长却拒绝中止妊娠。委员会认为，缔约国的疏忽造成提交人无法接受治疗性堕胎，是造成提交人所经受的痛苦的原因。委员会在第 20 号一般性意见中指出，《公约》第 7 条所规定的权利不仅涉及身体上的疼痛，而且涉及精神上的痛苦，在此方面对未成年人加以保护尤其重要。由于缔约国在此方面未提供任何资料，因此必须适当看重提交人的申诉。因此委员会认为，其所掌握的事实揭示了对《公约》第 7 条的违反。

[9.59] **LMR 诉阿根廷**（*LMR v Argentina*，1608/2007）

该案是由提交人代其女儿提交的。她的女儿 20 岁，但心理年龄低得多，并因遭强奸而怀孕。因为国家当局的干涉，她的女儿无法合法堕胎，最终只能非法堕胎。人权事务委员会认定第 7 条被违反：

> 9.2. 委员会注意到提交人指控称，强迫她女儿继续妊娠——即使她本应享有《刑法》第 86 条第 2 款规定的保护——构成残忍和不人道待遇。缔约国坚持称，虽然强迫受害人忍受因强奸导致的怀孕并接受非法堕胎可能是她精神遭到伤害的一个原因，但是这并不构成酷刑。委员会认为，在 L.M.R. 的家人提出要求的情况下，缔约国因疏忽而未做到保

---

[66] 另见第 2 号一般性意见第 22~23 段。

障她享有《刑法》第86条第2款规定的中止妊娠权,造成她遭受构成对《公约》第7条之违反的身心痛苦,这种痛苦还因为受害人是一名残疾女孩而特别严重。就这一点,委员会忆及,第20号一般性意见称,《公约》第7条所保护的权利不仅涉及造成身体疼痛的行为,而且涉及造成精神痛苦的行为。

[9.60] **LNP诉阿根廷**(*LNP v Argentina*,1610/2007)

提交人是一个年轻土著女子,她提出的下述指控有关她针对三个强奸她的人提出申诉以后,她从当局那儿受到的待遇:

3.2. 提交人认为,由于她是一名女孩且因为她的族裔,她在警察站、在接受医疗检查期间以及在整个审判过程中,都是遭受歧视的受害者。她声称,她在警察站受到接待之前,哭着站在那儿等待了几个小时。当她在医疗中心时,她又等了几个小时,她受到了对她身体受伤部位的触摸检查,根本不考虑这对她造成的剧烈痛苦,而只是为了检查她所遭经历是否真的很痛苦。她还受到了阴道检查以确认她是否为处女,而不顾事实上她所遭受的袭击只需要检查肛门。审理该案件的法庭提出受害者的贞操作为审理中的一项决定因素。提交人提出,和她的情况不一样,作为被告的几个青年人可以自由发言,大概地陈述了事实经过;他们并不否认侵犯了她的身体,但声称她是一个妓女——这是一个从未证实而且有关她的社会情况的报告也否认了的事实,然而法庭立即站在这些青年人一边。提交人指出,所有证人都被询问提交人是否有男朋友,是否从事卖淫工作。提交人提出,法庭没有考虑以下事实:她不得不用一种并非其母语的语言表达自己;当法庭认定她的证词不准确或有偏差并认为其证词无效时,她处于极端的痛苦状态,同时法庭却对被告证词中的错误与矛盾不闻不问。提交人总结认为,审判充满着有利于有罪不罚的性别偏见。

人权事务委员会认定这样的待遇违反了第7条:

13.6. 就提交人声称她遭受了身心痛苦的指控,委员会认为,提交人在遭到攻击之后,在警察站和医疗中心所受到的待遇以及在法庭诉讼中针对她的许多歧视性的说法使她再次受到伤害,她身为未成年人的事实也加重了这种伤害。委员会忆及，正如其在第 20 号一般性意见以及判例中所指出的，第 7 条所保护的权利不仅包括身体上的疼痛，而且包括精神上的痛苦。委员会的结论是，提交人是具有违反《公约》第 7 条之性质的待遇的受害者。[67]

[9.61] 人权事务委员会和禁止酷刑委员会都曾在若干案件中决定，女性不得被送回她面临基于性别的酷刑的国家。

[9.62] **卡巴诉加拿大**（*Kaba v Canada*，1465/2006）

提交人在加拿大为自己和她的女儿寻求庇护。她声称，如果她们被送回几内亚，她将面临酷刑，而她的女儿将面临生殖器残割。加拿大驳回了她们的请求，因为该国认定提交人缺乏可信度。实际上，她伪造了庇护申请中的某些资料。人权事务委员会同意，提交人根据第 7 条提出的申诉不可受理，因为她未能证实她一旦被递解到几内亚，她将面临特定的危险。不过，对于她的女儿，委员会认定，一旦将其递解出境，就会发生侵犯：

10.1. ……对女性实施生殖器残割无疑属于《公约》第 7 条所禁止的待遇。同样毫无疑问的是，几内亚妇女中传统上一直遭受生殖器残割，而且在某种程度上目前依然遭受这种情况。现在要决定的问题是，如果提交人的女儿返回几内亚，她是否面临遭受这种待遇的真实和个人风险。

10.2. 委员会注意到，几内亚法律禁止女性生殖器残割，但这一法律禁令并未得到遵守。应指出以下几点：(a) 在该国广泛存在生殖器残割的做法，尤其是在马林凯族女性中；(b) 实施女性生殖器残割者并不受处罚；(c) 就［提交人的女儿］法托马塔·卡巴的情况而言，似乎只有她母亲反对她受到生殖器残割，而她的父亲一家则不然——这是由极强的父权制社会环境导致的；(d) 提交人提供的、缔约国未否认的材料表明，几内亚女性受生殖器残割的比例很高；(e) 在委员会作出决定时，该女孩只有 15 岁。尽管遭受割礼的可能性随年龄增长而降低，但委员会仍认为，本案的背景和具体情节表明，如果法托马塔·卡巴被送

---

[67] 另见委员会对日本的结论性意见，(2008) UN doc CCPR/C/JPN/CO/5, para 14。

回几内亚,则存在她遭受这种待遇的真实风险。

10.3. 因此,根据《任择议定书》第 5 条第 4 款,委员会认为,将法托马塔·卡巴递解到几内亚会构成对结合理解的《公约》第 7 条和第 24 条第 1 款的违反。

因此,委员会明确地认定,女性生殖器残割违反第 7 条。[68] 一个女童面临这种对待的可能性意味着加拿大不能将她递解到几内亚却不违反第 7 条。这一案件的结果本来有可能导致一种奇特的情况,即母亲被递解出境,而女儿没有。不过,看来最终没有出现这种情况;但若出现,就会侵犯第 17、23 和 24 条规定的家庭权利。

[9.63] **AS 诉瑞典**(*AS v Sweden*,CAT 149/1999)

8.4. 委员会从提交人提交的资料注意到,提交人是一位烈士的遗孀,并因此受到[伊朗]退伍军人与烈士基金会(Bonyad-e Shahid Committee of Martyrs)的支助和监督。委员会还注意到提交人称,她被强迫进入临时婚姻(sighe or mutah marriage),并因被判犯有通奸罪而被处以石刑。委员会虽然极度谨慎地对待提交人的儿子——他正在丹麦寻求庇护——的证词,但仍然认为,所提出的进一步资料证实了提交人的说法。……

9. 考虑到提交人对事件的说法符合委员会对伊朗当前人权状况的了解,以及对于未能或无法提供本可能与案件有关的某些细节,提交人提出了合理的解释,委员会认为,在当前情况中,缔约国根据《公约》第 3 条有义务避免将提交人强行送回伊朗,或送到她可能具有被逐回或送回伊朗之风险的任何其他国家。

[9.64] **VL 诉瑞士**(*VL v Switzerland*,CAT 262/2005)

申诉人和她丈夫从白俄罗斯到瑞士寻求庇护。庇护申请是由她丈夫办理的,包含了伪造的文件。申诉人很晚才声明,她在白俄罗斯曾被警察强奸,而且担心自己回到那里之后的安全问题。她的庇护申请被瑞士当局认为不可

---

[68] 实际上,委员会在许多结论性意见中都认定了这一点,包括以下结论性意见:坦桑尼亚,(2009) UN doc CCPR/C/TZA/CO/4, para 11;喀麦隆,(2010) UN doc CCPR/C/CMR/CO/4, para 10;埃塞俄比亚,(2011) UN doc CCPR/C/ETH/CO/1, para 10。另见第[1.131]段和第[8.43]段。

信，因为这一申请没有更早提出。禁止酷刑委员会认定将她送回白俄罗斯将违反《禁止酷刑公约》第3条：

  8.8. 缔约国辩称，申诉人不可信，因为其有关性侵犯的指控和证实这种指控的医疗报告都是后来才在国内诉讼中提出的。与此相反，委员会认定，申诉人的指控可信。对于为何没有及时向国家主管机构提及强奸，申诉人的解释是完全合理的。众所周知，由于透露有关行为本身就会造成失去隐私、可能受辱，这可能导致任何男女不到万不得已，都不愿说出遭受过强奸和/或其他形式性侵犯的情况。特别是对于妇女，她们还有一层忧惧，即害怕伴侣或家人的羞辱和唾弃。在本案中，申诉人诉称，她丈夫对申诉人承认被强奸的反应是侮辱她、禁止她在他们的庇护程序中提到这一情况，这增加了她的申述的可信度。委员会注意到，申诉人的丈夫一离开她，摆脱丈夫影响的申诉人立即在2004年10月11日的复审请求中向国家主管机构提到了强奸事件。关于她的心理状态或者缔约国所谓的心理"障碍"，无须进一步的证据。缔约国坚称，申诉人本应该更早一点在复审程序中提出并证实性侵犯的问题，但这个理由不充分，不能据以认定她关于性侵犯的指控缺乏可信度，尤其是考虑到她在这些程序中并没有人代理的情况。……

  8.10. 在评估本案中的酷刑风险时，委员会认为，即使有关行为是在正式的拘禁设施以外发生的，申诉人仍然明显地是在警察的实际控制之下。有关行为，其中包括多次强奸，毫无疑问造成严重的痛苦，而施予这种痛苦是出于若干不可允许的目的，包括审讯、恐吓、惩罚、报复、侮辱和基于性别的歧视。因此，委员会认为，该案中警察的性侵犯，即使发生在正式的拘禁设施以外，也构成酷刑。此外，白俄罗斯当局似乎未做到调查、起诉和惩罚警察的这些行为。这种不作为增加了申诉人返回白俄罗斯后遭虐待的风险，因为强奸者从来没有受到调查，可能会再次虐待申诉人而不承担罪责。因此，根据本案的具体事实，有证据怀疑白俄罗斯当局是否会采取必要措施保护申诉人免遭进一步伤害。

  8.11. 根据这些情况，委员会认为有充足理由相信，申诉人如果返回白俄罗斯，就有遭到酷刑的可能风险。

[9.65] 恩简巴和巴里克萨诉瑞典（*Njamba and Balikosa v Sweden*，CAT 322/2007）

申诉人提出，将她和她女儿送回刚果民主共和国将违反《禁止酷刑公约》第 3 条，因为可预见她们将遭受性暴力。禁止酷刑委员会同意这一点：

9.5.……委员会注意到，在本来文中提出的最相关问题涉及存在争议的事实应该产生的法律效果，诸如申诉人返回后所面临的可能危险。委员会注意到，缔约国本身承认性暴力在赤道省确有发生，主要是在乡村……。委员会注意到，在缔约国于 2010 年 3 月 19 日作出有关刚果民主共和国总体人权状况的最后答复后，关于刚果民主共和国局势的七名联合国专家发表了第二项联合报告，其中提到了该国各地对妇女暴力的令人震惊的程度，并得出结论："由持枪的男性和普通平民男性对妇女的暴力，尤其是强奸和轮奸依然是令人严重关切的情况，包括在遭受武装冲突的地区……。"此外，联合国人权事务高级专员关于刚果民主共和国人权状况和专员办事处在该国的活动的第二份报告以及联合国的其他报告，也都提到了该国各地数目令人震惊的性暴力案件，证实了这些案件不局限于武装冲突地区，而是在全国各地均有发生……。据此，鉴于上述资料，委员会认为，最近联合国所有报告所证实的刚果民主共和国的冲突局势，使得委员会无法确定在当前和正逐渐演变的局势下，该国可以被认为对申诉人安全的特定区域。

9.6. 因此，委员会认定，根据对这一特定案件中所有因素的平衡以及对这些因素蕴含的法律影响的评估，有充足理由相信，申诉人如果返回刚果民主共和国，就有遭到酷刑的危险。

禁止酷刑委员会的决定似乎对于逃离刚果民主共和国的女性有广泛的影响，因为该委员会没有认定存在会针对提交人的特定危险。该委员会看来反倒是认定，女性在刚果民主共和国一般而言处于遭到性暴力的危险之中，并摘引了联合国许多有关该国的报告以支持这一主张。与认定《禁止酷刑公约》第 3 条被违反的其他案件相比，这一决定看来不那么受申诉人的性别以外的其他个人情况的影响，而是更多地受接收国的普遍令人震惊的人权条件的影响。2011 年 6 月，在巴图库－比亚诉瑞典案（*Bakutu-Bia v Sweden*，

第九章　免受酷刑的自由和获得人道待遇的权利

CAT 379/2005）中，禁止酷刑委员会作出了类似的决定。不过，到 2011 年 11 月，禁止酷刑委员会似乎认为刚果民主共和国的状况有了改善，因此在 NB-M 诉瑞士案（*NB-M v Switzerland*，CAT 347/2008）和 EL 诉瑞士案（*EL v Switzerland*，CAT 3512/2008）中，针对被推回到该国提出的申诉被拒绝。[69]

[9.66] 在对蒙古的结论性意见中，人权事务委员会表示遗憾的是，该国法律中有一项要求，即"为了判定某人犯有强奸罪，得证明使用了暴力"，以及"未能将婚内强奸规定为犯罪"。[70] 在对美国的结论性意见中，委员会批评了在女性犯人分娩期间，给其带上镣铐的情况。[71]

[9.67] 女性是一个传统上在所有人权方面处境不利的群体，包括免受酷刑和其他虐待的权利。最近在特定的人权侵犯方面得到更多关注的另一群体是老年人。在对德国的结论性意见中，人权事务委员会称：[72]

17. 委员会注意到在长期养老院中的老年人软弱无助的状况，这在一些情况下已经造成了侮辱之待遇，侵犯了他们的人格尊严权（第 7 条）。

缔约国应当作出努力，改善养老院中的老年人的处境。

精神痛苦

[9.68] 人权事务委员会和禁止酷刑委员会都承认精神痛苦（mental distress）与施加肉体疼痛一样残忍。下述案件中，就出现了这样的精神痛苦。

奎因特罗斯诉乌拉圭（*Quinteros v. Uruguay*，107/1981）

该申诉是由一位母亲为她自己和她的女儿埃丽娜提出的。埃丽娜被乌拉圭安全部队绑架，实际上在人权事务委员会对该案作出决定时，她仍未被释放，因此其遭遇不为人所知。委员会认定，对于埃丽娜，第 7 条被违反。埃丽娜的母亲玛利亚为自己提出了如下申诉：

---

[69] 在这两起案件中，禁止酷刑委员会都认可了缔约国对申诉人的可信度的怀疑。

[70] （2000）UN doc CCPR/C/79/Add.120, para 8 (f) and (g)。另见消除对妇女歧视委员会的一件来文，*Vertido v Philippines*（CEDAW 18/2008），以及人权事务委员会的结论性意见：哥伦比亚，（2004）UN doc CCPR/CO/80/COL, para 14；埃塞俄比亚，（2011）UN doc CCPR/C/ETH/CO/1, para 8。

[71] 委员会对美国的结论性意见，（2006）UN doc CCPR/C/USA/CO/3/Rev.1, para 33。

[72] （2004）UN doc CCPR/CO/80/DEU。

1.9. ［提交人］补充说，她自己也是第 7 条被违反的受害者（因为她不知道女儿的下落构成一种心理折磨）……

委员会也认定，对于该母亲，第 7 条被违反：

14. 关于提交人所称她自己遭到的侵犯，……委员会理解其女儿的失踪以及命运和下落的持续的不确定状态给母亲造成的痛苦和紧张。提交人有权知道她女儿到底出了什么事。在此方面，提交人也是她女儿遭受的违反《公约》特别是第 7 条的行为的受害者。

奎因特罗斯案确立的先例——有关如何认定家人对主要受害者的不确定命运的担忧——经常得到遵循。[73]

［9.69］在奎因特罗斯案中，人权事务委员会对于母亲，认定了"第 7 条被违反"，但没有明确她究竟是遭受了酷刑、不人道待遇还是侮辱待遇。当然，乌拉圭当局很可能并没有要造成该母亲之严重疼痛和痛苦的特定意图，因此该待遇将不属于《禁止酷刑公约》第 1 条禁止的范围。[74]

［9.70］**谢德科诉白俄罗斯**（*Schedko v Belarus*，886/1999）

提交人的申诉明显体现在人权事务委员会对违反情势的认定中：

10.2. 委员会注意到，提交人诉称，她的家人没有被告知她的儿子被处决的日期、时刻或地点，或她的儿子随后被埋葬的确切地点，而且这一指控一直没有受到质疑。由于缔约国没有对这种指控提出任何质疑，而且缔约国没有就执行死刑的做法提供任何其他有关资料，因此必须适当看重提交人的申诉。委员会的理解是，提交人一直不确切地知道导致其儿子被处决的情况及其埋葬地点，这造成了她作为一个死刑犯的母亲遭受连续悲伤和精神痛苦。委员会认为，对处决日期和埋葬地点完全保密，而且拒绝移交遗体供家人下葬，这故意使家人处于一种困惑和精神痛苦的状态中，因而产生了恐吓或惩罚他们的效果。委员会认为，当局起先未能通知提交人处决其儿子的预定日期，后来又一直未能告诉其儿子的埋葬地点，这相当于对提交人的不人道的待遇，因而违反了

---

73 例如见，*Titiahonjo v Cameroon*（1186/2003），para 6.4；*Giri v Nepal*（1761/2008），para 7.7；以及有关强迫失踪的许多其他案件［9.145］。

74 See eg *Jegatheeswara Sarma v Sri Lanka*（950/2000），para 9.5.

《公约》第7条。

在众多案件中，委员会作出了类似的决定。[75] 在桑卡拉等人诉布基纳法索案（*Sankara et al. v Burkina Faso*，1159/2003）中——该案中受害者（提交人是其妻子和儿子）在有争议的情况中被杀害，出现了一个变化。受害者的死亡证明错误地将其记录为自然死亡。布基纳法索没有修正死亡证明、没有查证其死亡的情况、没有披露其遗骸的下落，侵犯了其家人根据第7条享有的权利。[76] 同样，在埃肖诺夫诉乌兹别克斯坦案（*Eshonov v Uzbekistan*，1225/2003）中，* 对于乌兹别克斯坦错误地陈述和没有适当地调查提交人的儿子死亡的原因，委员会也认定提交人根据第7条享有的权利受到了侵犯。[77]

[9.71] 托内尔等人诉西班牙案（*Tornel et al. v Spain*，1473/2006）有关缔约国未做到就其看管下的一位因犯健康状况恶化的情况，通知该囚犯的家人。人权事务委员会认定了第17条第1款被违反［16.23］。委员会还认定根据第7条提出的申诉可予受理，但基于已经认定第17条被违反，委员会最终对于是否出现了违反第7条的情况，没有作出认定。[78]

[9.72] 如同沃兰纳诉芬兰案［9.29］一样，提交给人权事务委员会的若干来文都有关监禁造成的精神痛苦。

延森诉澳大利亚（*Jensen v Australia*，762/1997）

提交人提出了如下申诉：

3.4. 提交人还辩称，首先是推迟对他提出指控，然后推迟将他解送到昆士兰，而在昆士兰审判后没有立即将他送回离家较近的西澳大利亚，实属不公，造成了不当情绪和心理创伤，包括情绪抑郁和自杀倾向，以及失眠、脱发并需要做化疗。他声称，这相当于违反《公约》第7条。

---

75 See eg *Staselovich v Belarus*（887/1999），*Shukurova v Uzbekistan*（1044/2002），*Khalilova v Tajikistan*（973/2001），*Sultanova v Uzbekistan*（915/2000），*Aliboev v Tajikistan*（985/2001），*Bazarov v Uzbekistan*（959/2000）。

76 在委员会意见的第12.2段。

* 原书中，该案的被申诉国误作"俄罗斯联邦"（正确标识参见第［8.12］段），经与作者核实更正。第［9.164］段有同样错误，也予更正。

77 在委员会意见的第9.10段。See also *Amirova v Russian Federation*（1780/2008），para 7.

78 在委员会意见的第7.5段。

澳大利亚对证据提出了抗辩，声称记录表明，提交人只遭受了中度抑郁和周期性焦虑。[79] 委员会声称：

6.2. 提交人辩称，当局施行了有违第 7 条的酷刑或残忍、不人道和侮辱之待遇，或者以有违第 10 条第 1 款的其他方式虐待了提交人。对此，委员会提到其判例，即囚犯根据这些条款提出的申诉必须表明，存在着超出通常的拘禁情势范围的额外加重因素。在本案中，提交人未能为了来文可被受理的目的表明，他遭到过任何偏离给予囚犯的正常待遇的待遇。因此，来文的这一部分根据《任择议定书》第 2 条，不予受理。

[9.73] **C 诉澳大利亚**（*C v Australia*，900/1999）

在该案中，提交人声称，由于他根据澳大利亚法律被拘禁——该法律规定对非法到达该国的外国人施行强迫拘禁，发生了对第 7 条的违反。实际上，这一政策授权，在决定那些申请庇护的无授权抵达者的移民地位期间，拘禁他们［11.25］。提交人最初在 1992 年 7 月 22 日被拘禁，直到 1994 年 8 月 10 日才被释放。提交人诉称，这一拘禁使得他患上了严重的精神疾病。人权事务委员会就这一问题作出了有利于提交人的认定：

8.4. 对于提交人的指控，即对他第一阶段的拘禁相当于违反了第 7 条，[80] 委员会注意到，在较长一段时期内对提交人的检查所得出的精神病学证据——这被缔约国的法院和法庭所承认——基本上是一致的，表明提交人受到长期移民拘禁导致其患上了精神疾病。委员会注意到，缔约国至少从 1992 年 8 月即提交人开始服用安定药时起，就知道提交人面临着精神方面的问题。事实上，到 1993 年 8 月，已经可以明显看出，在继续拘禁提交人和其精神健全之间存在冲突。尽管 1994 年 2 月和 6 月进行的评估表明提交人的情况越来越严重（曾有过一次自杀企图），但直到 1994 年 8 月，部长才行使其特别权力、基于医疗理由将提交人从移民拘禁中释放（但在法律上他仍处于被拘禁状态）。如后来的情况

79　在委员会意见的第 4.2 段。
80　提交人后来又被置于第二阶段的拘禁中，有关这一阶段拘禁的申诉因为未能用尽当地救济而未获受理。

所表明的，释放时提交人的病情已经严重到后来出现了无法挽回的后果。委员会认为，缔约国了解提交人的精神健康情况，却继续拘禁他，而且没能采取必要步骤改善提交人恶化的精神状况，这构成对他根据《公约》第7条所享有之权利的侵犯。

[9.74] 几乎没有疑问的是，人权事务委员会多数委员的决定与其认定这一拘禁无理、有违第9条第1款有关系［11.25］，因此在这种情况中，释放是特别值得欢迎的选项。可疑的一点是，委员会是否会认定，基于拘禁的痛苦造成了严重的心理障碍，一国未能释放在并非无理的情况中被拘禁的人（例如根据合理合法的判决被监禁的罪犯）属于一种侵犯。实际上，在延森案中［9.72］，就已经提出了有关这样一种场景的申诉，但没有成功。

[9.75] 在马达菲利诉澳大利亚案（*Madafferi v Australia*，1011/2001）中，提交人在等待被递解出境之前，在一段时间的家中软禁之后，被送回移民拘禁，缔约国未理睬医疗和精神病学建议。人权事务委员会认定，移民拘禁的这一段期间违反了第10条第1款，并明确提出不再审议这是否也违反了第7条。[81]

[9.76] 在威廉姆斯诉牙买加案（*Williams v Jamaica*，609/1995）中，缔约国未能向被拘禁在死囚牢中的提交人提供医疗以救治严重的心理失调，这也构成违反第7条的侮辱待遇。[82]

[9.77] **奥波德金斯基诉加拿大**（*Obodzinsky v Canada*，1124/2002）

在第二次世界大战结束之后的1955年，提交人获得了加拿大公民身份。1999年，加拿大启动了撤销其公民身份的程序，理由是他是一个纳粹战犯。当时，提交人已经是一个身体很不好的老人。他发过一次心脏病，在程序进行时正在住院。他死于2004年。据称，加拿大的行动是残忍的、违反第7条，但人权事务委员会不同意：

9.2. 就其提出的第7条被违反的申诉，提交人声称，他有严重心脏病，撤销公民身份程序的启动和持续使他遭受了严重压力，相当于残忍的

---

81 在委员会意见的第9.3段。
82 在委员会意见的第6.5段。

和不人道的待遇。委员会承认，可能存在一些例外情况，审判身体状态不好的人可能会构成不符合第7条规定的待遇，例如，将相对次要的司法问题或程序便利放在优先于相对严重的健康风险之上。但本案中不存在这种情况，在本案中，撤销公民身份的程序是由提交人曾参与最严重罪行的指控引起的。此外，关于本案的具体事实，委员会注意到，撤销公民身份的程序主要以书面形式进行，提交人无须在场。而且，提交人未能表明，撤销公民身份程序的启动和持续构成不符合第7条的待遇，因为如上所述，他所取得的医务人员宣誓证词就这些程序对其健康的影响，得出了不同的结论。因此，提交人未能确证，缔约国要对引起违反第7条的情况负责。

死刑和死囚牢现象

[9.78] 拉拉纳加诉菲律宾（*Larrañaga v Philippines*，1421/2005）

该案有关在一场不公正的审判后，提交人被判处死刑。在这样的情况中，这种判决通常会被认定为侵犯了生命权 [8.52]。不过，在该案中，死刑被减刑为终身监禁。在此类案件中，人权事务委员会偶尔会不管怎样都认定生命权被侵犯，或认定根据第6条提出的问题无意义 [8.54]。但在该案中，委员会认定第7条被违反：

> 7.11. 关于违反第7条的指控，委员会认为，在不公正的审判后判处某人死刑不公正地造成此人对被处决的恐惧。在死刑确实可能执行的情况下，这种恐惧肯定导致严重的焦虑。这种焦虑与导致刑罚的程序不公正是不可分割的。的确，正如委员会以前指出的那样，不符合第6条的死刑判决自动导致对第7条的违反。据此，委员会的结论是，在没有满足《公约》第14条之要求的诉讼程序结束之后对提交人宣判的死刑，相当于违反第7条的不人道待遇。

委员会在姆万巴诉赞比亚案（*Mwamba v Zambia*，1520/2006）和英芳诉澳大利亚案（*Yin Fong v Australia*，1442/2005）中，也得出了类似的结论。

[9.79] 死刑是第6条规定的生命权的一种明示例外。[83] 不过，一种攻击

---

[83] 参见第 [8.46] 及以下各段。

死刑不符合《公约》的替代路径是经由第7条。尤其是，有一种主张是，在众多案件中，"死囚牢现象"构成对第7条的违反。死囚牢现象是由在死囚牢中过长时间的拘禁造成的，这种拘禁造成死囚对于迫近的死亡的不断增长的焦虑和不断积累的紧张。因此，死囚牢现象构成一种精神痛苦，这可能引起有关第7条的问题。死囚牢现象的不人道和侮辱性质已经得到了欧洲人权法院[84]和英国枢密院司法委员会[85]的承认。

[9.80] 人权事务委员会多数委员一直拒绝认定死囚牢现象违反第7条。[86] 在巴雷特和萨克利夫诉牙买加案（*Barrett and Sutcliffe v Jamaica*，270，271/1988）中，申诉人在死囚牢中度过了10年时间，委员会给出了一个理由，说明它为何不倾向于同意死囚牢现象违反第7条：

> 8.4. ……如果被定罪者不过是在利用上诉的救济措施，那么即便是在严格的死囚监押制度下的长期关押，一般也不能被认为构成残忍、不人道或侮辱之待遇。……委员会所获证据表明，……申诉中的拖延在很大程度上可归咎于提交人。

[9.81] 在下述案件中，人权事务委员会提出了关于死囚牢现象的最详细意见：

埃罗尔·约翰逊诉牙买加（*Erroe Johnson v Jamaica*，588/1994）
案件的事实体现在以下引述中：

> 8.2. 必须处理的问题是，是否仅仅一个死刑犯在死囚牢中被关押的时间长度就可能构成缔约国违反其根据第7条和第10条承担的义务，即不对人施以残忍、不人道和侮辱之待遇或惩罚以及给予他们人道待遇。在处理该问题时，必须考虑下列因素：
>
> （甲）尽管《公约》严格限制使用死刑，但并未禁止死刑。鉴于拘禁在死囚牢中是判处死刑的必然结果，无论这可能看上去多么残忍、有辱人格和不人道，但它本身不能被视为违反了《公约》第7条

84　*Soering v UK* Series A, No 161, reported at (1989) 11 EHRR 439.
85　*Pratt and Morgan v Attorney-General for Jamaica* [1993] 2 AC 1.
86　See eg *Kindler v Canada* (470/1991), *Simms v Jamaica* (541/1993), *Rogers v Jamaica* (494/1992), *Hylton v Jamaica* (600/1994).

和第 10 条。

（乙）虽然《公约》不禁止死刑，但是委员会同意《第二任择议定书》所反映的观点，即第 6 条"提到废除死刑的措辞强烈暗示废除死刑是可取的"（见 1982 年 7 月 27 日第 6 号一般性意见；另见《旨在废除死刑的第二任择议定书》序言）。因此，减少死刑可以被视为《公约》的目的及宗旨之一。

（丙）《公约》的规定必须根据《公约》的目的及宗旨来解释（《维也纳条约法公约》第 31 条）。鉴于这些目的及宗旨之一是促进减少使用死刑，因此在可能时，应避免将《公约》规定解释为可能鼓励保留死刑的缔约国使用死刑。

8.3. 我们必须根据这些因素来审查这样一种观点的影响，即认为在死囚牢中拘禁的时间长度本身违反第 7 条和第 10 条。首先和最严重的影响是，如果缔约国在一个死刑犯被关押在死囚牢一段时间后将其处决，它将不会违反其根据《公约》承担的义务；而如果它不这样做，就将违反《公约》。对《公约》作导致这种结果的解释无法与《公约》的目的及宗旨协调一致。不确定在死囚牢中拘禁的具体时间期限——在该期限后拘禁在死囚牢中将被推定为构成残忍的和不人道的惩罚，不能避免上述影响。确立一个明确的截止日期肯定使问题恶化，并给意欲避免违反其《公约》义务的缔约国一个处决犯人的明确时限。但是，这种影响并没有起到确定在死囚牢中拘禁的可容许的最长期限的作用，而是使时间因素本身成为决定因素。如果对可接受的最长期限不作规定，试图避免超过时限的缔约国往往会参考委员会在以往案件中的决定，以便确定委员会在过去认定在死囚牢中拘禁多长时间是可以容许的。

8.4. 将时间因素本身变为决定因素，即使得在死囚牢中的拘禁成为违反《公约》的行为的第二个影响是，它给保留死刑的缔约国传达了一种信息，即它们应该在死刑判决作出后尽可能迅速地执行死刑。这不是委员会希望向缔约国传达的信息。死囚牢中的生活尽管可能很严苛，但总比死好。此外，经验表明，执行死刑中的拖延可能是若干因素的必然结果，其中许多可归因于缔约国。有时执行死刑被暂缓，整个死刑问题正在审查之中。有时尽管废除死刑在政治上行不通，但政府执行部门仍推迟执行死刑。委员会不希望通过一种会削弱各种因素的影响力的判例，而这些因素很有可能减少实际被处决的囚犯的人数。必须强调，尽管采取了这样一种认识方法，即在死囚牢中过长时间的拘禁本身不能被视为《公约》规定的残忍的和不人道的待遇或惩罚，但委员会不希望造成一种印象，即将被判处死罪的人关在死囚牢中多年是一种可以令人接受的对待他们的方式。它不是可令人接受的方式。但是，死囚牢现象的残忍性首先是《公约》允许死刑所产生的结果。这种情况产生了不幸的后果。

8.5. 最后，认为在死囚牢中过长时间的拘禁本身并不构成对《公约》第7条和第10条的违反，并不意味着与死囚牢中的拘禁有关的其他因素不会使这种拘禁变为残忍、不人道和侮辱之待遇或惩罚。委员会的判例一直是，如果拘禁中的紧迫情况得到证实，这种拘禁就可能构成对《公约》的违反。在将来的案件中应该维持这一判例。

8.6. 在本案中，除了在死囚牢中拘禁的时间长度以外，提交人或其律师没有指出任何足以使对约翰逊先生的拘禁会违反第7条和第10条的紧迫情况。因此委员会的结论是，不存在对这些规定的违反。

[9.82] 少数委员（但数目委实不小）即夏内、阿吉拉-乌尔维纳、巴格瓦蒂、布鲁尼-塞利和普拉多-巴列霍主张说，多数委员的意见太僵化了。他们更愿意在个案基础上评判死囚牢现象是否符合《公约》。尽管如此，后来的众多案件仍遵循了约翰逊案的决定方式。[87]

[9.83] 少数委员的若干意见基于死囚牢现象本身，认定第7条被违反，就如在下述案件中一样。

拉文德诉特立尼达和多巴哥（*LaVende v Trinidad and Tobago*，554/1993）

在该案中，多数委员遵循了约翰逊案中的决定，认定申诉人在死囚牢中度过18年并不违反第7条。波卡尔先生、巴格瓦蒂先生、夏内女士、盖坦-德

87　See eg *Howell v Jamaica* (798/1998), para 6.3.

庞波女士和普拉多-巴列霍先生表示异议如下：*

委员会在本案中重申其意见，即长期拘禁在死囚牢中本身不构成对《公约》第7条的违反。这种意见反映出缺乏灵活性，使委员会不能审查每一案件的具体情况，以确定在某一特定案件中，长期拘禁在死囚牢中是否构成上述规定含义之内的残忍、不人道或侮辱之待遇。这种做法导致委员会在本案中得出结论认为，在用尽当地救济后，在死囚牢中拘禁18年的情况不容许被认定为违反第7条。我们不能同意这样的结论。在用尽当地救济后，将一个人关在死囚牢中那么多年，同时缔约国没有对其理由提出任何进一步的解释，其本身即构成残忍和不人道的待遇。本应由缔约国解释需要在死囚牢中拘禁如此长时间的理由或对此提出辩解；但是在本案中，缔约国并未提出辩解理由。

在比克卢诉牙买加案（*Bickaroo v Jamaica*，555/1993）中——该案的情况是提交人在死囚牢中度过了16年，也有同样的异议意见提出。因此，在委员会中有相当一批少数委员愿意认定，在死囚牢中的长期拘禁如果时间格外长，其本身就违反第7条。[88] 另外，委员会在2004年对乌干达表示关切的情况是，"被定罪囚犯在死囚牢中度过了很长时期（在一起案件中几乎为20年）"。[89]

[9.84] 人权事务委员会多数委员偶尔会认定，在仅仅是关押在死囚牢中的时长以外，存在某些紧迫情况会将死囚牢现象转为对第7条的违反。

弗朗西斯诉牙买加（*Francis v Jamaica*，606/1994）

9.1. 委员会必须确定，提交人在监狱中的待遇，特别是在1981年1月26日他被定罪到1992年12月29日他的死刑被减刑之间的近12年

---

* 原书上这些委员的排序略有不同，作者建议改用这一排序。该排序来自：United Nations, *Selected Decisions of the Human Rights Committee under the Optional Protocol*, Vol. 6 (New York and Geneva, 2005)，85。但是见，委员会年度报告所列出的这一异议意见的情况：波卡尔先生的个人意见，巴格瓦蒂先生、夏内女士、盖坦-德庞波女士、普拉多-巴列霍先生和约尔登先生共同签署。*Report of the Human Rights Committee*, UN doc. A/53/40, Vol. II (1998), 14.

[88] 另见巴恩先生的异议意见，*Cox v Canada* (539/1993)；索拉里-伊里格廷先生和约翰逊先生的异议意见，*Persaud and Rampersaud v Guyana* (812/1998)。

[89] (2004) UN doc CCPR/CO/80/UGA, para 13.

期间,是否涉及对《公约》第 7 条和第 10 条的违反。关于"死囚牢现象",委员会重申其牢固确立的判例,即拖延执行死刑本身并不构成残忍、不人道或侮辱之待遇。另一方面,每一案件必须根据其实质案情审议,其中要考虑到司法工作中的拖延是否可归咎于缔约国、特定监狱中的具体监禁条件以及这些条件对有关囚犯的心理影响。

9.2. 就本案而言,委员会认定,在超过 13 年的时间里,尽管弗朗西斯先生一方一再提出要求,但牙买加上诉法院仍没有出具书面判决,这一责任必须归咎于缔约国。在死囚牢中过长时间的拘禁造成的心理紧张可能在不同程度上影响囚犯,而委员会在本案中所获证据(包括提交人与委员会之间混乱的、没有条理的通信来往)表明,他的心理健康在被监禁在死囚牢期间严重恶化。考虑到提交人有关监狱条件的详细描述,包括他指控称,看守经常殴打他,以及他于 1988 年 2 月在等待处决的死刑牢房里度过的 5 天期间遭受的嘲弄和极度紧张——对此缔约国没有提出有效反驳,委员会得出的结论是,这些情况表明牙买加违反了根据《公约》第 7 条和第 10 条第 1 款承担的义务。

[9.85] **卡莫约诉赞比亚**(*Kamoyo v Zambia*, 1859/2009)

6.5. 委员会还认为,提交人在提交来文时已经被拘禁在死囚牢中达 13 年,其间他一直在等待对其上诉的审理,这种情况提出了有关《公约》第 7 条的问题。委员会忆及,长期拖延执行死刑本身并不构成残忍、不人道或侮辱之待遇。另一方面,每一案件必须根据其实质案情审议,其中要考虑到司法工作中的拖延是否可归咎于缔约国、戒备最森严监狱中的具体监禁条件以及这些条件对有关囚犯的心理影响。在本案中,除了长期拘禁在死囚牢所造成的心理焦虑之外,委员会收到的未被反驳的证据表明案件档案已遗失。委员会的结论是,赞比亚最高法院未做到在合理期限内对提交人的上诉作出裁决必须归咎于缔约国的疏忽。因此,委员会认为,提交人被长期拘禁在死囚牢中造成了赞比亚对其根据《公约》第 7 条承担的义务的违反。

[9.86] **克利夫·约翰逊诉牙买加**(*Clive Johnson v Jamaica*, 592/1994)在该案中,提交人被定罪之时不满 18 岁,因此判处其死刑违反了《公

约》第 6 条第 5 款。[90] 因为判处其死刑自始无效,他在死囚牢中度过 8 年违反了第 7 条。[91] 人权事务委员会委员克雷茨梅尔先生在一项附议意见中,对这一决定作了进一步解释:

>……当某一缔约国判处和执行死刑会违反《公约》时,……判处死刑所涉及的侵犯因将死刑犯关押在死囚牢中而更加复杂。……拘禁在死囚牢中当然可能相当于残忍的、不人道的惩罚,特别是在这种拘禁超过了为纠正判处死刑所含错误而提出的国内法律诉讼所必需的时间之时。

[9.87] **威尔逊诉菲律宾**(*Wilson v Philippines*,868/1999)

> 7.4. 对于提交人有关因被判处死刑而遭受精神痛苦的申诉,委员会认为,提交人在拘禁期间所受待遇及条件使其精神状态恶化,而且导致了有文件证明的长期心理损害。考虑到这些加剧痛苦的因素构成提交人只是因被判处死刑而在监禁中度过的时长以外,额外的紧迫情况,委员会的结论是,提交人因被判死刑而遭受的痛苦相当于对第 7 条的一种额外违反。最高法院虽然在提交人因被判处死刑而被监禁几乎 15 个月之后作出裁决,撤销了对他的定罪和死刑,但该裁决并未对这些侵犯情况作出任何救济。

[9.88] **奇桑加诉赞比亚**(*Chisanga v Zambia*,1132/2002)

提交人于 1995 年被判决犯有企图谋杀罪并被判处死刑。在上诉中,最高法院似乎以 18 年监禁取代了其死刑,于是他被移出了死囚牢;然而,当两年以后最高法院确认其最初的死刑时,他又被送回了死囚牢。人权事务委员会认定第 7 条被违反:

> 7.3. 委员会……认为,在上诉结果方面让提交人处于困惑状态,尤其是让他相信他的死刑已经被减刑,但随后又告诉他并非如此;而且在长期徒刑牢房关押两年之后又将其送回死囚牢,而缔约国对此未作任何解释,这种情况造成了有害的心理影响,并使提交人处于持续

---

[90] 见有关第 6 条第 5 款的第 [8.65] 段。
[91] 在委员会意见的第 10.4 段。

第九章　免受酷刑的自由和获得人道待遇的权利

的不确定、痛苦和精神紧张状态，因此相当于残忍和不人道待遇。委员会认定，缔约国在这一方面侵犯了提交人受《公约》第7条保护的权利。

[9.89] 一旦死刑执行令状实际下达，一个人对迫近的处决的紧张将加剧。以下案件即涉及这一问题。

马丁诉牙买加（*Martin v Jamaica*，317/1988）

12.3. 提交人进一步指控称，在发出死刑执行令至其暂缓执行之间17天的拖延——在此期间他被关押在一个专门牢房中，构成对《公约》第7条的违反。委员会注意到，在执行令发出之后，有暂缓执行的要求被提出，理由是律师将准备向枢密院司法委员会申请特许上诉。暂缓执行随即获准。委员会收到的资料均未表明，可适用程序未得到适当遵循，或者在准予暂缓执行之后，提交人继续被拘禁在专门牢房中。因此，委员会认定，其所知事实没有表明对《公约》第7条的违反。

彭南特诉牙买加（*Pennant v Jamaica*，647/1995）

8.6. ……提交人在接到死刑执行令后，在死囚牢房被关押了两个星期。委员会注意到，缔约国辩称，应该料到这会造成提交人的"某种焦虑"，并称这段时间是因为有人"可能"正在努力争取暂缓他被处决。委员会认为，由于缔约国没有详细解释将提交人关押在死囚牢房中两个星期的原因，这一做法不能被视为符合……《公约》第7条……。

[9.90] 虽然有马丁案中的决定，但现在看来，人权事务委员会同意，在下达处决令状以后拘禁在"一间死囚牢房"中，只要不被认为时间不合理地长，就不构成对第7条的违反。预定中的处决之迫近和随后的焦虑之增加使得这样的情况与死囚牢现象的通常情况区别开来。按照彭南特案中的意见，在死囚牢房度过两个星期是长得不合理的一段时间。各缔约国应在预定处决日期之前最多几天，下达死刑执行令。

[9.91] 在普拉特和摩尔根诉牙买加案（*Pratt and Morgan v Jamaica*，210/1986，225/1987）中，处决提交人被暂缓，但提交人在24小时以后才

327

被告知此事,这造成了对第 7 条的违反。[92] 因此,囚犯应尽可能迅速地被告知暂缓处决。

汤普森诉圣文森特和格林纳丁斯(*Thompson v St Vincent and The Grenadines*,806/1998)

8.4. ……提交人打算申诉的是,在发出对他的死刑执行令之后,他被押到绞刑架旁,仅在计划处决时间之前 15 分钟,他才被带离绞刑架,这一情况构成残酷、不人道或侮辱之待遇。对此,委员会指出,其所知资料并未表明,在暂缓处决获准之后,提交人没有被立即带离绞刑架。因此,委员会认定,它掌握的事实没有揭示在此方面对《公约》第 7 条的违反。

在汤普森案中,没有证据表明,在下达死刑执行令和下达暂缓令之间的时间过长(就像在彭南特案中一样),一旦暂缓处决获准,在告知提交人此事方面也没有任何拖延(就像在普拉特和摩尔根案中一样)。

[9.92] **RS 诉特立尼达和多巴哥**(*RS v Trinidad and Tobago*,684/1996)

7.2. 提交人诉称,签发对一个精神不健全的人的死刑执行令构成对《公约》第 6 条和第 7 条的违反。对此,委员会注意到,提交人的律师没有提出他的委托人在被判死刑时精神不健全,他申诉的重点是签发处决令的时间。律师提供的资料显示,在向提交人宣读死刑执行令时,其精神状态对他周围的人是显而易见的,对监狱当局也应显得如此。缔约国对这一情况无异议。委员会认为,在这样的情况下,签发对提交人的死刑执行令构成对《公约》第 7 条的违反。……

下达死刑执行令和有关暂缓的时间间隔只有四天。因此,RS 案表现的命题是,向一个精神上有病的人签发死刑执行令本身构成对第 7 条之违反。

[9.93] **拉约斯诉菲律宾**(*Rayos v Philippines*,1167/2003)

该案包括的一项申诉有关在处决前应给予的最短通知时间。在该案中,被判处死刑的囚犯只有权在 8 个小时前得到通知,人权事务委员会认定这样

---

[92] 在委员会意见的第 13.7 段。

短的通知时间并不违反第 7 条:[93]

> 7.1. 委员会注意到提交人关于违反第 7 条和第 10 条第 1 款的申诉,因为直到执行死刑当天的凌晨,他才会被告知要执行对他的死刑,由此他将在八小时内被处决,他不会有足够时间与家人告别并安排他个人的事务。委员会还注意到缔约国辩称,死刑之执行"不应当在判决成为最终和可执行之后一年以内或十八个月以外,但这不应影响总统在任何时候行使其行政豁免权"。委员会从这项法律了解到,提交人在用尽可用救济之后,至少有一年、至多有十八个月来作出各种安排,以便在通知死刑执行之日以前与家人见面。委员会还注意到,根据共和国第 8177 号法令第 16 条,在通知执行死刑之后,他将有大约八小时来最终料理个人事务并与家人见面。委员会重申其过去的判例,即发出死刑执行令必定引起死刑犯的严重痛苦,并认为,缔约国应当试图尽量减少这种痛苦。但是,根据所提供的资料,鉴于提交人在用尽国内救济之后并在死刑执行通知之前,至少有一年的时间来安排个人事务并与家人见面,委员会无法认为,在发出死刑执行通知后八小时内对提交人执行死刑的安排将侵犯其根据《公约》第 7 条和第 10 条第 1 款享有的权利。

处决方式

[9.94] **吴志达诉加拿大**(*Ng v Canada*, 469/1991)

提交人针对将其引渡到美国提出申诉。他提出的一个主张是,他有可能面临的处决方式——毒气窒息——将违反第 7 条。人权事务委员会的多数委员表示同意:

> 16.1. ……本案中提出的一个观点是,以毒气窒息方式处决有违国际公认的人道待遇标准,相当于违反《公约》第 7 条的待遇。委员会首先指出,虽然第 6 条第 2 款允许在某些有限的情况下判处死刑,但法律规定的任何处决方式都必须设计为能避免与第 7 条相抵触。

---

93 See also *Rolando v Philippines* (1110/2002), para 5.4. 比较委员会对日本的结论性意见,(2008) UN doc CCPR/C/JPN/CO/5, para 16。

16.2. 委员会认识到，从界定上来看，任何死刑执行都可以被认为是构成第 7 条含义之内的残忍的和不人道的待遇；但在另外一方面，第 6 条第 2 款允许判处情节最重大之罪死刑。然而，委员会重申，……在判处死刑时，死刑的执行"必须造成尽可能少的身心痛苦"。

16.3. 本案中，提交人提供了详细的资料说明，以毒气窒息处决可能造成长时间的痛苦和折磨，不会立刻致死，因为以氰化物气体致窒息死亡可能需要 10 多分钟。……

16.4. 在本案中且基于其所获资料，委员会的结论是，如果提交人被判处死刑，以毒气窒息处决将不符合"尽可能少的身心痛苦"的标准，从而构成违反第 7 条的残忍和不人道待遇。因此，加拿大引渡吴先生而没有寻求和获得他不会被处决的保证的行为未能遵守其根据《公约》承担的义务，因为加拿大原本可以合理地预见到，如果吴先生被判处死刑，他将会以一种违反第 7 条的方式被处决。

[9.95] 马弗罗马提斯和萨迪在这一点上持异议意见——安藤和亨德尔基本同意他们的意见：

基于我们所获得的资料，我们不认为，以毒气窒息处决能够构成《公约》第 7 条含义之内残忍、不人道待遇。诸如以石头打死等旨在和实际上造成持久疼痛和痛苦的处决方式才有违第 7 条。[94]

当今所知的一切法定处决方法（包括注射致命毒剂）均因造成持久疼痛或必须重复进行而受到批评。我们不认为委员会应考虑处决的细节，例如短时间的剧痛或长时间的小痛中，哪一种更可取、可以成为认定《公约》是否被违反的标准。

人权事务委员会少数委员认为，一种处决方式应"蓄意"残暴才会违反第 7 条。这呼应了《禁止酷刑公约》对蓄意性的要求。

[9.96] 在考克斯诉加拿大案（*Cox v Canada*, 539/1993）中，人权事务委员会认定注射致命毒剂的处决方式不违反第 7 条。[95]

---

[94] 另见委员会的结论性意见：也门，(2005) UN doc CCPR/CO/84/YEM, para 15；伊朗伊斯兰共和国，(2011) UN doc CCPR/C/IRN/CO/3, para 12。

[95] 在委员会意见的第 17.3 段。

[9.97] 在对伊朗伊斯兰共和国的结论性意见中,人权事务委员会"遗憾的是,若干处决公开进行",[96] 表明公开处决构成"不人道"或至少是"侮辱"待遇。

引渡、驱逐和推回

[9.98] **第 20 号一般性意见**

9. 委员会认为,缔约国不得通过引渡、驱逐或推回手段使个人返回另一国时有可能遭受酷刑或残忍、不人道的待遇或惩罚。

[9.99] **第 31 号一般性意见**

12. 此外,第 2 条规定的义务要求缔约国尊重和确保在其领土内以及在其控制下的所有个人享有《公约》所承认的权利,这导致的一项义务是,如果有真实充分的理由相信,在驱赶某人的目的地国家或者该个人可能随后被逐往的任何国家之中,存在造成不可弥补的损害的真实风险——诸如《公约》第 6 条和第 7 条所设想的那种损害,缔约国就不得引渡、递解、驱逐该个人或以其他手段将其逐出本国领土。……

[9.100] **皮莱诉加拿大**(*Pillai v Canada*,1763/2008)

人权事务委员会认定,将某一特定家庭递解到斯里兰卡将违反第 7 条。[97] 委员会阐明其认定如下:

11.4. 提交人声称,如果缔约国将他们递解到斯里兰卡,他们将会有受到酷刑的真实风险。对此,委员会注意到缔约国援引的有关伤害是递解出境的必然和可预见结果的论点。在这方面,委员会忆及其第 31 号一般性意见,委员会在其中提到,如果有真实充分的理由相信存在不可弥补的损害的风险,缔约国就有义务不引渡、递解、驱逐该个人或以其他手段将其逐出本国领土。委员会进一步指出,皮莱先生创伤后应激障碍的诊断使得移民和难民委员会没有询问他有关他早期在被拘禁期间据称所遭酷刑的情况。委员会因此认为,其所收到的材料表明,缔约国

---

96 (1993) UN doc CCPR/C/79/Add. 25, para 8.

97 See also *Byahuranga v Denmark* (1222/2003).

《公民及政治权利国际公约》：案例、资料和评注

没有充分重视提交人有关酷刑的指控，并且没有根据有记录的斯里兰卡普遍存在酷刑的情况，充分重视如果将他们递解到其原籍国，他们将可能面对的真实风险。尽管要尊重移民事务当局对其所获证据的评估，但委员会认为，本应对这一案件作进一步分析。因此委员会认为，向提交人发出的逐出令，如果执行，将构成对《公约》第7条的违反。

若干委员在附议意见中，讨论了对此类"递解出境"违反第7条（或第6条）的实际检验标准。凯勒女士、安托阿尼拉－莫托科女士、纽曼先生、奥弗莱厄蒂先生和奈杰尔·罗德利爵士指出，早先在金德勒诉加拿大案（*Kindler v Canada*, 470/1991）[8.67] 中表述的检验侧重于在递解出境时是否会发生对第6条或第7条的违反。他们正确地指出，这种方式太严格了：

> 缔约国在对本来文的意见中，不加区分地提到了委员会先前在诸如金德勒案的意见和最近的意见，并将有关问题说成是，递解出境的必然和可预见后果是否会是提交人被杀害或遭酷刑。这不是一个适当的查询。问题应该是，递解出境的必然和可预见的后果是否会是提交人有被杀害或遭酷刑的真实风险。委员会在本意见中所确定的其他因素表明，对有关标准的此种错误理解可能剥夺了对提交人根据《公约》第7条提出的申诉的恰当评估。

上述委员澄清了一点，即正确的检验是查问递解出境是否会必然地、可预见地使某人承受被杀害或遭酷刑的真实风险。[98] 这是一个比以往案件中偶尔阐明的测试以及缔约国所宣称的测试更宽泛的测试。更狭窄的（因而错误的）测试是查问递解出境是否会必然地、可预见地导致被递解出境者被杀害或遭酷刑（即超过这类情况的"真实风险"）。

[9.101] **C 诉澳大利亚**（*C v Australia*, 900/1999）

提交人已经确定要被递解到伊朗。他以前曾被准予难民地位，但是由于他在澳大利亚犯下的罪行，他的签证被撤销。他声称，将他递解出境会违反第7条。人权事务委员会作出了有利于提交人的认定：

---

[98] 岩泽先生同意这一检验公式，但是对其适用表示异议。因此，他认定将皮莱递解出境不违反第7条。

8.5. 提交人声称，将他递解出境将会违反第7条。对此，委员会注重的事实是，提交人原来曾被准予难民地位，根据是，他作为信奉基督教的亚述人，完全有理由担心受到迫害，而且还考虑到在他有病的情况下返回可能造成的后果。委员会认为，缔约国没有证明的是，接收国目前的情况是否已经改善，因此准予其难民地位不再有效。……提交人还患有偏执型精神分裂症，而在澳大利亚遭拘禁使其恶化[9.73]。他还诉称，"无人知道在伊朗，是否有可为他所用的药物"。[99]

8.5.……此外，委员会还注意到，行政复查法庭（其决定在上诉时得到维持）承认，在伊朗不太可能存在唯一有效的药物（Clozaril）和援助性治疗，而且认为提交人"在他的精神病问题上并无过错"——该疾病"在澳大利亚首次发作"。鉴于缔约国承认了有保护提交人的义务，委员会认为，将提交人递解到一个他不太可能获得必要精神病治疗的国家（这一精神病全部或部分是由缔约国侵犯其权利所导致），将相当于违反《公约》第7条。

[9.102] **X 诉瑞典**（*X v Sweden*，1833/2008）

提交人诉称，将他强行驱逐到阿富汗会违反第7条，因为他会因为自己的性情况（sexuality）而面临虐待。[100] 对此，人权事务委员会表示同意：

9.2.……委员会……注意到缔约国辩称，移民事务主管机构妥当审查了提交人的庇护申请，但并不认为同性恋者或双性恋者在阿富汗的境况如此糟糕，以至于仅此情况本身就需要国际保护，而且提交人没有证明，他如果返回阿富汗，就会面临遭受迫害的风险……。就此情况，委员会忆及，通常应由《公约》缔约国的各级法院来审议或评估事实和证据，以确定是否存在这种危险。

9.3.……委员会注意到，其所收到的资料表明，缔约国的移民事务主管机构拒绝提交人的申请，并不是基于提交人未受质疑的性倾向及其在阿富汗的特定国情下对提交人的影响，而是基于有关性倾向的主张是

---

99 在委员会意见的第5.4段。
100 See also *Uttam Mondal v Sweden*（CAT 338/2008）.

在申请庇护程序的后期提出的,对此,缔约国认为这大大减损了提交人的可信度,尽管提交人阐明了他之所以直到后期才披露性倾向问题的原因,即与双性恋者和同性恋者相联系的污名、耻辱感、担心打击报复,以及不知道性倾向可成为申请难民地位和庇护的有效诉求,并认为他不符合 2005 年《外籍人法》含义之内的"有效理由"的标准。

9.4. 虽然缔约国本身也援引了一些国际报告,其中称阿富汗境内的同性恋行为被列为最高可判处死刑的"胡毒"(*Hudood*)罪,但是缔约国认为,提交人返回原籍国不会面临遭受任何酷刑的风险。委员会注意到,缔约国当局在评估提交人返回阿富汗是否会遭受有违《公约》第 6 条和第 7 条之待遇的风险时,主要注重的是提交人对具体佐证事实的叙述前后不一致,以及由直到后期才主张性倾向造成的较低的可信度问题。委员会认为,提交人有关其性倾向会使他在阿富汗面临现实风险的指控没有得到充分考虑。因此,委员会认为,在这种情况下,将提交人递解到阿富汗构成对《公约》第 6 条和第 7 条的违反。

[9.103] 在瓦萨梅诉加拿大案(*Warsame v Canada*,1959/2010)中,人权事务委员会认定,将某人驱逐到索马里——一个他从未去过也没有那儿的部落身份的国家,会违反第 7 条[8.74]。作为对比,在道芬诉加拿大案(*Dauphin v Canada*,1792/2008)中,委员会没有认定海地是一个危险的国家,以至于将人递解到该国本身就违反第 7 条。[101] 瓦萨梅案与根据第 7 条作出的有关递解出境的大部分其他决定不同的是,提交人抵达索马里并不会面临特定的迫害,而是他在抵达时的大致情况有可能引起有关的侵犯。另一个这样的案件是 XHL 诉荷兰案(*XHL v the Netherlands*,1564/2007)[21.48]。

[9.104] **阿尔泽里诉瑞典**(*Alzery v Sweden*,1416/2005)

该案的提交人作为嫌疑恐怖分子被递解到了埃及。他诉称,在埃及遭受了酷刑,而在他被递解出境时,这种酷刑是可预见的。由于他被瑞典认为威胁安全,他没有得到上诉机会即被驱逐[13.23]。瑞典在驱逐他之前,从埃及得到了提交人不会遭受酷刑的外交保证。如上所述,这看来是一种非常规

---

101 在委员会意见的第 7.4 段。该申诉不可受理。

移送的情况［9.13］。人权事务委员会认定瑞典违反了第 7 条：

> 11.3. 委员会面前的第一个实质性问题是，将提交人从瑞典驱逐到埃及是否使他在接收国面临遭受酷刑或其他虐待的真实风险，因而违反《公约》第 7 条所载的禁止推回。在判断本案中是否有这种待遇的风险时，委员会必须考虑所有相关因素，包括一个国家的一般人权情况。外交保证的存在、其内容以及执行办法的存在和实行，对全面判断是否实际上存在所禁止之虐待的真实风险，都是相关的事实因素。
>
> 11.4. 委员会注意到，在本案中，缔约国本身承认存在虐待的风险，而按照国际人权义务，仅只这种风险本来就会阻止驱逐提交人……。缔约国实际上只依赖外交保证就相信，所禁止之虐待的风险已经降低到了足以避免违反禁止推回原则的程度。
>
> 11.5. 委员会注意到，所获保证中没有包含监督其执行的机制。在保证本身的内容之外，也没有作出本可规定有效实施的任何安排。缔约国的大使和工作人员的探访在提交人被遣返五周之后才开始，完全忽视了最有可能面临伤害风险的时期。另外，的确进行的探访安排也不符合良好国际惯例的关键要求，因为没有坚持单独会见被拘禁者，也没有包括适当的医疗和法医检查，甚至在出现有关虐待的多次指控以后也是如此。从这些情况可见，缔约国未能证明，所获外交保证在本案情况下确实足以将虐待的风险降低到符合《公约》第 7 条要求的程度。因此，驱逐提交人相当于违反《公约》第 7 条。

［9.105］人权事务委员会在阿尔泽里案中指明，它不相信外交保证足以保护相关人员根据《公约》享有的权利不受侵犯。最起码，瑞典本应确立更多的规范以确保这些保证得到遵守。在有关将某人引渡到中国的埃斯莱依诉哈萨克斯坦案（*Israil v Kazakhstan*，2024/2011）［8.73］和有关将几个人引渡到乌兹别克斯坦的马克苏多夫诉吉尔吉斯斯坦案（*Maksudov et al. v Kyrgysztan*，1461 - 1462 - 1476 &1477/2006）中，[102] 委员会同样表现出对保证的不信任。

---

[102] 另见委员会对丹麦的结论性意见，(2008) UN doc CCPR/C/DNK/CO/5, para 10。

[9.106] 禁止酷刑委员会在阿提亚诉瑞典案（*Attia v Sweden*，CAT 199/2002）中作出《禁止酷刑公约》第 3 条没有被违反的认定时，相信了埃及的保证。不过，在后来的阿吉扎诉瑞典案（*Agiza v Sweden*，CAT233/2003）中——该案有关阿提亚的丈夫的命运，而且事实情节与阿尔泽里案几乎完全一样，禁止酷刑委员会认定埃及在这方面的保证毫无价值。实际上，阿吉扎和阿尔泽里是在同一时间被瑞典移送给埃及的。禁止酷刑委员会在有关将某人引渡到土耳其的佩利特诉阿塞拜疆案（*Pelit v Azerbaijan*，CAT 281/2005）、有关将某人引渡到俄罗斯的卡利尼琴柯诉摩洛哥案（*Kalinichenko v Morocco*，CAT 428/2010）和有关将某人引渡到乌兹别克斯坦的阿布杜萨马托夫诉哈萨克斯坦案（*Abdussamatov v Kazakhstan*，CAT 444/2010）中，对保证仍持怀疑态度。

[9.107] 未经上诉即将阿尔泽里递解出境也被认定为违反了第 7 条：

11.8. 关于在可能存在酷刑危险的情况下没有对内阁的驱逐决定的独立审查的申诉，委员会指出，结合《公约》第 7 条理解的第 2 条要求对违反第 7 条的情况给予有效救济。鉴于推回的性质，对可能存在酷刑危险的驱逐决定的审查必须在驱逐前即能进行，以避免对有关人员造成不可弥补的损害并使审查失去意义。因此，在提交人的案件中，没有对驱逐决定进行有效、独立调查的机会，相当等于违反了结合《公约》第 2 条理解的第 7 条。

可以指出的是，在该案中，并未认定第 13 条被违反，而该条特别有关可能被递解出境者的程序性权利［13.23］。不过，第 13 条包含了一项"国家安全"例外。这一例外不适用于根据第 7 条处理的不得推回的案件。[103]

[9.108]《禁止酷刑公约》第 3 条

1. 如有充分理由相信任何人在另一国家将有遭受酷刑的危险时，任何缔约国不得将该人驱逐、推回或引渡至该国。

2. 为了确定是否有这种理由，主管当局应考虑到所有有关的因素，包括在可适用情况下，考虑在有关国家内是否存在一贯严重、公然或大

---

[103] See also *Ahani v Canada* (1051/2002)［13.24］。

规模侵犯人权的情况。

[9.109]《禁止酷刑公约》第3条明确地只适用于禁止将某人推回到可预见其面临酷刑的国家。在BS诉加拿大案（*BS v Canada*，CAT 166/2000）中，禁止酷刑委员会确认，第3条不适用于防止在未构成酷刑之待遇的案件中的推回。[104] 与之对比，人权事务委员会第20号一般性意见表明，《公民及政治权利国际公约》在有关第7条规定的所有待遇方面，都禁止推回。虽然该第7条的保障明显具有更深的层次，但大部分有关递解出境和推回的申诉被提交给了禁止酷刑委员会，也许是因为第3条给予可能的被递解出境者明确的保护。实际上，提交禁止酷刑委员会的绝大部分案件都有关对《禁止酷刑公约》第3条的据称违反。

[9.110] 禁止酷刑委员会在以下案件中认定了《禁止酷刑公约》第3条被违反：阿尔考兹诉法国（*Arkauz Arana v France*，CAT 63/1997，送回西班牙）[105]、可汗诉加拿大（*Khan v Canada*，CAT 15/1994，计划驱逐到巴基斯坦）、阿兰诉瑞士（*Alan v Switzerland*，CAT 21/1995）、阿亚斯诉瑞典（*Ayas v Sweden*，CAT 97/1997）、海定诉瑞典（*Haydin v Sweden*，CAT 101/1997）、HD诉瑞士（*HD v Switzerland*，CAT 112/1998）、佩利特诉阿塞拜疆（*Pelit v Azerbaijan*，CAT 281/2005，计划驱逐到土耳其）[106]、SMR和MMR诉瑞典（*SMR and MMR v Sweden*，CAT 103/1998）、阿厄梅诉瑞士（*Aemei v Switzerland*，CAT 34/1995）、塔拉诉瑞典（*Tala v Sweden*，CAT 43/1996））、法拉卡弗拉吉诉瑞典（*Falakaflaki v Sweden*，CAT 89/1997）、达达尔诉加拿大（*Dadar v Canada*，CAT 258/2004）、贾哈尼诉瑞士（*Jahani v Switzerland*，CAT 357/2008，计划驱逐到伊朗）、A诉荷兰（*A v the Netherlands*，CAT 91/1997）、艾哈迈德－卡饶伊诉瑞典（*Ahmed Karoui v Sweden*，CAT 185/2001，计划驱逐到突尼斯）、穆宗左诉瑞典（*Muzonzo v Sweden*，CAT 41/1996）、X

---

104 在禁止酷刑委员会意见的第7.4段。See also *IAO v Sweden*（CAT 65/1997），para 14.5；*VXN and HN v Sweden*（CAT 130–131/1999），para 13.7；*TM v Sweden*（CAT 288/2003），para 6.2.

105 比较：*GK v Switzerland*（CAT 219/2002）。

106 促成本案中的认定的一个事实是，德国准予了来自土耳其的有关个人的难民地位。阿塞拜疆未能解释它为何不尊重德国的认定（禁止酷刑委员会意见的第11段）。

《公民及政治权利国际公约》：案例、资料和评注

诉荷兰（*X v the Netherlands*，CAT 41/1996）、吉索基诉瑞典（*Kisoki v Sweden*，CAT 41/1996）、穆腾博诉瑞士（*Mutombo v Switzerland*，CAT 13/1993，计划驱逐到扎伊尔）、CT 和 KM 诉瑞典（*CT and KM v Sweden*，CAT 279/2005，计划驱逐到卢旺达）、辛格－卡尔萨诉瑞士（*Singh Khalsa v Switzerland*，CAT 366/2008，计划将涉嫌劫持的锡克激进分子驱逐到印度）、埃尔－厄盖格诉瑞士（*El Rgeig v Switzerland*，CAT 280/2005，计划驱逐到利比亚）、法尔肯－里奥斯诉加拿大（*Falcon Rios v Canada*，CAT 133/1999，计划驱逐到墨西哥）、TA 诉瑞典（*TA v Sweden*，CAT 266/2003，计划驱逐到孟加拉国）和克提提诉摩洛哥（*Ktiti v Morocco*，CAT 419/2010，驱逐到阿尔及利亚）。

[9.111] 在大部分根据《禁止酷刑公约》第 3 条提交的来文中，禁止酷刑委员会都认定提交人未能充分地证实其主张，即在驱逐时即可预见迫害。[107] 禁止酷刑委员会很可能不愿意在对事实的认定方面否定国内法庭——它们通常负责作出此种认定。[108] 某些情况也将不利于提交人。例如，在 AD 诉荷兰案（*AD v the Netherlands*，CAT 96/1997）中，提交人声称，计划中的将他递解到斯里兰卡将使他在该国面临酷刑的危险。他的申诉被禁止酷刑委员会拒绝，部分地是因为他所声称的以往在斯里兰卡遭到的骚扰和酷刑有关斯里兰卡以前的一个政府的行为。鉴于政府的变化，他有关返回该国后可能遭受酷刑的说法没有根据。[109] 在 SS 诉荷兰案（*SS v the Netherlands*，CAT 191/2001）中，斯里兰卡政府和泰米尔叛乱团体之间开始和平谈判意味着，将身为泰米尔族的提交人引渡给斯里兰卡，不太可能将其置于遭受酷刑的危险中。[110] 在 HAD 诉瑞士案（*HAD v Switzerland*，CAT 216/1999）中，从接收国据称先前实施的虐待到审议来文时已经过去的时间（15 年）表明，提交人在返回后

---

107 See eg *Y v Switzerland*（CAT 18/1994），*EA v Switzerland*（CAT 28/1995），*PQL v Canada*（CAT 57/1996），*KN v Switzerland*（CAT 94/1997），*JUA v Switzerland*（CAT 100/1997），*NP v Australia*（CAT 106/1998），*ALN v Switzerland*（CAT 90/1997），*X, Y, and Z v Sweden*（CAT 61/1996）.
108 另见，第 [1.53]、[14.63] 段。
109 在禁止酷刑委员会意见的第 7.4 段。
110 在禁止酷刑委员会意见的第 6.7 段。See also *US v Finland*（197/2002），para 7.7.

并无面对酷刑的现实危险。[111] 在 ZZ 诉加拿大案（*ZZ v Canada*，CAT 123/1999）中，虽然提交人证明了他的族裔群体在阿富汗处于普遍危险之中，但他未能确证如果他返回该国，他本人就将有遭受酷刑的危险。

[9.112] **蔻尔班诉瑞典**（*Korban v Sweden*，CAT 88/1997）

这一案件处理的是，将某人送回一国，而在那里有一种相当大的可能性，即他会被递解到另一国——他在后一国可能面临酷刑，这种情况是否符合《禁止酷刑公约》第 3 条。

> 3.1. 提交人称，将他送回伊拉克将构成瑞典违反《禁止酷刑公约》第 3 条，因为在该国他有被逮捕并遭酷刑的风险。他还声称，由于没有约旦的居住许可，将他送回约旦是不安全的，他担心会从该国被送回伊拉克，因为约旦警方与伊拉克当局工作关系密切。

禁止酷刑委员会随后认定，递解到伊拉克将违反《禁止酷刑公约》第 3 条。有关计划中的递解到约旦，该委员会还是作出了有利于提交人的认定：

> 6.5. 委员会注意到，瑞典移民事务当局下令将提交人驱逐到约旦，而且缔约国没有评估提交人将从约旦被递解到伊拉克的风险。不过，从各方的意见来看，鉴于包括联合国难民署在内的不同来源依据有关报告所作的评价，不能排除这种危险。有关的报告表明，有些伊拉克人在违背他们意愿的情况下被约旦当局送到了伊拉克，与约旦妇女结婚并不保证获得在约旦的居住许可，而且在联合国难民署与约旦当局签署关于在约旦的难民权利的谅解备忘录后，这种情况并无改观。缔约国本身也承认，在约旦的沦为难民的伊拉克公民，特别是从某个欧洲国家被送回约旦的人，没有受到不被递解至伊拉克的充分保护。

> 7. 鉴于上述内容，委员会认为，在目前情况下，缔约国有义务不强行将提交人送回伊拉克。它还有义务不强行将提交人送到约旦，因为存在他从该国被驱逐至伊拉克的风险。在这方面，委员会在第 22 条的背景下，提及其关于实施《公约》第 3 条的一般性意见的第 2 段，其中称，"第 3 条中的'另一国家'指所涉个人正在被驱逐、推回或引渡到

---

[111] 在禁止酷刑委员会意见的第 8.6 段。

的国家以及提交人后来可能被驱逐、推回或引渡到的国家"。此外，委员会还注意到，虽然约旦是《公约》的缔约国，但它没有根据第22条发表声明。[112] 因此，如果提交人面临从约旦被递解至伊拉克的威胁，他将不可能向委员会提交新的来文。

由此，递解到约旦将违反《禁止酷刑公约》第3条，尽管提交人从来没有诉称，他在约旦面临酷刑的风险，因为他实际上恐惧的，是随后从约旦被递解到伊拉克。[113]

[9.113] 索基诉加拿大（*Sogi v Canada*, CAT 297/2006）

该案证实，对于《禁止酷刑公约》第3条，并无国家安全的例外。

10.2. 委员会注意到申诉人的论点，即部长代表在其2003年12月2日的决定中采用不相关的标准作为拒绝保护的理由，即申诉人构成对加拿大安全的威胁。委员会忆及，第3条为缔约国领土内的任何人提供绝对保护，无论有关人员的特征或其可能给社会造成的危险如何。委员会注意到，部长代表在其决定中得出的结论是：若被驱逐，申诉人本人有遭受酷刑的真实风险。但是，她认为，加拿大安全的总体利益应当优于申诉人的酷刑危险，并据此拒绝提供保护。

10.3. 委员会还注意到申诉人辩称，部长代表在2006年5月11日的决定中没有考虑到申诉人的特殊情况，在拒绝保护时，只是提到了印度旁遮普邦的总体情况大概有所改善。缔约国针对这一点答复说，不能由委员会来对加拿大法院的裁决作司法复审，委员会不应当用自己的结论替代部长代表的结论，除非有明显错误、滥用程序、缺乏诚信、存在偏见或严重程序违规的情况。委员会忆及，尽管委员会相当重视缔约国有关机构对事实的认定，但委员会有权自由评估每个案件的事实。在本案中，委员会注意到，部长代表在其2006年5月11日有关保护问题的决定中，拒绝根据新的评估认为申诉人受到现实的、针对其个人的酷刑威胁，而只是接受印度通过了一部显然保护被告免于酷刑的新法律，却

---

[112] 《禁止酷刑公约》第22条规定了个人申诉机制。

[113] See also *RT v Australia* (CAT 153/2000).

没有考虑该法是否会有效实施，或其如何影响到申诉人的具体情况。

10.4. 关于加拿大当局使用出于安全原因未向申诉人披露的证据，委员会注意到缔约国的论点，即这一做法是由《移民和难民保护法》所准许的，而且无论如何，这种证据并未作为部长代表的决定的根据，因为她在其风险评估中并未考虑申诉人对加拿大安全构成的威胁。但是，委员会注意到，部长代表在两项决定中，都考虑了对国家安全的威胁。

10.5. 基于上述情况，委员会认为，申诉人在驱逐前程序中并未享有必要的保障。在确定是否存在第3条所规定的酷刑风险方面，缔约国有义务给予驱逐令所针对之人公正的审理。

[9.114] 在布拉达诉法国案（*Brada v France*，CAT 195/2002）中，禁止酷刑委员会认定，将申诉人递解出境而没有允许他行使国内的上诉权违反了《禁止酷刑公约》第3条。实际上，他的上诉在其已被驱逐后进行，而且上诉法院裁决驱逐他非法。[114]

[9.115] 在伊亚诉瑞士案（*Iya v Switzerland*，CAT 299/2006）中，禁止酷刑委员会认定，申诉人的庇护申请是基于程序理由被驳回的，而实质事项并未得到审议。在这一方面没有认定特定的违反，但瑞士未能审议实质事项部分地促成了禁止酷刑委员会的结论，即根据《禁止酷刑公约》第3条，将申诉人驱逐到刚果民主共和国并不被允许。

[9.116] 有关推回的案件通常是由寻求庇护者和申请难民地位的人提出的。这些案件往往提出与1951年联合国《关于难民地位的公约》规定的权利有关的问题。

X 诉西班牙（*X v Spain*，CAT 23/1995）

X主张，将他从西班牙递解到阿尔及利亚违反《禁止酷刑公约》第3条，理由是他在回到该国时，会因为其拥有的被宣布为非法的"伊斯兰拯救阵线"（FIS）的成员身份，而遭受酷刑。禁止酷刑委员会作出了有利于缔约国的认定：

7.3. 委员会……指出，其权力并不包括判定申诉人根据一国的国内

---

[114] See also *Tebourski v France*（CAT 300/2006）.

法是否有权获得庇护,或是否能援用《关于难民地位的公约》规定的保护。根据《禁止酷刑公约》第3条,委员会必须决定驱逐或引渡是否会使某一个人面临酷刑的危险。

7.4. 委员会注意到,在西班牙一整年的审理期间,X的代表完全以庇护为其论据而没有援引《公约》第3条保护的权利。他们也未向委员会提出充分理由,使人能相信,如果X被驱逐至阿尔及利亚,他就有遭酷刑的危险。他们并未宣称,X在离开阿尔及利亚前往摩洛哥和西班牙前,曾被拘禁或遭酷刑;也未明确指出,他在FIS做了些什么,使其有理由担心遭酷刑。相反,X在对梅利拉(Melilla)当局的首次陈述中——当时有律师和口译员在场,说他打算在德国找工作,而这一声明的真实性在西班牙的庇护审理期间并未受到质疑。*

7.5. 委员会总结认为,以X名义提出的来文未能充分证实其为所声称的违反《公约》第3条的事件,而是政治庇护问题,这使得该来文不符合《公约》第22条。

同样,在穆罕默德诉希腊案(*Mohamed v Greece*, CAT 40/1996)中,禁止酷刑委员会认定,它对于判断申诉人是否为1951年《关于难民地位的公约》规定的"难民",并无管辖权。X案和穆罕默德案都证实,根据《禁止酷刑公约》第3条作出的判断在概念上就不同于根据《关于难民地位的公约》出现的问题。[115]

[9.117] **阿厄梅诉瑞士**(*Aemei v Switzerland*, CAT 34/1995)

《禁止酷刑公约》第3条和《公民及政治权利国际公约》第7条都没有赋予庇护权。在阿厄梅案中,禁止酷刑委员会评论了对第3条被违反的救济:

11. 委员会认定《公约》第3条被违反不以任何方式影响国内主管

---

* 原书中,遗漏了"并未"(not),经与作者核实补上。

115 该缔约国提出的类似主张见, *C v Australia*(900/1999), para 4.13。对于比较《禁止酷刑公约》/《公民及政治权利国际公约》和《关于难民地位的公约》针对推回提供的保护,见,S Taylor, 'Australia's Implementation of its Non-Refoulement Obligations under the Convention Against Torture and Other Cruel Inhuman or Degrading Treatment or Punishment and the International Covenant on Civil and Political Rights' (1994) 17 *University of New South Wales Law Journal* 432。

当局有关准予或拒绝庇护的决定。认定第 3 条被违反是宣告性的。因此，缔约国无须修改其准予庇护的决定；另一方面，缔约国的确有责任寻获种种解决办法，以便它能采取一切必要措施遵守《公约》第 3 条的规定。这些解决办法可以是法律性的（例如决定暂时接纳申请者），也可以是政治性的（例如采取行动寻找愿意接纳申请者至其领土并承诺不再移送或驱逐申请者的第三国）。

[9.118] **哈米德诉加拿大**（*Hamida v Canada*，1544/2007）

提交人曾是突尼斯的一名警官，在加拿大寻求庇护但被拒绝，因为他在突尼斯涉嫌犯罪。根据《关于难民地位的公约》，某些人依据第 1 条 F 款被排除在难民保护之外，即那些犯有战争罪、危害和平罪、危害人类罪、在进入避难国之前严重的非政治罪行或有违联合国之宗旨和原则的行为。人权事务委员会认定，驱逐该人将违反《公民及政治权利国际公约》第 7 条：

8.3. 委员会注意到提交人的意见，即驱逐他会使其遭到某种拘禁并面临酷刑或失踪的危险。委员会注意到，移民和难民事务局驳回了所有这些指控，认定提交人并没有证明，如果他返回突尼斯，由于他的政治意见，他的生命将受到威胁，并且他可能遭受酷刑或者虐待。此外，委员会注意到移民和难民事务局拒绝了申请人的庇护申请，理由是根据《关于难民地位的公约》第 1 条 F 款（a）和（c）项，该公约不适用于提交人。……

8.5. 在本来文中，委员会认为其所收到的材料表明，缔约国当局在审议提交人的要求时，着重考虑了《关于难民地位的公约》不适用于提交人的事实，并且似乎没有充分考虑提交人在本《公约》及诸如《禁止酷刑公约》等其他文书之下的具体权利。……

8.7. 关于第 7 条，委员会注意到，缔约国在其陈述中主要提到了各主管当局的决定，这些主管当局基本上因提交人缺乏可信度——指出其声明中前后矛盾之处以及缺乏佐证其指控的证据，驳回了提交人的申请。委员会认为，要求提交人的证据标准，是他证明作为其被驱逐到突尼斯的必然的和可预见的后果，确实存在有违第 7 条的待遇的真实风险。委员会注意到，缔约国本身在提到各种资料来源时称，在突尼斯存在酷刑的做法众所周知，但是提交人并不属于有受到此类待遇之风险的类别之一。委员会认为，提交人提供了大量的证据，说明了其受到有违《公约》第 7 条待遇的真实的、个人的风险，理由是他是突尼斯警方的持异议者、他曾被警方拘禁六个月、他受到过严格的行政监管以及内务部向他发出过通缉令（其中提到他"逃离行政监管"）。缔约国并没有对这些事实提出异议。委员会适当看重提交人关于其家庭在突尼斯所受压力的指控。提交人曾经受雇于内务部，然后因其持异议意见而受到纪律处分、拘禁和严格监管，因此委员会认为，存在提交人被视为政治反对者并因此遭受酷刑的真实风险。他在加拿大提交庇护申请加剧了这一风险，因为这更加可能使提交人被视为政权的反对者。因此委员会认为，对提交人发出的驱逐令一旦执行，就会构成对《公约》第 7 条的违反。

[9.119] **塔皮亚－帕埃兹诉瑞典**（*Tapia Paez v Sweden*，CAT 39/1996）

提交人质疑瑞典将其驱逐到秘鲁的决定。他诉称，他在返回秘鲁后会遭受酷刑，因为他是秘鲁的一个反政府恐怖组织"光辉道路"（Sendero Luminoso）的成员。对于该案的实质问题，禁止酷刑委员会的决定如下：

14.3. 委员会注意到，关于提交人的庇护申请所依据的事实并无争议。提交人是"光辉道路"的成员，1989 年 11 月 1 日在参加一次示威活动时，散发了传单并分派了自制炸弹。警方随后搜查了他的住宅，提交人躲藏起来并离开秘鲁到瑞典寻求庇护。同样没有争议的是，提交人来自一个积极参加政治活动的家庭，他的一个堂亲失踪、另一个堂亲因政治原因被杀，他的母亲和姐妹已在瑞典获准事实上的难民地位。

14.4. 从缔约国的意见以及移民当局就本案所作的决定显然可以看出，瑞典拒绝准予提交人庇护的依据是 1951 年《关于难民地位的公约》第 1 条 F 款的例外规定。说明这一点的事实是，提交人的母亲和姐妹获准在瑞典事实上的庇护，因为担心她们由于其家庭与"光辉道路"有联系而可能遭受迫害。除了提交人为"光辉道路"从事的活动之外，缔约国对于区别提交人与其母亲和姐妹，未提出其他任何理由。

14.5. 委员会认为，《公约》第 3 条的标准是绝对的。只要存在充分理由认为某一个人在被驱逐到另一国时会有遭受酷刑的风险，缔约国就有义务不将所涉个人遣返回该国。在根据《公约》第3条作出决定时，所涉个人从事活动的性质不能成为决定性的考虑因素。

与1951年《关于难民地位的公约》不同，《公民及政治权利国际公约》第7条和《禁止酷刑公约》第3条都为缔约国施加了绝对义务，即如果可预见引渡将导致任何人遭受酷刑，就不得引渡这些人。[116] 禁止酷刑委员会在特布尔斯基诉法国案（*Tebourski v France*，CAT 300/2006）中证实，第3条防止驱逐任何有遭受酷刑危险的人，"不管该人的品性如何，尤其是对社会造成的危险如何"。[117]

[9.120] 为了保护《禁止酷刑公约》第3条规定的权利，各国不得确立会自动驱逐某些类型的人的程序。例如，禁止酷刑委员会曾批评芬兰当局，因其使用了一种"安全国家名单"来自动拒绝向来自这些国家、寻求避难的人提供庇护；每一评估均应包括对第3条之可能适用的考虑。[118] 人权事务委员会对爱沙尼亚自动拒绝庇护那些被认为来自"安全的"来源国可能违反《公约》第7条和第13条[119]的情况，也提出了类似的意见。[120]

[9.121] 出现对《禁止酷刑公约》第3条之违反的依据是，当某人被驱逐到某个国家时，可预见将发生酷刑。通常，这样的来文都是在递解出境发生之前提交和得到决定的，因此对于在某人返回该国之后，是否确实发生了酷刑，并无证据。在下述案件中，这样的证据显然是决定性的。

TPS 诉加拿大（*TPS v Canada*，CAT 99/1997）

该案的提交人是一位被定罪的绑架者，他从加拿大被递解到印度。在禁止酷刑委员会对其来文的实质问题作出认定之时，提交人已经在印度生活了两年多，而没有显示出遭受了酷刑。

116　Taylor,' Australia's Implementation of its Non-Refoulement Obligations', 452. See also *Arkauz Arana v France*（CAT 63/1997），其中被递解出境的提交人可能由于其与恐怖主义的联系而遭受酷刑。

117　在禁止酷刑委员会意见的第8.2段。

118　禁止酷刑委员会对芬兰的结论性意见，(1997) UN doc A/51/44, para 62。

119　另见第[13.03]~[13.04]段。

120　委员会对爱沙尼亚的结论性意见，(2003) UN doc CCPR/C/77/EST, para 13。另见委员会对新西兰的结论性意见，(2010) UN doc CCPR/C/NZL/CO/5, para 6。

15.4. 就来文的实质问题，委员会注意到，提交人在印度生活了两年多。在此期间，尽管他声称，他和他的家人在多个场合受到了警察的骚扰和威胁，但看来当局对待他的方式并无变化。在这样的情况下，并鉴于自提交人被移送之后已经过去了相当长一段时间——这给了提交人的恐惧成真充分的时间，委员会只能得出结论认为，他的指控没有根据。

15.5. 委员会的意见是，在过去将近两年半的一段时期后，提交人不太可能仍处于遭受酷刑的风险之中……。

15.7. 禁止酷刑委员会根据《禁止酷刑公约》第22条第7款行事，总结认为，提交人被该缔约国移送给印度并未构成对《公约》第3条的违反。

禁止酷刑委员会在TPS案中的决定，即随后没有发生酷刑必然意味着没有出现违反，肯定是错误的。《禁止酷刑公约》第3条并不要求在返回后必须发生酷刑，而只是要求在递解出境之时，一种酷刑的危险是可以合理地预见的。[121]

[9.122] **ISD诉法国**（*ISD v FRANCE*，CAT 194/2001）

申诉人在法国申请庇护，却被送回了西班牙。她在返回西班牙17个月后被逮捕，并声称自己遭受了酷刑。她诉称，法国违反了《禁止酷刑公约》第3条，但禁止酷刑委员会并不同意：

9.3. 委员会需要审议的问题是，在执行驱逐措施之日，法国当局是否本来能够考虑申诉人如被驱逐，就将面临真实的风险。在作出这一决定时，委员会考虑了提交人和缔约国提出的所有事实。对这些事实的审议表明，提交人没有满足举证责任，证明将其驱逐回西班牙在她被驱逐之时，使她面临遭受酷刑的人身危险。在此方面，提交人所提交的证据不足，因为首要指控是，她在被缔约国驱逐17个月以后遭受了酷刑。

9.4. 酷刑的事实本身并不一定构成对《公约》第3条的违反，但也是委员会要考虑的一个问题。提交委员会的事实表明，提交人返回西班牙之后没有受到任何干扰，健康得到恢复；而且积极参与本国的政治

---

[121] 另见本案中，吉布里尔·卡马拉（Guibril Camara）先生的强烈异议。

运动、宣扬她的观点，无须隐藏或逃亡。过了约 17 个月之后，才发生所称的酷刑。对于为何她遭受酷刑的肯定危险——原因包括她熟悉对西班牙的国家安全具有重要意义的情报——并没有立即导致针对她的行动，提交人没有提出令人信服的解释。提交人也没有提出证据，说明她被逐出法国领土之前、在西班牙所发生的、可让委员会确定存在理由充分的危险。提交人没有表明她被驱逐与 17 个月之后所发生的事件之间存在任何联系。

9.5. 由于申诉人 1999 年被驱逐与她声称 2001 年遭受的酷刑行为之间的因果关系证据不足，委员会认为，不能说缔约国执行驱逐令违反了《公约》第 3 条。

[9.123] **索基诉加拿大**（*Sogi v Canada*，CAT 297/2006）

在禁止酷刑委员会作出决定前，申诉人就被递解到了印度。禁止酷刑委员会认定《禁止酷刑公约》第 3 条被违反，对于索基返回印度以后所受待遇的相关性声明如下：

10.8. 委员会必须判断，根据缔约国主管当局在移送之时所了解或应当了解的资料，是否确有理由相信酷刑会发生。在本案中，委员会注意到，其收到的所有资料、特别是加拿大安全和情报局的报告和两份移送前风险评估报告都表明，申诉人被怀疑是一个被称为恐怖主义组织的巴巴尔·哈尔萨国际（Babbar Khalsa International，BKI）的成员，对印度政治领导人的多次袭击事件都归因于他。在移送后所获信息——他被拘禁以及据称在被拘禁在古达斯普尔（Gurdaspur）期间遭受了虐待——仅仅与评估以下情况相关，即缔约国在申诉人被驱逐之时，对酷刑危险实际知道什么或本来能够推论出什么。

[9.124] 在对法国的结论性意见中，人权事务委员会对该国驱逐程序的一些方面提出了关注：[122]

20. ……委员会……收到的报告称，外国人往往没有适当地被告知他们的权利，包括申请庇护的权利，也往往得不到法律帮助。委员会注

---

[122] (2008) UN doc CCPR/C/FRA/CO/4.

意到，外国人必须在他们被拘禁后最多5天内提出庇护申请，这种申请必须用法文起草，往往没有翻译人员帮助。上诉权利也受到一些值得怀疑的限制，包括48小时内提出上诉的时限，而且在因"国家安全"被移送的情况中，并不因上诉而自动暂停递解出境。委员会还关切的是，根据缔约国所谓的"优先程序"，不等到法院对移送到所谓的"安全原籍国"（显然包括阿尔及利亚和尼日尔）作出裁决，就把人实际递解出境。此外，对于从海外领土马约特（Mayotte）被递解出境的人（每年约有16000名成人和3000名儿童）或者从法属圭亚那或瓜德罗普被递解出境的人，没有向法院申诉的途径可用（第7条和第13条）。

缔约国应确保，对于遣返外国国民（包括寻求庇护者），是通过一种公正的程序评估的，该程序应能切实有效地排除任何人返回后会面临严重的侵犯人权情况的真实风险。必须适当地告知和保证无证件的外国国民和寻求庇护者的权利，包括申请庇护的权利，并可获得免费法律援助。缔约国也应确保收到递解令的所有个人有足够时间准备庇护申请，并保证可获得翻译人员以及具有暂不执行效力的上诉权利。缔约国还应认识到，酷刑或残忍、不人道或侮辱性待遇的做法越是有系统，通过外交保证避免此类待遇的真实风险的可能性就越小，而不论商定的后续程序可能多么严格。缔约国在使用这种保证时应当极度谨慎，并采用明确而透明的程序，允许在相关个人被驱逐之前，由适当司法机制予以复查，以及采用有效手段，来监测被递解出境个人的命运。

[9.125] 上述讨论侧重于某人可能在接收国受到的待遇的严酷性，而非在被迫离开驱逐国时涉及的严酷情况。在下一案件中，出现了后一方面的问题。

卡内帕诉加拿大（*Canepa v Canada*, 558/1993）

卡内帕是一位意大利公民，但一生的大部分时间都和他的家人生活在加拿大。虽然存在这些和加拿大的联系，但加拿大当局计划因其犯罪记录而将其递解到意大利。卡内帕诉称，除其他外，将其递解出境将违反第7条：

4.6. 最后，提交人辩称，执行递解令相当于《公约》第7条含义之内的残忍、不人道或侮辱之待遇。他承认，委员会尚未考虑使某一个人与其家庭和近亲属永久分离以及将某一个人从其了解、他在其中长大的唯一国家实际驱逐能否相当于残忍、不人道或侮辱之待遇;但他提出,这个问题应根据实质案情来审议。

缔约国对此的答复是:

9.1. 缔约国在1995年12月21日的呈文中主张,提交人关于《公约》第7条的指控未得到证实,因为没有证据表明,提交人与其家庭分离对其身心健康构成任何具体危险。缔约国辩称,第7条的范围不像提交人所声称的那样广,而且不适用于本案的情形,因为提交人在接收国并没有面临酷刑或严重虐待的重大危险。提交人没有表明,由于被递解出境,他将遭受何种过分的苦难。缔约国补充说,提交人并没有被绝对禁止返回加拿大。此外,正如提交人的父亲在移民上诉委员会的听证中所表示的,提交人的家庭显然能够在意大利与提交人团聚。缔约国辩称,与家庭分离的问题倒不如说是一个要依《公约》第17条和第23条处理的问题。

人权事务委员会后来赞同缔约国的意见,即"本案的事实并不具有能引起第7条所规定之问题的性质"。[123]

[9.126] 禁止酷刑委员会在众多场合声明,"某一个人之身心健康情况通过递解出境而恶化一般而言不是充分的理由,在没有其他因素的情况下,不足以构成违反《禁止酷刑公约》第16条的侮辱待遇"。[124]

肉体惩罚 *

[9.127] **第20号一般性意见**

5.……委员会还认为,[第7条]禁止的范围必须扩及肉体惩罚,包括以过分责罚作为对犯罪的惩罚或者是作为教育或惩戒措施。在此方

---

[123] 斯图尔特诉加拿大案(*Stewart v Canada*, 538/1993)中有关第7条的类似申诉被认定为不可受理,见委员会意见的第11.2段。另外注意,在 AJ v G 诉荷兰案(*AJ v G v the Netherlands*, 1142/2002)中,撤回监护权没有被认定为引起有关第7条的问题,见委员会意见的第5.6段。

[124] See eg *TM v Sweden* (CAT 228/2003), para 6.2. See also *GRB v Sweden* (CAT 83/1997), *MMK v Sweden* (CAT 221/2002), *MF v Sweden* (CAT 326/2007), *RD v Sweden* (CAT 220/2002), *SSS v Canada* (CAT 245/2004), *Njamba and Balikosa v Sweden* (CAT 322/2007).

* 英文用词为"corporal punishment",指造成身体疼痛或损伤的任何惩罚,因此既包括"体罚"如打手板,也包括"肉刑"如砍手断脚。

面,宜强调指出的是,第7条特别保护教育和医疗机构内的儿童、学生和病人。[125]

人权事务委员会提到"过分责罚"表明,肉体惩罚本身并不违反第7条。不过,在下列案件中,委员会可能强化了其立场。

[9.128] **希金森诉牙买加**(*Higginson v Jamaica*,792/1998)

4.6.……提交人称,使用罗望子树枝鞭打构成残忍、不人道和侮辱之惩罚,而施加这一刑罚侵犯了其根据《公约》第7条享有的权利。缔约国没有反驳这一说法。无论需惩罚的犯罪的性质如何或肉体惩罚是否为国内法所准许,委员会一向认为,肉体惩罚构成残忍、不人道和侮辱之待遇或惩罚,有违《公约》第7条。委员会认为,判处或执行以罗望子树枝鞭打构成对提交人根据第7条享有的权利的侵犯。

因此,人权事务委员会声明,执行以及仅仅是判处肉体惩罚将违反第7条。[126] 同样,在苏克拉尔诉特立尼达和多巴哥案(*Sooklal v Trinidad and Tobago*,928/2000)中,委员会认定,判处以桦树枝鞭打(12下)的刑罚违反第7条。[127] 这些决定凸显了《公约》内部的一处异常情况。死刑很有可能比肉体惩罚的刑罚引起更多精神痛苦,而只有后者构成对第7条本身的违反。[128] 这种内在于《公约》的不一致,是因为《公约》第6条明文允许更严重的刑罚即死刑这一事实,才被强加到委员会头上的。[129]

[9.129] 肉体惩罚也违反《禁止酷刑公约》。在扎雷诉瑞典案(*Zare v Sweden*,CAT 256/2004)中,禁止酷刑委员会指出,抽打140下的刑罚,从

---

[125] 另见委员会的结论性意见:斯里兰卡,(2003) UN doc CCPR/CO/79/LKA, para 12;希腊,(2005) UN doc CCPR/CO/83/GRC, para 16;塔吉克斯坦,(2005) UN doc CCPR/CO/84/TJK, para 23;圣文森特和格林纳丁斯,(2008) UN doc CCPR/C/VCT/CO/2, para 11;尼加拉瓜,(2008) UN doc CCPR/C/NIC/CO/3, para 15。

[126] 不过,该案在这一点上令人困惑,因为提交人表示(在委员会意见的第3.3段),这一刑罚已经执行。在普莱斯诉牙买加案(*Pryce v Jamaica*,793/1998)中,执行了这一刑罚,并被正确地认定为违反了第7条。

[127] 在委员会意见的第4.6段。委员会在其意见第6段中,指出该刑罚尚未执行。See also *Osbourne v Jamaica* (759/1997)。

[128] 见第[9.79]及以下各段。

[129] 见第[8.46]及以下各段。

该公约第 3 条所规定的不得推回的义务的目的来看，构成"酷刑"。[130]

［9.130］另外，在对塞浦路斯的结论性意见中，人权事务委员会称，"肉体惩罚为《公约》所禁止"，而没有对这种惩罚的严重程度作任何明显界定。[131] 在对莱索托的结论性意见中，委员会建议废除所有司法肉体惩罚，哪怕这种惩罚由医生监督。[132] 最后，在对伊拉克的结论性意见中，委员会深为关切的是，在伊拉克存在砍手和在罪犯身上烙印的情况。[133] 对于一个伊斯兰国家将截肢作为一种惩罚，委员会所作的评论表明，对于违反第 7 条的指控，以"文化"为辩护理由，将不会被联合国人权条约机构接受。[134]

拘禁的条件

［9.131］以下有关指控违反第 7 条的案件涉及提交人被拘禁的条件。这些案件可以与诸如沃兰纳案［9.29］和延森案［9.72］等上文提到的案件区别开来，因为这些案件涉及拘禁本身据称就具有不人道性。也可以与 C 诉澳大利亚案［9.73］区别开来，因为后者有关拘禁的后果，而非拘禁的条件本身。

［9.132］**波多里尔诉多米尼加共和国**（*Portorreal v Dominican Republic*, 188/1984）

9.2. 拉蒙·马蒂内兹·波多里尔（Ramón B. Martínez Portorreal）是一名多米尼加共和国国民、律师和多米尼加人权委员会的执行秘书。1984 年 6 月 14 日早上 6 点，提交人在家中被逮捕，据他自己称是因为

---

[130] 禁止酷刑委员会没有认定《禁止酷刑公约》第 3 条被违反，因为被认为不太可能的是，如果申诉人被送回伊朗，就会被判处这种刑罚。

[131] 委员会对塞浦路斯的结论性意见，(1998) UN doc CCPR/C/79/Add. 88, para 16。另见，*Matthews v Jamaica* (569/1993), para 6.5，以及委员会的结论性意见：利比亚，(1998) UN doc CCPR/C/79/Add. 101, para 11；巴巴多斯，(2007) UN doc CCPR/C/BRB/CO/3, para 12。

[132] (1999) UN doc CCPR/C/79/Add. 106, para 20.

[133] (1997) UN doc CCPR/C/79/Add. 84, para 12.

[134] 另见委员会的结论性意见中，对截肢作为一种刑罚的谴责：利比亚，(1998) UN doc CCPR/C/79/Add. 101, para 11；也门，(2002) UN doc CCPR/CO/75/YEM, para 16；也门，(2005) UN doc CCPR/CO/84/YEM, para 16；苏丹，(2007) UN doc CCPR/C/SDN/CO/3, para 10（包括批评以支付"血债"代替不那么严厉的刑罚）。另见第［1.131］段。

他作为一个人权组织领导人所从事的活动。他先被带到秘密警察总部的一间囚室，随后又被转移到另一间囚室，后一间囚室的尺寸为20米长、5米宽，但其中关押了大约125名被控犯有普通罪行的被告；而且由于空间狭小，有些被拘禁者只能坐在排泄物上。直到第二天之前，他没有得到食物或饮水。1984年6月16日，在被拘禁了50个小时之后，他被释放。在被拘禁期间，他没有被告知逮捕的理由。……

11. 委员会……的意见是，案件的事实表明以下《公约》条款被违反：第7条和第10条第1款，因为拉蒙·马蒂内兹·波多里尔遭受了不人道和侮辱性的待遇，在其被拘禁期间缺乏对其固有人格尊严的尊重……。

穆孔诉喀麦隆（*Mukong v Cameroon*，458/1991）

在该案中，穆孔在监狱中的拘禁条件构成对第7条的违反。

9.3. 关于一般而言的拘禁条件，委员会指出，无论某一缔约国的发展程度如何，都必须遵守有关拘禁条件的某些最低标准。根据《囚犯待遇最低限度标准规则》第10、12、17、19、20条，这些标准包括最低限度的地板面积、立方空气容量、适足的卫生设备、不应有辱人格或有失体面的衣服、供给单独的床、供给足以维持健康和体力的有营养价值的饮食。应该指出，这些是委员会认为应始终遵守的最低限度要求，即使经济或预算考虑可能使得遵守这些义务很困难。从案件材料来看，在提交人于1988年夏天和1990年2、3月被拘禁期间，这些要求没有达到。

9.4. 委员会进一步指出，与一般的拘禁条件大为不同的是，提交人被单挑出来受到非常严苛和侮辱性的待遇。由此，他被与外界隔绝地拘禁、受到酷刑和死亡威胁、被恐吓、被剥夺了食物、被锁在牢房里几天而没有活动的可能。在这一方面，委员会忆及其第20号一般性意见，其中建议缔约国应禁止与外界隔绝的拘禁，并指出对被拘禁者或囚犯的完全隔离可能构成第7条所禁止的行为。综上所述，委员会认定穆孔先生遭受了违反《公约》第7条的残忍、不人道和侮辱之待遇。

爱德华兹诉牙买加（*Edwards v Jamaica*，529/1993）

8.3. 关于圣凯瑟林区监狱的拘禁条件，委员会注意到，提交人在其最初的来文中对糟糕透顶的拘禁条件提出了具体指控。他诉称，他在一个 6 英尺宽、14 英尺长的囚室中被独自关押达 10 年，每天放风只有三个半小时，没有娱乐设施，也得不到书籍。缔约国没有试图反驳这些具体指控。在这种情况下，委员会认为指控得到了证实，认定将囚犯关押在这种拘禁条件下不仅构成对第 10 条第 1 款的违反，而且由于提交人被迫处于这些条件下的时间长度，也构成对第 7 条的违反。

布朗诉牙买加（*Brown v Jamaica*，775/1997）

6.13. ……提交人对他在圣凯瑟琳区监狱中的状况也提出了申诉，而缔约国没有谈及此事。特别是，他声称每天有 23 个小时被锁在单人囚室内，没有床垫或其他寝具，没有适当的卫生条件、通风和电灯，无法锻炼身体，也得不到医疗、足够的营养和干净的饮水。提交人还声称，他的用品包括气喘泵和药物在 1997 年 3 月都被看守毁坏，而且患气喘病时还得不到立即治疗。……在此情况下，必须适当看重提交人的未受辩驳的指控，只要其得到了证实。委员会认定上述情况构成对《公约》第 7 条和第 10 条第 1 款的违反。

[9.133] 在对日本的结论性意见中，人权事务委员会声明：[135]

27. 委员会深为关切的是，日本监狱制度的许多方面引起了是否符合《公约》第 2 条第 3 款（子）项、第 7 条和第 10 条的严重问题。委员会尤其关切下列方面：

（a）监狱中严厉的行为规则，这些规则限制犯人的基本权利，包括表达自由、结社自由和隐私权；

（b）采用苛刻的处罚措施，包括经常使用单独禁闭；

（c）决定对被控违规的犯人采取纪律惩戒措施时，缺乏公正和公开的程序；

（d）对控告遭到监狱看守报复的犯人的保护不够；

---

[135] (1998) UN doc CCPR/C/79/Add. 102.

(e) 缺乏调查犯人申诉的可信制度；以及

(f) 经常采用预防性措施，例如使用可能构成残忍和不人道待遇的皮手铐。

[9.134] 在人权事务委员会首批对实质性问题作出决定的案件之一即马塞拉诉乌拉圭案（*Massera v Uruguay*, 5/1977）中，委员会认定，"在对健康有害的条件中的拘禁"构成对第7条的一种违反。不过，对于有关糟糕的拘禁条件的大部分案件，委员会是根据《公约》第10条第1款处理的，表明它从马塞拉案中所持的立场的倒退。[136]

[9.135] **威尔逊诉菲律宾**（*Wilson v Philippines*, 868/1999）

如同该案中发生的情况一样，当被拘禁者在拘禁中受到暴力对待时[9.205]，这往往会被认定为违反第7条，而非第10条第1款：[137]

7.3. 关于提交人根据第7条和第10条提出的、有关其被定罪前后的拘禁待遇和拘禁条件的申诉，委员会认为，缔约国并没有答复所提出的具体指控，只是说明还需要作进一步调查。因此，在这种情况下，委员会必须适当看重提交人详细而具体的指控。委员会认为，所述拘禁条件以及某些监狱看守和其他囚犯的暴力和侮辱行为（显然是在监狱当局的默许下）严重侵犯了提交人作为囚犯应受到人道待遇并尊重其固有尊严的权利，违反了第10条第1款。由于无论如何对提交人的某些暴力行为或者由监狱看守犯下，或基于他们的指使或默许犯下，因而也存在对第7条的违反。

拘禁中低劣的医疗待遇

[9.136] **亨利和道格拉斯诉牙买加**（*Henry and Douglas v Jamaica*, 571/1994）

该案的两位提交人因被判谋杀罪而关押在死囚牢中。亨利被诊断出癌症，但声称自己仍被关押在严苛的条件中。道格拉斯声称，他在监狱中遭受的枪伤没有得到医治。人权事务委员会认定这些情况违反了第7条：

---

[136] Ghandhi, 'The Human Rights Committee and Articles 7 and 10 (1) of the International Covenant on Civil and Political Rights, 1966', 769. 见第［9.200］及以下各段。

[137] See also *Robinson v Jamaica* (731/1997), para 10.3; *Titiahonjo v Cameroon* (1186/2003), para 6.3.

第九章　免受酷刑的自由和获得人道待遇的权利

9.5. 关于提交人在死囚牢中受到虐待的申诉以及亨利先生死前*的情况，出现了两个问题。第一个问题有关提交人各自被拘禁在死囚牢期间遭受的虐待，包括亨利先生确诊患有癌症后仍被羁押在冰冷的囚室中，以及道格拉斯先生在枪伤方面遇到的医疗问题。缔约国没有反驳这些指控。因为缔约国没有作出答复，所以委员会必须适当看重这些指控，只要其已经得到证实。因此，委员会认为，一直持续到亨利先生死亡的羁押条件——即使在监狱当局已经知道他患有绝症后也是如此，以及对道格拉斯先生所受枪伤不予治疗，表明了对《公约》第7条和第10条第1款的违反。第二个问题有关亨利先生的癌症未得到适足医疗的指控。对此，缔约国提供的报告表明，他的确曾前往各所医院接受对癌症的治疗，包括化疗。……委员会认定，在这一点上不存在对《公约》第7条和第10条第1款的违反。

[9.137] **罗斯诉菲律宾**（*Rouse v Philippines*，1089/2002）

该案的事实体现在人权事务委员会对第7条被违反的认定中：

7.8. 关于提交人根据第7条提出的申诉，委员会忆及，缔约国有义务遵守有关拘禁的某些最低标准，其中包括按照《囚犯待遇最低限度标准规则》第22条第2款，为患病囚犯提供医护和治疗。提交人的未受反驳的叙述表明，他由于严重的肾病而遭受巨大痛苦，他没能从监狱当局得到适当的医治。由于提交人从2001年直到2003年9月被释放之前，在相当长的一段时间里遭受这种痛苦，委员会认定他是违反第7条的残忍和不人道待遇的受害者。……

[9.138] **马利尼奇诉白俄罗斯**（*Marinich v Belarus*，1502/2006）

该案的事实体现在人权事务委员会对第7条被违反的认定中：

10.3. 缔约国反驳了部分指控，宣称提交人接受了体检，并获得了诊治。缔约国声称，在提交人提出申诉之后展开的调查并没有发现第八监管所内的医务人员有任何违背职业义务的情况，而且由于提交人的健康状况，他被转押至第一监管所。然而，缔约国没有评论的情况是，提

---

* 该来文于1993年5月提交，提交人之一亨利于1993年12月即委员会审结来文前死于圣凯瑟琳监狱。

交人在拘禁期间健康状况恶化，没有向提交人提供必要的医药，以及在他发生脑出血之后，没有立即提供治疗。委员会指出，缔约国有义务遵守有关拘禁的某些最低标准，其中包括按照《囚犯待遇最低限度标准规则》第22条，为患病囚犯提供医护和治疗。从提交人的叙述以及所提供的体检报告来看，提交人遭受病痛，而且无法从监狱当局获得必要的医药和适当的医治。由于提交人在脑出血之后在监狱内被关押了一年多，并有严重的健康问题，在无任何其他资料的情况下，委员会认定，他是违反《公约》第7条和第10条第1款的受害者。

[9.139] **麦卡伦诉南非**（*McCallum v South Africa*，1818/2008）

提交人被关在南非的监狱中，他诉称南非拒绝对他进行艾滋病毒检测违反了第7条。人权事务委员会对此表示同意：

6.6. 提交人诉称，尽管他向各方当局多次提出要求，但他仍未得到艾滋病毒检测，而他担心因2005年7月17日事件［遭狱警殴打］而感染艾滋病毒。[138] 对此，委员会认定，提交人提请委员会注意的南非监狱中艾滋病毒流行的情况——如禁止酷刑委员会在对缔约国初次报告的结论性意见中所述，以及2005年7月17日事件的具体情况，足以被作为理由认定《公约》第7条被违反。

提交人还申诉说，对于他在"2005年7月17日事件"中所受的伤，他没有得到医疗。委员会认定这违反了第10条第1款而非第7条：

6.8. 关于提交人的申诉，即指控提交人在2005年7月17日遭虐待后未获得医护的问题，委员会注意到提交人的病历所载资料表明，他于2005年8月31日被送入监狱医院。委员会重申，被剥夺自由的人除了由于剥夺自由所造成的境况之外，不得蒙受任何严苛或限制，而且必须得到符合联合国《囚犯待遇最低限度标准规则》等规定的待遇。委员会重申，缔约国有义务保障被剥夺自由者的人身安全和福祉。委员会注意到，虽然提交人在2005年7月17日事件之后立即要求看医生，但据委员会收到的病历，他在2005年8月31日才第一次就诊。委员会认为，

---

138 这一殴打也违反了第7条（委员会意见的第6.4段）。

在提交人要求医生检查与监狱当局采取应对之间的拖延所达到的程度相当于侵犯了提交人根据《公约》第10条第1款享有的权利。

因此，一国未做到向囚犯提供医护有时没有严重到违反第7条，但仍可能违反第10条第1款。

［9.140］在伊斯坎达罗夫诉塔吉克斯坦案（*Iskandarov v Tajikistan*，1499/2006）中，该国未做到向一个被羁押者提供适足的食物和医护（有关在拘禁中感染的情况），这被认定为违反了第7条。[139]

单独关押和与外界隔绝的拘禁

［9.141］在第20号一般性意见中，人权事务委员会称，"长时间单独关押遭拘禁者或囚禁者可能构成第7条所禁止的行为"。[140] 在姜勇洙诉韩国案（*Kang v Republic of Korea*，878/1999）中，提交人曾被单独关押13年。委员会认定这违反了第10条第1款，但是没有提到第7条［9.219］。委员会有可能是受到了提交人的主张的引导——他本身没有提到第7条。

［9.142］与外界隔绝的拘禁（detention incommunicado）是拘禁的一种恶化形式，这种拘禁并不一定是单独关押，但属于拒绝被拘禁者接触其家人、朋友和其他人（例如律师）的拘禁。在珀莱-坎波斯诉秘鲁案中，与外界隔绝地被拘禁一年构成"不人道待遇"，[141] 而持续的单独关押超过三年也违反了第7条。[142] 在肖诉牙买加案（*Shaw v Jamaica*，704/1996）中，在拥挤、潮湿的条件中与外界隔绝地被拘禁8个月构成"不人道、侮辱之待遇"。[143] 在库洛夫诉吉尔吉斯斯坦案（*Kulov v Kyrgyzstan*，1369/2005）中，两段与外界隔绝的拘禁——分别为期4个半月和26个月——违反了第7条。[144]

---

[139] 在委员会意见的第6.2段。See also *Smith and Stewart v Jamaica* (668/1995), para 7.5.

[140] 在委员会意见的第6段。另见委员会意见的第11段［9.151］。

[141] 在委员会意见的第8.6段。

[142] 在委员会意见的第8.7段。See also *Marais v Madagascar* (49/1979) and *El-Megreisi v Libyan Arab Jamahiriya* (440/1990).

[143] 在委员会意见的第7.1段。

[144] 在委员会意见的第8.2段。在埃尔·哈果戈诉利比亚案（*El Hagog v Libya*，1755/2008）中［9.27］，两段分别为期4个月和11个月的与外界隔绝的拘禁，是被认定为违反了第7条的、对提交人的一系列恶劣待遇的一部分。

其他有关与外界隔绝的拘禁的案件将根据第 10 条评述 [9.218]。

[9.143] **麦卡伦诉南非**（*McCallum v South Africa*，1818/2005）

在该案中，一个月的与外界隔绝的拘禁被认定为违反第 7 条。在这样的拘禁被认定为违反第 7 条的情况中，这一时间段是最短的一个：

> 6.5. 关于提交人的申诉，即 2005 年 7 月 17 日事件之后，圣阿尔班的管教所被封闭，而他被与外界隔绝地关押了一个月，无法接触医生、律师或家人，委员会忆及其关于禁止酷刑或残忍、不人道或侮辱之待遇或处罚的第 20 号一般性意见——其中建议各缔约国应作出规定，禁止与外界隔绝的拘禁，并指出完全孤立被拘禁者或囚禁者可能构成第 7 条所禁止的行为。鉴于这一看法，委员会认定存在对《公约》第 7 条的额外违反。

[9.144] 形成对照的是，在博伊姆洛多夫诉塔吉克斯坦案（*Boimurodov v Tajikistan*，1042/2001）中，40 天与外界隔绝的拘禁本身没有被认定为违反第 7 条（虽然在此期间的虐待被认定违反了第 7 条）。反倒是，人权事务委员会认定第 9 条第 3 款和第 14 条第 3 款（丑）项中的程序性权利被侵犯。对于与外绝隔绝的拘禁的问题，委员会并不总是完全保持一致。

失踪

[9.145] 人权事务委员会处理过很多强迫失踪的案件，即一个人被绑架而下落不明的情况。在许多这样的案件中，即使没有证实失踪者死亡，也会认定生命权被侵犯 [8.28]。同样形成共识的是，失踪对于受害者的家人造成痛苦，因此对于这些家人，第 7 条也被违反 [9.68]。失踪本身侵害了失踪者根据第 7 条享有的权利，构成一种与外界隔绝的拘禁的加重形式，剥夺了失踪者与其家人和生活的联系。[145] 当然，在许多失踪案件中，看来很可能受害者还遭

---

[145] See eg *Celis Laureano v Peru* (540/1993), *Tshishimbi v Zaire* (542/1993), *Saker v Algeria* (992/2001), *Boucherf v Algeria* (1196/2003), *Sharma v Nepal* (1469/2006), *Madoui v Algeria* (1495/2006), *El Alwani v Libyan Arab Jamahiriya* (1295/2004), *El Hassy v Libyan Arab Jamahiriya* (1422/2005), *Aboussedra v Libyan Arab Jamahiriya* (1751/2008), *Bashasha v Libyan Arab Jamahiriya* (1776/2008), *Benaziza v Algeria* (1588/2007), *Aouabdia v Algeria* (1780/2008), *Chihoub v Algeria* (1811/2008), *Djebrouni v Algeria* (1781/2008).

受了具体的酷刑行为,尽管由于所涉人员已经失踪,这些行为难以证实。[146]

未经同意的医学试验

[9.146] 第7条的最后一句特别禁止未经同意而对任何人进行医学或科学试验。这种特别禁止是对第二次世界大战期间,纳粹医生在集中营中的暴行的一种反应。[147]

第20号一般性意见

7. 第7条明确禁止不经有关个人的自由同意而进行医学或科学试验。……委员会……注意到,如实验对象不能表示有效同意或特别是遭受任何形式的拘禁或囚禁,则有必要针对此类试验给予特别防护。不得对这些人从事可能有损其健康的任何医学或科学试验。

人权事务委员会因此表明,处于弱势地位的人,如囚犯和其他被拘禁者,从来不得受到具有潜在危害的医学试验,因为这样的人给出的任何同意在本质上都是可疑的。

[9.147] 在对美国的结论性意见中,人权事务委员会称:[148]

31. 委员会注意到:(a) 在个人或国家紧急情况下,对美国卫生和人类服务部和食品与药品管理局管制下的研究,可放弃同意;(b) 对诸如儿童、囚犯、孕妇、精神病人或经济处境不利者等无力抵制强迫或不当影响的人,可以进行某些研究;(c) 对精神病人或决策能力受损的人,包括未成年人,可以进行非治疗性研究;(d) 虽然迄今并无取消情况发生,但国内法授权总统,在他认定获得同意不可行、违反军事人员的最大利益或不符合美国国家安全利益的情况下,取消对给美国武装部队成员使用研究性新药需要事先知情同意的要求(第7条)。

缔约国应确保履行其根据《公约》第7条承担的义务,不在未经本

---

[146] See *Grioua v Algeria* (1327/2004), para 7.6; *Kimouche v Algeria* (1328/2004), para 7.6.

[147] Nowak, *UN Covenant on Civil and Political Rights: CCPR Commentary*, 188 – 90, 摘引的是: UN doc A/2929, 31, para 14。

[148] (2006) UN doc CCPR/C/USA/CO/3/Rev.1. 另见委员会对美国的结论性意见,(1995) UN doc CCPR/C/79/Add.50, para 21。

人自由同意的情况下对任何人进行医学或科学试验。……在对一个人或一类人（如囚犯）给予这种同意的能力有疑问之时，符合第7条的唯一试验性治疗应当是为满足个人医疗的需要而选定的最恰当治疗。

在对荷兰的结论性意见中，委员会称:[149]

7. 委员会虽然承认该缔约国1999年《（人体）医学研究法》试图找到一种普遍接受的标准并通过"涉及人体的医学研究中央委员会"及其认证的地方委员会建立一套常设控制系统，但仍然认为这项法律的某些方面存在问题（《公约》第7条）。委员会关切的，是通过权衡研究对人体的风险和研究的可能价值来评判比例关系的一般性标准。委员会认为，这种相当主观的标准必须受到限制，若超过此等限制，对个人的风险就会太大，以至于预期的利益无法超过风险。委员会也关切的是，未成年人和不能给予真正同意的其他人，在某些情况下也可能成为医学研究的对象。

该缔约国应当参照委员会的意见重新考虑其《（人体）医学研究法》，以便确保即使科学研究的最高潜在价值也不被用作对研究对象造成严重风险的理由。该缔约国应当进一步把未成年人和不能给予真正同意的其他人从并非直接有利于这些个人的医学试验（非治疗性医学研究）中排除。在下次报告中，该缔约国应当通知委员会已采取的步骤，并提供详细的统计资料。

八年以后，委员会继续对荷兰的做法表示关切:*

8. 委员会注意到，缔约国目前在两种情况下允许涉及未成年人的医学试验：或者有关儿童直接受益，或者儿童的参与是研究的必要组成部分并且试验被视为影响"微不足道"。然而，委员会依然关切的是，法律对需要儿童参与的医学试验没有规定适足保障（第7条和第24条）。

委员会重申其建议，即缔约国应确保未成年人不得受到并非直接有利于有关个人的医学试验（非治疗性医学研究），以及一般性保障完全符合儿童的权利，包括同意事项。

149　(2001) UN doc CCPR/CO/72/NET.

*　(2009) UN doc CCPR/C/NLD/CO/4.

[9.148] 对"医学试验"的禁止比对医"疗"的禁止狭窄许多。非试验性的医疗，即使未经同意即进行，也必须达到一定的严重程度，才有可能违反第 7 条。当然，未经妇女同意即将其绝育违反第 7 条。[150]

[9.149] **布拉夫诉澳大利亚**（*Brough v Australia*, 1184/2003）

本案中的申诉之一有关对于一个处于监禁中的男孩，未经其同意就给他开药。人权事务委员会没有认定对第 7 条的违反：

> 9.5. 关于给提交人治疗精神病药物的处方"氯丙嗪"，委员会注意到他声称，使用该药物并未得到他本人的同意。但是，委员会也注意到缔约国的未受反驳的论点，即氯丙嗪的处方是为了控制提交人的自残行为。委员会记得，这项治疗是由帕克利（Parklea）改造中心的全科医生处方的，只是在提交人接受精神病医生的检查以后才继续。在没有任何因素可以显示该药物是出于有违《公约》第 7 条的目的而处方的情形下，委员会的结论是，对提交人的这一处方不构成对第 7 条的违反。

由此看来，未经同意就进行医疗并不违反第 7 条。不过，可以想象对个人之完整性的这种侵入可能违反其他《公约》条款，特别是第 17 条规定的隐私权。

培训适当人员的义务

[9.150] **第 20 号一般性意见**

> 10. 各缔约国应告知委员会，它们如何向广大民众传播关于第 7 条禁止的酷刑和待遇的有关信息。执法人员、医务人员、警务人员以及涉及监管和对待遭受任何形式逮捕、拘禁或监禁的任何个人的任何其他人员，都必须获得适当指示和培训。[151] 各缔约国应告知委员会，它们下达

---

150 委员会的结论性意见：日本，(1998) UN doc CCPR/C/79/Add.102, para 31；秘鲁，(2000) UN doc CCPR/CO/70/PER, para 21；斯洛伐克，(2003) UN doc CCPR/CO/78/SCK, para 12；捷克共和国，(2007) UN doc CCPR/C/CZE/CO/2, para 10。See also *Szijjarto v Hungary*（CEDAW 4/2004）.

151 另见委员会的结论性意见：美国，(2006) UN doc CCPR/C/USA/CO/3/Rev.1, para 14；匈牙利，(2010) UN doc CCPR/C/HUN/CO/5, para 14。

了何种指示、提供了何种培训，以及第7条所规定的禁止如何构成这些人员应遵循的行为规则和伦理标准的有机组成部分。

《禁止酷刑公约》第10条反映了类似的义务。

确立程序以尽量降低"第7条待遇"之风险的义务

[9.151] **第20号一般性意见**

11. 缔约国除了阐述为向所有人提供其应享有的普遍保护、使其免遭第7条所禁止之各种行为而采取的措施以外，还应提供详细资料，说明为特别保护尤易受害者提供保障的情况。应指出的是，对审讯规则、指示、手段和做法以及对有关受任何形式逮捕、拘禁或监禁者的监管和待遇方面的安排的系统审查，是防止酷刑和虐待行为的有效途径。为保障被拘禁者获得有效保护，应规定将其关押在官方正式确认的拘禁处所，也应规定其姓名和拘禁地点以及负责关押者的姓名登记在方便查询的登记册中，包括亲友在内的有关人士均可查阅。同样，每次审讯的时间和地点以及在场所有人员的姓名也应记录在案，为司法或行政程序之目的，这一资料应可供查询之用。还应规定禁止与外界隔绝的拘禁。就这一方面，各缔约国应确保任何拘禁处所均不得设置可被用于施加酷刑或虐待的任何设备。为保护被拘禁者，还需要他们能迅速和定期见到医生和律师，并在出于调查工作需要的适当监督下，会见家人。

[9.152] 一种相对应的责任，即审查和启动处理被羁押者的程序以尽可能减少虐待之可能性，也见于《禁止酷刑公约》第11条。人权事务委员会对这些义务以及上述培训义务［9.150］的描述表明了国家为反驳其违反第7条的指控而应提出的证据的类型。履行这些程序性的义务有助于确保不发生对第7条的实质性违反，并提供证据说明没有违反情况发生。[152]

---

[152] 见对希尔和希尔诉西班牙案（*Hill and Hill v Spain*, 526/1993）的评论［9.228］。

第九章　免受酷刑的自由和获得人道待遇的权利

[9.153] **哈纳菲诉阿尔及利亚**（*Hanafi v Algeria*，CAT 341/2008）

禁止酷刑委员会于 2008 年 11 月对该案作出了决定，这是禁止酷刑委员会首次认定《禁止酷刑公约》第 11 条被违反：[153]

9.5. 关于第 11 条，委员会注意到申诉人的论点，即受害人被关在梅克拉—斯法（Mechraâ-Sfa）宪兵队三天，他在被拘禁前身体很好，但在被释放时健康情况很糟糕，还吐了血。委员会注意到：据缔约国称，受害人因为胃疼而于 1998 年 11 月 3 日被释放；申诉人提到被拘禁三天，而证人一致说是一天；提亚雷特（Tiaret）卫生部门的法医检查师的尸检报告断定，严重心脏病是直接死因，而且无论体外还是体内检查，都没有打斗或防卫的迹象。令委员会惊讶的是，缔约国根据与受害人一同被拘禁的其他人的说法，否认申诉人关于拘禁期间的指称。还令委员会惊讶的是，对受害人进行的唯一医学检查看来是在他死后进行的；而且受害人据称是因为胃疼被释放的，而如果这种症状是在拘禁期间出现的，则负责拘禁处所的官员有责任对他做体检。在这方面，委员会忆及它以前对该缔约国的结论性意见，其中委员会建议该缔约国应确保在实践中尊重所有被拘禁者联系医生的权利，并建立一个全国犯人登记册。鉴于缔约国没有就这些问题提供资料，以及委员会在其意见中提出的论点，委员会不得不认定缔约国没有履行其根据《公约》第 11 条承担的义务。

防止与外界隔绝的拘禁的义务

[9.154] 人权事务委员会在其第 20 号一般性意见第 11 段中确认，必须防止与外界隔绝的拘禁以尽可能降低违反第 7 条的风险 [9.151]。受到与外界隔绝的拘禁的人极易遭受"第 7 条待遇"，因为不存在程序性保障，能用来确保追究责任并因此阻遏造成第 7 条待遇的情况。持续的与外界隔绝的拘禁实际上等于是"失踪"；以下案件表明了失踪和第 7 条之间的联系。

莫吉卡诉多米尼加共和国（*Mojica v Dominican Republic*，449/1991）

该案中，委员会认定，国家未做到采取具体和有效的措施以防止提交人

153　就此，比较：*Ben Salem v Tunisia*（CAT 269/2005）and *Ali v Tunisia*（CAT 291/2006）。

的儿子失踪。实际上,有强有力的证据表明,国家参与了失踪。这一案件中存在对《公约》的多项违反,[154] 包括对第7条的违反:

> 5.7. 拉斐尔·莫吉卡失踪的情节,包括他受到的威胁,导致可以作出一个有力的推断,即他遭受了酷刑或者残忍、不人道待遇。缔约国没有向委员会提交任何资料排除或反驳这种推断。委员会知晓在许多国家发生的强迫或非自愿失踪的性质,因而有把握得出结论,个人失踪与违反第7条的待遇密不可分。

[9.155] 在人权事务委员会对莫吉卡案的决定与其对劳里亚诺诉秘鲁案(*Laureano v Peru*,540/1993)、特西西姆比诉扎伊尔案(*Tshishimbi v Zaire*,542/1993)和肖诉牙买加案(*Shaw v Jamaica*,704/1996)的决定 [9.145] 之间,可以作一区分。后几案涉及认定与外界隔绝的拘禁本身就违反第7条,而在莫吉卡案中,认定第7条被违反有关据估计在这样的拘禁期间发生的行为。

在司法诉讼中不使用以违反第7条之方式取得的口供的义务

[9.156] **第20号一般性意见**

> 12. 为防止出现第7条所禁止的违犯行为,法律必须禁止在司法程序中使用或采信通过酷刑或其他违禁待遇获取的声明或供词。[155]

在这一方面,第7条构成对第14条第3款(午)项的补充。《禁止酷刑公约》中的相应保障是在第15条中。

[9.157] **克提提诉摩洛哥**(*Ktiti v Morocco*,CAT 419/2000)

该案有关计划中的将申诉人从摩洛哥引渡到阿尔及利亚。支持引渡显然基于一位叫MK的人在酷刑之下被迫交代的证据。禁止酷刑委员会认定如下:

> 8.8. 关于第15条,委员会认为该条十分重要并且与根据《公约》

---

[154] 另见第 [8.28] 段。
[155] 另见委员会对美国的结论性意见,(2006) UN doc CCPR/C/USA/CO/3/Rev.1, para 14。

第 3 条提出的问题密切相关。委员会忆及，该条之规定的概括性质来自禁止酷刑的绝对性质，并因此意味着每一缔约国都有义务核查在其管辖下的引渡程序中的证词是否经由酷刑获得的。在本案中，委员会注意到，作为引渡要求之依据的 M. K. 的证词据称是经由酷刑获得的，而此等虐待的后果已得到 M. K. 的兄弟的核实；而且 2009 年 10 月 7 日康斯坦丁上诉法院对 M. K. 提出的控诉书也提到，M. K. 声称是在酷刑下招供的。委员会注意到，缔约国没有反驳这些指控，也没有在其向委员会提出的评论中包括有关这个问题的任何资料。委员会认为，缔约国有义务核查提交人的指控内容，即 M. K. 的证词是经由酷刑获得的；而缔约国没有核查这些证词并在引渡程序中使用这些证词作为证据，即违反了其根据《公约》第 15 条承担的义务。委员会因此得出的结论是，向其提出的证据揭示了对《公约》第 15 条的违反。[156]

[9.158] 在巴扎若夫诉乌兹别克斯坦案（*Bazarov v Uzbekistan*，959/2000）中，受害人基于其他人的证词被判决犯有多项罪行，而据称这些人遭到酷刑才给出了这种证词。人权事务委员会因此认定这一审判是不公正的，有违第 14 条第 1 款 [14.80]。该案众多受害人本身并未遭受第 7 条被违反的情况，但是估计不利于他的证人则有此遭遇。

对违反第 7 条之情况提供救济的义务

通过和执行立法的义务

[9.159] **第 20 号一般性意见**

13. 各缔约国在提交报告时，应指出其刑法中关于惩处酷刑以及残忍、不人道和侮辱之待遇或惩罚的规定，具体阐明适用于这类行为的处罚，无论此类行为由公职人员还是代表国家行事的其他人或私人所为。

---

[156] See also *PE v France* (CAT 193/2001) and *GK v France* (CAT 219/2002).

不管是怂恿、下令、容忍还是实际施行违禁行为，凡违反第7条者均需承担罪责。因此，不得惩罚或恶待拒绝服从命令者。

通过和执行适当法律的义务也体现在《公民及政治权利国际公约》第2条第1款和《禁止酷刑公约》第4条中。[157]

[9.160] 人权事务委员会第20号一般性意见第13段再次强调了各国有义务禁止私人的有违第7条的待遇 [9.19]。例如，委员会在1995年对也门表示的关切是，该缔约国缺乏处理家庭暴力的法律。[158] 七年以后，委员会注意到，也门通过了打击家庭暴力的立法，但是该法律没有得到适当执行。[159] 另外，各缔约国还必须确保其法律不允许对于施行违反第7条待遇者的无理辩解，以及一项罪行的严重性应在法律中得到充分承认。例如，对秘鲁，委员会称：[160]

> 15. 委员会关切地注意到，法律中仍包含着一项规定，即如果强奸者与其受害者结婚，就免除刑罚，以及另一项规定，即将强奸归类为自诉罪行。

调查有违第7条之待遇的指控的义务

[9.161] **第20号一般性意见**

> 14. 应当结合《公约》第2条第3款来解读第7条。[161] 各缔约国应在其报告中指出其法律制度如何有效保障第7条所禁止的一切行为立即停止以及予以适当补救的情况。国内法必须确认人们有权针对第7条所禁止的虐待提出申诉。为使救济有效，主管当局必须对申诉做迅速而公正无偏的调查。各缔约国的报告应提供具体资料，说明虐待的受害者可以援用的救济、申诉者须遵循的程序、申诉数量的统计数字以及这些申

---

[157] 另见第 [9.176] 及以下各段。

[158] (1995) UN doc CCPR/C/79/Add. 51, para 14. 另见委员会对马里的结论性意见，(2003) UN doc CCPR/CO/77/MLI, para 12。

[159] 委员会对也门的结论性意见，(2002) UN doc CCPR/CO/75/YEM, para 6。另见委员会对瑞典的结论性意见，(2002) UN doc CCPR/CO/74/SWE, para 7。

[160] 委员会对秘鲁的结论性意见，(1996) UN doc CCPR/C/79/Add. 67。

[161] 见第 [25.11] 及以下各段。

第九章 免受酷刑的自由和获得人道待遇的权利

诉如何得到处理的情况。

[9.162] **哲伊科夫诉俄罗斯联邦**（*Zheikov v Russian Federation*，889/1999）

提交人诉称他遭到了警察的攻击，还声称俄罗斯当局没有做到适当调查有关事件，对此人权事务委员会表示同意：

> 7.2. 委员会注意到提交人的申诉，即1996年2月20日，他受到以官方身份行事者的虐待……。缔约国公诉当局对提交人的指控做了几次调查，证实他受到拘禁，并承认曾对他依法使用武力……。委员会忆及，缔约国对自由被剥夺的任何人的安全负有责任，如果被剥夺自由的个人在拘禁中受到伤害，缔约国必须对这种伤害如何发生作出令人信服的解释，并提出证据驳斥这种指控。它还忆及其判例：举证责任不能单由来文提交人承担，特别是考虑到提交人和缔约国并不总是能平等地获得证据，而且往往只有缔约国才能获得有关资料。《任择议定书》第4条第2款暗含的要求是，缔约国有义务秉承善意调查针对该国及其机关的违反《公约》的所有指控，并向委员会提供所获得的资料。在本案中，缔约国没有否认曾对提交人使用武力，而且虽然1996年4月7日的决议中提到了值班警察的名字，但到目前为止的调查仍未查明责任人……，缔约国也没有以适当调查受害者所受虐待的形式，向其提供有效救济。因此，委员会的结论是，缔约国对提交人指称的虐待未做充分的调查，违反了与《公约》第2条连同解读的第7条。

[9.163] **卡拉米奥提斯诉塞浦路斯**（*Kalamiotis v Cyprus*，1486/2006）

该案还是有关对警察殴打的指控，其事实体现在人权事务委员会对违反情势的认定中：

> 7.2. 关于据称对《公约》第2条第3款的违反——结合第7条，委员会注意到，提交人于2001年7月2日向雅典轻罪检察官提出了刑事申诉，而检察官将申诉转交科洛皮（Koropi）的地方法官以开展刑事调查。但是，地方法官以没有职权为由拒绝调查，但对其决定没有作出任何解释。委员会还注意到，也没有采取纪律惩戒程序，唯一的调查是以初步警察调查的形式开展的。正如缔约国所证实的，这种调查属于非正

式性质，提交人或其提出的证人都没有得到询问。最后，该案由轻罪司法理事会处理，该理事会根据警方调查决定不起诉被告。这一决定是经不允许提交人参与的程序作出的，而所涉警察的证词被用作决定的主要依据。

7.3. 委员会忆及其判例，即针对虐待的申诉必须得到有权管辖当局迅速而公正无偏的调查，而在裁决涉及酷刑和其他形式虐待指控的案件时，行动迅速和有效尤其重要。鉴于上一段所述对提交人的申诉进行调查和作出决定的方式，委员会认为，在本案中必要的标准没有得到满足。据此，委员会认定，缔约国违反了与《公约》第7条结合解读的第2条第3款。……

[9.164] **埃肖诺夫诉乌兹别克斯坦**（*Eshonov v Uzbekistan*，1225/2003）

该申诉有关提交人的儿子在被国家羁押期间据称遭受的酷刑和谋杀。乌兹别克斯坦试图声称提交人的儿子因自然原因死亡。人权事务委员会首先另行决定存在对生命权的侵犯[8.12]，然后认定第7条也被违反：

9.7. 委员会认为，在本案中，提交人提供的论点说明该缔约国对其儿子因遭受酷刑死亡负有直接责任，而且除其他外，缔约国至少有必要对其执法人员与提交人的儿子遭受酷刑和死亡的可能牵涉另行开展独立调查。因此，委员会认为，缔约国除其他外，未能挖出提交人儿子的尸体、妥善处理提交人在国内一级提出的诉求，基于本来文关于提交人儿子身体上的伤情和缔约国当局作出的解释不一致的情况，就足以作为理由认定，对于提交人的儿子，存在违反《公约》第6条第1款和第7条的情况。

9.8. 提交人还声称，他的儿子在审讯过程中遭受的执法人员的酷刑造成了他的儿子的死亡，缔约国当局开展的并不充分的调查企图掩盖其工作人员所犯的罪行。这些指控既曾向缔约国当局，也在本来文中提出。委员会忆及，缔约国有责任确保任何被拘禁者的安全，而在个人于拘禁期间受伤时，缔约国有责任提出证据，反驳提交人的指控。此外，一旦有人提出有关有违《公约》第7条的虐待的申诉，缔约国必须迅速而公正无偏地予以调查。如果调查显示对某些《公约》权利的侵犯，则缔约国应该确保负责任者被绳之以法。

9.9. 委员会注意到，除上述官方法医报告外，缔约国还提到了提交人的儿子及其狱友的证词来支持其说法，即提交人的儿子从未遭受执法人员和医务人员的酷刑和其他不人道的待遇。然而，缔约国没有提供任何资料说明，无论是就刑事调查还是就本来文而言，当局是否进行过任何调查，以实质方式处理提交人提出的详细而具体的指控。在这些情况下，必须适当看重提交人的指控。因此，委员会认为，上述各种因素结合在一起，使得委员会得出结论认为，从缔约国根据《公约》第6条第1款和第7条——结合第2条解读——承担的义务来看，缔约国对提交人的儿子被国家安全局警员逮捕仅仅9天就在羁押期间死亡这一极为可疑的情况的调查并不适足。因此委员会认为，对于提交人的儿子，存在对与《公约》第2条连同解读的第6条第1款和第7条的违反。

[9.165] 缔约国违反这一"调查"义务的其他案件还有如久斯金诉俄罗斯联邦案（*Zyuskin v Russian Federation*，1496/2006）和阿米若夫诉俄罗斯联邦案（*Amirov v Russian Federation*，1447/2006）。

[9.166] **阿尔泽里诉瑞典**（*Alzery v Sweden*，1416/2005）

如上所述，瑞典在驱逐提交人到埃及的过程中，默许外国特工虐待他，这违反了第7条［9.13］。瑞典对此事项所做调查如下：

3.25. 2005年3月21日，议会监察专员报告了他自愿调查提交人的案件在驱逐前发生的情况，揭示了安全警察处理案件的方式中的一些严重缺点，并对安全警察提出了严厉批评。提交人本人不是调查的一方，但监察专员会见了他的前瑞典律师。监察专员的任务是调查瑞典安全警察是否犯了什么罪行，或在执行驱逐令的过程中是否有其他违法行为。在程序的初期，监察专员没有打算进行刑事调查。监察专员没有说明这一决定的理由，但缔约国提出，原因好像与以下情况有关：没有安全警察的高级官员被指定负责指挥在布洛马机场的行动，在场的官员都是级别较低的官员，而且他们中没有任何人认为自己应当对行动负最终责任；由于内阁下令在作出决定的当天立即执行这种紧急性，他们可能感到了压力。律师不同意这种说法，他引述了监察专员在媒体上发表的评论，即检察机关较早时候作出的关于不启动刑事诉讼的决定是促使他作出自己的决定的重要因素。不管什么原因，由于选择了不开展刑事调查，监察专员得以为了解情况之目的从一些警官那里获得了强制性证词；若非如此，他们可能会根据不得自证其罪的权利不提供证词。

3.26. 监察专员在其结论中，批评了安全警察未做到在布洛马机场保持对局势的控制，因而使外国工作人员得以在瑞典领土上随便行使公权。对公权的这种放弃是违法的。驱逐是以不人道的、不可接受的方式进行的。有关待遇在某些方面是非法的，总的来说应当被定性为侮辱性的。值得怀疑的是，是否也存在对《欧洲人权公约》第3条的违反。无论如何，安全警察本应当制止不人道待遇。监察专员认为，在整个过程中——从接受使用美国飞机到最后完成任务，安全警察处理案件的方式都是被动的。所举的一个例子是，安全警察没有做到去询问，美国人所要求的安全检查都包括什么内容。监察专员还批评了组织工作不充分，发现当时在布洛马机场的警官中，没有一个被指定负责指挥行动。在场的安全警察都是级别较低的警官。他们明显的是按美国官员的意图行事。关于外国工作人员，监察专员认为，他没有起诉他们的法律授权。

3.27. 在赫尔辛基人权委员会（瑞典分会）提出一项申诉之后，瑞典总检察长于2005年4月4日决定不恢复初步调查。关于——除其他外——议会监察专员的起诉权力，法院、行政当局和国家/市级官员向监察专员提供所要求资料的义务，以及总检察长的——除其他外——审查下属检察官的决定的权力，总检察长得出的结论是，它不能审查议会监察专员关于不行使其起诉权力的决定。还可以严重质疑的是，在议会监察专员已经对事情作出决定的情况下，总检察长能否对是否开始或恢复初步刑事调查的问题做新的评估。情况正是如此，特别是在不掌握新情况的条件下。总检察长接着说，无论如何，在恢复的初步刑事调查的范围内必须作出交代的几个人，已经接受了议会监察专员的谈话，并根据瑞典法律对此类程序规定的讲出真相的义务，提供了情况。因此，已经不存在《司法程序法》所规定的进行初步调查的选择。

尽管议会监察专员对瑞典安全警察在执行递解期间的行为提出了批评，但人权事务委员会认定在调查方面，存在对结合第 2 条解决的第 7 条的违反：

11.7. 关于根据第 7 条提出的、有关缔约国对提交人在布洛马机场所受待遇之调查的有效性的申诉，委员会注意到，缔约国当局在提交人遭受虐待之时，就知道这种情况；实际上，官员目睹了有关行为。缔约国没有将这种明显可以主张其具有犯罪性质的行为报告给适当的当局，而是等了两年，在个人提出刑事申诉之后，才开始刑事诉讼。委员会认为，单是这一拖延就足以表明缔约国没有尽到对所发生情况进行迅速、独立和公正无偏的调查的义务。委员会还注意到，由于议会监察专员和检察机关的联合调查，不论是瑞典官员还是外国工作人员都没有受到全面的刑事调查；更不用说按照瑞典法律提出正式指控——其范围不只是能够处置犯罪的实质问题。委员会特别注意到，议会监察专员决定进行一次了解情况性质的调查，包括取得实质性的强制性证据。虽然为此目的进行的调查的彻底性没有什么疑问，但其整体效果严重影响了在安全警察的领导和运作层面上开展有效刑事调查的可能性。委员会认为，缔约国有义务确保，其调查机构的组织方式能够保持尽可能调查所有本国和外国的有关官员在其管辖范围内违反《公约》第 7 条的刑事责任并提出适当指控的职能。缔约国在本案中未能确保这一点构成对其根据《公约》第 7 条——结合第 2 条解读——承担的义务的违反。

[9.167] 在对美国的结论性意见中，人权事务委员会称：[162]

14. 委员会关切地注意到，对下述指控的调查在独立、公正无偏和有效方面存在缺陷：美国军事和非军事人员或合同雇员在关塔那摩湾、阿富汗、伊拉克和其他海外地点的拘禁设施中施用酷刑和残忍、不人道或侮辱之待遇或惩罚，以及据称在这些地点发生的可疑死亡事件。……

缔约国应对有关其人员（包括指挥员）及合同雇员在关塔那摩湾、阿富汗、伊拉克和其他海外地点的拘禁设施中造成的可疑死亡事件以及施用酷刑和残忍、不人道或侮辱之待遇或惩罚的指控，予以迅速的、独立的调查。……

---

[162] (2006) UN doc CCPR/C/USA/CO/3/Rev.1.

在对匈牙利的结论性意见中，委员会批评说，该国"没有一个独立的医务检查机构，来检查据称酷刑的受害者"，以及"即使在进行检查的医务人员未提出请求时，执法人员仍然在医务检查时在场"。[163]

[9.168]《禁止酷刑公约》中的相应义务体现在第 12 条和第 13 条中。以下案件是禁止酷刑委员会认定这些条款被违反的例证：布兰科－阿巴德诉西班牙（*Blanco Abad v Spain*，CAT 59/1996）、巴拉克特诉突尼斯（*Baraket v Tunisia*，CAT 60/1996）、德杰玛吉尔等人诉南斯拉夫（*Dzemajl et al. v Yugoslavia*，CAT 161/2000）、奥斯玛尼诉塞尔维亚共和国（*Osmani v Republic of Serbia*，CAT 261/2005）、塔波提诉突尼斯（*Thabti v Tunisia*，CAT 187/2001）、阿波德利诉突尼斯（*Abdelli v Tunisia*，CAT 188/2001）、拉泰耶夫诉突尼斯（*Ltaief v Tunisia*，CAT 189/2001）、本－萨勒姆诉突尼斯（*Ben Salem v Tunisia*，CAT 269/2005）、哈纳菲诉阿尔及利亚（*Hanafi v Algeria*，CAT 341/2008）、阿里诉突尼斯（*Ali v Tunisia*，CAT 291/2006）和杰拉西莫夫诉哈萨克斯坦（*Gerasimov v Kazakhstan*，CAT 433/2010）。

[9.169] **哈里米－内德吉比诉奥地利**（*Halimi-Nedzibi v Austria*，CAT 8/1991）

提交人于 1988 年 4 月被逮捕并被指控贩毒。提交人对警察在其调查期间的酷刑和其他虐待提出了多项指控。禁止酷刑委员会同意提交人的说法，即缔约国未能充分调查他有关受到虐待的指控：

> 13.5. 仍然有待判定的是，缔约国是否遵行了其义务，即按照《公约》第 12 条的规定，迅速和公正无偏地调查提交人关于他遭受酷刑的指控。委员会注意到，提交人于 1988 年 12 月 5 日向调查法官提出了指控。尽管调查法官在 1989 年 2 月 16 日就这些指控询问了警官，但直到 1990 年 3 月 5 日即对警官提起刑事诉讼之前，并未进行调查。委员会认为，在启动对酷刑指控的调查之前 15 个月的拖延时间长得不合理，不符合《公约》第 12 条的要求。

禁止酷刑委员会在哈里米－内德吉比案中的决定特别值得注意，因为该

---

[163] (2010) UN doc CCPR/C/HUN/CO/5, para 14.

委员会在早先曾认定对虐待的实际指控并无证据支持。[164] 因此，调查根据《禁止酷刑公约》提出的指控的义务完全独立于不得施用酷刑的义务。

[9.170] 禁止酷刑委员会在认定第 12 条被违反时，对缔约国调查据称虐待（对此见第[9.37]段）中存在的缺陷，列举如下：

> 9.4. 关于第 12 条被违反的申诉，委员会注意到缔约国的确及时调查了所涉事故，然而，如果无法表明调查公正无偏地进行，则调查本身不足以证实缔约国遵守了这一条规定的义务。在这一方面，委员会注意到缔约国未予辩驳的指称，即当事医生之一得到警察当局指示，不得向申诉人提供医务报告，而且检察官未能传讯某些证人。委员会还注意到，检察官办公室对医务报告作出的解释与国内法庭的解释一样，即申诉人遭受了"轻微身体伤害"，而对这一解释，委员会在认定第 16 条被违反时已表示异议。有鉴于此，委员会认为缔约国也违反了《公约》第 12 条。

禁止酷刑委员会在认定调查不足之时，引用了自己的认定，即实际发生了对第 16 条之违反是发生了对第 12 条之违反的证据。禁止酷刑委员会应注意不混淆两个方面，即《禁止酷刑公约》中的实质性义务（例如禁止酷刑和其他虐待）和一国的程序性义务（调查对违反实质性义务之指控的义务）。禁止酷刑委员会在实质性问题方面作出负面的认定当然是违反程序性义务的证据，但对于是否违反并非结论性的。作为一种假设，有可能出现的情况是，一国进行了适当的调查，而关于是否发生了酷刑或虐待情势，这一调查的结果不同于禁止酷刑委员会的认定。

[9.171] **帕罗特诉西班牙**（*Parot v Spain*，CAT 6/1990）

该案涉及认定《禁止酷刑公约》第 13 条没有被违反。这里，禁止酷刑委员会交代了一种符合该规定之要求的调查程序：

> 10.2. 在所审议的案件中，来文提交人声称，1990 年 4 月 7 日，她的兄弟亨利·帕罗特……指控说，他在被逮捕后的那几天曾经遭到民卫队的酷刑折磨，而这一申诉从未得到缔约国当局的审议。

---

[164] 在禁止酷刑委员会意见的第 13.4 段。

10.3. 缔约国否认发生过所指控的虐待情况，并且表示，监狱和法院当局调查了亨利·帕罗特先生的申诉，但结果是否定的。

10.4. 委员会指出，原则上《公约》第 13 条并不需要正式提出关于酷刑的指控。只要受害者指称受到了酷刑，就足以使国家有义务迅速而公正无偏地审查该项指称。

10.5. 委员会认为，缔约国审议并驳回了帕罗特先生于 1990 年 4 月 7 日在上述声明中所提出的关于遭受酷刑的指称。1990 年 12 月 18 日国家法院的判决明白处理了该项指控并予以驳回，根据是在据称酷刑发生时所进行的五次医疗检查以及帕罗特本人向塞维利亚医疗检查官所作的、从未被否认的声明……

10.6. 委员会认为，在有关酷刑的指控是在法庭诉讼过程中提出的情况中，最好通过独立诉讼的方式澄清这些指控。是否采取这样的行动将取决于有关缔约国的内部法律以及具体案件的情况。

10.7. 帕罗特先生或者来文的提交人都没有理由质疑缔约国在此案件中所依循的程序，因为不仅帕罗特先生享有在审判期间得到律师充分协助之惠益，而且他经常行使权利提出其他指控和申诉——均已经由国家当局审议。

11. 因此，禁止酷刑委员会总结认为，缔约国并没有违反《公约》第 13 条确立的规则……

[9.172] 人权事务委员会在若干结论性意见中，强调了对指控军方/警察的暴行，开展公正无偏的——最好是从外部进行的——调查的必要性。[165] 对于香港，委员会称：[166]

11. 委员会对调查据称警察侵犯人权的案件的程序表示关切。委员会注意到，对此类申诉开展的调查由警察部门自己负责，而不是以一种确保调查之独立性和可信性的方式进行。鉴于开展调查的警察认定大部

---

[165] 例如见委员会的结论性意见：英国，(1995) UN doc CCPR/C/79/Add. 5, para 14；秘鲁，(1999) UN doc CCPR/C/79/Add. 104, para 10。

[166] (1996) UN doc CCPR/C/79/Add. 57. 另见委员会的结论性意见：赞比亚，(1996) UN doc CCPR/C/79/Add. 62, para 12；越南，(2002) UN doc CCPR/CO/75/VNM, para 11。

分针对警察的申诉没有事实根据,委员会对调查程序的可信度表示关切,并认为对投诉警察人员滥用权力案件的调查必须是公正和独立的,并且这种公正性和独立性也必须是可见的,因而必须交予独立机构进行。……[167]

[9.173] 当然,任何人不能因为对自己所受待遇提出了申诉,就受到迫害。在这一方面,人权事务委员会关切地注意到,在巴西:[168]

> 12. ……当国家保安部队的一些成员被控告侵犯人权时,证人没有得到保护以免受报复、恐吓、威胁和骚扰。……

赔偿受害者的义务

[9.174] 酷刑的受害者必须得到赔偿,包括《禁止酷刑公约》第14条规定的"尽可能使其完全复原的费用"。[169]德杰玛吉尔等人诉南斯拉夫案提供了一个该规定被违反的例证。在该案中得到证实的一点是,提供赔偿的义务也延及违反《禁止酷刑公约》第16条的残忍和不人道待遇的受害者,而不仅仅是酷刑的受害者。[170]《公民及政治权利国际公约》中也存在类似的义务。[171]

[9.175] 人权事务委员会在对波斯尼亚和黑塞哥维纳的结论性意见中称:[172]

> 15. 委员会关切地注意到,《关于对受战争之害平民的基本社会照顾、保护以及保护有子女家庭的联邦法》规定,除了强奸和性暴力行为受害者之外,酷刑受害者必须证明身体至少60%遭到伤害,才可被承认为受战争之害的平民,而这项规定有可能排除遭精神酷刑的受害者获取个人残疾津贴。……

---

167 (1996) UN doc CCPR/C/79/Add. 66, para 22.
168 (1996) UN doc CCPR/C/79/Add. 66.
169 See eg *Ben Salem v Tunisia*(CAT 269/2005), *Hanafi v Algeria*(CAT 341/2008), *Ali v Tunisia*(CAT 291/2006), *Gerasimov v Kazakhstan*(CAT 433/2010).
170 See also *Osmani v Republic of Serbia*(CAT 261/2005), para 10.8.
171 另见委员会对美国的结论性意见,(2006) UN doc CCPR/C/USA/CO/3/Rev. 1, para 14。
172 (2006) UN doc CCPR/C/BIH/CO/1.

惩罚违反者的义务

[9.176] 对酷刑或者残忍的、不人道的或侮辱性的待遇的施暴者,必须予以适当惩罚。

[9.177] **拉贾帕克斯诉斯里兰卡**(*Rajapakse v Sri Lanka*,1250/2004)

提交人声称,他在被逮捕后,遭到了警察的殴打。有关这些殴打的国内诉讼进行了多年。人权事务委员会认定,斯里兰卡未做到适当地就此事得出结论,存在对与第2条第3款相结合的第7条的违反:

9.3. 关于来文的实质案情,委员会注意到,对数名据称施暴者之一的人提起的刑事诉讼从2004年以来一直在高等法院待审,[173] 而在高等法院的诉讼审理终结之前,最高法院暂不审理提交人有关基本权利的申诉。委员会重申其判例,即《公约》并未规定个人有权要求缔约国对他人进行刑事追究。然而,委员会认为,该缔约国有义务彻底调查据称的侵犯人权行为,起诉并惩罚被认定为对此等侵权行为负责任者。

9.4. 委员会注意到,提交人向最高法院提出的基本权利申诉,因等待高等法院对有关案件的判决而遭到拖延,而高等法院审案中的拖延与评估提交人根据《公约》享有的权利是否受到侵犯相关。委员会注意到,缔约国辩称,提交人目前正在利用国内救济。委员会注意到,尽管提交人不得不住院治疗、昏迷15天,并且得到了一份记录其伤情的医检报告(该报告于2002年5月17日被呈送治安法院),然而,在事件发生三个多月之后,总检察长才启动刑事调查。委员会注意到,当事双方互相指责对方应当为案件审理中的某些拖延负责,但是考虑到自起诉下达(在据称的事件发生四年后)以来,在两年的期间内无数次的庭审以及未取得实质性进展(只受理了十位证人中一位证人的证词),看来没有为审理该案划定充足的时间。缔约国有关高等法院办案量很大的论点,并不能作为其不遵守《公约》规定的义务的借口。尽管缔约国宣称,按照总检察长的指示,主管起诉事务的律师要求主审法官加快审案,

---

[173] 委员会在2006年7月14日作出了对实质问题的决定。

但是，缔约国未能对审案规定任何时间表，这又加剧了拖延。

9.5. 根据《公约》第2条第3款，缔约国有义务确保救济切实有效。在裁决涉及酷刑的案件时，迅速和有效尤为重要。缔约国提供的有关国内法院办案量很大的一般性资料似乎表明，在高等法院的诉讼以及与此有关的提交人在最高法院的基本权利案件，在一段时期内都不会审结。委员会认为，当情况很清楚时——缔约国所声称的救济遭到拖延而且看来将会无效，则缔约国不得辩称国内法院正在处理这一问题而回避其根据《公约》应负的责任。鉴于上述原因，委员会认定，缔约国违反了与《公约》第7条相结合解读的第2条第3款。在认定违反了与第7条相结合解读的第2条第3款之后，并考虑到这起涉及对酷刑之指控的案件尚待高等法院审理，委员会认为对这一具体案件，尚无必要确定《公约》第7条是否有可能被单独违反的问题。

因此，正义不仅要实现，而且要以合理尽速的方式实现。[174] 另外值得注意的是，委员会拒绝接受斯里兰卡的主张，即拖延部分地是由其司法制度中的资源紧张所造成的。

[9.178] 在对美国的结论性意见中，人权事务委员会称:[175]

14.……令委员会遗憾的是，该缔约国没有提供关于所进行的起诉、所作出的判决（对这种严重罪行看来量刑过轻）和给予受害者的补救的充分资料（第6条和第7条）。

……缔约国应确保起诉那些负有责任者并根据罪行严重程度给予惩罚。……

[9.179] 在对丹麦的结论性意见中，人权事务委员会表扬该国的一点是，取消了对酷刑罪适用时效限制。[176]

[9.180] **古利迪诉西班牙**（*Guridi v Spain*，CAT 212/2002）

三位民卫队员因为1997年对提交人施以酷刑而被定罪，但他们在1999

174　See also *Banda v Sri Lanka* (1426/2005), *Gunaratna v Sri Lanka* (1432/2005) [25.23].
175　(2006) UN doc CCPR/C/USA/CO/3/Rev.1.
176　(2008) UN doc CCPR/C/DNK/CO/5, para 4 (b). 另见委员会对萨尔瓦多的结论性意见，(2010) UN doc CCPR/C/SLV/CO/6, para 6。

年被赦免。禁止酷刑委员会认定《禁止酷刑公约》被违反：

6.6. 关于据称的《公约》第2条被违反，委员会注意到申诉人的论点，即采取有效措施防止酷刑的义务没有得到尊重，因为准予三名民卫队员的赦免造成的实际效果，是纵容酷刑不受惩罚和怂恿其不断发生。委员会认为，在本案的情况中，该缔约国采取的措施有悖于《公约》第2条确立的义务，而根据这项义务，缔约国必须采取有效措施防止酷刑行为。因此，委员会得出结论，上述行为构成对《公约》第2条第1款的违反。委员会还得出结论，未施加适当的惩罚不符合防止酷刑行为的义务。

6.7. 关于据称的《公约》第4条被违反，委员会忆及其先前判例的效果是，《公约》的宗旨之一是避免让犯有酷刑行为的人逃避惩罚。委员会还忆及，第4条规定缔约国有义务在考虑到酷刑行为性质严重程度的情况下，对被认定施行酷刑行为负责任者加以适当惩处。委员会认为，在本案的情况中，对这几名民卫队员从轻惩处并准予赦免，不符合加以适当惩处的义务。委员会还注意到，在刑事诉讼进行期间，这些民卫队员并未受到纪律惩戒处分，尽管对他们的指控的严重程度足以需要展开纪律调查。因此，委员会认为，存在对《公约》第4条第2款的违反。

6.8. 关于据称的对《公约》第14条的违反，缔约国指出，申诉人获得了审判法院下令给予的赔偿全额，因此《公约》未遭到违反。然而，《公约》第14条不仅承认获得公平和足够赔偿的权利，而且还规定缔约国有义务保证对酷刑受害者的赔偿。委员会认为，赔偿应当包括受害者所蒙受的一切损害，除其他措施外，包括受害者得到复原、赔偿和康复，以及采取措施保证不再发生侵犯情况，如此行事时要始终考虑每一案件的具体情况。委员会的结论是，存在对《公约》第14条第1款的违反。

[9.181] 在1996年对西班牙的结论性意见中，人权事务委员会关切的是，给予因为侵犯人权被定罪的警察的刑罚颇为轻缓：

10. ……即使保安部队成员被判定确实犯有［虐待甚至酷刑］罪行

并被判处监禁刑,他们往往也能得到赦免或被提前释放,甚至根本不必服刑。此外,犯下这种行为者极少遭到停职一段时间的处置。[177]

因此,造成违反第 7 条之待遇的施暴者不仅应受到惩罚,而且必须招致足够的刑罚。[178]

[9.182] 在对以色列的结论性意见中,人权事务委员会关切的是,对于被指控在审讯嫌疑恐怖分子时使用了不适当办法的人,他们可以利用必要性作为辩护理由。[179] 委员会称:

> 18.……该缔约国应该审查其诉诸"必要防卫"论据的做法并在其下一次定期报告中向委员会提供详细的资料,包括自审查初次报告以来的详细统计数据。它应该确保据称发生的虐待和酷刑情况均由真正独立的机制开展有力调查,而且对这些行为负责任者被起诉。缔约国应该提供 2000 年至今的统计数据,说明总检察长收到了多少申诉,多少申诉由于缺乏证据而被驳回,多少申诉以必要防卫为由而被驳回,多少申诉得到确认,以及对施暴者的处理结果如何。

大赦

[9.183] **第 20 号一般性意见**

> 15. 委员会注意到,一些国家对酷刑行为实行大赦。一般而言,这种大赦不符合国家调查这类行为、保证在其管辖范围内无人遭受此等行为以及确保将来不发生这类行为的责任。国家不得剥夺个人获得有效救济(包括获得赔偿)和尽可能完全康复的权利。

[9.184] 人权事务委员会对大赦的谴责明确地只针对赦免施行酷刑者适用,而非违反其他第 7 条待遇的施行者。不过,向受害者提供补救和惩罚其折磨者的一般性义务可能实际上禁止大赦那些以不人道或侮辱性方式对待他

177　(1996) UN doc CCPR/C/79/Add. 61.

178　另见委员会对意大利的结论性意见,其中批评了"对于警察和监狱官员的制裁不足",(1998) CCPR/C/79/Add. 94, para 13. 另见委员会对塞尔维亚的结论性意见,(2011) UN doc CCPR/SRB/CO/2, para 11; *Kibaya v Democratic Republic of the Congo* (1483/2006) [25.17]。

179　(2003) UN doc CCPR/CO/78/ISR. 形成这一辩护理由的案件是: *The Public Committee Against Torture in Israel v The Government of Israel et al.* (HCJ 5100/1994), decision of 6 September 1999。

人者。在下述案件中，就出现了大赦法的问题。

[9.185] **罗德里格兹诉乌拉圭**（*Rodriguez v Uruguay*, 322/1988）

提交人提出，他在1983年6月遭到了乌拉圭警察的酷刑折磨，并从那时起被拘禁到1984年12月。1985年，一个新的政府取代了乌拉圭的军政府。提交人申诉说，这一新政府没有做到对于在前一政权下发生的侵犯人权事件，向他提供任何补救。

2.2. 提交人声称，在他被拘禁期间，甚至此后直到军事统治转为民选政权，都无法启动对其案件的司法调查。1985年3月乌拉圭恢复宪法保障后，他向主管当局提出了正式指控；1985年9月27日，一起集团诉讼被提交初审刑事法院，控告在秘密警察的场所施用的酷刑（包括提交人所遭酷刑）。但是，司法调查仍无法启动，因为出现了有关法院管辖权的争端——军方坚持只有军事法院才能开展合法调查。1986年底，乌拉圭最高法院裁定民事法院有权管辖，但与此同时，乌拉圭议会在1986年12月22日制定了第15848号法即《时效丧失法》（*Ley de Caducidad*），实际上规定立即终止对这类事项的司法调查，这使得无法对军事统治时期犯下的这类罪行提起诉讼。

提交人的申诉则是：

3. ……他遭受的酷刑违反了《公约》第7条，并辩称他以及其他人没有得到合适的补救，形式应为调查军事当局的据称侵犯行为、惩处被认定负责任者以及赔偿受害者。在这一方面，他还指出，缔约国有计划地指示法官一律适用第15848号法并结束尚未完结的调查，该国总统亲自指令适用这一程序，不得有例外。提交人还辩称，缔约国不能仅仅依据法律来违反其国际义务，并拒绝给予前军事政权的侵犯人权行为的所有受害者以正义公道。

乌拉圭为其大赦法提出的辩护理由是：

8.2. 缔约国强调，有关放弃国家起诉的第15848号法在1989年得到了全民公决的认可，是"乌拉圭人民的直接民主的一种典型表现"。而且，乌拉圭最高法院在其1988年5月2日的裁决中宣布该法符合宪法。该法院坚称，这一法律构成一项与国际人权文书全面一致协调的宽恕的主权行为。

8.3. 缔约国称，在考虑有关大赦和放弃起诉的法律时，必须考虑民主与和解的概念。……

8.6. 关于提交人的主张，即第15848号法"阻碍了获得赔偿的任何尝试，因为执行该法阻止了对其指控的正式调查"，缔约国声称，有许多含有与提交人的申诉类似申诉的案件已经在民事诉讼中获胜并得到了赔偿。

就实质问题，人权事务委员会首先认定提交人遭受了乌拉圭前军事政权的酷刑，这违反了第7条。对于该国的大赦法，委员会的意见如下：

12.2. 关于提交人可以按照《公约》第2条第3款提出的获得适当救济的请求，委员会认为，第15848号法的通过以及此后乌拉圭的做法使得提交人极其难以实现其获得适足救济的权利。

12.3. 委员会不能同意缔约国的意见，即它没有义务调查前政权对《公约》权利的侵犯，尤其是在其中包括了像酷刑一样的严重罪行之时。《公约》第2条第3款（子）项明确规定，每一缔约国承担"确保任何人所享本公约确认之权利或自由如遭受侵害，均获有效之救济，公务员执行职务所犯之侵权行为，亦不例外"。在这一方面，委员会提到了其有关第7条的第20号一般性意见，其中规定国家应充分地调查对酷刑的指控……。缔约国提出，提交人仍可以对其遭受的酷刑进行个人调查。委员会认为，调查的责任处于缔约国给予有效救济义务的范围之内。在考虑了本案的特定情况之后，委员会认定，提交人并没有得到有效救济。

12.4. 委员会还重申其立场，即对严重侵犯人权行为的大赦以及诸如第15848号法（《国家起诉时效丧失法》）的法律不符合缔约国根据《公约》承担的义务。委员会深为关切地注意到，该法的通过实际上使得在一些案件中，不可能调查过去的侵犯人权行为，由此阻碍了缔约国履行其向这些侵犯行为的受害者提供有效救济的责任。此外，委员会还关切的是，缔约国通过该法加剧了一种有罪不罚的气氛，这可能会损害民主秩序，造成对人权的进一步严重侵犯。……

13. 人权事务委员会根据《任择议定书》第 5 条第 4 款行事，认为其所获事实表明了对与《公约》第 2 条第 3 款相关联的第 7 条的违反。

14. 委员会认为，雨果·罗德里格兹先生根据《公约》第 2 条第 3 款（子）项有权得到有效救济。委员会敦促缔约国采取有效措施：（a）正式调查提交人指控的酷刑，以确定对酷刑和虐待行为负责任者，并使提交人能够获得民事补救；（b）确保向罗德里格兹先生提供适当的赔偿；（c）确保将来不会发生类似的违反。

[9.186] 在众多案件中得到证实的是，《公约》并未包含看到某人被起诉的独立权利。[180] 不过，调查对《公约》之据称侵犯的义务有时也会引致起诉某人的义务。[181] 另一方面，起诉并非人权事务委员会在罗德里格兹案中明确提到的一种"救济"，这也许是对大赦法之民主性质的一种退让。

[9.187] 在众多有关阿尔及利亚的失踪案件中，人权事务委员会批评了该国的有罪不罚的法规。第 [25.25] 段探讨了这一问题。在对众多缔约国的结论性意见中，委员会一直持续不断地谴责有罪不罚的法规。[182] 禁止酷刑委员会也谴责大赦法规[183]和具有有罪不罚文化的国家。[184]

对酷刑的普遍管辖权

[9.188]《禁止酷刑公约》第 4~9 条规定的义务有关国家对在其领土管辖范围内被抓获的据称施用酷刑者行使管辖权。第 4 条要求各国确保所有酷刑行为（包括合谋和参与酷刑）根据其刑法都是犯罪；对这些罪行"应根

---

[180] See eg *HCMA v the Netherlands* (213/1986), *SE v Argentina* (275/1988)。

[181] 就这一方面，见第 [8.26] 段；See also *Vicente et al. v Colombia* (612/1995), paras 8.2 – 8.3。

[182] 见委员会的结论性意见：萨尔瓦多，(1994) UN doc CCPR/C/79/Add.34, para 7；玻利维亚，(1998) UN doc CCPR/C/79/Add.73, para 15；黎巴嫩，(1998) UN doc CCPR/C/79/Add.78, para 12；智利，(1999) UN doc CCPR/C/79/Add.104, para 7；苏丹，(1997) UN doc CCPR/C/79/Add.85, para 17；柬埔寨，(1999) UN doc CCPR/C/79/Add.108, para 6；阿根廷，(2000) UN doc CCPR/CO/70/ARG, para 9；哥伦比亚，(2004) UN doc CCPR/CO/80/COL, para 8。

[183] 例如见禁止酷刑委员会对塞内加尔的结论性意见，UN doc A/51/44, para 112。

[184] 例如见禁止酷刑委员会对哥伦比亚的结论性意见，UN doc A/51/44, para 80。

据性质严重程度,……加以适当惩处"。第5条和第7条共同起作用,确保各国在第4条规定的罪行在其管辖范围内发生时、在违犯者是其国民之时或在某一违犯者在其管辖范围内被发现之时,必须起诉违犯者,除非所涉国家决定将该个人引渡到将对其提出起诉之国家。第6条规定,如果有充分证据证实对酷刑的指控,国家有义务将受控的酷刑者收押。第8条明确酷刑是一种可引渡的罪行。第9条明确各缔约国在有关酷刑的"刑事诉讼方面,应互相提供最大程度的援助"。

[9.189] 因此,即使不存在与酷刑罪行的属地或属人联系,各缔约国仍可行使管辖权,起诉据称的施用酷刑者。[185] 其次,《禁止酷刑公约》要求各缔约国或者行使其管辖权,将据称施用酷刑者的案件提交其主管当局以便起诉,或者将该人引渡到一个将起诉他/她的国家。[186] 当然,对于据称的施用酷刑者,应保证其具有某些程序性的保障。例如,在没有充分的证据表明据称的施用酷刑者有罪的情况下,一缔约国就不必起诉或引渡此人。[187]

[9.190] **古恩古昂诉塞内加尔**(Guengueng v Senegal,CAT 181/2001)

申诉人是乍得居民,他们声称在乍得总统侯赛因·哈布雷(Hissène Habré)统治期间遭受了酷刑。哈布雷在1990年被推翻并逃到了塞内加尔。该案中的申诉有关塞内加尔未能做到或者就酷刑起诉哈布雷,或者将其引渡到会起诉他的国家。塞内加尔辩称,它没有审判哈布雷的国内立法根据。禁止酷刑委员会认定塞内加尔违反了《禁止酷刑公约》:

> 9.3. 关于实质案情,委员会必须确定,缔约国是否违反了《公约》第5条第2款和第7条。委员会认定——而且这一认定未受质疑,侯赛因·哈布雷自1990年12月起一直在缔约国的领土内。2000年1

---

[185] 在犯罪发生于一国境内的情况中,就会出现属地联系。在受害者或违犯者是一国国民的情况中,就会出现属人联系。见,M Lippman,'The Development and Drafting of the United Nations Convention Against Torture and other Cruel Inhuman and Degrading Treatment or Punishment'(1994)17 *Boston College International and Comparative Law Review* 275, 316 – 17。

[186] 另见,Boulesbaa,*The UN Convention on Torture and the Prospects for Enforcement*, 177 – 235;Burgers and Danelius, *The United Nations Convention Against Torture*, 129 – 41。见,*Bouzari v Islamic Republic of Iran* [2002] Carswell Ont 1469, decision of the Ontario Supreme Court of Justice on 1 May 2002, paras 43 – 56, 认定《禁止酷刑公约》并不要求缔约国对在其领土外所犯酷刑规定一种民事诉因。

[187] 见《禁止酷刑公约》第6条第1款。

月,全体申诉人向达喀尔地方预审法官提出了指控侯赛因·哈布雷曾施行酷刑的申诉。2001年3月20日,塞内加尔最高上诉法院在司法诉讼终结时裁定,"没有一项程序文件赋予塞内加尔法院一种普遍司法管辖权,在[酷刑]行为由外国人在塞内加尔境外犯下之时,起诉和审判在该共和国境内被发现的这些行为的据称施行者或同谋者;侯赛因·哈布雷身处塞内加尔境内本身不足以成为对他提起诉讼的理由"。缔约国法院对全体申诉人在申诉中指控的酷刑的实质案情,并未作出裁决。

9.4. 委员会还注意到,2005年11月25日达喀尔上诉法院公诉庭称,该庭并无司法管辖权,不可对比利时引渡侯赛因·哈布雷的请求作出裁决。

9.5. 委员会忆及,根据《公约》第5条第2款,"每一缔约国应采取各种必要措施,对……下列情况的罪行确立其管辖权:被指控的罪犯在该国管辖的任何领土内,且该国不……将他引渡……"。委员会注意到,缔约国在其对实质案情的评论中,未反驳其并未根据《公约》第5条第2款采取此类"必要措施"的事实,并观察到缔约国最高上诉法院本身认为,缔约国未采取此类措施。委员会还认为,缔约国在极大程度上逾越了应当履行这一义务的合理时间框架。

9.6. 因此,委员会认为,缔约国没有履行其根据《公约》第5条第2款承担的义务。

9.7. 委员会忆及,根据《公约》第7条,"缔约国如在其管辖的领土内发现有被指控犯有第4条所述任何罪行的人,属于第5条提到的情况,倘不进行引渡,则应把该案件交由主管当局进行起诉"。委员会指出,起诉据称施行酷刑者并不取决于事先存在引渡此人的请求。只有发生以下情况时,才存在缔约国根据《公约》第7条运用替代选择的可能,即已有引渡请求提出,并使缔约国处于必须在下述两者之间作出选择的地位:(a)着手开始引渡,或(b)将此案提交本国司法当局以提起刑事诉讼。这一规定的目的是防止任何酷刑行为不受惩罚的现象。

9.8. 委员会认为，缔约国不可援用司法程序的复杂性或以源自国内法的其他理由，作为其不遵守《公约》规定的这些义务的辩解理由。委员会认为，缔约国有义务就所指控的酷刑起诉侯赛因·哈布雷，除非缔约国能够证明，至少在 2000 年 1 月全体申诉人提出申诉时，没有起诉的充分证据。然而，随着 2001 年 3 月 20 日作出的裁决——对此不得上诉，最高上诉法院终结了在塞内加尔起诉侯赛因·哈布雷的任何可能。

9.9. 因此，不管自首次提交来文以来已经过去了多少时间，委员会都认为，缔约国未履行其根据《公约》第 7 条承担的义务。

9.10. 此外，委员会查明，自 2005 年 9 月 19 日以来，缔约国一直处于第 7 条规定的另一种情况之下，因为在这一日期，比利时正式提出了引渡请求。当时，如果缔约国决定不将此案交由本国司法当局以起诉侯赛因·哈布雷，则可选择开始引渡的处置方式。

9.11. 委员会认为，缔约国由于拒绝满足引渡请求，再一次未能履行其根据《公约》第 7 条承担的义务。

禁止酷刑委员会在指出塞内加尔有一种合理的时间框架，本应该在此框架内遵守《禁止酷刑公约》第 5 条第 2 款时，似乎表明各国不必立即遵守其在普遍管辖权方面的义务。不过，在本案中，禁止酷刑委员会认定，对于履行这些义务，15 年的时间超出了一种合理的时间框架。禁止酷刑委员会还确认，《禁止酷刑公约》第 7 条第 1 款规定的义务，即对据称的施行酷刑者或者起诉或者引渡，无论缔约国是否收到了引渡请求都适用。禁止酷刑委员会裁决称，起诉的义务始终存在，除非存在引渡的可能性。在申诉提交之时，并无国家请求引渡。在禁止酷刑委员会作出决定之时，才有国家（比利时）提出引渡请求。[188]

---

[188] See also *Questions Concerning the Obligation to Prosecute or Extradite (Belgium v Senegal)*, Judgment of 20 July 2012, International Court of Justice (unpublished, available at http://www.icj-cij.org/docket/files/144/17064.pdf, accessed November 2012). 在本书写作之时，塞内加尔同意设立一个特别法庭审判侯赛因·哈布雷。（2016 年 5 月，该特别法庭以危害人类罪、战争罪等罪名判处侯赛因·哈布雷终身监禁。——译者注）

[9.191] 罗森曼诉西班牙（*Rosenmann v Spain*，CAT 176/2000）

提交人是一位西班牙公民，诉称在皮诺切特将军统治期间，在智利遭受了酷刑。1998年，一位西班牙法官寻求从英国引渡皮诺切特，当时他正在那里接受医疗。提交人的申诉有关西班牙行政当局未能支持西班牙司法当局引渡皮诺切特的努力。实际上，西班牙行政当局屡次通知英国，如果英国决定不引渡皮诺切特，西班牙不会对任何这样的决定上诉，也不会转达西班牙司法当局提出的任何此类上诉。

3.1. 申诉人称，根据西班牙法律，司法当局控制着引渡程序，行政当局则有义务服从司法当局。他声称，在本案中，西班牙外交部长没有遵守司法当局的指示，及时将有关文件转交英国对口机关，因此阻挠了引渡程序，没有以公正无偏的方式行事，违反了《公约》第8、9、13和14条。……

3.3. 申诉人还援引了《公约》第9条第1款，该款规定"缔约各国在对第4条所规定的任何罪行提出刑事诉讼方面，应互相提供最大程度的援助"。据称，西班牙对该引渡程序的处理未能达到这一要求。

禁止酷刑委员会的认定有利于缔约国：

6.3. 委员会注意到，缔约国对来文可否受理提出的异议基本上有四点：……（d）缺少基于属事理由的管辖权，因为《公约》没有任何一条规定缔约国有义务请求引渡涉嫌施行酷刑的人。……

6.7. 关于（d），委员会认为，缔约国对于对其国民所犯的酷刑拥有域外管辖权。委员会忆及，《禁止酷刑公约》的目的之一是避免任何犯下这种行为的人有罪不罚。委员会指出，根据西班牙的法律，并根据《公约》第5条第1款（c）项和第8条第4款，缔约国寻求将皮诺切特将军引渡到西班牙受审。有各种迹象表明，一旦皮诺切特出现在其领土上，基于西班牙国家庭审司法中心1996年7月4日的刑事起诉，西班牙会将其交付审判。然而，委员会认为，虽然《公约》规定有义务将在其领土上出现的、据称施行了酷刑的人交付审判，但《公约》第8、9条并没有规定任何寻求引渡的义务，或在该请求遭到拒绝时坚持其实现。在这一方面，委员会参考了《公约》第5条第1款（c）项，即

"受害人是该国国民，而该国认为确系如此"时，每一缔约国应采取各种必要措施，对第4条所述情况的罪行确立其管辖权。委员会认为，这一规定确立了一种自由裁量的权能，而非一种提出和坚持一项引渡请求的强制性义务。因此，本申诉就属事理由处于申诉人所援用的《公约》各条的范围之外。

[9.192] 因此，一国并不需要寻求引渡施行酷刑者，尽管存在或者起诉施行酷刑者，或者应请求引渡施用酷刑者的义务。[189]

第 10 条

一、自由被剥夺之人，应受合于人道及尊重其天赋人格尊严之处遇。

二、（子）除特殊情形外，被告应与判决有罪之人分别羁押，且应另予与其未经判决有罪之身分相称之处遇；

（丑）少年被告应与成年被告分别羁押，并应尽速即予判决。

三、监狱制度所定监犯之处遇，应以使其悛悔自新、重适社会生活为基本目的。少年犯人应与成年犯人分别拘禁，且其处遇应与其年龄及法律身分相称。

[9.193]《公约》第10条保证国家给予被拘禁者符合人道和尊严的待遇。第10条第2款和第3款加强了这一权利的特定方面。第10条所禁止的，与第7条的禁止相比，看来是不那么严重的待遇形式。它为特别弱势的一群人即被剥夺自由者提供额外的保护。最后，第7条和第10条之间一个重要的区别是，后者规定的权利是可克减的。不过，人权事务委员会自身提出，第10条在事实上是不可克减的。[190]

[9.194] 第10条补充了第9条。第9条调整的是一个人可被拘禁的理由，而第10条调整的是这种拘禁的条件。

---

[189] 另见，卡马拉先生的强烈异议。
[190] 见第 [26.69] 段。

"自由被剥夺之人"的含义

[9.195] 第21号一般性意见

2.《公民及政治权利国际公约》第10条第1款适用于根据国家法律和权力而被剥夺自由并被关在监狱、医院（特别是精神病院）、拘留所、教养院或其他地方的任何人。缔约国应确保在其管辖范围内的所有关押人的机构和处所内遵循该款所规定的原则。

该一般性意见第2段证实，第10条第1款调整的是所有形式的拘禁的条件。在穆潘丹吉拉等人诉扎伊尔案（*Mpandanjila et al. v Zaire*，138/1983）中，人权事务委员会认定第10条第1款被违反，这是提交人在"放逐期间"遭受的虐待所引起的。诺瓦克曾经就穆潘丹吉拉案指出，"由于监视和与环境的隔绝是如此严重，因此这一情况更类似于拘禁而非流放"。[191]

私营拘禁机构

[9.196] 第10条第1款显然适用于国家管理的拘禁机构。然而，第21号一般性意见清楚地表明，国家对于"在其管辖范围内的"所有拘禁设施负有责任[9.195]。众多国家，诸如英国和澳大利亚，现在授权将人犯拘禁在私营机构中。由于这种拘禁仍然是"根据国家法律和权力"实行的，因此可以说这种拘禁也处于第10条第1款的范围之内。[192]

[9.197] 人权事务委员会对英国将处理被拘禁者的业务"外包"提出了疑问：[193]

16. 委员会关切的是，该缔约国将涉及武力使用和人员拘禁的国家

---

[191] Nowak, *UN Covenant on Civil and Political Rights: CCPR Commentary*, 244.
[192] 另见第[22.64]段。
[193] (1995) UN doc CCPR/C/79/Add. 55.

核心活动外包给私营商业部门的做法,减损了对《公约》规定的权利的保护。委员会强调,该缔约国在所有情况下仍然对《公约》的所有条款得到遵守负有责任。

24. 该缔约国应当确保,所有与拘禁囚犯之工作有关的人员都充分知晓该缔约国有关被拘禁者待遇的国际义务,包括《联合国囚犯待遇最低限度标准规则》。*

这一段评论暗示,第10条第1款适用于私营拘禁机构。不过,委员会承认,对于此类机构,国家能现实地行使的控制较少,并据此表达了一种希望,即各国不要将管理被拘禁者的业务"私有化"。

[9.198] 在对新西兰的结论性意见中,人权事务委员会对私营拘禁设施是否符合《公约》,表示了怀疑:[194]

13. 委员会关切地注意到,一所监狱的管理和押送工作已被承包给一家私营公司。委员会虽然欢迎有资料表明,缔约国决定在现行合同于2005年7月到期之后,由国家管理所有的监狱,并要求各承包公司遵守《联合国囚犯待遇最低限度标准规则》,但仍然关切的是,在国家有责任保护被其剥夺自由者的权利的领域内,私营承包的做法是否切实了履行《公约》规定的缔约国义务以及缔约国本身对任何侵权行为所负的责任。委员会还注意到,似乎没有有效的日常监督机制,以确保囚犯得到人道的待遇、固有的人格尊严得到尊重,并进一步地得益于以改造囚犯并使之重适社会生活为基本目标的待遇。

缔约国应确保所有被剥夺自由者不会被剥夺《公约》第10条保障的各项权利。

---

* 原书中,此段开头还有一句话:"The Committee recommends that the use of the private commercial sector in the detention, transport and deportation of prisoners be reviewed and that, pending its termination, no further detention tasks be contracted out by the Government."但无论是在该结论性意见的单行本(CCPR/C/79/Add.55)中还是在刊载该结论性意见的委员会年度报告(A/50/40, Vol.I)中,都没有这句话。作者猜测,该结论性意见的早期版本可能有这句话,但后来删除了。经作者建议,中译本删除此句不译。

[194] (2002) UN doc CCPR/CO/75/NZL.

2010 年，委员会重申了其对新西兰的这一关切：[195]

11. 委员会注意到，缔约国已采取步骤解决与 2009 年《管教（监狱的合同管理）修正法》有关的侵犯人权的风险，同时重申其对监狱管理私营化的关切。委员会仍然关切的是，在缔约国有责任保护被剥夺自由者的人权的领域内，这种私营承包的做法是否切实履行了《公约》规定的缔约国义务以及缔约国本身对任何侵权行为所负的责任，不论保障措施就位的情况如何（第 2 条和第 10 条）。

缔约国应确保所有被剥夺自由者的、由《公约》规定的所有权利都得到保障。尤其是，应密切监测所有将监狱管理私营化的措施，以期确保在任何情况下，缔约国保障所有被剥夺自由者的所有《公约》权利——尤其是第 10 条规定的权利——的责任不会受阻。

[9.199] 在卡巴尔·伯兰特和帕西尼·伯特兰诉澳大利亚案（*Cabal and Pasini Bertran v Australia*，1020/2002）中，申诉除其他外有关提交人在一处私营拘禁设施中的待遇。人权事务委员会重申，"将涉及武力使用或人员拘禁的国家核心活动外包给私营商业部门，并不免除缔约国根据《公约》承担的义务，特别是……第 7 条和第 10 条规定的义务"。因此，缔约国"根据《公约》和《任择议定书》对第四集团管理的菲利普港监狱的囚犯的待遇负有责任"。[196]

拘禁的最低限度条件

[9.200] **第 21 号一般性意见**

3. 第 10 条第 1 款为缔约国规定了对那些因其作为自由被剥夺者的身分而极度脆弱的人承担的一项积极义务，并补充了《公约》第 7 条所载对酷刑或其他残忍、不人道或侮辱之待遇或惩罚的禁止。因此，不仅

---

[195] (2010) UN doc CCPR/C/NZL/CO/5.
[196] 在委员会意见的第 7.2 段。

不得以违反第 7 条的方式对待被剥夺自由者，包括不得对其进行医学或科学试验，而且不得使其遭受除剥夺自由所导致的艰难或限制以外的任何其他艰难或限制。必须按照对待自由的人的同等条件，保障对这些人的尊严的尊重。被剥夺自由者除受到在封闭环境中不可避免的限制外，享有《公约》所规定的一切权利。

4. 以人道和尊重其尊严的方式对待所有被剥夺自由者是一项基本和普遍适用的规则。因此，这项规则的适用丝毫不取决于缔约国现有的物质资源水平。[197] 这项规则必须不加任何区别地适用，不分种族、肤色、性别、语言、宗教、政见或其他主张、民族本源或社会阶级、财产、出生或其他身分。

5. 请各缔约国在其报告中指出它们应用以下可适用于囚犯待遇的有关联合国标准的程度：《囚犯待遇最低限度标准规则》（1957 年）、《保护所有遭受任何形式拘留或监禁的人的原则》（1988 年）、《执法人员行为守则》（1978 年）和《有关医务人员、特别是医生在保护被监禁和拘留的人不受酷刑和其他残忍、不人道或有辱人格的待遇或处罚方面的任务的医疗道德原则》（1982 年）。

[9.201] 在对瑞典的结论性意见中，人权事务委员会表示关切的是，有报告称，瑞典监狱中的自杀率很高，这显然指向对第 10 条第 1 款的违反，就算没有违反第 7 条的话。[198]

[9.202] **布拉夫诉澳大利亚**（*Brough v Australia*，1184/2003）

在该案中，对于一个患有精神残疾的 17 岁土著囚犯的拘禁条件，人权事务委员会认定存在违反《公约》的情势，其中体现的事实情况是：

9.1. 委员会注意到提交人指控称，他被关押在安全牢房，至少有两次被监禁在干燥牢房*，这种情况不符合他的年龄、残疾情况和土著人身分，在监狱内的隔离、孤立和行动限制对他造成了特别有害的影响。委员会注意到缔约国的论点，即有必要采取这些措施，以保护提交人不

---

197 另见第［1.133］段和第［9.46］段。
198 委员会对瑞典的结论性意见，(2009) UN doc CCPR/C/SWE/CO/6, para 14。
* 按照缔约国的定义，所谓"干燥牢房"（dry cell）是指"用于在短期内监禁囚犯的安全牢房，当囚犯无法提供尿液样品或涉嫌在体内隐藏违禁品的情况下才使用"。

伤害自己、保护其他囚犯以及维护矫正机构的安全。

9.2. 委员会忆及，被剥夺自由者除了剥夺自由所导致的艰难或限制以外，不得遭受任何其他艰难或限制；必须按照对待自由的人的同等条件，保障对这些人的尊严的尊重。不人道的待遇必须达到某种最低限度的严重程度，才能处于《公约》第 10 条的范围之内。对这一最低限度的评估取决于案件的所有情况，诸如待遇的性质和前因后果、持续时间、对身体和精神的影响，在某些情况下还有性别、年龄、健康状态或受害者的身分。

9.3. 尽管提交人屡次伤害自己，包括曾于 1999 年 12 月 15 日自杀未遂，但是缔约国未曾提到提交人获得了任何医学或精神治疗（除了给予治疗精神病的药物以外）。使用安全牢房的根本目的是要"提供安全的、压力较小而且得到更好监督的环境，囚犯可以在此得到咨询、观察和评估，以便给予适当处置或对待"，但提交人精神情况恶化否定了这一目的。此外，仍不清楚的是，在提交人的案件中，以下要求是否得到了遵守：不把关押在安全牢房内，作为对于触犯矫正中心的纪律或出于隔离目的的一种制裁，或者确保这种关押不超过 48 个小时（除非得到明确许可）。委员会还注意到，缔约国从来没有表明，容许提交人同其他同龄囚犯联系就会危害他们的安全或矫正场所的安全。监狱工作人员本来能够适当地监督这种接触。

9.4. 即使假定将提交人关押在安全牢房或干燥牢房的意图在于维持监狱的秩序或防止他再度伤害自己以及保护其他囚犯，委员会还是认为这一措施不符合第 10 条的要求。根据与《公约》第 24 条第 1 款连同理解的第 10 条第 3 款，缔约国必须给予提交人适合其年龄和法律身分的待遇。在这种情况下，提交人被长期关押在单独囚禁的牢房中、无法与任何人沟通，再加上长期受到人造光线的照射、被取走了衣服和毯子，均不符合他的身分，即他是一个因为残疾和身为土著人而处于特别脆弱境地的青少年。因此，监禁的艰难条件明显地不符合他的情况，他的自残倾向和自杀未遂具体地说明了这一点。委员会据此认定，提交人所受待遇违反了《公约》第 10 条第 1 款和第 3 款。

委员会在作出认定时，明显受到了受害者极度脆弱这一情况的影响，这表明第 10 条第 1 款的要求至少在某些时候，可以根据被拘禁者的不同特性而有所不同。[199]

[9.203] **吉里诉尼泊尔**（*Giri v Nepal*，1761/2008）

该案中，对于提交人有关拘禁条件的申诉，缔约国主张：

4.4. 关于提交人的拘禁条件，缔约国辩称，正如已经叙述过的，这类条件从尼泊尔人民的一般生活标准来看，"相当人道"。

人权事务委员会在认定第 10 条第 1 款被违反时，对此回应说：

7.9. 关于第 10 条，委员会虽然注意到缔约国的说法，即应根据尼泊尔的整体生活标准评估拘禁条件，但忆及，以人道和尊重其尊严的方式对待所有被剥夺自由者是一项基本和普遍适用的规则。因此，这项规则的适用丝毫不取决于缔约国现有的物质资源水平。……

[9.204] 人权事务委员会第 21 号一般性意见第 3 段暗示，与第 7 条的禁止相比，第 10 条禁止不那么严重的待遇形式。[200] 这一点在下列案件中得到了证实。

格里芬诉西班牙（*Griffin v Spain*，493/1992）

3.1. 提交人声称，他被关押在梅利拉（Melilla）监狱期间，遭受了残忍的、不人道的和侮辱性的待遇和惩罚。据说，这座监狱的生活条件比电影《午夜快车》中描绘的还要糟糕；一所有着 500 年历史的监狱，几乎从未有过变化，老鼠、虱子、蟑螂和疾病泛滥成灾；每间牢房关押 30 人，这其中有老人、女人、青少年甚至 8 个月大的婴儿；没有窗户，只有无法抵御寒冷和大风的铁栏杆；高比例的自杀、自残、暴力争斗和殴打；地板上到处充斥着人的粪便，厕所就是地板上的一个洞，不断漫溢；海水既用来洗浴也经常用来饮用；尿液浸泡着睡觉用的毛毯和床垫，尽管储物间里堆满了崭新的床单和衣服；等等。他还说，他获悉在暴乱后，监狱被"清洗"过，但他可以向委员会提供证人名单和对该监

199　See also *Hamilton v Jamaica* (616/1995) [9.231].

200　See also Ghandhi, 'The Human Rights Committee and Articles 7 and 10 (1) of the International Covenant on Civil and Political Rights, 1966', 763.

狱的条件和所发生事件的更详细叙述。

在审议来文可否受理阶段，委员会称：

6.3. 委员会注意到，提交人在他有关梅利拉监狱的条件和发生事件的指控中援用了第7条。但是，委员会认为，提交人叙述的事实实际上属于第10条的范围。

最终，委员会认定，格里芬所描述的拘禁条件构成对第10条第1款的违反。[201]

[9.205] 上述案件有关对拘禁的普遍条件的申诉。也许当拘禁条件普遍很糟时，第10条适用，而在提交人特定地受到比他人更糟的待遇时，则第7条适用。从下列案件中，能发现对这种看法的某些支持。

平托诉特立尼达和多巴哥（*Pinto v Trinidad and Tobago*，512/1992）

8.3 提交人的申诉有关卡雷拉（Carrera）监狱中骇人的拘禁条件和骚扰情况。缔约国仅笼统地反驳了这一指控；但另一方面，提交人也没有详细地说明他所遭受的待遇，而只是提到了平等地影响所有囚犯的拘禁条件。委员会根据其所获材料得出结论认为，不存在对第7条的违反。

需要特别注意的是，人权事务委员会在平托案中提到了"平等地影响所有囚犯的拘禁条件"。这些用词是否表明，这样的待遇无论多么骇人，只要平等地适用于所有被拘禁者，就处于第7条的范围之外？委员会没有明确说明这种骇人的监狱条件构成对第10条第1款的违反，尽管这可能是一个无心之失，因为对提交人的其他指控，委员会认定了第10条第1款被违反 [9.224]。

[9.206] 在人权事务委员会审议的最早的一起案件即马塞拉诉乌拉圭案（*Massera v Uruguay*，5/1977）中，委员会认定，"在对健康有害的条件中的拘禁"构成对第7条的一种违反 [9.134]。不过，后续的案件——如就在上文摘引的——表明，委员会放弃了这种早期立场。实际上，诺瓦克评论说，

---

[201] See also *Kelly v Jamaica* (253/1987), para 5.7, *Taylor v Jamaica* (707/1996), paras 3.7, 3.8, and 8.1.

第九章　免受酷刑的自由和获得人道待遇的权利

第10条第1款的主要目标是补救一种糟糕的"拘禁场所的一般状态",[202] 而第7条则旨在补救"对人身和人格完整性的具体的、通常是暴力的攻击"。[203] 下列各案支持了诺瓦克的主张。

[9.207] **肯尼迪诉特立尼达和多巴哥**（Kennedy v Trinidad and Tobago, 845/1998）

7.7. 委员会注意到提交人指控称,他被逮捕后、在被警方羁押期间遭到了殴打。委员会注意到,缔约国并未质疑这一指控;提交人详细描述了他受到的待遇,进而指认了他声称参与的警官;以及他于1987年2月10日被带见的地方法官命令把他送到医院治疗。委员会认为,肯尼迪先生在被警方羁押时所遭到的待遇构成对《公约》第7条的违反。

7.8. 提交人声称,拘禁他的条件违反第7条和第10条第1款。缔约国又一次没有回应这个说法。委员会注意到,对提交人的候审羁押的时间一共是42个月,与至少5至10名被拘禁者一起被关押在一个6英尺宽、9英尺长的牢房里;他在死囚牢中被关押了将近8年,被单独关押在一个小牢房里,除了一个污物桶之外没有任何卫生设施,没有自然

---

[202] Nowak, *UN Covenant on Civil and Political Rights: CCPR Commentary*, 250. See also *Párkányi v Hungary* (410/1990), para 8.2; *Bennett v Jamaica* (590/1994), para 10.8; *Henry v Trinidad and Tobago* (752/1997), paras 7.3–7.4; *Morgan and Williams v Jamaica* (720/1996), para 7.2; *Blaine v Jamaica* (696/1996), para 8.4; *Levy v Jamaica* (719/1996), para 7.4; *Taylor v Jamaica* (705/1996), para 7.4; *Shaw v Jamaica* (704/1996), para 7.2; *McTaggart v Jamaica* (749/1997), paras 8.5–8.6; *Yasseen and Thomas v Republic of Guyana* (676/1996), paras 7.4, 7.6; *Matthews v Trinidad and Tobago* (569/1993), para 7.3; *McLeod v Jamaica* (734/1997), para 6.4; *Polay Campos v Peru* (577/1994), para 8.4; *Johnson v Jamaica* (653/1995), para 8.2; *Campbell v Jamaica* (618/1995), para 7.2; *Phillip v Jamaica* (594/1992), para 7.4; *Pennant v Jamaica* (647/1995), para 8.4; *Forbes v Jamaica* (649/1995), para 7.5; *Howell v Jamaica* (798/1998); *Sobhraj v Nepal* (1870/2009); *Vargas Más v Peru* (1058/2002)——在最后一个案件中,委员会认定,可怖的监狱条件造成了对第10条第1款但非第7条的违反。

[203] Nowak, *UN Covenant on Civil and Political Rights: CCPR Commentary*, 250; Ghandhi, 'The Human Rights Committee and Articles 7 and 10 (1) of the International Covenant on Civil and Political Rights, 1966', 769–71. 另见, *Chung v Jamaica* (591/1994), 其中提交人"遭到看守的殴打"同时违反了第7条和第10条第1款（委员会意见的第8.2段）; *McTaggart v Jamaica* (749/1997), 其中提交人遭受殴打、其个人所有物品被烧掉（委员会意见的第8.7段）; *Johnson v Jamaica* (653/1995), 涉及殴打和威胁、没有医疗（委员会意见的第8.1段）; *Morrison v Jamaica* (663/1995), 涉及殴打（委员会意见的第8.3段）; *Pennant v Jamaica* (647/1995), 涉及警察的殴打（委员会意见的第8.3段）; *Gallimore v Jamaica* (680/1996), para 7.1。

光,每个星期只被允许走出牢房一次,食品的量完全不足,而且没有考虑他的特殊的饮食需要。委员会认为,这些未受辩驳的拘禁条件构成对《公约》第10条第1款的违反。

在肯尼迪案中,人权事务委员会在第10条第1款所涵盖的监狱条件和第7条所涵盖的暴力攻击之间,作出了一种明确区分。[204]

[9.208] **RS 诉特立尼达和多巴哥**(*RS v Trinidad and Tobago*,684/1996)

7.3. 提交人声称,他被监禁的各个阶段的拘禁条件违反了第7条和第10条第1款,而缔约国对提交人描述的监禁条件没有作出回应。对此,委员会注意到,提交人的律师提供了对拘禁提交人的监狱条件的详细描述并且还声称监狱中没有精神治疗可用。鉴于缔约国并未试图质疑提交人的律师的详细指控,也没有驳斥这些条件适用于提交人本人的说法,委员会必须适当相信律师的指控。关于所述条件是否违反《公约》,委员会认为,正如委员会对类似有充分证明的指控一再裁定的,所述的提交人的拘禁条件侵犯了他得到人道待遇和尊重人的固有尊严的权利,因此有违第10条第1款。鉴于有关第10条的这一认定,没有必要另行审议根据第7条提出的申诉,因为第10条是《公约》具体处理被剥夺自由者的情况的规定,其中包含第7条为此类人笼统规定的内容。

RS 案中的这段声明在若干案件中得到了重申。[205]

[9.209] 不过,在人权事务委员会的判例中,这两项规定之间的界线变得模糊了。在某些案件中,拘禁的一般条件极为恶劣,达到了违反第7条所需的严重性的门槛 [9.131]。此外,在涉及对人的特定攻击的案件中,委员会却认定了对第10条第1款的违反,以下案件就是一例。

沃克和理查兹诉牙买加(*Walker and Richards v Jamaica*,639/1995)

8.1. 关于提交人拘禁在死囚牢期间受到的虐待据称违反《公约》第10条第1款的情况,委员会注意到,关于沃克先生的申诉是,他于

---

[204] See also *Boodoo v Trinidad and Tobago* (721/1996), paras 6.4 – 6.5, *Wilson v Philippines* (868/1999)[9.135].

[205] *Teesdale v Trinidad and Tobago* (677/1996), para 9; *Wanza v Trinidad and Tobago* (683/1996), para 9.2; *Francis v Trinidad and Tobago* (899/1999), para 5.6.

1990年5月遭到殴打——伤口需要缝五针，缔约国承认这些伤口是在1990年5月监狱的暴乱中造成的，它将调查此事并告知委员会。委员会还指出，在提请缔约国注意来文20个月、事件过去7年多以后，委员会尚未收到任何解释这一问题的资料。在这种情况下，并且由于没有得到来自缔约国的资料，委员会认定，沃克先生在死囚牢中受到的待遇构成对《公约》第10条第1款的违反。

因此，第10条也补救个人遭受的、尚未达到违反第7条之严重程度的攻击。[206]

[9.210] 人权事务委员会经常认定第7条和第10条同时被违反。[207] 这并不令人惊奇，因为在受害者被拘禁的情况中，违反第7条的待遇将很有可能同时违反第10条。例如，在林顿诉牙买加案（*Linton v Jamaica*, 255/1987）中，受质疑的待遇就被认定为构成有违第7条的残忍、不人道待遇［9.50］。然后，委员会称，这一认定"因此也表明了对第10条第1款的违反"。[208] 然而，经常出现的情况是，认定第7条被违反已经足矣，委员会就不会特别援用或考虑第10条。[209]

[9.211] **辛格诉新西兰**（*Singh v New Zealand*, 791/1997）

提交人的申诉除其他外，有关其服刑时的拘禁条件，其中包括每周在一个拘禁中心拘禁8个小时，以从事体力劳动。

> 3.20. 提交人解释说，他每个星期六到一个拘禁中心报到服刑，他在那里被拘禁8个小时，被迫从事体力劳动，而无论天气如何。他说这种情况违反了《公约》第7条和第10条。在这一方面，他还提出，在

---

[206] 在以下第10条被违反的案件中，受害者还遭受了人身攻击：*Solórzano v Venezuela* (156/1983), paras 10.2, 12; *Chaplin v Jamaica* (596/1994), para 8.2; *Elahie v Jamaica* (553/1993), para 8.3; *Brown v Jamaica* (775/1997), paras 3.2, 6.5; *Jones v Jamaica* (585/1994), para 9.4; *Marshall v Jamaica* (730/1996), para 6.7。

[207] See eg *Francis v Jamaica* (320/1988), *Bailey v Jamaica* (334/1988), *Soogrim v Trinidad and Tobago* (362/1989), *Thomas v Jamaica* (321/1988), *Kanana v Zaire* (366/1989), *El-Megreisi v Libyan Arab Jamahiriya* (440/1990), *Bozize v Central African Republic* (428/1990), *Blanco v Nicaragua* (328/1988), *Reynolds v Jamaica* (587/1994), *Ortega v Ecuador* (481/1991).

[208] 在委员会意见的第8.5段，强调为作者所加。

[209] 例如，可以说这种情况发生在罗德里格兹诉乌拉圭案（*Rodriguez v Uruguay*, 322/1988）中，该案在受理阶段令人费解地忽略了有关第10条的申诉。在穆孔诉喀麦隆案（*Mukong v Cameroon*, 458/1991）［9.132］中，委员会和申诉人似乎都忽略了有关事实与第10条的关联。

工作场所,只有一个需要打水冲洗的"便坑"供 8~10 名被拘禁者使用,而且不提供肥皂或洗涤剂。他还诉称,提供的食物分量不足,质量差,而且是在不卫生的条件下准备的。他声称,上午只得到了一杯茶,午饭仅有一份奶酪和猪肉三明治。他还诉称,虽然从事重体力劳动,但不提供安全装备或劳保工作服,被拘禁者只得自己买安全鞋。他还声称,监狱提供的手套都是其他囚犯以前用过的,没有经过消毒,他戴上后,手部皮肤严重感染。

对于前一部分指控,缔约国回应说:

4.17. 关于拘禁条件问题,缔约国详细说明了现有的制度。由于实行拘禁的小岛是一块保留地,因此不可能维持一处永久性的盥洗设施,而必须采用不同的做法。这个厕所完全符合市政厅的要求,它四周有墙,有正规的座位,便坑中使用石灰去除异味。这类厕所通常都这样做。

4.18. 缔约国否认没有提供肥皂或洗涤剂的说法,还声称每人还可领取一条毛巾。所有这些用品每周检查,及时填补。给负责准备食物的每一位被拘禁者都分发了"处理食物的手套",在接触食物的过程中必须戴上。劳动监管人员对此严密监督。缔约国详细说明了配给每名被拘禁者的食品量,否认分量不足。缔约国还声称,提交人从未提出因宗教或种族因素而需要特殊食品,而他完全可以这样做。

4.19. 缔约国驳斥了所有劳动都是重体力活的说法。关于安全,分派劳动人员之前,改造官员都检查了所有劳动场所。在检查时,要遵照卫生和安全准则进行。如果必须提供劳保用品和工作服,就向劳动监管人员提供这些用品。不是所有地方都需要劳保工作服。缔约国否认需要被拘禁者自己购买劳保工作服,而是说,这由定期拘禁中心提供。缔约国还称,买不起鞋的拘禁者可以领鞋子,如果自己愿意,也可以使用自己的手套。缔约国还说明,提交人从未向拘禁中心的任何工作人员说过或出示过关于皮肤感染的医疗证明。任何中心工作人员也没有收到提交人关于这些问题的书面或口头申诉。

提交人作出了回应并提出了更多的指控:

5.7. 提交人反驳了缔约国关于拘禁条件的解释。他说,他与其他被拘禁者多次抱怨过供给的食物分量不足，但如石沉大海。他说，他曾口头并几次书面告诉过看守，他因文化信仰不能吃牛肉，但他的餐食里仍然有牛肉。他还声称，他告诉过看守他的皮肤感染，并出示了医疗证明。他还补充说，他因为诸如与其他被拘禁者谈话这样的小事而受到了惩罚，他被"戴上头罩，被迫站立10小时，而且受到了具有种族色彩的辱骂"。

人权事务委员会在作出有利于缔约国的认定时，只是指出：

6.13. 关于提交人在每周8个小时劳动期间因劳动条件而遭受对《公约》第7条和第10条之据称违反的问题，委员会认为，所提出的指控不足以根据《公约》第7条和第10条确定申诉成立。对于提交人后来在第5.7段提出的补充申诉，结论也是一样的。因此，根据《任择议定书》第2条，这些申诉不可受理。

委员会在本案中推理很薄弱，只是暗示指控本身没有严重到足以引起第10条之下的问题，更不要说第7条之下的问题。不过，第一批指控，包括一项有关危险的工作条件的指控，若非新西兰在回应中澄清了工作条件（尽管拘禁的期间只是8个小时），本有可能严重到需要启动这两条。另外，第5.7段中有关头罩和种族言论的指控肯定引起了有关这些保障的问题。更有可能的是，委员会如此认定这一指控的真正原因在于，这一指控完全没有证据，而且过晚提出。委员会在本案中的推理本应该更清楚一些。

[9.212] 在对柬埔寨的结论性意见中，人权事务委员会要求该缔约国确保"女性囚犯仅由女性狱卒看守"。[210] 在第28号一般性意见中，委员会称，"各缔约国应报告监狱里男女是否分开以及妇女是否仅由女性狱卒看守"，[211] 这可能意味着在女性监狱中，应只雇用女性狱卒。在对加拿大的结论性意见中，委员会建议该国终止"雇用男性职员在女性机构中从事直接接触女性的工作"。[212] 在阿波拉莫娃诉白俄罗斯案（*Abramova v Belarus*, CEDAW 23/

---

[210] (1999) UN doc CCPR/C/79/Add.108.

[211] 在委员会意见的第15段。

[212] (2006) UN doc CCPR/C/CAN/CO/5, para 18. 另见委员会的结论性意见：美国，(2006) UN doc CCPR/C/USA/CO/3/Rev.1, para 33; 赞比亚，(2007) UN doc CCPR/C/ZMB/CO/3, para 20。

2009）中，消除对妇女歧视委员会认定，女性囚犯应由女性看守监管，而男性职员不应在无人陪同的情况下接触女性囚犯。

[9.213] 对新西兰，人权事务委员会表示关切的是，寻求庇护者在等待对其庇护申请的决定时，有时与被定罪的囚犯拘禁在一起。[213]

[9.214] 联合国通过了若干有关被拘禁者待遇的没有约束力的准则。[214] 人权事务委员会在第21号一般性意见第5段中暗示赞成了这些联合国的准则 [9.200]。[215] 在诸如穆孔诉喀麦隆[216]等案件中，委员会指明，见于最著名的联合国准则即1957年《囚犯待遇最低限度标准规则》[217]中的规范内含在第10条规定的保障中。[218] 委员会在相当多的结论性意见中，采取了同样的立场。例如，对美国，委员会称：[219]

> 34.……监狱尤其是最高安全戒备监狱内的拘禁条件应当受到监测，以期……落实《囚犯待遇最低限度标准规则》和《执法人员行为守则》。

因此，可以稳妥地认为，《囚犯待遇最低限度标准规则》和其他联合国准则中的可能规范，在《公约》第10条第1款中已经被提升为国际条约法规范。

[9.215]《囚犯待遇最低限度标准规则》在某种程度上与第10条的明确要求相重叠。例如，规则8规定隔离已经判罪的囚犯和候审人犯、隔离少年和成年囚犯。《囚犯待遇最低限度标准规则》的最大用处在于确定"人道"待遇的标准。[220] 例如，囚犯一般应有自己的囚室，尽管允许某些例外情况。[221]

---

[213] 委员会对新西兰的结论性意见，(2010) UN doc CCPR/C/NZL/CO/5, para 16。

[214] See generally SM Bernard, 'An Eye for an Eye: The Current Status of International Law on the Humane Treatment of Prisoners' (1994) 25 *Rutgers Law Journal* 759, 770 – 80.

[215] 另见委员会意见的第13段 [9.237]。

[216] 在委员会意见的第9.3段 [9.132]。

[217] 经济及社会理事会第662（XXIV）号决议。

[218] 另见，*Potter v New Zealand* (632/1995), para 6.3, 声称《囚犯待遇最低限度标准规则》"构成对《公约》解释的宝贵指导"。

[219] UN doc CCPR/C/79/Add. 50, reported at (1995) 2 IHRR 638. 另见委员会的结论性意见：乌克兰，(1996) UN doc CCPR/C/79/Add. 52, para 24；摩洛哥，(1995) UN doc CCPR/C/79/Add. 44, para 21；加蓬，(2000) UN doc CCPR/CO/70/GAB, para 14。

[220] See Bernard, 'An Eye for an Eye', 770 – 3.

[221] 规则9。

灯光、暖气和通风以及工作和睡眠安排应"符合所有卫生规定"。[222] 必须提供"充足的"床上用品、衣服、食物和卫生设施。[223] 规则22～26明确规定了对囚犯的必要医疗服务。规则31～34规范纪律惩戒措施。还必须允许囚犯与外界接触，[224] 得到有关其权利的资料，[225] 能利用监狱图书馆，[226] 有合理的机会践行自己的宗教，[227] 被扣押的财物在获释时得到归还。[228] 如果囚犯身亡或重伤，监狱看守必须通知其家属或指定的代表。[229] 还必须允许囚犯将其被监禁一事以及任何随后被移往另一机构的情况通知其家属或代表。[230] 最后，这些规则之适用必须无所歧视。[231]

［9.216］在对克罗地亚的结论性意见中，人权事务委员会对"囚犯受到同监囚犯虐待的报告"表示关切。[232] 因此，第10条第1款使得各国有义务为被拘禁者提供防范其他被拘禁者的保护。

［9.217］在对斯洛伐克的结论性意见中，人权事务委员会"关切的是，在社会护理院或精神病机构继续使用笼床（cage-bed）作为制约手段"，并因此建议"应当停止使用笼床"。[233] 同样，在卡巴尔·伯特兰和帕西尼·伯特兰诉澳大利亚案（*Cabal and Pasini Bertran v Australia*，1020/2002）中，两位提交人被关在一个像三角形笼子的"控制囚室"内——这一囚室极小，两位提交人无法同时坐下，这种情况违反了第10条第1款，虽然他们只被拘禁在这种"囚笼"中一个小时。[234]

---

[222]　规则10～11。
[223]　规则15～21。
[224]　规则38～39。
[225]　规则35～36。
[226]　规则40。
[227]　规则41～42。
[228]　规则43。
[229]　规则44。
[230]　规则44（3）。
[231]　规则6。
[232]　(2003) UN doc CCPR/CO/71/HRV, para 14.
[233]　(2003) CCPR/CO/78/SVK, para 13. 另见委员会的结论性意见：捷克共和国，(2007) UN doc CCPR/C/CZE/CO/2, para 13; 克罗地亚，(2009) UN doc CCPR/C/HRV/CO/2, para 12。
[234]　在委员会意见的第8.3段。

《公民及政治权利国际公约》：案例、资料和评注

单独关押和与外界隔绝的拘禁

[9.218] 在针对乌拉圭的若干早期案件中，人权事务委员会认定"几个月的"与外界隔绝的拘禁构成对第10条第1款的违反。[235] 阿祖亚加·吉尔邦诉乌拉圭案（Arzuaga Gilboa v Uruguay, 147/1983）中15天与外界隔绝的拘禁[236]以及阿鲁图尼安诉乌兹别克斯坦案（Arutyunyan v Uzbekistan, 917/2000）中两周与外界隔绝的拘禁[237]都违反了第10条第1款。对于时间更短的与外界隔绝的拘禁是否符合第10条第1款，委员会没有作出决定。在这种拘禁的时间长达一个月之时，与外绝隔绝的拘禁可能构成对第7条的违反，就如麦卡伦诉南非案（McCallum v South Africa, 1818/2005）中所见的情况 [9.143]。

[9.219] 在姜勇洙诉韩国案（Kang v Republic of Korea, 878/1999）中，人权事务委员会认定，13年的单独关押——"一种极其严重、对所涉个人的权利有重大影响的措施，需要有极为严肃和详细的理由"——构成对第10条第1款的违反。[238] 虽然这种单独监禁的时间极其漫长，但委员会没有提到第7条。必须指出的是，看来对提交人的关押不是与外界隔绝的，而且提交人有关单独关押的诉求仅仅集中于第10条第1款而非第7条。

[9.220] 在对丹麦的结论性意见中，人权事务委员会对于单独关押声明如下：*

> 12. 委员会特别关切对被判有罪者以及特别是审前被拘禁者和判刑前被拘禁者使用单独关押的普遍做法。委员会认为，单独关押是一种严厉的刑罚，会造成严重的心理后果，只有在紧急必要情况下才是正当合理的；单独关押，除非在特别情况下并在有限的期间内使用，否则就不符合《公约》第10条第1款。
>
> 丹麦应重新考虑单独关押的做法，并确保只在紧急必要情况下才使用。

---

[235] See eg *Valentini de Bazzano v Uruguay* (5/77), *Pietraroia v Uruguay* (44/79), *Cubas Simones v Uruguay* (70/1980). See also *Peñarrietta v Bolivia* (176/1984).

[236] 在委员会意见的第14段。

[237] 在委员会意见的第6.2段。

[238] 在委员会意见的第7.3段。

* (2000) UN doc CCPR/CO/70/DNK.

与亲朋的联系

[9.221] 与外界隔绝的拘禁之"不人道性"在很大程度上源自被拘禁者无法联络家人。联络家人的重要性,在下列有关无理审查囚犯信件的案件中,得到了澄清。

安杰尔·埃斯特雷拉诉乌拉圭(Angel Estrella v Uruguay,74/1980)

9.2 关于对米格尔·安杰尔·埃斯特雷拉的通信的审查问题,委员会承认监狱部门采取对犯人通信的控制和审查措施是正常的。然而,《公约》第17条规定"任何人之……通信,不得无理或非法侵扰"。这要求任何此类控制或审查措施应该受到令人满意的法律保障的制约,以免被任意适用。……另外,限制的程度必须符合《公约》第10条第1款要求的对被拘禁者的人道待遇的标准。特别是,囚犯应该被允许在受到必要监督的情况下,通过信件和接受探访与家人和声誉良好的朋友定期联系。根据获得的资料,委员会认定,缔约国无法合理证明米格尔·安杰尔·埃斯特雷拉的通信在"利博塔"监狱中受到的审查和限制的程度符合与《公约》第10条第1款结合解读的第17条。[239]

在库洛敏诉匈牙利案(Kulomin v Hungary,521/1992)中,由于一名囚犯被拒绝允许与其亲朋通信,委员会也同样认定第10条第1款被违反。

获得信息

[9.222] **哲鲁德科夫诉乌克兰**(Zheludkov v Ukraine,726/1996)

8.4 关于在据称的受害者在拘禁期间所受待遇方面,尤其是在其得到医治及获取医疗记录方面,所指控的对第10条第1款的违反,委员会注意到缔约国答复称,哲鲁德科夫先生在被关押在拘禁中心和监狱期间得到了医疗、接受了检查并住院;而且,一份基于医疗记录的医疗证明于1994年3月2日应要求出具。但这些声明与律师代表据称的受害者提出的主张并不矛盾,即虽经再三请求,缔约国当局仍拒绝给予直接

---

[239] 另见第[16.33]段。

查阅实际医疗记录的机会。委员会无法确定该医疗记录与评估哲鲁德科夫先生的拘禁条件（包括其得到的医治）之间有何相关性。在不存在对拒绝查阅的任何解释的情况下，委员会认为，必须适当看重提交人的指控。因此，根据本来文的具体情况，委员会的结论是，一再拒绝查阅哲鲁德科夫先生的医疗记录而又不作出任何解释必须被当作认定《公约》第 10 条第 1 款被违反的足够理由。

死囚牢现象

[9.223] 就死囚牢现象，上文有关第 7 条的评论同样适用于第 10 条第 1 款。[240] 目前的判例表明，死囚牢现象本身并不违反第 10 条第 1 款。

受害

[9.224] 平托诉特立尼达和多巴哥案（*Pinto v Trinidad and Tobago*，512/1992）的提交人曾在早先的来文即平托诉特立尼达和多巴哥案（*Pinto v Trinidad and Tobago*，232/1987）中，成功地质疑对其审判的公正性。在后一案件中，人权事务委员会认定，由于提交人后来受到的损害，第 10 条第 1 款被违反:[241]

8.3. ……[缔约国]向提交人传达说，由于他提出了有关人权的申诉，因此不能对他行使宽恕权和提早释放他，这表明缺乏人道，等于是没有尊重提交人尊严的待遇，违反了第 10 条第 1 款。

第 10 条第 1 款之下的积极义务

[9.225] **第 21 号一般性意见**

6. 委员会忆及，报告应该提供详细资料，说明与第 10 条第 1 款规

---

[240] 见第[9.79]及以下各段。

[241] 在以下来文中，也发生了提交人受害的情况：*Elahie v Trinidad and Tobago* (553/1993) and *Wolf v Panama* (289/1988), para 2.8.

定的权利有关的国家立法和行政规定。委员会还认为，报告必须具体阐述主管当局采取了何种具体措施以监督有关被剥夺自由者之待遇的规则的有效适用。缔约国应在报告中载有关于以下情况的资料：监督教养场所情况的制度，防止酷刑以及残忍、不人道或侮辱性的待遇的具体措施，以及如何确保公正无偏的监督。

7. 此外，委员会忆及，报告应列明，对于负责管理被剥夺自由者的人员，各项可适用的规定是否已经构成其指示和培训中的有机组成部分，以及此类人员在履行其职责时是否严格遵守了这些规定。还宜具体指出，被逮捕或遭拘禁者是否有机会获取这类信息，是否具有有效的法律途径，使其能确保这些规则得到尊重，能在规则遭忽视时提出申诉，并在受到侵害的情况中获得充分赔偿。

[9.226] 以上两段对应了上文所列与第 7 条有关的义务。[242] 对于斯里兰卡未能遵守其根据第 10 条第 1 款承担的积极义务，人权事务委员会表示了关切：[243]

18. 委员会……表示遗憾的是，对于监狱以外的拘禁场所的条件，法律并没有加以规制，预审法官或其他独立机构也没有定期访问监狱和拘禁场所。

[9.227] 在对埃及的结论性意见中，人权事务委员会强调了对监狱的独立监督的重要性：[244]

15.……委员会还感到遗憾的是，联合国设立的条约和非条约人权机制以及非政府人权组织［对监狱］的访问受到阻碍。

[9.228] 履行有关被拘禁者之人道待遇的程序性义务有助于预防对第 10 条规定的实质性义务的侵犯。不充足的程序将意味着，一国会发现它难以反驳违反第 10 条的指控。在下列案件中，就能找到一国未能保持充分的监狱记录所造成的证据性后果的例证。

242　见第［9.150］及以下各段。
243　委员会对斯里兰卡的结论性意见，(1996) UN doc CCPR/C/79/Add.56。
244　(2002) UN doc CCPR/CO/76/EGY。

希尔和希尔诉西班牙（Hill and Hill v Spain, 526/1993）

提交人主张，除其他外，在他们被警察羁押的 10 天中，有 5 天没有得到食物。西班牙提交了记录——据称是提交人签名的——来反驳这一指控。两名提交人质疑了缔约国提交的证据的充分性：

> 10.4. 他们重申，在 5 天时间内没有得到任何食物或饮水，此后得到的也很少，因为专门为此拨付的款项被挪用了。他们指出，缔约国的表册中没有提到前 5 天，即他们声称完全没有基本生活必需品的那段时间。缔约国提供的表册提到 11 天，而只有其中的两天即 7 月 21 日和 24 日有他们的签字。

人权事务委员会在对实质性问题的审议中，就第 10 条被违反的指控，作出了有利于希尔兄弟的认定：

> 13. 关于提交人有关他们被拘禁期间的待遇的指控，特别是在他们被警察拘押的前 10 天期间……，委员会注意到，缔约国提交的资料和文件没有反驳提交人的指控，即他们被警察拘禁的前 5 天没有得到任何食物。委员会的结论是，这种待遇相当于违反《公约》第 10 条。

[9.229] **第 28 号一般性意见**

第 28 号一般性意见确认，根据第 10 条，对于怀孕的和生育后的囚犯，存在积极义务：

> 15. ……被剥夺自由的孕妇应在任何时候，特别是在生产前后和护理新生婴儿期间，得到人道待遇和对她们的固有尊严的尊重；各缔约国应在报告中说明确保这一切的设施和为这种母亲及其婴儿提供的医疗和保健照顾。

[9.230] 同第 7 条的情况一样，根据第 10 条第 1 款，缔约国还对被拘禁者的生命和安康负责，必须采取合理步骤向被拘禁者提供适当标准的医疗。[245]

[9.231] **哈密尔顿诉牙买加**（Hamilton v Jamaica, 616/1995）

提交人对于他在一座监狱中的监禁条件，指称第 10 条第 1 款被违反：

> 3.1. 律师解释说，在由治安法官作为预审的一部分的审理之后，提

---

[245] See Fabrikant v Canada (970/2001), para 9.3. 另见第 [8.40] 段。

交人被一名警官开枪击中脊椎骨下半部分。他在被捕之前,就因其他原因在医院住院。此时,他因背部受伤重新入院治疗,在医院待了三个月,从被捕之日直到接受审判。一个长期的结果是,他双腿瘫痪,没有同牢房的人抬着就不能出牢房。他也无法自己将便桶提出牢房,因此不得不出钱让同牢房的人提出去。这意味着,有时便桶不得不留在他的牢房中,直到他得到必要的现款。[然后提交人详细叙述了对于此情况多次寻求救济,但均无结果。]律师提出,提交人根据《公约》第7条和第10条享有的权利受到了侵犯,因为监狱当局没有考虑提交人身体瘫痪的情况,并为他作出适当的安排。不提供适当的照顾据称也违反了联合国《囚犯待遇最低限度标准规则》。

人权事务委员会同意,存在对第10条第1款的违反:

8.2. 关于提交人对他在圣凯瑟琳区监狱的拘禁条件提出的申诉,委员会注意到,提交人精确地陈述了他身为残疾人所遇到的困难……。缔约国对此均未提出异议,只是说本应采取措施,为身为残疾人的提交人在狱中提供方便。委员会认为,第3.1段所述状况侵犯了提交人根据第10条第1款享有的获得人道待遇和尊重其固有人格尊严的权利。

第10条第2款(子)项——被告应与判决有罪之人分别羁押

[9.232] **第21号一般性意见**

9. 第10条第2款(子)项规定,除特殊情形外,被控告的人应与被判决有罪之人分别羁押。作此分别的原因是,须强调他们作为未被判决有罪者的身分,他们同时享有第14条第2款规定的无罪假定的权利。缔约国报告应表明如何将被控告的人与已被判决有罪者分开,并解释被控告的人的待遇如何不同于已被判决有罪者的待遇。

[9.233] **平克尼诉加拿大**(*Pinkney v Canada*, 27/1978)

平克尼是加拿大的一位还押候审的犯人。尽管他的囚室位于和被定罪的囚犯分开的一个区域中,但被定罪的囚犯在此候审区域中提供餐食和从事清洁工作。人权事务委员会认定这一安排没有违反第10条第2款(子)项:

> 30. 委员会的意见是,《公约》第10条第2款(子)项规定的"除特殊情形外,被告应与判决有罪之人分别羁押"是指应把他们关押在分开的区域(但不一定是分开的建筑)。对于缔约国所述的安排,即被定罪者在候审区域中从事提供餐食和清洁的工作,只要能够把这两种囚犯之间的接触严格控制在为工作必需的最低限度内,委员会就不认为这种安排不符合第10条第2款(子)项。

[9.234] 沃尔夫诉巴拿马案(*Wolf v Panama*,289/1988)和威尔逊诉菲律宾案(*Wilson v Philippines*,868/1999)是极少的第10条第2款确实被违反的例证中的两个。[246]

[9.235] 在米诺格诉澳大利亚案(*Minogue v Australia*,954/2000)中,部分申诉有关澳大利亚未做到将属于已定罪囚犯的提交人与未被定罪者分别羁押。该申诉未获受理,因为澳大利亚对第10条第2款(子)项提出过一项相关保留[26.29]。另外,值得疑问的是,已定罪的囚犯是否能主张这一权利受到了侵犯,因为与未定罪的囚犯不同,他们看来并不受将两类囚犯混合在一起的情况的影响。[247]

[9.236] 在有关男女平等权利的第28号一般性意见中,人权事务委员会暗示,男女囚犯必须被关押在不同的设施内。[248]

第10条第2款(丑)项和第10条第3款——保护少年被拘禁者

[9.237] **第21号一般性意见**

> 13. ……第10条第2款(丑)项规定,少年被告应与成年被告分别

---

[246] 在委员会意见的第7.3段。
[247] 缔约国的主张,见委员会意见的第4.6段。
[248] 在委员会意见的第15段。

羁押。……该项的约文还规定，涉及少年的案件必须尽速审理。报告应具体指出缔约国为落实此项规定而采取的各项措施。最后，第10条第3款规定，少年犯人应与成年犯人分别拘禁，就拘禁条件而言，还应享有与其年龄和法律身分相称的待遇，如较短的工作时间和与亲属接触等，以便促进其改造和重适社会。第10条并未指明少年年龄的限制。这必须由每一缔约国根据有关的社会、文化以及其他条件确定。不过，委员会认为，第6条第5款暗示，所有不满18岁者均应被当作少年，至少在涉及刑事司法时如此。国家应提供被定为少年的年龄组的有关资料。在此方面，提请各缔约国表明它们是否适用《联合国少年司法最低限度标准规则》（又称1985年*《北京规则》）。

第10条加强了《公约》第24条，后者对儿童权利提供一般性的保护。[249] 布拉夫诉澳大利亚案（*Brough v Australia*, 1184/2003）就是一个例证，其中人权事务委员会认定有关少年权利的第10条第3款被违反［9.202］。

［9.238］在托马斯诉牙买加案（*Thomas v Jamaica*, 800/1998）中，提交人在15~17岁时与成年犯人拘禁在一起，这违反了第10条第2款（丑）项和第3款。[250] 在科列巴诉白俄罗斯案（*Koreba v Belarus*, 1390/2005）中，人权事务委员会也认定第10条第2款（丑）项被违反。[251] 不过，我们可以注意到，在布拉夫诉澳大利亚案中，一项申诉有关17岁的提交人被拘禁在拘禁成年人的设施中。这一申诉未获受理，因为他在这一设施中，仍与成年囚犯分别拘禁。[252]

［9.239］人权事务委员会表示关切的是，在美国，犯罪时未满18岁的人被判处不得假释的终身监禁。[253]

---

* 在联合国发布的第21号一般性意见的英文本和中文本中，此处均为1987年。但《北京规则》是联大于1985年11月29日通过的。

249 见本书第二十一章。See also R Levesque, 'Future Visions of Juvenile Justice: Lessons from International and Comparative Law' (1996) 29 *Creighton Law Review* 1563.

250 在委员会意见的第6.5段。

251 另见委员会对塞浦路斯的结论性意见，(1994) UN doc CCPR/C/79/Add.39。

252 在委员会意见的第8.3（b）段。

253 委员会对美国的结论性意见，(2006) UN doc CCPR/C/USA/CO/3/Rev.1, para 34。

第 10 条第 3 款——拘禁的改造目的

[9.240] **第 21 号一般性意见**

10. 至于涉及被判决有罪者的第 10 条第 3 款，委员会希望获得有关缔约国监狱制度运作情况的详细资料。任何监狱制度都不应仅具有惩戒性，它应本质上力求囚犯悛悔自新、重适社会生活。敦请缔约国具体说明是否有向获释者提供援助的制度并提供有关其成果的资料。

11. ……委员会要求缔约国提供具体资料，说明为在监狱场所内外向囚犯提供指导、教育和再教育、职业指导和培训而采取的措施以及工作方案的情况。

12. 为了确定第 10 条第 3 款规定的原则是否得到充分尊重，委员会还要求缔约国提供资料，说明在拘禁期间适用的各项具体措施，例如，每一被判决有罪者如何受到对待、他们被如何分类、惩戒制度、单独关押、高度戒备的拘禁以及确保与外界保持联系（接触家人和律师、享用社会和医疗服务以及与非政府组织联系等）的条件等。

[9.241] 在《公约》中包括第 10 条第 3 款看来是有争议的，因为该款意在指令各国在有关罪犯待遇方面应采取的政策。在世界范围内占优势的"法律和秩序"运动表明，监狱政策近年已经成为一个高度政治化的领域。[254] 在《公约》于 1966 年通过之时，"重适社会"的范式更为流行，至少是在西方国家的刑事法律制度之内。最近在许多国家存在一种趋势，即刑罚和监狱条件变得严苛，表明了向刑事社会学所称的"报复"模式的一种转变。有可能，第 10 条第 3 款的这一"重适社会"的方面被各缔约国当作一种已经不合时宜之事。[255]

---

[254] 例如，在美国、英国和澳大利亚的许多州，"法律和秩序"长期以来是选举中的一个重大话题。

[255] See eg P Roberts, 'Recent Trends in English Penal Policy', in A Kwak and R Dingwall (eds), *Social Change, Social Policy and Social Work in the New Europe* (Ashgate, 1998).

[9.242] 第10条第3款极少出现在根据《任择议定书》提出的案件中。实际上，似乎很难确定某人是国家未能采取一种使人重适社会的刑事模式的具体"受害者"。[256] 在姜勇洙诉韩国案（Kang v Republic of Korea, 878/1999）中，对第10条第3款的违反被认定，事由是提交人被单独关押了13年，显然是因为他拒绝放弃其"左倾"的政治意见［18.07］。[257]

[9.243] **延森诉澳大利亚**（Jensen v Australia, 762/1997）

提交人是一位被判犯有性罪行、正在服刑的犯人。他诉称，对他的持续监禁违反了第10条第3款。

3.5. 提交人声称，他在监狱中接受了大量治疗，心理报告表明他不可能再犯罪。提交人辩称，在他已经准备重新适应和融入社会生活之后，为了发生在10年前的罪行而继续监禁他不利于他的改造，并造成情绪和心理上的巨大压力。因此，他声称，这违反了《公约》第10条第3款。

人权事务委员会认定该申诉不可受理：

6.4. 关于提交人根据第10条第3款提出的申诉，即在其案件中对其适用的监狱制度并没有以重适社会生活和悔悟自新为基本目的，委员会注意到，缔约国的监狱制度中有各种专门为此制定的方案和机制。委员会认为，提交人未能证实，缔约国对提交人的改造进展情况的评估及其应产生的后果，引起了第10条第3款的要求是否得到遵守的问题。因此，委员会认为，提交人没有为使来文可否受理的目的证实他关于第10条第3款被违反的申诉，因此，根据《任择议定书》第2条，这部分来文不予受理。

[9.244] 在提斯达尔诉特立尼达和多巴哥案（Teesdale v Trinidad and Tobago, 677/1996）中，拉拉赫先生在其单独附议意见中指出，判处75年监禁并服苦役可能有违第10条第3款。他没有走到将此认定为违反的一步，但可以指出，人权事务委员会在该案中认定了对《公约》的多项违反，绝大

---

[256] 路易斯诉牙买加案（Lewis v Jamaica, 708/1996）中，有关第10条第3款的申诉不可受理，因为提交人无法确立其"受害者地位"。

[257] 在委员会意见的第7.3段。

部分有关获得公正审判权。在汉克尔诉牙买加案中（Hankle v Jamaica，710/1996），夏内夫人主张说，委员会多数委员本应认定该案可予受理，并对强制性的、不得假释的 20 年监禁是否符合第 10 条第 3 款提出了疑问。

[9.245] **拉多塞维奇诉德国**（Radosevic v Germany，1292/2004）

这一申诉有关据称囚犯得到的工资与其他工人相比要低，但未获受理 [23.30]。提交人的一项主张有关对第 8 条第 3 款（寅）项（一）目的据称违反 [10.04]。缔约国自己的联邦法院认定这一低工资不符合德国宪法对囚犯的"重归社会"的保障——这看来是该国法律中等同于《公约》第 10 条第 3 款的规定。不过，德国联邦法院准予该国一个两年半的过渡期以解决这一问题。提交人未能从中得益，因为他在监狱中的工作在过渡期到期之前就已结束。人权事务委员会声称：

7.3. 委员会还注意到，提交人声称，与第 8 条第 3 款（寅）项（一）目结合解读的第 26 条含有一项囚犯对其从事的工作得到适当报酬的权利，而由于在德国宪法法院宣布《刑期执行法》第 200 条不符合囚犯重归社会的宪法原则之后，该条在两年半的过渡期继续适用，因此他在享有这一权利方面受到了歧视。委员会认为，《公约》第 8 条第 3 款（寅）项（一）目——结合第 10 条第 3 款理解——要求囚犯从事工作的主要目的应当在于使之重适社会生活，这一点可从第 8 条第 3 款（寅）项（一）目中的"通常"一语中看出，但是该目并没有明确这类措施是否包括囚犯从事工作应得到适当的报酬。委员会一方面重申，监狱制度不应仅具有惩戒性，而是也应力求囚犯悔悟自新、重适社会生活；另一方面注意到，各国本身可以选择自己的模式，来确保囚犯的待遇（包括通常要求其从事的工作或服务）实际上指向这些目标。委员会注意到，德国宪法法院认为过渡期具有正当理由（囚犯在这一期间里依然按照基数的 5% 取得报酬），理由是，对《刑期执行法》第 200 条的必要修正，需要立法者重新评估作为该条之依据的重归社会的理念。委员会进一步回顾，一般应当由国家的法院，而不是由委员会来审查在某一案件中国内法如何解释或适用，除非看来法院的决定明显任意武断或等于拒绝司法公正。委员会认为，提交人未能证实，德国宪法法院允许立法者在 2000

年12月31日以前有一段过渡期来修改该第200条这一决定有任何过失。因此，根据《任择议定书》第2条，来文的这一部分不可受理。

委员会认定，第8条第3款（寅）项（一）目与第10条第3款结合解读时，规定了囚犯从事的工作应主要旨在促进其重适社会生活。不过，该规定并没有明确保障囚犯为其从事的工作得到报酬。诉称第8条第3款（寅）项（一）目被违反是出于一种误解，因为这一规定的作用更多在于作为一项权利的例外而非一项权利本身。一项更符合逻辑的诉求，而且实际上是委员会暗含地讨论了的诉求，是主张德国违反了第10条第3款规定的义务，即确保重适社会生活和悛悔自新是其监狱制度的基本目的。德国自己的联邦法院认定，这种低工资不符合德国宪法中对囚犯之"重归社会"的类似保障。然而，委员会认定，德国宪法法院规定一个德国能纠正这一问题的过渡期并无错误。

就委员会而言，其有关过渡期的裁决令人困惑。这一过渡期有关遵守德国的宪法性规定而非《公约》。《公约》第10条第3款规定的义务与《公约》中的所有义务一样，是即时性的而非逐渐性的，然而委员会并没有解释为何一种过渡期是可予允许的。也许，委员会不认为给监狱工作发工资是使囚犯重适社会生活的一个必要组成部分，而无论德国的宪法性立场为何。委员会提到一国在选择使囚犯重适社会生活的模式时具有酌处余地，这表明委员会的观点可能的确如此。但是，如果情况确实如此，那么过渡期的问题就是无关紧要的，不必予以讨论。

[9.246] **耶夫多米科夫和热扎诺夫诉俄罗斯联邦**（*Yevdokimov and Rezanov v Russian Federation*，1410/2005）

该案中，人权事务委员会多数委员认定，完全禁止囚犯投票违反了第25条［22.27］。萨尔维奥利先生赞成这一意见，并补充说，第25条应该结合第10条第3款解读。[258] 他指出，有关第25条的第21号一般性意见已经预见到，在某些情况中，要取消囚犯的投票［22.25］，并呼吁修订第21号一般性意见的这一部分：

---

[258] 另见委员会对美国的结论性意见，(2006) UN doc CCPR/C/USA/CO/3/Rev.1, para 35。

刑事法律制度以及一切公共政策都必须从人权角度来理解；在这一背景中，惩罚绝不得包括不是旨在使被定罪者重适社会生活的措施。而我无法理解剥夺选举权如何可以被用作一种具有使人重适社会生活之效果的惩罚形式。

另外，委员会称，英国拒绝囚犯享有投票权"等于一种额外的惩罚，对于囚犯的悛悔自新和重适社会生活全无助益，有违与《公约》第 25 条结合理解的第 10 条第 3 款"。[259]

[9.247] 人权事务委员会在对比利时的结论性意见中，提到了第 10 条第 3 款：[260]

16.……鉴于包括社区服务在内的刑期替代办法具有使人重适社会生活的作用，因此应当鼓励这些替代办法。……

19. 由于铭记依据《公约》第 10 条第 3 款，监禁的基本目的应是使罪犯悛悔自新并重适社会生活，委员会敦促该缔约国应为监禁期间和释放后的期间都制定重适社会生活方案，为使原来的罪犯不成为惯犯，就必须使他们重新融入社会。

[9.248] 人权事务委员会还曾向美国提出建议，该国的某些"高度安全戒备监狱"涉及犯人"被长期关押在囚室内，每周只允许 5 个小时的室外活动，而且一般是在非人性化的环境下受到严格管制"，这些情况无法与第 10 条第 3 款相协调。[261]

[9.249] 第 10 条第 3 款的使人重适社会生活的方面令人遗憾地被人权事务委员会所忽视。不过，对于第 10 条的其他方面的良好遵守——这受到委员会的严密监督——会形成一种符合人道的监狱制度，而这将有助于犯人的悛悔自新和重适社会生活。[262]

---

[259] (2001) UN doc CCPR/CO/73/UK, para 10. 另见委员会对英国的结论性意见，(2008) UN doc CCPR/C/GBR/CO/6, para 28.

[260] (1998) UN doc CCPR/C/79/Add. 99.

[261] 委员会对美国的结论性意见，(2006) UN doc CCPR/C/USA/CO/3/Rev. 1, para 32。

[262] Nowak, *UN Covenant on Civil and Political Rights: CCPR Commentary*, 254.

第九章　免受酷刑的自由和获得人道待遇的权利

结　语

[9.250] 人权事务委员会和禁止酷刑委员会形成了有关禁止酷刑和残忍的、不人道的和侮辱性的待遇和惩罚的丰富判例。人权事务委员会还形成了有关第 10 条的判例，对于受到拘禁的人提供了额外的保护。

[9.251] 众多的案件，就如那些针对乌拉圭的早期申诉，有关明显违反了第 7 条以及/或者第 10 条的事实情况。不过，有些案件也有关处于边界模糊地带的情况，诸如施加心理紧张、死囚牢现象和将寻求庇护者递解出境是否符合《公民及政治权利国际公约》以及/或者《禁止酷刑公约》的问题。

[9.252] 人权事务委员会的判例表明，不适足的、普遍影响监狱中所有囚犯的监狱条件有可能引起对第 10 条而非对第 7 条的违反。第 7 条更可能有关申诉人被单挑出来受到某种特别恶劣待遇的情况。不过，令人遗憾的是，人权事务委员会在确定对第 7 条和对第 10 条的违反之间的界线方面，并不完全清楚。

[9.253] 最后，《公民及政治权利国际公约》第 7 和第 10 条以及《禁止酷刑公约》都施予缔约国众多的积极义务：培训有关人员、执行保护有关者不受侵犯的程序、调查和惩处违反的情况。

第十章　杂项权利
——第八、十一、十六条

第 8 条：免于奴隶制、奴工和强迫劳役的自由 …………………………［10.02］
第 11 条：不因无力履行契约而被监禁的自由 ………………………［10.14］
第 16 条：在法律前被承认为人的权利 …………………………………［10.18］
结语………………………………………………………………………………［10.25］

［10.01］尽管第 8、11 和 16 条规定的权利的性质并不相似，但由于基本上没有涉及这几条的判例，因此将这几条作为一组放在本章中。

第 8 条：免于奴隶制、奴工和强迫劳役的自由

一、任何人不得使充奴隶；奴隶制度及奴隶贩卖，不论出于何种方式，悉应禁止。

二、任何人不得使充奴工*。

三、（子）任何人不得使服强迫或强制之劳役**；

（丑）凡犯罪刑罚得科苦役徒刑之国家，如经管辖法院判处此刑，不得根据第三项（子）款规定，而不服苦役；

---

* "奴工"在英文本中的对应用词为"servitude"，该词亦可理解为"奴役"。

** "劳役"在英文本中的对应用词为"labour"，该词亦可理解为"劳动""劳工"，中译本视情况所需，也使用这两个用词。

（寅）本项所称"强迫或强制劳役"不包括下列各项：

（一）经法院依法命令拘禁之人，或在此种拘禁假释期间之人，通常必须担任而不属于（丑）款范围之工作或服役；

（二）任何军事性质之服役，及在承认人民可以本其信念反对服兵役之国家，依法对此种人征服之国民服役；

（三）遇有紧急危难或灾害祸患危及社会生命安宁时征召之服役；

（四）为正常公民义务一部分之工作或服役。

[10.02] 第8条保障某些最基本的人权：免于奴隶制、奴工和强迫或强制劳役的自由。实际上，在世界范围内消除奴隶制是最初的"人权"运动之一。免于奴隶制和奴工的自由现在被承认为习惯国际法的一部分。[1] 另外，在《公约》中，免于奴隶制和奴工的自由是不可克减的权利。

[10.03] 第8条第1款禁止奴隶制。奴隶制发生在一个人实际上"拥有"另一个人的情况中，[2] 由此前者能够彻底剥削后者而不受责罚。第8条第2款保障免于奴工的自由，而奴工是一个比奴隶制更宽泛的概念。"奴工"指的是一个人对另一个人行使严重的经济剥削或控制的其他形式，或者"类似于奴隶制"的做法。[3]

[10.04] 第8条第3款（子）项禁止强迫或强制劳役，这在国际劳工组织第29号《关于强迫或强制劳动的公约》中基本上被定义为"以任何惩罚相威胁，强使任何个人从事的并非本人自愿的一切工作或服务"。[4] 不过，第8条第3款（丑）和（寅）项包含了对这一规则的若干例外或限定。令人遗憾的是，人权事务委员会对于这些例外的范围，只提出了极少的一致意见。在沃尔夫诉巴拿马案（*Wolf v Panama*, 289/1988）中，委员会推论说，第8

---

[1] See American Law Institute, *Restatement (Third) of Foreign Relations Law* (West, 1989), para 702. 注意，美国的这一《对外关系法重述》没有提到禁止奴役或强迫劳动。

[2] Y Dinstein, 'The Right to Life, Physical Integrity, and Liberty', in L Henkin (ed), *The International Bill of Rights* (Columbia University Press, 1981), 126. See Slavery Convention 1926, 60 *LNTS* 253, art 1 (1).

[3] 见1956年《废止奴隶制、奴隶贩卖及类似奴隶制之制度与习俗补充公约》，266 *UNTS* 3, Section III。See also M Nowak, *UN Covenant on Civil and Political Rights: CCPR Commentary* (2nd edn, NP Engel, 2005), 200.

[4] *ILO Convention Concerning Forced or Compulsory Labour* 1930, 39 UNTS 55, art 2 (1).

条第 3 款（寅）项（一）目中有关监狱劳动的例外，直到某一囚犯被判刑之前，并不适用。[5] 在拉多塞维奇诉德国案（*Radosevic v Germany*，1292/2004）中，提交人试图诉称，他从事监狱劳动所得工资的比率违反了结合第 26 条解读的第 8 条第 3 款（寅）项（一）目 [26.30]。这一申诉很奇怪，因为第 8 条第 3 款（寅）项（一）目看来是一项权利的例外，而非一项权利本身（另见第 [9.245] 段）。

[10.05] 第 8 条第 3 款（寅）项（二）目曾被用于否认在《公约》中存在一项基于信念反对服兵役者拒服义务性兵役的自由。[6] 人权事务委员会最近的案例法反转了这一立场，委员会现在承认基于信念反对服兵役是第 18 条中的一项权利。[7]

[10.06] **弗雷诉澳大利亚**（*Faure v Australia*，1036/2001）

提交人领取国家的失业救济。在 1997 年制定《社会保障立法修正（以工作换救济）法》之后，提交人被要求进行工作实习，否则她的失业救济就会被暂停一段时间。提交人诉称，要求她工作才能领取失业救济违反了第 8 条第 3 款（子）项，人权事务委员会对此并不同意：

> 7.5. 关于根据《公约》第 8 条第 3 款提出的主要申诉，委员会注意到，《公约》没有进一步详细地阐述"强迫或强制劳役"的含义。尽管国际劳工组织的相关文书可能有助于说明该用语的定义，但最终还是应当由委员会来阐述被禁止行为的特性。委员会认为，"强迫或强制劳役"包括一系列行为，从一个极端，即以刑事制裁的方式规定个人从事的劳动，尤其是在胁迫性、剥削性或其他恶劣的条件下的劳动，延伸到另一极端，即如果没有进行所指派的劳动，就威胁实行相应制裁的情况下，从事的较轻劳动。此外，委员会注意到，《公约》第 8 条第 3 款（寅）项（四）目将构成正常公民义务一部分的工作或服役从"强迫或强制劳役"一语中排除。委员会认为，正常公民义务的标准是，相关的劳动

---

[5] 提交人诉称，他被强迫劳动，虽然他还没有被判刑。委员会认定该指控并无根据（委员会意见的第 6.8 段）。

[6] See *LTK v Finland* (185/1984)，para 5.2 [17.41]。

[7] See *Yoon and Choi v Republic of Korea* (1321-22/2004)，对该案的讨论见第 [17.43] 段。

至少不应当是非常的措施;不应当具有惩罚目的或效果;必须由法律规定以便服务于《公约》规定的合法目的。基于这些考虑,委员会认为,其所收到的材料——包括所从事的具体劳动不存在侮辱性或非人化的特点——并没有表明,相关的劳动处于第 8 条所规定的禁止范围之内。据此,无法确定对《公约》第 8 条的单独违反。

韦奇伍德夫人在其单独意见的开场白中,对于提交人的主张则更不留情面:

> 当今世界里,仍然充满了种姓、习惯的劳役制度和契约劳役、边远地区的往往类似奴隶制的强迫劳役、为性交易而贩运人口的丑恶现象等问题,与此同时,认为在一个现代福利国家,为参加全国性的失业福利方案而满足一种合理的工作和培训要求,构成了第 8 条第 3 款(子)项含义之内的"强迫或强制劳役",这贬低了《公民及政治权利国际公约》的重大意义。

[10.07] 在席尔瓦诉赞比亚案(*Silva v Zambia*, 825–828/1998)中,人权事务委员会没有受理该案,依据是,"提交人没有为了来文可被受理的目的充分证实,对其奖励性津贴征税如何可被看作构成了《公约》第 8 条第 3 款(子)项所规定的强迫劳役"。[8] IS 诉白俄罗斯案(*IS v Belarus*, 1994/2010)有关接受了国家资助的高等教育的某人所承担的义务,即或者要从事特别指定的工作两年,或者返还国家其教育费用。该申诉被认定为不可受理,因为提交人未能证实,这种要求如何构成了对第 8 条第 3 款(子)项的违反。该案没有表明,有关人员在从事这两年特别指定的工作时,是否获得报酬。

[10.08] 每一缔约国都必须保护其管辖范围内的所有个人免受私主体违反第 8 条的行为,还要避免自身有此违反行为。实际上,在当前时日,私人经济利益最有可能造成违反第 8 条的情况。[9]

[10.09] 债务劳役或债务质役,乃因债务人典质将其本人或受其控制之

8　在委员会意见的第 6.3 段。
9　See Nowak, *UN Covenant on Civil and Political Rights: CCPR Commentary*, 145.

第三人（通常是儿童）之劳务充作债务担保，所服劳务之合理价值并不作为清偿债务计算，或个人劳务之期间及性质未经订明，所引起的状况。[10] 在对印度的结论性意见中，人权事务委员会对"债务劳役"评论如下：[11]

29. 委员会表示关切的是，债务劳工的规模巨大，而且上报最高法院的债务劳工事件数量远远高于报告所提及的规模。委员会还关切地注意到，业已采取的消除措施在释放和安置债务劳工方面，似乎并未取得有效的、真正的进展。

因此，委员会建议，紧急进行一项全面研究，查明债务劳工的规模，并采取更有效的措施，按照1976年《债务劳工制度（废止）法》和《公约》第8条的规定，消除这种做法。

[10.10] 在对泰国的结论性意见中，人权事务委员会称：[12]

23. 委员会关切的是，在泰国，缺少对已登记和未登记的移徙工人的权利的充分保护，尤其是在迁徙自由、获得社会服务和教育机会以及取得个人证件的机会方面。移民不得不在十分恶劣的条件下生活和工作，这表明了对《公约》第8条和第26条的严重违反。委员会注意到，来自缅甸的少数民族和移民尤其容易遭受雇主的剥削和泰国当局的递解出境。委员会还关切的是，主要来自缅甸的大量移徙工人在2004年12月发生的海啸之后仍然失踪，其他移徙工人则由于没有合法地位，而没有得到必要的人道援助（第2、8和26条）。

缔约国必须采取措施，有效实施规定了移徙工人权利的现行法律。移徙工人应当依照不歧视原则，获得得到社会服务、教育设施和个人证件的充分有效机会。缔约国应当考虑建立一项政府机制，使移徙工人能够向该机制报告雇主侵犯其权利的情况，其中包括非法扣留其个人证件。委员会还建议，向海啸灾害的所有受害者有效地提供人道援助，而不论其法律地位如何。

---

[10] 1956年《废止奴隶制、奴隶贩卖及类似奴隶制之制度与习俗补充公约》第1条（甲）项。（原书此处误作（乙）项，经与作者核实，予以更正。——译者注）

[11] (1997) UN doc CCPR./C/79/Add. 81.

[12] (2005) UN doc CCPR/CO/84/THA.

在对日本的结论性意见中，委员会也对外国工人遭剥削的情况表示关切：[13]

24. 委员会关切的是，有报告称，根据工业培训和技术实习方案来到缔约国的非公民被排除在国内劳动法律保护和社会保障之外，常常遭到从事没有带薪休假的非技术劳动的盘剥，所获培训津贴低于法定最低工资标准，被迫超时工作而没有补偿，并经常被雇主收走护照（第8条和第26条）。

缔约国应当将有关最低劳动标准（包括法定最低工资）的国内法律保护和社会保障扩大到外籍工业受训者和技术实习生，施予盘剥这类受训者和实习生的雇主适当的处罚，并考虑以一项充分保护受训者和实习生的权利、侧重于能力建设而不是征聘低薪劳工的新制度取代现有方案。

对科威特，委员会的结论性意见称：[14]

18. 委员会关切的是，移徙家庭佣工遭受歧视和不人道的待遇。保举制致使这种情况越发恶化，因为这种制度使得移徙工人要靠某个具体雇主获得在该国境内工作和停留的准许。委员会还关切的是，家庭佣工被排斥在2010年《私营部门劳工法》之外，而且对保举制的修改并未确保对他们的基本人权的尊重。委员会还遗憾的是，尚无有效的控制机制确保雇主遵从聘雇条例（第7条和第8条）。

缔约国应摒弃保举制，并应制定一种保障尊重移徙家庭佣工权利的框架。缔约国还应创建一种机制，用来积极掌控雇主遵从立法和条例的情况，调查并制裁他们的违犯行为，而且这种机制并不过度依赖工人本身的主动举报。

[10.11] **第28号一般性意见**

12. 关于第8条为其规定的义务，各缔约国应告知委员会为消除国

---

13 (2008) UN doc CCPR/C/JPN/CO/5.

14 (2011) UN doc CCPR/C/KWT/CO/2. 另见委员会对多米尼加共和国的结论性意见，(2012) CCPR/C/DOM/CO/5, para 19。

内或跨边界贩运妇女和儿童[15]及强迫卖淫现象[16]而采取的措施。缔约国也必须提供资料，说明为保护妇女和儿童，包括外国妇女和儿童不被伪装成诸如提供家政服务或其他形式的个人服务的奴工而采取的措施。有妇女和儿童被招聘和带走的缔约国以及接受他们的缔约国应提供资料，说明为防止侵犯妇女和儿童的权利而已经采取的国内或国际措施。

[10.12] 强迫卖淫是一种严重违反第8条的形式，人权事务委员会在对葡萄牙（澳门）的结论性意见中确认了这一点：[17]

> 13. 委员会特别关切的是，有报告指出，在澳门贩运妇女的情况严重，不同国家的大量妇女出于卖淫目的被带到澳门。委员会极为关切的是，当局没有采取行动以防止对这些妇女的剥削并将这种剥削规定为犯罪，以及尤其是移民官员和警察没有采取有效措施来保护这些妇女，也没有制裁通过强迫卖淫剥削这些妇女、违反《公约》第8条的人。……
>
> 19. 委员会进一步建议，政府应发起或加强旨在向处于困境中的妇女，特别是向那些出于卖淫目的而从其他国家被带到澳门的妇女提供援助的方案。应当采取有力措施，防止这种形式的贩运人口活动，并制裁以这种方式剥削妇女的人。应当向受此种贩运之害的妇女提供保护，使她们有一个庇护所，并有机会留下来在刑事或民事诉讼中指证应负责任者。[18]

最近，委员会对斯洛伐克提出了如下意见：[19]

> 10. ……委员会指出，贩运人口是一项国际罪行，因此不仅涉及被

---

15 另见委员会的结论性意见：菲律宾，(2003) UN doc CCPR/CO/79/PHL, para 13；俄罗斯联邦，(2003) UN doc CCPR/CO/79/RUS, para 10；塞尔维亚和黑山，(2004) UN doc CCPR/CO/81/SEMO, para 16；前南斯拉夫马其顿共和国，(2008) UN doc CCPR/C/MKD/CO/2, para 13。

16 另见委员会对马里的结论性意见，(2003) UN doc CCPR/CO/77/MLI, para 17；第［21.48］段及以下各段。

17 (1997) UN doc CCPR/C/79/Add.77. 另见委员会对柬埔寨的结论性意见，(1999) UN doc CCPR/C/79/Add.16。

18 另见委员会对意大利的结论性意见，(1995) UN doc CCPR/C/79/Add.37, para 5。

19 (2003) UN doc CCPR/CO/78/SVK. 另见委员会的结论性意见：匈牙利，(2010) UN doc CCPR/C/HUN/CO/5, para 12；蒙古，(2011) UN doc CCPR/C/MNG/CO/5, para 21。

贩运到斯洛伐克境外的妇女，而且涉及从邻近国家被贩运进入斯洛伐克境内的妇女（第3条、第8条）。

该缔约国应加强旨在向处于困境中的妇女，特别是向那些来自其他国家、出于卖淫目的而被带到该国领土的妇女提供援助的方案。应当采取有力措施，防止这种形式的贩运人口活动，并制裁以这种方式剥削妇女的人。应当向受此种贩运之害的妇女提供保护，使她们有一个庇护所，并有机会留下来在刑事或民事诉讼中指证应负责任者。委员会鼓励斯洛伐克继续与邻国合作努力，以消除跨越国境的贩运活动。

[10.13] 在对巴西的结论性意见中，人权事务委员会确认在第8条规定的保护中，存在一种积极因素：[20]

31. 委员会敦促该缔约国执行禁止强迫劳役、童工和儿童卖淫的法律，实施防止并消除此类侵犯人权行径的方案。此外，委员会劝告该缔约国建立更有效的监督机制，以确保遵守国内立法的规定和有关的国际标准。当务之急是，根据法律严惩对强迫劳役、童工和儿童卖淫负责任者或直接从中牟利者。[21]

第11条：不因无力履行契约而被监禁的自由

任何人不得仅因无力履行契约义务，即予监禁。

[10.14] 第11条提供的保护所针对的，是将监禁用作对无力履行契约义务的一种惩罚。第11条所设想的"契约义务"是私法意义上的民事义务，而非例如法定义务。[22] 由于这种保障主要旨在应对"债权人监狱"的现象，因此"契约义务"显然包括钱财债务。[23] 不过，第11条也能适用于其他契

20　(1996) UN doc CCPR/C/79/Add. 66. 另见委员会对多米尼加共和国的结论性意见，(1993) UN doc CCPR/C/79/Add. 18, para 5。
21　有关禁止儿童卖淫和童工，见第 [21.40] 及以下各段。
22　Nowak, *UN Covenant on Civil and Political Rights: CCPR Commentary*, 256.
23　Nowak, *UN Covenant on Civil and Political Rights: CCPR Commentary*, 255.

约义务,诸如提供服务或送达货物。[24] "无力"的提法表明有关人员必须无法履行有关的契约义务,而非只是不愿意履行。[25] "仅"一词表明,这一保障并不保护在违反契约之外,还犯有其他罪行的人。例如,如果某人有意造成自己"无力"并造假,那么他就不受第11条规定的不得监禁的保护。[26]

[10.15] 利博托·卡尔维特·拉佛尔斯诉西班牙(*Liberto Calvet Ráfols v Spain*, 1333/2004)

法院指令该案的提交人每月向其前妻支付25000比塞塔作为他女儿的抚养费。1995年,他的前妻提出申诉,要求取得提交人几次未付的抚养费。2001年,提交人根据《西班牙刑法典》,被判犯有"抛弃家庭"的罪行。他主张第11条被违反,因为他因未能偿还债务而被监禁。人权事务委员会认定其申诉不可受理:

> 6.4. 关于据称因未能支付抚养费而被判处拘押监禁违反《公约》第11条,委员会注意到,根据《西班牙刑法典》第227条的规定,此案所涉及的不是未能履行契约义务,而是没有履行法律义务。支付抚养费的义务是一项依照西班牙法律产生的义务,而不是由提交人与前妻签署的分居或离婚协议产生的义务。因此,委员会认定,来文在属事理由上不符合《公约》第11条,因此根据《任择议定书》第3条不可受理。

[10.16] 在德里昂·卡斯特罗诉西班牙案(*De León Castro v Spain*, 1388/2005)中,提交人被判定犯有欺诈罪并被判处三年监禁。他利用一种更为和缓的刑事制度和获得假释的可能受到一项法律的限制——该法律使得这些可能取决于一个人是否履行了从刑事罪行而来的民事责任。提交人因为破产而无力做到这一点。他的明确申诉并非有关第11条(见第[11.39]段和第[15.11]段)。韦奇伍德夫人在其异议意见中,认定提交人的权利受到了侵犯并补充说:

> 第11条具体禁止"因无力履行契约义务"而被监禁。虽然委员会关于此问题的判例很少,但刑事案件中用于强迫支付赔偿的措施可能值

---

[24] Nowak, *UN Covenant on Civil and Political Rights: CCPR Commentary*, 256.
[25] Dinstein, 'The Right to Life, Physical Integrity, and Liberty', 136.
[26] Nowak, *UN Covenant on Civil and Political Rights: CCPR Commentary*, 257.

得在今后某个时候根据第 11 条的措辞予以审查，至少是在问题得到适当阐明的某个案件中。实际上，缔约国本身的法规——指示假释主管当局考虑诚意宣布的无偿付能力——可能是从同样的关注出发的。

［10.17］第 11 条规定的是一项不可克减的权利，但几乎没有产出什么有意义的判例，因此其范围在很大程度上仍未得界定。人权事务委员会在对赤道几内亚的结论性意见中，列出了一种能够引起违反第 11 条的一种传统习俗：

8.……该缔约国应……结束对于在与丈夫分开时不归还其彩礼之妇女的监禁，因为这种习俗有违《公约》第 11 条。

第 16 条：在法律前被承认为人的权利

人人在任何所在有被承认为法律人格之权利。

［10.18］第 16 条保障个人的一项基本权利，即在法律上被承认为一个人。如果一个人的人格没有得到法律上的承认，他就将失去对于他的其他人权的法律承认，并因此实际被拒绝这些权利。例如，犹太人在纳粹德国就被剥夺了法律承认；这种拒绝是拒绝他们的所有其他人权的一个先导。第 16 条是一项不可克减的权利。

［10.19］沃里欧声称，第 16 条要求各缔约国将其管辖范围内的所有自然人（humans）当成享有法律之保护并且受法律义务之约束的人（person）。因此，所有自然人都能缔结契约、起诉和被诉。[27] 另一方面，诺瓦克对于第 16 条则采取了一种更为保守的解释，认为这一条并不保护个人的法律行为能力或提起法律诉讼的能力。因此，举例来说，限制儿童、精神病患者甚至是无理取闹的诉讼当事人的法律能力，并不违反第 16 条。[28] 第 16 条是以绝对式的语言写就的，而且看来不容忍任何例外。鉴于对于某些人的法律能力的

27　F Volio, 'Legal Personality, Privacy, and the Family', in Henkin (ed), *The International Bill of Rights*, 188.

28　Nowak, *UN Covenant on Civil and Political Rights: CCPR Commentary*, 370-2.

广泛限制确实存在,诺瓦克的极简式解释看来是正确的。

[10.20] **阿维拉纳尔诉秘鲁**(*Avellanal v Peru*,202/1986)

2.1. 提交人是利马的两栋公寓大楼的业主,这是她于1974年购置的。看来若干租户……停止了缴付其公寓的租金。……提交人于1978年9月13日起诉了租户。初审法院判决她胜诉,下令租户向她缴付1974年以来所欠的租金。高等法院却基于程序理由在1980年11月21日推翻了初审法院的判决,该理由就是,提交人无权起诉,因为根据《秘鲁民法典》第168条,一名妇女结婚后,只有其丈夫有权在法院代理婚姻财产。……1984年2月15日,最高法院维持了高等法院的裁决。

提交人诉称,上述事实除其他外,违反了第16条。人权事务委员会认定该案有关第16条的申诉可予受理,但在其对实质问题的决定中,令人费解地忽视了这一条。在对实质问题的审查中,委员会认定被违反的是第14条第1款(诉诸法院的权利)、第3条和第26条(禁止性别歧视)。[29] 以下从有关男女权利平等的第28号一般性意见中摘引的部分表明,委员会在阿维拉纳尔案中,本应也认定第16条被违反。

[10.21] **第28号一般性意见**

19. 第16条规定的人人的法律人格在任何所在都应被承认的权利与妇女特别有关,因为她们往往发现这项权利因性别和婚姻状况而受到限制。这项权利意味着,妇女拥有财产、缔结合同或行使其他民事权利的能力不应受到基于婚姻状况或任何其他歧视性理由的限制。它还意味着,妇女不得被当作物品与其已故丈夫的财产一起送交他的家庭。各缔约国必须提供资料,说明阻止妇女被当作完整的法律意义上的人或阻止她们作为完整的法律意义上的人而行为的法律或习俗,以及为废除允许这种待遇的法律或习俗而采取的措施。

[10.22] **戈里欧诉阿尔及利亚**(*Grioua v Algeria*,1327/2004)

该案有关一起强迫失踪事件,这侵犯了若干权利。[30]

---

[29] 另见第[14.32]段。
[30] 例如见第[8.27]及以下各段。

3.4. 第 16 条规定，每个人都有权被承认是权利和义务的主体。只要造成强迫失踪者拒绝透露失踪者的遭遇或下落，或者拒绝承认剥夺自由将失踪者置于法律的保护之外，那么强迫失踪本质上就是剥夺上述权利。[31] 此外，委员会在关于该缔约国第二次定期报告的结论性意见中认识到，强迫失踪可能会牵涉《公约》第 16 条保障的权利。[32]

埃尔·阿巴尼诉利比亚（*El Abani v Libyan Arab Jamahiriya*，1640/2007）

7.9. 关于第 16 条，委员会重申其确立的案例法，据此，如果受害者最后一次露面时处于国家当局控制之下，同时受害人的亲属争取获得可能的有效救济，包括司法救济（《公约》第 2 条第 3 款）的努力受到系统阻挠，那么蓄意长期将该人移出法律的保护之外就可能构成拒绝承认受害者的法律人格。在本案中，提交人声称，他的父亲 1990 年 4 月 19 日被无证逮捕，并且没有被告知逮捕的理由。随后他被带到一个不为人知的地方，并在那里遭受了酷刑，直到被带到阿布·萨利姆（Abu Salim）监狱。他的家人所采取的一切措施均毫无结果，直到 2002 年他被正式指控、审判和判刑。委员会还注意到，提交人的父亲在服刑期满之后再次失踪。缔约国当局否认他被关在阿布·萨利姆监狱，但没有开展任何调查以查明他的下落并使其获释。委员会认定，提交人的父亲遭强迫失踪几近 12 年——对此没有任何调查——剥夺了他在此期间得到法律的保护，违反了《公约》第 16 条。

现在已经确立的是，长期的强迫失踪违反第 16 条。[33]

[10.23] 在对以色列的结论性意见中，人权事务委员会称：[34]

21. ……委员会的一个具体关切是，至少有一些基于国家安全的理由而受到行政拘禁的人（特别是某些黎巴嫩人）本身并没有威胁国家安全，而只是被当作"谈判筹码"羁押，以便促成与其他当事方就释放被

31　提交人的律师引用了联大 1992 年 12 月 18 日第 47/133 号决议（A/RES/47/133）通过的《保护所有人不遭受强迫失踪宣言》序言第 3 段。

32　CCPR/C/79/Add. 95, para 10.

33　See also eg *Aboussedra v Libyan Arab Jamahiriya*（1751/2008），*Benaziza v Algeria*（1588/2007），*Chihoub v Algeria*（1811/2008），*Ouaghlissi et al. v Algeria*（1905/2009）.

34　(1999) UN doc CCPR/C/79/Add. 93.

拘禁的以色列士兵或交还士兵遗体所进行的谈判。委员会认为，行政拘禁的目前适用方式不符合《公约》第7条和第16条……。

[10.24] 在对捷克共和国的结论性意见中，人权事务委员会表示关切的是，将精神病患者的监护权授予"并不会见该病人的律师"有可能造成对第16条的违反。[35] 委员会还表示关切的是，有国家未做到确保某些儿童获得出生证明，[36] 以及爱尔兰未做到在出生证明上承认性别重置。[37]

结　语

[10.25] 第8、11、16条几乎没有产生什么判例。第11条、第16条的范围有限，这可能解释了为何它们不见于人权事务委员会的审议。这些权利很大程度上与在委员会的判例中更为常见的其他权利重叠——这些权利诸如免受歧视的自由（第2、3、26条）、获得公正审判的权利（第14条）以及儿童免受剥削的自由（第24条），因此有可能的是，委员会干脆选择根据《公约》的其他规定处理有关申诉。委员会对于这几条的沉默也表明，这些权利并不再经常受侵犯，不过这可能是一厢情愿的想法。情况也可能是，这些规定被违反的受害者极其无力，根本不知晓国际补救渠道的存在。实际上，也许可以公正地指出，这些侵犯行为的最可能的受害者是妇女（例如在性贩运、彩礼债务、已婚女性得到法律承认的权利等方面），而她们在许多社会中处于极其无能为力的状态。就算没有多少判例，这些权利仍然是对人之尊严的重要保障。事实上，除了第8条第3款以外，这些条款都是不可克减的。[38]

---

[35] (2007) UN doc CCPR/C/CZE/CO/2, para 14.

[36] 见委员会对波斯尼亚和黑塞哥维纳的结论性意见，(2007) UN doc CCPR/C/BIH/CO/1, para 22；另见委员会对洪都拉斯的结论性意见，(2007) UN doc CCPR/C/HND/CO/1, para 18。

[37] 委员会对爱尔兰的结论性意见，(2008) UN doc CCPR/C/IRL/CO/3, para 8。

[38] 有关不可克减的权利，见第[26.64]及以下各段。

第十一章　免受无理拘禁的自由
——第九条

人身安全权	[11.03]
"自由"权	[11.08]
合法性的要求	[11.11]
"无理"拘禁	[11.15]
精神病机构中的拘禁	[11.21]
移民拘禁	[11.24]
国家安全拘禁	[11.30]
预防性拘禁	[11.31]
撤销或拒绝假释	[11.38]
刑期的比例性	[11.40]
被告知刑事指控的权利——第9条第2款	[11.45]
因刑事罪名被拘禁者的权利——第9条第3款	[11.53]
"迅即"被解送司法官员	[11.53]
"法官或依法执行司法权力之其他官员"	[11.56]
审前拘禁之期限	[11.58]
等待审判时被释放的权利	[11.64]
获得人身保护令的权利——第9条第4款	[11.70]
迅速受审查	[11.73]
联络律师的权利	[11.83]
获取文件的权利	[11.87]

诉讼必须在"法院"进行 ·················· [11.88]
质疑拘禁之权利的有效性 ················ [11.91]
获得赔偿的权利——第9条第5款 ·················· [11.100]
强迫失踪 ······································· [11.105]
结语 ·· [11.106]

第9条

一、人人有权享有身体自由及人身安全。任何人不得无理予以逮捕或拘禁。非依法定理由及程序，不得剥夺任何人之自由。

二、执行逮捕时，应当场向被捕人宣告逮捕原因，并应随即告知被控案由。

三、因刑事罪名而被逮捕或拘禁之人，应迅即解送法官或依法执行司法权力之其他官员，并应于合理期间内审讯或释放。候讯人通常不得加以羁押，但释放得令具报，于审讯时、于司法程序之任何其他阶段、并于一旦执行判决时，候传到场。

四、任何人因逮捕或拘禁而被剥夺自由时，有权声请法院提审，以迅速决定其拘禁是否合法，如属非法，应即令释放。

五、任何人受非法逮捕或拘禁者，有权要求执行损害赔偿。

[11.01] 人身自由*与安全受《公约》第9条保护。关于自由权，第9条并不保障不受逮捕或拘禁的全面自由。剥夺自由一直是也将继续是国家控制其管辖范围内的个人的正当形式。[1] 第9条第1款只是实质性地保障逮捕

---

* 《公约》作准中文本第9条中，与英文本中"liberty of persons"对应的用词为"身体自由"。由于中文法律语言中通常使用"人身自由"，而且作准中文本第9条中与英文本中"security of persons"对应的用词即为"人身安全"，因此中译本将"liberty of persons"译作"人身自由"。

1 实际上，诺瓦克称，因为"诸如死刑和肉刑等其他形式的惩罚逐渐消亡"，监禁变得越来越重要了。M Nowak, *UN Covenant on Civil and Political Rights: CCPR Commentary* (2nd edn, NP Engel, 2005), 211.

和拘禁不是无理或非法的。第9条第2款至第5款规定了程序性保障，帮助确保享有第9条第1款中的实质性保障。

［11.02］第9条通常在剥夺自由的情况中援用。不过，这一条也保障人身安全权。这一权利适用于无论是否处于拘禁中的人。

人身安全权

［11.03］人身安全权的问题在下述案件中有讨论。

德尔加多·帕埃兹诉哥伦比亚（*Delgado Páez v Colombia*，195/1985）

该案的提交人是哥伦比亚的一位宗教和伦理学教师，他在国内对于罗马天主教区教长和教育部门歧视他提出了申诉。由于这些申诉，提交人受到了死亡威胁，并在波哥大城受到了攻击。在他的一位同事被身份不明的杀手枪杀后，提交人逃离了哥伦比亚并在法国获得了政治庇护。提交人向人权事务委员会提出申诉称，哥伦比亚政府违反了保护他的平等权、获得公正权和生命权的义务，他因此不得不逃离该国。虽然提交人最初没有提到，但委员会认定第9条第1款被违反如下：

　　5.5 第9条第一句并不是单独的一款，而是一款的一部分，这一位置可能使人认为，只有在逮捕和拘禁的情况下，才会出现安全权利的问题。准备工作表明，对第一句的讨论实际上集中在第9条的其他规定涉及的问题上。《世界人权宣言》第3条提到了生命权、自由权和人身安全的权利。这些内容由《公约》中不同的条款处理。尽管在《公约》中，只在第9条中提到了人身安全的权利，但没有证据表明，它有意把安全权利的概念缩小到仅限于正式剥夺自由的情况。同时，缔约国已经承担保证《公约》规定的权利。从法律上讲，不能出现这样的情况，即缔约国不能仅仅因为某人没有被逮捕或以其他方式被拘禁，就无视在其管辖权范围内的个人受到的、已为人所知的生命威胁。缔约国有义务采取合理、适当的措施对其加以保护。如果将第9条解释为允许缔约国无视在其管辖权范围内并未被拘禁者的人身安全受到的威胁，这就会使

《公约》的保障变成完全无效的。

5.6. 现在的问题是，这种结论是否适用于正接受审议的本案的情况。鉴于德尔加多先生受到的威胁，包括本人受到攻击和其关系很近的同事被杀害，看来该国有采取保护措施保障其安全的客观必要。可以辩解的是，德尔加多先生在寻求保护时，未做到报告主管当局：他仅向莱提希亚（Leticia）的军事当局、教师工会、教育部和哥伦比亚总统提出申诉，而没有向总检察长或司法部门申诉。委员会不清楚这些事情是否已向警察报告，也不确切了解该政府是否采取过任何措施。然而，委员会必须指出，提交人诉称，对于他提出的要求——这些威胁要得到调查、他要得到保护，缔约国没有任何反应，而且缔约国没有向委员会提出相反的资料。的确，缔约国未做到遵从委员会的要求，向其提供资料，说明有关《公约》第9条的任何问题。鉴于委员会不愿意在缺乏有关事实之确实证据的情况下认定违反情势，应由缔约国告知委员会所称事实是否正确，或者干脆说这些事实并不表明《公约》被违反。委员会在过去的判例中已明确表示，如果缔约国不能回答或说明有关情况，那么这些情况可能使委员会设想事实有利于提交人一方。本案中的相关因素是，德尔加多先生一直在教学和就业问题上与当局持久对峙。他受到刑事指控——后来确定并无根据，还被停职、工资冻结……此外，人人皆知他对莱提希亚的教会和教学当局提出过各种控诉……与这些因素相联系的是他的生命受到威胁。如果当事国既不否认威胁，也不与委员会合作以解释有关当局是否了解这些情况，以及如果了解，采取了哪些措施，那么委员会当然势必断定指控正确，即威胁众所周知但当局无动于衷。因此，在充分理解哥伦比亚的局势的情况下，委员会认定，缔约国未采取或未能采取适当措施确保德尔加多先生根据第9条第1款享有的人身安全的权利。

需要注意的是，委员会承认哥伦比亚令人震惊的安全局势可能影响了其政府为个人提供保护的能力。尤其是，委员会"充分理解哥伦比亚的局势"，并且指出哥伦比亚可能"无法采取"适当的措施以保护德尔加多先生。尽管如此，哥伦比亚仍被认定为违反了第9条第1款。

第十一章　免受无理拘禁的自由

[11.04] 人权事务委员会在德尔加多·帕埃兹案中的决定表明，人身安全权独立于对自由的保障，而且这一方面在以下案件中得到了遵循：巴瓦利亚诉赞比亚（*Bwalya v Zambia*，314/1988）、巴哈蒙德诉赤道几内亚（*Bahamonde v Equatorial Guinea*，468/1991）、特西西姆比诉扎伊尔（*Tshishimbi v Zaire*，542/1993）、利宏诉牙买加（*Leehong v Jamaica*，613/1995）、迪亚斯诉安哥拉（*Dias v Angola*，711/1996）、崇维诉赞比亚（*Chongwe v Zambia*，821/1998）、吉梅内兹·瓦卡诉哥伦比亚（*Jiménez Vaca v Colombia*，859/1999）、恩贾鲁诉喀麦隆（*Njaru v Cameroon*，1353/2005）、古纳拉特纳诉斯里兰卡（*Gunaratna v Sri Lanka*，1432/2005）和拉贾帕克斯诉斯里兰卡（*Rajapakse v Sri Lanka*，1250/2004）。

[11.05] **贾亚瓦德内诉斯里兰卡**（*Jayawardene v Sri Lanka*，916/2000）该案的提交人是斯里兰卡的一位议员，其申诉如下：

3.1. 提交人申诉说，斯里兰卡总统在国有媒体上指控他与泰米尔伊拉姆猛虎组织有联系，使他的生命处于危险之中。他诉称，这些指控等于骚扰，是因为他曾设法提请人们注意斯里兰卡的人权问题。他还诉称，由于总统享有豁免权，他无法起诉总统。

3.2. 提交人诉称，尽管他收到了死亡威胁，但缔约国没有向他提供足够的保安，以保护他的生命。

3.3. 提交人还诉称，缔约国没有调查他向警察提出的关于收到死亡威胁问题的任何投诉。

提交人对在总统表示其指控之后他所收到的死亡威胁，叙述了细节。人权事务委员会同意该案中存在对第9条的违反：

7.2. 提交人诉称，斯里兰卡总统的公开指控使他的生命处于危险之中。对此，委员会注意到，缔约国没有反驳总统确实发表过这些言论，而只是否认提交人在总统指控后收到死亡威胁。但是，根据提交人提出的详细材料，委员会认为，应该适当重视提交人关于在有关言论发表后他收到死亡威胁和担心生命安全的申诉。出于这些理由，也因为有关言论是国家首脑在享受缔约国规定的豁免权的情况下发表的，所以委员会认为，缔约国对提交人根据《公约》第9条第1款享有的人身安全权受到侵犯负有责任。

7.3. 提交人诉称，缔约国没有调查他向警方提出的关于收到死亡威胁的申诉，侵犯了他根据《公约》享有的权利。对此，委员会注意到，缔约国辩称，提交人没有收到任何死亡威胁，缔约国也没有收到有关此类威胁的申诉或报告。但是，缔约国没有提供任何具体论据或证据反驳提交人关于至少两次向警方申诉的详细陈述。在这种情况下，委员会的结论是，缔约国没有调查提交人生命受到的威胁侵犯了他根据《公约》第9条第1款享有的人身安全权。

第9条第1款导致的"调查"义务对应了在生命权[2]和免受酷刑、不人道和侮辱性待遇[3]方面，类似的调查义务。

[11.06] 德尔加多·帕埃兹案和贾亚瓦德内案的决定也表明，国家有义务保护个人的人身安全权不受私人攻击。这一点对于例如被跟踪的人或处于受攻击的现实风险中的人（如经常受配偶殴打者），十分重要。[4] 当然，当对人身安全的威胁来自具有政府权力的人时，这一权利也会启动。[5]

[11.07] **奥波德金斯基诉加拿大**（*Obodzinsky v Canada*，1124/2002）

提交人申诉之事是，加拿大以其通过欺诈手段获得公民身份为由，对他提起了取消国籍的诉讼。尤其是，加拿大怀疑他是第二次世界大战时的战犯。提交人诉称，提起这种诉讼威胁了他的人身安全，特别是他的健康，因为他年事已高、原来就有健康问题。人权事务委员会认定这一申诉不可受理：

8.5. 委员会认为，提交人没有表明缔约国对他提起的诉讼如何构成对其根据第9条享有的人身安全权的侵犯；只是对一个人提起司法诉讼

2　见第［8.16］及以下各段。

3　见第［9.161］及以下各段。另见第［25.11］及以下各段。

4　在这一方面，参见委员会在对波兰的结论性意见中表达的关切，有关家庭暴力的程度，以及"短缺提供遭受家庭暴力的家庭成员的旅社和庇护所"：(1999) UN doc CCPR/C/79/Add. 110, para 14。另见对格鲁吉亚的结论性意见，(2002) CCPR/CO/74/GEO, para 14；第［9.57］段。

5　See also eg *Tshishimbi v Zaire*（542/1993），para 5.4；*Chongwe v Zambia*（821/1998），para 5.3；*Marcellana and Gumanoy v Philippines*（1560/2007），paras 7.6 – 7.7；*Peiris v Sri Lanka*（1862/2009），para 7.5。

并不直接影响此人的安全,而对此人健康的间接影响也不能归纳到"人身安全"的概念之中。……

"自由"权

[11.08] 人权事务委员会第 8 号一般性意见*阐述了第 9 条第 1 款中自由权的含义:

> 1. 各缔约国的报告对规定人身自由和安全的权利的第 9 条,经常理解得有些狭窄,因此它们提供的资料不够完整。委员会指出,第 1 款适用于剥夺自由的一切情况,无论是在刑事案件中,还是在诸如有关精神病、流浪、吸毒成瘾、教育目的、移民管制等的其他情况中。诚然,第 9 条的某些规定(第 2 款的一部分和第 3 款全部)仅适用于对之提出刑事指控的人。然而,其他的规定,特别是第 4 款阐明的重要保障,即有权由法庭决定拘禁是否合法,适用于因逮捕或拘禁而被剥夺自由的任何人。此外,依照第 2 条第 3 款的规定,缔约国也必须确保,在个人声称其被剥夺自由违反了《公约》的其他情况下,向其提供有效的救济。

[11.09] 人权事务委员会在这一方面处理的案件大部分有关为刑事司法之目的实行的拘禁。不过,有若干案件有关为移民管理目的实行的拘禁,如托雷斯诉芬兰案(*Torres v Finland*, 291/1988)[11.75] 和 A 诉澳大利亚案(*A v Australia*, 560/1993)[11.24]。沃兰纳诉芬兰案(*Vuolanne v Finland*, 265/1987)则有关为军纪惩戒而实行的拘禁 [11.89]。A 诉新西兰案(*A v New Zealand*, 754/1997)有关为治疗精神病而实行的强制拘禁 [11.22]。在对摩尔多瓦共和国的结论性意见中,委员会谈到了强制性防疫隔离措施:**

> 13. 委员会关切地注意到,根据 2009 年 8 月颁布的一项条例,肺结核患者在被认为"逃避治疗"的情况下可受到强制拘禁。尤其是,该条

---

* 第 8 号一般性意见已经被 2014 年发布的第 35 号一般性意见所取代。
** (2009) UN Doc CCPR/C/MDA/CO/2.

例没有说明什么情况构成"逃避治疗",也没有规定,除其他外,需要为患者保密或可以对强制拘禁患者的决定进行司法审查(第2、9、26条)。

缔约国亟须审查这一措施以使其符合《公约》,确保因公共卫生考虑而采取的任何强制性措施与尊重患者的权利取得适当平衡,保证司法审查和为患者保密,以及以其他方式确保肺结核患者得到人道对待。

[11.10] **色雷泊利诉瑞典**(*Celepli v Sweden*, 456/1991)

在该案中,色雷泊利无法在瑞典自由旅行,因为他被局限在一定的城市范围之内。缔约国提出的意见如下:

4.6. 缔约国辩称,保护个人的自由与安全权利的《公约》第9条禁止非法逮捕和拘禁,但不适用于仅仅对第12条所述及的迁徙自由的限制。缔约国辩称,对提交人的迁徙自由的限制并没有严重到其状况可以被定性为《公约》第9条含义之内的剥夺自由的程度。此外,提交人可以自由地离开瑞典前往他所选择的另一个国家。

提交人回应说:

5.3. 对于缔约国的主张,即对他的迁徙自由的限制不能被认为已经严重到构成对自由之剥夺的地步,提交人称,如果居住限制的时间很长或者具有严重后果,这种限制就可以被认为是剥夺自由。他声称,他的状况如此严重——受到居住限制将近7年、连续5年必须每周向警察报到3次,已经相当于《公约》第9条含义之内的剥夺自由。

人权事务委员会认定,根据第9条提出的申诉"不符合"《公约》,[6] 因此在这一点上显然认同缔约国的意见。同样,在卡克尔诉法国案(*Karker v France*, 833/1998)中,一项强制性的居住令,加上对提交人在法国之内迁徙的限制,没有引起第9条的问题。[7] 由此看来,第9条只适用于严重剥夺自由的情况,诸如关押在某一建筑中(如某人的住宅[8]、监狱、精神病机构、

---

[6] 在委员会意见的第6.1段。
[7] 在委员会意见的第8.5段。
[8] 见第28号一般性意见,第14段。See also *Gorji-Dinka v Cameroon* (1134/2002), para 5.4; *Sultanova v Uzbekistan* (915/2000), para 7.8; *Yklymova v Turkmenistan* (1460/2006).

移民拘禁中心),[9] 而非限制一个人在一国之内甚至一个更小的地点之内自由迁徙的能力,后面这些情况将引起有关第12条而非第9条的问题［12.03］。在对英国的结论性意见中,委员会指出,实施"宵禁达16小时"的一种限制性的"控制令"制度引起了有关第9条的问题,但是委员会没有提到第12条［11.37］。

合法性的要求

［11.11］对于第9条规定的自由权,有两项可予允许的限制。首先,剥夺自由必须"依法定理由及程序"。因此,逮捕和随后的拘禁必须由法律明确授权并予以充分界定。[10] 其次,法律本身及其执行不得是无理的。如同《公约》所规定的其他情况一样,禁止"无理"剥夺自由比禁止"非法"剥夺自由更进一步,因为"无理性"是一项超越了而非内在于法律的原则。[11]

［11.12］"非法"逮捕的一个例证发生在多姆科沃斯基等人诉格鲁吉亚案（*Domukovsky et al. v Georgia*, 623–624/1995, 626–627/1995）中。提交人之一在阿塞拜疆领土上被格鲁吉亚特工绑架,违反了阿塞拜疆法律。[12] 实际上,该案看来证实的一点是,逮捕在实行逮捕国的法律和逮捕发生国的法律中,都必须是"合法的"。当然,在大部分情况中,这两者是同一个国家。[13]

［11.13］在埃斯莱依诉哈萨克斯坦案（*Israil v Kazakhstan*, 2024/2011）中,提交人在等待被引渡时,被拘禁了11个月,而根据哈萨克斯坦的法律,这

---

9 诺瓦克提到了"某一狭窄的、受限制的场所"中的拘禁。Nowak, *UN Covenant on Civil and Political Rights: CCPR Commentary*, 212.

10 Y Dinstein, 'Right to Life, Physical Integrity, and Liberty', in L Henkin (ed), *The International Bill of Rights* (Columbia University Press, 1981), 130; 另见第［16.06］及以下各段。

11 对于"无理"的含义,另见第［8.04］段和第［16.10］段。但是,参见委员会在A诉澳大利亚案（*A v Australia*, 560/1993）和C诉澳大利亚案（*C v Australia*, 900/1999）中,就第9条第4款,对于"合法"之含义的决定——基本上将其等于并非"无理"（第［11.91］及以下各段）。

12 在委员会意见的第18.2段。

13 参见本书有关各国之领土管辖权的第四章。See also *Gridin v Russian Federation* (770/1997), para 8.1.

种情况只允许拘禁3个月。因此，人权事务委员会认定第9条第1款被违反。[14]

[11.14] 在对特立尼达和多巴哥的结论性意见中，人权事务委员会关切的是，在执行逮捕的权力方面，给予警察的酌处范围太宽泛：[*]

16. 委员会对《警察法》第15章第1节的规定表示关切，该节允许警察在许多情况下，无须逮捕证即可逮捕人员。该法对这些情况的规定含糊其词，给予警察运用这一权力的过于宽松的机会。

委员会建议缔约国在立法中列明限度，以使之符合《公约》第9条第1款。

特立尼达的这一法律有可能没有达到"合法性"的要求，因为从第9条第1款的目的来看，警察的权力没有得到充分界定。换一个角度看，这一法律也有可能不符合禁止无理逮捕的要求，因为这种宽泛的酌处范围没有针对无理情况提供充分保障。

"无理"拘禁

[11.15] 第9条第1款语境中的无理性的含义在以下案件中得到了考虑：
范·阿尔芬诉荷兰（*Van Alphen v the Netherlands*，305/1988）

提交人是一位荷兰律师，因涉嫌是伪造和提交造假的所得税申报表的同谋或从犯而被逮捕。提交人被拘禁九个多星期，当局的意图是迫使他提供有关其某些客户的信息。提交人诉称，对他的逮捕和拘禁是无理的，违反了——除其他外——《公约》第9条第1款。他认为，对他的逮捕和拘禁被有意用来压迫他提供能够用于调查他或他的客户的信息。人权事务委员会在认定《公约》第9条第1款被违反时，提出如下意见：

5.6. 委员会所要处理的主要问题是，从1983年12月5日到1984年2月9日对提交人的拘禁是否是无理的。毋庸置疑的是，荷兰司法当

---

[14] 在委员会意见的第9.2段。

[*] (2000) UN doc CCPR/CO/70/TTO.

局在多次确定是否延长对提交人的拘禁期限时，遵循了《刑事诉讼法》规定的关于审前拘禁的规则。仍需确定的是，是否有其他因素使得本来合法的拘禁成为无理的，以及提交人是否享有一种绝对的权利，即使在刑事调查的情况下，也可以援引其保密的职业义务。

5.7. 在本案中，委员会审查了缔约国列举的、将提交人的拘禁期限延长至九个多星期的理由。委员会认为，保护律师与其委托人之间关系的这一特权，乃是属于大多数法律制度的原则。但这一特权的目的在于保护委托人，而在目前正在审议的案件中，委托人放弃了这一特权。委员会不清楚委托人在何种情况下决定撤销在该案中的保密义务。不过，提交人本人就是一名嫌疑人，因此，尽管他已经被解除保密义务，但他也没有义务在一起针对他自己的案件中协助国家。

5.8. 第9条第1款的起草历史证实，"无理"并不等同于"违法"，而必须加以更为广泛的解释，以包括不适当、不公正和缺乏可预见性等因素。这意味着依法逮捕后的还押候审在任何情况下都必须不仅合法，而且合理。另外，还押候审必须是在任何情况下都必要的措施，例如是为了防止逃跑、干扰证据和再次犯罪。缔约国没有表明在本案中存在这些因素。事实上，缔约国声称提交人被持续拘禁的理由是，"申诉人始终援引他保守秘密的义务，尽管事实是有关当事人业已解除他在这方面的义务"，以及"刑事调查的重要性使得有必要为了随时讯问他的理由而拘禁提交人"。尽管提交人保密的职业义务已被免除，但他并没有义务提供这种合作。委员会因此认定，所提出的事实表明了对《公约》第9条第1款的违反。

[11.16] 即使某人最初被逮捕不是无理的，但随后的拘禁期间也可能违反第9条第1款。在斯帕科莫诉挪威案（*Spakmo v Norway*，631/1995）中，提交人因为没有遵守警察的命令——停止在某一特定场所的破坏行为——而被逮捕了两次。这两次逮捕都符合第9条第1款。不过，挪威未能表明在第二次逮捕斯帕科莫后，将其拘禁8小时是合理的，因此第二次拘禁违反了第9条第1款。[2]

2　在委员会意见的第6.3段。

[11.17] 其他违反第 9 条第 1 款的例证包括：囚犯在服满刑期后仍被拘禁[3]或在司法当局下令将其释放后仍被拘禁[4]，国家行为者非法绑架的事件[5]，拘禁与国内法相抵触的情况[6]，以及有人因其政治观点而被逮捕的情况[7]。在特匈戈·阿·米南加诉扎伊尔案（*Tshiongo a Minanga v Zaire*，366/1989）中，提交人被拘禁了半天，显然是出于政治迫害。这一拘禁尽管时间相对短暂，但违反了第 9 条第 1 款。[8] 另外，人权事务委员会还批评了伊朗伊斯兰共和国"要求被拘禁者悔过，以此作为从羁押中释放的条件"的情况。[9] 在对乌克兰的结论性意见中，委员会谴责了对流浪者实行"行政拘禁"的做法。[10]

[11.18] **塔莱特诉阿尔及利亚**（*Taright v Algeria*，1085/2002）

8.3.……审前拘禁应是例外情况，除了存在被告潜逃或销毁证据、影响证人或从缔约国管辖范围逃离的可能性的情况外，都应准许保释。第 9 条第 1 款的起草历史证实，"无理"并不等同于"违法"，而必须加以更为广泛的解释，以包括不适当、不公正、缺乏可预见性和非法等因素。此外，在合法逮捕后持续的审前拘禁不仅必须合法，而且还必须在各方面都合理。……

无正当理由的审前拘禁，包括无理拒绝保释，在塔莱特案以及马利尼奇诉白俄罗斯案（*Marinich v Belarus*，1502/2006）[11] 和库洛夫诉吉尔吉斯斯坦案（*Kulov v Kyrgysztan*，1369/2005）中，都被认定为违反了第 9 条第 1 款。这一情况也侵犯了第 9 条第 3 款规定的更为具体的权利［11.64］。

---

3 See eg *Weismann and Perdomo v Uruguay* (8/1977).

4 See eg *Bazzano v Uruguay* (5/1977), *Ramirez v Uruguay* (4/1977), *Carballal v Uruguay* (33/1978), *de Bouton v Uruguay* (37/1978), *Jijón v Ecuador* (277/1988).

5 *López Burgos v Uruguay* (52/1979), *Casariego v Uruguay* (56/1979).

6 *Bolaños v Ecuador* (238/1987); *Gómez Casafranca v Peru* (981/2001), para 7.2.

7 See eg *Portorreal v Dominican Republic* (188/1984), *Mukong v Cameroon* (458/1991), *Blanco v Nicaragua* (328/1988). 在早期针对乌拉圭的案件中，政治迫害看来也是许多拘禁背后的动因。

8 另见吉里诉多米尼加共和国案（*Giry v Dominican Republic*,193/1985）中少数委员的意见，他们认定，提交人在被迫登上一架飞往美国的航班之前被拘禁 2 小时 40 分钟违反了第 9 条第 1 款。多数委员根据《公约》第 13 条处理了该案（见第［13.25］段）。

9 委员会对伊朗伊斯兰共和国的结论性意见，(1993) UN doc CCPR/C/79/Add. 25, para 11。

10 (1995) UN doc CCPR/C/79/Add. 52, para 13。

11 在委员会意见的第 10.4 段。

第十一章　免受无理拘禁的自由

[11.19]　**里斯诉牙买加**（*Reece v Jamaica*，796/1998）

提交人的死刑被牙买加总督（女王的代表）减为终身监禁，随附的命令是，在七年内不得决定其不得假释的刑期的长度。之所以减刑是基于高等法院的一项裁决，该裁决指出，执行对提交人的死刑将是违宪的。[12] 提交人诉称：

> 3.7. ……提交人……未收到任何通知，说明减刑决定是在哪里或如何做出的，而且他与其律师都没有机会对不得假释期提出口头或书面意见。他未被告知，总督审议了哪些材料或问题，或适用了什么原则，而且改判程序并未公开进行。此外，在审议他的不得假释期问题时，据称未考虑提交人在减刑前已服的刑期（超过12年），据说这侵犯了他根据《公约》第9条第1款享有的权利，因为他遭到了无理拘禁。他辩称，将其死刑减刑的决定实际上是原先判刑程序的延续，而在减刑时，本来就应确定不得假释期。……

人权事务委员会认定不存在对第9条第1款的违反：

> 7.7. ……委员会不赞同以下看法，即将死刑改为终身监禁并有可能在今后得到假释，是具有无理色彩的"重新判刑"。由此结论而来的是，提交人按照原判刑期——经减刑决定修改——继续受到合法拘禁，而且并不产生任何违反第9条的拘禁问题。……[13]

[11.20]　现在，越来越多的拘禁事宜被外包给私营公司。人权事务委员会就此现象对危地马拉提出的评论是：[14]

> 16. 令委员会遗憾的是，维护公民安全的职能被日趋承包给既未经适当注册，也不受控制的私营公司。委员会还注意到，该国通过了《私营保安公司法》，并设立了"私营保安业务局"。然而，令委员会遗憾的是，这一法律中有些不确切的规定，而该业务局尚未获得履行其职责必需的资金和体制支持（第6、7、9条）。

12　See *Pratt and Morgan v Attorney General for Jamaica* [1994] 2 AC 1，对该案的讨论载，*Kennedy v Trinidad and Tobago* (845/1998)，para 6.3[26.31]。

13　委员会还拒绝认定存在对第14条第1款的违反［14.20］。

14　(2012) CCPR/C/GTM/CO/3.

该缔约国应通过实施管制私营保安业务的第 52-2010 号法令，确保对这些私营保安业务的注册和管控。在这一方面，缔约国应为私营保安业务局提供必要的履职资金。缔约国还应确保，私营保安要服从公共安全，并为遭受私营保安公司行为之侵害的受害者提供诉诸司法之可能和获得有效补救之机制。缔约国应采取措施，防范曾参与侵犯人权的人员在私营保安队中履职。

精神病机构中的拘禁

[11.21] **菲加尔考斯卡诉波兰**（*Fijalkowska v Poland*, 1061/2002）

在一场审理后——提交人在其中自我代表，提交人被违反其意志而送交精神治疗。人权事务委员会认定这种非自愿送交治疗违反了第 9 条第 1 款：

8.2. 对于缔约国将申诉人关进精神病机构是否违反了《公约》第 9 条，委员会指出其先前的判例，即在精神病机构违背患者意愿对其治疗构成《公约》第 9 条所述剥夺自由的一种形式。[15] 至于关进医院是否合法的问题，委员会指出，这是依据《精神健康保护法》相关条款实施的，因此是合法的。

8.3. 关于将提交人关进医院可能无理的问题，委员会认定，缔约国称依据上述法律，提交人被认为精神健康状况恶化，无法照顾其基本需求，而与此同时，她又被承认具备可为她本人行事的法律能力，这两方面难以自圆其说。至于缔约国的主张即"精神病不可等同于缺乏法律能力"，委员会认为，将某一个人关进精神病机构，即相当于承认该个人在法律或其他方面的能力已减损。委员会认为，缔约国尤其有义务保护其管辖范围内的弱势者，包括精神受损者。委员会认为，由于提交人的能力减损——这有可能影响她本人有效地参与诉讼的能力，法院本应确保她在整个诉讼过程中以充分保障她权利的方式得到援助或代理。……委员会承认，有可能出现这样的情况：当事人的精神健康受损程度极为严重，因此为避免伤害该个人或他人，在未提供足以保障其权利的援助

15　See *A v New Zealand* (754/1997) [11.22].

或代表的情况下,下达将其关进医院的判令不可避免。本案中,并未出现这样的具体情况。基于这些原因,委员会认定,将提交人关进医院是《公约》第 9 条第 1 款所述的无理情况。

[11.22] **A 诉新西兰**(*A v New Zealand*, 754/1997)

在该案中,提交人最初因攻击和恐吓的罪名被判处监禁。在监禁中,根据《新西兰精神卫生法》,他被送到一所医院的高度安全戒备区域拘禁。提交人主张,新西兰违反了第 9 条第 1 款,因为他从 1984 年到 1993 年被非法和无理地监禁在精神病机构中。他特别提出了如下申诉:

3.1. 提交人声称,根据《精神卫生法》对他的最初拘禁是非法的,而且法官在不相信他精神错乱的情况下,还无理地、非法地行事,而没有释放他。

3.2. 他进一步争辩说,由一个精神科医生小组每年复查他是不公平的,因为他看不到他们依据的那些文件,也不能为自己请任何证人。他认为,这些听证都是通过精心安排的,以继续对他的非法拘禁。

3.3. 为了支持这一看法,提交人说,许多精神科医生都证明他没有精神病,无须送进精神病院。他强调,尽管有医学证据表明他的精神状态不需要继续拘禁,而且他也没有犯下任何暴力行为,但对他的拘禁仍继续。他争辩说,如果在他开始被拘禁在艾丽斯湖医院后的任何时间点上,他精神错乱,那么其起因是,他被非法和不当地与一些有暴力行为历史的、他觉得受其威胁的精神病患者拘禁在一起。

人权事务委员会认定,不存在对第 9 条第 1 款的违反:

7.2. 委员会考虑的主要问题是,根据《精神卫生法》从 1984 到 1993 年对提交人的拘禁是否违反了《公约》,特别是第 9 条。委员会注意到,按照《精神卫生法》对提交人的评估是在他表现出威胁和攻击行为后作出的,而且入院令是根据三位精神科专家的意见依法颁布的。再者,一个精神科专家小组继续定期地检查提交人的情况。因此,委员会认为,剥夺提交人的自由既不非法也不无理,没有违反《公约》第 9 条第 1 款。

波卡尔和舍伊宁在其单独意见中同意,不存在对第 9 条第 1 款的违反:

我们赞同委员会所持的总的出发点。根据《公约》第 9 条,在精神病机构违背患者意愿对其治疗构成《公约》第9条所述剥夺自由的一种形式。在个案中,这样的拘禁也许有正当理由,国内法应该规定对一个人实行强制性精神病治疗的标准和程序。因此,这种治疗可以被看作符合第9条第1款之规定的一种对自由的正当剥夺。

强制性精神病治疗作为剥夺自由的一种形式的特别性质在于,只要存在能够证明该治疗乃是必需的医疗标准,那么这种治疗就是正当的。为了避免使强制性精神病治疗成为第9条第1款所禁止的无理拘禁,必须有一种制度对继续拘禁某个人的医学和科学依据进行强制的、定期的审查。

在本案中,我们满意地看到,如在本案中所适用的新西兰法律符合第9条第1款的要求。存在由一个精神科专家委员会对提交人进行定期专家审查的制度。虽然一年一次的检查似乎不算经常,但本案的实际情况无法支持这样的结论,即这种情况本身违反了《公约》。

[11.23] 在对捷克共和国的结论性意见中,人权事务委员会表示关切的是,一个人很容易违背其意志而被关入精神病机构:[16]

14. 委员会表示关切的是,可以仅仅基于有"精神疾病的迹象"就将人关进精神病院。令委员会遗憾的是,法院对精神病机构接收病人情况的审查没有充分确保尊重病人的意见,而且监护权有时会指定给不与病人见面的律师(第9条和第16条)。

缔约国应当确保不再发生医学上不必要的精神病关押,确保所有不具备完全法律行为能力的人被置于真正代表和维护他们愿望和利益的监护下,并确保在此种情况中,对卫生机构接受和关押此类病人的合法性作有效司法审查。

移民拘禁

[11.24] **A 诉澳大利亚**(*A v Australia*, 560/1993)

提交人是一位柬埔寨国民,他和25名其他柬埔寨国民一道,乘船于

---

[16] (2007) UN doc CCPR/C/CZE/CO/2. 另见委员会的结论性意见:俄罗斯联邦,(2009) UN doc CCPR/C/RUS/CO/6, para 19;比利时,(2010) UN doc CCPR/C/BEL/CO/5, para 19;保加利亚,(2011) UN doc CCPR/C/BGR/CO/3, para 17。

1989 年 11 月 25 日抵达澳大利亚，但没有签证。他到达后不久即申请难民地位，但其申请于 1990 年被"决定难民地位委员会"拒绝。提交人继续诉请得到难民地位，同时使用各种法律机制以防澳大利亚政府将他递解出境。在决定其能否得到难民地位的整个期间即四年多的时间里，提交人都被拘禁。最终，在 1994 年 1 月，提交人被释放并得到了一份基于人道理由的入境许可。提交人诉称，他受到了第 9 条第 1 款含义之内的无理拘禁：

3.3. 提交人的律师辩称，缔约国拘禁船民的政策不适当、不公正而且无理，因为其主要目的是阻遏其他船民来澳大利亚，也是为了阻遏那些已在该国的人继续提出难民地位申请。新法律的适用据称相当于"对人之威慑"，它依据的是这样一种做法：一律拘禁符合这些条件的寻求庇护者，其期限如此之长，以至于可能的寻求庇护者被吓得甚至不敢申请难民地位，而现在的寻求庇护者则一切无望，只好回老家。

3.4. 据说拘禁提交人没有任何站得住脚的理由……。此外，拘禁的时长——截至 1993 年 6 月 20 日共 1299 天，即 3 年零 204 天——可以说相当于违反了第 9 条第 1 款。

对于拘禁提交人的正当理由，澳大利亚陈述如下：

7.1. 缔约国……忆及，澳大利亚拘禁未获准许之抵达者的政策是其移民政策的一部分，其理论根据是确保未获准许之入境者，直到据称这样做的权利得到适当评估并被认为可作为入境的正当理由之前，不进入澳大利亚社会。拘禁是试图确保未经准许进入澳大利亚领土的任何人留在该国的任何要求都能受到审查，而如果该要求被拒绝，即可能被驱逐。缔约国指出，自 1989 年末以来，在澳大利亚海岸登陆的个人提出的难民地位申请的数量骤然增多、前所未有。这导致对申请人的拘禁时间严重拖长，并导致确定申请上岸保护签证的法律和程序的改革。

7.2. 至于拘禁的必要性，缔约国忆及，1990 年和 1991 年初登上澳大利亚海岸的未经准许的抵达者都被关押在无围栏的移民膳宿旅馆，但需要报告。不过，由于一些被拘禁者潜逃，而且难以获得当地民族社区的合作来查出未履行其报告义务的个人，所以必须使保安安排升级；1991 至 1993 年 10 月，有 59 名乘船到达的人从拘禁中逃跑。至于被允许居住在社区中、其难民地位申请正在确定的个人，据指出，在被拒绝难民地位的一批 8000 个人中，约 27% 仍没有任何许可即非法留在澳大利亚领土上。

7.3. 缔约国指出，应根据其全面而详细地审议难民申请要求以及有广泛的机会可质疑关于难民地位要求的不利决定这些方面，来审议其关于强制拘禁某些在边界上提出申请的人的政策。鉴于本案的复杂性、缔约国为收集关于柬埔寨境内不断变化的局势的资料和 A 的法律顾问提出陈述花费的时间，提交人被拘禁的期间不算过长。此外，A 的拘禁条件并不恶劣、不像监狱，也没有其他过分的限制。……

7.5. 至于依据第 9 条第 1 款提出的申诉，缔约国辩称，对提交人的拘禁是合法的，从任何根据来看都不是无理的。A 未经获准即进入澳大利亚，并随后申请基于难民地位留下的权利。最初，他被关押以等待对其申请的审查。他后来被拘禁是因为他对拒绝其申请的决定（这使其可被递解出境）提出上诉。拘禁被认为是必要的，主要是为了防止他潜逃进入澳大利亚社会。

7.6. ……缔约国辩称，在提交人一类的案件中，拘禁并非不成比例或不公正；拘禁也是可以预测的，因为可适用的澳大利亚法律已得到广泛宣传。对于缔约国来说，律师的论点，即拘禁未经准许即进入澳大利亚的个人本身就不适当，未得到《公约》任何规定的证实。

人权事务委员会作出了有利于提交人的如下决定：

9.2. 关于第一个问题，委员会忆及，"无理"的概念决不能等同于"违法"，而应加以更为广泛的解释，以包括诸如不适当和不公正等因素。此外，如果从本案的所有情节来看并非必要，例如为了防止潜逃或妨碍证据，那么还押候审可被认为是无理的：在这种情况中，比例适当因素就具有了相关性。然而，缔约国以提交人非法进入澳大利亚的事实，以及如果让申请人自由，这会被认为鼓励他潜逃，来试图证明拘禁提交人正当合理。对于委员会，问题是这些理由是否足以证明无限期的、漫长的拘禁正当合理。

9.3. 委员会同意，提交人关于拘禁要求庇护的个人本身即属无理的指控没有根据。委员会也不能认定,对于有一项习惯国际法规则使所有此等拘禁均为无理的论点,存在任何支持。

9.4. 然而,委员会指出,每一项拘禁个人的决定均应受到定期审查,以便可以评估证明拘禁为正当合理的理由。无论如何,拘禁都不应超出该国可提供正当理由的时期而持续。例如,非法入境的事实表明有必要进行调查,而且还可能有一些与个人有关的其他特定因素,如可能潜逃和不予合作,这都可能成为拘禁一段时间的正当理由。缺乏这种因素,就可将拘禁视为是无理的,即使入境非法,也是如此。在本案中,缔约国没有提出与提交人的案件有关的任何特定理由,来证明连续拘禁他四年且在此期间将他在不同的拘禁中心之间转移是正当合理的。因此委员会的结论是,提交人被拘禁四年多属于第 9 条第 1 款含义之内的无理。

委员会并没有谴责移民拘禁的概念本身,也没有明确谴责拘禁提交人的超长期限。委员会尤其关注的是,对于在等待递解出境时拘禁他的必要性,显然没有考虑他的个人情况。委员会实际上谴责的,是缔约国拘禁所有处于提交人之情况中的人(所谓"船民")这种一揽子政策。[17]

[11.25] **C 诉澳大利亚**(*C v Australia*,900/1999)

如同 A 诉澳大利亚案中的情况一样,提交人 C 在未获准许即进入澳大利亚并随后申请庇护之后,在等待根据澳大利亚法律决定其是否有权获得庇护之前,被强行拘禁。提交人诉称,以类似于 A 诉澳大利亚案中的方式将其拘禁,违反了第 9 条第 1 款。澳大利亚试图证明拘禁提交人的理由如下:

4.26. 缔约国强调,强制性移民拘禁是一项特殊措施,主要针对未经准许即抵达澳大利亚的人。必须确保进入澳大利亚的人有权入境,还要确保维护移民制度的完整。拘禁未获准许的抵达者,确保了在其申请得到适当评估并被认为可作为入境的正当理由之前,他们不进入澳大利亚。这种拘禁还可以使官员切实地接触这些人,以及时调查并处理他们

---

[17] 在这一方面,另见委员会谴责"对于那些被判定犯有集体罪行者的集体惩罚":对利比亚的结论性意见,(1999) UN doc CCPR/C/79/Add. 101, para 12。

的申请；如果申请无正当理由，则需尽快将这些人递解出境。缔约国认为，拘禁未获准许的抵达者的做法符合主权国家的基本权利，包括国家控制人员入境的权利。由于该缔约国没有身份证或类似的用来获得社会服务的证件制度，所以与有这种制度的国家相比，查明、监督和拘捕社会中的非法移民更加困难。

4.27. 缔约国的经验表明，除非实行严加控制的拘禁，否则被拘禁者很可能会潜逃到社会中。曾经发生过这样的情况，即一些被关押在无围栏的移民膳宿旅馆、需要报告的未经准许的抵达者潜逃。而且难以获得当地民族社区的合作来查出这些潜逃者。因此，缔约国有理由认为，如果不拘禁这些人，而是将他们暂时释放到社会中，他们会有极强的动机不遵守释放条件并消失在社会中。缔约国重申，一切入境或居留申请都逐个得到全面考虑，因此根据所有这些情况，拘禁未获准许抵达者的政策是合理、成比例和必要的。所以，拘禁提交人所依据的规定虽然要求强制性拘禁，但不是无理的，因为基于上述理由，这些规定正当合理、比例相称。

4.28. 此外，拘禁提交人的个别因素也表明不存在无理性。他抵达时持的是旅游签证，但是没有回程机票；在机场接受盘问时，被发现在其签证申请表上提供了一些假情况。例如，他声称其父母都居住在伊朗，而事实上其父已故，母亲则居住在澳大利亚并曾申请难民地位。他还说为这次旅行准备了5000美元，但是抵达时却身无分文，并在接受盘问时在这个问题上撒谎。他曾为能够获得签证而购买了回程机票，但一拿到签证后便将回程机票兑成了现金。因此，有理由怀疑，如果允许他进入澳大利亚，他将会成为一名非法入境者。所以，拘禁他为防止他潜逃是必要的，与所寻求之目的并非比例不相称，而且也不是不可预料的，因为有关的拘禁规定已经生效和公布一段时间。……

4.31. 缔约国不同意委员会在A诉澳大利亚案中的意见，指出提交人的案件与A案在事实方面存在显著差别。首先，拘禁时间短了许多（约26个月，而非4年）。其次，处理初次申请的时间短了许多（不到6个星期，而不是77个星期）。再次，本案中无任何迹象表明，拘禁的期限和条件妨碍了提交人获得法律代理或家人探视的机会。最后，通过行使行政酌处权，他实际上已经从通常的拘禁地点释放，交由其家人照顾和监护。

人权事务委员会重申了其在 A 诉澳大利亚案中的立场，并作出了有利于提交人的认定：

> 8.2. 关于与第一阶段的拘禁有关的各项指控，首先就第 9 条第 1 款来看，委员会忆及其判例是，为了避免被定性为无理，拘禁都不应超出该国可提供合适理由的时期而持续。就本案而言，提交人作为无入境许可的非公民被强制性拘禁，直到他被驱逐或获得许可。虽然缔约国提出了详尽理由来证明这一拘禁合理（第 4.28 段及后面的段落），但委员会注意到，缔约国没能证明，鉴于过去的时间和各种干扰情况，这些理由能证明对提交人的继续拘禁正当合理。尤其是，缔约国没有表明，鉴于提交人的特殊情况，不存在侵扰性较小的办法来实现同一目的，即通过例如施予报到义务、保证金或其他能够顾及提交人不断恶化的健康状况的办法，来遵行缔约国的移民政策。委员会认为，根据这些情况，无论最初拘禁的理由是什么，持续拘禁移民长达两年以上且不容个人辩解、没有实际司法复审的任何机会，是无理的并构成对第 9 条第 1 款的违反。

[11.26] 基于和 A 诉澳大利亚案、C 诉澳大利亚案同样的理由，人权事务委员会在以下案件中认定澳大利亚违反了第 9 条第 1 款：巴班诉澳大利亚（*Baban v Australia*，1014/2001）、沙菲克诉澳大利亚（*Shafiq v Australia*，1324/2004）、莎姆斯等人诉澳大利亚（*Shams et al. v Australia*，1255，1256，1259，1260，1266，1268，1270，and 1288/2004）、巴克提亚里诉澳大利亚（*Bakhtiyari v Australia*，1069/2002）、D 和 E 诉澳大利亚（*D and E v Australia*，1050/2002）。在巴克提亚里诉澳大利亚案中，对于大多数申诉人，委员会认定了类似的违反。不过，对于一位申诉人即巴克提亚里先生，委员会并未认定这种违反，因为他被拘禁的期间只有两个月。[18] 因此，将非法抵境者

---

[18] 在委员会意见的第 9.2 段。

一律拘禁一个短时期也许是可以接受的。

[11.27] 在马达菲利诉澳大利亚案（*Madafferi v Australia*, 1011/2001）中，提交人在被发现签证过期但仍生活在澳大利亚以后，被执行法定强制性移民拘禁。他曾申请居住权（理由是他与一位澳大利亚公民的婚姻）但被拒绝，然后被送入移民拘禁处所。根据这些情况，人权事务委员会没有认定他被拘禁违反第9条第1款。澳大利亚显然提出了足够的证据，证明了对马达菲利先生个人的拘禁——与其他情况中的人不一样——是正当合理的。不过，也许需要注意的是，对于马达菲利应被拘禁，并无判定程序：对处于其境地的人的拘禁是法定强制性的。因此，也许可以说，拘禁他的决定的这一方面存在错误，因为对于拘禁马达菲利的必要性，并无真正的个体性的考虑。

[11.28] 在若干结论性意见中，人权事务委员会对过长的移民拘禁表达了关切。例如在其1998年对日本的意见中，委员会表示关切的是，庇护寻求者被关押的"期间长达六个月，在有些情况中，甚至长达两年"。[19] 对瑞士，委员会似乎采取了一种更为严格的进路：[20]

> 15. 委员会关切地注意到，……[瑞士法律]准许在作出有关临时居留权的决定前，对没有临时或长期居留许可的外国国民——包括寻求庇护者和15岁以上的未成年人，实施3个月的行政拘禁，如果征得司法机关同意，在驱逐出境前可再予拘留6个月，甚至长达1年。委员会指出，这些时限大大超出必要限度，特别是就驱逐前拘禁而言。……

对于英国，委员会对其拘禁寻求庇护者表示关切，甚至是在他们的庇护申请最终被拒绝而拘禁的情况中，"当递解出境因为法律或其他考虑大约不可能时，也会拘禁很长的期间"。[21]

[11.29] **贾罗赫诉荷兰**（*Jalloh v the Netherlands*, 794/1998）

提交人是一位寻求庇护者，诉称他被荷兰当局拘禁了三个半月。荷兰答

---

[19] (1998) UN doc CCPR/C/79/Add.102, para 19. 另见委员会的结论性意见：英国（香港），(1995) UN doc CCPR/C/79/Add.57, para 17; 英国，(1995) UN doc CCPR/C/79/Add.55, para 16; 美国，(1995) UN doc CCPR/C/79/Add.50, paras 18 and 33; 瑞典，(1995) UN doc CCPR/C/79/Add.58, para 15。

[20] (1996) UN doc CCPR/C/79/Add.70.

[21] (2001) UN doc CCPR/CO/73/UK, para 16.

复称，拘禁他的决定是在他从一处开放机构中潜逃后作出的，而且难以确定他的身份，如果对他发出递解出境令，则还有"重大理由怀疑他会逃避驱逐"。[22] 一旦"并无驱逐他的现实前景"变得明朗，他就被释放了。[23] 人权事务委员会认定对他的拘禁不违反第9条第1款：

> 8.2. 提交人声称他根据第9条享有的权利遭到了侵犯，对此，委员会注意到，根据荷兰《外国人法》第26节，对他的拘禁是合法的。委员会还注意到，法院曾两次复查对提交人的拘禁，一次是在拘禁开始后12天，另一次是在两个月以后。但是两次法院都认定继续拘禁提交人是合法的，因为他曾经逃避过驱逐、对他的身份存有怀疑，还因为对他的身份调查仍在进行，所以有驱逐的合理可能。因此剩下的问题是，对他的拘禁是否无理。委员会忆及其以往判例，指出"无理"这个概念必须更为广泛地解释为不只是"违反法律"，以包括不合理的因素。考虑到提交人在抵达时被安置在一处开放机构，但大约11个月以后，他从该机构逃走，委员会认为，拘禁提交人一段有限的时间，直到与其案件有关的行政程序结束，并非不合理。一旦不再有驱逐他的合理可能，对他的拘禁即告终止。根据这些情况，委员会认为，对提交人的拘禁不是无理的，因此没有违反《公约》第9条。

国家安全拘禁

[11.30] **阿哈尼诉加拿大**（*Ahani v Canada*, 1051/2002）

本案中，提交人诉称，他被加拿大基于安全理由无理地拘禁了九年。人权事务委员会认定不存在对第9条第1款的违反：

> 10.2. 对于根据第9条提出的有关无理拘禁和不能向法院申诉的指控，委员会注意到提交人的说法，即根据安全证明将他拘禁并持续拘禁到被递解出境是对本条的违反。委员会注意到，虽然提交人在签发安全证明后被强制性拘禁，但根据缔约国法律，联邦法院应立即（即在一周

---

22 在委员会意见的第4.2段。
23 在委员会意见的第2.3段，就如提交人所承认的。

内）审查此种证明及其证据基础，以确定其"合理性"。如果确定此种证明不合理，其中所列人员即被释放。委员会按照其以往判例指出，根据两名部长基于国家安全理由签发的安全证明实行的拘禁，依据事实并未造成有违第9条第1款的无理拘禁。……

不过，如下所述，这一拘禁的一些情节违反了第9条第4款 [11.76]。委员会委员夏内夫人在一项单独意见中提出，由于第9条第4款被违反得到认定，那么第9条第1款也肯定受到了违反。[24]

预防性拘禁

[11.31] **第8号一般性意见**

4. 此外，如果出于公共安全的原因，采用所谓的预防性拘禁，那么它也必须受到同样这几项规定的约束，即不应当是无理的，必须根据法律规定的理由和程序（第1款），必须告知理由（第2款），必须由法庭管制拘禁措施（第4款）以及在违反规定时加以赔偿（第5款）。此外，如果在这些案件中提出了刑事指控，则也必须给予第9条第2、3款以及第14条规定的充分保护。

[11.32] **拉梅卡等人诉新西兰**（*Rameka et al. v New Zealand*，1092/2002）

本案有关对预防性拘禁的质疑。第一位提交人拉梅卡在1996年被判决犯下了两起强奸罪。关于第二起强奸罪，他被判处14年监禁。关于第一起强奸指控，他被判处预防性拘禁，这是一种无限期的拘禁，直到他被假释委员会释放为止。对他施予这一刑罚是因为他被认为具有危险性，一旦释放就有可能重犯。第二位提交人哈里斯也以性犯罪被定罪。尽管法官说，对于他的罪行应判处不少于七年半的确定刑期，但他最终也被判处预防性拘禁。根据新西兰法律，被判处预防性拘禁的人在判决作出后的10年内，不得寻求假释。他们声称，他们所受的预防性拘禁制度违反了第9条第1款：

3.2. ……提交人认为，基于将来危险性的证据而判处酌处性的刑罚

---

[24] 另见委员会对加拿大的结论性意见，(2006) UN doc CCPR/C/CAN/CO/5, para 14。

的任意无理,因为这样一个结论在个案中不能达到法律规定的对"重新犯罪的实质性危险"或者"有助于保护公众"的检验标准。他们指出,有几位著述者提出告诫说,难以预测将来的犯罪行为,也难以依靠统计分类和模式。……

人权事务委员会多数委员认定第 9 条第 1 款没有被违反:

> 7.3. 转到……拉梅卡先生和哈里斯先生一旦在 10 年的无假释期结束后被判处预防性拘禁是否符合《公约》的问题,本委员会认为,10 年期届满后,存在由独立的假释委员会进行的强制性年度审查,如果他们不再对公众构成重大威胁,则该委员会有权下令释放囚犯,但其裁决将受到司法审查。本委员会认为,出于防范目的对其余提交人的拘禁,即为保护公众的目的在惩罚性的监禁期满后继续实行的拘禁,必须以可由司法机关审查的、强有力的理由作为根据,而只要为此目的实行的拘禁持续,这些理由就要一直适用。因此,为确定出于保护公众之目的而实行此种拘禁的持续理由,必须以一个独立机构对各个案件的经常定期审查来确保这种继续拘禁并非无理的要求。本委员会认为,其余的提交人未能表明,假释委员会对拘禁的强制性年度审查——其裁决将受到高等法院和上诉法院的司法审查——不足以达到这个标准。因此,其余的提交人目前未能表明,一旦他们刑期中的防范部分开始,他们开始要服之刑期的未来部分将构成有违第 9 条的无理拘禁。

因此,多数委员认定,只要有适足的保障到位、裁决定期受到审查,这种预防性拘禁根据《公约》就是可予允许的。对哈里斯的判决的审查被认定为不充分,因此违反了第 9 条第 4 款 [11.79]。

[11.33] 在拉梅卡案中,巴格瓦蒂、格莱莱-阿汉汉左、索拉里-伊里格延和夏内联合提出了一项异议意见,认定第 9 条第 1 款被违反:

> 我们认为,即使这一拘禁是合法的,判断此等拘禁是否无理也在于对重复犯罪的可能性所作的评估。作为该评估之基础的论据是没有道理的。怎么可能有任何人严肃地断言,一个人有"20% 的可能性"重新犯罪?
>
> 根据我们的想法,这种预防性拘禁——其基础是根据如此模糊的标

准所作的预测——有违《公约》第9条第1款。

这些持异议者还表示，预防性拘禁违反第14条和第15条。在一项单独的异议意见中，拉拉赫先生更为清楚地认定，预防性拘禁同时违反第14条和第15条。

[11.34] 人权事务委员会在迪恩诉新西兰案（*Dean v New Zealand*, 1512/2006）中，遵循了拉梅卡案的决定方式；全体委员都同意预防性拘禁本身并不被第9条第1款所禁止。

[11.35] **法尔顿诉澳大利亚**（*Fardon v Australia*, 1629/2007）

1989年，提交人在昆士兰州被判犯有性罪行并被判处14年监禁。2003年，昆士兰州制定了《危险囚犯（性犯罪者）法》，规定依据法院命令继续拘禁危险的性犯罪者。根据昆士兰总检察长的申请，一个法院发布了继续拘禁令，这意味着提交人在其刑期届满后，被继续拘禁。提交人声称这种情况违反了第9条第1款。澳大利亚对这种制度所作的辩解是：

4.2. 关于提交人的指控，即根据《性犯罪者法》拘禁他是无理的，缔约国提出，拘禁他在所有情况下都是合法、合理且必要的。提交人作为性罪行的惯犯需要密集的咨询和康复方案，而这是一般的心理治疗设施无法提供的。此外，提交人在最初的服刑期间还拒绝参加任何康复方案。对他实行的预防性拘禁受到定期独立的审查，达到了所述的提供康复和保护社会的目的。缔约国解释说，拘禁提交人的依据是《性犯罪者法》规定的程序，而这是缔约国高等法院认为符合宪法的法律。根据《性犯罪者法》，只有存在囚犯被释放后可能犯下性罪行的不可接受的风险时，才会作出持续拘禁的命令。由至少两名独立专家进行的医疗、心理和精神评估，将评判该囚犯今后犯下严重性罪行的倾向以及囚犯在最初拘禁期间参加康复方案的情况。对提交人的持续拘禁令是在昆士兰最高法院展开全面审理之后作出的，该法院认为受监督的释放对提交人的情况不合适。缔约国回顾人权事务委员会关于预防性拘禁的判例后强调，对提交人的预防性拘禁受到独立的司法机关特别是昆士兰最高法院的年度审查。因此鉴于他自身的需要，将提交人送回可以提供个性化康复方案的监禁设施与《性犯罪者法》的目标是合理相称的。

对此，人权事务委员会并不同意，并认定第 9 条第 1 款被违反：

7.3. 委员会注意到，《公约》第 9 条第 1 款承认人人都有人身自由与安全权，任何人都不应遭受无理逮捕或拘禁。但是，该条对于这一权利规定了某些可予允许的限制，其方式就是拘禁，而其理由和程序由法律规定。这类限制确实是可予允许的，而且在大多数国家的法律中都存在，其目的包括，例如移民管制或对患有精神疾病或其他有害患者自身或社会的病情的人的体制性看护。但是，作为针对刑事罪行的部分惩罚或刑事罪行所导致的限制可能引起特别棘手的问题。委员会认为，在这些情况中，如果对自由设限的法律所规定的理由和程序本身是无理的，或者不合理地或不必要地损害了这一权利本身，那么在准许这些限制的法律中对限制的理由和程序作正式规定就并不足够。

7.4. 委员会目前面临的问题是，适用于提交人并据此使提交人在结束 14 年刑期之后继续受拘禁的《性犯罪者法》的条款是否具有无理性。委员会得出的结论是，这些条款是无理的，据此违反了《公约》第 9 条第 1 款。这一结论有许多理由，而每条理由本身就构成对《公约》的违反。其中最重要的理由如下：

（1）提交人已经服刑 14 年，但此后实际上继续受到监禁，所依据的是一项将在同一监狱制度下的关押界定为拘禁的法律。这一所谓的拘禁在实质上等同于新的监禁刑，而这种监禁与严格意义上的拘禁不同的是，如果没有依法可判处监禁的定罪，就不得实行。

（2）监禁是具有惩罚性质的，只有在审判某一罪行的同一诉讼中对此罪行定罪，才能实行监禁。提交人所遭遇的进一步监禁期是由于法院发出了命令，这是在他被定罪、判刑大约 14 年之后，有关根据他已经服完刑期的那一罪行而预计的将来的犯罪行为。这一新的刑罚由新的诉讼（尽管一般被定性为"民事诉讼"）所导致，并确实属于《公约》第 15 条第 1 款的禁止范围。在这一方面，委员会进一步注意到，自《性犯罪者法》于 2003 年颁发，也就是在提交人因其 1989 年被宣判的罪行而服刑期满前不久——该罪行也成为法院下令继续关押提交人的关键因素，该法律被追溯性地适用于提交人。这也属于《公约》第 15 条第 1

款的禁止范围,因为他遭受了重于"犯罪时法律所规定"的刑罚。因此委员会认为,根据不符合第 15 条的程序所实行的拘禁,依据《公约》第 9 条第 1 款的含义,必然是无理的。

(3)《性犯罪者法》规定了得到相关法院命令的特别程序。如同缔约国所承认的那样,这一特别程序被设计成是民事性质的。因此,它就不符合《公约》第 14 条对于判处刑罚的公正审判所要求的正当程序的保障。

(4) 根据《性犯罪者法》下令将提交人作为"囚徒"加以"拘禁"是因为担心,他将来可能成为对社会的威胁,也是为了他的康复。适用于过去的罪犯情况的、担心或预计其可能威胁社会的理念根本上就有问题。这在本质上依据的是不同于实际证据的见解,即使实际证据就是精神问题专家的意见。但精神医学并不是精确的科学。《性犯罪者法》一方面要求法院考虑精神问题专家对将来的危险的意见,另一方面又要求法院对危险问题作出事实认定。尽管法院可以自由地接受或拒绝专家意见,而且需要考虑所有其他可用的相关证据,但现实是,法院必须对过去的罪犯据怀疑今后可能从事的行为(这种行为可能会也可能不会成为现实)作出事实认定。在这种情况下,为避免无理性,缔约国本来应当表明,如果不采用比持续监禁甚至拘禁更加具有侵扰性的手段,就无法实现提交人的康复,尤其是因为,缔约国根据《公约》第 10 条 3 款,有持续的义务采取有实际意义的措施,在确实有必要的情况下,在提交人被囚禁 14 年的整个期间对他进行改造。

在提尔曼诉澳大利亚案(*Tillman v Australia*,1635/2007)中,委员得出了类似的意见。

[11.36] 在以下两方面之间存在关键差别:在若干针对新西兰的案件中受到质疑的预防性拘禁制度——这符合第 9 条第 1 款,和在针对澳大利亚的案件中受到质疑的预防性拘禁制度——这不符合第 9 条第 1 款。在针对新西兰的案件中,预防性拘禁是由法院根据在申诉人被定罪之时已经存在的立法规定的刑事程序判处的;而在针对澳大利亚的案件中,为预防性目的而施加的"继续拘禁"的期间,是在刑期结束时,由法院根据追溯性地适用于申诉

人的立法在民事程序中增加的。[25]

[11.37] 有一种形式的预防性拘禁来自"管制令",这是一种限制人的行动、可能涉及宵禁的指令。人权事务委员会对于英国的管制令制度表示了关切:[26]

> 17. 委员会关切2005年《预防恐怖主义法》设立的管制令制度:它对涉嫌"参与恐怖主义活动"却没有被指控任何刑事犯罪的人实行多种限制,包括长达16小时的宵禁。虽然上议院将管制令归类为民事指令,然而触犯行为可导致刑事责任。……

撤销或拒绝假释

[11.38] **本杰明·曼努埃尔诉新西兰**(*Benjamin Manuel v New Zealand*,1385/2005)

提交人于1984年被判定犯有谋杀罪,于1993年获得假释。在假释期间,他又犯下若干罪行。就其中一些罪行,他被判处四个月监禁。他的假释也被撤销,因此他必须服完其原先因谋杀罪被判处的刑期的剩余部分。他声称,撤销他的假释违反了第9条第1款,但人权事务委员会对此不予同意:

> 7.2. 提交人诉称,将他重新收监不能以其潜在行为为理由,因此是无理的,违反第9条第1款。对此,委员会必须首先评估《公约》第9条对于早先假释和重新收监之情况的适用程度。为了辩论方便起见,假设他在假释期间依据最初的逮捕令被逮捕是在第9条第1款含义之内被剥夺了自由,则这种剥夺必须既是合法的,也非无理的。与拉梅卡案系争的单纯预防性拘禁[11.32]相对照,本案中提交人被重新收监意味着他恢复原先存在的刑期。缔约国承认,鉴于他未来对于公众构成的风险,该重新收监的决定是为保护/预防性的目的采取的。为了避免被定性为无理,缔约国必须表明,重新收监拘禁的决定并不是不能以他的潜在行为作为理由,并且随后的拘禁应当由一个独立的机构予以定期复审。

---

[25] 另见委员会对法国的结论性意见,(2008) UN doc CCPR/C/FRA/CO/4, para 16。
[26] 委员会对英国的结论性意见,(2008) UN doc CCPR/C/GBR/CO/6。

7.3. 委员会指出，将一名因暴力罪行被判罪的个人，在其假释期间作出非暴力行为后重新收监继续服刑，根据《公约》的规定，在某些情况下可以说是无理的。委员会不必就这一问题作出决定，因为在本案中，曾经被判谋杀罪的提交人在被假释后从事了暴力或危险行为。这种行为与一种作为根据的信念具有充分联系，即为了公共安全的利益，将他重新收监继续服刑是有道理的，而提交人也未有过其他表现。委员会还注意到，提交人目前所受拘禁由假释委员会至少每年复审一次，而假释委员会本身要受到司法审查，本委员会在拉梅卡案中认定其满足了独立性的要求。因此，本委员会得出结论认为，提交人的被重新收监在《公约》第9条第1款的含义之内并非无理。

因此，委员会指出，撤销假释有可能引起第9条第1款规定的问题，而且不得因为重新犯罪就自动撤销假释。

[11.39] 德利昂·卡斯特罗诉西班牙（*De León Castro v Spain*，1388/2005）

提交人于2001年被判犯有欺诈罪，并在其上诉被驳回后，于2003年4月开始服刑。一项新的、更严格的假释制度于2003年7月开始施行，并追溯性地适用于提交人。他诉称，对其适用这一制度意味着他被拒绝了假释，并因此从第9条第1款来说，被无理监禁。人权事务委员会多数委员认定并未发生这样的违反：

9.3. 提交人指称，追溯性适用2003年7月31日第7/2003号法限制了他享有监狱中的优惠，包括假释，以及处理他的假释申请被拖延以便使他服完全部刑期。对此，委员会必须确定，这些申诉是否构成对《公约》第9条第1款的违反。委员会注意到，提交人向监狱和司法当局提出的各项申诉均得到了这些当局的处置，而作为结果，提交人逐步获得了越来越多的监狱优惠。他的申诉都依据现行立法得到了处置，由此导致的、提交人呈交委员会的司法裁决均说明了理由。鉴于案件档案中的文件，委员会无法得出结论认为，拒绝提交人的假释，使得他在整个刑期都被监禁，是《公约》第9条第1款含义之内的无理行为。

委员会的多数委员实际上认定不存在对《公约》的任何违反。韦奇伍德夫人则持异议，认定第 15 条被违反，因为这一制度被追溯适用于提交人 [15.11]。可以说，她的决定意见更可取。

刑期的比例性

[11.40] 在 A 诉澳大利亚案中 [11.24]，人权事务委员会明确指出，拘禁如果在通行情况中不成比例，则是无理的。因此，监禁刑期不得与所犯罪行的严重性程度完全不成比例。惩罚必须与罪行相称。在这一方面，可以注意委员会在 2000 年对澳大利亚的结论性意见中的如下评论：[27]

522. 西澳大利亚州和澳北区的强制监禁法往往在许多情况下造成施加与所犯罪行严重程度不成比例的惩罚，并与缔约国采取的旨在减少土著人在受刑事法律制度制裁人数中占过高比例的战略不相符，这就引起了与《公约》若干条款是否相符的问题。

委员会促请该缔约国重新评估关于强制性监禁的法律，以确保所有《公约》权利均得到尊重。

[11.41] **费尔南多诉菲律宾**（*Fernando v Sri Lanka*，1189/2003）

在该案中，提交人因为在法庭上提高了嗓门且没有向法官道歉，而被判藐视法庭罪。他被判处一年服苦役的监禁。人权事务委员会认定第 9 条第 1 款被违反如下：

9.2. 委员会注意到，尤其是实行普通法的法律制度中的法院，在传统上通过行使当即判决惩罚"藐视法庭行为"的权力，享有在法庭辩论中维护秩序和尊严的权威。但是在本案中，缔约国所指明的唯一干扰行为是提交人一再提出请愿性动议——对此判处罚款本来显然就够了，以及曾有一次在法庭上"提高了嗓门"并随后拒绝道歉。对此处以的惩罚是一年的"严厉监禁"。法庭或缔约国都没有提供任何合理的解释，说明为何在行使法院维持有序诉讼的权力时，有必要处以如此严厉的当即判决。《公约》第 9 条第 1 款禁止任何对自由的"无理"剥夺。判处如此严苛的惩罚，又没有充分的解释、没有独立的程序保障，即落入禁止

---

[27] (2000) UN doc A/55/40, para 522. 另见第 [8.57] 段。

之列。违反第 9 条第 1 款之行为由政府的司法部门犯下这一事实，不能解除缔约国作为一个整体应承担的责任。委员会得出结论，对提交人的拘禁是无理的，违反第 9 条第 1 条。……

[11.42] **迪萨纳亚克诉斯里兰卡**（*Dissanayake v Sri Lanka*，1373/2005）
该案的事实情况与费尔南多案相似，体现在人权事务委员会对第 9 条第 1 款被违反的认定中：

> 8.3. 在本案中，提交人被判处两年严厉监禁*，因为他在一次公共集会上声称，对于一项即将发表的意见——有关总统与国防部长之间谁应行使国防权力的问题，他不会接受最高法院的任何"可耻决定"。如同缔约国所争辩而且对判决本身的研究也证实的，看来最高法院认为"可耻"一词是对提交人所说词语的一种"温和"翻译。缔约国引述了最高法院的论点，即判决带有"威慑"性质，因为提交人先前已经受到过藐视法庭的起诉，但由于道歉而没有定罪。因此，似乎对提交人严厉的判决是基于两项藐视行为的起诉，但就其中一个他没有被定罪。此外，委员会还注意到，缔约国没有说明为什么在本案中必须采用简易即席诉讼，特别是考虑到导致起诉的事件并不是"当庭"发生的。委员会认为，最高法院和缔约国都没有提供任何合理的解释，说明为何在行使法院维持有序诉讼的权力时，有必要处以如此严厉的即席判决……。因此，委员会认为，对提交人的拘禁是无理的，违反第 9 条第 1 款。

[11.43] 这两起针对斯里兰卡的案件的案情，因为缺乏正当理由和程序保障而更为恶化。因此，仍然无法肯定的是，某种给出了理由并在审判过程结束后施予的严苛刑罚是否本身就会违反第 9 条第 1 款。在迪恩诉新西兰案（*Dean v New Zealand*，1512/2006）中，人权事务委员会指出，在该案的情况中所判处的预防性拘禁的刑罚 [11.34] 并非明显过分，以至于违反《公约》。[41] 委员会没有因为第 9 条第 1 款与此问题有关而加以援用（而是援用了第 7 条、第 10 条第 1 款和第 14 条），其意见确实表明，一项过分的刑罚本

---

* 根据斯里兰卡法律，监禁分为两种：一般监禁和带苦役的"严厉监禁"（rigorous imprisonment）。

41 在委员会意见的第 7.3 段。

身就可能违反《公约》。

[11.44] 在对多米尼加共和国的结论性意见中，人权事务委员会表示关切的是，在刑事司法制度之内，缺乏对于在监狱中服刑的替代方式，诸如"实行电子监控并释放"。[42]

被告知刑事指控的权利——第9条第2款

[11.45] 第9条第2款规定，每一被逮捕者均应被告知逮捕原因。如果逮捕与刑事事项有关，被逮捕者必须被立即告知对他/她的指控。第8号一般性意见确认，第9条第2款中只有一部分仅适用于刑事指控的情况，因此估计第9条第2款能够延及因刑事指控而逮捕以外的逮捕。[43] 因此，对于某人被逮捕的准确原因，必须有合理的认识。例如，告知某人其被逮捕的原因"根据的是即时安全措施，而不必指明案情实质"，是不够的。[44]

[11.46] 在伊斯麦洛夫诉乌兹别克斯坦案（*Ismailov v Uzbekistan*，1769/2008）中，某人被逮捕后，有两天没有被告知对他的指控，人权事务委员会认定这违反了第9条第2款。[45]

[11.47] **伊龙博和尚德维诉刚果民主共和国**（*Ilombe and Shandwe v Democratic Republic of the Congo*，1177/2003）

两位提交人都是人权活动者，他们在被逮捕时被告知逮捕的依据是国家安全措施，但没有更多的细节。这种情况违反了第9条第2款：

> 6.2. 关于违反第9条第2款的指控，委员会注意到提交人称，他们在被逮捕时没有被告知逮捕的原因。委员会指出，仅告知提交人他们因破坏国家安全而被逮捕而不对指控他们的实质内容作任何说明，是不够的。在缔约国没有提供能反驳提交人指控的任何有关资料的情况下，委

42　(2012) CCPR/C/DOM/CO/5, para 21.
43　第8号一般性意见，第1段。
44　*Drescher Caldas v Uruguay* (43/1979), para 13.2.
45　在委员会意见的第7.2段。See also *Ashurov v Tajikistan* (1348/2005), para 6.4.

员会认为它所收到的事实表明存在对《公约》第9条第2款的违反。

[11.48] 凯利诉牙买加（*Kelly v Jamaica*, 253/1987）

该案涉及对《公约》的多项违反,[46] 其中一项有关凯利有26天没有被告知对他的指控。人权事务委员会对于第9条第2款与第14条第3款（子）项的关系，提出了如下意见：

> 5.8. 第14条第3款（子）项要求任何受到刑事指控的个人应被迅速地、详细地告知对他提出的指控的性质。但是，这一迅速告知的要求仅在该个人已经被正式指控犯有刑事罪行时适用。该规定不适用于被羁押等待警察调查结果的个人；这种情况受《公约》第9条第2款的调整。在本案中，缔约国没有否认的是，提交人在被捕以后几个星期都没有被详细告知他被逮捕的原因，他也没有被告知与他被拘禁一事有关的罪行的事实或受害者的身份。委员会的结论是，第9条第2款的要求没有达到。

[11.49] 格兰特诉牙买加（*Grant v Jamaica*, 597/1994）

该案的有关事实体现在人权事务委员会对第9条第2款被违反的认定中：

> 8.1. 对于提交人有关第9条被违反的指控，委员会指出，缔约国并不因为逮捕官员认为被逮捕者知道逮捕原因和对他提出的指控，而被免除《公约》第9条第2款规定的将逮捕原因和指控告知此人的义务。在本案中，提交人在其后来被指控犯下的谋杀发生数星期之后才被逮捕，缔约国对提交人7天之后才被告知逮捕原因一事未予辩驳。在这种情况下，委员会的结论是，第9条第2款被违反。

[11.50] 可以比较一下人权事务委员会在格兰特案中的认定与其在斯蒂芬斯诉牙买加案（*Stephens v Jamaica*, 373/1989）和格里芬诉西班牙案（*Griffin v Spain*, 493/1992）中的认定。在斯蒂芬斯案中，委员会驳回了第9条第2款被违反的指控，其依据是，提交人因为向警察自首，而且一位警探

---

[46] 例如见第 [14.127]、[14.162] 段。

在提交人被羁押期间向他提出了警告，所以知晓自己被拘禁的原因。[47]

格里芬诉西班牙（*Griffin v Spain*，493/1992）

9.2. 提交人诉称，在他被逮捕时没有通译在场，他没有被告知逮捕他的原因和对他的指控。对此，委员会从其所获资料注意到，提交人是在1991年4月17日警察搜查野营车和发现毒品后——他当时在场，于晚上11点30分被逮捕和羁押的。警察的报告还表明，由于没有通译在场，警察没有让他作陈述；第二天上午当着提交人的面将毒品称重。然后，他被带见预审法官，并通过通译被告知了对他的指控。委员会认为，逮捕时虽然没有通译在场，但主张提交人不知道逮捕原因是完全没有理由的。无论如何，他还是以他自己的语言被迅速告知了对他的指控。因此，委员会认定《公约》第9条第2款没有被违反。

[11.51] **希尔和希尔诉西班牙**（*Hill and Hill v Spain*，526/1993）

对于有关第9条第2款被违反的指控，人权事务委员会作出了有利于缔约国的认定：

12.2. 关于提交人所指控的《公约》第9条被违反，委员会认为，逮捕提交人不是非法的或无理的。《公约》第9条第2款要求，任何被逮捕的人在被逮捕时应被告知逮捕他的原因，并应被迅速告知对他提出的任何指控。提交人特别指控称，分别过去了7个小时和8个小时后，他们才先后被告知逮捕他们的原因；并申诉说，由于缺乏一名称职的通译，他们不理解指控。缔约国提交的文件表明，警察的手续办理从早6时开始到通译到达的早9时暂停，以便被告可以在法律顾问在场的情况下得到适当通知。另外，从该国呈交的文件看，似乎通译不是一名临时口译员，而是按照应确保她确有能力的规则任命的一名正式口译员。在这种情况下，委员会认定，其所知事实没有表明对《公约》第9条第2款的违反。

希尔两兄弟辩称，在他们被告知逮捕原因之前，已经过去了8个小时。委员会选择接受西班牙提供的证据，即这一时间段只有3个小时，以及口译

---

[47] See also *Smirnova v Russia* (712/1996).

员足够称职。因此不很清楚的是，8个小时的拖延是否会构成对第9条第2款的违反。委员会认定的确实违反第9条第2款的最短时间的拖延是两天，这是在伊斯麦洛夫诉乌兹别克斯坦案（*Ismailov v Uzbekistan*，1769/2008）中［11.46］。

［11.52］**利宏诉牙买加**（*Leehong v Jamaica*，613/1995）

9.4. 提交人声称，第9条第2款和第14条第3款（子）项被违反，因为他在被捕时未被告知指控他的罪名。在一位警官被杀后，提交人被指控和遭逮捕。后来经过调查，由于缺少证据，原来的指控被取消，但似乎提交人被怀疑犯下另一起谋杀，并在被指控该第二项罪行……之前，被关押了三个多月。根据案件的情况和掌握的材料，委员会认定，不存在对《公约》第9条第2款和第14条第3款的违反。

人权事务委员会的这一决定在有关第14条第3款（子）项方面看来是正确的（他在被正式起诉时才被告知正确的指控），但是有关第9条第2款的决定可能为警察滥用权力铺平道路。应该要求警察告知被拘禁者逮捕他/她的原因；如果继续拘禁该人的理由与逮捕时的原因不同，则也要告知其这些原因。

因刑事罪名被拘禁者的权利——第9条第3款

"迅即"被解送司法官员

［11.53］因刑事罪名被拘禁者必须被迅即解送一位司法官员，由其裁决是否继续拘禁。

第8号一般性意见

2. 第9条第3款要求，因刑事案件被逮捕或拘禁的任何人，应被"迅即"解送法官或依法执行司法权力之其他官员。在大多数缔约国，法律规定了更精确的时限。委员会认为，延迟的期限不得超过几天。……

［11.54］解释第9条第3款的关键之一是如何理解"迅即"一词的含义。第8号一般性意见在这一方面很含混，只明确指出了一种"几天"的期

限。在波多里尔诉多米尼加共和国案（Portorreal v Dominican Republic，188/1984）中，对于提交人被关押了50个小时后才被解送法官，人权事务委员会认定这种情况没有违反第9条第3款。[48] 在范·德·豪温诉荷兰案（van der Houwen v the Netherlands，583/1994）中，提交人被拘禁73小时而未被解送法院被认定没有违反第9条第3款。[49] 不过，在后来的一个案件即波利申科诉匈牙利案（Borisenko v Hungary，852/1999）中，提交人在被解送一位司法官员之前，被拘禁了三天，而且没有任何解释，这构成对第9条第3款的违反。另外，在弗里曼特尔诉牙买加案（Freemantle v Jamaica，625/1995）中，提交人被与外界隔绝地拘禁了四天，既没有被解送法官，也没有机会见到律师，委员会认定这违反了第9条第3款。[50] 在纳扎洛夫诉乌兹别克斯坦案（Nazarov v Uzbekistan，911/2000）中，拖延五天没有被解送法院违反了第9条第3款。[51] 因此，委员会的判例表明，从第9条第3款保障的司法审查的目的来看，对"迅即"的限定大概在三天左右。

[11.55] 不过，在某些结论性意见中，人权事务委员会采取了更加严格的观点。例如，在2000年对加蓬的结论性意见中，委员会称：[52]

13.……该缔约国应采取行动，确保警察羁押务必不超过48小时，被拘禁者从拘禁一开始就能联系律师。缔约国必须确保在事实上充分遵守《公约》第9条第3款的规定。

"法官或依法执行司法权力之其他官员"

[11.56] **库罗敏诉匈牙利**（Kulomin v Hungary，521/1992）
提交人是一位生活在匈牙利的俄罗斯公民，因涉嫌谋杀被逮捕。他在被

48　在委员会意见的第10.2段。
49　在委员会意见的第4.3段。
50　在委员会意见的第7.4段。
51　在委员会意见的第6.2段。See also *Jijón v Ecuador* (277/1988).
52　UN doc CCPR/CO/70/GAB；另见委员会的结论性意见：捷克共和国，(2001) UN doc CCPR/CO/72/CZE, para 17；津巴布韦，(1998) UN doc CCPR/C/79/Add.89, para 17；马里，(2003) UN doc CCPR/CO/77/MLI, para 19；莱索托，(1999) UN doc CCPR/C/79/Add.106, para 18；科威特，(2011) UN doc CCPR/C/KWT/CO/2, para 19。

交付审判之前，被拘禁了一年多。匈牙利解释说，对他的逮捕和拘禁受到立法调整，该立法授权检察官延长对个人的审前拘禁。在该案中，对提交人的审前拘禁是由检察官下令且随后数次续期的。匈牙利声称，因为被告被迅即解送了一位"依法执行司法权力之其他官员"，所以不存在对第9条第3款的违反。在该案中，缔约国辩称，检察官处于这一用语的含义之内：

> 10.4. 至于相关程序是否符合第9条第3款要求的问题，缔约国解释说，"依法执行司法权力之其他官员"意味着具有和法院一样的、相对于行政部门的独立性的官员。在这一方面，缔约国指出，1988年匈牙利有效的法律规定，总检察长由议会选出并对议会负责。所有其他检察官从属于总检察长。缔约国的结论是，当时检察官的组织和行政部门没有任何关系并且独立于后者。缔约国因此主张，决定持续拘禁库洛敏先生的检察官可以被看作第9条第3款含义之内的依法执行司法权力之其他官员，并没有违反《公约》第9条第3款的情况发生。

人权事务委员会否定了缔约国有关第9条第3款的主张，提出了如下意见：

> 11.3. 委员会注意到，提交人于1988年8月20日被逮捕之后，他的审前拘禁是由检察官下令的，随后又由检察官数次续期，直至提交人于1989年5月29日被解送法官。委员会认为，司法权力的适当行使的内在要求是，该权力应由对所处理的问题独立、客观和无私的当局行使。在本案的情况中，委员会不能表示满意的是，将检察官视作具有成为第9条第3款含义之内的"依法执行司法权力之其他官员"所必须具有的体制客观性和无私性。

[11.57] 库罗敏案中的原则被后来的许多案件所遵循，而且现在已经牢固确立。[53] 从第9条第3款的目的来看，一位公诉检察官并不是具有适足授权的机构。

---

53 See eg *Ismailov v Uzbekistan* (1769/2008), para 7.3; *Reshetnikov v Russian Federation* (1278/2004), para 8.2; *Torobekov v Kyrgysztan* (1547/2007), para 6.2.

第十一章　免受无理拘禁的自由

审前拘禁之期限

［11.58］对于审前拘禁，第 9 条第 3 款规定，人人有权在合理期间内受到审讯或获得释放。

第 8 号一般性意见

> 3. 另一个问题是候审拘禁的期限。在有些国家内，对某几类刑事案件来说，这一问题引起了委员会的一些关注。委员会委员对它们的做法是否符合第 3 款规定的"于合理期间内审讯或释放"的权利，提出了疑问。候审拘禁应当是例外情况，期限应当尽可能短。委员会欢迎各国提供关于旨在缩短这种拘禁期的现有机制和所采取的措施的资料。

［11.59］第 9 条第 3 款在相当大程度上与第 14 条第 3 款（寅）项相重叠。[54] 后一规定保障任何人的刑事审判应在其受到指控后的合理期间内进行，而前一规定保障任何人在受到审判前，被关押的期间不得不合理。因此，第 9 条第 3 款调整的是审前拘禁，而第 14 条第 3 款调整的是在一个人受审判前经过的整个时间的长度。大部分违反第 14 条第 3 款（寅）项的情况有关在审判前一直被关押的人，因此更不要说也涉及违反第 9 条第 3 款。

［11.60］**科内诉塞内加尔**（*Koné v Senegal*，386/1989）

> 8.6. ……什么构成第 9 条第 3 款含义之内的"合理期间"必须根据每一案件的具体情况判断。
>
> 8.7 提交人被持续羁押了 4 年 4 个月……，在没有特别情况——诸如存在可归咎于被告或其代表的对调查的阻碍等——来证明拖延为正当合理的情况下，这种拖延不能被认为符合第 9 条第 3 款。在本案中，未查明有此情形。因此，对提交人的拘禁不符合第 9 条第 3 款。……

科内案证实，对于第 9 条第 3 款之下可予允许的审前拘禁，没有确定的期限。不过，肯定值得怀疑的是，四年的审前拘禁究竟能有什么正当理由。

［11.61］在被拘禁者被指控犯有严重罪行的情况中，更长期的审前拘禁是可予允许的。如果这样的人被释放候审，就有潜逃或对社会造成危险的更

54　另见第 32 号一般性意见，第 61 段。

大风险。

[11.62] **提斯达尔诉特立尼达和多巴哥**（*Teesdale v Trinidad and Tobago*, 677/1996）

9.3. 关于将提交人交付审判中的拖延，委员会注意到，提交人于1988年5月28日被拘禁，于1988年6月2日被正式起诉谋杀罪。对他的审判于1989年10月6日开始，他于1989年11月2日被判处死刑。《公约》第9条第3款规定，以刑事罪名而被逮捕或拘禁之任何人，均应有权于合理期间内受审。圣费尔南多（San Fernando）巡回法庭的庭审记录表明，起诉的所有证据已于1988年6月1日前收集完毕，以后没有展开进一步调查。委员会认为，从第9条第3款来看，根据本案件的具体情况并鉴于缔约国没有对拖延作出任何解释，对提交人的审前拘禁的期间是不合理的，构成对这一规定的违反。

因此，16个月的审前拘禁期间且没有任何解释违反了第9条第3款。[55] 与之相对，在托马斯诉牙买加案（*Thomas v Jamaica*, 614/1995）中，对可判处死刑的谋杀罪嫌疑人14个月的审前拘禁并不违反第9条第3款。[56]

[11.63] **菲拉斯特和比左安诉玻利维亚**（*Fillastre and Bizouarn v Bolivia*, 36/1988）

该案涉及两位在玻利维亚因若干罪行被逮捕和拘禁的法国私人侦探受到的待遇。来文是由受害者之一的妻子提交的，其中诉称这俩人被羁押了10天，却没有被告知对他们的指控，而对他们的案件的一审裁判则拖延了三年多。玻利维亚回应称：

4.6. 对于提交人有关司法诉讼中存在无故拖延的申诉，缔约国指出，根据玻利维亚的法律，刑事调查是以书面方式进行的，这意味着可能发生行政上的或其他的延迟。另外，由于没有用于正常的司法工作的足够预算，一些刑事案件以及刑事诉讼的某些特定程序阶段也存在延迟现象。

55　See also *Lewis v Jamaica* (708/1996); *Sextus v Trinidad and Tobago* (818/1998) [14.135]。

56　在委员会意见的第9.6段。在麦克塔格特诉牙买加案（*McTaggart v Jamaica*, 749/1997）中，在死刑指控中12个月的拖延没有违反第9条第3款（委员会意见的第8.2段）。

人权事务委员会认定,该案中,同时存在对第9条第2款和第3款的违反。对于玻利维亚的有关预算紧张的主张,委员会评论如下:

6.4. ……本案中的一个相关因素是,据称菲拉斯特先生和比左安先生在被羁押10天后,才被提交司法程序、被告知对他们的指控。因此,委员会虽然并非不同情缔约国的声明,即预算紧张可能对玻利维亚的正常司法工作造成妨碍,但结论是,菲拉斯特先生和比左安先生根据第9条第2、3款享有的权利没有得到尊重。

6.5. 根据第9条第3款,任何因刑事指控被逮捕或拘禁的人"应有权于合理期间内受审讯……"。究竟多长时间算"合理期间"是一个需要根据每一具体案件加以评判的问题。缔约国提到,缺乏用于刑事司法工作的足够预算拨款,但这并不能成为刑事案件审判中不合理拖延的理由。刑事案件中的调查本质上是以书面程序方式进行这一事实,也不能证明这种拖延是合理的。在本案中,委员会尚未得到通报说,在受害者被捕约4年之后,一审法院作出了判决。取证方面的考虑也不能证明如此长时间的拘禁是合理的。委员会的结论是,在这方面存在对第9条第3款的违反。

等待审判时被释放的权利

[11.64] 第9条第3款规定,对于候讯人,"通常的规则"是不得加以羁押。

斯曼策尔诉白俄罗斯(*Smantser v Belarus*, 1178/2003)

该案的事实体现在人权事务委员会的认定中——白俄罗斯没有准予一个被指控犯有金融罪行者保释违反第9条第3款:

10.3. 委员会注意到,从提交人于2002年12月3日被逮捕到2004年1月12日首次定罪,历时13个月。在提交人于2004年10月1日被定罪前,他一共被羁押了22个月,而检察院和法院一再驳回他本人和律师的保释请求。委员会就此重申其判例,即审前拘禁应当作为例外;除非存在被告潜逃或篡改证据、影响证人或逃脱缔约国管辖的可能性,否则应当允许保释。缔约国辩称,提交人被指控犯有特别严重的罪行,如果保释，担心他可能妨碍调查和潜逃。然而，缔约国没有提供资料，说明这种担心所依据的具体因素，以及为什么不能通过确定适当保释金和其他释放条件来解决这种担心。缔约国仅仅推断提交人如果获保释将干扰调查或潜逃，这不能作为不遵守《公约》第9条第3款所定常规的正当理由。在这种情况下，委员会认定提交人根据第9条第3款享有的权利受到了侵犯。

[11.65] 在对巴拿马的结论性意见中，人权事务委员会称：[57]

12.……缔约国应立即采取措施减少审前拘禁者的数目，缩短这种情况下的拘禁时间，例如更多地借助于防范措施和保释，更多地适用电子镣铐。

因此，第9条第3款要求，被拘禁者通常应能保释。大体上，保释金额不能定得过分的高，以至于让被拘禁者无法筹集。[58]

[11.66] 实际上，人权事务委员会在若干场合认定，未能准予被审前拘禁者保释侵犯了第9条第1款中更为一般性的权利 [11.18]。

[11.67] **WBE 诉荷兰**（*WBE v the Netherlands*，432/1990）

被控走私毒品的提交人声称，对他三个月的审前拘禁违反了第9条第3款。人权事务委员会认定这一指控不可受理，并对怎样的审前拘禁可予允许评论如下：

6.3. 关于提交人声称审前拘禁违反了《公约》第9条的指控，委员会认为，第9条第3款允许作为例外的审前拘禁，因为为了确保被告出席受审、防止干扰证人和其他证据或者防止其再犯其他罪行等情况，审前拘禁可能是必要的。从委员会得到的资料来看，拘禁提交人是因为考虑到一旦释放他，他就极有可能干扰针对他的证据。

6.4. 委员会认为，由于审前拘禁是为了防止干扰证据，且因此符合《公约》第9条第3款，以及提交人未能为了受理目的证实他的主张，即延长对他的拘禁没有合法理由，因此来文的这一部分根据《任择议定

---

[57] (2008) UN doc CCPR/C/PAN/CO/3.

[58] Dinstein, 'Right to Life, Physical Integrity, and Liberty', 134.

书》第2条、第3条不可受理。

希尔和希尔诉西班牙（*Hill and Hill v Spain*, 526/1993）

[11.68] 提交人是英国公民，在西班牙因涉嫌焚毁了一辆车而被逮捕。他们提出的申诉之一是，西班牙违反了第9条第3款，因为他们在被逮捕后未获保释。对于提交人受到的延长的审前拘禁，该缔约国提出的理由是：

9.7. 缔约国提出，16个月的审前拘禁期间并非不寻常。考虑到案件的复杂性，这是有道理的；没有准予保释是由于提交人有离开西班牙领土的风险，他们一获释就果然这么做了。

人权事务委员会对实质问题作出的决定不利于缔约国，其中提出了如下意见：

12.3. 关于《公约》第9条第3款——该款规定等候审讯的人通常不得羁押，提交人诉称，他们没有获准保释，而且由于不能返回英国，他们的建筑公司被宣布破产。……单单被告是外国人这一事实本身并不意味着，他可以在等待审讯期间被拘禁。缔约国确实争辩说，有充分理由担心，如果提交人交保释放，他们将离开西班牙领土。然而，缔约国没有提供资料，说明这种担心的依据是什么，以及为什么不能通过规定适当保释金和其他释放条件来解决这种担心。缔约国仅仅猜想外国人如果获保释可能会离开其管辖范围，这不能作为不遵守《公约》第9条第3款所确立常规的正当理由。在这种情况下，委员会认定，对于提交人，这一权利受到了侵犯。

[11.69] **巴索诉乌拉圭**（*Basso v Uruguay*, 1887/2009）

提交人因经济罪行从美国被引渡到乌拉圭。他声称，乌拉圭拒绝他保释违反了第9条第3款，但人权事务委员会不同意这一点：

10.2. 委员会注意到提交人诉称，司法部门拒绝准予他临时性假释。委员会注意到，提交人于2006年5月19日在美国被收押，后来被引渡到乌拉圭。自从他在2008年9月10日抵达乌拉圭以来，他一直被拘禁；他申请在起诉他的阶段准许他保释，但是申请被拒绝。……委员会注意到缔约国的论点，即被告是乌拉圭司法制度的一名逃犯，因此有充分理由认为，他以后有可能会有类似行为。委员会强调指出了对于提交人指控的性质，即他于 2002 年 6 月 25 日离开乌拉圭，对他的国际通缉令于 2002 年 8 月 8 日发出，他返回缔约国并不是自愿的，而是引渡程序的结果。因此，委员会认为，缔约国有关当局拒绝准予提交人临时性假释并不违反《公约》第 9 条第 3 款。……

获得人身保护令的权利——第 9 条第 4 款

［11.70］第 9 条第 4 款规定，无论因任何原因被逮捕或拘禁的任何人均有权毫无拖延地声请法院审查对其拘禁之合法性。这一权利源自普通法中人身保护令（*habeas corpus*）的法律原则，而且其存在与剥夺自由是否确实非法无关。[59]

［11.71］当违反第 9 条第 3 款的要求即对拘禁某人予以迅即司法审查之时［11.53］—［11.55］，这也会造成对第 9 条第 4 款的违反。不过，人权事务委员会并不总是认定第 9 条第 3 款和第 4 款同时被违反，这可能是由于委员会的疏忽。

［11.72］**斯蒂芬斯诉牙买加**（*Stephens v Jamaica*, 373/1989）

人权事务委员会在该案中的决定表明，第 9 条第 4 款规定的诉诸法院的权利与第 9 条第 3 款规定的权利不同，并不需要国家自动依职权予以保护，而是要由提交人或其代表启动。对于提交人未能寻求对其拘禁的合法性的审查，不能由国家承担责任。

9.7. 关于据称第 9 条第 4 款被违反，应该注意到，提交人本人没有申请人身保护令。他在 1983 年 3 月 2 日获悉自己涉嫌谋杀劳伦斯先生之后，本可以要求法院迅速决定对他的拘禁是否合法。没有证据表明，他本人或其律师这样做过。因此，不能得出结论认为，斯蒂芬斯先生被剥夺了声请法院毫不拖延地决定拘禁他是否合法的机会。

---

[59] Nowak, *UN Covenant on Civil and Political Rights: CCPR Commentary*, 235.

第十一章　免受无理拘禁的自由

迅速*受审查

[11.73] 在哈梅尔诉马达加斯加案（*Hammel v Madagascar*, 155/1983）中，提交人被与外界隔绝地拘禁了三天，其间他无法诉诸法院质疑对他的拘禁，这被认定为违反了第9条第4款。[60] 在另一方面，在波多里尔诉多米尼加共和国案（*Portorreal v Dominican Republic*, 188/1984）中，对于提交人被关押50个小时而没有机会质疑其被拘禁的情况，也许会令人惊异的是，人权事务委员会却认定没有违反第9条第4款。

[11.74] 下述案件有关法院在对某人被拘禁的合法性作出裁决时可允许的拖延情况——这与能实际诉诸法院时的拖延不同。

[11.75] **托雷斯诉芬兰**（*Torres v Finland*, 291/1988）

芬兰已经确定要将托雷斯递解出境。他对依据芬兰有关移民和引渡的法律受到的拘禁提出了质疑，但没有成功。他主张说，拘禁他违反了第9条第4款，因为在公布法院有关其被拘禁之合法性的裁决方面，存在拖延：[61]

7.3. 就第二个问题，委员会强调，作为一项原则，任何法院对案件的审判都必须尽速进行。但是，这并不意味着必须设定作出判决的精确时限，而不遵守这一时限将必然导致的结论是，判决并未"无拖延"地作出。相反，某一判决之作出是否存在拖延的问题，必须在个案的基础上评判。委员会注意到，在提交人根据《外国人法》对内政部的决定提出上诉到最高行政法院作出裁决之间，时隔几乎三个月。这一期间在原则上太长了，但是因为委员会不知道在1988年3月4日才作出判决的原因，所以委员会无法根据《公约》第9条第4款作出任何认定。

7.4. 就第三个问题，委员会注意到，赫尔辛基市法院在两周的期间内审查了根据《引渡法》对提交人的拘禁。委员会认定，这样的审查满

---

* 与《公约》第9条第4款中文本中的"迅速"相对应的，在英文本中的用词是"without delay"，也可理解为"无拖延"，中译本将视情况使用"无拖延"或"拖延"的用词。

60 另见，*Marques de Morais v Angola*(1128/2002)，该案中，10天与外界隔绝的拘禁违反了第9条第4款。

61 另见第[11.88]段。

足了《公约》第9条第4款的要求。

对于芬兰法院有关托雷斯所受拘禁之合法性的裁决中的拖延,人权事务委员会的判断看来极其缩手缩脚,因为似乎要由缔约国来告知委员会拖延的理由是什么。缔约国不应从其没有如此行为得益,但显然芬兰受益了,因为委员会没有认定其裁决中的拖延违反《公约》,尽管委员会称,"这一期间在原则上太长了"。

[11.76] **阿哈尼诉加拿大**(*Ahani v Canada*, 1051/2002)

如上所述[11.30],该案有关基于国家安全理由将某人拘禁和递解出境。部分申诉有关提交人据称无法无拖延地质疑其被拘禁。对其中一段拘禁时间,向加拿大联邦法院提起的诉讼在四年半的时间里都没有终结,尽管拖延的相当一大部分原因是提交人质疑对他的负面安全评估是否合宪。对其被拘禁的第二项质疑是在将他递解出境的命令下达后提出的。加拿大法律规定,如果递解令在下达后已经过去了120天但仍未执行,则可以质疑为驱逐目的实行的拘禁。人权事务委员会对于第一项质疑,认定第9条第4项被违反,但对第二项质疑,则没有如此认定,理由如下:

10.2. ……鉴于根据安全证明被拘禁的个人既未被定罪也未被判处监禁刑期,个人必须如第9条第4款所规定,有适当的机会得到对其拘禁的司法审查,即审查拘禁的实质性理由,并且得到足够经常的复查。

10.3. 关于对第9条第4款的据称违反,委员会准备接受以下说法:在基于部长的安全证明开始强制性拘禁之后立即在联邦法院举行的"合理性"听证会,原则上是对拘禁理由的充分司法审查,符合《公约》第9条第4款的要求。不过,委员会指出,在包括确定拘禁的合法性在内的司法程序拖延很长时间时,就产生了一个问题,即司法决定是否按照规定的要求"迅速"作出,除非缔约国认为有必要单独为拘禁一事寻求临时司法授权。在提交人的案件中,尽管强制性拘禁到"合理性"听证会作出决定时,已经持续了4年10个月,但不存在这种专门的授权。尽管这种拖延的相当一大部分可归咎于提交人,因为他选择质疑安全证明程序的合宪性,而不是直接在联邦法院举行"合理性"听证会,但后一个程序包括数次听证会,而且在1997年7月3日就合宪性问题作出最后裁决之后,持续了九个半月。委员会认为,从《公约》所要求的对拘禁的合法性无拖延地作出司法决定这一方面来看,这个拖延本身时间太长了。因此,存在着侵犯提交人根据《公约》第9条第4款所享有权利的情况。

10.4. 至于提交人后来的拘禁,即从1998年8月签发递解令到有资格申请释放之间的120天,委员会认为,在提交人的案件中,这一拘禁期间非常接近联邦法院作出的司法裁决,[62] 可视为得到了法院授权,因此没有违反第9条第4款。

[11.77] **A 诉新西兰**(*A v New Zealand*, 754/1997)

上文已经概述了该案的案情[11.22]。提交人的另一项申诉是,对于他被拘禁在一所精神医院的高度安全戒备区域内,他没有得到经常提出质疑的机会。人权事务委员会的多数委员认定这没有违反第9条第4款:

7.3. 委员会进一步注意到,法院定期审查了对提交人的继续拘禁,因此来文中的事实没有表明对《公约》第9条第4款的违反。在这方面,委员会注意到提交人声称,法官的不解除他受管制地位的决定是无理的。不过,委员会指出,其他法院也审查了这一决定和提交人被继续拘禁的问题,它们肯定了法官的调查结果以及继续提交人之受管制地位的必要性。……委员会根据其所获资料,认定法院根据《精神卫生法》对提交人受管制地位的审查没有这类缺陷。

[11.78] **JS 诉新西兰**(*JS v New Zealand*, 1752/2008)

该案有关将某人强制拘禁在一处精神卫生机构中,其中的一项申诉有关人身保护令程序的时长。人权事务委员会认定这些申诉不可受理:

6.3. 提交人认为,在上诉法院和最高法院进行的、分别为21天和两个月零一天的人身保护诉讼过度冗长,侵犯了他根据第9条第4款享有的无拖延地就其被拘禁的合法性得到决定的权利。他辩称,最高法院没有给予此类紧急诉讼以应有的优先重视,并且在休假期间没有尽责地保障最高法院的运作。缔约国声称,在这10个星期内,提交人处于强

---

62 这里提到的决定是上面第10.3段中所提到的、在1998年4月完结的"合理性"诉讼。

迫照料之下，其持续被拘禁受到法院的独立监察，法院七次审议了这一措施。提交人要求审查的申请得到了审理，并就在提出申请的当天得到了决定。提交人首次提出的人身保护令申请在6天内即得到审理，并在两天之后得到决定，而上诉是在3个星期内得到裁决的。

6.4. 根据案件的情况并鉴于区法院、高等法院、上诉法院和最高法院处理提交人对其受拘禁得到司法审查的申请的时间长度，委员会认为，提交人没有为受理之目的证实其根据《公约》第9条第4款提出的申诉。因此，委员会根据《任择议定书》第2条宣布该申诉不予受理。

[11.79] **拉梅卡诉新西兰**（*Rameka v New Zealand*，1090/2002）

上文已经概述了该案的案情［11.32］。上文已经指出，提交人之一拉梅卡在因犯强奸罪要服刑14年之外，还要接受预防性拘禁的刑罚，而另一位提交人哈里斯则只被判处预防性拘禁，而未被判处最少七年半的最低刑期。即使当被处以预防性拘禁的人有资格申请假释时，这种刑罚也有10年不得复审。人权事务委员会认定，对于哈里斯，第9条第4款被违反：

7.2. 委员会首先注意到，上诉法院认为，哈里斯先生就其罪行本可以被判处"不少于"七年半的有期徒刑。据此，出于防范目的，哈里斯先生将服刑二年半，然后在他的预防性拘禁刑期期满后，才产生不得假释期问题。由于缔约国没有举出任何案件表明，在不得假释期期满以前，假释委员会根据其特殊权力自行审查了囚犯被持续拘禁的情况，因此委员会认定，尽管将哈里斯先生拘禁二年半是依据缔约国的法律且不是无理的，但他在这一期间无法提出质疑——认为当时没有实质性理由以防范为由将他持续拘禁，侵犯了他根据《公约》第9条第4款享有的权利，即可要求"法院"决定他在该期间所受拘禁是否"合法"。

对于拉梅卡，委员会并未认定此种违反，估计是因为他正在服的刑期无论如何都超过了10年。[63]

[11.80] 人权事务委员会委员卡林先生对这一点持异议，认为10年的这

---

[63] 不过，就14年的刑期而言，拉梅卡本来可以在服刑9年4个月后即有资格获得假释。因此可以说，本应就其8个月的刑期认定存在违反。

第十一章　免受无理拘禁的自由

一整个期间，对于拉梅卡和哈里斯而言，都造成了对第 9 条第 4 款的违反：

> 委员会在其意见第 7.2 段中得出的结论是，哈里斯先生在被拘禁总共 10 年后，将出于防范目的服刑二年半，才能要求假释委员会审查，并且在此期间不得诉诸"法院"，这些情况构成对他根据《公约》第 9 条第 4 款享有的权利的侵犯。这个结论所依据的假设是，上诉法院认为，哈里斯先生就其罪行本可以被判处"不少于"七年半的有期徒刑。尽管上诉法院确实认为，对该案应判处"不少于"七年半的有期徒刑，但它没有判处这个有期徒刑，而是从一开始就代之以预防性拘禁的刑罚。有期徒刑应与犯罪的严重性质和罪恶程度成比例，并且服务于多种目的，包括惩罚、改造和防范。相反，正如缔约国 1985 年《刑法》第 75 节清楚地阐明的，预防性拘禁不包括任何惩罚性因素，而只是起到保护公众免受个人危害的目的，因为对于此人，法院有理由认为，"存在着他被释放后犯特定罪行的切实危险"。虽然预防性拘禁总是由犯下某一严重罪行所触发，但其判处不是因为有关个人过去的行为，而是由于他目前的情况，即他是一个将来可能犯罪的危险分子。尽管出于保护公众免遭危险罪犯之害的预防性拘禁本身并不为《公约》所禁止，而且其施加有时无法避免，但其必须受到最严格的程序保障的制约——就如《公约》第 9 条所规定的，包括由法院定期审查此种拘禁的持续合法性的可能性。这种审查是必要的，因为任何人都有改变和改善的潜力，即随着时间的推移而变得不那么危险（例如，由于内在的成长或者成功的治疗，或由于降低了犯具体类别罪行的体能的疾病）。在本案的情况下，哈里斯先生没有被判处旨在惩罚过去行为的任何有期徒刑，而是出于保护公众的唯一理由而被拘禁。因此，我得出的结论是，他"声请法院提审，以迅速决定其拘禁是否合法，如属非法，应即令释放"的权利（第 9 条第 4 款），不仅在预防性拘禁头 10 年的最后二年半中受到了侵犯，而且在整个最初阶段也受到了侵犯。出于同样的原因，我会认定，对于拉梅卡先生，在假释委员会审查以前的、同样的最初 10 年拘禁期间，也违反了第 9 条第 4 款。

[11.81] 与卡林不同，希勒先生和维鲁谢夫斯基先生认定第 9 条第 4 款

没有被违反（安藤先生基本同意）：

> 我们认为，将无限期的预防性拘禁分为惩罚和预防部分不适当。有期徒刑所依据的是传统的监禁目的，即惩罚和改造罪犯、阻止罪犯和其他人今后犯罪并维护受害人和社会。与此不同，预防性拘禁仅旨在保护社会，使之免受过去的有期徒刑对其显然没有达到上述目标的罪犯今后的危险行为之害。
>
> 依照缔约国适用于提交人的法律，预防性拘禁在服满10年后，才可以由假释委员会审查（其决定将受到司法审查）。由于最近对这一法律的修订，无审查期缩短至5年。根据作出此种判决的条件，即使更长的刑期也不能被视为任意或不合理。我们认为，不能将缔约国关于预防性拘禁的法律视为违反《公约》。特别是，不能将《公约》第9条第4款解释为授权对一项判决进行无限次数的司法审查。

[11.82] 在迪恩诉新西兰案（*Dean v New Zealand*, 1512/2006）中，人权事务委员会多数委员对于第9条第4款是否被违反，得出了与拉梅卡案中的多数委员类似的意见，只有特林先生持异议——他采取的立场与希勒等少数委员在拉梅卡案中的立场相同。

联络律师的权利

[11.83] **贝里诉牙买加**（*Berry v Jamaica*, 330/1988）

在本案中，人权事务委员会明确地将联络法律代表与享有第9条第4款规定的权利联系起来。实践中，如果没有法律代表，任何人基本上都不可能质疑对他们的拘禁。

> 11.1. 对于有关第9条第3、4款的指控，缔约国没有辩驳的是，提交人在被解送法官或获授权的司法官员以决定对他的拘禁是否合法以前，已经被拘禁了两个半月。缔约国只限于辩称，提交人在拘禁期间本可以向法庭申请人身保护令。但是，委员会注意到提交人的未受到质疑的申诉，即他在整个期间都没有机会联络法律代表。委员会认为，超过两个月的这种拖延违反了第9条第3款的要求，即任何因刑事指控被逮捕者应被"迅即"解送法官或依法执行司法权力之其他官员。在这种情

况下,委员会的结论是,提交人根据第9条第4款享有的权利也受到了侵犯,因为他没有被适时地给予主动要求法院决定对他的拘禁是否合法的机会。

同样,在哈梅尔诉马达加斯加案(*Hammel v Madagascar*,155/1983)中[11.73],与外界隔绝的拘禁使得申请人身保护令不可能。委员会在对西班牙的结论性意见中,确认五天与外界隔绝的拘禁违反第9条。[64]

[11.84] 因刑事指控而被拘禁者有权获得法律代表,在某些情况中,根据第14条第3款(卯)项,则有权获得法律援助[14.152]。这些权利并非直到指控之时才会启用。在对爱尔兰的结论性意见中,人权事务委员会清楚地表示,尚未受到指控的被拘禁者,如果无法负担他们自己的律师,则也应被允许获得法律援助:[65]

18. 缔约国应确保拘禁的各个方面(包括拘禁期间和法律援助的获得)以完全符合《公约》第9条的方式进行。

这样的权利源自第9条第4款,虽然有可能的是,第9条第1款一般性地保障了获得法律帮助,以针对无理拘禁提供保障。

[11.85] **A诉澳大利亚**(*A v Australia*,560/1993)

提交人抵达澳大利亚寻求庇护时,并无签证;他在其庇护申请得到决定期间被拘禁[11.24]。对提交人实施的最初拘禁是在新南威尔士州的悉尼的拘禁中心,然后他被转移到了数千公里外的澳北区的达尔文市。在澳北区期间,他在两个难民营中来回转移,最后被转移到了西澳大利亚的赫德兰港的拘禁中心。最初,提交人从新南威尔士法律援助委员会的律师处获得了法律咨询帮助,但这一联系因其被转移到澳北区而中断。然后他得到了澳北区法律援助委员会的法律咨询帮助,但当他被转移到赫德兰港时,他失去了与这一机构的法律代表的联系。提交人的律师*主张,提交人被不断转移到该国各地不同的拘禁中心实际上剥夺了其与律师联络的机会,这造成了对第9条第4款的违反:

64　(1996) UN doc CCPR/C/79/Add.61, para 12.
65　UN doc A/55/40, paras 422–51, paras 17–18.
*　这一律师指的是代理提交人向委员会提交来文的律师。

5.7. 提交人的律师坚持认为，依据第9条第4款向法院提起诉讼的权利必然要求个人能获得法律咨询。一个人无论被拘禁在哪里，其向法院申诉一般都只能通过律师的帮助来实现。在这方面，律师对其委托人是否充分获得了法律咨询帮助提出了争辩……。

5.8. 提交人的律师补充说，其委托人曾两次被强迫从一个州的管辖范围转移并因此无法联络其律师，任何一次转移都未充分通知其律师。据称，这些事件构成对提交人联络其法律顾问之拒绝。

就这一问题，人权事务委员会作出了有利于缔约国的认定：

9.6. ……A在各个拘禁中心之间被多次转移而且被迫更换其法律代表，这不能减损的事实是，他仍可获得法律顾问；与律师的这种联络有些不便——主要是因为赫德兰港处于偏远地区——在委员会看来，并不引起第9条第4款下的问题。

很明显，委员会没有认定，A联络律师不便的情况已经糟糕到了剥夺他为质疑所受拘禁而有效行使诉诸法院之权利的地步。就这一点，可以注意，形成对照的是，委员会在对英国的结论性意见表示的关切："将寻求庇护者分散在各处的做法可能对于他们获得法律咨询意见的能力以及这种咨询意见的质量产生不利影响。"[66]

[11.86] 在对澳大利亚的结论性意见中，人权事务委员会称：[67]

526. ……委员会关切的是，在强制拘禁［未获许可之到来者］的情况下，缔约国的政策是不通知被拘禁者他们有寻求法律意见的权利，也不允许非政府人权组织与被拘禁者接触，以将其权利告知他们。

527. ……委员会建议缔约国告知被拘禁者他们的法律权利，包括寻求律师的权利。

在澳大利亚，因移民问题被拘禁者并不是被严格地拒绝获得法律咨询意见，而只是未被告知这一权利。委员会认为，这种做法可能不符合《公约》。因移民问题被拘禁者一般说来对澳大利亚法律制度以及他们据其享有的"权

66　(2001) UN doc CCPR/CO/73/UK, para 16.

67　(2000) UN doc A/55/40, paras 526-7.

利"所知甚少。他们可能不懂英语。他们可能来自联系律师被体系化地拒绝的国家，因此可能不会认为在澳大利亚允许这种联系。基于所有这些原因，委员会做得正确的一点，是坚持这样的被拘禁者应被告知其法律权利，而非任由其在无知中受折磨煎熬。

获取文件的权利

[11.87] **菲加尔考斯卡诉波兰**（*Fijalkowska v Poland*，1061/2002）

在一场审理后——提交人在其中自行辩护，提交人被法院下令送交精神治疗，这违背了她的意志[11.21]。她质疑这一命令的愿望未能实现，因为当局未能即时向她提供这一送交治疗令的副本，这违反了第9条第4款。

8.4. 委员会……注意到，虽然可就送交医院治疗令向法院上诉，由此允许个人质疑该判令，但在本案中，提交人甚至未得到一份判令副本，也未在审理期间得到过任何人的帮助和代理——他们本来能够告知她上诉的可能性，她不得不等到出院之后才意识到可以上诉，并切实提出了上诉。她的上诉最终因已超过法定时限被驳回。委员会认为，缔约国未能在上诉截止期限之前向她传达入院治疗令，使得提交人质疑其被拘禁的权利归于无效。因此，就本案情况而论，委员会认定《公约》第9条第4款被违反。

诉讼必须在"法院"进行

[11.88] **托雷斯诉芬兰**（*Torres v Finland*，291/1998）

在本案中，提交人是一位已经预定要被引渡的外国人，他被拘禁了7天，其间并未得到机会诉诸法院、由其决定自己所受拘禁的合法性。根据有关立法，托雷斯仅有权获得有关部委对其拘禁的审查。

7.2. ……委员会注意到缔约国的主张，即提交人本可以根据《外国人法》第32条，就1987年10月7日、1987年12月3日和1988年1月5日拘禁他的命令向内政部申诉。委员会认为，这样的可能性尽管为他提供了一定的保护措施和对拘禁的合法性的审查，但是没有满足第9条第4款的要求，其设想是由法院判定拘禁的合法性以确保此类监控中较高程度的客观性和独立性。委员会还注意到,尽管提交人根据警察的决定被拘禁,他却不能请求法院审查对其拘禁的合法性。只有在7天之后,在内政部长的命令确认拘禁之时,法院的审查才有可能。因为直到拘禁的第二周提交人才有可能提出质疑,所以提交人自1987年10月8日至15日、1987年12月3日至10日和1988年1月5日至10日受到的拘禁违反了第9条第4款规定的要求,即被拘禁者能"声请法院提审,以迅速决定其拘禁是否合法,如属非法,应即令释放"[强调为委员会所加]。

[11.89] **沃兰纳诉芬兰**(*Vuolanne v Finland*,265/1987)

在该案中,提交人因为未经允许离开军营而受到军纪惩戒,被处以10天的禁闭(关押在一个哨所内、不必执勤)。提交人被单独锁在一间囚室内,被禁止与其他被拘禁者交流。他请求由一位高级军官复查对他的拘禁。不过,拘禁他的决定未经审理就得到了维持。提交人声称第9条第4款被违反,因为他被拘禁却没有机会诉诸法院。芬兰试图区分两个方面:军纪惩戒制度和从第9条第4款来讲经常遇到的民事制度*。人权事务委员会作出了如下有利于提交人的认定:

9.3. 委员会注意到缔约国的辩解,即沃兰纳先生的案件不在《公约》第9条第4款的适用范围之内。委员会认为,这一问题必须根据《公约》的明文规定及其宗旨来回答。委员会认为,一项一般性原理是,《公约》没有包含任何将某些类型的人排除在其适用之外的规定。第2条第1款规定,"本公约缔约国承允尊重并确保所有境内受其管辖之人,无分种族、肤色、性别、语言、宗教、政见或其他主张、民族本源或社会阶级、财产、出生或其他身分等等,一律享受本公约所确认之权利"。该条之用语的总括性质没有为区分不同类型的人——例如平民和军人——留下任何空间,以至于可将《公约》适用于某一情况而不适用于另一情况。另外,准备工作和委员会的一般性意见都表明,《公约》的

---

* 此处的"民事制度"(civilian system)是与"军事制度"而非"刑事制度"相对应的概念,指适用于平民而非军人的制度。

宗旨在于宣明和界定所有人的某些人权并保障这些权利的享有。因此很清楚的是，《公约》不是也不应该是从谁的权利应得到保护这一方面来看的，而是从哪些权利在何种程度上得到保障这一方面来看的。因此，在本案中不能排除第9条第4款的适用。

9.4. 委员会承认，服兵役之个人的行动自由受到限制是正常的。不证自明的是，这不属于第9条第4款的适用范围。委员会也同意的是，纪律惩罚或惩戒措施如果对平民适用，则可以被认为是以拘禁的方式剥夺自由，但施予军人时，则不能如此认定。然而，如果这种惩罚或措施采取的限制形式超出了正常军事服役的严格需要，并且偏离了缔约国的武装部队中的正常生活条件，就可能处于第9条第4款的适用范围之内。为了确定情况是否如此，就应该考虑一系列的因素，诸如所涉惩罚或措施的性质、持续时间、影响和执行方式。

9.5. 在执行对沃兰纳先生施加的纪律惩戒措施时，他被禁止履行正常勤务，在一个2米×3米大小的囚室内度过了10个日夜。只为了吃饭、如厕以及每天半小时呼吸新鲜空气，他才被允许走出囚室。他被禁止与其他被拘禁者交谈和在囚室内发出任何声音。他的通信和个人笔记受到干涉。他像一个囚犯一样服刑。对提交人施加的这一刑罚相当长，接近于根据芬兰刑法所可能判处的最短监禁刑期。根据这些情况，委员会认为，这种在囚室中10个日夜的单独禁闭本身处于正常服役的范围之外、超出了军队生活所需的正常限制。这种特定的纪律惩罚达到了一般而言与第9条第4款的含义之内的逮捕和拘禁有关的与社会隔绝的程度，因此必须被认为是第9条第4款意义上的以拘禁的方式剥夺自由。在这一方面，委员会忆及其第8号一般性意见，其中提出第9条的绝大部分规定适用于剥夺自由的一切情况，无论是在刑事案件中或在诸如精神病、流浪、吸毒成瘾、为教育目的、移民管制等其他情况中。委员会无法接受缔约国的辩解，即因为军事惩戒性拘禁受到法律的严格调整，所以不必对其适用第9条第4款所规定的法律和程序保障。

9.6. 委员会进一步指出，在行政机构或当局决定剥夺个人自由的任何时候，第9条第4款都无疑使得有关缔约国有义务让被拘禁的人可以利用诉诸法院的权利。在本案这一特定情况中，这种法院究竟是民事的还是军事的无关紧要。委员会不接受缔约国的主张，即要求一位高级军官依据目前在芬兰有效的《军事惩戒程序法》实行复查类似于上诉的司法审查，以及下令拘禁的官员乃是以一种司法或准司法的方式行事。在沃兰纳先生的案件中所遵循的程序并不具有司法性质，维持了1987年7月17日针对沃兰纳先生的决定的监督军官不能被认为是第9条第4款含义之内的"法院"；因此，缔约国当局未能遵守该款所规定的义务。

沃兰纳案证实，军事性拘禁也必须符合第9条第4款规定的程序性保障。委员会并不准备接受这样一点，即由一位高级军官复查拘禁的决定类似于第9条第4款所要求的司法审查。这样的军官并不具有必要的司法或准司法角色或地位。委员会的这一决定对于严格区分适用于平民和军人的司法制度的缔约国，具有相当大的影响。

[11.90] **拉梅卡诉新西兰**（*Rameka v New Zealand*, 1090/2002）

上文已经叙述了该案的案情 [11.32] [11.79]。提交人被判处预防性拘禁，这是一种最少10年内不得假释的不定期徒刑。在10年以后，他们的刑罚由假释委员会而非法院审查。人权事务委员会同意这种程序符合第9条第4款：

> 7.4. 此外，关于假释委员会作为一个"法院"以司法方式运作并根据《公约》第9条第4款决定持续拘禁的合法性的能力问题，委员会注意到，其余的提交人未提出任何理由说明，为什么根据缔约国的法律设立的假释委员会应被认为不够独立、公正无偏或没有完善的实现这些目的的程序。此外，委员会注意到，假释委员会的决定受到高等法院和上诉法院的司法审查。……

质疑拘禁之权利的有效性

[11.91] **A 诉澳大利亚**（*A v Australia*, 560/1993）

提交人在从柬埔寨抵达澳大利亚寻求庇护时，被羁押了四年多 [11.24]。1992年5月，澳大利亚联邦议会通过了《移民修正法》，将一个新的第4B部分插入1958年《移民法》中。这一部分的效果是，有关部长可以授权拘禁"指定人员",直到其离开澳大利亚或被准予入境许可。提交人和处于同样境地中的"船民"被界定为"指定人员"。提交人主张,他被剥夺了第9条第4款规定的权利,因为澳大利亚立法拒绝了他质疑拘禁的实际权利。任何此类质疑都将是徒劳的,因为根据这一立法所赋予的广泛的拘禁权力,对他的拘禁自动地就是合法的。

3.5. 律师还认为,在提交人的案件中,第9条第4款被违反。《移民修正法》第4B节的后果是,一旦一个人被认定为"指定人员",便没有拘禁的替代措施,而法院不能有效审查这种拘禁,因为法院无权酌情下令释放该人。……

5.5. 关于依据第9条第4款提出的申诉,律师提出,鉴于根据1958年《移民法》第4B节,不存在酌情释放指定人员的可能,所以在法院提起释放诉讼的选择毫无意义。……

关于第9条第4款,缔约国的答复如下:

4.6. 来文基于不能在法院质疑拘禁的合理性或适当性,而试图确立第9条第4款被违反。对此,缔约国认为,法院不能酌处下令释放一个人无论如何都不属于第9条第4款的适用范围,该款只涉及审查拘禁的合法性。……

7.8. 关于依据第9条第4款提出的申诉,缔约国重申,提交人一直可以提起诉讼来质疑其被拘禁的合法性,例如就其被拘禁是否符合澳大利亚法律,寻求法院的裁决。法院如果确定A被非法拘禁,则有权释放他。……对于缔约国来说,此规定并不要求在涉及拘禁的情况下,缔约国法院必须总是能够用其酌处权替换议会的酌处权:"即使拘禁依法进行,《公约》也不要求法院必须能够下令释放被拘禁者。"

人权事务委员会关于实质问题的裁决有利于提交人,其中比较详细地审查了第9条第4款规定的要求:

9.5. 委员会注意到,提交人原则上本可在1992年5月5日《移民修正法》颁布之前,申请法院复审拘禁他的理由;此后,国内法院保留着权力,即如果它们认为拘禁依据澳大利亚法律不合法,即可下令释放。但实际上,法院对下令释放个人的管制和权力限于评估该个人是否属于《移民修正法》含义之内的"指定人员"。如果符合这种确定标准,则法院无权审查对个人的继续拘禁并下令释放。委员会认为,法院根据第9条第4款对拘禁合法性的复审——其中必须包括下令释放之可能,不仅仅限于确定拘禁是否符合国内法。尽管国内法律制度可制定不同方法以确保法院复审行政拘禁,但从第9条第4款的目的来说决定性的是,这种复审在其效果上是实在的而不只是形式的。第9条第4款通过规定"拘禁如属非法",则法院必须有权下令释放,从而要求如果拘禁不符合第9条第1款或《公约》其他规定的要求,则法院有权下令释放。这一结论得到第9条第5款的证实,该款显然规定,对于无论是依据国内法规定还是在《公约》含义之内"非法"的拘禁,均应给予赔偿。由于缔约国在本案中的陈述表明,可供A利用的法院复审实际上仅限于形式上评估一个不言自明的事实,即他实际上就是《移民修正法》含义之内的"指定人员",因此,委员会得出结论,提交人根据第9条第4款享有的可让其被拘禁受到法院复审的权利受到了侵犯。

[11.92] 第9条第4款的约文要求个人必须有机会能在法院质疑对其拘禁的"合法性"。本案中的提交人的确曾有此机会。不过,实际上授权拘禁处于A之处境的外国人的相关澳大利亚立法排除了任何成功的可能;对A的拘禁在国内法中自动地就是合法的。委员会认定第9条第4款被违反,确认了第9条第4款中的"合法"意味着根据《公约》"合法",而非根据国内法"合法"。在这一意义上,第9条第4款似乎等于"不得无理";人权事务委员会在其意见第9.5段中提到第9条第1款以及巴格瓦蒂先生的单独附议意见,[68] 都加强了这一结论。

[11.93] **C诉澳大利亚**(*C v Australia*, 900/1999)

虽然人权事务委员会在A诉澳大利亚案中作出了上述决定,但澳大利亚政府并没有修改其立法以补救对第9条第4款的违反。澳大利亚的这种强制性拘禁的立法不可避免地引起了另一案件即C诉澳大利亚案,其中所涉拘禁被认定构成有违第9条第1款的无理拘禁[11.25]。提交人提出了同样的指

---

68 可比较在第17条的语境中,对于"合法"的主流解释:第[16.06]及以下各段。

控,即第9条第4款被违反,缔约国的答复对委员会在A诉澳大利亚案中的推理提出了挑战:

4.34. 关于根据第9条第4款提出的指控,缔约国指出,这要求个人能够检验拘禁的合法性。缔约国拒绝接受委员会在A诉澳大利亚案中的提议,即该规定中的"合法"不只限于符合国内法,而且必须符合第9条第1款以及《公约》的其他条款。缔约国认为,在《公约》的措辞或结构、准备工作或委员会的一般性意见中,都没有对这种思路的任何支持。

委员会多数委员重申了委员会在A诉澳大利亚案中有关第9条第4款的决定,因此作出了有利于提交人的认定:

8.3. 关于提交人的进一步申诉——针对拘禁的这段时间,第9条第4款被违反,委员会提及其前面关于可否受理问题的讨论,并指出提交人可用的法院审查纯粹局限于对一个问题的形式性评估,即有关人员是否为无入境许可的"非公民"。委员会注意到,的确如合议庭在其1994年6月15日的判决中所指明的,法院并无酌处权以实质性方式审查继续拘禁提交人是否有正当理由。委员会认为,不能通过司法方式质疑有违第9条第1款的拘禁违反了第9条第4款。

[11.94] 人权事务委员会委员奈杰尔·罗德利爵士在C诉澳大利亚案中暗示,他不同意A诉澳大利亚案在这一点上形成的判例:

委员会……的结论是,本案涉及对第9条第4款的违反,其所用措辞有可能导致这样的解释,即违反第9条第1款的情况从第9条第4款的含义来看,在法律上就是"非法"的。这样委员会便重新走上了它在A诉澳大利亚案(560/1993)中走过的路。

我认为这种路径太宽泛,《公约》约文也没有证明其合理。第9条第1款中的"无理"必然含有非法性,这明显体现在无理这一概念本身和起草筹备工作中。但是我不明白与此相反的情况怎么也能成立,而且起草筹备工作中也没有任何情况证明其合理。然而,这就是A诉澳大利亚案中的思路,委员会似乎在本案中再次予以了肯定。

我并不能从委员会的思路存在的这种难点出发,就必然认为,在某一缔约国拘禁个人的情况中，只要遵守了法律程序，第9条第4款就绝对不适用。例如，我可以设想，如果被拘禁者遭受酷刑，这就能够作为有必要诉诸某种救济来质疑拘禁是否继续具有合法性的理由。

不过，奈杰尔·罗德利爵士并没有真正在这一点上持异议，而是提出：

> 我在此提出的论点很简单，即就本案而言，不需要处理这一问题，尤其是考虑到，没有对拘禁情况提出司法质疑的可能，已经构成委员会认定第9条第1款被违反之推理的一部分。

克雷茨梅尔先生赞同奈杰尔·罗德利爵士的一点是，考虑到已经认定第9条第1款被违反，"没有必要讨论缺乏这种［司法］审查是否也涉及违反第9条第4款"。在后来的巴班诉澳大利亚案（Baban v Australia, 1014/2001）中，奈杰尔·罗德利爵士重复了他在C诉澳大利亚案中提出的部分异议意见。

［11.95］罗德利和克雷茨梅尔的两项单独意见的含义是，在已经出现侵犯一项有关的实质性权利即第9条第1款规定的权利的情况中，人权事务委员会不必再就一项程序性权利即第9条第4款规定的权利是否受到侵犯得出结论。这样一种解释也许对受害者的影响不大，但能极大地帮助学者和实践者更多地了解《公约》之各项保障的含义。这样一种思路有可能导致对《公约》规定的许多程序性权利的解释发展不足。

［11.96］奈杰尔·罗德利爵士提出，人权事务委员会在C诉澳大利亚案中支持的A诉澳大利亚案对第9条第4款的解释曲解了其中的用词。一项质疑对某人之拘禁的合法性的权利并不等于质疑该拘禁之无理性的权利；后一权利在文本上并不导致对第9条第4款的违反。实际上，在许多场合，委员会承认，非法行为是无理行为的一项子集，[69] 因此包括范围更小的行为。实际上，正如奈杰尔·罗德利爵士所指出的，缺少任何寻求有意义的司法审查的渠道作为一种因素，通常（或甚至总是）应导致一种认定，即所涉拘禁情况是无理的，且因而有违第9条第1款。

［11.97］奈杰尔·罗德利爵士的个人意见提出了一个更广泛的问题：在

---

[69] 例如见第16号一般性意见第4段［16.10］。

《公约》中出现"合法"一词的众多场合,其含义究竟是什么?如果第9条第4款中的"合法"指的是根据国内法合法,缔约国就可能以制定法律授权行政机构实施任何拘禁的方式取消这一规定的效用。[70] 同样,第17条第1款中禁止对名誉及信用之"非法"破坏,这也可能因为一国简单地以立法允许对名誉及信用之任何粗暴攻击而遭挫败。因此,也许对"合法"的一种目的论的、扩张的解释是正当合理的,以便防止各国通过制定有悖常情的法律而使自己不承担某些《公约》义务。另一方面,有可能的是,人权事务委员会能够将这些有悖常情的法律界定为侵犯《公约》规定的其他权利——正如奈杰尔·罗德利爵士有关第9条第1款与第4款相互关系的意见所证明的,而不必扭曲《公约》的约文。

[11.98] 在巴班诉澳大利亚案(韦奇伍德夫人持异议意见)和巴克提亚里诉澳大利亚案(*Bakhtiyari v Australia*, 1069/2002)中,人权事务委员会多数委员遵循了委员会先前在A诉澳大利亚案和C诉澳大利亚案中作出的决定。在另一起有关澳大利亚的强制性拘禁制度的D和E诉澳大利亚案(*D and E v Australia*, 1050/2002)中,委员会似乎赞同了奈杰尔·罗德利爵士在C诉澳大利亚案中的立场,认定第9条第1款被违反,但是回避了作出有关第9条第4款的决定。在后来的案件即夏姆斯诉澳大利亚案(*Shams v Australia*, 1255, 1256, 1259, 1260, 1266, 1268, 1270, and 288/2004)和沙菲克诉澳大利亚案(*Shafiq v Australia*, 1324/2004)中,委员会又回到了其在A诉澳大利亚案和C诉澳大利亚案中的立场。在2009年裁决的英芳诉澳大利亚案(*Yin Fong v Australia*, 1442/2005)中,委员会在标准式地认定第9条第1款(以及其他条款)被违反之后[8.72],回避了对第9条第4款作出决定。[71]

[11.99] 在对英国的结论性意见中,人权事务委员会对该国的"管制令"制度表示了以下关切:[72]

17.……委员会同样关切的是,得以用来质疑管制令的司法程序有

---

[70] 这样的法律,甚至无法以其不够清楚为由提出质疑。
[71] 在委员会意见的第9.8段。
[72] (2008) UN doc CCPR/C/GBR/CO/6.

一定问题，因为法庭可以不公开地审查秘密材料，这实际上剥夺了收到管制令的人切实质疑所受指控的直接机会（第9条和第14条）。

缔约国应审查《2005年预防恐怖主义法》设立的管制令制度，以便确保……得以用来质疑管制令的司法程序符合诉讼手段平等的原则，这要求相关人员及其自由选择的律师可以获知颁发管制令所依据的证据。……

获得赔偿的权利——第9条第5款

[11.100] 第9条第5款对那些被非法剥夺人身自由者，规定了一项获得赔偿的权利。众多案件证实，在第9条的任何规定被违反时，均可给予第9条第5款规定的赔偿。[73]

[11.101] 第9条第5款规定赔偿"非法"拘禁，这包括根据一国的国内法被认定为非法的拘禁，哪怕这种拘禁根据第9条是可予允许的。[74] 人权事务委员会在A诉澳大利亚案中指出，第9条第5款也规定，当拘禁在国内法中"合法"但有违《公约》时，要给予赔偿。[75] 因此，和第9条第4款一样，委员会看来在第9条第5款中也注入了一种对"无理但合法之拘禁"的制裁，虽然在这一款中根本没有提到"无理拘禁"。[76] 不过，下列案件对这种认识提出了疑问。

[11.102] **索特利·查姆巴拉诉赞比亚**（*Soteli Chambala v Zambia*, 856/1999）

提交人索特利·查姆巴拉在人权事务委员会认定为无理因而有违第9条

---

[73] 在桑图罗·瓦尔卡达诉乌拉圭案（*Santullo Valcada v Uruguay*, 9/1977）中，委员会认定，对于违反第9条第4款，可给予赔偿。在波多里尔诉多米尼加共和国案（*Portorreal v Dominican Republic*, 188/1984）中，委员会认定，对于违反第9条第1款和第2款，可给予第9条第5款规定的赔偿。在伯拉诺斯诉厄瓜多尔案（*Bolaños v Ecuador*, 238/1987）中，委员会认定，对于违反第9条第1款和第3款，可给予赔偿。另见克莱因先生的单独意见，*Freemantle v Jamaica*, 625/1995。

[74] 在这一方面，参见《公约》第5条第1款。另见波卡尔先生的不同决定，*Aduayom v Togo*（422/1990）[11.103]。

[75] 见委员会意见的第9.5段以及巴格瓦蒂先生的附议意见，*A v Australia*（560/1993）。

[76] See also Nowak, *UN Covenant on Civil and Political Rights: CCPR Commentary*, 238.

第 1 款的情况中被拘禁了 22 个月。[77] 在他被释放的之前两个月，赞比亚高等法院认定，根据赞比亚法律，没有理由继续拘禁提交人。然而，提交人在这两个月并没有获得释放，对此委员会称：

> 7.3. 委员会……注意到，在高等法院裁定无理由拘禁提交人之后，他又被拘禁了两个月，这种做法除了从第 9 条第 1 款来看是无理的之外，还违反了赞比亚国内法，从而产生了对第 9 条第 5 款规定的获得赔偿权利的侵犯。

在该案中，违反第 9 条第 5 款的结果只适用于提交人最后两个月的拘禁。尽管整个 22 个月的拘禁是无理的、有违第 9 条第 1 款，但只有最后两个月才可归为"非法"拘禁，因此，在该案中，违反第 9 条第 5 款看来是以所涉拘禁根据赞比亚法律乃是非法为条件的。

[11.103] **阿多约姆诉多哥**（*Aduayom v Togo*, 422, 423, 424/1990）

在该案中，人权事务委员会基于属时理由不能审查有关第 9 条的申诉，因为这一申诉所依据的事件发生在《任择议定书》对多哥生效之前。因此，委员会决定它不能审查根据第 9 条第 1 款以及第 9 条第 5 款提出的申诉。不过，波卡尔先生提出异议如下：[78]

> ……即使像多数委员的意见那样认定，委员会基于属时理由不能审议提交人根据《公约》第 9 条第 1 款提出的主张，但得出这样的结论，即委员会基于属时理由同样不能审查提交人根据第 9 条第 5 款提出的主张，仍是不正确的。任何遭受非法逮捕或拘禁者得到赔偿的权利虽然也可被理解为第 2 条第 3 款含义内的救济的一种具体表现，即对第 9 条第 1 款所列权利遭受的侵犯的一种救济，但《公约》本身并未在第 9 条所载的这两款之间确立起因果关系。第 9 条第 5 款的措辞表明，其适用性并不取决于要认定存在对第 9 条第 1 款的违反；实际上，某一逮捕或拘禁的非法性不仅可能来自违反《公约》的规定，而且也可能来自违反国内法的某项规定。就后者而论，只要逮捕或拘禁根据国内法是违法的，

---

77 在委员会意见的第 7.2 段；提交人在被关押的整个期间都没有受到指控。
78 另见第［2.21］段。

即存在得到赔偿的权利，而不取决于逮捕或拘禁是否可作为根据第 9 条第 1 款提出申诉的依据。换言之，为了适用第 9 条第 5 款，委员会并非不能审议逮捕或拘禁是否合法，即使它不能根据《公约》的其他条款对此审查。这也同样适用于因逮捕或拘禁发生在《公约》生效之前——或按多数委员的意见的思路——发生在《任择议定书》生效之前而无法援用其他条款的情况。既然在本案中，对几位提交人受到逮捕和拘禁按照国内法属于非法的事实并无异议，那么我的结论是，这几位提交人根据《公约》第 9 条第 5 款应得到赔偿的权利受到了侵犯，而委员会本应作出这样的认定。

[11.104] 波卡尔先生提请注意《公约》包括第 9 条第 5 款的情况，以及第 2 条第 3 款规定的就任何《公约》规定被违反获得救济的一般性权利。第 2 条第 3 款规定的并非一项自主的《公约》"权利"。在没似可成立的对一项实质性《公约》权利之侵犯的情况下，任何人都无权得到第 2 条第 3 款规定的救济 [25.09]。但是，波卡尔先生的主张是，第 9 条第 5 款规定的是一项自主的权利。因此，认定第 9 条第 5 款被违反不应取决于另一《公约》权利受到侵犯，特别是第 9 条规定的另一权利受到侵犯。从上下文来看，第 9 条第 5 款被另行规定在《公约》第三编这一点支持了波卡尔的辩解。实际上，看来不太可能是，第 9 条第 5 款只不过旨在在第 9 条这一有限的情况中，重复第 2 条第 3 款。在阿多约姆案中，人权事务委员会多数委员对这一点默不作声，但他们决定该来文不可受理可能意味着，第 9 条第 5 款规定的并不是这样的一种自主权利。换一个角度看，他们可能只是表示，他们将不会根据《公约》或者国内法审议在《任择议定书》对多哥生效前发生的拘禁是否"合法"。因此，他们在此种情况中就不能判断是否发生了对第 9 条第 5 款的违反。

强迫失踪

[11.105] 强迫失踪是侵犯包括第 9 条规定的权利在内的多项《公约》

权利、严重侵犯人权的情况。如同下述案件所显示的,强迫失踪违反了第9条的实体和程序方面。

萨克尔诉阿尔及利亚（*Saker v Algeria*, 992/2001）

该案的事实体现在人权事务委员会对违反的认定中：

9.5. 关于据称的对第9条第1款的违反,委员会掌握的证据显示,萨克尔先生是被政府工作人员从家中带走的。缔约国没有说明提交人所申诉的情况,即她丈夫是在没有逮捕证的情况下被逮捕的,未能表明随后将提交人的丈夫移交军事羁押的法律依据,也未能以文件记录的形式证明所谓他随后获释的说法,更不用说他是在何种安全的条件下获释的。所有这些考虑使委员会得出结论,对萨克尔先生的拘禁整体上是无理的,而且缔约国也未能举证说明对萨克尔先生的拘禁既不是无理的,也不是非法的。委员会的结论是,在这种情况下,确实存在对第9条第1款的违反。

9.6. 关于据称的对第9条第3款的违反,委员会忆及,被"迅即"解送司法当局的权利意味着,耽搁的时间不得超过数天,并且与外界隔绝的拘禁本身可能违反第9条第3款。委员会注意到提交人的论点,即她的丈夫在1994年7月3日被移交给国土研究和调查中心*之前,被与外界隔绝地羁押了33天,并且在此期间无法会见律师。委员会的结论是,其掌握的事实显示了对第9条第3款的违反。

9.7. 关于据称的对第9条第4款的违反,委员会忆及,提交人的丈夫在被与外界隔绝地拘禁期间无法会见律师,这使他在此期间无法质疑自己被拘禁的合法性。由于在这一方面没有来自缔约国的任何相关资料,因此委员会认定,萨克尔先生应该享有的其被拘禁的合法性得到司法审查的权利（第9条第4款）也受到了侵犯。

在许多"失踪"案件中,委员会都简单地认定第9条被违反,而不明确

---

* 从委员会的意见所述案情来看,这一"国土研究和调查中心"（Territorial Centre for Research and Investigation/Centre Territorial de Recherches et d'Investigation）是隶属于缔约国一个军区的安全部门。

究竟是哪一款。[79]

结　语

[11.106] 对于第 9 条中各项规定的大多数方面，人权事务委员会都根据《任择议定书》作出了大量的决定。其中大多数有关为刑事司法之目的而实行的拘禁，尽管也出现了其他类型的拘禁（诸如预防性拘禁、在移民监管中拘禁外国人、基于强制治疗精神病之理由的拘禁）。

---

[79] See eg *El Hassy v Libyan Arab Jamahiriya* (1422/2005), para 6.5; *Grioua v Algeria* (1327/2004), para 7.5; *Kimouche v Algeria* (1328/2004), para 7.5; *Sharma v Nepal* (1469/2006), para 7.3; *Benaziza v Algeria* (1588/2007), para 9.7; *Chihoub v Algeria* (1811/2008), para 8.7.

第十二章　迁徙自由
——第十二条

在一国领土内的迁徙自由	[12.02]
选择居所的自由	[12.07]
第 12 条第 2 款对外国人的适用	[12.12]
离开一国的自由——第 12 条第 2 款	[12.17]
第 12 条第 3 款——对迁徙自由的限制	[12.27]
第 12 条第 4 款——进入某人之本国的权利	[12.33]
结语	[12.46]

第 12 条

一、在一国领土内合法居留之人，在该国领土内有迁徙往来之自由及择居之自由。

二、人人应有自由离去任何国家，连其本国在内。

三、上列权利不得限制，但法律所规定，保护国家安全、公共秩序、公共卫生或风化，或他人权利与自由所必要，且与本公约所确认之其他权利不抵触之限制，不在此限。

四、人人进入其本国之权，不得无理褫夺。

[12.01] 第 12 条保护个人之迁徙自由，包括在一国之内自由迁徙和居

住的权利,以及跨越国家边界以进入或离开一国的权利。

在一国领土内的迁徙自由

[12.02] **第 27 号一般性意见**

5. 迁徙自由涉及一国的整个领土,包括联邦国家的各个部分。根据第 12 条第 1 款,人人有权从一处迁徙到另一处,并在自己选择的地方定居。享受这一权利不得取决于意欲迁徙或在某地留驻的人的任何特定目的或理由。任何限制必须符合第 3 款的规定。……

7. 按照第 12 条第 3 款的规定,在某领土内于某人选择的地方居住的权利包括防止各种形式的强迫国内迁移。[1] 根据该规定,也不得禁止人员进入和定居于领土的特定部分。不过,合法拘禁更具体地影响人身自由的权利,对此第 9 条作了规定。在某些情况中,第 12 条和第 9 条可同时起作用。

[12.03] 迁徙自由之权利构成在一国之领土内不受阻碍地迁徙的权利,这与第 9 条包含的对人身自由的保障部分重叠。在色雷泊利诉瑞典案(*Celepli v Sweden*, 456/1991)中,人权事务委员会确认,第 9 条适用于比第 12 条所禁止的限制 [11.10] 更加严重的对行动的限制。在郭尔基－丁卡诉喀麦隆案中(*Gorji-Dinka v Cameroon*, 1134/2002)中,委员会认定,某人就多项指控已被宣判无罪却继续被软禁,这同时违反了第 9 条和第 12 条。可以说,软禁应仅处于第 9 条的范围之内,从而将第 12 条保留给对自由的不那么严重的限制。当然,在剥夺自由根据第 9 条得到了授权的情况中,就不会违反第 12 条。

1　在对俄罗斯联邦的结论性意见中,委员会建议该国确保国内流离失所者不得因为营地关闭而被迫返回车臣,(2003) UN doc CCPR/CO/79/RUS, para 16。另见对斯洛文尼亚的结论性意见,有关该国未做到将南斯拉夫的各继承国的公民的法律地位规范化,(2005) UN doc CCPR/CO/84/SVN, para 10。另见委员会的结论性意见:波斯尼亚和黑塞哥维纳,(2006) UN doc CCPR/C/BIH/CO/1, para 20; 苏丹,(2007) UN doc CCPR/C/SDN/CO/3, para 23; 前南斯拉夫马其顿共和国,(2008) UN doc CCPR/C/MKD/CO/2, para 15; 克罗地亚,(2009) UN doc CCPR/C/HRV/CO/2, paras 6 and 14。

[12.04] **阿克拉诉多哥**（*Ackla v Togo*, 505/1992）

人权事务委员会对该案所作的如下决定，是处理对迁徙之国内限制的许多案件的一个代表：

> 10. 委员会注意到……提交人提出的一项未被否认的指控，即他被禁止进入拉科扎（La Kozah）地区和作为该地区一部分的他的家乡。《公约》第12条规定，合法处在一国领土内的每一个人均有迁徙自由的权利和选择居所的自由。缔约国没有作出任何解释，以证明提交人受到的这些限制具有正当理由，在此情况下，委员会根据第12条第3款认为，对提交人迁徙自由和居住自由的限制违反了《公约》第12条第1款。

类似的案件还有穆帕卡－恩素素诉扎伊尔（*Mpaka-Nsusu v Zaire*, 157/1983）、穆潘丹吉拉等人诉扎伊尔（*Mpandanjila v Zaire*, 138/1983）、彼林德瓦和特西塞科迪诉扎伊尔（*Birhashwirwa and Tshisekedi v Zaire*, 241/1987 and 242/1987），这些案件都有关违反第12条第1款的无理流放措施。[2]

[12.05] **第 27 号一般性意见**

> 6. 缔约国必须确保，第12条保障的权利不仅要针对国家的干涉，也要针对私人的干涉受到保护。这种保护的义务与妇女有特别关联。例如，如果妇女自由迁徙和选择居所的权利无论根据法律还是实际做法要服从另外一个人（包括亲属）的决定，则不符合第12条第3款的规定。[3]

第 27 号一般性意见证实，第12条与《公约》中几乎所有保障类似，具有一种"横向效果"。各国不仅必须避免干涉个人的迁徙自由，而且必须确保个人的迁徙自由不受其他个人的不当干涉。[4]

[12.06] 第12条明确限于"在一国领土内"的迁徙自由。尽管现在已经确定，各国根据《公约》具有域外义务 [4.11]，但也许可以主张说，这种域外性并不延及第12条，原因在于其明确限于领土内的表述。不过，人

---

[2] 另见委员会对伊朗伊斯兰共和国的结论性意见，(1993) UN doc CCPR/C/79/Add. 25, para 14。
[3] 另见第28号一般性意见，第16段。
[4] 见第 [1.114] 段和第 [4.19] 及以下各段对横向义务的讨论。

权事务委员会在对以色列的结论性意见中另有说明,这一说明有关对并非以色列领土之一部分的加沙地带的封锁:[5]

  8. 委员会关切地注意到缔约国自 2007 年 6 月以来对加沙地带实行的军事封锁。委员会尽管承认缔约国最近对民用商品的陆地通行放宽了封锁,但仍关切封锁对加沙地带平民的影响,包括限制他们的迁徙自由(某些限制已经导致需要紧急医疗的病人死亡)以及限制他们获得充足饮用水和适当卫生设施。……

同样是在这一结论性意见中,委员会还称:

  16. 委员会参考其上一次结论性意见(CCPR/CO/78/ISR)第 19 段、国际法院的咨询意见[*]以及缔约国最高法院 2005 年的裁决,表示关切以色列对于巴勒斯坦人,特别是居住在隔离墙和以色列之间"夹缝区"的巴勒斯坦人的迁徙自由所施加的限制,经常拒绝颁发农业许可证以允许进入隔离墙另一边的土地或访问亲属,以及农场门的开放时间不定。……

  缔约国应当遵守委员会以往的结论性意见并考虑国际法院的咨询意见,停止以筑墙的手段造成"夹缝区"、严重妨碍迁徙自由和家庭生活权。……

选择居所的自由

[12.07] 选择自己之居所的权利是在一缔约国之领土内,确定永久或临时住处的自由。在对以色列的结论性意见中,人权事务委员会称:[6]

  23. 关于住在东耶路撒冷的巴勒斯坦人,委员会关切的是,对保持

---

  5 (2010) UN doc CCPR/C/ISR/CO/3.

  [*] 指国际法院应联大的请求于 2004 年作出的关于"在被占领的巴勒斯坦领土上修建隔离墙的法律后果"的咨询意见:*Legal Consequences of the Construction of a Wall in the Occupied Palestinian Territory*, *Advisory Opinion*, *I. C. J. Reports* 2004, p. 136。

  6 委员会对以色列的结论性意见,(1998) UN doc CCPR/C/79/Add. 93。

永久居留权所设的限制日益严格，家庭团圆的要求被拒绝，非犹太人在获得建房许可和住房方面所经历的困难使得愈来愈多的人被迫迁移到被占领土。委员会表示深为关切以色列内政部的未予公布的指示的后果，根据这些指示，巴勒斯坦人如果无法证明东耶路撒冷在过去的7年是他们"生活的中心"，就可能丧失住在城里的权利。委员会注意到，这一政策正溯及既往地适用于住在国外和住在西岸或住在邻近耶路撒冷郊区的巴勒斯坦人，但不适用于以色列犹太人或定居在东耶路撒冷的外籍犹太人。委员会建议，关于永久居留地位的规则和程序应无所歧视地适用。

24. 委员会痛惜将拆除阿拉伯人的住宅作为一种惩罚手段，也痛惜部分或整个拆除"非法地"建造的阿拉伯人的房屋的做法。委员会遗憾地注意到对寻求获得合法建房许可的巴勒斯坦人家庭所施加的困难。委员会认为，拆除住宅与缔约国负有的如下义务直接冲突：无所歧视地确保住宅不受无理侵扰的权利（第17条）、选择自身居所的自由（第12条）以及法律前的平等和法律的平等保护（第26条）。

25. 委员会也关切的是，负责管理以色列93％土地的以色列土地管理局中没有任何阿拉伯裔成员；该管理局一直租赁或转移土地供犹太人城镇和定居点的开发，而直到最近几年才以这个方式建立少数阿拉伯居住区。委员会建议，应该采取紧急步骤，克服在土地和住房方面依然存在的严重不平等和歧视的情况。

[12.08] 在对土库曼斯坦的结论性意见中，人权事务委员会称：[7]

12. 委员会……表示遗憾的是，缔约国仍维持在居住地强制登记的制度，这种登记是居住、就业、购买不动产和获得保健服务的先决条件。委员会关切的是，这一制度可能干扰对《公约》第12条所规定之权利的享有（第12条）。

[12.09] 当然，对于某人在其所希望之处居住的权利，存在若干限制，就如以下案件所显示的。

7　(2012) UN doc CCPR/C/TKM/CO/1.

拉夫雷斯诉加拿大（*Lovelace v Canada*，24/1977）

该案有关提交人失去其作为马里希特印第安人在加拿大的一处印第安人保留地居住的权利。

15.……委员会认识到，基于政府所解释的、有关保护保留地的资源和保存其上民族的身份认同的目的，需要界定有权利在保留地居住的人的类型。……

人权事务委员会在此指出，居住的权利能够受到有效限制，以便将土地保留给特定的少数者群体。不过，拉夫雷斯案的事实情况有关拒绝有关少数者群体的一个成员享有这些权利。委员会接着根据《公约》第27条（有关少数者权利的规定）作出了决定［24.12］，而不是根据第12条作出了决定。

[12.10]**卡克尔诉法国**（*Karker v France*，833/1998）

该案的案情概述如下：

2.1. 卡克尔先生是政治运动"复兴"的创建者之一。由于突尼斯以缺席审判判处他死刑，他于1987年逃离了突尼斯。1988年，法国当局承认他是政治难民。1993年10月11日，因怀疑他积极地支持恐怖主义运动，法国内政部长下令，作为紧急事务将他驱逐出境。然而，驱逐令未予实施，卡克尔先生只是被勒令必须居住在菲尼斯泰尔省境内。1993年11月6日，卡克尔先生就此强制令向巴黎行政法庭上诉。该法庭于1994年12月16日驳回了他的上诉，认为强制令是合法的。……

提交人诉称，除其他外，这些居住限制违反了第12条。人权事务委员会的决定有利于缔约国：

9.2. 委员会注意到，对卡克尔先生的驱逐令于1993年10月下达，但因无法对他执行驱逐，所以他在法国境内的居住继而受到了对迁徙自由的限制。缔约国主张，提交人受到的限制出于国家安全的原因是必要的。在这一方面，缔约国向国内法院提供了证据，证明卡克尔先生是某一主张暴力行为的运动的积极支持者。还应指出的是，对卡克尔先生迁徙的限制允许他居住在相对较宽的区域内。此外，对卡克尔先生迁徙自由的限制曾经过国内法院的审查；法院审查了所有的证据之后，认定这些限制出于国家安全的原因是必要的。卡克尔先生仅质疑了法院有关这一问题的最初决定,而没有选择在国内法院质疑随后的限制令的必要性。在此情况下,委员会认为,其所获材料无法使之得出缔约国滥用了第12条第3款所规定之限制的结论。

[12.11] 在对荷兰的结论性意见中,人权事务委员会称:[8]

18. 委员会关切的是,根据2006年《城区(特别措施)法》,对某些地区的住房分配附加的额外收入标准,再加上在周边和中心城市对低收入者和家庭的专门住房安排,可能导致违反《公约》第12条第1款和第26条(第2条、第12条第1款、第17条和第26条)。

缔约国应确保其对获得住房的规制不歧视低收入家庭并尊重人人选择自己居所的权利。

因此,"选择"的概念有可能被经济压力而非法律或外力强迫所损害。

第12条第2款对外国人的适用

[12.12] 第12条第1款适用于所有"在一国领土内合法居留"之人。因此,一国可以对进入该国施加限制,而《公约》并不保障一项居住权本身:

第15号一般性意见

5. 《公约》并不承认外国人进入某一缔约国领土或在其境内居住的权利。原则上,一国有权决定可准予何人入境。但是,在某些情况下,例如涉及不歧视、禁止非人道待遇和尊重家庭生活等考虑因素时,外国人甚至可以在入境或居留方面享有《公约》的保护。[9]

6. 入境之许可可以受到有关诸如迁徙、居住和就业等条件的限制。……但是,外国人一旦获准进入某一缔约国的领土,他们就有权享有《公约》所规定的各项权利。

---

8 (2009) UN doc CCPR/C/NLD/CO/4.
9 实际上,见第[9.98]及以下各段。另见第[20.17]及以下各段。

[12.13] **第 27 号一般性意见**

4. 在一国领土内合法居留的每一个人均在该国领土内享有自由迁徙和选择居所的权利。原则上，一个国家的公民总是合法处于该国领土内。一个外国人是否"合法地"处于一国领土内，是一个由国内法规定的问题，国内法可对外国人进入该国领土施加限制，条件是应遵守该国的国际义务。在这方面，委员会认为，非法进入一个国家的外国人，如其地位已经合法化，则出于第 12 条之目的必须认为是合法地处于该领土内。[10] 一旦某人合法处于一国之内，则对其由第 12 条第 1 款和第 2 款保障的权利所施加的任何限制以及给予他的不同于本国国民的任何待遇，都必须根据第 12 条第 3 款的规定具有正当合理性。因此对缔约国来说重要的是，要在报告中阐明给外国人不同于本国国民待遇的背景情况，以及它们如何说明这种差别待遇的正当合理性。

人权事务委员会因此承认，准予"在一国领土内合法居留"的外国人享有的迁徙自由权可不同于、少于本国公民的迁徙自由权。在以下案件中就出现了这种情况。[11]

[12.14] **色雷泊利诉瑞典**（*Celepli v Sweden*, 456/1991）

该案的事实体现在以下摘引中：

1. 该来文的提交人是伊斯梅特·色雷泊利，一位居住在瑞典的有库尔德血统的土耳其公民。他声称是瑞典侵犯其人权的受害者。

2.1. 1975 年，提交人逃离土耳其的政治迫害，抵达瑞典；他获准留在瑞典，但未获准难民地位。1984 年 6 月，在库尔德工人党（PKK）的一位前成员在乌普萨拉遭暗杀以后，出现了提交人参与恐怖主义活动的嫌疑。1984 年 9 月 18 日，他根据《外国人法》被逮捕和羁押，但未被指控犯有任何罪行。1984 年 12 月 10 日，瑞典政府根据《外国人法》第 34 条和第 47 条，对提交人和另外 8 名库尔德人发出了驱逐令。但是，由于据信如果这些库尔德人返回土耳其就将受到政治迫害，这一驱逐令并没

---

[10] *Celepli v Sweden* (456/1991) [12.14].

[11] See also *Karker v France* (833/1998) [12.10].

有被执行。瑞典当局转而对这些库尔德人的居住地点规定了限制和条件。

2.2. 根据这些限制,提交人被局限在其居住的城市西哈宁格(Västerhaninge,一个有10000人口、在斯德哥尔摩以南25千米的城镇),而且必须每周向警察报到三次;未经警察事先批准,他既不能离开或改变其居住城镇,也不能改变就业。

缔约国提出的主张如下:

4.2. 缔约国提出,施予提交人的限制符合瑞典1980年《外国人法》第48条第1款,该款规定,"基于国家安全所需,政府可驱逐一位外国人,或对其居所、改变住处和职业以及报到的义务规定限制和条件"。1989年7月,这一法律被1989年《外国人法》所取代。根据最近对这项法令的修正,对外国人的居所实行限制的可能性不复存在。缔约国强调,对被怀疑参加恐怖主义组织的外国人采取的措施,是为了应付在瑞典增多的恐怖主义活动而于1973年实行的;这些措施只是在特别情况下才适用,即有切实理由担心所涉人员在策划或实施恐怖主义活动中起到积极作用的情况。

4.3. 缔约国指出,1989年3月31日作出了一项决定,允许提交人留在整个斯德哥尔摩省的范围内;他向警察报到的义务减少到每周一次。1991年9月5日,对提交人的驱逐令被撤销。……

4.6. 关于提交人的申诉,即他是《公约》第12条被违反的受害者,缔约国提出,制约该条保护的迁徙自由的条件是某人"在一国领土内合法居留"。缔约国辩称,在1984年12月10日作出对提交人的驱逐决定之后,他在瑞典的居留仅限于哈宁格市的范围内,在1989年8月31日以后,限于斯德哥尔摩省范围内。缔约国主张,提交人根据第12条提出的申诉不符合《公约》的规定,因为只有当提交人遵守施予他的限制时,他才可以被视为在该国领土内合法居留。

4.7. 此外,缔约国援引了第12条第3款,该款规定,如果由法律所规定并为保护国家安全和公共秩序所必要——正如本案的情况那样,则可对享有第12条规定的权利施加限制。因此缔约国辩称,这些限制符合第12条第3款,而提交人的指称没有在《任择议定书》第2条的含义之内得到证实。……

对于该案的实质问题，人权事务委员会支持了瑞典的主张：

> 9.2. 委员会注意到，对提交人的驱逐令于1984年12月10日发出但没有被执行，提交人被允许滞留瑞典，但其迁徙自由受到限制。委员会认为，在发出驱逐令以后，从《公约》第12条第1款的目的来看，提交人只有在受到缔约国对其施加的限制的条件之下，才是合法地处于瑞典领土内。另外，考虑到缔约国援引了国家安全的理由以证明其限制提交人的迁徙自由具有正当合理性，委员会认定提交人所受到的限制符合《公约》第12条第3款允许的限制。在这一方面，委员会还注意到，缔约国自动审查了所述的限制，并最终予以取消。

［12.15］对立陶宛，人权事务委员会称：[12]

> 15. ……委员会表示关切的是，具有临时难民地位的寻求庇护者的迁徙自由受到限制，不遵守这类限制可能造成其庇护要求被拒绝。

这一意见也许是要谴责限制所有寻求庇护者之迁徙的通用规则，表明只能在考虑这一特定寻求庇护者的情况以后，才能施加这样的限制。[13] 这一意见还提出，未能遵守对其迁徙自由的限制的外国人不应面临不成比例的过分惩罚。

［12.16］在对墨西哥的结论性意见中，人权事务委员会称：[14]

> 13. 委员会关切的是，外国人尤其是在墨西哥境内调查侵犯人权情况的非政府组织成员的自由行动受到了妨碍，尤其是，墨西哥因同一原因取消了居住许可并拒绝发放签证。
>
> 该缔约国应取消对到墨西哥调查侵犯人权情况的人员的入境权利和活动的限制。

颇令人感兴趣的一点是，委员会批评墨西哥拒绝给予外国人权调查员签证，因为这对一国决定哪些外国人可进入其领土的主权权利的神圣性提出了疑问。[15]

---

[12] (1997) UN doc CCPR/C/79/Add. 87.

[13] 在这一方面，可比较的决定是，*A v Australia* (560/1993)［11.24］。另见委员会对丹麦的结论性意见，(2000) UN doc CCPR/CO/70/DNK, para 16。

[14] (1999) UN doc CCPR/C/79/Add. 109.

[15] 另见第15号一般性意见第5段［12.12］。

离开一国的自由——第 12 条第 2 款

[12.17] **第 27 号一般性意见**

8. 离开一国领土的自由不得取决于决定出国停留的个人的具体目的或期间。因此,到国外旅行和为长期移居国外而离境都包括在此范围中。同样,个人确定目的地国的权利也是法律保障的一部分。由于第 12 条第 2 款不局限于合法处于某一国家领土内的人,被依法驱逐出境的外国人也同样有权选择目的地国,当然要征得这个国家的同意。……

10. 各国的实践情况经常表明,法律规定和行政措施对离开的权利,特别是离开自己本国的权利,有负面影响。[16] 因此,非常重要的是,缔约国报告它们对本国国民和外国人离境权适用的所有法律和实际限制,以便使委员会能评估这些法律规则和做法是否符合第 12 条第 3 款。缔约国还应在报告中提供资料,说明对于将没有必要文件的人带入其领土的国际承运者采取制裁的措施,因为这些措施影响离开另外一个国家的权利。[17]

[12.18] 离开一国之权利有关短期或长期访问以及半永久离开或移民之自由。这一权利可同时为本国公民或外国人所有,即使那些非法处于一国之内的外国人也有这一权利。例如,在奥拉佐娃诉土库曼斯坦案(*Orazova v Turkmenistan*,1883/2009)中,对于提交人离开该国之权利的未经解释的暂时限制违反了第 12 条第 2 款。[18] 再者,在对乌兹别克斯坦的结论性意见中,人权事务委员会谴责了个人在离开该国前需要获得出境签证的做法。[19]

16　See also *Zafar v Uzbekistan* (1585/2007).
17　见委员会对奥地利的结论性意见,(1998) UN doc CCPR/CD/79/Add. 103, para 11。
18　在委员会意见的第 7.4 段。
19　委员会对乌兹别克斯坦的结论性意见,(2010) UN doc CCPR/C/UZB/CO/3, para 18。另见委员会的结论性意见:加蓬,(1996) UN doc CCPR/C/79/Add. 71, para 16;土库曼斯坦,(2012) UN doc CCPR/C/TKM/CO/1, para 12。

[12.19] **第 27 号一般性意见**

9. 为了使个人能享有第 12 条第 2 款保障的权利，对居住国和原籍国都提出了一定义务。由于国际旅行通常需要适当的文件，特别是护照，离开一个国家的权利就必须包括获得必要旅行文件的权利。发放护照一般是个人的原籍国的责任。国家拒绝发放护照或拒绝延长在境外居住国民的护照的有效期，就会剥夺其离开居住国到别处旅行的权利。国家不能以其国民没有护照也可回国入境为理由证明上述做法合理。

因此，一国公民有权从其本国获得旅行文件。例如，在奥罗·巴哈蒙德诉赤道几内亚案（*Oló Bahamonde v Equatorial Guinea*，468/1991）中，未作解释而没收提交人的护照被认为违反了第 12 条第 2 款，因为提交人被任意剥夺了离开赤道几内亚的权利。[20] 人权事务委员会曾批评伊拉克的一个情况是，发放护照涉及高昂的行政费用。[21]

[12.20] **维达尔·马汀斯诉乌拉圭**（*Vidal Martins v Uruguay*，57/1979）

6.2. 委员会决定根据能够从提交人的陈述中推论出的以下事实作出其意见（这些陈述中还包括了乌拉圭当局在本案中签发的正式文件）：苏菲·维达尔·马汀斯是一位目前生活在墨西哥的乌拉圭公民，持有一份于 1971 年在瑞典颁发的、有效期为 10 年的护照，条件是在颁发 5 年以后要确认其有效性。在 1975 年至 1977 年，乌拉圭当局未作任何解释即几次拒绝作此确认。1978 年，提交人向乌拉圭驻墨西哥的领事馆申请一份新的护照。提交人称，颁发新的护照需要得到国防部和内政部的同意。两个月后，苏菲·维达尔·马汀斯被告知内政部拒绝同意发给她新的护照。随后她就这一决定提出上诉，乌拉圭外交部后来再次确认了这一决定但没有给出任何理由。有关当局同意给予她一份能使她返回乌拉圭但不能再次离开该国的旅行文件。提交人出于人身安全的原因拒绝了这一给予。……

---

20 See also *El Dernawi v Libyan Arab Jamahiriya* (1143/2002). 奇怪的是，在另一起案件中，非法没收提交人的护照被认定违反了第 12 条第 1 款而非第 12 条第 2 款：*Marques de Morais v Angola* (1128/2002), para 6.9。

21 委员会对伊拉克的结论性意见，(1997) UN doc CCPR/C/79/Add. 84, para 14。

9. 人权事务委员会根据《公民及政治权利国际公约任择议定书》第5条第4款行事，认为其所认定的事实——只要这些事实发生在1976年3月23日（《公约》对乌拉圭生效的日期）以后——表明了对《公约》第12条第2款的违反，因为乌拉圭拒绝向苏菲·维达尔·马汀斯颁发护照且无任何正当理由，由此妨碍了她离开包括其本国在内的任何国家。

同样的分析也见于其他有关乌拉圭的"护照案"：蒙特罗诉乌拉圭（*Montero v Uruguay*，106/1981）、里西坦斯特金诉乌拉圭（*Lichtensztejn v Uruguay*，77/1980）和瓦雷拉·努内兹诉乌拉圭（*Varela Núñez v Uruguay*，108/1981）。[22] 这些案件证实，国家有义务向其领土内外的本国国民提供护照[4.14]。

[12.21] 在里西坦斯特金诉乌拉圭案和瓦雷拉·努内兹诉乌拉圭案中，墨西哥和意大利基于人道理由，分别为提交人提供了替代性的旅行文件。人权事务委员会认为，这些替代性旅行文件不能被认为是乌拉圭护照的充分替代品。例如，提交人并无这些文件会更新的保障。因此，某一第二国签发替代性的文件并不免除有关人员的原籍国提供护照的义务。如果某一第二国向有关人员提供了另一本护照，情况则很可能有所不同，因为这会意味着双重国籍。[23]

[12.22] **冈萨雷斯·德尔·里奥诉秘鲁**（*González del Río v Peru*，263/1987）

有一项针对提交人的逮捕令延续了七年之久，使得他无法离开秘鲁领土。关于第12条第2款，人权事务委员会提出了如下意见：

5.3. 第12条第2款保护个人离开包括其本国在内的任何国家的权利。提交人声称，由于逮捕令仍未撤销，他被禁止离开秘鲁领土。根据第12条第3款，主要基于国家安全和公共秩序（ordre public）的理由，才可限制离开一国之权利。委员会认为，仍在进行中的司法诉讼可以作

---

[22] See also *El Ghar v Libyan Arab Jamahiriya* (1107/2002).

[23] 值得注意的是，一些国家基于各种原因禁止双重国籍。

为限制一个人离开其国家之权利的正当理由。但是,如果司法诉讼被无故拖延,对离开国家的权利的限制就不是正当合理的。在本案中,对冈萨雷斯先生离开秘鲁之自由的限制已实行了七年之久,而其终止日期尚未确定。委员会认为,这一情况侵犯了提交人根据第12条第2款所享有的权利;在这种情况下,委员会指出,对提交人根据第12条所享有的权利的侵犯,可与对其根据第14条享有的获得公正审判权的侵犯相联系。

[12.23] **萨雅迪和维因克诉比利时**(*Sayadi and Vinck v Belgium*,1472/2006)

比利时因为提交人与一个列明的组织"全球救灾基金"(GRF)有联系,而将他们的姓名告知联合国安理会的制裁委员会,此后他们的姓名就被列在这一机构的名单上。这一名单的目的在于列出涉嫌恐怖主义的组织和个人,列入这一名单将导致各种制裁,包括旅行限制。比利时在开始对提交人的一项刑事调查仅仅几个星期后、在调查结束之前,就提交了他们的姓名。事实上,调查后来得出的结论是,提交人对比利时的国家安全并不构成危险。人权事务委员会认定,安理会的决议并不要求比利时提交姓名[1.90],然后认定,提交这些姓名——这必然导致这些姓名被联合国安理会的制裁委员会列在名单上以及随附的严厉制裁——违反了第12条。

10.5. 关于违反《公约》第12条,提交人指出,他们不再能旅行或离开比利时,致使萨雅迪先生无法接受在另一国的工作聘约。该缔约国对此指称未表异议,委员会因此首先认为,本案中确有对提交人自由旅行权的限制。……

10.7. ……委员会认为,在本案中,虽然缔约国无权决定将提交人的姓名从联合国和欧洲的名单上去除,但它对提交人被列入上述名单并因此被禁止旅行负有责任。

10.8. 委员会注意到,应检察院的要求对提交人开始的刑事调查已于2005年撤销,因此证明提交人并没有对国家安全或公共秩序构成任何威胁。此外,缔约国自己也曾两次要求将提交人的姓名从制裁名单上去除,表明它认为提交人不应该再受到诸如对其离开该国之权利的限制。案件被撤销以及比利时当局自己要求将提交人的姓名从制裁名单上去除，都表明上述限制不在第 12 条第 3 款所允许的范围之内。因此，委员会认为，事实之综合情况无法表明对提交人离开该国之权利的限制是为保护国家安全或公共秩序所必要的。委员会的结论是，存在对《公约》第 12 条的违反。

[12.24] 第 12 条第 2 款中的权利和第 12 条第 1 款中的权利一样，具有一种横向效力 [12.05]。例如，人权事务委员会谴责黎巴嫩的一项法律，因为该法律限制妇女在未获其丈夫同意的情况下离开该国的权利。[24] 委员会还称：[25]

> 22. 委员会关切地注意到，黎巴嫩境内许多护照被其雇主没收的外国工人面临着困境。这种做法不符合《公约》第 12 条，而该国政府也承认必须以更令人满意的方式加以处理。委员会建议，该缔约国采取有效措施以保护这些外国工人的权利，方式是禁止没收他们的护照，并提供可行和有效的取回护照的手段。

[12.25] 当然，对于个人离开某一国家之权利，存在一定的限制，就如第 12 条第 3 款所明确的那样。出于维护公共秩序的限制体现在以下案件中：

佩尔托南诉芬兰（*Peltonen v Finland*，492/1992）

该案的案情体现在以下摘引中：

> 2.1. 1990 年 6 月，提交人向斯德哥尔摩的芬兰大使馆申请一份护照，但大使馆拒绝发放护照，理由是佩尔托南先生在芬兰未能在指定日期报到服兵役。根据 1986 年《护照法》第 9 节第 1（6）分节，对于年龄在 17 岁至 30 岁者，如果他们不能表明服兵役不构成对发放护照的障碍，则"可以拒绝"向这样的人发放护照。……
>
> 3. 提交人认为，拒发护照（a）对于未能报到服兵役这一罪行，是一种不成比例的惩罚；（b）侵犯了提交人根据《公约》第 12 条享有的离开任何国家的权利……。

缔约国提出的答复是：

> 6.5. 缔约国指出，佩里·佩尔托南先生对 1987 年的兵役征召令无

---

[24] 见委员会对黎巴嫩的结论性意见，(1997) UN doc CCPR/C/79/Add. 78, para 18。另见委员会对苏丹的结论性意见，(1997) UN doc CCPR/C/79/Add. 85, para 14。

[25] (1997) UN doc CCPR/C/79/Add. 78.

动于衷,并漠视之后的一切征召令。……缔约国还指出,提交人没有表明他服兵役的义务不构成发放护照的障碍,他的情况没有发生需要得出另外结论的变化。此外,他的要求中没有提到《护照法》第 10 节所指的任何理由。在这一方面,缔约国强调,提交人不需要护照——例如出于职业原因,而只需要一本度假旅行的护照。……

6.8. 关于限制的正当目标问题,缔约国声明,拒绝发放护照的理由符合维护第 12 条第 3 款含义之内的"公共秩序"的要求;不给应征入伍者发放护照还与"国家安全"有联系,即便是间接的联系。缔约国认为,当局拒绝申请人的护照申请的决定是为保护公共秩序所必要的,并构成了公共当局根据《护照法》的有关规定对提交人离开国家的权利的干预,然而这种干预是合理的。缔约国的结论是,在这种情况中拒发护照与提交人离开任何国家的权利也是比例相称的,这一限制也与《公约》承认的其他权利相一致。

人权事务委员会作出了有利于缔约国的认定:

8.2. ……存在一国可以拒绝向其某位公民发放护照的情况,如果法律如此规定。

8.3.《公约》第 12 条第 3 款的准备工作表明,一个共识是,不得出于诸如逃避国民服务等义务的原因而主张离开某一国家的权利。因此,如果《公约》缔约国的法律规定了强制性的国民服务制度,则该国可以对尚未履行这种服务的个人离开国家的权利施加合理限制,直到这一义务履行完毕,但限制应符合第 12 条第 3 款规定的所有条件。

8.4. 本案中,委员会注意到,芬兰当局拒绝向提交人发放护照间接影响了他根据第 12 条第 2 款享有的离开任何国家的权利,因为他不能离开他居住的瑞典,除非进入不需要有效护照的国家。委员会还注意到,芬兰当局在拒发提交人的护照时,是依据《护照法》第 9 节第 1(6) 分节行事,因此对提交人权利的限制是由法律规定的。委员会认为,对尚未服兵役的个人的迁徙自由的限制,在原则上可被认为是为保护国家安全和公共秩序所必要的。委员会注意到,提交人声称他需要护照是为了度假旅行,而没有主张有关当局不发给他护照的决定是歧视性的或侵害了他根据《公约》享有的其他权利。因此，在本案的情况中，委员会认定，对提交人离开任何国家的权利所施加的限制符合《公约》第 12 条第 3 款……。

［12.26］对于限制那些未履行国民服务义务者的旅行权利，人权事务委员会的判例并不总是一致。在对俄罗斯联邦的结论性意见中——这是在佩尔托南案一年后提出的，委员会称：[26]

20.……委员会……遗憾的是，尚未履行其国民服务义务的所有个人原则上不得享有出国的权利。

第 12 条第 3 款——对迁徙自由的限制

［12.27］第 12 条第 3 款包含了对"上列权利"即第 12 条第 1、2 款规定的权利的可予允许的限制。第 12 条第 4 款规定了其自身的限制措施，明确其中包含的权利可以受到"并非无理的"措施的限制。

［12.28］**第 27 号一般性意见**

人权事务委员会对于如何适用第 12 条第 3 款规定的对第 12 条的可予允许的限制，在该一般性意见中提出了详细的准则：

2. 对于《公约》第 12 条所保护之权利的可予允许的限制不得否定自由迁徙的原则，而且要服从第 12 条第 3 款规定的必要性的要求以及与《公约》承认的其他权利相一致的需要。……

11. 第 12 条第 3 款规定了可对第 1 款和第 2 款规定的权利施加限制的例外情况。该条款授权国家只有在为了保护国家安全、公共秩序（ordre public）、公共卫生或道德*和他人的权利和自由时，才能限制这些权利。可予允许的限制必须由法律规定，在民主社会中为了保护上述种种

---

[26] (1995) UN doc CCPR/C/79/Add. 54.

* 《公约》作准中文本第 12 条第 3 款中，与英文本中的"morals"对应的用词为"风化"——该词还出现在《公约》第 14、18、19、21、22 条中。中译本从当代中文语言习惯，一律以"道德"作为"morals"的对应用词。

目的所必要，而且必须与《公约》中承认的其他权利相一致（见以下第 18 段）。

12. 法律本身需规定可限制这些权利的条件。因此缔约国应具体说明作为限制之根据的法律规范。法律中没有规定的限制或不符合第 12 条第 3 款之要求的限制都会侵犯第 1 款和第 2 款保障的权利。

13. 在制定规定第 12 条第 3 款所允许之限制的法律时，各国应总是以这样一条原则为指导，即限制不得破坏权利最根本的内容（参阅第 5 条第 1 款）；权利与限制之间、规范与例外之间的关系不应倒置。授权实行限制的法律必须使用精确的标准，对于具体执行限制者不能给予不受制约的自由裁量权限。[27]

14. 第 12 条第 3 款明确指出，仅规定限制乃是服务于可予允许之目的是不够的，它们还应该是为保护这些目的所必要。限制性措施必须符合比例原则；必须适合于实现其保护功能；必须是可用来实现所期望结果的诸种手段中侵扰性最小的一个；必须与要保护的利益成比例。

15. 比例原则不仅应该在规定限制的法律中得到尊重，而且行政和司法当局在适用法律时也必须加以尊重。各国应确保有关这些权利之行使或限制的任何诉讼必须迅速进行，适用限制措施要提出理由。

16. 许多国家经常不能表明，其适用限制第 12 条第 1、2 款所规定权利的法律符合第 12 条第 3 款提到的所有要求。在任何个案中施加限制都必须基于明确的法律依据，确属必要而且符合比例原则的要求。例如，如果仅以某人掌握"国家机密"为理由就不允许其出国，或一个人没有某种许可就不准在国内旅行，就是不符合上述要求的。[28] 另一方面，如以国家安全为理由限制进入军事区域，或限制在土著或少数社群居住的地区定居的自由，则是符合要求的。

---

[27] 见委员会对苏丹的批评，有关由"各种行政机构无需符合任何确定的法律标准"即施予的对迁徙自由的限制，UN doc CCPR/C/79/Add. 85, para 14。See also *Pinkney v Canada* (27/1978) [16.08]。

[28] 另见委员会的结论性意见：白俄罗斯，(1992) UN doc CCPR. C/79/Add. 5, para 6; 俄罗斯联邦，(1995) UN doc CCPR/C/79/Add. 54, paras 20 and 37; 乌克兰，(1995) UN doc CCPR/C/79/Add. 52, para 16; 立陶宛，(1997) UN doc CCPR/C/79/Add. 87, para. 15。

17. 令人关切的一个重要原因是许多法律的和官僚主义的障碍毫无必要地影响个人充分享有自由迁徙、离国（包括离开本国）及选择居所的权利。关于在国内迁徙的权利，委员会已批评了要求个人如更换居住地应申请许可的规定，要求获得目的地当局批准的规定，以及在处理此类书面申请时的拖延。国家的实际做法更是制造了诸多障碍，使离开国家更为困难，对本国国民更是如此。这些法律和做法包括：申请人难以接触主管当局并对相关要求缺乏了解；要求申请特殊表格，填写这些表格才能得到发放护照所需的适当申请文件；需要雇主或家庭成员表示支持的说明；确切描述旅行路线；只有支付大大高出行政服务成本的高额费用才得发放护照；签发旅行文件时不合理的延误；限制家庭成员一起旅行；要求提交归国抵押或回程机票；要求目的地国或在那里居住的人的邀请信；骚扰申请人，例如人身威胁、逮捕、解雇或将其子女从中小学或大学开除；因为据说申请人损害了国家声誉而拒绝发放护照等。对照这些做法，缔约国应确保其施加的一切限制均完全符合第12条第3款。

18. 实行第12条第3款允许的限制必须与《公约》保障的其他权利相一致，必须符合平等和不歧视的基本原则。由此，假如按照种族、肤色、性别、语言、宗教、政见或其他主张、民族本源或社会阶级、财产、出生或其他身分等任何因素作出区别对待，从而限制第12条第1、2款规定的权利，那就明显违反了《公约》。委员会在审查各国报告时，曾数次认定禁止妇女自由迁徙或要求她们在离开国家时有男性的同意或陪伴的措施构成对第12条的违反。[29]

[12.29] **第34号一般性意见**

在这一有关规定表达自由的第19条的一般性意见中，人权事务委员会提出了某些对记者的迁徙自由的限制，而这些限制根据第19条或很可能根据第12条是不可允许的：

45. 以下行为通常与［第19条］第3款不符：限制新闻记者及试图

---

[29] 另见第28号一般性意见第16段。

行使表达自由的其他人（如希望参加与人权相关会议的人员）到缔约国之外的地方；……或者限制新闻记者和人权调查员在缔约国内的行动自由（包括到受冲突波及的地方、自然灾害发生的地方以及据称存在人权侵犯情况的地方）。……

[12.30] 第12条第3款列出的限制与第18、19、21、22条列举的限制是对应的。有关第12条的案例——因此有关其限制的案例——相对稀少。色雷泊利诉瑞典案［12.14］和卡克尔诉法国案［12.10］提供了有关基于国家安全实行限制的例证，而佩尔托南诉芬兰案［12.25］提供了有关基于公共秩序实行限制的例证。[30] 人权事务委员会在冈萨雷斯·德尔·里奥诉秘鲁案中清楚地表明，正在进行的司法诉讼可以作为限制一个人离开其本国的正当理由——大概是基于公共秩序的理由，但是如果此等诉讼中存在不当拖延，则非如此［12.22］。可以推断，解释公共卫生[31]、公共道德[32]、他人的权利和自由[33]等其他有关的限制的方式，也会类似于它们在有关其他《公约》权利的情况中得到解释的方式。[34]

[12.31] 在对以色列的结论性意见中，人权事务委员会表示关切的是，施加对迁徙自由权的限制被用来应对来自被占领领土的恐怖主义威胁。[35] 委员会称：

> 19. 委员会再次承认缔约国安全问题的严重性，这些问题导致了该国最近对迁徙自由权的限制，例如实行宵禁或设置各种路障，但是委员会关切的是，缔约国在"绿线"之外以围栏以及部分以围墙的形式建成

---

[30] 另见委员会对以色列的结论性意见，(1999) UN doc CCPR/C/79/Add. 93, paras 22 – 3。有关委员会在表达自由的情况中，如何处理基于公共秩序和国家安全之限制的例证，见第［18.48］及以下各段。

[31] See *Singh Bhinder v Canada* (208/1986) at [17.31].

[32] 例如见，*Hertzberg v Finland* (61/1979)，第［18.68］及随后的评论。

[33] 见第［18.66］及以下各段。

[34] 见第27号一般性意见第2段［12.28］；另见，'Siracusa Principles on the Limitation and Derogation Provisions in the International Covenant on Civil and Political Rights' (1985) 7 *Human Rights Quarterly* 3, 这些通常所称的《锡拉库萨原则》指出，《公约》中所有的限制条款都应按照对于每一权利同样的方式解释。

[35] (2003) UN doc CCPR/CO/78/ISR.

了"夹缝区",特别是对被占领领土上的巴勒斯坦人的迁徙自由权施加了进一步的、毫无道理的严格限制。"夹缝区"对巴勒斯坦人的几乎所有阶层都产生了不利后果,对移徙自由的广泛限制尤其干扰了取得包括紧急医疗在内的保健的权利和取得水的权利。委员会认为,这些限制不符合《公约》第12条。

缔约国应该尊重第12条保障的迁徙自由权,应该停止在被占领领土上建造"夹缝区"。

[12.32] 以下惯常措施最有可能构成对迁徙自由的可予允许的限制:交通安全规则,对进入自然保留地或动物保护区、地震或山崩区域、检疫隔离区域或社会动荡地区的合理限制,[36] 当然还有禁止未经许可进入私人地产。[37] 另外,某些人——诸如已决罪犯和正服兵役的个人[38]——的迁徙自由可以正当地受到限制。

第12条第4款——进入某人之本国的权利

[12.33] 第27号一般性意见

19. 一个人进入其本国的权利承认这个人与该国家之间的特殊关系。这一权利包括几个方面。它意味着有权停留在其本国内。它包括的不仅是在离开其本国后返回的权利,也使得一个出生在国外的人有权第一次进入该国家(例如,如果这个国家是这个人的国籍国)。返回的权利对于寻求自愿遣返的难民是至关重要的。这一权利也意味着禁止强迫人口迁徙或大规模驱逐人口出境。……

21. 在任何情况下均不得无理地剥夺一个人进入其本国的权利。在

---

[36] 换一种方式,则可在公共紧急状态期间克减第12条。

[37] See M Nowak, *UN Covenant on Civil and Political Rights: CCPR Commentary* (2nd edn, NP Engel, 2005),277-81. 实际上,这种进入必然受到财产所有人之隐私权的限制:见第[16.15]及以下各段。

[38] See *Vuolanne v Finland* (265/1987), para 9.4[11.89].

这一方面提到"无理"这一概念意在强调它适用于一切国家行为，包括立法、行政和司法行为；它保障即使是法律规定的干涉也应符合《公约》的规定、目的和目标，并且无论在任何特定情况下均应合理。委员会认为，可合理地剥夺一个人进入其本国之权利的情况即使有，也极为少见。缔约国不得通过剥夺一个人的国籍或将其驱逐至一个第三国，而无理地阻止该人返回其本国。

第12条第4款明确允许在拒绝其中所规定之权利合理且因而并非"无理"时，拒绝这一权利。不过，委员会在该一般性意见第21段提出，可能并不存在这样的剥夺有可能被认为合理的任何情况。

［12.34］在对多米尼加共和国的结论性意见中，人权事务委员会称，"以流放作为惩罚不符合《公约》"。[39] 在对新西兰的结论性意见中，委员会指出，要求在新西兰具有永久居民地位的外国人（以及甚至某些公民）具有返回签证引起了与第12条第4款有关的问题。[40]

［12.35］**JM 诉牙买加**（*JM v Jamaica*，165/1984）

该案的案情如以下摘引所述：

> 1.2. 所述事实如下：J. M. 于1983年6月22日遗失了护照，当天从牙买加驻巴黎领事馆得到了一份证明其身份的证书。发给证书是为了便利他到牙买加驻比利时布鲁塞尔的大使馆，他希望从那里得到一份新的护照。由于他没有出生证，驻布鲁塞尔的牙买加大使馆于1983年7月7日拒绝发给他新的护照。据他称，他请大使馆负责官员联系金斯敦的有关单位，以便得到出生证。但是，据称牙买加大使馆叫人将他逐出，他还被比利时警察逮捕。1983年7月8日至27日，他被拘禁在比利时的不同监狱，然后被递解到法国。他又去驻巴黎的牙买加领事馆，这时后者也拒不帮助他，并让法国警察将他逮捕（法国警察拘禁了他两天）。1983年8月18日，他飞回牙买加金斯敦，但是被拒绝入境，因为他没有护照，并且据称他拥有的唯一证件是法文的而非英文的。然后他

---

[39] (1993) UN doc CCPR/C/790/Add. 18, para 6.

[40] (2002) UN doc CCPR/CO/75/NZL, para 12.

被迫登上飞往莫斯科的苏联班机；次日到达莫斯科机场后，他被放上一架飞往卢森堡的航班，他从那里飞到了巴黎。1983年8月23日，他返回布鲁塞尔，并在世界福音会避难。此后，他在1983年8月至12月以及1984年1月几个月设法获得护照的所有努力（包括一位比利时律师的干预）都徒劳无功。

提交人声称，上述事实构成牙买加对第12条第4款的违反。缔约国则答复如下：

5.2. 关于提交人的指称的内容，缔约国解释说："虽然一个自称为一国公民的个人显然有责任提供证据支持这一说法，但是本政府仍开展了最深入的调查，以便弄清J.M.是否出生于牙买加。查阅有关记录并未发现J.M.在牙买加出生的登记，也没有发现曾向J.M.发放牙买加护照。"

5.3. 缔约国进一步解释说，"J.M.于1983年8月18日到达牙买加，但被拒绝着陆，因为他未能证实他是牙买加人的说法"。缔约国还称："J.M.说他丢失了牙买加护照，并告诉移民局官员，他在到达牙买加之前，曾在牙买加居住三年，但是未能提供关于牙买加的哪怕是最基本的情况。例如，他说不出自己是在哪里出生的，在离开牙买加之前居住在哪里，他上过什么学校或提出任何认识他的人的名字。"

人权事务委员会显然接受了缔约国的说法，并认定申诉不可受理。这一案件表明，某一据称的受害者在获得第12条第4款规定的权利之前，必须提供证据，证明一国确实为其"本国"。不过，必须注意的是，牙买加显然做出了重大努力以查证JM的身分，因此尽到了可能有的任何举证责任。

[12.36] 第27号一般性意见

20. 第12条第4款的措辞（"人人"）并未区分国民和外国人。因此，只有通过解释"其本国"这一短语之含义，才能确定有权行使这一权利的人。"其本国"的范围要大于"其国籍国"的概念。它不局限于正式意义上的国籍，即出生时取得或被授予的国籍；它至少包括因与某国有特殊联系或特殊权利主张而不能被仅仅视为外国人的那些人。例如，以违反国际法的方式被剥夺国籍的一国国民，以及其原籍国被并入或转移到另一国家实体但被拒绝后一国家国籍的人,就属于此类。另外,第12条第4款的语言允许作更广义的解释,使之可能包括其他种类的长期居民,包括但不局限于长期居住但被无理地剥夺了获得居住国国籍的权利的无国籍人。由于其他因素在某些情况下可使个人和国家之间建立密切、持久的联系,因此缔约国的报告中应包括有关永久性居民返回居住国的权利的资料。

[12.37] **陶阿拉诉新西兰**(*Toala v New Zealand*, 675/1995)

该案的提交人出生在西萨摩亚,提交来文时居住在新西兰并在那里接到了递解出境令。

2.5. 提交人声称,根据枢密院司法委员会在莱萨诉新西兰检察长案(*Lesa v The Attorney-General of New Zealand* [1983] 2 A.C.20)中的判决,他们是新西兰公民。在该案中,枢密院认为,由于1928年《英国国籍和(新西兰)外国人身分法》,1924年5月13日至1949年1月1日期间在西萨摩亚出生的人(及其后代)是新西兰公民。……

2.7. 新西兰政府的反应,是以谈判达成新西兰和西萨摩亚之间友好条约的一项议定书。双方于1982年9月13日批准了该议定书。在一个月内,新西兰政府即通过了1982年《公民身份(西萨摩亚)法》,给予该议定书在新西兰的国内效力,并消除了莱萨案裁决的影响,只有莱萨女士本人和极少数个人除外。……

9.2. 律师重申了原先的申诉,即提交人是萨摩亚人,枢密院司法委员会清楚地表明,新西兰为提交人的本国。她辩称,新西兰通过了一项剥夺提交人新西兰公民身份的法律,从而将提交人置于新西兰政府可以合法地排除在新西兰之外的外国人之列。在这一意义上,她提出,提交人被剥夺了根据《公约》第12条第4款享有的权利。……

人权事务委员会的认定有利于缔约国:

11.3. 委员会注意到,1982年莱萨案裁决的影响是,使得提交人中的四人从其出生之日起即为新西兰公民。第五位提交人埃卡·陶阿拉生于1984年,看来没有受到莱萨案的影响。根据莱萨案裁决具有新西兰国籍的四位提交人因此有权进入新西兰。当1982年的法律取消了他们的新西兰国籍时,就取消了他们作为公民进入新西兰的权利。此后,他们能否进入新西兰须按新西兰移民法办理。

11.4. 委员会关于第 12 条的一般性意见指出,"一缔约国不得以剥夺一个人的国籍或将个人驱逐至某一第三国的方式,无理阻止他返回其本国"。在本案中,委员会认为,提交人取得然后又失去新西兰国籍的情节,需要在根据第 12 条第 4 款所引起的问题的背景中审查。

11.5. 委员会注意到,提交人在 1982 年并未因出生、作为新西兰人的后裔、与新西兰具有联系或在新西兰居住而与新西兰有任何关联。在莱萨案裁决之时,他们并未意识到可以主张新西兰公民身份,而是非自愿地获得了新西兰公民身份。而且,看来除了陶阿拉先生之外,其他提交人都没到过新西兰。所有这些情况均使得可以主张,新西兰并未因莱萨案裁决而成为他们的"本国"。但无论如何,委员会并不认为取消其新西兰国籍为无理。除了已经提到的情况之外,在莱萨案裁决之日起至 1982 年的法律通过之时止的这段时期内,提交人都不在新西兰。他们从未申请过新西兰护照,也未主张过作为新西兰公民行使任何权利。委员会因此认为,在提交人的案件中,第 12 条第 4 款没有被违反。

因此,委员会觉得,对提交人适用 1982 年《公民身份(西萨摩亚)法》不是无理的。在提交人具有新西兰公民身份的短暂期间内,他们中没有一人与新西兰具有任何联系,而且在这种公民身份存在期间,他们也从未试图倚靠这种身份。委员会还指出,在莱萨案裁决和该法通过之间的提交人乃是新西兰公民的短暂期间,仍可以主张说,因为提交人缺少与新西兰的联系,该国并没有变成他们的"本国"。因此,在某人缺少与一国之真实联系的情况下,从第 12 条第 4 款来看,公民身份并不是该人之"本国"的决定性指标。[41]

[12.38] 陶阿拉案的决定证实,可以取消一国之前殖民地人民的公民身分和居住权利而不违反第 12 条第 4 款,至少是在取消之时,这些人与该国并无真正联系时是如此。该案并不授权毫无例外地完全剥夺前殖民地所有人民的

---

41 S Joseph, ' Human Rights Committee: Recent Cases' (2001) 1 *Human Rights Law Review* 83, 89.

公民身分和居住权利；这样的法律有可能违反第 12 条第 4 款和第 26 条。[42]

[12.39] 斯图尔特诉加拿大（*Stewart v Canada*，538/1993）

该案的提交人是英国公民、居住在加拿大的安大略——他是七岁时移居那里的。他与生病的母亲、残疾的弟弟生活在一起，他还有两名与其前妻住在一起的年幼子女。根据加拿大的《移民法》，他面临被递解出境，因为他 42 次被判定犯有轻微罪行，包括持有毒品、伤害他人身体（一次）和交通方面的罪行。针对提交人的刑事记录，缔约国发出一项递解出境令，这可以针对提交人强制执行。提交人主张说，一旦被递解出境，他将面临不得再次进入加拿大的绝对法定禁止。缔约国否认他面临绝对禁止。不过，他再次进入加拿大取决于缔约国的仁慈，因此他并不具有再次进入的"权利"。

关于第 12 条第 4 款，提交人提出的主张如下：

3.4. 提交人提出，因为从任何实际目的来看加拿大是其本国，所以第 12 条第 4 款适用于他的情况。将他递解出境会导致对他再次进入加拿大的绝对法定禁止。在这一方面，他提出，第 12 条第 4 款所指出的，并不是人人有权进入其国籍国或出生国家，而只是"其本国"。律师主张英国不再是提交人的"本国"，因为他七岁就离开了该国，他现在的全部生活以其在加拿大的家庭为中心。因此，他尽管不是形式意义上的加拿大人，但必须被视为事实上的加拿大公民。

人权事务委员会的多数委员的认定有利于缔约国：

12.2.《公约》第 12 条第 4 款规定："人人进入其本国之权，不得无理褫夺。"这一规定没有直接提及一个人被驱逐或递解出境的情况。当然可以主张说，缔约国避免递解人员出境的义务是本规定的直接效能，承担了允许某人入境义务的缔约国也不得将此人递解出境。鉴于委员会就第 12 条第 4 款得出的结论（将在下文说明），委员会不必在本案中就该主张作出决定。委员会只假设，如果第 12 条第 4 款适用于提交人，缔约国将不得递解其出境。

12.3. 现在必须要问的是，加拿大是否可被看作"斯图尔特先生的

---

[42] Joseph, 'Human Rights Committee: Recent Cases', 89 – 90.

国家"。在解释第 12 条第 4 款时，注意到这样一点很重要，即"其本国"这一短语的范围比"其国籍国"这一概念更广，前者包含了后者，而且一些区域性人权条约在保障进入一国之权利时使用后者。此外，在试图理解第 12 条第 4 款的含义时，还必须考虑到《公约》第 13 条的用语。该条在限制国家驱逐被划为"外国人"的个人的权利时，谈到"缔约国境内合法居留之外国人"。因此，这似乎表明，"其本国"作为一种概念适用于作为国民的个人和某些种类的即使不是正式意义上的国民但也不是第 13 条含义之内的"外国人"的个人，尽管为别的目的他们可被视为外国人。

12.4. ……因为"其本国"这一概念不局限于正式意义上的国籍，即出生时取得或被授予的国籍；它至少包括因与某国有特殊联系或特殊权利主张而不能被仅仅视为外国人的那些人。例如，以违反国际法的方式被剥夺国籍的一国国民，以及其原籍国被并入或转移到另一国家实体但被拒绝授予后一国家国籍的人，就属于此类。简言之，尽管这些个人不是正式意义上的国民，但他们也不是第 13 条含义之内的外国人。另外，第 12 条第 4 款的语言允许作更广义的解释，使之可能包括其他种类的长期居民，特别是被无理地剥夺了获得该居住国国籍的权利的无国籍人。

12.5. 本案中的问题是，依据某一国家的移民法且接受其法律条件进入该国的某一个人，在未取得该国国籍并继续保留其原籍国的国籍时，能否视该国为其本国。如果移入国对新移民获得国籍设置不合理的障碍，答案可能是肯定的。但是如果像本案那样，当较易取得移入国的国籍，而且该移民或者由于选择或者由于其行为而失去取得该国籍的资格而得不到其国籍时，移入国便不是《公约》第 12 条第 4 款含义之内的"其本国"。在这方面，需要指出的是，在起草《公约》第 12 条第 4 款时，"国籍国"一词被拒绝，提出应规定一个人永久住宅所在国的建议也被拒绝。

12.6. 斯图尔特先生因其出生和其父母的国籍而成为英国国民。他尽管在加拿大度过了生命的大部分时间，却从未申请过加拿大国籍。的确,在他已经年长到可以独立申请时,其犯罪记录可能使他无法取得加拿大国籍,但他从未试图取得加拿大国籍仍是事实。此外,即使他真的申请了国籍并由于其犯罪记录而被拒绝,这种无资格也是他自己造成的,而不能说加拿大的移民法在拒绝准予有犯罪记录的人加拿大国籍方面任意武断或不合理。

12.7. 如果不是斯图尔特先生没有被早些递解出境这一事实,本案也就不会出现他从加拿大被递解出境造成的显而易见的人性问题。假如委员会要凭借这一论点阻止加拿大现在将他递解出境,委员会将会确立一项可能对全世界移民产生不利影响的原则:移民的初次轻微犯法即会导致其被递解出境,唯恐他们继续在该国居住将使他们变成有权获得第12条第4款保护的个人。

12.8. 在加拿大这样的国家,移民在居住一定合理期间后,就能成为国民。这样的国家有权期望这些移民在适当时候取得国籍赋予的所有权利并承担国籍导致的所有义务。未利用这一机会并因此逃避国籍所施加义务的个人可被视为宁愿选择继续作为在加拿大的外国人。他们有权这样做,但也必须承担后果。斯图尔特先生的犯罪记录使之无资格成为加拿大国民,这一事实不能使他获得比出于任何原因宁愿不成为加拿大国民的任何其他外国人更多的权利。必须将处于这种状况的个人与上文第12.4段中描述的各类人区分开来。

12.9. 委员会的结论是,由于加拿大不能被视为从《公约》第12条第4款的目的来看的斯图尔特先生的"国家",因此缔约国不可能违反该条。

委员会接着认定,将斯图尔特先生递解出境所必然导致的对其家庭联系的干涉不能被认为违反了《公约》第17条和第23条。[43] 尽管有强烈的异议意见,但委员会在斯图尔特案中对第12条第4款的严格解释,在卡内帕诉加拿大案(*Canepa v Canada*, 558/1993)和马达菲利诉澳大利亚案(*Madafferi v Australia*, 1011/2001)中也被遵循。

---

43 见第[20.24]段。

第十二章　迁徙自由

[12.40] 尼斯特鲁姆诉澳大利亚（*Nystrom v Australia*, 1557/2007）

该案中的提交人是一位瑞典国民，他在只有 27 天大时抵达澳大利亚并在那里生活到 30 多岁。他在年幼时，曾一度被送进国家管教所。从 10 岁开始，他就屡次犯罪，包括强奸罪和武装抢劫罪。他还有严重的酗酒问题。直到他的签证被取消的可能性出现之前，他一直没有意识到他并不是澳大利亚公民。由于他的大量犯罪记录，他的签证于 2004 年基于品行理由被取消，他在 2006 年被递解出境。他主张，将他递解出境违反了第 12 条第 4 款，[44] 人权事务委员会多数委员同意这一点：

7.4. 关于提交人根据《公约》第 12 条第 4 款提出的申诉，委员会必须首先考虑澳大利亚是否为本规定之目的确实是提交人的"本国"，然后决定剥夺他进入该国的权利是否为无理的。关于第一个问题，委员会忆及其关于迁徙自由的第 27 号一般性意见，其中，委员会认为"其本国"的范围要大于"其国籍国"的概念。它不局限于正式意义上的国籍，即出生时取得或被授予的国籍；它至少包括因与某国有特殊联系或特殊权利主张而不能被仅仅视为外国人的那些人。在这方面，委员会认定，还存在一些国籍以外的因素，这些因素可建立一个人和一个国家之间的密切和持久的联系——可能比国籍联系更牢固的联系。"其本国"一词使人想起诸如以下因素：长期的居留、紧密的个人与家庭联系和留下的意愿，以及在其他地方没有这种联系。

7.5. 本案中，提交人在 27 天大时抵达澳大利亚，他的核心家庭生活在澳大利亚，他与瑞典没有联系也不会说瑞典语。另一方面，他与澳大利亚社会的联系是如此牢固，因此在澳大利亚合议庭 2005 年 6 月 30 日的判决中被认为是一名"澳大利亚社会的被吸收的成员"；在与他的公民权利和政治权利有关的一些方面——如在地方选举中的选举权或服兵役权，他承担了一个公民的许多责任并被当作公民对待。此外，提交人称他从未取得澳大利亚国籍，是因为他认为自己是一名澳大利亚公民。提交人声称，他从 13 岁起就被置于国家监护下，而缔约国在代表

44　另见第 [20.28] 段。

提交人行事的整个阶段从未启动任何申请公民身份的程序。委员会注意到，缔约国没有反驳后一个论点。在本案的特定情况下，委员会认为，鉴于将提交人与澳大利亚联系起来的牢固纽带、他的家庭在澳大利亚、他所说的语言、他在该国停留的时间和他与瑞典除国籍外无任何其他联系，提交人已证实澳大利亚是《公约》第 12 条第 4 款含义之内的其本国。

7.6. 关于据称的将提交人递解出境无理的问题，委员会忆及其关于迁徙自由的第 27 号一般性意见，其中，委员会指出，即使是法律规定的干涉也应符合《公约》的规定、目的和目标，并且无论在任何特定情况下都应是合理的。委员会认为，合理地剥夺一个人进入其本国之权利的情况，如果有的话，也极为少见。缔约国在剥夺一个人国籍或将其驱逐至一个第三国时，不得无理地阻止其返回本国。在本案中，部长决定将提交人递解出境发生在他被判犯有强奸罪和故意伤害罪将近 14 年以后、他因这些罪名入狱服刑完毕被释放 9 年多以后、他被判犯有几起武装抢劫罪 7 年以后以及他因后几项罪名入狱服刑完毕被释放若干年以后；并且更重要的是，他当时正在改过自新的过程中。委员会注意到缔约国没有提出任何理由解释部长的决定姗姗来迟的道理何在。鉴于这些考虑，委员会认为将提交人递解出境是无理的，因此违反了《公约》第 12 条第 4 款。

[12.41] **瓦萨梅诉加拿大**（*Warsame v Canada*, 1959/2010）

在该案中，人权事务委员会的多数委员像在尼斯特鲁姆案中一样，对于第 12 条第 4 款，采取了一种比诸如斯图尔特案等先前的案件更宽松的思路。瓦萨梅案有关计划将一位索马里国民因其大量的刑事记录而递解到索马里。

8.5. 在本案中，提交人在 4 岁时抵达加拿大，他的核心家庭生活在加拿大，他与索马里没有联系，从未在那里生活过，说那里的语言有困难。委员会注意到，对以下情况没有争议：提交人从开始懂事起几乎都生活在加拿大，他在加拿大接受了全部教育，以及在来加拿大之前他生活在沙特阿拉伯而非索马里。委员会还注意到提交人声称，他没有任何索马里公民身份的证明。在本案的特定情况下，委员会认为，鉴于将提交人与加拿大联系起来的牢固纽带、他的家庭在加拿大、他所说的语言、他在该国停留的时间和他与索马里除充其量形式上的国籍外无任何其他联系，提交人已证实加拿大是《公约》第 12 条第 4 款含义之内的其本国。

和在尼斯特鲁姆案中一样，委员会认定，预防在加拿大犯罪的理由无法证明递解出境正当合理，因此遣返将违反第 12 条第 4 款。

［12.42］在尼斯特鲁姆案和瓦萨梅案中，都有相当数目的少数委员对这种宽松地认识第 12 条第 4 款的方式持异议。例如，在瓦萨梅案中，奈杰尔·罗德利爵士称（另有五名委员在单独意见中同意他的看法）：

> 关于第 12 条第 4 款，委员会给人的印象是，它依据第 27 号一般性意见，得出了加拿大是提交人之本国的意见。的确，该一般性意见指出，"其本国"的范围要大于"其国籍国"的概念。但委员会忽视了该一般性意见中给出的适用更广泛概念的所有例子都有关那些被剥夺了任何有效国籍的个人。该一般性意见所列举的例子有关那些"以违反国际法的方式被剥夺国籍的一国国民"，"其原籍国被并入或转移到另一国家实体但被拒绝授予后一国家国籍的人"以及"被无理地剥夺了获得居住国国籍的权利的无国籍人"（第 27 号一般性意见，第 20 段）。

> 这些例子中没有一个适用于本案。提交人也没有试图解释，为什么他没有像缔约国含蓄地表示的那样……，争取加拿大国籍。因此，我不相信如果提交人真的被送到索马里，第 12 条第 4 款会被违反。

［12.43］同样，在尼斯特鲁姆案中，五名委员对扩展第 12 条第 4 款表达了异议。不过，他们愿意赞同的一点是，在尼斯特鲁姆案中可能会出现对第 12 条第 4 款被违反的认定。奈杰尔·罗德利爵士、凯勒女士和奥弗莱厄蒂先生称：

> 缔约国没有回答提交人的说法，即他不知道他不是澳大利亚公民——这种说法的可信度得到以下事实的支持：在他一生中的相当长的发育阶段，缔约国承担了对他的监护责任。在这种特殊的、模棱两可的情况下，我们不愿意断然下结论说，第 12 条第 4 款不可能被违

反。但是，我们认为，鉴于其认定第 17 条和第 23 条第 1 款被违反，[45] 委员会本来可以也应该避免在瓦萨梅诉加拿大案中远不能自圆其说的做法。

[12.44] 在第 27 号一般性意见中，人权事务委员会称，"其原籍国被并入或转移到另一国家实体但被拒绝授予后一国家国籍的个人"拥有第 12 条第 4 款规定的权利 [12.36]。这样的个人可能包括殖民地人民[46]和居于被另一国家占领的土地上的人（例如在约旦河西岸和加沙地带的巴勒斯坦人）。对于巴勒斯坦人是否有权返回以色列领土这一极具争议的问题，委员会只是称:[47]

> 22. 委员会虽然承认存在导致限制迁徙的安全考虑，但遗憾地注意到对迁徙继续强加的阻碍，这些阻碍主要影响了巴勒斯坦人在东耶路撒冷、加沙地带和西岸之内及之间的来往，产生的后果是影响了巴勒斯坦人生活的几乎所有领域。委员会认为，这引起了第 12 条之下的严重问题。就这些地区的人而言，委员会敦促以色列尊重第 12 条规定的迁徙自由的权利，包括个人返回其本国的权利。

委员会只用一行表述语焉不详地提到了巴勒斯坦人的"返回权"，而没有处理关键的问题，即在以色列于 1948 年建立时离开以色列领土的巴勒斯坦人及其后裔，是否具有一种返回权。鉴于对这一问题之争论具有激烈的情感、政治和——甚至是——暴力性，委员会表述之简略也许并不奇怪；现实政治会影响委员会的决定，就如其影响大部分国际机构一样。实际上，在 2003 年 8 月和 2010 年 9 月委员会对以色列提出的结论性意见中，都没有包含"返回权"的提法。基于委员会的判例，某一巴勒斯坦人进入以色列的权利是否存在，将取决于该人与以色列领土之真实联系的程度，以及任何排除该人之决定的合理性。

---

45 见第 [20.28] 段。
46 See also Nowak, *UN Covenant on Civil and Political Rights: CCPR Commentary*, 288 – 9.
47 委员会对以色列的结论性意见，(1998) UN doc CCPR/C/79/Add.93。

[12.45] 在对英国的结论性意见中，人权事务委员会称：*

22.……委员会注意到上诉法院最近在2007年的女王（邦库特）诉外交及英联邦事务大臣［Regina（Bancoult）v. Secretary of State for Foreign and Commonwealth Affairs（No.2）］的裁决中指出，被从英属印度洋领土非法迁移的查戈斯岛民应能够行使返回其领土的外围岛屿的权利（第12条）。

缔约国应确保查戈斯岛民能够行使返回其领土的权利并应说明在此方面已采取哪些措施。缔约国应考虑对长期剥夺这一权利提供补偿。……

结　语

[12.46] 虽然从规定来说，对迁徙自由和离开一国之权利的限制应作狭义解释，但在色雷泊利诉瑞典案、佩尔托南诉芬兰案和卡克尔诉法国案中，各缔约国成功地提出这些限制证明了他们对这些权利的约束正当合理。第12条第2款保障的是获得护照的权利，除非有真确的理由拒绝有关人员离境。在萨雅迪和维因克诉比利时案中，缔约国未能证明其促成限制提交人之旅行的行为正当合理。人权事务委员会在第12条之下的判例中，最具争议的可能有关第12条第4款规定的某人进入"其本国"的权利。斯图尔特诉加拿大案中对"本国"的严格解释在尼斯特罗姆诉澳大利亚案和瓦萨梅诉加拿大案中被推翻。另外，陶阿拉诉新西兰案证实，在某国可被认为是某人的"本国"之前，该人与该国之联系必须真实而牢固。在非常情况中，甚至公民身份本身都可能不足以构成这样一种强烈的联系。

---

* （2008）UN doc CCPR/C/GBR/CO/6. 就查戈斯群岛的法律地位，可参见国际法院应联大的请求于2019年作出的关于"1965年将查戈斯群岛从毛里求斯分离的法律后果"的咨询意见：*Legal Consequences of the Separation of the Chagos Archipelago from Mauritius in 1965*, Advisory Opinion, *I. C. J. Reports* 2019, p. 95。

第十三章 针对驱逐的程序性权利
——第十三条

第 13 条规定的权利的范围	[13.02]
与第 14 条的关系	[13.07]
有资格获得第 13 条保护的外国人	[13.09]
依"法"驱逐	[13.10]
得到主管当局审理的权利	[13.12]
得到主管当局复判的权利	[13.16]
得到代理的权利	[13.18]
"事关国家安全必须急速处分"时对第 13 条权利的取消	[13.19]
结语	[13.26]

第 13 条

本公约缔约国境内合法居留之外国人,非经依法判定,不得驱逐出境,且除事关国家安全必须急速处分者外,应准其提出不服驱逐出境之理由,及声请主管当局或主管当局特别指定人员予以复判,并为此目的委托代理人到场申诉。

[13.01] 第 13 条赋予在缔约国境内合法居留的外国人受到保护、免遭驱逐的程序性权利。驱逐此类外国人必须符合缔约国自己的法律。此类外国

人还有权提出反对驱逐的主张，并有权由国家主管当局复判其案件。如果"事关国家安全必须急速处分"，这些"复判"* 权利可能会被取消。

第 13 条规定的权利的范围

[13.02] 第 13 条没有规定实质性的免遭驱逐的自由。因此，第 13 条并不保护外国人免遭驱逐，而只要有质疑驱逐的程序保障可用即可。遵守程序保障有助于确保缔约国有关驱逐的实体法不以任意方式施行。此外，这些保障应确保居住地位的确定能得到及时处理。[1] 但并不确定的是，第 13 条是否禁止缔约国通过和实施授权基于任意理由实行驱逐的法律。不过，其他《公约》条款会起到限制缔约国通过关于驱逐的任意性法律的作用。例如，第 26 条禁止通过公然歧视性的关于驱逐的法律。第 7 条禁止将人驱逐到可预见其将面临酷刑的国家。在某些情况下，第 23 条和第 24 条可能禁止使家人分离的驱逐。[2] 第 12 条第 4 款禁止驱逐某些可以将驱逐国称为其"本国"的外国人。

[13.03] **第 15 号一般性意见**

9. ……[第 13 条] 可适用于旨在强制外国人离境的一切程序，不论其在国内法中被称为驱逐出境（expulsion）或使用其他称谓。如果此类程序导致逮捕，则《公约》中有关剥夺自由的保障条款（第 9 条和第 10 条）亦应予适用。如果逮捕是出于引渡的特别目的，则可能应该适用国内法和国际法的其他规定。通常而言，必须准许被驱逐的外国人前往同意收容他的任何一个国家。……

10. 第 13 条仅仅直接规定驱逐出境的程序，而非驱逐的实质性理由。但是，由于它规定只有"经依法判定"才可以驱逐，所以它的宗旨

---

* 与《公约》第 13 条中的"复判"相对应的，在英文本中的用词是"review"，该词可以简单理解为"审查"，并不必然含有司法裁判的意思。

1 见委员会对俄罗斯联邦的结论性意见，(2003) UN doc CCPR/CO/79/RUS, para 25。

2 See eg *Winata v Australia* (930/2000) [20.29].

显然是防止任意驱逐出境。另外一方面,它规定每一外国人均有权就其案件得到一项决定;因此,规定了集体或成群驱逐出境的法律或决定将不符合第 13 条。委员会认为,此项理解可由下列的其他规定加以证实,即被驱逐者有权提出不服驱逐出境之理由,并使针对他的决定得到主管当局或由该当局所指定人员的复判,并为此目的委托代理人到场申诉。……

[13.04] 需要注意,该第 10 段提到了成群驱逐不符合第 13 条。[3] 人权事务委员会在此承认,成群驱逐无法满足第 13 条的程序要求,而这些要求必须审议每一可能被递解出境者的具体情况。这表明程序性保障如何带来了至少是某种程度的实质性责任。也许禁止成群驱逐禁止的是国家基于某种不可改变的特征如种族而驱逐某群人。

[13.05] 在吉里诉多米尼加共和国案(*Giry v Dominican Republic*, 193/1985)和金德勒诉加拿大案(*Kindler v Canada*, 470/1991)中,人权事务委员会多数委员证实,第 13 条适用于引渡的情况。例如,在金德勒案中,多数委员认为:

> 6.6. 委员会还认为,准备工作清楚地表明,……《公约》第 13 条并无减损正常的引渡安排之意。然而,无论一外国人是因为驱逐或是引渡而被要求离开该国领土,第 13 条的一般性保障在原则上都将适用,正如《公约》的要求作为一个整体都将适用一样。……

[13.06] **第 28 号一般性意见**

> 17. 缔约国应确保外国妇女在平等基础上享有第 13 条规定的提出不服被驱逐之理由和使其案件得到复判的权利。在这方面,她们应有权依据与性别有关的对《公约》的违反——如上文第 10、11 段所提到的 [如强奸、强迫绝育或因为嫁妆不足而遭杀害] ——提出主张。

人权事务委员会在第 28 号一般性意见中表明,在第 13 条的保障中存在一种实质性因素,即基于性别的暴力应该是阻碍从某国被驱逐的可以接受的理由。从另一角度看,此类权利也可源自其他《公约》条款,例如第 7 条 [9.62]。

---

[3] 另见委员会对多米尼加共和国的结论性意见,(2001) UN doc CCPR/CO/71/DOM, para 16, 以及对爱沙尼亚的结论性意见,(2003) UN doc CCPR/CO/77/EST, para 13, 其中强调有必要单独审议每一庇护申请。

第十三章 针对驱逐的程序性权利

与第 14 条的关系

［13.07］第 13 条和第 14 条都规定了程序性权利。可能的被递解出境者是否同时享有这两条规定的权利？

PK 诉加拿大（*PK v Canada*，1234/2003）

提交人在加拿大申请庇护，但遭拒绝。她声称包括第 14 条在内的若干《公约》条款被违反。委员会认定其申诉不可受理，并陈述如下：

> 7.5. 委员会忆及，《公约》第 14 条第 1 款规定的"法律诉讼"的概念是以所涉权利的性质为依据的，而不是以某一当事方的地位为依据的。在本案中，有关诉讼涉及提交人在缔约国领土得到保护的权利。委员会认为，涉及驱逐外国人的诉讼——与之有关的保障由《公约》第 13 条调整——不属于第 14 条第 1 款含义之内的确定"法律诉讼中的权利和义务"的范围。委员会的结论是，有关将提交人递解出境的程序不在第 14 条第 1 款的范围之内，根据《任择议定书》第 3 条，基于属事理由不可受理。

后来的考尔诉加拿大案（*Kaur v Canada*，1455/2006）、君德尔诉加拿大案（*Zündel v Canada*，1341/2005）和查德兹安诉荷兰案（*Chadzjan v the Netherlands*，1494/2006）都遵循了 PK 案中的决定。第 14 条规定的权利比第 13 条规定的权利要广泛全面得多，因此这些决定对于寻求居住权利的外国人是很不幸的。

［13.08］**第 32 号一般性意见**

在这一有关第 14 条的一般性意见中，人权事务委员会称：

> 62.……只要国内法授权某一司法机构决定有关驱逐或递解出境的事项，则第 14 条第 1 款所规定的人人在法院和法庭之前平等的保障及这一保障中所蕴含的公正无偏、公平与诉讼手段平等的原则，即可适用。然而，在驱逐作为刑事制裁的一种方式或违反驱逐令依刑法可受处罚的情况下，则适用第 14 条的所有相关保障。

因此，在一国规定由司法机构作出递解出境决定的情况中，所适用的就是针对递解出境的加强保护。此外，如果所拟递解出境源自某一刑事过程，则第 14 条规定的全部保护都适用。

有资格获得第 13 条保护的外国人

[13.09] **第 15 号一般性意见**

9.……第 13 条所规定的特别权利仅保护缔约国境内合法居留之外国人。这意味着，在确定此项保护的范围时，必须考虑有关入境和居留条件的国内法；非法入境者和居留超过法定期限或其许可所准许的居留期限的外国人尤其不受第 13 条的规定的保护。但是，如果就某一外国人的入境或居留的合法性存在争议，那么，就此问题可能导致其被递解出境的任何决定，就必须按照第 13 条的规定来作出。应由缔约国主管当局依照善意原则并在行使其权力时，适用并解释国内法，但须遵守《公约》所要求的诸如在法律前一律平等的规定（第 26 条）。

对于许多被迫匆忙逃离母国并未经准许即跨越国界的寻求庇护者来说，第 13 条可能没有什么用处，除非有关国家在国内法中承认此类寻求庇护者的程序性权利。此类寻求庇护者可以尝试援用第 7 条以防被递解出境。第 7 条禁止将任何人驱逐到有可能对其施以酷刑或不人道的、侮辱性的待遇的国家。

依"法"驱逐

[13.10] **马鲁菲多诉瑞典**（*Maroufidou v Sweden*, 58/1979）

该案的案情概述如下：

8. 委员会……决定以缔约国已经基本证实的下列事实作为其意见的依据：希腊公民安娜·马鲁菲多来到瑞典寻求庇护，于 1976 年获得居住许可。后来在 1977 年 4 月 4 日，她因涉嫌参与一个恐怖团体绑架瑞典政府一名前成员的计划而被逮捕。根据这种情况，瑞典中央移民局于

1977 年 4 月 28 日提出将她驱逐出瑞典的问题，理由是：有充分理由相信她属于一个恐怖组织或团体或者为之工作，而且存在一种危险，即她在瑞典会参加《外国人法》第 20 节和第 29 节所述那种恐怖活动。根据《外国人法》，一名律师被指派在诉讼中作为她的代表。1977 年 5 月 5 日，瑞典政府决定驱逐她，该决定立即执行。……

9.2. ……在 1977 年 4 月驱逐马鲁菲多的问题发生之时，对她在瑞典合法居留一事不存在争论。本案中，对于缔约国充分遵守了第 13 条规定的程序性保障，也不存在任何争论。唯一的问题是，她是不是被"依法"驱逐的。

9.3. 在这一情境中提到的"法"是指有关缔约国的国内法，在本案即指瑞典的法律，当然国内法的有关条款本身也必须符合《公约》的规定。第 13 条要求缔约国同时遵守其法律的实质要求和程序要求。

10.1. 安娜·马鲁菲多声称，驱逐她的决定违反了《公约》第 13 条，因为这一决定不是"依法"作出的。她的陈述所依据的是对瑞典法律的不正确解释。委员会的观点是，对国内法的解释本质上是国内法院和当局的事务。评估有关缔约国的主管当局在根据《任择议定书》提交委员会的案件中是否正确地解释和适用了国内法，不在委员会的权力或职能之内，除非能证明这些当局没有善意地解释和适用法律，或明显地存在滥用权力的情况。

10.2. 考虑到提交人提出的所有书面资料以及有关缔约国的解释和意见，委员会表示同意，瑞典的主管当局在形成驱逐安娜·马鲁菲多的决定时，的确秉承善意并以合理的方式解释和适用了瑞典法律的有关规定，因此，这一决定就如《公约》第 13 条所要求的，是"依法"作出的。

11. 委员会因此认为，……以上事实并未揭示对《公约》特别是第 13 条的任何违反。

马鲁菲多案的决定反映的情况是，若没有明显的程序瑕疵，人权事务委员会一般不愿意推翻国内法院的裁决。[4]

［13.11］这一决定还加强了第 13 条的程序性质。因为"法"被解释为

4　在这一方面，另见第［1.53］段、第［14.63］段。

是指一国的国内法，所以这似乎不禁止一国通过不正当的实质性法律。人权事务委员会在第 13 条的语境中对"法"的狭窄解释，可以与其后来在涉及其他《公约》保障的案件中，对"法"或"合法"的解释做比较。[5]

得到主管当局审理的权利

[13.12] 第 13 条没有明确规定一个可能被递解出境者具有由司法机关审理的权利。各国的实践表明，行政程序经常用来审议移民申诉事项。[6] 另外，马鲁菲多案中对驱逐令的行政"复判"也被认定符合第 13 条。

[13.13] **第 15 号一般性意见**

10. ……为了针对驱逐出境而寻求救济，外国人必须获得充分的便利，以使得这一权利从其案件的所有方面来看，均为有效。只有在"事关国家安全必须急速处分"而另有要求的情况下，才可能不适用第 13 条中有关对驱逐出境提出申诉的原则和由主管当局予以复判的权利。在适用第 13 条时，不得区别对待不同类别的外国人。

该第 10 段的最后一句可能再次表明，第 13 条禁止通过本质上歧视性的驱逐法。不过，这一句可能只是证实，第 13 条规定的程序性权利不能以歧视性的方式实施。

[13.14] 哈梅尔诉马达加斯加（*Hammel v Madagascar*，155/1983）

在该案中，提交人在被驱逐前两个小时，才获得通知：

18.2. ……当时他被押解回家，有两个小时可收拾行李。他于当晚被递解到了法国。他没有受到起诉，也没有就任何指控被解送预审法官；在被驱逐出境以前，也没得到任何机会对驱逐令提出质疑。

将哈梅尔递解出境一事在四年后才得到复判并获得核准。人权事务委员

---

5 见第 [11.91] 及以下各段和第 [16.06] 及以下各段。

6 See C Avery, 'Refugee Status Decision-Making: The System of Ten Countries' (1983) 19 *Stanford Journal of International Law* 235. 对若干国家的移民法的概览，另见，D Campbell and J Fisher (eds), *International Immigration and Nationality Law* (loose-leaf service) (Kluwer Law International, 1999)。

会证实，存在对第13条的违反，因为哈梅尔未获"准许提出反对驱逐出境之理由，也没有使他的案件得到一个主管当局在合理时间内的复判"。[7] 这一决定没有明确澄清的一点是，是否允许在驱逐之后的"合理时间内"出现提出理由的机会。毕竟，一个被递解出境者有可能在国外提出反对驱逐的理由。不过，看来缺席复判并不符合一种需要，即根据第15号一般性意见第10段，向潜在的被递解出境者提供针对驱逐寻求救济的"充分的便利"[13.13]。

[13.15] 在对奥地利的结论性意见中，人权事务委员会称：[8]

18. 委员会关切地注意到，有报告称，寻求庇护的女性并非自动交由女性庇护问题官员询问并得到女性翻译的帮助，而且在庇护程序中，儿童是按与成人相同的方式处理的（第3条、第13条和第24条第1款）。

缔约国应通过给寻求庇护的女性自动指派女性询问者和翻译，并且通过就如何对待与成人分离的儿童向首先处理庇护问题的官员发布准则，来对确定难民地位的工作采取对性别和年龄敏感的方式。……

得到主管当局复判的权利

[13.16] 第15号一般性意见第10段 [13.13] 提到了一个可能的被递解出境者进行"申诉"和得到"复判"的权利。不过，并不清楚这种申诉/复判是有关审议外国人针对驱逐提出的主张，或者这些用语指的是，在最初一项决定已经考虑了这些主张之后，随后进行的审查。[9] 有可能是，外国人的复判权仅仅意味着对于最初的驱逐决定的复判，这种决定有可能是在外国人并无机会提出相反主张的情况下作出的。

[13.17] 在马鲁菲多诉瑞典案中，提交人被允许针对拟议中的递解出境

7　在委员会意见的第20段。

8　(2007) CCPR/C/AUT/CO/4.

9　在钟诉加拿大案（*Truong v Canada*, 743/1997）中，委员会对于第13条是否保障进一步申诉的权利，并不确定（意见第7.6段）。诺瓦克主张，第13条引入了一种嗣后申辩的明确权利：M Nowak, *UN Covenant on Civil and Political Rights*: *CCPR Commentary* (2nd edn, NP Engel, 2005), 297。

提出申辩。不过，因为驱逐在一审中即获确认，所以她当天即被递解出境。直到她非法返回瑞典以前，她并没有对这一最初决定提出申诉。然而，人权事务委员会仍认定，就缔约国遵守了第13条要求的程序性保障，并不存在问题［13.10］。因此，看来外国人获得第二次复判的权利即使的确存在，也可能要在递解出境已经执行后落实。

得到代理的权利

［13.18］在对丹麦的结论性意见中，人权事务委员会称：[10]

17. 委员会注意到，寻求庇护者有权得到法律顾问的帮助，但缔约国应提供资料，说明在哪一申请阶段可获得法律帮助，以及对于无法支付费用者，这种帮助是否在所有阶段均系免费（《公约》第13条）。

在对瑞士的结论性意见中，委员会称：[11]

18. 委员会注意到，有资料称，寻求庇护者被适当地告知其有权得到法律帮助，而且在一般庇护程序中，提供免费的法律帮助。然而，委员会关切的是，当寻求庇护者在特别程序的框架内提出申请时，免费法律帮助可能受制于限制性的条件（第13条）。

缔约国应该审查其立法，以便在所有庇护程序中，不管是一般程序还是特别程序，向寻求庇护者提供免费的法律帮助。

"事关国家安全必须急速处分"时对第13条权利的取消

［13.19］第13条明确允许，在"事关国家安全"的紧迫情势需要不遵

---

[10] (2000) UN doc CCPR/CO/70/DNK. 另见委员会对英国的结论性意见，(1995) UN doc CCPR/C/79/Add. 55, para 16。

[11] (2009) UN doc CCPR/C/CHE/CO/3.

守"复判"要求的情况中,取消这些要求。但基于国家安全的驱逐仍须符合缔约国的国内法。

[13.20] **VMRB 诉加拿大**(*VMRB v Canada*,236/1987)

在该案中,人权事务委员会认定,被加拿大递解出境的提交人曾非法处于加拿大境内,因此没有资格获得第 13 条的保护。委员会还认定,不管怎样第 13 条都得到了遵守。委员会的意见中,最值得注意的是:

> 6.3.……另外,就将他递解出境的法律行动,缔约国援引了国家安全的原因。不应由委员会检测一个主权国家对某一外国人的安全等级的评估……。

JRC 诉哥斯达黎加案(*JRC v Costa Rica*,296/1988)照搬了这段表述。[12]

[13.21] 从表面上看,人权事务委员会在 VMRB 案中有关国家评估外国人之安全等级的声明似乎使得这样的评估无法根据《公约》予以司法评判。若如此,这会严重损害第 13 条提供的保护。这有可能诱使各缔约国以国家安全的虚假理由对抗对其违反第 13 条的指控,因为它们很放心地知道,委员会不会审查这些申诉的实质问题。另外,这损害了"紧迫"一词的含义,即各缔约国需要提出有说服力的证据来证明存在严重的国家安全危险。[13] 不过,必须指出的是,VMRB 案和 JRC 案涉及的缔约国确实都向委员会提出了它们所进行的国家安全评估的某些理由。委员会在 VMRB 案中的声明突显了对人权的国家安全例外所导致的两难之一。国家安全评估通常是由执行机关即政府作出的,受到最低限度的国内司法审查。如果政府不准备向它们自己的司法机关披露作为国家安全决定之理由的证据,那么它们极不可能向诸如委员会这样的国际机构披露这些证据。

[13.22] 在并非有关第 13 条的波尔佐夫诉爱沙尼亚案(*Borzov v Estonia*,1136/2002)中,人权事务委员会抓住机会解释了其在 VMRB 案中所作的声明:

> 7.3. 虽然委员会承认,《公约》明确允许在某些情况下,援用国家

---

12 在委员会意见的第 8.4 段。

13 See S Jagerskiold, 'Freedom of Movement', in L Henkin (ed), *The International Bill of Rights: The Covenant on Civil and Political Rights* (Columbia University Press, 1981), 184.

安全考虑作为缔约国采取某些行动的正当理由，但是委员会强调，缔约国援用国家安全为理由这一事实本身并没有使某个问题完全摆脱委员会的审查。因此，委员会在 VMRB 案的特定情况下作出的决定，不应被理解为委员会放弃其在合适的情况中，调查给予国家安全理由的重要性的管辖权限。虽然委员会不能将个案中是否存在与国家安全有关的理由留给缔约国的不受约束的酌处权，但它承认，它本身在审查这些考虑是否存在、是否恰当的过程中所起的作用将取决于案件的情况和《公约》的相关规定。……

[13.23] **阿尔泽里诉瑞典**（*Alzery v Sweden*，1416/2005）

该案有关驱逐一名恐怖主义嫌疑人到埃及，他在那里事实上遭受了酷刑[9.104]。因此，他是因为安全风险被驱逐的，而且没有得到机会对此决定或递解出境决定提出申诉。对于他有关第 13 条的申诉，人权事务委员会称：

11.10.……委员会注意到，对于某一案件是否引起对国家安全的考虑并因而使第 13 条所包含的例外发挥作用的评估，允许缔约国拥有很宽泛的酌处余地。在本案中，委员会可以接受的是，缔约国对于当时认为本案引起有关国家安全的顾虑，至少具有看似有理的理由。因此，委员会不能认定，提交人没有被允许对驱逐提出反对理由，也没有一个主管当局对案件予以复判，构成对《公约》第 13 条的违反。

委员会在此指出，各国应至少表明，对于适用第 13 条规定的国家安全例外，存在"看似有理的理由"。这一 2006 年采用的推理方式保留了各国在这一方面的"宽泛的酌处余地"，但偏离了 1988 年在 VMRB 案的决定中显示的对于各国处理这一事务的明显是全面的尊重。还可以指出的是，无法申诉被认定违反了第 7 条［9.107］。

[13.24] **阿哈尼诉加拿大**（*Ahani v Canada*，1051/2002）

阿哈尼是一位在加拿大成功地获得了难民地位的伊朗公民。然而，不久之后，加拿大当局就断定他对国家安全是一种威胁。他被拘禁了 9 年，其间他对这一评估提出了质疑，但最终被递解回伊朗。他主张说，递解出境违反了与第 7 条相结合的第 13 条，因为据他称，他返回伊朗即面临酷刑。一项与申诉有关的情况是，他没有机会接触对其不利的证据，因此他无法对证据提出反对。在这一方面,他诉称,他得到的待遇不同于加拿大最高法院审理的苏雷什诉公民和移民事务部部长案(*Suresh v Minister for Citizenship and Immigration*)中的申诉人得到的待遇。[14] 加拿大解释说,苏雷什案中的原告通过了门槛测试,即他一旦返回伊朗,就有可能遭受酷刑,因此有权得到更多的程序性权利。人权事务委员会认定与第7条相结合的第13条被违反:

> 10.6. 关于提交人提出的指控……有关公民和移民事务部部长随后作出的他能够被递解出境的决定,委员会注意到,最高法院在同时处理的苏雷什案中裁定,部长在该案中确定受影响的个人是否具有受到实质性损害的危险以及应基于国家安全理由予以驱逐的过程并不公正,因而是错误的,因为没有向他提供部长赖以作出决定的所有材料,也没有向他提供对该决定作出书面评论的机会,还因为部长的决定没有说明理由。委员会进一步认为,在《公约》所保护的最高价值之一即免受酷刑的权利受到威胁的情况中,对适用于确定个人是否有遭受酷刑的实质性危险的程序的公平性,应予以最密切的监督。……
>
> 10.7. 委员会认为,缔约国以本来文的提交人没有证明存在明显的伤害危险为由,没有向他提供在苏雷什案中被认为必要的程序性保护,这样做没有满足必要的公平性标准。在这方面,委员会认为,基于所称的理由拒绝给予这些保护不够理直气壮,因为如果事实上提交人被允许提出理由说明如被遣送他将面临的酷刑风险,能够以行政当局提出的、对他不利的案件材料为依据,来质疑一项决定——其中包括了部长作出他能够被遣送的决定的原因,则提交人也许能够证明他的风险达到了必要程度。委员会强调,如同生命权一样,免受酷刑的权利要求缔约国不仅要自己不施用酷刑,而且要恪尽职守地采取措施,避免来自第三方的对个人的酷刑威胁。
>
> 10.8. 委员会还指出,第13条原则上适用于部长关于伤害危险的、导致驱逐的决定。鉴于国内程序允许提交人提出(有限的)理由反对被驱逐,并且其案件得到了某种程度的审查,委员会在审议过程中不宜接

---

14 [2002] 1 SCR 3.

受以下说法,即存在"紧迫的国家安全理由",可免除缔约国根据本条承担的提供有关程序性保护的义务。委员会认为,缔约国以提交人没有证明伤害危险为由,没有向他提供在苏雷什案中提供给原告的程序性保护,这样做没有满足第13条规定的义务,即允许提交人参考行政当局提出的对他不利的情况,提出不同意被遣送的理由,并由一主管当局审查所有这些意见,从而有可能对提交给该当局的材料作出评论。因此,委员会认定,与《公约》第7条相结合的第13条被违反。

阿哈尼和苏雷什案原告的待遇的差异影响了委员会得出第13条在与第7条相结合的意义上被违反的决定。按委员会自己的说法,在存在"紧迫的国家安全理由"的递解出境案件中,第13条免除了国家的程序性义务。在阿哈尼案中,委员会指出,加拿大在这一方面的酌处余地被苏雷什案中所表示的其自身的法律所取消。* 如果这一决定促使各国取消这一方面更有力的国内保护,以便能够得益于根据第13条给予它们的明显的行事自由,将是很不幸的。当然,这种行事自由在第7条之下是不存在的。还有一种可能是,委员会决定背后的推动因素在于第7条规定之保障的绝对性,而非苏雷什案中的规则不适用于阿哈尼。

[13.25] **吉里诉多米尼加共和国**(*Giry v Dominican Republic*,193/1985)

提交人提出如下事实,并主张说——除其他外,这些事实导致第13条被违反:

3.1. 据提交人称,他于1985年2月2日到达多米尼加共和国,住了两天后,于2月4日去机场,准备购买机票以搭乘航班离开该国,前往圣巴特勒缪。两名穿制服的特工(不是属于多米尼加警察就是属于海关)把他带到机场警察局,他在那里受到了彻底搜查。2小时40分钟后,他从直接通往机场跑道的后门被带出去,送上了一架飞往波多黎各的东方航空公司航班。在抵达波多黎各时,他被逮捕,并被指控犯有密谋走私毒品到美国的罪行。

---

* 原书此处还有疑为冗语的半句话"and in Ahani's limited rights of review",经与作者核实删除。

3.2. 申诉人受到波多黎各圣胡安美国地方法院的审问,并被判犯有密谋将可卡因输入美国的罪行,以及利用通信设施(电话)以犯密谋罪的罪行。

3.3. 1986年4月30日,他被判处28年监禁并被处以25万美元罚款。他目前在纽约雷布鲁克联邦教养院服刑。

缔约国没有反驳提交人对事实的叙述,但对有关第13条被违反的指控提出了如下辩解:

4.3. 关于对《公约》第13条的据称违反,缔约国辩称不存在违反,并且援用了该条中允许在事关国家安全必须急速处分的情况下实行即决驱逐的内容。缔约国称,吉里先生对多米尼加共和国的国家安全构成威胁,而该国与任何主权国家一样,有权采取必要步骤以保护国家安全、公共秩序、公共健康和道德。

4.4. 缔约国还主张,必须从逮捕参与非法贩毒者的国际努力这一背景理解它的行动,而非法贩毒必须被视为一种要受到普遍管辖的普遍罪行。

人权事务委员会多数委员对有关第13条的申诉,作出了有利于提交人的认定:

5.5. ……委员会注意到,一方面,缔约国对于将提交人强行送上飞往美国之管辖范围的飞机的决定,明确地援用了基于国家安全原因的例外规定;另一方面,提交人的意图就在于自愿离开多米尼加共和国前往另一目的地。虽屡经要求,但缔约国一直没有提供将提交人从本国领土上驱逐的决定的文本,或表明这一决定按照《公约》第13条的要求,是"依法"作出的。另外很明显的是,如果缔约国的行为确系引渡,提交人也没有得到机会提出反对将其驱逐的理由,或要求主管当局复判他的案件。委员会虽然认定,就吉里先生的具体情况,存在对第13条的违反,但是也强调,各国完全有权利通过与其他国家缔结引渡条约,有力地保护本国领土免受毒品买卖的威胁。不过,根据这些条约采取的行动必须符合《公约》第13条;在本案中,如果适用了有关的多米尼加法律,实际上就会符合要求。

吉里案看来表明，委员会对于监督根据第 13 条提出的国家安全主张，比起 VMRB 案或其后的阿尔泽里案所显示的，采取了更为激进的方式。不过，吉里案的事实表明，声称提交人因为国家安全的紧迫理由被驱逐在客观上就不是真诚坦率的。另外，多米尼加共和国没有援引任何特定的国家安全"法"来作为其引渡的国内权威规定。

结　语

　　[13.26] 第 13 条并没有为外国人提供一种免受驱逐的保障。实际上，其程序性质可能意味着，它甚至不是一种针对任意驱逐的全面保障。尽管如此，人权事务委员会的某些声明可以说在第 13 条注入了某种实质性因素。无论如何，任意驱逐会根据《公约》规定的其他保障受到禁止。第 13 条中有关外国人有权得到之"复判"次数的程序性权利的程度也是不确定的。最后，委员会证实，根据每一案件的事实情况，它将对国家对外国人的国家安全评级给予不同程度的尊重。

第十四章　获得公正审判权

——第十四条

第 14 条第 1 款 ……………………………………………	[14.06]
"诉讼案" ……………………………………………………	[14.07]
法院之前的平等 ……………………………………………	[14.21]
诉诸法院 ……………………………………………………	[14.29]
法庭的必要特征 ……………………………………………	[14.48]
军事法院 ……………………………………………………	[14.55]
公正审判的要素 ……………………………………………	[14.60]
尽速审理 ……………………………………………………	[14.90]
公开审理 ……………………………………………………	[14.97]
第 14 条第 2 款——无罪假定 ………………………………	[14.105]
第 14 条第 3 款（子）项——被告知指控的权利 …………	[14.113]
第 14 条第 3 款（丑）项——准备辩护 ……………………	[14.116]
何为"充分之时间"？ ……………………………………	[14.118]
何为"充分之便利"？ ……………………………………	[14.122]
与自行选任之律师联络的权利 ……………………………	[14.126]
第 14 条第 3 款（寅）项——审判不得无故拖延的权利 ………	[14.129]
第 14 条第 3 款（卯）项 ……………………………………	[14.141]
到庭受审的权利 ……………………………………………	[14.141]
获得自行选任之律师的权利 ………………………………	[14.145]
无资力酬偿之被告获得法律援助的权利 …………………	[14.152]

543

合格代理之保障 …………………………………………… [14.161]
第14条第3款（辰）项——有关证人之出庭和受诘问之权利 … [14.169]
第14条第3款（巳）项——必要时获得免费通译协助的权利 … [14.177]
第14条第3款（午）项——不被强迫自证其罪的自由 ……… [14.179]
第14条第4款——少年被告之权利……………………………… [14.183]
第14条第5款——在刑事案件中上诉之权利…………………… [14.187]
第14条第6款——对错判获得赔偿的权利……………………… [14.204]
第14条第7款——免于双重归罪的自由………………………… [14.210]
结语 ……………………………………………………………… [14.216]

第14条

　　一、人人在法院或法庭之前，悉属平等。任何人受刑事控告或因其权利义务涉讼须予判定时，应有权受独立无私之法定管辖法庭公正公开审问。法院得因民主社会之风化、公共秩序或国家安全关系，或于保护当事人私生活有此必要时，或因情形特殊公开审判势必影响司法而在其认为绝对必要之限度内，禁止新闻界及公众旁听审判程序之全部或一部；但除保护少年有此必要，或事关婚姻争执或子女监护问题外，刑事民事之判决应一律公开宣示。

　　二、受刑事控告之人，未经依法确定有罪以前，应假定其无罪。

　　三、审判被控刑事罪时，被告一律有权平等享受下列最低限度之保障：

　　（子）迅即以其通晓之语言，详细告知被控罪名及案由；

　　（丑）给予充分之时间及便利，准备答辩并与其选任之辩护人联络；

　　（寅）立即受审，不得无故稽误；

　　（卯）到庭受审，及亲自答辩或由其选任辩护人答辩；未经选任辩护人者，应告以有此权利；法院认为审判有此必要时，应为其指定公设辩护人，如被告无资力酬偿，得免付之；

　　（辰）得亲自或间接诘问他造证人，并得声请法院传唤其证人在与他造证人同等条件下出庭作证；

（巳）如不通晓或不能使用法院所用之语言，应免费为备通译协助之；

（午）不得强迫被告自供或认罪。

四、少年之审判，应顾念被告年龄及宜使其重适社会生活，而酌定程序。

五、经判定犯罪者，有权声请上级法院依法复判其有罪判决及所科刑罚。

六、经终局判决判定犯罪，如后因提出新证据或因发现新证据，确实证明原判错误而经撤销原判或免刑者，除经证明有关证据之未能及时披露，应由其本人全部或局部负责者外，因此判决而服刑之人应依法受损害赔偿。

七、任何人依一国法律及刑事程序经终局判决判定有罪或无罪开释者，不得就同一罪名再予审判或科刑。

[14.01] 获得公正审判的权利和法院之前的平等在历史上一直被认为是法律的基本规则。《公约》第 14 条确定了一系列在民事和刑事诉讼中都需要的权利。这些规定的目标在于确保适当之司法工作。[1]

[14.02] **第 32 号一般性意见**

4. 第 14 条包含着缔约国必须尊重的各种保障，不论它们的法律传统和国内法如何。缔约国应在报告中说明，在关涉其各自的法律制度之处，这些保障如何得到解释，但委员会仍指出，不能任由国内法确定《公约》保障的实质性内容。

并不令人惊奇的是，第 14 条中没有规定获得陪审团审判的权利，因为陪审团并非许多法律制度的一个特征。[2]

[14.03] 第 14 条第 1 款列出了一般性的保障，而第 14 条第 2 款至第 7 款提出了有关刑事审判和刑事上诉的具体保障。[3]

---

1 第 13 号一般性意见，第 1 段。
2 *Weerawansa v Sri Lanka*, 1406/2005, para 6.4.
3 对一件来文（*Gerardus Strik v the Netherlands*, 1001/2001），委员会证实，第 14 条第 2 款至第 7 款以及第 15 条的规定不适用于雇佣纪律惩戒措施，而只适用于刑事指控（委员会意见的第 7.3 段）。

《公民及政治权利国际公约》：案例、资料和评注

第 32 号一般性意见

"刑事控告"之概念被定义为：

15.……刑事控告原则上涉及国内刑法宣布可予惩罚的行为。这一概念也可延及性质上属于犯罪因而带有制裁的行为，这些制裁不论国内法中如何定性，均因其目的、性质和严重程度而必须被视为刑事性的。

[14.04] **奥西尤克诉白俄罗斯**（*Osiyuk v Belarus*，1311/2004）

提交人非法从乌克兰进入白俄罗斯探亲。他声称自己不是有意如此，而是因为在所涉地区没有明确的边界。他被指控犯有行政和海关违法罪。对其中一项罪行，他被罚款 14000 卢布；对另一项罪行，他被罚款 70 万卢布。他诉称第 14 条第 3 款规定的多项权利被侵犯。只有在指控为刑事控告时，这些权利才适用。根据白俄罗斯的法律，这些罪行被归类为行政违法行为而非刑事犯罪。人权事务委员会认定这些指控实际上是刑事控告：

7.3. 关于提交人声称其根据《公约》第 14 条享有的权利受到侵犯，委员会忆及，在判定任何人所受刑事控告或其在法律诉讼中的权利和义务时，应保障由独立无私之管辖法庭公正公开审理*的权利。委员会忆及，刑事控告原则上涉及国内刑法宣布可予惩罚的行为。然而，这一概念也可延及性质上属于犯罪因而带有制裁的行为，这些制裁不论国内法中如何定性，均因其目的、性质和严重程度而必须被视为刑事性的。在这方面，委员会指出，"刑事控告"的概念具有自主含义，独立于缔约国国内法律制度采用的分类，必须按照其在《公约》中的含义来理解。留由各缔约国酌处是否交由行政当局对某一刑事罪行作出决定，包括施予惩罚，从而避免适用第 14 条规定的公正审判的保障，可能会导致有悖于《公约》之目的及宗旨的结果。

7.4. 因此，委员会所要审议的问题是，《公约》第 14 条可否适用于本来文，也就是说，在提交人的案件中——有关非法越过国境以及运

---

* 英文用词为"hearing"，《公约》作准中文本第 14 条第 1 款中与之对应的用词为"审问"。中文中的"审问"往往指向刑事案件，因此本中译本一律使用"审理"这种可适用于各种诉讼的用词作为"hearing"的对应用词。

输工具越过海关边境,所施制裁是否涉及《公约》所指的"任何刑事控告"。至于制裁的"目的和性质",委员会注意到,虽然按照缔约国的法律,施予提交人的是行政处罚,但其目的在于通过处罚遏制提交人被指控犯下的违法行为,同时起到震慑他人的作用,其目标类似于刑法的总体目标。委员会还注意到,提交人所违反的法律规定针对的是以其个人资格越过白俄罗斯国境线的每一个人,而不是以(例如)惩戒法的方式针对拥有特殊地位的某一群体;它们规定了某类行为,要求对此给予惩罚性的制裁。因此,这些规则的一般性质和惩处的目的,既是威慑性的又是惩罚性的,足以表明有关违法行为从《公约》第 14 条来看,属于刑事犯罪。

7.5. 因此,委员会宣布来文基于属事理由可予受理,因为与运输工具越过海关边境有关的诉讼属于《公约》第 14 条第 1 款规定的对"刑事控告"的"判定"。由此推断,第 14 条第 2 款至第 7 款的规定也适用于本来文。

[14.05] **萨雅迪和维因克诉比利时**(*Sayadi and Vinck v Belgium*,1472/2006)

提交人的姓名被缔约国交给联合国安理会,并因此被列在联合国的制裁名单上,这造成他们的旅行受到限制、财产被冻结。他们声称,比利时的导致他们受制裁的行为侵犯了他们根据第 14 条第 3 款和第 15 条(该条也限于刑事事项 [15.03])享有的权利。在这一点上,人权事务委员会的决定对提交人不利:

10.11. ……委员会还注意到缔约国的主张,即这些制裁不能被定性为"刑事性的",因为冻结财产并非因刑事程序或定罪而施加的一种刑罚。……缔约国还认为,列入名单属预防性措施而非惩罚性措施,因为事实很明显,受影响的人有可能得到授权,免除对其财产的冻结和对旅行的禁令。委员会忆及,其解释《公约》所依据的原则是,《公约》中的术语和概念的含义独立于任何国内制度或立法,委员会必须认为这些术语和概念具有《公约》中的自主含义。尽管制裁制度对所涉个人具有严重后果——这可能表明这种制度具有惩罚性质,但委员会认为,该制度所涉及的不是《公约》第14条第1款所言之"刑事控告"。委员会因此认定，现有事实并没有显示存在违反《公约》第14条第3款、第14条第2款或第15条的情况。

第14条第1款

[14.06] 第14条第1款列出的保障适用于在法院进行的无论是民事还是刑事诉讼的所有阶段。它们作为余留保障，也补充了第14条第3款中的各项要求。[4]

"诉讼案" *

[14.07] **第32号一般性意见**

16. 确定在"诉讼案"（英文本中为"suit at law"、法文本中为"de caractère civil"、西班牙文本中为"de carácter civil"）中的权利和义务的概念比较复杂。《公约》的不同语文本对这一概念的表述方式不尽相同，但根据《公约》第53条，它们同一作准，而且准备工作没有解决各种语文本的差异问题。委员会指出，"诉讼案"的概念或它在其他文本中的同等用语概念以所涉权利的性质为依据，而不是以某一当事方的地位为依据，或国内法律制度为确定某些特定权利而设立的特定框架为依据。这一概念包括：（一）旨在确定涉及合同、财产和私法领域中侵权行为的权利

---

[4] D McGoldrick, *The Human Rights Committee* (Clarendon Press, 1994), 417. 例如见，*Maleki v Italy* (699/1996) [14.143]，其中，尽管意大利对第14条第3款中的有关保障曾提具一项保留，但仍被认定违反了第14条第1款。

* 英文用词为"suit at law"，该用词在《公约》英文本中出现了两次，中文本第14条第1款中与之对应的用词分别为"讼"和"民事"。这表明，"suit at law"既可以理解为一般诉讼案件，也可以理解为民事诉讼案件（参见《英汉法律词典》，法律出版社2007年第三版，第938页）。按委员会所称，"《公约》的不同语文本对这一概念的表述方式不尽相同"，而且各国有关"suit at law"之范围的国内法律和实践也大有分别（第13号一般性意见第2段）。可以肯定，"suit at law"不包括刑事案件，但除此之外还包括哪些性质的案件，正是这一部分要分析的问题。中译本将"suit at law"统一译为"诉讼案"。

和义务的司法程序,以及(二)在行政法领域中的同等概念,诸如以非纪律的原因解雇公务员、确定社会保障福利金或士兵的退役金、关于使用公共土地的程序或取走私有财产的程序。此外,它还(三)包括必须根据所涉权利的性质、视各个案件的情况评估的其他程序。

[14.08] 第 14 条第 1 款保障有关判定在刑事控告中以及"诉讼案"中某人之权利和义务的各项权利。"诉讼案"之含义非常重要,因为这是第 14 条中明确地处理非刑事性诉讼的唯一内容。在下列案件中就出现了"诉讼案"的定义问题。

[14.09] **YL 诉加拿大**(*YL v Canada*,112/1981)

人权事务委员会在该案中处理的问题是,一位前陆军军人提出的残疾金请求是否为一件"诉讼案"。YL 因为某种据称的身体状况而被加拿大陆军清退,他申请残疾金被一个养恤金委员会(Pension Commission)拒绝;这一决定在上诉中得到维持,提交人后来向养恤金委员会提出的两项申诉也被拒绝。申诉人向该委员会的权利局提出的申请也未成功,而养恤金审查委员会(Pension Review Board)对其上诉的处理确认了早先的裁决。提交人诉称,这些审理进行得不公正,违反了第 14 条第 1 款。

缔约国主张,基于以下理由,该申诉应被宣布为不可受理:

4. 加拿大政府请求宣布来文不可受理。就养恤金审查委员会进行的审理而言,该政府主要辩称,提交人的申诉在属事理由上处于《公约》的适用范围之外,因为这些审理过程不构成《公约》第 14 条第 1 款所设想的"诉讼案"。……

委员会最终认定提交人的来文不可受理,因为可以对养恤金审查委员会的决定提请司法审查意味着,根据《任择议定书》第 2 条他不能提出申诉。[5] 对于"诉讼案"的表述,委员会评论如下:

9.1. 关于据称《公约》第 14 条第 1 款包含的"受独立无私之法定管辖法庭公正公开审问"的保障被违反,认为这些保障仅限于刑事诉讼

---

[5] 在委员会意见的第 9.4 段。这种可用情况也引起了有关用尽国内救济的问题(参见第六章)。

和任何"诉讼案"是正确的。后一用语在《公约》各种文本中的表述方式不尽相同，根据第53条规定，它们都同一作准。

9.2.《公约》的准备工作没有解决各种语文本的明显差异。委员会认为，"诉讼案"的概念或它在其他文本中的同等用语概念以所涉权利的性质为依据，而不是以某一当事方的地位（政府、准国家或自治法定实体）为依据，或者以某一法律制度可能规定的裁判有关权利的特定法庭类型为依据；尤其是在普通法系中，没有公法与私法的固定区分，在这一法系中，法院通常根据成文法的特别规定或者以司法审查的方式对一审诉讼或是上诉行使控制。就这一点而言，每一项来文都必须根据其特殊性质来审查。

9.3. 在本来文中，对于提交人领取养恤金的主张获得公正审理的权利，必须做一种全面的考察，而不管提交人为使其领取养恤金的主张最终得到司法裁判必须采取哪些不同的步骤。

[14.10] 在一项个人意见中，格雷弗拉特、波卡尔、托姆沙特三位先生采取的立场是，受到质疑的案件处理过程并不构成"诉讼案"：

3.……提交人和加拿大之间的争议并不在《公约》第14条第1款的范围之内。该款所载保障适用于判定任何刑事控告和"诉讼案"中的权利和义务。这一表述在英文本和俄文本中指的是审理过程，在法文本和西班牙文本中则以构成有关审理之主题事项的权利或义务的性质为依据。在本案的情况中，没有必要澄清各语文使用的不同词语的共同意义，这些文本根据《公约》第53条同一作准。缔约国和提交人的意见清楚地表明，在加拿大，现役或退役军人同政府的关系有许多具体特性，根据加拿大法律，与劳资合同有本质的区别。另外，事实证明养恤金审查委员会是在加拿大政府的行政部门之内运作的一个行政机构，不具有法庭的性质。因此，在本案中，将共同决定《公约》第14条第1款的范围的两项标准都没有得到满足。由此必然得出的结论是，为主张养恤金权利而在养恤金审查委员会进行的处理过程，不能够以《公约》第14条第1款规定的公正审理的要求被违反为由而加以质疑。

第十四章　获得公正审判权

[14.11] 这几位少数委员的意见，通过侧重于加拿大国内对这一申诉的归类，给予了第14条第1款更狭窄的范围。与之相反，多数委员——他们的确暗示养恤金审查委员会的审理过程有关一项"诉讼案"——侧重于权利的性质以及该申诉是否属于一种能受到司法监督和控制的申诉。[6] 多数委员的意见更可取，因为它能够防止有悖常情的国内归类稀释第14条第1款。

[14.12] **卡萨诺瓦诉法国**（*Casanovas v France*，441/1990）
该案有关提交人在行政法庭上质疑其被法国解除公务员职位一事。

5.2. 委员会忆及，第14条第1款规定的"诉讼案"的概念是以所涉权利的性质而非当事一方的地位为依据的。委员会认为，有关解除雇佣的程序构成《公约》第14条第1款含义之内的在诉讼案中对权利和义务的判定。因此，委员会于1993年7月7日宣布来文可予受理。

[14.13] **佩尔特雷诉奥地利**（*Perterer v Austria*，1015/2001）
该案有关对作为公务员的提交人的据称职业不当行为的纪律惩戒过程。提交人诉称，第14条第1款被违反。为使该规定能适用，这一处理过程必须被归类为"诉讼案"，而人权事务委员会就是这么做的：

9.2. 关于缔约国基于属事理由提出的反对，委员会忆及，第14条第1款规定的"诉讼案"的概念是以所涉权利的性质而非当事一方的地位为依据的。施加对公务员采取的纪律惩戒措施本身并不一定构成对某人在一件诉讼案中的权利和义务的判定，除了在制裁措施是刑事性质——不论这些措施在国内法中如何定性——的案件中，也不相当于第14条第1款第二句的含义之内的对刑事控告的判定。在本案中，缔约国承认，纪律委员会的"审理委"是《公约》第14条第1款含义之内的法庭。虽然有关惩戒性解职的决定不一定要由法院或法庭判定，但是委员会认为，像本案的情况一样，当一个司法机构被授予确定是否要施予纪律惩戒措施的任务时，该机构就必须尊重第14条第1款所规定的人人在法庭和法院之前平等的保障，以及这项保障所蕴含的公正无偏、公

6　McGoldrick, *The Human Rights Committee*, 415.

平（fairness）和诉讼手段平等的原则。因此，对于提交人声称自己是其根据《公约》第14条第1款享有的权利受到侵犯的受害者，委员会宣布，来文基于属事理由可予受理。

因此，当审理实际上是在一个司法机关进行时，第14条第1款即适用。该案表明，任何审理如果在一个司法机关进行，这些审理无论主题如何，都处于第14条的范围之内。因此，如果一些审理在非司法机构进行，它们就可能处于第14条的范围之外。不过，如果审理是在司法机构进行——很有可能是基于国内法的要求，则第14条第1款适用。委员会在以下案件中也作出了类似的决定：桑卡拉等人诉布基纳法索（Sankara et al. v Burkina Faso, 1159/2003）（有关一项是否对一起死亡事件进行公开调查的决定）[7]、班达腊纳亚克诉斯里兰卡（Bandaranayake v Sri Lanka, 1376/2005）（有关对一位法官的纪律惩戒过程）[8]、雷德鲍尔诉奥地利（Lederbauer v Austria, 1454/2006）[9]和冈萨雷斯诉圭亚那（Gonzalez v Guyana, 1246/2004）（有关申请公民身份）[10]。

[14.14] 在加西亚·庞斯诉西班牙案（Garcia Pons v Spain, 454/1991）中，申诉涉及的，是在关于确定社会保障福利的处理过程中对第14条的据称违反，人权事务委员会认定该申诉可予受理。虽然委员会在实质问题上没有认定存在违反情势，但很清楚的是，这些在法院进行的审理过程构成"诉讼案"。在延森－基伦诉荷兰案（Jansen-Gielen v the Netherlands, 846/1999）中，由于委员会认定了第14条第1款被违反［14.77］，因此委员会显然认为判定人们从事工作之心理能力的审理庭的审理过程相当于诉讼案。在戴瑟尔诉奥地利案（Deisl v Austria, 1060/2002）中，委员会认定，"所涉审理过程——有关提交人请求不受划区条例以及拆除其建筑物的命令的规制——涉及判定在诉讼案中的权利和义务，尤其是他们的隐私和家庭不受非法干涉的

7　在委员会意见的第12.4段。
8　在委员会意见的第6.5段。
9　在委员会意见的第7.1段。
10　在委员会意见的第13.4段。

权利、他们有关其财产的权利和利益以及他们遵守拆除令的义务"。[11] 第 14 条第 1 款因此可适用于这些审理过程。

[14.15] **克拉诺斯基诉波兰**（*Kolanowski v Poland*，837/1998）

提交人是一位警官，他申请升职未果。由于他无法对他被拒绝升职提出上诉，他声明第 14 条第 1 款被违反。人权事务委员会认定这一规定不适用于该情况：

> 6.4. 关于提交人根据第 14 条第 1 款提出的申诉，委员会指出，它们涉及提交人争取对一项有关否定其晋升至更高职位申请的决定提出抗辩。提交人既没有被解职，也没有申请任何具体的更高级别的空缺职位。在这种情况下，委员会认为提交人的案件必须与卡萨诺瓦诉法国案……区别开来。委员会重申它的意见，即第 14 条第 1 款规定的"诉讼案"的概念是以所涉权利的性质而非当事一方的地位为依据的，并因此认为，提交人为抗辩波兰警察内部否定他晋升请求的决定而发起的程序，并不构成《公约》第 14 条第 1 款含义之内的对诉讼案中的权利和义务的判定。因此，来文的这一部分不符合这条规定，根据《任择议定书》第 3 条不可受理。

[14.16] 因此，人权事务委员会区分了两种情况：一种情况是，所声称的权利有关在公职系统内部的任命以及/或者晋升；另一种情况是，权利有关从公职系统中被解职，而这在卡萨诺瓦案 [14.12] 以及帕斯图霍夫诉白俄罗斯案（*Pastukhov v Belarus*，814/1998，有关将一位法官解职）中导致了第 14 条第 1 款规定的保护的适用。在卡赞提斯诉塞浦路斯案（*Kazantzis v Cyprus*，972/2001）中，委员会再次认定，任命公职岗位（在该案中是司法任命）的程序并不"处于在诉讼案中判定权利和义务的范围之内"。[12] 委员会在以下案件中也作出了类似的决定：费南德兹诉西班牙（*Fernández v*

---

[11] 在委员会意见的第 11.1 段。

[12] 在委员会意见的第 6.5 段。关于任职和晋升的权利与第 26 条的规定有关；在关于公职的情况中，与第 25 条（寅）项的规定有关。

Spain, 1396/2005)[13]、卡拉奇斯诉塞浦路斯（Karatsis v Cyprus, 1182/2003)[14]、迪米特罗夫诉保加利亚（Dimitrov v Bulgaria, 1030/2001)[15] 和吉巴勒诉加拿大（Kibale v Canada, 1562/2007）。在最后一起案件中，委员会声称：

> 6.5.……委员会认为，在国内法并未授予所涉个人任何权利时，第14条不适用。在本案中，适用的国内法并没有赋予所涉个人受聘担任公务员的权利。因此，委员会的意见是，提交人为辩驳拒绝其申请公务员职位的决定而进行的程序并不构成《公约》第14条第1款含义之内的、在一件诉讼案中对其权利和义务的判定。……

[14.17] **君德尔诉加拿大**（Zündel v Canada, 1341/2005）

在该案中，人权事务委员会决定，延缓递解出境和引渡的审理过程不是第14条含义之内的"诉讼案"：

> 6.8. 此外，委员会忆及，第14条第1款规定的"诉讼案"的概念是以所涉权利的性质而非当事一方的地位为依据的。在本案中，审理过程所涉及的是作为长期合法居民的提交人继续在缔约国领土内居住的权利。委员会认为，关于将某个外籍人驱逐出境的审理过程——其保障由《公约》第13条规定，不属于第14条第1款含义之内的、判定"诉讼案中的权利和义务"的范畴。委员会的结论是，在查明提交人对国家安全构成威胁后，将提交人递解出境的审理过程，不属第14条第1款范围，根据《任择议定书》第3条，基于属事理由不可受理。

并不清楚的是，委员会推理的依据是什么：是判定这些审理过程根本就处于"诉讼案"的定义之外，还是这些审理过程由作为特别法的第13条所覆盖［13.07］。君德尔案的决定在以下案件中得到遵循：PK诉加拿大（PK v Canada, 1234/2003）、查德坚诉荷兰（Chadzjian v the Netherlands, 1494/2006）和考尔诉加拿大（Kaur v Canada, 1455/2006）。

13　在委员会意见的第6.3段。
14　在委员会意见的第6.4段。
15　在委员会意见的第8.3段。

[14.18] **第 32 号一般性意见**

62.……只要国内法授权某一司法机构决定有关驱逐或递解出境的事项，则第 14 条第 1 款所规定的人人在法院和法庭之前平等的保障及这一保障中所蕴含的公正无偏、公平和诉讼手段平等的原则，即可适用。然而，在驱逐作为刑事制裁的一种方式或违反驱逐令依刑法可受处罚的情况下，则适用第 14 条的所有相关保障。

因此，在一国规定递解出境决定要由司法机构作出的情况中，似乎要适用针对递解出境的加强的程序性保护。[16] 另外，如果所拟递解出境是源自某一刑事程序的一种惩罚，则第 14 条规定的全部保护都适用。

[14.19] 这些案件没有对"诉讼案"的定义提供清晰的指导。哈里斯令人信服地主张，"诉讼案"包括考虑所涉权利的性质，这将私法性质的权利（如侵权与合同中的权利）带入其定义之内。不过，假若在相关的国内法律制度之内，对公法性质的权利的判定是由法院进行的，或对此类权利的行政判定受制于司法审查，则对公法性质的权利的判定也在第 14 条第 1 款的范围之内。然后，第 14 条第 1 款看来并不保证，对于由行政机关或行政性裁判庭作出的公法性质的判定，获得司法审查的权利，也不保证这样的审查必然包括对决定之实质内容的评估。[17]

[14.20] 在肯尼迪诉特立尼达和多巴哥案（*Kennedy v Trinidad and Tobago*，845/1998）[18]、伊文思诉特立尼达和多巴哥案（*Evans v Trinidad and Tobago*，908/2000）[19] 和里斯诉牙买加案（*Reece v Jamaica*，796/1998）[20] 中，人权事务委员会确认，由一个行政机关审议死刑减刑之可能并非能牵涉第 14 条规定之权利的"诉讼案"。在米诺格诉澳大利亚案（*Minogue v Australia*，954/2000）中，对于在死刑的范围之外申请赦免一事，委员会作出了同样的决定。

16　See eg *Everett v Spain* (961/2000), para 6.4.
17　See D Harris, *Cases and Materials on International Law* (5th edn, Sweet & Maxwell, 1998), 672.
18　在委员会意见的第 7.4 段。
19　在委员会意见的第 6.6 段。
20　在委员会意见的第 7.7 段；另见第［11.19］段。

法院之前的平等

[14.21] 第14条第1款明确保障法院之前的平等，意味着司法机关适用法律不应有任何歧视。[21] 这一权利窄于第26条规定的法律之前平等的类似权利。[22] 后一权利适用于涉及司法工作的所有机关，包括检察官和警察，而第14条专门有关司法官员适用司法权力以及在法院的各种程序之中的公正情况。

[14.22] **第32号一般性意见**

13. 在法院和法庭之前一律平等的权利还保证诉讼手段的平等。这意味着，除了基于法律的、其正当性能够根据客观与合理的理由加以证明的区分之外，所有当事方都应获得同样的程序性权利，这种区分还不得给被告造成实际上的不利或其他不公。例如，如果只允许检察官就某项判决提出上诉，而被告却无法提出上诉，就不存在诉讼手段平等。当事双方平等的原则还适用于民事诉讼，并要求除其他外，每一当事方均有机会反驳由对方提出的所有主张和证据。在特殊情况下，这一原则还可能要求为贫困的当事方提供免费的通译协助，否则他无法在平等的条件下参加诉讼或使其提出的证据得到审查。

[14.23] **杜德克诉澳大利亚**（*Dudko v Australia*，1347/2005）

该案中，根据第14条第1款提出的申诉有关澳大利亚的最高一级法院审理的一次刑事上诉，人权事务委员会认定其中存在违反情势：

7.2. 关于提交人声称的在高等法院审理中出庭的权利，委员会指出其先前的判例，即对上诉之审理并不必然要求口头审理[14.191]。委员会还注意到，被告本身曾经有机会采取自主行动向高等法院提交书面呈文，而且她未能就其法律援助被拒绝向法律援助审查委员会提出上诉。

7.3. 不过，高等法院在审议提交人的准许上诉申请时，确实选择了

---

[21] M Nowak, *UN Covenant on Civil and Political Rights: CCPR Commentary* (2nd edn, NP Engel, 2005), 308. See also *Fei v Colombia* (514/1992).

[22] 参见第[23.120]及以下各段。

进行口头审理。一位代表公诉厅厅长的律师出席了口头审理并提出了论点。法院向公诉厅厅长的律师提出了一个事实问题,而提交人并没有机会亲自或者通过律师对此问题发表评论。高等法院的一位法官指出,没有明显的理由表明,做不到让一位在押被告——至少在他或她没有任何代表的情况下,起码可通过电信联系手段参与审理。这位法官还指出,出席上诉审理的权利在缔约国的若干司法管辖区已经是一种惯例。缔约国没有给出任何解释,而只是说这并不是新南威尔士州的做法。

7.4. 委员会表示,在涉及对刑事控告的判定的司法审理期间,若未给予被告与缔约国同等的机会,就牵扯到公正与平等的原则。要由缔约国来证明,任何程序上的不平等都是基于合理和客观的理由,不会给提交人造成实际上的不利或其他不公。在本案中,缔约国未提供理由,也没有档案表明任何可说得通的理由,来证明为何在无人代理的被告不出席的情况下,却可以允许代理国家的律师参加审理,或为何处于拘禁中且无人代理的被告与没有处于拘禁中且无人代理的被告相比——后者可以亲自出席庭审,要受到不利待遇。因此,委员会的结论是,在本案的情况中,发生了对第14条第1款规定的法院之前平等的保障的违反。

[14.24] **LNP 诉阿根廷**(*LNP v Argentina*,1610/2007)

该案有关一位诉称自己被强奸的土著女孩受到的满不在乎的对待[9.60]。人权事务委员会认定对被告的审判——被告被无罪开释——侵犯了该女孩根据第14条第1款享有的权利:[23]

13.5. 委员会注意到提交人证实,由于她没有被告知她根据现行的本省法律、作为原告所享有的采取行动的权利,因而她未能作为当事方参加法庭的审理,结果是,她没有获知无罪判决。提交人进一步诉称,在对三名被告的审判中发生了若干违规情况。特别是,据提交人称,尽管事实是她及其证人难以用西班牙语交流,但审理仍然是在没有通译的情况下完全以西班牙语进行的。鉴于缔约国没有回应这些指控,委员会认为提交人的得到第14条第1款承认的、基于平等条件诉诸法院的权

---

23 See also *RKB v Turkey*(CEDAW 28/2010)。

利受到了侵犯。

委员会认定该女孩的权利受到侵犯这一点令人关注：由于她并非被告，因此她在正式意义上并不是诉讼的当事一方。[24]

[14.25] **第32号一般性意见**

14. 在法院和法庭之前一律平等还要求同样的案件由同样的诉讼程序审理。例如，对于审判某些类型的案件适用特殊的刑事程序或特别设立的法院或法庭，必须提出客观与合理的理由以证明这种区分的正当性。

[14.26] **卡瓦纳诉爱尔兰**（*Kavanagh v Ireland*，819/1998）

该案有关使用一家特别刑事法院——其程序不同于通常的爱尔兰刑事法院——审判提交人的各项罪行。人权事务委员会多数委员认定第26条被违反，并因此没有对是否存在第14条第1款被违反的问题作出决定［23.124］。但是，少数委员即亨金先生、拉拉赫先生、陶菲克-哈利勒先生、维拉先生和梅迪娜-基罗加夫人还认定第14条第1款被违反：

2.《公约》第14条第1款的第一句就载明了司法制度本身中的平等原则。这项原则超越并补充了第14条其他各款所体现的原则，这些原则规定了审判公正、有罪证据、程序和证据保障、上诉权和复审权以及——最后——禁止同一罪名两次受审。如果被指控犯有完全相同罪行的人不受对该问题有管辖权的正常法院审判，而是根据政府部门的酌处权由某一特别法院审判，平等原则即被违反。政府酌处权之行使是否可由法院审查并不改变这种违反情况。

同样，在对英国的结论性意见中，委员会称："如果在特定案件中适用不同的刑事程序，适当的检察当局就需要提出客观与合理的证明理由。"[25]

[14.27] 在维斯诉奥地利案（*Weiss v Austria*，1086/2002）中，由于对一项国内判决，检察官能够上诉，有关被告却不能上诉，人权事务委员会认

24　See also *Vertido v Philippines*（CEDAW 18/2008）.

25　(2001) UN doc CCPR/CO/73/UK, para 18. 另见委员会的结论性意见：爱尔兰，(2008) UN doc CCPR/C/IRL/CO/3, para 20; 英国，(2008) UN doc CCPR/C/GBR/CO/6, para 18 [23.124]。See also *Manzano v Colombia* (1616/2007).

定这侵犯了在法院之前平等的权利。[26]

[14.28] 在对赞比亚的结论性意见中，人权事务委员会称：[27]

10.《宪法》第43节限制个人针对总统以其私人身份所为之事在法院寻求民事救济的权利，这不符合《公约》第14条。

因此，有人可以完全免于诉讼不符合第14条。不确定的是，有条件的豁免，诸如总统对其职务行为的豁免，是否符合第14条第1款。

诉诸法院

[14.29] **第32号一般性意见**

9. 第14条包括了在判定刑事控告和诉讼案中的权利和义务的案件中诉诸法院的权利。在所有这些案件中，都必须切实保障人人能够诉诸司法，以确保任何个人在程序方面，都不被剥夺要求伸张正义的权利。诉诸法院和法庭和在它们之前一律平等的权利并不限于缔约国的公民，而应为所有个人可用，不论其国籍如何或是无国籍，或其身分地位如何——无论其是否为寻求庇护者、难民、移徙工人、无人陪伴的儿童、身处缔约国领土内或受其管辖的其他人。一个人如力图诉诸管辖法院或法庭却遭系统性挫折，这种情况在法律上或事实上均有违第14条第1款第一句规定的保障。这项保障还禁止在诉诸法院和法庭方面，任何并非基于法律且其正当性无法以客观与合理理由加以证明的区分。如果某些人因其种族、肤色、性别、语言、宗教、政见或其他主张、民族本源或社会阶级、财产、出生或其他身分等而无法针对他人提出诉讼，这项保障即被违反。

[14.30] **巴哈蒙德诉赤道几内亚**（*Bahamonde v Equatorial Guinea*，468/1991）

9.4. 提交人辩称，尽管他几经努力试图在赤道几内亚的法院得到司法补救，但均未成功。……委员会认为，在法院和法庭之前平等的概念

---

[26] 在委员会意见的第9.6段。
[27] (1996) UN doc CCPR/C/79/Add.62.

包含了确能诉诸法院的因素,如果某人力图求诸管辖司法机关以申冤,却遭系统性挫折,这种情况有违第 14 条第 1 款规定的保障。……

[14.31] **桑卡拉等人诉布基纳法索**(Sankara et al. v Burkina Faso, 1159/2003)

布基纳法索已故总统的家人寻求对其死亡一事的补救,部分补救的形式是对死亡开展正式调查。他们的开展公开调查的要求被最高法院驳回,使其所剩唯一可用国内补救是诉诸该国的军事法院。不过,没有国家当局的帮助,就无法开始军事诉讼程序。人权事务委员会认定,不提供这种帮助违反了第 14 条第 1 款:

> 12.6. 委员会注意到,最高法院于 2001 年 6 月 19 日通过了第 46 号裁决,确认上诉法院宣布普通法院无权审理的第 14 号裁决,此后有关当局拒绝或忘记将案件提交国防部长,以便能够根据《军事法典》第 71 条第 1 款和第 3 款在军事法院启动诉讼。委员会还提到其关于来文可否受理问题的审议及其得出的结论,即检察官错误地终止了提交人发起的诉讼,并且没有答复他们 2001 年 7 月 25 日的上诉。最后,委员会注意到,在宣布普通法院无权审理后,已经过去将近五年,但国防部长仍未启动任何司法诉讼。缔约国无法解释这些延误;就这一点,委员会认为,与缔约国的论点相反,没有任何时限可以使在军事法院的诉讼失效,因此没有将该问题提交国防部长要归咎于检察官,因为只有他有权力提交。委员会认为,自 2001 年以来的这种不作为,不管提交人随后寻求了哪些救济,构成对第 14 条第 1 款所规定的义务即尊重法院和法庭之前人人平等之保障的违反,也构成对这项义务所暗含之公正无偏、公平和诉讼手段平等之原则的违反。

[14.32] 在阿维拉纳尔诉秘鲁案(Avellanal v Peru, 202/1986)中,出现了对第 14 条第 1 款的明显违反,因为一项秘鲁法律禁止已婚女性就有关婚姻财产的争端诉诸法院。这一立法也违反了第 14 条第 1 款中对于所有人在法院和法庭之前平等的要求。[28]

---

[28] 就该案的更多细节,见第 [10.20] 段。另见第 28 号一般性意见,第 18 段。

第十四章　获得公正审判权

[14.33]　**第 32 号一般性意见**

10. 是否有律师*可用往往决定了一个人是否能够诉诸有关诉讼或有效地参加诉讼。尽管第 14 条仅在第 3 款（卯）项明文处理了刑事诉讼中保障律师的问题，但对各国的鼓励是，在其他案件中，也为没有足够能力酬偿律师的个人提供免费的法律援助。在某些案件中，国家甚至有义务这样做。例如，在被判处死刑者寻求对刑事审判中的违规情况进行宪法审查，却没有足够能力支付为寻求这种救济所需律师的费用的情况中，国家就有义务根据与《公约》第 2 条第 3 款规定的获得有效救济的权利相结合的第 14 条第 1 款，提供律师。

[14.34]　**库瑞诉牙买加**（*Currie v Jamaica*，377/1989）

该案的提交人是一位关押在牙买加死因牢中的囚犯。他诉称，没有可用于提起宪法动议（他在其中质疑对其审判的公正性）的法律援助构成对第 14 条的违反，对此人权事务委员会表示同意：

13.2. 提交人申诉说，缺乏为提出宪法动议所需的法律援助这一情况本身构成对《公约》的违反。委员会指出，《公约》并没有包含一项明确义务，使得国家在所有案件中均为个人提供法律援助，而只是根据第 14 条第 3 款（卯）项，在判定一项刑事控告、审判有此必要的案件中，国家才有义务提供法律援助。

13.3. 委员会认识到，牙买加宪法法院的作用并不是判定刑事控告本身，而是确保申请人在无论是刑事还是民事案件中均得到公正审判。

---

*　与《公约》英文本第 14 条第 3 款（丑）中的"counsel"、（卯）中的"legal assistance"相对应的用词，在《公约》中文本中皆为"辩护人"。译者所知《公约》的准备工作和有关学术著述都没有表明起草者为何选择这两个英文用语，特别是"legal assistance"。也许，这是为了涵盖各国法律制度中为刑事被告提供"法律帮助"——这是"legal assistance"的字面含义——的人的不同身份和称谓。由于《公约》语境中的"counsel"和"legal assistance"的作用要多于中文法律语境中的"辩护人"，如第 32 号一般性意见第 10 段紧接着述及的提起诉讼，因此中译本将"counsel"和"legal assistance"均译作"律师"，"lawyer""attorney"也译为"律师"（委员会经常混用"counsel""legal assistance"和"lawyer"，例如在第 32 号一般性意见中）。不过，《公约》语境中的"律师"不仅仅指"有执照律师"（licensed lawyer），因为有些国家的法律制度允许没有律师执照或相关资格的人提供法律帮助，包括担任刑事案件的辩护人。另外，本章中出现的"法律援助"是对"legal aid"的翻译。

缔约国根据《公约》第2条第3款，有义务确保在处理对基本权利之侵犯的宪法法院的各项救济是可用的、有效的。

13.4. 在宪法法院的诉讼中对权利之判定必须符合第14条第1款规定的公正审理的要求。在本案中，需要宪法法院判定的，是在一项刑事审判中对提交人的定罪是否违反了公正审判的保障。在此类案件中，在宪法法院适用公正审理的要求应与第14条第3款（卯）项规定的原则一致。因此，在一个被判定有罪的人对一项刑事审判中的违规情况寻求宪法审查，却没有能力支付为寻求其宪法救济所需的律师的费用且司法利益有此必要*的情况中，缔约国应提供律师。在本案中，缺乏法律援助剥夺了提交人在宪法法院的公正审理中，就其刑事审判中的违规情况得到审查的机会，因此违反了与第2条第3款相结合的第14条第1款。

库瑞案的决定在若干案件中得到了遵循,[29] 后来当然在第32号一般性意见中得到了确认。

[14.35] 在巴哈蒙德诉赤道几内亚案中[14.30]，提交人遭受了个人政治迫害；而阿维拉纳尔诉秘鲁案[14.32] 则有关公然的性别歧视。涉及法律援助的案件有关基于财富的歧视。因此，在这些有关"利用"（access）的案件中，提交人被剥夺了寻求法律权利的平等机会。因此，这些案件中的"利用"权利与"法院之前的平等"的保障具有内在的联系。

[14.36] 在库瑞案中，影响了人权事务委员会的情况是，提交人的宪法诉讼旨在质疑对他的死刑罪行的定罪。显然，根据第14条第1款存在一种某人在民事诉讼**中获得法律援助的权利这一点，在部分程度是由该诉讼的重大性质促成的。这反映了第14条第3款（卯）项中有关对刑事审判的法

---

* 与"司法利益有此必要"相对应的英文为"the interests of justice so require"。在《公约》中文本第14条第3款（卯）项中，与此英文表述对应的用语为"审判有此必要"。由于在本案所涉的宪法审查中，并不必然有"审判"，因此中译本将"the interests of justice so require"直译为"司法利益有此必要"，而未使用作准中文本中"审判有此必要"的表述。

[29] See *Taylor v Jamaica* (707/1996), para 8.2; *Desmond Taylor v Jamaica* (705/1996), para 7.3; *Shaw v Jamaica* (704/1996), para 7.6; *Henry v Trinidad and Tobago* (752/1997); *Kennedy v Trinidad and Tobago* (854/1998). 对此，可以比较一项早先的决定：*Douglas, Gentles and Kerr v Jamaica* (352/1989)。

** 此处的"民事诉讼"（civil proceedings）不能仅理解为通常的私主体之间的诉讼，最合适的理解是所有的非刑事诉讼，因此包括该案中，提交人就判处其死刑的刑事审判提出的宪法诉讼。

律援助的规则［14.152］。以下委员会对挪威的结论性意见表明，在民事诉讼事关意欲强制实施《公约》所保护之任何权利时，这样的民事诉讼就严重到足以要求一种获得法律援助的权利：[30]

16.……属于《公约》第 27 条保护范围之内的萨米人的传统生计手段，在公共和私营部门以各种形式竞相使用土地的情况下，显然未能得到充分的保护。[31] 私人土地主提出的导致从司法上禁止萨米人牧养驯鹿的法律诉讼案件，以及萨米人承担高额的法律费用，在缺乏满意的法律援助的情况下，成为特别令人关注的问题。

［14.37］ **第 32 号一般性意见**

11.……要求诉讼当事方支付费用——这在事实上阻碍了他们诉诸司法——也会引起第 14 条第 1 款之下的问题。尤其是，法律规定的向胜诉方支付诉讼费的硬性义务，而不考虑可能引起的问题或不提供法律援助，则可能会对人们通过可利用的诉讼伸张其《公约》权利的能力产生阻遏作用。

［14.38］ **林登诉澳大利亚**（*Lindon v Australia*，646/1995）

提交人申诉说，对于他针对一项刑事性侵入定罪提出的上诉，责令其承担诉讼费用侵犯了他根据第 14 条享有的权利。

6.4. 关于提交人诉称第 14 条第 1 款被违反——因为缔约国向他索要诉讼费而法院确认了该要求，委员会指出，如果缔约国的行政、检察或司法当局让个人承担诉讼费用事实上阻碍了其诉诸法院，则可能引起第 14 条第 1 款之下的问题。但委员会认为，在本案中，提交人未能为了来文可予受理的目的证实这样的申诉。要求提交人所负担的费用主要源自他自己启动的司法程序，与他对侵入罪指控的辩护并无直接关系。因此，来文的这一部分根据《任择议定书》第 2 条不可受理。

与林登案形成对比的，是下述案件。

30　(1999) UN doc CCPR/C/79/Add.112.
31　见第［24.29］及以下各段。

[14.39] 阿雷拉和纳卡拉亚维诉芬兰（Äärelä and Näkkäläjärvi v Finland, 779/1997）

提交人提出的申诉，除其他外，有关在涉及萨米人少数者权利的诉讼中，责令他们承担诉讼费用：[32]

3.2. ……提交人还辩称，在上诉层级上，对在初审中胜诉的提交人作出的承担诉讼费用的裁决，表明了偏见并且实际上阻止了其他萨米人援用《公约》权利来维护他们的文化和生计。不存在为贫困的诉讼者可用的、来解决法院判定的诉讼费用的国家帮助。

人权事务委员会在这一点上作出了有利于提交人的认定：

7.2. 关于提交人的申诉，即在上诉层级上裁定他们支付巨额诉讼费的做法侵犯了他们根据第14条第1款享有的平等诉诸法院的权利，委员会认为，法律规定的向胜诉方支付诉讼费用的硬性义务，可能会对宣称其《公约》权利受到侵犯的人向法院寻求救济的能力产生阻遏作用。具体在本案中，委员会注意到，提交人即就其根据《公约》第27条享有的权利遭到侵犯而提起诉讼的个人。在此情况下，委员会认为，上诉法院在未斟酌考虑对具体提交人的影响或对其他处于类似情况的申诉人的影响的情况下，即裁定其承担巨额诉讼费，侵犯了提交人根据与《公约》第2条相结合的第14条第1款享有的权利。委员会指出，根据芬兰1999年对司法程序法的有关修正，目前缔约国的法院具有逐案审议上述要素的酌处权。……

8.2. 委员会认为，根据《公约》第2条第3款（子）项，提交人有权得到有效救济。关于裁定提交人支付诉讼费，委员会认为，由于支付诉讼费的裁定违反了《公约》第14条第1款，此外，审理过程本身也违反了《公约》第14条第1款，因此缔约国有义务退还提交人已经支付的那部分诉讼费，并且不再试图追缴诉讼费的任何剩余部分。……

在一项附议意见中，巴格瓦蒂补充说：

显然，按照当时的法律，在裁定诉讼费问题上，法院没有酌处权。

---

[32] 就这一来文涉及的少数者权利的方面，见第[24.32]段。

法院根据法定义务，必须裁定败诉方承担诉讼费。法院不能够在考虑到诉讼的性质、所涉及的公共利益以及当事方的财政条件的情况下，修改判定败诉方应承担的诉讼费，甚至不能拒绝裁定支付诉讼费。这样的法律规定对一些不太富有的诉讼人，尤其是那些提出公益诉讼的人行使诉诸司法的权利，可能产生寒蝉效应。本人认为，本案根据这种僵硬和盲目的法律规定，对两位萨米部族的成员为维护他们的文化权利和公共利益，就他们认为的严重侵权行为提出的诉讼，裁定支付巨额诉讼费用，显然违反了与第2条相结合的第14条第1款。今后这种情况将不会出现显然令人满意，因为我们被告知，从此案提出起，有关诉讼费裁定的法律已经修正。目前，法庭对于是否应裁定败诉方承担诉讼费已经拥有酌处权，倘若如此裁定，则应依据本人上述的各类情况，裁定承担多大数额的诉讼费。

委员会认定，该缔约国1999年6月之前规定诉讼费用的僵化规则，潜在地阻遏了人们就其《公约》权利被侵犯寻求国内救济。对于人们诉诸法院以补救人权所受侵犯，这种阻遏的事实造成了一种实际限制，有违（与第2条规定的获得救济权相结合的）第14条第1款。根据这一"阻遏"的测试，某人支付诉讼费的实际能力无关紧要。即使被责令支付诉讼费的人非常富有，在败诉时被判处钱财惩罚的可能性仍将起到一种阻遏作用，尽管这种阻遏作用肯定不像对不那么富有的人一样强。

［14.40］在阿雷拉和纳卡拉亚维案中，六位委员（夏内女士、奥马尔先生、安藤先生、克莱因先生、希勒先生和约尔登先生）提出了一项联合异议意见。这些少数委员认定，只有当诉讼费用高昂到损害了个人诉诸法院的实际能力时，才会出现对第14条第1款的违反。这一检验先前曾在林登案中得到阐述［14.38］。阻遏本身看来无法符合这一检验。因此，被责令支付诉讼费的人的富裕程度是一个相关的考虑。出现巨额诉讼费的可能性也许会阻遏一个富人，但鉴于他们能够承担这样的费用，这种可能性并不等于拒绝他们诉诸法院的机会。因此，对于这些少数委员，责令支付诉讼费并没有违反《公约》，因为提交人未能证实，这种程度的经济困难确实阻碍了他们将来诉诸法院的可能。

[14.41] 可以说，阿雷拉和纳卡拉亚维案中多数委员有关诉讼费的决定更为可取。规定和收取诉讼费不得阻遏人们做出正当的努力，以在国内法院寻求对其所受人权侵犯的补救。

[14.42] **马慧卡诉新西兰**（*Mahuika v New Zealand*，547/1993）

该案有关强行中断正在进行的民事诉讼。在1992年《怀唐伊条约（渔业要求）解决法》（《解决法》）通过之时，提交人有一起案件正由新西兰法院审理，以判定他们的普通法渔业权利的范围。这一《解决法》取消了基于普通法的行为理由，代之以新的法定权利。提交人提出的申诉包括如下内容：[33]

6.5. 提交人认为，在1992年《怀唐伊条约（渔业要求）解决法》颁布之前，他们就有权根据《渔业法》第88条诉诸法院或法庭，以保护和确定他们在普通法和《怀唐伊条约》方面的捕鱼权益并予以执行。1992年《解决法》将该条废除，干预并剥夺了他们得到《公约》第14条保障的权利，即在诉讼案中，就他们的权利和义务获得公正和公开审理，因为不再存在可以就这些权益提出争讼的法定框架。

缔约国答复称：

7.8. 缔约国还说，提交人的申诉企图掩盖1992年《解决法》的核心内容。缔约国认为，提交人的论点，即《解决法》剥夺了就原先存在的要求诉诸法院的权利，无视了这样一个事实：《解决法》实际上将这些要求变成了有保障的参加商业性捕鱼的权利，从而解决了这些要求。由于这些要求已解决，因此按规定就不能再有权到法院力图进一步扩大这些权利。但是，缔约国解释说，虽然原先存在的要求不能再成为诉因，但毛利人的渔业问题仍然属于法院的管辖范围。……

人权事务委员会作出了有利于缔约国的认定：

9.10. 提交人对法院就他们的渔业要求停止诉讼提出的申诉，必须根据上述情况认识。虽然抽象地说，如果缔约国通过法律中止法院正在审理的案件，就将侵犯诉诸法院的权利，可予以反对，但从本案的具体

---

[33] 提交人还根据第27条对该"解决"的实质性效果提出了申诉，见第[24.20]段。

情况看，中止行为发生在全国性解决的框架之内，而要解决的正是法院正在审理但已经休庭等待谈判结果的要求。在这种情况下，委员会认定，中止提交人在法院的案件不能说违反了《公约》第 14 条第 1 款。

马慧卡案在这一点上未出现违反情势是因为，诉讼中断是由制定旨在解决正处于争议中的法律要求的立法所导致的。不过，委员会表明，在大部分情况中，未经所涉个人的同意即强行中断其诉讼将侵犯第 14 条第 1 款规定的诉诸法院的权利。[34]

[14.43] 第 14 条第 1 款是否保障诉诸法院的实质性权利？例如，如果一国取消就侵权（tort）到法院寻求损害赔偿的权利——这将损害个人诉诸法院以寻求此种损害赔偿的实质性权利，这是否违反第 14 条第 1 款？

[14.44] **第 32 号一般性意见**

17. ……第 14 条第 1 款第二句所规定的诉诸法院或法庭的权利，在国内法未授予有关人任何权利的情况下，并不适用。基于此，委员会认为，本规定对下列情况并不适用：国内法未给予在公务员制度中任何晋升高级职位的权利、被任命为法官的权利或由行政机构将死刑减刑的权利。此外，在下列情况下，并不存在对诉讼案中权利和义务的判定：所涉个人因其处于高度的行政管制之下的身分而被采取措施，诸如针对公务员、武装部队成员或囚犯采取的并没有构成刑事制裁的纪律惩戒措施。这项保障也不适用于引渡、驱逐和递解出境的程序 [14.17]。……

[14.45] **马慧卡诉新西兰**（*Mahuika v New Zealand*, 547/1993）
该案还涉及诉诸法院的权利本身。缔约国的主张是：

7.7. 提交人声称，他们是《公约》第 14 条第 1 款被违反的受害者。对此，缔约国提出，提交人的申诉根本上就设想错了，等于是意欲在该条中渗入一种内容，而这种内容不符合该条的用语，而且是在《公约》起草时未曾设想的。缔约国认为，第 14 条没有规定在没有法律承认的权利和管辖制度的情况下，也可以诉诸法院的一般性权利。更确切地

34　See also S Joseph, 'Human Rights Committee: Recent Cases' (2001) 1 *Human Rights Law Review* 83, 87.

说，第 14 条规定了为保证正常的司法工作而必须维护的程序标准。第 14 条的要求不是在真空中产生的。缔约国提出，该条的头几句表明，只有可能发生刑事或民事诉讼即要由管辖法院审判的诉因时，才产生保障这些程序标准的问题。提交人提出的立场的结果是，国家立法机构不能确定法院的管辖权，而委员会将要卷入这样的工作，即对国内法律制度中远远超出《公约》各种保障范围的权利是否可诉的问题，作出实质性决定。

人权事务委员会则回应说：

> 9.11. 关于提交人的主张，即该法阻止他们就他们的捕鱼范围向法院提出要求，委员会指出，第 14 条第 1 款含有诉诸法院以判定诉讼案中的权利和义务的权利。在某些情况下，缔约国未做到设立判定权利和义务的管辖法院，就可能相当于违反第 14 条第 1 款。在本案中，该法规定法院没有权力调查毛利人对商业性捕鱼提出的要求的正当有效性，因为该法的目的是要解决这些要求。……委员会认为，就有关渔业利益的要求是否可以被认为属于诉讼案的定义的范围，1992 年《解决法》的具体规定取代了对根据《怀唐伊条约》就渔业提出的要求的判定。但是，渔业权的其他方面仍然产生诉诸法院的权利，如在配额分配……方面。提交人没有证实其主张，即新的立法框架的颁布阻止了他们就属于第 14 条第 1 款范围内的任何问题诉诸法院。因此，委员会认为，其所知事实并未揭示对第 14 条第 1 款的违反。

因此，马慧卡案表明，第 14 条第 1 款要求各国规定"在某些情况下"的特定诉因和判定这些诉因的主管法院。不过，对于"某些情况"有哪些，委员会没有给出线索。

[14.46] 当然，"任何人受刑事控告须予判定时"，即享有诉诸法院之保障。如上所述，马慧卡案表明，就某些民事诉因而诉诸法院也得到保障。以往的案件表明，这种强制性诉因的数目非常有限，甚至可能不存在。有若干根据《任择议定书》提交的来文有关大赦法或其他法律——这些法律限制了提交人对《任择议定书》对有关国家生效之前发生的据称侵犯人权情况寻

求补救的权利。这些来文一贯被认定为基于属时理由不可受理。[35] 一项诉诸法院的实质性权利——如果第14条第1款中确有此权利,能够因《任择议定书》生效之前发生的事件而引发,只要所涉个人寻求诉诸法院的日期是在该生效日之后。因此,人权事务委员会在马慧卡案之前根据《任择议定书》形成的判例表明,第14条第1款并不保证民事诉因本身。[36]

[14.47] 在IP诉芬兰案(*IP v Finland*, 450/1991)中,提交人申诉的是,他无法对一个行政法庭有关其税务评估的决定提出上诉。由于这些审理过程并不涉及司法审查,因此并不清楚它们是否处于第14条的范围之内[14.07]。人权事务委员会称:"就算这些问题在属事理由上处于第14条的范围之内,但上诉权利涉及刑事指控,而这里的问题并不是刑事指控,因此来文的这一部分……不可受理。"[37] 在提亚戛拉加诉斯里兰卡案(*Tiyagarajah v Sri Lanka*, 1523/2006)中,提交人诉称,拒绝其对一场民事审判上诉是因为种族歧视。该申诉被认定为不可受理,委员会甚至没有考虑是否存在一项单独的在民事诉讼中上诉的权利。在马提欧达基斯诉希腊案(*Mathioudakis v Greece*, 1572/2007)中,委员会也没有讨论第14条第1款可否作为一种权利的依据,即针对行政审理以后撤销大学学位的决定提出上诉。因此,对于民事事项,看来并不存在一种一般性的上诉权。当然,马慧卡案表明,"在某些情况中"有可能出现这种权利[14.45]。

法庭的必要特征

[14.48] **第32号一般性意见**

19. 第14条第1款关于有管辖权、独立和无私之法庭的规定是一项绝对的权利,不得有任何例外。独立性的要求尤其是指委任法官的程序和条件,任用直至法定退休年龄或任期届满之时(若有任期规定)的任职稳定保障,规定晋升、调职、暂行停职和终止职务的条件,以及不受

---

[35] 见第[2.11]及以下各段。
[36] 在某些情况中,诉诸法院得到其他《公约》权利的保障,如第9条第4款(见第[11.88]及以下各段中的讨论)。对于就《公约》权利受到侵犯的情况获得救济的一般性权利,见第二十五章。
[37] 在委员会意见的第6.2段。

行政部门和立法机构的政治干预的实际独立。各国应采取具体措施保障司法机构的独立，通过宪法或制定法律，为司法人员的任命、薪酬、任期、晋升、暂行停职和终止职务以及对他们采取纪律制裁规定明确的程序和客观的标准，以保护法官在裁决中不受任何形式之政治干预。司法机关和行政机构的职能和权限混淆不清或行政机构能控制或指挥司法机关之情况均不符合独立法庭的概念。有必要保护法官不受利益冲突和恐吓之影响。为了保障法官的独立性，他们的地位，包括其任期、独立、安全、适足薪酬、任职条件、养恤金和退休年龄均应由法律适足确保。

20. 只有根据由宪法或法律规定的、能够保障客观性和公正无偏性的公正程序，基于渎职或不胜任的重大原因，才能解除法官的职务。由行政部门解除法官的职务，例如在任期届满之前免去其职务，而不告知其具体理由，又未向其提供对解职提出抗辩的有效司法保护，这种情况不符合司法独立。例如，行政机构未遵循法律规定的任何程序即以贪污为由解除法官的职务，这也不符合司法独立。

21. 无私的规定涉及两方面。第一个方面是，法官作判决时不得受其个人倾向或偏见之影响，不可对其审判的案件存有成见，其行为也不得不当地支持当事一方的利益而损害另一当事方。第二个方面是，法庭由一个理性的旁观者看来，也必须是无私的。例如，如果一个根据国内法规本应被取消资格的法官参加了审理，而使审判深受影响，这种审判通常不能被视为无私的。

[14.49] 巴哈蒙德诉赤道几内亚（*Bahamonde v Equatorial Guinea*，468/1991）

9.4. ……委员会……注意到提交人辩称，缔约国的总统控制了赤道几内亚的司法机关。委员会认为，司法机关和行政机构的职能和权限混淆不清或行政机构能控制或指挥司法机关之情况均不符合《公约》第14条第1款含义之内的独立性和无私之法庭的概念。

在对罗马尼亚的结论性意见中，人权事务委员会再次支持了司法权独立的原则，将其作为遵守第14条的要素之一。委员会对"行政部门干预"司法事项表示关切,并建议确定"行政和司法机构的职权之间的明确界线"。[38]

[14.50] **班达腊纳亚克诉斯里兰卡**(*Bandaranayake v Sri Lanka*, 1376/2005)

该案有关对一位高级法官的骚扰和解职——这违反了第 25 条(寅)项[22.69]。人权事务委员会还认定第 14 条第 1 款被违反如下:

> 7.3. 委员会忆及其关于第 14 条的一般性意见,[39] 其中表明违反《公约》第 25 条(寅)项解除法官职务可能违反与规定司法机关之独立的第 14 条第 1 款结合解读的这一保障。委员会在同一项一般性意见中还忆及:"只有根据由宪法或法律规定的、能够保障客观性和公正无偏性的公正程序,基于渎职或不胜任的重大原因,才能解除法官的职务。"而上文……所列举的原因表明,将提交人解职的程序没有尊重基本程序公正的规定,没有确保提交人得益于他作为法官应该享有的必要保障,因此构成对司法机关之独立的破坏。为此,委员会的结论是,提交人根据与第 14 条第 1 款相关联的第 25 条(寅)项享有的权利受到了侵犯。

因此,将一位法官不当解职损害了司法机关的独立并违反第 14 条第 1 款,因为这构成对法官之独立性的破坏。[40]

[14.51] 在对阿尔及利亚的结论性意见中,人权事务委员会表示关切的情况是,"法官只有在工作 10 年以后,才不得被解职"。[41] 同样,在对亚美尼亚的结论性意见中,委员会指出,采用普选的办法选举法官且其任期为 6 年的做法"无法确保他们的独立和无私"。[42] 对于赞比亚,委员会关切的是,总统有权将法官免职,而没有任何独立的司法监督。[43] 在对美国的结论性意

38　(1999) UN doc CCPR/C/79/Add. 111, para 10.

39　见第 32 号一般性意见,第 64 段。

40　See also *Busyo v Democratic Republic of the Congo* (933/2000), *Pastukhov v Belarus* (814/1998).

41　(1998) UN doc CCPR/C/79/Add. 95, para 14.

42　(1998) UN doc CCPR/C/79/Add. 100, para 8. 另见委员会对秘鲁的结论性意见,(1996) UN doc CCPR/C/79/Add. 67, para 14。

43　(1996) UN doc CCPR/C/79/Add. 62, para 16.

见中,委员会称:[44]

23. 委员会关切的是,在少数州,目前的法官选举制度可能影响《公约》第14条规定的权利的落实。委员会欢迎许多州采用德行选任制度的努力。委员会也关切的是,在许多农村地区,司法工作是由不够资格、未受训练的人员承担的。……

因此,委员会强烈支持司法职务的任期保障,以之作为独立之司法机关的一个必要前提。[45] 不过,委员会还强调,重要的一点是,各国应设有机制,以便对法官行为不当时予以弹劾作出规定。[46]

[14.52] 在对苏丹的结论性意见中,人权事务委员会称:[47]

21. 委员会关切的是,司法机关在形式上和事实上均没有真正独立,对许多法官的挑选主要不是根据他们的法律资质,法官可受到政府控制的监督机构的压力,而且在各级司法职位上很少有非穆斯林人士或妇女。因此:

缔约国应采取措施,加强司法机关的独立和技术能力,[48] 包括从妇女和少数者群体中任命合格法官。应向所有法官、[49] 执法官员和法律职业工作者提供人权法培训。

委员会在对苏丹的意见中,强调了多元性的司法机关的重要性,以此确保在政府的司法分支中多样价值的代表性。

[14.53] **第32号一般性意见**

24. 在一国之法律制度承认依据习惯法设立的法庭或宗教法庭可履

44　(1995) UN doc CCPR/C/79/Add. 50.

45　另见,例如,委员会的结论性意见:摩尔多瓦共和国,(2002) UN doc CCPR/CO/75/MDA, para 12;越南,(2002) UN doc CCPR/CO/75/VNM, para 10;列支敦士登,(2004) UN doc CCPR/CO/81/LIE, para 12;乌兹别克斯坦,(2005) UN doc CCPR/CO/83/UZB, para 16;摩尔多瓦,(2009) UN doc CCPR/C/MDA/CO/2, para 24;土库曼斯坦,(2012) UN doc CCPR/C/TKM/CO/1/Add. 1, para 13。另见,*Pastukhov v Belarus* (814/1998), para 7. 3, *Busyo et al. v Democratic Republic of the Congo* (933/2000), para 5. 2。

46　委员会对纳米比亚的结论性意见,(2004) UN doc CCPR/CO/81/NAM, para 18。

47　(1997) UN doc CCPR/C/79/Add. 85.

48　另见委员会对刚果共和国的结论性意见,(2000) UN doc CCPR/C/79/Add. 118, para 14,其中委员会强调了对法官的"适足培训"的必要性。

49　另见委员会对格鲁吉亚的结论性意见,(2007) UN doc CCPR/C/GEO/CO/3, para 14。

行司法职责或委托它们履行司法职责的情况中，第 14 条亦息息相关。必须确保只有在满足了下列条件的情况下，这类法庭才能作出为国家所承认的具有约束力的判决：在这类法庭中的诉讼限于轻微的民事案件和刑事案件，诉讼能满足公正审判和《公约》其他有关保障的基本要求，其判决应由国家法院依据《公约》规定的保障予以认可，而且有关各方可通过符合《公约》第 14 条的要求的程序对其提出质疑。[50] 毕竟，这些原则乃是国家保护受习惯法庭和宗教法庭之运作影响的人根据《公约》所享有之权利的一般性义务。

[14.54] 当然，司法机关必须受到保护，不受心怀不满的诉讼当事人的威胁和报复。[51]

军事法院

[14.55] **第 32 号一般性意见**

22. 第 14 条的各项规定适用于该条规定范围内的所有法院和法庭，不论它们是普通法院和法庭还是特别法院和法庭、民事法院和法庭*还是军事法院和法庭。委员会注意到，许多国家设有审判平民的军事法院或特别法院。《公约》虽然不禁止由军事法院或特别法院审判平民，但要求这种审判完全符合第 14 条的各项规定，同时其保障不得因所涉法院的军事性或特别性而遭到限制或变更。委员会还指出，从公正、无私和独立之司法工作的角度来看，由军事法院或特别法院审判平民可能产生严重的问题。因此，采取一切必要措施以确保这种审判在真正提供了第 14 条规定的全面保障的条件下进行，是非常重要的。由军事法院或特别法院审判平民应该是一种例外的情况，即只限于这样的案件：缔约

---

50 另见委员会的结论性意见：马达加斯加，(2007) UN doc CCPR/C/MDG/CO/3, para 16；博茨瓦纳，(2008) UN doc CCPR/C/BWA/CO/1, para 14；埃塞俄比亚，(2011) UN doc CCPR/C/ETH/CO/1, para 22。

51 委员会对巴西的结论性意见，(1996) UN doc CCPR/C/79/Add.66, para 11。

* 这里（以及下文第 [14.210] 段所引该一般性意见第 54 段中）的民事（civilian）法院或法庭是指与军事法院或法庭相对应的普通法院或法庭，而非与刑事法院或法庭相对应的审判民事案件的法院或法庭。本部分所述"民事案件"也要从这种区分理解。

国能证明采用这种审判是必要的,基于客观的、重大的原因具有正当合理性,而且就案件所涉个人和罪行的特殊类型而言,普通的民事法院无法进行审判。

在对智利的结论性意见中,人权事务委员会提出,军事法庭从来不得具有在民事案件中审判平民的管辖权。[52]

[14.56] **法尔斯－伯达等人诉哥伦比亚**(Fals Borda et al. v Colombia, 46/1979)

该案中,人权事务委员会认定不存在违反情势,其中体现了对第14条被违反的指控:

13.3. 就《公约》第14条中有关司法保障和公正审判的规定被违反的指控,其根据似乎是这样的前提,即不可对平民采用军事刑事程序,而如果仍对平民采用此等程序,由于军事法院并非有管辖权、独立和无私,受审平民实际上被剥夺了旨在确保公正审判的司法保障——正常的法院体制则能提供这样的保障。提交人为证实其指控而提出的主张很笼统,而且主要有关第1923号立法令的合宪性问题。但是,他没有摘引任何具体的事件或事实以支持其指控,即在所涉案件中适用该法令漠视了第14条规定的司法保障。因为委员会不处理违宪或合宪的问题,而处理某项法律在适用于案件的具体情况时是否符合《公约》的问题,所以委员会无法就第14条被违反的问题作出任何认定。

对委员会在法尔斯－伯达案中的决定,完全可以提出批评,因为委员会看来否认与所涉军事法院之合宪性有关的事项是值得考虑的问题。第14条第1款规定,任何人必须由"法定"即依法设立的法庭审判。因此,某一法庭之存在的合宪性或合法性就是一个委员会应关注的问题。

[14.57] **库巴诺夫诉塔吉克斯坦**(Kurbanov v Tajikistan, 1096/2002)

提交人的儿子是平民,却受到军事法院的审判。人权事务委员会认定这种情况违反了第14条第1款:

7.6. ……委员会注意到,缔约国既未对这一申诉作出说明,也没有

---

52 (2007) UN doc CCPR/C/CHL/CO/5, para 12.

对为何由最高法院的军事审判庭来一审审理此案提供任何解释。由于缔约国未提供任何资料说明由军事法院审判的理由，委员会认为，对提交人的儿子——一位平民——的审判和判处其死刑不符合第14条第1款的要求。

在很早就作出的对法尔斯-伯达案的决定之后，委员会现在对由军事法院或法庭审判平民是否符合《公约》适用更严格的标准。尤其是，各国对于证明为何要由军事法庭审判平民，承担着举证责任，正如现在体现在第32号一般性意见的那样［14.55］。[53]

［14.58］ **姆萨耶夫诉乌兹别克斯坦**（*Musaev v Uzbekistan*，1914－1916/2009）

该案有关提交人的儿子——一位由军事法庭审判的平民——的一系列正当程序权利被侵犯。人权事务委员会委员萨尔维奥利先生和里瓦斯-波萨达先生同意委员会的意见，但对于委员会有关军事法庭的判例理论，补充了如下顾虑：

2. 我们希望强调的是，需要审查委员会目前的立场，即认为由军事法院审判平民符合《公约》。这一立场是基于第32号一般性意见中的一段话，而对委员会以前审议的具体案件提出的若干少数意见，已经批评了这种立场。

3. 对第14条的仔细研读表明，《公约》甚至都未暗示军事司法有可能适用于平民。保障获得诉诸司法和正当程序之权利的第14条并无一处提到军事法院。各国在许多情况下（在人权方面总是产生消极后果）都赋予军事法院审判平民的权力，但《公约》完全未涉及这一问题。

4. 《公约》的确并不禁止军事管辖权，我们在这里也无意要求取消这种管辖权。但军事刑事司法制度的管辖权是一种特例，必须保持在合适的限度之内，才能完全符合《公约》的规定：属人管辖，即军事法院

---

[53] See also *Benhadj v Algeria* (1173/2003), *Madani v Algeria* (1172/2003), *El Abani v Libyan Arab Jamahiriya* (1640/2007), *Akwanga v Cameroon* (1813/2008).

应当审判现役军人，而决不能审判平民或退役军人；属事管辖，即军事法院决不应有权审理涉及侵犯人权指控的案件。我们认为，只有在这些条件下，适用军事司法制度才能被认为符合《公约》。

[14.59] 在曼萨拉吉等人诉塞拉利昂案（Mansaraj et al. v Sierra Leone, 839-841/1998）中，对于军事法庭判处死刑的情况，人权事务委员会认定保障刑事案件中上诉权的第14条第5款被违反。[54] 上诉权很可能适用于所有军事法庭的情况。

公正审判的要素

[14.60] 第32号一般性意见

25. 公正审判的概念包括得到公正和公开审理的保障。诉讼公正意味着不受任何一方的、出自任何动机的直接或间接的影响、压力、恐吓或侵扰。……

26. 第14条仅保障程序的平等和公正，不能被解释为可确保管辖法庭不犯错误。一般应该由《公约》缔约国的法院审查某一案件中的事实和证据或国内法的适用，除非可以确定，这种评价或适用明显任意武断，或相当于明显犯错或拒绝司法公正，或法院以其他方式违反其独立和无私的义务。在由陪审团审判的情况下，对于法官给陪审团的具体指示，也适用同样的标准。

[14.61] 在对哈萨克斯坦的结论性意见中，人权事务委员会对该国司法制度的公正性——其中"刑事案件中无罪判决的比率低到1%"[55]——提出了有道理的怀疑。

[14.62] 人权事务委员会委员安藤先生在其对理查兹诉牙买加案（Richards v Jamaica, 535/1993）的异议意见中，列出了一场公正的刑事审判的如下要素（多数委员对此并无异议）：[56]

我认为，刑事审判的目的是查明所涉案件中实际发生了什么情况，

54　在委员会意见的第5.6段。
55　(2011) UN doc CCPR/C/KAZ/CO/1, para 22.
56　见委员会多数委员的意见 [14.75]。

即找出定罪和判决所应依据的案件的"真相"。当然，被告提出的"真相"可能与检控方提出的"真相"不同，而且因为被告与检控方相比一般处于不利地位，所以存在各种程序保障以保证公正的审判。诉讼手段平等的要求、证据规则、由独立而无私的法官管控诉讼程序、由中立的陪审团审议和裁决以及上诉制度，都是这些保障的组成部分。

[14.63] 在许多根据《任择议定书》审议的案件中，提交人都对不公正的审判或/和司法偏向提出了笼统的申诉，诸如由有偏见的法官或陪审团审判、法官给陪审团的指示不足、国内法庭对事实以及/或者法律的评估有误。人权事务委员会通常会驳回此类申诉，如同对以下案件的摘引所显示的。

JK 诉加拿大（*JK v Canada*，174/1984）

7.2. 委员会进一步认为，审查国内法庭对事实的认定或决定国内法庭是否适当地评估了上诉时提出的新证据，超出了委员会的权限。

RM 诉芬兰（*RM v Finland*，301/1988）

6.4. ……委员会进一步提出，它不是一个上诉法院，而且对国内法院犯有事实或法律错误的指控本身并不引起是否违反《公约》的问题，除非看来第 14 条的某些要求没有得到遵守。

范·梅尔斯诉荷兰（*Van Meurs v the Netherlands*，215/1986）

7.1. 关于提交人的主张，即对他的案件的审理不公正，委员会指出其一贯的判例是，它不是有权重新评估对事实的认定或审查国内法之适用的"第四审级"。……

平托诉特立尼达和多巴哥（*Pinto v Trinidad and Tobago*，232/1987）

12.3. ……原则上，不应由委员会来审查一场由陪审团进行的审判中法官给陪审团的具体指示，除非能确证给陪审团的指示明显任意武断或相当于拒绝司法公正。委员会认为，在可能对被告宣布死刑的案件中，法官给陪审团的指示在完整性和公正无偏性方面，必须达到非常高的标准。……

GS 诉牙买加（*GS v Jamaica*，369/1989）

3.2. ……由委员会审查一项由陪审团进行的审判中法官给陪审团的具体指示，或审查有关存在偏向的笼统主张，均超出了第 14 条的适用范围。

[14.64] 以上摘引的案件强化的一点是，第 14 条第 1 款本质上是一项程序性而非实质性权利。个人获得公正审判的权利通过遵守适当的程序得到保障，个人并无权利要求法庭在其案件中确实得出正确的结果。并不存在一种免于司法错误的公民权利，只要一般而言为尽量减少错误而设计的适当程序得到遵守即可。此外，在并无不公正之清楚例证的情况中，人权事务委员会不会轻易假定案件中存在偏向或某些其他缺陷。实际上，也许委员会一直太不情愿重新考虑国内法庭的裁决。在若干案件中，委员会缺乏自信使其在面对明显的审判瑕疵时，未能认定第 14 条第 1 款被违反。例如，可以注意舍伊宁先生在麦克塔格特诉牙买加案（*McTaggart v Jamaica*, 749/1997）中的异议意见——他对该案中有关审判的各种情况的更严格审查使其认定第 14 条被违反。另一方面，也必须承认，绝大多数国内法院比委员会拥有强得多的事实调查能力［1.53］。在该案中，委员会多数委员认定绝大部分有关公正审判的指控不可受理，在实质问题上也没有认定第 14 条被违反。[57]

[14.65] **亨德里克斯诉荷兰**（*Hendriks v the Netherlands*, 201/1985）

在该案中，瓦科先生提出了如下单独意见，对人权事务委员会遵从当地法院的家庭案件诉讼表示了疑虑：[58]

> 3. 我的第一个关切是，虽然委员会不去审查当地法院的裁决是慎重而恰当的做法，但这并不是《任择议定书》所要求的。在事实清楚且有关各方提供了所有相关命令和裁决的文本的案件中，委员会应当加以审查，以决定它们是否符合提交人所援用的《公约》的具体条款。如此，委员会才不致作为确定某一缔约国法院的裁决根据该国法律是否正确的"第四审级"行事，而只是去审查据称受害者的所援用的《公约》的条款是否确实被违反。

[14.66] **NT 诉加拿大**（*NT v Canada*, 1052/2002）

对于儿童监护诉讼中的裁决［20.39］，人权事务委员会认定存在对第

---

[57] 另见索拉尔－伊里格延先生的异议意见，*Thomas v Jamaica* (614/1995)。
[58] 另见第［20.59］段。

14 条第 1 款的违反：

  8.12. 至于根据第 14 条第 1 款提出的不公正审理的指控，委员会注意到，法官的结论所依据的，是他认为"孩子的母亲患有严重疾病"。这一结论依据的则是 K 医生 2 年前的鉴定——提交人患有"妄想性失调"及"情爱、迫害与身体妄想症"——和其他的精神病诊断报告。从判决可以看出，法官有选择地而且不正确地使用了这些报告。尤其是，看来他曲解了 K 医生的鉴定……，即如果提交人确实有情爱妄想症，这对于她照料女儿的能力看来没有什么影响。再者，法官忽略了 G 医生的意见，即提交人没有任何思维失调，她的受迫害想法没达到妄想症的程度。法官没有听取 K 医生的证词（他曾经被传唤到庭作证但未到庭），法官也未寻求任何对提交人做过鉴定的其他医生的证词。

  8.13. 从案卷中可以看出，法官剥夺照看权的裁决所依据的仅仅是 3 年前发生的一次人身攻击和一些有争议的情况。此外，没有任何证据表明，法官考虑过听取孩子的意见，或孩子参与了诉讼的任何环节。虽然该孩子的律师在庭审时表达了她的愿望，表明"她希望和现在的养父母在一起，不过，她仍然表示希望看望她母亲"，但是法官却认定，"继续接触只会使 P 医生认为的对孩子有很大伤害的不安状态持续下去，应该终止接触，并应允许孩子能抓住过上体面生活的新机会"。然而，委员会注意到，孩子的心理医生认为，孩子处于不安状态是因为她对"母亲不在身边感到困惑"。此外，法官指出，"注意到这样一点很重要：我们现在所面对的孩子不是以前羁押的同一个孩子，因为这些诉讼已持续了近三年的时间，我们现在面对的是一个七岁的孩子，她现在表达了不想回家的愿望"。虽然委员会注意到，法官确实考虑了孩子的愿望并基于孩子的最大利益作出了由政府监护且剥夺探视权的裁决，但委员会不能赞同法庭的评判，即终止母亲与孩子之间的所有接触在本案中有助于孩子的最大利益。考虑到上述情况，委员会认为，提交人和她的女儿在有关儿童保护的审判中未得到公正的审理，这违反了第 14 条第 1 款。

[14.67] 拉古纳斯－卡斯特多诉西班牙（*Lagunas Castedo v Spain*，1122/2002）

该案涉及确实认定一位法官存在偏向。[59]

9.5. 委员会忆及其第32号一般性意见，其中指出法院的无私性有两个方面。首先，法官作判决时不得受其个人倾向或偏见之影响，不可对其审判的案件存有成见，其行为也不得不当地支持当事一方的利益而损害另一当事方。其次，法庭由一个理性的旁观者看来，也必须是无私的。这两方面提到的分别是无私性的主观和客观要素。

9.6. 关于主观要素，在没有相反证据的情况下，必须假定法官无私。在此方面，委员会注意到提交人的论点，即法官在判决中所犯对她不利的错误使她受害。然而，委员会不能得出结论认为，这些错误说明本案中法官在主观上并非无私。

9.7. 还应判定的是，除了法官的个人思维方式之外，是否存在可以查证的、可引起对法官之无私的怀疑的客观事实。法官不仅必须无私，而且必须让人看到他们无私。在确定是否有正当理由担心某个具体法官并非无私之时，声称有理由怀疑其无私的立足点具有重要但并非决定性的意义。具有决定性的，是能够客观地证实这种担心。

9.8. 委员会认为，由于编写报告的法官作为助理讲师是大学的雇员（该大学是在穆齐亚高等法院进行的诉讼的当事方之一），因此提交人对法庭的无私持有怀疑有一定道理。委员会认为，在此情况下，提交人对法官之无私所持担忧在客观上有其道理，因此不能认为，存在一个符合《公约》第14条第1款之含义的无私法院。

一位法官不仅必须无私，而且法官的无私对于观察者必须清晰可见。人权事务委员会确认，第14条第1款要求一种高标准的客观无私性。具有可合理地察觉的某种利益冲突的任何法官都不得参与案件，否则就将造成违反情势。相反，少数委员（约翰逊－洛佩兹先生和里瓦斯－波萨达先生）似乎

---

[59] See also *Karttunen v Finland* (387/1989), *González del Rio v Peru* (263/1987), *Perterer v Austria* (1015/2001).

关注的是有关法官在其对案件作出裁决时是否确实无私，而他们的结论是该法官并非公正无私。多数委员的意见看来更可取，而且更符合正义不仅要实现，而且要被看见实现的原则。[60]

[14.68] **拉拉纳加诉菲律宾**（*Larrañaga v Philippines*，1421/2005）

7.9. 关于提交人声称他根据第 14 条第 1 款享有的权利受到侵犯，因为审判法院和最高法院不是独立和无私的法庭，委员会注意到，审判法官和两名最高法院的法官在 1997 年曾经参与对提交人初次起诉的审理。在本案中，这些法官参与初步审理使得他们在审判和上诉程序之前就已经对该案形成了见解。这种见解肯定有关对提交人的指控以及对这些指控的评价。因此，这些法官参与这些审判和上诉程序不符合第 14 条第 1 款的对无私的要求。[61]

[14.69] **库尔波诺夫诉塔吉克斯坦**（*Kurbonov v Tajikistan*，1208/2003）
该案的案情体现在人权事务委员会认定的违反情势中：

6.3. 提交人的儿子在法庭上翻供，因为他是受了酷刑才招供的。2003 年 4 月 7 日，最高法院刑事庭驳回了他的申诉，理由是涉嫌对他施用酷刑的警察在法庭否认有任何不当行为，还因为提交人的儿子"没有向法庭提供任何毫无异议的、遭到警察殴打的证据"。*法庭没有考虑这些警察后来因其非法行为而受到警告的事实……，认为确认这些警告的命令的副本上的签名无法辨认。在上诉中，法庭没有处理这些申诉。委员会注意到，以上申诉主要涉及对事实和证据的评估。委员会忆及其判例，即通常要由《公约》缔约国的法院来评估具体案件的事实和证据，除非可以肯定这种评价明显任意武断或相当于拒绝司法公正。在本案中，提交人提出的事实清楚地表明，最高法院对有关提交人的儿子在预审拘禁期间遭到酷刑的申诉，其行为方式存在偏向、任意武断，因为最

---

60 比较参见，*Van Den Hemel v the Netherlands*（1185/2003），可以说，委员会在其决定中，对于偏向的感知，并没有适用如此严格的标准。
61 韦奇伍德夫人在一项异议意见中指出，这一决定偏离了早先在科林斯诉牙买加案（*Collins v Jamaica*, 356/1989）中作出的认定。
* 原书此句与委员会意见的原文相比有脱漏，由译者予以补正。

《公民及政治权利国际公约》：案例、资料和评注

高法院草率且无理地拒绝了提交人有适当和明确文件证实的其儿子遭到酷刑的证据。法院的行为实际上是让提交人承担举证责任，而一般原则是应由检控方承担责任，证明招供并非出于压力胁迫。委员会的结论是，库尔波诺夫先生在预审拘禁期间所受待遇以及法院处理他在这方面随后提出的申诉的方式，相当于违反《公约》第7条和第14条第1款。……

［14.70］人权事务委员会在库尔波诺夫案中的决定显示，在缔约国对指控未能提出强有力否认的情况下，委员会更愿意支持法院存在偏向的指控。这一方面的类似案件还有什切特卡诉乌克兰（Shchetka v Ukraine，1535/2006）、杜金诉俄罗斯联邦（Dugin v Russian Federation，815/1998）、拉克马托夫等人诉塔吉克斯坦（Rakhmatov et al. v Tajikistan，1209，1231/2003 and 1241/2004）、阿舒洛夫诉塔吉克斯坦（Ashurov v Tajikistan，1348/2005）、萨伊多夫诉塔吉克斯坦（Saidov v Tajikistan，964/2001）、洛斯诉菲律宾（Rouse v Philippines，1089/2002）、阿鲁图尼安茨诉乌兹别克斯坦（Arutyuniantz v Uzbekistan，971/2001）、狄奥拉尔诉圭亚那（Deolall v Guyana，912/2000）、纳扎罗夫诉乌兹别克斯坦（Nazarov v Uzbekistan，911/2000）、霍米多娃诉塔吉克斯坦（Khomidova v Tajikistan，1117/2002）、库洛夫诉吉尔吉斯斯坦（Kulov v Kyrgyzstan，1369/2005）、苏尔塔诺娃诉塔吉克斯坦（Sultanova v Tajikistan，915/2000）和古南诉吉尔吉斯斯坦（Gunan v Kyrgysztan，1545/07）。

［14.71］在考克斯诉加拿大案（Cox v Canada，539/1993）中，提交人诉称，美国宾夕法尼亚州在死刑案件中要求"有可能判处死刑的陪审团"（death qualified juries）的做法侵犯了他对死刑罪行获得公正审判的权利。[62] 这种"有可能判处死刑的陪审团"排除了基于信念反对死刑的人，因此有可能一致赞同对死刑罪行的死刑。考克斯的来文的这一部分显然不可受理，虽然人权事务委员会没有明确处理这一申诉。很遗憾这一问题没有得到实质审查。"有可能判处死刑的陪审团"可以说是不成比例地代表了政治上保守的

---

[62] 在委员会意见的第8（2）（c）段。因此，考克斯诉称，由于可以预见计划中的将他引渡到宾夕法尼亚州会使其遭受这样的违反情况，因此引渡本身就违反了《公约》[9.96]。

观点，因此有可能提出他们是否无私的问题。

[14.72] **赖特诉牙买加**（*Wright v Jamaica*，349/1989）

该案是人权事务委员会认定国内法官的指示违反了第 14 条第 1 款的罕见例证。提交人被判定犯有谋杀罪。他的指控体现在委员会的意见中：

8.1. 就《公约》被违反的指控，委员会需要审查若干问题：（1）法官在其对证据的评估或给陪审团的指示中，是否显示了偏向性；（2）忽视死亡时间的重要性是否构成对提交人获得公正审判权利的侵犯；……

8.3. 就被害者死亡时间的重要性问题，委员会首先注意到，对死者[据称被提交人杀害者]的验尸是在 1981 年 9 月 1 日下午 1 时左右进行的，专家的结论是，死亡发生在 47 小时之前。他的结论没有受到质疑，而这意味着，在死者被枪杀之时，提交人已经被警察羁押了。法院得到了这份资料，而根据其重要性，就算律师没有提到，法院本来也应将其提请陪审团注意。……从各种情况来看，特别是考虑到对提交人的审判事关死罪，委员会认为，这一不作为必须被视为拒绝司法公正，因此构成对《公约》第 14 条第 1 款的违反。即使向陪审团提出该项证据最终并不能改变他们的裁决和案件的结果，这一认定仍然成立。

[14.73] 以下情况有关对第 14 条第 1 款的互无关联的违反：检控方强迫证人、检控方滥用被告的辩诉交易、法庭内的敌视、法院在法律诉讼中没有接受关键证据、未做到允许诉讼当事一方对另一方的陈述提出意见、基于通过折磨他人获得的证据而将某人定罪以及在导致审判的警察调查中有严重违规情况。

[14.74] **约翰·坎贝尔诉牙买加**（*John Campbell v Jamaica*，307/1988）

对促使人权事务委员会认定第 14 条第 1 款被违反的事实的描述如下：

6.3. 关于提交人的申诉，即他的儿子韦恩被拘禁以被迫做不利于提交人的证词，委员会认为这是一项严重的指控，提交人努力证实了这一指控，其儿子的证词也确认了这一指控。在缔约国没有提供任何资料的情况下，委员会以提交人提供的事实作为其决定的根据。

6.4.《公约》第 14 条规定，在判定任何人所受刑事控告时，人人有权得到公正和公开的审理，公正审判原则的一个不可或缺的方面是控方和辩方之间诉讼手段的平等。委员会认为，拘禁证人以期获得其证词是一种非常措施，在法律和实践中都必须受到严格管制。从委员会所获资料中，看不出存在足以证明拘禁提交人的未成年孩子为正当合理的特殊情况。另外，鉴于他撤销声明，就可能的恐吓以及在这种情况下所获证词的可靠性，产生了严重的疑问。因此委员会的结论是，提交人获得公正审判的权利受到了侵犯。

[14.75] **理查兹诉牙买加**（*Richards v Jamaica*，535/1993）

在该案中，提交人被判定犯有谋杀罪并被判处死刑。提交人诉称，他没有得到公正审判有违第14条，对此人权事务委员会表示同意：

7.2. 提交人声称，由于检控方在提交人对过失杀人罪指控表示服罪之后，提出了撤回起诉的请求［并启动了一项新的谋杀起诉］，因此对他的审判不公正。提交人声称，媒体对他表示认罪的大肆宣传使其无罪推定的权利归于无效并因此剥夺了他获得公正审判的权利。牙买加上诉法院承认，这可能对提交人在审判时提出辩护不利，但认为没有迹象表明判定其有罪的陪审团认识到这一点。牙买加法院和枢密院司法委员会认为，提出撤回起诉在法律上是可予允许的，因为依据牙买加法律，提交人直到宣判才算被最后定罪。然而，对于委员会而言，问题不是这是否合法，而是在本案件的具体情况中，利用它是否符合《公约》规定的对公正审判的保障。提出撤回起诉是一项允许检察长中止刑事检控的程序。缔约国提出，可出于司法利益利用这一程序，而在本案中利用这一程序是为了防止不当审判。然而，委员会注意到，本案中的检控官完全了解提交人案件的各项情节，并同意接受其对过失杀人罪服罪。使用撤回起诉不是为中止对提交人的诉讼，而是为了能够恰好根据与他已经同意认罪（且认罪已被接受）的过失杀人罪有关的同一指控，立即对提交人提出一项新的起诉。因此，其目的和作用是规避按照牙买加法律和惯例认罪的后果。委员会认为，在这种情况下诉诸撤回起诉及对提交人启动进一步指控不符合《公约》第14条第1款含义之内的公正审判要求。

[14.76] **格里丁诉俄罗斯联邦**（*Gridin v Russian Federation*，770/1997）

提交人申诉说，法庭内的敌视气氛使其未得到公正审判，人权事务委员会同意这一点：

> 3.5.……从1989年11月26日至30日，电台和报纸都报道说，提交人就是那位强奸多名女孩并杀害了其中三名的吓人凶手"电梯小子"。……据提交人说，法庭当时挤满了人，他们叫喊着应该判处提交人死刑。他还声称，检控官和受害人威胁了证人和辩护人，而法官却对此不加制止。由于这个原因，在法庭根本没有合适的机会诘问主要证人。……

> 8.2. 提交人诉称，他没有受到公正审判、第14条第1款被违反，尤其是因为审判法庭未能控制公众在法庭上造成的敌对情绪和压力，这使得辩护律师无法合适地诘问证人并提出辩护。对此，委员会注意到，最高法院提到了此事，但在听取提交人的上诉时并没有具体处理这一问题。委员会认为，上述审判行为侵犯了提交人在第14条第1款含义之内的获得公正审判的权利。

[14.77] **延森－基伦诉荷兰**（*Jansen-Gielen v the Netherlands*, 846/1999）

提交人参与了判断其精神状态是否能使她从事其工作的行政诉讼。她的申诉有关审理法庭拒绝采纳一份关键的精神状态报告为证据。人权事务委员会称：

> 8.2. 提交人声称，中央上诉庭没有将她的律师在审理前两天提交的精神病专家的报告附于案件卷宗内构成对她获得公正审理权的侵犯。委员会注意到缔约国的论点，即法院认为如果在审理前两天接受报告，这在案件诉讼中会给另一方造成无理阻碍。然而，委员会注意到适用于审理该案的程序法没有规定提交文件的时间期限。因此，上诉庭——其没有受到任何有规定之时间期限的限制——有责任确保每一方可以对另一方提供或希望提供的文件证据提出质疑，并在必要时推迟诉讼。由于没有保障双方在为审理目的提供证据方面诉讼手段平等，委员会认定，存在对《公约》第14条第1款的违反。

[14.78] **沃伊诺维奇诉克罗地亚**（*Vojnović v Croatia*, 1510/2006）

该案涉及地方上的诉讼，这些诉讼有关提交人试图恢复他们失去的财产，这些财产是他们因为严重的种族骚扰而放弃的。对第14条被违反的指控有关法院未能听取有关证人的证词：

8.2. 关于指称的《公约》第14条第1款被违反，委员会注意到提交人声称，他在萨格勒布市法院复审诉讼中获得公正审判的权利被侵犯，因为两个主要证人即熟悉致使提交人离开情况的邻居被传唤，但没有作证；提交人的妻子与目前占用公寓的证人维塞林卡·泽勒尼卡之间对质被拒绝；有关同一幢公寓楼内其他塞族人相似情况的资料没有得到考虑。委员会还注意到缔约国的论点，即在所述诉讼案中，提交人由自己选择的律师代理；提交人及其妻子得以参与诉讼和口头作证；证人的证词得到了审查。

8.3. ……在本案中，诉讼涉及判定有关民法领域中受特别保护的承租权的权利和义务，因此属于诉讼案概念的范围之内。关于据称的获得公正审判权受到侵犯，委员会指出，确保当事双方平等，包括能够对另一方提呈的论点和证据提出抗辩，是国内法院的一项基本义务。萨格勒布市法院在2002年4月12日的裁决中评估认为，在听取提交人及其妻子和包括公寓目前拥有人在内的三位证人作证后，案件得到了充分的辩论。委员会注意到，法院除了拒绝听取被传唤来对提交人离开的情况作证的证人作证（如上文第8.2段指出的），还拒绝接受在相似情况下同样放弃公寓的其他塞族人的额外资料，认为这类资料不是辩论的组成部分。委员会忆及，通常要由《公约》缔约国的法院来评估具体案件的事实和证据，除非可以肯定这种评价明显任意武断或相当于拒绝司法公正。然而，如提交人指出的那样，鉴于事件发生时缔约国内的情况，以及提交人一家不得不离开公寓搬到贝尔格莱德的情况，委员会认为，法院不听取提交人提供的证人作证是任意武断的，违反了与《公约》第2条第1款相结合的第14条第1款所载公正审判和法庭前平等的原则。

[14.79] **阿雷拉和纳卡拉亚维诉芬兰**（*Äärelä and Näkkäläjärvi v Finland*, 779/1997）

人权事务委员会认定该案中，第14条第1款被违反：

7.4. 提交人辩称，上诉法院未让提交人有机会对林业管理局逾期提出的载有法律辩护论点的陈述作出评论，侵犯了第14条第1款所载的提交人获得公正审判的权利。对此，委员会指出，确保当事双方平等，包括能够对另一方提呈的论点和证据提出抗辩，是国内法院的一项基本义务。上诉法院声明，该法院有"特别的理由"考虑一方提出的这些特别陈述，而认为"显然没有必要"再请另一方作出答复。这种做法使提交人无法回应另一方提出的陈述，而法院则在其作出有利于陈述提交方的裁决时，考虑了这些陈述。委员会认为，这些情况表明，上诉法院未能够为每一方提供质疑另一方之陈述的公平机会，从而违反了《公约》第14条第1款所载的法庭之前平等和公正审判的原则。……

8.2.……至于上诉法院在处理林业部门逾期提交的陈述时，所适用的程序引起了对第14条第1款的违反之事（第7.4段），委员会认为，由于上诉法院的裁决具有严重违反公正审判规定的缺陷，缔约国有义务重新审议提交人的申诉。……

[14.80] **巴扎洛夫诉乌兹别克斯坦**（*Bazarov v Uzbekistan*，959/2000）

8.3. 委员会注意到提交人的指控，即他们的儿子的同案被告在调查中遭到殴打和酷刑，以致这些人作伪证说他们的儿子有罪，这成为他被定罪的依据。委员会从其所获资料注意到，看来据称的受害者及其律师声称同案被告在法庭显示了受刑的痕迹并肯定他们的证词是以刑讯逼取的，据此主审法官传唤了两名有关调查人员，并问他们是否曾使用非法的调查手段，并在得到否定的回答后放走了他们。缔约国只是回复说，据称的受害者的同案被告或律师没有请求法院在这方面进行任何体检，并说执法机构的内容不详的"内部保障程序"没有表明在审前拘禁期间有任何不当行为。在这一方面，委员会注意到，对于在法院审判或本来文的背景中开展的任何调查，缔约国没有列出任何书面证据。……在这种情况下，委员会认为，必须适当看重提交人的指控，因为缔约国没有反驳据称的受害者的同案被告受到酷刑以使他们对他作出不利证词的指控。因此，委员会的结论是，所提交的事实表明了对据称的受害者根据《公约》第14条第1款享有的权利的侵犯。

根据第14条第3款（午）项，任何人不得被迫做不利于自己的证供，无论是经由酷刑还是胁迫。这一规定在巴扎洛夫案中并不适用，因为他并不是遭受酷刑的人。反倒是他根据第 14 条第 1 款享有的权利被认定受到了侵犯。

[14.81] **阿卡多夫诉吉尔吉斯斯坦**（*Akhadov v Kyrgyzstan*，1503/2006）

7.5. 委员会认为，在本案中，缔约国也没有反驳的一点是，国内法院未能妥善处理受害者有关受到警方虐待的申诉，结果是，阿卡多夫先生的案件中的刑事诉讼由于存在违规情况而无效，这使人怀疑整个刑事审判的公正性。在缔约国在这方面没有提供任何有关意见并且无须分别审查提交人在这方面的每一项指控的情况下，委员会认为，本案中的事实表明，提交人根据《公约》第 14 条第 1 款享有的权利单独受到了侵犯。根据这一结论，并且鉴于提交人是经由一场违反公正审判保障的审判后被判处死刑的，委员会认为，提交人也是其根据《公约》第 6 条——结合第 14 条解读——享有的权利受到侵犯的受害者。

这一有关第 14 条第 1 款的认定非同寻常，因为其依据的是警察先前调查中的违规情况，而非审判本身中明显的违规情况。[63]

[14.82] 在沃尔夫诉巴拿马案（*Wolf v Panama*，289/1988）中，巴拿马拒绝允许提交人出席有关庭审和有适当机会向法律代理作简短交代，这造成了对第 14 条第 1 款的明显违反。[64] 托马斯诉牙买加案（*Thomas v Jamaica*，272/1988）涉及对第 14 条第 1 款的另一种粗暴违反，即该缔约国直到提交人的上诉审理进行以后，都没有通知其上诉审理日期。在 MG 诉德国案（*MG v Germany*，1482/2006）中，法院决定下令对提交人进行精神状态评估，"而没有听取提交人的陈述或见到她本人，这一命令只是基于她的程序性行为和向法院提交的书面陈述不合理"，因此这违反了与第 14 条相结合的第 17 条［16.39］。[65] 在克拉斯诺夫诉吉尔吉斯斯坦案（*Krasnov v Kyrgyzstan*，1402/2005）中，一系列异乎寻常的无罪判决、经上诉又被推翻的情况，促成了人权事务委员会认定第 14 条第 1 款被违反。

---

63 See also *Marinich v Belarus* (1502/2006), para 10.5.
64 在委员会意见的第 6.6 段。
65 在委员会意见的第 10.2 段。

[14.83] 一国未做到执行自己的法院和法庭作出的有法律约束力的命令以及阻挠个人使这些命令得到执行的努力,都将违反第 14 条第 1 款。[66] 瑟切雷默利斯诉希腊案(*Sechremelis v Greece*,1507/2006)有关该国未能执行其自身的法院作出的针对德国在第二次世界大战期间所造成损害的、有利于提交人的判令。不过,人权事务委员会没有认定第 14 条第 1 款被违反,因为看来希腊的行为是出于有关国家豁免的国际法规则的要求[1.93]。在萨雅迪和维因克诉比利时案中,因为提交人的姓名被列在联合国的制裁名单上,他们的财产被冻结、他们的旅行受到限制,这表明他们遭受了制裁。他们之所以被列入这一名单,是因为比利时将他们的姓名提交给了联合国安理会[1.87]。比利时地方法院指令比利时请求联合国将他们从该名单上除名。比利时提出了这一请求,但无功而返。虽然比利时未做成此事,但委员会并没有认定第 14 条被违反,因为比利时在其管辖之力所能及的范围内,遵守了法院的指令。[67]

[14.84] 以下几个案件表明,第 14 条为刑事审判规定的若干保障,对于第 14 条第 1 款规定的民事审判而言,要弱得多,甚至不存在。

[14.85] **马丁内兹·穆诺兹诉西班牙**(*Martínez Muñoz v Spain*,1006/2001)

> 6.4. 提交人还声称《公约》第 14 条第 1 款被违反,主张说,由于不允许他撇开法律代理人、在宪法法院上自行辩护,因此他被置于与拥有法律学位的人不平等的境地,而这种不平等是没有道理的。在这一方面,委员会忆及其一贯的判例是,由一位法律代理人代理的要求,表明需要一个具有法律知识的人负责处理向该法院提出的申诉。因此,委员会认为,提交人没有为了受理的目的确切地证实他的指控。……

人权事务委员会在托雷格罗萨·拉夫恩特诉西班牙案(*Torregrosa la Fuente v Spain*,866/1999)、马琳·戈麦兹诉西班牙案(*Marín Gómez v Spain*,865/1999)、桑切斯·冈萨雷斯诉西班牙案(*Sánchez González v Spain*,1005/

---

[66] 例如见,*Czernin v Czech Republic*(823/1998),para 7.5; *Lerma v Colombia*(1611/2007),para 10.4。

[67] 在委员会意见的第 10.9 段。

2001）和阿里亚斯诉西班牙案（Arias v Spain，1531/2006）中，也得出了不予受理来文的类似决定。由此看来，基于第 14 条第 1 款的自我代理的任何权利，与基于第 14 条第 3 款（卯）项的自我代理权利相比，非常微弱或并不存在。

[14.86] 在 IS 诉白俄罗斯案（IS v Belarus，1994/2010）中，人权事务委员会称，"《公约》第 14 条第 1 款没有禁止对于调整民事事务的法律的追溯适用"。[68] 对于刑事罪行，这样一项权利规定在第 15 条中，在 JO 等人诉比利时案（JO et al. v Belgium，1417/2005）中，委员会称，"在民事诉讼中私人聘雇的律师的行为本身不受《公约》任何规定的保护"。[69] 对于刑事审判中律师履职的最低限度的保障规定在第 14 条第 3 款（卯）项中［14.165］，但这一项规定不太可能适用于私人律师［14.166］。

[14.87] **莫拉埃勒诉法国**（Morael v France，207/1986）

该案中的提交人是一家出现财政危机的公司的业务经理。在后来进行的判定谁对公司债务负责的民事诉讼中，提交人被责令偿付公司的部分债务。在提交人权事务委员会的来文中，提交人声称，他没有得到公正审判，因为法国的破产法假定如他一样的管理人员有过错责任。提交人还诉称，他要承担的责任在上诉中还增加了，但他没有机会质疑这种增加。他提出了如下论点：

  2.1. 关于《公约》第 14 条第 1 款，提交人对法国的法律制度表示质疑，因为适用于他的这个法律制度并没有保障公正审理，特别是因为将公司置于司法监督之下的程序中不存在"诉讼手段平等"，以及因为第 67-563 号法第 99 条不公正地假定公司管理人员失职而没有要求提出证明他们实际上行为不当的证据。在这一方面，提交人辩称，最高法院错误地解释了恪尽职守的概念，因为该法院总结说，提交人所犯的任何失职行为一定是未能恪尽职守，即使他在履职时并没有表现出疏忽大意，也是如此。提交人声称，对"恪尽职守"的这种过分严格的解释对

---

68 在委员会意见的第 4.4 段。
69 在委员会意见的第 4.4 段。

公司管理人员具有歧视性,因为对于他们,有关经济发展的判断错误就像是构成疏忽大意一样受到惩罚。提交人主张,由他承担达成所期望结果的义务不啻是不让他有丝毫可能证明他事实上做到了恪尽职守。提交人声称,要他对公司的财政状况负责是极不公正的,因为在他被任命为业务经理时,这种状况已经危机重重,他曾经设法尽力补救,但因为超出他控制的因素,诸如就业监察员拒绝采取裁员措施和随后发生的罢工,而最终失败落空。

2.2. 提交人声称,对第14条第1款的另一项据称违反在于,法院在考虑让他承担新的、更大的公司债务时,没有给他机会提出异议。……

缔约国在答复中提出了如下主张:

4.4. 法国政府认为,与提交人的辩解相反,这种假定一个公司的管理人员承担责任与公正审理的原则并不冲突。一般公认,在这样的程序中,无须提出管理人员一方失职的证据,即可认定有关人员的责任。但是在任何风险责任或"客观"责任制度中,情况都是这样的。此外,该法规定的这种假定本身无论如何并不违背公正审理的规则,因为诉讼是在确保有关人员充分享有其权利的情况下进行的。此外,就该案件而言,这种假定是无可辩驳的,因为管理人员实际上可以用任何方式提出证据证明,他们对公司事务的管理工作竭尽全力、恪尽职守,从而开脱其责任。由最高法院监督的该商业法庭可以参考对有关管理人员的行为产生影响的一切因素,来评定这种证据。

人权事务委员会认定,不存在对第14条的违反。在得出这一结论时,委员会对公正审理的概念提出了如下解释:

9.3. 委员会面前的第一个问题是:提交人是否为《公约》第14条第1款被违反的受害者,因为他指称,他的案件没有得到符合该款的公正审理。委员会在这一方面指出,该款不仅适用于刑事案件,也适用于有关民事性质的权利和义务的诉讼。尽管第14条没有解释诉讼案中"公正审理"的含义是什么(不同于涉及对刑事指控之判定的同一条第3款),在《公约》第14条第1款语境中的公正审理应该被解释为要求满足若干条件,例如诉讼手段平等、尊重对抗性诉讼的原则、排除法院依职权对先前的判决予以加重的改判（*ex officio reformatio in pejus*）[70] 以及迅速程序等。本案的案情因而需要根据这些标准予以评判。

9.4. 一个问题是 1967 年 7 月 13 日《破产法》的第 99 条第 3 款，该款确立了置于司法监管之下的公司管理人员的过错假定，要求他们证明对公司事务的管理工作竭尽全力、恪尽职守，若不能证明，则他们可能需要为公司的亏损负责。对此，提交人辩称，最高法院对恪尽职守作出了过于严格的解释，等于是不让他有丝毫可能证明他做到了恪尽职守。然而，不应由委员会判断提交人举出的尽职之证据的有效性，或质疑法院决定这样的证据是否足以开脱其任何责任的酌处权力。就尊重对抗性诉讼的原则而言，委员会指出，就其所知，在诉讼中没有事实表明提交人不能提出自己掌握的证据，或法院作出决定所依据的证据没有供各当事方质疑即被采信。提交人还指控对抗性诉讼的原则被忽视，因为上诉法院增加了提交人应支付的数额，尽管这一变化并不是法院任命的管理员所要求的，也没有交由当事各方辩论。对此，委员会注意到，上诉法院确定提交人应支付的数额的根据是适用程序所导致的责任数额，正如一审法院之所为；当事各方没有对责任声明的这种确认提出异议；确定的数额约等于公司债务的 10%，这是由提交人个人承担的，而一审法院决定的则是由提交人与其他管理人员共同承担，这意味着如果他的共同债务人不能承担他们的份额，提交人可能需要支付公司债务的 40%。根据以上考虑，存在疑问的是，由提交人承担的数额有所增加，或对抗性诉讼的原则和排除法院依职权对先前的判决予以加重的改判被忽视了。……

莫拉埃勒案证实，在民事案件中由被告承担举证责任根据第 14 条第 1 款是可予允许的。实际上，委员会对莫拉埃勒案的意见的后面，还明确认同了一点，即民事案件中存在严格责任是众多司法制度的一个共同特点 [14.22]。与此相反，第 14 条第 2 款规定，个人在刑事案件中享有无罪假定的权利。

70　法院依职权加重某一先前判决。

[14.88] **本·萨伊德诉挪威**（*Ben Said v Norway*，767/1997）

11.3. 第14条第1款所保障的在诉讼案中获得公正审判的权利可能要求当事人出席法庭的诉讼。在此情况下，即使当事人是无居住权的外籍人，缔约国也有义务让他出席审理。在评估本案是否符合第14条第1款的要求时，委员会注意到，提交人的律师没有请求推迟审理以使提交人本人能够出庭；提交人在机场交给律师的、随后由律师在有关子女监护的审理中交给法官的签名委托代理书上，也未载明这方面的指示。在此情况下，委员会认为，奥斯陆市法院虽未主动推迟该案开庭，以等到提交人本人能出庭时再审理，但这种情况并未构成缔约国对第14条第1款的违反。

在刑事诉讼中，本人亲自到庭受审这一更强有力的权利见于第14条第3款（卯）项。这一规定不适用于有关儿童监护诉讼的本·萨伊德案。

[14.89] **维尔林登诉荷兰**（*Verlinden v the Netherlands*，1187/2003）

在该案中，部分申诉有关荷兰最高法院在一起民事诉讼案件的第二次上诉中，没有给出说明理由的书面裁决。[71] 根据第14条第1款提出的诉求被认定不可受理，人权事务委员会声明如下：

7.7. 提交人诉称，最高法院1995年1月6日驳回他上诉的裁决仅提及《司法组织法》第101a条，侵犯了他得到说明理由的判决的权利。对此，委员会指出，虽然第14条第1款可以解释为法院有义务对其裁决说明理由，但不能解释为需要对申诉人提出的每一论点作出详细答复。因此，为确保司法机构有效运作的需要，可以要求各法院，尤其是各缔约国的最高法院，在驳回上诉的裁决中仅核准下级法院给出的理由，以便能应付其案件量。委员会忆及，荷兰最高法院在驳回提交人的申诉时认定，他未能提出任何理由以撤销海牙上诉法院1993年9月9日的裁决，因此它核准（至少暗示核准）上诉法院的推理。此外，荷兰最高法院认为提交人的上诉并未按《司法组织法》第101a条的要求，提出任何根本性的法律问题。在此背景下，委员会认为，提交人未能为

71　See also *Jessop v New Zealand* (1758/2008) [14.197].

可否受理的目的证实，最高法院的裁决未能足够说明理由。因此，来文的这一部分根据《任择议定书》第2条，亦不可受理。

委员会暗示，第14条第1款有可能作为在民事审判中得到说明理由之裁决的权利的依据。不过，对于上诉，这一权利被淡化，甚至可能不存在。这并不令人奇怪，因此进行民事上诉的权利甚至可能在第14条第1款中不存在，就如IP诉芬兰案（*IP v Finland*，450/1991）[14.47] 以及可能的提亚加拉加诉斯里兰卡案（*Tiyagarajah v Sri Lanka*，1523/2006）和马提欧达基斯诉希腊案（*Mathioudakis v Greece*，1572/2007）所显示的。

尽速审理

[14.90] **第32号一般性意见**

27. 审理公正的一个重要方面是审理迅速。虽然第14条第3款（寅）项只是对刑事诉讼中的无故拖延的问题明确作出了规定，但在民事诉讼中，无法以案件的复杂性或当事方的行为证明其合理的拖延也有损本条第1款所规定的公正审理原则。如果这种拖延是由缺少资源和长期经费不足所造成的，则应为司法工作划拨尽可能多的补充预算资源。

[14.91] **穆诺兹·赫默扎诉秘鲁**（*Muñoz Hermoza v Peru*，203/1986）

该案的提交人是一位民卫队（警察）的前警官，他因为侮辱上司而被解职。他在10年多的时间里，在各种行政和司法机构寻求复职而未果。人权事务委员会认定，存在对第14条的违反：

11.3. 就第14条第1款所规定的公正审理的要求，委员会认为，公正审理的概念必然要求公正之实现不得无故拖延。在这方面，委员会注意到，在穆诺兹案中，行政审查被耽搁了7年之久，最后还以他启动了司法程序为由作出了对他不利的决定。7年时间的拖延构成不合理拖延。另外，就司法审查而言，委员会注意到，宪法保障法庭在1986年作出了对提交人有利的裁决，缔约国也通知委员会，该裁决表明司法救济已被用尽。然而，实施中的拖延继续存在，而且在宪法保障法庭作出判决之后两年半的时间里，提交人仍未复职。这一拖延——对之缔约国没有作出解释——构成违反公正审理原则的又一加重情节。委员会还注意到，库兹科民事法庭于 1987 年 9 月 24 日根据宪法保障法庭的裁决，下令恢复提交人的职务；随后，公共检察官于 1988 年 3 月 7 日的一份书面意见中声称，库兹科民事法庭的裁决有效，提交人的宪法权利保护令申请有充分的根据。但即使在这些明确的裁决之后，秘鲁政府依然没有恢复提交人的职务，反倒是根据"保卫国家的理由"自行决定准予进行另一次特别上诉。这次上诉程序导致秘鲁最高法院于 1988 年 4 月 15 日作出了相反的裁决，声称提交人没有在适当时间内提出宪法权利保护令的申请，因此该申请不可受理。但是，宪法保障法庭于 1986 年（提交人此时正在该法庭再一次采取行动）已经对这一程序事项作出裁决。这种看起来无穷无尽的审级排列以及决定总是得不到实施不符合公正审理的原则。[72]

[14.92] **NT 诉加拿大**（*NT v Canada*，1052/2002）

该案有关在儿童监护诉讼中的拖延：

8.10. 在本案中，孩子在 1997 年 8 月被另托照管时为 4 岁，在 2000 年 6 月的儿童保护庭审时为 7 岁。由于诉讼拖延，孩子的心理医生警告说，她有患抑郁症和出现情感依恋失调的危险，而且处于一种"不安的状态"之中，因为她不知道她的归属在哪里。再者，法官的结论部分地基于这样一个事实：孩子已与希望收养她的寄养父母结成了很强的感情纽带，愿意继续和他们在一起。委员会注意到，孩子最初想回来让母亲照看，而且她的愿望只是随着时间才改变的。

8.11. 从案卷中可进一步看出，提交人换了多次律师，也提出了多次法庭动议，这也拖延了诉讼。她还被视为纠缠型的诉讼人，以多次动议和上诉的方式破坏审判时间表。然而，这些动议都旨在恢复提交人探视孩子的权利。委员会认为，提出探视权动议不应产生拖延主要审判的必然后果。此外，拖延不能只归咎于提交人。例如，委员会注意到，在安大略天主教儿童辅助会的要求下，公共监护及受托人办事处才被指定

---

[72] 另见，*Mukunto v Zambia*（768/1997），其中提交人的赔偿诉讼过了 18 年都没有得到解决，这构成对第 14 条第 1 款的违反（在委员会意见的第 6.4 段）。

为提交人的代表,而且这一指定的一个后果是推迟了审判。委员会认为,考虑到孩子的幼小年纪,在把孩子交给安大略天主教儿童辅助会照看和开始儿童保护申请的审判之间拖延了近3年的时间(而这不能仅归咎于提交人)是不应当的,侵犯了提交人及其女儿由第14条第1款保障的获得尽速审判的权利。

[14.93] **EB 诉新西兰**(*EB v New Zealand*,1368/2005)
该案有关在儿童探视诉讼中的拖延 [20.20]:

9.2. 关于根据第14条第1款提出的对不适当拖延的申诉,委员会忆及其判例,即这一规定所保障的公正审判权包含了尽速司法处理,不得无故拖延。委员会还忆及,拖延的问题必须根据案件的总体情况来评估,包括对案件的事实和法律复杂性的评估。在这一方面,委员会注意到,处理提交人关于探视较年长的两名子女S和C的申诉从2000年11月提出到2004年4月上诉法院拒绝特许上诉为止,持续了3年4个月。在这段时间里,从2001年5月提交人妻子向警察提出陈述到2003年1月警察决定不起诉为止,警方一直忙于处理有关提交人虐待子女的指控,共用时1年8个月。委员会注意到,关于最年幼的孩子E,有关探视的申诉也是于2000年11月开始的,但至少截至2006年9月(根据委员会得到的最新资料)仍未结案。在这一方面,在提交人在高等法院胜诉之后,警方对有关虐待的第二次申诉的调查从2004年4月进行到9月,共用时6个月。

9.3. 委员会提及其一贯的判例,"监护诉讼或涉及离婚父母一方探视子女的诉讼由于其特定的性质,要求对所申诉问题尽速裁判"。不确保这一点本身就很可能对申诉的实质问题造成客观上的处置,尤其是如本案一样,在案件涉及年幼儿童之时,而且对无监护权父母一方的利益造成不可弥补的损害。据此,缔约国需要承担责任,确保所有参与解决这类问题的国家行为者,无论是法院、警察、儿童福利主管当局和其他方,都资源充足、结构得当,并在其工作的先后安排中能充分确保及时解决这类诉讼,保障各方根据《公约》享有的权利。

9.4. 本案中,缔约国没有向委员会表明,处置两起申诉时长期拖延的理由何在。尤其是，缔约国没有表明，警方用很长时间调查本案中出现的指控是必要的，因为尽管这些指控固然很严重，但在法律上并不复杂，而且事实方面只涉及如何评估数量有限的人所作的口头证词。取得心理报告以便帮助法院审理的过程也特别冗长。委员会还注意到，国内法院对诉讼所用时间也表示了关注。据此，鉴于应给予解决这类案件优先地位，并考虑到委员会对类似案件（见费诉哥伦比亚案）的判例，提交人根据《公约》第14条第1款享有的获得尽速审判的权利在涉及S和C的申诉中受到了侵犯，而且由于涉及E的申诉（截至2006年9月）仍然没有结案而继续受到侵犯。

[14.94] 对尽速审理的保障，在费诉哥伦比亚案（*Fei v Colombia*，514/1992）和冈萨雷斯·德尔·里奥诉秘鲁案（*González del Río v Peru*，263/1987）中也被违反。在佩尔特雷诉奥地利案（*Perterer v Austria*，1015/2001）中，在裁决"一件根本不复杂的事项"（公务员的惩戒诉讼）中57个月的拖延被认定违反了第14条第1款。[73] 在冈萨雷斯诉圭亚那案（*Gonzalez v Guyana*，1246/2004）中，有关公民身份申诉中的拖延违反了第14条第1款。[74] 在皮门特尔诉菲律宾案（*Pimentel v Philippines*，1320/2004）中，审议对某一案件之缴费事宜中的拖延违反了第14条第1款。[75] 在沃伊诺维奇诉克罗地亚案（*Vojnović v Croatia*，1510/2006）中，在有关错误地取消租赁权利的诉讼中的拖延违反了第14条第1款。[76] 形成对照的是，在德拉尼齐尼科夫诉澳大利亚案（*Dranichnikov v Australia*，1291/2004）中，在解决有关难民地位之申诉中6年多的拖延并没有被认定为违反第14条第1款。[77]

[14.95] 在卡萨诺瓦诉法国案（*Casanovas v France*，441/1990）中，有关诉讼涉及提交人质疑其被法国解除公务员职位。在"对违规解职提出申诉到［最终的］复职决定"之间过去的2年9个月的时间并不引起违反第14

---

73 在委员会意见的第10.7段。See also *Lederbauer v Austria* (1454/06).
74 在委员会意见的第14.2段。
75 在委员会意见的第9.2段。
76 在委员会意见的第8.4段。
77 在委员会意见的第7.2段。

条第1款。[78] 在莫拉埃勒诉法国案中，人权事务委员会同意，鉴于"破产案件的情况和……复杂性"，为决定审判所花的时间（不到4年）长度是合理的。[79] 在戴瑟尔诉奥地利案（*Deisl v Austria*，1060/2002）中，委员会认定，考虑到问题的复杂性、发生的不同诉讼的数量、有利于申诉人的暂停令、成功的上诉和申诉人自身的行为造成的拖延，有关一项计划中的争端的时间长度（11年8个月）并没有违反第14条第1款。[80]

[14.96] 在对克罗地亚的结论性意见中，人权事务委员会称：[81]

16. 委员会深为关切的是，有待克罗地亚法院审理的案件特别是民事案件积压严重。[82] 适用诉讼时效法规以暂停或中止那些尚未提交审理的案件——基于通常无法归咎于有关诉讼当事人的原因——显然加剧了司法工作中的拖延。

委员会认识到缔约国承认其司法工作迫切需要改正，但同时强调，缔约国应确保遵守《公约》第14条的所有要求。为此目的，委员会促请该缔约国加快改革司法制度，包括简化各种程序，以及培训法官和法院工作人员有效处理案件的技能。

公开审理

[14.97] **第32号一般性意见**

28. 所有刑事案件的审判或涉及诉讼案的审判均应以口头方式公开进行。[83] 审理公开可以确保诉讼的透明度，从而为个人和整个社会的利益提供重要保障。法院必须让公众获悉有关口头审理的时间和地点的信息，并在合理的限度内，为有兴趣的公众列席旁听提供充分便利，其中

78　在委员会意见的第7.4段。
79　在委员会意见的第9.4段。
80　在委员会意见的第11.6段。
81　(2001) UN doc CCPR/CO/71/HRV. 另见委员会对巴西的结论性意见，(1996) UN doc CCPR/C/79/Add. 66, para 24。
82　另见委员会对前南斯拉夫马其顿共和国的结论性意见，(2008) UN doc CCPR/C/MKD/CO/2, para 17。
83　See eg *Guerra de la Espriella v Colombia* (1623/2007), para 9.3.

除其他外应考虑到公众对案件的潜在兴趣和口头审理的时长。公开审理的规定并不一定适用于所有上诉——这种诉讼也可以根据书面陈述进行，也不适用于公诉人和其他公共当局的审前决定。

29. 第14条第1款确认，法院有权基于民主社会中道德的、公共秩序的或国家安全的理由，或当诉讼当事人的私生活的利益有此需要时，或在特殊情况下法院认为公开审判会损害司法利益因而绝对必要的限度下，拒绝所有或部分公众列席旁听。除了这些例外情况，审理必须向一般民众包括新闻界人员开放，而不能例如只限于特别的某一类人。即便拒绝民众列席旁听，作出的判决，包括对事实的主要认定、证据和法律说理，应予公开，除非少年的利益另有要求，或者诉讼涉及婚姻争端或儿童监护问题。

[14.98] **罗得里格兹·奥雷胡拉诉哥伦比亚**（*Rodríguez Orejuela v Colombia*，848/1999）

7.3. 提交人坚称，对他提起的诉讼只以书面进行，而没有任何口头或公开审理。委员会指出，缔约国没有反驳这些指称，而只表示公开了判决。委员会认为，为了保障《公约》第14条第3款所载的辩护权，特别是（卯）项和（辰）项规定的权利，所有刑事诉讼均需规定，被指控犯有刑事罪行的人有权受到口头审理，他或她得以亲自出庭或由律师代表出庭，可提出证据和诘问证人。考虑到在最终导致提交人被定罪和判刑的诉讼期间，提交人并未得到这类审理，委员会认定，存在对提交人按照《公约》第14条享有的获得公正审判权的侵犯。[84]

[14.99] 在 RM 诉芬兰案（*RM v Finland*，301/1988）中，人权事务委员会确认，与诸如罗得里格兹·奥雷胡拉案中的初审不同，上诉审理可以依据书面意见进行，只要审理过程和文件向公共开放 [14.91]。

[14.100] 在卡瓦诺诉爱尔兰案（*Kavanagh v Ireland*，819/1998）中，提交人的申诉，除其他外，有关公诉处主任要在一个特别刑事法院审判他的

84　See also *Barney v Colombia* (1298/2004).

决定的秘密性。[85] 人权事务委员会称，获得公开审理的权利"不适用于公诉人和公共当局所作的审前决定"。[86]

[14.101] 珀莱·坎波斯诉秘鲁（*Polay Campos v Peru*，577/1994）

该来文是由据称受害者的妻子提交的，有关一个由"不露脸"（faceless）或匿名法官组成的审判庭对据称受害者的审判。人权事务委员会对此认定如下：

> 8.8. 关于一个由"不露脸法官"组成的特别法庭审判珀莱·坎波斯先生并于1993年4月3日将他定罪的问题，尽管委员会在1996年3月15日有关受理的决定中要求缔约国提供资料，但缔约国并未提供。……由"不露脸法官"组成的特别法庭进行的这类审判不符合《公约》第14条。不能指责提交人没有就其丈夫所受审判提供什么资料：事实上，在一座边远监狱中由"不露脸法官"进行审判这一制度本身的性质就是排除公众参与审判。在这种情况下，被告不知道审判他们的法官是谁，这为他们准备辩护以及同律师联络造成了不可接受的障碍。此外，这一制度未能保障《公约》第14条含义之内的公正审判的一个绝对必要的方面：法庭必须是而且被看见是独立和无私的。在由"不露脸法官"审判的制度中，法官的独立和无私均不能得到保障，因为法庭是临时设立的，其法官中可能有军队的现役人员。委员会认为，这一制度也未能保证第14条第2款保障的无罪推定。就本案案情而言，委员会认为，《公约》第14条第1、2款和第3款（丑）和（卯）项被违反。

委员会在阿雷顿多诉秘鲁案（*Arredondo v Peru*，688/1996）、古铁雷兹·维万科诉秘鲁案（*Gutiérrez Vivanco v Peru*，678/1996）、戈麦兹·卡萨弗兰卡诉秘鲁案（*Gómez Casafranca v Peru*，981/2001）和第32号一般性意见中，[87] 再次谴责了"不露脸法官"的做法。

[14.102] 就像"不露脸法官"不可接受一样，"匿名证人"也不可接

85　另见，第 [23.124] 段。
86　在委员会意见的第10.4段。
87　另见第32号一般性意见，第23段。

受。在对荷兰的结论性意见中，人权事务委员会称：[88]

> 12. 委员会严重关切该缔约国刑事程序中使用匿名证人的范围。委员会注意到，听取匿名证人的证词，是在审判之前的初步调查中，在没有被告、律师和检察官在场的情况下进行的。因此，证人的身份只为预审法官所知，而甚至不为其后的审判法官所知。委员会虽然不排除在适当情况中使用匿名证人，但认为这种做法太宽松，会引起与《公约》第14条有关的问题。
>
> 缔约国应当作出更大努力保证被告通过各种方法获得公正审判的权利，这些方法既在适当和必要情况中保护证人的身份，又能提供查证和质疑证据的更多机会。缔约国还应提供进一步资料，说明如何就一名证人应匿名之事作出决定以及对这种决定可能提出何种申诉或进行何种审查。缔约国应当表明，为什么在因为证人受到威胁而据说需要匿名的情况下，诸如警察保卫或证人保护和异地安置方案等通常的保护证人方法是不够用的。

需要指出的一点是，看来《国际刑事法院罗马规约》第68条在为保护证人所必需时，允许证人匿名，只要"采取上述措施不……损害或违反被告人的权利和公平公正审判原则"。[89]

[14.103] 范·梅尔斯诉荷兰（*Van Meurs v the Netherlands*, 215/1986）
该案有关向审判的旁听者提供充分的便利和信息。

> 6.1. 对于提交人有关分区法院的公开审理问题的申诉，委员会认为，如果劳动纠纷由法院做口头审理，则在第14条第1款规定的诉讼案应公开审理的要求之内。审理应公开进行是国家的义务，不取决于有关当事方的任何请求。国内立法和司法实践都必须规定公众旁听审判的可能，只要公众有此希望。在本案中，委员会注意到，《荷兰民法典》旧的第1639w条对诉讼的公开性或非公开性没有作任何规定，看来在事实上公众没有旁听。但在本案中很不清楚的是，审理是不是不公开进行

---

[88] (2001) UN doc CCPR/CO/72/NET. 另见委员会对哥伦比亚的结论性意见，(1997) UN doc CCPR/C/79/Add.75, para 21。

[89] 《国际刑事法院罗马规约》第68条第5款。

的。提交人的来文没有声称他或其律师正式要求诉讼应公开进行，或分区法院对诉讼应不公开进行作出了任何裁定。委员会根据所获资料，无法认定提交人的案件中的诉讼不符合第14条第1款含义之内的"公开审理"的要求。

6.2. 委员会认为，法院必须让公众获悉有关口头审理的时间和地点的信息，并在合理的限度内，为有兴趣的公众列席旁听提供充分的便利，其中应考虑到诸如公众对案件的潜在兴趣、口头审理的时长以及提出公开审理之正式要求的时间。如果事实上没有有兴趣的公众被拒绝旁听口头审理，则法院未能安排更大的法庭房间并不构成对获得公开审理的权利的侵犯。

[14.104] 对于证明不公开审判的正当合理性，缔约国负有举证责任。[90] 在赫罗申科诉俄罗斯联邦案（*Khoroshenko v Russian Federation*，1304/2004）中，俄罗斯未能履行这一责任——提交人及其同案被告的亲属被排除在审判之外，因此被认定违反了第14条第1款。[91] 在ZP诉加拿大案（*ZP v Canada*，341/1988）中，提交人诉称，对他受指控的强奸罪的审判不是"公开的"。[92] 加拿大回应说，"基于道德原因可将公众排除在审判之全部或部分之外，是一种在性侵害案件中经常提出和获准的要求"。[93] 人权事务委员会认定，提交人的申诉没有得到充分证实。[94]

第14条第2款——无罪假定

[14.105] **第32号一般性意见**

30. 根据第14条第2款，凡受刑事控告者，在未依法证实有罪之

---

[90] *Estrella v Uruguay* (74/1980), para 10.
[91] 在委员会意见的第9.11段。
[92] 在委员会意见的第3.3（j）段。
[93] 在委员会意见的第4.6段。
[94] 在委员会意见的第5.6段。

前，应有权被假定为无罪。无罪假定是人权保护的基本要素，要求检控方承担指控的举证责任，保障在指控被证明为排除合理怀疑之前，不得假定被告有罪，确保罪疑时应有利于被告，并要求必须根据这一原则对待被指控犯有刑事罪行者。所有公共当局均有义务不对审判的结果作出预先判断，如不得发表公开声明指称被告有罪。被告通常不得在审判期间被戴上镣铐或被关在笼中，或以其他表明他们可能是危险罪犯的方式被带到法庭。媒体应避免作出会损及无罪假定的报道。此外，审前拘禁时间的长短不能被用作表示是否有罪及其严重程度的指标。拒绝保释或在民事诉讼中对赔偿责任的认定并不损及无罪假定。

[14.106] 欧文诉法国（*Owen v France*，1620/2007）

提交人是一位英国国民，他在法国与人合建了一家公司，他在其中担任不取酬的名誉职位。他在领取失业救济金时——这包括了他在法国的一段时间——没有申报这一职位，并因为作出这种虚假陈述而被定罪。他声称这违反了第 14 条第 2 款。

9.5. 关于根据第 14 条第 2 款提出的申诉，委员会注意到提交人的论点，即应由"法国工商业就业协会"举证，证明提交人担任的经理职务禁止其寻求全职工作，而刑事法院翻转这一举证责任违反了无罪假定原则。委员会也注意到缔约国的论点，即提交人被指控为获得失业救济金而欺诈或作出虚假陈述，因此针对提交人的指控构成法国《劳工法》第 L.365-1 条规定的罪行。委员会注意到，刑事法院在其于 2001 年 6 月 22 日的判决中指出，提交人在其于 1996 年 1 月 31 日向"法国工商业就业协会"提交的申请中，对"你目前是否为公司、团体或协会的代理人"这一问题的回答是"否"；根据《劳工法》第 L.351 条及随后各条，要获得失业救济金，必须是失业并确实一直在找工作；提交人没有证明，在案件所涉期间，他作为"海滨通信"公司经理的身份允许他把全部时间都积极用来找工作；在这种情况下，提交人必然知道 1996 年 1 月 31 日填写的誓词是虚假的。

9.6. 委员会忆及其关于第 14 条的第 32 号一般性意见，其中指出，无罪假定是人权保护的基本要素，要求检控方承担指控的举证责任，保障在指控被证明为排除合理怀疑之前,不得假定被告有罪,确保罪疑时应有利于被告,并要求必须根据这一原则对待被指控犯有刑事罪行者。在本案中,不可否认的是,提交人因其律师未尽职责而没有获得适当的辩护。同样未被否认的是,在2001年5月25日的审理中,提交人没有由其律师代理,而是由另一位没有获得授权的律师代理;而正是在这次审理中,传票的内容和针对提交人的指控的内容得到了详细解释。在这次审理中,刑事法院只是声明提交人未能证明他没有违反《劳工法》第L.351条及随后各条,而没有提供任何证据来支持这一指控。鉴于提交人获得的辩护机会有限,委员会认为,缔约国法院施予提交人不成比例的举证责任,对其犯有被指控的罪名没有排除合理怀疑。因此,委员会认为,缔约国违反了第14条第2款。

[14.107] **格里丁诉俄罗斯联邦**(*Gridin v Russian Federation*,770/1997)如以下引文所详细表明的,该案的提交人诉称,高级执法官员公开声明他有罪违反了第14条第2款,[95] 对此人权事务委员会表示同意:

3.5. 提交人声称,他享有的无罪假定权利受到了侵犯。从1989年11月26日至30日,电台和报纸都报道说,提交人就是那位强奸过多名女孩并杀害了其中三名的吓人凶手"电梯小子"。此外,1989年12月9日,警察首长宣布他确信提交人就是凶手,而电视台播出了这番话。再者,提交人诉称,调查人员在法院审理之前就在公开会议上宣布提交人有罪,并要求公众派出起诉人。其结果是,据提交人称,在对他的审判中,共有十名民间起诉人(social prosecutor)出席,而他却只有一名民间辩护人(social defender)为他辩护,该辩护人后来还被迫离开了法庭。……

8.3. 关于据称的无罪假定受到侵犯,包括高级执法官员公开声明提交人有罪,媒体大肆报道这些言论,委员会注意到,缔约国最高法院提到了此事,但在审理提交人的上诉时并没有具体处理这一问题。委员会

---

[95] See also eg *Mwamba v Zambia* (1520/2006), para 6.5; *Marinich v Belarus* (1502/2006), para 10.6; *Kulov v Kyrgyzstan* (1369/2005), para 8.7; *Engo v Cameroon* (1397/2005), para 7.6; *Larrañaga v Philippines* (1421/2005), para 7.4.

提及其有关第14条的第13号一般性意见,其中指出:"因此,所有公共当局都有义务不对审判的结果作出任何预先判断。"在本案中,委员会认为,当局没有做到第14条第2款要求其实行的克制,因此提交人的权利受到了侵犯。

[14.108] 在麦克塔格特诉牙买加案(*McTaggart v Jamaica*, 749/1997)中,提交人也诉称,负面公开报道使其未得到公正审判。因为这种负面公开报道发生在牙买加以外的另一国家(加拿大),所以没有被认定为违反《公约》。[96]

[14.109] **萨伊多夫诉乌兹别克斯坦**(*Saidov v Uzbekistan*, 964/2001)

6.6. 提交人进一步声称,由于国家指导的媒体在审前进行大量的不利报道,将提交人的丈夫和与其一同被指控者称为罪犯,从而对随后进行的法庭诉讼产生了不利影响,因此她丈夫在未证实有罪之前应被假定无罪的权利受到了侵犯。由于缔约国在这方面没有提供任何资料或提出反对意见,委员会决定,必须适当看重提交人的指控,应得出结论认为,萨伊多夫先生根据第14条第2款享有的权利受到了侵犯。

人权事务委员会指出,在该案中,媒体是"国家指导的"。可以说,正如第32号一般性意见所指出的[14.105],如果一缔约国未能适当地规范对审判的报道,则私营媒体的负面报道也会侵犯获得公正审判的权利。

[14.110] 在卡里莫夫等人诉塔吉克斯坦案(*Karimov et al. v Tajikistan*, 1108 and 1121/2002)中,在审判中对两名被告的侮辱性展示(戴着手铐、关进笼子),再加上一位高级官员在法院发表的有偏见的评论,被认定违反了无罪假定。没有证据表明,他们实际上被法院假定为有罪,但法院之内的实质性行动足以表明对这一权利的损害。[97] 同样,在对贝宁的结论性意见中,人权事务委员会称:[*]

21. 委员会认为,要求审前被拘禁者和被定罪者都必须穿着标明其被拘禁地点的外套是侮辱性的待遇,而且要求审前被拘禁者在审判期间

---

[96] 在委员会意见的第8.4段。See also *Chadee v Trinidad and Tobago* (813/1998).

[97] 在委员会意见的第7.4段。

[*] (2004) UN Doc CCPR/CO/82/BEN.

必须穿着这类外套可能违反无罪假定原则（《公约》第 7 条 [9.51] 和第 14 条）。

[14.111] **卡加斯、布廷和阿斯提勒罗诉菲律宾**（*Cagas, Butin, and Astillero v Philippines*, 788/1997）

7.3. 关于拒绝保释违反第 14 条第 2 款的指称，委员会认定，拒绝保释并不必然影响提交人被假定无罪的权利。然而，委员会认为，超过 9 年的预防性拘禁是时间过长的拘禁，确实影响了被假定无罪的权利，并因此表明了对第 14 条第 2 款的违反。

[14.112] 第 14 条第 2 款仅适用于刑事诉讼，而不适用于民事诉讼，就如下列案件所显示的。

莫拉埃勒诉法国（*Morael v France*, 207/1986）

该案中的提交人主张，认定他对公司债务负有责任的民事诉讼违反了第 14 条第 2 款：

2.3. 关于第 14 条第 2 款，提交人辩称，第 67-563 号法第 99 条不仅是民事性的，而且也是刑事性的，并在这一方面提到，在敦刻尔克商业法庭的诉讼中，听取了检察官的证词。他还辩称，上诉法院命令他支付 300 万法郎的裁决相当于一项刑事制裁。他因此声称，他本应当享有无罪假定的权利。

人权事务委员会不同意提交人将其所受惩罚归类为"刑事的"：

9.5. 提交人诉称，针对他提起的承担责任的诉讼违反了《公约》第 14 条第 2 款规定的无罪假定原则。对此，委员会指出，该规定仅可适用于被指控犯有刑事罪行的人。根据先前的《破产法》第 99 条，在公司管理人员不能证明其尽职时，将假定他们负有责任。但是这种假定不涉及对任何刑事罪行的指控。相反，这一假定涉及的是由某人的行为导致的风险的责任制度——这一制度在私法中是为人熟知的，甚至可能表现为排除一切相反证据的绝对客观责任的形式。从需要审议的情况来看，确立的责任有利于债权人，而且责成管理人员承担的数额与债权人遭受的损失相符，支付这些款额是为了承担公司的责任。《破产法》第 99 条的目的在于赔偿债权人，但也在于给予处罚，不过这些处罚是民法性而非刑法性的处罚。第14条第2款中有关无罪假定的规定因此不能适用于本案。据称《破产法》第99条后来被修改，取消了从责任的实质解决来看不公平的过错假定，但这一主张不能改变以上结论，因为这一情况本身并不意味着先前的规定有违所提到的《公约》条款。

同样，在WJH诉荷兰案[98]（*WJH v the Netherlands*，408/1990）和WBE诉荷兰案[99]（*WBE v the Netherlands*，432/1990）中，委员会认定，第14条第2款不适用于对据称的误审提出索赔的诉讼。在马提欧达基斯诉希腊案（*Mathioudakis v Greece*，1572/07）中，委员会确认，在有关因为据称造假而撤销大学学位的行政诉讼中，并不存在无罪假定的权利。

第14条第3款（子）项——被告知指控的权利

[14.113] **第32号一般性意见**

31. 第3款（子）项规定所有受到刑事指控的人有权迅速以其通晓的一种语言被详细地告知对其提出之指控的罪名及案由，这是第14条规定的刑事诉讼中最低限度保障的第一项。这一保障适用于所有刑事指控案件，包括未被拘禁者，但是不适用于提出指控前的刑事调查。[100] 通知逮捕理由是由《公约》第9条第2款另行保障的。"迅即"被告知指控的权利要求，在有关个人根据国内法被正式指控犯有刑事罪行时或被公开称为犯罪嫌疑人时，立即给予告知。可以用口头——但须事后经书面确认——或者书面通知指控来满足第3款（子）项的具体要求，但告知必须说明指控所依据的法律及声称的大致事实。在缺席审判的情况下，第14条第3款（子）项的要求是，尽管被告缺席，但必须采取一切适当步骤告知被告有关指控和通知他们诉讼的情况。

98　在委员会意见的第6.2段。
99　在委员会意见的第6.6段。
100　See *Khachatrian v Armenia*（1056/2002），para 6.4.

[14.114] 第14条第3款（子）项要求，一旦当局决定对某人提出刑事指控，该人即应被告知所受指控。这一要求与第9条第2款存在区别，后者在提出指控前适用，即要求当有人因与刑事指控有关而被逮捕时，应告知其逮捕的理由。[101] 还可以注意到，第14条第3款（子）项的要求比第9条第2款的要求"更精确"。[102] 根据第9条第2款，被逮捕者知晓其被逮捕的理由就足矣，而所涉个人必须毫无例外地受到正式指控，才能满足第14条第3款（子）项的要求。[103]

[14.115] **库巴诺夫诉塔吉克斯坦**（*Kurbanov v Tajikistan*，1096/2002）

7.3.……缔约国提交的文件证明，库巴诺夫先生在2001年5月5日因其他原因被拘禁之后，在2001年6月11日被告知他是2001年4月29日杀人案的嫌疑人，但是直至2001年6月30日，他才被指控这些罪行。从2001年5月5日被拘禁以来，除了从2001年7月23日起的最后一个星期之外，他一直未得到律师的帮助。委员会认为，在提出对被拘禁的提交人的指控以及保证其得到律师中存在的拖延影响了库巴诺夫先生为自己辩护的可能，构成对《公约》第14条第3款（子）项的违反。

第14条第3款（丑）项——准备辩护

[14.116] **第32号一般性意见**

32. 第3款（丑）项规定被告必须有充分时间及便利准备他的辩护*，并与他自己选择的律师联络。该条是保障公正审判和适用诉讼手段平等原则的一个基本要素。在被告是穷困者的情况下，只有在审前和审判期间免费提供通译，才可能确保与律师的联络。……

---

[101] See *Kelly v Jamaica* (253/1987) [11.48].
[102] *McLawrence v Jamaica* (702/1996), para 5.9.
[103] See also *Vicente et al. v Colombia* (612/95), para 8.7.
* 英文用词为"defence"，《公约》第14条第1款作准中文本中与之对应的用词为"答辩"。由于中文法律语言中以"辩护"指刑事案件中被告的答辩，因此中译本一律使用"辩护"作为"defence"的对应用词。

[14.117] **格里丁诉俄罗斯联邦** (Gridin v Russian Federation, 770/1997)

8.5. 关于来文的指称, 即提交人在被逮捕后头5天里没有获得律师, 委员会注意到缔约国答复称, 提交人已经依法得到了代理。但是, 缔约国并没有反驳提交人的申诉, 即他在被拘禁后立即就要求获得律师, 却被置之不理。缔约国也没有驳斥提交人的另一申诉, 即对他的审讯是在他没有向律师咨询的情况下进行的, 虽然他此前曾反复请求这种咨询。委员会认定, 在提交人请求之后仍不准他联络律师并在此期间审讯他, 构成对提交人根据第14条第3款（丑）项所享有的权利的侵犯。另外, 委员会认为, 提交人不能私下向其律师咨询——缔约国并未反驳这一点——也构成对《公约》第14条第3款（丑）项的违反。

许多案件确认了格里丁案中提出的原则, 即在包括警察审问期间在内的审前程序中, 都必须有律师可用。[104] 另外, 在对英国的结论性意见中, 委员会表示关切的是, 根据反恐立法, 如果警方认为过早与律师联络会影响他们办案, 则法律允许与律师联络被推迟最长48小时; 委员会呼吁英国保证因刑事指控而被逮捕或拘禁的所有人（包括涉嫌恐怖主义活动者）"立即与律师联络"。[105]

何为"充分之时间"？

[14.118] **第32号一般性意见**

32. ……什么构成"充分之时间"取决于每起案件的情况。如果律师合理地认为准备辩护的时间不足, 他们有责任请求休庭。除非法官发现或本应当发现律师的行为不符合司法利益, 否则缔约国不必为该律师的行为负责。如休庭的请求合理, 则必须予以批准, 特别是在被告被指控犯有严重的刑事罪行, 并且需要更多时间准备辩护的情况下。

[14.119] **史密斯诉牙买加** (Smith v Jamaica, 282/1988)

10.4. 提交人诉称, 他未得到充分的时间准备其辩护, 以及因此有

---

[104] See eg *Smartt v Guyana* (867/1999), para 6.3; *Lyashkevich v Uzbekistan* (1552/2007), para 9.4; *Khuseynov and Butaev v Tajikistan* (1263-4/2004), para 8.4. Cf *Levinov v Belarus* (1812/08), para 8.3.

[105] (2008) UN doc CCPR/C/GBR/CO/6, para 19. 另见委员会对荷兰的结论性意见, (2009) UN doc CCPR/C/NLD/CO/4, para 11。

几位辩方的关键证人没有被找到或被传唤作证。对此，委员会忆及其以往判例，即被告有充分时间及便利准备其辩护的权利是保障公正审判的一个基本要素和诉讼手段平等原则的一个表现。为了判定什么构成"充分之时间"，需要评估每起案件的具体情况。在本案中没有争议的是，辩护是在审判的第一天准备的。委员会所获资料表明，法院任命的律师之一要求另一位律师代替他，此外，另一位被指派代理提交人的律师在审判前一天退出；当审判将要在上午10时开始时，提交人的律师请求推迟到下午2时，以使他能够获得专业助手并与其委托人见面，因为前一天监狱当局不允许他深夜会见委托人。委员会注意到，法官同意了这一请求——其意图在于消除法院日程上积压的案件。因此，在陪审团组成后，律师只有四个小时寻找一位助手并与提交人匆忙交流。委员会认为，这一时间不足以充分地准备死刑案件中的辩护。所获资料还表明，这影响了律师决定传唤哪些证人的可能性。委员会认为，这构成对《公约》第14条第3款（丑）项的违反。

[14.120] **查安诉圭亚那**（*Chan v Guyana*, 913/2000）

6.3. 委员会认为，在死刑案件中，被告律师在被指派为被告法律援助律师之时，在审判首日缺席，通过代表请求延期审理，在此种情况下，法院必须确保推迟庭审能够使被告有充裕的时间与其律师一道准备辩护。在死刑案件中，法官显然应该明白，律师仅请求延期两个工作日，并在此期间忙于另外一个案件，是不符合司法利益的，因为没有为提交人提供充分时间及便利准备他的辩护。有鉴于此，而且在缔约国没有作出任何解释的情况下，委员会的结论是，提交人在审判中没有得到有效代表，这违反了《公约》第14条第3款（丑）项和（卯）项。[106]

[14.121] **索耶斯、麦克莱恩和麦克莱恩诉牙买加**（*Sawyers, McLean and McLean v Jamaica*, 226, 256/1987）

在该案中，人权事务委员会指出：[107]

---

[106] See also eg *Larrañaga v Philippines* (1421/2005), para 7.5; *Phillip v Trinidad and Tobago* (594/1992), para 7.2.

[107] See also *Grant v Jamaica* (353/1988), para 8.4.

13.6.……判定什么构成"充分之时间"取决于对每起案件之情况的评估。尽管没有争议的是,每一位提交人在审判之前见到其律师都不超过两次,但是委员会无法得出结论认为,律师处于一种不能合适地为案件准备辩护的境地中。尤其是,委员会所获资料并未显示,曾基于时间不足的理由请求延期,或者曾提出主张说,法官会拒绝延期。……

在若干其他案件中,对于被告没有请求延期审理的情况,委员会拒绝认定这违反了第14条第3款(丑)项。[108] 未做到请求延期审理可能类似于未做到用尽当地救济——并不能要求国家对此承担责任。

何为"充分之便利"?

[14.122] **第32号一般性意见**

33. "充分之便利"必须包括能够获取文件和其他证据;这种获取必须涵盖检控方计划在法庭上针对被告提出的或者可开脱被告罪责的全部资料。开脱罪责的资料应被理解为不仅包括证明无罪的资料,而且包括其他可能有助于辩护的证据(比如,证明供认不是出于自愿)。在指称证据是以违反《公约》第7条的方式获得的情况下,必须提供关于如何获得这类证据的情况的资料,以评估这一指称。如果被告不懂诉讼所用语言,但由熟悉该语言的律师代表,则向该律师提供案卷中的有关文件可能便已足够。

[14.123] **亚辛和托马斯诉圭亚那**(*Yasseen and Thomas v Guyana*,676/1996)

7.10. 关于日记和笔记簿消失不见的问题,委员会注意到,提交人声称这些东西可能载有开脱罪责的证据。缔约国没有处理这一指称。在缔约国未提出任何解释的情况下,委员会认为必须适当看重提交人的指控,而在最后审判期间(1992年)没有提出在第一次审判期间(1988年)提出的可能载有有利于提交人之证据的警察文件,构成对第14条第3款(丑)

---

[108] See also *Wright v Jamaica* (349/1989), para 8.4; *Henry v Jamaica* (230/1987), para 8.2; *Thomas v Jamaica* (272/1988), para 11.4.

和（辰）项的违反，因为这可能阻碍了提交人准备其辩护。

[14.124] 在托马斯诉牙买加案（*Thomas v Jamaica*, 532/1993）中，缔约国未做到在死刑案件中向提交人提供法律援助，也未做到向他提供另一人所作的、将使他脱罪的供述的副本。对于牙买加未做到向被告提供法律援助以调查该案，人权事务委员会认定第14条第3款（卯）项被违反。未做到将有关供述交给提交人本应构成对第14条第3款（丑）项的单独违反。

[14.125] **哈瓦德诉挪威**（*Harward v Norway*, 451/1991）

9.4.《公约》第14条保护获得公正审判的权利。这一权利的一个基本要素是被告必须有充分时间及便利准备其辩护，这载于第14条第3款（丑）项。但是，第14条并未明确规定被告有权以一种他懂得的语言直接了解在准备对他的审判时使用的所有文件。[109] 委员会面临的问题是，在提交人的特定案情中，缔约国没有提供在准备审判的过程中使用的所有文件的译文这一事实是否侵犯了哈瓦德先生获得公正审判的权利，或更具体地说，是否侵犯了他依据第14条第3款（丑）项所享有的有充分便利准备其辩护的权利。

9.5. 委员会认为，被告方有机会知晓对其不利的书面证据对于保障公正审判很重要，然而，这并不意味着不懂法庭所用语言的被告有权得到刑事调查中所有相关文件的译文，条件是被告的律师可以查阅相关文件。委员会注意到，哈瓦德先生由他自己选择的一名挪威律师代表，后者可以查阅所有案卷，而且在与哈瓦德先生会面时，有一名通译提供协助。因此，辩护律师有机会知晓案卷内容，如果他认为有必要，还可以在会面时将挪威文的文件念给哈瓦德先生听，以便哈瓦德先生能够通过翻译注意到文件的内容。如果律师认为可供他用于准备辩护的时间（刚超过6个星期）不足以使他了解全部案卷的内容，他本可以要求延期审理，但他没有这样做。委员会的结论是，在本案的特定情况中，哈瓦德先生获得公正审判的权利，更具体地说，有充分便利准备其辩护的权利，并没有受到侵犯。

---

[109] 另见委员会对波兰的结论性意见，(2010) UN doc CCPR/C/POL/CO/6, para 21。

与自行选任之律师联络的权利

[14.126] **第 32 号一般性意见**

34. 与律师联络的权利要求及时准予被告与律师联系。律师应当能够私下会见委托人,在通信保密得到充分尊重的条件下与被告联络。另外,律师应当能够向刑事被告提供咨询意见,根据公认的职业道德标准代表被指控犯有刑事罪行的人,而不受任何方面的限制、影响、压力或不当的干涉。

[14.127] **凯利诉牙买加**(Kelly v Jamaica, 537/1993)

9.2. ……案卷显示,提交人在 1987 年* 3 月 24 日被带到警察局时告诉警官,他想与他的律师麦克罗伊德先生谈话,但警官在 5 天内没有理睬该请求。在这样的情况下,委员会的结论是,提交人根据第 14 条第 3 款(丑)项享有的与其选任的律师联络的权利受到了侵犯。这一权利在很大程度上与第 14 条第 3 款(卯)项规定的权利相重叠,下文将作进一步讨论。

[14.128] 人权事务委员会在众多场合确认,与外界隔绝的拘禁违反第 14 条第 3 款(丑)项,因为这种权利使得被拘禁者不可能接触律师。[110]

第 14 条第 3 款(寅)项——审判不得无故拖延的权利

[14.129] **第 32 号一般性意见**

35. 第 14 条第 3 款(寅)项规定了被告不得无故拖延**地受审的权

---

* 委员会意见原文此处为"1988 年",有误,应为 1987 年。

110 See *Drescher Caldas v Uruguay* (43/1979), *Carballal v Uruguay* (33/1978), *Izquierdo v Uruguay* (73/1980), *Machado v Uruguay* (83/1980).

** 英文用词为"delay",《公约》第 14 条第 1 款中文本中与之对应的用词为"稽误"。由于"稽误"一词较生僻,因此中译本一律使用"拖延"作为"delay"的对应用词。

利,这一权利不仅旨在避免使被告过久处于命运不定的状态,还旨在——如果在审判期间被拘禁——确保如此剥夺自由不超过具体案件的情况的需要,而且服务于司法的利益。必须根据每起案件的具体情况评估什么才是合理,其中主要考虑案件的复杂性、被告的行为以及行政和司法当局处理案件的方式。在法院不允许保释被告的情况下,必须尽速审判他们。这一保障不仅涉及从正式指控被告到应开始审判之时这一期间,而且还涉及直至对上诉作出最后判决的期间。所有阶段,无论是在初审或在上诉中,都不得"无故拖延"。

[14.130] 第14条第3款(寅)项在很大程度上与第9条第3款重合,后者保障受审前拘禁者有权"在合理时间内"得到审判或释放。[111] 第9条第3款调整的是审判前的拘禁时长,而第14条第3款(寅)项调整的是在逮捕与审判之间的时长,不论有关个人是否被拘禁。

[14.131] 判断是否存在"无故拖延"取决于案件的情况和复杂程度。在这一方面,刑事上的"尽速"规则对应了被纳入第14条第1款的、有关民事审判的"尽速"规则。[112] 在沃尔夫诉巴拿马案(*Wolf v Panama*,289/1988)中,一起欺诈案件中从逮捕到作出判决之间四年半的拖延没有违反第14条第3款(寅)项,因为按委员会所指出的,"对欺诈指控的调查可能是复杂的,而提交人没有表明案情并不需要延长诉讼时间"。[113]

[14.132] **希尔和希尔诉西班牙**(*Hill and Hill v Spain*,526/1993)

在该案中,提交人诉称,从他们被逮捕到最后上诉之间三年的拖延违反了第14条第3款(寅)项,人权事务委员会对此予以了支持:

> 12.4. 提交人于1985年7月15日被逮捕,1985年7月19日被正式指控。对他们的审判直到1986年11月才开始,对他们的上诉直到1988年7月才处理。这种拖延中,只有一小部分可归咎于提交人更换律师的决定。缔约国辩称,拖延是由于"案件的复杂性",但没有提供资料表明所谓的复杂性何在。委员会在审查过向它提供的所有资料后,看不出

---

111 见第[11.58]及以下各段。
112 见第[14.90]及以下各段。
113 在委员会意见的第6.4段。另见,*Sama v Germany*(1771/2008)。

该案件在哪一方面可被认为复杂。唯一的证人是在 1985 年 7 月的审理中作证的目击证人,没有迹象表明,在审理完成后需要任何进一步的调查。在这种情况下,委员会认定,缔约国侵犯了提交人根据第 14 条第 3 款(寅)项享有的不得无故拖延地受审的权利。

[14.133] 人权事务委员会在沃尔夫案和希尔案中的决定似乎在举证责任方面不一致。在沃尔夫案中,提交人被要求表明诉讼本不应耗时如此之久,而在希尔案中,相应的义务则由国家承担,以证明诉讼本应耗时如此之久。能区别两者的因素可能是,与调查希尔兄弟的据称罪行——对一辆车纵火——相对"简单"相比,沃尔夫的据称罪行——欺诈——具有内在的复杂性。不过,这也表明,在根据《任择议定书》审议的案件中,委员会在举证责任方面存在不一致的情况。[114]

[14.134] **凯利诉牙买加**

5.11.……提交人辩称他根据第 14 条第 3 款(寅)项享有的权利即不得"无故拖延"地受审的权利受到了侵犯,因为从他被逮捕到一审开始历时近 18 个月。……[委员会]不能得出结论认为,从逮捕到一审开始历时一年半构成"无故拖延",因为没有迹象表明审判调查本可以早些结束,或提交人就此向有关当局提出了申诉。

[14.135] **塞克斯图斯诉特立尼达和多巴哥**(*Sextus v Trinidad and Tobago*,818/1998)

提交人的申诉有关他被逮捕和一审之间 22 个月的拖延,还有从一审到上诉之间 4 年 7 个月的拖延。人权事务委员会作出了有利于提交人的认定:

7.2. 关于不合理的审前拖延的申诉,委员会忆及其判例,即"凡涉及诸如杀人(homocide)或谋杀等严重指控的案件以及在法院拒绝被告保释的情况下,被告必须以尽速方式受到审判"。[115] 在本案中,提交人是在罪行事发当天被逮捕的,被指控犯有谋杀罪并且一直被关押到开庭审理,而事实证据直接明了,显然不需要警方做多少调查,因此委员会

---

114 就这一方面,另见第[6.44]及以下各段。
115 引自,*Del Cid Gómez v Panama* (473/1991), para 8.5。See also *Smantser v Belarus* (1178/2003), para 10.4.

认为，对于为何拖延22个月才开庭审理，必须给出确凿充实的理由。缔约国只是指出了在未遂政变之后一些普遍性问题和局势不稳定的情况，并承认由此形成的拖延。在此情况下，委员会的结论是，提交人根据第9条第3款和第14条第3款（寅）项享有的权利受到了侵犯。

[14.136] 在托马斯诉牙买加案（Thomas v Jamaica, 614/1995）[116] 和布朗诉牙买加案（Brown v Jamaica, 775/1997）[117] 中，从逮捕到审判之间23个月的拖延违反了第14条第3款（寅）项。在亚辛和托马斯诉圭亚那共和国案（Yasseen and Thomas v Republic of Guyana, 676/1996）中，从下令重审到对重审结果的上诉结束之间2年的拖延违反第14条第3款（寅）项，[118] 尽管提交人的律师要对其中3个月的拖延负责。[119] 在史密斯和斯图尔特诉牙买加案（Smith and Stewart v Jamaica, 668/1995）中，在审判和上诉之间25个月的拖延违反了第14条第3款（寅）项。[120] 另一方面，在汉克尔诉牙买加案（Hankle v Jamaica, 710/1996）中，14个月的拖延并没有构成对第14条第3款（寅）项的违反，[121] 在凯利案［14.134］、格伦福德·坎贝尔诉牙买加案（Glenford Campbell v Jamaica, 248/1987）或拉提亚尼诉格鲁吉亚案（Ratiani v Georgia, 975/2001）中，18个月的拖延也没有构成违反。另外，在胡赛因诉毛里求斯案（Hussain v Mauritius, 980/2001）中，一项有关11个月的拖延的指控，因为未能提出《公约》被违反的证据，而被人权事务委员会裁决为不可受理。[122]

因此，在逮捕和一审定罪之间22个月的拖延（如同塞克斯图斯案中的

---

[116] 在委员会意见的第9.5段。
[117] 在委员会意见的第6.11段。
[118] 在委员会意见的第7.11段。
[119] 在委员会意见的第5.7段。
[120] 在委员会意见的第7.4段。
[121] 在委员会意见的第6.6段。在麦克塔格特诉牙买加案（McTaggart v Jamaica, 749/1997）中，在逮捕和审判之间一年的拖延尽管"不可取"，但并未构成违反（委员会意见的第8.2段）。另见，Campbell v Jamaica (248/1987)，其中在定罪和驳回提交人的上诉之间10个月的拖延并不构成违反（委员会意见的第6.8段）。
[122] 在委员会意见的第6.5段。

情况［14.135］）或更长时间的拖延，[123] 以及/或者在定罪和上诉结束之间的拖延，表面上看来违反第 14 条第 3 款（寅）项。非常特殊的情况，诸如案情极其复杂，可以作为较长时间拖延的理由。更短时间的拖延看来符合第 14 条第 3 款（寅）项。

［14.137］ **斯蒂芬斯诉牙买加**（*Stephens v Jamaica*，373/1989）

9.8. 最后，提交人指称，由于从一审到上诉之间的拖延，第 14 条第 3 款（寅）项和第 5 款被违反。在这一方面，委员会注意到，在一位伦敦的律师准备向枢密院司法委员会申请许可提交人的特许上诉期间，斯蒂芬斯先生在审判时的法律援助律师尽管被反复要求，但一直没有解释在一审与 1986 年 12 月上诉审理之间拖延的原因。尽管在死刑案中从一审到上诉之间有几乎 2 年 10 个月的拖延令人遗憾和关切，但委员会不能根据它所获得的材料得出结论认为，这一拖延可主要归咎于缔约国而非提交人。

因此，在拖延可归咎于提交人或其律师的情况中，并不存在对第 14 条第 3 款（寅）项的违反。[124]

［14.138］ **鲁玛诺格和桑托斯诉菲律宾**（*Lumanog and Santos v Philippines*，1466/2006）

该案有关决定一个死刑案中的拖延。

8.4. 委员会忆及，被告不得无故拖延地受审的权利，不仅旨在避免使被告过久地处于命运未卜的情况，而且在被告于审判期间被拘禁的情况中，旨在确保这种剥夺自由的状况不超过具体案件的情况需要的时间，同时也符合司法的利益。在这一方面，委员会指出，提交人自 1996 年以来一直被拘禁，而且对他们 1999 年 7 月 30 日被定罪的复审在最高法院等待了 5 年之后，才于 2005 年 1 月 18 日被转交给上诉法院。如今，从案件转给上诉法院以来又过去了 3 年多之后，提交人的案件仍未得到审理。

---

123 亚辛案可能表明，21 个月并不足以造成违反：见前注 118 之正文。
124 See also *Brown v Jamaica* (775/1997), *Berry v Jamaica* (330/1988), *VB v Trinidad & Tobago* (485/1991), *Jones v Jamaica* (585/1996), *Jessop v New Zealand* (1758/2008).

8.5. 委员会认为，对复审死刑案件增设一级司法管辖权，是维护被告利益的积极步骤。然而，缔约国有义务以确保能够有效且迅速地处置案件的方式组织其司法工作制度。委员会认为，缔约国在审理的不当拖延方面，未做到考虑刑事诉讼程序的变革对本案造成的后果，因为在本案中，对刑事定罪的复审在最高法院被搁置多年，而且有可能在程序规则变革之后不久即得到审理。

8.6. 委员会认为，根据上诉情况，对于上诉审理中的拖延——上级法院在8年多的时间里仍未复审对提交人的判决和定罪，不存在正当理由。因此，委员会认定，提交人根据《公约》第14条第3款（寅）项享有的权利受到了侵犯。

[14.139] 在若干针对牙买加的案件中，提交人的对于牙买加上诉法院的裁决向枢密院司法委员会上诉的权利，都因为上诉法院未能作出书面说理判决而受到阻挠。由于没有这些法院文件，向枢密院的上诉必然无果。[125] 人权事务委员会一贯认定这些拖延构成对第14条第3款（寅）项以及规定刑事案件中的上诉权的第14条第5款的违反。例如，在普拉特和摩尔根诉牙买加案（*Pratt and Morgan v Jamaica*, 210/1986, 225/1987）中，在制作这些文件前45个月的拖延被认定违反了第14条第3款（寅）项和第14条第5款。[126] 在罗杰森诉澳大利亚案（*Rogerson v Australia*, 802/1998）中，澳北区上诉法院在其审理和作出判决之间两年的拖延被认定违反了第14条第3款（寅）项。[127] 另一方面，在雷诺兹诉牙买加案（*Reynolds v Jamaica*, 229/1987）中，在制作文件方面近三年的拖延没有违反第14条第3款（寅）项。委员会甚至没有提到这一保障，这可能表明委员会忽视了这一点。考虑到在其他案件中，不到两年的拖延都能够被认定为违反了第14条第3款（寅）

---

[125] See eg *MF v Jamaica* (233/1988), para 5.2; *Reynolds v Jamaica* (229/1987), para 5.1; *Kelly v Jamaica* (253/1987), para 5.1.

[126] 另见，*Shalto v Trinidad and Tobago* (447/1991), para 7.2（"将近四年"的拖延）；*Little v Jamaica* (283/1988)（五年的拖延）；*Kelly v Jamaica* (253/87)（五年的拖延）。

[127] 在委员会意见的第9.3段。

项，委员会在雷诺兹案中的决定看来是很反常的。[128]

[14.140] **卢布托诉赞比亚**（*Lubuto v Zambia*，390/1990）

对于提交人被逮捕到其上诉被驳回之间8年的拖延，缔约国提出的理由如下：

5.1. 缔约国在1994年12月29日的陈述中承认，卢布托先生案件的诉讼时间过长。缔约国请委员会考虑它是发展中国家的情况以及在司法工作中遇到的问题。缔约国解释说，本案并不是一个孤立案件，在民事和刑事案件中，上诉都要经过相当长的时间才能得到法院处理。缔约国称，这是因为缺乏对司法机构的行政支持。由于没有誊写员，法官不得不在审理过程中逐字记录。然后，这些记录被打印出来、由法官校对，这造成了过度耽搁。缔约国还提到准备法庭文件所要求的费用。

5.2. 缔约国还指出了犯罪增加、法院要判决的案件数量大增的情况。但由于该国糟糕的经济状况，不可能确保为尽速处理案件所需的设备和服务。缔约国提出，它正在努力改善这一情况，它最近已得到9台电脑，预计还将得到40台。

5.3. 缔约国总结说，由于上述情况，提交人的案件未得到及时裁判是难以避免的。缔约国还提出，因为最高法院审理了提交人的上诉——尽管有所拖延，所以本案中不存在对第14条第5款的违反。

在这一点上，人权事务委员会作出了有利于提交人的认定：

7.3. 委员会注意到缔约国有关对提交人的审判过程中拖延的解释。委员会承认缔约国存在困难的经济状况，但希望强调，《公约》规定的权利构成所有缔约国都同意遵守的最低限度的标准。第14条第3款（寅）项规定所有被告均有权不得无故拖延地受审判，这一要求也同样适用于第14条第5款保障的对定罪和判刑获得复审的权利。委员会认为，从提交人1980年2月被捕到1988年2月最高法院作出驳回他上诉的最后裁决历时8年，这不符合第14条第3款（寅）项的要求。

---

[128] 提交人在后来的一次申诉中对此有披露，该申诉对于后来的法院诉讼过程提出了新的指控：*Reynolds v Jamaica* (597/1994)。

因此，一国不能以经济困难为借口，不充分承担其根据第 14 条承担的义务。[129]

第 14 条第 3 款（卯）项

到庭受审的权利

[14.141] **第 32 号一般性意见**

36. 第 14 条第 3 款（卯）项含有三项不同保障。第一，该规定要求被告有权出庭受审判。为了适当的司法工作之利益，在某些情况下可以允许被告缺席的诉讼——例如尽管将诉讼及时事先通知了被告，但被告拒绝行使出庭权利。因此，只有采取了必要步骤及时传唤被告并事先通知其审判的日期和地点，并要求其出庭，这样的审判才符合第 14 条第 3 款（卯）项。

[14.142] **穆本哥诉扎伊尔**（*Mbenge v Zaire*, 16/1977）

14.1.……为了适当的司法工作之利益，在某些情况下（例如尽管将诉讼及时事先通知了被告，但被告拒绝行使出庭权利），可以允许被告缺席的诉讼。然而，第 14 条规定之权利的有效行使要求采取必要措施以事先通知被告针对他的诉讼……。缺席判决要求，尽管被告没有到庭，但必须作出适当的通告，以通知被告针对其审判的日期和地点，并要求其出庭。……

[14.143] **马雷基诉意大利**（*Maleki v Italy*, 699/1996）

提交人在缺席审判中，被判定犯有所指控的贩毒罪。人权事务委员会认定存在对第 14 条第 1 款的违反：

9.3. 委员会过去曾认定，只有当被告被及时传唤并被告知针对他的诉讼时（第 16/1977 号来文，穆本哥诉扎伊尔），缺席审判才符合第 14 条。缔约国为了在缺席审判某人时遵守公正审判的要求，必须表明这些

---

[129] See also *Sextus v Trinidad and Tobago* [14.135], *Mukunto v Zambia* (768/1997), para 6.4. 实际上，经济困难极少能使一国免除其根据《公约》承担的任何义务 [1.133]。

原则得到了尊重。

9.4. 缔约国没有否认马雷基先生受到了缺席审判。然而，缔约国未能表明及时传唤了提交人并通知了他针对他的诉讼。缔约国只是说，它"认为"提交人的律师已经通知他在意大利的针对他的诉讼。如要证明对一名被告的缺席审判正当合理，缔约国如此推卸所负责任显然是不够的。负责审判案件的法院必须查实，在开始进行缺席审判前，提交人已经被告知了此未决案件。由于没有法院如此行为的证据，委员会认为，提交人到庭受审的权利受到了侵犯。

9.5. 委员会希望就此补充一点，如果当初提交人在意大利被捕时有权得到他到庭的重审，那么对提交人到庭受审权利的侵犯本来能够得到救济。缔约国叙述了其有关受到缺席审判的被告申请重审之权利的法律。但是，它没有答复来自一名意大利律师的、提交人提交的一封信件，该信件称，在本案的情况下，提交人无权获得重审。因此必须适当看重该信中提出的法律意见。关于重审权利的规定的原则性存在，在有未得反驳的证据表明这些规定不适用于提交人的案件的情况中，不能被当作为提交人提供了一种潜在的救济。

10. 人权事务委员会根据《公民及政治权利国际公约任择议定书》第5条第4款行事，认为其所获事实显示出对《公约》第14条第1款的违反。[130] 该案是根据第14条第1款而非第14条第3款（卯）项中更具体的保障决定的。这是因为，意大利对第14条第3款（卯）项提具了一项相关保留[26.12]。

[14.144] 在对芬兰的结论性意见中，人权事务委员会称:[131]

15. 委员会表示关切的是，据了解，在芬兰法院被控某些罪行的被告，如其到场并非必要的话，经适当通知后，可能受到缺席审判、被判处罚款或最长三个月的监禁，且在30天后便无可能重审。委员会认为，除非该被告已明确同意此项程序，同时法院已充分知悉被告的情况，否

---

[130] See also *Salikh v Uzbekistan* (1382/2005), *Osiyuk v Belarus* (1311/2004), *Adonis v Philippines* (1815/2008).

[131] (1998) UN doc CCPR/C/79/Add.91.

则这种审判方式可能引起与《公约》第 14 条第 3 款（卯）项和（辰）项不符的问题。委员会建议缔约国审查这一程序。

因此，只有在被告得到了充分通知并有适足机会参加诉讼之时，对被告的缺席刑事审判才能得到容忍。[132]

获得自行选任之律师的权利

[14.145] **第 32 号一般性意见**

37.……如第 14 条第 3 款（卯）项规定，所有被指控犯有刑事罪行的被告有权亲自为自己辩护或通过自己选任的律师辩护，并有权被告知这项权利。这一权利涉及互不排斥的两类辩护。有律师协助的人有权指示其律师如何处理案件——但需在职业责任限度内——并为自己作证。同时，在所有正式语文本中《公约》的措辞都很明确，即规定由本人"或"由自己所选任律师辩护，因此被告有可能拒绝任何律师的协助。然而，这一无律师的自我辩护权不是绝对的。在某一特定审判中，出于司法利益的考虑可能要求违背被告的意愿而指派律师，特别是在以下情况：被告严重地、不断地干扰审判的正常进行，或面临严重指控却无法为其自身利益行事，或这为保护易受伤害的证人——如果他们要由被告诘问——不受困扰和恫吓所必需。然而，对被告亲自为自己辩护的愿望的任何限制，都必须有客观的和足够重大的理由，且不得超越为维护司法利益所必要的限度。因此，国内法应当避免绝对地禁止个人在刑事诉讼中无律师协助而亲自为自己辩护的权利。

[14.146] 第 14 条第 3 款（卯）项在很大程度上与第 14 条第 3 款（丑）项的保障相重叠，尤其是在有关个人获得法律代理方面。因此，这两项经常被认定同时受到违反。

[14.147] **恩哥诉喀麦隆**（*Engo v Cameroon*，1397/2005）

7.8. 关于妨碍提交人准备其辩护，委员会注意到缔约国答复说，一名巴黎的律师两次获得签证，以在 2002 年的两次审理中为其委托人辩

---

[132] See also *Wolf v Panama* (289/1988), para 6.6.

护。然而，缔约国没有答复提交人的指控，即提交人选任的两名巴黎律师协会的律师被阻止进入喀麦隆以在 2001 年 5 月和 2002 年 5 月协助其委托人——这造成了喀麦隆律师拒绝在法庭代理他。缔约国也没有质疑日期署为 2001 年 5 月 4 日的信件的真实性，其中提交人的指控者之一请驻巴黎的喀麦隆大使阻止这两名律师入境。被指控犯有刑事罪行的人有权与其自行选任的律师联络，这是《公约》第 14 条第 3 款（丑）项和（卯）项所规定的公正审理的一项保障。缔约国没有反驳提交人有权由法国律师代理或这些律师有在缔约国法庭上代理他的授权。因此，提交人在联络这些律师的过程中遭遇相当大障碍一事，构成对第 14 条第 3 款（丑）项和（卯）项规定的程序保障的违反。

[14.148] 在埃斯特雷拉诉乌拉圭案（*Estrella v Uruguay*，74/1980）中，提交人只能在官方指派的两个辩护律师之间选择一个，而且在两年多的时间里，仅与其选择的律师见面四次。人权事务委员会表达的观点是，存在对第 14 条第 3 款（丑）项和（寅）项的违反。在拉拉纳加诉菲律宾案（*Larrañaga v Philippines*，1421/2005）中，当提交人不被允许自费聘雇自己的律师，而被迫接受法院指派的律师为其代理之时，就出现了对第 14 条第 3 款（卯）项的违反。[133] 在洛佩兹·布格斯诉乌拉圭案（*Lopez Burgós v Uruguay*，52/1979）中，提交人被迫接受某人作为其律师——尽管该律师与政府存在联系，而不能接触与政府没有联系的平民律师，委员会认定这违反了第 14 条第 3 款（卯）项。同样，在平托诉特立尼达和多巴哥案（*Pinto v Trinidad and Tobago*，232/1987）中，当提交人"已经做了必要的安排让另一律师在上诉法院代理他"时，他本不应被强迫接受一位法院指派的律师——该律师在一审判中表现得很糟糕。[134] 因此，任何人不得被迫接受一位官方指派的律师。[135]

[14.149] 第 14 条第 3 款（卯）项并不使得被告在获得法律援助律师并

---

[133] 在委员会意见的第 7.6 段。See also *Ismailov v Uzbekistan* (1769/2008), para 7.4.
[134] 在委员会意见的第 12.5 段。
[135] See also *Domukovsky et al. v Georgia* (623 – 624, 626 – 627/1995), para 18.9; *Kelly v Jamaica* (253/1987) [14.162]。

且没有其他办法能自行负担法律代理时,有选择律师的权利。[136]

[14.150] **贝利诉牙买加**(*Bailey v Jamaica*, 709/1996)

提交人在1979年被判定犯有作为死罪的谋杀罪。根据新的立法,他所犯罪行在1993年被重新分类为并非死罪的谋杀罪。在重新分类之日,对他设定了20年的不可假释期,他对此提出申诉。人权事务委员会支持了他的申诉,认定第14条第1款和第14条第3款(卯)项被违反:[137]

7.5. 提交人进一步声称,在根据1992年《侵犯人身罪(修正)法》第7条将提交人的罪行重新分类的过程中——其罪行被定为非死罪、不可假释期被定为20年[从重新分类时起算],他根据第14条第1款享有的权利受到了侵犯。据称,提交人没有获知不可假释期为何如此之长的任何理由,也没有得到机会在独任法官主持的程序中发表意见。虽然法律对于重新分类为非死罪的罪行规定的是无期徒刑,但委员会注意到,法官在确定不可假释期时行使了1992的《修正法》赋予他的酌处权力,并作出了一项有别于赦免决定的裁决,这一裁决构成对一项刑事控告之判定的基本部分。委员会注意到,缔约国没有辩驳的是,并没有给予提交人在法官作出裁决前提出任何意见的机会。在这种情况下,委员会认定第14条第1款和第3款(卯)项被违反。

因此,在针对刑事指控进行辩护和对所受刑罚和不可假释期间提出抗辩时,个人都有权获得代理。

[14.151] **考雷亚·德马托诉葡萄牙**(*Correia de Mato v Portugal*, 1123/2002)

该案有关第14条第3款(卯)项规定的自我辩护的权利。[138]

7.3. 委员会注意到,《公约》第14条第3款(卯)项规定,每一位受到刑事指控的被告都应有权"亲自辩护或由其选任律师辩护"。这两类辩护互不排斥。得到律师协助的个人保留了代表自己辩护、自己获

---

[136] See *Pratt and Morgan v Jamaica* (210, 225/1987); *Teesdale v Trinidad and Tobago* (677/1996), para 9.6.

[137] See also *Gallimore v Jamaica* (680/1996), para 7.2.

[138] See also *Hill v Spain* (526/1993), para 14.2.

得审理并就案情表明其观点的权利。同时，委员会认为，在所有正式语文本中《公约》的措辞都很明确，即以被告亲自辩护的权利为出发点，规定由本人"或"由自己所选任的律师辩护。事实上，如果被告不得不接受一位他不信任的多余律师，那么他将无法为自己做有效辩护，因为这样的律师无法为他提供帮助。因此，若违背被告的意愿指派一名律师，则亲自辩护权这一司法的基石就可能受到损害。

7.4. 然而，这一无律师的自我辩护权不是绝对的。尽管被告与律师之间的信任关系很重要，然而，出于司法利益的考虑可能要求违背被告的意愿而指派律师，特别是在以下情况：被告严重地、不断地干扰审判的正常进行，或面临严重指控却无法为其自身利益行事，或这为保护易受伤害的证人——如果他们要由被告诘问——不受困扰和恫吓所必需。然而，对被告亲自辩护的愿望的任何限制，都必须有客观的和足够重大的目的，且不得超越为维护司法利益所必要的限度。

7.5. 委员会认为，在面临刑事起诉的人可能无法适当评估事涉利害、尽可能有效地为自己辩护的情况下，主管法院就有责任评估，就某一具体案件，是否有必要出于司法利益指派一名律师。然而，在本案中，缔约国的立法和最高法院的案例法规定，在刑事诉讼中，即使被告本人身为律师，也不可摆脱由律师代理的要求，而且法律不考虑指控的严重程度或被告的行为。因此，缔约国未提出任何客观的和足够重大的理由来解释，为何对于这样一个相对较简单的案件，没有法院指派的律师将会损害司法利益，或者为何提交人亲自辩护的权利必须受到限制。委员会的结论是，《公约》第14条第3款（卯）项保障的被告亲自辩护的权利未得到尊重。

无资力酬偿之被告获得法律援助的权利

[14.152] **第32号一般性意见**

38. 第14条第3款（卯）项保障在司法利益有此必要的案件中为被告人指定律师；如果他没有足够资力酬偿律师，则免于付费。在决定是否应当"根据司法利益"指定律师时，罪行的严重程度很重要，同样重要的是在上诉阶段存在胜诉的某些客观机会。在涉及死刑的案件中，被告必须在诉讼的所有阶段都得到律师的有效协助。主管当局根据这一规定提供的律师必须能够有效地代理被告。与个人所聘雇律师的情况不同，行为公然不当或能力不足，例如在死刑案中不经商量即撤回上诉，或在这类案件中当证人作证时缺席，都可能引发有关缔约国违反第14条第3款（卯）项的责任，但前提是法官发现律师的行为不符合司法利益。如果法院或其他有关当局妨碍指定的律师有效地行使职责，则也违反该规定。

[14.153] **波里森科诉匈牙利**（*Borisenko v Hungary*, 852/1999）

提交人是一位乌克兰公民，在匈牙利被指控盗窃。他在被带见一位法官之前，被拘禁了3天，该法官下令继续拘禁他。在被驱逐出匈牙利之前，他一共被拘禁了16天。

7.5. 提交人诉称，从他被逮捕之时一直到从拘禁中被释放，始终未向他提供法律代理，包括在一次拘禁聆讯中他只得自我辩护。对此，委员会注意到缔约国已确认，它为提交人指定了一名律师，但这名律师在审讯或拘禁聆讯时并未到庭。委员会在其以往判例中已经阐明，缔约国有义务确保其指定的法律代理能够提供有效代理。委员会忆及其以往判例，即在刑事诉讼的所有阶段都应有律师可用。因此，委员会认定，其所知事实显示出对《公约》第14条第3款（卯）项的违反。

[14.154] **OF 诉挪威**（*OF v Norway*, 158/1983）

在该案中，提交人被指控的罪行是超速驾驶。他声称第14条第3款（卯）项被违反，因为他没有获得法律援助以针对这些指控提出辩护。缔约国辩称：

3.4.……关于第14条第3款（卯）项，……估计提交人援用这一规定的理由一定是，司法利益要求他本应获得免费律师。提交人并没有被指定免费律师这一事实必须根据提交人被指控的罪行的性质来分析。两项指控都是普通的轻罪，事实上只会导致小额罚款。……

即使被告在轻微案件中通常无权要求获得免费律师，但他在诉讼的任何阶段，包括在主要审理阶段，当然有权得到自己选任并自付费用的律师的帮助（《刑事诉讼法》第99节）……

因此，本政府认为，案件的事实没有引起任何第14条第3款（卯）项规定的问题。

人权事务委员会同意缔约国的主张，即该案不可受理。[139]

[14.155] **林登诉澳大利亚**（*Lindon v Australia*，646/1995）

6.5. 委员会审议了提交人的申诉，即他是第14条第3款（卯）项被违反的受害者，因为1989年9月在全体合议庭的诉讼中，他被拒绝自己选择法律援助律师。委员会注意到，诉讼关系到提交人的临时申请——该申请有关他针对入侵指控所作的辩护（对此的刑罚是罚款）；并认定，对于这一情况，提交人未做到为了来文可予受理的目的证实其指控，即司法利益要求为其指定法律援助。因此，来文的这一部分根据《任择议定书》第2条不可受理。

因此，在决定是否"为司法的利益"，应由国家付费为被告指派法律代理之时，罪行的严重性很重要。[140] 在对斯洛伐克的结论性意见中，人权事务委员会表示遗憾的一个事实是，只有对有可能判处5年或5年以上监禁之刑罚的罪行，才提供法律援助。[141]

[14.156] 在对挪威的结论性意见中，人权事务委员会称：[142]

6. 委员会关切的是，根据经济条件好坏提供法律援助的方法没有考虑申诉人的实际情况，其评估也没有顾及所寻求的法律服务的实际花费。此外，对于某几类案件，根本不提供法律援助（第14条）。

[14.157] 在 ZP 诉加拿大案（*ZP v Canada*，341/1988）中，缔约国拒绝给予提交人法律援助以对其被判强奸罪提出上诉。人权事务委员会认定，"提交人未能为受理之目的，充分证实第14条第3款（卯）项被违反的指控"。[143] 拒绝法律援助的国内决定的根据是，看来他的上诉中没有实质胜算可

---

139 在委员会意见的第5.6段。
140 另见第 [14.36] 段。
141 (1997) UN doc CCPR/C/79/Add. 79, para 19.
142 (2011) UN doc CCPR/C/NOR/CO/6.
143 在委员会意见的第5.4段。

言。[144] 因此,一缔约国无需向就一项严重罪行提出上诉的人提供法律援助,除非该上诉具有某种客观上成功的可能。

[14.158] 不过,ZP案中有关对上诉之法律援助的规则并不适用于被判犯有死罪的人——可能需要确保他们得到一切可能的上诉渠道以质疑对他们的定罪或刑罚。[145] 对这一点,可以考虑以下案件:

拉文德诉特立尼达和多巴哥(*LaVende v Trinidad and Tobago*,554/1993)

5.8. 关于根据《公约》第14条第3款(卯)项提出的申诉,缔约国并未否认拒绝给予提交人法律援助,以使他向枢密院司法委员会请求准予特许上诉。委员会忆及,必须向被判处死刑的犯人提供法律援助,而这一点适用于法律程序的所有阶段。《特立尼达和多巴哥宪法》第109节规定了可向枢密院司法委员会上诉。并无异议的是,在本案中,国家安全部拒绝给予提交人基于赤贫申请的法律援助,以使他向司法委员会申诉,因此实际上拒绝了他就宪法规定的上诉司法程序的下一阶段获得律师;委员会认为,这种拒绝构成对第14条第3款(卯)项的违反——其中的保障适用于上诉救济办法的所有阶段。因此,他根据第14条第5款享有的由"上级法院依法"复判其定罪和刑罚的权利也受到了侵犯,因为拒绝为向司法委员会上诉提供法律援助实际上阻碍了该机构复判对拉文德先生的定罪和刑罚。

对于被指控犯有死罪、没有足够资力酬偿律师的人,在与该案有关的最初审理中,[146] 以及审判和上诉中,[147] 都必须为其提供法律援助。

[14.159] 在对肯尼亚的结论性意见中,人权事务委员会称:[148]

21. 委员会关切的是,目前只有面临可判死刑之谋杀罪指控的个人才

---

144 在委员会意见的第4.4段。被告没有通知蒙特利尔法律援助委员会任何可主张的上诉理由。
145 另见第[14.34]段。
146 See *Wright and Harvey v Jamaica* (459/1991), para 10.2; *Levy v Jamaica* (719/1996), para 7.2; *Marshall v Jamaica* (730/1996), para 6.2.
147 另见,*Thomas v Jamaica* (532/93), para 6.4; *Johnson v Jamaica* (592/94), para 10.2 (初审未获得法律援助); *Robinson v Jamaica* (223/1987), para 10.4 (提交人有权获得法律援助,虽然这需要暂停审判)。
148 (2005) UN doc CCPR/CO/83/KEN. 另见委员会对博茨瓦纳的结论性意见,(2008) UN doc CCPR/C/BWA/CO/1, para 20。

可受益于法律援助方案，而那些被控犯有其他死罪或非死罪的人，不论罪行多严重，都无法得益于法律援助［《公约》第 14 条第 3 款（卯）项］。

在所有的刑事诉讼中，若司法利益有此必要，缔约国均应促进个人获得律师。缔约国应当积极推行预期扩大的法律援助方案。

［14.160］第 14 条第 3 款（卯）项中保障的法律援助只适用于刑事诉讼。不过，在若干案件中——例如库瑞诉牙买加案（*Currie v Jamaica*, 377/1989），人权事务委员会认定，第 14 条第 1 款也使个人有权在某些类型的民事诉讼中得到法律援助［14.34］。

合格代理之保障

［14.161］在对美国的结论性意见中，人权事务委员会称:[149]

23.……委员会……注意到，缺乏有效的措施以确保在严重的刑事诉讼中，尤其是在州法院的此类诉讼中，贫穷的被告能得到合格辩护人的代理。

在瓦希尔斯基斯诉乌拉圭案（*Vasilskis v Uruguay*, 80/1980）中，对于法院为提交人指定的辩护律师并非合格律师的情况，委员会认定第 14 条第 3 款（丑）和（卯）项被违反。

［14.162］**凯利诉牙买加**（*Kelly v Jamaica*, 253/1987）

5.10.……委员会认为，尽管第 14 条第 3 款（卯）项并没有赋予被告选择为其免费提供的律师的权利，但是必须采取措施确保这种律师一旦被指定，就能为司法利益之需提供有效代理，其中包括如果律师意欲撤回上诉或在上诉法院主张不存在可上诉的实质问题，则应与被告协商并予告知。

因此，在国家提供了法律代理的情况中，这种代理必须是"有效的"。

［14.163］**坎贝尔诉牙买加**（*Campbell v Jamaica*, 618/1995）

提交人对于其法律援助律师在其被判处死刑的审判中的无能，提出了多

---

[149] (1995) UN doc CCPR/C/79/Add. 50.

项指控,[150] 还补充说:

> 5.3. 关于律师在审判和上诉时的辩护行为,提交人主张,缔约国必须对律师的行为承担责任,因为它为法律援助支付的薪酬太低,致使辩护没有充足的资金,而且在死刑案件中接受指派的律师承受着巨大的工作压力,使他们无法适当或充分地代理他们的委托人。

对于据称的律师无能,人权事务委员会并未认定任何违反:

> 7.3. 提交人指称,其律师在审判时作出的低质量辩护致使他没有受到公正审判。提交人特别提到,据称其律师没能会见提交人的女友,也没能就列队辨认的做法和提交人所说的口头陈述,对控方证人作适当诘问。委员会忆及其判例,即不能要求缔约国对辩护律师据称犯下的错误负责,除非在法官看来或本应在法官看来,律师的行为不符合司法利益。提交给委员会的材料没有表明本案中的情况是这样,因此,在这一方面没有根据认定第14条第3款(丑)、(卯)和(辰)项被违反。

[14.164] **胡赛因诉毛里求斯** (*Hussain v Mauritius*, 980/2001)

提交人诉称,他的法律援助律师在对他的审判5天前才收到必要的文件,而且一般来说对诉讼的处理很糟糕。人权事务委员会认定该申诉不可受理:

> 6.3. 提交人诉称他的律师未得到充分的时间准备为他辩护,因为案卷在首次开庭审理前5天才被送交辩护人,这有可能引起《公约》第14条第3款(丑)和(卯)项规定的问题。对此,委员会从双方提交的资料中注意到,律师有机会诘问证人并要求推迟审理,但没有这样做。在这一方面,委员会提到其判例,即不能要求缔约国对辩护律师的行为负责,除非在法官看来或本应在法官看来,律师的行为不符合司法利益。在本案中,没有理由可让委员会认为,提交人的律师没有运用其最佳判断。此外,委员会注意到,提交人最终决定,不听从其律师的意见,而承认有罪。委员会由此认定,提交人未能充分证实其根据《公约》第14条第3款(丑)和(卯)项提出的指控。因此,来文的这一

---

[150] See also *Chan v Guyana* (913/2000), para 6.3.

部分根据《任择议定书》第 2 条应被宣布为不可受理。

［14.165］ 上述决定与人权事务委员会根据第 14 条第 3 款（辰）项形成的判例[151]一道，表明国家对合格法律援助律师的保证是有限的。[152] 实际上，只有公然行为不当或无能才足以构成对第 14 条第 3 款（卯）项的违反，这样的行为的例证包括未经与委托人协商即撤回上诉[153]、在法官总结时不在场[154]或在聆讯证人时不在场[155]——甚至是在初步审理中[156]。对于在法庭策略方面能力不足的指控迄今没有得到支持，因为委员会尊重律师的职业判断。

［14.166］ 以下案件涉及对一位私人聘雇的律师能力不足的申诉。

HC 诉牙买加（*HC v Jamaica*, 383/1989）

> 6.3. 关于提交人有关其法律代理的申诉，委员会认为，提交人的律师是其私人聘雇的，因此关于据称该律师未做到适当代理提交人的情况不能归咎于缔约国。因此，来文的这一部分不可受理。

HC 案表明，对于法律援助律师，可能要适用不同于私人聘雇的律师的"标准"。也许国家只有义务保障它向被告提供的律师的具有某种最低程度的能力。[157]

［14.167］ **泰勒诉牙买加**（*Taylor v Jamaica*, 705/1996）

> 6.2. 关于提交人没有充分的机会准备其辩护的申诉，以及关于他的代理人没有尽力与他协商、接受他的指示或追踪和传唤证人的申诉，委员会忆及，律师最初是提交人私人聘雇的。委员会认为，不能要求缔约国对辩护律师为被告辩护中的任何所谓缺陷或犯下的所谓错误负责，除

151　见第［14.171］段。

152　See also *Teesdale v Trinidad and Tobago* (677/1996), para 9.7; *Ricketts v Jamaica* (667/1995), para para 7.3; *Shaw v Jamaica* (704/1996), para 7.5; *Bailey v Jamaica* (709/1996), para 7.1.

153　See also *Collins v Jamaica* (356/1989), para 8.2; *Steadman v Jamaica* (528/1993), para 10.3; *Smith and Stewart v* Jamaica (668/1995), para 7.3; *Morrison and Graham v Jamaica* (461/1991), para 10.3; *Morrison v Jamaica* (663/1995), para 8.6; *McLeod v Jamaica* (734/1997), para 6.3; *Jones v Jamaica* (585/1994), para 9.5; *Sooklal v Trinidad and Tobago* (928/2000), para 4.10.

154　*Brown v Jamaica* (775/1997), para 6.8.

155　*Hendricks v Guyana* (838/1998), para 6.4.

156　*Brown v Jamaica* (775/1997); *Simpson v Jamaica* (695/1996).

157　See also *Henry v Jamaica* (230/1987), para 8.3; *Berry v Jamaica* (330/1988), para 11.3.

非在法官看来，律师的行为不符合司法利益。在本案中，没有任何迹象表明，提交人的具有王室法律顾问头衔的律师在决定不采纳提交人的一些指示和不传唤某证人时，没有按其专业判断力行事。因此，这一申诉根据《任择议定书》第 2 条不可受理。

[14.168] 泰勒案中的决定与上述坎贝尔案——该案有关法律援助律师——中的决定 [14.163] 是非常相似的，表明人权事务委员会事实上并不要求一国对私人聘雇的律师和公设律师适用不同的能力标准。[158] 不过，第 32 号一般性意见第 38 段支持 HC 案中采取的更严格的进路 [14.152]。

第 14 条第 3 款（辰）项——有关证人之出庭和受诘问之权利

[14.169] **第 32 号一般性意见**

39. 第 14 条第 3 款（辰）项保障被告有权亲自诘问或间接即由他人代为诘问对方证人，并得声请法院传唤本方证人在与对方证人同等条件下出庭作证。作为诉讼手段平等原则的一种适用，这一保障对于确保被告及其辩护人进行有效辩护，并因此保障被告拥有与检控方同样的促使证人出庭以及诘问和反诘任何证人的法律权能，是很重要的。然而，这并没有提供一种使被告或其律师所请求之任何证人出庭的无限制权利，而仅是有权让那些与辩护有关的证人出庭，并有适当机会在审判的某个阶段诘问和反诘证人。在这些限度内，并以限制使用以违反第 7 条的方式所获得的陈述、供认和其他证据为条件，主要应由缔约国的国内立法机构决定证据可否采信和法庭如何评估之。

[14.170] **戈登诉牙买加**（*Gordon v Jamaica*, 237/1987）

6.3. 关于提交人的指称，即他未能获准让一位已经准备好的证人阿弗利克（Afflick）下士为他作证，应注意到，上诉法院在其书面判决中

---

[158] See also *Perera v Australia* (536/1993), para 6.3.

表明，它认为一审法官正确地拒绝了这一证人的证据，因为它不是确切事实（res gestae）的一部分。委员会认为，第 14 条第 3 款（辰）项并没有提供一种使被告或其律师所请求之任何证人出庭的无限制权利。从委员会所获资料中看不出，法院拒绝听取阿弗利克下士作证侵害了控方和辩方之间诉讼手段的平等。在这种情况下，委员会无法得出第 14 条第 3 款（辰）项被违反的结论。

因此，第 14 条第 3 款（辰）项关注的并非传唤证人本身，而是有关在辩方和控方之间传唤证人的权利的平等。[159] 要由提交人证明，法院未能允许诘问某一证人违反了他/她的"诉讼手段平等"。[160]

[14.171] **普拉特和摩尔根诉牙买加**（*Pratt and Morgan v Jamaica*，210，225/1987）

13.2.……委员会也无权判定，普拉特先生的律师没有在案件审结以前坚持传唤能证明普拉特不在犯罪现场的证人，是出于职业判断还是玩忽职守。至于上诉法院自己没有坚持传唤该证人，委员会也不认为这违反了第 14 条第 3 款（辰）项。

皮尔特和皮尔特诉牙买加（*Peart and Peart v Jamaica*，464，482/1991）

1.3. 关于提交人的申诉，即没有气象局的专家证人出庭违反了《公约》第 14 条，委员会注意到，从审判记录来看，被告与该证人进行了接触，但没能使其出庭。法官曾短暂休庭并下令书记官向该证人发传票，然后推迟了审理。但在再度开庭时，证人依然没有出庭，律师告知法官，他将在没有该证人的情况下辩护。在这种情况下，委员会认定，不应要求缔约国为辩方的专家证人未出庭负责。

因此，人权事务委员会不会处理被告律师未能传唤重要证人之事，即使该律师由国家提供，也是如此，[161] 因为这在本质上是要由律师据其专业判断

---

[159] See also *Compass v Jamaica* (375/1989), para 10.3; *Aouf v Belgium* (1010/2001), para 9.3; *Dimkovich v Russian Federation* (1343/2005), para 7.2; *Sedljar and Lavrov v Estonia* (1532/2006).

[160] *Párkányi v Hungary* (410/1990), para 8.5.

[161] 另见，*Young v Jamaica* (615/1995), para 5.5; 对于私人聘雇的律师作出的类似决定见，*Perera v Australia* (536/1993), para 6.3。

处理之事。如果律师未做到传唤某一证人，则国内法院不能依据职权自行传唤该证人。[162]

［14.172］以下案件体现了第14条第3款（辰）项被违反的情况。[163]

格兰特诉牙买加（Grant v Jamaica, 353/1988）

8.5. 提交人……辩称，他未能确保本方证人——特别是其女友P.D.——出庭作证。委员会从审判记录得知，提交人的律师的确联系了P.D.，并在庭审的第二天请求法官传唤她出庭。法官随即指示警察与该证人联系，但是她没有到达法院的手段。委员会认为，在这种情况下，并考虑到这是一桩涉及死刑的案件，法官本应该推迟审理并发出传票以确保P.D.出庭。委员会还认为，警察本应该为她提供交通工具。就P.D.未能出庭应归咎于缔约国而言，委员会认定对提交人的刑事诉讼违反了《公约》第14条第1款和第3款（辰）项。

［14.173］**皮尔特和皮尔特诉牙买加**（Peart and Peart v Jamaica, 464, 482/1991）

11.4. 关于检控方主要证人提供的证据，委员会注意到，从审判记录来看，在辩方反诘过程中，证人承认在事发当夜对警察作了书面陈述。律师要求得到该陈述的副本，但被检控方拒绝；此后，审判法官认为辩方律师没有提出理由说明，为什么应提供陈述的副本。在没有向辩方提供陈述副本的情况下，审理继续进行。

11.5. 只是在上诉法院驳回上诉、提交人向枢密院司法委员会初次提出特许上诉申请之后，律师才拿到了陈述的副本。从副本来看，该证人指认开枪杀人的是另一个人，他提到安德鲁·皮尔特手中有枪，并没有提到加菲尔德·皮尔特参与杀人或当时在场。委员会指出，在审判时唯一的目击者提出的证词在没有任何旁证的情况下最为重要，而不向辩方提供证人对警察的陈述严重妨碍了辩方反诘证人，因此被告没有得到

---

[162] See *Van Meurs v the Netherlands* (215/1986), para 7.2.

[163] See also *Shchetka v Ukraine* (1535/2006), para 10.4; *Larrañaga v Philippines* (1421/2005), para 7.7; *Khuseynov and Butaev v Tajikistan* (1263-4/2004), para 8.5; *Ismailov v Uzbekistan* (1769/2008), para 7.4; *Idiev v Tajikistan* (1276/2004), para 9.6; *Koreba v Belarus* (1390/2005), para 7.5.

公正审判。因此委员会认定,其所知事实表明了对《公约》第 14 条第 3 款(戊)项的违反。

[14.174] **福恩扎利达诉厄瓜多尔**(*Fuenzalida v Ecuador*, 480/1991)提交人诉称,判定他犯有强奸罪的审判是不公正的。

3.5. 提交人还诉称,鉴于受害人提交的对于从她身上提取的血液和精液样品以及违背他本人的意愿从他身上提取的血液和头发样品的化验报告表明,有一种酶是提交人的血液中所没有的,他要求法院下令化验他本人的血液和精液,但遭到法院拒绝。

就这一点,人权事务委员会的认定有利于提交人,并强调了专家证据在公正审判中的重要性:

9.5. ……委员会审议了各项法律裁决和 1991 年 4 月 30 日判决的文本,特别是法院拒绝下令做对本案十分关键的专家鉴定的情况,得出结论认为,这样的拒绝构成对《公约》第 14 条第 3 款(戊)项和第 5 款的违反。

[14.175] **罗斯诉菲律宾**(*Rouse v Philippines*, 1089/2002)

7.5. 关于提交人反诘一名重要控方证人的权利被剥夺的申诉,委员会注意到缔约国辩称,为提交人提供了反诘也曾对他提出指控的公职官员的机会,他也利用了这一机会。然而,委员会注意到,尽管发出了传票,让据称的受害人到庭作证,但据说无法找到据称的受害人及其父母。委员会还忆及,证人在法庭外所作证词得到高度重视。考虑到尽管据称受害人是所指控犯罪的唯一证人,但提交人没能反诘该据称受害人,委员会的结论是,提交人是第 14 条第 3 款(辰)项被违反的受害者。

[14.176] 在对荷兰的结论性意见中,人权事务委员会称:[164]

13. 委员会注意到,根据《证人身份保护法》,某些证人的身份出于国家安全原因对被告保密。尽管被告可通过预审法官向这类证人提问,但被告不能总是参与对证人的诘问。考虑到证人身份和表现对于评

---

164 (2009) UN doc CCPR/C/NLD/CO/4.

估其证据可信性的重要性，被告对案件提出质疑的能力受到该法的极大损害（第14条）。

缔约国在法律适用中，应按照第14条第3款（辰）项，全面落实被告亲自诘问或由他人诘问对方证人的权利。

第14条第3款（巳）项——必要时获得免费通译协助的权利

[14.177] **第32号一般性意见**

40. 第14条第3款（巳）项规定，如果被告不通晓或不能使用法院所用的语言，则有权获得通译的免费协助，这反映了刑事诉讼中的公正原则和诉讼手段平等原则的另一方面。[165] 这一权利贯穿口头审理的所有阶段；不仅适用于本国国民，也适用于外国人。然而，原则上，如果被告人的母语不同于法院的正式语言，但其掌握正式语言的程度足以使其有效地为自己辩护，则无权获得通译的免费协助。

各缔约国应确保正式的指控书和指控表格以该国通用的所有语言提供。[166]

[14.178] **古斯登诉法国**（*Guesdon v France*, 219/1986）

10.2……委员会的意见是，《公约》缔约国规定使用一种法院的正式语言并不违反第14条。公正审判的规定也不要求缔约国向一位其母语不同于法院的正式语言的公民提供通译服务，如果该公民有能力用该正式语言充分表达自己。只有在被告或其证人在理解法院的语言或用该语言表达有困难时，才必须为其提供通译服务。

古斯登案的决定后来在许多布列塔尼活跃分子提出的案件中得到确

---

165 另见委员会对前南斯拉夫马其顿共和国的结论性意见，(2008) UN doc CCPR/C/MKD/CO/2, para 17，其中委员会对缺少阿尔巴尼亚语、罗姆语、土耳其语和其他少数语言的译员的情况作出了评论。

166 委员会对英国（香港）的结论性意见，(1995) UN doc CCPR/C/79/Add. 7, para 13。另见第[24.46] 及以下各段。

认——他们主张一项在法国的诉讼中说布列塔尼语而非法语的"权利",但都没有成功。[167]

第14条第3款(午)项——不被强迫自证其罪的自由

[14.179] **第32号一般性意见**

41.……第14条第3款(午)项保障不被强迫自供或认罪的权利。这项保障必须被理解为,没有来自刑侦当局的为获得认罪供述而对被告施加的任何直接或间接的身体压力或不当精神压力。当然,以违反《公约》第7条的方式对待被告以获取供认是不可接受的。国内法必须确保从证据中排除以违反《公约》第7条的方式取得的证词或口供,但这类材料可被用作证明发生了该条所禁止的酷刑或其他待遇的证据。在这种情况下,应由国家举证说明被告所作陈述是出于其自由意愿。

因此,要由国家来承担责任,证明口供是在没有压迫的情况下取得的。[168]某些程序的实施,如对警察的审问录音或录像,将有助于减轻这种负担。在辛加拉萨诉斯里兰卡案(*Singarasa v Sri Lanka*, 1033/2001)中,让提交人承担举证责任来证明其供述并非基于自愿,还违反了第14条第2款,而在没有通译的情况下记录"供述"一事则违反了第14条第1款。

[14.180] **寇伊迪斯诉希腊**(*Kouidis v Greece*, 1070/2002)

在该案中,人权事务委员会没有认定一份供述的确在是压迫下作出的,因

---

[167] See eg *Cadoret and Le Bihan v France* (221/1987, 323/1988), *Barzhig v France* (327/1988), *CLD v France* (439/1990). See also *Domukovsky et al. v Georgia* (623 – 4, 626 – 7/1995), para 18. 7; *Juma v Australia* (984/01), para 7. 3. 在迪尔加特诉纳米比亚案(*Diergaardt v Namibia*, 760/1997)中,委员会认定,在纳米比亚法院的诉讼中,强制使用英语而非南非荷兰语并不违反《公约》(委员会意见的第10.9段)。因为在纳米比亚进行的有关诉讼是民事的而非刑事的,所以该案有关第14条第1款而非第14条第3款(巳)项。

[168] See also *Kurbonov v Tajikistan* (1208/2003), para 6. 3[14. 69]; *Idiev v Tajikistan* (1276/2004), para 9. 3; *Sultanova v Uzbekistan* (915/2000), para 7. 3; *Koreba v Belarus* (1390/2005), para 7. 3.

此并未认定与第7条相结合的第14条第3款（午）项被违反。不过，希腊的法院未能审议提交人的主张，即他的供述是被迫作出的，这本身构成一种违反：

7.5. 关于单独理解的、根据第14条第3款（午）项提出的申诉，委员会注意到，缔约国最高法院知晓关于虐待的指控。委员会认为，第14条第3款（午）项所规定的义务意味着，缔约国有义务考虑刑事案件的被告声称所作陈述是在压迫下作出的申诉。在此方面，所作供词实际上是否被采用并非实质所在，因为这一义务涉及司法认定程序的所有方面。在本案中，缔约国未能在最高法院一级考虑提交人关于其供述是在压迫下作出的申诉，这构成对第14条第3款（午）项的违反。

如果使用武力迫使某人供述，则违反了第14条第3款（午）项。这里，寇伊迪斯没有证实这一指控。不过，希腊仍违反了第14条第3款（午）项，因为其法院未做到适当考虑寇伊迪斯在这一方面提出的控诉。一审法院判决、上诉法院支持的对提交人的定罪看来并非基于这一供述，这无关紧要。因此，委员会称，希腊最高法院本应明确处理这一控诉，虽然委员会自己认定这一控诉并无根据。

[14.181] 在对英国的结论性意见中，人权事务委员会称：[169]

17. 委员会关切地注意到，1994年《刑事司法和公共秩序法》扩大了原来适用于北爱尔兰的立法，根据该法，可以从刑事被告的沉默中得出推论，这样的规定违反了《公约》第14条的诸多规定，尽管立法和根据立法制定的规则确立了许多保障。

对沉默权的限制威胁了个人不被强迫自证其罪的自由。这些限制可以说还威胁了个人无罪假定的权利。委员会对英国的评论表明，个人之沉默权的一个关键方面，是有权不受从其沉默中得出的不利推论的影响。[170]

---

[169] (1995) UN doc CCPR/C/79/Add. 55.

[170] 另见委员会的结论性意见：爱尔兰，(2000) UN doc A/55/40, paras 422 – 51, para 15; 英国，(2001) UN doc CCPR/CO/73/UK, para 17. 另见，S Bailey, 'Rights in the Administration of Justice', in D Harris and S Joseph (eds), *The International Covenant on Civil and Political Rights and United Kingdom Law* (Clarendon Press, 1995), 232 – 4. 另见, N Rodley, 'Rights and Responses to Terrorism', in Harris and Joseph (eds), *The International Covenant on Civil and Political Rights and United Kingdom Law*, at 137 – 9, 其中主张，在北爱尔兰取消沉默权违反了第14条第3款（午）项以及第14条第2款对无罪假定的保障。

第十四章　获得公正审判权

[14.182] **桑切斯·洛佩兹诉西班牙**（*Sánchez López v Spain*，777/1997）

提交人提出的申诉如下：

2.1. 1990年5月5日，提交人在限速60公里每小时的地区，以80公里每小时的速度驾车行驶。警方雷达测出车子超速后拍了照。隶属内政部的交通总局请提交人作为违法车辆的所有人指认违法者或车辆驾驶人——换句话说就是他本人。这项要求的依据是第339/1990号敕令颁布的《公路安全法》第72条第3款，该款规定："车辆所有者一旦被正式要求，即有责任指认应对违法行为负责的驾驶人；如果他并无正当理由而未做到迅速履行该义务，则可基于严重行为不当的罪名对其处以罚款。"

2.2. 根据这一规定并为了行使不供认犯罪的基本权利，桑切斯·洛佩兹先生致信交通当局称，他不是车辆的驾驶人，而且由于他在该段期间把车子借给了好几个人，他也不知道是谁在开车。结果，作为严重不当行为的违法者，他被罚款50000比塞塔（超速罚款原为25000比塞塔）。……

3.1. 律师指出，提交人是《公约》第14条第3款（午）项被违反的受害者，因为他被强迫承认犯罪——指认身份的要求是向车辆所有者发出的，而这一所有者事实上就是应对违法行为负责的驾驶人。在这种情况下，提交人被迫作出自我指控的声明抵触了《公约》所保护的权利。

缔约国提出了如下论点：

4.2. ……缔约国对实情不予辩驳，但认为并不存在对《公约》保护的任何权利的侵犯，因为机动车辆构成的潜在危险要求公路交通应得到严密保护。

4.3. 缔约国还提请注意西班牙法律规定的义务，据此这种违法行为应"具体到人"。违法行为不能自动归咎于车辆所有者，因此法律要求对违法者身份的确认应具体到人。违法者也许是车辆所有者，也许不是，而且如果车辆所有者是一个法人实体，那么与违法者就肯定不是一回事。……

人权事务委员会的认定有利于缔约国：

6.4. 提交人诉称，其受《公约》第14条第2款和第3款（午）项保护的无罪假定的权利和不作不利于他自己的证言的权利受到了西班牙政府的侵犯，因为他必须指认据报犯下交通违法行为的车辆的所有者。对此，委员会认为，它所拥有的文件表明，提交人是由于没有与当局合作而非交通违法行为而被处罚。委员会认为，这种由于没有与当局合作而被处罚的情况不在上述《公约》款项的适用范围之内。因此，根据《任择议定书》第1条，来文不予受理。

提交人不是因为超速行驶而是因为未做到与当局合作而被定罪。他被如此定罪是因为他没有指认超速行驶车辆的驾驶人，即他拒绝自我归罪。委员会的认定看来却取决于关于提交人最终被判成立的罪名的微妙之处。委员会可能是受到了西班牙的论点的影响，这一论点正确地指出，强制车辆的所有者指认驾驶员——这有时会导致强制性的自我归罪——在目前是指认被警用雷达"抓住"的超速驾车者的唯一方法。委员会然后默示支持警用雷达和照相是执行交通规则的正当方式。一种希望是，现代技术不会导致缩减第14条第3款（午）项对于更为严重的罪行的保护范围。

第14条第4款——少年被告之权利

[14.183] **第32号一般性意见**

42. 第14条第4款规定，少年之审判，其程序应顾念被告年龄及宜使其重适社会生活。少年应当至少享有与《公约》第14条提供给成年人的保障和保护同样的保障和保护。另外，少年需要特别的保护。在刑事诉讼中，他们尤其应当被直接告知所受到的指控，并且若情况合适，在准备和提出辩护时通过其父母或法律监护人得到适当协助；应当在有律师、其他适当协助以及父母或法律监护人出庭的情况下，在公正审理中尽快得到审判，除非这被认为不符合儿童的最大利益，特别是考虑到其年龄和处境。应当最大限度地避免在审前和审判期间的拘禁。

43. 各国应当采取措施，建立适当的少年刑事司法制度，以确保对待少年之方式与其年龄相称。重要的是规定一个最低年龄，该年龄以下的儿童和少年不应当因为刑事罪行受到审判；该年龄应考虑到其身心发育尚不成熟的情况。

44. 在适当情况下，特别是在有利于据称犯有刑法禁止之行为的少年重适社会生活的情况下，应当考虑采取刑事诉讼以外的措施，比如犯罪者和受害人之间的调解、与犯罪者家庭会谈、咨询、社区服务或者教育方案，条件是这些措施符合本《公约》和其他有关国际人权标准规定的要求。

在对比利时的结论性意见中，人权事务委员会确认，未满18岁的人（"16岁至18岁的未成年人"）不应作为成年人受审判。[171]

[14.184] 第14条第4款与第10条第3款相对应，后者为少年规定了特别的拘禁安排。[172] 第24条普遍地保护儿童的权利，而且很可能吸收了第14条第4款的保障。认定第14条第4款被违反——以及第14条的其他规定被严重违反——的案例有拉克马托夫等人诉塔吉克斯坦案（*Rakhmatov et al. v Tajikistan*，1209，1231/2003，and 1241/2004）和克雷巴诉白俄罗斯案（*Koreba v Belarus*，1390/2005）。

[14.185] 在对以色列的结论性意见中，人权事务委员会称：[173]

22. 委员会关切的是，在根据以色列立法运作的与根据军事命令在西岸实施的两种少年司法制度之间，存在一些差别。根据军事命令，16岁的儿童即使在犯罪时不足16岁，也作为成年人接受审判。在西岸，对儿童的审讯在没有父母、近亲属或律师在场的情况下进行，并且没有音像记录。委员会还关切的是，有指控称，根据军事命令被拘禁的儿童没有以其所理解的语言被迅速告知所受的指控，并且在被解送军事法官之前，可能被关押长达8天。委员会还非常关切的是，有对少年犯受到酷刑以及残忍的、不人道的或侮辱性的待遇的指控（第7、14、24条）。

缔约国应：

（a）确保儿童不被当作成年人审判；

（b）避免在军事法院对儿童进行刑事审判，确保拘禁儿童仅作为最

---

[171] (2010) UN doc CCPR/C/BEL/CO/5, para 23.
[172] 见第[9.237]及以下各段。
[173] (2010) UN doc CCPR/C/ISR/CO/3.

后措施而且时间尽可能地短,并保障涉及儿童的审理过程有音像记录,以及根据公正审判的标准,以迅速和公正无偏的方式审判;

(c) 通知儿童的父母或近亲属其被拘禁的地点,并使儿童能够及时获得自己选任的、自由和独立的律师;

(d) 确保由独立的机构及时调查关于被拘禁儿童遭受酷刑或残忍的、不人道的或侮辱性的待遇的报告。

[14.186] 在对英国的结论性意见中,人权事务委员会称:[174]

20. 委员会关切的是,尽管"反社会行为命令"属于民事规定,但是触犯这些命令构成刑事罪行,而且可被处以最高5年的监禁惩罚。委员会尤其关切的是,"反社会行为命令"在英格兰和威尔士可对10岁儿童、在苏格兰可对8岁的儿童实行,而且一些儿童因违反这些命令可被拘禁长达两年。委员会还关切的做法是,受"反社会行为命令"管制者(包括儿童)的名字和照片常常在公共领域广为散发(第14条第4款和第24条)。

缔约国应……确保少年儿童不至由于触犯"反社会行为命令"的规定而被拘禁,而且受此命令管制的儿童及成人的隐私权得到尊重。

第14条第5款——在刑事案件中上诉之权利

[14.187] **第32号一般性意见**

45.《公约》第14条第5款规定,凡经判定有罪者,应有权声请上级法院依法复判其有罪判决及所科刑罚。正如各种不同语文中的用语(crime、infraction、delito)所显示,该保障不仅限于最严重的罪行。由于这项权利是《公约》承认而非仅由国内法规定的,因此本款中的"依法"一词并不旨在将复判的权利本身交由缔约国任意决定。依法这一措辞实际上涉及确定上级法院复判的方式,以及哪一法院负责进行

---

[174] (2008) UN doc CCPR/C/GBR/CO/6.

《公约》规定的复判。第 14 条第 5 款不要求各缔约国规定多级上诉。然而该款提到的国内法应解释为意味着如果国内法提供了更多级的上诉，被定罪者必须能够有效地向每一级提出上诉。……

48. 第 14 条第 5 款所规定的由上级法院复判定罪和刑罚的权利，要求缔约国有义务根据证据的充分情况和法律对定罪和判刑作实质性复判，相关的程序应能对案件的性质作适当考虑。仅限于对定罪的形式或法律方面而根本不考虑案件事实的复判根据《公约》的规定是不充分的。然而，只要复判法庭能够研判案件的事实方面，则第 14 条第 5 款并不要求一种全面的重新审判或"审理"。因此，例如，如果上一审级法院详尽地审议了对被定罪者的指控，考虑了在审判和上诉时提出的证据，从而判定在特定案件中有足够的归罪证据来证明有罪判决是合理作出的，就不违反《公约》。

第 14 条第 5 款只适用于刑事案件中的上诉。[175] 对于民事审判中的上诉权的唯一可能保护来自第 14 条第 1 款。在 IP 诉芬兰案（*IP v Finland*, 450/1991）中，人权事务委员会确认，《公约》不保障民事诉讼中的上诉权［14.47］。

［14.188］以下案件详细地说明了从第 14 条第 5 款来看的对上诉的某些要求。

多姆科沃斯基等人诉格鲁吉亚（*Domukovsky et al. v Georgia*, 623–624, 626–627/1995）

18.11. 委员会从所收到的资料注意到，提交人无法就其定罪和刑罚上诉，但是法律只规定了司法审查，这显然是在没有开庭审理的情况下进行，而且只是关于法律问题。委员会认为，这种审查并不能满足《公约》第 14 条第 5 款关于充分评估证据和审判行为的规定，因此就每个提交人来说，都违反了这项规定。

戈麦兹·瓦兹克孜诉西班牙（*Gómez Vazquez v Spain*, 701/1996）

11.1. ……缔约国提交的资料及文件没有反驳提交人关于其定罪及刑罚没有得到充分复判的申诉。委员会的结论是，没有对提交人的定罪及刑

---

[175] 另见第 32 号一般性意见，第 46 段。

罚作充分复判的任何可能性……，复判仅限于定罪的形式或法律方面，即意味着没有符合《公约》第14条第5款规定的保障。因此，提交人对其定罪和刑罚得到复判的权利被拒绝，这有违《公约》第14条第5款。[176]

班达耶斯基诉白俄罗斯（*Bandajesky v Belarus*, 1100/2002）

10.13. ……委员会忆及，即使上诉制度不是自动的，第14条第5款所指的权利也责成各缔约国就证据的充分情况和法律适用，对定罪和刑罚作充分复判。……

尤克雷斯诉西班牙（*Uclés v Spain*, 1364/2005）

11.3. 委员会忆及，尽管第14条第5款没有要求重新审判或新的审理，但是复判法院必须审查案件的事实，包括定罪证据。如上文……所述，最高法院本身表示，它不能重新评估审判法院已经评价过的证据。委员会的结论是，最高法院的复判仅限于核实证据是否如一审法官评估的那样合法，而不评估与定罪和刑罚所依据的事实有关的证据是否充分。因此，这不构成《公约》第14条第5款所要求的对定罪的复判。因此，个人有权就其定罪和刑罚得到复判，包括事实证据问题和法律问题。[177]

[14.189] **佩雷拉诉澳大利亚**（*Perera v Australia*, 536/1993）

6.4. ……委员会认为，第14条第5款并未要求上诉法院进行事实上的重审，而是要求法院评估审判中提出的证据和审判的进行情况……

H. T. B 诉加拿大（*H. T. B v Canada*, 534/1993）

4.3. 提交人声称，因为他未获允许在安大略上诉法院就精神错乱的辩护提出证据，他获得公正审判的权利受到了侵犯。对此，委员会注意到，在初审期间，提交人已经掌握了这一辩护理由，但作出了不加以使用的有意决定。委员会进一步注意到，提交人的定罪和刑罚得到了安大略上诉法院的复判，而该法院决定不接受有关以精神错乱作为辩护理由的证据，因为加拿大法律规定，一般情况下不接受在初审期间本来就能

---

[176] 以下案件遵循了这一决定：*Semey v Spain* (986/2001), *Sineiro Fernández v Spain* (1007/2001)。

[177] See also *Alba Cabriada v Spain* (1101/2002), *Hens Serena and Corujo Rodriguez v Spain* (1351-1352/2005)。

够予以援引的新证据。……在本案的具体情况中,委员会的结论是,来文的这一部分根据《任择议定书》第3条不可受理。

任何人都没有获得重新审理(de novo hearing)的权利。[178] 例如,在有关证据在初审阶段实际上已经可用的情况中,就可以限制在上诉中准许使用该新证据。[179]

[14.190] 第14条第5款保障"依法"上诉的权利,这里的法应该是指缔约国的国内法。不过,如同第32号一般性意见所证实的那样[14.187],这不意味着一国可以通过拒绝在刑事案件中上诉之机会的反常法律,来削弱第14条第5款的保护。[180] 以下案件就涉及这一问题。

萨尔加·德·蒙特约诉哥伦比亚(Salgar de Montejo v Colombia, 64/1979)

7.1. ……缔约国主张,《公约》第14条第5款确立了由上级法院复判的一般原则,但没有规定在所有可能涉及刑事罪行的案件中,这样的复判都是强制性的,因为"依法"这一措辞留由国内法决定在什么样的案件和情况中,可以向上级法院提出申请。它解释说,根据目前在哥伦比亚有效的法律制度,刑事罪行被分为两类,即 delitos 和 contravenciones,对所有 delitos 和几乎所有 contravenciones 的定罪都可受到上级法院的复判。它补充说,康苏罗·萨尔加·德·蒙特约犯下的是一桩 contravención,对此可适用的法律文书即1978年的《第1923号立法令》没有规定由上级法院复判。

人权事务委员会认定第14条第5款被违反,并对哥伦比亚的论点回应如下:

10.4. 委员会认为,《公约》第14条第5款中"依法"这一表述的意图并不是将复判权利的存在本身留由缔约国酌处决定,因为任何权利都是《公约》承认的那些权利,而不仅仅是国内法承认的那些权利。另

---

[178] See also *Donskov v Russian Federation* (1149/2002), *Larrañaga v Philippines* (1421/2005).

[179] See also *Berry v Jamaica* (330/1988), para 11.6.

[180] 在其他《公约》权利的语境中对"合法"一词的解释,另见第[11.92]段和第[16.06]及以下各段。

外，应"依法"决定的是由上级法院进行复判的形式。的确，规定复判权利的第14条第5款的西班牙文本只提到了"une delito"，而英文本提到了"crime"、法文本提到了"une infraction"。然而，委员会认为，尽管康苏罗·萨尔加·德·蒙特约夫人是因为一桩在国内法中被界定为"contravención"的罪行而被判处监禁，但从任何情况来看，该刑罚的严重程度都足以要求按《公约》第14条第5款的规定，由一个上级法院复判。

［14.191］在 RM 诉芬兰案（*RM v Finland*，301/1988）[181]、伯林诉挪威案（*Bryhn v Norway*，789/1997）[182]、萨马诉德国案（*Sama v Germany*，1771/2008）和顿斯科夫诉俄罗斯联邦案（*Donskov v Russian Federation*，1149/2002）中，人权事务委员会确认，上诉可以书面形式而非口头形式进行。[183]

［14.192］以下案件涉及的情况是，某些法律制度，如普通法制度——其中个人之上诉并非一项权利，而是必须寻求上诉许可——是否符合第14条第5款。

卢姆利诉牙买加（*Lumley v Jamaica*，662/1995）

7.3. 从文件中还可看出，独任法官拒绝准予上诉许可，其裁决得到了上诉法院的确认。该法官只是在审查了审判时提交的证据和评价了法官对陪审团的指示后，才拒绝准予上诉许可的。虽然根据第14条第5款，每个被定罪的人有权由上级法院依法复判其定罪及刑罚，但是一种不承认自动上诉权的制度仍可能符合第14条第5款，只要审查一项准予上诉的申请涉及既根据证据又根据法律，全面地审查定罪和刑罚，而且程序又容许适当考虑案件的性质。因此，在这种情况下，委员会认定在这方面不存在对第14条第5款的违反。

罗杰森诉澳大利亚案（*Rogerson v Australia*，802/1998）在这一方面也遵

---

[181] 在委员会意见的第6.4段。
[182] 在委员会意见的第7.2段。
[183] See also *Dudko v Australia* (1347/2005), para 7.2［14.23］. 在卡图宁诉芬兰案（*Karttunen v Finland*，387/1989）中，委员会认定第14条第1款被违反，该案有关国家未做到在民事案件中保证头口上诉，但有关审判因为其他原因而存在瑕疵，故而有必要在上诉中对问题作全面重新评估［14.67］。

循了卢姆利案的推理方式。[184] 虽然这样的制度符合第14条第5款,但完全由上诉法院酌处决定是否可以上诉,则不符合这一规定。个人至少有权由上诉法院全面审查初审中的证据和适用法律的情况。[185] 在梅宁诉荷兰案(Mennen v the Netherlands, 1797/2008)中,人权事务委员会多数委员认定第14条第5款被违反,原因是某人有关行政违法行为的上诉被拒绝,而其根据是,"上诉并不符合适当司法工作的利益,而且律师的主张并无法律支持"。[186]

[14.193] 以下案件涉及的问题是,个人根据第14条第5款是否有权进行不止一次上诉:

亨利诉牙买加(Henry v Jamaica, 230/1987)[187]

8.4. 仍需委员会决定的是,牙买加上诉法院没有出具书面判决是否侵犯了提交人根据《公约》享有的任何权利。《公约》第14条第5款保障了被判定有罪者有权声请"上级法院依法"复判其定罪和刑罚。在这一方面,提交人诉称,因为没有获得书面判决,他被剥夺了向枢密院司法委员会有效上诉的可能,据称该司法委员会按常规会驳回不附有下级法院书面判决的申诉。在这一方面,委员会审查了一个问题,即第14条第5款是保障了向上级法院提出一次上诉的权利,还是保障了在有关国家的法律规定了进一步上诉的情况下,提出进一步上诉的可能。委员会认为,《公约》并没有要求各缔约国规定多级上诉。然而,第14条第5款中"依法"的用词应被解释为意味着如果国内法提供了更多级的上诉,被定罪者必须能够有效地向每一级提出上诉。另外,为了能有效地行使这一权利,被定罪者有权为了逐级上诉,在一个合理时间内获得适当说明理由的书面判决。因此,虽然亨利先生确实行使了向"上级法院"上诉的权利,即牙买加上诉法院复判了波特兰巡回法院的判决,但他仍然具有《公约》第14条第5款所保护的向再上一级法院提出上诉的权利,因为《牙买加宪法》第110条规定了就牙买加上诉法院的判

---

184 在委员会意见的第7.5段。See also *Juma v Australia* (984/2001), para 7.5.
185 See *Gelazauskas v Lithuania* (836/1998), *Ratiani v Georgia* (975/2001).
186 在委员会意见的第8.3段。
187 See also *Douglas, Gentles and Kerr v Jamaica* (352/1989), para 11.2.

决,向在伦敦的枢密院司法委员会提出上诉的可能。因此,委员会认定,由于上诉法院未出具书面判决,亨利先生根据第14条第5款享有的权利受到了侵犯。

因此,个人根据第14条第5款,只有权上诉一次。[188] 不过,当某一缔约国的法律制度规定了不止一级上诉时,提交人必须得到寻求这些进一步上诉的公正机会。

[14.194] **第32号一般性意见**

49. 只有被定罪者有权得到初审法院作出适当推理说明的书面判决,以及在国内法规定了多个上诉审级的情况中,对于至少第一级上诉法院,有权得到为有效行使上诉权所必需的其他文件——比如审判记录,定罪得到复判的权利才能够得到有效行使。如果上级法院的复审无故拖延、违反同一条的第3款(寅)项,则同样会损害该权利的有效性并违反第14条第5款。

[14.195] **梅宁诉荷兰案**(*Mennen v the Netherlands*,1797/2008)

8.2. 提交人诉称,他由于无法得到审判法院的适当说理的书面判决和诸如审判记录等其他文件,未能以切实、有意义的方式行使第14条第5款规定的上诉权。对此,委员会注意到缔约国证实,在本案中没有提出这样的文件。委员会注意到缔约国表示,在提交人申请上诉许可之前,向提交人的律师提供了一些正式的警方报告,但没有具体说明其内容和与判决的相关性。但是,委员会认为,这些报告不可能指明一审法院判定提交人犯有刑事罪行时的动机,也不可能指明法院依赖的是哪些具体证据。委员会忆及其既定的惯例,即在上诉程序中应当遵守公正审判的保障,其中包括准备辩护的适当便利。在本案的案情中,委员会并不认为,如果没有说明动因的判决、审判记录甚至所采用证据的清单,只是提供警方报告能构成为准备提交人的辩护所需要的充分便利。

[14.196] 亨利诉牙买加案也证实,可能的上诉人必须有可能获得为

---

[188] See also *Rouse v Philippines* (1089/2002), para 7.6.

"享有上诉权之有效行使"所必需的所有判决和文件。[189]

[14.197] **艾伯沙尼夫诉挪威**（*Aboushanif v Norway*, 1542/2007）

7.2. 委员会注意到，提交人诉称，他根据第 14 条第 5 款享有的由上级法院复判其定罪和刑罚的权利受到了侵犯，因为上诉法院的裁决没有显示不准许他对地区法院的判决提出上诉的理由。委员会还注意到，拒绝上诉的裁决是一致作出的，而且得到了三位专业法官的同意，提交人后来对该裁决提出了上诉，最高法院审查了该上诉，但仅仅基于程序理由。委员会忆及其判例，按照这些判例，缔约国虽然可以自行确定第 14 条第 5 款规定的上诉的模式，但它们有义务实质性地复判定罪和刑罚。在本案中，上诉法院的判决没有提供任何实质性的理由，说明法院为何确定上诉显然不会胜诉，这引起了对是否存在对提交人的定罪和刑罚的实质性复判的疑问。委员会认为，在本案的情况下，没有适当说理的判决——哪怕是以简单形式——来说明法院关于上诉不会胜诉的决定合理，这妨碍了《公约》第 14 条第 5 款所要求的定罪得到复判之权利的有效行使。

因此，在上诉审结或拒绝准予上诉时，必须给出理由。[190] 不过，在杰索普诉新西兰案（*Jessop v New Zealand*, 1758/2008）中，人权事务委员会认定，未进行口头审理而在短短四段的裁决中驳回第二次刑事上诉没有违反第 14 条。委员会在其决定中关注的问题，是上诉并不要求口头审理，而非说理之简短。也许这种简短说理之正当是因为，早先的判决和上诉已经作了说理。[191]

[14.198] **格马利兹·瓦雷拉诉西班牙**（*Gomariz Valera v Spain*, 1095/2002）

提交人在对其刑事案件的初审中，被宣告无罪，但在上诉中被定罪判刑。他诉称，对于这一裁决，并无有效的上诉可用。人权事务委员会认定第 14 条第 5 款被违反：

7.……第 14 条第 5 款不仅保障向上级法院提交判决，正如提交人

189　在委员会意见的第 8.4 段。See also *Lumley v Jamaica* (662/1995), para 7.5[14.192].
190　*Reid v Jamaica* (355/1989), para 14.3.
191　See also *Verlinden v the Netherlands* (1187/2003) [14.89].

的案件中所发生的那样,而且还保障对定罪进行第二次复判,而这一点在提交人的案件中并未做到。虽然一审中被宣告无罪的人可以在上诉时被上级法院定罪,但光凭这一情况,如果缔约国未提具保留,那么,被告要求由上级法院复判其定罪及刑罚的权利不得受到任何损害。因此,委员会的结论是,就来文中所提出的事实而言,存在对《公约》第 14 条第 5 款的违反。

委员会证实,个人必须总是能够对定罪或刑罚提出上诉。因此,当某一上诉法院——包括终审上诉法院——作出新的有罪判决时,就必须有可能对此提出上诉。[192]

[14.199] **埃斯科拉诉西班牙**（Escolar v Spain, 1156/2003）

该案与格马利兹·瓦雷拉案有别,因此人权事务委员会未认定任何违反：

> 9.2. 在过去一起案件中（第 1095/2002 号来文,格马利兹诉西班牙,2005 年 7 月 22 日的意见……）,委员会认为,如果在下级法院宣布无罪之后,上诉法院判定有罪,而被告却无权就此得到再上一级法院的复审,则构成对《公约》第 14 条第 5 款的违反。本案不同之处在于,下级法院的定罪由最高法院予以确认。但是,最高法院对同一罪行,却加重了下级法院所判刑罚。委员会指出,在许多国家的法律制度中,上诉法院可降低、确认或加重下级法院所判刑罚。虽然在本案中,最高法院对下级法院认定的事实持不同意见,因为前者认为提交人在侵吞款项的罪行中是一个主犯,而不仅仅是从犯,但是委员会认为,最高法院的认定并没有改变罪行的基本特征,而只是反映了最高法院的评估是,基于犯罪情节的严重性,需要判处更重的刑罚。因此没有理由认定,在本案中存在对《公约》第 14 条第 5 款的违反。

因此,在上诉法院维持定罪但延长刑期的情况中,不必提供进一步上诉

---

[192] See also *Conde Conde v Spain* (1325/2004), *Larrañaga v Philippines* (1421/2005), *Bruges v Colombia* (1641/2007), *Sánchez and Clares v Spain* (1332/2004), *Terrón v Spain* (1073/2002), *Khalilov v Tajikistan* (973/2001), *Capellades v Spain* (1211/03). 另见第 32 号一般性意见第 47 段。比较, *Morael v France* (207/1986) [14.87]。

的可能。

[14.200] **艾斯特维尔诉西班牙**（*Estevill v Spain*, 1004/2001）

该案表明，个人可以通过同意或要求在一国的最高级法院进行一审而放弃其根据第 14 条第 5 款享有的权利。

> 6.2. 提交人的唯一申诉涉及《公约》第 14 条第 5 款……。委员会注意到，假如提交人由卡塔洛尼亚高等法院审理，缔约国的法律制度本来会准许提交人上诉的权利。然而，是提交人本人一再坚持由最高法院直接审判。考虑到提交人系具有极为丰富经验的前法官，委员会认为，因为提交人坚持只由最高法院审判，所以他放弃了上诉权。委员会认为，在这种情况中，根据《任择议定书》第 3 条，提交人的指控构成对提交来文权利的滥用。

[14.201] 如同个人在一审审判中的权利一样，个人在刑事上诉中获得合格律师的权利也是有限的。人权事务委员会不太愿意认定律师在上诉中的策略侵犯了被告的上诉权；这些策略在本质上是属于律师之职业判断范围的事项。[193]

[14.202] 许多有关第 14 条第 3 款（寅）项所规定的刑事审判尽速进行的权利的案件，涉及的是在上诉过程中出现的拖延。因此，这些案件中也存在对第 14 条第 5 款的违反。[194]

[14.203] **什切特卡诉乌克兰**（*Shchetka v Ukraine*, 1535/2006）

> 9.4. 提交人诉称，总检察长在最高法院就翻案上诉作出判决后，拒绝根据新发现的事实重新考虑她儿子的刑事案件，这相当于违反了《公约》第 14 条第 5 款。对此，委员会认为，第 14 条第 5 款的范围并没有延及根据新发现的事实复判已成为最后判决的定罪和刑罚。因此，委员会认为，提交人根据第 14 条第 5 款提出的申诉在属事理由上不符合《公约》的规定，并根据《任择议定书》第 3 条宣布该申诉不可受理。第 14 条第 5 款并不赋予的权利是，在出现新证据时，某人的定罪能得

193　See eg *Tomlin v Jamaica* (589/94), para 8.2.
194　另见第 [14.139] 段。

到复判。有意思的一点是猜测整个《公约》中究竟是否存在这样一项权利。从功用角度看，鉴于就在下文讨论的第 14 条第 6 款规定了对错判获得赔偿的权利，在出现新证据时就定罪获得复判的权利具有重要性。

第 14 条第 6 款——对错判获得赔偿的权利

[14.204] 第 32 号一般性意见

52. 根据《公约》第 14 条第 6 款，在一人经终局判决被判定犯罪并已经因这一定罪而受刑罚的情况下，如果有新证据或新发现证据确实证明原判错误，其原判被撤销或刑罚被免除，则应当依法向因此判决而受刑罚之人支付赔偿。各缔约国必须制定立法，确保能实际支付并且在合理期限内支付本条规定的赔偿。

53. 如果证明这类重要证据之未能及时披露，应由被告全部或部分负责，则该保障不适用；在这类案件中，应由国家承担举证责任。……

[14.205] 不确定的是，在并无国家方面某种形式的不当行为之时——如在调查或诉讼期间的警察或检控行为不当（例如构陷嫌疑人、向辩方隐匿证据），是否能出现"错判"。当然，在一场所有正当程序权利都得到保障以及所有国家工作人员都行为得当的审判中，一个无辜的人仍有可能被判定有罪。在这样的情况中，一国是否应承担责任，赔偿该无辜者？[195]

[14.206] 不确定的另外一点是，在启用第 14 条第 6 款之前，必须确定多大程度的"无辜"。斯塔沃洛斯提出，第 14 条第 6 款的受益者必须是被认定为"明确无辜"者，而非只是对其有罪能提出新的疑问者。[196] 在杜蒙诉加拿大案（*Dumont v Canada*，1467/2006）中，人权事务委员会多数委员提出

---

[195] See also D Harris, ' The Right to a Fair Trial in Criminal Procedures as a Human Right' (1967) 16 *International and Comparative Law Quarterly* 352, 375. 诺瓦克只是称，对于事实未能披露可归咎于被定罪者的情况——他/她可能为了避免背叛另一个人而掩盖自己无罪，则第 14 条第 6 款不适用：Nowak, *UN Covenant on Civil and Political Rights: CCPR Commentary*, 354。

[196] S Stavros, *The Guarantees of Accused Persons under Article 6 of the European Convention on Human Rights* (Martinus Nijhoff, 1993), 300.

了这一问题，但没有解答［14.209］。

［14.207］**穆霍宁诉芬兰**（*Muhonen v Finland*，89/1981）

提交人在芬兰因为拒服兵役被定罪。他在一审中，未能表明他是一位基于信念拒服兵役者——这本可以使他免除军事义务。他被判处11个月监禁，在服刑8个月之后，他第二次申请基于信念拒服兵役者地位获得了成功。因此，提交人被赦免并在两星期后获释。他诉称第14条第6款被违反，因为芬兰拒绝对其所服刑期予以金钱补偿。人权事务委员会以下述内容作出了有利于缔约国的认定：

11.2. ……在刑事诉讼中，"如后因提出新证据或因发现新证据，确实证明原判错误"，对某人的定罪原判被撤销或刑罚被免除，就可能出现［第14条第6款规定的］获得赔偿的权利。就第一种可能性而言，委员会认为，由约恩苏市法院1978年12月13日的判决宣布并经东芬兰高等法院1979年10月26日确认的对穆霍宁先生的定罪判决从来没有被后来的司法裁决撤销。另外，穆霍宁先生被赦免并不是因为能够证明对他的定罪是由于发生了错判。根据有关的芬兰法律——该法律有关对某些应征入伍但拒服兵役者的惩处，任何未被审查委员会承认为基于信念拒服兵役者的人拒绝服役即为可予惩罚之犯罪。这意味着，并非一旦满足所规定之实质要求，拒服兵役之权利就自动产生，而是只有在主管行政机构适当审查并承认据称之伦理根据之后，才会产生这一权利。因此，总统的赦免并不意味着存在错判。如同缔约国在其1984年10月22日的陈述中所指出的，对于穆霍宁先生的赦免是出于对公平的考虑。

11.3. 的确，对穆霍宁先生的定罪是审查委员会于1977年10月18日所作的拒绝承认其基于信念拒服兵役者之法律地位的决定导致的结果。这一决定是审查委员会根据它当时获得的证据作出的。穆霍宁先生只是在1980年秋天重新提出申请、亲自到审查委员会的审查现场之后，才成功地说服该机构相信他基于伦理原因反对服兵役，而在1977年审查委员会审查他的案件期间，他未能利用这一出席的机会。

12. 基于此，人权事务委员会认为，提交人无权获得芬兰当局的赔偿，因此不存在对《公约》第14条第6款的违反。

[14.208] **WJH 诉荷兰**（*WJH v the Netherlands*，408/1990）

在该案中，提交人在一审中被判定犯有多项罪行，包括造假和欺诈。不过，除了两个月的审前拘禁之外，他并没有被监禁。后来，在最高法院的诉讼宣布对其判决无效，该案被发回下级法院；因为某些不利于提交人的证据是以违规方式获得的，该下级法院基于程序理由认定他无罪。[197] 提交人诉称，除其他外，第 14 条第 6 款被违反，因为他没有就最初的"错误"定罪得到赔偿。人权事务委员会认定这一申诉不可受理：

> 6.3. 关于提交人根据《公约》第 14 条第 6 款提出的申诉，委员会认为适用这一规定的条件是：（1）对一项刑事罪行已经最终定罪；（2）因这一定罪而遭受了刑罚；（3）其后根据新证据或新发现证据确实证明原判错误。委员会注意到，由于本案中的最后裁决即上诉法院 1988 年 5 月 11 日的裁决将提交人无罪开释，以及他并没有因为早先于 1985 年 12 月 24 日被定罪而遭受任何刑罚，因此其申诉超出了《公约》第 14 条第 6 款的范围。

因此，只有在某一事项经由可能的各级上诉法院处理之后，才有可能出现错判。可以注意到，在 WJH 案中，对提交人的定罪并不是终局裁决；有关的终极裁决是在若干次上诉之后，对他的无罪裁决。因此，能够将错判与在上诉中被判无罪区别开来。另外，审前拘禁以及在刑事诉讼中因被迫辩护而引起的费用不构成从第 14 条第 6 款来看的"刑罚"。[198] 委员会在乌博冈诉澳大利亚案（*Uebergang v Australia*，963/2001）、欧文诉澳大利亚案（*Irving v Australia*，880/1999）和安德森诉澳大利亚案（*Anderson v Australia*，1367/2005）中，也遵循了其在 WJH 案中的推理。

[14.209] **杜蒙诉加拿大**（*Dumont v Canada*，1467/2006）

该案的事实体现在人权事务委员会对违反情势的认定中：

> 23.3. 在本案中，提交人已按照终局判决被判定犯有刑事罪行，并被判处 52 个月监禁。提交人共服刑 34 个月。2001 年 2 月 22 日，"鉴于

---

[197] 在委员会意见的第 2.2 段。
[198] 能够根据第 9 条第 5 款，获得对无理审前拘禁的赔偿。

新出现的证据使遵循正确指示行事的理性陪审团无法排除合理怀疑地认定上诉人［提交人］无罪"，因此魁北克省上诉法院宣布对提交人的所有指控不成立。

23.4. 委员会注意到缔约国的论点，即无法确定提交人没有犯所称的罪行，因此无法证明其事实上无罪。缔约国提出其观点是，只有在被定罪者事实上没有犯下其被指控罪行（事实上无罪）的情况下，才会发生《公约》第 14 条第 6 款所指的错判。缔约国还解释说，加拿大的刑法制度遵循普通法传统，即撤销被定罪者的指控并不一定表示其无罪，除非法院因为有这方面的证据而明确声明如此。

23.5. 在本案中，缔约国对《公约》第 14 条第 6 款及其对无罪推定的影响作了解释，在不影响委员会对其解释准确性所持立场的情况下，委员会注意到，对提交人的定罪主要以受害人的证词为依据，而受害人 1992 年 3 月对其侵害者的身份表示怀疑导致了对提交人的定罪于 2001 年 2 月 22 日被撤销。委员会还注意到，宣布对被起诉者的指控不成立后，缔约国没有启动任何新的调查程序以审查该案件，并试图指认真正的罪犯。因此，委员会认为，提交人不应对这一状况负责。

23.6. 由于上述空白以及民事诉讼案件长达 9 年的拖延，提交人被剥夺了有效的救济，无法按照缔约国的要求证实自己无罪，以获得第 14 条第 6 款规定的赔偿。因此，委员会认为，存在对与《公约》第 14 条第 6 款结合解读的第 2 条第 3 款的违反。

这是委员会认定涉及违反第 14 条第 6 款的第一个案件——实际违反的是与第 14 条第 6 款相结合的第 2 条第 3 款。委员会并没有决定，一个人为了享有第 14 条第 6 款规定的权利，是否必须被证明无辜——这是加拿大所主张的。委员会认定第 14 条第 6 款在与第 2 条第 3 款规定的获得救济权相结合的意义上被违反，是因为没有按照加拿大法律的要求，采取程序给杜蒙以确证自己无辜的机会。萨尔维奥利先生在其单独意见中更进了一步，认定第 14 条第 6 款被单独违反，因为他相信，要求证明一个人无辜才有可能获得赔偿实在是太繁重苛刻了，并不符合《公约》。

第 14 条第 7 款——免于双重归罪的自由

[14.210] **第 32 号一般性意见**

54.《公约》第 14 条第 7 款规定，任何人已依一国法律及刑事程序经终局判决判定有罪或无罪开释的，不得就同一罪名再予审判或科刑，这反映了一罪不二审的原则。该规定禁止将已经就某一罪行被定罪或宣告无罪的人，就同一罪行再次带上同一法庭或另一法庭；因此，例如，已经被民事法院宣告无罪的人不能就同一罪行在军事或特别法庭上再次受审。第 14 条第 7 款并不禁止重新审判在缺席审判中被定罪但要求重新审判的人，但对重新审判的定罪适用。……

57. 这一保障仅适用于刑事犯罪，而不适用于《公约》第 14 条所指的、对刑事罪行的处罚之外的纪律惩戒措施。……

[14.211] 巴伯金诉俄罗斯联邦案（*Babkin v Russian Federation*，1310/2004）和索伯拉吉诉尼泊尔案（*Sobhraj v Nepal*，1870/2009）是对第 14 条第 7 款之违反情况的例证。在对以色列的结论性意见中，人权事务委员会称，"对拒绝在武装部队中服役者予以反复监禁可能构成对一罪不二审原则的违反，因此应予停止"。[199]

[14.212] 在法尔顿诉澳大利亚案（*Fardon v Australia*，1629/2007）和提尔曼诉澳大利亚案（*Tillman v Australia*，1635/2007）中，申诉有关被定罪的性罪犯在服刑完毕后遭受的预防性拘禁。这些拘禁期间被认定违反了第 9 条 [11.35]。看来很有可能的是，这些额外的、并非对进一步的犯罪所施予的拘禁期间，也违反第 14 条第 7 款。

[14.213] 在尼斯特罗姆诉澳大利亚案（*Nystrom v Australia*，1557/2007）中，基于一位在澳大利亚居留的外国人的犯罪记录而将其递解出境，并没有根据第 14 条第 7 款引起任何可受理的问题，因为提交人无法表明，

---

[199] (2010) UN doc CCPR/C/ISR/CO/3, para 19.

对其执行递解出境是惩罚他，而不是为了保护当地民众。[200]

[14.214] **AP 诉意大利**（*AP v Italy*，204/1986）

该案案情如下：

2.1. 提交人声称，他于 1979 年 9 月 27 日被瑞士卢加诺刑事法庭定罪，罪名是参与共谋兑换总额为 2.9765 亿里拉的钞票，这笔款项是释放一名于 1978 年在意大利被绑架的人的赎金。他被判处两年监禁，他在服刑完毕后被驱逐出瑞士。

2.2. 提交人诉称，意大利政府违反一罪不二审原则，目前正在试图以与他在瑞士被定罪判刑的同样的罪名惩罚他。由此，他在 1981 年被意大利法院起诉（此后显然他离开意大利去了法国），于 1983 年被米兰上诉法院缺席判定有罪……。

人权事务委员会认定，第 14 条第 7 款中的原则并不适用：

7.3. 关于来文根据《任择议定书》第 3 条可否受理的问题，委员会审查了缔约国的反对意见，即来文不符合《公约》的规定，因为提交人援引的《公约》第 14 条第 7 款并不保障涉及两个或两个以上国家管辖权的情况中的一罪不二审。委员会指出，这一规定对双重归罪的禁止仅仅有关在某一国家之内审判的罪行。

从一种人道观点来看，AP 案所述原则是令人遗憾的。如果一国已经对某人之一项罪行施予足够惩罚，就不应允许另一法律制度就同一罪行审判这个人。[201] 然而，ARJ 诉澳大利亚案（*ARJ v Australia*，692/1996）[202] 和第 32 号一般性意见仍遵循了 AP 案中的决定。不过，在第 32 号一般性意见中（第 57 段），委员会补充说，第 14 条第 7 款在国家之间不适用不应"削弱各国通过国际公约防止重新审判同一刑事罪行的努力"。

---

[200] 在委员会意见的第 6.4 段。

[201] 实际上，AP 案中的原则似乎不符合《国际刑事法院罗马规约》第 20 条中的一罪不二审原则，后者禁止一国就国际刑事法院已经审判的同样罪行，审判某人，并禁止国际刑事法院对一国已经审判的同样行为，审判某人（后一原则有一些例外）。See generally C van den Wyngaert and G Stessens, 'The International Non [sic] Bis in Idem Principle: Resolving Some of the Unanswered Questions' (1999) 48 *International and Comparative Law Quarterly* 779.

[202] 在委员会意见的第 6.4 段。See also *PQL v Canada* (CAT 57/1996).

[14.215] 在吉宏诉厄瓜多尔案（*Jijón v Ecuador*, 277/1988）中，提交人就其已经被定罪的罪行再次受到指控，但这一指控最终被高等法院驳回，因此人权事务委员会认定第 14 条第 7 款没有被违反。[203]

结　语

[14.216] 人权事务委员会发布的有关第 14 条的判例，比任何其他《公约》权利的都多。有关第 14 条的数百起案件为第 14 条之保障的骨干，添加了大量的血肉。

---

[203] 在委员会意见的第 5.4 段。

第十五章　禁止追溯性的刑法
——第十五条

第 15 条的范围 …………………………………………… [15.01]
禁止追溯性刑法的范围 …………………………………… [15.04]
追溯性的更严厉刑罚 ……………………………………… [15.07]
不追溯适用更轻缓刑罚 …………………………………… [15.13]
第 15 条第 2 款 …………………………………………… [15.16]
结语 ………………………………………………………… [15.18]

第 15 条

一、任何人之行为或不行为，于发生当时依内国法及国际法均不成罪者，不为罪。刑罚不得重于犯罪时法律所规定。犯罪后之法律规定减科刑罚者，从有利于行为人之法律。

二、任何人之行为或不行为，于发生当时依各国公认之一般法律原则为有罪者，其审判与刑罚不受本条规定之影响。

第 15 条的范围

[15.01] 第 15 条规定的禁止追溯性刑法支持了长久以来得到承认的刑

法原则即"法无明文不为罪"（nullum crimen sine lege）和"法无明文不得罚"（nulla poena sine lege）。[1] 刑法的追溯性适用（事后刑法）同时违反了这两项原则。所加之刑罚重于"犯罪时适用"的刑罚将违反第二项原则。另外，各国还有义务追溯适用较轻的刑罚。

[15.02] 第15条还禁止根据极度模糊的法律所处之刑罚——这样的法律并没有清楚地规定要予以惩罚之行为。[2] 例如，人权事务委员会在对比利时的结论性意见中提出：[3]

> 24. 委员会关切的是，2003年12月19日关于恐怖主义犯罪的法律对恐怖主义所作定义在考虑罪行的严重程度和犯罪者的企图方面，不完全符合法律所规定的罪行和惩罚原则（第15条）。
>
> 缔约国应对恐怖主义罪行提出更加精确的定义。

在基文马诉芬兰案（Kivenmaa v Finland, 412/1990）、克鲁伊特－阿梅兹诉荷兰案（Kruyt-Amesz v the Netherlands, 66/1995）和扎法尔诉乌兹别克斯坦案（Zafar v Uzbekistan, 1585/2007）中，根据第15条提出的有关这类据称法律上存在不足的申诉，均被委员会认定为未得到证实。

[15.03] 第15条仅有关追溯性的刑法，而不适用于民事案件中的追溯情况。[4]

禁止追溯性刑法的范围

[15.04] 在若干早期针对乌拉圭的案件中，有人因为是"颠覆性组织"——这是后来才被禁止的一些政党——的成员而被定罪和判刑，这显然

---

[1] M Nowak, *UN Covenant on Civil and Political Rights: CCPR Commentary* (2nd edn, NP Engel, 2005), 359.

[2] 见委员会对葡萄牙（澳门）的结论性意见，(1999) UN doc CCPR/C/79/Add. 115, para 12，其中委员会批评了若干界定模糊的"抽象"罪行。

[3] (2004) UN doc CCPR/CO/81/BEL.

[4] *AJ v G v the Netherlands* (1142/2002), para 5.7 and *IS v Belarus* (1994/2010), para 4.4.

违反了对追溯性刑法的禁止。[5] 这种显然违反也出现在索伯拉吉诉尼泊尔案（*Sobhraj v Nepal*，1870/2009）中：提交人在 2009 年基于一项移民法规的追溯性适用而被判定犯有移民罪行，而在所谓罪行发生之时的 1975 年，就不存在移民法。

[15.05] **尼古拉斯诉澳大利亚**（*Nicholas v Australia*，1080/2002）

提交人因贩毒被定罪。他在陷入一场受控行动后被逮捕——在此受控行动中，他和一位卧底警官交易了毒品。这些毒品是由澳大利亚联邦警察出于诱捕毒贩的目的而非法输入的。在提交人被逮捕七个月后，澳大利亚高等法院在李奇微诉女王案（*Ridgway v The Queen*）[6] 中对另一人作出裁定，以这种非法行动搜集的证据不可采用。结果，对提交人的诉讼中止。1996 年，澳大利亚通过了扭转李奇微案的新立法。对提交人的诉讼中止被取消，他随后在 1998 年被定罪，根据就是在李奇微案后不可采用但 1996 年立法后可予采用的证据。提交人声称，取消诉讼中止以及追溯性地采用这种关键证据，违反了第 15 条，但人权事务委员会表示不同意：

> 7.3. 关于根据第 15 条第 1 款提出的申诉，委员会注意到，在有关行为发生时可适用且随后由高等法院在李奇微诉女王案中予以维持的法律是，来文提交人被指控的罪行的一个要素——即所持有的违禁物品是"在违反海关法的情况下进口到澳大利亚"——的证据，因警察的违法行为而不可采用。因此，颁发了一项命令，中止对来文提交人的起诉，这根据（当时）适用的法律，永远阻止对来文提交人的刑事诉讼。但是，后来的立法指示法院可以采用有关的警察非法行为导致的证据。由此产生的两个问题是，首先，取消中止起诉和来文提交人因为采用了以前不可采用的证据而被定罪，是否把行为发生时并非犯罪的行为追溯规定为犯罪，违反了《公约》第 15 条第 1 款。其次，即便没有被禁止的追溯适用的情况，仍会出现的问题是，提交人被判定犯下的罪行，是否是一项事实上并非其所有要素在提交人的案件中都具

5　See eg *Weinberger Weisz v Uruguay* (28/1978). See also Nowak, *UN Covenant on Civil and Political Rights: CCPR Commentary*, 361.

6　(1995) 184 CLR 19.

备的罪行，因此有关定罪违反了受第 15 条第 1 款保护的法无明文不为罪的原则。

7.4. 关于第一个问题，委员会指出，第 15 条第 1 款的内容十分清楚，即一个人被判定犯下的罪行必须是在有关行为发生时就是犯罪的行为。在本案中，提交人根据海关法第 233B 条被定罪，而这一规定在从犯罪行为发生到审判和定罪这一期间，一直没有实质性的改变。在这种情况下，虽然对来文提交人采用的程序根据《公约》的其他条款可能会有问题，但是提交人并未援用这些条款，因此委员会认为，它无法得出这样的结论，即《公约》第 15 条第 1 款对追溯性适用刑法的禁止在本案中受到了违反。

7.5. 转到第二个问题，委员会指出，第 15 条第 1 款规定一个人被定罪的"行为或不行为"必须构成"刑事罪行"。某一特定行为或不行为是否导致被判定为刑事罪行并不是一个可以抽象判断的问题；这一问题在进行审判后——其中要引用证据表明已经按必要标准证实了罪行的要件，才能回答。如果无法适当证实确实存在国内（或国际）法律所述的有关罪行的一个必备要件，那么就有关行为或不行为将某人定罪就会违反第 15 条第 1 款规定的法无明文不为罪的原则和法律确定性原则。

7.6. 在本案中，根据在李奇微诉女王案中得到权威解释、其后适用于提交人的缔约国法律，委员会注意到，无法就有关行为将提交人定罪，因为警察非法进口毒品的有关证据在法院是不可采用的。在中止对来文提交人的起诉之时对国内法的确定解释的效果是，由于以下事实，海关法第 233B 条所规定的毒品乃是非法进口这一罪行的要件是无法确定的：虽然进口毒品是根据缔约国有关当局之间一项豁免警察进口的毒品接受海关监督的部委协定进行的，但此举的非法性从技术上来讲并没有被消除，因此有关证据不可采用。

7.7. 虽然委员会认为，在某些情况下，在所称犯罪行为发生后程序和证据规则的改变可能与确定可否适用第 15 条具有相关性，特别是如果这种改变影响到罪行的性质，但它指出，在提交人的案件中没有提到这样的情况。就他的案件而言，委员会注意到，有关修正立法并未消除警察过去进口毒品的非法性，而是指示法院为确定证据是否可以采用之目的，不理会警察行为的非法性。因此，警察的行为在进口毒品时是非法的，在其后仍然是非法的，参与有关非法行为的警官未被起诉并未改变这一事实。不过，委员会认为，有关罪行的所有要件在罪行发生时即已存在，而这些要件中的每一项，都按照提交人被定罪时适用的有关规则规定可以采用的证据得到了证实。因此，提交人是根据明确可适用的法律被定罪的，故而不存在对第 15 条第 1 款保护的法无明文不为罪原则的违反。

委员会认定第 15 条第 1 款只禁止对实质性刑法的溯及既往的改变，而不禁止其适用有损于被告人的溯及既往的程序性改变，对解释第 15 条第 1 款，这是采用了一种狭窄进路。

[15.06] **韦斯特曼诉荷兰**（*Westerman v the Netherlands*，682/1996）

该案中的提交人因拒绝服从军令而被定罪。他是根据一项未被修正的法律被指控的，却是根据一项经过修正的法律——该法律在他犯所称罪行时并未生效——被定罪的。人权事务委员会拒绝了他根据第 15 条享有的权利受到侵犯的主张：

9.2. 委员会注意到，当提交人拒绝服从命令、执意不肯执行军令时，这些行为构成《军事刑法》规定的罪行，他为此受到指控。其后但在提交人被定罪之前，上述《军事刑法》作了修订，经修订后的《军事刑法》适用于提交人。根据新《军事刑法》，提交人拒不服从军令仍构成一项罪行。……委员会注意到，构成新《军事刑法》所规定之罪行的行为，是提交人拒绝履行任何军事义务。这些行为在被犯下时，根据原《军事刑法》就是一项罪行，而且可被判处 21 个月监禁（一次违抗）或 42 个月监禁（一再违抗）。与犯罪时可适用的刑期相比，提交人被判处的 9 个月监禁的刑期并不重。因此，委员会认定，该案的事实未显示对《公约》第 15 条的任何违反。

追溯性的更严厉刑罚

[15.07] **ARS 诉加拿大**（*ARS v Canada*，91/1981）

在该案中，提交人声称，根据加拿大《假释法》追溯性地确立的附带强制性监视的假释构成违反《公约》第15条第1款的更重刑罚。对此，人权事务委员会不予同意：

5.3. 委员会注意到，强制性监视不能被认为等于一种刑罚，而是一种为了犯人的利益，帮助其重适社会生活的措施。因此，即使在获得减刑的情况中，犯人在被释放后仍然受到监视而不能重获无条件的自由，也不能被界定为施加或重新施加了一种不符合《公约》第15条第1款所规定之保障的刑罚。

[15.08] **托法纽克诉乌克兰**（*Tofanyuk v Ukraine*，1346/2005）

提交人于1998年被判处死刑。1999年12月，乌克兰宪法法院认定该死刑违宪。在宪法法院作出该裁决之时，乌克兰法律所规定的死刑之下的最严厉刑罚是15年监禁。在宪法法院作出裁决两个月后，议会通过了一项法律，将所有死刑减为终身监禁，该法律于2000年4月生效。提交人主张，对他的刑罚在宪法法院作出裁决之日实际上已经被减到了15年监禁，但后来被追溯性地增加到终身监禁，这违反了第15条。对此，人权事务委员会不予同意：

11.3. 根据《公约》第15条第1款最后一句，如果犯罪后之法律规定减科刑罚的，从有利于行为人之法律。在目前的案件中，委员会注意到，由"关于修正乌克兰《刑法典》、《刑事诉讼法典》和《教养劳动法典》"的法律确立的终身监禁的刑罚完全尊重宪法法院裁决的目的，即废除比终身监禁更重的刑罚即死刑。宪法法院的裁决本身并不意味着减轻对提交人所处之刑罚，也没有确立一种会替代死刑的新刑罚。此外，除上述有关终身监禁的修正之外，并不存在犯罪后之法律规定的、提交人可从中得益的任何较轻刑罚。在这样的情况下，委员会不能得出结论认为，缔约国对提交人所犯罪行以终身监禁取代死刑侵犯了提交人根据《公约》第15条第1款享有的权利。

很显然，委员会在该案中确实能断定死刑是比终身监禁更严厉的刑罚。不过，如果刑罚的种类不同，那么可能并不总是容易断定某一刑罚比另一刑罚更严厉或轻缓。例如，高额罚款是否比短期监禁更严厉？对这种问题的回答可能取决于被定罪者的个人情况。[7]

[15.09] 在菲利波维奇诉立陶宛案（*Filipovich v Lithuania*，875/1999）中，提交人诉称，他根据一项新的法律被定罪，而该法律规定了比他犯下有关罪行时有效的法律规定的更为严厉的刑罚。人权事务委员会同意，并不清楚他是根据哪一项法律被定罪的，但没有认定第15条第1款被违反，因为他所受刑罚都在这两项法律规定的范围之内。[8]

[15.10] 法尔敦诉澳大利亚案（*Fardon v Australia*，1629/2007）和提尔曼诉澳大利亚案（*Tillman v Australia*，1635/2007）都涉及一些法律的适用，这些法律规定了在性罪犯服完法院判决的刑期后，对他们实行进一步的"预防性"拘禁。在这两起案件中，确立预防性拘禁制度的立法都是在提交人犯下所涉罪行后制定的。对这两起案件，人权事务委员会都认定额外的拘禁期间违反了第9条第1款［11.35］。委员会在如此认定时的一个考虑因素是，这样的制度因为溯及既往地施予了更严厉的刑罚（即实际施以预防性拘禁制度）而违反了第15条第1款。[9] 奇怪的是，尽管有关第15条的认定加强了有关第9条第1款被违反的认定，但委员会在这两起案件中，都没有作出第15条被违反的单独认定。

[15.11] 在德利昂·卡斯特罗诉西班牙案（*De Leon Castro v Spain*，1388/2005）中，人权事务委员会作出了不存在违反情势的极为薄弱的认定［11.39］。提交人诉称，对他追溯性地适用了更为严厉的假释制度。委员会认为，对他的拘禁条件在上诉后有逐步改善。委员会无法最终认定，在他服刑期间拒绝其假释违反了第15条第1款。韦奇伍德夫人提出了异议，正确

7　Nowak, *UN Covenant on Civil and Political Rights: CCPR Commentary*, 364.
8　在委员会意见的第6.2段。
9　*Fardon*, para 7.4(2); *Tillman*, para 7.4(2).

地认定第 15 条第 1 款被违反。该案反映的情况是，对于追溯性地改变假释制度，委员会显然不愿意认定其违反第 15 条（见［15.07］），这也许是因为一个被判刑者并无一项获得假释的权利。

［15.12］ 在戈麦兹·卡萨弗兰卡诉秘鲁案（*Gomez Casafranca v Peru*，981/2001）中，当更为严厉的反恐法律溯及既往地适用于提交人时，就出现了对禁止追溯性严厉刑罚的明显违反。

不追溯适用更轻缓刑罚

［15.13］ **科切特诉法国**（*Cochet v France*，1760/2008）

从 1987 年 11 月至 1988 年 3 月，提交人从荷兰和匈牙利非法进口豌豆，违反了法国海关法。他于 1994 年被提起刑事诉讼，最终判决是对他处以 60 万欧元罚款。不过，法国于 1992 年 7 月 17 日制定了第 92-677 号法，其中规定从《海关准则》的范围中移除在欧洲共同体内部（因此包括从荷兰和匈牙利）输入的任何商品。这一法律造成的结果是，提交人的据称行为不再处于海关制度的调整范围之内，因此他的据称行为不再构成法国法律规定的刑事罪行。提交人申诉说，法国违反了《公约》第 15 条，因为该条要求追溯性地适用更轻的刑罚。由于他的据称犯罪在诉讼之时不再构成刑事罪行（哪怕这些行为在他犯下之时构成罪行），他声称他没有追溯性地得益于更轻的刑罚。对此，人权事务委员会表示同意：

7.2. 关于根据《公约》第 15 条第 1 款提出的申诉，委员会注意到，根据提交人提供的传票，他在 1987 年 11 月至 1988 年 3 月期间实施的行为构成不报关进口违禁物品罪，属于第一类违反海关法的行为，根据以下规定属于犯罪、应予科刑：《海关法》第 410、426-4、435、414、399、382、404 至 407 条，《刑事诉讼法》第 750 条，欧洲经济共同体理事会第 1431/82 号和 2036/82 号条例以及欧洲共同体委员会第 3540/85 号条例。委员会注意到，如提交人所述，这些规定在 1993 年 1 月 1 日即 1992 年 7 月 17 日法令所确立的制度生效之日停止适用。委员会还注意到，基于违反这些规定而对提交人提起刑事诉讼是在 1994 年 8 月 1 日，即新制度生效 19 个月后。委员会注意到，缔约国没有争辩这些事实。由于缔约国所指控的行为于 1993 年 1 月 1 日不再构成刑事犯罪，因此这里的问题显然是罪名和相关刑罚已不存在。因此，1992 年 7 月 17 日法令明确涉及一种罪名和相关的刑罚制度，而不仅仅是缔约国所称的监督程序。

7.3. 关于《公约》第 15 条第 1 款的适用范围，委员会认为对该条不应作狭义解释：由于该条提到较轻刑罚的追溯效力原则，其应当被理解为尤其是指取消对某一不再构成犯罪的行为的刑罚的法律。另外，需要提到法国《刑法》第 112 - 4 条的规定：若某一刑罚是施予某一根据判决之后颁布的立法不再是刑事罪行的行为，则停止执行。

7.4. 委员会认定，在本案中可适用较轻刑罚之追溯效力的原则（在本案中表现为刑罚不存在），因此 1992 年 7 月 17 日法令第 110 条违反了《公约》第 15 条规定的较轻缓刑事法规的追溯效力原则。

科切特被指控的罪行在他据称犯下有关行为之时是存在的。不过，在有关刑事诉讼开始之时，他被指控的罪行本身根据法国法律已经不再是刑事罪行。法国未做到追溯性地适用较轻的刑罚，即因为不再存在任何罪行而完全没有刑罚，违反了《公约》第 15 条第 1 款。因此，第 15 条第 1 款中对追溯性适用较轻刑罚的保障，包括了在有关行为非罪化之时，要得到其追溯性适用的权利。

[15.14] **加弗里林诉白俄罗斯**（*Gavrilin v Belarus*，1342/2005）

提交人根据《刑法典》被定罪并被判处七年监禁。当时，《刑法典》对有关罪行规定了五至十年的科刑范围。2003 年，《刑法典》的修正对有关罪行，确定了三至七年的较短科刑范围。提交人主张其刑期应被缩短，因为他的刑期根据原来的法律，处于科刑范围的中间，而现在则处于科刑范围的顶头。他诉称，他没有得益于一项更为轻缓之刑罚的适用，但人权事务委员会不同意这一点：

8.2. ……问题在于：在根据先前法律判处的刑期处于后来法律确立之刑期的边缘的情况中，《公约》第 15 条第 1 款的规定是否要求缔约国按比例缩短原来所判刑期,以便提交人可得益于后来法律规定的较轻刑罚。

8.3. 在这一方面,委员会提及其在菲利波维奇诉立陶宛案中的判例[15.09],其中的结论是,该案中并不存在对第15条第1款的违反,因为对提交人的刑罚完全处于先前法律规定的范围之内……委员会注意到,在本案中,根据第一次定罪对提交人所科之刑罚完全处于原先的《刑法典》和经2003年7月22日法律修订的新的《刑法典》规定的范围之内,而且在量刑时,法院考虑了提交人行为的公共危害及其个人情况。……委员会将菲利波维奇案中的推理经适当修改适用于本案,根据所获得的资料,无法得出结论认为,对提交人的刑罚是以不符合《公约》……第15条第1款的方式判处的。

[15.15] **范德普拉特诉新西兰**(*Van der Plaat v New Zealand*,1492/06)

在提交人服刑期间,新西兰确立了新的假释制度。提交人诉称,对其适用新的假释制度会导致他在实际能获得假释之前四年八个月获得假释。他因此声称,新西兰未做到对其适用新的假释制度违反了第15条第1款。人权事务委员会不同意这一点并认定该申诉不可受理:

6.2. 提交人诉称,在他被定罪和判刑后颁布的新量刑制度对他不适用,直接或间接地违反了《公约》的数项规定。委员会注意到,根据对他适用的以前的量刑规则,他有资格在服完三分之二刑期后提前获释,除非违反监狱纪律的惩戒要求推迟释放或存在根据《刑法》要求囚犯服完全部刑期的命令。根据适用于比提交人晚的被判刑者的量刑规则,囚犯原则上必须服完全部刑期,无权提前获释;但如果判处的是最低刑期,则服完三分之一刑期后,有资格获得酌情假释。

6.3. 委员会提请注意它关于刑期和假释制度变化的判例,即"假设性地评估如果新法律适用于某一囚犯将会发生什么情况,并非委员会的职能",以及无法假定适用新的量刑法律的法官事实上会如何处理量刑问题。委员会的判例还指出,提交人自己将来的行为预计也与监禁时间长短有关联。

6.4. 在对本案件适用这些原则时,委员会认为,即使为说理之目的认定假释制度的变化相当于《公约》第 15 条第 1 款所指的刑罚，提交人也没有证明，新制度规定的量刑办法将使他服较短的刑期。提交人根据新制度将提前获释的论点所依据的基础，是对根据新的量刑制度行事的判刑法官和提交人自己将采取一些假设性行动的猜测。委员会在这一方面注意到，2002 年的《量刑法》大大扩大了法院对长期刑期判处最低刑期（不可假释刑期）的权力，而假释条件依据是否判处了最低监禁期间而相差很大。委员会在这一方面还注意到，缔约国刑法制度中的假释既不是一项权利，也不是自动的，而是部分地取决于提交人自己的行为。

在范德普拉特案中，委员会遵循了其先前在范杜真诉加拿大案（*Van Duzen v Canada*, 50/1979）和麦克伊萨克诉加拿大案（*MacIsaac v Canada*, 55/1979）中的判例。委员会从未认定假释制度的改变违反第 15 条（另见 [15.11]），很大程度上是因为假释制度的适用是酌处性的，而且多少取决于寻求假释者的行为。即使一种新的假释制度似乎更轻缓，但并不能肯定某一个人将得益于这种轻缓情况。

第 15 条第 2 款

[15.16] 第 15 条第 2 款包含了一项对第 15 条第 1 款的明显例外，因为该款明确允许审判和惩罚被指控违反国际法之一般原则者，不论这些行为在一国之国内法中的刑事法律地位如何。第 15 条第 2 款明显针对的是那些严重违反国际人道法、犯下诸如战争罪或危害人类罪的人。[10] 不过，第 15 条第 1 款看来也允许这样的审判和刑罚，因为该款只禁止审判和惩罚有关人员在无论是国内法还是国际法中都没有被规定为犯罪的行为或不行为。实际上，第 15 条第 1 款中提到"国际法"很可能比第 15 条第 2 款中的例外更进了一

10　See Haji N. A. Noor Muhammed, 'Due Process of Law for Persons Accused of Crime', in L Henkin (ed), *The International Bill of Rights* (Columbia University Press, 1981), 164.

步，因为这可能既指国际条约法，[11] 也指一般和习惯国际法。

[15.17] **鲍姆加藤诉德国**（*Baumgarten v Germany*，960/2000）

提交人从1979年到1990年任德意志民主共和国（民主德国/东德）国防部副部长和边防部队司令。1996年9月，他被（统一后的）德国的法院判定犯下了"在1980年至1989年的几起案件中的杀人罪和杀人未遂罪"。提交人被认定要对杀害和企图杀害试图从民主德国逃往德意志联邦共和国（联邦德国/西德，包括西柏林）的人负责，这些人遭到了民主德国边界警卫枪击或触发了地雷。提交人在1979年至1988年发布了多项命令，授权边界警卫若为防止非法越界之需，可以使用此等武力。使用武力的目的是防止越界，而非杀死越界者。但不可避免地，许多人因为此等使用武力而身亡。

提交人主张说，1979年至1990年有效的民主德国法律使其免于因人员死亡和企图杀害而受到起诉。提交人描述了在杀害和企图杀害发生时有效的民主德国法律，对其总结如下。民主德国法律禁止谋杀和杀人。另外，根据民主德国《刑法典》第95节，侵犯了"人权或基本自由［以及/或者］国际义务"的人不得"援用制定法、命令或指示作为辩解理由；［他/她将］承担刑事责任"。另一方面，民主德国《刑法典》第258节规定，武装部队的成员不必对以下行为承担刑事责任：其"是为执行由上级下达之命令，除非执行该命令明显违反公认之国际公法规则或刑事法律"。使用枪支当然也受到民主德国法律的调整。民主德国《人民警察法》第17条第2款规定，为防止"一项严重罪行"之犯下而使用枪支是正当合理的。根据民主德国的法律，非法越界在某些情况中（例如根据《边界法》第27节）被归类为一种严重罪行。在边境地区布设地雷并不是由制定法规定的，而是由"一系列规定了通过布设地雷而确保边界安全的措施的军事条例或命令"授权的，使用枪支实际上也是如此。[12]

提交人还补充说：

3.10. 在民主德国，没有一名边防部队成员曾因下令使用枪支或执

---

[11] Nowak, *UN Covenant on Civil and Political Rights: CCPR Commentary*, 360. 不过，另见该书第368页，其中诺瓦克提出，大部分国际条约不会接受追溯性效力。

[12] 在委员会意见的第3.6段。

行这种命令而受到起诉。

提交人有关第 15 条的申诉如下：

5.1. 提交人声称他是《公约》第 15 条和第 26 条被违反的受害者，因为他是由于执行公务的行为而被定罪，而这些行为根据民主德国的法律或国际法都不构成刑事罪行。

5.2. 关于对《公约》第 15 条的违反，提交人诉称，缔约国的法院在审判其行为时，取消了民主德国有关立法的原意，而代之以它们自己的正义概念。他主张，法院的推理等于荒谬地辩称，东德议会将武装部队成员置于双重归罪的危险之下——即一方面制定刑事法律要求他们履行职责，另一方面又将这种履行职责规定为犯罪，最终只是为了通过合法化的手段来防止起诉这些履行职责的行为。他提出，根据民主德国法律，履行职责从不构成刑事罪行，因为这并没有像（民主德国）《刑法典》第 1 条第 1 款所要求的那样，违反社会利益。相反，不遵守军事条例或有关保卫国家边境之命令本身将引起刑事责任，唯一的例外有关命令显然违反公认的国际公法规则或刑事法律的情况（民主德国《刑法典》第 258 条）。

5.3. 提交人辩称，国际法没有禁止沿着两个主权国家之间的边界埋设地雷；不仅如此，这一边界还标志着历史上两个最大的军事联盟之间的分界线，而且地雷是华沙条约组织总司令下令埋设的。他指出，地雷仅用于军事禁区，有警告标志清楚地标明，并有高墙防止人们无意进入。他还声称，委员会在 1983 年审议民主德国的第二次定期报告时，认为民主德国的边境控制制度符合《公约》。

5.4. 提交人进一步主张，犯罪意图要求存在对某些基本社会规范的明显和故意漠视，而一个人履行其职责显然不是这种情况。

5.5. 据提交人称，1990 年 10 月 3 日《统一条约》生效之时，并不存在起诉其行为的根据。民主德国的法律制度没有规定仅基于自然法概念引发的刑事责任，自然法概念在民主德国的实在法中并无根据。联邦德国同意在《统一条约》中纳入禁止追溯适用其刑法，它这么做是考虑到统一两个德国的独一无二的历史机会，并同意它自己的正义概念不能适用于在民主德国所为的行为。提交人总结说，因此对他的定罪在《统一条约》中没有法律根据。

5.6. 关于《公约》第 15 条第 1 款中提到"国际法"和第 15 条第 2 款中的限制规定，提交人提出，其行为在发生时无论根据国际法还是国际社会公认的一般法律原则，都不是犯罪性的。

人权事务委员会认定，第 15 条并未被违反：

9.3. ……委员会指出，任何违反《公约》第 15 条第 1 款行为的具体性质，都要求委员会审查国内法院在某一具体案件中对有关刑事法律的解释和适用是否显示有违反禁止追溯性惩罚或者其他的不依法惩罚的情况。委员会在这样做时，将仅限于审查以下问题：提交人的行为在实际发生时是否构成民主德国的刑法或国际法充分界定的刑事罪行。

9.4. 杀害行为是在一个实际上拒绝给予民主德国民众自由离开自己国家的权利的制度内发生的。执行这一制度的当局和个人准备使用致命武力来防止个人使用非暴力的手段行使离开自己国家的权利。委员会忆及，根据《公约》第 6 条，致命武力即使是作为最后的手段使用，也只能用来应对与之相称的威胁 [8.07]。委员会进一步忆及，缔约国必须防止本国保安部队任意杀人。委员会最后注意到，在提交人的行为发生时，根据国际社会公认的一般法律原则，不成比例地使用致命武力已经是犯罪性的。

9.5. 缔约国正确地主张，杀人行为违反了民主德国根据国际人权法尤其是《公约》第 6 条承担的义务。它进一步辩称，同样这些义务要求起诉涉嫌应对杀人行为负责任者。缔约国的法院判定，这些杀人行为违反了民主德国《刑法典》中关于杀人罪的规定。这些规定需要在以下有关法律规定的背景中解释和运用，如排除在侵犯人权案件中援用法规作为辩护理由的《刑法典》第 95 条（见上文第 3.3 段）以及规范在边境使用武力的《边境法》（见上文第 3.5 段）。缔约国法院对于《边境法》关于使用武力的规定的解释是，它没有将不成比例地使用致命或潜在致命的武力、违反这些人权义务的行为排除在杀人罪行的范围之外。据此，《边境法》的规定不能使法院不把这种杀人行为视为违反了《刑法典》中关于杀人罪的规定。委员会不能认定，对法律的这种解释以及基于这种解释将提交人定罪不符合《公约》第 15 条。

在鲍姆加藤案中，委员会最终支持了德国法院得出的结论，即在民主德国边境发生的杀害和企图杀害，已经被事发期间的民主德国法律规定为犯罪。民主德国法律没有得到执行以惩罚对边境上发生的杀害事件负责任者这一事实，被认为是无关紧要的。因此，并没有出现有关第 15 条第 1 款的问题。假如委员会一旦得出结论认为，民主德国的法律事实上的确免除了提交人在这些情况中的刑事责任，则委员会就有可能认定对提交人的定罪根据第 15 条第 2 款而符合《公约》。

结　语

［15.18］人权事务委员会在有关追溯性适用新的假释制度、预防性拘禁、对证据规则的溯及既往的改变、不追溯性适用更为轻缓的刑罚（以及不追溯适用对某种行为的非罪化）等情况中，讨论和适用了第 15 条。最令人感兴趣的案件是鲍姆加藤诉德国案，该案涉及统一后的德国就杀害试图逃离东德的人，起诉东德边界警卫的问题。

第十六章　隐私权
——第十七条

隐私的定义 …………………………………………………… [16.01]
　　对第 17 条规定之保护的限制——何为无理或非法侵扰？ …… [16.06]
国家采取积极措施保护隐私的义务 ………………………… [16.15]
隐私的具体方面 ……………………………………………… [16.18]
　　家庭和住宅 ……………………………………………… [16.18]
　　搜查 ……………………………………………………… [16.27]
　　通信 ……………………………………………………… [16.31]
　　职业保密义务 …………………………………………… [16.36]
　　医疗 ……………………………………………………… [16.39]
　　名誉及信用 ……………………………………………… [16.41]
　　性隐私 …………………………………………………… [16.49]
　　性别和隐私 ……………………………………………… [16.53]
　　数据保护 ………………………………………………… [16.58]
　　DNA 检测 ………………………………………………… [16.61]
结语 …………………………………………………………… [16.62]

第 17 条

一、任何人之私生活、家庭、住宅或通信，不得无理或非法侵扰，其名

第十六章　隐私权

誉及信用，亦不得非法破坏。

二、对于此种侵扰或破坏，人人有受法律保护之权利。

隐私的定义

[16.01] 众所周知，隐私*是一个难以定义的术语。[1] 它被归类为一种选择、功能、愿望、权利、条件以及/或者需要。[2] 隐私还被界定为个人对独处、亲密、匿名和保留的愿望。[3] 它被宽泛地界定为"不受打扰的权利"(the right to be left alone)，[4] 或被狭窄地界定为一项控制有关自身之信息的权利。[5] 可以提出的一种折中定义是，隐私权由"社会承认属于个人自主之领域的行为不受无必要及不合理之干扰的自由"构成。[6] "个人自主的领域"被描述为"不触及其他人之自由的行动领域"，个人在此领域中可以与其他人隔离开，以"按照他自己的（以自我为中心的）愿望和期望塑造自己的生活"。[7]

[16.02] 对于《公约》来说，就第17条之目的而言的隐私的含义，并

---

* 与《公约》英文本第17条中"privacy"对应的用词，在作准中文本第17条中为"私生活"。但中译本将从中文一般用法，将"privacy"译为"隐私"（除非引述第17条约文），而将"private life"译为"私生活"。在国际人权法中，"privacy"/"隐私"与"private life"/"私生活"的含义基本相同，可以互换使用。

1　See eg K Gormley, 'One Hundred Years of Privacy' [1992] *Wisconsin Law Review* 1335 at 1397.

2　A Bartzis, 'Escaping the Panopticon', unpublished LLM thesis, Monash University, 1997, 26.

3　J Michael, 'Privacy', in D Harris and S Joseph (eds), *The International Covenant on Civil and Political Rights and United Kingdom Law* (Clarendon Press, 1995), 333.

4　SD Warren and LD Brandeis, 'The Right to Privacy' (1890) 4 *Harvard Law Review* 193, 195.

5　AF Westin, *Privacy and Freedom* (Athenaeum, 1967), 7; See also C Fried, 'Privacy', (1968) 77 *Yale Law Journal* 475, 483.

6　SE Wilborn, 'Revisiting the Public/Private Distinction: Employee Monitoring in the Workplace' (1998) 32 *Georgia Law Review* 825, 833.

7　M Nowak, *UN Covenant on Civil and Political Rights: CCPR Commentary* (2nd edn, NP Engel, 2005), 378. See also F Volio, 'Legal Personality, Privacy, and the Family', in L Henkin (ed), *The International Bill of Rights* (Columbia University Press, 1981), 在第193-5页列出了隐私的各个方面和侵犯隐私的例证。

没有在人权事务委员会的一般性意见或案例法中得到彻底界定。

[16.03] **科里尔和奥里克诉荷兰**（*Coeriel and Aurik v the Netherlands*, 453/1991）

在该案中，提交人出于宗教原因希望改变他们的姓氏；他们声称，荷兰未做到允许他们改姓，这违反了第17条。人权事务委员会多数委员同意，存在对《公约》第17条的违反。对于某人的姓氏和身份是否处于"隐私"的范围之内，他们的评论如下：

> 10.2. 有待委员会确定的第一个问题是，《公约》第17条是否保护选择和改变自己姓名的权利。委员会指出，第17条规定，除其他外，任何人之私生活、家庭、住宅或通信，不得受无理或非法侵扰。委员会认为，隐私这一概念指的是个人生活的一个范围，在此范围内他或她可以自由表达其身份，无论是在与他人的关系中还是独自。委员会认为，一个人的姓氏是其身份的一个重要组成部分，防止无理或非法侵扰某人的隐私包括防止无理或非法侵扰选择和改变自己姓名的权利。例如，如果一个国家强迫所有的外国人都改变其姓氏，这将构成有违第17条的干涉。本案中出现的问题是，当局拒绝承认改姓是否越过了第17条含义之内的可予允许之干涉的门槛。

对于后一个问题，委员会作出了肯定的回答，其有关实质问题的决定在下文列出 [16.13]。

[16.04] **莱赫曼诉拉脱维亚**（*Raihman v Latvia*, 1621/2007）

该案涉及拉脱维亚的一项法律，该法律要求为了官方使用，以拉脱维亚语拼写提交人原本是俄罗斯犹太裔的姓名。对于违反第17条的指控，拉脱维亚辩称：

> 5.1. ……提交人的姓名没有改变，只不过按照适用于外籍姓名的相关法律条款重新书写。《公约》第17条不保护姓名权，因为该条的约文没有直接提及姓名，而且关于隐私权的第16号一般性意见和判例都没有明确界定隐私权的范围。因此，不能说这项权利包括姓名的表现形式，本案中改动姓名只是为了使其适应拉脱维亚语的特点。因此，这项措施并没有侵犯提交人根据第17条享有的权利。……

人权事务委员会不同意这一点,并认定该案的确引起了有关隐私权的问题:

> 8.2. 关于对第17条的据称违反,委员会注意到提交人的论点,即在他不间断使用其原名达40年之后,在正式文件中用拉脱维亚语拼写姓名的法律规定造成了日常生活中的诸多限制,而且产生了一种被剥夺感和无理性,因为他声称,用拉脱维亚语拼写的他的姓和名"看起来和听起来都很怪异"。委员会忆及,隐私这一概念指的是个人生活的一个范围,在此范围内他或她可以自由表达其身份,无论是在与他人的关系中还是独自。委员会进一步认为,个人的姓氏是其身份的一个重要组成部分,防止无理或非法侵扰某人的隐私包括防止无理或非法侵扰选择和改变自己姓名的权利。……

[16.05] 在霍普和贝瑟特案(*Hopu and Bessert v France*,549/1993)中,提交人诉称,在他们祖先的神圣墓地上建造旅馆侵犯了他们的权利,包括他们的隐私权。人权事务委员会多数委员同意这一点,因为提交人与其祖先的关系构成了他们身份特性中的一个重要部分。[8] 在一项异议意见中,克雷茨梅尔先生、伯根索尔先生、安藤先生和科尔维尔勋爵作出了如下评论:

> 6. 与委员会相反,我们不能接受提交人关于他们的隐私权受到侵扰的指控已获证实。支持委员会对此事之结论的唯一推论是,提交人声称他们与其祖先的联系在他们的身份特性中起着重要作用。私生活的概念围绕着保护个人生活的各个方面或与他人的关系而演变,人们选择让这些情况避开公众目光或受到外界侵扰。它并不包括使用公共财产,而不管这一财产的性质如何或使用的目的为何。另外,仅仅是探访某一地点在一个人的身份特性中起着重要作用这一事实,并不使这种探访变成一个人的隐私权的组成部分。人们能想到不同社会中、在个人身份特性中起着重要作用的许多活动,例如参加公共礼拜或文化活动。虽然侵扰这些活动可能涉及违反第18条或第27条,但它并不构成侵扰一个人的隐私。

---

8 见第[20.14]~[20.15]段。

对第 17 条规定之保护的限制——何为无理或非法侵扰？

[16.06] 第 17 条禁止对隐私之"非法"和"无理"侵扰*。

第 16 号一般性意见

> 3. "非法"一词意味着除法律所设定的情况以外，不得有侵扰之情势。国家授权的干涉必须根据法律进行，而该法律本身必须符合《公约》的规定、目的和目标。

[16.07] 人权事务委员会接着明确指出，法律必须精确、有限，由此不会给决策者在授权干涉隐私时太多的酌处余地：

> 8.……有关的立法必须详细具体地规定可以容许这种干涉的明确情况。只有依法指定的当局在逐一个案的基础上，才能就实行这种授权的干涉作出决定。

例如，委员会在对俄罗斯联邦的结论性意见中评论说：[9]

> 19. 委员会……关切的是，仍然存在窃听私人电话通信的机制，没有明确的立法去规定合法干涉隐私的条件并针对非法侵扰提供保障。

同样，委员会要求牙买加"采取精确立法"来规范窃听事务。[10]

[16.08] **平克尼诉加拿大**（*Pinkney v Canada*, 27/1978）

该案提供了一个例证，说明对隐私的"合法"干涉必须加以充分限定，以符合第 17 条规定的保障。该案的提交人是一位在押候审的囚犯，诉称他的信件受到审查，因此他的与通信有关的隐私权受到了侵犯［16.32］。加拿大解释了规范对囚犯之信件的审查的法律：

> 31.……平克尼先生作为候审者，根据他被拘禁时有效的不列颠哥伦比亚省 1961 年第 73/61 号法规即《监狱细则》第 1.21 节（d）项的规定，有权"获得书写材料，以同朋友通信、交流或撰写与其辩护有关

---

* 与《公约》作准中文本中的"侵扰"相对应的用词，在其英文本中为"interference"。由于"interference"的含义比带有负面含义的"侵扰"要宽，因此中译本视语境需要，有时会将"interference"译为"干涉"。

[9] (1995) UN doc CCPR/C/79/Add. 54.

[10] (1997) UN doc CCPR/C/79/Add. 83, para 20.

的笔记"。加拿大政府不否认，平克尼先生发出的信件受到管制甚至审查。1961 年《监狱细则》第 2.40 节（b）项就此明确规定：

"因犯收发的每一封信件（本细则规定的与法律顾问往来的某些信件不在此限）均应由监狱长或由监狱长为此目的指派的负责官员审阅，监狱长有权以信件内容不合要求或信件过长为理由，酌处决定拒绝投递或删除任何信件或信件之任何部分。"

人权事务委员会认定该第 2.40 节（b）项违反了第 17 条。不过，该规定被一项新的规定所取代已经补救了这一情况：

34．平克尼先生没有提出具体证据证实，他的通信受到的控制或审查并不符合缔约国所述的做法。但是，《公约》第 17 条规定的不仅是"任何人之……通信，不得无理或非法侵扰"，而且规定，"对于此种侵扰，人人有受法律保护之权利"。当平克尼先生被监禁在下大陆区域教养中心时，唯一有效的、规范对犯人通信之控制和审查的法律看来是 1961 年《监狱细则》第 2.40 节（b）项。委员会认为，如该节的一般性规定一样的立法规定本身没有对其无理适用提供令人满意的法律保障，虽然如委员会已经查明的，没有证据证明平克尼先生本人因为《公约》被违反而成为受害者。委员会还注意到，1978 年 7 月 6 日生效的《教养中心细则》第 42 节现在已经使有关法律的规定更为具体。

新的规定明确界定了审查邮件的理由；囚犯的邮件如果对监狱的工作人员或运行造成了威胁，就能够予以审查。监狱长实行审查的酌处权根据该第 2.40 节（b）项曾极为宽泛，但被新的第 42 节缩减到最低程度。

[16.09] 禁止对隐私的"非法"侵扰提供的只是有限的人权保护，因为缔约国有可能在国内法中授权对隐私实行高度压制性的干涉，而只要这些法律以必要的精确性表述即可。[11] 因此，禁止非法侵扰隐私必须以禁止无理侵扰隐私加以补充。

---

[11] 不过，在第 16 号一般性意见第 3 段中 [16.06]，委员会的确补充说，法律本身也应符合《公约》。这可能只是指有关法律不得无理这一事实。换一种方式理解，这可能意味着"合法"的含义是在国内法和国际人权法中都"合法"。见第 [11.91] 及以下各段和第 [18.32] 段。

[16.10] **第 16 号一般意见**

4. "无理侵扰"之表述也与第 17 条所规定之权利的保护有关。委员会认为,"无理侵扰"之表述也可以延及法律所规定的干涉。使用"无理"这个概念的用意是保障即使是法律所规定的干涉也应当符合《公约》的规定、目的和目标,而且无论如何在特定情况中也要合情合理。

因此,禁止"无理"侵扰隐私将合理性的概念纳入第 17 条之中。在图纳恩诉澳大利亚案(*Toonen v Australia*,488/1992)中,人权事务委员会对合理性问题的讨论如下:[12]

8.3.……委员会将合理性要求解释为意味着对私生活的任何干涉都必须与所追求的目标成比例,且为任何特定案件的情节所必要。

[16.11] **第 16 号一般性意见**

在第 16 号一般性意见中,人权事务委员会对可以如何评估对隐私之干涉的合理性,给出了指示:

7.……只有在与一个人私生活有关的这种信息对于按《公约》所理解的社会利益必要时,有权公共当局才可要求提供有关私生活的资料。……

[16.12] 与某些其他《公约》规定不同,对隐私权之可予允许的限制并未明确列举。这种情况与《公约》规定的其他保障,诸如第 12 条和第 19 条规定的保障,形成了对比——对后一类保障,只有出于诸如保护公共秩序或公共道德的具体规定的原因,才得允许限制。在图纳恩案中,文纳尔格伦先生在一项单独附议意见中提出:

……第 17 条第 1 款仅规定任何人的私生活、家庭等不得受到无理或非法侵扰。而且,与《公约》的其他条款不同,这一条并没有明确规定缔约国根据何种理由可以通过立法加以干涉。

因此,原则上一个缔约国可以根据任何酌处确定的理由、通过法律

---

[12] 另见第 [8.05] 及以下各段和第 [11.15] 及以下各段,有关在《公约》规定的其他保障的语境中,对"无理"的解释。

干涉个人的隐私，而不仅是根据如《公约》其他条款所明确规定的，与公共安全、秩序、卫生、道德或他人的基本权利和自由有关的各种理由。然而，根据第 5 条第 1 款，《公约》中的任何内容不得解释为隐示国家有权从事任何旨在对《公约》所承认的任何权利和自由加以较《公约》所规定的范围更广的限制的行为。

对隐私权之可予允许的限制，很可能与见于《公约》其他保障中的明示限制非常相似。[13] 所有并非绝对的《公约》权利都可以受到旨在达成某一合理目的的、合比例措施的限制。例如，对于第 19 条（表达自由）的明示限制，只有在被认为"在民主社会中必要"时，才得允许。这些用语被认为将合理性和比例性的概念纳入第 19 条中，[14] 这些概念等同于赋予第 17 条中的"无理"的含义。虽然可予允许对第 17 条实行限制的目的是开放的，但可予允许对第 19 条实行限制的目的也非常宽泛（例如"保护他人的权利"），因此也同样是开放的。

[16.13] **科里尔和奥里克诉荷兰**（*Coeriel and Aurik v the Netherlands*, 453/1991）

从该案中，能够找到人权事务委员会解释"无理"侵扰的例证，涉及国家拒绝让提交人改变姓氏以反映他们采奉的印度教。缔约国提出了如下主张，为其行为辩解：

> 7.1. 缔约国 1994 年 2 月 24 日的来函主张，《公约》第 17 条并不保护个人选择和改变其姓氏的权利。缔约国提到了准备工作，其中没有表明应对第 17 条作如此广泛的解释，而从这些准备工作来看，应给予缔约国相当大的自由，来决定第 17 条的原则应如何适用。缔约国还提到了委员会有关第 17 条的一般性意见，其中指出对隐私的保护势必是相对的。……
>
> 7.2. 此外，缔约国主张，拒绝同意提交人正式改姓的决定既不是非

---

13 见第 [1.84] 段。另见，P Hassan, 'International Covenant on Civil and Political Rights: Background Perspectives on Article 9(1)' (1973) 3 *Denver Journal of International Law and Policy* 153, 该文章第 153 页详述了在第 9 条第 1 款中纳入"无理"一词的起草历史。

14 见第 [18.33] 段。

法的也不是无理的。缔约国提到……这一决定是根据1990年5月9日发表在政府公报上、以《民法典》的规定为基础的《改姓准则》作出的。因此，不同意提交人改姓的决定符合国内立法和条例。

7.3. 关于该决定是否有可能具有无理性，缔约国指出，制定上段所述条例的目的正是防止无理性以及维护该领域中必要的稳定。缔约国辩称，如果可以轻易地正式改变姓名，对社会和行政管理都会造成不必要的不稳定和混乱。在这方面，缔约国援引了保护他人利益的义务。缔约国提出，在本案中，提交人未能符合允许他们改姓的标准，还提出提交人希望采用的姓在印度社会具有特殊意义。"因此，同意这种类型的要求将不符合荷兰政府的政策，即避免采取可被解说为干涉其他文化之内部事务的任何行动"。荷兰政府的结论是，考虑到所涉及的各种利害关系，不能认为不准予改姓的决定是无理的。

人权事务委员会多数委员作出了有利于提交人的认定：

10.3. 委员会现在接着审查的是，在本案的情况中，缔约国驳回提交人有关改姓的要求是否等于无理或非法侵扰其隐私。委员会注意到，缔约国的决定是根据荷兰现行有效的法律和规定作出的，因此此种干涉不能被视为非法。仍需审议的是，这是否属于无理干涉。

10.4. 委员会注意到，承认改姓的情况在《改姓准则》中被界定得很窄，而在其他情况下酌情处理的做法只限于非常案件。委员会忆及其关于第17条的一般性意见，其中委员会指出，无理这一概念的"用意是保障即使是法律所规定的干涉也应当符合《公约》的规定、目的和目标，而且无论如何在特定情况中也要合情合理"。因此，对于改变姓名得到承认的请求只能基于在案件的具体情况中合理的理由予以拒绝。

10.5. 在本案中，提交人请求承认其为进行宗教学习而将名字改为印度教名字，这一请求于1986年获准。缔约国拒绝提交人还要改变其姓氏的请求，理由在于，提交人没有表明他们寻求的改变是其学习宗教的必要条件，而且这些姓氏带有宗教含义，"听起来"也不像荷兰语。委员会认定，如此限制提交人根据第17条享有之权利的理由是不合理的。因此，在本案的情况中，拒绝提交人的请求从《公约》第17条第

1 款的含义来看是无理的。

[16.14] **莱赫曼诉拉脱维亚**（*Raihman v Latvia*，1621/2007）

上文已经概述了该案的案情 [16.04]。人权事务委员会认定，为官方目的强行使用拉脱维亚语的方式拼写提交人的俄罗斯犹太裔姓氏违反了第 17 条：

> 8.2. ……在本案中，适用《语言法》第 19 条和其他相关条例，提交人的姓名被改动，以遵守拉脱维亚语的语法规则。因此，所涉干涉不能被视为非法。仍需审议的是，这是否属于无理侵扰。

> 8.3. ……委员会注意到，缔约国《语言法》第 19 条规定了一项广泛和普遍的原则，即所有姓名必须遵从拉脱维亚语，并且必须按照拉脱维亚语的规则书写。缔约国没有考虑不同族裔姓名的例外情况。委员会忆及，引入无理性这一概念的用意是保障即使是法律所规定的干涉也应当符合《公约》的规定、目的和目标，而且无论如何在特定情况中也要合情合理。它注意到，缔约国曾宣称这种干涉的目的在于，为保护拉脱维亚语及其作为一个完整体系（包括确保其语法体系的完整性）的正常运作采取必要的措施。委员会还注意到，拉脱维亚语在苏联统治期间面临的困境，因此认为其所述目标正当合理。但是，委员会认为，对提交人施加的干涉导致重大不便，鉴于它们与所寻求实现的目标不成比例，因此是不合理的。虽然立法政策问题以及保护和促进官方语言的模式最好还是留由缔约国酌情处理，但是委员会认为，在以其原有形式已经使用了几十年的姓氏的词尾强制添加改变性别属性并改变其发音的后缀是一项侵扰性措施，与保护国家官方语言的目的不成比例。委员会依据以往的判例——其中委员会认为第 17 条提供的保护包括了选择和改变自己姓名的权利——认为，这种保护更不要说会保护个人不会被动地被缔约国强行改变姓名。因此，委员会认为，缔约国单方面更改提交人在正式文件上的姓名是不合理的，因而相当于对其隐私的无理侵扰，违反了《公约》第 17 条。

里瓦斯－波萨达先生和特林先生提出了异议，认定第 17 条在此情况中没有被违反，因为他们认为这一干涉与保护拉脱维亚语言的目标是成比例的 [24.51]。

《公民及政治权利国际公约》：案例、资料和评注

国家采取积极措施保护隐私的义务

[16.15] 第17条第1款明显禁止国家侵扰个人的隐私，但在第17条中，还存在积极义务。

第16号一般性意见

1. 第17条规定了任何人的私生活、家庭、住宅或通信受到保护，不受无理或非法侵扰的权利，以及任何人的名誉及信用不受非法破坏的权利。委员会认为，这种权利需要得到保障，免受任何这类侵扰和破坏，无论其来自国家当局还是自然人或法人。本条所规定的义务要求国家采取立法及其他措施，以落实对这种侵扰和破坏的禁止，以及对这一权利的保护。

另外，第17条第2款明确保障受到法律保护以免遭对个人隐私之侵扰的权利。

[16.16] 各缔约国有义务对私领域中任何侵扰隐私的情况，提供民事性或刑事性的救济。这一点很重要，因为许多对隐私的粗暴侵犯是应私领域的要求发生的，尤其是在媒体领域。迄今并无案件明确涉及这一积极义务。[15]

[16.17] **第16号一般性意见**

6. 委员会认为，报告中应载有关于国内法律制度中所设的、负责授权实行法律所允许之干涉的当局和机关的资料。此外也必须载有资料，说明何种当局有权严格依照法律对这种干涉加以管制，也必须知道有关人员可以何种方式及通过何种机关就《公约》第17条所规定的权利被侵犯提出申诉。各国在其报告中应明确说明，实际做法在何种程度上符合法律。缔约国的报告也应载有资料，说明就无理或非法侵扰所提出的申诉，这方面的任何调查结果的数目，以及为这些情况所提供的救济。该段确认，对于私人侵犯隐私的情况，各国必须具有适足的申诉制度并

---

[15] 对于私营部门违反《公约》的讨论，见第[1.114]段和第[4.19]及以下各段。

提供适足的救济。

隐私的具体方面

家庭和住宅

[16.18] **第 16 号一般性意见**

5. 关于"家庭"一词,《公约》目标的要求是,从第 17 条的目的来说,这个词应广义地加以解释,以包括有关缔约国社会中所理解的家庭的所有成员。依《公约》第 17 条所用之术语——英文"home"、阿拉伯文"manzel"、中文"住宅"、法文"domicile"、俄文"zhilshche"、西班牙文"domicilo"——应被理解为表示一个人所居住或从事其通常工作的地方。在这方面,委员会要求各国在其报告中指明其社会中给予"家庭"("family")和"住宅"("home")的定义。

在此一般性意见中,人权事务委员会对"住宅"采取了一种自由宽泛的解释,因此包括了个人的工作场所。[16]

[16.19] **沃伊诺维奇诉克罗地亚**（*Vojnović v Croatia*, 1510/2006）

1986 年至 1992 年,沃伊诺维奇和他的家人是克罗地亚的一栋国有公寓楼中的租户。他们声称,由于在 1991 年受到种族骚扰——因为他们是塞尔维亚少数族裔,他们被迫离开了克罗地亚。1995 年,萨格勒布市法院认定,沃伊诺维奇一家无正当理由放弃财产超过六个月,因此依法取消其租住权,该公寓随后被租给另一家庭。沃伊诺维奇一家于 1998 年返回克罗地亚,企图重新取得其租住权但未果。人权事务委员会同意提交人的主张,即有关情况表明了对第 17 条的违反:

8.6. 委员会指出,终止提交人受特别保护的承租权是按照克罗地亚法律……作出的,因此委员会要确定的问题是该终止行为是否无理。委

---

16 See also Nowak, *UN Covenant on Civil and Political Rights: CCPR Commentary*, 399–401.

员会注意到提交人声称,他和他的家人离开公寓是因为他们属于塞尔维亚少数族裔而受到的威胁;他们因为害怕报复而没有向克罗地亚当局寻求保护,但抵达贝尔格莱德后,提交人向南斯拉夫社会主义联邦共和国政府通报了这些威胁并请求保护;这项请求没有得到答复;他在1995年3月16日收到缔约国政府驻贝尔格莱德代表就他请求协助解决公寓问题作出的否定答复。提交人还声称,由于他在1991年至1997年没有有效身份证件,他无法前往萨格勒布采取必要措施来保护其承租权利,以及尽管当局知道提交人在贝尔格莱德的临时地址,但是没有传唤他参加在萨格勒布市法院的法庭初审。委员会还注意到缔约国的论点,即终止提交人受特别保护的承租权具有法律根据(《住房关系法》)、寻求的是正当目的——腾出住房空间为有需要的其他公民提供住所。缔约国还遵守了比例原则,因为在国内诉讼中,提交人没有成功地证实他和家人离开公寓是受到了威胁,即使发生了这类威胁,未提出报告也没有正当理由;提交人本应该采取措施以确保提交人的承租权根据国内案例法得到保护。

8.7. 委员会注意到以下事实——提交人及其家人属于塞尔维亚少数族裔以及提交人的儿子在1991年经受的威胁、恫吓和无理解雇得到了国内法院的确认,总结认为,看来提交人及其家人离开缔约国是因为受到了胁迫并且与歧视有关。委员会注意到,尽管提交人由于没有身份证件而无法前往克罗地亚,但他告诉了缔约国他离开所涉公寓的原因。此外,如萨格勒布市法院查明的那样,提交人没有被传唤参加1995年在萨格勒布市法院的诉讼,而这并无正当理由。因此,委员会的结论是,剥夺提交人的承租权利是无理的,相当于违反与《公约》第2条第1款相结合的第17条。

[16.20] **佩里斯诉斯里兰卡**(*Peiris v Sri Lanka*, 1862/2009)

该案的案情体现在人权事务委员会对违反的认定中。

7.6. 委员会注意到提交人指控称,警察通过恐吓电话和强行到访她家(包括2007年11月大肆袭击其住所),骚扰她和她的家人,以及后来他们害怕住在家里,被迫躲藏,无法过上平静的家庭生活。委员会还指出,缔约国没有采取行动答复委员会关于采取临时措施保护提交人及其家人的要求，这造成了持续伤害。由于缔约国没有提出反驳，委员会的结论是，缔约国对提交人家庭住宅的隐私的侵扰是无理的，违反了《公约》第17条。

[16.21] 在对肯尼亚的结论性意见中，人权事务委员会提出如下声明：[17]

> 22. 委员会虽然注意到代表团对这一问题的解释，但是仍然关切有报告称，在没有与所涉民众事先磋商以及/或者没有足够提前地发出通知的情况下，从内罗毕和该国其他地区的所谓非法居住点强行驱逐了几千名居住者。这种做法无理地侵扰了上述驱离行为的受害者的《公约》权利，尤其是他们根据《公约》第17条享有的权利。
>
> 缔约国应制定具有透明度的政策和程序来处置驱离问题，并确保除非曾与受影响的人事先磋商并作出了适当的重新安置安排，否则不得实施驱离定居点的情况。

在对以色列的结论性意见中，委员会声明：[18]

> 17. 委员会关切的是，虽然委员会上一次结论性意见（CCPR/CO/78/ISR）第16段曾提出建议，但是缔约国继续其摧毁那些有家人参与或涉嫌参与恐怖活动的家庭的财产和住房的做法，而不考虑采取其他较少侵扰的措施。这一做法在缔约国对加沙地带的军事干预行动（"铸铅行动"）中不成比例地被强化，导致房屋和诸如医院、学校、农场、水厂等平民基础设施遭到摧毁。另外，委员会关切的是，缔约国经常因无建筑许可证而以行政命令摧毁西岸和东耶路撒冷的财产、房屋和学校，并且经常拒绝向巴勒斯坦人颁发建筑许可证。另外，委员会关切的是，市区规划制度具有歧视性——特别是在西岸和东耶路撒冷"C区"，不成比例地有利于这些地区的犹太居民（第7、17、23和26条）。
>
> 委员会重申，缔约国应当停止惩罚性地集体摧毁房屋和财产的做法。缔约国也应当审查其如何颁发住房政策和建筑许可证，以期落实关

---

[17] (2005) UN doc CCPR/CO/83/KEN. 另见委员会的结论性意见：波斯尼亚和黑塞哥维纳，(2006) UN doc CCPR/C/BIH/CO/1, para 23；保加利亚，(2011) UN doc CCPR/C/BGR/CO/3, para 24。

[18] (2010) UN doc CCPR/C/ISR/CO/3.

于少数者特别是巴勒斯坦人不受歧视的原则,并依法为西岸和东耶路撒冷的少数者增加建筑。它也应确保城市规划制度不具有歧视性。

[16.22] **恩嘎姆比诉法国**(*Ngambi v France*, 1179/2003)

本杰明·恩嘎姆比是一位合法的法国居民:他在喀麦隆与玛丽-露易丝·内波尔女士结婚后,逃到了法国并在法国获得了难民地位。法国随后拒绝向内波尔女士发放家庭团聚签证,因为法国认定俩人的婚姻是虚假的。在签证申请过程中,法国当局发现,恩嘎姆比与另一位女性有染而且有个孩子,并通知了内波尔这一情况。恩嘎姆比声称,拒绝签证以及向内波尔传达信息,侵犯了他们根据第17条享有的权利(另见[20.12])。人权事务委员会认定申诉不可受理:

6.5. 关于对《公约》第17条的据称违反,即侵扰隐私和家庭生活,委员会注意到,法国政府就内波尔女士的状况和家庭关系的调查,是在收到内波尔女士提出获得家庭团圆签证的申请之后进行的,因此必然涉及与提交人的隐私和家庭生活相关的种种考虑。委员会认为,提交人没有表明这些调查相当于对其隐私和家庭生活的无理、非法侵扰。……

[16.23] **托内尔等人诉西班牙**(*Tornel et al. v Spain*, 1473/2006)

提交人是莫拉勒斯·托内尔的父母和兄弟。莫拉勒斯·托内尔因犯有多项罪行被判刑,刑期很长;在服刑期间,他被诊断患了艾滋病,但监狱当局没有通知其家人他生病和病情恶化的情况。人权事务委员会认定第17条第1款被违反:

7.3. 委员会还必须决定,监狱管理部门在莫拉勒斯·托内尔先生生命的最后几个月中未将其情况的严重性通知提交人这一情况,是否构成对提交人的家庭生活不受无理侵扰这一权利的侵犯。委员会忆及其判例,即第17条含义之内的无理不只限于程序方面的无理性,而且也延及对第17条所规定之个人权利的干涉是否合理,以及是否符合《公约》的宗旨、目的和目标。

7.4. 委员会注意到,1993年4月,莫拉勒斯·托内尔先生被诊断为患有不治之症,其健康状况正在严重恶化。1993年5月,关押他的监狱将这一情况通知了其家人,后者表示,如果他被准予有条件释放,他

第十六章　隐私权

们愿意照顾他。虽然他的情况不断恶化，但根据档案中的资料，监狱没有恢复与其家人的联系，也没有将恶化情况通知刑罚机构总监，尽管该总监曾在这一年 10 月 25 日拒绝有条件释放的申请时表示，在该囚犯的情况严重恶化的情况下，应提出新的申请。监狱也没有将他因病已到晚期而于 1993 年 12 月 13 日最后一次住院的消息通知其家人。莫拉勒斯·托内尔先生的家人只是在他们自己试图与他取得联系时才发现他已住院。根据这些情况，委员会认为，监狱的消极态度剥夺了提交人的知情权，这无疑严重影响了他们的家庭生活，可定性为对家庭的无理侵扰和对《公约》第 17 条第 1 款的违反。同时，缔约国也没有证实，这种干涉是合理的或符合《公约》的宗旨、目的和目标。

委员会认定，有关莫拉勒斯·托内尔先生自己的家庭权利的申诉不可受理，因为没有证据表明，他被禁止将其状况通知家人。[19]

[16.24] 大部分根据第 17 条提出的、有关指控侵扰家庭的案件也有关第 23 条第 1 款——该款保障对家庭的保护。基于该款规定的权利的更为专门的性质，大部分有关"家庭权利"的案件将在本书有关第 23 条的第二十章中讨论。一个有关家庭权利的创始性案件如下。

奥弥尔鲁迪－斯吉弗拉等人诉毛里求斯（Aumeeruddy-Cziffra et al. v Mauritius, 35/1978）

该申诉有关毛里求斯的一项立法，该立法对和毛里求斯国民结婚的外国男性和女性规定了不同的居住地位。在毛里求斯的外国男子与外国女性相比，被置于一种更为不确定的居住状态中。提交人是 20 位毛里求斯女性，其中三位的丈夫是外国人。人权事务委员会认定，对于这三位已婚的提交人，第 17 条被违反。[20] 委员会的评论如下：

9.2（b）2（i）1. 首先，她们与其丈夫的关系显然属于《公约》第 17 条第 1 款所使用的"家庭"一词的领域。她们因此应受到保护，在此领域免遭第 17 条所称的"无理或非法侵扰"。

---

[19] 在委员会意见的第 6.5 段。
[20] 其他妇女则被认定为从根据《任择议定书》提出申诉的目的来看，并非有关的受害者。见第 [3.40] 段。

9.2 (b) 2 (i) 2. 委员会认为,丈夫与妻子共同居住应被认为是家庭的通常模式。因此,如同缔约国已经承认的,将一个人排除在其家庭亲近成员居住的国家之外可能构成第 17 条含义之内的侵扰。原则上,当配偶一方为外国人时,第 17 条第 1 款也适用。影响一个家庭成员的居住问题的移民法律的存在和适用是否符合《公约》,取决于这样的侵扰是否属于第 17 条第 1 款所称的"无理或非法",或者这样的侵扰以任何方式与缔约国根据《公约》承担的义务相冲突。

9.2 (b) 2 (i) 3. 在委员会看来,在本案中,不仅是在毛里求斯的外籍丈夫被递解出境的进一步可能性,而且已经存在的他们的不稳定的居住状态,都表明了缔约国当局对毛里求斯妇女及其丈夫的家庭生活的侵扰。对于有关家庭能否以及在多长时间内可以在毛里求斯共同居住以继续其家庭生活,本案所涉及的法令使之变得很不确定。另外,……对准予居住许可拖延几年而没有肯定的答复,这必须被视为非常不便,原因包括准予工作许可以及由此而来的丈夫对支撑家庭作出贡献的可能性都取决于居住许可,还包括他随时可能被递解出境而又无法对之提起司法审查。

9.2 (b) 2 (i) 4. 但是,因为这一局面是由立法本身造成的,所以在本案中,不存在将这一侵扰归为第 17 条第 1 款含义之内的"非法"的问题。剩下需要审议的是,这一干涉是否为"无理"的或以任何方式与《公约》相冲突。

9.2 (b) 2 (i) 5. 在这方面,应给予个人的保护受到源自《公约》数项规定的平等对待不同性别的原则的制约。根据第 2 条第 1 款,缔约国有一般义务尊重并确保《公约》所确认的权利,"无分……性别……等等",更具体地根据第 3 条,缔约国有义务"确保"对这些权利之"享受,男女权利,一律平等",根据第 26 条,缔约国还有义务提供"法律的平等保护","无所歧视"。

9.2 (b) 2 (i) 6. 与外籍国民结婚的提交人只是因为她们是女性而遭受了上面讨论的法令的不利后果。她们的丈夫的不稳定居住状态,如上所述影响了她们的家庭生活,这是由 1977 年的法律造成的;但这些

第十六章　隐私权

法律并不对外籍妻子适用同样的控制措施。就此方面，委员会注意到根据《毛里求斯宪法》第16节，性别并不是禁止歧视的理由之一。……

9.2（b）2（i）8.……在此，这种特定的侵扰如果无差别地适用是否就合理，是无关紧要的。只要对《公约》保障的权利施加限制，在限制时就不能存在基于性别的歧视。在这方面，这样的限制本身是否侵犯了对之单独考虑时的这一权利，不是决定性的。因此，这里指出以下一点也就足够了：根据目前的情况，已经作出了基于性别的不利区分，这影响了据称的受害者享有她们的某项权利。对于这种区分的合理性，缔约国没有给予充分的理由。委员会因此必须认定存在对与第 17 条第 1 款相关联的《公约》第 2 条第 1 款和第 3 条的违反。

［16.25］人权事务委员会在这一"毛里求斯妇女案"中的决定受到了所涉立法的歧视性质的影响。[21] 委员会没有决定的是，限制家庭成员的居住权利的立法本身是否违反了第 17 条。不过，在后来对津巴布韦的结论性意见中，委员会确认，对外国配偶的过分限制性的居住要求，即使不具有歧视性，也违反第 17 条［20.19］。根据第 23 条，也出现了相关的案件。[22]

［16.26］人权事务委员会在对土库曼斯坦"基于探查到感染［艾滋病毒/艾滋病］"而将外国人递解出境表示关切时，也援引了第 17 条。[23]

搜查

［16.27］**第 16 号一般性意见**

8.……搜查某人之住宅时应只限于搜查必要的证据，不允许有骚扰情事。至于个人或人身搜查，应有切实的措施来确保进行这种搜查的方式尊重被搜查者的尊严。任何人受国家官员或应国家要求行事之医务人员的人身搜查，应只限于由同一性别的人搜检。

［16.28］在罗哈斯·加西亚诉哥伦比亚案（*Rojas García v Colombia*, 687/1996）中，哥伦比亚警察强行进入并搜查了提交人的住宅，这是对搞错

---

[21]　另见第［23.51］段。
[22]　见第［20.17］及以下各段。
[23]　(2012) UN doc CCPR/C/TKM/CO/1/Add. 1, para 15.

的住宅实行的明显有误突击的一部分。[24] 虽然该缔约国对此次突击的合法性提出了详细的辩解，但人权事务委员会认定，"缔约国的主张未能证明所描述的行为正当合理"，该突击因此构成对提交人家庭之住宅的无理侵扰。[25] 无法确定的是，这一决定是否表明所有错误的搜查都违反第17条。该缔约国未能提出任何解释，说明为何或如何犯下这一错误，因此没有证据说服委员会不认定无理性的存在。[26]

[16.29] 在伊克里莫娃诉土库曼斯坦案（*Yklymova v Turkmenistan*，1460/2006）中，人权事务委员会认定，"没有法律根据而搜查提交人的住宅，剥夺她的电话联系方式以及没收她的公寓、护照和身份证……，在缔约国未提出任何相关解释的情况下，相当于对其在《公约》第17条规定范围之内的隐私、家庭和住宅的无理侵扰"。[27]

[16.30] 在对英国的结论性意见中，人权事务委员会表示担忧的是，有报告称，在北爱尔兰持续存在脱光衣服搜查囚犯的做法，而这发生在恐怖主义分子停火之后存在的"低安全风险的情况中"，[28] 这证明脱光衣服搜身只应在比例适当的情况中进行。

通信

[16.31] **第16号一般性意见**

8.……要遵守第17条，就必须在法律上和实际上保障通信的完整性和机密性。信件应送达受信人，不得拦截、启开或以其他方式加以阅读。应禁止电子或其他方式的监察，禁止拦截电话、电报和其他形式的通信，禁止窃听和记录谈话。

[16.32] 如同第16号一般性意见所列出的那样，国家有义务在法律中，针对侵扰通信提供保护，以保护通信机密性。在涉及囚犯之私人通信权利的

---

[24] 见委员会意见的第2.1段、第9.6段。
[25] 在委员会意见的第10.3段。
[26] 另见第［9.07］段。
[27] 在委员会意见的第7.6段。
[28] (1995) UN doc. CCPR/C/79/Add. 55, para 12.

案件中，人权事务委员会对通信之隐私给出了一些解释。在平克尼诉加拿大案（*Pinkney v Canada*, 27/1978）中，委员会认定，某些法律规定（后来被废除）没有针对无理侵扰通信提供充分的法律保障［16.08］。

［16.33］ 在安杰尔·埃斯特雷拉诉乌拉圭案（*Angel Estrella v Uruguay*, 74/1980）中，人权事务委员会认定，囚犯应该被允许在受到必要监督的情况下，不受侵扰地与其家人和声誉良好的朋友定期联络。在该案中，对于可能多达100封受审查的信函，提交人只收到了35封，有7个月他则一封信都没收到。根据这些事实，委员会认定，提交人的通信所受的审查和限制，已经达到了这样的程度，即违反了结合《公约》第10条第1款——该款保障被拘禁者的人道待遇——理解的第17条。[29]

［16.34］ 在对波兰的结论性意见中，人权事务委员会称：[30]

> 22. 关于窃听电话问题，委员会表示关切的是，检察官（未经过司法机关同意）可准许窃听电话，而且对整个窃听电话制度的使用情况，不存在独立的监控。

在对津巴布韦的结论性意见中，委员会称：[31]

> 25. 委员会关切地注意到，邮务总长被授权以公共安全或维持法律秩序为由截查任何邮件或电报，并将这些对象送交指定的国家职员。委员会建议，采取步骤确保截查活动受到严格的司法监督，且应修改有关的法律，使其符合《公约》。

［16.35］ 在对瑞典的结论性意见中，人权事务委员会表示关切的是，拟给予行政部门在监视电子通信方面的宽泛权力，以之作为打击恐怖主义的一种方式。委员会的建议如下：[32]

> 18. ……缔约国应当采取一切适当措施，确保收集、储存和使用个人数据不被滥用，不被用于有违《公约》的目的，并符合《公约》第17条之下的义务。为此，缔约国应当保证，信息的处理和收集由一个独

---

[29] 另见第［9.221］段。
[30] (1999) UN doc CCPR/C/79/Add. 110.
[31] (1998) UN doc CCPR/C/79/Add. 89.
[32] (2009) UN doc CCPR/C/SWE/CO/6.

立机构审查和监督,并且在公正无偏和效力方面有必要的保证。

因此,不管第 16 号一般性意见第 8 段的行文如何［16.31］,电话窃听、邮件拦截以及电子监视仍有可能符合第 17 条,只要这些做法受到独立的、最好是司法机构的严格控制和监督。[33]

职业保密义务

[16.36] 职业保密义务是隐私权的重要方面,就如人权事务委员会在对葡萄牙的结论性意见中所确认的那样:[34]

> 18. 委员会关切的是,在一些《刑事诉讼法》被以极为广泛的措辞叙述的案件中,律师和医生可能被要求提供证据,尽管他们有责任保密(第 17 条)。
>
> 缔约国应修正其立法,以具体规定对律师和医生的专业特权施予限制的明确情况。

[16.37] 科内利斯·范胡尔斯特诉荷兰（*Cornelis van Hulst v the Netherlands*, 903/2000）

该案的提交人范胡尔斯特雇用了一位律师 A. T. M. M. 先生。由于该律师是另一起与提交人无关的案件的嫌疑人,他的电话被荷兰当局窃听。然而,窃听暴露了范胡尔斯特明显犯罪的证据,导致他因这些罪行被逮捕和定罪。范胡尔斯特声称,截听他与其律师的交谈侵犯了他根据第 17 条享有的权利,特别是他的"与其律师秘密联络的权利"。[35] 荷兰主张说,对通信的干涉是可予允许的:

> 4.8. 缔约国辩称,对提交人隐私权的干涉遵循了（打击犯罪的）正当合法目的,而且合乎比例,因为区法院保证在对提交人提出刑事诉讼时,不考虑 A. T. M. M. 先生以提交人律师身份行事,而不是作为刑事犯罪嫌疑人联络的电话交谈录音。电话交谈被监听是因为 A. T. M. M. 是

---

[33] 另见委员会的结论性意见:莱索托,（1999）UN doc CCPR/C/79/Add. 106, para 24;圣文森特和格林纳丁斯,（2008）UN doc CCPR/C/VCT/CO/2, para 9;荷兰,（2009）UN doc CCPR/C/NLD/CO/4, para 14。

[34] （2003）UN doc CCPR/CO/78/PRT.

[35] 在委员会意见的第 3.1 段。

犯罪嫌疑人，因此并不涉及律师与其委托人之间的职业性联络。对于这种交谈，缔约国辩称，仅仅因为 A.T.M.M. 也是一名律师，就指望提交人和 A.T.M.M. 可完全不受任何惩罚是不合理的。

人权事务委员会作出了有利于缔约国的决定：

7.6. 最后，委员会必须审议，干涉提交人与 A.T.M.M. 先生的电话交谈在本案的情况中是否无理。委员会忆及其判例，合理性的要求意味着对隐私的任何侵扰都必须与所追求的目标成比例，且为任何特定案件的情节所必要。委员会注意到提交人辩称，存在这样一种风险，即如果委托人与其律师之间的通信内容有可能遭到监听并用于指控他们——这取决于委托人的律师是否被怀疑犯有某项刑事罪行，那么无论委托人是否知道这一点，他们就再也无法信赖与其律师之间的通信保密了。委员会虽然承认通信保密的重要性，尤其就律师与委托人之间的通信而言，但也必须看重缔约国采取有效措施预防和调查刑事犯罪的必要。

7.7. 委员会忆及，授权干涉某人之通信的有关法律必须具体详细地规定可允许采取干涉的确切情况，以及只有由法律指定的当局、在个案基础上才能作出允许干涉的决定。委员会注意到，监听电话的程序性和实质性条件都清楚地界定在荷兰《刑事诉讼法》第125g节和1984年7月2日《电话交谈审查准则》中。这两项法规都要求干涉必须基于调查法官的书面授权。

7.8. 委员会认为，监听和记录提交人与 A.T.M.M. 先生之间的电话交谈并没有不成比例地影响提交人的权利，即在充分确保他与其律师之间的通信保密的条件下与其律师通信的权利，因为地方法院区分了 A.T.M.M. 作为提交人的律师参与的电话交谈，并下令在证据中消除这部分谈话的录音，与被接受为证据的其他交谈——这些交谈因为是在对 A.T.M.M. 进行初步调查的情况中截获的，所以被采信为证据。……

7.9. 关于提交人声称他与其律师之间的交谈录音报告本应当立即予以销毁的问题，委员会注意到，缔约国提出的主张并未受到反驳，即对交谈录音的记录被作为整体存放而与案件档案分开，以备被告方进行可能的查验。鉴于隐私权意味着，对于由公共当局所掌控的档案中不正确的个人数据,人人应有权要求改正或消除,委员会认为,单独存放对提交人与 A.T.M.M. 先生之间的交谈录音的记录,从《公约》第 17 条的目的来看,不能被认为是不合理的。

7.10. 鉴于上述情况,委员会的结论是,在提交人与 A.T.M.M. 之间的电话交谈方面,对提交人隐私的干涉合乎比例,而且是为了实现打击犯罪的正当目标所必要的,因此依照具体案情是合理的,没有违反《公约》第 17 条。

[16.38] 在分析监听电话是否属于"无理"时,人权事务委员会认定,监听能够被定性为两个嫌疑人之间的交谈而非一位律师与一位委托人之间的交谈,只要不会不成比例地影响律师—委托人保密特权关系,就是合理的,即使有关谈话所关涉的罪行并非最初促成了监听电话的罪行,也是如此。委员会的决定表明,A.T.M.M 先生的所有委托人,不论他们是否为犯罪嫌疑人,也不论他们是否有理由怀疑 A.T.M.M 先生涉嫌犯罪,都可以说无法与他进行保密的律师—委托人电话联络。虽然对他们交谈的记录可能被销毁,但警方需要首先监听这些交谈,以决定这些谈话是否与最初导致警方监听电话的怀疑有关。因此可以说,这种情况授权进行的,是对律师—委托人保密特权关系的严重侵扰。提出律师的电话绝不能被窃听也许太过分了。不过,也许可以合理地坚持说,从这种监听中获得的资料,包括由其衍生的调查,应限于最初进行监听所涉及的罪行,或限于律师而非其委托人的罪行,除非律师本人与某一委托人是共犯。

医疗

[16.39] **MG 诉德国**(*MG v Germany*,1482/2006)

在该案中,法院下令提交人去做心理测试,因为她在针对其父亲的法庭诉讼中,提出了显然无理取闹的书面陈述。法院下令时,并未实际听取提交人的意见或见到她本人。她声称,除其他外,她根据第 17 条享有的权利受到了侵犯,人权事务委员会表示同意:

10.1. 关于提交人根据《公约》第 17 条提出的申诉,委员会认为,未经一个人同意或违背其意愿而下令其接受医疗或医检构成对隐私的干涉，而且可相当于对其名誉及信用的非法破坏。因此，委员会需要审议的问题是，对提交人隐私的干涉是否为无理的和非法的，埃尔旺根地区法院的命令是否构成对其名誉及信用的非法破坏。根据第17条可予允许之干预必须累积地满足多项条件，即必须由法律规定、符合《公约》的规定、目的和目标，在特定情况中合情合理。

10.2. 委员会忆及，埃尔旺根地区法院作出检查提交人参加诉讼之能力的命令，所依据的是《德国民事程序法典》第56节。委员会注意到埃尔旺根地区法院命令对提交人进行医检时给出的理由，即她提交了过多材料、进行了过多上诉、她投入案件的所有工作影响了她的健康；也注意到了缔约国的论点，即该命令是为了保护"司法之正常运行"和提交人精神健康状态的正当目的。然而，委员会注意到，埃尔旺根地区法院的命令产生了这样的效果，即要求提交人接受对其身心健康状况的医检，否则R. H. 教授就会仅凭现有案卷拟出专家意见。委员会认为，在未听取提交人的意见或面见其本人的情况下发出这样的命令，以及仅凭她在程序方面的行为和提交给法庭的书面材料就作出这一决定，从案件的具体情况来说，是不合理的。因此，委员会认定，对提交人的隐私及其名誉及信用的干涉与所寻求的目的不成比例，因此是"无理的"；委员会的结论是，她根据《公约》第17条——与第14条第1款相结合——享有的权利受到了侵犯。

[16.40] 在布拉夫诉澳大利亚案（*Brough v Australia*，1184/2003）中，一位17岁的被拘禁者在其意愿被违背的情况下被施予了治疗精神病的药物。他诉称这种治疗违反了第7条。人权事务委员会并不同意[9.149]，但没有考虑未经其同意就施药是否违反了第17条。

名誉及信用^{*}

[16.41] **第16号一般性意见**

11. 第17条规定保护个人的名誉及信用，各国有义务为此目的提供

---

* 在《公约》英文本第17条中，与中文本第17条中的"名誉及信用"相对应的用词是"honour and reputation"，但在英文本第19条中，与中文本第19条中的"名誉"相对应的用词则是"reputation"。"reputation"亦可理解为"名声""声誉"。

适足的立法。此外也必须规定人人能切实保护自己，不受确实发生的任何非法破坏，并针对对这种行为负责任者得到有效救济。各缔约国应在其报告中指明个人的名誉或信用在何种程度上受到法律的保护，以及根据其法律制度如何实现这种保护。

诺瓦克提出，"名誉"指的是某个人对自己的主观看法（某人的自尊），而"信用"指的是他人对某个人的评价。[36]

[16.42] 特西塞科迪诉扎伊尔案（*Tshisekedi v Zaire*, 241 – 242/1987）除其他外，有关破坏一位反对派领导人特西塞科迪先生的信用。他因为参与在金沙萨的示威而被逮捕。在被捕期间，对他进行了精神病检查，而且有人试图将他关押在一所精神病院之内。扎伊尔试图证明对他的精神病评估是正当合理的，方式是提出，因为提交人表现出"心理错乱的现象，司法当局决定他应该接受精神病检查，这既是为了他的健康利益，也是为了确保一场公正的审判"。[37] 尽管将他关进医院的企图没有得逞，但政府继续声称他精神不正常，虽然"医疗报告否定了这种诊断"。[38] 该缔约国的这种行为被人权事务委员会认定为侵犯了特西塞科迪的名誉权及信用权、违反了第17条。但可惜的一点是，委员会在该案中没有明确声明扎伊尔政府的行为根据该国的法律是否为"非法的"。

[16.43] 科马若沃斯基诉土库曼斯坦案（*Komarovski v Turkmenistan*, 1450/2006）除其他外，有关一项第17条被违反的申诉。当局出版了一本书，但错误地声称这本书是科马若沃斯基写的，其中载有他参与了一场暗杀阴谋的所谓"供认"。该书的出版——其错误地将科马若沃斯基归为作者——被认定为非法地侵扰了他的隐私、名誉及信用，违反了第17条。[39] 人权事务委员会在建议救济性行动时，要求土库曼斯坦公开撤回"对该书之作者是谁的错误归属"。[40]

36　Nowak, *UN Covenant on Civil and Political Rights: CCPR Commentary*, 404.
37　在委员会意见的第4.3段。
38　在委员会意见的第12.7段。
39　在委员会意见的第7.7段。
40　在委员会意见的第8段。

[16.44] 在 IP 诉芬兰案（*IP v Finland*, 450/1991）中，人权事务委员会审议的是，税务当局披露有关申诉人税务状况的资料是否相当于侵扰其隐私、非法破坏其名誉及信用。委员会认定该申诉不可受理，因为有关第 17 条被违反的申诉没有得到充分证实。该案支持了这样一种论点，即第 17 条所规定的保护某一个人之名誉及信用仅限于针对非法破坏，而不及于无理破坏。[41] 因为披露资料的是合法当局，所以不存在对第 17 条的违反。

[16.45] 在 RLM 诉特立尼达和多巴哥案（*RLM v Trinidad and Tobago*, 380/1989）中，提交人（一位律师）主张，在法庭上法官对他的批评是对他的名誉及信用的非法破坏。该案被人权事务委员会认定为不可受理，因为批评并非一种非法的破坏。法官享有作出评论的特权，因此这些评论不能被看作非法的。[42]

[16.46] **萨雅迪和维因克诉比利时**（*Sayadi and Vinck v Belgium*, 1472/2006）

缔约国因为提交人与一个列明的组织"全球救灾基金"（GRF）有联系，而将他们的姓名告知联合国安理会的制裁委员会，此后他们的姓名就被列在这一委员会的名单上。这一名单的目的在于列出涉嫌恐怖主义组织和个人，列入这一名单将导致各种制裁［12.23］。比利时在对提交人开始刑事调查以后仅仅几周，但在调查结束之前，就提交了他们的姓名。实际上，调查后来的结论是，提交人对比利时的国家安全并不构成威胁。人权事务委员会认定，安理会的有关决议并不要求比利时告知其提交人的姓名［1.89］。委员会接着认定，将提交人的姓名告知安理会——这必然导致这些姓名被列在名单上以及随附的各种严重后果——违反了第 17 条。

10.12. 关于《公约》第 17 条被违反的指控，委员会注意到提交人的论点，即由于他们的所有联系方式都被列入了制裁委员会的名单，因此人人都能获知这些信息。委员会忆及第 17 条承认，任何人之私生活、

41　See Michael, 'Privacy', 352; Nowak, *UN Covenant on Civil and Political Rights: CCPR Commentary*, 403 – 4.

42　另见，西蒙斯诉巴拿马（*Simons v Panama*, 460/1991），其中委员会审议了提交人的主张，即针对他的刑事诉讼基于虚假证据，因此是对他的名誉和职业信用的攻击。该案被认定不可受理。

家庭、住宅或通信不得受到无理或非法侵扰,其名誉及信用也不得受到非法破坏。该条所规定的义务要求缔约国采取立法和其他措施,落实对此种权利之侵扰和破坏的禁止。在本案中,委员会发现,制裁名单以"1267委员会拟订并维持的有关基地组织、乌萨马·本·拉登和塔利班以及其他与之有关联的个人、集团、企业和实体的综合名单"的标题被放在互联网上,人人均可获知。委员会还发现,提交人的姓名被列入缔约国政府公报上发布的2003年1月31日的部级政令中——该政令修改了2000年6月15日的部级政令,后者是为执行2000年2月17日有关对阿富汗塔利班的限制措施的王家法令而颁布的。委员会认为,散布有关提交人的个人资料构成对其名誉及信用的破坏,因为这有可能让某些人在他们的姓名与制裁名单的标题之间产生消极的联想。此外,还有很多怀疑提交人之信用的文章在媒体上发表,提交人被迫经常地要求行使公开答复权。

10.13. 委员会注意到提交人的主张,即缔约国应该为其姓名被列入联合国制裁名单负责,此举造成了对其私生活的侵扰和对其名誉及信用的非法破坏。委员会忆及,是缔约国首先将有关提交人的所有个人资料交给制裁委员会的。缔约国辩称,它有义务将提交人的姓名交给制裁委员会……但是委员会注意到,缔约国没等应检察院的要求启动的刑事调查出结果,就在2002年11月19日将提交人的姓名交给了制裁委员会。不仅如此,委员会注意到,虽然刑事调查在2005年被撤销,但此后提交人的姓名仍被列在名单上。尽管缔约国提出了除名要求,但提交人的姓名与联系方式仍在联合国、欧洲和缔约国的名单上公布、可为公众获得。委员会因此认定,在本案中,尽管缔约国无权将提交人的姓名从联合国和欧洲的名单上撤销,但要为提交人的姓名被列入上述名单负责。委员会的结论是,现有事实表明,由于缔约国的行为,提交人的名誉及信用受到了非法破坏。因此,委员会认为存在对《公约》第17条的违反。

[16.47] 对于荷兰的某些反恐指令,人权事务委员会曾作出如下评论:[43]

15. 委员会关切的是,作为反恐措施之一部分,地方市长可发出行

---

[43] (2009) UN doc CCPR/C/NLD/CO/4.

政"干扰令",据此令个人的日常生活可以受到干扰。这类干扰可包括登门访问、接触认识该个人的人以及在公共场合多次接触该个人。由于干扰令不要求司法授权或监督,所以委员会关切的是,存在其适用可能与隐私权不相一致的风险(第17条)。

[16.48] 现存的根据《任择议定书》处理的案件表明,在第17条的语境中的"非法"意味着在国内法中的"非法"。若如此,则对名誉及信用提供的保护很可能较弱 [16.09]。不过,人权事务委员会最近将第9条第4款中的"合法"一词解释为意味着不仅仅是符合国内法。⁴⁴ 这可能预示着在将来,对保护名誉及信用的第17条语境中的"非法"一词的更广泛解释。

性隐私

[16.49] 对于私下发生的性行为的规制可能是对隐私的侵扰。在这一方面,可以注意赫兹伯格等人诉芬兰案(*Hertzberg et al. v Finland*,61/1979)中人权事务委员会少数委员的意见:他们声称,第17条保护"与众不同且照此生活的权利"。⁴⁵ 这样的规制可能涉及对异性恋、同性恋、恋童癖、卖淫、制作或发行色情作品者和施受性虐者的性规制。⁴⁶

[16.50] **图纳恩诉澳大利亚**(*Toonen v Australia*,488/1992)

该案有关对澳大利亚塔斯马尼亚州的法律提出的质疑,该法律将两厢情愿的男性之间的性关系规定为犯罪。提交人提出的事实如下:

2.1. 提交人是一个致力于在塔斯马尼亚州(澳大利亚的六个组成部分之一)促进同性恋者权利的活跃分子。他质疑的是《塔斯马尼亚州刑法典》中的两项规定,即第122条(a)(c)款和第123条,这些条款将男性之间的各种性接触定为犯罪,包括两厢情愿的成年同性恋男子之间私下的各种形式的性接触。

---

44 见第 [11.91] 及以下各段。
45 见第 [18.68] 段。
46 Nowak, *UN Covenant on Civil and Political Rights: CCPR Commentary*, 391 – 2. 另见, *Laskey, Jaggard and Brown v UK* (1997) 24 EHRR 39, 其中英国禁止某些施受性虐行为被认定为不符合《欧洲人权公约》第8条对隐私的保障。

2.2. 提交人认为,《塔斯马尼亚州刑法典》的上述条款赋予塔斯马尼亚州警察这样的权力,即在有理由相信他牵涉与这些条款相抵触的性活动的情况下,调查他私生活的私密方面并将他拘禁。他补充说,公诉局局长在1988年8月声称,如果有充分证据证明有人犯下这种罪行,就将根据第122条(a)(c)款和第123条提起诉讼。

图纳恩承认,这一法律许多年都没有执行,但主张说,这一法律的污名化效果无论如何都使他成为一名受害者。[47]

3.1. 提交人声称,《塔斯马尼亚州刑法典》第122条(a)(c)款和第123条违反了《公约》第2条第1款、第17条和第26条,理由是:

(a) 这些规定没有区分私下的和公开的性行为,而将私下行为带入到公共领域中。执行这些规定将导致对隐私权的侵犯,因为这些规定使得警察有权仅基于怀疑两名两厢情愿的成年同性恋男子可能正在犯罪,就进入一所住宅。鉴于澳大利亚(特别是塔斯马尼亚州)社会中对同性恋的诬蔑,对隐私权的侵犯可能导致对有关个人的名誉及信用的非法破坏。

(b) 这些规定根据性活动、性倾向和性认同,在隐私权的行使方面,对不同个人进行了区分。

缔约国的如下主张非同寻常,因为这些主张基本上支持提交人的主张:

6.6. 缔约国慎重地提出,第17条的表述允许在有合理理由的情况下,对隐私权的某些侵蚀,而且对于干涉隐私的合理性,国内社会道德也有关联性。缔约国指出,将同性恋行为规定为犯罪的法律过去也曾存在于澳大利亚的其他地区,但都已被废止,只有塔斯马尼亚州例外。而且,基于同性恋或性情况(sexuality)的歧视在澳大利亚6个州中的3个以及2个自治地区都是非法的。联邦政府宣布,性偏好[*]是一种可以据以援引国际劳工组织《关于就业和职业歧视的第111号公约》的歧视

---

[47] 有关该案的"受害者"方面,见第[3.48]段。

[*] 英文为"sexual preference"。该词因为暗含一个人可以选择性对象的意思,所以被认为具有冒犯性,目前已经被"性倾向"(sexual orientation)所取代。

理由，并建立了一种机制，通过该机制，有关就业中基于性偏好的歧视的申诉，可以由澳大利亚人权和平等机会委员会审议。

6.7. 鉴于上述情况，缔约国辩称，目前在澳大利亚得到普遍接受的是，任何个人均不应因其性倾向而处于不利地位。考虑到除了塔斯马尼亚州之外整个澳大利亚的法律和社会情况，缔约国承认，完全禁止男子之间的性行为对于维持澳大利亚社会的道德结构是没有必要的。综合而言，缔约国"并不寻求主张受质疑的法律乃是基于合理的、客观的标准"。

6.8. 最后，缔约国在第17条的语境之内，审查了受质疑的法律是否与其寻求的目标成比例。缔约国不接受塔斯马尼亚当局的论点，即根据《塔斯马尼亚刑法典》第122、123条对个人隐私的侵扰程度，对于人们感觉到的对塔斯马尼亚社会道德标准的威胁，是一种合乎比例的反应。在这方面，缔约国注意到，这些法律并没有针对私下两厢情愿地从事性行为的个人执行，这一事实表明这些法律对于保护社会的道德标准不是至关重要的。鉴于上述认识，缔约国的结论是，受质疑的法律在这些情况中并不是合理的，它们对隐私的侵扰是无理的。缔约国指出，塔斯马尼亚政府最近多次提议废除这些法律。……

8.4. 尽管缔约国承认被指责的条款构成对图纳恩先生的隐私的无理侵扰，但是塔斯马尼亚当局提出，被质疑的法律基于公共卫生和道德理由是正当合理的，因为这些法律部分旨在防止艾滋病毒/艾滋病在塔斯马尼亚的扩散，还因为在第17条没有明确包含限制性规定的情况下，道德问题必须被认为是一个由国内决定的事项。

人权事务委员会认定《塔斯马尼亚刑法典》的有关规定侵犯了图纳恩根据第17条享有的权利：

8.2. 就第17条而言，无可争辩的是，成年人之间私下的两厢情愿的性活动包括在"隐私"的概念之内，图纳恩先生现在确实受到了塔斯马尼亚法律的持续存在的影响。委员会认为，《塔斯马尼亚刑法典》第122条（a）（c）项和第123条"侵扰"了提交人的隐私，即使这些条款有十年没有被执行。在这一方面，委员会注意到，公诉局没有对私下同性恋行为提起刑事诉讼的政策并不等于保证将来不对同性恋采取行动，特别是鉴于塔斯马尼亚公诉局局长于1988年所作的明确声明以及塔斯马尼亚议会成员的明确声明。因此，被质疑的条款的持续存在继续并直接"侵扰"提交人的隐私。

8.3. 禁止私下的同性恋行为是由法律规定的，即《塔斯马尼亚刑法典》第122、123条。至于这种禁止可否被认为具有无理性，委员会忆及其对第17条的第16（32）号一般性意见，即"使用无理这个概念的用意是保障即使是法律所规定的干涉也应当符合《公约》的规定、目的和目标，而且无论如何在特定情况中也要合情合理"。委员会将合理性要求解释为意味着对隐私的任何侵扰都必须与所追求的目标成比例，且为任何特定案件的情节所必要。……

8.5. 就塔斯马尼亚当局有关公共卫生的论点而言，委员会指出，将同性恋行为规定为犯罪不能被认作为实现防止艾滋病毒和艾滋病扩散这一目标的合理手段或相称措施。澳大利亚政府提出，将同性恋行为规定为犯罪的法律"将许多有被感染风险的人驱赶到地下"，从而可能阻碍公共卫生规划。因此，将同性恋行为规定为犯罪看来与实施有关艾滋病毒和艾滋病预防的有效教育规划相抵触。其次，委员会指出，在继续将同性恋行为规定为犯罪与有效控制艾滋病毒的扩散这两方面之间，没有显示出存在联系。

8.6. 委员会也不能接受的是，就《公约》第17条的目的而言，道德问题完全是一个国内关注事项，因为这将为干涉隐私的大量法规逃避委员会的审查打开大门。委员会进一步指出，除了在塔斯马尼亚州，所有将同性恋规定为犯罪的法律在全澳大利亚都已经被废除；即使在塔斯马尼亚州，看来对于是否应当废除该第122、123条，也存在不一致意见。再考虑到这些条款目前并未得到执行——这意味着它们不被认为对保护塔斯马尼亚的道德至关重要，委员会的结论是，这些条款在本案的情况中并没有满足"合理性"的要求，无理侵扰了图纳恩先生根据第17条第1款享有的权利。

[16.51] 人权事务委员会拒绝了塔斯马尼亚州的主张，即公共道德完全是一个国内事项。一种相反的决定有可能允许各国通过可能含混地提到公共

道德，声称极具压迫性的措施正当合理。"[由此]，对于国家以道德为理由的主张，只能从其是否基于善意来考察；这种道德理由中所蕴涵的任何明显的不合理性将是无关紧要的。"[48] 这将极大地缩减个人根据《公约》享有的隐私权。

[16.52] 人权事务委员会在其意见第 8.6 段中，将同性恋在澳大利亚得到广泛接受作为禁止男性同性恋性行为并非为保护公共道德所必要的证据。这表明公共道德是一个相对的价值，[49] 意味着如果质疑来自一个"不那么宽容的"国家，则禁止男性同性恋性行为就有可能站得住脚。[50] 不过，在最近的结论性意见中，委员会确认了图纳恩案的决定普遍适用。[51] 委员会还确认，各国必须保护任何人免受基于其性情况的歧视[23.54]。

性别和隐私

[16.53] **第 28 号一般性意见**

人权事务委员会在有关男女权利平等的第 28 号一般性意见中，指明了若干基于性别（gender）的对隐私权的侵犯：

20. 各缔约国必须提供资料，使委员会能够评估有可能侵扰妇女在与男子平等的基础上享受第 17 条保护的隐私权和其他权利的任何法律和习俗的影响。这种侵扰的一个例子就是，在决定妇女的法律权利和保护程度时——包括免遭强奸的保护，考虑妇女的性生活。缔约国可能没有尊重妇女隐私的另一领域涉及她们的生育功能，例如关于绝育的决定需要丈夫同意；对妇女绝育施加一般的要求，如有一定数目的子女或达到一定年龄，或国家对医生和其他保健人员规定了报告堕胎妇女的情况

48　S Joseph, 'Gay Rights Under the ICCPR—Commentary on *Toonen v Australia*' (1994) 13 *University of Tasmania Law Review* 392 at 397.

49　另见第[18.69]段。

50　See Joseph, 'Gay Rights Under the ICCPR' at 407.

51　另见，例如，委员会的结论性意见：肯尼亚，(2005) UN doc CCPR/CO/83/KEN, para 27; 巴巴多斯，(2007) UN doc CCPR/C/BRB/CO/3, para 13; 赞比亚，(2007) UN doc CCPR/C/ZMB/CO/3, para 24; 阿尔及利亚，(2007) UN doc CCPR/C/DZA/CO/3, para 26; 博茨瓦纳，(2008) UN doc CCPR/C/BWA/CO/1, para 22。

的法律义务。在这些情况中，《公约》规定的其他权利如第6条和第7条规定的权利也可能受到威胁。[52] 妇女的隐私也可能受到私人行为者的侵扰，如雇主在雇用妇女前要求妊娠化验。[53] 缔约国应在报告中说明侵扰妇女平等享受第17条规定的权利的任何法律和公共或私人行为，以及为消除这种侵扰和保护妇女不受任何此类侵扰而采取的措施。[54]

该一般性意见也确认，隐私意味着某人对自己之身体的自主权利。

[16.54] **蓝托伊－瓦曼诉秘鲁**（*Llantoy-Huamán v Peru*，1153/2003）

卡伦·蓝托伊－瓦曼在17岁时怀孕。在三个月后，她被告知，她所怀胎儿为无脑畸形。她的医生嘱咐她，这样的胎儿在出生后短时间内就将生命垂危，而且在妊娠期间也对她构成威胁。她的医生因此建议中止妊娠。不过，医院院长拒绝允许对蓝托伊－瓦曼实施治疗性人工流产，并告诉她，根据《秘鲁刑法典》，即使婴儿出生时带有严重身心缺陷，堕胎也是非法的，而只有在堕胎是拯救母亲之生命或避免对母亲之健康的严重和永久损害的唯一方式时，堕胎才是合法的。最终，她产下一名女婴，该女婴在四天后死亡。蓝托伊－瓦曼在女儿死后，被诊断出患有严重的抑郁症以及必须予以治疗的外阴炎症。她诉称，拒绝她堕胎侵犯了若干项权利，包括第17条规定的权利。对此，人权事务委员会表示同意：

6.4. 提交人表示，缔约国拒绝为她提供通过医疗手段中止妊娠的机会，是对她的私生活的无理侵扰。委员会注意到，公立医院的一名医生告诉提交人，根据国内立法中关于在母亲生命有危险的情况下允许流产的规定，她既可以继续妊娠，也可以中止妊娠。由于缔约国未提供任何资料，因此必须适当看重提交人的申诉，即在这一资料所涉情况发生之时，法律规定的可据以实行合法流产的条件已经存在。在本案的情况下，拒绝按提交人所作中止妊娠的决定采取行动，是没有正当理由的，构成对《公约》第17条的违反。

---

52 见第[8.90]及以下各段和第[9.58]及以下各段。
53 另见委员会的结论性意见：墨西哥，(1999) UN doc CCPR/C/79/Add. 109, para 17。
54 有关禁止私营部门侵扰隐私的一般性义务，见第[16.15]及以下各段。

[16.55] **LMR 诉阿根廷**（*LMR v Argentina*，1608/2007）

据称的受害者是一个心理年龄只有 10 岁的 20 岁女子。她在被强奸后怀孕，她和她母亲寻求堕胎。然后，阿根廷少年法庭发出了一项禁止堕胎的禁制令。在她们首次提出堕胎请求六个星期后，一个上诉法院撤销了这一禁制令。但是，有关医院拒绝做堕胎手术，因为 LMR 已经怀孕 20 周。她在怀孕约 23 周后，进行了非法堕胎。人权事务委员会认定，有关情况除其他外，造成了对第 17 条的违反：[55]

9.3. 委员会注意到提交人指控称，所述事实构成对 L.M.R. 私生活的无理侵扰。委员会还注意到缔约国承认，在这样一个原本可以由患者及其医生共同解决的问题中，国家通过司法部门的非法侵扰可以被认为是对其隐私权的侵犯。[56] 在这种情况下，委员会认为，事实显示了对《公约》第 17 条第 1 款的违反。

[16.56] **LNP 诉阿根廷**（*LNP v Argentina*，1610/2007）

该案有关一个诉称自己被强奸的年轻土著女子受到当局的令人震惊的无情漠视。人权事务委员会认定其中存在多项违反，[57] 包括对第 17 条的违反：

13.7. 关于提交人有关《公约》第 17 条的申诉，委员会认为，社会工作者、医务人员以及法庭不断地查问提交人的性生活以及道德状况构成对其隐私的无理侵扰、对其名誉及信用的非法破坏，更有甚者，这些查问并不与强奸案件有关，而是与一名未成年人有关。委员会忆及其第 28 号一般性意见，其中委员会指出，根据第 17 条所采用的术语的意义，在决定妇女的法律权利和保护程度时——包括免遭强奸的保护，考虑妇女的性生活即产生了侵扰。有鉴于此，委员会认定《公约》第 17 条被违反。

[16.57] 在对爱尔兰的结论性意见中，人权事务委员会称：*

8.……委员会关切的是，缔约国没有通过允许向变性者发放出生证的方式，承认变性者的性别改变（第 2 条、第 16 条、第 17 条、第 23

---

55 有关堕胎，另见第 [8.90] 及以下各段、第 [9.58] 及以下各段和第 [23.109] 段。
56 见委员会意见的第 6.3 段，其中缔约国承认，确曾发生对隐私权的侵犯。
57 另见第 [9.60]、[14.24]、[23.106] 段。
* (2008) UN Doc CCPR/C/IRL/CO/3.

条和第 26 条)。

数据保护

[16.58] **第 16 号一般性意见**

10. 以电脑、数据库及其他仪器收集和储存私人资料——不管是由公共当局还是由私人或私营机构进行——必须由法律规定。各国必须采取有效措施来确保有关个人私生活的资料不会落到法律未授权接收、处理和使用这些资料的人手里,并永远不会用于不符合《公约》的用途。为了使私生活受到最切实的保护,人人都应有权以明白易解的方式确知个人资料是否存放在自动数据档案中,若如此,那么有哪些资料被存放,其目的又是什么。人人也都应该能确知哪些公共当局或私人或私营机构控制或可以控制其档案。如果这种档案中有不正确的个人数据,或以违反法律规定的方式收集或处理,则人人应有权要求改正或消除。[58]

现代计算机技术有能力搜集和存储海量的个人信息。因此,在数据保护领域中适用第 17 条极为重要。

[16.59] 在对法国的结论性意见中,人权事务委员会称:[59]

22. 虽然承认"国家信息技术和自由委员会"(CNIL)在保护有关个人私生活之资料的完整和机密免受公共当局或私人或私营机构的无理或非法侵扰方面发挥了重要作用,但委员会关切的是,各种数据库大量增加,并注意到其收到的报告称,EDVIGE(文件使用与一般信息处理)和STIC(犯罪记录处理系统)等数据库所载的敏感个人数据的收集、储存和使用引起了有关《公约》第 17 条规定的顾虑(第 17 条和第 23 条)。

缔约国应采取一切适当措施确保敏感个人数据的收集、储存和使用符合其根据《公约》第 17 条承担的义务。考虑到关于第 17 条(隐私权)的第 16 号一般性意见(1988 年),缔约国应特别确保:(1)不管

---

58 另见委员会对韩国的结论性意见,(1999) UN doc CCPR/C/79/Add. 114, para 17,其中委员会批评的情况是,"对于纠正数据库中的不准确信息或其被误用或滥用,缺乏有效救济"。

59 (2008) UN doc CCPR/C/FRA/CO/4. 另见委员会对西班牙的结论性意见,(2009) UN doc CCPR/C/ESP/CO/5, para 11。

是公共当局还是私人或私营机构以电脑、数据库和其他装置收集和储存个人资料,应由法律规制;(2) 采取有效措施确保这类资料不落到未得到法律许可接收、处理和使用它的人手里;(3) 在其管辖下的个人有权要求改正或消除不正确的资料或者违法收集或处理的资料;(d) ED-VIGE 仅限于曾被判犯过刑事罪的、年满 13 岁的儿童;(e) STIC 仅限于在一项调查中被怀疑犯有刑事罪的个人。

[16.60] 形成对应的是,在对匈牙利的结论性意见中,人权事务委员会批评了在数据方面,所执行的对隐私的程度过高的保护:[60]

6. 委员会关切的是,1992 年的《关于保护个人数据及公众为公共利益查询数据的第六十三号法》规定的保护程度过高,该法禁止收集任何种类的分门别类的个人数据。委员会关切的是,这项禁止使缔约国难以切实有效地监督该国实施《公约》规定的情况(第 2 条和第 17 条)。

缔约国应当审查《关于保护个人数据及公众为公共利益查询数据的第六十三号法》之规定,确保该法符合《公约》,尤其是经委员会在其第 16 号一般性意见中阐述的第 17 条。缔约国应确保,对个人资料所提供的保护不应当阻碍对如下数据之正当收集,即促进监督和评估对《公约》之实施有影响的各项方案的数据。

DNA 检测

[16.61] 根据有关丹麦第四次报告的对话,人权事务委员会讨论了 DNA 测试的问题,并提出:[61]

15. 委员会注意到,根据《外国人法》第 40 条 (c) 项,移民当局可要求居留权申请人和申请人声称与之有亲属关系的人进行 DNA 检测并以其作为准予居留许可之依据。

DNA 检测对于《公约》第 17 条规定的隐私权具有重要的影响。丹麦应确保这种检测只在为确定准予居留许可所依据的亲属关系而必要和

---

60 (2010) UN doc CCPR/C/HUN/CO/5.
61 (2000) UN doc CCPR/CO/70/DNK.

适当时，才得进行（《公约》第23条）。[62]

委员会尚未对DNA检测的其他用途作出评论，诸如将其用于破案和诊断疾病。

结　语

[16.62] 人权事务委员会确认，禁止对隐私的"无理"侵扰涵盖了哪怕是得到国内法授权的干涉。有用的判例法涉及了隐私的具体方面，诸如数据保护、在法律上享有特权的沟通交流、掌控自己的姓名、通信、性隐私、名誉、信用以及家庭单位之内的隐私。

62　另见委员会对法国的结论性意见，(2008) UN doc CCPR/C/FRA/CO/4, para 21 [20.22]。

第十七章　思想、信念和宗教自由
——第十八条

思想、信念和宗教自由	[17.02]
采奉或保有宗教或信仰的自由	[17.12]
表示宗教或信仰	[17.14]
禁止胁迫	[17.18]
对表示宗教或信仰之自由的限制	[17.28]
公共安全和卫生	[17.31]
公共秩序	[17.35]
公共道德	[17.37]
确立宗教	[17.38]
基于信念拒绝的权利	[17.41]
有关宗教和道德教育的权利——第18条第4款	[17.50]
结语	[17.57]

第18条

一、人人有思想、信念及宗教之自由。此种权利包括保有或采奉自择之宗教或信仰之自由，及单独或集体、公开或私自以礼拜、戒律、躬行及讲授表示其宗教或信仰之自由。

二、任何人所享保有或采奉自择之宗教或信仰之自由，不得以胁迫侵害之。

三、人人表示其宗教或信仰之自由，非依法律，不受限制，此项限制以保障公共安全、秩序、卫生或风化或他人之基本权利自由所必要者为限。

四、本公约缔约国承允尊重父母或法定监护人确保子女接受符合其本人信仰之宗教及道德教育之自由。

[17.01] 第18条中对宗教、信仰和信念自由的保护得到1981年联合国《消除基于宗教或信仰原因的一切形式的不容忍和歧视宣言》的补充。然而，这一宣言在18年以后，未能形成这一领域中一项有约束力的、类似于分别有关消除种族歧视和性别歧视的公约的条约。不过毫无疑问的是，人权事务委员会受到了该宣言的影响，特别是其第22号一般性意见对第18条的解释。[1]

思想、信念和宗教自由

[17.02] 第22号一般性意见

1. 第18条第1款中所载享受思想、信念和宗教自由（包括持有信仰的自由）是影响深远和意味深长的；它包括对于所有事项的思想自由、对宗教或信仰的个人信从和信守——无论是单独或与他人一起表示的。委员会提请缔约国注意这样的事实，即思想自由和信念自由与宗教和信仰自由一样，受到同等的保护。这些自由的根本性质也反映在这样的事实中，即如同第4条第2款中所载述的，即便是在公共紧急状态下，也不许克减这一规定。

2. 第18条保护有神论的、非神论的和无神论的信仰，以及不信奉任何宗教或信仰的权利。"信仰"和"宗教"二词应作广义的解释。第18条在适用上不限于传统的宗教，或带有体制特性的宗教和信仰，或类

---

[1] See B Dickson, 'The United Nations and Freedom of Religion' (1995) 44 *International and Comparative Law Quarterly* 341 at 345 – 6.

似于传统宗教的崇奉行为。因此，委员会关切地注视基于任何理由歧视任何宗教或信仰的任何趋势，这些理由包括这样的事实：这些宗教或信仰是新设立的，或者代表着可能受到处于支配地位的宗教团体所敌视的宗教上的少数。

3. 第 18 条区分了思想、信念、宗教或信仰自由与表示宗教或信仰的自由。该条不允许对思想和信念自由、对保有或采奉自己选择的宗教或信仰的自由施加任何限制。这些自由如同第 19 条第 1 款所规定的人人可持有主张、不受干涉的权利一样，受到无条件的保护。根据第 18 条第 2 款和第 17 条的规定，任何人不得被迫表露他的思想或奉行某一宗教或信仰。[2]

[17.03] 因为第 18 条保护个人的宗教、思想和信念自由，所以人权事务委员会决定——也许很明智地——不对"宗教"作界定。因此，委员会没有纠结于以下因素对于这种界定的相关性：信众的人数、有关信仰之真实或虚假以及有关运动的历史基础。

[17.04] **MAB、WAT 和 J-AYT 诉加拿大**（*MAB, WAT and J-AYT v Canada*，570/1993）

2.1. 三位提交人是"世界教大会"的领导成员和"全权大使"，其信仰和习俗必然涉及对该教会之"圣物"的照料、培育、拥有、分发、持有、保全和崇拜。来文提交人还提到这一"圣物"是"上帝的生命之树"，但这种东西一般被指称为大麻。

2.2. 自该教会建立以来，其若干成员已经触犯了法律，因为他们与大麻的关系和对大麻的崇拜属于加拿大《毒品管制法》条款的适用范围之内。

2.3. 1990 年 10 月 17 日，加拿大皇家骑警队的一名警官以希望加入该教会和购买"教会圣物"的借口进入了该教会在安大略省汉密尔顿的场所。人们给她几克大麻，这导致了 W.A.T. 和 J.-A.Y.T. 被逮捕。他们被发现拥有的所有大麻和钱财都被没收，而且根据《毒品管制法》第

---

[2] 第 17 条保护隐私权；参见本书第十六章以及第［18.02］段。

4节的规定,他们被下令接受陪审团的审判。对该教会的活动和财产的进一步调查导致了对M. A. B.的逮捕和拘禁。

提交人向人权事务委员会提出了申诉,其中除其他外称,他们的宗教自由权利受到了侵犯。委员会只对此事作了简短处理:

4.2. 基于对《任择议定书》第2、3条所确立之要求的考虑,委员会审查了提交人提出的情况是否在表面上引起了与《公约》任何规定有关的问题,结论是并无此类问题。尤其是,难以想象一种主要或完全以崇拜和分发一种毒品为内容的信仰能属于《公约》第18条的范围(宗教和信念自由),或者因为拥有和分发一种毒品被逮捕属于《公约》第9条第1款的范围(免受无理逮捕和拘禁)。

[17.05] **普林斯诉南非**(*Prince v South Africa*,1474/2006)

普林斯是拉斯塔法里(Rastafarian)教的一个成员,该教派崇奉使用大麻。他质疑说,禁止拥有大麻的南非立法侵犯了他根据第18条享有的权利。人权事务委员会认定该案可予受理,并对南非的主张回应如下:

6.5. 关于缔约国提及委员会对于M. A. B.、W. A. T.和J. A. Y. T.诉加拿大案的不可受理的决定,委员会认为,本案的事实和法律情况可以而且应当与这一加拿大案件的事实和法律立场相区别;委员会对后一案件的理解是,其涉及一个其信仰主要或完全以崇拜和分发一种毒品为内容的宗教组织的活动。而拉斯塔法里教作为第18条含义之内的一种宗教,在本案中并不是一个问题。……

有可能的是,委员会在普林斯案中的决定受到了一个事实的影响,即南非承认拉斯塔法里教是一种宗教,虽然它(多少有些含混地)援用委员会在MAB等人案中的决定作为其立法的辩解。这即是说,如果南非没有承认拉斯塔法里主义是一种宗教,也许委员会就有可能认定拉斯塔法里主义处于第18条的范围之外。不过,更可取的解释是,从第18条之目的来看,拉斯塔法里主义是一种宗教。也许能将该案与MAB等人案相区别的根据是,后一案件中所谓宗教的唯一目的是崇拜和分发大麻,而拉斯塔法里主义与之相比,其构成中除了使用大麻外,还有许多其他的信条。

[17.06] 鉴于各种教派和其他自我宣称的宗教运动在全世界的扩散,以

及对于"宗教"的任何界定的靠不住的性质，人权事务委员会在MAB、WAT和J-AYT案中拒绝承认这样的群体的"宗教"地位可能并不明智，特别是因为此种拒绝的动机看来是委员会不赞同这一群体的行为。一种周到的做法可以是，对于"宗教"，为第18条之目的采取一种宽泛的界定，同时牢记表示宗教的自由有可能受到多种可予允许的限制。[3] 例如，在MAB、WAT和J-AYT诉加拿大案中，委员会本来能够将世界教大会界定为一种"宗教"，但是支持加拿大对该大会之成员表示其宗教（消费大麻）的限制，将其作为保护公共卫生或公共秩序的一种正当措施。[4] 另外，哪怕该案中的世界教大会不是一个宗教，它也肯定能被归类为一种"信仰"，而这根据第18条也受到保护。

［17.07］人权事务委员会对比利时表达的关切是，没有"清真寺曾在比利时获得官方承认"。[5] 委员会没有对这种情况是否造成了任何歧视作出评论：很显然这种情况本身就足以提出有关第18条的问题。

［17.08］第18条规定的保护延及新的和非传统的宗教。[6] 在对塞尔维亚的结论性意见中，人权事务委员会称：[7]

> 20. 尽管该缔约国的《宪法》第44条声明所有教会和宗教社群都是平等的，但委员会关切《教会和宗教社群法》在有关"传统"和其他宗教方面所作的区分，特别是在事涉某一教会或宗教社群取得官方登记和获得法人资格之时（第18条和第26条）。

［17.09］在罗斯诉加拿大案（*Ross v Canada*，736/1997）中，提交人是一位学校教师，他提出的申诉有关加拿大地方当局对他的纪律处分，该处分的依据是他的以书面发表的信仰，即基督教信念受到了犹太教和犹太复国主义的威胁。[8] 加拿大主张，罗斯随后根据第18条提出的申诉不可受理，因为其与第18条并无关系。在加拿大看来，罗斯所表达的观点并非对任何宗教

3　见第［17.28］及以下各段中的评论。

4　见下文第［17.34］段中对普林斯诉南非案（*Prince v South Africa*）的进一步讨论。

5　(2004) UN doc CCPR/CO/81/BEL, para 26. 另见委员会对瑞士的结论性意见，(2009) UN doc CCPR/C/CHE/CO/3, para 8，有关该国反对宣礼塔的运动。

6　不过，见第［17.25］段。

7　(2011) UN doc CCPR/C/SRB/CO/2.

8　见第［18.84］段中对该案的摘引。

信仰的表示。例如,加拿大主张,反犹太主义根本不是基督教信念的一部分。人权事务委员会最终认定不存在违反情势,因为罗斯受到的待遇符合对于第18条所规定之权利的可予允许的限制。[9] 因此,委员会悬而未决的问题是,罗斯的信仰能否被界定为"宗教的"。

[17.10] 第18条通常出现在有关宗教信仰而非非宗教信仰的情况中。不过,在姜勇洙诉韩国案(*Kang v Republic of Korea*,878/1999)中,由于提交人受制于韩国的"思想意识转变制度"——这一制度运用劝诱和惩罚以鼓励某些囚犯改变其政治意见,人权事务委员会认定第18条第1款被违反[18.07]。另外,有关基于信念拒绝的案件并不必然有关宗教信仰。

[17.11] 宗教自由看来并不包括使得某人的宗教不被贬低的权利。在郭耶特诉法国案(*Goyet v France*,1746/2008)中,提交人是一个叫作"创价学会"(Soka Gokkai)的佛教团体的成员。创价学会在若干议会报告中被形容为"异教"(cult),提交人声称这违反了第18条,因为这种情况引发了对她的敌视。人权事务委员会裁决该申诉不可受理,因为郭耶特没有表明"异教"的说法如何侵犯了她的个人权利。[10] 在皮克诉法国案(*Picq v France*,1632/2007)中,由普利茅斯弟兄会的一名成员提出的类似申诉也被驳回。在这两个案件中,贬低性的评论都没有严重到相当于违反第20条中有关仇恨言论的规定。[11] 最后,可以指出,宗教组织本身不能根据第18条提出申诉[3.22]。

采奉或保有宗教或信仰的自由

[17.12] **第22号一般性意见**

5. 委员会认为,"保有或采奉"宗教或信仰的自由必然涉及选择宗教或信仰的自由,包括以另一种宗教或信仰取代某人目前的宗教或信仰

---

[9] 在委员会意见的第11.7段。
[10] 在委员会意见的第6.3段。
[11] 这两起案件都没有切实涉及第20条。

的权利，或改持无神论的权利，以及保持自己的宗教或信仰的权利。第18条第2款禁止将会妨碍保有或采奉宗教或信仰的权利的胁迫，包括使用或威胁使用暴力或刑事制裁来强迫信的人或不信的人维持其宗教信仰和群体、取消或改变其宗教或信仰。具有同样意图或结果的政策或做法，例如限制受教育、获得医疗或就业的机会，或限制《公约》第25条和其他条款所保障的权利的政策或做法，都同样不符合第18条第2款。持有一切非宗教性质的信仰的人也都得到同样的保护。

在多项结论性意见中，人权事务委员会强调，个人有改变宗教的绝对权利，[12] 这与若干伊斯兰国家的政策相反。[13] 例如，苏丹被告知，将叛教规定为犯罪不符合第18条。[14]

[17.13] 保有某一宗教或信仰的权利是一项绝对的权利，就如在最近的有关基于信念拒绝的案件中所讨论的，特别是阿塔索伊和萨尔库特诉土耳其案（*Atasoy and Sarkut v Turkey*，1853–54/2008）[17.45]。

表示宗教或信仰

[17.14] **第22号一般性意见**

4. 表示宗教或信仰的自由，可以"单独或集体、公开或私自"行使。以礼拜、戒律、躬行及讲授表示其宗教或信仰的自由包含着许许多多的行为。礼拜的概念扩及直接表示信仰的仪式和典礼，以及作为这些行为之组成部分的各种做法，包括建筑礼拜场所、使用仪礼和器物、陈

---

12 例如见委员会的结论性意见：约旦，(1994) UN doc CCPR/C/79/Add. 53, para 10；伊朗伊斯兰共和国，(1993) UN doc CCPR/C/79/Add. 25, para 16；尼泊尔，(1994) UN doc CCPR/C/79/Add. 42, para 11；利比亚，(1994) UN doc CCPR/C/79/Add. 45, para 13；摩洛哥，(1994) UN doc CCPR/C/79/Add. 44, para 14；也门，(2002) UN doc CCPR/CO/75/YEM, para 20。

13 另见第[1.131]段；委员会的结论性意见：摩洛哥，(2004) UN doc CCPR/CO/82/MAR, para 21；也门，(2005) UN doc CCPR/CO/84/YEM, para 18；阿尔及利亚，(2007) UN doc CCPR/C/DZA/CO/3, para 23。

14 委员会的结论性意见：苏丹，(2007) UN doc CCPR/C/SDN/CO/3, para 26。

列象征物、过节假日和休息日。对宗教或信仰的信守和实践可能不仅包括典礼,而且包括遵守饮食规定、穿戴独特的服饰或头巾、[15] 参加与某个生活阶段有关的仪式等习惯,以及使用为某一团体所惯用的某种特定语言。此外,宗教或信仰的躬行和讲授包括由宗教团体处理与其基本事务不可分割的行为,例如选择其宗教领袖、牧师和教师的自由,开设神学院或宗教学校的自由,以及编写和分发宗教文书或出版物的自由。

[17.15] 表示某一宗教可以被称作某一人之宗教自由的"积极"成分,而与由只是持守某些信仰所构成的"消极"成分相对。[16] "表示"宗教或信仰包括礼拜、讲授特定的信仰以及戒守具体的行为准则或宗教仪式。[17] 由于这些活动能够干扰他人的权利,甚至对社会构成危险,因此表示宗教或信仰的自由不是绝对的。

[17.16] 在以下案件中,对于限制提交人在监狱中表示其伊斯兰信仰的能力,人权事务委员会认定第18条第1款被违反:

布杜诉特立尼达和多巴哥(*Boodoo v Trinidad and Tobago*,721/1996)

  6.6. 关于提交人的申诉,即他被禁止蓄须和在宗教仪式中做礼拜,他的祈祷用书被没收,委员会重申,以礼拜、戒律、躬行及讲授表示其宗教或信仰的自由包含着许许多多的行为,礼拜的概念扩及表示信仰的仪式和典礼,以及作为这些行为之组成部分的各种做法。由于缔约国没有对提交人……的指控作出任何解释,委员会的结论是,存在对《公约》第18条的违反。

[17.17] 在胡多伊博加诺娃诉乌兹别克斯坦案(*Hudoyberganova v Uzbekistan*,931/2000)中,人权事务委员会认为,"表示某人之宗教的自由包括了公开穿着符合该个人之信仰或宗教的衣物和服装的权利"。[18] 在马拉霍夫斯基和皮库尔诉白俄罗斯案(*Malakhovsky and Pikul v Belarus*,1207/2003)

---

15 See eg *Hudoyberganova v Uzbekistan* (931/2000) [17.19], *Singh v France* (1876/2009) [17.32].

16 这是诺瓦克所作的区分:Nowak, *UN Covenant on Civil and Political Rights: CCPR Commentary* (2nd edn, NP Engel, 2005), 413–18。

17 Nowak, *UN Covenant on Civil and Political Rights: CCPR Commentary*, 419–20.

18 在委员会意见的第6.2段。

中，委员会确认，表示宗教包括诸如邀请外国神职人员以及建立寺院和教育机构等活动。[19]

禁止胁迫

[17.18] 第18条第2款禁止侵害任何人保有或采奉某种宗教或信仰之权利的胁迫。作为某一宗教之一员本身是一项绝对权利，因此任何人不得因其持守某一宗教而遭受损害。在这一方面，第18条第2款中的"胁迫"意味着身体或间接胁迫。[20] 例如，在对摩洛哥的结论性意见中，人权事务委员会谴责了对于跨宗教婚姻的限制。[21] 对于爱尔兰共和国，委员会谴责了要求总统和法官在就职前进行宗教性宣誓的做法。[22]

[17.19] **胡多伊博加诺娃诉乌兹别克斯坦**

提交人诉称，她因为戴希贾布头巾（hijab）而被一所高等教育机构开除。乌兹别克斯坦的法律禁止公开穿戴宗教服饰，该机构的规则也禁止此类衣着。她诉称，这种情况违反了第18条，人权事务委员会多数委员对此表示同意：

> 6.2. 委员会注意到提交人诉称，她的思想、信念和宗教自由权利受到了侵犯，因为她拒绝摘除根据自己的信仰所戴的头巾而被大学开除。委员会认为，表示个人之宗教自由的方式应该包括公开穿戴符合个人之信仰或宗教的服饰的权利。此外，委员会认为，阻止某人公开或私下穿戴宗教服饰可能构成对第18条第2款的违反，该款禁止损害个人保有或采奉某一宗教之自由的任何胁迫。如委员会第22号一般性意见（第5段）所述，具有与直接胁迫同样意图或结果的政策或做法，例如限制受

---

[19] 在委员会意见的第7.2段。
[20] Nowak, *UN Covenant on Civil and Political Rights: CCPR Commentary*, 416.
[21] (1994) UN doc CCPR/C/79/Add. 44, para 14.
[22] (1994) UN doc CCPR/C/79/Add. 21, para 15. 委员会在2000年和2008年重复了这一批评（有关法官）：(2000) UN doc A/55/40, paras 422–51, para 29(b), (2008) UN doc CCPR/C/IRL/CO/3, para 21。

教育，都不符合第 18 条第 2 款。……在本案中，提交人于 1998 年 3 月 15 日被开除的依据是大学的校规。委员会注意到，缔约国没有援用任何具体理由说明，对提交人施予的限制在它看来根据第 18 条第 3 款的含义是必要的。相反，缔约国试图说明提交人因拒绝遵守禁令而被大学开除是合理的。提交人和缔约国都没有具体说明提交人穿戴的、双方所指的希贾布头巾到底是哪种式样。基于本案的特定情况，在不预断缔约国在《公约》第 18 条之语境中限制表示宗教和信仰的权利的情况下（但适当考虑该语境的具体特性），也在不预断学术机构制定涉及其本身职能之具体校规的权利的情况下，由于缔约国没有提出任何证明理由，因此委员会只能得出结论，存在对第 18 条第 2 款的违反。

[17.20] 在对法国的结论性意见中，人权事务委员会称：[23]

23. 委员会关切的是，2004 年 3 月 15 日第 2004 - 228 号法禁止戴所谓"显眼"宗教标志的小学生和中学生上公立学校。缔约国仅为那些由于信念和信仰觉得自己必须穿戴"卡巴"（kippah）、"希贾布"（hijab）头巾或裹头巾（turban）等头部覆盖物的学生提供有限的学习机会——通过远距离或电脑学习。因此信奉犹太教、伊斯兰教和锡克教的学生可能无法与其他法国儿童一起上学。委员会指出，尊重非宗教性质的大众文化似乎并不要求禁止戴这种普通的宗教标志（第 18 条和第 26 条）。

[17.21] 诺瓦克主张，第 18 条第 1 款和第 2 款要求各国禁止私人胁迫另一人保有或采奉某一宗教、信仰、信念或意见。[24] 诺瓦克的论点是正确的，因为《公约》权利被解释为具有"横向效力"。[25] 以下案件涉及了在私人领域中的可能"胁迫"情况。

[17.22] **圣约瑟修女诉斯里兰卡**（*Sister Immaculate Joseph v Sri Lanka*, 1249/2004）

该案有关劝使人改宗的行为（proselytism），可以说，如果这种做法太过分，就是胁迫人们接受劝使人改宗者的宗教。提交人是斯里兰卡门津根

---

[23] (2008) UN doc CCPR/C/FRA/CO/4.
[24] Nowak, *UN Covenant on Civil and Political Rights: CCPR Commentary*, 412 – 13.
[25] 参见第 [1.114] 段和第 [4.19] 及以下各段。

(Menzingen)教区圣方济第三会圣十字会（修女会）的一位传教修女。2003年7月，修女会申请根据斯里兰卡法律成为法人。在一位普通公民在最高法院根据斯里兰卡法律提出质疑修女会的申请、该申请得到支持后，修女会被拒绝成为法人。这一决定的原因是，修女会对宗教的传播，即通过其慈善工作从事的劝使人改信其宗教的活动，被认定为将弱势者置于不当压力之下。[26] 提交人诉称，法院对案件的审理过程和最终裁决侵犯了若干项权利，包括违反了第18条。人权事务委员会表示同意：

> 7.3. 在本案中，缔约国除了依赖最高法院的裁决本身提出的理由外，没有试图对侵犯权利提出理由。这项裁决认为，修女会的活动通过向弱势群体提供物质和其他利益，会以协迫性的或其他不适当的方式宣传宗教。该裁决没有对这一评价提供任何证据性的或事实性的根据，也没有说明这种评价与已成为法人的其他宗教团体提供的类似利益和服务如何协调。……委员会还注意到，该裁决援引的国际案例法并不支持它的结论。……委员会认为，从《公约》的角度来看，本案中提出的理由不足以表明有关限制对所列的一个或多个目的有必要。因此，存在对《公约》第18条第1款的违反。

[17.23] 在对乌兹别克斯坦的结论性意见中，人权事务委员会对于"劝使人改宗构成刑事罪行"一事表示了关切。[27]

[17.24] **阿仑兹等人诉德国**（*Arenz and others v Germany*，1138/2002）

该案有关一个私人机构针对某一特定宗教的信众的行为，这些行为可以说构成了胁迫这些人放弃其宗教。这些申诉人是科学神教（Church of Scientology）的成员。在德国的两大政党之一基督教民主党（简称"基民党"）通过一项决议，称科学神教与该党成员身份不符之后，这些申诉人被开除出基民党。提交人在德国法院质疑这种开除，但未成功。德国法院认定基民党的行为不是任意的，因此支持了政党具有控制其成员资格之自主的原则。提交人向委员会申诉说，开除他们侵犯了多项权利，包括《公约》第18条和第

---

[26] 决定的另一理由是，该修女会的申请被认定为挑战了该国保护佛教的义务 [17.40]。
[27] (2005) UN doc CCPR/CO/83/UZB, para 22.

25条规定的权利（后者为政治参与权）[22.10]。德国主张说，它对一个政党的行为不负责任。人权事务委员会不同意这一点，而认定德国有义务保护"所有宗教或信仰的习俗不受侵害，确保各政党在其内部管理中，尊重《公约》第25条之可适用的规定"。[28] 这一推理也将适用于第18条。不过，委员会接着认定该来文不可受理：

> 8.6. ……委员会面前的问题是，缔约国是否侵犯了提交人根据《公约》享有的权利，因为其法院优先考虑政党自主原则，而非提交人想作为一个政党之成员的愿望——该政党因他们是另一个具有意识形态性质之组织的成员而不接受他们的。委员会忆及其一贯的判例是，它不是一个第四审级法院，无权重新评估对事实之认定或重新评估对国内立法之适用，除非可以确定国内法院的程序具有任意性，或相当于拒绝司法公正。委员会认为，提交人没能为来文可以受理之目的证实，缔约国法院的行为可能相当于具有任意性或拒绝司法公正。因此，来文根据《任择议定书》第2条不可受理。

因此，该申诉之未果，是因为委员会适用了其并非"第四审级法院"的原则 [1.53]。因为德国法院的裁决并非显然任意，委员会拒绝"推翻"这一裁决。德国法院实际上支持了政党决定其自身的成员资格的权利（可以说是一种不与该党联结的自由）优越于提交人的宗教权利和其他人权。暗含的意思是，基民党的行为方式并没有被认定为不可允许地试图胁迫科学神教信徒放弃其宗教。

[17.25] 人权事务委员会在阿仑兹案中的决定意味着，各国在履行其规范私人行为者的义务时，具有相当大的回旋余地 [1.110]。[29] 换一种思路则是，委员会暗示，主要政党基于宗教理由开除某人是合理的，或至少不是明显不合理的。这里，有关的宗教是科学神教。有人会琢磨，如果有关的宗教是诸如基督教、犹太教或佛教等得到公认的世界主要宗教，或者如果提交人

---

[28] 在委员会意见的第8.5段。

[29] 作为对应，注意委员会在对德国的结论性意见中，表示关切德国基于宗教理由决定某些人无资格担任公务员的情况：(2004) UN doc CCPR/CO/80/DEU, para 19。另见委员会对德国的结论性意见，(1996) UN doc CCPR/C/79/Add. 73, para 16。

基于其种族而被开除,委员会是否会作出同样的决定。在这一方面,值得注意的是,委员会在其意见的第8.6段可以说是暗示了科学神教是一种思想意识而非宗教。

[17.26] **LMR 诉阿根廷**(*LMR v Argentina*, 1608/2007)

该案中的申诉有关阿根廷干涉一位妇女寻求堕胎。该案还提出了一个问题,即宗教团体可能胁迫某一个人不去采取某种特定的行为。在该案中,一位精神残疾的年轻女子因被强奸而怀孕后,寻求堕胎。根据阿根廷法律,她确实有此权利。不过,一个低级法院的禁制令以及包括一所医院在内的其他机构的行为,导致未能进行合法堕胎。最终,进行的是非法堕胎。该案中的一项申诉是:

> 3.10. 此外,还存在对《公约》第18条的违反。天主教团体作出了直接、公开和持续的各种威胁,并使这一家人遭受压力和胁迫,而当局并未介入以保护 L. M. R. 的权利。圣马丁医院妇科以集体或机构信念为由拒绝实施手术,也未能尊重宗教和信仰自由之权利。……

人权事务委员会认定申诉的这一部分不可受理:

> 8.7. 提交人坚称,由于缔约国面对天主教团体的压力和威胁、医院医生的基于信念的反对未采取任何行动,她女儿遭受了对第18条的违反。缔约国否认这一条被违反,理由是特定团体的活动与其官员的行动无关,而医院拒绝手术是出于医学上的考虑。在这种情况下,委员会认定提交人没有为可否受理之目的充分证实其指控,因此该申诉根据《任择议定书》第2条必须被宣布为不可受理。

可以认为,这一申诉实际上有关免受宗教干扰的自由(freedom from religion)而非宗教自由。天主教团体的施压行为以及据称的医生拒绝执行堕胎手术——这可能由其自身反对堕胎的宗教或信念看法而促成——据说阻碍了受害者堕胎。他们并没有阻碍她享有宗教或信仰自由,因此援用第18条看来在法律上是不正确的。也许有关这些施压团体以及医院医生之行为的申诉,本应该依据可作为堕胎权利之实质基础的某项权利提出,这些权利如第6条[8.92]、第7条[9.59]或第17条[16.55]规定的权利。虽然这样提出申诉可能在法律上更正确,但也很有可能在事实方面无法成功,因为并没有得到证实的是，施压团体或医生的信念在受害者未能合法堕胎中发挥了重大作用。

［17.27］人权事务委员会在有关男女权利平等的第 28 号一般性意见中，对于第 18 条规定的宗教权利声称，妇女"不得受到诸如要求第三方之允许的规则的制约，或来自父亲、丈夫、兄弟或其他人干涉的制约"。[30]

对表示宗教或信仰之自由的限制

［17.28］**第 22 号一般性意见**

8. 第 18 条第 3 款允许限制表示宗教或信仰的自由，但这些限制只能是依法律规定，以及为保障公共安全、秩序、卫生或道德或他人的基本权利和自由所必要。不能限制任何人不受胁迫地保有或采奉某一宗教或信仰的自由，也不能限制父母和监护人确保宗教和道德教育的自由。在解释可予允许的限制条款的范围时，缔约国应该着眼于必须保护受《公约》保障的权利，包括第 2 条、第 3 条和第 26 条中所明确规定的平等权利和不得基于任何理由受歧视的权利。所施加的限制必须由法律所规定，其实施方式不得损害第 18 条中所保障的权利。委员会认为，对第 18 条第 3 款应做严格解释：不允许基于其中未明确规定的理由——例如国家安全——施加限制，即便这些限制作为对《公约》保护的其他权利的限制，是可予允许的。只能为了那些明文规定的目的而实行限制，而且限制必须与作为依据的特定需要直接有关并且比例相称。施加的限制不得出于歧视性的目的或采取歧视性的做法。……因犯等已经受到若干合法限制的人员，可以在符合该限制之特定性质的最大限度内享有表示自己的宗教或信仰的权利。缔约国的报告应该提供资料，说明依据第 18 条第 3 款实行的限制的全部范围和效果，既说明这些限制作为法律事项的情况，也说明这些限制在特定情况中适用的情况。

30　第 21 段。

第十七章 思想、信念和宗教自由

[17.29] 表示某人之宗教的自由可以正当地受到规定在第18条第3款中的一定限制。首先，限制必须是"依法律"。这意味着限制措施必须在可为人知晓的法律文书或决定中阐明。[31] 就第18条，人权事务委员会尚未全面地讨论这一用语。不过，委员会有关《公约》其他权利的语境中相同用语的判例法，对于如何在第18条的语境中解释这一术语，给出了很好的指示。[32] 其次，限制必须旨在达成该规定所述目的之一，即"公共安全、秩序、卫生或道德或他人之基本权利自由"。有关第18条的判例只澄清了这些限制中的一些。同样可以期望委员会以类似于其在《公约》其他权利的语境中解释其他术语的方式，在第18条的语境中解释这些术语。[33] 最后，限制措施必须为达成相关目的所"必要"。这意味着，按照委员会第22号一般性意见第8段，法律应该"同载述的特定需要……相称"。

[17.30] 人权事务委员会在其第22号一般性意见第8段指出，第18条第3款中没有将"国家安全"列为明示的限制理由。对于其他的《公约》权利，诸如表达自由（第19条）、集会自由（第21条）和结社自由（第22条），国家安全都被列为可予允许的限制目的。不过，许多"国家安全"措施也许作为旨在实现"公共秩序"的限制而具有正当合理性。

公共安全和卫生

[17.31] **辛格·宾德诉加拿大**（*Singh Bhinder v Canada*，208/1986）

提交人是一位锡克教徒，因此按其宗教有义务戴裹头巾。另一方面，加拿大立法要求他作为一名在联邦单位工作的工人，戴安全帽（一种"硬帽"）以保护其免受伤害和电击。提交人的主张如下：

   3. 提交人声称，他根据《公约》第18条第1款享有的表示自己宗教的权利因为实施戴硬帽的规定受到了限制，而这种限制不符合第18

---

[31] 就这一方面，见第 [1.83] 段、第 [11.91] 及以下各段、第 [16.06] 及以下各段和第 [18.32] 段。

[32] 见，'Siracusa Principles on the Limitation and Derogation Provisions in the International Covenant on Civil and Political Rights' (1985) 7 *Human Rights Quarterly* 3，其中指出，《公约》中所有的限制条款对于每一项权利，都应以同样的方式解释。

[33] 见第 [12.27] 及以下各段、第 [18.30] 及以下各段。

条第 3 款的要求。特别是，他主张说，这种限制为保护公共安全是没有必要的，因为由拒绝戴安全帽而来的安全风险只限于影响他自己。

不过，人权事务委员会对实质问题的认定不利于提交人：

6.2. 无论从第 18 条还是第 26 条的角度来看待这一问题，委员会都认为只能得出一样的结论。如果戴硬帽的要求被认为引起了第 18 条之下的问题，那么这一限制根据第 18 条第 3 款列举的理由就是正当合理的。如果戴硬帽的要求根据第 26 条被视为对锡克教徒的事实上的歧视，那么适用现已在委员会的判例中确立的标准，要求联邦部门的雇员戴上硬帽以防止受伤和电击的立法则应该被视为是合理的、指向符合《公约》的客观目标的 [23.42]。

令人遗憾的是，委员会没有精确地说明这一限制如何符合第 18 条第 3 款。虽然戴硬帽的措施可以说是保护了辛格的个人健康和安全，但委员会没有探讨他不服从该措施如何能够威胁公共安全和卫生。

[17.32] **辛格诉法国**（*Singh v France*, 1876/2000）

该案的提交人也是一位锡克教徒，他声称，要求他为了拍摄身份照片而取下他的裹头巾违反了第 18 条。因为他拒绝光着头照相，他被拒绝获得居留卡，也无法获得一系列福利。法国以下述方式证明其受到质疑的要求正当合理：

5.3. ……提供两张免冠身份照片的要求旨在尽量减少伪造或冒用居留许可证的风险，这为保护公共秩序和公共安全是正当合理的。缔约国还认为，此项规定使得行政机关免于陷入困难的任务，即努力评估任何特定类型的头巾遮盖面部的程度有多大——这会促成或阻碍辨认某一个人的身份，并由此确保了安全和法律前的平等。

5.4. 缔约国在承认拍摄免冠身份照片的要求可能对某些个人造成限制的同时，指出所施限制是有限的。习惯戴头巾的人不会被强迫永久性地或经常性地摘下头巾，而只是为了拍照片而暂时性地摘下头巾。缔约国还提出，给提交人造成的任何不便必须与打击伪造居留许可证的公共利益相平衡。另外，某些国家在此领域采取不同措施的事实，以及提交人先前曾被允许在居留许可证上张贴戴头巾的照片的事实，都不能作为合理理由。总之，缔约国坚称，提交人并非《公约》第18条被违反的受害者，因为所涉国内法律基于维护公共安全和秩序之必要是合理的，还因为所使用的方法与目的也是比例相称的。

人权事务委员会判定，存在对第18条的违反：

> 8.4. ……委员会注意到，不存在争议的事实是，法律要求人们在其身份照片上必须是免冠的，而且这一要求的目标在于维护公共安全和秩序。因此，委员会的责任是决定此项限制对于所寻求的目标是否必要且与其比例相称。委员会承认，缔约国有必要出于公共安全和秩序之目的确保和查证，在居留许可证的照片上显示的人确实就是该证件的合法持有者。不过，委员会注意到，缔约国并未解释，为何戴着锡克教头巾（遮住头部上方和额头的一部分，但脸部其他部位清晰可见）与免冠样貌相比，会造成更加难以辨认提交人，因为提交人在任何时候都是戴着头巾的。此外，缔约国也没有明确具体地解释免冠照片会如何有助于防止伪造或冒用居留许可证的风险。因此，委员会认为，缔约国没有证明，对提交人施加的限制在《公约》第18条第3款的含义之内是必要的。委员会还注意到，即使摘下头巾拍摄身份照片的要求可以被称为一种一次性措施，但此要求有可能在一种持续基础上侵扰提交人的宗教自由，因为提交人在身份照片中，将一直以没有戴宗教头巾的形象出现，因此有可能在接受身份检查时被强制摘下头巾。因此，委员会的结论是，要求人们在用于其居留许可证的身份照片中免冠的规定是一种侵犯提交人的宗教自由的干涉，在本案中构成了对《公约》第18条的违反。

[17.33] **马拉霍夫斯基和皮库尔诉白俄罗斯**

该案有关白俄罗斯拒绝将明斯克的毗湿奴派信徒社群"登记"为其法律规定的"宗教协会"。结果，这一社群无法从事某些活动，诸如建设寺院、举行集会、派人布道、设立灵性教育机构或邀请外国神职人员访问白俄罗斯。白俄罗斯解释说，这一组织缺少一个有效的法律地址：

> 5.6. 缔约国解释说，以这一特定地址登记该协会是不可能的，因为一旦准予登记，就会导致在该场所举行的宗教活动的次数和参加人数越来越多，这又会增加卫生风险。因此，要求该协会的创建人采取措施补

救违反卫生和安全规定的情况，并研究将其建议的法定地址移到别处的可能性。

人权事务委员会认定白俄罗斯的行为违反了第18条：

  7.5. 委员会认为，宗教协会开展其宗教活动的权利取决于其能使用符合相关公共卫生和安全标准的房舍这一前提条件，是为公共安全所必要的限制，也是与这一必要比例相称的。

  7.6. 但是，委员会注意到，缔约国并未提出任何论点，说明为什么从第18条第3款的目的来看，一个宗教协会为了获得登记必须要有一个经批准的法定地址，这一地址不仅要符合对该社团的行政总部所在地所要求的标准，而且还要符合对用于宗教仪式、典礼及其他群体活动之目的的场所所必要的标准。用于这些目的的适当场所是可以在注册之后获得的。……另外，考虑到拒绝注册所带来的后果，即无法开展诸如设立教育机构以及邀请外国宗教要人访问该国等活动，委员会的结论是，拒绝注册相当于对提交人根据第18条第1款享有的表示其宗教之权利的不成比例的限制，而且也不符合第18条第3款的要求。因此，提交人根据第18条第1款享有的权利受到了侵犯。[34]

[17.34] **普林斯诉南非**

如上所述 [17.05]，该案有关一位拉斯塔法里教信徒对于南非禁止大麻的申诉。最终，人权事务委员会认定并未出现对第18条的违反：

  7.3. 委员会注意到，构成对提交人表示其宗教自由之限制的禁止拥有和使用大麻是由法律（1992年第140号法令《药物和药物贩运法》）所规定的。委员会还注意到，缔约国的结论是，基于大麻的有害效果，所涉法律之用意是保护公共安全、秩序、卫生、道德或其他人的基本权利和自由，而如果作出一项豁免，允许一种进口、运输以及向拉斯塔法里教信徒分配大麻的制度，万一其中任何大麻进入一般流通渠道，就可能构成对广大公众的威胁。在这种情况下，委员会不能得出结论认为，禁止拥有和使用毒品，而不对特定的宗教团体作出豁免，对于实现这个

---

34 另见委员会对乌兹别克斯坦的结论性意见，(2005) UN doc CCPR/CO/83/UZB, para 22。

目标是不成比例的、不必要的。委员会认定,在本案件情况中,缔约国对于其普遍禁止拥有和使用大麻的禁令,没有准予拉斯塔法里教信徒一种豁免,根据第 18 条第 3 款是有正当理由的,并因此认定,本案的事实没有揭示对第 18 条第 1 款的违反。

公共秩序

[17.35] 在上文讨论过的辛格诉法国案中 [17.32],法国为其受到质疑的措施所作辩护同时以公共秩序和公共安全为依据,但这两项理由都没有被接受。

[17.36] **科里尔和奥里克诉荷兰**(Coeriel and Aurik v the Netherlands, 453/1991)

提交人采奉了印度教,并且在印度学习以成为印度教教士。他们要求荷兰司法部部长允许他们改姓,因为这是为了成为印度教教士所必需的。该部长予以拒绝,理由是他们的情况不符合规范改姓的荷兰法律的要求。

3. 提交人声称,荷兰当局拒绝他们改变当前姓氏妨碍了他们进一步深造以成为印度教教士,因此违反了《公约》第 18 条。他们还声称,这一拒绝构成了对他们私生活的非法或无理侵扰。

虽然人权事务委员会多数委员就提交人根据第 17 条享有的隐私权作出了有利于他们的认定 [16.13],但委员会驳回了根据第 18 条提出的申诉:

6.1. 在第四十八届会议期间,委员会审议了来文可否受理的问题。关于提交人根据《公约》第 18 条提出的申诉,委员会认为,关于姓氏及其更改的条例显然属于公共秩序问题,因此这方面的限制根据第 18 条第 3 款是可予允许的。此外,委员会认为,缔约国不能对另一国家宗教领袖对担任宗教职务实行的限制负责。因此,来文的这一方面被宣布为不可受理。

委员会的观点——国家对于个人改姓之能力的限制出于公共秩序的原因可予允许——也许是合理的,因为频繁改姓会引起行政管理的混乱。不过,委员会有关第 18 条的决定看来更多地受到了以下事实的影响:有关的宗教规则是在该国之外的宗教领袖所施予的。[35] 这样一项原则严重地限制了第 18 条的有效性，因为宗教要求往往是从一国之外传播过来的。[36] 例如，天主教的行为规范就是由梵蒂冈的宗教机构规定的。梵蒂冈之外的其他国家对天主教仪式的限制，不可能仅仅因为有关宗教规则是由梵蒂冈的宗教领袖施予的，就正当合理。一种希望是，科里尔和奥里克案中的这一原则在将来不会得到跟从。

公共道德

[17.37] **第 22 号一般性意见**

8.……委员会注意到，道德观念来源于许多社会、哲学和宗教传统；因此，为了保护道德对表示宗教或信仰的自由的限制必须基于不光是来源于单一传统的原则。……

因此，基于"公共道德"的限制措施应反映社会的多元观点，而不能反映单一的宗教文化。[37]

确立宗教

[17.38] **第 22 号一般性意见**

9. 某一宗教被承认为国教、被确立为正式宗教或传统宗教、其信徒包含民众中的大多数这样的事实不应对包括第 18 条和第 27 条在内的《公约》规定的任何权利的享有造成损害，也不应对其他宗教的信奉者或不信宗教者造成歧视。特别是，歧视不信宗教者的若干措施，例如将担任政府职务的资格限定于处于支配性地位的宗教的成员、给予他们经济特权或对其他信仰行为施加特别限制的措施，都不符合第 26 条规定

---

[35] 实际上，这可能是根据第 18 条所作决定的真正原因，因为且不管有关公共秩序的主张，同样的限制被认定为"无理"侵扰了隐私，有违第 17 条。

[36] F Martin et al., *International Human Rights Law and Practice* (Kluwer Law International, 1997), 153.

[37] See *Toonen v Australia* (488/1992) [16.50]. 不过，另见下文第 [18.70] 段讨论的案件，*Delgado Páez v Colombia* (195/1985)。

的对基于宗教或信仰的歧视的禁止和对平等保护的保障。《公约》第20条第2款所设想的措施对于禁止侵害宗教少数者和其他宗教团体行使第18条和第27条所保障的权利，以及禁止对上述团体施以暴力或迫害，都构成重要保障。委员会希望获知，有关缔约国采取了哪些措施来保护所有宗教或信仰的躬行不受侵害，并保护它们的信徒不受歧视。同样，关于尊重第27条所规定的在宗教上属于少数者的权利的资料，对于委员会评估缔约国贯彻思想、信念、宗教和信仰自由的程度也是必要的。有关缔约国也应该在其报告中载有资料，说明它们的法律和判例认为哪些行为可作为亵渎罪予以惩罚。[38]

10. 如果某一套信仰在宪法、法令、执政党的宣言等或在目前的实践中被视为官方的意识形态，这不应导致损害第18条规定的自由或《公约》所确认的任何其他权利，也不应导致对不接受或反对官方意识形态的人的任何歧视。

[17.39] 因此，正式"确立"一种国家宗教符合第18条，只要这不导致歧视那些不采奉该宗教的人。[39] 在对阿根廷的结论性意见中，人权事务委员会称：[40]

16. 委员会重申其关切，即给予天主教会比其他宗教教派更优惠的待遇，包括财政补贴，构成了《公约》第26条之下的宗教歧视。

在对以色列的结论性意见中，委员会称：[41]

28. 委员会关切的是，在向宗教机构分配资金方面，给予犹太教优惠，而不利于穆斯林教徒、基督教徒、德鲁兹（Druze）教徒和其他宗教团体。委员会建议，资助的规章和标准应该公布并平等地适用于所有宗教团体。

在对丹麦的结论性意见中，委员会称：[42]

---

[38] 另见第 [18.67] 段。

[39] See also Nowak, *UN Covenant on Civil and Political Rights: CCPR Commentary*, 415.

[40] (2000) UN doc CCPR/CO/70/ARG. 另见委员会的结论性意见：智利，(1999) UN doc CCPR/C/79/Add. 104, para 24。

[41] (1998) UN doc CCPR/C/79/Add. 93. 另见委员会的结论性意见：列支敦士登，(2004) UN doc CCPR/CO/81/LIE, para 13; 希腊，(2005) UN doc CCPR/CO/83/GRC, para 14。

[42] (2008) UN doc CCPR/C/DNK/CO/5.

12. 委员会注意到，该国代表团解释说，赋予福音路德教会作为"丹麦国教"的特别地位（1953年6月5日《丹麦宪法法令》第4节）的根据是历史和社会因素，以及绝大多数人口信奉这一教派的事实。然而委员会关切地注意到，福音路德教会从国家直接领取财政支持并被赋予行政职责，例如民事身分登记和墓地管理，这可能导致对其他宗教团体的歧视（第2条、第18条和第26条）。

[17.40] 在上述圣约瑟修女诉斯里兰卡案中 [17.22]，对于从宪法上成功质疑修女会成为法人所给出的理由之一是，其成为法人将有违该国保护佛教信仰的义务。人权事务委员会在认定存在违反情势时，认为没有证据表明修女会成为法人会有此效果。[43] 委员会没有质疑的观念是，有损佛教即斯里兰卡的国教能够构成拒绝一个非佛教宗教组织成为法人的一个有效理由。

基于信念拒绝的权利

[17.41] 众多早期的案件表明，第18条并不保障基于信念拒绝的权利，就如在这样一种权利中，即某人有自由基于信念上反对军事力量而免服强制性兵役。*

LTK 诉芬兰（*LTK v Finland*，185/1984）

1. 1984年10月8日收到的来文（未署日期）的提交人 L.T.K 是一名在芬兰居住的芬兰公民。他诉称自己是芬兰违反《公民及政治权利国际公约》第18条和第19条的受害者，声称他作为一名基于信念而拒服兵役者的地位在芬兰得不到承认，以及他因拒服兵役而被提起了刑事诉讼。

人权事务委员会认定该申诉不可受理，具体如下：

5.2. 就这一问题，委员会认为，根据提交人本人的解释，他被起诉和判刑并不是因为他的信仰或意见本身，而是因为他拒服兵役。《公约》

---

43 在委员会意见的第7.3段。

* 与"基于信念拒服兵役"相对应的英文为"conscientious objection to military service"；在联合国有关文件的中文本中，与其对应的一般为"基于良心反对服兵役"。

本身并没有规定基于信念拒绝的权利；无论是《公约》第 18 条还是第 19 条——特别是考虑到第 8 条第 3 款（寅）项第（2）目——都不能被解释为暗含着这一权利。[43] 提交人并没有声称，在针对他的司法诉讼中有任何程序缺陷——这些缺陷本身有可能构成对《公约》规定的违反，也没有主张对他的判刑是违法的。

6. 委员会在仔细审查了来文之后总结认为，提交人提出的支持其主张的事实没有引起《公民及政治权利国际公约》任何规定之下的任何问题。因此，其申诉不符合《公约》的规定。

7. 人权事务委员会因此决定：来文不可受理。

［17.42］这一对基于信念拒服兵役之权利的早先否定后来被反转，就如人权事务委员会第 22 号一般性意见所表现的。

第 22 号一般性意见

11. 许多个人声称，他们有权拒服兵役（基于信念拒绝），其根据是这种权利来源于第 18 条所规定的自由。作为对这种主张的反应，已经有越来越多的国家在它们的法律中规定，的确信奉着禁止服兵役的宗教或其他信仰的公民，可以豁免其义务性兵役，而改服替代性的国民服役（national service）。《公约》没有明确提到基于信念拒绝的权利，但是委员会认为，就使用致死武力的义务可能与信念自由和表示自己宗教或信仰的权利严重冲突来说，可以从第 18 条中得出这样一项基于信念拒绝的权利。当这种权利由法律或惯例确认时，就不应该根据基于信念拒绝者的特定信仰的性质对他们作出区分；同样，也不应该由于基于信念拒绝者不服兵役就歧视他们。委员会请缔约国报告个人可以根据第 18 条规定的权利免服兵役的情况以及替代性的国民服役的性质和期限。

［17.43］**尹汝范和崔明镇诉韩国**（*Yoon and Choi v Republic of Korea*，1321－1322/2004）

该案的两位提交人均被监禁，因为他们基于其信念上的反对而拒服强制

---

[43] 第 8 条第 3 款（子）项禁止强迫或强制之劳役，不过，第 8 条第 3 款（寅）项（二）目称，（子）项排除了义务性兵役或"在承认人民可以本其信念反对服兵役之国家"中的替代服役。参见第［10.05］段。

性兵役。他们诉称，韩国未做到向基于信念拒服兵役者提供替代性的服役方案违反了第18条。韩国为其法律提出的辩解理由是：

　　4.3. 鉴于其特殊情况，该缔约国实行普遍征兵制度，规定所有公民都有义务服兵役。因此，服兵役的义务和责任的平等原则在缔约国比在任何其他国家更重要。考虑到对平等服兵役义务的强烈社会要求和期望，允许服兵役义务的例外会阻碍社会团结，极大地损害国家安全，因为这会破坏国家兵役制度的基础即普遍征兵制度，特别是考虑到试图以各种方式逃避服兵役义务的社会倾向。

　　4.4. 缔约国主张，一个国家的兵役制度直接关系到国家安全，事关法律制定者具有的立法酌处权，即在考虑到国家的地域政治态势、内部和外部安全条件、经济和社会状况、民族感情以及一些其他因素的情况下，建立一支具有最强国防能力的国家军队。

　　4.5. 缔约国辩称，鉴于其安全状况、对兵役方面平等的要求和限制采取一种替代性服役制度的各种相伴因素，很难说现在已经到了安全条件得到改善、可以允许对兵役加以限制的阶段，并在这方面形成了全国共识。……

　　6.3. 缔约国主张，诚然，由于新的国防和现代战争概念的出现以及南北经济力量的差异导致了军事实力的差距，但军队人力仍然是防卫的主要力量。另外，也必须考虑出生率下降造成的人力短缺的前景。惩罚尽管总人数很少的基于信念拒绝者有助于防止逃避兵役。如果实行替代性服役制度，现行制度会很容易崩溃。鉴于以往违规情况的经验和逃避兵役的社会倾向，很难设想替代性服役能防止逃避兵役的企图。而且，在军队人力仍然是国防的主要力量的情况下接受基于信念的拒绝，会导致将基于信念拒绝作为法律手段滥用来逃避兵役，从而破坏征兵基础，严重危害国家安全。

人权事务委员会认定韩国违反了第18条：

　　8.4. 委员会注意到，根据缔约国的法律，没有承认基于信念拒服兵役情况的程序。缔约国主张，这种限制对公共安全是必要的，是为了保持国防能力和维护社会团结。委员会注意到缔约国关于其国家安全的特殊背景的论点以及准备就国家人权委员会制订的有关基于信念拒服兵役的国家行动计划采取行动的打算……。委员会还注意到，就有关的国家实践而言，越来越多保持义务兵役制度的《公约》缔约国确立了义务兵役的替代办法；委员会认为，缔约国未能表明，如果提交人根据第18条享有的权利得到充分尊重，会产生什么特别不利影响。关于社会团结和平等的问题，委员会认为，国家尊重基于信念的信仰及其表示本身就是确保社会中和谐及稳定的多元化的一个重要因素。它同样认为，设想义务兵役的替代办法原则上是可行的，而且实践中也是常见的，替代办法不会破坏普遍征兵原则的基础，而是可以提供平等的社会效益，对个人提出平等要求，消除服义务兵役者与从事替代性服役者之间不公平的差异。因此，委员会认为，缔约国没有表明本案中的有关限制在《公约》第18条第3款的含义之内，是必要的。

在郑佑民等人诉韩国案（*Jung et al. v Republic of Korea*, 1593 – 1603/2007）和其他案件中，委员会也遵循了在尹汝范和崔明镇诉韩国案中的决定，对此将在下文详述。因此，正如第22号一般性意见所预示［17.42］和若干结论性意见所确认的那样，[44] 委员会实际上推翻了其在LTK诉芬兰案中的意见。实行义务性兵役，而不为基于信念拒服兵役者提供替代服役，是对第18条的违反。

［17.44］在尹汝范和崔明镇诉韩国案中，基于信念拒服兵役之权利的根据是其构成了对信念或宗教之权利的一种"表示"，对这种权利的限制在第18条第3款中并无正当理由。不过，在下述案件中，可发现该权利的更强有力的根据。

郑敏久等人诉韩国（*Jeong et al. v Republic of Korea*, 1642 – 1741/2007）

该案同样有关韩国未做到允许对义务性兵役的替代方案。人权事务委员会再次认定存在违反，这次是以如下表述：

---

[44] 例如见委员会的结论性意见：西班牙，(1996) UN doc CCPR/C/79/Add.61, para 15；白俄罗斯，(1997) UN doc CCPR/C/79/Add.86, para 16；墨西哥，(1999) UN doc CCPR/C/79/Add.109, para 20；委内瑞拉，(2001) UN doc CCPR/CO/71/VEN, para 26；越南，(2002) UN doc CCPR/CO/75/VNM, para 17；芬兰，(2004) UN doc CCPR/CO/82/FIN, para 14；乌克兰，(2006) UN doc CCPR/C/UKR/CO/6, para 12；以色列，(2010) UN doc CCPR/C/ISR/CO/3, para 19。另见，*Westerman v the Netherlands* (682/1996)。

7.3. 委员会忆及其第22号一般性意见，委员会在其中认为，第18条第1款所载自由的根本性质反映在以下事实中：如《公约》第4条第2款所述，即便是在公共紧急状态下，该规定也不能被克减。虽然《公约》没有明确提及基于信念拒绝的权利，但委员会认为，这样一项权利可以从第18条推导出来，因为涉及使用致命武力的义务可能与信念自由严重冲突。基于信念拒服兵役的权利属于思想、信念和宗教自由权之固有内容。它使得任何个人有权在义务兵役与其宗教或信仰不可调和的情况下豁免服义务兵役。这种权利不得受胁迫之损害。国家如果愿意，可要求拒服兵役者在军事领域之外、不受军队指挥的情况下从事替代性民事服役。替代性服役不得具有惩罚性。它必须是真正地为社会服务，符合尊重人权的原则。

7.4. 在当前案件中，委员会认为，提交人拒绝应征服义务兵役源自他们的宗教信仰，未受辩驳的是，这些信仰是他们真正持有的；委员会认为，提交人随后被定罪和判刑相当于对其信念自由之侵害，违反了《公约》第18条第1款。对那些因其信念或宗教不允许其使用武器的个人拒绝应征服义务兵役施加压制，不符合《公约》第18条第1款。

因此，这种侵犯被形容为干扰了信念自由的绝对权利，与之相对的则是干扰表示某人良知信念的权利——这是一项根据第18条第3款能够受到限制的权利。

[17.45] 郑敏久案中为基于信念拒绝的权利提出的理由在以下案件中得到了人权事务委员会多数委员的赞同，少数委员则讨论这种新的处理方式的衍生后果。

阿塔索伊和萨尔库特诉土耳其（*Atasoy and Sarkut v Turkey*，1853－1854/2008）

这两起案件有关土耳其依据其法律起诉两个基于信念拒服兵役者，该法律没有允许对义务性兵役的替代方案。委员会多数委员以类似于郑敏久案的表述，认定存在违反：

10.4. ……委员会重申，基于信念拒服兵役的权利属于思想、信念和宗教自由权之固有内容。它使得任何个人有权在义务兵役与其宗教或信仰不可调和的情况下豁免服义务兵役。这种权利不得受胁迫之损害。国家如果愿意，可要求拒服兵役者在军事领域之外、不受军队指挥的情况下从事替代性国民服役。替代性服役不得具有惩罚性，而必须是真正地为社会服务，并符合尊重人权的原则。

10.5. 在当前案件中，委员会认为，提交人拒绝应征服义务兵役源自他们的宗教信仰，这些信仰未受辩驳，也是他们真正持有的；委员会认为，提交人随后被起诉和判刑相当于对其信念自由之侵害，违反了《公约》第18条第1款。委员会忆及，对那些因其信念或宗教不允许其使用武器的个人拒绝应征服义务兵役施加压制，不符合《公约》第18条第1款。

[17.46] 纽曼先生、奥弗莱厄蒂先生、岩泽先生和卡林先生提出了一项附议意见。他们注意到并且不赞成对于基于信念拒服兵役问题的新的进路：

出于信念之原因拒绝服兵役属于以礼拜、戒守、躬行及讲授表示宗教或信仰之自由所包含的"行动的广泛范围"。这种拒绝所涉及的不仅是持有某种信仰的权利，而且包括通过从事由此信仰促成的行动来表示信仰的权利。《公约》第18条确实允许限制这种自由，但须满足第3款所规定的标准相当高的理由。多数委员在本案中的意见，对于将基于信念拒服兵役当作好像是受到绝对保护之持有某种信仰的权利的一种情形，并没有提供任何令人信服的理由。多数委员也没有澄清，在这方面，基于信念拒服兵役如何能够与基于宗教理由请求豁免履行法律义务的情况区分开。

[17.47] 与上述意见相对，人权事务委员会多数委员的思路在奈杰尔·罗德利爵士的附议意见（得到特林先生和弗林特曼先生的支持，萨尔维奥利先生在这一点上也表示同意）中得到了坚定支持：

我的理解是，这一演变背后的想法是，思想、信念和宗教自由包含着不表示和表示一个人真心实意地持有之信仰的权利。只规定义务兵役，而无替代性民役（civilian service）之可能意味着，一个人可能被置于这样的境地中，即根据某一法律义务，他或她被剥夺了选择表示或不表示其真心实意地持有之信仰的权利，而只好或者违法，或者在可能必

须剥夺另一个人之生命的情况中，从事违背这些信仰的行动。（强调为原文所有）

当然，还有一个人可能会被迫表示自己真心实意地持有之信仰的其他情况。例如，义务兵役制度若规定了可基于信念拒服兵役，就可能要求希望利用替代性服役的人申报使该人可以有权选择这种服役的信仰。这里的区别是，该人为了遵守法律必须这样做，才能当然避免被置于可能剥夺另一个人之生命的境地。

一如纽曼先生的个人意见和加入其意见的其他同事所指出的，还有可能出现基于宗教或其他真心实意地持有之信仰诉求豁免履行法律义务的情况，基于信念拒服兵役必须与此类其他诉求区分开。为本案之目的，典型的例子将是基于信念拒绝缴纳自己的税款中必定会用于缔约国之军事能力建设的那部分。在这种情况下，委员会可能会回答，区别在于这样的事实，即参与所惧怕之剥夺性命的共谋的程度至少并不明显。……

此外，以对第18条第3款的分析作为违反根据也缺乏一定的现实性。依赖该规定的暗含影响是，可以预想这样的情况，其中该规定所设想的社会利益可能压倒个人基于信念拒服兵役的利益。这种情况有违我们有关基于信念拒服兵役之现象的所有经验。正是在武装冲突时期，当有关的社会利益最有可能受到最大的威胁时，基于信念拒绝之权利才最需要受到保护，最有可能被援用，也最有可能在实践中不受尊重。事实上，我从未认为，委员会会利用对第18条第3款的分析，阻止某人成功地援用基于信念之拒绝，作为针对法律责任的辩护理由。

因此，看来委员会的多数委员现在接受基于信念拒服兵役是一项绝对的权利，而不是一项有可能根据第18条第3款加以限定的权利。

[17.48] 正如阿塔索伊和萨尔库特诉土耳其案中的单独附议意见所指出的，出现基于信念之拒绝的情况超出了拒服义务兵役的形式。对此，可以注意人权事务委员会对赞比亚的以下评论：[45]

---

[45] (1996) UN doc CCPR/C/79/Add. 62.

第十七章　思想、信念和宗教自由

18. 将唱国歌和向国旗敬礼作为入读国立学校的要求，而不考虑基于信念拒绝的情况，看来是一种不合理的要求，而且不符合《公约》第18条和第24条。

[17.49] **JP 诉加拿大**

2.1. 提交人是贵格派教徒，因其宗教信念而拒绝以任何方式参与加拿大的军事活动。因此，她拒付一定百分比的所得税——其比例等于军事拨款在加拿大联邦预算中所占比例，并将这一部分税款交给了一个非政府组织"加拿大信念和平税基金"。

提交人诉称，强制其缴纳她拒付的税款将侵犯她根据第18条享有的信念自由。人权事务委员会不予同意，并在认定该案不可受理时称：

4.2. ……《公约》第18条的确保护持有、表达和传播意见和信念的权利，包括基于信念反对军事行动和支出，但是以基于信念之反对为由拒绝缴税显然处于该条规定的保护范围之外。

委员会在 JP 案中的决定在 JvK 和 CMGvK-S 诉荷兰案（*JvK and CMGvK-S v the Netherlands*, 483/1991）[46] 和 KV 和 CV 诉德国案（*KV and CV v Germany*, 568/1993）[47] 中也得到了支持。

有关宗教和道德教育的权利——第18条第4款

[17.50] **第22号一般性意见**

6. 委员会认为，第18条第4款允许公立学校就宗教和伦理的一般历史等问题，提供有关的教导，只要这种教导采取了中立和客观的方式。第18条第4款中所载的，关于父母或法定监护人应能确保孩子按照他们自己的信仰接受宗教和道德教育的自由，涉及第18条第1款中所载的对讲授宗教或信仰的自由的保障。委员会指出，包括了就某一特

46　在委员会意见的第4.2段。
47　在委员会意见的第4.3段。但有人批评这些决定中缺少分析：BG Tahzib, *Freedom of Religion or Belief* (Martinus Nijhoff, 1996), 287 – 92。

定宗教或信仰进行教导的公共教育，除非规定了能够符合父母和监护人愿望的非歧视性的例外办法或替代办法，否则即不符合第 18 条第 4 款的规定。

[17.51] **哈提凯南等人诉芬兰**（*Hartikainen v Finland*，40/1978）

该案的事实体现在以下摘引中：

2.1. 提交人声称，芬兰 1968 年 7 月 26 日的《学校制度法》第 6 段违反了《公约》第 18 条第 4 款，因为该段规定，芬兰学校中其父母为无神论者的学童必须上宗教和伦理历史的课程。他诉称，教授该课程所依据的教材是由基督徒撰写的，因此课程的讲授也难免是宗教性的。

芬兰为其法律提出的辩解如下：

7.2. 就有关立法，缔约国提出，可以说宗教教育在芬兰不是强制性的。但是，缔约国补充说，对于根据《宗教自由法》免上宗教指导课程的学生，存在一种可能性，即接受学习宗教和伦理历史的指导；这样的指导旨在给予学生一般性质的知识，这些知识作为他们的基本教育的一部分，在一个绝大多数人口都属于某一教派的社会中，被认为是有用的。缔约国声称，国家教育委员会发布的有关给予此种指导之主要目的的指令表明，这种指导不是宗教性质的。不过，缔约国解释说，在某些情况中，在实际实施与该学习有关的教学计划时，存在一些困难；在 1979 年 1 月，国家教育委员会建立了一个由代表宗教和非宗教观点的成员组成的工作组，来分析这些问题并审查教学大纲。

人权事务委员会认定不存在对第 18 条第 4 款的违反：

10.4. 委员会不认为芬兰法律的有关规定的要求，即对于其父母或法定监护人反对宗教指导的学生，应给予其宗教和伦理历史的学习而非宗教指导，本身不符合第 18 条第 4 款，只要这样的替代指导课程的讲授方式是中立的和客观的，而且尊重那些不信仰任何宗教的父母和监护人的观念。无论如何，《学校制度法》第 6 段明确允许以下安排：那些不希望自己的子女接受任何宗教指导或宗教和伦理历史学习之指导的父母或监护人，可以通过安排其子女在校外接受类似的指导而获得对这些课程的免修。

10.5. 缔约国承认,就使得这些规定实际生效的既存教学计划,出现了一些困难(如教学计划至少在部分程度上显得具有宗教性质),但是委员会相信,缔约国正在采取适当措施以解决这些困难,而且委员会觉得没有理由认为,在现存法律的框架内,无法以符合《公约》第18条第4款要求的方式,做到这一点。

因此,强制性的宗教或道德教育,如果提供对于宗教的多元化描述,即不与第18条第4款冲突。[48]

[17.52] **雷瓦格等人诉挪威**(*Leirvåg et al. v Norway*,1155/2000)

1998年8月,挪威政府在挪威的学校中引入了一门课程,名为"基督教知识及宗教和伦理教育"(CKREE),其重点是基督教,但对其他宗教也有讨论。该申诉的提交人是持"人性论"生活立场、不想让其子女参加该课程的挪威家庭。他们申请让其子女全面免上该课程,但都被各所学校拒绝。两个家庭获准其子女可以部分免上该课程,但发现他们的子女因为其部分免上而受到欺凌和侮辱。提交人声称,规范这一课程之教学的法律违反了第18条第4款,人权事务委员会同意这一点:

14.2. 委员会要处理的主要问题是,挪威学校里CKREE课程的义务教学(仅包括有限的免上机会)是否侵犯了提交人根据第18条享有的思想、信念和宗教自由权,更具体地说,是否侵犯了父母根据第18条第4款的规定,确保其子女接受符合其本人信仰之宗教及道德教育的权利。第18条的涵盖范围不仅包括保护传统的宗教,而且包括保护人生哲学,就如提交人所持有的。……

14.3. 首先,委员会将审查的问题是,CKREE课程是否以中立、客观的方式讲授。关于这一问题,挪威《教育法》第2~4节规定:"该课程之讲授不应涉及传教。基督教知识及宗教和伦理教育这一课程的教师应当以第1~2节中确定的小学和初中教学目标条款为出发点,并按其各自独特的性质来讲授基督教、其他宗教和人生哲学。其他课程的讲授也应当以同样的教育原则为基础。"相关的目标条款规定,小学和初中

---

[48] Nowak, *UN Covenant on Civil and Political Rights: CCPR Commentary*, 434–5.

的教学目标应"与家庭一致并与之合作,帮助给予学童基督教的和有道德的教养"。上文所提到的《教育法》的某些准备工作表明,这一课程给予基督教教义优先于其他宗教和人生哲学的地位。基于这一背景,教育问题常设委员会多数成员的结论是:"教学中的价值观念并不是中立的。该课程的重点在于讲授基督教。"缔约国承认,这一课程的有些内容可以被看作具有宗教性质,对于这些活动,父母无须提出理由就可以获准其子女免于参加。的确,至少有些相关活动中表面上看不仅仅涉及宗教知识方面的教育,而且也涉及特定宗教的实际躬行……从提交人援引的研究结果以及他们的个人经历还可以看出,这一课程还有一些他们认为没有以中立和客观方式讲授的内容。委员会的结论是,CKREE课程的讲授不能说符合了以中立和客观方式讲授的要求,除非豁免制度确实导致这样的情况,即向选择免上这一课程的学童和家庭提供的讲授将是中立和客观的。

14.4. 因此,要审查的第二个问题是,部分免上的安排及其他途径是否提供了"能够容纳父母和法定监护人愿望的非歧视性的例外办法或备选办法"。委员会注意到提交人辩称,部分免上的安排并不满足其需要,因为CKREE课程的讲授严重倾向于宗教指导,而且部分免上实际上无法实施。此外,委员会注意到,挪威《教育法》规定:"根据学童父母的书面通知,学童可以免于听取的是,基于其本身的宗教或人生哲学,他们认为属于躬行另一种宗教或信奉另一种人生哲学的那部分讲授。"

14.5. 委员会注意到,有关CKREE课程之讲授的现有规范性框架包含着内在的紧张甚至矛盾。一方面,在教育制度内,与其他宗教和世界观的角色相比,《宪法》及《教育法》中的目标条款包含了对基督教的明显偏好。另一方面,《教育法》第2~4节关于免上课程的特定条款的表述形式,在理论上似乎允许有充分的权利免上CKREE课程中个别学生或父母认为属于躬行另一种宗教或信奉另一种人生哲学的那一部分内容。如果实施这一条款的方式能够解决《宪法》和《教育法》目标条款中反映的偏好,那么这一做法也许可以被认为符合《公约》第18条。

14.6. 但是，委员会认为，即使抽象地看，目前部分免上的制度对于处在提交人情况中的个人施加了相当的负担，因为它要求提交人了解课程中那些明显具有宗教性质的内容以及其他内容，以便确定他们可能觉得需要寻求免上哪些内容，并说明免上的理由。设想这些人行使这一权利缩手缩脚也不是不合情理的，因为部分免上制度对学童造成的问题可能不同于完全免上制度所引起的问题。实际上，正如提交人的经历表明的，免上制度目前并不保护父母确保其子女接受符合其本人信仰之宗教及道德教育的自由。在这方面，委员会注意到，CKREE 课程将有关宗教知识的教育与躬行一种特定的宗教信仰如背诵祷文、唱宗教颂歌、参加宗教仪式等结合起来……尽管在这种情况下，父母的确可以通过在申请表上打钩的方式申请免于参加这些活动，但 CKREE 课程的安排并不保证对宗教知识的教育和宗教躬行的区分方式使得免上的安排切实可行。

14.7. 委员会认为，提交人所遭遇的难题，尤其是［其中两人］尽管已经登记参加免上的安排，却又不得不在圣诞节庆祝的情况中背诵宗教经文，以及儿童所经受的忠诚方面的冲突，充分地表明了这些难题。此外，对于申请子女免上着重传授宗教知识的课程要提出理由的要求，以及对于何种理由会被接受没有明确的指示，都对力图确保其子女不接触某种宗教观念的父母造成了进一步障碍。委员会认为，CKREE 课程的当前框架，包括目前的免上制度，从其对提交人实施的情况来看，构成了对《公约》第 18 条第 4 款的违反。

[17.53] 在德尔加多·帕埃兹诉哥伦比亚案（*Delgado Páez v Colombia*, 195/1985）中，人权事务委员会声明如下：

5.7. ……哥伦比亚可以在不违反［第 18 条］的前提下，允许教会当局决定谁可以讲授宗教课程以及以何种方式讲授。

可以推想，第 18 条第 4 款会允许父母将其子女从哥伦比亚的宗教教育中撤出。不过，委员会在德尔加多·帕埃兹案中的说法似乎与其有关哥斯达黎加的以下声明[49]相抵触：

49　委员会对哥斯达黎加的结论性意见，(1994) UN doc CCPR/C/79/Add. 31。

13. 委员会建议，缔约国采取措施以确保在行使受宗教教育的权利方面，特别是在获得天主教以外的宗教讲授方面，没有歧视现象。目前的做法是选择宗教课教员须经国家主教会议批准，这种做法不符合《公约》的规定。

［17.54］在对挪威的结论性意见中，人权事务委员会声明如下：[50]

10. 委员会强调，《宪法》第2条中的如下规定与《公约》第18条明显抵触，即表明自己信奉基督教路德派新教的人必须以同样的信仰教养他们的子女。

委员会对挪威的评论的靶子看来是限制信奉基督教路德派新教的父母有关其子女的教育选择的法律。不过，该评论可能也涉及了信奉基督教路德派新教者的子女的宗教权利。实际上，委员会从未解释在第18条第4款规定的父母的权利与儿童根据第18条第1款享有的权利冲突的情况中，前者可能于何处结束，而后者于何处开始。[51]

［17.55］沃尔德曼诉加拿大案（*Waldman v Canada*，694/1996）中的申诉有关与给予加拿大的其他少数宗教的学校的资助相比，给予罗马天主教学校更优惠的资助。人权事务委员会的选择是完全依据第26条处理该案［23.60］。

［17.56］在对爱尔兰的结论性意见中，人权事务委员会称：[52]

22. 委员会关切地注意到，绝大部分爱尔兰小学是私立教会学校，采用结合宗教的课程，因而剥夺了许多父母和儿童希望接受世俗初级教育的权利（第2条、第18条、第24条和第26条）。

缔约国应加强努力，确保鉴于缔约国人口组成的日益多元化和多种族化，在缔约国所有地区都普遍提供非教会初级教育。

50　(1993) UN doc CCPR/C/79/Add. 27. 委员会在对挪威的下一轮结论性意见中，重复了这些批评：(1999) UN doc CCPR/C/79/Add. 1112，para 13。

51　See G Van Bueren, 'The International Protection of Family Members' Rights as the 21st Century Approaches' (1995) 17 *Human Rights Quarterly* 732 at 743 – 7. Nowak, *UN Covenant on Civil and Political Rights: CCPR Commentary*，其第417页承认在父母和子女的宗教权利之间冲突的潜在可能。See also Tahzib, *Freedom of Religion or Belief*, 364.

52　(2008) UN doc CCPR/C/IRL/CO/3.

结　语

［17.57］人权事务委员会曾处理一系列有关信仰自由特别是宗教自由的令人关注的问题，包括直接或间接限制在公共场域穿着宗教服装、禁止劝使人改宗、将使用大麻作为一种宗教信条、在德国对信奉科学神教者的限制、基于信念拒绝的情况以及父母对于其子女的宗教（或非宗教）的学校教育的权利。

第十八章　表达自由

——第十九、二十条

第 19 条 ··· [18.01]

"意见"自由 ··· [18.05]

"表达自由"的含义 ··· [18.08]

    传播信息的自由 ··· [18.15]

    表达自由和媒体 ··· [18.18]

    第 19 条和互联网 ··· [18.21]

获取信息的权利 ··· [18.22]

    接受信息的权利 ··· [18.28]

对自由表达的可予允许之限制 ··· [18.30]

    他人的权利 ··· [18.36]

    他人的名誉 ··· [18.44]

    国家安全 ··· [18.48]

    公共秩序 ··· [18.55]

    公共卫生和道德 ··· [18.65]

第 20 条和仇恨言论 ··· [18.72]

《消除种族歧视公约》第 4 条 ·· [18.85]

    否认种族大屠杀 ··· [18.90]

结语 ··· [18.95]

第十八章 表达自由

第 19 条

一、人人有保持意见不受干预之权利。

二、人人有发表自由之权利；此种权利包括以语言、文字或出版物、艺术或自己选择之其他方式，不分国界，寻求、接受及传播各种消息及思想之自由。

三、本条第二项所载权利之行使，附有特别责任及义务，故得予以某种限制，但此种限制以经法律规定，且为下列各项所必要者为限：

（子）尊重他人权利或名誉；

（丑）保障国家安全或公共秩序，或公共卫生或风化。

[18.01] 表达自由*允许人们传播和接受各种思想和信息**。这是为确保个人的自我实现以及一个能接触众多思想和哲学的多元、宽容社会的最重要权利。不过，在第 19 条第 3 款中得到明确承认的是，自由表达的权利有可能被滥用，从而损害他人的权利："［该］权利之行使，附有特别责任及义务"。因此，可基于若干理由限制第 19 条规定的权利。实际上，《公约》规定了对于一种特定的表达类型的强制性限制，即在第 20 条中对仇恨言论的限制。

[18.02] **第 34 号一般性意见**

2. 意见自由和表达自由是个人全面发展的不可或缺的条件。这些自由对任何社会都至关重要。它们构成任何自由、民主社会的基石。这两项自由密切相关，表达自由为意见的交流和发展提供了途径。

3. 表达自由是实现透明原则和问责原则的必要条件，而这些原则又是增进和保护人权的基础。

[18.03] 在第 34 号一般性意见中，人权事务委员会接着讨论了第 19 条

---

* 英文为"freedom of expression"，《公约》中文本中与之对应的用词为"发表自由"；中译本从中文通行用法，将其译为"表达自由"。

** 英文为"information"，《公约》作准中文本中与之对应的用词为"消息"；中译本将其译为"信息"——该词比"消息"的范围要广，更适宜对应"information"。

与《公约》其他条款的关系。

4. 载有对意见和/或表达自由之保障的其他条款还包括第18条、第17条、第25条和第27条。意见和表达自由构成了充分享有范围广泛的其他人权的基础。例如，表达自由是为享有集会和结社自由的权利以及行使投票权所必需的。……

20. 在关于参与公共事务和投票权利的第25号一般性意见中，委员会阐述了表达自由对于管理公共事务和有效行使投票权的重要性[22.33]。公民、候选人和当选代表之间就公共和政治事务自由交流信息和观点至关重要。这意味着自由的新闻或其他媒体能够在不受新闻检查或限制的情况下，评论公共事务、发表公众意见。……

[18.04] 人权事务委员会还确认了从有关义务指向的对象来看，这一权利的范围：

7. 尊重意见自由和表达自由的义务对每一缔约国的整体都具有约束力。国家的所有部门（行政、立法和司法）以及无论国家、区域或地方任何一级的公共或者政府机构均应承担缔约国的责任。对于某些情况下的半国家实体的行为，缔约国也须承担此责任。这项义务还要求缔约国针对私人或者私主体的可能妨碍意见自由和表达自由的行为，在这些《公约》权利可在私人或私主体之间适用的限度内，确保个人得到保护。

"意见"自由

[18.05] 保持意见是一种消极行为，也是一种绝对自由。一旦某人公开发表或以其他方式表示其意见，这一权利的绝对性质即告终止。[1] 这种行为处于"表达自由"的范围之内。不过，诺瓦克称，可能难以区分不可允许地干涉意见自由的行为（如洗脑）和只是试图影响意见的行为（一个可能的

---

[1] 见 D McGoldrick, *The Human Rights Committee* (Clarendon Press, 1994), 460, 摘引的是委员会前主席马弗罗马提斯先生的观点。

例证是媒体宣传的轰炸)。² 侵害可能限于某人的意见多少不自愿地受到影响的情况。³

[18.06] **第 34 号一般性意见**

9. 第 19 条第 1 款要求保护保持意见、不受干预的权利。《公约》不允许对于此项权利的任何例外或限制。意见自由还扩展至个人在任何时候或出于任何原因自由选择改变意见的权利。不得基于任何人实际保持、被他人视为或假定保持的意见而侵犯其根据《公约》所享有的权利。应保护一切形式的意见,包括政治、科学、历史、道德或者宗教性质的意见。将保持某种意见规定为刑事罪行不符合第 1 款。以其可能保持之意见为由骚扰、恐吓或者侮辱某人,包括予以逮捕、拘留、审判或者囚禁,构成对第 19 条第 1 款的违反。

10. 禁止以任何形式企图胁迫任何人保持或者不保持某种意见。表达个人意见的自由必须包括不表达个人意见的自由。

[18.07] **姜勇洙诉韩国**(*Kang v Republic of Korea*, 878/1999)

提交人被怀疑是朝鲜的同情者,并因犯有危害韩国国家安全的颠覆行为而被定罪。在随后的被监禁期间,他根据一种被称为"思想意识转变制度"的制度,受到了要改变其据称具有的政治意见的压力。他被单独监禁了 13 年,显然是作为对他拒绝"转变"的一种惩罚。人权事务委员会认定这违反了第 19 条第 1 款:

7.2. 关于提交人的申诉,即"思想意识转变制度"侵犯了他根据第 18、19 和 26 条享有的权利,委员会指出,这种制度具有胁迫性质——随后取代该制度的"宣誓遵守法律制度"维持了此种性质,其适用方式带有歧视性,目的是通过提供在狱中给予更优越待遇和更大假释可能的引诱,改变犯人的政治意见。委员会认为,此种制度——缔约国未能证明该制度对于第 18、19 条阐明的任何可予允许的限制目的有必要——基于政治意见的歧视性根据限制了表达自由和表示信仰的自由,

---

2　M Nowak, *UN Covenant on Civil and Political Rights: CCPR Commentary* (2nd edn, NP Engel, 2005), 442.

3　Nowak, *UN Covenant on Civil and Political Rights: CCPR Commentary*, 442.

因此违反了与第 26 条相关联的第 18 条第 1 款和第 19 条第 1 款。

"表达自由"的含义

[18.08] **第 34 号一般性意见**

11. 第 2 款要求缔约国保障表达自由的权利，其中包括寻求、接受和传播各种信息和思想的权利，而不论国界。此项权利包括表达和接受可传递给他人的各种形式的思想和意见，但以第 19 条第 3 款和第 20 条的规定为限。表达包括政治言论、对个人事务和公共事务的评论、游说、人权讨论、新闻报道、文化和艺术表达、教学以及宗教言论，还可能包括商业广告。第 2 款的范围甚至包括可能被认为极为冒犯的表达，尽管根据第 19 条第 3 款和第 20 条，此类表达可能受到限制。

12. 第 2 款保护一切表达形式及其传播手段。这些形式包括口头的、书面的和手语的，以及诸如图像和艺术品等非言语表达。[4] 表达手段包括书籍、报纸、小册子、海报、标语、服饰和法律言论。它们包括所有影音形式，以及电子和以互联网为基础的表达模式。

[18.09] 众多案件，包括穆潘丹吉拉等人诉扎伊尔案（*Mpandanjila et al. v Zaire*, 138/1983）、卡伦加诉赞比亚案（*Kalenga v Zambia*, 326/1988）、约纳诉马达加斯加案（*Jaona v Madagascar*, 132/1982）、基文马诉芬兰案（*Kivenmaa v Finland*, 412/1990）[18.11]、阿多约姆等人诉多哥案（*Aduayom et al. v Togo*, 422–424/1990）和科尔宁科诉白俄罗斯案（*Korneenko v Belarus*, 1553/2007）都证实，受到保护的表达包括政治表达。[5]

[18.10] **巴兰坦等人诉加拿大**（*Ballantyne et al. v Canada*, 359 and 385/1989）

该案有关对加拿大（魁北克省）法律的质疑，这些法律限制以法语之外

4　See eg *Shin v Republic of Korea* (926/2000).

5　另见第 [18.51] 及以下各段所摘引的案例。

的语言做商业广告。

11.3. 根据《公约》第 19 条，人人应有表达自由的权利；这一权利可受到限制，限制的条件规定在第 19 条第 3 款中。魁北克政府声称，诸如户外广告等商业活动不属于第 19 条的范围。委员会不同意这一意见。第 19 条第 2 款必须被解释为包括符合《公约》第 20 条的信息和资料、商业表达和广告、艺术作品等可以传递给他人的主观想法和意见的任何形式；它不应局限于政治、文化和艺术的表达手段。委员会的意见是，采取户外广告形式的这种表达中的商业因素不能产生将这种表达从受保护的表达自由的范围中排除的效果。委员会也不能同意，任何以上表达形式可以受到不同程度的限制，其结果是有些表达形式可能受到比其他表达形式更宽的限制。

[18.11] **基文马诉芬兰**（*Kivenmaa v Finland*，412/1990）

提交人因为散发传单并展开一幅标语批评一位来访国家元首的人权记录而被逮捕，她对此提出申诉。这两项行为都发生在一次示威中。本案中的争论主要集中在对保障集会自由的第 21 条的可能违反上。芬兰提出如下主张，反对认定存在对第 19 条的违反。

7.4. ……缔约国主张，一场示威必然包括了意见的表达，但是根据其特定性质，这应被当作是行使和平集会的权利。在这一方面，缔约国主张，《公约》第 21 条在与第 19 条的关系上，必须被视作是特别法（*lex specialis*），因此在一场示威的情况中的意见表达必须根据《公约》第 21 条而非第 19 条来考虑。

在该案中，人权事务委员会多数委员认定第 19 条和第 21 条被违反[19.08]。委员会由此确认，以"举起一幅标语"的形式进行的非口头表达也受到第 19 条的保护。[6]

[18.12] 第 19 条并没有走到这样一个地步，即在某人能说法庭所用的正式语言的情况下，给他一种在法庭上以自己选择的语言发言的权利（*Guesdon v*

---

[6] 在巴班诉澳大利亚案（*Baban v Australia*，1014/2001）中，委员会愿意考虑但没有承认"绝食可被表达自由权所吸收"（意见第 6.7 段）。对于该案，委员会没有认定存在对第 19 条第 1 款的违反，因此不必决定绝食是否是一种"表达"的表现形式 [18.62]。

France，219/1986）。[7] 这样一种权利会在本质上对于国家行使其公共职能施加积极的语言标准。[8]

［18.13］ 在君德尔诉加拿大案（*Zündel v Canada*，953/2000）[9] 中，人权事务委员会判定，第19条并没有包含在国家的议会区域内举行新闻发布会的权利，即使一开始曾予许可但后来撤销亦然：有关新闻发布会本可以在他处举行。第19条也不包含要求某人的新闻发布会得到播放的权利。

［18.14］ 在 SG 诉法国案（*SG v France*，347/1988）和 GB 诉法国案（*GB v France*，348/1989）中，申诉人因为涂抹路标被逮捕——他们的行为是进行中的有关布列塔尼语在法国的内部地位的抗议的一部分。在两起案件中，人权事务委员会都认定，"涂抹路标并不引起第19条规定的任何问题"。[10] 不过，肯定能想象这样的情况，其中在墙上乱涂乱写受到第19条的保护，或至少能够从第19条第2款的角度被界定为"表达"。

传播信息的自由

［18.15］ **拉普切维奇诉白俄罗斯**（*Laptsevich v Belarus*，780/1997）

3.1. 提交人因为没有遵守《新闻和其他大众媒介法》（简称《新闻法》）第26条的要求而受到制裁。该第26条要求：

"每种定期印刷出版物应含有下列详细资料：

（1）出版物的名称；（2）创办人（共同创办人）；（3）编辑（主编）或其副手的全名；（4）每一期的序列号和出版日期，如果是报纸的话，还要标上付印日期；（5）每期（每份）的价格或标明"价格未定"或"免费"；（6）印数；（7）发行登记号（通过邮寄投送的出版物）；（8）出版者和印刷者的详细地址；（9）注册号。"

7　在委员会意见的第7.2段；另见，*Cadoret and Le Bihan v France*（221/1987, 323/1988），para 5.2。第14条第3款（己）项规定，如果被告"不通晓或不能使用法院所用之语言"，则有权获得口译的帮助。见第［14.178］段。

8　这样的责任可能出现在有关第27条规定的少数者语言的方面：见第［24.49］及以下各段；另见第［18.41］段。

9　在委员会意见的第8.5段。

10　See *SG v France*, para 5.2, and *GB v France*, para 5.1.

白俄罗斯承认，提交人因为违反有关国内法而受到了制裁，并对其审查提交人的出版物提出了非常简短的辩护：

5.2. 缔约国还提出："提交人所发的传单载有歪曲白俄罗斯国家历史形成过程的内容，描述了所谓的布尔什维克的占领和白俄罗斯人民对'占领者'的武装斗争，还呼吁在今天学习'这种斗争'，争取白俄罗斯的独立。"……

8.1. 委员会面对的第一个问题是：在提交人的案件中适用《新闻法》第26条——这导致其传单被没收、其本人被罚款——是否构成了第19条第3款含义之内的对提交人的表达自由的限制。委员会注意到，根据上述法律，其第1条所界定的期刊出版人必须在刊物上写明某些出版数据，包括发行登记号和注册号，但据提交人说，这些数据只能从行政当局获得。委员会认为，缔约国对印数只有200份的传单施加这种限制，造成了限制提交人传播信息的自由的障碍，而这种自由受到第19条第2款的保护。

8.4. 缔约国在上文5.2段所列的简单陈述中暗示，制裁是为保护国家安全所必要的，因为提到了提交人传单的内容。然而，委员会收到的材料中没有任何内容表明，警察的反应或法院的认定除了以缺乏必要的出版数据为根据外，还有其他什么根据。因此，委员会要处理的唯一问题是，对作者由于没有列出《新闻法》所要求的详细数据而施加的制裁，可否认为是对保护公共秩序（ordre public）或对尊重其他人的权利或名誉所必要的。

8.5. 在这方面，委员会注意到缔约国主张，《新闻法》第26条所列要求基本上符合《公约》。然而，缔约国没有试图说明提交人的具体案件，没有解释以下要求的理由何在：提交人在出版和发行印数为200份的传单之前，必须向行政当局登记他的出版物，以获得发行登记号和注册号。此外，缔约国也没有说明为什么这一要求对于第19条第3款所列的正当目的之一是必要的，为什么违反了这些要求就必然导致不但罚款，而且还没收提交人仍拥有的传单。在缔约国没有提出任何解释，说明登记要求和所采取措施的正当理由的情况下，委员会认为，这些要求和措施不能被认为是对保护公共秩序（*ordre public*）或尊重他人的权利或名誉所必要的。委员会因此认定，第 19 条第 2 款在本案中受到了违反。

在图尔真科娃诉白俄罗斯案（*Tulzhenkova v Belarus*，1838/2008）和苏达连科诉白俄罗斯案（*Sudalenko v Belarus*，1750/2008）中，人权事务委员会也作出了类似的决定。

[18.16] **南吉正诉韩国**（*Nam v Republic of Korea*，693/1996）

提交人是韩国首尔的一位语言教师。他希望通过为本国的课程出版一本新的教材来促进语言教育。韩国的法律禁止独立出版本国语言的课程教材。他在本国质疑这些法律未能成功。他主张，他无法出版其教材侵犯了第 19 条第 2 款保障其享有的表达自由权。韩国解释说，其教育政策意在确保教材具有适当的质量；还补充说，正在逐渐审查其政策。韩国解释说，南吉正不能指定课堂使用其教材，但可以将其作为参考书籍出版。作为回应，南吉正主张说，并没有任何制度允许国家审查独立写出的教材。人权事务委员会认定该申诉不可受理：

> 10. ……来文涉及提交人的如下指控，即并不存在一种审批程序，可以将非官方出版物提交当局批准以用作学校教科书。委员会一方面确认，意在为学校使用而撰写和出版教科书的权利处于《公约》第 19 条的保护范围之内，同时注意到提交人声称，他有权要求他编写的教科书得到当局审查以及批准或拒绝其作为公立中学的教科书。在委员会看来，这一主张不在第 19 条的范围之内，因此根据《任择议定书》第 3 条的规定，不可受理。

[18.17] 这里多数委员的观点拘泥于法条，并不令人满意。人权事务委员会认定，个人撰写和出版教材的权利处于第 19 条的范围之内。然而，在第 19 条中并无权利能让人有机会处于这样一种过程：可以为了获准（或不获准）用于课堂而提交教材。很显然，并不存在一项某人的著述被指定为教材的权利。不过，如果因为并无备妥的程序来判定某一书籍是否应被指定为教材，而不存在所产出的著述能被实际指定为教材的机会，那么撰写和出版教材之权利的用益就大大地减少了。因此可以说，索拉里－伊里格延先生的

异议意见更可取。他声称：

> 提交人没有可能将一本中学国语教科书送交当局批准，或按其具体情况被当局以正当理由拒绝，这一事实构成了一项超越《公约》第19条第3款所规定之限制的限制，也构成对表达自由权的漠视。

表达自由和媒体

[18.18] **第 34 号一般意见**

13. 在任何社会中，自由的、不受审查和妨碍的新闻或其他媒体对于确保意见自由和表达自由以及《公约》其他权利的享有至关重要，构成了民主社会的基石之一。《公约》包含了媒体可据以获得信息的权利，而媒体可以在这种信息的基础上履行其职能。公民、候选人和当选代表之间就公共和政治事务自由交流信息和观点至关重要。这意味着自由的新闻或其他媒体能够在不受新闻审查或限制的情况下评论公共事务并发表公众意见。* 公众还享有相应的获得媒体产品的权利。

14. 缔约国应尤其重视鼓励独立的和多元的媒体，以此作为一种保护媒体受众（包括在族裔和语言上属于少数群体的成员）获得广泛信息和观点的权利的方式。……

16. 缔约国应确保公共广播服务以独立方式运作。在这方面，缔约国应保障其独立和编辑自由，应以无损其独立的方式提供资助。……

39. 缔约国应确保规范大众传媒的立法和行政框架符合第19条第3款的规定。监管制度应考虑到印刷和广播部门与互联网之间的不同，同时注意到各种媒体的报道方式。不允许发行报纸和其他印刷媒介不符合第19条，适用第3款的具体情况除外。而这些情况决不包括禁止特定出版物，除非其中不可分割的具体内容可依据第3款正当合理地加以禁

---

* 需要注意的是，该句的中文表述与上文第[18.03]段所引第 34 号一般性意见第 20 段最后一句的中文表述基本相同，然而，从英文原文来看，"不受新闻审查或限制"这一要求，在第 13 段中仅适用于"评论公共事务"，而在第 20 段中则同时适用于"评论公共事务"和"发表公众意见"。这两句实际上都来自第 25 号一般性意见第 25 段，但其中只有第 13 段的一句与该第 25 段中的表述完全相同。

止。缔约国必须避免对广播媒体,包括社区和商业电台实行苛刻的许可条件并征收费用。适用此类条件和许可费用的标准应客观、合理、明确、透明、不歧视,并在其他方面符合《公约》。针对通过地面和卫星视听服务等能力有限的媒体进行广播的许可制度应向公共、商业和社区广播公司平等分配获取路径和频道。建议尚未采取此做法的缔约国建立独立的公共广播许可机构,该机构有权审查播放申请并授予许可。……

44. 新闻报道是范围广泛的行为者共同发挥的一项职能,这些行为者中包括专职通讯员和分析员、博客作者,以及通过印刷、互联网或其他方式参与采取自我发表形式的其他人,而普遍的国家新闻记者注册或许可制度不符合第 3 款。只有在必须给予新闻记者特许进入某些场所和/或活动机会的情况下,实行限制性核准采访计划才是可予允许的。此类计划应以客观标准为根据,同时考虑到新闻报道是范围广泛的行为者共同发挥的一项职能,以不歧视以及符合《公约》第 19 条及其他条款的方式适用。

45. 以下行为通常不符合第 3 款:限制新闻记者及试图行使表达自由的其他人(如希望前往参加与人权相关会议的人员)到缔约国之外的地方;限定只有来自特定国家的外国记者才能进入缔约国;[11] 或者限制新闻记者和人权调查员在缔约国内的行动自由(包括到受冲突波及的地方、自然灾害发生的地方以及据称存在人权侵犯情况的地方)。缔约国应承认和尊重包括不披露信息来源的限制性新闻特权的表达自由权利。[12]

46. ……媒体在向公众通报恐怖主义行为方面发挥着关键作用,不应对其运作能力施加不当限制。在这方面,不能因记者开展正当合理活动而对其处以刑事惩罚。

[18.19] 人权事务委员会还承认了媒体垄断——公共的和私营的——对表达自由的危害:

40. 委员会重申其在第 10 号一般性意见中的看法,即"由于现代大

---

[11] 委员会对朝鲜的结论性意见,(2001) UN doc CCPR/CO/72/PRK, para 23。

[12] 见委员会对科威特的结论性意见,(2000) UN doc CCPR/CO/69/KWT, para 36。

众传播媒介的发展,因此有必要采取有效措施,防止有人控制这种工具,干涉每个人表达自由的权利"。国家不得对媒体实行垄断控制,并应促进媒体的多元化。[13] 因此,缔约国应采取符合《公约》的适当行动,防止媒体被过度掌控或集中在私人控制的媒体集团手上,这会损害来源和观点的多样化。

私营媒体的垄断是一个委员会曾在对意大利的结论性意见中提出的问题:[14]

10. 委员会对大众媒体过于集中控制在一小部分人群手中感到关切。它还指出,这种集中可能妨碍对《公约》第 19 条规定的表达和新闻自由的权利的享有。……

17. 为避免大众传播媒介过于集中控制在一小部分人群手中所固有的危险性,委员会强调采取措施确保公正无偏地分配资源和利用传播媒介的平等机会的重要性,以及通过规制传播媒介的反托拉斯法的重要性。[15]

[18.20] 最后,人权事务委员会在第 34 号一般性意见中,探讨了政府通过不当使用政府补贴和广告而对媒体输出端施加微妙压力的问题:

41. 必须注意确保政府补贴媒体机构的制度[16]以及刊登政府广告的做法不会被用于妨碍表达自由。[17] 此外,在获得传播和散发途径以及获得新闻等方面,私营媒体不得被置于与公共媒体相比劣势的地位。

第 19 条和互联网

[18.21] **第 34 号一般性意见**

15. 缔约国应考虑互联网和移动电子信息传播系统等信息和通信技术的发展程度已经极大地改变了全球范围内的交流沟通行为。目前已经

---

13 另见委员会对俄罗斯联邦的结论性意见,(2003) UN doc CCPR/CO/79/RUS, para 18。
14 (1995) UN doc CCPR/C/79/Add. 37.
15 另见委员会对意大利的结论性意见,(2006) UN doc CCPR/C/ITA/CO/5, para 20。
16 委员会对乌克兰的结论性意见,(2001) UN doc CCPR/CO/73/UKR, para 22。
17 委员会对莱索托的结论性意见,(1999) UN doc CCPR/C/79/Add. 106, para 22。

存在一种交流各种想法和意见的全球网络,这种网络不必依靠传统的大众媒体中介。缔约国应采取一切必要步骤,促进这些新媒体的独立性,并确保个人能够接触利用这些媒体。……

43. 对网站、博客或任何其他以互联网为基础的、电子的或其他信息传播系统(包括支持此类通信的系统,诸如互联网服务提供者或者搜索引擎)的运作实行的任何限制,只有在符合第 3 款的情况下,才是可予允许的。可允许的限制一般应视具体内容而定;普遍禁止某些网站和系统的运作不符合第 3 款。单纯基于批评政府或者政府支持的政治社会制度而禁止某网站或信息传播系统公布相关材料也与第 3 款不一致。

获取信息的权利

[18.22] **第 34 号一般性意见**

18. 第 19 条第 2 款包含了获取公共机构掌握的信息的权利。此类信息包括公共机构保存的记录,而不论信息的保存方式、来源及编制日期为何。公共机构系本一般性意见第 7 段中所指的机构。可认定为此类机构的,可能还包括其他履行公共职能的实体。如前所述,与《公约》第 25 条一并考虑,获取信息的权利还包括媒体获取有关公共事务的信息的权利,[18] 以及大众获取媒体产品的权利。《公约》其他条款也述及了获取信息权利的因素。如委员会在有关《公约》第 17 条的第 16 号一般性意见中所述 [16.58],人人都应有权以明白易解的方式确知个人资料是否存放在自动数据档案中,若如此,那么有哪些资料被存放,其目的又是什么。人人也都应该能确知哪些公共当局或私人或私营机构控制或可以控制其档案。如果这种档案中有不正确的个人数据,或以违反法律规定的方式收集或处理,则人人应有权要求改正其记录。根据《公约》第 10 条,囚犯并不失去获取其病历的权利 [9.222]。在有关第 14 条的第

---

18 See *Gauthier v Canada* (633/1995) [18.61].

32号一般性意见中，委员会述及了被指控犯有刑事罪行者享有的获取信息的各种权利［14.122］。根据第2条的规定，个人应获得关于其享有的《公约》各项权利的一般信息。根据第27条，缔约国的可能实质性地影响少数群体的生活和文化方式的决策，应当经由与受影响社群的信息共享和协商过程才可作出［24.35］。

19. 为落实获取信息的权利，缔约国应积极公开涉及公共利益的政府信息。缔约国应尽力确保可便捷、迅速、有效和切实地获取此类信息。缔约国还应制定必要程序，以便每个人可据此获取信息，例如通过信息自由立法的方式。这种程序应根据符合《公约》的明确规则，规定及时处理提供信息的请求。关于请求获得信息的费用不应构成对信息获取的不合理阻碍。主管当局在拒绝提供信息时，应给出理由。应作出安排，以便请求者能够对于拒绝提供信息及请求未得到回应提出申诉。

［18.23］在乔治·阿森西诉西班牙案（*Jorge Asensi v Spain*，1413/2005）中，提交人寻求在西班牙陆军中晋升但未果。他诉称，有关当局未做到遵守既定程序准备候选人的名单。他申诉称，除其他外，第19条第2款被违反，因为有关当局未做到准予他获取有关考察其晋升申请的信息。人权事务委员会的裁决是，这一申诉因为没有得到证实而不可受理。[19] 这一决定令人失望。很明显，这一申诉有关获取信息，这必然引起有关第19条第2款保障的信息自由权的问题。虽说西班牙限制获取这一信息可能存在正当合理的国家安全方面的原因，但这是一个有关根据第19条第3款限制信息自由的问题，委员会本应该对其实质事项予以判定。

［18.24］**SB诉吉尔吉斯斯坦**（*SB v Kyrgysztan*，1877/2009）

提交人是一位人权维护者，他试图获取有关在一个特定时期内、吉尔吉斯斯坦有多少人被处决的官方信息。该国当局拒绝让他获取有关某一特定的五个月期间的信息。他诉称他寻求和接受信息的权利被侵犯，这违反了第19条第2款。人权事务委员会认定他的申诉不可受理：

4.2. ……委员会注意到，提交人没有解释他本人到底为什么需要有

19　在委员会意见的第7.4段。

关信息；而只是辩称，这是一个"公共利益问题"。在这种情况下，并且由于没有任何其他相关资料，委员会认为本来文相当于公益诉讼，因此根据《任择议定书》第1条不可受理。

可以提出，委员会说 SB 没有表明对取得这一信息有个人利益是错误的。他要求的是政府掌握的信息而非另一人的私人信息，但没有收到这一信息，因此他获取所希望收到的信息的要求被直接拒绝。另外，他在吉尔吉斯斯坦为得到有关信息采取了法律行动，但没有成功。该案本应可予受理，而 SB 是否具有收到有关信息的权利，本应作为实质事项得到审查。至少，该来文本应被转给吉尔吉斯斯坦，以便该国能解释为何没有给予 SB 该信息 [3.06]。

[18.25] **托克塔库诺夫诉吉尔吉斯斯坦**（*Toktakunov v Kyrgysztan*, 1470/2006）

该案的提交人是一个人权团体的法律顾问，他要求获取某些有关吉尔吉斯斯坦死刑情况的资料。该国拒绝披露该数据。提交人诉称第19条第2款被违反。人权事务委员会认定该案可予受理如下：

6.3. 关于提交人在《任择议定书》第1条下的诉讼资格问题，委员会注意到，人权委员会关于死刑问题的第 2003/67 号和第 2004/67 号决议以及该缔约国签署的《哥本哈根文件》都认为他所寻求的具体信息，即关于吉尔吉斯斯坦被判处死刑者人数的资料是属于公众利益的问题。在这方面，委员会注意到，《哥本哈根文件》为当局规定了一项特别义务，即提供有关使用死刑的信息，缔约国也接受了这项义务。它还注意到，一般来说，刑事案件中作出的判决，包括判处死刑的判决，都是公开的。委员会还注意到，《公约》第19条第2款提到的关于"寻求"和"接受""信息"的权利包括个人接受国家持有的信息的权利，除非是《公约》规定的限制所允许的例外。它认为，提供这种信息，不必要求证明有直接利益或个人主动才能获得，除非在适用合法限制的情况下。委员会还忆及其有关新闻和媒体的立场，其中包括媒体行为者获得公共事务方面信息的权利以及一般公众接受媒体输出的权利。它还指出，新闻和媒体的职能中包括为公众辩论建立论坛以及公众或个人就公众正当关注的事项（如使用死刑）形成意见。委员会认为，这些职能之实现不只局限于媒体或专业记者，而是例如公共协会或私人也可以行使这些职能。关于其在 S. B. 诉吉尔吉斯斯坦案中的结论，委员会还指出，本案中的提交人是一个公共人权协会的法律顾问，因此可以被视为在有关公共利益的问题上具有特别的"监督"职能。根据以上考虑，在本来文中，由于所寻求的信息的特殊性，因此委员会表示认可的是，提交人为了可以受理的目的已经证实，他作为公众一员，由于缔约国当局拒绝按要求向他提供关于使用死刑的信息，而直接受到了影响。

坦率地说，从委员会对托克塔库诺夫案的可予受理的决定来看，SB 案中的决定是站不住脚的。毕竟，SB 案中的提交人是一位人权维护者。再者，信息自由权属于所有人，除非是在获取信息出于正当理由只能限于某些类别的人员——例如基于国家安全的理由——的情况中。在这两起针对吉尔吉斯斯坦的案件中，都无此类理由可适用。

[18.26] 在托克塔库诺夫案中，人权事务委员会接着认定了存在对第 19 条第 2 款的违反：

7.3. ……委员会要审议的第一个问题是，《公约》第 19 条第 2 款保护的个人接受国家所持有的信息的权利，是否意味着国家有提供这种信息的相应义务，以使个人能够获得这种信息，或者，如果由于《公约》允许的任何原因，缔约国可以在特定情况下限制信息之获得，那么个人能够得到包括合理解释的答复。

7.4. 在这方面，委员会还忆及其有关新闻和媒体的立场，即获得信息的权利包括媒体获得公共事务方面信息的权利以及一般公众接受媒体输出的权利。委员会认为，这些职能之实现不只局限于媒体或专业记者，而是例如公共协会或私人也可以行使这些职能……。当协会或私人在行使对于公众正当关注的事项的这种监督职能中需要获得国家持有的资料时——就如本案中的情况一样，对于此类信息需求，就需要给予与《公约》向新闻界提供的同样保护。而向个人提供信息，也可以使其在社会上流转，使社会能够了解、获得和评估该信息。因此，思想和表达自由的权利包括保护获得国家持有之资料的权利，这项权利也包括国家必须同时保障的思想和表达自由权的两个方面，即个人和社会这两个方面。在这些情况下,委员会认为,缔约国有义务向提交人提供所要求的信息,或者对于限制接受国家持有的资料的权利,根据《公约》第19条第3款提出正当理由。

7.5. 因此,委员会要审议的下一个问题是,本案中的限制根据《公约》第19条第3款是否正当合理……

7.6. 委员会注意到提交人的论点——这得到档案中所载材料证实,即规定他所要求资料之获取事项的附则被列为机密,因此他作为公众的一员和一个公共人权组织的法律顾问,无法得到这种资料。委员会还注意到缔约国声称,"关于被判处死刑者的数据已解密",以及"根据附则,这种数据只能用于公共事务",但对新闻界仍然保密。委员会认为,在这种情况下,规定获得缔约国死刑判决信息的规章不能被认为构成了达到《公约》第19条第3款所述标准的"法律"。

7.7. 委员会注意到提交人声称,关于被判处死刑者人数的信息不可能对吉尔吉斯斯坦的防务能力、安全、经济和政治利益产生任何负面影响,因此它没有达到《关于保护国家机密的法律》所规定的应列为国家机密的全面标准。委员会表示遗憾的是,对于提交人在国内和在提交委员会的来文中都提出的这一具体论点,缔约国当局没有予以答复。委员会重申人权委员会第2003/67号决议和第2004/67号决议以及《哥本哈根文件》……所述的立场,即公众对于获得关于使用死刑的信息具有一种正当的利益,并得出结论认为,由于缔约国没有作出相关的解释,因此对于限制提交人行使获得公共机构持有的关于死刑实施情况的信息的权利,不能被认为是对保护国家安全或公共秩序、公共卫生或道德、尊重他人的权利或名誉所必要的。

7.8. 因此,委员会的结论是,由于上文第7.6段和第7.7段所述的原因,提交人根据《公约》第19条第2款享有的权利受到了侵犯。

[18.27] 对于公民获取政府信息的权利,以上决定是第一个坚实有力的决定。这明显影响了人权事务委员会在几个月以后通过的第34号一般性意见中对此权利的表述[18.22]。纽曼先生在一项附议意见中,对于正在《公约》中茁壮成长的这一权利,作了如下补充:

从自愿表达者那里接受信息和思想的传统权利，不应该因其吸收一项较新的权利即获取政府持有之信息的权利，而被淡化。"信息自由"的这一现代形式提出了各种复杂问题和关切；这些问题和关切在压制类似自愿传播并不合理的情况下，基于政府职能所付出的代价或受到的损害，能够作为限制这一权利之满足的正当理由。在解释和适用"获取信息"权时，注意这个区别很重要，同时要小心不破坏表达自由的更核心理念。

接受信息的权利

[18.28] **马沃洛诺夫和萨迪诉乌兹别克斯坦**（*Mavlonov and Sa'di v Uzbekistan*，1334/2004）

该案有关乌兹别克斯坦拒绝一家少数语言报纸登记的决定。这一决定意味着报纸无法出版发行。这种情况表明了对第27条的明显违反[24.27]，以及对出版发行者传播信息的权利的明显侵犯。一位读者即萨迪先生还提出了一项申诉，有关他根据第19条第2款享有的接受信息的权利。这一申诉也得到了人权事务委员会的支持：

> 8.4.……缔约国没有提出任何主张，说明适用于提交人之情况的、构成对表达自由权之事实限制的要求符合《公约》第19条第3款列举的任何标准。因此委员会认定，《公约》第19条规定的表达自由权，即马沃洛诺夫先生出版《奥伊纳报》（"Oina"）和传播信息的权利与萨迪先生获取印制的信息和思想的权利，受到了侵犯。委员会指出，公众有权接受记者或/和编辑传播信息的具体职能所必然带来的信息。委员会认为，缔约国拒绝重新登记《奥伊纳报》，侵犯了萨迪先生作为该报之读者获得信息的权利。

奈杰尔·罗德利爵士和里瓦斯－波萨达先生对有关萨迪先生的认定持部分异议：

> 我们不同意萨迪先生是第19条第2款被独立违反的受害者。……
>
> 我们认为，委员会对接受信息和思想权的字面解读不能令人信服。委员会的这一立场将要求，对于根据第19条受到不当损害的任何信息

或思想的潜在接受者，都要将其与被禁止表达或传播信息或思想的人作为同样的受害者对待。因此，委员会可能发现自己需要处理被不当查封或其内容被不当压制的任何大众媒体的每一阅读者、收看者或收听者的来文。这不是一个关于"闸门"的论点。相反，很明显，委员会的字面解读办法也许并非第19条第2款的最合理解释。对我们来说，萨迪先生申诉的这方面内容带有公益诉讼的色彩。

[18.29] **PL 诉白俄罗斯**（*PL v Belarus*, 1814/2008）

该案的提交人是某一报纸的经常读者。多年间，他通过一家国有订阅机构"贝尔波奇塔"（Belpochta）办理订阅。2006年，贝尔波奇塔从其订阅目录中删掉了该报纸。PL声称，这侵犯了他根据第19条享有的接受信息的权利。人权事务委员会认定该案不可受理：

6.3. 委员会注意到，提交人在实质上诉称，"贝尔波奇塔"酌情决定不将提交人曾订阅的报纸保留在其报刊订阅目录中相当于不合理地限制了其受《公约》第19条第2款保护的表达自由权，尤其是接受信息的权利。委员会首先注意到，据缔约国称，"贝尔波奇塔"是一个自主的实体，有权决定将何种报刊列入其订阅目录。它还注意到，缔约国的国内法和《公约》条款均未规定缔约国有义务确保印刷媒体材料的强制性分配。虽然委员会认为，即使在某些情况下，拒绝使用国家所有或国家控制的分配服务的机会可能相当于干扰第19条所保护的权利，但在本案中，提交人未提供足够的资料，可以让委员会评估干扰的程度或判断拒绝给予机会是否具有歧视性。委员会还注意到，无论如何，即使该报未列入"贝尔波奇塔"的订阅目录，因而无法通过邮寄送达他家的地址，但是提交人仍然能够通过其他手段取得报纸。因此，委员会认为，提交人未能为了来文可予受理之目的充分证实其申诉，因此来文的这一部分根据《任择议定书》第2条不可受理。

委员会探讨但没有明确的一点是，《公约》第19条第2款是否可能在某些情况中，为国家规定了一种义务，即确保媒体输出端能够获得国家所有或国家控制的分配服务。不过，本案中并不存在这样的情况。

对自由表达的可予允许之限制

［18.30］第19条第3款允许表达自由受到限制，限制措施应经法律规定，其设计应合乎比例以保护（子）他人的权利或名誉，以及/或者（丑）国家安全、公共秩序（ordre public）、公共卫生或道德。

［18.31］**第 34 号一般性意见**

22. 第3款规定了具体条件，只能根据这些条件才可施加限制：限制必须经"法律规定"；只能为了第3款（子）和（丑）项所列理由之一施加限制；以及限制必须符合关于必要性和比例性的严格判断标准。不得以第3款未规定之理由实行限制，即使可以根据这些理由对《公约》所保护的其他权利实行正当合理的限制。对限制之适用必须仅限于明文规定的目的，并且必须与其所旨在满足的特定需要直接相关。……

26. 限制第19条第2款所列权利的法律，包括以上第24段提及的法律，不仅必须遵守《公约》第19条第3款的严格要求，而且还须符合《公约》的规定、目标和宗旨。任何法律不得违反《公约》的不歧视条款。任何法律不得规定不符合《公约》的惩罚，例如肉体惩罚。

27. 缔约国应表明其施予表达自由的任何限制的法律依据。如果委员会必须审议某一特定缔约国是否通过法律施加了特别的限制，则该缔约国应提供相关法律以及在该法律适用范围内的各项活动的详细资料。

［18.32］对于限制表达自由应"经法律规定"的要求，[20] 人权事务委员会在第34号一般性意见中称：

24. 相关限制必须经法律规定。法律可包括议会特权法以及有关藐视法庭的法律。由于针对表达自由的任何限制都构成了对人权的严重侵害，因此传统法律、宗教法律或其他此类习惯法中所载的限制均不符合《公约》。

20　See also *Toktakunov v Kyrgysztan* (1470/2006), para 7.6[18.26].

25. 为了第 3 款之目的，任何一项可被界定为"法律"的规范都必须制定得足够详细精确，以使个人能够相应地调整自身的行为，并且这一规范必须能为公众知晓和利用。任何法律不得赋予负责其执行者在限制表达自由方面不受约束的酌处权。法律必须为其执行者提供充分的指导，以使他们能够确定何种表达受到适当限制，何种表达不受限制。

[18.33] 对于必要性的要求，人权事务委员会在第 34 号一般性意见中称：

33. 限制必须是为某一正当合理的目的所"必要的"。……

34. 限制不得过于宽泛。在第 27 号一般性意见中，委员会认为，"限制性措施必须符合比例原则；必须适合于实现其保护功能；必须是可用来实现所期望结果的诸种手段中侵扰性最小的一个；必须与要保护的利益成比例；……比例原则不仅应该在规定限制的法律中得到尊重，而且行政和司法当局在适用法律时也必须加以尊重"[12.28]。比例原则还必须考虑涉及的表达的形式及其传播方式。例如，在一个民主社会中，在公共和政治领域中进行涉及公众人物的公开辩论时，《公约》尤其高度重视不受限制的言论。[21]

[18.34] 在第 34 号一般性意见中，人权事务委员会清楚地表明，对表达自由的限制，对于适用这些限制的特定情况，必须是正当的。即是说，这些限制不仅有关所涉及的法律措施，而且涉及这一法律措施的适用：

35. 如果缔约国援用一项正当的理由来限制表达自由，则其必须以具体和单独的方式表明威胁的确切性质，以及所采取具体行动的必要性和比例性，特别是应在表达和威胁之间确立直接和紧密的关联。[22]

[18.35] 最后，人权事务委员会确认，它保留着判断某一对表达自由的限制是否符合第 19 条第 3 款的独立权力；它不必遵从国家的判断。

36. 委员会保留着由自己在特定局势下评估是否可能存在有必要限制表达自由的情况。在这方面，委员会忆及，不能依据"自由判断余

---

[21] 另见弗里森诉法国案（*Faurisson v France*, 550/1993）中，伊瓦特夫人、梅迪纳 - 基罗加夫人和克莱因先生的单独意见。

[22] See eg *Shin v Republic of Korea* (926/2000).

地"来评估该项自由的范围，为使委员会履行其职能，缔约国在任何特定情况下，均须具体表明导致其限制表达自由的、对第3款所列任何理由的威胁的确切性质。[23]

他人的权利

[18.36] 在第19条第3款中得到明示承认的是，表达自由之行使"附有特别责任及义务"，因此允许对该权利的各种限制。第19条第3款承认某一人的表达自由可能与另一人行使其他同等重要的权利相冲突。[24] 例如，表达自由能够受到有关诽谤的合乎比例的法律（保护第17条规定的隐私权和"他人的信用"）和对于审前报道的"审判进行中"规则（维护第14条规定的公正司法工作）的限制。

[18.37] **第34号结论性意见**

> 28. 第3款所列举的可限制表达自由的正当理由中，第一项是尊重他人的权利和名誉。"权利"一词包括《公约》承认的人权，以及更普遍而言，国际人权法承认的人权。例如，为了保护第25条规定的投票权以及第17条规定的各项权利，可以正当地限制表达自由……。必须谨慎设定此类限制：尽管允许保护选民不受构成恐吓或胁迫的表达形式的影响，[25] 但这些限制不得妨碍政治辩论，例如包括呼吁抵制非强制性投票。[26] "他人"涉及其他的个人或者某一社群的成员。因此，这可以指按照例如宗教信仰或族裔界定的某一社群的成员。

[18.38] 因此，人权事务委员会确认"权利"指其他人权，虽然并不一定是《公约》中的权利。一项表达自由的人权不应受制于一项次一等的权利，例如不过是一项国内法规定的权利。

---

23 另见第[1.77]段。
24 第19条对表达自由的有限保证可与美国《权利法案》第一修正案中更强有力的表达权利相比较。
25 另见第[22.33]段。
26 See *Svetik v Belarus* (927/2000) and *Shchetko v Belarus* (1009/2001).

[18.39] 巴兰坦等人诉加拿大（*Ballantyne et al. v Canada*, 359 and 385/1989）

该案的事实如下：

1. 来文的提交人是居住在魁北克省的加拿大公民约翰·巴兰坦（John Ballantyne）、伊丽莎白·戴维森（Elizabeth Davidson）和戈登·麦金太尔（Gordon McIntyre）。提交人中第一位是画家、第二位是设计师、第三位是专业殡仪馆经营人，他们都在魁北克省萨顿和享延顿从事职业。他们的母语是英语，如同其许多客户一样。他们声称是加拿大联邦政府和魁北克省违反《公民及政治权利国际公约》第19、26和27条的受害者，因为他们被禁止使用英语做广告，例如在营业场所外的商业标志或企业名称上。

魁北克政府在通过加拿大政府提交人权事务委员会的陈述中，[27] 主张商业言论不受第19条的保护，但没有成功 [18.10]。魁北克政府还主张，这些措施对保护加拿大的法语文化是必要的：

8.7. 魁北克政府指出，在语言领域中，事实平等的概念排除了纯粹形式上的平等，并使得有必要给予不同的待遇，以便达到一种结果，即恢复不同情况之间的平衡。它辩称，经第178号法修正的《法语语言宪章》"是针对魁北克社会的特定情况作出的一种经考量的立法反应，对此，在北美的情况中，并面对英语的主导地位以及由此而产生的文化、社会-经济和政治压力，'法语化（francification）'仍是一种明确的立场"。

8.8. 据称，第178号法第58节和第68节的要求是要有意地限于户外公共和商业广告的领域，因为正是在这一领域中，语言作为一种集体认同手段的象征价值最强，而且最有助于维护说法语者的文化特征："广告所传达的语言形象是一种重要的因素，它有助于形成使一种语言的使用永久化或影响其使用的习惯和行为。"魁北克政府在这一点上的结论是，第178号法在两个语言社群之间达成了一种微妙的平衡，其中一个在全国和整个北美大陆上占有人口上的优势地位。据说这种目的是

---

[27] 另见有关《公约》在联邦国家中适用的第 [1.29] 段。

合理的，符合《公约》第26条。[28]

8.9.……魁北克政府还指出，历史背景以及语言关系在加拿大的演变属于一种政治妥协这一事实并不能证明这样一个结论是合理的，即要求以某种方式做户外商业广告相当于违反了第19条……。

然而，委员会认定魁北克的法律构成对第19条的违反：[29]

11.4. 对表达自由的任何限制必须逐次符合如下条件：它必须经法律规定，它必须指向第19条第3款（子）和（丑）项所列举的目标之一，并且为实现正当目的所必要。尽管对户外广告的限制的确是经法律规定的，但需要解决的问题是，这些限制是否是为了尊重他人的权利所必要。这里他人的权利只能是加拿大说法语的少数者根据第27条享有的权利。这一权利是使用他们自己的语言的权利，而该权利并没有因为他人以法语以外的语言做广告的自由而受到损害。委员会也没有理由认为，公共秩序因为以法语以外的语言做户外广告而受到损害。委员会注意到，缔约国并没有试图以这些理由来为第178号法辩护。在任何情况下，根据第19条第3款（子）和（丑）项所作的限制都必须被表明是必要的。委员会相信，没有必要为了保护说法语群体在加拿大的弱势地位而禁止英语的商业广告。这种保护可以通过其他方式来实现，这些方式并不排除从事商业等行业的人以自己选择的语言表达的自由。例如，法律本来可以规定广告使用法语和英语两种语言。一国可以选择一种或若干官方语言，但它不可以在公共生活的领域之外，排除一个人以自己选择的一种语言表达自己的自由。因此委员会的结论是，存在着对第19条第2款的违反。

[18.40] 在巴兰坦案中，人权事务委员会没有否认维护法语是一个正当的立法目标。但是在该案中，委员会指出，能够通过要求双语标识，而不是限制非法语的语言，来维护法语文化。因此，委员会的决定表明，对表达自由的最低程度的损害是检测比例性的一个要素，也是检测对第19条规定之

---

[28] 参见第［23.89］及以下各段。
[29] 恩迪亚耶先生持异议的依据是，魁北克法律支持少数者权利；对其异议意见的摘引见第［24.51］段。

权利的限制是否正当有效的一个要素。[30]

［18.41］可以将巴兰坦案与古斯登诉法国案（*Guesdon v France*，219/1986）［18.12］相区分，因为巴兰坦案有关对于私人领域而非公共领域中的语言使用的限制。[31] 限制某人为私人目的而使用其语言——诸如商业标识，根据第19条极少可予允许，而限制一种语言的"公共"使用——诸如在法庭诉讼中，有时会出于如公共秩序的理由而正当合理。

［18.42］在迪尔加特诉纳米比亚案（*Diergaardt v Namibia*，760/1997）中，一项申诉有关在纳米比亚的行政事务中只使用英语。这种排他性延及所有通信，包括电话交谈。人权事务委员会多数委员认定（规定免受歧视的）第26条被违反［23.61］，但没有提到第19条。四位提出附议意见的委员（伊瓦特夫人、克莱因先生、克雷茨梅尔先生和梅迪娜-基罗加夫人）认定，这些事实也导致了对第19条第2款的违反，因为提交人接受信息的自由受到了限制。

［18.43］**金钟铁诉韩国**（*Jong-Cheol v Republic of Korea*，968/2001）

提交人因为进行了法律所禁止的对总统选举的民意测验而被定罪。他被罚款约合445美元。有关法律禁止在总统选举的23天期间进行民意测验。韩国为其法律的正当性提出的理由是：

> 4.1.……缔约国援引了其宪法法院的裁决，该裁决认为，为确保进行公正的选举而在一段必要的时间内限制公布民意测验信息并没有构成对《宪法》或《公约》的违反。……缔约国主张，保障公正选举是民主社会中公共秩序的一个组成部分。限制期的时间长度不能被视为是过度的或具有歧视性的。
>
> 4.2. 缔约国认为，其宪法法院的推理并不是依据理论或可能性，而是依据本国的经验。这一推理考虑了大韩民国的选举文化和气氛过去在

30　最低程度的损害原则在加拿大宪法中，被用于对《加拿大权利和自由宪章》规定的限制的解释：例如见，*R v Big M Drug Mart* [1985] 1 SCR 295 at 352, and *R v Oakes* [1986] 26 DLR (4d) 200 at 227（加拿大最高法院的裁决）。

31　See F De Varennes, 'Language and Freedom of Expression' (1994) 16 *Human Rights Quarterly* 163 at 178–9. 不过，见第［24.46］及以下各段。

政治操纵和违规行为面前有多么脆弱的情况。在选举前发布不公正或部分地受人操纵的民意调查结果往往影响投票人的选择，从而有损公正选举。然而，缔约国认为，随着时间的推移，一旦政治气氛成熟，就能够取消关于对公布民意测验结果的禁令。……

6.1. 缔约国……忆及，《选举法》之用意在于通过防止公共选举受到带有偏见或人为操纵的从而以不正确的信息影响投票人的民意测验的负面影响，来确保公共选举更为公正。即使此类民意测验是以公正、客观的方式进行的，也会通过"支持得势方"和"支持劣势方"的效应来影响投票人。

6.2. 缔约国虽然承认过去一些政客滥用权力的情况破坏了对公正选举的追求，但否认政府应对现有的选举文化负责。当今媒体在社会和政治影响力方面都大有发展，对舆论的形成——尤其是有关选举的舆论的形成——具有关键的作用。根据《选举法》，政府承担着一项法律义务，即通过防止媒体公布不正确的民意测验结果干扰选举结果来改善选举文化。最后，缔约国提出，没有必要通过证明每一个案中公布民意测验所带来的损害而证明执法正当合理。

提交人的答复则是：

5. ……提交人对缔约国的意见发表评论，认为在他报道民意测验的结果与选举中所谓的"政治操纵和违规行为"之间并无任何关联，并认为政府自身应对一种"在政治操纵和违规行为面前脆弱"的"选举文化和气氛"的出现负责。他认为，此种操纵之所以成为可能，部分原因是政府对有关选举的表达自由和获取信息的自由施加了限制。缔约国并未解释提交人报道民意测验的结果造成了什么样的损害，也没有解释这一禁令如何与确保公正选举的意愿相联系。在对提交人的惩罚与限制《公约》所规定的表达自由权的理由之间，缔约国也没有说明存在这种必然的联系。

人权事务委员会认定，不存在对第19条的违反：

8.3. ……本案中的限制是经法律规定的，即《公职选举和预防选举舞弊法》第108条第1款。至于所采取的措施是否符合第3款中所列目标之一，委员会注意到，缔约国认为这一限制从保护公共秩序……来看是正当合理的。委员会认为,由于该限制涉及总统竞选人的权利,因此这一限制也符合第 19 条第 3 款(子)项的条件(为尊重他人的权利所必要)。委员会注意到,这一限制的根本理由是希望为选民提供一段有限的认真思考时间,期间他们可以不受与选举中争议问题无关的外来因素的干扰,并注意到许多法律制度中都有类似的限制。委员会还注意到缔约国的民主政治进程历史中最近出现的特征,其中包括缔约国所援引的那些特征。在此情况下,限制在选举前的一段有限时期公布民意测验情况的法律本身似乎并未超出第 19 条第 3 款所设想的目标的范围。至于是否合乎比例的问题,委员会注意到,虽然将截止日期规定为选举前 23 天过长,但委员会不必就截止日期本身是否符合第 19 条第 3 款的问题发表意见,因为提交人最初公布此前无人报道的民意测验情况的行为发生在选举前的 7 天内。在该缔约国的现有情况中,提交人因其公布行为而被定罪不能被认为是过度的。委员会还注意到,施予提交人的制裁虽然是刑事性的,但不能被定性为过于严厉。因此,委员会无法得出结论认为,对提交人所适用的该项法律与其目标不成比例。因此,委员会不能认定在此方面存在对《公约》第 19 条的违反。

委员会在该案中的决定并不像委员会在其他有关韩国的案件中所赞同的对自由言论的强有力保护。[32] 例如,作出决定的多数委员没有列出总统候选人的、可能受到临近选举时进行的民意测验之影响的有关"权利"。另外,可以主张说,多数委员认定法律的适用在此可予允许是错误的,因为有关民意测验发生在一次选举前的 6 天内,而有关法律本身看来不成比例地禁止在选举前的 23 天内进行民意测验。有多达七名的少数委员提出异议,并认定第 19 条被违反。

他人的名誉[*]

[18.44] 可以以他人的"名誉"正当合理地限制自由言论的最明显情

---

[32] 见第 [18.51]、[18.52] 段。

[*] 在《公约》英文本第 19 条中,与中文本第 19 条中的"名誉"相对应的用词是"reputation",但在英文本第 17 条中,与中文本第 17 条中的"名誉及信用"相对应的用词则是"honour and reputation"。"reputation"亦可理解为"名声""声誉"。

况是有关诽谤和诋毁的法律。

第 34 号一般性意见

47. 应谨慎拟定诽谤法，以确保这些法律符合第 3 款以及在实行中不会妨碍表达自由。[33] 所有此类法律，特别是与诽谤相关的刑事法律，应包括捍卫真理等抗辩理由，并且不得对就其性质而言不能核查的表达方式适用此类法律。至少在关于对公众人物的评论方面，应考虑避免处罚错误发表但无恶意的不实言论或者以其他方式将其规定为非法。在任何情况下，均应将公众对受批评事项的关注视作一种抗辩理由。缔约国应注意避免采取过度惩罚性的措施和处罚。如相关，缔约国应对胜诉方让被告偿还费用的要求作出适当限制。缔约国应考虑将诽谤行为非罪化，并且在任何情况下，只应支持在最严重的案件中适用刑法，监禁绝不是适当的处罚。[34] 缔约国对某人提出犯有诽谤之刑事罪行的指控却不立即审理是不可允许的，这种做法具有一种令人胆寒的效果，会过度限制相关人员和其他人行使表达自由。

[18.45] **马克斯·德莫雷斯诉安哥拉**（*Marques de Morais v Angola*, 1128/2002）

提交人因为撰写批评安哥拉总统的文章而被监禁并受到其他惩罚。人权事务委员会认定第 19 条被违反：

6.7. ……委员会重申，第 19 条第 2 款规定的表达自由权包括个人在无惧干扰或惩罚的情况下批评或坦率而公开地评价政府的权利。

6.8. ……委员会注意到，将提交人最终定罪的根据是与《刑法典》第 410 条相结合的《新闻法》第 43 条。即使假设逮捕和拘禁提交人或限制其旅行在安哥拉法律中有依据，这些措施以及将其定罪寻求的是正当目标，例如保护总统的权利和名誉或公共秩序，但也不能说这些限制为实现这些目标所必要。委员会指出，必要性这一要求意味着比例因素，其含义是，对表达自由所施加的限制必须与这种限制所要保护的价

---

[33] 另见委员会对阿尔巴尼亚的结论性意见，(2004) UN doc CCPR/CO/82/ALB, para 19。

[34] 另见委员会的结论性意见：意大利，(2006) UN doc CCPR/C/ITA/CO/5, para 19；波兰，(2010) UN doc CCPR/C/POL/CO/6, para 22。

值成比例。鉴于在一个民主社会里，表达自由权以及自由的、不受检查的新闻或其他媒体至关重要，因此对提交人所施加的制裁的严厉程度不能被视作是为保护公共秩序或总统的名誉和声誉（honour and reputation）所需的成比例措施——作为公共人物的总统是可以予以批评和反对的。此外，委员会认为一个加重因素是，提交人针对诽谤指控提出进行真实性辩护被法院驳回。在这种情况下，委员会认为存在对第19条的违反。

[18.46] **阿多尼斯诉菲律宾**（*Adonis v Philippines*，1815/2008）

提交人是一位电台播音员，他因为声称一位国会议员有婚外情而被判定犯有刑事诽谤罪并被判处监禁。有关的诽谤法非常严格。例如，事实真相并不构成辩护理由，因为有关说法并不关涉一位政治人物的实际政治工作。人权事务委员会认定，菲律宾的法律太严苛，因此存在对第19条的违反：[35]

7.7. 委员会注意到提交人的指控：根据《菲律宾刑法典》判定其犯下诽谤罪构成了对其表达自由权的非法限制，因为其不符合《公约》第19条第3款所确立的标准。提交人特别提出，《菲律宾修正刑法典》规定的对诽谤实施监禁的刑事制裁既不必要也不合理，原因如下：（a）没有规定不那么严厉的制裁；（b）除了极有限的案件之外，不接受证明事实作为辩护理由；（c）没有考虑公共利益作为辩护理由；或者（d）它假设据称的诽谤性表述是恶意的，由被告承担举证责任。……

7.10. 根据上述情况，委员会认为，在本案中，施予提交人的监禁制裁不符合《公约》第19条第3款。

[18.47] 人权事务委员会还对英国的诽谤法表示了关切：[36]

25. 委员会关切的是，缔约国实际适用诽谤法导致阻遏媒体对重大公众利益问题作出批评性报道，对学者和记者发表作品的能力（包括通过所谓"诽谤旅游业"的现象）产生消极影响。互联网的出现以及外国媒体的国际传播也带来这样的风险，即缔约国不适当的限制性诽谤法

---

[35] 另见，*Bodrozic v Serbia* (1180/2003) and *Sama v Germany* (1771/2008)，特别是韦奇伍德夫人的异议意见。

[36] (2008) UN doc CCPR/C/GBR/CO/6.

将影响世界范围有关公众合理关注事项的表达自由（第19条）。

缔约国应重新审查其诽谤法的技术原理，并考虑使用所谓的"公众人物"例外，即要求原告提供确实恶意的证据，以便能够从事有关报道公职官员和重要公众人物的行为，同时限制要求被告不管数额大小均应偿还原告律师费和开支，包括"有条件费用协定"以及所谓"成功费"，尤其是考虑到这类做法也许会迫使被告出版物没有提出有效辩护就达成和解。也许还可考虑这样的能力，即通过加强的答辩要求解决案件，例如要求原告初步说明虚假何在以及缺乏普通新闻标准的情况。

国家安全

[18.48] 当国家的政治独立或领土完整处于危险之时，"国家安全"就被援用为限制表达自由的理由。[37] 通常的基于国家安全的限制包括禁止传播"官方机密"。

[18.49] **第34号一般性意见**

30. 缔约国必须采取极其谨慎的态度，确保有关叛国的法律[38]以及与国家安全有关的类似规定，不论称之为官方机密法或煽动叛乱法还是其他，都以符合第3款之严格规定的方式拟订和适用。[39] 例如，援用此类法律禁止或限制公众获得事关正当公共利益且无损国家安全的信息，或者因新闻记者、[40] 研究人员、环境积极人士、人权捍卫者或其他人传播此类信息而对其提起诉讼，均不符合第3款。一般而言，将与商业部门、银行业和科学进步相关的信息类别纳入此类法律的范围并不合适。……

46. 缔约国应确保反恐措施符合第3款。应明确界定"怂恿恐怖主义"[41]和"极端主义活动"等罪行以及"鼓吹""颂扬"恐怖主义或为其"辩护"的罪行，以确保不会导致对表达自由的不必要或者过度的干

37　See 'Siracusa Principles on the Limitation and Derogation Provisions in the International Covenant on Civil and Political Rights' (1985) 7 *Human Rights Quarterly* 3, 6. （以下简称《锡拉库萨原则》）

38　见委员会对中国香港的结论性意见，(2006) UN doc CCPR/C/HKG/CO/2, para. 14。

39　见委员会对英国的结论性意见，(2008) UN doc CCPR/C/GBR/CO/6, para 24。

40　见委员会对卢旺达的结论性意见，(2009) UN doc CCPR/C/RWA/CO/3, para 20。

41　见委员会对英国的结论性意见，(2008) UN doc CCPR/C/GBR/CO/6, para 26。

涉。还必须避免过分限制对信息的获取可能。……

[18.50] **AK 和 AR 诉乌兹别克斯坦**（*AK and AR v Uzbekistan*，1233/2003）

提交人因为参与一个恐怖主义团体——包括传播其理念——而被定罪。人权事务委员会在认定不存在对第19条的违反时，表现出对当地法庭程序和裁决的相当高程度的尊重：

7.2. 委员会注意到，提交人被定罪的罪行涉及传播伊斯兰解放党鼓吹的意识形态。委员会面临的问题是，定罪所代表的限制是否为《公约》第19条第3款所列的目的之一所必要。委员会仔细研究了专家组的报告……撒马尔罕地区刑事法院的判决和乌兹别克斯坦最高法院刑事庭的上诉裁决。从这些情况可以看出，各级法院虽然没有明确援引《公约》第19条，但关注能觉察到的对国家安全的威胁（暴力推翻宪政秩序）和对他人的权利的威胁。委员会还注意到，缔约国的司法程序采取了谨慎步骤，尤其是咨询了专家组。此外，委员会考虑到这样一个事实：A.K. 在上诉中似乎没有质疑对他的定罪，只是呼吁较为公平的刑罚；而 A.R. 则接受根据《刑法》第216条给他的定罪。在这种情况下，委员会不能得出结论认为，对提交人的表达所施加的限制不符合《公约》第19条第3款。

[18.51] **金君泰诉韩国**（*Kim v Republic of Korea*，574/1994）

提交人因为表达了同情朝鲜民主主义人民共和国（朝鲜）的意见而根据《国家安全法》被定罪，他对此提出了申诉。对于提交人被定罪，韩国提出的理由是：

10.4. 对于律师的主张，即缔约国没有证实提交人与朝鲜存在任何联系以及他的行为对国家安全造成严重威胁，缔约国指出，朝鲜企图破坏韩国的稳定，方式是号召推翻韩国的"军事法西斯政权"和建立"人民民主政府"，以此实现"祖国的统一"和"人民的解放"。提交人所散发的文件称，韩国政府力图保持国家分裂和独裁统治；朝鲜/韩国人民在过去的半个世纪里一直在奋斗，反对美国和日本旨在继续分裂朝鲜半岛和压迫人民的新殖民主义影响；应该从韩国撤出核武器和美国士兵，因为它们的存在对民族生存和人民构成巨大的威胁；以及应该停止韩国和美国的联合军事演习。

10.5. 缔约国提出，它正在寻求的是和平统一，而非提交人所说的保持分裂。缔约国进一步回答了提交人有关美国军队的存在和美日影响问题的主观断言。它指出，美国军队的存在对于防止朝鲜通过武力手段使朝鲜半岛共产主义化是一个有效的威慑。

10.6. 缔约国认为，很明显，提交人的论点与朝鲜的论点相同，因此他的活动既帮助了朝鲜，又遵循了朝鲜的战略和手法。缔约国同意，民主意味着允许发表不同的观点，但它指出，某些行动应该具有一定限度，以确保国家生存所需的基本秩序不受损害。缔约国提出，制作与散发赞扬和宣传朝鲜的意识形态并促进其破坏韩国自由和民主制度的战略目标的印刷材料属于非法行为。它辩称，这些直接指向促进暴力目标的活动无法解释为和平行为。

人权事务委员会多数委员作出的认定有利于提交人：[42]

12.4. 委员会注意到，提交人被定罪的原因是宣读和散发被看作与朝鲜民主主义人民共和国（朝鲜）的政策声明合拍的印刷材料，而该国与缔约国处于战争状态。法院将提交人定罪的依据，是认定他所从事的活动具有赞同朝鲜民主主义人民共和国之行为的意图。最高法院认定，仅仅是知道这些活动可能对朝鲜有利这一点，就足以使罪名成立。即使考虑到这一情况，委员会也必须审议，提交人发表的政治演说和散发的政治性文件的性质，是否足以导致适用第 19 条第 3 款所允许的限制，即为保护国家安全而限制。很显然，朝鲜的政策在缔约国的领土内人所共知，但不清楚的是，朝鲜从与其观点相近的出版物中可能获得的（未明确的）"好处"如何给缔约国的国家安全造成危险，同样不清楚的是，任何此类危险的本质和范围是什么。没有任何事实表明，任何一级的法院考虑了这些问题，或者考虑了演说或文件内容是否给听众或读者造成了额外影响，以至于威胁公共安全，而保护公共安全作为理由，将

42　另见类似的案件，*Park v Republic of Korea* (628/1995), paras 10.3 – 10.4。

证明采取《公约》规定的限制措施是必要的。

12.5. 因此,委员会认为,缔约国未能具体说明提交人行使表达自由据说造成的威胁的准确性质,缔约国也没有提供具体的理由,说明为什么除了指控提交人触犯《集会和游行法》和《暴力活动惩治法》(此部分不是提交人申诉的内容),还有必要为了国家安全,因其行使表达自由而起诉提交人。因此,委员会认为,限制提交人的表达自由权不符合《公约》第19条第3款的要求。[43]

[18.52] **孙钟久诉韩国**(*Sohn v Republic of Korea*, 518/1992)

该案中,提交人因为干涉一桩劳资纠纷而被逮捕。该案的案情如下:

2.1. 提交人自1990年9月27日起一直担任锦湖公司的工会主席,他还是"大公司工会团结论坛"(简称"团结论坛")的创建者之一。1991年2月8日,有人在位于庆尚南道巨济岛的大宇造船公司号召一次罢工。政府宣布将派警察部队去制止此次罢工。在政府作此宣布以后,提交人于1991年2月9日和"团结论坛"的其他成员在离罢工地点400公里的首尔举行了一次会议。会议结束时他们发表了一项声明,支持这次罢工,并谴责政府派出部队的威胁。这项声明通过传真发送给了大宇造船厂的工人。大宇造船厂的罢工于1991年2月13日和平结束。

2.2. 1991年2月10日,提交人同大约60名"团结论坛"的成员在离开他们举行会议的地点时,被警察逮捕。1991年2月12日,提交人和其他6人被指控违反了《劳资纠纷调整法》第13条第2款(1963年4月13日颁布的第1327号法并经1987年11月28日第3967号法修订),该款禁止除了有关雇主、雇员、工会或具有法定权力的人以外的人为了操纵或影响有关当事方而干涉劳资纠纷。……

提交人根据《劳资纠纷调整法》第13条第2款被定罪。

3.1. 提交人辩称,《劳资纠纷调整法》第13条第2款被用来惩罚对劳工运动的支持以及孤立工人。他提出,这一规定从来未被用于指控在

---

[43] 委员会对该案的决定在对韩国的结论性意见中得到了进一步支持,(1999) UN doc CCPR/C/79/Add. 114, para 9。

劳资纠纷中站在资方一边的人。他还声称，这项禁止影响有关纠纷方之任何行为的规定含混不清，这违反了合法性原则（法无明文者不为罪、不得罚）。

3.2. 提交人进一步辩称，在该法中载入这一规定是为了剥夺支持工人或工会者的表达自由权。在这方面，他提及禁止第三方支持组织某一工会的《工会法》。他总结认为，因此对工人或工会的任何支持，都可在罢工之时受到《劳资纠纷调整法》的惩罚，在其他情况下则受到《工会法》的惩罚。

缔约国为其受质疑的规定提出的辩护理由是：

9.1. 缔约国在其1995年6月20日提交的进一步意见中解释说，韩国的劳工运动大体上都可以说带有政治导向、受到意识形态的影响。在这方面，据称韩国的劳工运动积极分子都毫不犹豫地引导工人采取使用武力和暴力的极端行动并举行非法罢工，以达到其政治目的或践行其意识形态原则。缔约国进一步主张，将无产阶级革命的思想灌输到工人的头脑中的事例屡屡发生。……

9.3. 所涉缔约国还提出，在本案中，1991年2月散发的支持大宇造船厂的书面声明只是一个幌子，背后是要煽动全体工人举行全国性罢工。缔约国声称，"如果任何国家要发生全国性罢工，不论其安全形势如何，都有充分的理由认为该国的国家安全和公共秩序将会受到威胁"。

人权事务委员会作出了有利于提交人的认定：

10.4. ……尽管缔约国声称，有关限制为了保护国家安全和公共秩序是合理的，而且是由法律所规定的——即《劳资纠纷调整法》第13条第2款，但委员会仍须确定的是，针对提交人所采取的措施是否为所声称的目标所必要。委员会注意到，缔约国通过提及劳工运动的普遍性质以及声称提交人与他人一道发表的声明是煽动全国性罢工的一个幌子，而援引了国家安全和公共秩序的理由。委员会认定，缔约国未能具体说明它所辩称的提交人行使表达自由所造成的威胁的准确性质，并认定缔约国提出的主张无一足以表明对提交人的表达自由权的限制符合第19条第3款。

11. 人权事务委员会根据《公民及政治权利国际公约任择议定书》第5条第4款行事,认定其所知事实揭示了对《公约》第19条第2款的违反。

[18.53] **MA 诉意大利**（*MA v Italy*, 117/1981）

该案的案情如下：

1.2. 据称的受害者 M.A. 在提交来文时正在服刑,被判罪名是参与"重组已被解散的法西斯政党",这种行为被1952年6月20日的意大利刑法所禁止。根据佛罗伦萨上诉法院的指令,M.A. 于1983年1月29日获得有条件释放,但被置于强制性监视之下。

1.3. 提交人没有具体指出《公约》的哪些条款据称被违反,而只是一般性地声称 M.A. 仅仅因为自己的观念而被监禁、他被剥夺了表明自己的政治信仰的自由。

人权事务委员会认定 M.A. 的申诉不可受理：

13.3. ……在委员会看来,M.A. 之被定罪的行为（重组已被解散的法西斯政党）根据《公约》第5条属于被排除在《公约》保护之外的一类行为,而且考虑到根据《公约》第18条第3款、第19条第3款、第22第2款和第25条的规定适用于有关权利的限制和限定,意大利法律对此类行为的禁止无论如何是正当合理的。因此,本来文在这些方面因为在属事理由上不符合《公约》的规定,而根据《任择议定书》第3条不可受理。

《公约》第5条禁止以这样的方式解释《公约》,即准予任何人有权从事旨在破坏或限制其他人之《公约》权利的活动。委员会在宽恕对于新的意大利法西斯政党的禁止之前,本应寻求有关这一政党之实际活动的更多资料。意大利只是提出该法西斯政党想要"取消民主自由和建议专制制度"。[44] 委员会没有讨论 M.A. 的指控,即该法律以歧视性的方式适用,排他性地针对右翼组织,而非所有"反民主的"的党派,诸如无政府主义的和列宁主

44　在委员会意见的第7.2段。

义的。[45]

[18.54] 可以对比两个方面：一方面是人权事务委员会在 MA 诉意大利案中表现出的对提交人明显缺乏同情，另一方面是其在金君泰诉韩国案 [18.51] 和孙钟久诉韩国案 [18.52] 中的决定。情况是否可能是，与右翼的法西斯观点相比，委员会对于左翼的反民主观点更加容忍？

公共秩序

[18.55] **第 34 号一般性意见**

　　31. 为了维护公共秩序（ordre public），诸如在某些情况中约束特定公共场合中的发言是可予允许的。与表达形式有关的藐视法庭的诉讼可以根据公共秩序（ordre public）的理由加以检验。[46] 为了符合第 3 款，必须表明这样的诉讼和所施加的处罚是法庭为行使其维持有序诉讼的权力所必需的。不得以任何方式利用此类诉讼来限制辩护权的正当行使。

[18.56] "公共秩序"是一个比国家安全更宽泛的概念，可以界定为确保社会之和平与有效运转的各种规则的总合。[47] "Ordre public"是一个等效的法语概念，但并非对英语中的"public order"的准确翻译，因为该法语用词与普通法中公共秩序的概念相比，看来更多地适用于私法领域。[48] 因此，"ordre public"这一概念看来具有比公共秩序（public order）的概念更宽泛的适用范围。不过，似乎"ordre public"这一概念中蕴含的额外深度迄今并未对根据《任择议定书》审议之案件的结果发挥作用。

[18.57] 出于"公共秩序"对第 19 条所规定之权利的通常限制包括禁止可能煽动犯罪、暴力或公众恐慌的言论。禁止未经许可的大众广播以防止

　　45　见委员会意见的第 9（b）段。这一申诉有可能引起《公约》的不歧视条款即第 2 条第 1 款和第 26 条之下的问题。

　　46　See *Dissanayake v Sri Lanka*（1373/2005），para 8.4.

　　47　见《锡拉库萨原则》。

　　48　B Lockwood Jr, J Finn, and G Jubinsky,'Working Paper for the Committee of Experts on Limitation Provisions'（1985）7 *Human Rights Quarterly* 35, 57 – 9. 例如，公共秩序（ordre public）可以用于"为了更高程度之必要的目的"而否定私法合同；在普通法法律制度中，并不以同样的方式使用公共秩序（public order）。

信号混乱和阻断频道，作为一种维护公共秩序的措施，也可能正当合理。[49]

[18.58] **科尔曼诉澳大利亚**（*Coleman v Australia*, 1157/2003）

该案的提交人未经许可就在澳大利亚昆士兰州的一处公共步道上发表公开演讲，并因此根据地方法规被定罪和判处短期监禁。他诉称，第19条第2款被违反。澳大利亚为其法律提出的辩解理由是：

4.5. ……缔约国辩称，法律以地方法规的形式明确规定了对言论的限制。市政厅在1983年4月对上述林荫步道通过了一项政策，批准该林荫步道用作公共讲坛以及旨在最大限度上使用林荫步道为公众谋福利而又不至于不恰当地影响公众享用该地区。许可证制度使市政厅可以考虑一项提议是否会影响少数使用者享用这一公共设施（诸如噪声过大、对商业活动的影响或安全风险）。现行的限制目的在于全体公众能有序地使用该林荫步道。无论如何，缔约国指出，地方法规第8（1）节对使用棚屋或会议予以豁免，无须许可证制……。因此，不存在对表达自由权的一概限制。

人权事务委员会认定，存在对第19条的违反：

7.3. 委员会指出，应由缔约国表明，在本案中对提交人言论自由的限制是必要的。即使一个缔约国可以建立一种许可证制度——其目的在于在个人的言论自由和在某一地区维持公共秩序的普遍利益之间取得某种平衡，这一制度的运作方式也不应与《公约》第19条不相容。在本案中，提交人就涉及公共利益的问题发表了公开演说。根据委员会掌握的资料，没有迹象表明，提交人的演讲具有威胁性、不适当的破坏性或可能在其他方面危害林荫步道的公共秩序；事实上，在场的警官没有试图限制提交人演讲，而是在对他摄像的同时让他继续演讲。提交人没有许可证而发表了演讲。他因此被罚款，而在没有支付罚款后被拘留了5天。委员会认为，缔约国对提交人行为的反应是不合比例的，相当于对提交人之言论自由的、不符合《公约》第19条第3款的限制。因此，存在对《公约》第19条第2款的违反。

---

[49] Nowak, *UN Covenant on Civil and Political Rights: CCPR Commentary*, 465.

[18.59] 卡林先生、安藤先生和奥弗莱厄蒂先生提出了一项附议意见，对于澳大利亚的许可制度予以了更公开的同情：

> 虽然我们同意委员会在本案中达成的结论，但我们得出这一结论的原因与多数委员的不同。在我们看来，重要的是注意到在本案中存在一项许可证制度，这使缔约国当局能在表达自由和相抵触的利益之间取得一种与《公约》一致的平衡。然而，提交人拒绝寻求许可证，因而剥夺了缔约国当局在这个具体案件中调和各种有关利益的机会。我们感到遗憾的是，委员会在推理中没有斟酌案件的这一方面。此外，我们要指出，这项决定不能理解为否定许多缔约国实行的许可证制度，这项制度不仅在表达自由领域而且在诸如结社和集会自由等其他领域中，都取得了恰当的平衡。相反，建立这种制度原则上完全与《公约》一致，而且有额外的好处，即提高清晰性、肯定性和一贯性，还为地方法院以及本委员会提供了更容易的方式，来审查当局拒绝某项权利之具体行使的决定，而不是如在本案中一样，只能评估孤立的主要原始事实。当然，这种许可证制度显然必须允许对所涉权利之充分享有，并前后一贯地、公正无偏地和足够迅速地施行。
>
> 然而，在本案中，根据委员会所知的本案态势，我们谨强调以下因素。提交人被逮捕、处以罚金和因不付罚金而被监禁等结合起来，是缔约国对提交人所作所为的反应。总结而言，这些行动是对提交人表达自由权的巨大损害，必须根据《公约》第19条的要求说明理由。在我们看来，缔约国的全部行动同提交人的原始行为极其不成比例，使我们无法确信缔约国已表明如此限制提交人的表达是必要的。缔约国提出的限制理由虽然完全合理，但本身不足以表明在每种情况中都有必要。正是因为在目前情况中，缔约国对提交人行为的实质上是惩罚性的反应并没有显示出必要性，所以才使我们同意委员会的最终结论。

这些少数委员认定，对提交人的定罪和罚款，而非许可制度本身，违反了第19条。仍悬而未决的问题是，是否允许许可制度作为发表公开演说的前提条件。多数委员没有澄清这一点。

[18.60] **穆孔诉喀麦隆**（*Mukong v Cameroon*, 458/1991）

该案的案情如下：

2.1. 提交人是一位记者、作家和喀麦隆的一党制度的长期反对者。他经常公开提倡实行多党民主制并为在喀麦隆建立一个新政党努力。他声称他撰写的有些书被全面禁止或不得发行。……

提交人诉称，若干《公约》规定的权利受到了侵犯：

3.4. 提交人指出，他于1988年6月16日和1990年2月26日被逮捕都与他作为多党民主制的提倡者的活动有关，并声称这是政府旨在压制任何反对活动的做法，违反了《公约》第19条。政府还于1985年取缔了提交人写的一本书《没有犯罪的犯人》——该书描述了他从1970年到1976年在地方监狱中被拘禁的情况，这也违反了第19条。

对于这种显然压制穆孔的表达的情况，喀麦隆提出的辩解理由是：

6.7. 在这一方面，缔约国主张，提交人是因为《公约》第19条第3款的限制性规定所涵盖的活动和表达形式而被逮捕的。缔约国辩称，表达自由权的行使必须考虑一个国家在任何一个特定时期的主导性政治情况和局势：自喀麦隆独立和统一以来，该国的历史一直是为加强民族团结而斗争，首先是在说法语和说英语的社群之间，然后是在组成喀麦隆民族的200多个族裔群体和部落之间。

人权事务委员会的认定有利于提交人：

9.6. 提交人声称，他的表达自由和意见自由的权利受到了侵犯，理由是他因提倡多党民主制和表达对缔约国政府不友好的意见而遭到了迫害。缔约国答复说，限制提交人的表达自由根据第19条第3款的规定是合理的。

9.7. ……缔约国通过主张提交人行使其表达自由权时没有考虑该国的政治情况和为统一而进行的斗争，间接地以国家安全以及/或公共秩序作为其行为的正当理由。虽然缔约国表明限制提交人的表达自由是由法律规定的，但仍须确定的是，针对提交人采取的措施是否为保障国家安全以及/或公共秩序所必要。委员会认为，没有必要以逮捕、持续拘禁提交人和使其遭受有违第7条之待遇的方式来维护所谓的国家统一的脆弱状况。委员会还认为,在困难的政治情况中维护和加强国家统一的正当目标不可能通过试图压制对多党民主制、民主信条和人权的提倡来实现;在这一方面并就这些情况,并不产生决定何种措施可能符合"必要性"检验的问题。对于提交人的案件的情况,委员会的结论是,存在对《公约》第 19 条的违反。

经常有人主张,发展中国家基于其经济欠发展的情况,应得允许"推迟"或"交易"其尊重某些政治权利的义务。"这种理论辩称,经济发展的优先性必然需要政治稳定,因此侵犯某些个人权利是正当合理的。"[50] 人权事务委员会在其对穆孔案的决定中,否定了欠发达情况可以作为政治压制和施行一党制国家的正当理由 [1.133]。

[18.61] **高蒂尔诉加拿大**(*Gauthier v Canada*,633/1995)

该案的案情如下:

2.1. 提交人是创办于 1982 年的《首都新闻报》的出版人。提交人申请加入议会记者团,一个掌管进入议会内部采访的记者资格认定的私人协会。提交人只得到了一张具有有限特权的临时出入证。他屡次要求享有和其他记者和出版人同等的待遇,但均遭拒绝。……

3. 提交人声称,不允许他平等地使用议会中的新闻设施构成了对他根据《公约》第 19 条享有的权利的侵犯。

加拿大为此情况提出的辩解理由是:

11.3. 授权使用议会新闻设施的新闻出入证只颁发给议会记者团成员。缔约国重申,记者团决定成员资格是其内部事务……。缔约国提出,提交人作为公众的一员,可以进入向公众开放的议会大厦,也可以旁听众议院的公开会议。

11.4. 在这方面,缔约国重申,众议院的会议过程在电视上进行转播,任何一名记者都无须使用议会的新闻设施,就能够有效地报道众议院的会议情况。缔约国还补充说,议会辩论的文字记录第二天就会上互

---

50 A Pollis,' Cultural Relativism Revisited: Through a State Prism' (1996) 18 *Human Rights Quarterly* 316, 317. See also J Donnelly,' Human Rights and Development: Complementary or Competing Concerns?' (1984) 36 *World Politics* 255, 258.

联网。总理的讲话和新闻发布稿存放在一间向公众开放的大厅里，同时也在互联网上公布；政府报告和新闻发布稿也在互联网上发布。

11.5. 缔约国主张，提交人并没有被剥夺接受和传播信息的自由。虽然提交人作为公众的一员坐在众议院里的公众席上，不能做记录，但他可以观看会议进程并做出相关报道。缔约国解释说，"传统上不准众议院里公众席上的听众做记录，这事关秩序和礼仪，也是出于安全原因（比如，从位于高处的公众席上向议员扔东西）"。此外，提交人可以通过电视直播和互联网得到他寻求的信息。

11.6. 缔约国还认为，因禁止在公众席上做记录而导致的对提交人接受和传播信息的能力的限制只是最低限度的；而且对达成以下两方面之间的平衡也是合情合理的：一方面是表达自由权，另一方面是确保议会之有效、庄重工作以及议会成员之安全的必要。缔约国认为，由于国家最有资格来评估风险和需要，因此国家应具备广泛的灵活性来判断有效管理和安全的问题。

人权事务委员会对于实质问题的认定有利于提交人：

13.4. 在这方面，委员会还要提到《公约》第25条明文规定的参与公共事务的权利，"这意味着自由的新闻媒体或其他媒体能够在不受新闻审查或限制的情况下评论公共事务并发表公众意见"（委员会1996年7月12日通过的第25号一般性第25段）[22.56]。与第19条一同解读，这意味着，公民应该——特别是通过媒体——具有获得信息的广泛渠道，以及有机会传播有关经选举产生的机构及其成员活动的信息和意见。然而，委员会认识到，这样的信息渠道不应干涉或阻碍经选举产生的机构履行职能，缔约国有权限制渠道。不过，缔约国所施之任何限制都必须符合《公约》的规定。

13.5. 在本案中，缔约国将享用公共资金资助的议会新闻设施的权利，包括在旁听议会会议时做记录的权利，局限于作为一个私人组织即加拿大议会记者团的成员的媒体代表。提交人未被授予记者团的有效（即全面）成员资格。提交人间或得到了临时成员资格，这可以使他使用该组织的部分但非全部设施。当他甚至不持有临时成员资格时，他既不能使用新闻设施，也无权记录议会的会议进行情况。委员会注意到缔约国称，由于技术进步——这使得公众获得有关议会会议进行情况的信息轻而易举，提交人并没有遭受任何重大的不利。缔约国主张，提交人可以通过广播服务或旁听会议来报道会议的进行情况。但是，鉴于获悉有关民主进程之信息的重要性，委员会不能接受缔约国的论点，而是认为，提交人所受的排斥构成了对《公约》第19条第2款所保障的获取信息权的限制。问题是，这种限制根据《公约》第19条第3款是否合理。可以说，这种限制是经法律规定的，因为依据议长的权力禁止某些人进入议会内部或议会中的任何地方，遵行的都是议会特权法。

13.6. 缔约国提出，这些对达成以下两方面之间的平衡是合情合理的：一方面是表达自由权，另一方面是确保议会之有效、庄重工作以及议会成员之安全的必要；还提出，缔约国最有资格来评估所涉风险和需要。如上所述，委员会同意，维护议会议事程序可以被视为公共秩序的一个正当目标，因此一种资格认证制度也是达到这个目标的合理手段。但是，由于资格认证制度的运作限制了《公约》第19条所保护的权利，因此必须表明，其运行和实施对上述目标是必要的、成比例的，而不是任意武断的。委员会并不同意这是一件完全由国家来决定的事务。资格认证方案的相关标准应该具体、公正、合理，其实施应该透明。在本案中，缔约国任由一家私人组织来控制议会新闻设施的使用权，不予干涉。资格认证方案并没有确保没有人会被任意武断地排除在议会新闻设施以外。在这种情况下，委员会认为，缔约国没有表明，为了确保议会的有效工作及其成员的安全，资格认证制度属于《公约》第19条第3款含义之内的对权利的必要和成比例限制。因此，基于提交人不是加拿大议会记者团协会的会员而拒绝他使用议会新闻设施，构成了对《公约》第19条第2款的违反。

13.7. 在这方面，委员会注意到，不存在任何可能的补救措施——无论是向法院还是向议会，来判定这种排斥是否合法或者从《公约》第19条规定的目的来看是否必要。委员会忆及，根据《公约》第2条第3款，缔约国承允确保任何其权利遭受侵犯的人都能得到有效救济，任何主张此等救济的人都能由主管当局来判定其获得救济的权利。因此,《公约》确认之某项权利一旦受到国家机构行为的影响,就必须存在国家确立的程序,使权利受影响者可以向主管机构提出其权利遭受侵犯的申诉。

14. 人权事务委员会根据《公民及政治权利国际公约任择议定书》第5条第4款行事,认为委员会掌握的事实表明了对《公约》第19条第2款的违反。

[18.62] 在巴班诉澳大利亚案(Baban v Australia, 1014/2001)中,提交人是一位移民拘禁设施中的被拘禁者。他诉称,作为对他参与绝食抗议的惩罚,他被强行从一处拘禁设施带到另一处拘禁设施,这违反了第19条第1款。人权事务委员会认定,考虑到绝食对"包括年幼儿童之内的被拘禁者的健康和安全"造成的危险,带离他符合第19条第3款。[51]

[18.63] "公共秩序"通常在保护整个国家之社会中的秩序的更广泛背景中援用。然而,在高蒂尔案和巴班案中,国家在保护联邦议会大楼内以及拘禁设施内的秩序这种更有限的背景中,援用了"公共秩序",并在后一案件中成功如愿。

[18.64] 以上案例表明,人权事务委员会不愿意为国家安全和公共秩序的目的限制自由表达,至少在缔约国没有提出详细辩解理由的情况下如此。[52] 国家安全和公共秩序可能是最常被滥用的限制理由;它们经常被用来保护当时政府的精英地位,而不是真正保护一国民众的权利。[53]

公共卫生和道德

[18.65] 迄今尚无根据第19条提出的案件涉及"公众卫生"这一限制理由。对这一限制理由的解释很可能将符合在有关《公约》规定的其他权利方面,对这一理由的解释。[54] 诺瓦克提出,禁止有关威胁健康之活动的错误

---

51 在委员会意见的第6.7段。
52 See also *Shin v Republic of Korea* (926/2000). 比较对以下案件的决定:*VMRB v Canada* (236/1987) [13.20]。
53 例如见《锡拉库萨原则》第6条,有关"国家安全"。
54 见《锡拉库萨原则》,其中指出,《公约》中所有的限制性条款,对于每一项权利,都应以同样的方式解释。就"公共卫生"的情况,见第[17.31]段。

信息以及限制对烟草等有害物质的广告宣传，根据这一限制理由可能是正当合理的。[55]

[18.66] **第 34 号一般性意见**

32. 在第 22 号一般性意见中，委员会认为，"道德观念来源于许多社会、哲学和宗教传统；因此，为了保护道德的目的……实行的限制必须基于不光是来源于单一传统的原则"[17.37]。任何此类限制都必须根据人权的普遍性以及不歧视原则来理解。

[18.67] 有关亵渎的法律可归属基于公共道德对自由表达的限制。对于亵渎，人权事务委员会在第 34 号一般性意见中称：

48. 禁止表现出不尊重某一宗教或其他信仰体系（包括禁止亵渎）的法律，不符合《公约》，只有《公约》第 20 条第 2 款规定的特定情况除外。[56] 此类禁止还必须符合第 19 条第 3 款的严格要求，以及第 2 条、第 5 条、第 17 条、第 18 条和第 26 条等规定。因此，举例而言，如果任何法律区别对待——无论这种区别对待是有利还是不利——某一或某些宗教或信仰体系或者其信从者与其他宗教、信仰体系或者其信从者，或者区别对待宗教信仰者与非信仰者，这样的法律是不可允许的。同样不可允许的是，利用此类限制防止或惩罚对宗教领袖的批评或对宗教教义和信仰原则的评论。

[18.68] **赫兹伯格等人诉芬兰**（*Hertzberg et al. v Finland*，61/1979）

1. 本来文……的提交人是 5 个人，他们由一个芬兰的组织 SETA（性别平等组织）代表。

2.1. 对于 5 个案件的事实基本没有争论。当事各方持不同意见的只是如何评判这些案件。根据来文提交人的说法，包括国家控制的芬兰广播公司的机构在内的芬兰当局，通过……审查有关同性恋的电台和电视节目，……干涉了《公约》第 19 条规定的他们的表达和信息自由的权利。争论的核心是《芬兰刑法典》第 20 章第 9 段，该段规定：

---

55 Nowak, *UN Covenant on Civil and Political Rights: CCPR Commentary*, 466.
56 另见委员会对科威特的结论性意见，(2011) UN doc CCPR/C/KWT/CO/2, para 24。

"（1）如果某人公开从事违反性道德的活动并因此构成犯罪，则应因公开违反性道德而被判处最长6个月的监禁或罚款。

（2）任何公开鼓励同性之间不道德行为的人应因鼓励同性之间不道德行为而按照第1款判刑。"

提交人所申诉的是广播公司审查它们的节目材料（一档广播节目和一套电视节目）的决定，决定的理由是播放全部材料将违反《芬兰刑法典》第20章第9段第2分段。人权事务委员会的认定有利于缔约国：

10.2 就尼库拉夫人以及马可和图维·普特科南的两个受审查的节目，委员会接受提交人的主张，即他们根据《公约》第19条第2款享有的权利受到了限制。尽管并非每一个人都可以被认为具有通过如电视——其可供利用的时间是有限的——等媒介表达自我的权利，但是，如果制作的节目是为了在一个得到了负责机关一般批准的广播组织的框架内传播，则情形又有所不同。另一方面，第19条第3款允许对行使第19条第2款保护的权利施加某些限制，只要这经法律规定且为保护公共秩序、公共健康或道德所必要。在本来文的情况中，芬兰政府特别援用了公共道德作为被申诉之行为的正当理由。委员会曾经考虑，为了评估这些行为的必要性，它是否应该请各方提交被审查的节目的全文。实际上，只有在这些文本的基础上，才能判断受审查的节目在有关同性恋的问题上，是否主要或完全由事实性材料构成。

10.3. 但是，委员会认为，它所获得的资料足以形成它对来文的意见。首先必须指出，公共道德观念差别极大。并不存在普遍适用的共同标准。因此在这方面，必须给予负责的国家当局一定的酌处余地（margin of discretion）。

10.4. 委员会认定它无法质疑芬兰广播公司中负责机关的决定，即只要某一节目被断定为鼓励同性恋行为，电台和电视就不是讨论与同性恋有关之问题的适当场合。根据第19条第3款，那些机关行使第19条第2款规定的权利附有特别责任及义务。就电台和电视节目而言，其受众是无法控制的。特别是，对未成年人的有害影响无法排除。

11. 因此，人权事务委员会认为，不存在对来文提交人根据《公约》第 19 条第 2 款享有的权利的侵犯。

［18.69］这是人权事务委员会声明《公约》缔约国具有一种"酌处余地"的唯一案件。这一"余地"看似对应了《欧洲人权公约》给予其缔约国的"自由判断余地"。自由判断余地类似于在存疑时利益归于国家，或一种领域——在此领域中欧洲人权法院将放松其对于受质疑的做法与《欧洲人权公约》规定之相容性的审查。[57] 欧洲人权法院确认，《欧洲人权公约》的缔约国在为了保护公共道德而对表达自由施加限制时，享有广泛的自由判断余地。[58] 人权事务委员会现在则在第 34 号一般性意见 ［18.35］以及其他地方，明确地拒绝了使用这一原则。[59] 这样一项原则冲淡了人权保护。另外，可以指出，这一原则根据《欧洲人权公约》得到适用的通常情况是，对于所涉具体权利，无法纵观《欧洲人权公约》各缔约国的实践而查证出共同的做法。在《公民及政治权利国际公约》之下适用这样的一项原则并不明智，因为在这一普遍条约的情况迥异的各缔约国之间，极少能查证出一种共同的做法。

［18.70］**德尔加多·帕埃兹诉哥伦比亚**（*Delgado Páez v Colombia*，195/1985）

提交人是一位教师，提出了多项有关受到迫害的申诉，包括一项根据第 19 条提出的申诉，有关其选择如何教授宗教的学术自由受到的限制。人权事务委员会驳回了该有关第 19 条的申诉：

> 5.8. 第 19 条保护的权利包括表达自由和意见自由的权利。这通常包括教师按自己的观点不受干涉地讲授其课目的自由。但是，鉴于本案的特定情况、在哥伦比亚教会与国家的特别关系——正如可适用的宗教事务协议所示，委员会认定，教会提出的以某种方式讲授宗教的要求并不违反第 19 条。

该案表明了"公共道德"如何在国家之间各有不同，因此这一对第 19 条

57　See T Jones, 'The Devaluation of Human Rights under the European Convention' [1995] *Public Law* 430, 430 – 1.

58　See *Handyside Case*, Series A (1979 – 80) 1 EHRR 737, para 48.

59　见，*Länsman v Finland* (511/1992)，其中委员会拒绝了在有关第 27 条规定的少数者权利的情况中，适用自由判断余地，在委员会意见的第 9.4 段［24.30］。

规定之权利的明示可予允许的限制的适用，在国与国之间，可能也各有不同。[60]

[18.71] 对于淫秽或色情材料的限制，是基于保护公共道德而作出第19条第3款所规定之限制的一个经典例证。实际上，如同第28号一般性意见所指出的，对于限制色情材料，可能存在更强烈的理由。

第28号一般性意见

22. 关于第19条，缔约国应告知委员会有可能阻碍妇女在平等基础上行使受这项规定保护的权利的任何法律或其他因素。因为出版和传播将妇女和女童描绘为暴力或侮辱性或不人道待遇的对象的淫秽和色情材料，有可能推动对妇女和女童实行这些种类的对待，所以缔约国应提供关于限制出版或传播这种材料的法律措施的资料。

这是人权事务委员会指明各国有义务"管控"有关对成人之描绘的色情材料的首份声明。[61] 管控色情材料显然被视作超出了只是对表达自由的可予允许的限制。[62] 第28号一般性意见指出，色情材料的某些形式属于自由表达的形式，类似于仇恨言论，必须予以禁止。不过，这种仇恨言论很可能并非根据第20条本身——从其用语来看——受到禁止。下文即讨论第20条。

第20条和仇恨言论

第20条

一、任何鼓吹战争之宣传，应以法律禁止之。

二、任何鼓吹民族、种族或宗教仇恨之主张，构成煽动歧视、敌视或强暴者，应以法律禁止之。

60　另见委员会的解释：*Toonen v Australia* (488/1992) [16.50]。
61　有关儿童色情，见第 [21.41] 及以下各段。
62　另见第 [18.76] 段。

[18.72]《公约》第 20 条包含了对表达自由的强制性限制。第 20 条要求各缔约国将战争宣传以及基于民族、种族或宗教理由对人的诋毁规定为非法。第 20 条承认了某些表达类型的破坏性质。

[18.73] 不过，第 20 条与众多国家宪法中对表达自由的更绝对保障以及西方自由国家给予自由言论的崇高地位相冲突。这促成了众多缔约国，如美国、比利时、丹麦、芬兰和冰岛，对第 20 条的保留。

[18.74] **第 34 号一般性意见**

人权事务委员会表明，它将第 20 条解释为完全符合第 19 条：

> 50. 第 19 条与第 20 条互相兼容、互为补充。第 20 条所述行为根据第 19 条第 3 款同样受到限制。因此，根据第 20 条的正当合理的限制也必须符合第 19 条第 3 款。
>
> 51. 可区分第 20 条所述行为与根据第 19 条第 3 款可以受到限制的其他行为的是，《公约》针对第 20 条所述行为指出了各国必须作出的具体回应：以法律禁止之。只有在此限度上，可以将第 20 条视为与第 19 条相关的特别法。
>
> 52. 只有对于第 20 条指明的具体表达形式，缔约国才有义务以法律禁止。在国家限制表达自由的所有情况下，都必须证明有关禁止及其规定完全符合第 19 条。

[18.75] **第 11 号一般性意见**

> 1. ……鉴于第 20 条的性质，缔约国有义务采取必要立法措施，禁止第 20 条所述行动。……
>
> 2. 《公约》第 20 条阐明，任何鼓吹战争的宣传，鼓吹民族、种族或宗教仇恨的主张，构成煽动歧视、敌视或强暴者，应以法律禁止。委员会认为，所要求的这些禁止完全符合第 19 条所载的表达自由的权利——这一权利的行使附有特别责任及义务。……

在对波兰的结论性意见中，人权事务委员会称：[63]

---

[63] (2004) UN doc CCPR/CO/82/POL. 另见委员会对俄罗斯联邦的结论性意见，(2009) UN doc CCPR/C/RUS/CO/6, para 11。

19. 委员会关切地注意到，对于亵渎天主教和犹太教墓地的事件以及反犹太行为，并不总是予以适当调查并惩治肇事者（第18、20和27条）。

缔约国应加强努力，打击和惩罚一切此类事件。执法机构和司法机构应得到如何处置此类申诉的适当培训和指导。

对于瑞士，委员会暗示，该国针对宣礼塔的地方宣传运动有可能违反了第20条。[64]

[18.76] 可以指出，第20条针对的是基于种族、宗教和民族的仇恨犯罪，而非泛泛的仇恨犯罪。[65] 例如，人权事务委员会曾对美国表示关切针对性少数者的暴力的情况：在这种表示中，委员会援用了第2条和第26条[23.31] 即有关不歧视的规定，而没有援用第20条。[66] 不过，在建议美国"确保有关仇恨犯罪的立法——既在联邦层次也在各州层次上——应对与性倾向有关的暴力行为"时，[67] 委员会看来从第2条和第26条中提取出一种类似的义务。在后来对瑞典的结论性意见中，委员会在同时提到第20条和第26条的一段中，谈到了基于种族和对同性恋之憎恶的仇恨犯罪。[68]

[18.77] **第11号一般性意见**

2.……[第20条] 第1款禁止可能导致或实际导致侵略行动或有违《联合国宪章》之破坏和平的一切形式的宣传，第2款则直接反对对民族、种族或宗教仇恨的任何鼓吹——这些鼓吹构成对歧视、敌视或强暴行动的煽动，而不问此类宣传或鼓吹的目的是针对有关国家内部还是外部。第20条第1款的规定并不禁止关于自卫的主权权利或符合《宪章》的民族自决和独立权利的主张。第20条要充分有效，就必须有一项法律明确规定第20条所列宣传和鼓吹均违反公共政策，并规定在出现违反情况时适当的制裁措施。因此，委员会认为，尚未这么做的缔约

---

[64] 委员会对瑞士的结论性意见，(2009) UN doc CCPR/C/CHE/CO/3, para 8。
[65] 另见对"基于性的仇恨言论"的讨论，第 [18.71] 段。
[66] 委员会对美国的结论性意见，(2006) UN doc CCPR/C/USA/CO/3/Rev. 1, para 25。另见委员会对俄罗斯联邦的结论性意见，(2009) UN doc CCPR/C/RUS/CO/6, para 28。
[67] 委员会对美国的结论性意见，(2006) UN doc CCPR/C/USA/CO/3/Rev. 1, para 25。
[68] 委员会对瑞典的结论性意见，(2009) UN doc CCPR/C/SWE/CO/6, para 19。

第十八章 表达自由

国应采取必要措施,履行第20条所载义务,并且本身应不进行此类宣传或鼓吹。

[18.78] 第11号一般性意见表明,根据《联合国宪章》得到准许的"战争"并非第20条第1款所意味的"战争"。因此,允许宣传自卫战争。同样,在逻辑上,也允许宣传联合国安理会根据《联合国宪章》第七章支持的战争,如1990年为保卫科威特而对伊拉克发动的联军行动。宣传非法战争当然违反第20条第1款。例如,鉴于美国领导的"意愿联盟"(coalition of the willing)于2003年入侵伊拉克的可疑法律地位,也许支持这一战争的某些声明有违第20条。实际上,令人遗憾的是,人权事务委员会没有在其一般性意见中利用机会界定"战争宣传"的含义。这是否包括在战争期间传达的信息,而不仅仅是在战争开始之前就出现的、支持战争以及有可能引发战争的信息?所有国家在它们参与战争的期间,对于本国的战争企图,都提出了对自己有利的说法,而这些说法都有可能被贴上宣传的标签。

[18.79] **瓦希拉里等人诉希腊**(*Vassilari et al. v Greece*,1570/2007)

2001年11月,一份有约1200人签名的信函和申诉在帕特拉斯(Patras)大学流传,并在一家本地报纸上发表。该信函声称,罗姆居民要对一系列的犯罪行为负责,呼吁将他们迁离该区域,并威胁如果他们不服从,就采取"民兵行动"。2002年3月,第一位和第二位提交人与公诉人一道启动了刑事诉讼,声称那些对该信函负责任者鼓吹针对罗姆社群的种族诋毁和暴力,违反了希腊法律。最终,被告被宣判无罪。提交人声称这一判决违反了第20条第2款。人权事务委员会认定该申诉不可受理:

6.5. 在不必确定是否可以根据《任择议定书》援引第20条的情况下,委员会认为提交人没有为可予受理的目的充分证实有关事实。因此,来文的这一部分根据《任择议定书》第2条不可受理。

多数委员有关基于第20条第2款的申诉不可受理的决定令人费解。该案明显有关希腊据称未能提供针对种族仇恨的保护。这一决定看来根据《任择议定书》剥夺了第20条第2款的实际功用。更为令人费解的是多数委员表示,第20条根据《公约》在某种意义上是不可诉的。

[18.80] 奥马尔先生在这一点上持异议——法塔拉先生和布齐德先生表

示同意，而他的思路更为可取：

> 委员会没有贸然就第20条第2款是否可适用于单个案件发表意见。当然它可以在将来这样做，但回避这一问题的原因令人费解。因为这么做没有任何符合逻辑的或客观的理由。第20条第2款通过声明"任何鼓吹民族、种族或宗教仇恨之主张，构成煽动歧视、敌视或强暴者，应以法律禁止之"，为个人和群体提供免受这类歧视的保护。第20条不是一种仅仅为了形式而在现有的法律武库中添加其他法律的邀请。即使这就是其目的——希腊的情况并非如此，但如果没有申诉和惩罚的程序，这类法律也不会起作用。事实上，感觉受到不公对待的个人援用第20条第2款，是遵循了作为整个《公约》之基础并因此对个人和群体提供保护这一保护的逻辑。所以，决定根据《任择议定书》排除其适用性既不合乎逻辑，在法律上也没有道理。委员会拒绝对来文的这一方面发表意见，就是允许第20条第2款的不确定性持续存在下去。尤其是鉴于所提出的问题，至少需要讨论可否受理问题。我认为，坦率地说，委员会的这种做法令人怀疑……

[18.81] 在后来的安德森诉丹麦案（*Andersen v Denmark*，1868/2009）中，申诉有关丹麦未能调查一位政治家的据称仇恨言论——将伊斯兰的头巾比作纳粹的万字符。该申诉不可受理，因为提交人（一位穆斯林）未能表明她个人受到了这一声明的影响。[69] 该案再次提出的问题是，根据第20条第2款提出的申诉究竟能否得到受理。

[18.82] 提交人权事务委员会审议的有关种族诋毁的案件中，大多数有关对第19条规定的表达自由的限制，而非因为未能禁止种族诋毁而违反第20条。

[18.83] **JRT 和 WG 党诉加拿大**（*JRT and the WG Party v Canada*，104/1981）

该案的案情如下：

1. 来文由一位居住在加拿大的69岁加拿大公民T先生和W.G.党

---

69 在委员会意见的第6.4段。

提交——这是一个 1976 年以来由 T 领导的、未经法人登记的政党。

2.1. W. G. 党于 1972 年 2 月在加拿大安大略省多伦多市成立。在数年间，该党和 T 先生试图利用录好的信息——这些信息是 T 先生录制的并与加拿大安大略省多伦多市的贝尔电话公司系统的线路连接——来吸收党员和宣传该党的政策。社会上的任何人只要拨打有关电话号码，即能听取这些信息。这些信息时常变化，但其内容基本上是一样的，即警告打电话的人注意"国际金融界和国际犹太人将世界引向战争、失业和通货膨胀，以及世界价值观和原则崩溃的危险"。

2.2.《加拿大人权法》于 1978 年 3 月 1 日颁布，其第 13 节第 1 款规定：

"一个人或协调一致行动的一群人，如果全部或部分地使用在议会的立法权限之内的电信设施，以电话反复传输可能使某一人或某些人——因为这些人可以根据被禁止的歧视理由之一被辨识——遭到憎恨或鄙视的任何事项，则有歧视性行为。"

2.3. 加拿大当局援用上述规定并结合该法第 3 节——该节规定"种族、民族或族裔本源、肤色、宗教、年龄、性别、婚姻状况、已经被赦免的定罪和身体残疾"属于"被禁止的歧视理由"，切断了 W. G. 党和 T 先生的电话服务。……

T 先生诉称，上述事实侵犯了他根据《公约》第 19 条第 1 款和第 2 款享有的权利。人权事务委员会认定该案不可受理如下：

8（b）. T 先生试图通过电话系统传播的意见显然构成了加拿大根据《公约》第 20 条第 2 款有义务禁止的对种族或宗教仇恨的鼓吹。因此，委员会认为，来文就此申诉而言，属于《任择议定书》第 3 条含义之内的不符合《公约》规定的情况。

[18.84] **罗斯诉加拿大**（*Ross v Canada*, 736/1997）

从 1976 年到 1991 年，马尔科姆·罗斯在加拿大新不伦瑞克省的校区受雇为教师。在这期间，他出版了若干反映其有争议的宗教观点的书籍和小册子。尤其是，他的著述提出了一种信念，即犹太教根本地威胁了基督教信仰，不过他从未在其教学中引入他的观点。他提倡自己的信念发生在课堂之外。

《公民及政治权利国际公约》：案例、资料和评注

在这期间，一些家长对罗斯提出了若干申诉。1988年，罗斯所在校区的一位犹太家长戴维·阿提斯先生向新不伦瑞克人权委员会提出了针对雇用罗斯的学校董事会的申诉。阿提斯声称，学校董事会未能针对罗斯采取行动实际上纵容了他的反犹太信念，因此违反了《新不伦瑞克人权法典》第5节。

一个人权调查组支持了阿提斯的申诉。调查组同意，罗斯在课堂内的行为不能作为有关歧视之申诉的根据，但是可以合理地预计，罗斯在其不当值之时反复表达其反犹太信念有助于在校区内造成一种"毒化的气氛"，这种气氛干涉了在该校区之内向犹太儿童和父母提供的教育服务。[70] 调查组认定，学校董事会对罗斯的歧视性行为负有间接责任，违反了《新不伦瑞克人权法典》第5节。该调查组随后发布的命令的第2款要求：（a）罗斯停薪留职18个月，（b）他被指派到非教学岗位，（c）如果在18个月后，无法找到一个非教学岗位，就终止雇用罗斯，（d）如果罗斯继续发布和传播其反犹太观点，就立即终止雇用他。结果是，罗斯在被停薪留职一周后，被调换到了一个非课堂教学岗位。

经过一系列的上诉和交叉上诉后，罗斯的案件被提交到加拿大最高法院。最高法院同意，调查组的命令限制了罗斯的宗教和表达自由。不过，最高法院同意这些命令的背后的理由。首先，考虑到教师受信任的地位和对儿童的影响，对于他们不当值时的行为，可以提出高标准。对不当值时行为的标准不应高到授权实质性地侵蚀教师的隐私，但是如果该教师不当值时的行为促成了一种敌对的课堂气氛，则予以惩罚是合理的。另外，调查组的以下认定是合理的：由于提交人不当值时的行为，他继续在课堂中出现会促成校区内的歧视。最高法院最终认定，调查组命令的第2款（a）（b）（c）项根据《新不伦瑞克人权法典》第1节有效，而命令第2款（d）项无效，因为这对罗斯的宪法权利构成了不成比例的限制。

罗斯向人权事务委员会提交来文，诉称他根据《公约》第18条［17.09］和第19条享有的权利受到了侵犯。加拿大提到其根据第20条承担的义务，

70　在这一方面，两位犹太学生提供的有关反复骚扰的证据包括：咒骂、在黑板上画纳粹万字符、在桌子上刻纳粹万字符以及泛泛的威吓。

以之作为其行为的部分辩护理由。委员会同意加拿大的观点，即罗斯根据《公约》享有的权利并没有受到侵犯。

11.1. 关于提交人根据《公约》第19条提出的申诉，委员会指出，依据《公约》第19条，对表达自由权的任何限制必须逐次符合第3款规定的几项条件。委员会需审议的第一个问题是，提交人的表达自由是否因调查组于1991年8月28日发出并由加拿大最高法院维持的命令而受到限制。由于该命令，提交人被停薪留职一周，随后被调到非教学岗位。委员会虽然注意到缔约国的主张，即提交人的表达自由并没有受到限制，因为他在担任非教学岗位或在其他部门工作时仍可以自由表达自己的观点……，但无法同意的是，将提交人调离教学岗位实际上并没有限制其表达自由。失去教学岗位，即使没有造成或只是造成微不足道的经济损失，都是一个极大的不利。施予提交人的这一不利是因提交人表达其观点的行为，所以委员会认为，这属于一种必须根据第19条第3款证明其有道理的限制，这样才能符合《公约》。

11.2. 委员会需审议的下一个问题是，对提交人的表达自由权的限制是否符合第19条第3款规定的各项条件……

11.3. 关于该种限制须经法律规定的要求，委员会注意到，对于致使提交人被调离教学岗位的过程，存在一种法律框架……

11.4. ……委员会还必须考虑的是，最高法院审议了本案的所有方面并裁定就该命令中其重申的部分而言，在国内法中有充分的依据。委员会还注意到，提交人在所有诉讼过程中均作了陈述，而且提交人有机会对不利于他的裁决提出上诉，并且利用了这种机会。在这种情况下，不能由委员会重新评估最高法院就这一问题所作的认定，因此，委员会认定这一限制是经法律规定的。

11.5. 在评价对提交人表达自由所施限制是否为《公约》所承认的目的而实行时，委员会首先指出，他人的权利或名誉——第19条可以允许为其保护而实行限制——可以与其他个人有关，也可以与整个社区有关。例如委员会在弗里森诉法国案［18.90］中认定，可以允许限制带有激发或强化反犹太情绪性质的言论，以维护犹太人社区得到保护、免受宗教仇恨的权利。《公约》第 20 条第 2 款中所反映的原则也支持这种限制。委员会注意到，调查组和最高法院都认定提交人的言论对信仰犹太教的人和犹太人后裔具有歧视性，并诋毁犹太人的信念和信仰，号召真正的基督教徒不仅要质疑犹太教信仰和教义的有效性，而且要蔑视犹太教徒和犹太人后裔，因为其破坏自由、民主和基督教信仰和价值观念。……委员会的结论是，对他所施限制是为了保护具有犹太教信仰之人的"权利或名誉"，包括在一个没有成见、偏见和不容忍现象的公立学校制度中受教育的权利。

11.6. 委员会需审议的最后一个问题是，限制提交人的表达自由是否为保护具有犹太教信仰之人的权利或名誉所必要。在此情况下，委员会忆及，行使表达自由权附有特别责任及义务。这些特别责任及义务在学校制度中尤其具有相关性，特别在教育年幼的学生方面，更是如此。委员会认为，可以用学校教师发挥的影响来证明予以约束是合理的，是为了确保学校制度不为带有歧视性之观点的表达提供正当性的外衣。在本案中，委员会注意到的事实是，最高法院认为，可以合理预计，在提交人的表达与校区的犹太儿童感受到的"毒化的学校气氛"之间，存在一种因果关系。在此方面，将提交人调离教学岗位可以被认为是一种为保护犹太儿童享有在没有成见、偏见和不容忍现象的学校中学习的权利和自由而必要的限制。而且，委员会注意到，提交人仅在被停薪留职很短时间之后，即被委任另一非教学岗位，因此，该项限制并未超出为实现其保护性功能所必要的范围。人权事务委员会因此认为，各项事实并未表明对第 19 条的违反。

《消除种族歧视公约》第 4 条

[18.85] 1966 年《消除种族歧视公约》第 4 条包含了一项更为详细的义务，即各国应通过和执行针对种族诋毁的法律。第 4 条只涉及了种族仇恨，而没有——举例而言——涉及一般的对外国人的仇恨。[71] 消除种族歧视

---

[71] See *Quereshi v Denmark* (CERD33/2003).

委员会在其第 15 号一般性建议中解释了第 4 条的存在理由。

消除种族歧视委员会第 15 号一般性建议

1. 在《消除一切形式种族歧视国际公约》通过时，第 4 条被认为是反对种族歧视斗争的核心规定。当时，存在着对集权思想意识会死灰复燃的广泛担心。禁止散布种族优越思想以及禁止可能鼓动人们采取种族暴力的有组织活动，被正确地认为是极为重要的。自此以后，委员会已经收到了基于族裔本源而发生的有组织暴力事件以及政治上利用族裔差别的一些证据。因此，实施第 4 条目前已变得更加重要。

消除种族歧视委员会接着解释了正确实施第 4 条所导致的某些义务：

2. ……为履行这些义务，各缔约国不仅必须制定适当的法律，还必须确保这种法律得到切实执行。由于种族暴力的威胁和行动很容易导致其他这类行动，并且会造成一种敌视环境，只有立即干预才能履行作出有效反应的义务。

3. 第 4 条（子）项要求缔约国惩罚下述四类不当行为：（一）传播以种族优越或仇恨为根据的思想；（二）煽动种族仇恨；（三）对任何种族或属于另一肤色或民族本源的人群实施强暴行为；（四）煽动此种行为。……

5. 第 4 条（子）项还规定惩罚资助种族主义活动的行为，委员会认为所指的活动包括以上第 3 段提到的所有活动，也就是，针对人种和种族差异而开展的活动。……

6. 有些国家认为，在它们的法律体制中，在一个组织的成员提倡或煽动种族歧视以前宣布该组织为非法是不适当的。委员会认为，第 4 条（丑）项为这种国家规定了更大的责任，即注意尽早对这类组织采取行动，这些组织以及有组织的活动和其他宣传活动必须被宣布为非法并受到禁止。参与这些组织和这种行为应受惩罚。

[18.86] 与人权事务委员会对待《公民及政治权利国际公约》第 20 条不同，消除种族歧视委员会根据《消除种族歧视公约》第 4 条处理了若干案件的实施问题，包括 LK 诉荷兰案（*LK v the Netherlands*，CERD 4/1991）和下述案件。

[18.87] 奥斯陆犹太人社群诉挪威（Jewish Community of Oslo v Norway, CERD 30/2003）

该申诉有关宣判一次纳粹游行的一位领导人斯约利（Sjolie）先生未犯仇恨罪行。消除种族歧视委员会认定《消除种族歧视公约》被违反：

10.4. 本案争议的焦点是，斯约利先生的言论——如正确定性——是否属于第 4 条中规定的受谴责言论的范畴，假如是的话，这些言论是否因其有关言论自由而受"充分顾及"条款的保护。关于对该言论的定性问题，委员会不同意挪威最高法院多数成员的分析意见。虽然言论的内容在客观上是荒谬的，但某些具体评论缺乏逻辑的情况与评估其是否违反第 4 条无关。斯约利先生在发表这一言论时表示，他的"人民和国家正在受到犹太人的劫掠和摧毁，这些人吸干了我们国家的财富，代之以不道德、非挪威的思想"。他随后不仅提到了他发表演讲所纪念的鲁道夫·赫斯，而且还提到了阿道夫·希特勒以及他们的原则；他表示，他的团体将"沿着他们的足迹，为（我们的）信仰而奋斗"。委员会认为这些言论中包含了基于种族优越或仇恨的思想；敬重希特勒及其原则和"足迹"，在委员会看来，如果不被当作煽动暴力的行为，至少必须应当作煽动种族歧视的行为。

10.5. 至于这些言论是否受第 4 条中所载的"充分顾及"条款的保护，[72] 委员会注意到，其他国际机构在处理种族主义和仇恨言论时，对言论自由的原则给予较低水平的保护，而且委员会自身的第 15 号一般性建议也明确表示，禁止一切基于种族优越或仇恨的思想符合意见和表达自由的权利。委员会指出，"充分顾及"条款普遍涉及《世界人权宣言》所载的所有原则，而不仅仅是言论自由。因此，在第 4 条的语境内给予言论自由权更为有限的作用，并未使"充分顾及"条款失去其重要意义，这尤其是因为，所有保障表达自由的国际文书都规定了在某些情况下限制这项权利之行使的可能性。委员会的结论是，斯约利先生的言论由于具有特别或明显的冒犯性质，而不受"充分顾及"条款的保护，

---

[72] 《消除种族歧视公约》第 4 条规定，其实施应"充分顾及《世界人权宣言》所载原则"。

因此挪威最高法院宣告他无罪违反了《公约》第 4 条，并由此违反了第 6 条。[73]

[18.88] 在涉及《消除种族歧视公约》第 4 条的案件中，大部分对违反的认定有关国家未能根据第 6 条调查据称的仇恨言论，而不是直接认定第 4 条被违反。

艾哈迈德诉丹麦（*Ahmad v Denmark*，CERD 16/1999）

提交人和他的朋友是巴基斯坦裔丹麦公民。他们在一所学校等待他们的朋友时，一位教师让他们离开。据说，这位教师（KP 先生）和校长（OT 先生）都叫他们"猴子"。提交人的申诉内容如下：

3.1. 其申诉是，国家当局从未对案件进行适当审查，提交人也从未得到道歉或充分的赔偿或补偿。因此，缔约国违反了其根据《公约》第 2 条第 1 款（卯）项和第 6 条承担的义务。

消除种族歧视委员会认定，由于对此事件的调查达不到标准，《消除种族歧视公约》第 6 条被违反：

6.1. 缔约国承认，K.P. 先生没有否认曾经把提交人及其伙伴称为"猴子"。缔约国还承认，O.T. 先生不否认说过类似的话。另外还确定的是，这些话是在学校走廊中、在有一些证人在场的情况下，在一种紧张情况的过程中说出的。因此，委员会认为，提交人在公开场合受到侮辱，至少是受到 O.T. 先生的侮辱。

6.2. 地区检察官没有确定提交人是否因其民族或族裔本源受到违反《公约》第 2 条第 1 款（卯）项的侮辱。委员会认为，如果参与处理这一事件的警方没有停止调查，本来有可能确定提交人是否确实因种族理由受到了侮辱。

6.3. 委员会从缔约国提交的第 14 次定期报告（CERD/C/362/Add.1）所载资料发现，在数起案件中，一些人被丹麦法院判定有罪，正是因为发表了类似于本案中所涉言论的侮辱或贬低性言论而违反了

---

[73] 《消除种族歧视公约》第 6 条保障对于违反该公约的任何种族歧视行为，获得"有效保护与救济"，"并有权就因此种歧视而遭受之任何损失，向此等法庭请求公允充分之赔偿或补偿（reparation or satisfaction）"。

《刑法》第 266B 条。因此,委员会不同意缔约国的意见,即有关言论不在《刑法》第 266B 条规制范围之内。

6.4. 由于警方未做到继续调查以及检察官的最后决定——对此提交人无权上诉,提交人被剥夺了确定他根据《公约》所具有权利是否受到侵犯的机会,因此也就被剥夺了针对种族歧视的有效保护以及缔约国规定的有关救济。

7. 委员会认为,提交人确立了一个为得到受理初步成立的案件。它还认为,来文得被受理的条件已得到满足。因此,委员会根据议事规则第 91 条决定受理来文。

8. 关于事件的实质问题,委员会认为,根据上述认定,所出现事实已构成对《公约》第 6 条的违反。

9. 委员会建议缔约国确保警方和检察官适当调查有关种族歧视行为的指控和申诉,因为根据《公约》第 4 条,这种行为应当受到法律惩罚。

消除种族委员会在格勒诉丹麦案(*Gelle v Denmark*,CERD 34/2004)和阿丹诉丹麦案(*Adan v Denmark*,CERD 43/2008)中,也作出了同样的认定。与此相反,对于缔约国开展的调查,消除种族歧视委员会则表示尊重,因此在德国辛地人和罗姆人中央委员会等人诉德国案(*Zentralrat Deutscher Sinti und Roma et al. v Germany*,CERD 38/2006)中,没有认定存在违反。

[18.89] **哈甘诉澳大利亚**(*Hagan v Australia*,CERD 26/2002)

提交人是一位土著澳大利亚人,其申诉如下:

2.1. 1960 年,来文提交人居住在澳大利亚昆士兰州图文巴,该地一个重要体育场的正面看台为纪念当地著名运动员和民间人士 E.S. 布朗先生而被命名为"E.S. '黑鬼'布朗看台"。悬挂在看台上的大标示牌上写着"黑鬼"一词("蔑称")。布朗先生本人还是该体育场监管机构的成员(于 1972 年去世);他是盎格鲁-撒克逊白人血统,但要么"由于他的白肤金发,要么由于他爱用'黑鬼布朗'牌鞋油"而得到了这一蔑称作为外号。在涉及该体育场设施的公告和比赛解说中,该蔑称也被反复使用。

提交人向地方当局提出了申诉，有关这一看台的名字对他的冒犯，但没有成功：

3.1. 申诉人辩称，在看台上和口头上使用这一蔑称违反了《公约》第 2 条——尤其是第 1 款（寅）项、第 4 条、第 5 条（卯）项第（1）目和第（9）目、第 5 条（戊）项第（6）目和（己）项、第 6 条和第 7 条。他辩称，该词是"英语中最具种族攻击性的词或最具种族攻击性的词之一"。因此，在看台上使用该词是对他及其亲族的污辱，致使其无法参加在这一该地区最重要的足球运动场举行的活动。他主张，无论 1960 年的情况如何，现在仍显示和使用该蔑称"是一种极大的污辱，特别是对土著人来说，并属于《公约》第 1 条所定义的种族歧视"。

3.2. 他解释说，他并不反对纪念布朗先生或以他的名字命名足球场看台；但是，在以"黑鬼"这一外号称呼布朗先生时，澳大利亚非土著人"对于该词给土著人造成的伤害和污辱，或者是并不了解，或者是毫无感觉"。他还提出，纪念布朗先生并无必要重复他的外号，因为以著名运动员命名的另外一些体育场馆用的都是他们的普通名字，而不是外号。

3.3. 他诉称，根据第 2 条——尤其是第 1 款（寅）项，《公约》的任何缔约国均有义务修正具有使种族歧视永久化之作用的法律。他辩称，以极其公开的方式使用像该蔑称的词语，即属于对该词语的正式认可或同意。词语表达主张和力量，影响人们的思想和信念；可以使种族主义永久化，强化导致种族歧视的偏见。使用这一词语合法（就国内法而言）还违背第 7 条的目标，该条表明各缔约国有义务打击导致种族歧视的偏见。

澳大利亚提出的辩解是，其司法当局根据国内的反歧视立法驳回了提交人的案件：

4.10. 缔约国提到下述背景情况：（一）该蔑称是作为"某人姓名的一个组成部分"出现的，"而将其姓名公开显示在看台上明显是为了纪念他"；（二）联邦法院认定，"即使布朗先生在很久之前最初获得'黑鬼'这一外号时，它带有种族的甚或种族主义的含义，但也有证据表明，在提交人申诉之前的几十年里，作为对布朗先生的习惯性称谓一部分的这个词已不再带有任何此种含义"；（三）与当地土著人的协商情况；（四）一名前土著人橄榄球协会成员提供的证据表明，这一名称在该地区没有引起问题，而"只是历史的一部分"；（五）该名称在众多土著人经常光顾的体育场的看台上已存在了四十多年，虽然近年来人们越来越敏感，而且愿意公开讨论这一问题，但直到本申诉之前，并没有任何投诉。

消除种族歧视委员会的认定明显有利于提交人，虽然其决定颇为奇怪地摇摆不定，而且可能并没有认定《消除种族歧视公约》被违反。

7.2. 委员会对下述情况给予应有的注意：具有污辱性的标牌最初是在1960年竖立的，特别是这一作为外号的蔑称可能是与一种鞋油品牌有关，其目的不是要污蔑或贬低具有这一外号的人布朗先生——他既不是黑人也不是土著人后裔。而且，在很长一段时间内，不论是布朗先生（在过世前的12年），还是广大公众（在申诉人提出申诉前的39年中），都没有反对过该标牌的存在。

7.3. 但委员会认为，即使这一蔑称在很长一段时间内没有被认为具有冒犯性和污辱性，但现在使用和保持这一蔑称则有可能被这样认为。委员会认为，实际上，《公约》作为一项活的法律文书，其解释和适用必须考虑当前社会的各种情况。在这种情况下，委员会认为其有义务提醒人们注意，当今社会对类似这一蔑称的词语越来越敏感。

8. 因此，委员会满意地注意到1999年7月29日图文巴公共集会上通过的决议，其大意是：为有利于和解，今后将不再使用或展示具有种族贬低或污辱性的词语。同时，委员会认为，可以通过其他方式，而不是通过保持和展示被视为具有种族污辱性的公共标牌，来纪念某一著名运动员。委员会建议缔约国采取必要措施，确保从这一标牌上去掉该蔑称，并告知委员会其在这方面采取的行动。

这种犹豫不决的决定令人遗憾。在哈甘案中，消除种族歧视委员会错过了一个黄金机会，即说明种族诋毁与可能的未达到这一程度的言论——一种基于种族具有冒犯性但未极端到构成仇恨言论的言论——之间的区别。相反，该委员会作出了一个令人困惑的决定，对于是否存在违反未置可否。

否认种族大屠杀

[18.90] **弗里森诉法国**（*Faurisson v France*，550/1993）

该案处理的是否认对犹太人的种族大屠杀的现象。弗里森根据法国法律被定罪，法国对该法律的描述如下：

7.10. 缔约国强调，……提交人被判定所犯罪行是以精确措辞界定并以客观标准为基础的，因此避免了形成一类仅与意见的表达有关的罪行（"délit d'opinion"）。这一罪名成立的必要条件是：（a）否认在国际上［1945年8月8日《伦敦宪章》］得到界定和公认的危害人类罪，以及（b）这些危害人类罪已由司法机关［纽伦堡国际军事法庭］裁定。换言之，1990年7月13日的法律所惩罚的，并不是意见的表达，而是对已得到普遍公认的历史事实的否认。缔约国认为，通过这一规定是有必要的，这不仅是为了保护其他人的权利和名誉，也是为了保护公共秩序和道德。

提交人提出的申诉如下：

2.1. 提交人是文学教授，1973年以前在巴黎大学任教，随后在里昂大学任教，直至1991年被解除教授职位。意识到种族大屠杀的历史重要性，他一直在试图寻找致死方法的证据，尤其是通过毒气窒息致死的方法的证据。虽然他对使用毒气消毒并无异议，但他怀疑的是，在奥斯维辛和其他纳粹集中营是否存在用于杀人的毒气室（"chambres à gaz homicides"）。

2.2. 提交人提出，他的见解在许多学术刊物上受到抵制并在报纸上受到嘲讽，尤其是在法国，虽然如此，他还是继续质疑杀人毒气室是否曾存在。他声称，由于公开讨论其见解和伴随着这些辩论的争论，从1978年起，他成了死亡威胁的目标并8次受到身体上的攻击。他声称，在1989年的一次攻击中，他受了重伤，包括要住院治疗的下颚破裂。他辩称，虽然这些攻击被提请主管司法当局注意，但并没有得到严肃的调查，没有一个对这些攻击负责的人受到逮捕或起诉。1992年11月23

日，里欧姆上诉法院核准了屈塞大审法庭公诉人的请求，并下令结束当局对 X 提起的诉讼（ordonnance de non-lieu）。

2.3. 1990 年 7 月 13 日，法国立法机构通过了所谓的"盖索法"，它通过增加第 24 条之二修正了 1881 年的《新闻自由法》，规定对 1945 年 8 月 8 日《伦敦宪章》所规定的危害人类罪这一犯罪类别的存在提出质疑属于犯罪——纽伦堡国际军事法庭正是依据这一宪章对纳粹领导人进行审判和定罪的。提交人认为，"盖索法"通过对那些胆敢质疑纽伦堡审判的裁决结果和前提的人施加刑事制裁，实质上将纽伦堡审判和判决推到教条的地位。弗里森先生辩称，他有充分的理由相信，确实可以对纽伦堡审判的记录提出质疑、针对纳粹领导人所用的证据值得怀疑、有关在奥斯维辛集中营被屠杀的人数的证据也值得怀疑。……

2.5. 在"盖索法"颁布后不久，法国月刊《本月震荡》（Le Choc du Mois）采访了弗里森先生，并将采访情况发表在 1990 年 9 月的第 32 期上。在采访中，提交人除了表示担心这一新的法律构成对研究自由和表达自由的威胁以外，重申了他的个人信念，即在纳粹集中营不存在灭绝犹太人的杀人毒气室。在这一采访发表之后，11 个法国抵抗战士组织和被放逐到德国集中营者组织对提交人和《本月震荡》月刊的编辑帕特里斯·波吉欧先生提起了私人刑事诉讼。巴黎大审法庭第 17 轻罪审判分庭于 1991 年 4 月 18 日判决这两人犯有"质疑危害人类罪的罪行"，并对他们课以 326832 法郎的罚金和费用。

2.6. 定罪的依据包括提交人的如下言论：

"……没有人会使我承认二加二等于五、地球是平的或纽伦堡法庭不会犯错误。我有充分的理由不相信这一灭绝犹太人的政策或离奇的毒气室的真实性……。"

"我希望 100% 的全体法国公民意识到毒气室的神话是一种不诚实的编造，在'法庭历史学家'赞同之下，它于 1945－1946 年在纽伦堡获得战胜国的核可，并于 1990 年 7 月 14 日由现任法国政府正式化。"……

3.1. 提交人辩称，"盖索法"一般而言限制了他的表达自由和学术自由的权利，并认为该法就是针对他个人的（"*lex Faurissonia*"）。他诉称，这一受到控告的规定构成了令人无法接受的妨碍和惩罚历史研究的审查制度。……

缔约国提出了如下反驳：

7.2.……对政府来说，这些修正主义的论文已构成了"一种当代反犹太主义的诡异形式"……，在1990年7月13日之前，无法根据法国刑事立法的任何既有规定对其起诉。……

7.5.……提交人通过挑战犹太人在第二次世界大战期间遭受灭绝性屠杀的现实，煽动其读者从事有违《公约》及法国所批准的其他国际公约的反犹太主义行为……

7.13. 缔约国……的结论是，对提交人的定罪是完全合理的，其必要性不仅在于确保尊重纽伦堡国际军事法庭的判决以及由此确保尊重纳粹迫害的幸存者和受害者后代的记忆，而且在于维护社会和谐和公共秩序。

就实质问题，人权事务委员会的认定不利于弗里森：

9.3. 虽然委员会并不否认适用"盖索法"的规定——其实际效果是使得质疑纽伦堡国际军事法庭的结论和裁定成为一项刑事罪行——在与本案事实不同的情况下，可能会导致不符合《公约》的决定或措施，但委员会并未被要求批评缔约国颁布的抽象法律。《任择议定书》为委员会规定的任务是，查明在提请它审议的来文中，对表达自由权施加的限制的条件是否已经达到。

9.4. 对表达自由权的任何限制必须逐次符合如下条件：它必须经法律规定，它必须指向第19条第3款（子）和（丑）项所列举的目标之一，并且为实现正当目的所必要。

9.5. 对提交人的表达自由的限制确实是经法律即1990年7月13日的法律规定的。委员会的一贯判例是：限制性的法律本身必须符合《公约》的规定。在这一方面，委员会根据对巴黎大审法庭第17轻罪审判分庭的判决的理解，得出结论认为，判定提交人有罪的根据是其以下两段言论："我有充分的理由不相信这一灭绝犹太人的政策或离奇的毒气室的真实性……。""我希望100%的全体法国公民意识到毒气室的神话是一种不诚实的编造。"因此，将他定罪并没有侵犯其保持和发表意见的一般性权利，法院是因为弗里森先生侵犯了他人的权利和名誉而将其定罪的。出于这些原因，委员会确信，按法国法院理解、解释和适用于提交人的案件的"盖索法"，符合《公约》的规定。

9.6. 为了评判通过将提交人定罪而对其表达自由施加的限制是否为《公约》规定的目的而适用，委员会首先指出——正如在其第10号一般性意见中所做的那样：第19条第3款（子）项允许对所保护的表达自由的权利施加的限制可能涉及他人的利益和整个社会的利益。既然提交人的言论从其整个内容来看，具有引起和加强反犹太情绪的性质，那么施加限制就是为了尊重犹太社群在免受反犹太主义的恐惧气氛下生活的自由。因此委员会的结论是，对提交人的表达自由的限制根据《公约》第19条第3款是允许的。

9.7. 最后，委员会需要考虑对提交人的表达自由的限制是否是必要的。委员会注意到缔约国的主张，即采用"盖索法"旨在推动反对种族主义和反犹太主义的斗争。委员会也注意到法国政府的一名成员即当时的司法部部长的讲话，将否认种族大屠杀的存在定性为反犹太主义的主要手段。由于在委员会获得的材料中没有任何论点能推翻缔约国在限制的必要性上采取的立场的合理性，因此委员会确信，对弗里森先生的表达自由的限制在《公约》第19条第3款的含义之内是必要的。

10. 人权事务委员会依据《公民及政治权利国际公约任择议定书》第5条第4款行事，认为委员会所知事实没有揭示法国对《公约》第19条第3款的违反。

[18.91] 有多位委员提出了若干附议单独意见。伊瓦特夫人和克雷茨梅尔先生提出了如下意见——克莱因先生共同署名：

3. 缔约国争辩说，对提交人的定罪是正当合理的，"其必要性在于确保尊重纽伦堡国际军事法庭的判决以及由此确保尊重纳粹迫害的幸存者和受害者后代的记忆"。虽然我们丝毫不怀疑提交人的言论严重冒犯了种族大屠杀的幸存者和种族大屠杀受害者的后代（以及许多其他的人），但依据《公约》出现的问题是，为实现这一目的对表达自由所施加的限制是否可被看作是为尊重他人的权利所必要的限制。

4. 人人都有权免受基于种族、宗教和民族本源的歧视，而且免受对这种歧视的煽动。这在《世界人权宣言》第 7 条中有明确声明。《公约》第 20 条第 2 款施予缔约国的义务也隐含着应以法律禁止构成煽动歧视、敌视或强暴的任何鼓吹民族、种族或宗教仇恨的主张。提交人根据"盖索法"被判定犯有的罪行并没有明确包括煽动的成分，作为定罪依据的这些言论也不明显属于缔约国根据第 20 条第 2 款必须禁止的煽动的范围。不过，可能会有这样的情况，即一个人免受基于种族、宗教和民族本源的歧视的煽动的权利，并不能由一项恰好处于第 20 条第 2 款范围之内的关于煽动的狭义的、明确的法律给予全面保护。存在这样的情况，即在某种特定的社会和历史背景下，并没有达到有关煽动的严格法律标准的言论，可被证明构成了针对某个种族、宗教或民族群体的煽动的某种模式的一个方面，或那些热衷于传播敌视和仇恨的人，会采用根据禁止煽动种族仇恨的法律不会受到惩罚的形式诡秘的话语形式，尽管它们的影响可能和明确煽动具有同样的危害，就算不是具有更大危害的话。

5. 在法国参议院讨论"盖索法"的过程中，当时的司法部部长阿佩朗吉（Arpaillange）先生解释说，之所以需要这部法律——其中尤其禁止否认种族大屠杀——是因为否认种族大屠杀是种族主义和反犹太主义的当代表现。此外，巴黎上诉法院也考虑了提交人的言论对种族或宗教仇恨的影响，认为基于这种言论宣传旨在使纳粹学说和种族歧视政策死灰复燃的思想的事实，它们有可能破坏法国的不同群体的和谐共存。

6. 不能不考虑的观点是，在当代法国的条件下，否认种族大屠杀有可能构成某种形式的反犹太主义煽动。之所以出现这种情况，不仅仅是因为有人质疑由不同学派和背景的历史学家以及国际和国内法庭充分确证的、记录在大量文献之中的历史事实，还因为存在着这样的背景，即有人在公正无偏的学术研究的幌子下暗示：纳粹受害者犯下了不诚实的编造罪，他们受到迫害的故事是一个神话，杀害这么多人的毒气室是"离奇的"。

7. 正如委员会在其第 10 号一般性意见中所做的那样，它正确地指出，第 19 条第 3 款（子）项允许对所保护的表达自由的权利施加的限制可能涉及他人的利益和整个社会的利益。在受到保护的权利是免受种族、民族或宗教煽动之害的权利时，情况更是如此。法国法院审查了提交人的言论并得出结论认为，他的言论具有煽动或加强反犹太主义倾向的性质。由此看来，限制提交人的表达自由是为了保护法国的犹太人社群在免于反犹太主义煽动的恐惧下生活的权利。这使我们得出的结论是，缔约国已证明，限制提交人的表达自由的目的是尊重第 19 条第 3 款中所提到的他人的权利。但更为难办的问题是，规定发表这种言论应负罪责是否为保护这一权利所必要。

8. 第 19 条第 3 款给予缔约国的对表达自由施加限制的权力，不得解释为禁止不受欢迎的言论或人口的某些部分感到具有冒犯性的言论的许可证。大多数冒犯性的言论可被视为是违反第 19 条第 3 款（子）或（丑）项所提及的价值之一（他人的权利或名誉、国家安全、公共秩序、公共卫生或道德）的言论，因此《公约》规定，保护这些价值之一这种目的本身不足以成为限制表达的充足理由。限制必须是为保护某一价值所必要的。这种必要性的要求意味着一种比例因素。对表达自由施加的限制的范围必须与限制旨在保护的价值成比例。它不得超过保护这一价值所需的程度。正如委员会在其第 10 号一般性意见中所指出的那样，限制不得危害这一权利本身。

9. "盖索法"是用最宽泛的语言拟就的，似乎会禁止发表与纽伦堡法庭决定的事项有关的善意研究成果。即使这种禁止的目的是保护免受反犹太主义煽动的权利，但施加的限制经不起比例性检验。它们并没有将罪责与提交人的意图联系起来，也没有将罪责与出版物煽动反犹太主义的倾向联系起来。此外，这一法律的正当目的肯定可以通过一项不那么激烈的规定来实现，这一规定不会意味着缔约国试图将历史事实和经验转变成不容置疑的立法信条，而不管质疑背后的目的为何，也不管可能的后果如何。不过，在本案中，我们并不抽象地担心"盖索法"，而只是担心通过将提交人定罪而对提交人的表达自由施加的限制是因为他在《本月震荡》月刊上发表的一份采访中表达的言论。这一限制是否经得起比例性检验？

10. 法国法院详细地审查了提交人的言论。它们的裁决和采访本身均否认了提交人的说法，即他只是受到了对历史研究的兴趣的驱使。在采访中，提交人要求起诉那些同意纽伦堡法庭的某些裁决是错误的历史学家，"尤其是犹太历史学家"。提交人提到了"离奇的毒气室"和"毒气室的神话"，认为那是由胜利者在纽伦堡认可的"肮脏骗局"。提交人在这些言论中将犹太历史学家从其他人中单挑出来，明确地暗示犹太人——纳粹暴行的受害者——为了达到他们自己的目的编造了毒气室的故事。虽然有充分的理由保护善意的历史研究不受限制，即使这种研究对公认的历史事实提出质疑并由此对人构成冒犯时也是如此，但提交人所作的那种按照所述方式侵犯了他人权利的反犹太主义的指控，就不得同样地要求免受限制的保护。对提交人施加的限制并没有约束其表达自由权的核心，也绝没有影响他的研究自由；它们与其旨在保护的价值——免受种族主义或反犹太主义的煽动的权利——密切关联；在这种情况下，保护这种价值不可能以不那么激烈的手段实现。正是出于这些理由，他们同意委员会的结论，即在本案件的特定情况下，对提交人的表达自由的限制经得起比例性检验，并且是为保护他人的权利所必要的。

安藤先生、拉拉赫先生和巴格瓦蒂先生的单独附议意见实际上赞同伊瓦特夫人、克雷茨梅尔先生和克莱因先生的意见。

[18.92] 梅迪纳-基罗加夫人也赞同上述意见，并补充了如下看法：

2. 我想补充一点，使我采取这一立场的一个决定因素是，虽然"盖索法"的措辞在适用过程中有可能构成对《公约》第19条的明确违反，但审理弗里森先生案件的法国法院根据《公约》的规定解释并适用了该法，从而使该法与法国在表达自由方面承担的国际义务相适应。

[18.93] 虽然法国作为缔约国在弗里森一案中胜诉，但人权事务委员会所有委员都对这一受到质疑的法律的广泛范围表示了担忧。确实可以正当地审查弗里森先生的访谈，但也可以想象，该法律能够以一种有违第19条的

方式审查表达。也许可以主张说，对弗里森的言论的限制并没有得到充分的界定，也不是"经法律规定"——因为该法律本身就太宽泛了［18.32］。不过，委员会将有关的"法律"解释为如同法国法院所解释的法国制定法。在这种情况中，法院的裁决"矫治了"这一法律的缺陷。

［18.94］ **第 34 号一般性意见**

> 49. 处罚对历史事实表达见解的法律不符合《公约》在尊重意见自由和表达自由方面施予缔约国的义务。《公约》不允许全面禁止表达错误意见或对以往事件作出错误解释。决不得对保持意见自由的权利施加任何限制，而对表达自由的限制不应超出第 19 条第 3 款允许或者第 20 条规定的范围。

这一在弗里森案十多年之后作出的声明看来表明，禁止否认种族大屠杀的法律，或实际上禁止否认任何特定历史事实的法律，都不符合第 19 条。此外，人权事务委员会在对匈牙利的结论性意见中称：[74]

> 19. 委员会关切的是，缔约国内所谓的"记忆法"的演变有可能会造成风险，即有关如何认识缔约国在第二次世界大战之后历史的多种不同见解被规定为刑事罪行（第 19 条和第 20 条）。

结　语

［18.95］ 人权事务委员会处理了与第 19 条有关的众多重要问题，其最近发布第 34 号一般性意见是对其有关这一重要权利的判例的值得欢迎的补充。委员会的案例法包括有关以下方面的来文：信息自由、诽谤、商业言论、否认种族大屠杀，以及基于国家安全、公共秩序和公共道德对言论的限制。委员会尚未确认第 20 条可诉。鉴于《消除种族歧视公约》第 4 条是可诉的，对于《公民及政治权利国际公约》第 20 条被排除在基于《任择议定书》的审议之外，看来没有什么说得过去的理由。

---

[74] (2010) UN doc CCPR/C/HUN/CO/5.

第十九章　集会和结社自由

——第二十一、二十二条

第 21 条 …………………………………………………… [19.02]
　"集会"的含义 ……………………………………… [19.02]
　对集会自由的限制 ………………………………… [19.05]
　第 21 条的解释 ……………………………………… [19.07]
第 22 条 …………………………………………………… [19.13]
　"结社"的含义 ……………………………………… [19.13]
　对结社自由的限制 ………………………………… [19.14]
　工会权利 …………………………………………… [19.20]
　不结社的自由 ……………………………………… [19.31]
结语 ……………………………………………………… [19.36]

[19.01]《公约》第 21 条保障和平集会的自由，而第 22 条保障结社自由。这两项自由对于个人有效参与公民和政治社会至关重要。不过，这两项自由在《公约》制度中，都没有产出多少判例。

第 21 条

和平集会之权利，应予确认。除依法律之规定，且为民主社会维护国家安全或公共安宁、公共秩序、维持公共卫生或风化、或保障他人权利自由所

815

必要者外，不得限制此种权利之行使。

"集会"的含义

[19.02] 第 21 条保护和平集会的权利。诺瓦克将此权利描述为若干人为了某一特定目的的有意的、临时的聚集。[1] 某些集会根据其他条款受到保护。例如，宗教集会根据第 18 条受到保护；纯粹私人性质的集会，诸如家人或朋友的聚会，根据第 17 条受到保护；而以结社的方式集会则受到第 22 条的保护。[2] 通过推理，第 21 条可能指向保护这些其他条款并不覆盖的集会。诺瓦克提出，第 21 条特别指向有关观念的讨论或宣布的集会。[3]

[19.03] 在科尔曼诉澳大利亚案（*Coleman v Australia*，1157/2003）中，人权事务委员会认定，如果某人独自行事，则与集会自由之权利无关。[4] 一个"集会"由不止一个人构成。

[19.04] 集会可以以多种方式发生。集会可以在封闭的房间内、在室外、在公共或私人地产上进行。集会可以是动态的（如行进或游行）或静态的。参与集会可以是有限制的，或向所有人开放。

对集会自由的限制

[19.05] 集会自由不是一项绝对权利。首先，这一自由只限于和平集会，因此集会不得是暴力性的。例如，暴动骚乱和斗殴滋事不受保护。以非暴力的形式显示公民不服从有可能根据这一规定受到保护。[5] 不过，这并不意味着各国免于承担管控暴力性集会的人权义务。在对丹麦的结论性意见中，人权事务委员会评论说：[6]

14. 委员会还表示关切的是，警察部队对付各类示威或集会的参与

1　M Nowak, *UN Covenant on Civil and Political Rights: CCPR Commentary* (2nd edn, NP Engel, 2005), 484.

2　Nowak, *UN Covenant on Civil and Political Rights: CCPR Commentary*, 485.

3　Nowak, *UN Covenant on Civil and Political Rights: CCPR Commentary*, 485.

4　在委员会意见的第 6.4 段。

5　Nowak, *UN Covenant on Civil and Political Rights: CCPR Commentary*, 375.

6　(1997) UN doc CCPR/C/79/Add. 68, para 14.

者所运用的人群控制方法,包括使用警犬;这些方法在某些情况下使人群中的个人,包括旁观者,受到严重伤害。……

21. 委员会敦促该缔约国政府加强训练警察部队控制人群的方法和处理包括精神紊乱者在内的违法者的方法,并且持续不断地审查这些问题。委员会建议当局应重新考虑使用警犬来控制人群的方法。

以上评论可能表明,某次暴力性集会中的和平参加者可能受到第 21 条的保护,以及/或者所有的参加者都受到其他《公约》条款的保护,例如禁止不人道和侮辱性待遇的第 7 条。[7]

[19.06] 集会自由权还受到若干明示限制。这些限制与见于第 12、18、19 和 22 条的限制相对应。可以推定,解释对集会自由权的限制的方式将类似于对这些条款中的限制的相关解释。[8] 第 21 条中的限制必须"依法律之规定"("in conformity with the law"[*])。这一说法与见于第 12、18、19 和 22 条中的说法不同,后几者要求限制由法律所"规定"("provided" or "prescribed" by law)。诺瓦克相信,表述中的这一差异允许在施加对第 21 条的限制时,行使更大程度的行政酌处权,诸如要求事先通知,与之相比,上述其他各条则要求限制应由法律更仔细地界定。[9] 限制也必须"在民主社会中必要"。同样的用语被解释为将一种比例性的概念纳入对第 19 条规定的表达自由权的限制中。[10] 可以推定,这些用语在结社自由的语境中具有同样的含义。[11]

7　See also *Umetaliev v Kyrgysztan* (1275/2004) [8.09] and *Domínguez v Paraguay* (1828/2008) [8.10].

8　对于同样的明示限制的解释,见第 [12.27] 及以下各段和第 [18.30] 及以下各段。见,'Siracusa Principles on the Limitation and Derogation Provisions in the International Covenant on Civil and Political Rights' (1985) 7 *Human Rights Quarterly* 3,其中指出,《公约》中所有的限制性条款,对于每一项权利,均应以同样的方式解释。

*　这一英文用语也可理解为"符合法律",因此才有下文"诺瓦克相信……"的说法。

9　Nowak, *UN Covenant on Civil and Political Rights: CCPR Commentary*, 489 – 90, and K Partsch, 'Freedom of Conscience and Expression, and Political Freedoms', in L Henkin (ed) *The International Bill of Rights* (Columbia University Press, 1981), 232. 有关可予允许的酌处范围见,*Pinkney v Canada* (27/1978),[16.08];另见第 [1.83] 段。

10　见第 [18.33] 段。另见第 [12.27] 段。

11　See 'Siracusa Principles' (1985) 7 *Human Rights Quarterly* 3.

第 21 条的解释

[19.07] **GRYB 诉白俄罗斯**（*GRYB v Belarus*，1316/2004）

该案的事实体现在人权事务委员会对第 19 条和第 21 条都被违反的认定中：

13.2. 提交人声称，在参加纪念白俄罗斯 1994 年《宪法》通过一周年的和平集会后，他被罚款，并因此被拒发律师执照，即使他通过了资格考试。……委员会认为，这些申诉引起了《公约》第 19 条和第 21 条……之下的问题。缔约国没有特别地考虑《公约》的这些规定来处理这些申诉，而是解释说，提交人被拒发执照是因为，他参加的集会违反了一项有关群体行为的总统令、未经批准，这引起了行政责任，因此他违反了《律师法》规定的律师操守。

13.3. 委员会忆及，意见自由和表达自由是人之全面发展的必要条件，对任何社会都至为必要，而且构成每个自由和民主社会的基石。它还指出，《公约》第 19 条和第 21 条规定的权利和自由并不是绝对的，在某些情况下可能受到限制。根据第 19 条第 3 款，这些限制只应由法律规定并为下列情况所必要：尊重他人的权利或名誉，或保护国家安全或公共秩序，或公共卫生或道德。同样，《公约》第 21 条第二句也要求，除依法律之规定，且为民主社会维护国家安全或公共安宁、公共秩序、维持公共卫生或风化、保障他人权利自由所必要者外，不得限制和平集会权之行使。

13.4. 委员会注意到，在本案中，缔约国只是解释说，对提交人的罚款根据《行政违法行为法》的规定是合法的，由此导致了后来按照《律师法》的规定，没有发给他执照。委员会注意到，对于不发给提交人律师执照从《公约》第 19 条第 3 款以及/或者第 21 条第二句来看如何合理与必要，缔约国没有提出任何解释。根据本案的情况，且在卷宗中没有任何其他相关资料的情况下，委员会认为，提交人根据《公约》第 19 条第 2 款和第 21 条享有的权利在本案中受到了侵犯。

在扎勒苏卡娅诉白俄罗斯案（*Zalesskaya v Belarus*，1604/2007）、切波塔

热娃诉俄罗斯联邦案（*Chebotareva v Russian Federation*，1866/2009）和贝利亚泽卡诉白俄罗斯案（*Belyazeka v Belarus*，1772/2008）中，也出现了类似的对第 21 条的直截了当的违反；在维利彻金诉白俄罗斯案（*Velichkin v Belarus*，1022/2001）中，则有委员在单独意见中认定第 21 条被违反。[12]

[19.08] **基文马诉芬兰**（*Kivenmaa v Finland*，412/1990）

该案是有关第 21 条的最主要案件。申诉人提出的事实如下：

1. 来文的提交人是奥莉·基文马女士，一位芬兰公民和"社会民主青年组织"的秘书长。她声称是芬兰违反《公民及政治权利国际公约》第 15 条和第 19 条或第 21 条的受害者。她由律师代理。

2.1. 1987 年 9 月 3 日，在一位外国国家元首来访并与芬兰总统会晤之时，提交人和其组织的大约 25 名成员——在为数更多的一群人中——聚集在两位领导人会面的总统宫对面，散发传单并举起了一面批评来访的国家元首的人权记录的标语。警察立刻取下了标语，并问谁是负责人。提交人表明了身份，随后被指控未经事先通知即举行"公开集会"（public meeting），违反了《公开集会法》。

2.2. 上述《公开集会法》自 1921 年以来就未加修正，在《公约》生效后也未修正。该法第 12 条第 1 款规定，未经至少提前 6 个小时通知警察即举行公开集会是一项可受惩罚的违法行为。事先通知的要求仅适用于在室外举行的公开集会（第 3 条）。只有得到邀请的个人才能参加的会议则不是公开集会（第 1 条第 2 款）。第 1 条第 1 款规定，一个"集会"的目的是讨论公共事务并对之作出决定。该法第 10 条将事先通知的要求扩展至公开的庆祝游行和行进。

2.3. 尽管提交人主张她组织的不是一次公开集会，而只是表明她对来访的国家元首的据称侵犯人权行为的批评，但是市法院于 1988 年 1 月 27 日判定她犯有所指控的罪行，并处罚款 438 芬兰马克。法院认为，通过他们的行为，可以将这 25 个人组成的团体从整个人群中区分出来，

---

[12] 在维利彻金案中，多数委员侧重于关注对第 19 条的违反，但韦奇伍德夫人正确地认定了存在对第 21 条的单独违反。

因此可以视之为一次公开集会。法院没有审查提交人的辩护理由，即将她定罪会违反《公约》。

基文马的申诉的突出点是，有关的聚集（25个人抗议到访的外国国家元首）并不处于《公开集会法》所说的"公共集会"（public meeting）的定义之内。她因此主张，在这种情况中适用《公开集会法》并非第21条所要求的"依法律之规定"。

3. ……提交人……主张，即使这一事件可以被解释为是行使集会自由，她仍然没有义务通知警察，因为这一示威并没有采取如《公开集会法》所界定的公开集会和公开行进的形式。……

8.5. 提交人总结称，她并没有辩驳的是，限制和平集会权利的行使可能是正当合理的，而就公开集会事先作出通知属于此类限制的一种合理形式。但是，提交人确实质疑《公开集会法》在其案件中的适用。她辩称，这一过时的、含混的和模糊的法律被警察用作法律依据，干涉她有关来访国家元首的国家中人权状况的表达。她声称，这一干涉不符合法律，也不是在《公约》第21条所指民主社会中所必要的。在这一方面，提交人再次强调，警察通过取下标语，干涉了她表达意见的最有效方式。

缔约国从第21条为其立场提出辩解。首先，芬兰为《公开集会法》本身提出了辩解：

7.6. 提交人指控说她是《公约》第21条被违反的受害者，对此，缔约国忆及，第21条允许对和平集会权利的行使施加限制。在芬兰，《公开集会法》保障在公开场合和平集会的权利，同时确保公共秩序和安全并防止对集会权利的滥用。根据该法，公开集会被理解为一个以上的人为了合法的目的在公开场合的聚集，而除了被邀请者以外的其他人也可以参加。缔约国提出，在已经确立的对该法的解释中，该法也适用于作为公开集会或街道游行而组织的示威。该法第3条要求，应于在室外公开地点的任何公开集会开始之前，至少提前6个小时通知警察。这一通知必须包括有关会议之时间、地点及其组织者的资料。该法第12条第1款规定，未经提前通知警察即举行公开集会是一项可受惩罚的违

第十九章　集会和结社自由

法行为。缔约国强调，该法并不适用于仅由一个人进行的和平示威。

7.7.……缔约国提出，事先通知的要求使得警察能够采取必要的措施以使聚会得以进行，例如疏导交通，并进而在该团体行使其集会自由的权利时对其提供保护。在这一方面，缔约国辩称，当涉及一位外国国家元首时，警察事先得到通知具有极大的现实重要性。

7.8. 缔约国主张，公开集会的权利并没有受到事先通知警察的要求的限制。……缔约国强调，为保障公开集会的和平性质，事先通知是必要的。

其次，缔约国对《公开集会法》适用于基文马和她的团体提出了辩解：

7.9. 就本案的特定情况，缔约国的意见是，提交人和她朋友的实际行为等于是《公开集会法》第1条含义之内的公开集会。在这一方面，缔约国提出，尽管在《公开集会法》中没有明确提到"示威"一词，但是这并不意味着示威处于该法的适用范围之外。在这一方面，委员会提到了法律解释的一般原则。另外，它还指出，《公约》第21条也没有具体提到"示威"是集会的一种模式。最后，缔约国主张，事先通知的要求符合第21条第二句。在这一方面，缔约国提出，该要求是由法律规定的，并且是在一个民主社会中为正当合理的目的所必要的，特别是对公共秩序之利益所必要的。

人权事务委员会对于该案的实质问题，作出了相当简短但有利于基文马的决定：

9.2. 委员会认定，在意欲于公开地点举行的示威开始之前6个小时通知警察的要求可能符合《公约》第21条规定的可予允许的限制。在本案的特定情况中，当事各方提交的资料表明，数个人在欢迎外国国家元首正式到访的仪式的地点——缔约国当局已经提前公布了这一点——的聚集，不能被认为是一次示威。就缔约国所辩称的，展示标语使得他们的情况变为一次示威，委员会指出，对集会权利的任何限制必然处于第21条中的限制性规定的范围之内。就示威进行事先通知的要求的通常理由，是国家安全或公共安全、公共秩序、保护公共卫生或道德或者保护他人的权利和自由。因此，将有关示威的芬兰立法适用于此类聚集不能被认为是适用了《公约》第 21 条所允许的一种限制。

令人遗憾的是，在这个委员会对有关第 21 条的实质性问题作出决定的唯一案件中，推理之含混令人惊异。[13] 委员会显然同意基文马的辩解，即有关聚集并非一次"示威"，因此将其解释为处于芬兰《公开集会法》的范围之内是错误的。不过，委员会通常不去质疑国内法院的法律或事实认定[1.53]。委员会在这里推翻芬兰法院的裁决的理由并不清楚。

[19.09] 虽然人权事务委员会承认芬兰《公开集会法》本身可能处于对第 21 条的可予允许的范围之内，但委员会显然觉得该法在基文马案的具体情况中的适用超出了对第 21 条的可予允许之限制的界限。这即是说，委员会同意提前通知的要求基于国家安全和公共秩序的理由是正当合理的，但鉴于基文马等人的聚集对"公共秩序"造成的风险极小，因此对该聚集施加这样的要求是不合适的。可以说，这样一项决定太过依赖后见之明了。

[19.10] 因为所有公开聚会都自动地受制于这些要求，所以对于通知的要求，并没有给予芬兰当局明显的酌处权。在这样的情况中，人权事务委员会的多数委员区分《公开集会法》的要求及其适用，看来是靠不住的。

[19.11] 也许多数委员的决定可以被合理地看作一种谴责，针对的是公开集会需要提前通知这种无差别要求——尽管执行的很糟糕。实际上，基文马自己就指出，《公开集会法》"之宽泛不可接受"，因为该法可能适用于"几乎任何至少三个人之间的户外讨论"。[14] 人权事务委员会对毛里求斯的结论性意见提供了更多的证据，说明这样的要求不符合《公约》。在该意见中，委员会谴责了毛里求斯的一项法律，这项法律要求公开集会要提前七天通知。[15] 不过，所要求的这一通知期间比基文马案中芬兰法律要求的期间（六个小时）要长得多。在对吉尔吉斯斯坦的结论性意见中，委员会批评了在不

---

[13] T Murphy, 'Freedom of Assembly', in D Harris and S Joseph (eds), *The International Covenant on Civil and Political Rights and United Kingdom Law* (Clarendon Press, 1995), 443.

[14] 在委员会意见的第 8.4 段。

[15] (1996) UN doc CCPR/C/79/Add.60, para 20；另见委员会对白俄罗斯的结论性意见，(1997) UN doc CCPR/C/79/Add.86, para 18，其中认定，就游行提前 15 天作出通知的要求不符合"第 21 条的价值观"。另见委员会的结论性意见：摩洛哥，(1999) UN doc CCPR/C/79/Add.113, para 24；摩尔多瓦共和国，(2002) UN doc CCPR/CO/75/MDA, para 15。

准举行公开集会时，缺乏上诉机制的情况。[16]

[19.12] 在对哈萨克斯坦的结论性意见中，人权事务委员会称：[17]

26. 委员会表示关切的是，有报道称，集会自由的权利在缔约国没有得到尊重。委员会特别关切的是，有报道称，对集会自由的权利有不当限制，如划定举行集会的区域——这些区域通常被放到市中心以外以减少公众的关注。委员会还关切的是，有报道称，申请举行集会的许可往往以公共秩序和国家安全的理由而遭拒绝，但人们不断在未经许可的情况下举行集会，这使他们处于被逮捕和被指控违反若干行政条例的危险之中，由此严重限制了他们的集会自由的权利（第21条）。

第22条

一、人人有自由结社之权利，包括为保障其本身利益而组织及加入工会之权利。

二、除依法律之规定，且为民主社会维护国家安全或公共安宁、公共秩序、维护公共卫生或风化，或保障他人权利自由所必要外，不得限制此种权利之行使。本条并不禁止对军警人员行使此种权利，加以合法限制。

三、关于结社自由及保障组织权利之国际劳工组织一九四八年公约缔约国，不得根据本条采取立法措施或应用法律，妨碍该公约所规定之保证。

"结社"的含义

[19.13] 结社自由允许个人正式结成团体以追求共同的目标。此种团体的例证有政党、职业或运动俱乐部、非政府组织、工会和公司。在沃尔曼诉奥地利案（*Wallman v Austria*, 1002/2001）中，人权事务委员会确认，"《公约》第22条只适用于私人社团，包括就其成员事项而言"。[18] 不过，如下所

---

[16] (2000) UN doc CCPR/CO/69/KGZ, para 22.
[17] (2011) UN doc CCPR/C/KAZ/CO/1.
[18] 在委员会意见的第9.4段。

述，委员会混淆了问题，因为它接下来审查了一项规定某一公共组织中商业实体之强制成员资格的法律是否违反了第 22 条，而不是径直驳回这一申诉［19.34］。在 PS 诉丹麦案（*PS v Denmark*，397/1990）中，委员会认定，一位父亲提出的申诉——有关限制他与其儿子联系的能力——没有引起第 22 条规定的问题。[19] 并不清楚的是，这一决定是因为关系的性质，还是因为涉及的人太少，以至于不能组成一个"社团"。但无论如何，家庭团体受到第 17 条和第 23 条*的保护。

对结社自由的限制

［19.14］第 22 条第 2 款包含了一份对行使结社自由权可予允许之限制的清单，这一清单与第 12、18、19 和 21 条中的限制清单是一样的。对于这些在其他条款中列举的限制的解释，与对第 22 条规定的限制的解释将是一样的。[20] 例如，限制应"在民主社会中必要"的要求将一种比例性的概念纳入对结社自由所施加的限制中。MA 诉意大利案（*MA v Italy*，117/1981）就是一个限制结社自由被认定为可予允许的案件：禁止一个意大利的法西斯政党被认定为符合第 22 条，据推定是基于公共秩序和国家安全的理由。[21]

［19.15］第 22 条第 2 款的最后一句准许对军队或警察成员的行使结社自由加以"合法"限制。这看来意味着这些限制只需由法律规定，而不受任何比例性或合理性之要求的约束。[22] 此外，合法限制可以出于任何目的，而非所列出的目的之一。设置这些措施可能是为了确保维护警察和军队政治中立的法律符合《公约》。[23] 不过，看来可能的是，根据第 22 条第 2 款的目前行文，以法律禁止军人和警察加入反对党，以确立行政机关之执行部门的政治忠诚。也许明智的是，对于这样的限制保留比例性的要求。人权事务委员会尚未对有关军人和警察的这些特别规定提出任何解释。

19　在委员会意见的第 5.3 段。

*　原书此处为"第 20 条"，有误，经与作者核实更正。

20　See 'Siracusa Principles'.

21　第［18.53］段讨论了该案。

22　比较第［16.06］及以下各段和第［11.91］及以下各段中的评论。

23　Nowak, *UN Covenant on Civil and Political Rights: CCPR Commentary*, 509.

第十九章 集会和结社自由

[19.16] **李钟允诉韩国**（*Lee v Republic of Korea*，1119/2002）

提交人因其是"韩青年"（韩国学生会联合会）的成员而被定罪。韩国为其被定罪提出的理由是：

4.1. 缔约国……辩称，为了保护其国家安全和民主秩序的必要，根据《国家安全法》第7条第1、3款将提交人定罪是合理的。缔约国提出，根据《公约》第18条第3款、第19条第3款和第22条第2款所载的限制条款，《大韩民国宪法》第27条第2款规定，可以为了保护国家安全、维持法律和秩序、公共利益而依法限制公民的自由和权利。《国家安全法》——其制定是为了保护国家安全和民主秩序免受朝鲜所造成的威胁——第7条第1、3款被最高法院和宪法法院一再宣布为符合《宪法》。缔约国的结论是，由独立法庭通过公正审判、基于对《国家安全法》第7条第1、3款的恰当适用将提交人定罪，既符合《公约》，也符合《宪法》。

4.2. 缔约国驳斥了提交人的辩护理由，即第九届韩国学生会联合会修订了其议程，以及不应当仅因为该组织的某些目标与朝鲜的意识形态相似而将其视为反政府组织。缔约国主张，韩国学生会联合会的组织纲领、规则和文件显示，它是一个"对敌有利的反政府组织并威胁韩国的国家安全和自由民主原则"。

人权事务委员会认定提交人被定罪违反了第22条：

7.2. 委员会面前的问题是，提交人因其是韩国学生会联合会的成员而被定罪是否不合理地限制了他的结社自由，由此违反《公约》第22条。委员会指出，根据第22条第2款，对结社自由权的任何限制都必须累积符合下列条件才有效：（a）必须依法律之规定；（b）只可为第2款所列目标之一而施加；（c）必须为实现这些目标之一而"在民主社会中必要"。委员会认为，提及"民主社会"表明，多样性社团（包括那些和平地倡导不受政府和大部分人口喜欢的思想的社团）的存在与运作，是民主社会的基础之一。因此，存在限制结社自由的任何合理和客观的理由并不够。缔约国还必须证实，禁止该社团并对个人加入此类组织予以刑事追究，的确是出于避免对国家安全或民主秩序的真正的而不仅仅是假想的危险,而且侵扰性较小的措施不足以实现这一目标。

7.3. 提交人被定罪的依据是《国家安全法》第 7 条第 1、3 款。因此,必须考虑的一个决定性问题是,这一措施是否为实现第 22 条第 2 款所述目标之一所必要。委员会注意到,缔约国援引了保护国家安全及其民主秩序免受朝鲜所造成威胁的需要。然而,缔约国未具体阐明提交人成为韩国学生会联合会之一员据说造成的威胁的确切性质。委员会注意到,韩国最高法院 1997 年的裁决宣布韩国学生会联合会为"利敌团体",依据是禁止支持"有可能"危害国家生存与安全或其民主秩序的社团的《国家安全法》第 7 条第 1 款。委员会还指出,缔约国及各级法院并没有证明,因提交人是韩国学生会联合会的成员而惩罚他,尤其在该组织支持了"6 月 15 日南北联合声明"(2000 年)之后,为避免对韩国的国家安全或民主秩序的真正危险是必要的。因此,委员会认为,缔约国未能证实将提交人定罪是为保护国家安全或第 22 条第 2 款所列任何其他目标是必要的。委员会的结论是,对提交人的结社自由权的限制不符合第 22 条第 2 款的要求,并因此违反了《公约》第 22 条第 1 款。

对于允许根据第 22 条第 2 款限制权利,委员会施行了非常严格的检验。例如,委员会指出,此等限制必须满足一种"最低限度损害"的检验标准,即这些限制必须是可用于保护第 22 条第 2 款所允许之目标中,限制程度最小的那些。韩国在该案中未能符合这一检验标准。

[19.17] 承认社团的程序性手续不得过于繁重,以至于构成对第 22 条所规定之权利的实质限制。在众多场合,白俄罗斯的有关非政府组织"登记"的要求被认定为违反第 22 条。

兹沃兹科夫诉白俄罗斯(*Zvozskov v Belarus*, 1039/2001)

7.2. 委员会需要审理的主要问题是,白俄罗斯当局拒绝"赫尔辛基 XXI"这一组织登记是否不合理地限制了提交人和其他 23 位共同提交人的结社自由权。委员会指出,根据第 22 条第 2 款,对结社自由权的任何限制都必须累积符合下列条件:(a)必须依法律之规定;(b)只可为第 2 款所列目标之一而施加;(c)必须为实现这些目标之一而"在民主社会中必要"。委员会认为,在第 22 条中提及"民主社会"表明,多样性社团（包括那些和平地倡导并不必然受政府和大部分人口喜欢的思想的社团）的存在与运作，是民主社会的基石之一。

7.3. 在本案中，对提交人的结社自由权施加的限制包括有关社会团体登记的若干条件。根据最高法院2001年8月20日的判决，"赫尔辛基XXI"的章程以及提交人的登记申请没有符合的唯一标准是一项国内法，该法律规定，社会组织没有权利代表和维护第三者的权利。这项限制必须根据对提交人及其社团产生的影响来评估。

7.4. 委员会首先注意到，对于国内法律是否的确禁止维护并非某一社团成员的公民的权利和自由……，提交人和缔约国意见不一。其次，委员会认为，即使这些限制的确是由法律规定的，缔约国也没有作出任何论证，说明从第22条第2款的目的来看，有必要把某一社团的活动范围限于专门代表和维护其成员的权利作为该社团登记的条件。考虑到拒绝登记造成的后果，即未登记的社团在缔约国境内的运作属非法，委员会的结论是，拒绝登记的行为不符合第22条第2款的要求，因此提交人根据第22条第1款享有的权利受到了侵犯。

人权事务委员会在卡特索拉诉白俄罗斯案（*Katsora et al. v Belarus*, 1383/2005）和孔古若夫诉乌兹别克斯坦案（*Kungurov v Uzbekistan*, 1478/2006）中，也作出了同样的认定。在对一些缔约国的结论性意见中，委员会也表达了对这种登记程序的关切。[24]

[19.18] **科尔宁科等人诉白俄罗斯**（*Korneenko et al. v Belarus*, 1274/2004）

提交人的非政府组织"公民倡议"根据白俄罗斯法律被解散，即其登记被取消。这种情况被认定为违反了第22条。

7.4. 在本案中，法院命令解散"公民倡议"的依据是被认为的对缔约国国内法的两类违反：（一）不当利用通过外国捐赠得到的设备来制作宣传材料并开展宣传活动；（二）该社团的文件中存在缺陷。这两类法律要求构成事实上的限制，必须根据其对提交人和"公民倡议"产

24　委员会的结论性意见：白俄罗斯，(1997) UN doc CCPR/C/79/Add.86, para 19；立陶宛，(1997) UN doc CCPR/C/79/Add.87, para 20；俄罗斯联邦，(2009) UN doc CCPR/C/RUS/CO/6, para 27。

生的影响来评估。

7.5. 关于第一点，委员会注意到，对于"公民倡议"是否确实将其设备用于所述目的，提交人与缔约国意见不一。委员会认为，即使"公民倡议"使用了此等设备，缔约国也没有作出任何论证，说明从第22条第2款的目的来看，有必要禁止将其用于"筹备集会、会议、街头游行、示威、成立罢工纠察队、罢工，制作和分发宣传材料以及组织研讨会和其他形式的宣传活动"。

7.6. 关于第二点，委员会注意到，当事双方对国内法的解释有分歧，而且缔约国未能作出任何论证，说明该社团文件中存在的三项缺陷中的哪一项致使《公约》第22条第2款所规定之限制可予适用。即使"公民倡议"的文件不完全符合国内法的要求，缔约国当局作出的将其解散的反应也是不合比例的。

7.7. 考虑到解散"公民倡议"对提交人行使结社自由权的严重影响以及未登记的社团在白俄罗斯运作属非法的问题，委员会的结论是，解散"公民倡议"不符合第22条第2款的要求，而且不合比例，因此提交人根据第22条第1款享有的权利受到了侵犯。

人权事务委员会在贝利亚特斯基诉白俄罗斯案（*Belyatsky v Belarus*, 1296/2004）中，作出了同样的决定。

[19.19] 人权事务委员会在对俄罗斯联邦的结论性意见中，对于制定阻碍地方非政府组织获得外国资金的法律表示关切。[25] 在对喀麦隆的结论性意见中，委员会关切地注意到，在该国没有任何得到承认的人权非政府组织，总体上适格的非政府组织数量也很少。[26]

工会权利

[19.20] 第22条第1款专门保护一种特定类型的社团即工会的成员资格。工会是旨在促进其成员之共同利益的雇员组织。第22条第1款特别提

---

[25] 委员会对俄罗斯联邦的结论性意见，(2009) UN doc CCPR/C/RUS/CO/6, para 27。另见委员会对埃塞俄比亚的结论性意见，(2011) UN doc CCPR/C/ETH/CO/1, para 25。

[26] (2010) UN doc CCPR/C/CMR/CO/4, para 26.

到工会体现了工会在历史上受到的迫害。对劳工权利的提倡和追求往往与大工商企业和政府的利益相冲突。

[19.21] 第 22 条第 3 款特别维护了国际劳工组织 1948 年第 87 号公约规定的义务的不可侵犯性。该公约保障工人组织及其成员的某些权利,因此第 22 条第 3 款看来强调了第 22 条给予工会的保护。不过,考虑到第 5 条第 2 款——禁止各缔约国将《公约》用作减损其他条约义务的借口,第 22 条第 3 款似乎是多余的。[27]

[19.22] 在对塞内加尔的结论性意见中,人权事务委员会表明了第 22 条中对工会之保护的额外因素:[28]

> 16. 委员会关切的是,结社自由未能得到充分享有,尤其是外国工人不得在工会中担任正式职务,而且行政当局可以解散工会。

[19.23] 第 22 条保障个人有权自由地"为保障其本身利益而组织及加入工会",但必须提出的一个问题是,第 22 条在多大程度上保护工会成员可用来追求其共同利益的手段。JB 等人诉加拿大案,即"艾伯塔联盟案",提出了第 22 条是否保护罢工权的问题。

[19.24] **JB 等人诉加拿大**(*JB et al. v Canada*,118/1982)

该案的事实如下:

> 1.1. 来文的提交人是 J.B.、P.D.、L.S.、T.M.、D.P. 和 D.S.,他们以个人名义并作为加拿大艾伯塔省雇员联盟执行委员会的成员提交来文(1982 年 1 月 5 日提交首份来文,随后还有 7 份来文)。他们由艾伯塔省雇员联盟的法律顾问作为代表。
>
> 1.2. 提交人指出,根据 1977 年《艾伯塔公共机构雇员关系法》,禁止艾伯塔省的公共雇员罢工;他们声称这种禁止构成了加拿大对《公民及政治权利国际公约》第 22 条的违反。

人权事务委员会多数委员的决定是,第 22 条没有包含任何罢工权:

> 6.2. 委员会要处理的问题是:《公民及政治权利国际公约》第 22

---

[27] Nowak, *UN Covenant on Civil and Political Rights: CCPR Commentary*, 510–12.

[28] (1997) UN doc CCPR/C/79/Add. 82.

条第1款是否保障了罢工权。……

因为罢工权没有被明确地包括在第22条之中，所以委员会必须解释的是，结社自由权是否如同来文提交人所争辩的那样，必然意味着罢工权。提交人主张，这样一种结论得到了国际劳工组织机关的决定的支持，这些决定是在解释在国际劳工组织的主持下制定的劳工法条约的范围和含义时作出的。对于接受有关机关对这些条约之解释的正确性与公正性，人权事务委员会并无疑虑。但是，每一国际条约，包括《公民及政治权利国际公约》在内，均有其自身的生命，必须由负责监督其规定的机构——如果规定了这种机构的话——以一种公平公正的方式解释。

6.3. 在解释第22条的范围时，委员会对于该条之每一要素的"通常意义"，均按其上下文并参照其目的及宗旨（《维也纳条约法公约》第31条）予以了考虑。委员会还求助于解释的补充方法（《维也纳条约法公约》第32条），并研读了《公民及政治权利国际公约》的准备工作……［委员会继而审查了第22条的准备工作，并发现其中没有提到罢工权。］……因此委员会从准备工作中无法推论认为，《公民及政治权利国际公约》的起草者意图保障罢工权利。

6.4. 对于《公民及政治权利国际公约》与《经济社会文化权利国际公约》的比较分析也确证了从起草历史中得出的结论。《经济社会文化权利国际公约》除了承认人人有权为促进及保障其经济及社会利益而组织工会及加入工会之外，其第8条第1款（卯）项还承认了罢工权利，由此明确了一点，即罢工权不能被认为是组织和加入工会的权利的一个暗含组成部分。因此，《公民及政治权利国际公约》第22条第1款中并没有类似地明确规定罢工权这一事实表明，这一权利没有被包括在该条的范围之内；虽然这一权利得到《经济社会文化权利国际公约》所规定的程序和机制的保护，但是要受到该文书之第8条提到的特定限制的制约。……

7. 综上所述，人权事务委员会的结论是，来文不符合《公约》的规定，因此根据《任择议定书》第3条，基于属事理由不可受理。……

［19.25］提交人主张，第22条第3款暗示了在第22条中包括罢工权：

5.1. 提交人……提出，来文事实上符合《公约》的规定，并提到了第 22 条第 3 款的相关性……。他们辩称，这意味着否认罢工权利将有损国际劳工组织第 87 号公约的保障。另外，对《公约》第 22 条第 1 款的解释也必须考虑其他国际文书，其中包括国际劳工组织第 87 号公约——该公约是对国际法中结社自由原则的详细阐述。提交人称，国际劳工组织结社自由委员会在一系列的决定中，判定了罢工权源于国际劳工组织第 87 号公约第 3 条，是工人用以促进和保护其职业利益的一个重要手段。提交人特别指出，结社自由委员会在四个案件中审议了《艾伯塔公共机构雇员关系法》的规定，并且认定这一法律不符合第 87 号公约中所包含的对结社自由的保障。结社自由委员会为此要求加拿大政府"重新审查有关规定，以将禁止罢工仅限于在严格意义上至关重要的服务机构"。提交人辩称，国际劳工组织有关公约和建议适用的专家委员会也确认了在并非至关重要的公共服务机构中，罢工权的重要性。

人权事务委员会对这一主张的答复证实了第 22 条第 3 款之无关紧要[19.21]：

6.5. 至于提交人认为《公约》第 22 条第 3 款具有的重要性（见以上第 5.1 段），委员会认为，缔约国并没有以任何方式声称第 22 条授权它以有损国际劳工组织第 87 号公约规定的保障的方式，来采取立法措施或适用法律。

[19.26] 尽管仍属于少数但数目相当可观的一批委员——希金斯夫人、拉拉赫先生、马弗罗马提斯先生、奥普萨尔先生和瓦科先生——提出了如下异议意见：

1. 委员会在其决定中声明，它所要处理的问题是罢工权是否得到《公民及政治权利国际公约》第 22 条的保障；并认定并非如此，因此宣布来文不可受理。

2. 非常遗憾，我们不能赞同对本案中所涉问题的这一思路。我们注意到，在加拿大——如同在许多国家一样，原则上存在着罢工权，提交人的申诉则有关《艾伯塔公共机构雇员关系法》中对公共雇员行使这一权利的一般性禁止。我们相信，要求委员会在此阶段回答的问题是，第

831

22条本身或与《公约》其他条款连同理解，在有关情况中是否必然排除了罢工权。

3. 第22条规定："人人有自由结社之权利，包括组织及加入工会以保障其本身利益之权利。"* 因此，组织和加入工会的权利是更为广泛的结社自由权的一个例证。该条款进一步明确规定，加入工会之权利的目的在于保护本身的利益。就这一方面，我们注意到在"工会"之后并没有逗号，因此从语法上看，"为保障其本身利益"与"组织及加入工会之权利"而不是作为一个整体的结社自由有关。当然很明显的一点是，第22条并没有提到罢工权，就如同没有提到诸如举行会议或集体谈判等一个工会成员可以为保护其利益而进行的许多其他活动一样。我们认为，这并不奇怪，因为第22条所保障的是结社自由这一宽泛的权利。然而，这一权利的行使要求允许某种程度的协调一致行动，否则就无法实现其宗旨。在我们看来，这是第22条第1款所保证之权利的一个固有方面。至于究竟哪些活动对于行使这一权利具有实质重要性，这无法事先列举，而必须在具体的社会情势中并考虑这一条的其他款来审查。

4. 起草历史清楚地表明，结社权利与组织和加入工会的权利是分别处理的。准备工作表明，在1952年，罢工权只是针对有关工会的条款草案提出的。我们想来也应该是这样。这一提议在当时遭到了拒绝。准备工作还表明，在1957年，当（受到一定限制的）罢工权被接受为对有关组织和加入工会之权利的条款草案的一项修正时，有关公民及政治权利的公约草案却没有引入或讨论类似的修正。其原因似乎既清楚又有道理，即因为《公民及政治权利国际公约》现在的第22条涉及的是作为一个整体的结社权利，除了工会以外也有关各种俱乐部和协会等，所以提及诸如罢工行为等特定活动将是不合适的。

5. 我们因此认定，对于委员会所要处理的问题，准备工作不是决定性的。在起草者就我们手头的问题的意图并不绝对清楚之时，《维也纳条约法公约》第31条也将我们引向条约的目的及宗旨。在我们看来，

---

* 此处约文译自英文，与作准中文本之约文略有不同，以方便理解随后的内容。

这对一项促进人权的条约特别重要——在这样的条约中，对于行使权利的限制，或者对于委员会审查一国禁止某一行为的职权的限制，是不能轻易预先假设的。

6. 我们注意到《经济社会文化权利国际公约》第 8 条在言及人人有权组织工会和加入其自身选择之工会之后，继而提到了"罢工权利，但以其行使符合国家法律为限"。尽管后一句引起了一些复杂的法律问题，但是对我们现在的目的已经足够充分的是，结社自由——《公民及政治权利国际公约》第 22 条仅将其作为一项个人权利而予概述，而《经济社会文化权利国际公约》第 8 条将其作为不同权利的一套组合加以处理——的这一特定方面并不必然在所有情况中都排除罢工权。我们看不出有任何理由对两公约中的这一相同事项作不同的解释。

7. 我们也注意到，国际劳工组织结社自由委员会——一个非常适宜对此类事项作出权威声明的机构——已经认定《艾伯塔公共机构雇员关系法》所包含的普遍禁止公共雇员举行罢工的规定不符合国际劳工组织第 87 号公约第 10 条，"……因为这对于工会所具有的促进和保护其成员利益的机会，构成了一个极大限制"。尽管我们在当前阶段无意对案件的实质问题发表意见，但是我们不能不注意的是，国际劳工组织作出认定的根据是对工会成员的利益的促进和保护；而且第 22 条也要求我们考虑加入工会的目的在于保护自己的利益。我们同样看不出有理由在处理一个类似的问题时，以不同于国际劳工组织的方式解释第 22 条。在这方面，我们注意到，第 22 条第 3 款规定：关于结社自由及保障组织权利之国际劳工组织 1948 年公约缔约国，不得根据本条采取立法措施或应用法律，妨碍该公约所规定之保证。

8. 我们无法认为，若干主要的和得到广泛批准的国际文书已经宣布为原则上合法的、行使一项权利的某种方式，应该被宣布为不符合《公民及政治权利国际公约》。

9. 第 22 条第 1 款涉及结社自由的权利本身，而第 2 款则涉及行使这一权利的限度，其中必然包括工会成员为保护其利益而可以诉诸的手段。

10. 罢工权是否为保护提交人之利益的必要因素,以及如果是的话,这一权利是否受到了不当限制,这都是实质方面的问题,即是说,加拿大所施加的限制根据第 22 条第 2 款是否正当合理。但是我们不认为本来文根据这一点就是不可受理的。

这些少数委员在考虑了其他不可受理的可能依据后,认定该申诉可予受理。

[19.27] 在审议来文可否受理时,人权事务委员会本应侧重于保护所有社团的第 22 条的范围。有关第 22 条对工会之专门保护的问题,不应等到审议实质事项的阶段才考虑。因此,侧重于对社团之保护的范围本身而非确定对工会之特定保护的范围的少数委员,反倒是展示了一种更为条理分明、连贯一致的解释方式。

[19.28] 有一点当然是可疑的,即多数委员的决定将第 22 条给予工会活动的微乎其微的保护转换成了对所有社团的活动的极少保护。否则,多数委员就是以一种极其狭窄、非目的性的方式解读第 22 条。如果只是社团之存得到保障,而非该社团的必要活动得到保障,那么加入某一社团的自由就会相当狭窄。另一方面,看来并没有什么合理的理由,将工会单挑出来使其遭受特别的不利,就像多数委员看来所做的那样。

[19.29] 人权事务委员会多数委员看来过于关注将《公民及政治权利国际公约》与其姊妹公约即《经济社会文化权利国际公约》的主题区别开来。罢工权在《经济社会文化权利国际公约》第 8 条第 1 款（卯）项中得到明确保护。罢工权被归类为一项经济和社会权利看来阻碍了多数委员将罢工权作为一项公民和政治权利的一个方面纳入考虑。与之相对,在后来根据第 26 条决定的案件中,[29] 委员会赞成在这两项公约之间存在相当高程度的重叠。

[19.30] 艾伯塔联盟案是一个相当早的案件,是在 1986 年被宣布不可受理的。在更晚近的结论性意见中,人权事务委员会对限制罢工权表示了关切。[30] 这可能预示着一种对于第 22 条保护工会成员之范围的心态转变。例

---

[29] See eg *Broeks v the Netherlands* (172/1984) [23.14]. 另见第 [1.104] 段。

[30] 例如见委员会的结论性意见：智利, (1999) UN doc CCPR/C/79/Add.104, para 25；立陶宛, (2004) UN doc CCPR/CO/80/LTU, para 18；爱沙尼亚, (2010) UN doc CCPR/C/EST/CO/3, para 15。

如，在对智利的结论性意见中，委员会称：[31]

> 14. 委员会虽然认识到 2005 年已进行了劳工法改革，但是仍然关切的是，工会权利在智利继续受到限制，以及有报道称，实际上存在着单方面更改工作日、罢工工人被顶替和威胁解雇以防止组成工会的情况。在许多情况下，工人们实际上无法提出申诉，因为审判费时极久而且费用极高（《公约》第 22 条）。
>
> 缔约国应消除一切立法和其他障碍，以便《公约》第 22 条确立的各项权利得以充分行使。缔约国应简化就业手续，并为工人提供法律援助，以使他们的申诉切实得到审理。

不结社的自由

[19.31] **高蒂尔诉加拿大**（*Gauthier v Canada*, 633/1995）

提交人的申诉有关他被一个私人组织"议会记者团"所排除，无法成为其完全会员。由于这种排除，他无法充分使用联邦议会的新闻设施，因为议会规则将这种机会仅限于记者团的成员。提交人提出，这些事实除其他外，等于是限制了他的结社自由权。对此，缔约国辩称：

> 11.8. 关于《公约》第 22 条，缔约国认为，政府并没有强迫提交人参加任何社团。他有自由不加入记者团，他从事新闻工作的能力在任何意义上也不以其是否是记者团的成员资格为条件。

人权事务委员会多数委员认定，根据第 22 条提出的申诉没有根据。不过，相当一批少数委员认定，这些事实构成了对第 22 条的违反。伊瓦特夫人、梅迪纳－基罗加夫人、索拉里－伊里戈延先生、巴格瓦蒂先生和科尔维尔勋爵作出了如下声明——克雷茨梅尔先生和拉拉赫先生也基本同意：

> 关于《公约》第 22 条，提交人诉称，将议会记者团的成员资格作为使用议会新闻设施的条件的要求侵犯了他根据《公约》第 22 条——与第 19 条一同解读——享有的权利。结社自由权意味着，一般而言国

---

[31] (2007) UN doc CCPR/C/CHL/CO/5.

家不得强迫任何人加入某一社团。当某一社团的成员资格成为从事某一特定行业或职业的条件,或者不加入某一社团便会受到制裁时,缔约国有责任表明,这种强制成员资格是在一个民主社会中、为了实现《公约》认可的某种利益所必要的。在这方面,委员会在其意见第13.6段[18.61]阐述得很清楚:缔约国未能表明,为了限制人员进入议会内部的记者席,要求是某一特定协会的成员是《公约》第22条第2款规定的、对于所述目的必要的一项限制。因此,对提交人施予的限制违反了《公约》第22条。

[19.32] 人权事务委员会多数委员在最开始曾依据职权认定,根据第22条提出的问题可予受理:[32]

9.4. 委员会还认为,对以下问题应该根据实质案情审查,即缔约国能否将一家私人团体的成员资格作为享有寻找和接受信息的条件,因为这种做法不仅引起了《公约》第19条之下的问题,而且引起了《公约》第22条和第26条之下的问题。

委员会随后作出的决定即根据第22条提出的申诉没有根据,令人困惑。由于对这种明显的变化,并没有给出理由,因此少数委员在这一方面的意见更为可取。无论如何,考虑到可否受理的决定,看来可能的是,多数委员会同意第22条保障一种免受不加入某些社团之后果的自由。

[19.33] 如果结社自由同时包括加入社团的自由与不结社的自由,就潜存权利冲突的可能。如果一个人希望加入某一特定社团,但觉得这一社团无理地将其排斥,怎么办?在阿仑兹等人诉德国案(*Arenz et al. v Germany*,1138/2002)中,就出现了这种情况。提交人是科学神教成员,因为他们的宗教而被开除出德国的主要政党之一基督教民主党(简称基民党)。在基民党通过了一项认定科学神教与该党成员身份不符的决议之后,发生了这一开除。提交人在德国法院质疑这种开除,但未成功。德国法院认定基民党的决定不是任意的,而且法院不会干涉政党对其成员的自主掌控。提交人诉称若干权利受到了侵犯,包括第18条[17.24]和第22条规定的权利。人权事

---

[32] 提交人最初没有援引第22条,而是依赖有关表达自由的第19条。见第[18.61]段。

务委员会裁决所有申诉均不可受理。委员会最终认定，它不能干涉德国法院有关提交人与基民党之间利益平衡的认定。实际上，委员会支持了德国法院的裁决，即坚持基民党不与科学神教成员结社的自由优越于后者的权利。做一猜想应颇为有趣：如果基民党开除的是诸如佛教、犹太教或伊斯兰教等某一主流宗教的成员，或者基于种族而开除某些人，委员会是否会干涉这样的决定。

[19.34] **沃尔曼诉奥地利**（*Wallman v Austria*，1002/2001）

该案中，提交人的有限责任合伙企业赫斯·约瑟夫·沃尔曼旅店依据法律要求，需要加入奥地利联邦商会的萨尔茨堡地区商会并缴纳会员费。提交人声称，该法律侵犯了她的结社自由权，包括为类似的商业目的建立或加入另一社团的权利。[33] 提交人阐述其申诉如下：

3.2. 提交人提出，对于奥地利联邦商会和地区商会的强制性会员制是否可适用第22条，必须根据国际标准确定。商会根据奥地利立法被定性为公法组织并未体现出它们的真正性质，因为这些商会：（一）代表的是商会各成员的商业利益，而非公共利益；（二）本身从事一系列广泛的经济性、营利性活动；（三）协助其成员建立商业关系；（四）对其成员不行使纪律惩戒权力；（五）并没有公共利益方面的专业组织性质，其共同点只限于"商业经营"。诸位提交人辩称，《公约》第22条适用于各商会，因为商会履行的是私营组织的职能，代表的是其经济利益。

3.3. 诸位提交人主张，即使视商会为公法组织，年度会员费给商会成员造成的经济负担实际上也阻碍了成员们在商会之外相互结社，因为无法合理地期待个体商人在除了缴纳商会的年度会员费之外，再缴纳同样的费用，来资助其他私人社团以增强它们的经济利益。因此，对于在商会之外自由地行使结社权，年度会员费既是也计划成为一种事实上的阻碍。

3.4. 提交人认为，强制性会员制度对于促进《公约》第22条第2款含义之内的任何国家正当利益，并不一定是一种必要限制。在大多数其他欧洲国家内，不存在着这种强制性会员制。

33　在委员会意见的第3.1段。

人权事务委员会拒绝了这一申诉：

9.2. 委员会要处理的问题是，萨尔茨堡地区商会对赫斯旅店（第三提交人）规定年度会员费是否相当于侵犯了第二提交人根据《公约》第22条享有的结社自由权。

9.3. 委员会注意到，诸位提交人辩称，虽然商会根据奥地利法律构成了公法组织，但鉴于商会的无数非公共性质职能，商会能否被定性为《公约》第22条第1款含义之内的"社团"，必须根据国际标准来确定。委员会也同样注意到缔约国的主张，即根据奥地利法律，由于商会参与了公共管理事务以及商会的公共利益目的，商会构成了一种公共组织，因此不属于第22条的适用范围。

9.4. 委员会注意到，奥地利联邦商会是根据法律而非私人协议建立的，而且商会成员根据法律必须服从商会征收年度会员费的权力。委员会进一步指出，《公约》第22条只适用于私人社团，包括就成员资格而言。

9.5. 委员会认为，一旦某一缔约国的法律确定商会为公法规定的组织，《公约》第22条就不可阻止这些组织向其成员征收年度会员费，除非通过公法设立这类机构的意图在于规避第22条所载的各项保障。然而，从委员会收到的资料中看不出，将奥地利联邦商会定性为一个公法组织，如同奥地利《宪法》以及1998年《商会法》所设想的，等于是对《公约》第22条的规避。因此，委员会的结论是，强制第三提交人加入奥地利联邦商会和从1999年起征收年度会员费，并不构成对第二提交人根据第22条享有的权利的干涉。

委员会认定，必须加入商会——一个公共组织——的要求以及该商会向其成员征收会员费并不违反第22条。看来，只要有关的公共组织之建立不是为了规避第22条，那么强制性入会就得到允许。

[19.35] 第22条是否禁止强制性加入工会（即某人除非加入有关工会，否则在某一行业中就业实际上就会被拒绝的情况）？强制性工会成员资格加强了工会通过促进普遍加入而保护其成员的利益的力量；工会越大，其议价能力就越强。不过，强制性工会成员资格对于某人的结社"自由"可能是极为可恶

第十九章　集会和结社自由

之事，因为这种自由意味着加入或不加入组织的自由。考虑到人权事务委员会在高蒂尔案中对来文可否受理问题的决定以及有力的异议意见，很可能委员会会谴责"封闭店铺"*的做法。另一方面，可以主张说，强制性工会成员资格为了"保护他人的权利"，如工作权或良好工作条件权，是正当合理的。[34]

结　语

[19.36] 令人遗憾的是，人权事务委员会只有极少判例的主题是第21条和22条。多数案件表现出对这些规定的直截了当的违反，因此对我们理解这些规定几无增补。有关第21条的最主要案件即基文马诉芬兰案呈现的推理很差，对于解释该条几无助益。有关第22条的一个关键案件即JB诉加拿大案涉及的是工会成员的权利。多数委员相当狭窄地解释了第22条，以至于对工会的活动——与其存在本身相对——提供的保护微乎其微。不过，更晚近的结论性意见可能表现出从高蒂尔诉加拿大案中的保守推理的一种撤退：该案表明第22条也保障不被胁迫加入社团的自由，虽然这一权利在沃尔曼诉奥地利案中并没有得到支持。

[19.37] 可以推定，解释对第21条和第22条的限制的方式，会类似于对其他规定——如保障表达自由的第19条——中的相同用语的解释。在一直没有足够的重大案件的情况下，人权事务委员会应发布一般性意见，来阐述这两条的含义。**

---

* 英文中为"closed shop"，指工会与雇主之间签订协议，只雇用某一或某些特定工会的成员的安排。

[34] 《经济社会文化权利国际公约》第6条和第7条分别保障这些权利。

** 委员会于2020年夏季第一二九届会议上发布了关于第21条的第37号一般性意见。

第二十章　保护家庭

——第二十三条

家庭的定义 ……………………………………………………[20.06]
保护家庭 ………………………………………………………[20.16]
　　居住权利和家庭完整 ………………………………………[20.17]
　　将子女强行带离父母 ………………………………………[20.38]
第23条第2款：结婚的权利 …………………………………[20.41]
第23条第2款：成立家庭的权利 ……………………………[20.47]
第23条第3款：同意结婚的要求 ……………………………[20.51]
第23条第4款：婚姻中的平等权利 …………………………[20.53]
　　婚姻关系消灭时的儿童探视和监护 ………………………[20.58]
结语 ……………………………………………………………[20.68]

第23条

一、家庭为社会之自然基本团体单位，应受社会及国家之保护。

二、男女已达结婚年龄者，其结婚及成立家庭之权利应予确认。

三、婚姻非经婚嫁双方自由完全同意，不得缔结。

四、本公约缔约国应采取适当步骤，确保夫妻在婚姻方面，在婚姻关系存续期间，以及在婚姻关系消灭时，双方权利责任平等。婚姻关系消灭时，应订定办法，对子女予以必要之保护。

［20.01］第 23 条保障家庭得到保护的权利。有关婚姻的权利和配偶之间平等的权利也得到保障。第 23 条虽然赋予了作为基本社会制度的"家庭"崇高的地位，但并不能成为保护"家庭"免遭正当干涉之屏障，这种干涉如打击家庭内暴力[1]或者忽视和虐待儿童[2]之措施。

［20.02］**第 19 号一般性意见**

1.《公民及政治权利国际公约》第 23 条确认家庭是社会的自然基本团体单位，并应受社会及国家的保护。对家庭及其成员的保护还得到《公约》其他条款直接或间接的保障。例如，第 17 条规定了禁止对家庭的无理或非法侵扰。此外，《公约》第 24 条特别规定，保护作为个人或作为家庭成员的儿童的权利。在其报告中，各缔约国往往未能提供足够资料，说明国家和社会如何履行为家庭及其成员提供保护的义务。

［20.03］如同第 19 号一般性意见所强调的那样，其他《公约》权利也包含着家庭权利。尤其是，保障隐私权的第 17 条禁止"无理侵扰"任何人的家庭。第 17 条第 1 款保障个人的一种消极权利，即免受政府对其家庭的无理干预。第 17 条第 2 款保障人们受到法律保护，免受"此种侵扰"，因此该款包含了一种积极义务。[3] 第 23 条看来将这些积极义务向前推进，保障家庭得到保护的积极权利，例如向家庭提供适当的财政援助或税收减免。[4] 不过，虽然在第 17 条和第 23 条的保障之间存在一种看来是质的差别，但绝大部分有关家庭权利的案件都同时涉及根据这两条，国家究竟是存在违反情势，还是可以免责。[5]

1　家庭内暴力行为的受害者可以获益于一些抵消性的权利，如第 9 条规定的权利（人身安全［11.03］）。See G Van Bueren,' The International Protection of Family Members' Rights as the 21st Century Approaches' (1995) 17 *Human Rights Quarterly* 732, 748–56.

2　见第［21.38］及以下各段。

3　见第［16.15］及以下各段的评论。

4　另见，M Nowak, *UN Covenant on Civil and Political Rights: CCPR Commentary* (2nd edn, NP Engel, 2005), 518, 有关第 17 条与第 23 条之间消极/积极的区分。不过，诺瓦克承认，这一区分"在实践中难以维持"。

5　Nowak, *UN Covenant on Civil and Political Rights: CCPR Commentary*, 518.

[20.04] **第 19 号一般性意见**

3. 为了确保《公约》第 23 条规定的保护，缔约国需要采取立法、行政或其他措施。缔约国应提供有关这类措施的性质以及确保有效实施这类措施的手段的详尽资料。实际上，由于《公约》还承认家庭获得社会保护的权利，缔约国的报告应指明国家和其他社会机构如何给予家庭必要的保护，国家是否并在何种程度上向这类机构的活动提供财政或其他支持，以及国家如何确保这些活动与《公约》相符。

[20.05] 在奥弥尔鲁迪－斯吉弗拉等人诉毛里求斯案（*Aumeeruddy-Cziffra et al. v Mauritius*, 35/1978）中，人权事务委员会对第 23 条的范围声明如下：

9.2（b）2（ii）1.……委员会的意见是，一个社会或国家能够给予家庭的法律保护或措施在不同的国家各有不同，取决于不同的社会、经济、政治和文化条件与传统。

第 23 条可能是《公约》权利中唯一"经济上相对的"，即这一权利的实现程度会依据各缔约国的经济情况而不同［1.33］。实际上，值得讨论的是，第 23 条究竟能否作为一项获得财政援助之权利本身的根据。在欧拉因和凯斯诉荷兰（*Oulajin and Kaiss v the Netherlands*, 406/1990 and 426/1990）案中，委员会认定，荷兰没有向提交人在国外的领养子女（他们的侄子女）提供儿童福利津贴，并没有引起有关第 17 条规定的家庭得到保护的问题；可以推定，也没有引起有关第 23 条的问题。

家庭的定义

[20.06] **第 16 号一般性意见**

5. 关于"家庭"一词，《公约》的目标要求，为第 17 条之目的，这个词应广义地加以解释，以包括有关缔约国社会中所理解的家庭的所有组成人员。……

第 19 号一般性意见

2. 委员会注意到,在国与国之间,甚至在一国的不同区域之间,家庭的概念在某些方面不尽相同,因此不可能给这个概念下一个标准定义。但是,委员会强调,如果一群人根据一国的立法和惯例被视为一个家庭,就必须给予这个家庭第 23 条所述的保护。所以,缔约国应在报告中说明其社会和法律制度中如何解释或定义家庭的概念和范围。一国中如存在关于"核心家庭"和"大家庭"的不同家庭概念,应指出这一点并说明对每一种家庭的保护程度。鉴于存在着种种不同的家庭形式,如未婚伴侣及其子女或单亲父母及其子女,缔约国还应指出这类家庭及其成员是否并在何种程度上得到国内法律和惯例的承认和保护。[6]

人权事务委员会在其一般性意见中,对于判断就第 23 条之目的而言的"家庭"的定义,显然给予各国一定的文化回旋余地。不过,缔约国对于如何定义并没有专属的权限;否则,第 23 条的保障就可能被严重淡化。一国不能通过适用违反国际人权标准的结构或价值来限制对家庭的定义。[7] 此外,一国不能规定一种比该国社会中采用的定义更为狭窄的"家庭"定义。[8]

[20.07] **亨德里克斯诉荷兰**(*Hendriks v the Netherlands*,201/1985)

> 10.3. ……第 23 条第 1 款中的"家庭"一词并不仅仅指在婚姻存续期间存在的家居生活。家庭的概念必须包括父母与子女的关系。尽管离婚在法律上结束了一桩婚姻,但不能解除联结父亲或母亲与孩子的关系:这一联结关系并不取决于父母之婚姻的延续。给予子女利益的优先考虑看来符合这一规则。

因此,对"家庭"的定义并不受婚姻之概念的局限。各国可以承认可能构成一个"家庭"的一系列不同生活安排,它们都需要《公约》规定的保护。

[20.08] **X 诉哥伦比亚**(*X v Colombia*,1361/2005)

该案涉及的是,一位同性恋男子申诉说,对于获得其去世伴侣的养老

---

6 另见第 28 号一般性意见第 27 段。

7 Van Bueren,'The International Protection of Family Members' Rights as the 21st Century Approaches',734 – 5.

8 See *Hopu and Bessert v France* (549/1993) [20.14].

金，存在有违第 26 条的歧视。人权事务委员会多数委员支持了这一申诉 [23.56]。奥马尔先生和哈利勒先生在其异议意见中称：

> ……在涉及切实利益的情形下，不考虑《公约》第 23 条，就无法根据《公约》第 26 条提出"基于性别或性倾向的歧视"的问题。第 23 条规定："家庭为社会之自然基本团体单位"以及"男女已达结婚年龄者，其结婚及成立家庭之权利应予确认"。也就是说，同性伴侣不构成《公约》含义之内的家庭，因而不能要求领取以家庭由不同性别的个人组成这一概念为其基础的养老金。

委员会多数委员不太可能赞同这种对同性恋持恐惧反对态度的观点。虽然有关结婚权利的第 23 条第 2 款只不过在乔斯林诉新西兰案（*Joslin v New Zealand*, 902/1999）[20.42] 中被解释为是异性恋伴侣的权利，但这并不意味着第 23 条第 1 款阻碍了同性恋伴侣被当作具有一种家庭关系来考虑。

[20.09] 虽然一系列不同生活安排——既在核心家庭之内也在其外——都处于"家庭"概念的范围之内，但所需的第 23 条的保护可能依据有关家庭的类型而异。例如，在若干案件中，人权事务委员会拒绝了荷兰的一些未婚伴侣的申诉——这些申诉有关根据荷兰的福利法律，他们得到的待遇有别于已婚伴侣。[9] 还必须注意的是，第 23 条第 2~4 款赋予了已婚伴侣以及婚姻之中的特别权利。[10]

[20.10] **AS 诉加拿大**（*AS v Canada*, 68/1980）

该案中，提交人申诉的事项是，加拿大移民管理当局没有准许 A. S. 的波兰养女 B 和外孙到加拿大作为永久居民与她团聚。加拿大反对来文可予受理，理由是该案的事实没有表明对第 23 条保护的权利的任何违反：

> 5.1. ……就规定了国家保护家庭权利的第 23 条而言，缔约国的主张是，这种保护首先要求在家庭的成员之间必须存在有效的家庭生活；但是不能认为 B 和她的儿子与 A. S. 共同享有有效的家庭生活，因为 B 在 1959 年被 A. S. 收养以后，只与后者在加拿大生活了两年，后于 1961

---

[9] *Danning v the Netherlands*（180/84），*Sprenger v the Netherlands*（395/1990），*Hoofdman v the Netherlands*（602/1994）. 就这些案件，见第 [23.77]~[23.78] 段。

[10] See *Balaguer Santacana v Spain*（417/1990），para 10.4 [20.63]。

年离开该国、返回波兰,在那里结婚生子。A.S.和B已经分开生活17年的事实清楚地表明并不存在长期的家庭生活,因此提交人不能主张第23条被违反。

人权事务委员会同意缔约国的意见:

> 8.……(b)第17条和第23条规定,任何人的家庭生活不得遭受无理或非法侵扰、家庭有权得到国家的保护;这两条不可适用于本案,因为除了约17年前短暂的两年期间外,A.S.和她的养女没有作为一个家庭生活在一起……。

并不清楚的一点是,委员会在AS案中的决定,是否在任何方面受到了B并非AS的亲生女儿这一事实的影响。不管委员会在AS案中的决定如何,可以推定第23条意义上的家庭包括了被收养的成员。[11]

[20.11] **巴拉戈尔·桑塔卡纳诉西班牙**(*Balaguer Santacana v Spain*, 417/1990)

该案的案情如下 [20.63]:

> 10.2. 缔约国主张,第23条第1、4款不适用于本案,因为提交人与蒙塔尔沃女士的不稳定关系不能被列入"家庭"一词之下,而且在这两人之间从未存在过婚姻关系。委员会首先指出,必须广义地理解"家庭"一词;然后重申,这一概念不仅仅指在婚姻或同居期间的家庭,而且还指父母与子女之间的总体关系。然而,为使一个家庭存在,有一些最基本的要求是必需的,如共同生活、经济联系、经常的和密切的关系等。

[20.12] **恩嘎姆比诉法国**(*Ngambi v France*, 1179/2003)

该案中的申诉有关法国没有给一位居民恩嘎姆比先生的妻子发放家庭团聚签证。法国认定俩人的婚姻实际上是虚假的。人权事务委员会同意缔约国的意见,即来文不可受理:

> 6.4.《公约》第23条保障对家庭生活的保护,包括家庭团聚的利

---

11 Van Bueren, 'The International Protection of Family Members' Rights as the 21st Century Approaches', 738.

益。委员会忆及,从《公约》的目的来看,"家庭"一词应广义地理解,以包括有关社会中所理解的家庭的所有组成人员。在任何特定情况下,都不应该由于缺乏形式上的婚姻纽带,特别是当地存在习惯法或普通法婚姻习俗的情况中,而不必要地回避对这样的家庭的保护。也不应该由于分隔两地、不贞行为或不存在夫妻生活,而不必要地搁置家庭生活受保护的权利。但是,首先必须存在要保护的家庭纽带。委员会注意到,提交人向法国当局提交了试图证明家庭关系的文件,但这些文件被法国当局确定为是伪造的。委员会进一步注意到,提交人没有有效地反驳这些认定结果,因而使法国当局有足够理由拒绝提交人提出的长期签证和家庭团圆的申请。委员会认为,提交人没有证实其指控,即法国当局损害了他的家庭生活得到保护的权利。

[20.13] 因此,一种形式上的婚姻关系不足以确立从第 23 条的目的来说的一种充分家庭联系。必须存在某种程度的实际家庭生活。

[20.14] **霍普和贝瑟特诉法国**(*Hopu and Bessert v France*, 549/1993)

在该案中,提交人诉称是法国违反《公约》第 17 条和第 23 条的受害者。提交人向人权事务委员会提出了如下事实和申诉:

2.1. 提交人是塔希提岛上位于努饶(Nuuroa)的、被称为"特太塔普"(Tetaitapu)的大片土地(约 4.5 公顷)的所有人的后裔。他们声称,1961 年 10 月 6 日帕皮特(Papeete)民事法庭的拍卖判决剥夺了他们祖先的财产。根据该判决书的内容,该块地的所有权被判给了南太平洋旅店集团。从 1988 年起,波利尼西亚领地一直是这一公司的独家股东。

2.2. 1990 年,南太平洋旅店集团将该块地租赁给"饭店业研究和开发集团",后者又将它转租给饭店集团 RIVNAC。RIVNAC 试图在毗邻一片潟湖的该地块上尽快开工建造一个豪华旅馆综合体,并已经进行了诸如砍伐树木、清理场地上的灌木丛和建筑栅栏等一些初步性的工作。

2.3. 提交人和该地块所有人的其他后裔于 1992 年 7 月以和平方式占领该地块,以抗议计划中的旅馆综合体建造工程。他们辩称,该地块及其毗邻的潟湖是他们历史、文化和生活的一个重要场地。他们还补充说，该地块中还有一片欧洲人来到之前就存在的墓地，而那片潟湖仍然是一个传统的渔场，为居住在潟湖边的约30户人家提供生计。……

3.2. 提交人……声称第17条第1款和第23条第1款被违反，理由是他们被强行迁出该有争议的场址和建筑旅馆综合体势必会毁坏据说是埋葬着他们家人的墓地，而且这种迁居将干涉他们私生活和家庭生活。在有利于提交人的认定中，委员会给予"家庭"一词广泛的解释，以容纳某人的祖先。多数委员作出如下评论：

10.3. 提交人声称，在有争议的场址上建造旅馆综合体毁坏了在他们的历史、文化和生活中具有重要地位的他们祖先的墓地，并会无理侵扰他们的私生活和家庭生活，从而违反第17条和第23条。他们还声称，他们的家人埋葬在该场址。委员会指出，《公约》的目标要求，"家庭"一词应广义地加以解释，以包括有关社会中所理解的家庭的所有组成人员。由此推论，在具体情况下界定"家庭"时应该考虑文化传统。从提交人的主张中可以看出，他们认为与其祖先的关系是他们身份特性的一种不可或缺的因素，而且这一关系在他们的家庭生活中起着重要作用。缔约国并没有质疑这一点；缔约国也没有辩驳的论点是，上述墓地在提交人的历史、文化和生活中起着重要作用。缔约国对提交人的申诉提出疑问的唯一依据是，他们未能证实在墓地上发现的遗骸和他们本身之间的亲缘联系。委员会认为，就来文的情况而言，提交人未能证实直接的亲缘联系不能作为反对他们的理由，因为上述墓地早在欧洲移民来到之前就已经存在了，而且被视为埋葬着包括塔希提现在的波利尼西亚居民的祖先。委员会因此得出结论，在提交人的祖先墓地上建造一座旅馆综合体确实干涉了他们的家庭和私生活的权利。缔约国并没有证明这种干涉在这种情况下是合理的，委员会所收到的资料也并没有表明缔约国在决定出租该场地建造旅馆综合体时适当地考虑了墓地对提交人的重要性。委员会的结论是，存在对提交人的家庭和私生活权利的侵扰，违反了第17条第1款和第23条第1款。

[20.15] 在一项异议意见中，克雷茨梅尔先生、伯根索尔先生、安藤先生和科尔维尔勋爵作出了如下评论：

3. 提交人诉称，缔约国没有保护在他们的遗产中起着重要作用的祖先墓地。这一指称似乎提出了这样一个问题：某一缔约国的这种失误是否涉及否认宗教或族裔上的少数群体在与他们各自群体的其他成员一道享有自己的文化和践行自己的宗教的权利。不过，由于上面提出的理由，委员会无法审查这一问题。委员会反倒是认为允许在墓地上建筑旅馆构成对提交人的家庭和私生活的无理侵扰。我们不能接受这种主张。

4. 在得出本案中的事实并不会产生缔约国对提交人的家庭和私生活的侵扰这一结论的过程中，我们并不否认委员会在关于《公约》第17条的第16号一般性意见中表示的观点，即对"家庭"一词"应广义地加以解释，以包括有关缔约国社会中所理解的家庭的所有组成人员"。因此，"家庭"一词在适用于法属波利尼西亚当地人口时，很可能包括所有的亲戚，但正如包括法国本土在内的其他社会中对该词的理解那样，亲戚并不算作家庭成员。然而，即使扩大"家庭"一词的含义，它也不具有一种随意的含义。它并不包括某个人的族裔或文化群体的所有成员，它也没有必要包括某个人的追溯到久远年代的祖先。声称某个地点是一个民族或文化群体的祖先墓地，本身并不意味着它就是提交人的家庭成员的墓地。提交人没有提供证据证明，该墓地是一个与他们的家庭有关的墓地，而不是一个与该地区的所有土著居民有关的墓地。只是笼统地声称他们的家庭成员埋葬在那里，而根本不具体说明他们自己和埋葬在那里的死者之间的关系的性质，不足以证实他们的申诉，即使假定家庭的概念有别于其他社会中普遍认同的概念，也是如此。因此我们不能接受委员会的意见，即提交人已经证实了他们的主张——允许在墓地上建造旅馆相当于侵扰他们的家庭。

5. 委员会提到了提交人的申诉，即"他们认为与其祖先的关系是他们身份特性的一种不可或缺的因素，而且这一关系在他们的家庭生活中起着重要作用"。由于缔约国既没有质疑这一指称，也没有质疑提交人有关墓地在他们的历史、文化和生活中起着重要作用的论点，委员会就得出结论认为，在墓地上建造旅馆综合体侵扰了提交人的家庭和私生活的权利。委员会提到提交人的历史、文化和生活发人深省。因为这表明，正在受到保护的价值并不是家庭或私生活，而是文化价值。我们与委员会一样很关心这些价值。不过，这些价值根据《公约》第 27 条而不是委员会依据的那些条款得到保护。令我们遗憾的是，委员会在本案中未能适用第 27 条。[12] ……

7. 我们不太情愿地得出结论，本来文中并不存在侵犯《公约》所规定的提交人的权利的情况。同委员会一样，我们也关切缔约国没有尊重一个在法属波利尼西亚土著居民的文化遗产中显然颇为重要的场地的情况。不过，我们认为这种关切并不能成为歪曲家庭和私生活这两词的含义、使它们越出通常和被普遍接受的含义的理由。[13]

保护家庭

[20.16] 对第 23 条第 1 款的极端违反发生在穆勒兹诉刚果民主共和国案（*Mulezi v Democratic Republic of the Congo*，962/2001）中。提交人因为政治原因受到了刚果民主共和国的严重迫害。他的妻子被殴打致死，作为对她与提交人的亲属关系的报复。人权事务委员会同时认定提交人及其已故妻子的权利被侵犯。在这样的情况中，委员会通常将只认定第 6 条规定的生命权或第 7 条规定的免受虐待的自由受到侵犯。

居住权利和家庭完整

[20.17] 家庭团聚是第 23 条中的一项重要原则，就如人权事务委员会对瑞士的结论性意见所体现的：[14]

18. 委员会又注意到，在瑞士定居的外籍工人不能立即获准同家人团聚而必须等待 18 个月，委员会认为，让外籍工人同家人分别 18 个月

---

[12] 法国对第 27 条提具了一项保留，使得委员会无法根据该条规定的保障审议这一来文。见第 [26.09] 段。

[13] 少数委员对"私生活"之含义的评论，载第 [16.05] 段。

[14] (1996) UN doc CCPR/C/79/Add. 70.

的期间实在过久。

[20.18] 奥弥尔鲁迪－斯吉弗拉等人诉毛里求斯 (*Aumeeruddy-Cziffra et al. v Mauritius*, 35/1978)[15]

提交人（包括三名与外国人结婚的妇女）的申诉有关毛里求斯的一项立法，该立法基于性别赋予毛里求斯国民的外国配偶不同的居住地位。外国妻子被准许自动获得居住权利，而这些权利却不给予外国丈夫。人权事务委员会认定该立法违反了《公约》的多项规定。就第23条，委员会称：

9.2 (b) 2 (ii) 1. ……每一对有关夫妻还构成了《公约》第23条第1款含义之内的"家庭"，至少就奥弥尔鲁迪－斯吉弗拉夫人的情况而言，家庭中还包括了一个孩子。这些家庭因此按该条的要求"应受社会及国家之保护"……。

9.2 (b) 2 (ii) 2. 但是，根据第2条第1款、第3条和第26条，不同性别之间平等待遇的原则应予适用，在此方面，第26条特别有关，因为该条特别提到了"法律的平等保护"。在《公约》要求实质保护之处——如第23条，根据以上规定，这样的保护必须是平等的，即不能具有歧视性，例如根据性别的歧视。

9.2 (b) 2 (ii) 3. 同样根据这样的论证线路，《公约》必然导致这样的结果，即对家庭的保护不得因为某一配偶的性别而有不同。尽管毛里求斯可能有正当理由限制外国人入境，并因为安全原因驱逐他们，但委员会认为，将这些限制仅仅施加给毛里求斯妇女的外籍丈夫而不施加给毛里求斯男子的外籍妻子的立法，对于毛里求斯妇女是歧视性的，而且无法以安全方面的要求作为理由。

9.2 (b) 2 (ii) 4. 因此，委员会认定，在与那三位已婚提交人根据第23条第1款享有的权利相联系的意义上，还存在对《公约》第2条第1款、第3条和第26条的违反。

[20.19] 影响人权事务委员会在毛里求斯妇女案中的决定的，是有关法

15　该案也经常被称作毛里求斯妇女案(Mauritian Women's Case)。

律的歧视性后果,因为该法律对外国丈夫和外国妻子适用不同的规则。[16] 在对津巴布韦的结论性意见中,委员会表明,拒绝给予所有外国配偶自动居住权利的、非歧视性的法律也违反第 23 条:[17]

19. 委员会关切地注意到,一项宪法修正案使最高法院在"拉提甘(Rattigan)和其他人诉移民局主管和其他官员"案中所作出的裁决无效,其后果是剥夺了妇女或男子使其配偶登记为公民的权利,从而使配偶不能在津巴布韦居住或入境。委员会认为,这项修正不符合《公约》第 17 条和第 23 条。委员会建议,采取步骤使法律符合《公约》的规定。……

[20.20] 在对以色列的结论性意见中,人权事务委员会称:[18]

26. 委员会遗憾的是,看来当局在以色列公民和不是犹太人的非公民——他们因此不享有《回归法》规定的入境的权利——之间的婚姻的家庭团圆方面,设置了障碍。这些障碍包括长期等待入境许可、5 年以上居留的"察看"期间以确立婚姻的真实性以及为获得公民资格而更长时间的等待,这对阿拉伯裔公民,尤其是对与住在被占领土上的人结婚的人,甚至更严格地适用。委员会认为,这些障碍不符合第 17 条和第 23 条的规定。委员会建议,该国政府应重新考虑其政策,以期便利所有公民和永久居民的家庭团圆。

在更晚近的对以色列的结论性意见中,委员会称:[19]

21. 委员会对以色列 2002 年 5 月的临时中止令表示关注,该命令于 2003 年 7 月 31 日已经作为《国籍和以色列入境法》(临时命令)纳入法律,该中止令暂停(可延长一年)家庭团圆的可能性,但有限的个别情况例外,特别是以色列公民与西岸和加沙居民通婚的情况。委员会关切地注意到,2002 年 5 月的中止令已经对数以千计的家庭和婚姻产生了不利的影响。

---

16 另见布齐里先生的个人意见,*Lovelace v Canada* (24/1977),以及委员会对以色列的结论性意见,(1998) UN doc CCPR/C/79/Add. 93, para 27。

17 (1998) UN doc CCPR/C/79/Add. 89.

18 (1998) UN doc CCPR/C/79/Add. 93.

19 (2003) UN doc CCPR/CO/78/ISR.

缔约国应该废止 2003 年 7 月 31 日《国籍和以色列入境法》（临时命令），因为该法令引起了《公约》第 17 条、第 23 条和第 26 条之下的严重问题。缔约国应重新考虑其政策，以期便利所有公民和永久居民的家庭团圆。它应该就这一问题提供详细的统计数据，涵盖自审查初次报告以来的时期。

委员会还对以色列表示关切的是，因为建立隔离墙以及随后限制在西岸和以色列之间的迁徙自由而给巴勒斯坦人的家庭生活造成的困难。[20]

[20.21] 在对奥地利的结论性意见中，人权事务委员会称：[21]

19. 委员会关切的是，《联邦庇护法》（2005 年）设想的家庭团聚只适用于核心家庭成员即配偶、未成年子女和未成年子女的父母，得到承认的难民父母和补充保护的受益者，而排除了成年受扶养子女、未成年孤儿兄弟姊妹和那些得到国际保护的人在原籍国时与其共享家庭生活的其他人，这有可能造成困难状况（第 13 条、第 17 条和第 23 条第 1 款）。

缔约国应当考虑修正《联邦庇护法》，以期对难民和补充保护的受益者，对家庭团聚使用一种更加开放的方式。

[20.22] 在对法国的结论性意见中，人权事务委员会称：[22]

21. 委员会关切的是，获得承认的难民申请家庭团聚的程序时间很长。委员会还注意到，2007 年 11 月 20 日第 2007－1631 号法第 13 条规定的允许使用 DNA 检测作为为家庭团聚之目的确定亲子关系的方式，可能在其是否符合《公约》第 17 条和第 23 条方面引起问题，尽管该法是任择性的而且规定了程序性保障（第 17 条和第 23 条）。

缔约国应审查其对获得承认的难民规定的家庭团聚的程序，以期确保家庭团聚的申请尽快得到处理。缔约国也应采取一切适当措施确保使用 DNA 检测作为确定亲子关系的方式不会对家庭团聚造成额外障碍，

---

[20] 委员会对以色列的结论性意见，(2010) UN doc CCPR/C/ISR/CO/3, para 16。

[21] (2007) UN doc CCPR/C/AUT/CO/4. 另见委员会对挪威的结论性意见，(2011) CCPR/C/NOR/CO/6, para 15。

[22] (2008) UN doc CCPR/C/FRA/CO/4. 另见委员会对丹麦的结论性意见，(2000) UN doc CCPR/CO/70/DNK, para 15 [16.61]。

并且使用这种检测务必事先征得申请人的知情同意。

[20.23] **埃尔·德纳维诉利比亚**（*El Dernawi v Libyan Arab Jamahiriya*, 1143/2002）

该案中的提交人是一位来自利比亚、在瑞士获准庇护的难民。利比亚拒绝向其家人发放护照，以便他们与提交人团聚。人权事务委员会认定这一情况违反了第17条和第23条第1款：

> 6.3. 关于根据第17条、第23条和第24条提出的申诉，[23] 委员会注意到，缔约国的行为构成了对于提交人的家人无法在瑞士团聚的明确且唯一的障碍。委员会还注意到，提交人按照1951年《关于难民地位的公约》获得了难民地位，按理来说不会回到原籍国。由于缔约国没有提出合理解释，因此委员会的结论是，按照第17条的规定，对于提交人、其妻子和六个子女的家庭生活的侵扰是无理的；缔约国没有履行第23条规定的义务，即就家庭的每个成员尊重家庭的完整。……

[20.24] 有一些国家具有这样的政策，即基于长期外国居民的犯罪记录将他们递解出境。在以下案件中，一项此种递解令受到了质疑。

斯图尔特诉加拿大（*Stewart v Canada*, 538/1993）

提交人出生在苏格兰，七岁时随母亲移居加拿大。他从来就认为加拿大是其家乡，在那里与生病的母亲和残疾的弟弟生活在一起。他还有两名年幼的子女与其前妻生活在一起。他一直认为自己是加拿大公民，直到移民事务官员联系他，他才认识到法律意义上自己只是一个永久居民。他根据《加拿大移民法》被递解出境——该法允许将犯下某些特定罪行的永久居民递解出境。提交人主张，将其递解出境违反了若干《公约》条款，包括第17条和第23条。

> 3.3. 据提交人称，"住宅"一词应从广义上解释，包含个人是其一分子的（整个）社区。在此意义上，他的"住宅"可以说是加拿大。提交人进一步提出，提交人的私生活必须包括能够在该社区生活而不受到任何无理或非法干涉的情况。提交人声称，要是加拿大法律不保护外

---

[23] 另见第 [21.37] 段。

国人免受这种干涉，就违反了第 17 条。

加拿大则答复如下：

9.2. 不能将《公约》第 17 条和第 23 条解释为与缔约国将外国人递解出境的权利不一致，只要遵守了《公约》第 13 条的条件即可。根据加拿大法律，每个人都得到保护，就如第 17 条要求的，其隐私、家庭和住宅不受无理或非法侵扰。缔约国提出，如果一项将外国人递解出境的决定是按照法律和政策（它们本身没有不符合《公约》）、在充分和公正的程序之后作出的，而且平衡了国家显而易见的重要和实际利益与个人的《公约》权利，这样一项决定就不能被认为是无理的。在这方面，缔约国提出，法律对于非公民继续在加拿大居住所确定的条件是合理而客观的，加拿大当局适用该法律符合作为一个整体解释的《公约》的规定。

9.3. 缔约国指出，提议将斯图尔特先生递解出境不是加拿大当局的草率决定的结果，而是依据符合《公约》第 13 条的充分和公正程序认真审议所有有关因素的结果……。

9.4. ……第 23 条第 1 款要求的保护不是绝对的。加拿大管辖法院在审议驱离提交人时适当考量了递解出境对其家庭的影响，权衡了这些利益与国家保护社会和管制移民的合法利益。在这方面，缔约国提出，其案件特有的具体事实，包括其年龄和没有受抚养人，表明其家庭关系的品质和质量能够通过写信、电话和到加拿大探亲（他有自由依据加拿大移民法探亲）得到充分维持。

人权事务委员会没有认定任何《公约》条款被违反。对于第 17 条和第 23 条，多数委员作出的意见如下：

12.10. 斯图尔特先生被递解出境无疑将干涉他在加拿大的家庭关系。但问题是，这种干涉能否被认为是非法的或无理的。加拿大《移民法》明确规定，如果非国民因严重罪行被定罪，其永久居住地位可以被撤销，然后这个人可被驱逐出加拿大。在上诉过程中，移民上诉分庭有权在"考虑到案件的所有情节"的情况下，撤销递解出境。在本案的递解出境诉讼中，斯图尔特先生得到了充分机会向移民上诉分庭提呈其家庭联系的证据。移民上诉分庭在其说理的决定中考虑了这些证据，但得出的结论是，斯图尔特先生在加拿大的家庭联系不能成为撤销递解出境令的正当理由。委员会认为，斯图尔特先生被递解出境的不可避免的结果是对其家庭关系的干涉，而这种干涉在递解出境令是依法作出以促进正当的国家利益，而且在递解出境诉讼中对被递解出境者的家庭联系给予了应有考虑的情况下，不能被认为是非法或无理的。因此，不存在对《公约》第17条和第23条的违反。

[20.25] **卡内帕诉加拿大**（*Canepa v Canada*，558/1993）

该案的案情与斯图尔特案极为相似。提交人自五岁起与其父母和兄弟生活在加拿大，然后因为一系列罪行而面临被递解到意大利。如同对斯图尔特案一样，人权事务委员会认定第17条或第23条都没有被违反，并作出如下评论：

> 11.5.……卡内帕从17岁到他31岁被加拿大驱离时，几乎连续不断地被定罪（1987~1988年除外）。提交人在加拿大既无配偶也无子女，但在意大利有大家庭。他没有表明，他被递解到意大利将如何不可挽回地断绝他与他在加拿大的其他家人的纽带。在克服其犯罪倾向和毒瘾方面，他的家庭几乎提供不了什么帮助或引导。他没有表明，其家庭的支持和鼓励将来在这方面对他可能有所帮助，或者他与家庭分离有可能导致其情形恶化。……

委员会的评论——有关卡内帕的以加拿大为根基的家庭——是无必要的、妄断的和麻木的。考虑到其海洛因成瘾问题的隐伏性质，得出持续的、正常的家庭联系对卡内帕将没有帮助的结论，是不合适的。实际上，家庭权利是否应根据委员会对于有关家庭之实际功能的判断而改变？[24]

[20.26] 在比亚呼兰加诉丹麦案（*Byahuranga v Denmark*，1222/2003）中，对于因为犯罪记录而被驱逐的长期居民的家庭权利，人权事务委员会继续持有强硬立场。不过，也许在下述案件中，体现出一种软化的态度。

---

[24] 能够区分"失能的"家庭生活与"无效的"家庭生活，因为在后一种情况中，并不存在任何真正的家庭联系[20.10]。当然，在失能极为严重的情况中，如虐待子女或配偶，家庭权利应该受到限制。

《公民及政治权利国际公约》：案例、资料和评注

马达菲利诉澳大利亚（*Madafferi v Australia*，1011/2001）

该案的案情体现在委员会的认定中，即如果该案所涉家庭的父亲被递解到意大利，则家庭权利将会受到侵犯：

9.8. 在本案中，委员会认为，缔约国决定将一名有四个未成年子女的父亲递解出境并且迫使其家人选择是跟随他离境还是继续留在缔约国，应被视为对家庭的"干涉"，至少是在这样的情况下，即无论作出何种选择，都会给长期稳定的家庭生活带来巨大的变化。由此产生的问题是，这种干涉是否是无理的，并因而违反《公约》第17条。委员会认为，在即刻要递解出境的案件中，评估问题的重要时间点必须是委员会审议案件的时间。它还认为，在部分家庭成员必须离开缔约国而另一部分有权居留的案件中，对于评估对家庭生活的特定干涉是否在客观上正当合理而必须考虑的有关标准，一方面要参考缔约国驱离有关人员的理由是否充分，另一方面要考虑这种驱离可能会给家庭及其成员带来的艰难的程度。就本案而言，委员会注意到缔约国为其驱离马达菲利先生提出的理由是：在澳大利亚非法居留、据说其在与移民和多文化事务部联系时不诚实以及20年前在意大利的犯罪行为造成的"品行不端"。委员会也注意到，马达菲利先生在意大利的未服刑期已被取消，他的逮捕令也不复存在。与此同时，委员会也注意到会给这个已经存在14年的家庭造成的巨大困难。如果马达菲利夫人及其子女决定移居意大利以避免家庭分离，那么他们将不但要在一个陌生的、这个家庭的四名子女（其中两名已经分别13岁和11岁）不会讲其语言的国家生活，而且他们还必须在一个陌生的环境中照顾有严重精神问题的丈夫/父亲，而这些精神问题部分地是由缔约国的行为造成的。[25] 在这些极为特别的情况下，委员会认为，缔约国为部长推翻行政上诉法庭的裁决并且将马达菲利先生逐出澳大利亚而提出的理由，就本案而言，并没有强有力到成为理由，足以在这样的程度上干涉这个家庭，甚至损害儿童因其未成年身分得到必需保护措施的权利。因此，委员会认为，缔约国之驱离马达菲

25　另见第［9.75］段。

利先生，如果实施的话，那么对所有提交人而言，就构成了对家庭的无理侵扰，有违与《公约》第 23 条相结合的第 17 条第 1 款，此外对四名未成年儿童，也构成了对第 24 条第 1 款的违反，因为缔约国没有为他们提供为未成年人所需的保护措施。

[20.27] 也许，马达菲利案能够从某些特别因素加以解释，诸如主要提交人的精神疾病，其子女年幼以及有关犯罪记录年代久远，而且发生在另一个国家（意大利）。不过，人权事务委员会做法的软化在下述案件中得到证实——该案的案情与斯图尔特案、卡内帕案和比亚呼兰加案类似。

道芬诉加拿大（*Dauphin v Canada*，1792/2008）

道芬是一位海地国民，自两岁起就居住在加拿大。他在因为暴力抢劫罪服刑 33 个月后，在 22 岁时面临被递解到海地。他诉称，他并不知晓自己不是加拿大公民，递解出境将切断他的家庭关系，包括与其女友的关系。加拿大主张，他在加拿大并无妻子儿女，和家人也不亲近。委员会多数委员认定，如果他被递解到海地，将出现对其家庭权利的侵犯：

8.2. 在本案中，提交人自两岁起就生活在缔约国境内并在那里完成了教育。其父母和三个兄弟姐妹均生活在加拿大并已取得加拿大国籍。提交人在因犯暴力抢劫罪被判处 33 个月监禁后，要被递解出境。委员会注意到提交人声称，其全家都在加拿大，他在被逮捕前与家人生活在一起，而且在海地并无亲人。委员会还注意到缔约国的论点，即提到提交人与其家人之间少有联系，因为提交人主要住在青年中心和收容家庭，而当其生活转向犯罪和吸毒时，未得到家人的任何帮助。

8.3. ……在本案中，不存在争议的是，提交人在海地没有亲人且其全家都生活在缔约国境内。鉴于提交人年纪尚轻、还未组建自己家庭，委员会认为其父母和兄弟姐妹构成《公约》所指的家庭。委员会认定，缔约国的决定，即将自年幼起便一直居住在加拿大但不知道自己不是加拿大国民且在海地没有亲人的提交人递解出境，构成对提交人的家庭生活权的侵犯。委员会指出，并无争议的是，该干涉具有一种正当目的即防止刑事犯罪。因此委员会必须确定该干涉行为是否无理、有违《公约》第 17 条和第 23 条第 1 款。

8.4. 委员会注意到，提交人一直认为自己是加拿大公民，直到被逮捕才发现他没有加拿大国籍。提交人自懂事起一直生活在缔约国境内，其所有亲人和女朋友都生活在加拿大，他与原籍国毫无联系而且在那里也没有亲人。委员会还注意到，提交人仅被定罪一次，是在他刚满18岁之后。委员会认定，鉴于提交人与加拿大的密切联系以及看来他与海地无任何关系（除其国籍外）的事实，这种干涉对提交人具有严重的后果，与缔约国寻求的正当目的并不成比例。因此，将提交人递解出境构成缔约国对《公约》第17条和第23条第1款的违反。

[20.28] 在2011年对尼斯特罗姆诉澳大利亚案 (*Nystrom v Australia*, 1557/2007) 和瓦萨梅诉加拿大案 (*Warsame v Canada*, 1959/10) 作出决定之后，人权事务委员会脱离其在斯图尔特案中的立场看来固定了下来。在尼斯特罗姆案中，一位从25天大时就生活在澳大利亚的瑞典男子在一系列刑事定罪后，在33岁时被递解到瑞典。该递解出境违反了第17条和第23条第1款。[26] 在瓦萨梅案中，一位索马里男子在被判定犯有一系列罪行后，面临被递解到索马里。他从4岁时起就生活在加拿大，在其向委员会提出申诉时则为26岁。委员会认定，基于品格将提交人递解到索马里将侵犯其家庭权利。[27]

[20.29] **维纳塔诉澳大利亚** (*Winata v Australia*, 930/2000)

亨德里克·维纳塔和苏兰丽 (So Lan Li) 是印度尼西亚国民，分别在1985年持访客签证、在1987年持学生签证进入澳大利亚。[28] 两人在签证到期后都没有离开，而是非法留在了澳大利亚。他们在澳大利亚相遇并开始了一种事实婚姻关系，苏兰丽于1988年6月2日在澳大利亚生下了他们的儿子巴里。1998年6月2日，巴里因为其出生地以及事实上连续居留十年，而获得了澳大利亚国籍。1998年10月15日，维纳塔和苏兰丽申请一种"父母签证"。不过，这种签证只发放给在澳大利亚境外的人。由于对这种签证的配额限制，申请人即使能够获得该签证，很可能也要在好几年以后。因为未

---

[26] 在委员会意见的第7.11段；另见第 [12.40] 段。

[27] 在委员会意见的第8.10段；另见第 [9.103]、[12.41] 段。

[28] 对该案的这一背景描述引自，S Joseph, 'Human Rights Committee: Recent Cases' (2001) 2 *Human Rights Law Review* 305, 313。

获得这一签证,这对父母作为非法移民,面临着被递解出境。他们以自己的名义并代表巴里,提出了如下申诉:

3.1. 提交人诉称,把他们驱赶到印度尼西亚将侵犯所有三个据称的受害者根据第17条、第23条第1款和第24条第1款应享的权利。……

3.4. 提交人声称,如果他们被驱离,避免他们与巴里分离的唯一办法就是巴里和他们一起返回印度尼西亚。但是,他们声称,巴里已充分融入澳大利亚社会,他既不讲印尼语,也不讲中文,因为他一直生活在澳大利亚,与印度尼西亚也没有任何文化联系。心理医生的报告对巴里的描述是:"从内心上他是一名西悉尼多文化的华裔澳大利亚男孩,具有这一文化和亚文化的所有最显著特征,如将其塞入印度尼西亚,他将会彻底茫然并面临相当大的风险"。如果换一种办法,让巴里留在澳大利亚,而他们返回印度尼西亚,则提交人认为,这种拆散家庭和让巴里在澳大利亚漂泊的做法既极不公正又极具伤害。提交人说,无论哪一种方式都将是蛮横且无理的。

人权事务委员会多数委员的认定有利于提交人:

7.1. 关于违反第17条的申诉,委员会注意到缔约国的论点,即不存在"侵扰",因为巴里是否随其父母去印度尼西亚或留在澳大利亚——如属于后一种情况则会导致分离——纯属于一个家庭问题,而不是由国家的行动所强迫的。委员会指出,确实会出现这样的情况,即一缔约国拒绝允许某一家庭成员在其境内居留涉及对此人家庭生活的干涉。然而,仅仅是家庭中的一名成员有权在一缔约国境内居留这一事实,并不必然意味着,要求该家庭的其他成员离境构成这种侵扰。

7.2. 在本案中,委员会认为,缔约国将父母二人递解出境的决定迫使该家庭选择:一个因在该缔约国已经生活10年之久而获得公民身份的13岁孩子要么独自一人留在该缔约国,要么伴随父母离境,这应视为对家庭的"侵扰",至少就无论哪一种情况中,长期确立的家庭生活都会发生根本改变而言,是这样。因而产生的问题是,这种干涉是否属于无理的、有违《公约》第17条。

7.3. 根据《公约》的确无可辩驳的是,一缔约国可按照其法律要求其境内超期居留的人员离境。有孩子出生，或该名儿童依法律在出生时或以后任何时间获得公民身份这一事实本身，并不足以使拟议中的将其父母中的一方或双方递解出境成为任意无理的。因此，各缔约国对于执行其移民政策和要求非法留居者离境有相当大的空间。但这一酌处权并非毫无限制，在某些情况下其行使可能具有任意性。在本案中，两名提交人在澳大利亚均已超过 14 年。提交人的儿子从其 13 年前出生起，就一直长在澳大利亚，并像通常的儿童一样，在澳大利亚上学并形成了其中所固有的社会关系。考虑到这一时间段，为了避免被定性为任意专横，缔约国有责任呈现更多的事实，来证明驱离父母二人不单单只是为了执行其移民法。因此，就该案的具体情况而言，委员会认为缔约国驱离提交人的决定一旦执行，就将：对于所有的据称受害者，构成对家庭的无理侵扰，有违与《公约》第 23 条结合理解的第 17 条第 1 款；另外对于巴里·维纳塔，由于未能向其提供作为未成年人所必需的保护措施，则将构成对第 24 条第 1 款的违反。

8. 人权事务委员会根据《公民及政治权利国际公约任择议定书》第 5 条第 4 款规定行事，认为缔约国驱离提交人的决定一旦执行，就将违反《公约》第 17 条、第 23 条第 1 款和第 24 条第 1 款。……

9. 根据《公约》第 2 条第 3 款（子）项，缔约国有义务向提交人提供有效的救济，其中包括：他们能有机会得到对其父母签证申请的审查——其中要给予巴里·维纳塔作为未成年人的身分所需的保护应有考虑，而在此之前不将提交人驱离澳大利亚。缔约国有义务确保将来不再发生类似的违反《公约》的情况。

[20.30] 人权事务委员会委员巴格瓦蒂先生、哈利勒先生、克雷茨梅尔先生和约尔登先生提出了异议。这些少数委员比多数委员更愿意尊重澳大利亚对其移民政策的主权权力。这些少数委员的意见认可了澳大利亚严格执行其政策，虽然这无疑对提交人的家庭生活，特别是巴里的家庭生活，有不利影响。少数委员没有质疑移民政策本身是否可能具有任意性。[29] 另一方面，

---

[29] Joseph, 'Human Rights Committee: Recent Cases', 315–18.

虽然多数委员承认，"各缔约国对于执行其移民政策有相当大的空间"，但同时认定，"这一酌处权并非毫无限制，在某些情况下其行使可能具有任意性"。多数委员希望看到"移民政策"这一理由的背后，以决定该政策在特定的情况中，是否以一种有道理、合比例、非任意的方式执行。多数委员的决定表明，澳大利亚当局在实施其移民政策时，需要在更高程度上考虑有关个人的情况。所有的父母签证申请都要在澳大利亚之外处理这种总括性要求，考虑到长时间的等待期，对于委员会审议的这一案件来说，并不合适。

[20.31] 在维纳塔案中，对于多数委员来说，一个关键因素是巴里在澳大利亚13年（即其一生）且案件发生时仍为合法的居住的时长，以及所面临的不利后果——或者离开他与之有联系的唯一国家，或者没有父母而独自留在这个国家。不过，人权事务委员会的决定没有清楚地体现这一点，因为决定还援引了他的父母在澳大利亚停留的时间长度本身，作为将递解出境定性为无理的一个相关因素。少数委员对多数委员的批评看来集中在他们的意见的这后一方面。然而，不太可能的是，多数委员相信，在没有进一步的可从轻处理情节的情况下（诸如有一个孩子存在，而拒绝这样的权利将使其受到并非自身之过错的不利影响），只要非法移民设法躲避了探查很多年，《公约》就准予他们一种国际性的"擅留者权利"。

[20.32] 该案引起的提议是，某一未成年公民与一个国家的紧密家庭联系，在没有紧迫的相反理由的情况下，应以一种不引起对该儿童的严重身体和心理脱位的方式得到保持。也许只有极少的案件会与维纳塔案属于同一类型。如果巴里年龄再小一些，心理脱位就会不那么严重。[30] 如果巴里年龄再大一些，他脱离父母独自留在澳大利亚的选择就会更加可行。这两种情况中的事实都不太可能引起对《公约》的违反。巴里的情况对于人权事务委员会在维纳塔案中的决定的这种关键性质，在以下案件中得到了证实。

[20.33] **萨希德诉新西兰**（*Sahid v New Zealand*，893/1999）

提交人申诉说，新西兰拒绝准予他居留签证。他最初以访客签证抵达新

---

[30] 无论如何都无法确定的是，如果巴里不到10岁并因此根本不是澳大利亚公民，该案的情况会怎样。

西兰，是为了探望他的身为新西兰居民的已成年女儿。他随后在新西兰停留了 11 年，其间他用尽了试图获得居留签证的法律救济。他声称，后来将他递解出境侵犯了他根据第 23 条第 1 款享有的权利。他代表他女儿和外孙提出的类似申诉被裁定为不可受理，因为缺少他们让他代表的授权〔3.33〕。最终，人权事务委员会认定不存在对第 23 条第 1 款的违反：

> 8.2. 关于根据第 23 条第 1 款可予受理的申诉，委员会指出其先前在维纳塔诉澳大利亚案中的决定，即在特殊情况下，缔约国必须列出事实，合理证明驱离其管辖范围内的个人并不只是为了简单地执行该国的移民政策，才可避免被定性为无理行动。维纳塔案中的特殊情况是，缔约国打算将在缔约国出生、在该国境内居住了规定的十年之后已成为归化公民身份的某位未成年人的父母驱离。在本案中，提交人被驱离，但其外孙、女儿和女儿的丈夫则留在新西兰。因此，在没有诸如维纳塔案的那种例外因素的情况下，委员会认定，缔约国驱离提交人并不违背提交人根据《公约》第 23 条第 1 款享有的权利。

〔20.34〕 **拉简和拉简诉新西兰**（*Rajan and Rajan v New Zealand*，820/1998）

两位提交人拉简先生和拉简夫人在 1992 年 4 月 23 日[*]获得了新西兰的居留许可，但依据的是拉简先生的欺诈行为。[31] 新西兰当局在 1992 年晚些时候发现了拉简先生的欺诈行为，并因此开始采取步骤撤销两位提交人的居留许可并将他们递解到斐济。1994 年，拉简夫人和他们的一个孩子维基获得了新西兰公民身份，这一权利源自他们的居留权。不过，他们没有披露有关他们的居留权利的问题，因此在 1995 年，新西兰内政部长发出了一份通知，要撤销拉简夫人和维基的公民身份，因为这一身份是靠欺诈行为取得的。拉简夫妇的第二个孩子阿什尼塔 1996 年在新西兰出生，因此是新西兰公民。提交人声称，拟议中的撤销他们的居留权和国籍权以及随后的递解出境，将

---

    * 原书此处为"1992 年 2 月 2 日"，有误，经与作者核实更正。

    31 拉简夫妇之所以有在新西兰的居留权，是因为他们具有在澳大利亚的居留地位。不过，最初准予拉简先生澳大利亚的居留资格是基于一个虚假的说法，即他与一位澳大利亚妇女有一种事实婚姻关系。拉简夫人因为与拉简先生结婚而取得了澳大利亚的居留资格。

侵犯他们的家庭受到保护的权利，以及他们的孩子的权利。人权事务委员会最终裁决，该申诉不可受理：

  7.3. 提交人声称，驱离拉简夫妇将侵犯他们根据第 23 条第 1 款享有的权利以及其子女根据第 24 条第 1 款享有的权利。对此，委员会注意到，除了声称如果父母被驱离，他们的子女因年幼也不得不离开新西兰外，提交人并未提供充分的论据，说明他们的权利将如何在这方面受到侵犯。国内当局的决定表明，在程序的各个阶段——其中包括在高等法院、上诉法院、递解驱离法庭以及最近在移民部，显然都考虑了对家庭特别是对儿童的保护……。委员会认为，从很早以前并在阿什尼塔出生前几年，一经发现提交人有欺诈行为，缔约国当局就开始了驱离提交人的行动，而提交人后来在新西兰的大部分时间不是在寻求可用的救济，就是在东躲西藏。此外，任何说拉简夫人可能具有由于时间的推移而出现可另行依靠的利益的辩解——即使她没有参与拉简先生的欺诈行为，也由于缔约国采取了合理行动以执行其打击犯罪行为的移民法律而意义大减。因此，委员会认为，提交人未能证实其主张，即他们或他们的子女是《公约》第 17 条、第 23 条第 1 款和第 24 条第 1 款被违反的受害者。因此，这些申诉并无确实证据，根据《任择议定书》第 2 条不可受理。

  因此，很清楚的是，父母并不具有一种权利，即仅仅因为他们的未成年子女是某一国家的公民，他们就有不从该国被递解出境的权利。[32]

  [20.35] 相反，可以注意到，在埃尔·希乔诉丹麦案（*El Hichou v Denmark*, 1554/2007）中——丹麦拒绝准许一位 17 岁的儿童与他父亲（一位合法居民）团聚，人权事务委员会认定了对家庭权利的侵犯 [21.36]。也许能将该案与上述其他案件区别开来的根据是，在埃尔·希乔案中，国家阻止的是儿童，而在拉简案中，国家阻止的是父母，在萨希德案中，国家阻止的则是祖父。

  [20.36] **冈萨雷斯诉圭亚那**（*Gonzalez v Guyana*, 1246/2004）

  冈萨雷斯女士是一位圭亚那公民，她丈夫则是一位古巴流亡者。她丈夫

---

32 See also *Fernandes et al. v the Netherlands* (1513/2006).

申请圭亚那公民身份被拖延［14.94］，因此不能继续作为一位非公民在圭亚那非法生活。人权事务委员会认定，该夫妇的家庭权利被侵犯：

> 14.3. 关于提交人的申诉根据《公约》第17条第1款提出的问题，委员会注意到，冈萨雷斯先生没有获准在圭亚那合法居留，因此必须离开该国、无法与妻子共同生活。显然，他们也不可能居住在古巴。缔约国没有表明，他们可在其他什么地方生活在一起。委员会认为，这一事实构成对两人家庭的干涉。问题是，这一干涉是否是无理的或非法的。委员会忆及其判例，即国家授权的干涉必须根据法律进行。至于"无理"这一概念，它旨在保障即使是法律所规定的干涉也应当符合《公约》的规定、目的和目标，而且无论如何在特定情况中也要合情合理。

> 14.4. 在本案中，委员会注意到缔约国提出，部长之所以拒绝冈萨雷斯先生登记成为圭亚那公民或准予他工作许可，是因为……这可能会对圭亚那与古巴两国政府之间的良好关系产生不利影响。……委员会可以断定，缔约国当局处理冈萨雷斯先生入籍申请的方式是不合情理的，相当于对提交人及其丈夫的家庭的无理干涉。因此，这构成了对他们根据《公约》第17条第1款享有的权利的侵犯。

如果圭亚那不准予丈夫居留——甚至是不准予公民身份，这对夫妇将无法在任何一个国家共同生活。此外，对于拒绝授予其公民身份给出的虚弱理由（维持与古巴的良好关系——古巴对于其公民离境并在另一个国家生活的权利采取一种极其限制性的看法），以及有关司法诉讼中的拖延，使得圭亚那的行为具有了无理性，违反第17条第1款，也很可能违反第23条第1款。并不清楚也不太可能的是，委员会采取了这样一种立场，即如果不存在一对夫妇能够在其中安全生活的国家，那么在这种情况中，某一缔约国就必须准予其公民的外籍配偶居留权。[33]

［20.37］在纳卡拉什和齐芬诉瑞典案（*Nakrash and Qifen v Sweden*，1540/2007）中，两位提交人在瑞典相遇并育有一名在瑞典出生的孩子。纳卡拉什来自叙利亚，齐芬来自中国。他们寻求庇护未果，已经预定要被递解

---

[33] 对于后一问题，另见韦奇伍德夫人的单独附议意见。

出境。他们声称,他们将无法在叙利亚、中国或任何其他国家团聚。人权事务委员会最终认定该申诉不可受理,因为看来他们事实上能够在叙利亚作为一个家庭团聚。因此,并不确定的是,通过将一个家庭中不同的成员递解到不同的国家而强行将一家人分开的情况,在目的地国家阻止这一家人团圆的情况中,是否侵犯了家庭权利。

将子女强行带离父母

[20.38] **巴克尔诉新西兰**(*Buckle v New Zealand*,858/1999)

该案有关提交人的子女被强行带离她的监管。这样一种情况当然也会引起有关第17条和(保障儿童权利的)第24条的问题。[34] 提交人的申诉如下:

2.1. 1994年,提交人的六名子女(当时年龄为1~8岁)被带离她的照料,据称是因为她无法充分照料这些子女。……

3.1. 提交人称,将她的六名子女带离她的监护违反了《公约》第17条和第23条,因为这据称构成对她行使作为母亲之权利的无理侵扰。提交人认为,不论子女与她一起生活所处的条件如何,她作为母亲有权让子女待在她身边,没有可行的理由将子女带离她的照料。……

3.3. 提交人还称,对于她的六名子女,《公约》第24条被违反,因为将这些子女带离她身边剥夺了他们享受生母照料的权利。

缔约国对其将提交人的子女带离她的照料,提出的辩解理由是:

5.3. 关于对第17条的据称违反,缔约国承认,将子女带离父母的监管可能构成干涉;但是缔约国提出,在本案中,所涉行为既不是非法的,也不是无理的,而且此种干预的目的从《公约》的含义来看是正当的,尤其是就第24条而言。在这方面,缔约方提出,在提交人的案件中,将子女从其身边带离是严格依法进行的。首先,作出了不牵涉法庭程序的、帮助该家庭的努力。社会事务工作人员与该家庭成员举行了非正式会议,以便根据最少干预的思路以及为家庭赋权的目标,处理对子女的关切。各方商定,加强更广泛的家庭支助网络、扩大卫生保健、增

---

[34] 关于父母之间的监护权争端,另见第[20.58]及以下各段。

加与儿童的社会事务工作方面的联系并提供更经常的反馈。如果由于提交人越来越无法照料其子女，因而上述步骤被证明不够充分，就将举行一次家庭小组会议。这次会议——其中包括 8 名家庭成员——商定，建议法院作出一项宣告，以及多数子女与家人待在一起。遗憾的是，来文提交人照料其子女的能力并未增强，因此，定期进行的法定审查以及提交人针对法院裁决提出的上诉确认了将子女交给照料提供者安置的裁决。

5.4. 缔约国认为，干涉并不是无理的，相反，这一行动是在适当考虑以下两点的情况下进行的：具体的执行行动是否"具有一个依据整个《公约》显得正当的目的；所涉行动在法治意义上是否可以预测，具体来说，这项行动对于所要实现的目标是否合理（成比例）"。

人权事务委员会的认定有利于缔约国：

9.1. 关于提交人根据《公约》第 17 条提出的申诉，委员会注意到缔约国提供的、有关在提交人的案件中采用的大量程序的资料。委员会还注意到，缔约国定期审查有关情况，并给予了提交人保留子女探视权的机会。在这种情况下，委员会认定，对提交人家庭的干涉并不是非法的或无理的，因此没有违反《公约》第 17 条。

9.2. 提交人还声称《公约》第 23 条被违反。委员会承认，将母亲和子女分开的决定极为重大，但是指出，委员会所获资料表明，缔约国主管当局和法院仔细研究了向其提交的所有材料、在考虑到子女的最大利益的情况下行事，因此没有任何迹象表明，这些机构和法院违反了其根据第 23 条承担的保护家庭的义务。

9.3. 关于对《公约》第 24 条的据称违反，委员会认为，提交人的论点和委员会所获资料并没有引起任何独立于上述认定的问题。

[20.39] **NT 诉加拿大**（*NT v Canada*, 1052/2002）

该案的提交人是其女儿 JT 的唯一照料者。她因为打女儿被定罪，虽然她只承认她打了孩子一次。她的女儿被交给多伦多天主教儿童援助协会做保护性看管，提交人可以在监督下探视。随后是长期的拉锯战：提交人采取了各种法律的甚至是非法的途径以重新获得对孩子的监管——这在下述人权事务委员会的决定中有描述。提交人声称她和她女儿的家庭权利被侵犯。* 对此，委员会表示同意：

8.2. 至于据称违反第 17 条，委员会忆及，必须广义地理解"家庭"一词，它不仅指在婚姻或同居期间的家庭，而且还指父母与子女之间的总体关系。在有亲生关系的情况下，就有一个强有力的推测，即一个"家庭"存在，而且只有在特别情况下，这种关系才不受第 17 条的保护。委员会注意到，提交人与其女儿直到后者 4 岁时被置于机构监护之前，都生活在一起，提交人直到 1999 年 8 月都与女儿保持着联系。在这种情况下，委员会只能认定，在当局干预之时，提交人与其女儿构成了《公约》第 17 条含义之内的家庭。

8.3. 对于提交人的申诉，即她被非法地剥夺了对孩子的监管和探视、她的家庭被摧毁，委员会认为，将孩子带离其父母的照料构成了对父母和孩子的家庭的干涉。这引起的问题是，这种干涉是否是无理的或非法的、有违第 17 条。委员会认为，在涉及儿童监护与探视的案件中，用来评估对家庭生活的具体干涉是否客观上正当合理的相关标准，一方面必须根据父母与孩子保持个人关系和相互之间经常联系的有效权利来考虑，另一方面必须根据孩子的最大利益来考虑。

8.4. 委员会注意到，当局最初于 1997 年 8 月 2 日将其女儿带离提交人的照料——这在 8 月 7 日得到了将孩子置于天主教儿童援助协会的照料之下的司法裁决的确认，依据的是相信提交人打了她的孩子，这后来为提交人被定罪所确认。委员会注意到，尽管裁决令是临时性的（3 个月），但其仅准予提交人在极其严格的条件下探视女儿。委员会认为，将提交人的女儿置于天主教儿童援助协会照料最初 3 个月的安排比例失当。

8.5. 对于提交人有关从 1997 年 8 月 7 日的临时指令所涵盖的 3 个月期限到期之后开始直到 2000 年 5 月的庭审这一期间的申诉，委员会

---

* 原书本段中，称该案涉及的是提交人的儿子，但从下引委员会的意见来看，该案涉及的是提交人的女儿。经与作者核实，中译本将原文出现"儿子"之处均改为"女儿"。

注意到，天主教儿童援助协会在这期间照料着孩子。根据1997年8月7日的指令，提交人可以探视其女儿，尽管是在十分严格的条件下。在提交人于1997年12月1日"拐走"女儿并于1998年4月被定罪之后，提交人被剥夺了探视权。直到1999年6月，由于1999年5月17日一份重新准予探视的指令，她才再次能够探视女儿，也是在十分严格的条件下。例如，提交人和她女儿只能在天主教儿童援助协会的办公场所见面，每3周1次，每次90分钟。这些探视受到天主教儿童援助协会雇员的全面监视。提交人不得给女儿打电话。而在1999年5月17日的探视指令仍有效的时候，天主教儿童援助协会再次自行终止了她的探视。指令所附的探视条件规定，提交人应在天主教儿童援助协会的唯一且绝对裁量权下对其孩子进行受到监督的探视。并没有法官来处理探视问题，直到1999年12月21日，一位法官才裁决不恢复提交人对其女儿的探视。此后，提交人的探视就一直没有恢复。

8.6. 委员会注意到，孩子多次表达了希望回家，在探视结束时她都哭了，而且她的心理医生建议恢复探视。委员会认为，把电话联系也排除在外的探视条件对于一个4岁孩子和她的母亲来说是十分严厉的。提交人和养母曾经在电话中争吵这一事实不足以作为明确终止提交人与其女儿之间联系的理由。委员会认定，天主教儿童援助协会1997年12月和1999年8月单方面行使权力终止探视，而没有法官再次评估情势，也没有给提交人辩护的机会，这种做法构成了对提交人及其女儿的家庭的无理侵扰，违反了《公约》第17条。

8.7. 对于对第23条的据称违反，委员会忆及其判例，即国内法院一般有能力评估个别案件的情况。不过，法律应确立某些标准，使法院能适用《公约》第23条的全面规定。"看来十分重要的是，除特殊情况外，这些标准应包括让子女同父母维持个人联系以及直接而经常的接触。"由于不存在此等特殊情况，委员会忆及，不能认为完全取消父母方对孩子的探视符合孩子的最大利益。

8.8. 在本案中，法官在2000年的儿童保护庭审中认为，"不存在任何明显的特殊情况，能够证明在这些情况中延续探视是正当合理的"，却没有审查这样一个问题：是否有终止探视正当合理的特殊情况，这就颠倒了考虑这种问题应采取的视角。考虑到需要确保家庭纽带，至关重要的是，任何对家庭单位有影响的诉讼都必须处理家庭纽带是否应被打破的问题，同时谨记儿童和父母的最大利益。委员会并不认为，打耳光的事件、提交人缺乏与天主教儿童援助协会的合作以及她有精神残疾这一有争议的事实，构成了能够证明完全断绝提交人与其孩子之间的联系正当合理的特殊情况。委员会认定，在未考虑侵扰性较小和限制性较低的备选方案的情况下，缔约国的法律制度就得出了完全拒绝提交人探视其女儿的结论，这一过程实际上未能保护家庭单位，违反了《公约》第23条。此外，这些事实对于提交人的女儿——她作为未成年人有权享有额外保护，还造成了第24条被违反。

[20.40] **EB 诉新西兰**（*EB v New Zealand*，1368/2005）

提交人被指控性侵犯了他的女儿们。警方决定不继续这些指控，但在这些指控被驳回后，他仍被拒绝与其女儿们接触。新西兰的家庭法院裁定，他对她们的福祉构成了不可接受的风险。随后，他儿子又提出了一项单独的性侵犯指控，这些诉讼在人权事务委员会作出决定时仍悬而未决。[35] 对于提交人有关家庭权利受到侵犯的指控，委员会的认定对其不利：

9.5. 关于提交人本人根据《公约》第17条和第23条提出的申诉，委员会注意到，家庭法院认定，无法证实提交人虐待过其子女。然而，法官根据他所掌握并审查过的所有证据……决定，恢复提交人接触其子女会构成"对子女的福祉的不可接受的风险"。委员会注意到，家庭法院的审判法官根据各方证词以及专家意见充分而平衡地评估了案情，而且在承认拒绝提交人探望子女申请的决定具有深远影响的同时，确定这样做符合儿童的最大利益。根据本案的特定情况，委员会无法得出结论认为，审判法官的裁决侵犯了提交人根据《公约》第17条第1款和第23条第1款享有的权利。

---

[35] 实际上，委员会认定，拖延的诉讼对于所有子女来说，都违反了第14条[14.93]。

第 23 条第 2 款：结婚的权利

[20.41] 第 19 号一般性意见

4.《公约》第 23 条第 2 款重申已达结婚年龄的男女结婚和成立家庭的权利。……在此方面，委员会谨指出，这种法律规定必须符合《公约》所保障的其他权利的充分行使，例如，思想、信念和宗教自由的权利意味着每个国家的立法应规定宗教婚姻和世俗婚姻均为可行。但是，委员会认为，如一国规定婚礼以宗教仪式庆祝，但按照民法举行、证实和登记，这并不违反《公约》。委员会还要求各国在报告中包括有关这个问题的资料。

[20.42] 乔斯林等人诉新西兰 (*Joslin et al. v New Zealand*，902/1999)

在该案中，提交人（四位女性）声称，新西兰的婚姻法只允许相对性别的人之间的婚姻，这违反了《公约》的若干规定：

3.8.……提交人声称，第 23 条第 2 款——与第 2 条第 1 款相联系——被违反。她们辩称，男女的婚姻权必须参考第 2 条第 1 款来解释，该款禁止任何区分。由于新西兰《婚姻法》基于包括性倾向在内的性这一违禁理由作区分，提交人在上述方面的权利受到了侵犯。……此外，对《公约》约文的仔细研究表明，第 23 条第 2 款中的"男女"一词并不仅仅指男人与女人结婚，而是男人和女人也可以分别作为一组结婚。

人权事务委员会的认定有利于缔约国：

8.2. 提交人的基本申诉是，《公约》责成缔约国赋予同性恋伴侣结婚的能力，而缔约国拒绝给予提交人这种能力侵犯了她们根据《公约》第 16 条、第 17 条、第 23 条第 1 款和第 2 款以及第 26 条享有的权利。委员会指出，《公约》第 23 条第 2 款明确涉及结婚权的问题。鉴于《公约》就结婚权载有具体的规定，因此关于这项权利受到侵犯的任何主张都必须根据这一规定予以审议。《公约》第 23 条第 2 款是《公约》中唯

——项使用"男女"一词，而不是"每一个人"、"人人"和"所有人"等词来界定一项权利的实质性条款。使用"男女"一词，而不用《公约》第三部分其他地方所用的通称，一直且一致被理解为表明，由《公约》第 23 条第 2 款而来的缔约国的条约义务是，承认婚姻只是愿意相互结婚的一男一女之间的结合。

8.3. 鉴于《公约》第 23 条第 2 款下的结婚权的范围，委员会不能认为，缔约国只是拒绝规定同性恋伙伴之间的婚姻就侵犯了提交人根据《公约》第 16 条、第 17 条、第 23 条第 1 款和第 2 款或者第 26 条享有的权利。因此，委员会接受了缔约国的下述主张：

4.5. 缔约国强调，第 23 条第 2 款的具体措辞——其中明确提到异性伴侣——必须影响对被援引的《公约》的其他权利的解释。根据一般法不得减损特别法的解释公理，即一般性规定不应减损具体性规定的含义，第 23 条第 2 款的具体含义排除了从《公约》的其他更为一般性的规定得出的相反解释。

可以指出，委员会并没有一贯地采用一般法不得减损特别法这一原则。[36]

[20.43] 截至 2012 年底，乔斯林案是人权事务委员会裁决的有关同性婚姻的唯一案件。由于自该裁决以后，同性婚姻问题在世界范围内都势头日盛，因此看来很可能这一问题会很快再次回到委员会。[37]

[20.44] 在对爱尔兰的结论性意见中，人权事务委员会证实，变性者根据《公约》有权改变其出生证明以承认他们的性别变化 [16.57]。因此，看来一个人手术后的性别，从第 23 条规定的结婚事项来看，必须得到承认。

[20.45] 第 23 条第 2 款被表述为一项绝对权利。不过，很可能某些共通的限制是可予允许的，例如对于乱伦的婚姻或对已婚者的限制。[38]

[20.46] 由于重婚在许多缔约国都被禁止，因此对离婚权的禁止会剥夺

---

36 尤其见委员会有关基于信念拒服兵役的权利的案例法，第 [17.41] 及以下各段。
37 欧洲人权法院裁决，《欧洲人权公约》的缔约国没有义务允许同性婚姻：*Schalk and Kopf v Austria*（No 30141/2004, Judgment of 24 June 2010 [Section I]）。
38 Nowak, *UN Covenant on Civil and Political Rights: CCPR Commentary*, 529 – 30.

个人的再婚权利。诺瓦克因此主张说，"离婚权"能够从第 23 条第 2 款规定的"结婚权"解释出来。[39]

第 23 条第 2 款：成立家庭的权利

[20.47] **第 19 号一般性意见**

5. 成立家庭的权利原则上意味着能够生儿育女和在一起生活。如果缔约国采用计划生育政策，这些政策应符合《公约》的规定，尤其不应是歧视性或强制性的。同样，为使夫妇能够在一起生活，就要在各国内部，并在需要时与其他国家合作，采取适当的措施，确保家庭的完整或团圆，尤其是家庭成员因政治、经济或类似原因分离的时候。
因此，以胁迫的方式控制人口不符合第 23 条第 2 款。[40]

[20.48] 第 23 条第 2 款规定的"成立家庭的权利"是对那些根据同一款有权结婚的人的保障。不过，成立家庭的权利并不以婚姻为条件，而是以结婚的"权利"为条件。[41] 因此，乔斯林等人诉新西兰案 [20.42] 表明，男女同性恋伴侣被排除在成立家庭的权利之外。[42]

[20.49] 如同结婚的权利一样，对于成年男女成立家庭的权利，也没有规定明显的限制。但同样，这一权利是否绝对是可疑的。某些共通的限制很可能是可予允许的，诸如对收养权或利用人工生殖方法的限制。[43]

[20.50] 第 23 条第 2 款还包括一种家庭完整和团圆的权利。这样的权利也蕴含在第 23 条第 1 款中。[44]

---

[39] Nowak, *UN Covenant on Civil and Political Rights: CCPR Commentary*, 530 – 1.

[40] 另见，*Szijjarto v Hungary*（CEDAW 4/2004），有关非自愿绝育。

[41] Nowak, *UN Covenant on Civil and Political Rights: CCPR Commentary*, 532 – 3.

[42] See also S Joseph, 'Human Rights Committee: Recent Cases' (2003) 3 *Human Rights Law Review* 91 at 101.

[43] Nowak, *UN Covenant on Civil and Political Rights: CCPR Commentary*, 533.

[44] See *Aumeeruddy-Cziffra et al. v Mauritius* (35/78) [20.18].

第 23 条第 3 款：同意结婚的要求

[20.51] 第 19 号一般性意见

4.《公约》第 23 条……第 3 款规定，只有经结婚双方的自由的和完全的同意，才能结婚。缔约国的报告应指明是否存在基于亲属关系程度或智力缺陷等特别因素而对行使结婚权的限制和阻碍。《公约》未规定男女具体的结婚年龄，但这一年龄应使意欲结婚的男女双方能以法律规定的形式和条件各自表示自由的和完全的同意。……[45]

[20.52] 第 28 号一般性意见

23. 缔约国应按第 23 条的要求在婚姻方面平等对待男女，1990 年的第 19 号一般性意见对此已经作了进一步阐述。男女有权只有经他们自由的和完全的同意才结婚，国家有义务保护这项权利在平等基础上的享有。有许多因素可能阻碍妇女自由作出结婚的决定。一个因素涉及婚姻最低年龄。这一年龄应由缔约国基于对男女平等适用的标准确定。这些标准应确保妇女有能力作出知情的和不受胁迫的决定。在有些国家的第二个因素可能是，成文法或习惯法规定结婚与否得经监护人——通常为男性——而不是妇女自己的同意，从而阻碍妇女作出自由选择。

24. 可能影响妇女的只有经自由和完全的同意才能结婚的权利的另一因素是一些社会态度，这些态度往往排斥遭强奸的妇女受害者，对她们施加压力，要她们同意结婚。有些法律规定，只要强奸者与受害者结婚，其刑事责任就可能取消或减轻，这种法律也会损害妇女对于结婚的自由和完全的同意。各缔约国应该说明与受害者结婚是否取消或减轻强奸者的刑事责任；在受害者为未成年人的情况中，强奸是否降低受害者的结婚年龄，特别是就强奸受害者必须承受社会排斥的社会而言。如果国家只对妇女再婚实行限制而此种限制却不对男子实行，这会影响结婚

---

[45] 见第 [21.22] 段。

权利的另一个方面。此外，阻止信奉某一特定宗教的妇女与不信教或信奉某一不同宗教的男子结婚的法律或习俗也会限制个人选择配偶的权利。各国应提供资料，说明这些法律和习俗，以及为废除有损妇女的只有经自由和完全同意才能结婚的权利的法律和习俗而采取的措施。也应该指出的是，有关结婚权的平等待遇意味着一夫多妻制与这一原则相抵触。一夫多妻制损害妇女的尊严。它是一种令人不能接受的对妇女的歧视。因此，无论它在何处继续存在，都肯定应予废除。[46]

第 23 条第 4 款：婚姻中的平等权利

[20.53] **第 19 号一般性意见**

6. 《公约》第 23 条第 4 款规定，缔约国应采取适当步骤以确保夫妻在婚姻方面，在婚姻关系存续期间，以及在婚姻关系消灭时，双方权利责任平等。

7. 至于婚姻方面的平等，委员会谨特别指出，在因结婚而获得或失去国籍时不应出现基于性别的歧视。同样，应当保障结婚男女之每一方保留使用其原姓或在平等基础上参与选择一个新的姓的权利。

8. 在婚姻关系存续期间，夫妻在家庭中的权利和责任应当平等。这一平等延及由他们的关系所生的所有事项，如住宅的选择、家务的处理、子女的教育和资产的管理。这一平等继续适用于为法定分居和婚姻关系消灭所作的安排。

9. 因此，必须禁止对于分居或离婚、子女监护、生活费或赡养费、探视权或失去或恢复父母权威的根据和程序的任何歧视性待遇，同时牢记在这方面一切以儿童的利益为重。各缔约国特别应当在报告中包括资料，说明有关婚姻关系消灭或夫妇分居时对任何子女提供的必要保护的规定。

---

46 例如见委员会的结论性意见：马达加斯加，(2007) UN doc CCPR/C/MDG/CO/3, para 12；乍得，(2009) UN doc CCPR/C/TCD/CO/1, para 16；喀麦隆，(2010) UN doc CCPR/C/CMR/CO/4, para 9；埃塞俄比亚，(2011) UN doc CCPR/C/ETH/CO/1, para 9。

[20.54] **第 28 号一般性意见**

25. 为了履行第 23 条第 4 款规定的义务，各缔约国必须确保婚姻制度在有关监护和照料儿童、儿童的宗教和道德教育、儿童获得父母国籍的能力、拥有或管理财产——无论是共同财产还是仅由配偶一方拥有的财产——等方面，为夫妻双方规定平等的权利和义务。各缔约国应审查其立法，确保已婚妇女必要时在拥有和管理这种财产方面享有平等权利。此外，缔约国应确保在因婚姻而获取或丧失国籍方面、在居住权方面以及在每一配偶保留使用他或她的原姓的权利或平等参与选择新的家庭的姓的权利方面，不发生基于性别的歧视。婚姻关系存续期间的平等意味着丈夫和妻子在家庭内具有平等的参与责任和权威。

26. 各缔约国也必须确保婚姻关系消灭方面的平等，这排除了休妻的可能性。离婚和宣告婚姻无效的理由以及有关财产分配、赡养费和儿童监护等方面的裁决对男女应一视同仁。子女与非监护父母之间保持联系的需要应依据平等考虑因素来确定。[47] 如果婚姻关系消灭系一方配偶死亡造成，妇女也应享有与男子平等的继承权。

[20.55] 第 23 条第 4 款在《公约》中独一无二的一点是，其约文看来纳入了一种逐渐义务。各国需要"采取适当步骤"来实现婚姻中的平等。许多国家中的主流规范无疑确立了一种婚姻中的等级，即丈夫优于妻子。第 23 条第 4 款的约文承认，各国需要时间来消解社会中的这些结构。不过，对于其他《公约》权利——诸如第 26 条规定的不受歧视的一般性权利，也会出现同样的问题，虽然这些权利被表述为即时义务。实际上，第 26 条规定的保障可能吸收第 23 条第 4 款规定的保障。无论如何，人权事务委员会在第 19 号一般性意见中，没有承认第 23 条的明显逐渐性。[48]

[20.56]《消除对妇女歧视公约》第 16 条也保障婚姻中的平等。消除对妇女歧视委员会在若干案件中对该条作出了裁决，包括 GD 和 SF 诉法国案（*GD and SF v France*，CEDAW 12/2007）和戴拉斯诉法国案（*Dayras v*

47　就对子女的平等探视权，见第 [20.58] 及以下各段。
48　不过，见以下第 [20.61] 段。

France, CEDAW 13/2007)。

[20.57] 在对秘鲁的结论性意见中,人权事务委员会对于可能有违第23条第4款的离婚法表示了关切:[49]

16. 委员会关切地注意到,当审理可能引起离婚的案件(身体或心理虐待、严重伤害和不名誉行为)时,法律规定法官要考虑到夫妻两方的教育、习性和行为,这一条规定很容易导致对出身于较低社会经济阶层的妇女的歧视。

婚姻关系消灭时的儿童探视和监护

[20.58] **亨德里克斯诉荷兰**(*Hendriks v the Netherlands*, 201/1985)

该案的提交人在与其妻子离婚后,因为前妻的反对而无法探视他年幼的儿子。在12年漫长的诉讼之后,荷兰法院还是未能发出指令,迫使他的前妻允许他探视儿子,理由是这将使其儿子遭受不必要的紧张。提交人向人权事务委员会提出申诉,声称缔约国侵犯了他和他的儿子的家庭关系受到保护的权利。委员会作出的不利于提交人的决定如下:

10.4. 一般而言,缔约国的法院有权评判每个案件的具体情况。但是,委员会认为有必要的是,法律应该确立某些标准,使得法院能够全面地适用《公约》第23条的规定。除了特殊情况以外,这些标准似乎有必要包括维持子女和父母双方的个人关系以及直接和经常的联系。委员会认为,父母之某一方的单方面反对不能被认为是例外情况。

10.5. 本案中,委员会注意到荷兰的各级法院承认了——这与该国最高法院此前的决定一样——子女与其父母每一方的长久联系的权利,以及非监护父亲或母亲的探视权利,但是认为由于所涉儿童的利益,在本案中这些权利不能行使。这是国内法院在考虑所有情况之后作出的判断,尽管并没有发现提交人一方有任何不当行为。

11. 因此,委员会不能得出结论认为缔约国违反了第23条,但是提

---

[49] (1996) UN doc CCPR/C/79/Add. 72. 另见对日本的结论性意见,(1998) UN doc CCPR/C/79/Add. 102, para 16, 其中委员会批评日本的法律禁止妇女在先前的婚姻解除或无效后六个月内结婚。

请缔约国注意第10.4段所称的补充其立法的必要。

[20.59] 对于这一意见,有多项个人意见提出。瓦科先生同意多数委员的意见,但提出了如下认识:

5. 我的……关切是,适用于亨德里克斯一家的荷兰立法是否符合《公约》的规定。荷兰《民法典》第161条第5款并没有规定非监护父母的法定探视权,而是将探视权的问题完全留由法官自由裁量。荷兰立法对于不准探视的情况并没有具体规定,因此产生的问题是,这种一般性的法律能否视为足够保障对子女的保护,特别是子女应有接触双亲的权利,以及确保配偶在婚姻关系消灭时的平等权利和责任,就如《公约》第23、24条规定的那样。在我看来,子女同非监护父母保持联系是至为重要的事,不应当留由法官在没有任何法律指导或明确标准的情况下自行决定,因此这方面的国际规范正在形成,特别是针对父母诱拐子女的国际公约、规定探视权的双边协定,以及最重要的儿童权利公约草案——该草案第6条第3款规定,"除特殊情况以外,与父母一方或双方分离的儿童应有权同父母经常保持个人关系及直接联系";第6条第2款规定,"父母居住在不同国家的儿童,除特殊情况以外,应有权同父母双方经常保持个人关系和直接联系"。[50]

6. 提交委员会的本案事实没有显示存在着任何特殊情况,有可能证明拒绝让小威姆·亨德里克斯同老威姆·亨德里克斯作个人接触正当合理。荷兰法院本身也同意,提交人提出的探视要求是合理的,但主要以母亲反对为由拒绝了他的要求。虽然荷兰法院对本案的案情可能正确地适用了荷兰的法律,但仍令我关切的是,该法律没有规定法定探视权,也没有规定任何可辨识的标准,可据以拒绝非监护父母与其子女相互联系的基本权利。我乐见荷兰政府正在考虑通过新的法律,其将规定法定探视权并给予法院一些关于在何种特殊情况下可以拒绝探视的指导。这样的法律,如果制定的话,才能更好地反映《公约》的精神。

---

50 见《儿童权利公约》最终文本的第9条第3款和第10条第2款。(此处对原注有补充。——译者注)

[20.60] 迪米特里耶维奇先生、艾尔-莎菲先生、杰林斯基先生和希金斯夫人也在他们的附议意见中表示了极度的不安:

1. 我们在本案中看到的极大困难在于,一个国内法院具有的"出于儿童的最大利益"作出决定的无可置疑的权利和义务在以某种方式行使时,会剥夺一个非监护的父亲根据第23条享有的权利。

2. 有时在国内法中出现的情况是,家庭纠纷的事实本身就导致非监护父母一方失去探视子女的机会,即使其本人并没有作出任何本身就会使与子女的联络不可取的行为。不过,《公约》第23条所说的不仅是保护子女,而且也谈到了家庭生活的权利。我们同意委员会的是,这种子女受保护和家庭生活受保护的权利,在一个婚姻关系结束以后,仍在亲子关系中持续存在。

3. 在本案中,阿姆斯特丹地方法院拒绝了父亲的探视申请,虽然该法院认为这项要求是合理的,并且一般而言应予准许。从我们获得的所有文件来看,该法院拒绝亨德里克斯先生的申请的根据,是母亲一方拒绝同意探视所可能引起的紧张情况——她"甚至拒绝这个男孩与他的父亲在两家以外的地方只见一次面,尽管儿童照料和保护理事会同意提供保障"(1978年12月20日的决定)。鉴于并未发现亨德里克斯先生的性格或行为会使得与其儿子的联络不可取,我们觉得,唯一可称为"特殊情况"的就是小威姆·亨德里克斯的母亲对父子见面之可能的反应,而这决定了对于什么情况符合儿童最大利益的看法。

4. 我们无法坚持说,荷兰法院在以下方面有错:对于儿童最大利益的评断,以及优先考虑当前的困难和紧张情况而非儿童与其双亲均联络的长期重要性。但是,我们不能不指出,这种做法没有维护亨德里克斯先生和他的儿子根据《公约》第23条享有的家庭生活的权利。

[20.61] 尽管全体委员都提出了批评,但人权事务委员会仍免除了缔约国的责任,这可能令人困惑。诺瓦克提出,"只有在考虑第23条第4款确立了一种逐渐实施的义务时,才可以认为委员会的决定是合理的"。[51]

---

[51] Nowak, *UN Covenant on Civil and Political Rights: CCPR Commentary*, 539.

[20.62] 人权事务委员会作出有利于荷兰的决定的另一个原因,是委员会尊重了荷兰家庭法院的裁决。这是委员会在国内诉讼不存在程序性瑕疵的情况下,采取的惯常做法 [1.54]。[52] 瓦科先生在他的单独意见对这种进路的后果评论道:

> 3. 我的第一个关切是,虽然委员会的不审查当地法院裁决的惯例是慎重而恰当的,但这并不是《任意议定书》要求的做法。在事实清楚而且有关各方都提供了所有相关的命令和裁决的情况中,委员会应当着手审查它们是否符合提交人所援用的那些《公约》具体条款。如此,委员会才不致作为"第四审级"行事,即判断缔约国法院的某项裁决根据该国的法律是否是正确的,而只是审查据称的受害者所援用的《公约》条款是否被违反。

> 4. 在本案中,委员会宣布亨德里克斯先生的来文可予受理,从而表明它准备审查案件的实质问题。但是,委员会在其意见中基本上决定的是,它能够审查荷兰各级法庭不准予提交人探视其儿子的权利的裁决是否符合《公约》第23、24条规定的保护家庭和保护儿童的要求。决定的第10.3段反映出委员会对第23条第1款、第4款的范围以及对"家庭"的概念的理解。在第10.4段中,委员会强调了子女与双亲之间维持长久的个人接触的重要性,除了特殊情况以外;委员会还声称,双亲之一的单方面反对——显然这正是本案中发生的情况——不能被认为是这种特殊情况。因此,委员会本来应当将这些标准适用于亨德里克斯的案情,以判断是否发生了违反《公约》条款的情况。然而,委员会基于不应当质疑当地法院的酌处权的理由,而认定不存在违反的情况。

[20.63] **巴拉戈尔·桑塔卡纳诉西班牙**(*Balaguer Santacana v Spain*, 417/1990)

提交人与玛利亚·德尔·卡门·蒙塔尔沃·奎诺内斯女士在1983年决定共同生活。1985年10月15日,蒙塔尔沃女士生下一个双方均承认的女儿,并在巴塞罗那将其名字登记为玛利亚·德尔·卡门·巴拉戈尔·蒙塔尔

---

[52] 另见第 [14.63] 段和第 [21.30] 及以下各段。

沃。在孩子出生后，两人的关系恶化。1986年10月，蒙塔尔沃女士带着女儿离开了他们的共同住所。随后发生了旷日持久的监护争端。提交人提出的申诉如下：

3. 提交人声称，他是《公约》第23条第1款、第4款被违反的受害者，因为西班牙法院在确认儿童监护权时剥夺了他的家庭权利、没有给予他平等待遇，而且因为法院没有及时执行合理的父母探访制度。……他还声称，西班牙立法没有充分保障探视权，而且西班牙法院的做法——正如他的案件和其他案件所显示的——表明了一种倾向于母亲而不利于父亲的偏向。尽管他没有具体援用《公约》第26条，但其指控也与该条有关。

人权事务委员会作出了如下不利于提交人的决定：

10.1. 对于实质案情，委员会需要解决的问题有关《公约》第23条第1款、第4款和第24条第1款的范围，即这些规定是否保障离婚或分居的父母一方无条件的探视权以及子女与父母双方均接触的权利。另一个问题是，本案中关于监护权和探视权的决定是否基于对父亲和母亲的区分，以及如果如此，这些区分——因适用《公约》第26条所致——是否基于客观的、合理的标准。……

10.3. 本案中，不管提交人与蒙塔尔沃女士的关系的性质如何，委员会注意到，缔约国一直承认提交人与其女儿的关系受法律保护，而且母亲从1986年到1990年从未反对提交人与女儿接触。只是在巴拉戈尔先生屡次不遵守而且反对他行使探视权的方式后，蒙塔尔沃女士才寻求独自监护，而提交人的诉讼则被暂停。委员会的结论是，不存在对第23条第1款的违反。

10.4. 委员会还指出，第23条第4款不适用于本案，因为巴拉戈尔先生从未与蒙塔尔沃女士结婚。如果将第4款放到第23条的整体语境中，则显然第二句中的保护仅指婚姻关系消灭时的婚生儿童。无论如何，委员会收到的材料表明可以合理地得出这样的结论，即缔约国当局在确定本案中的监护和探视问题时，一直将儿童的最大利益考虑在内。提交人专门提到的巴达洛纳法院第三审判庭的裁决也是如此。

委员会又一次不愿意干涉国内法院对家庭争端的解决结果。委员会还证实，第23条第4款中的权利限于结婚的或曾经结婚的伴侣。因此，对于未结婚的伴侣来说，平等权和探视子女的权利必须来自《公约》规定的其他保障，如第23条第1款、第24条（有关儿童的权利）和第26条（有关不歧视）。

［20.64］ 人权事务委员会在偏离国内家庭法院对于诸如子女监护和财产解决等极为敏感的事项的裁决之前，采取极度的小心谨慎可能是特别适当的。在根据《任择议定书》处理的案件中，证据是以书面形式提交的，因此委员会并没有能听取证人作证和评估其表现的方便条件。另外，家庭法院处理的争端通常是在私人之间，诸如分手的丈夫和妻子。如果其中一方根据《任择议定书》向委员会申诉，另一方无法受迫参与并给出自己的说法。[53] 在家庭法这样一个极易令人情绪激动的领域中，委员会在未听取这些裁决的所有有关各方当事人的意见的情况下，就推翻国内家庭法院的裁决，看来并不公平也不明智。尽管如此，委员会还是推翻了某些国内家庭法裁决，如同以下案件所体现的。

［20.65］ **费诉哥伦比亚**（*Fei v Colombia*，514/1992）

该案中，人权事务委员会认定第23条第4款被违反如下：

8.9. 关于第23条第4款被违反的指控，委员会忆及，该款规定，除特殊情况之外，在婚姻关系消灭后，父母双方有权与子女保持经常联系。父亲或母亲单方反对一般并不构成这种例外情况（委员会对第201/1985号来文即亨德里克斯诉荷兰的意见，1988年7月27日通过，第10.4段）。

8.10. 在本案中，是提交人的前夫不顾准予提交人探视其女儿们的法院裁决，试图阻止提交人与其女儿们保持经常联系。基于委员会所获材料，父亲的拒绝显然以孩子的"最大利益"为由。委员会不能同意这一评估。并没有提出任何特别情况，能证明限制提交人与其孩子的联系正当合理。相反，看来提交人的前夫试图用尽各种办法阻止提交人探视

53　任何此类陈述都必须通过缔约国提出。

《公民及政治权利国际公约》：案例、资料和评注

两个女儿或疏离她们母女。费女士的前夫对费女士与其女儿的难得相聚所施加的严厉限制支持了这一结论。费女士曾试图针对其前夫拒不遵守法院准予她探视权的指令而对其前夫提起刑事诉讼，但此尝试由于检察官的拖延和不作为而受挫。在这样的情况下，无法合理期望她去寻求《民事诉讼法》规定的任何可能的可用救济。委员会认为，在看不出有任何特殊情况的本案中，几乎取消父母一方探视其子女的可能不能被认为符合子女的"最大利益"。委员会认为，费女士自1992～1993年以来不再频频要求行使探视权的情况不能作为对她不利的理由。考虑到本案的全部情况，委员会的结论是，存在对第23条第4款的违反。此外，检察署未能确保提交人与其女儿的永久联系权，还导致对《公约》第17条第1款的违反。

可将费案的情况与亨德里克斯案的情况相区别的根据是，哥伦比亚当地的相关诉讼明显不公。[54] 因此，委员会不愿意遵从当地法院的裁决和行动。如果当地法院的裁决是基于不公正的立法，可能也会出现类似的情况。

[20.66] **LP 诉捷克共和国**（*LP v Czech Republic*，946/2000）

该案的案情类似于亨德里克斯案 [20.58]，人权事务委员会对实质问题的决定却大相径庭。该案中的申诉是根据第17条提出的，但很容易也与第23条有关。申诉所依据的事实如下：

2.1. 提交人是一位商人兼一个非政府组织"为儿童伸张正义"的主要代表，并且是"家庭调解协会"的创建成员之一。他与其妻子 R.P. 女士的儿子在1989年出生，自从1991年3月提交人与 R.P. 女士分居以来，一直完全归母亲照料，而提交人被剥夺了与儿子定期联系的权利。

2.2. 布拉格西区法院1993年7月12日的初审法庭裁决——这为1995年10月2日的进一步初步裁决所确认——准予提交人每隔一周的周末，从星期六早晨至星期天晚上，看望其儿子的权利。然而，R.P. 女士没有遵从这些裁决，而是从一开始就拒绝提交人的定期探视。仅在1994～1995年，提交人才得以不定期看望他的儿子，但都处于 R.P. 女

---

54 实际上，委员会还认定了对获得公正审判权的侵犯 [14.94]。

士的家庭成员或武装保安人员的监视之下。R.P. 女士曾因拒绝服从法庭裁决而多次被罚款。

2.3. 1994 年，提交人根据第 140/1961 号《刑事法》第 171 段第 3 节，就 R.P. 女士不遵守法庭裁决对她提起了刑事诉讼。拉本（Labem）地方法院审理了这个案件，但在直至提交人于 2002 年 2 月 9 日向委员会提出申诉之时，仍未作出裁决。……

3.1. 提交人诉称，他的……家庭生活受到保护的权利，包括他定期探视儿子的权利，受到了侵犯。

3.2. 提交人声称，捷克当局拒绝就法庭的裁决采取行动，以使他能定期探视儿子，因此侵犯了他和他儿子根据《公约》第 17 条享有的家庭生活受到保护的权利，以及根据《公约》第 2 条第 3 款享有的得到有效救济的权利。……

5.1. ……他称，缔约国回避了案情实质，即 11 年来他一直被阻止见到儿子，而且捷克当局无视对他作为父亲的权利的保护，因为未能就他提出的刑事指控展开适当的调查。

委员会作出了有利于提交人的认定：

7.3. 委员会认为，第 17 条大体上包括了有效保护父母与其未成年子女定期联系的权利。虽然可能存在着某些例外情况，其中拒绝这种接触是出于儿童的利益所需而且不可视之为非法或无理，但在本案中，缔约国的国内法院作出了应当保持此类接触的裁决。因此，委员会要解决的问题是，缔约国是否有效地保护了提交人根据缔约国法院的裁决见到其儿子的权利。

7.4. 虽然法院对提交人的妻子不遵从有关提交人探视其儿子的初步裁决令，予以罚款，但这些罚款既未得到充分执行，也没有被旨在确保提交人权利的其他措施所取代。根据这些情况并考虑到诉讼的不同阶段上相当严重的拖延情况，委员会认为，提交人根据《公约》第 17 条——结合《公约》第 2 条第 1、2 款——享有的权利未得到充分的保护。因此，委员会认为，其所获事实显示存在违反与《公约》第 2 条相结合的第 17 条的情况。

8. 根据《公约》第 2 条第 3 款（子）项，缔约国有义务为提交人提供有效的救济，其中应包括采取措施确保及时落实法庭有关提交人与其儿子联系的裁决令。……

委员会在 LP 案中，展示了一种干预敏感的家庭法争端的意愿，而这种意愿在亨德里克斯案和巴拉戈尔·桑塔卡纳案中并不存在。在本书第二十一章讨论的马丁内兹诉巴拉圭案（*Martínez v Paraguay*, 1407/2005）中 ［21.34］，在同样涉及有关儿童权利的认定时，也出现了类似的意愿。

［20.67］第 23 条第 4 款还规定，在父母的婚姻关系消灭时，要为子女提供适足的保护。人权事务委员会的意见尚未对该条的这一方面作出阐释。有可能这一权利被规定儿童受保护权利的第 24 条所吸收。

结　语

［20.68］人权事务委员会确认，国家对于第 23 条第 1 款规定的、得到广义解释的"家庭"，负有保护性义务。例如，国家应采取适当措施以确保家庭完整和团聚。在某些情况中——如维纳塔诉澳大利亚案的情况［20.29］，国家应调整其移民法以确保家庭不受到不当干涉。不过，这些有关家庭团聚的义务不是绝对的，这在诸如委员会对萨希德诉新西兰案的决定中有体现［20.33］。对于因为犯罪记录被递解出境的长期外籍居民的家庭完整权利，委员会改变了其看法：在像斯图尔特诉加拿大这样的案件中［20.24］，这样的权利曾一度很弱，但自道芬诉加拿大案以来［20.27］，现在已经变得很强。唯一一个有关第 23 条第 2 款和第 3 款的案件，是涉及第 23 条第 2 款规定的结婚权利的乔斯林诉新西兰案，其中委员会否认了《公约》保障一种同性结婚的权利［20.42］。此外，委员会一般不愿意干涉被指称侵犯了第 23 条第 4 款所规定权利的国内家庭法院的判决。家庭法的私密性和情绪性可以作为理由，证明委员会在干涉缔约国当地法院的判决之前，采取更高程度的小心谨慎是合理的［20.64］。不过，LP 案［20.66］有可能标示着委员会推翻国内法院在这一方面的诉讼结果的一种新意愿。

第二十一章　保护儿童
——第二十四条

《儿童权利公约》	[21.02]
第24条的辅助性质	[21.06]
经济、社会和文化权利与第24条	[21.15]
成年的年龄	[21.19]
不受歧视的权利	[21.23]
家庭中的儿童权利	[21.26]
父母探视问题	[21.29]
家庭完整和移民事务	[21.35]
干预家庭环境的责任	[21.38]
对儿童的剥削	[21.40]
性剥削	[21.41]
童工	[21.47]
贩运	[21.48]
绑架	[21.50]
童兵	[21.52]
获得登记和姓名的权利：第24条第2款	[21.55]
获得国籍的权利：第24条第3款	[21.61]
结语	[21.63]

第 24 条

一、所有儿童有权享受家庭、社会及国家为其未成年身分给予之必需保护措施，不因种族、肤色、性别、语言、宗教、民族本源或社会阶级、财产或出生而受歧视。

二、所有儿童出生后应立予登记，并取得名字。

三、所有儿童有取得国籍之权。

[21.01] 在《公约》其他地方已经规定的权利的基础上，第 24 条赋予儿童为其未成年身分所必需的保护措施。虽然在历史上国际法可能只反映了对儿童的公民权利和政治权利的有限承认，但是现在已经不再如此。儿童在传统上从其无权能加以界定，而不是在国际法中被界定为权利的持有者。[1] 不过，《公民及政治权利国际公约》和《儿童权利公约》表明，公民权利和政治权利也适用于儿童，既作为一般意义上的"人"，在合适的情况中，也特别因为他们作为未成年人的身分。本章将侧重于儿童的特定公民权利和政治权利——在这一方面，儿童的权利不同于一般性地同时赋予儿童和成人的权利。

《儿童权利公约》

[21.02] 有关儿童权利的首要国际文书是 1989 年通过的联合国《儿童权利公约》。[2] 作为该公约之基础的原则所依据的理念是，儿童因其身体

---

1 See G Van Bueren, *The International Law on The Rights of the Child* (Martinus Nijhoff, 1995), 145.

2 联合国大会第 44/25 号决议，附件，44 UN GAOR Supp (No 49), 167, UN doc A/44/49 (1989)。进一步见，L LeBlanc, *The Convention on the Rights of the Child: United Nations Lawmaking on Human Rights* (University of Nebraska Press, 1995)；（以及，John Tobin, ed., *The UN Convention on the Rights of the Child: A Commentary*, Oxford University Press, 2019。——译者注）

和心理上尚不成熟的状态，需要特别的保障和照料，包括适当的法律保护；还依据的是承认，在所有国家中，都有儿童生活在极端困难的情况中。[3] 在所有联合国主要人权条约中，《儿童权利公约》的缔约国数目是最多的。[4]

[21.03]《儿童权利公约》关注四个主要目标：参与、保护、预防和提供。[5] 该公约的所有缔约国都承担着促进从儿童而非父母或国家角度来评判的"儿童的最大利益"的义务。

[21.04]《儿童权利公约》特别规定了儿童的公民权利和政治权利，反映了《公民及政治权利国际公约》赋予儿童的类似权利。关切儿童之普遍安康的《儿童权利公约》也包含了重要的经济、社会和文化权利，因此该公约与《经济社会文化权利国际公约》也有相当大的重叠。

[21.05] 可以预计，人权事务委员会对第24条的解释会受到《儿童权利公约》的影响。因此，在下文的评注中，在适当时，将摘引《儿童权利公约》的规定。

第24条的辅助性质

[21.06]《公约》第2条第1款宣明，《公约》适用于缔约国管辖范围内的所有个人，因此也必须适用于未成年人。人权事务委员会解释了第24条的辅助性质：

第17号一般性意见

1.《公民及政治权利国际公约》第24条确认每一儿童有权不受任何歧视地得到家庭、社会及国家为其未成年身分所需的保护。因此，为

---

3 见《儿童权利公约》序言。

4 截至2012年6月，只有美国、索马里和南苏丹没有批准该公约。（索马里于2015年10月批准了该公约；南苏丹于2015年1月加入了该公约。——译者注）

5 Van Bueren, *The International Law on The Rights of the Child*, 15："儿童参与影响其命运的决定；保护儿童免遭歧视以及任何形式的忽视和剥削；防止对儿童的伤害；为儿童的基本需要提供帮助。"

实施这项规定，就必须在国家根据第2条需要采取的确保人人享有《公约》所规定的权利的措施之外，采取保护儿童的特别措施。各缔约国提出的报告似乎往往低估这项义务，没有提供充分资料说明如何使儿童享有受特别保护的权利。

2. 关于这一点，委员会指出，第24条所规定的权利并非《公约》确认的儿童应享有的唯一权利，儿童作为个人享有《公约》所阐明的各项公民权利。在阐明一项权利时，《公约》的一些规定明白指出国家必须采取措施，以期为未成年人提供比成年人更多的保护。例如，就生命权而言，不得对18岁以下的人所犯的罪行判处死刑［8.65］。同样，被控告的少年如依法被剥夺自由，应与成年人分隔，而且有权尽速得到判决；此外，监禁被定罪少年的制度应与成年人的分隔，而且适合其年龄和法律身分，这样做的目的是促进其改造和重适社会生活［9.237］。在其他情况下，有可能要限制——条件是此等限制有正当理由——《公约》所确认的某项权利以保护儿童，例如对于在法律诉讼或刑事案件中公开一项判决的权利，如果为了保护未成年人的利益所需，可以作出例外［14.183］。

［21.07］第17号一般性意见称，《公约》中的"各项公民权利"均可适用于儿童，也许是表示儿童无法享有《公约》规定的政治权利。实际上，儿童一般都不具有第25条规定的选举权和被选举权［22.25］。

［21.08］第24条确保儿童有权享受家庭、社会及国家给予的必需保护措施。这不仅仅是加强《公约》其他地方已经保障的权利；缔约国的法律必须反映儿童作为未成年人的特殊身分并向儿童提供特别保护。实际上，看来第24条起到的作用是，通过更加明确地要求积极保护措施，来"加满"《公约》的其他保障为儿童提供的其他公民权利。[6] 例如，根据第7条，儿童享有不受过分体罚的自由［9.127］。不过，在对吉尔吉斯斯坦的结论性意见中，人权事务委员会暗示说，对儿童的任何体罚根据第24条都

6　See eg *De Gallicchio and Vicario v Argentina* (400/1990), para 10.5[21.56].

受到禁止。[7] 委员会在对厄瓜多尔的意见中，明确谴责了在家庭环境中将体罚用作一种惩戒措施。[8]

[21.09] **贾罗赫诉荷兰**（*Jalloh v the Netherlands*，794/1998）

该案的提交人是一位寻求庇护者，他在等待判定其是否有资格获得庇护期间，被拘禁了三个半月。在被拘禁时，他才17岁。提交人未能确证对他的拘禁违反了保障自由权的第9条的规定［11.29］。提交人还声称第24条被违反，人权事务委员会拒绝这一申诉如下：

> 8.3. 提交人还针对他被拘禁提出了申诉，因为这违反了缔约国根据《公约》第24条承担的义务，即为他作为未成年人提供特别保护措施。……缔约国指出，对提交人的年龄存有怀疑，直到法院依据1997年6月4日的体检结果作出判决之前，并不确定提交人是否未成年，而且无论如何，荷兰的《外国人法》第26条不排除拘禁未成年人。委员会注意到，除了一份有关提交人曾被拘禁的声明外，他没有提供任何资料，说明收容他的拘禁设施的类型或拘禁他的具体条件。在这方面，委员会注意到缔约国曾解释说，拘禁未成年人时非常节制。委员会还指出，拘禁未成年人本身并不违反《公约》第24条。根据本案的具体情况——就提交人的身份存在怀疑、他曾企图逃避驱逐、存在驱逐他的合理可能性、一项身份调查仍在进行中，委员会的结论是，提交人没能证实他的申诉，即对他三个半月的拘禁涉及缔约国未能给予他作为未成年人身分所需的保护措施。因此委员会认定，其所知事实没有显示对《公约》第24条第1条的违反。

[21.10] **D 和 E 诉澳大利亚**（*D and E v Australia*，1050/2002）

该案有关对到达澳大利亚寻求庇护、包括两名儿童的一家人的强制性移民拘禁。这种拘禁被认定为对于该家庭的每一成员而言，构成了有违第9条

---

[7] (2000) UN doc CCPR/CO/69/KGZ, para 19. 另见委员会的结论性意见：希腊，(2005) UN doc CCPR/CO/83/GRC, para 16；圣文森特和格林纳丁斯，(2008) UN doc CCPR/C/VCT/CO/2, para 11；尼加拉瓜，(2008) UN doc CCPR/C/NIC/CO/3, para 15。

[8] 委员会对厄瓜多尔的结论性意见，(2009) UN doc CCPR/C/ECU/CO/5, para 14。另见委员会对哈萨克斯坦的结论性意见，(2011) UN doc CCPR/C/KAZ/CO/1, para 15。

第 1 款的无理拘禁［11.26］。这一事实使该案有别于贾罗赫案。不过，有关保护儿童的第 24 条被违反的一项单独申诉被认定为不可受理：

> 6.4. 关于根据第 24 条提出的申诉，委员会注意到缔约国的论点，即将提交人的孩子们和父母关在一起最有利于这些孩子的最大利益。根据缔约国所作的解释——已作出努力向孩子们提供适当的教育、娱乐和其他安排（包括在拘禁设施之外），委员会认为，有关他们根据第 24 条享有的权利受到侵犯的说法，在这种情况下，没有为受理之目的得到充分证实。

［21.11］与 D 和 E 诉澳大利亚案形成对照的，是下案。

巴克提亚里诉澳大利亚（*Bakhtiyari v Australia*，1069/2002）

该案中，人权事务委员会同样认定对一家人的强制性拘禁违反了第 9 条［11.26］。不过，委员会在该案中，对于这一家人中的儿童被拘禁，还认定了第 24 条被违反：

> 9.7. 关于根据第 24 条提出的申诉，委员会认为，在影响儿童的一切决定中，应首要考虑其最大利益这项原则，构成了《公约》第 24 条第 1 款所要求的，每一儿童享受家庭、社会及国家为其未成年身分给予的必需保护措施的权利的组成部分。委员会指出在本案中，直到 2003 年 8 月 25 日获释之前并在拘禁具有无理性、违反《公约》第 9 条第 1 款的情况中，巴克提亚里夫妇的子女（特别是两名年长的儿子）遭受了所受拘禁之明显的、有记录的和持续的不利影响。因此，委员会认为，直到家庭法院合议庭判定其就这些儿童的福祉具有管辖权之前，缔约国所采取的措施并没有以这些儿童的最大利益为指导，因此表明了对《公约》第 24 条第 1 款的违反，即直到这一时间点之前，对这些儿童享有因其未成年身分而获得必需保护措施的权利的侵犯。

看来将巴克提亚里案与 D 和 E 诉澳大利亚案区别开来的，是所涉儿童在拘禁中遭受的明显的心理伤害。

［21.12］有关无人陪伴的儿童寻求庇护者，人权事务委员会建议俄罗斯

联邦应保障为他们指定法律监护人。⁹

[21.13] **蓝托伊-瓦曼诉秘鲁**（*Llantoy-Huamán v Peru*，1153/2003）

该案涉及因缔约国拒绝允许一名怀有无脑畸形胎儿的17岁女孩实施治疗性堕胎而导致的多项违反。ⁱ⁰ 人权事务委员会所认定的违反之一有关第24条：

> 6.5. 提交人声称《公约》第24条被违反，因为她没有从缔约国得到其作为未成年人所需的特别照料。委员会注意到提交人作为未成年少女特别脆弱的情况。委员会进一步指出，由于缔约国没有提供任何资料，因此必须适当重视提交人的申诉，即她在妊娠期间和之后均未得到她的具体情况所需的医疗和心理支持。因此，委员会认为，其所掌握的事实表明存在对《公约》第24条的违反。

[21.14] 在劳里亚诺诉秘鲁案（*Laureano v Peru*，540/1993）中，对（第6条规定的）生命权的侵犯因为受害者是一名儿童的事实而加重。齐侯布诉阿尔及利亚案（*Chihoub v Algeria*，1811/2008）涉及提交人的几个儿子的强迫失踪，包括一个被绑架时年仅16岁的儿子。人权事务委员会除了认定多项违反，对于该儿子还认定第24条被违反。¹¹ 在布拉夫诉澳大利亚案（*Brough v Australia*，1184/2003）中，有关侵犯因为受害者作为未成年人的身分而加重，因此委员会除了认定存在其他违反外［9.202］，¹² 还认定第24条第1款被违反。在卡巴诉加拿大案（*Kaba v Canada*，1465/2006）中，拟议中的将一名儿童递解到面临女性生殖器残割的地方违反了第7条［9.62］，还会侵害她根据第24条享有的权利。¹³ 在LNP诉阿根廷案（*LNP v Argentina*，1610/2007）中，一位声称是强奸受害者的女孩受到的令人震惊的待遇，被认定除了其他违反外，还违反了第24条。¹⁴

9　委员会对俄罗斯联邦的结论性意见，(2003) UN doc CCPR/CO/79/RUS, para 25。
10　另见，例如，第［8.93］、［9.58］段。
11　在委员会意见的第8.10段。
12　在委员会意见的第9.4段。
13　在委员会意见的第10.3段。
14　在委员会意见的第13.4段。

经济、社会和文化权利与第24条

[21.15] **第17号一般性意见**

3.……就大多数情况来说,《公约》没有明确规定应采取的措施,这要由每个国家根据在其领土和管辖范围内保护儿童的需要加以确定。关于这一点,委员会指出,这些措施虽然主要意在确保儿童充分享有《公约》所阐述的其他权利,但它们也可能是经济、社会和文化措施。例如,必须采取各种可能的经济和社会措施,以降低婴儿死亡率,消除儿童营养不良,使他们免受暴力行为和残忍的、不人道的待遇,或者防止他们受到强迫劳动或卖淫、被用来非法贩卖麻醉药品或任何其他手段的剥削。在文化领域,应采取一切可能措施促成他们人格的发展,向他们提供一定水平的教育,使他们能够享有《公约》所确认的权利,特别是意见自由和表达自由的权利。……

[21.16] 因此,第24条在对儿童权利的保护中纳入了一种经济、社会和文化因素,人权事务委员会对加拿大的结论性意见证实了这一点:[15]

18. 委员会关切的是,某些省在实施《全国低收入家庭子女津贴补充方案》的方式中的差异可能导致某些儿童得不到这类津贴。这可能造成不遵守《公约》第24条的情况。……

20.……单身母亲……中极高的贫困率造成其子女得不到他们根据《公约》有权享受的保护。……

另见委员会对格鲁吉亚的评论:[16]

23. 委员会关切的是,受贫困和社会失序情况影响的儿童的人数增加,街头儿童、少年罪犯和有毒瘾儿童的人数也在同时增加。

[21.17] 在第17号一般性意见中,人权事务委员会声明,教育对于儿

---

[15] (1999) UN doc CCPR/C/79/Add. 105.

[16] (1997) UN doc CCPR/C/79/Add. 74.

童人格的正常发展具有根本重要性。受教育权虽然是一项经济和社会权利，但对于行使公民权利和政治权利之能力至关重要，因此是第 24 条规定之保护的一个重要组成部分。例如，在对赞比亚的结论性意见中，委员会称：[17]

> 17. 委员会还关切的是，没有采取措施确保怀孕或充当父母不至影响儿童继续接受教育。

同样，在对哥斯达黎加的结论性意见中，委员会称：[18]

> 19. 委员会进一步注意到，童工和辍学情况在增加，但目前尚无有效救济措施就位。[19]

在对波兰的结论性意见中，委员会称：[20]

> 24. 委员会关切的是，从寄养照料中心出逃的儿童据称可被置于警方的儿童羁押中心（第 24 条）。
>
> 缔约国应制定新的立法，详细规定警方的儿童羁押中心应保证具有的生活条件，并制定新的规则，规范儿童被送入这种中心并留在其中的事项。缔约国还应确保，未犯可受惩罚行为的儿童不被置于这种羁押中心。

这一分析还突出显示出经济、社会和文化权利与公民权利和政治权利之间的不可分割性和相互渗透性［1.104］。

［21.18］有一个悬而未决的问题，有关第 24 条之内的教育权利与第 18 条第 4 款准予父母的宗教教育权利之间的互动。例如，如果一个儿童不想接受其父母为其指定的宗教教育，怎么办？

成年的年龄

［21.19］《公约》第 24 条没有规定成年年龄。形成对照的是，《儿童权

17　(1996) UN doc CCPR/C/79/Add. 62.

18　(1999) UN doc CCPR/C/79/Add. 107.

19　见第［21.47］段中的讨论，其中委员会将其有关童工的关切与童工对儿童教育的有害影响相联系。

20　(2010) UN doc CCPR/C/POL/CO/6.

利公约》第 1 条将成年年龄明确规定为 18 岁,"除非对其适用之法律规定成年年龄低于 18 岁"。人权事务委员会将一个儿童为法律目的而言何时成年的问题,留由每一缔约国决定。[21]

第 17 号一般性意见

4. 由于儿童的未成年身分,每一个儿童都享有受特别措施保护的权利。然而,《公约》没有指明儿童在什么年龄成为成年人。这必须由每一缔约国根据有关的社会和文化条件确定。在这方面,缔约国应在报告中说明儿童在民事方面成为成年人的年龄以及承担刑事责任的年龄。缔约国也应说明儿童在法律上有权工作的年龄以及根据劳工法被视为成年人的年龄。缔约国应进一步说明为第 10 条第 2、3 款之目的儿童被视为成年人的年龄。但是,委员会要指出,为上述目的而定的年龄不应低得不合理,无论如何缔约国不能免除自己根据《公约》对年龄未满 18 岁的人的义务,即使这些人根据国内法已达成年人年龄。

[21.20] 人权事务委员会表示关切的一个情况,是最低刑事责任年龄太低。例如,在对圭亚那的结论性意见中,委员会称:[22]

16. 委员会深表关切的是,有儿童,包括 10 岁以下儿童被拘禁候审。

缔约国应立即采取步骤确保儿童不与成年人拘禁在一起,并确保根本就不拘禁年幼儿童(第 10 条第 2 款和第 24 条)。

对斯里兰卡,委员会作出了类似的声明:[23]

20. 委员会深为关切的情况是,承担刑事责任的年龄很低,《刑法典》规定,8 岁至 12 岁的儿童,如果法官判定其成熟程度足以了解其行

---

[21] 《公约》第 6 条第 5 款提到了一个具体的年龄,即禁止判处"未满十八岁之人"死刑。对于界定儿童的历史和当代标准的述评见,Van Bueren, *The International Law on The Rights of the Child*, 32 - 8。

[22] (2000) UN doc CCPR/C/79/Add. 121, para 16。

[23] (1995) UN doc CCPR/C/79/Add. 56。另见委员会的结论性意见:中国香港,(1999) UN doc CCPR/C/79/Add. 117, para 17(批评承担刑事责任的年龄为 7 岁);比利时,(1998) UN doc CCPR/C/79/Add. 99, para 21;肯尼亚,(2005) UN doc CCPR/ CO/83/KEN, para 24;赞比亚,(2007) UN doc CCPR/C/ZMB/CO/3, para 26。

为的性质和后果，就应该承担刑事责任。

[21.21] 对美国，人权事务委员会称，判处犯下相关罪行时不满18岁者不得假释的终身监禁不符合第24条。[24]

[21.22] 人权事务委员会反复对过于年轻的"适婚年龄"表示关切。[25] 对委内瑞拉，委员会称：[26]

> 18. 女孩14岁和男孩16岁的最低适婚年龄，以及在女孩怀孕或分娩时这种年龄可以无任何限制地降低的事实，引起的问题是，缔约国是否履行了它根据《公约》第24条第1款承担的保护未成年人的义务。这样的早婚似乎不符合《公约》第23条，该条要求婚嫁双方的自由和完全同意才能结婚。委员会还对女孩可以同意发生性关系的过早年龄（12岁）表示关切。

另外，对男女同意结婚设定不同的年龄将违反第23条和第24条。对法国，委员会称：[27]

> 25. 委员会关切的是，《民法典》为男女规定了不同的最低婚龄（女孩15岁，男孩18岁），而且女子的婚龄定得如此之低。……

不受歧视的权利

[21.23] **第17号一般性意见**

> 5.《公约》规定儿童应受保护，不得因种族、肤色、性别、语

---

[24] 委员会对美国的结论性意见，(2006) UN doc CCPR/C/USA/CO/3/Rev.1, para 34。

[25] 另见有关第23条第3款的第[20.51]段。《消除对妇女歧视公约》第16条第2款也禁止"童年订婚和童婚"。

[26] (2001) UN doc CCPR/CO/71/VEN. 另见委员会的结论性意见：斯里兰卡，(1995) UN doc CCPR/C/79/Add.56, paras 25 and 38；叙利亚阿拉伯共和国，(2001) UN doc CCPR/CO/71/SYR, para 20；保加利亚，(2011) UN doc CCPR/C/BGR/CO/3, para 15。

[27] (1997) UN doc CCPR/C/79/Add.80. 注意委员会在结论性意见中表扬了法国在2008年对法律的修改(UN doc CCPR/C/FRA/CO/4, para.9)，由此对男女适用同样的18岁的最低婚龄。另见委员会的结论性意见：喀麦隆，(1999) UN doc CCPR/C/79/Add.117, para 10；智利，(1999) UN doc CCPR/C/79/Add.104, para 21；苏里南，(2004) UN doc CCPR/CO/80/SUR, para 18。

言、宗教、民族本源或社会阶级、财产或出生等任何理由而受歧视。关于这一点，委员会指出，虽然就儿童的情况来说，在享有《公约》所规定的各项权利方面不受歧视也源于第2条，他们在法律前的平等也源于第26条，但第24条包含的不得歧视的规定与该条所指的保护措施特别有关。各缔约国的报告应说明立法和实践如何确保保护措施的目的在于消除各领域中的歧视，包括在继承方面的歧视，特别是国民和非国民的儿童之间以及婚生和非婚生子女之间在继承方面的歧视。[28]

[21.24] **第 28 号一般性意见**

28. 缔约国保护儿童的义务（第24条）应该在对男童和女童平等的基础上履行。各缔约国应报告为确保女童在教育、喂养和保健方面与男童得到平等待遇而采取的措施，并向委员会提供这方面的分类数据。各缔约国应通过立法和任何其他适当措施废除有损女童自由和福祉的一切文化或宗教习俗。

[21.25] 人权事务委员会的一般性意见和结论性意见反映出一种对非婚生儿童所受待遇的特别关切，因为任何基于是否婚生的区分都相当于一种以"出生"为由的歧视。在对利比亚的结论性意见中，委员会称：[29]

18. 委员会表示关切的是，在法律和实践中依然持续存在着对非婚生子女的歧视现象，这不符合《公约》第24条和第26条的规定。委员会建议，在儿童应享有的所有权利方面，应注意迅速纠正这种情况。

对法国，委员会称：[30]

25. ……委员会……建议所有非婚生子女应享有与婚生子女同样的继承权。

---

[28] 另见第 [23.79] 段。

[29] (1998) UN doc CCPR/C/79/Add. 101.

[30] (1997) UN doc CCPR/C/79/Add. 80. 另见委员会对冰岛的结论性意见，(1998) UN doc CCPR/C/79/Add. 98, para 11。

家庭中的儿童权利

［21.26］在第 24 条和承认家庭"为社会之自然基本团体单位"的第 23 条之间，有相当大的重合。人权事务委员会和《儿童权利公约》都承认，通常期望是，家庭为儿童的正常发展提供环境。

第 17 号一般性意见

> 6. 保障儿童得到必要保护的责任在于家庭、社会和国家。虽然《公约》没有说明这种责任应如何分配，但家庭——其广义解释是在有关缔约国的社会里、组成一个家庭的所有人——特别是父母有主要责任创造条件，促进儿童人格的和谐发展和对《公约》确认之各项权利的享有。……

［21.27］许多社会中越来越普遍的是，父母双方都在外工作。人权事务委员会强调，国家应确保有适当的儿童照料设施和其他制度性支持可用，以帮助这样的父母养育子女。

第 17 号一般性意见

> 6. ……但是，由于父母在外从事有报酬的工作相当普遍，因此缔约国的报告应说明社会、社会机构和国家如何履行它们的责任，协助家庭确保对儿童的保护。……

［21.28］国家的法律必须在没有必要的情况中，不威胁儿童之家庭环境的稳定。例如，在对瑞士的结论性意见中，人权事务委员会称：[31]

> 19. 委员会关切的一项规定是，根据简易收养办法在外国收养子女的人，要想使收养在瑞士得到承认，必须在瑞士提出正式收养的申请。根据这种程序，长期收养必须经过两年的试行收养期，在此期间养父母可以决定不再收养，儿童在这种情况下只能取得临时但可延长有效期的外国人居留许可。委员会表示关切是因为，不论从法律或是从情绪上来

---

[31] (1996) UN doc CCPR/C/79/Add.70.

说，这两项因素都使儿童的处境很不安稳。……

30. 委员会建议缔约国采取必要的法律措施，以确保在国外收养的子女一抵达瑞士，如果父母是瑞士人就获得瑞士国籍，如果父母持有临时或长期居留许可就获得这样的许可；委员会还建议，批准收养前的两年试行期不应当适用于在国外收养的子女。

父母探视问题

[21.29] 第17号一般性意见指出，在父母分开的情况中，应保障双方均有权探视子女。

第17号一般性意见

6.……如果婚姻关系消灭，应采取步骤，考虑以子女的利益为重，给予其必要保护，并尽可能保证他们与父母都维持个人关系。……

[21.30] **德拉巴尔诉捷克共和国**（*Drbal v The Czech Republic*, 498/1992）

3.3. 提交人声称，尽管最近的专家意见认为母亲没有能力照料孩子，但法院仍不给他监护权，这构成了侵犯人权。他诉称，捷克当局认为，儿童在任何情况下都应与母亲同住，因此当局没有保护儿童的利益。

人权事务委员会多数委员拒绝了提交人的申诉：

6.3. 委员会……注意到提交人声称，法院对他有偏见，错误地将其女儿的监护权判给母亲，而不判给他，也没有更改女儿的正式居住地。这些申诉主要涉及法院对事实和证据的评估。委员会忆及，一般由《公约》缔约国的法院而非委员会来评估特定案件中的事实和证据，除非看来法院的决定明显武断或相当于拒绝司法公正。本案涉及有关子女监护的复杂问题，委员会所获资料没有显示出捷克法院的裁决或捷克当局的行为是武断的或相当于拒绝司法公正。因此，来文根据《任择议定书》第3条不可受理。

德拉巴尔案也许证实，以书面方式进行审理的国际机构，在诸如探视子女、子女监护或——如同下案表明的——儿童抚养等敏感领域中，一直颇为妥当地不愿意"推翻"国内法院的裁决。[32] 这种看法在以下案件中得到了证实。

[21.31] **拉英诉澳大利亚**（*Laing v Australia*，901/1999）

该案中，提交人带着其仍是婴儿的女儿杰西卡从美国返回澳大利亚，对此其美国丈夫并不知情。后来，一家美国法院准予该丈夫离婚并获得对杰西卡的监护权。澳大利亚法院随后根据《海牙国际诱拐儿童民事方面公约》（简称《海牙公约》），指令将杰西卡送还她在美国的父亲。提交人诉称，执行这一指令会违反第24条，因为这将把孩子从她所知的家庭中带走——这一家庭中现在还包括了一个在澳大利亚出生的弟弟。人权事务委员会认定申诉不可受理：

> 7.3. 对于提交人代表其女儿杰西卡提出的申诉，委员会注意到，杰西卡被带离美国的时候才14个月大，这样，她在委员会通过决定时是10岁半。尽管委员会的一贯做法是，确认监护子女的（对本案而言也包括非监护子女的）一方父母有权在没有明确同意的情况下即在《任择议定书》规定的程序中代表其子女，但委员会还是要指出，始终要由提交人证实，代表子女提出的任何申诉都代表了儿童的最大利益。在本案中，提交人有机会在本国法院的诉讼中提出涉及《公约》权利的任何问题。尽管委员会的立场是，适用《海牙公约》在任何情况下都不排除《公约》的可适用性，但是，委员会认为，就可否受理问题而言，提交人未能证实，适用《海牙公约》会相当于侵犯杰西卡根据《公约》享有的权利。因此，来文的这一部分根据《任择议定书》第2条不可受理。

[21.32] 巴格瓦蒂先生和卡林先生提出了异议：

> ……在委员会所通过意见的第7.3段中，多数委员认为，就可否受理问题而言，提交人未能证实，适用《海牙国际诱拐儿童民事方面公约》（《海牙公约》）会相当于侵犯杰西卡根据《公约》享有的权利。这

---

[32] 另见第[1.53]、[20.64]段；参见第[20.58]及以下各段，有关父母探视子女的问题如何根据规定"家庭权利"的第23条处理。

一意见似乎依据的是这样的假设，即适用《海牙公约》符合儿童的最大利益，因此自动地与《公约》相符。我们在原则上同意这一观点，但是，就《海牙公约》在本案具体案情中的适用，则不同意。

《海牙公约》的宗旨是"保证迅速送回被非法带走的儿童"（第1条），使之回到他们被带走时的所在国家，以便让其与当局准许有唯一监护权的父或母团聚，或者在监护权问题有争议的情况下使该国法院能够毫不拖延地确定监护权问题。因此，《海牙公约》依据的理念是，儿童返回这样的国家符合其最大利益。如果儿童在被非法带走之后较短的时间里就完成送回，则情况的确如此，但是，如果带走以后已过了很长时间，情况就不再是这样。《海牙公约》通过允许国家在包括但不限于以下情况中不送回儿童而承认了这一点：儿童在国外已经居留很长时间，而且在那里彻底安定下来；送回可能会造成严重伤害或使儿童面临严重危险，或者儿童反对送回并且已经年长和成熟到足以作出这一决定（第12条和第13条）。尽管委员会不必审查澳大利亚适用《海牙公约》的情况本身，但需要注意的是，该条约承认，送回儿童并不总是能保障儿童的权利和最大利益。

在本案中，委员会必须决定，维持澳大利亚管辖法院将杰西卡送回美国的裁决是否会侵犯她根据《公约》享有的权利，尤其是根据《公约》第17、23、24条享有的权利。由于她尚未被送回，重要的时间点必定是委员会审议本案的时间，也就是说，当前的状况是决定性的。

在这方面，我们注意到杰西卡已接近11岁，而且显然反对回到父亲身边的设想。除了出生后最初四个月以及第一个生日之后的另外三个月之外，她一直生活在澳大利亚。当她大约三岁时，澳大利亚家事法院的合议庭驳回了她母亲对本案的上诉。此后，对于《海牙公约》第12条和第13条中所述状况是否适用于她的案件，过去了将近八年也没有得到充分审查。这引起了本《公约》之下的严重问题，尤其是下列问题：就因为遥远的父亲十多年前获得了对孩子的单独永久监护权，而母亲连探望权也没有，杰西卡与母亲和弟弟一起享受家庭生活的权利仍然要受制于她父亲的这项权利吗？迫使她与一个她很可能会在法院与之发生纠纷、而对其唯一记忆是此人想要把自己和母亲及弟弟分开的一名男子一起生活，这是否符合她作为未成年身分而需要得到保护措施的权利呢？这些问题和类似问题足以严重，有必要彻底审查案情的实质问题。因此，我们会宣布，就杰西卡声称是《公约》第 17、23、24 条被违反的受害者而言，来文可予受理。

[21.33] 可以说，少数委员的观点更可取。不过，舍伊宁先生提出了一项附议意见，解释了该案可能涉及母亲和父亲的相互冲突的权利，以及这一情况如何影响了来文可否受理：

……在处理这一申诉是否得到了证实这一问题时，委员会还需要考虑可能出现的另一种情况，就是父母一方可能会声称，由于未执行缔约国本身法院将儿童送回他或她被带走的原居住国的管辖范围的裁决，因此被拐走的儿童的人权受到了侵犯。对于这些相互冲突的人权主张并没有普遍的解决办法，但是形成这种可能相互冲突的主张的背景情况，会影响将作为一项受理条件的证实申诉这一要求的适用。

[21.34] 很不寻常的是，在以下案件中，人权事务委员会认定了在探视子女方面，对第 24 条（以及第 23 条）的违反。

马丁内兹诉巴拉圭（*Martínez v Paraguay*，1407/2005）

提交人诉称，他的妻子带着他们的两个孩子从西班牙非法迁移到巴拉圭。他最终到巴拉圭寻求监护权。一家巴拉圭法院指令准予他探望权，但母亲并未服从该指令。另一家巴拉圭法院考虑到这两个孩子从西班牙被非法诱拐的情况，将他们的监护权裁决给了提交人。不过，这一裁决在上诉中被推翻。提交人诉称，这些情况引起了对第 23 条和第 24 条的违反，委员会对此表示同意：

7.2. 委员会必须确定，在提交人努力维持与其未成年女儿们的联系并行使由西班牙法院给予的监护权期间，缔约国（巴拉圭）是否侵犯了提交人及其女儿们作为一个家庭根据《公约》第 23 条第 1 款享有的受到国家保护的权利。委员会注意到，提交人与其前妻于 1997 年 8 月结婚，其女儿分别于 1997 年和 1999 年出生。全家最初居住在巴拉圭，

1999 年 9 月迁居西班牙（提交人在那里工作）。从 2001 年 1 月其前妻带着女儿们离开西班牙不再返回之后，提交人作出大量努力与孩子们保持联系、争取她们返回并满足她们的物质和情感需求。在法律方面，提交人努力的方式是采取了多种行政和司法行动，在全家曾经生活的最后地点西班牙以及在缔约国都是如此。西班牙法院提出的救济导致 2002 年 11 月的分居令，该命令准予提交人照看和监护其女儿。此外，西班牙当局联系了缔约国，以期保护提交人根据该两国家均为其缔约国的《海牙国际诱拐儿童民事方面公约》享有的权利。

7.3. 关于在缔约国采取的措施，委员会注意到提交人在两种诉讼中向法院申请：（a）获得其孩子们被送回，（b）获得对孩子们的有效探视并行使其监护权。前者导致三个法院作出判决，其中上诉法院和最高法院的裁决反对送回孩子。上诉法院和最高法院都指出，它们考虑了孩子的最大利益，认为鉴于孩子们的幼小年纪，在它们看来将她们带到西班牙可能使其面临心理风险。然而这些判决并未解释这两个法院所理解的"最大利益"以及"心理风险"是什么，也没解释在得出确实存在这种风险的结论时，考虑了哪些证据。而且没有任何迹象表明，提交人有关孩子们在巴拉圭的生活状况不安全的投诉得到了适当审查。委员会还注意到，下级法院的判决强调有必要尽快解决送回问题，尽管如此，最高法院花了近四年才作出裁决，这对此类案件来说时间太长了。

7.4. 至于提交人为与女儿们联系并获得监护权而在缔约国采取的救济，委员会注意到，提交人就这些事项向法院提出了申请。例如，案卷显示 2002 年 3 月提交人获得法院允许可以和女儿们呆几天，然而由于孩子母亲拒绝遵守，该授权令无法得到实施。当局未采取任何行动确保提交人的前妻遵守法院命令。委员会还注意到，提交人在其违宪诉讼悬而未决之前，向法院投诉孩子们遭到忽视而且处境危险，并寻求临时监护，然而他的申请从未得到任何答复。委员会还注意到上诉法院以及缔约国的说法，即有关孩子监护权的问题应在巴拉圭解决，而且拒绝送回并不阻止提交人作出访问和探视安排。然而，尽管有这些说法，但缔约国当局对提交人的监护权或者探访安排没有作出任何裁决。

> 7.5. 鉴于上述情况,委员会认定,缔约国没有采取必要措施保障提交人及其女儿们根据《公约》第 23 条享有的家庭得到保护的权利,或是其女儿们根据《公约》第 24 条第 1 款享有的作为未成年人得到保护的权利。

如上所述,委员会通常不干涉国内法院有关儿童监护和探视的裁决。不过,巴拉圭法院的糟糕推理以及巴拉圭未能执行本国法院针对马丁内兹的妻子的裁决,违反了《公约》第 23 条和第 24 条。对此,另见第[20.66]段讨论的 LP 诉捷克共和国案。

家庭完整和移民事务

[21.35] 人权事务委员会曾表示关切的是,有国家对于为受影响的儿童而实现跨国家庭团聚,采取了令人担忧的规则。[33] 例如,对加拿大,委员会称:[34]

> 15. 委员会依然关切的是,加拿大有关驱逐长期居住的外国居民的政策未能在所有情况下都考虑保护所有的《公约》权利,特别是第 23 条和第 24 条规定的权利。

[21.36] **埃尔·希乔诉丹麦**(*El Hichou v Denmark*,1554/2007)

该申诉是由一个 17 岁的男孩提出的,有关丹麦没有准予他与其父亲——一位具有丹麦居留资格的摩洛哥国民——团聚。在照料这个男孩的外祖父母去世后,其父亲在摩洛哥被准予对提交人的监护权。这个男孩到丹麦与父亲团聚,但非法生活在那里。丹麦辩称,提交人在他的年龄不需要一位监护人,而且在摩洛哥有很强的联系。人权事务委员会认定丹麦侵犯了提交人的权利。

> 7.3. 本案中,缔约国并未质疑提交人及其父亲在提交人来到缔约国境内与其父亲团聚之前和之后均享有家庭生活的事实。提交人在缔约国

---

33 见第[20.17]及以下各段对有关家庭单位的权利的讨论。

34 (1999) UN doc CCPR/C/79/Add.105. 另见委员会对丹麦的结论性意见,(1996) UN doc CCPR/C/79/Add.68, para 19。See also *Winata v Australia* (930/00)[20.29]ff.

境内非法居留的事实并不影响其与父亲、继兄弟姐妹及他们的母亲发展家庭联系的事实。同样没有争议的是，提交人学会了当地语言并与当地文化及社会建立起某些联系。委员会注意到缔约国提出，如果提交人返回其原籍国，也没有任何事情妨碍他与父亲维持他们在提交人来到缔约国之前所拥有的同等的家庭生活。然而，委员会认为，两个重要情况发生了改变。首先，2000年，提交人的外祖父母去世，而在他出生后的头十年，他们是其事实上的抚养人。其次，2003年提交人的母亲将其监护权转移给其父亲——该转移为缔约国当局所认可，此后照料和养育他的主要责任即归于其父亲。考虑到上述情况，委员会并不认为，当提交人最初要求获准与其父亲团聚时，提交人继续与其父亲保持仅限于年度探访和经济支持的家庭生活，将会符合提交人的最大利益。

7.4. 委员会注意到缔约国的论据主张，即提交人和其父亲最初的分离完全是由后者决定迁至缔约国并将其儿子留在其原籍国造成的，而且在提交人年满11岁半前，其父亲从未试图令提交人与其新家庭团聚。委员会注意到，提交人的父母已离异，其母亲在提交人出生后获得其监护权，提交人在出生后的前十年，受到了其外祖父母的悉心照料。委员会还注意到，当这些情况改变后，提交人的父亲开始试图与其团聚，以承担主要照料者的责任。委员会还认为，本案中利害攸关的部分，是提交人作为未成年人所享有的与其父亲及其继兄弟姐妹维持家庭生活的权利，以及因其未成年身分而获得保护措施的权利。委员会指出，对于提交人父母作出的任何有关其监护权、抚养及住所的决定，不能让提交人承担责任。

7.5. 在这些特殊情况下，委员会认为，不允许提交人与其父亲在缔约国境内团聚的决定以及要求提交人离开缔约国的命令如得到执行，将会构成对家庭的侵扰，违反《公约》第23条，并由于未能向提交人提供作为未成年身分所需的保护措施，而违反《公约》第24条第1款。

委员会认定，丹麦有义务促进该儿子在丹麦与其父亲团聚。与该案相区别的是，是拉简诉新西兰案（*Rajan v New Zealand*, 820/1998）和萨希德诉新西兰案（*Sahid v New Zealand*, 893/1999），这两个案件都涉及父母试图与其成年子女团聚，而非一位未成年孩子希望与其父亲团聚。还可以比较的，是维纳塔诉澳大利亚案（*Winata v Australia*, 930/2000）［20.29］——该案中，一对父母针对他们被递解出境将使他们离开未成年的孩子申诉成功。

［21.37］ 在埃尔·德纳维诉利比亚案（*El Dernawi v Libyan Arab Jamahiriya*, 1143/2002）中，缔约国拒绝向提交人的家人发放护照，使其能够与流亡瑞士的提交人团聚。这一行为侵犯了若干《公约》权利，包括提交人的子女根据第 24 条享有的权利：

> 6.3.……鉴于若无具有说服力的理由，儿童与双亲共同生活更有利于儿童发展，因此委员会的结论是，缔约国的行为未做到尊重儿童的特殊身分，并认定这侵犯了《公约》第 24 条规定的 18 岁以下儿童的权利。

干预家庭环境的责任

［21.38］ 虽然家庭具有照料儿童的主要责任，但可能令人遗憾地出现这样的情况，即缔约国需要干预以针对儿童本人的家庭提供保护。有关国家强令子女与其父母分开的主要案件是巴克尔诉新西兰案（*Buckle v New Zealand*, 858/1999）。该案在第［20.38］段讨论，因为人权事务委员会的推理更多地侧重于第 23 条而非第 24 条。

第 17 号一般性意见

> 6.……此外，如父母和家庭严重失责、虐待或忽视子女，则国家应予干预，限制父母的权力，而且在情况需要时可将子女与父母分开。……

［21.39］ 当一个儿童与其家人被分开时，国家有一项积极义务，即为该儿童提供适当的替代性照料。

第 17 号一般性意见

> 6.……委员会认为有用的做法是，各缔约国的报告应提供资料，说明采取了什么特别保护措施，以保护被遗弃或失去家庭环境的儿童，确保他们能够在最类似家庭环境特点的条件下发育成长。

对儿童的剥削

[21.40] 各国有义务保护儿童不受任何人利用其固有脆弱性的剥削。

性剥削

[21.41] 很明显,如同第 17 号一般性意见第 3 款所明确指出的 [21.15],儿童需要特别保护以免受性虐待和身体虐待。[35]

[21.42] 人权事务委员会在这一方面对斯里兰卡的情况表示关切:[36]

24. 委员会虽然欢迎提出了改变有关伤害儿童罪行(例如乱伦和对儿童的性剥削)的法律的建议,但关切的是,就使用儿童作为家庭佣工和利用男童卖淫而言,儿童受到经济和性剥削的情况。

对日本,委员会也声明如下:[37]

29. ……根据该缔约国提供的关于计划中的禁止儿童卖淫和儿童色情作品的新立法的资料,委员会关切的是,如果将可以同意性行为的年龄限制定为低至 13 岁,此种措施可能无法保护 18 岁以下的儿童。[38] 委员会还关切的是,尽管诱拐儿童和对儿童的性剥削要受到刑事制裁,但没有具体的法律规定禁止将外国儿童带至日本从事卖淫活动。委员会建议,应使这种情况符合该缔约国根据《公约》第 9、17、24 条承担的义务。

对挪威,委员会称:[39]

9. 委员会赞赏缔约国于 1998 年施行的有关在司法程序中,询问受性虐待的儿童受害者的新制度……。

---

[35] 另见第 [10.11] ~ [10.12] 段。
[36] (1995) UN doc CCPR/C/79/Add. 56.
[37] (1998) UN doc CCPR/C/79/Add. 102.
[38] 委员会后来在对日本的结论性意见中,重复了这一批评:(2008) UN doc CCPR/C/JPN/CO/5, para 27。
[39] (1999) UN doc CCPR/C/79/Add. 112.

[21.43] 儿童色情被公认为世界范围内残害和虐待儿童的一种极其恶劣、令人发指的形式。例如,对比利时,人权事务委员会称:[40]

27. 委员会对制作、销售和传播儿童色情作品的情况仍然表示关切,并敦促该缔约国采取有效措施制止拥有和传播这些犯罪材料。

[21.44] 贫困以及/或者被遗弃儿童经常处于遭受性虐待的特别危险中。例如,人权事务委员会对墨西哥称:[41]

15. 委员会深感遗憾的是,流落街头的儿童的处境不断恶化,他们遭到性暴力的危险极大,并且容易成为性贩运的对象。

该缔约国应根据《公约》第24条采取有效措施保护和安置这些儿童,包括打击卖淫、儿童色情业和贩运儿童的措施。

[21.45] 对哥斯达黎加,人权事务委员会强调的一个关切有关儿童性旅游业:[42]

18. 委员会深为关切的是,在哥斯达黎加对儿童的商业性性剥削非常猖獗,看来通常与旅游业有关。委员会注意到,哥斯达黎加已成立保护儿童全国委员会,并修改了《刑法典》,以便将对儿童的性剥削规定为犯罪。委员会敦促缔约国采取进一步措施,与其他缔约国适当合作并通过调查和起诉有关的罪行,以消除这种现象。

[21.46] 2000年5月,联大通过了《儿童权利公约关于买卖儿童、儿童卖淫和儿童色情制品问题的任择议定书》,其目标明显在于打击对儿童的性剥削这一丑恶现象。该任择议定书于2002年1月18日生效。

童工

[21.47] 童工往往无法获得正常工作报酬,同时也可能无法获得受教育的机会。他们的身心健康和发育也可能受到削弱。[43] 人权事务委员会在第17

---

40 (1998) UN doc CCPR/C/79/Add.99.
41 (1999) UN doc CCPR/C/79/Add.109.
42 (1999) UN doc CCPR/C/79/Add.107.
43 另见,国际劳工组织1973年6月26日通过的《关于准予就业最低年龄的第138号公约》和1999年6月17日通过的《关于禁止和立即行动消除最恶劣形式的童工的第182号公约》。(原书中,将后一公约的通过年份标为1989年,有误,经与作者核实更正。——译者注)

号一般性意见中只是隐晦地谴责了这一点，但在对印度的批评中，则更加直言不讳:[44]

> 34. 委员会表示关切的是，尽管该缔约国采取了行动，但在实施1986年《童工（禁止和管制）法》方面，进展甚微。在这一方面，委员会建议，应采取紧急步骤，使所有儿童都脱离危险行业；立即采取步骤实施国家人权委员会提出的建议——所有14岁以下儿童接受免费和义务教育应是一项基本权利的宪法要求得到遵守；应加紧努力消除工业和农业部门中的童工现象。委员会还建议，应考虑建立具有有效的全国性权力的独立机制，以监测和执行消除童工和债务劳工现象的法律。

对厄瓜多尔，委员会声明如下:[45]

> 17. 委员会还关切的是，虽然法律规定雇用14岁以下儿童须经司法授权批准，但在就业中剥削童工的现象仍在继续。
>
> 委员会建议，"逐步消除童工全国委员会"应获得必要的手段以履行其消除童工现象的职责。

对土库曼斯坦，委员会表示"关切有报告称，在棉花采收中使用儿童"，并建议该国"消除在棉花采收中使用儿童并确保儿童受到保护，免遭各种形式的童工的有害影响"。[46]

贩运

[21.48] 儿童必须受到保护，免遭人口贩运之害。

XHL 诉荷兰（*XHL v the Netherlands*，1564/2007）

提交人是一名在12岁时从乌克兰被贩运到荷兰的中国籍儿童。他在抵达荷兰时寻求庇护但被拒绝。他声称驱逐他将违反与第7条相结合的第24条:*

---

[44] (1997) UN doc CCPR/C/79/Add.81. 另见委员会的结论性意见：巴西，(1996) UN doc CCPR/C/79/Add.66, para 31；坦桑尼亚联合共和国，(1998) UN doc CCPR/C/79/Add.97, para 25。

[45] (1998) UN doc CCPR/C/79/Add.92。

[46] (2012) UN doc CCPR/C/TKM/CO/1/Add.1, para 20. 另见对多米尼加共和国的结论性意见，(2012) CCPR/C/DOM/CO/5, para 18。

* 提交人所述情况只是其个人说法，不意味着情况属实。

3.1. 提交人声称,将他遣返回中国的决定违反了《公约》第 7 条,因为他会遭受不人道的待遇。他解释说,由于他离开中国时才 12 岁,因此既没有身份证,也没有户口本。在中国没有这些证件,他就无法证明自己的身份,无法得到孤儿院的收留、医疗保健、教育或任何其他各类社会援助。他指出,鉴于他与中国无联系或家庭关系,他将不得不流落街头乞讨。

如同瓦萨梅诉加拿大案(*Warsame v Canada*, 1959/2010)[8.74]一样,该申诉涉及的主要不是在接收国可能发生的具体迫害,而是提交人在抵达该国时的一般情况。委员会认定与第 7 条相结合的第 24 条被违反:

10.2. ……本案中,委员会注意到提交人声称,由于他没有身份证或户口本,因此他在中国无法证明自己的身份或获得社会援助,并且由于他在中国既举目无亲,也没有任何关系,他将不得不以乞讨为生。委员会注意到缔约国的主张,即提交人在中国一定有过登记,但认为不能指望一个无人陪伴的 12 岁未成年人会懂得要履行通知相关户籍管理机构的行政义务。此外,鉴于他在寻求庇护的事实,要求他将居住在荷兰一事通知中国主管当局,也是没有道理的。委员会注意到,提交人依据第 7 条提出的申诉与依据第 24 条提出的申诉密切相关,后一申诉有关倘若当初下达的递解出境令得以执行,他作为一个儿童可能陷入的境遇。因此,委员会将合并审查这两项申诉。

10.3. 提交人诉称,缔约国在决定将他遣送回中国时,并未考虑到他身为儿童的最大利益。对此,委员会注意到,从递解出境的决定和缔约国的陈述可以看出,缔约国并未适当考虑提交人一旦被遣返,其将面临的艰难的程度,特别是鉴于申请庇护期间其年少的情况。委员会还注意到,缔约国没有辨明提交人在中国可能投靠的任何亲友。鉴于此,委员会驳回缔约国的说法,即将提交人送回中国将符合其作为儿童的最大利益。委员会的结论是,缔约国未经彻底审查提交人身为儿童——他既无确定的亲属又无确凿的户籍——可能遭受的境遇,就决定将其遣返,即属于未做到为当时身为未成年人的提交人提供必要的保护措施。

11. 人权事务委员会根据《公民及政治权利国际公约任择议定书》

第 5 条第 4 款行事，认为缔约国决定将提交人送回中国侵犯了他依据《公约》第 24 条——与第 7 条相结合——享有的权利。

[21.49] 通常，人权事务委员会认定的，是驱逐的实际决定违反与第 7 条相结合的第 24 条 [9.103]，而非执行这种决定将违反《公约》。奈杰尔·罗德利爵士和特林先生在异议意见中对这一"创新判例"表示反对。萨尔维奥利先生在一项附议意见中，对这一推理思路的理解是：

8. ……目前的案件与将某人递解到他可能遭酷刑之地的情况毫不相关。对于那一类的案例，逻辑上应基于属时理由考虑下令的递解出境发生时是否存在可能的违反情况，因为这种违反取决于当事人被遣送的目的地国的实际情况。

9. 在性质截然不同的本案中，当缔约国作出决定之时，即已经实际违反了《公约》第 7 条和第 24 条（即这一决定引起了国际责任），而人权事务委员会完全明白这一点。

萨尔维奥利先生又进了一步，认定了对第 24 条的单独违反。委员会多数委员和萨尔维奥利先生认定驱逐决定本身违反与第 7 条相结合的第 24 条，是因为驱逐贩运的儿童受害者的决定所固有的残酷性。有意思的是，提交人在缔约国作出这一决定时，已经不再是儿童。委员会建议缔约国重新审查他的申诉，并考虑给予其居留许可的可能性。委员会并没有将准予居住许可建议为唯一可能的救济。

绑架

[21.50] 绑架和贩运儿童可能采取成问题的、非法或非正式的收养的形式。这些做法可能涉及贫困的父母"出售"婴幼儿，或干脆就是偷盗儿童。[47]

[21.51] 有关儿童监护和收养的适当法律对于防止绑架是必需的，正如人权事务委员会对阿根廷的结论性意见所显示的：[48]

---

47 另见 1980 年《海牙国际诱拐儿童民事方面公约》。
48 (1995) UN doc CCPR/C/79/Add. 46.

16. 委员会敦促该缔约国……紧急完成对于失踪人士子女被非法收养的指控的调查并采取适当的行动。……

童兵

[21.52] 第 17 号一般性意见

3. ……此外，委员会想提请缔约国注意，它们有必要在报告内载有资料，说明采取了什么措施以确保儿童不直接参与武装冲突。

即使在儿童看来自愿承担这种任务的情况中，原因也往往是他们需要食物、住处、衣服甚至是一种身份，这都抵消了这种参与的"自愿性"。

[21.53]《儿童权利公约》第 38 条禁止招募不满 15 周岁的童兵。国际人道法也禁止这种做法。《日内瓦公约第一附加议定书》第 77 条第 2 款禁止征募不满 15 周岁的士兵。《国际刑事法院罗马规约》第 8 条第 2 款第 1 项（26）目将征募或"利用"不满 15 周岁的士兵界定为一项"战争罪行"。2000 年 6 月，联合国通过了一项《儿童权利公约关于儿童卷入武装冲突问题的任择议定书》，旨在禁止招募不满 18 周岁的人加入武装部队。该议定书于 2002 年 2 月 12 日生效。*

[21.54] 人权事务委员会对哥伦比亚表达了其对童兵的关切：[49]

27. 委员会表示深为关切哥伦比亚儿童的情况以及缺乏采取适当措施保护他们根据《公约》享有的权利。在这一方面，委员会指出，仍然需要作出很多努力，以保护儿童免受来自家庭和整个社会的暴行，不被游击队和准军事团体强行征募，不在低于法定最低年龄的情况下受到雇用，特别保护街头流浪儿童不被自卫团体和保安部队杀害或虐待。……

42. 委员会敦促该国政府采取有效措施，以确保充分实施《公约》第 24 条，包括对一切谋杀儿童和攻击儿童的行为采取预防和惩罚措施，就卷入游击队或准军事团体活动的儿童采取保护、预防和惩罚措施。委

---

* 与该段中出现的"招募""征募"相对应的，在各该文书英文本中的用词均为"recruitment"。中译本使用各该文书作准中文本各自的用词，未予统一。

49 (1997) UN doc CCPR/C/79/Add. 76. 另见委员会对刚果共和国的结论性意见，(2000) UN doc CCPR/C/79/Add. 118, para 19。

员会也明确建议，采取有效措施来消除雇用儿童的做法，并且为此目的设立检查机制。

对苏丹，委员会称：[50]

17. 委员会虽然注意到缔约国已作出努力根除强迫征募童兵的做法，包括设立裁军、复员和重返社会委员会，以及缔约国提到了裁军、复员和重返社会委员会的网址，但仍然关切的是，只有极少数儿童实际上复员了。它也注意到缔约国的声明，即在缺少一种全面的公民登记册的情况下，难以判断在武装部队服务的人的确实年龄（《公约》第8条和第24条）。

缔约国应当终止征募和使用童兵，并为裁军、复员和重返社会委员会等机构提供它们履行职能所需的人力和财政资源，以确保它们具有为使儿童兵复员所需的专门能力。缔约国也应加速其建立公民登记册的方案并确保在全国登记出生情况。

获得登记和姓名的权利：第24条第2款

[21.55] 第17号一般性意见

7. 第24条第2款规定，每一儿童均有权在出生后立即加以登记并有一个名字。委员会认为，这项规定应被理解为与儿童有权享受特别保护措施的规定有密切联系，其宗旨是促进对儿童的法律人格的承认。规定儿童有权有一个名字对于非婚生子女具有特别重要的意义。规定儿童出生后应予登记的义务的主要目的是减少儿童被诱拐、买卖或贩运的危险，或受到与享受《公约》所规定的权利不符的其他待遇的危险。缔约国的报告应详细说明为确保在它们领土内出生的儿童立刻获得登记而采取的各种措施。

---

50 (2007) UN doc CCPR/C/SDN/CO/3. 另见委员会对乍得的结论性意见，(2009) UN doc CCPR/C/TCD/CO/1, para 33。

第二十一章　保护儿童

[21.56] **德加里乔和维卡里奥诉阿根廷**（*De Gallicchio and Vicario v Argentina*，400/1990）

该案的案情体现在以下摘引和评论中：

2.1. 1977年2月5日，当时才9个月大的希梅纳·维卡里奥（Ximena Vicario）和她母亲被带到布宜诺斯艾利斯的联邦警察总部。她父亲第二天在罗萨里奥城被捕。她父母随后失踪，虽然全国失踪人员委员会在1983年12月以后调查过他们的案件，但从未查明他们的下落。提交人德加里乔自己经过调查，终于在1984年找到了希梅纳·维卡里奥，她当时住在一位护士S.S.的家中——该护士声称在这孩子出生后就一直照料她。基因验血表明这个孩子有99.82%的可能性是提交人的孙女。提交人的部分申诉有关该儿童被非法收养的情况。这些申诉基于属时理由未获受理。以下情况也促成了申诉：

2.3. 1989年1月2日，提交人被赋予"临时"监护这名孩子的权利，然而，S.S.立即申请探访的权利，最高法院1989年9月5日的命令准予她这种权利。在该裁决中，最高法院还认定，提交人在有关这名孩子监护权的诉讼中没有诉权，因为根据第10.903号法令第19条，只有父母和法定监护人才有诉权并可直接参与诉讼。

2.4. 1989年9月23日，提交人根据S.S.的探访对希梅纳·维卡里奥的影响的精神病理学报告，请求法院裁定应中止这类探访。她的诉讼以缺乏诉权为由而被驳回。……

3.1. ……提交人在监护权诉讼中被拒绝诉权的事实被视为违反了阿根廷宪法第16条和《公约》第14条、第26条保障的在法律面前平等的原则。

3.2. 提交人还声称她孙女的权利受到了侵犯——据她称，S.S.每次的探望均使她的孙女受到违反《公约》第7条的、可称为心理酷刑的折磨。另一据称违反《公约》的情况有关第16条，根据这一条，人人均有在法律前的人格得到承认的权利，有权获得身份、姓名和家庭，而希梅纳·维卡里奥在法律诉讼完结之前必需继续使用S.S.给她起的姓名可以说是构成对其获得身份的权利的侵犯。而且，她的孙女由于法定身份不确定，无法获得一份使用自己真实姓名的护照。

人权事务委员会的评论如下：

10.3. 关于达尔维尼亚·罗萨·摩纳科·德加里乔（摩纳科夫人）的主张，即她在法律前的人格被承认的权利遭到侵犯，委员会注意到，虽然在有关其孙女监护权的诉讼中，她代表她孙女的诉权于1989年被拒绝，但在若干诉讼中，各法院的确承认了她代表孙女的诉权——包括她要求宣布收养无效的诉讼，而且她被准予了对希梅纳·维卡里奥的监护权。虽然这些情况不致引起违反《公约》第16条的问题，但最初否定摩纳科夫人的诉权实际上使得没有人能充分代表希梅纳·维卡里奥，从而剥夺了她作为未成年人有权受到的保护。与下文第10.5段提到的情况一道，这种否定摩纳科夫人诉权的情况构成了对《公约》第24条的违反。

委员会尊重了国内法院有关S.S.继续探访希梅纳·维卡里奥符合《公约》的认定（这种探视后来实际上终止了）：

10.4. ……至于先前赋予S.S.的探访权，委员会注意到，阿根廷管辖法院首先努力查明事实并平衡了所涉各方的利益，然后根据这些调查采取若干措施对希梅纳·维卡里奥及其祖母予以了补救，包括根据心理学家的建议和希梅纳·维卡里奥自己的愿望终止了赋予S.S.的探访权的做法。不过，由于最初否定了提交人质疑探访令的诉权，这些措施的结果看来受到了拖延。

10.5. 委员会虽然赞赏阿根廷法院为纠正希梅纳·维卡里奥及其祖母所受不公正对待所作的严肃努力，但注意到各种司法诉讼的持续时间已超过10年，某些诉讼至今尚未了结。委员会同时注意到，被发现时仅7岁的希梅纳·维卡里奥已于1994年成年（18岁），而且直到1993年，她作为希梅纳·维卡里奥的合法身份才得到正式承认。就这一案件的具体情况而言，委员会认定，《公约》第24条规定的对儿童的保护要求缔约国采取积极纠正措施，以保证希梅纳·维卡里奥能迅速地、切实地摆脱困境。在这一方面，委员会忆及它有关第24条的第17号一般性意见，……其中强调每个儿童因其未成年身分均有权得到特别的保护措施；这些特别措施是各国除了根据第 2 条所必须采取的确保人人享有《公约》权利的措施以外的额外措施。考虑到希梅纳·维卡里奥已经遭受的苦难——她在悲惨的情况下由于归咎于缔约国的原因而失去了双亲，委员会认定，阿根廷没有迅速采用《公约》第 24 条第 1 款规定的特别措施，未能承认摩纳科夫人在监护和探访诉讼中的诉权以及在从法律上确定希梅纳·维卡里奥的真实姓名和发给身份证件中的拖延，也违反了旨在促进对儿童法律人格之承认的《公约》第 24 条第 2 款。……

11.1. 人权事务委员会根据《公民及政治权利国际公约任择议定书》第 5 条第 4 款行事，认为它所收到的事实表明阿根廷违反了《公约》第 24 条第 1、2 款。

[21.57] 对洪都拉斯，人权事务委员会表示了如下关切:[51]

18. 委员会注意到缔约国登记所有出生情况的努力，但感到遗憾的是，持续存在大量儿童未登记的现象，特别是在农村区域和土著社区（《公约》第 16 条、第 24 条和第 27 条）。

委员会建议缔约国采取必要方案和预算措施，确保登记出生情况和未登记的成年人。

对波斯尼亚和黑塞哥维纳，委员会称:[52]

22. 委员会关切的是，医疗机构往往未做到为无医保或无法以其他方式支付医院费用的罗姆人儿童的家长颁发出生证，然而，出生证是为在公共当局登记儿童以及为儿童享有诸如医保和教育等基本权利所必需的（第 16 条和第 24 条第 2 款）。

缔约国应消除行政障碍和取消费用，以确保向所有罗姆人提供包括出生证在内的个人证件，因为这些证件是为罗姆人享有医保、社保、教育和其他基本权利所必需的。

[21.58] 对罗马尼亚，人权事务委员会对儿童的姓名得到正常法律承认

---

51 (2006) UN doc CCPR/C/HND/CO/1.

52 (2006) UN doc CCPR/C/BIH/CO/1. 另见委员会对多米尼加共和国的结论性意见，(2012) CCPR/C/DOM/CO/5，para 23。

表示了关切:[53]

5. 委员会表示严重关切的一个问题,是流落街头的儿童和弃儿的状况,这在罗马尼亚是一个极其严重、目前仍未解决的社会问题(第24条)。

该缔约国应采取一切必要措施,通过保护和安置流落街头的儿童和弃儿,保障他们得到名字,并确保在罗马尼亚所有出生情况都得到切实登记,来遵守《公约》第24条。

[21.59] 对乌拉圭,人权事务委员会称:[54]

11. 委员会虽然承认缔约国在儿童权利方面取得的进步,特别是将来的《未成年人法》(*Codigo del Menor*),但仍然关切的是,代表团提供的资料表明,将来的《未成年人法》歧视未成年女性而且没有充分保护新生幼儿,因为未婚的未成年母亲可以在任何年龄为她们的幼儿登记,但未成年的父亲只能在16岁以后才能这样做。

委员会敦促缔约国在起草《未成年人法》的过程中,能完全符合《公约》第3条和第24条规定。委员会希望在该法规生效时收到其文本。

[21.60] 因此,各缔约国有一项义务,即通过提供验证文件,加速承认儿童的正确姓名,以促进正式承认儿童的法律人格、尽可能扩大其获得法律权利、尽可能减少对儿童之恶劣剥削的可能。

获得国籍的权利:第24条第3款

[21.61] **第17号一般性意见**

8. 在给予儿童保护方面,也应特别注意每一儿童均有取得一个国籍的权利,如第24条第3款所规定的一样。虽然这一规定的目的是避免

---

[53] (1999) UN doc CCPR/C/79/Add.111.
[54] (1998) UN doc CCPR/C/79/Add.90.

儿童因无国籍而无法享受社会和国家提供的充分保护，但它并不必然使国家有义务将其国籍授予每一名在其领土内出生的儿童。但是，国家必须在本国之内并与其他国家合作，采取一切适当措施，确保每名儿童在出生时都有国籍。关于这一点，根据国内法而就国籍的取得，因子女是婚生或非婚生，或子女的父母无国籍，或根据父母之一方或双方的国籍，而有所歧视，是不得允许的。各缔约国的报告应总是提到为确保儿童获有国籍而采取的措施。[55]

例如，人权事务委员会谴责了津巴布韦的法律，因为该法律拒绝给予在国外的津巴布韦人所生的子女津巴布韦公民身份。[56]

[21.62] 各缔约国有义务赋予在其领土内出生的无国籍儿童本国国籍。诺瓦克主张，对于可能就另一国出现的义务——如果该儿童与这另一国具有亲情方面或强烈的联系，这种赋予国籍的义务是辅助性的。[57] 这种主张得到了《儿童权利公约》第7条第2款的支持。此外，在对厄瓜多尔的结论性意见中，人权事务委员会称：[58]

> 18. 委员会关切的是，在厄瓜多尔，无证难民出生的儿童经常由于其父母恐惧被递解出境而未获登记。这种情况使儿童不能申请厄瓜多尔国籍，而根据厄瓜多尔的法律，任何在厄瓜多尔出生的儿童均有权取得该国国籍。
>
> 委员会建议，缔约国采取措施保证在厄瓜多尔出生的无证难民的子女有取得国籍的权利。

对于哥伦比亚，委员会的意见更明确：[59]

> 43. 委员会强调，缔约国有责任确保每个在哥伦比亚出生的儿童根

55　另见委员会对科威特的结论性意见，(2000) UN doc CCPR/CO/69/KWT, para 31。

56　(1998) UN doc CCPR/C/79/Add. 89, para 19。

57　M Nowak, *UN Covenant on Civil and Political Rights: CCPR Commentary* (2nd edn, NP Engel, 2005), 561–2. 在这样的情况中，确实可以主张，该儿童归该另一国"管辖"；参见有关管辖条件的第四章。此外，诺瓦克还提出了疑问，在儿童对于并非《公约》缔约国的某国的国籍可以提出基于亲子关系或其他理由的主张时，这一义务的范围如何。

58　(1998) UN doc CCPR/C/79/Add. 92. （作者同意译者对本注及下注略作调整。——译者注）

59　(1997) UN doc CCPR/C/79/Add. 76。

据《公约》第 24 条第 3 款的规定享有取得国籍的权利。因此，它建议缔约国考虑给予在哥伦比亚出生的无国籍儿童哥伦比亚国籍。

结　语

[21.63] 第 24 条专门为儿童规定公民权利和政治权利，以补满他们与成年人一道从《公约》的其他保障中获得的权利。《儿童权利公约》的约文无疑影响了人权事务委员会对第 24 条的解释。在有关父母探视和移民情况中的家庭完整方面的儿童权利这一领域之外，委员会根据第 24 条处理的案件相对较少。事实上，第 24 条和《儿童权利公约》已经将家庭及其有关儿童的待遇和责任向公众监督和国际监督开放。[60] 就儿童贩运和儿童登记，各有一个案例。委员会的第 17 号一般性意见和结论性意见阐明了第 24 条规定的保护的其他重要方面，如禁止儿童剥削和规定成年年龄的准则。

---

[60] See R Levesque, 'Sexual Use, Abuse, and Exploitation of Children: Challenges in Implementing Children's Rights' (1994) 60 *Brooklyn Law Review* 959 at 987 – 97.

第二十二章　政治参与权

——第二十五条

公民身份的概念	[22.02]
权利的性质	[22.05]
第25条（子）项：公共参与的一般权利	[22.07]
通过选举的代表间接参与政事	[22.12]
直接参与政事	[22.16]
第25条（丑）项：选举权	[22.24]
对选举权的限制	[22.25]
选举的机会	[22.33]
选举的质量	[22.35]
第25条（丑）项：被选举权	[22.41]
第25条（丑）项：定期、真正之选举，表现选民意志	[22.50]
无记名投票	[22.55]
政党和媒体的影响	[22.56]
自动投票系统	[22.60]
第25条（寅）项：担任公职的平等机会	[22.61]
结语	[22.75]

第 25 条

凡属公民，无分第 2 条所列之任何区别，不受无理限制，均应有权利及机会：

（子）直接或经自由选择之代表参与政事；

（丑）在真正、定期之选举中投票及被选。选举权必须普及而平等，选举应以无记名投票法行之，以保证选民意志之自由表现；

（寅）以一般平等之条件，服本国公职。

[22.01] 第 25 条保障缔约国公民的政治参与权。第 25 条（子）项规定了权利的一般程式，并保障缔约国政府承担一定的民主责任。[1] 第 25 条（丑）和（寅）项涉及政治参与的具体方面，即在真正选举中的投票权和被选举权以及担任公职的权利。

公民身份的概念

[22.02] 第 25 条规定的权利仅限于缔约国公民。这与《公约》规定的其他权利形成了对比，后者被赋予缔约国管辖范围内的所有人。

第 25 号一般性意见

3. ……缔约国报告应该阐明界定与第 25 条保护之权利相关的公民身份的法律规定。公民在享受这些权利方面，不得受到基于种族、肤色、性别、语言、宗教、政见或其他主张、民族本源社会阶级、财产、出生或其他身分等任何理由的区分。区分以出生而获得公民资格的人与通过入籍而获得公民资格的人，会引起是否符合第 25 条的问题。……

---

1 M Nowak, *UN Covenant on Civil and Political Rights: CCPR Commentary* (2nd edn, NP Engel, 2005), 570 – 1.

［22.03］因此，《公约》没有规定一国应如何确定公民身份，虽然它禁止此等确定中存在歧视。人权事务委员会对爱沙尼亚也指出，公民身份的取得不应太烦琐：[2]

> 12. 委员会表示关切的是，由于法律规定的标准众多以及语言标准的严格，很大一部分人口，特别是讲俄语的少数民族，无法取得爱沙尼亚国籍；而且根据《国籍法》，对于拒绝归化申请的行政决定，没有任何可利用的救济。[3]

［22.04］人权事务委员会在第 25 号一般性意见中接着承认，国内的政治参与权可以赋予非公民：

> 3.……缔约国报告应该说明是否有任何群体如永久居民在有限的基础上享有这些权利，例如有权在地方选举中投票或有权担任某些特定的公职。

非公民的政治参与权不应在歧视性基础上赋予。虽然此等赋予并不被仅保护"公民"的第 25 条所禁止，但被《公约》的一般性非歧视条款所禁止。

权利的性质

［22.05］**迪尔加特诉纳米比亚**（*Diergaardt v Namibia*，760/1997）

该案的提交人代表的是纳米比亚的一个族裔少数群体里赫伯斯巴斯特人（Rehoboth Basters）。

> 2.1. 里赫伯斯巴斯特社群的成员是土著科伊族（Khoi）和荷兰殖民者的后裔，后者最初住在开普地区，但于 1872 年迁移到目前居住的地区。他们由其"父系法律"规范，该法律规定了首领的选举以及公民的权利和义务。目前，该社群总人数约有 35000 人，他们所占的面积（在

---

[2] (1995) UN doc CCPR/C/79/Add. 59, para 12.

[3] 另见委员会对俄罗斯的结论性意见，(2009) UN doc CCPR/C/RUS/CO/6, para 9[23.31]。

温得和克以南）有14216平方公里。在这个地区，巴斯特人发展了自己的社会、文化、语言和经济，并且基本上维持了自己的学校和社群中心等机构。

1976年，南非准予里赫伯斯巴斯特人在被南非实际控制的纳米比亚领土之内自治。

2.4. 根据律师提交的材料，1989年，里赫伯斯巴斯特社区在极端政治压力下，被迫接受将他们的立法权和行政权暂时转移给西南非洲总行政官，以便遵守联合国安全理事会第435（1978）号决议。在里赫伯斯委员会于1989年6月30日所通过的动议中，总行政官被要求作为首领的代表来管理这片地区，其未经首领、内阁和该委员会同意，不得颁布任何适用于里赫伯斯社区的法律或条例；在其任期结束后，里赫伯斯政府将恢复行使权力。总行政官于1989年8月30日发布的关于移交里赫伯斯立法机关和政府之权力的公告，暂停了里赫伯斯立法委员会和首领行政委员会的权力，"一直到纳米比亚独立之日的前一天"。因此律师说，这种权力移交的有效期截止于纳米比亚独立之日的前一天，因此在1990年3月20日，传统的法律秩序以及1976年的第56号法律在里赫伯斯境内是有效的。1990年3月20日里赫伯斯人民大会通过了一项决议，恢复了首领、其行政委员会和立法委员会的权力。1990年3月21日，纳米比亚独立，纳米比亚宪法生效。

因此，据里赫伯斯巴斯特人立法机构（里赫伯斯理事会）称，里赫伯斯人在纳米比亚本身于1990年获得独立之前，就已经在纳米比亚之内重新获得了完全独立。

2.5. 提交人称，纳米比亚政府不承认他们的独立，不同意回到原先的状况，而是通过适用宪法第5号附件，征收了该社区的所有公地。……

3.2. 在这方面，提交人声称，他们是纳米比亚政府违反《公约》第1条的受害者。他们指出，纳米比亚高等法院［在一个有关据称征收其土地的法律诉讼中］［24.25］，已承认他们是具有法律地位的独特社群。他们声称，他们在纳米比亚共和国境内的自决权（所谓的内部自决权）受到了侵犯，因为他们不得寻求其经济、社会和文化发展，也不得自由地支配社群的共有财富和资源。由于1996年颁布的关于区域政府的法律，里赫伯斯作为从未间断之有组织地域的长达124年的历史被宣告结束。这片地域现被分为两个地区，因而使得巴斯特人无法基于地区有效地参加公共生活，因为他们在两个新的区里都是少数。律师声称，这构成了对《公约》第25条的违反。

提交人根据第1条提出的申诉因为根据《任择议定书》不可诉而被驳回，因为第1条规定的权利赋予民族而非个人，而只有后者才享有《任择议定书》规定的权利[7.24]。就第25条，人权事务委员会的认定有利于缔约国：

> 10.8. 提交人还声称，终止他们社群的自治、将他们的土地分为两个地区并分别融入更大的地区，分裂了巴斯特社群、使其变成了少数，这对他们根据《公约》第25条（子）和（寅）项享有的权利造成了不利影响。第25条（子）项规定的权利是直接或通过自由选举的代表参与政事的权利，第25条（寅）项规定的权利是以一般平等之条件担任本国公职的权利。这些权利都是个人的权利。尽管很有可能，在纳米比亚成为主权国家之时，巴斯特社群的地域与其他地域合并影响了巴斯特社群作为一个社群对公共生活的影响力，但如下主张并没有得到证实，即这对巴斯特别社群的成员个人参与政事的权利或以一般平等之条件担任本国公职的权利造成了不利影响。委员会因此认定，它所获事实并没有表明第25条在这一方面受到了违反。

委员会对迪尔加特案的决定加强了第25条规定之权利的个人性质。提交人无法证明，对他们群体的政治权力的可能削减减少了他们作为个人根据第25条享有的实际政治权利，即每一个人从技术上讲，与纳米比亚境内的（其他族裔群体的）其他个人享有同样的政治权利[7.25]。

[22.06] 非常有可能的是，人权事务委员会在作出决定时受到了围绕纳米比亚作为一个独立国家出现的背景情况的影响。实际上，南非对该领土的控制被国际法院认定为非法，[4] 这是一个提交人在其申诉中并没有提到的事

---

[4] See *Legal Consequences for States of the Continued Presence of South Africa in Namibia (South-West Africa) notwithstanding Security Council Resolution* 276, Advisory Opinion, ICJ Rep 1971, 16.

实。委员会不太可能支持南非种族隔离政权在其非法占有纳米比亚期间赋予有关民族的政治权利。拉拉赫先生在其单独意见中提及了这一事实:

9. 提交人提出的有关第 26 条的真正申诉 [23.61] ——如果结合他们的其他申诉 [包括根据第 25 条提出的申诉] 的整体背景来看,[5] 表明他们依然留恋他们先前在种族隔离所允许的分治制度下, 在土地占有、自治以及语言使用方面享有的特权和专有地位。在纳米比亚宪法所创立的新的统一国家中, 这样的制度已经不复存在。

第 25 条 (子) 项: 公共参与的一般权利

[22.07] **第 25 号一般性意见**

1. ……第 25 条是基于人民的同意和符合《公约》原则的民主政府的核心。……

5. 第 25 条 (子) 项提到的政事*是一个广泛的概念, 涉及行使政治权力, 特别是行使立法、执法和行政权力。它包括公共管理的各个方面, 以及国际、国家、区域和地方各级上政策的制定和实施。权力的分配和个人公民行使受第 25 条保护的参与政事的权利的途径, 应由宪法和其他法律确定。

[22.08] 该一般性意见确认, 第 25 条 (子) 项并不预设任何特定的政府制度, 而只要缔约国以民主形式运行即可。实际上, 分配权力和公民的政治参与权利的模式必须 "由宪法和其他法律确定", 第 25 条并不严格要求这些法律的内容。众多政治制度看来都符合第 25 条 (子) 项,[6] 包括 "威斯敏斯特" 制度、总统制、两院制、一院制、单一制和联邦制。

---

5 提交人还根据第 27 条提出了申诉, 但没有成功, 见第 [24.25] 段。

* 《公约》第 25 条 (子) 项英文本中的对应用语为 "public affairs"。按第 25 号一般性意见本段所述, "public affairs" 是一个广泛的概念, 亦可理解为 "公共事务", 可能并非 "政事" 所能涵盖。

6 See H Steiner, 'Political Participation as a Human Right' (1988) 1 *Harvard Human Rights Yearbook* 77, 87.

[22.09] **科斯塔诉西班牙**（Costa v Spain，1745/2007）

在该案中，提交人诉称，他无法选举西班牙君主制度中的职位。人权事务委员会认定该来文不可受理：

> 3.2. 委员会忆及，《公约》第25条（子）项所述之直接或通过自由选举的代表参与政事的权利有关政治权力的行使。然而这一条并不强行规定一种具体的政治模式或结构。委员会特别指出，基于权力分立的立宪君主制本身并不违反《公约》第25条。虽然第25条（子）项提及代表选举，但同一条的（丑）项虽然保障真正、定期选举中的投票权及被选举权，但并不保证选举国家元首或被选举为国家元首的权利。因此委员会认为，提交人的申诉在属事理由上与《公约》规定不符，并宣布其依据《任择议定书》第3条不可受理。对于提交人根据《公约》第2条第3款提出的申诉，也是如此。委员会忆及，该规定所述权利是附属性的，只有结合《公约》中的另一规定，才可援用。

[22.10] 在**阿仑兹等人诉德国案**（Arenz et al. v Germany，1138/2002）中，提交人是科学神教信众（Scientologist）。在德国的主要政党之一基督教民主党（简称基民党）通过一项决议，认为科学神教与该党成员身份不符之后，这些提交人被基民党开除。这些提交人声称，这种开除行为——德国法院确认其为合法——违反了第18条［17.24］、第22条［19.33］和第25条（子）项。该来文被认定不可受理，因为人权事务委员会认定德国法院的裁决不是无理的，这些法院裁定政党的自主性高于提交人的权利是公平的。因此，在该案中，政党的结社权优于提交人参与一个主要政党的权利。委员会默示认定，基于提交人的宗教开除他们是正当的，或至少是有道理的。可以考虑的是，如果提交人属于一个更加得到认可的主流宗教，委员会是否会得出同样的决定。[7]

[22.11] 第25号一般性意见确认，"政事"是一个广泛的概念，包含政府的各个分支在各个层面上对政府权力之行使。"政事"包括了，例如，中央

---

[7] 可以注意，委员会对于德国基于宗教理由禁止某些人担任公职曾表示关切，见委员会对德国的结论性意见，(2004) UN doc CCPR/CO/80/DEU, para 19。

政府制定有关国防和外交的政策,以及地方议会有关清理垃圾频率的决定。

通过选举的代表间接参与政事

[22.12] 第25条(子)项明确规定,参与政事可以是直接的,或间接的即通过选举的代表。由于当代政府的复杂性,对于任何当代缔约国来说,实际上不可能完全或甚至是主要通过公民的直接投入来治理。因此,第25条(子)项实际上要求的是各个缔约国对间接的政治参与提供适当渠道。

[22.13] **第25号一般性意见**

7. 就公民通过自由选择的代表参与政事而言,第25条暗示这些代表实际上行使政府权力,他们通过选举程序对其行使这一权力负责。该条还暗示这些代表仅行使根据宪法规定授予他们的权力。经自由选择的代表的参与通过选举程序行使,这些程序必须由符合(丑)项的法律规定。

因此,第25条(子)项要求缔约国政府以某种方式对其公民负责。[8] 不提供公民的政治参与机会的独裁政治不符合第25条(子)项的要求。[9] 第25号一般性意见的帽段确认了这一点[22.07]。

[22.14] 人民选举的一个或多个机关必须"实际上行使政府权力";由选择产生的机关不能只是一个咨询机关而没有可在法律上强制执行的权力。由民众选举的机关必须或者自己在治理国家方面起到关键作用,或者能控制这一机关。[10] 例如,经选举产生的立法机关本身又选举和最终控制行使行政权的政府的威斯敏斯特制度,就符合第25条。不过,诺瓦克指出,可能难以衡量经选举产生的机关行使真正控制的程度。[11] 例如,在实践中,在威斯敏斯特制度中,由执政党的领袖组成的行使行政权的政府如果有足够的多

---

8 Nowak, *UN Covenant on Civil and Political Rights: CCPR Commentary*, 570.
9 Nowak, *UN Covenant on Civil and Political Rights: CCPR Commentary*, 570.
10 See S Joseph, 'Rights of Political Participation', in D Harris and S Joseph (eds), *The International Covenant on Civil and Political Rights and United Kingdom Law* (Clarendon Press, 1995), 543.
11 Nowak, *UN Covenant on Civil and Political Rights: CCPR Commentary*, 590-2.

数，往往就能主导立法机关。看来第 25 条并不是一种足够精密的机制，能补救当代政治制度中的许多结构性缺陷。[12]

[22.15] 另外，并非以民主方式产生的机构不应具有重大的政治权力。例如，人权事务委员会在对智利的结论性意见中，就该国的由任命产生的参议院，指出：[13]

> 8. 委员会深为关切前军政权成员保留的"权力飞地"。赋予参议院的阻止国民议会通过的倡议的权力和与政府并存的国家安全委员会行使的权力，不符合《公约》第 25 条。参议院的组成也阻碍了将使该缔约国能够更充分地遵守其《公约》义务的法律改革。

直接参与政事

[22.16] **马歇尔诉加拿大**（*Marshall v Canada*，205/1986）[14]
提交人是米克马克印第安部落的代表。该案的案情如下：

> 2.2. 根据 1982 年的《宪法法》，加拿大政府"承认和确认""加拿大各土著民族的既存原始（aboriginal）权利和条约权利"（第 35 条第 1 款），这些民族包括加拿大的印第安民族、因纽特民族和美蒂斯民族（第 35 条第 2 款）。为了进一步查明和澄清这些权利，《宪法法》设想了一种程序，其中包括将由加拿大总理召集、各省省长和被邀请的"加拿大各土著民族的代表"出席的宪法会议。加拿大政府和各省政府承诺信守以下原则：就直接影响各土著民族的事务——包括查明和界定各土著民族的权利，在对《加拿大宪法》作出宪法修正并将其纳入《宪法》之前，先在宪法会议上讨论（第 35 条第 1 款和第 37 条第 1、2 款）。实际上，在随后数年里，加拿大总理召集了若干次此类会议，为此邀请了代表约 600 个土著群体的利益的四个全国性协会的代表出席。这些全国性协会是：第一民族大会（Assembly of First Nations，受邀主要代表地位未定的印第安人）、美蒂斯民族理事会（受邀代表美蒂斯人）和因纽特

---

12 另见第［22.54］、［22.59］段。
13 (1999) UN doc CCPR/C/79/Add. 104.
14 也被称为米克马克部落社群诉加拿大案（*Mikmaq Tribal Society v Canada*）。

民族事务委员会（受邀代表因纽特人）*。作为一般规则，加拿大的宪法会议仅由经选举产生的联邦和省政府的领导人参加，关于土著事务的会议则构成了这一规则的例外情况。这些会议着重讨论有关土著自治的事务，以及是否应该并以何种形式在《加拿大宪法》中规定一般的土著自治权。……

提交人的申诉则是：

3.1. 提交人试图获邀作为米克马克民族的代表出席宪法会议，但未能如愿。缔约国拒绝允许米克马克人的特定代表参加宪法会议是申诉的原因。……

4.2. 提交人辩称，除其他外，［对参加会议的］限制并不合理，而且他们的利益在宪法会议上并没有得到适当的代表。首先，他们强调，他们不能选择由哪一个"全国性协会"来代表他们，而且他们也没有授予第一民族大会代表他们的任何权利。其次，当米克马克人未获准派出直接代表时，他们试图影响第一民族大会，但未奏效。他们特别提到了1987年由第一民族大会和加拿大若干政府部门联合举行的听证会，会上米克马克的领导人提出了一揽子宪法提议，并"强烈抗议宪法会议在没有米克马克人的直接代表的情况下，对米克马克条约的任何讨论"。但是，第一民族大会没有将米克马克人的任何立场文件提交给宪法会议，也没有将其纳入自己的立场文件中。

缔约国在其答复中称，第25条"不可能要求一国的所有公民都受邀参加宪法会议"。[15]

人权事务委员会的决定有利于缔约国：

5.2. ……本案的问题在于，……提交人或米克马克部落社群为此目的挑选的任何其他代表是否有权根据《公约》第25条（子）项出席会议。……

5.4. 仍需要确定的问题是，每个公民不受不合理的限制、直接或通

---

* 委员会意见原文仅列举了这三个协会，尽管前文提到的是"四个全国性协会"。
15 在委员会意见的第4.1段。

过自由选择的代表参与政事的权利的范围究竟如何。诚然,《公约》第 25 条（子）项的含义不可能是每个公民可以决定是直接参与政事,还是交由自由选择的代表参与。这种参与的模式应该由缔约国的宪法和法律制度规定。

5.5. 无须争议的是,在一个民主国家中对公共事务的管理是为此目的选出的人民代表和根据法律任命的公职官员的任务。政事一定影响绝大部分民众的利益,甚至全体民众的利益,而在某些情况中,它更为直接地影响更为特定的社会群体的利益。尽管事先的协商——如公开听证或与利益攸关群体的协商——可能常常在法律中有所规定或在政事进行过程中演化成为一种公共政策,但是,《公约》第 25 条（子）项不能被理解为意味着任何受直接影响的群体,不论大小,都有选择参与政事的模式的无条件权利。这实际上将是对于公民直接参与权的一种无根据推断,远远超出了第 25 条（子）项的范围。

6. 尽管每个公民都有权不受歧视和不合理限制地参与政事,但是委员会的结论是,根据本案的具体情况,缔约国未邀请米克马克部落社群的代表参加有关土著事务的宪法会议——这些会议属于政事——并没有侵犯提交人或米克马克部落社群的其他成员的权利。委员会还认为,参加这些会议以及向其派遣代表没有受到不合理的限制。因此,委员会认为,来文没有揭示对《公约》第 25 条或任何其他规定的违反。

马歇尔案的决定看来证实,第 25 条并不保障任何公民在第 25 条（丑）和（寅）项明确规定的情况之外,具有一项直接参与政事的权利。[16]

[22.17] **贝登等人诉法国**（*Beydon et al. v France*, 1400/2005）

该案的提交人是一个倡导建立国际刑事法院的非政府组织的成员。他们的申诉有关法国决定批准《国际刑事法院规约》,但提具保留排除该法院对战争罪的管辖权七年。他们声称,该决定侵犯了他们根据第 25 条（子）项

16　See M Turpel, 'Indigenous Peoples and Rights of Political Participation and Self-Determination: Recent International Legal Developments and the Continuing Struggle for Recognition' (1992) 25 *Cornell International Law Journal* 579, 596; See also Joseph, 'Rights of Political Participation', 539. 但是,参见第 [22.19] 段。

享有的权利。人权事务委员会认定该来文不可受理：

> 4.5. 委员会还进一步注意到提交人根据第25条（子）项提出的申诉，即缔约国剥夺了他们参与有关以下方面之政事的权利和机会——法国有关《国际刑事法院规约》的谈判以及随后的加入（附有根据第124条作出的限制缔约国责任的声明），委员会忆及，公民还通过公开辩论、与其代表的对话或通过他们自行组织的能力施加影响来参与政事。在本案中，提交人参与了法国有关加入国际刑事法院的问题以及根据第124条发表声明问题的公开辩论；他们通过当选代表并通过其社团采取了行动。在这种情况下，委员会认为，提交人未能为了受理的目的证实，他们参与政事的权利受到了侵犯。因此，来文的这一部分根据《任择议定书》第2条不可受理。

[22.18] **博伦诉法国**（*Brun v France*，1453/2006）

该案的申诉有关法国允许一家公司进行露地转基因生物试验的决定。提交人诉称，这一决定违反了第25条（子）项：

> 5.3. 关于委员会在第25条的属事理由方面的职权，提交人强调，公民没有切实有效的救济，可以阻止转基因生物露地试验对环境和公共健康所造成的威胁。他声称，第25条（子）项载有一项内在于该得到保障之权利的程序性义务以确保公民参与决策过程，这一程序性义务意味着知情权、参与权和获得适当救济权。他指出，在所涉事件发生时，他没有任何办法获得有用的、相关的信息，使他能参与公共机关为批准在露地种植转基因生物作物而进行的决策过程。从这个意义上来讲，第25条被违反，因为公共机关没有让提交人参与涉及环境的决策过程。提交人认为，公共机关没有提出所要求的事先评估结果，也没有告诉公众在露地散播转基因生物可能带来的危险。国务委员会最近撤销了农业部授权主动种植转基因玉米的决定，理由是技术文件尚不完备——其中理应包括评估试验对公共健康和环境所产生的影响的所有相关信息。因此他认为，他完全有正当理由援用与第2条第3款（子）和（丑）项相结合的第25条（子）项。

人权事务委员会以类似于其对贝登案的决定的方式，拒绝了一种辩解，即第 25 条（子）项像提交人所声称的那样严格：

> 6.4. 委员会注意到提交人根据《公约》第 25 条（子）项提出的申诉，即对于在露地种植转基因作物，缔约国拒绝了他参与政事的权利和机会。委员会指出，公民还通过公开辩论、与其选举的代表的对话以及通过他们组成社团的能力施加其影响来参与政事。在本案中，提交人参加了法国的有关在露地种植转基因作物问题的公共辩论；他通过他选举产生的代表和通过一个协会的活动做到了这一点。在这种情况下，委员会认为，提交人未能为了可否受理的目的证实其指控，即其参与政事的权利受到了侵犯。因此，来文的这一部分根据《任择议定书》第 2 条不可受理。

[22.19] 在第 23 号一般性意见中，人权事务委员会对第 27 条中有关少数者权利的规定作了推演。在该一般性意见第 7 段中 [24.22]，委员会承认，各国除了承担保护少数者的文化活动的义务外，还必须采取"措施确保少数群体的成员切实参与对他们有影响的决定"。委员会在兰斯曼诉芬兰案（*Länsman v Finland*，511/1992）[17] 和兰斯曼等人诉芬兰案（*Länsman et al. v Finland*，671/1995）[18] 中对这一说法的解释表明，少数者，包括土著民族，确实具有直接参与可能影响他们的传统文化的决定的权利。在珀马-珀马诉秘鲁案中（*Poma Poma v Peru*，1457/2006）[24.37]，委员会更进一步，称：

> 7.6. 委员会认为，严重影响或妨碍少数者或土著社群的具有文化重要性的经济活动的措施是否可以接受，取决于所涉社群的成员是否有机会参与有关这些措施的决策过程，以及这些成员能否继续受益于其传统的经济活动。委员会认为，参与决策过程必须是有效的，这所要求的不仅仅是协商，而是社群成员自由的、事先的和知情的同意。……

[22.20] 以上决定是在马歇尔案以后做出的，而且看来表示了一种从该案中所采取的保守立场的后撤。因此，直接参与的权利也许可以源自第 27 条，如果不是源自第 25 条的话 [24.35]。在这一方面还需要注意的，是人

17　在委员会意见的第 9.5、9.6 段 [24.29]。
18　在委员会意见的第 10.4、10.5 段 [24.31]。

权事务委员会对瑞典的结论性意见:[19]

> 15. 委员会关切的是,对于影响土著萨米民族的传统土地和经济活动的问题,诸如水力发电、采矿和林业等方面的项目以及土地私有化,萨米人议会在决策过程中能发挥重要作用的程度有限……。

[22.21] **第 25 号一般性意见**

在第 25 号一般性意见中,人权事务委员会指出,除了那些第 25 条(丑)和(寅)项强制性规定的渠道以外,还有各种各样一国可以为其公民提供直接参与渠道的方式:

> 6. 当公民作为立法机构的成员或因担任行政职务而行使权力时,他们直接参与政事。这种直接参与的权利得到第 25 条(丑)项的支持。公民还通过全民公投或根据(丑)项进行的其他选举程序,选择或修改其宪法或决定公共问题,以此直接参与政事。公民可通过下列途径直接参与:参加人民议会,这些议会具有就当地问题或有关特定社区的事务作出决定的权力;参加为代表公民与政府进行协商而建立的机构。……
>
> 8. 公民还通过公开辩论、与其代表的对话或通过他们自行组织的能力施加的影响来参与政事。保障表达、集会和结社自由可支持这种参与。

[22.22] 虽然任何缔约国根据第 25 条可能都没有义务提供直接政治参与的特定模式,但如果一国事实上的确提供直接政治参与的额外渠道,第 25 条就引起了一些义务,正如第 25 号一般性意见所指出的:

> 6. 公民直接参与的方式一经确立,就不得根据第 2 条第 1 款提到的理由对公民的参与作出区别,也不得强加任何无理的限制。

[22.23] 该一般性意见没有提到对于政治参与权的最大威胁之一:腐败。腐败的政治过程体系化地剥夺了人们在公正和平等的基础上参与政事的权利。为了全面遵守第 25 条,缔约国必须采取措施防止和惩治腐败和行贿受贿的情况。[20]

19　(2002) UN doc CCPR/CO/74/SWE.

20　另见第 [25.06] 段。

第25条（丑）项：选举权

[22.24] 在对伊朗的结论性意见中，人权事务委员会列出了有关该国履行第25条（丑）项的无数问题：[21]

29. 委员会关切要求在竞选运动中登记的规定（特别是《议会竞选法》第28条第1、3节）和宪法监护委员会（根据《议会竞选法修订案》第3条）有权拒绝议会候选人。委员会关切地注意到，就2009年第十届总统大选：（1）450多名可能的候选人中，仅有4名获准竞选；（2）国际观察员不被允许入境监督选举结果；（3）手机信号、进入社交网络和反对派网站的路径遭封堵；（4）政治活动者、本国宗教和少数民族社群的成员、学生、工会会员和女权活动者遭到骚扰和无理拘禁；（5）大选结果在经阿亚图拉·哈梅内伊认可之后，才由宪法监护委员会颁布认证书；（6）两个省份显示的投票参与率超过100%。委员会还关切地注意到，几十名政治反对派人士于2011年2月被逮捕，以及法庭下令解散了两个支持改革的政党（第25条）。

对选举权的限制

[22.25] 第25号一般性意见

4. 适用于行使受第25条保护之权利的任何条件应基于客观与合理的标准。例如，规定经选举或任命担任特定职务的年龄应高于每个成年公民可行使投票权的年龄是合理的。不得中止或排除公民行使这些权利，除非基于法律规定且客观与合理的理由。例如，公认的心智能力丧失可以构成拒绝某人的投票权或担任公职的权利的理由。……

10. 选举和全民公投中的投票权必须由法律规定，仅受合理的限制，如为投票权规定的最低年龄限制。以身体残疾为由或强加识字、教育或

---

[21] (2011) UN doc CCPR/C/IRN/CO/3.

财产要求来限制投票权都是不合理的。是否为某党党员不得作为投票资格的条件，也不得作为取消资格的理由。……

14. 各缔约国应该在其报告中指明和解释剥夺公民投票权的法律规定。剥夺这种权利的理由应该客观与合理。如果因某一罪行而被定罪是丧失投票权的依据，丧失投票权的期限应该与所犯罪行和刑期比例相称。被剥夺自由但尚未被定罪的人不得被禁止行使投票权。

[22.26] 在对哥伦比亚的结论性意见中，人权事务委员会对"国内流离失所者在行使其公民性权利（civic rights），包括投票权时经历的困难"，表示关切。[22]

[22.27] **耶夫多吉莫夫和勒扎诺诉俄罗斯**（*Yevdokimov and Rezano v Russia*，1410/2005）

该申诉有关俄罗斯完全禁止所有被定罪和判处监禁的囚犯在服刑期间投票。俄罗斯试图为其措施提出的理由是：

4.3. 在俄罗斯联邦，被法院判决剥夺自由者的投票权和被选举权受到《宪法》限制。刑事惩罚是最严格的法律责任形式，相当于取消和限制被定罪者的权利和自由。根据《宪法》第55条第3款，在保护宪法秩序、道德、健康、他人的权利和合法利益以及国家安全之必要限度内，联邦法律可以限制个人和公民的权利和自由。执行刑罚意味着暂时限制行动自由、通信自由、隐私权（包括个人隐私和通信隐私）。对这类权利的收回和限制是由《宪法》《刑法》《刑事诉讼法》及其他法律决定的。因此，根据《宪法》第32条第3款，被法院判决剥夺自由者不享有投票权或被选举权。制定上述《宪法》条款是为了避免滥用权利和自由，对被法庭判决剥夺自由者的权利的这种限制没有干扰平等原则。

4.4. 本案不涉及国家侵犯权利，而是涉及对因其行事危害社会利益而被与社会隔离的某类个人的权利的必要暂时限制。因此，《宪法》第32条规定的限制是暂时的，因为权利在刑满后即恢复。因此，该条款完全符合国际人权规范。

22　(2004) UN doc CCPR/CO/80/COL, para 19.

人权事务委员会认定第25条（丑）项被违反：

7.4. 委员会忆及其第25号一般性意见，其中称投票权和被选举权并不是一项绝对权利，只要对这两项权利的限制不是歧视性或不合理的，就可以加以限制。该意见还称，如果因某一罪行而被定罪是丧失投票权的依据，丧失投票权的期限应该与所犯罪行和刑期比例相称。委员会注意到本案中，剥夺投票权的期限与刑期一致，并忆及根据《公约》第10条第3款，监狱制度应包括以争取囚犯改造和重适社会生活为基本目的的待遇。委员会还忆及《联合国囚犯待遇基本原则》，其第5条原则指出，"除了监禁显然所需的那些限制外，所有囚犯应保有《世界人权宣言》和——如果有关国家为缔约国——（……）《公民及政治权利国际公约》（……）所规定的人权和基本自由"。

7.5. ……委员会注意到，缔约国的法律一概剥夺了被判处监禁者的投票权，而没有提供任何论证，证明本案件中的限制如何满足《公约》要求的合理性标准。在这种情况下，委员会的结论是，存在对《公约》第25条的单独违反以及结合第2条第3款对第25条的违反。鉴于上述结论，委员会不必处理关于违反《公约》第2条第1款的申诉。

[22.28] 人权事务委员会两名委员特林先生和奥弗莱厄蒂先生提出异议意见如下：

多数委员认定本案中存在违反情况，我们很抱歉不能苟同。我们认为，多数委员自第7.4段以后的推理和立场都有问题。

第25号一般性意见称，投票权和被选举权并不是一项绝对权利，只要对这两项权利的限制不是歧视性或不合理的，就可以加以限制。该意见还称，如果因某一罪行而被定罪是丧失投票权的依据，丧失投票权的期限应该与所犯罪行和刑期比例相称。来自第25条的规范应被用来解释我们要处理的本案中是否存在违反《公约》的情况，而不是采用某种延伸的比例性检验——这种检验可以从欧洲人权法院对赫斯特诉英国案（*Hirst v United Kingdom*）的判决推断出来，而该案似乎启发了多数委员。在本案的情况下，提交人被判定犯下的罪行是滥用职权以及组织犯罪团伙贩毒、绑架和勒索，我们认为这种仅限于刑期内的限制不能被视为是不合理或不成比例的。在这种情况下，我们不能得出结论认为，存在对《公约》第 25 条的违反，无论是其本身还是与第 2 条第 1 款、第 3 款相结合。

[22.29] 另外两名委员，纽曼先生和莫托科女士在一项单独意见中表示附议。他们认定，一律禁止囚犯投票是不合理的，对于不同的更狭窄立法是否可以鉴于两位提交人的严重罪行和刑罚而合理地剥夺他们的投票权，则没有采取立场。

该案的结果是，各国不可施行禁止所有囚犯的投票权的不分情况的立法。[23] 不过，有可能的是，国家能够禁止某些囚犯投票，即那些其被判定的罪行达到了一定严重程度的囚犯。这种严重的程度，在该案中并没有确定。

[22.30] 在兰迪内利·席尔瓦诉乌拉圭案（*Landinelli Silva v Uruguay*, 34/1978）和皮耶特拉罗亚诉乌拉圭案（*Pietraroia v Uruguay*, 44/1979）中，剥夺反对党成员的所有政治权利（包括投票权）达 15 年被认定违反了第 25 条。人权事务委员会还认定限制军校学员投票违反第 25 条。[24]

[22.31] 如上所述，科斯塔诉西班牙案表明，根据第 25 条（丑）项，在一个实行君主立宪制、适当分权制度的国家中，并不存在要允许一个人对君主制投票的要求。

[22.32] 人权事务委员会迄今为止对于投票权所作的最重要的决定是在吉洛等人诉法国案（*Gillot et al. v France*, 932/2000）中。在该案中，委员会经过长时间讨论后作出的决定是，对于参加全民公决——这是为了决定法属殖民地新喀里多尼亚的未来政治地位——的投票资格的某些限制，根据第 25 条是有效的。证明这些限制合理的主要理由是，这些限制旨在确保这一全民公决只开放给根据《公约》第 1 条、对于新喀里多尼亚具有自决权的适当人群 [7.07]。

选举的机会

[22.33] 第 25 条的帽段声明公民必须具有行使其投票权的适足机会：

23　另见委员会对美国的结论性意见，(2006) UN doc CCPR/C/USA/CO/3/Rev. 1, para 35。

24　委员会对巴拉圭的结论性意见，(1995) UN doc CCPR/C/79/Add. 48, para 23。

第 25 号一般性意见

11. 国家必须采取有效措施，确保有投票权的所有人能行使这项权利。在规定投票人必须登记的情况下，应该提供便利，且不得对这种登记设置任何障碍。如果对登记适用居住方面的要求，则要求必须合理，且不得以排除无家可归者行使投票权的方式施加。应以刑法禁止对登记或投票的任何侵扰性干涉以及对投票人的恫吓或胁迫，这些法律应予严格执行［18.37］。为确保知情的社群有效行使第 25 条规定的权利，必须对投票人进行教育并开展登记运动。

12. 表达、集会和结社自由也是有效行使投票权的重要条件，必须受到充分保护。应该采取积极措施，克服具体困难，如文盲、语言障碍、贫困和妨碍迁徙自由等障碍——所有这一切均阻碍有投票权的人有效行使他们的权利。有关投票的信息和材料应该有少数者语言的文本。应该采取特别办法，如图片和标记，来确保文盲投票人能获得充分的信息以作为他们选择的根据。各缔约国应该在其报告中说明它们解决本段所述困难的方式。

13. 缔约国报告应该阐述规范投票权的规则和报告所涉期间这些规则的适用情况。缔约国报告也应该说明阻碍公民行使投票权的因素和为克服这些因素而采取的积极措施。

［22.34］该一般性意见第 13 段明确证实，各国根据第 25 条（丑）项承担超出了提供选举设施之外的积极义务。应采取措施以确保处境不利的公民有机会投票以及获得有助于他们以有意义的方式行使这一权利的信息。例如，人权事务委员会曾在对爱尔兰的结论性意见中建议该国:[25]

23. ……采取额外的肯定性行动以改善"流动社群"的状况，特别应促进和加强"漂泊者"参与政事，包括参与选举过程。

选举的质量

［22.35］**第 25 号一般性意见**

21. 尽管《公约》不强迫实行任何特定的选举制度，但缔约国实行

---

[25] (1994) UN doc CCPR/C/79/Add.21.

的任何选举制度必须与第 25 条保护的权利相符,并必须保障和落实选举人意志的自由表达。必须实行一人一票的原则,在每一国家选举制度的框架内,选举人所投下的票应一律平等。划分选区和分配选票的办法不应该扭曲投票人的分配或歧视任何群体,也不应该无理排除或限制公民自由选择其代表的权利。

这一段内容表明,许多选举制度都符合第 25 条(丑)项,包括比例代表制、选区投票制、优惠投票制、得票最多者当选制、选举人团制以及这些制度的结合。即使除了纯粹的比例代表制以外的所有制度都造成了扭曲选举中的实际投票状态的政治权力分配,也符合第 25 条(丑)项。[26] 该一般性意见只是宣称,对投票人的扭曲分配受到禁止,这很可能指的是有意地为某种特定利益而划分选区的情况;[27] 该一般性意见似乎并不针对被扭曲的选举结果。

[22.36] 第 25 条(丑)项规定了"普选权"。第 25 号一般性意见证实,所有选票应具有同等价值。在这一点上,人权事务委员会批评了香港在回归中国以前施行的"界别选区制",这种制度给予"商业界的意见以过多的重视",而且"对投票人形成了基于财产和职业"的歧视;界别选区制违反了第 25 条(丑)项。[28]

[22.37] 马特尤斯诉斯洛伐克 (*Mátyus v Slovakia*, 923/2000)

该案中的申诉如下:

2.1. 提交人声称,1998 年 11 月 5 日,罗兹纳瓦市议会通过了第 193/1998 号决议,对于预定在 1998 年 12 月 18 日和 19 日举行的罗兹纳瓦市议会选举,确定了该地区的 5 个选区和共计 21 名代表。……

2.2. 按照提交人的说法,他比较了罗兹纳瓦市镇每一选区的居民与代表的比例,并得出了下列数字:第一选区每 1000 名居民有一名代表;

---

[26] Joseph, 'Rights of Political Participation', 543, 555 (notes 56 – 7); Nowak, *UN Covenant on Civil and Political Rights: CCPR Commentary*, 581 – 2.

[27] Nowak, *UN Covenant on Civil and Political Rights: CCPR Commentary*, 581 – 2.

[28] (1995) UN doc CCPR/C/79/Add. 57, para 19.

第二选区每 800 名居民有一名代表；第三选区每 1400* 名居民有一名代表；第四选区每 200 名居民有一名代表；第五选区每 200 名居民有一名代表。因此，每一选区的代表人数与其中的居民人数不成比例。提交人是第三选区的一名候选人，但因该选区仅选出了七名代表，而他排在第八位而未能当选。……

3.1. 提交人辩称，"罗兹纳瓦公民"根据《公约》第 25 条（子）和（寅）项享有的权利受到了侵犯，因为他们在通过选举代表行使其参与政事的权利时，未能获得影响选举结果的平等机会。此外，提交人声称，他们的权利受到侵犯，因为他们未能获得平等机会，来行使通过选举担任市镇议会职务的权利。

3.2. 提交人辩称，他根据第 25 条（子）和（寅）项享有的权利受到了侵犯，因为他要比其他选区的候选人获得多得多的票数才能当选市镇议会议员，其原因在于每一选区的代表与选区中的居民人数不成比例。提交人称，这造成了他落选。

斯洛伐克承认，选区的设置有误。人权事务委员会认定第 25 条被违反：

9.2. 关于《公约》第 25 条是否被违反的问题，委员会注意到，缔约国宪法法院认为，尽管选举法要求选区应与居民人数成比例，但对于划分同一市议会的选区，却造成每名当选代表所对应居民人数的巨大差别，违反了缔约国宪法所要求的选举权平等。鉴于这一情况，基于与《公约》第 25 条对平等的要求相类似的宪法条款，并且因为缔约国未能提到任何可能解释罗兹纳瓦市不同地区每名当选代表所对应的居民人数或登记选民人数出现差别的因素，委员会认为，缔约国侵犯了提交人根据《公约》第 25 条享有的权利。……

11. 委员会认识到，在举行选举之后取消选举，对于选举不公平的情况未必一向是一种适当的救济，尤其是在选举之前确定的法律和条例本身就存在不公平，而非属于选举本身存在违规情况之时。此外，就该案的具体情况而言，鉴于 1998 年 12 月选举至今所过去的时间，委员会

---

* 原书此处作"400"，有误，根据委员会意见原文并经与作者核实更正。

认为，其认定存在违反情况本身就是一种充分的救济。缔约国有义务防止将来发生类似的违反。

［22.38］选举制度不应允许不同选区的投票者人数存在显著差异。[29] 这表示，各国不应采取"积极歧视"的措施，以加强弱势群体或少数群体的政治代表性。例如，在英国议会的选举中，苏格兰和威尔士的选民因为选区人口较少而受到优待。[30] 澳大利亚的西澳大利亚州划定选区边界的方式有利于农村人口。[31] 第25号一般性意见表明此类措施是不得允许的。尽管根据第25条，在某些方面允许积极歧视，[32] 但第25号一般性意见的文本似乎不允许在每人的投票价值方面存在这种歧视。

［22.39］第25号一般性意见没有声明所有投票都应具有相同的"效果"；[33] 这在基于选区的选举制度中将是不可能的要求，因为投票对边际席位的效果总是大于对"安全"席位的效果。相反，选票被描述为"平等"，即每票的数字价值相等，虽然每票的影响可能不同。

［22.40］在诸如美国和澳大利亚等联邦国家中，联邦之内的自治州的居民与非自治领土的居民相比，在联邦议会中具有更高的代表程度。例如，澳大利亚每个州选举12名参议员，但对于两个领地的居民而言，每个领地只选举2名参议员。在美国国会中，没有人代表首都所在地哥伦比亚特区投票，这种情况受到了人权事务委员会的批评：[34]

> 36. 委员会注意到代表团的答复，但仍关切的是，哥伦比亚特区的居民在国会中没有充分的代表，这是一种看来不符合《公约》第25条的限制（第2、25、26条）。
>
> 缔约国应确保哥伦比亚特区居民直接或通过自由选择的代表参与政

---

[29] 在这一方面，注意委员会要求津巴布韦提供更多的资料，说明其选举制度中选区的规模；见委员会对津巴布韦的结论性意见，(1998) UN doc CCPR/C/79/Add. 89, para 23。

[30] Joseph, 'Rights of Political Participation', 547.

[31] 对这种划界的合宪性的确认载，*McGinty v Western Australia* (1996) 186 CLR 140。

[32] 例如见第［22.48］、［22.67］段。

[33] See also K Partsch, 'Freedom of Conscience and Expression, and Political Freedoms', in L Henkin (ed), *The International Bill of Rights: The International Covenant on Civil and Political Rights* (Columbia University Press, 1981), 240.

[34] 见委员会对美国的结论性意见，(2006) UN doc CCPR/C/USA/CO/3/ Rev. 1。

事，特别是就众议院而言。

第 25 条（丑）项：被选举权

[22.41] **第 25 号一般性意见**

15. 有效落实竞选经选举产生的职位的权利和机会确保了享有投票权的人自由挑选候选人。对竞选权施加的任何限制，如最低年龄，必须基于客观、合理的标准正当合理。不得以诸如教育、居住、出身等无理的或歧视性的要求或政治派别的理由来排除本来有资格竞选的人参加竞选。任何人不得因为是候选人而遭受任何歧视或不利条件。各缔约国应该说明和解释排除任何群体或类别的人担任经选举产生的职位的立法规定。

16. 与提名日期、费用或保证金有关的条件应合理，不得有歧视性。如果有合理的根据认为某些经选举产生的职位与担任具体职务相抵触（如司法部门、高级军官、公务员），为避免任何利益冲突而采取的措施不应该不当地限制第 25 条（丑）项所保护的权利。解除经选举产生的职位的理由应该由法律根据客观、合理的标准加以规定，并包含公正程序。

17. 个人的竞选权不应该受到要求候选人应是某政党党员或具体政党的党员的无理限制。如果要求候选人有起码数量的支持者才能获得提名，该项要求应该合理，不得构成获得候选资格的障碍。在不妨碍《公约》第 5 条第 1 款的情况下，不得以政治意见为由剥夺任何人参加竞选的权利。

也需要注意该一般性意见第 4 段，其中人权事务委员会表示，对被选举权的限制可以比对选举权的限制更繁重 [22.25]。

[22.42] **巴瓦利亚诉赞比亚**（*Bwalya v Zambia*, 314/1988）

该案的有关案情体现在人权事务委员会对第 25 条被违反的认定中：

6.6. 关于对《公约》第 25 条的据称违反，委员会注意到，提交人作为一个反对前总统的政党的领导人,被阻止参加大选及其作为该党候选人的准备。这构成了对提交人"参与政事"的权利的不合理限制,对此缔约国未能作出解释或合理证明。尤其是,缔约国未能解释参加选举的必要条件。因此,必须假定巴瓦利亚先生被拘禁并被剥夺在奇福布选区竞选议员的权利,只是因为他是未得到官方承认的政党的成员;就这一方面,委员会认为,对唯一得到承认的政党以外的政治活动的限制构成了对参与政事的权利的不合理限制。

该案证实,一党制不符合第25条。[35]

[22.43] 在迪萨纳亚克诉斯里兰卡案(*Dissanayake v Sri Lanka*,1373/2005)中,提交人在被判犯有藐视法庭罪后,被取消了七年的参选资格。由于缔约国没有提出证明这种严厉处罚合理的理由,因此人权事务委员会认为这项禁令违反了第25条(丑)项。[36] 相比之下,在克里帕等人诉法国案(*Crippa et al. v France*,993-995/2001)中,一位提交人因为实际上作为另一人的代理人参加选举而被认定违反了法国选举法,并随后被取消了一年的参选资格。他声称这种情况违反了第25条(丑)项。委员会认定该项申诉没有为了可被受理的目的得到充分证实。

[22.44] 在若干针对白俄罗斯的案件中,人权事务委员会认定该国候选人登记制度的许多方面不符合第25条(丑)项。拒绝登记意味着一个人不能有效地参加相关选举。在卢克延奇克诉白俄罗斯案(*Lukyanchik v Belarus*,1391/2005)中,拒绝某一候选人登记——特别是在登记看来符合当地法律之时,违反了第25条(丑)项。在苏达连科诉白俄罗斯案(*Sudalenko v Belarus*,1354/2005)中,准予或拒绝登记的武断方式被揭批为违反第25条(丑)项。最后,在锡尼琴诉白俄罗斯案(*Sinitsin v Belarus*,1047/2002)中,没有独立机构审查拒绝登记的情况被认定为违反了与第2条第3款中的获得救济权相结合的第25条(丑)项。

[22.45] 在MA诉意大利案(*MA v Italy*,117/1981)中,禁止重组意大

---

[35] 另见第 [18.60] 段。
[36] 在委员会意见的第8.5段。

利法西斯党被认定与第25条相符。可以推断,重组这一极右翼团体对公共秩序和国家安全构成的威胁使得该禁止构成了对第25条所规定权利的成比例限制［18.53］。在这方面,应注意第25号一般性意见第17段提到了《公约》第5条第1款［22.41］。第5条第1款规定,《公约》不得被任何团体用作从事活动或实行行为以破坏他人之《公约》权利的借口。极右翼有一段追求旨在破坏他人的公民权利和政治权利的政策的历史。[37]

［22.46］人权事务委员会对在美国竞选公职所需的"可观的财政费用"表示关切;这些费用"不利于人们在选举中成为候选人的权利"。[38]

［22.47］第25号一般性意见第16段［22.41］提到了对公职人员的候选资格的限制。在以下案件中,这种限制就是争议的主题。

德布瑞克泽尼诉荷兰(*Debreczeny v the Netherlands*,500/1992)

德布瑞克泽尼先生是一名国家警察中士。由于他受雇为"从属于地方议会的公务员",他被取消了参加荷兰市政议会选举的资格。

3.1. 提交人提出,拒绝承认他在丹图马德尔(Dantumadeel)市议会中的成员资格侵犯了他根据《公约》第25条(子)和(丑)项享有的权利。他辩称,每一位合格当选公民均应有权成为他所居住的城市地方议会的成员,而对他适用的有关条例构成了《公约》第25条含义之内对这一权利的不合理限制。

3.2. 提交人认为,他作为丹图马德尔市长下属的关系只是形式性的;市长很少直接对警察中士下命令。为证明他的主张,他指出,国家警察是由司法部部长任命的,市长只是在维持公共秩序方面拥有对国家警察的权力;在行使这种权力方面,市长不对市议会负责,而是对内务部部长负责。

缔约国对其限制经选举产生的职位的辩解如下:

7.1. 缔约国在其1994年8月17日的陈述中重申,《荷兰宪法》保障投票权和被选举的权利,德布瑞克泽尼先生参选时有效的《市政法》

---

[37] 另见第［1.23］段。
[38] (1995) UN doc CCPR/C/79/Add.50, para 24.

第 25 条规定了被认为不符合市议会成员资格的职务。根据这一条，从属于市政当局的官员被排除在市议会成员之外。缔约国回顾，将某些类型的人员排除在市议会成员之外的理由，是保证市政机构的一体性，并通过预防利益冲突而保障民主的决策程序。

7.2. 缔约国解释说，《市政法》第 25 条中使用的"市政当局"一词包括市议会、市行政机关和市长。它指出，如果担任从属于市议会以外的市行政机构职务的人员可以成为市议会成员，就会破坏市行政工作的一体性，因为作为最高行政机构的议会可要求这些机构负责。

7.3. 缔约国解释说，像德布瑞克泽尼先生这样的国家警察部队警官是由司法部部长任命的，但根据在他参选时有效的《警察法》第 35 条，在维持公共秩序和执行紧急任务方面，他们从属于市政当局的一部分即市长。市长有权为这些目的向警官发出指示以及发布一切必要的命令和条例；他为所采取的一切措施向市议会负责。因此，警官如果成为市议会成员，必然要一方面服从市长的命令，另一方面则要要求市长负责。缔约国认为，这种情况会引起不可接受的利益冲突，而民主决策程序将失去其一体性。因此，在市议会成员中排除该市的警官这一限制是合理的，不构成对《公约》第 25 条的违反。

就实质问题，人权事务委员会的决定有利于缔约国：

9.2. 委员会需要处理的问题是，适用《市政法》第 25 条所规定的限制——其结果是提交人受阻担任他当选的在丹图马德尔市议会中的职位——是否侵犯了他根据《公约》第 25 条（丑）项所享有的权利。委员会指出，第 25 条所规定的权利并不是一项绝对的权利，对这一权利的限制只要不是歧视性或不合理的，就是允许的。

9.3. 委员会注意到，对被选入市议会的权利的限制是由法律规定的，而且依据的是客观的标准，即被选举人的职务是由市政当局任命或从属于市政当局。委员会注意到缔约国所援引的限制理由，特别是通过避免利益冲突来保障民主的决策程序，因此认为所述限制是合理的并符合法律的目的。……委员会注意到，提交人在被选入丹图马德尔市议会时，是驻扎在丹图马德尔的国家警察部队的一名警官，因而在公共秩序事务方面从属于丹图马德尔市长,该市长要为在这方面所采取的措施向议会负责。根据这些情况,委员会认为,确实可能产生利益冲突,对提交人适用有关限制并不构成对《公约》第25条的违反。

[22.48] 在对印度的结论性意见中,人权事务委员会明确赞成印度的一项宪法修正案——其中规定女性在地方民选机构要获得至少三分之一的席位,以及为"在册种姓和部落成员"保留民选职位。[39] 这些"配额"措施属于旨在确保处境不利群体政治代表性的积极歧视措施。因此,在被选举权方面,合理的积极歧视措施符合第25条,也符合《公约》有关不歧视的具体规定。[40]

[22.49] **伊格纳坦诉拉脱维亚**(*Ignatane v Latvia*,884/1999)

该案有关地方选举中对政治候选人的语言要求。

2.1. 在所涉案情发生之际,伊格纳坦女士是里加的一名教师。1993年,她前往证书颁发委员会参加了拉脱维亚语水平测试,随后获颁语言能力证书,注明她的语言能力为第3级(最高级)。

2.2. 1997年,提交人作为"拉脱维亚社会公正和平等权利运动"候选人名单中的候选人,准备参加1997年3月9日举行的地方选举竞选。1997年2月11日,基于国家语言委员会发表的意见——声称她未达到要求的官方语言的熟练程度,里加选举委员会决定将她从候选人名单中除名。……

3. 提交人声称,拉脱维亚这种剥夺她参加当地竞选的机会的做法违反了《公约》第2条和第25条。

缔约国对伊格纳坦所受待遇提出的辩解理由是:

4.3. 缔约国认为,上述法律的规定符合《公民及政治权利国际公约》的要求,正如人权事务委员会有关第25条的第25号一般性意见所述,"适用于行使受第25条保护之权利的任何条件应基于客观与合理的标准"。缔约国称,参与政事需要具备对国家语言的高度的熟练水平,

---

39 (1998) UN doc CCPR/C/79/Add. 81, para 10.
40 另见第 [23.87] 及以下各段。

这是一项合理且基于客观标准的先决条件，这些标准都确立在有关颁发国家语言熟练程度证书的条例中。缔约国说，根据这些条例，若干类人员，包括当选代表，都需要达到国家语言第3级的熟练程度。最高（第3）级别表明了在与其官方职务相关的方面，能够流利地说官方语言、读懂以官方语言撰写的任意选定的文件并以官方语言起草文件。……

4.6. 关于提交人的证书与国家语言委员会结论之间所谓的矛盾现象，缔约国指出，国家语言委员会的结论只涉及候选人的资格问题，绝不意味着证书的自动失效，或可用作修改这一证书适当性的依据，除非证书的持有人希望作出修改。

人权事务委员会的认定有利于提交人：

7.3. ……据缔约国称，参与政事要求具备对国家语言的较高熟练程度，因此对作为候选人参与竞选提出的语言要求是合理且客观的。委员会指出，第25条保证每一位公民享有在真正、定期的选举中被选举的权利和机会，而不受第2条所列的任何区分包括语言的区分的限制。

7.4. 委员会注意到，在本案中，选举前几天由一名监察员单独作出的决定——该决定同几年前若干拉脱维亚语专家组成的委员会颁发的无限期有效的语言熟练程度证书相矛盾，足以使竞选委员会决定将提交人从竞选市议会的候选人名单中除名。委员会注意到，缔约国并未反驳与提交人专业职位相关的证书的有效性，而只是根据监察员的复查结果，对提交人参加竞选的资格提出了异议。委员会还注意到，缔约国并未反驳律师的论点，即拉脱维亚的法律并未单独规定为参加竞选必须达到的官方语言熟练程度，而是适用了在其他一些情况中使用的标准和证书。复查的结果导致了提交人无法行使其与《公约》第25条相一致的公共生活参与权。委员会注意到，1993年的第一次语言测试是根据正式规定进行的，并且由五位专家评判，而1997年的复查则是以临时方式、由一个人单独实行的。根据并非基于客观标准而且缔约国也没有表明在程序上正确的复查而撤销提交人的候选资格，不符合缔约国根据《公约》第25条承担的义务。

7.5. 委员会的结论是，以掌握官方语言的熟练程度不足为理由，将伊格纳坦女士从候选人名单中除名,致使她无法参加1997年里加市的地方选举,使她蒙受了具体的伤害。人权事务委员会认为,提交人是与《公约》第2条相结合的第25条被违反的受害者。

虽然委员会明确关注的,是决定了提交人作为政治候选人资格的语言测试的特点,但委员会还指出,语言要求本身与第25条不相容。可以推测,委员会觉得,选民的自由意志对于防止因为缺乏适当的语言熟练程度而可能完全无效的候选人当选,已经是充分的屏障。

第25条(丑)项:定期、真正之选举,表现选民意志

[22.50] **第25号一般性意见**

19. 根据第25条(丑)项,选举必须在保障投票权之有效行使的法律框架内,定期、公平和自由地举行。有投票权的人必须能自由投任何候选人的票,赞成或反对提交全民公投或公决的任何提案,自由支持或反对政府,而不受任何类型的、可能扭曲或限制自由表达投票人意志的不当影响或压力。投票人应该能够独立形成见解,不受任何类型的暴力或暴力威胁、强迫、引诱或操纵性的影响。对竞选开支的合理限制,为了确保任何候选人或政党不成比例的开支不会扭曲投票人的自由选择或破坏民主程序之必要,是正当合理的。真正选举的结果应予尊重和实施。

20. 应该成立独立的选务机构,以监督选举过程并确保选举以公平、公正无偏的方式并根据符合《公约》的既定法律进行。……

[22.51] 可以采取许多措施来加强选举的真实性。例如,人权事务委员会对墨西哥的建议是,当局"在投票期间接受国际观察员",这"有助于提高选举的透明度"。[41]

---

[41] (1994) UN doc CCPR/C/79/Add. 32, para 16.

[22.52] 人权事务委员会在第 25 号一般性意见第 19 段中承认，限制竞选开支为保持选举过程的廉正性可能是正当合理的。在这方面，可以注意委员会对美国的过分的竞选开支的关切 [22.46]。

[22.53] 国家实践表明，两次选举之间 3~7 年的间隔是可以接受的。[42]

[22.54] 如上文所述 [22.35]，也许除了纯粹的比例代表制以外，所有选举制度都可能扭曲选举结果，使其无法准确反映"选民的意志"，这可能损害选举的真实性。不过，这样的扭曲只要不极端，看来就符合第 25 条。

无记名投票

[22.55] **第 25 号一般性意见**

20. ……各国应采取措施，保障选举期间投票保密的需要，包括在有缺席投票制度的情况中，也对其保密。这意味着应该保护投票人不受任何形式的胁迫或强制，以免透露他们打算如何投票或实际如何投票，也不受对投票过程的任何非法或无理干涉。放弃这些权利不符合《公约》第 25 条。投票箱的安全必须得到保障，清点选票时应有候选人或其代理在场。应存在对投票和计票过程的独立审查以及司法审查或其他相当的程序，以便选举人能相信投票和计票的安全。给残疾人、盲人或文盲提供的协助应独立。选举人应该充分获知这些保障。

政党和媒体的影响

[22.56] **第 25 号一般性意见**

25. 为了确保充分享受第 25 条保护的权利，公民、候选人和当选代表之间就公共和政治问题自由交流信息和意见至关重要。这意味着自由的新闻或其他媒体能够在不受新闻审查或限制的情况下评论公共事务并发表公众意见。它还要求充分享受和尊重《公约》第 19、21、22 条保障的权利，包括个别地或通过政党和其他组织从事政治活动的自由、辩论公共事务的自由、举行和平示威和集会的自由、批评和反对的自由、

---

[42] Joseph, 'Rights of Political Participation', 554.

印发政治材料的自由、开展竞选活动和宣传政治主张的自由。

26. 结社自由的权利，包括成立和加入涉及政治和公共事务的组织和协会的权利，是对第25条保护的权利的重要补充。政党和党员在公共事务和选举过程中发挥重大作用。国家应该确保政党在其内部管理中尊重第25条中可适用的规定，以便使公民能行使该条规定的权利。

[22.57] "真正的"选举的概念提出了一些非常复杂的问题。例如，在大多数国家，大选中可能的胜利者将来自数量有限的政党，而这些政党的议程有限。对政治胜利者事实上的限制是否提供了真正的选择？[43] 斯泰纳称："竞选意味着人民有选择，但政治精英而不是人民决定在什么之间选择。"[44] 事实上，人权事务委员会在第25号一般性意见第26段中承认，政党具有普遍影响符合第25条，虽然它强调，这些政党应按照《公约》的规定行事。

[22.58] 在第25号一般性意见第25段中，人权事务委员会认识到媒体在决定选举结果方面的影响。其评论强调，媒体应该不受政府影响。[45] 该一般性意见并没有针对私营部门的媒体垄断在塑造公众舆论方面的有害影响。然而，委员会评论了这种垄断如何破坏第19条规定的表达自由权 [18.19]。充分享有第19条规定的权利对享有第25条规定的权利的重要性，在该一般性意见第8段中得到了明确承认 [22.21]。

[22.59] 人权事务委员会似乎不太可能进行所需的复杂调查，以判断在没有程序缺陷的情况下进行的选举，是否仍会遭受实质性缺陷——这些缺陷是政治和经济权力的不平等分配造成的特定人员体系性地没有权力的状态导致的。[46] 委员会可能含蓄地同意，现代政府的复杂性导致甚至必须有效地排除某些议程和某些声音。相反，根据《消除对妇女歧视公约》设立的消除对

43　See G Fox, 'The Right to Political Participation in International Law' (1992) 17 *Yale Journal of International Law* 539, 557, citing S Mubako, 'Zambia's Single-Party Constitution —A Search for Unity and Development' (1973) 5 *Zambia Law Journal* 82; see also Nowak, *UN Covenant on Civil and Political Rights: CCPR Commentary*, 590 – 2.

44　Steiner, 'Political Participation as a Human Right', 101.

45　另见委员会对亚美尼亚的结论性意见，(1998) UN doc CCPR/C/79/Add.100, para 21。

46　Joseph, 'Rights of Political Participation', 553 – 4; see also Steiner, 'Political Participation as a Human Right', 112 – 13.

《公民及政治权利国际公约》：案例、资料和评注

妇女歧视委员会对负面影响一个处境不利群体即女性的公众和政治参与的结构性问题，表现出强烈的意识。[47]

自动投票系统

[22.60] **德·克利佩勒诉比利时**（*De Clippele v Belgium*，1082/2002）

该申诉有关在比利时的公共选举中使用一种自动投票系统是否符合《公约》。提交人称：[*]

3.1. 提交人以下述理由质疑自动投票法：

选举程序缺少独立监督，名单之间的席位分配可能受到影响；其中有四个因素：

制度缺乏透明度。记录和点票软件没有公开，主监票局和各投票站都无法有效地监督投票程序；

选民不确定他们的投票与磁卡上的电子投票记录是否相符，因为他们无法以任何方式监督的软件构成了中间媒介；

点票由内政部组织和监督；专家监选团实行的监督没有弥补点票机构缺乏独立性的问题，因为监选团的运行、权威和组织存在众多缺陷（监选团无法有效监督每个投票站，无权处理欺骗）；

候选人和见证人无法核实票数的计算或结果，因为他们接触不到软件，因此只能在打印机打印隐秘的电子处理的结果时从旁观察；

投票权受到限制，因为投票人必须选择一个名单，而无法同时浏览每个名单中的所有候选人。

2000年10月8日的选举显露出自动投票的不可靠性和误差，因为当时在几个投票站，选票箱记录的磁卡数与实际投票人数存在差异，记录的磁卡数与取消数存在差异。

47　见消除对妇女歧视委员会第23号一般性建议。

*　以下所引内容的表述、标点和格式有些混乱，但委员会意见第3.1段的原文即是如此，予以照译。

人权事务委员会认定申诉不可受理。对于上述某些主张，提交人未能用尽当地救济。对于其他主张，委员会称：

6.4. 关于因适用自动投票法而导致选举程序缺乏独立监督和投票权受到限制的申诉，委员会认为，即使假定提交人可能声称自己是对《公约》之据称违反的受害者，他也没有提供任何证据证实其申诉。

第25条（寅）项：担任公职的平等机会

[22.61] **第25号一般性意见**

23. 第25条（寅）项涉及公民以一般平等之条件担任公职的权利和机会。为了确保一般平等之条件下的机会，任命、晋升、停职和解职的标准和程序必须客观且合理。在适当情况下可以采取肯定性措施以确保所有公民均可平等担任公职。将机会均等和择优选用的一般原则作为担任公职的基础，并提供有保障的任期，将确保担任公职的人免受政治干涉或压力。尤其重要的是，确保个人在行使第25条（寅）项规定的权利时，不会遭受到基于第2条第1款所指的任何理由的歧视。

如同卡尔诉波兰案（*Kall v Poland*，552/1993）所证实的，[48] 第25条（寅）项并不保障一个人能得到公职部门中的实际工作，而只是保障一种获得这种工作的公正机会。

[22.62] 需要注意第25号一般性意见第4段[22.25]，其中人权事务委员会承认，对于担任被任命公职之权利的限制，可以比对投票权的限制更繁重。例如，要求担任法官须具有一定的教育资格是合理的。

[22.63] 人权事务委员会没有界定"公职"一词。该词看来包括了在行政、司法、立法以及国家政府之其他领域内的一切职位。例如，在德尔加多·帕埃兹诉哥伦比亚案（*Delgado Páez v Colombia*，195/1985）[22.74] 和阿多约姆诉多哥案（*Aduayom v Togo*，422-424/1990）中，学校教师和公立

---

48 在委员会意见的第13.2段。

大学讲师分别被认定为受到第25条（寅）项的保护。私有化政策缩减了公共部门并因此看来缩减了第25条（寅）项的范围。第25条（寅）项并没有规定任何最理想的公－私区分。

[22.64] 在 BdB 诉荷兰案（*BdB v the Netherlands*, 273/1988）中，人权事务委员会称，"当某一缔约国的某些职能被委托给其他自治机关时，该国不能由此免于承担其在《公约》之下的义务"。[49] 该案中，相关的"自治机关"是一个产业委员会，由雇主组织和雇员组织的代表组成，与政府没有正式联系。尽管本案没有提出第25条规定的问题，但它可能表明，各国政府不能通过将其某些传统职能委托给私营实体来缩小第25条的范围。[50] 实际上，"公共服务"可能具有自主含义，不能完全由缔约国规范。[51] 例如，一个国家不太可能"私有化"军队或警察部队，并据此主张在这些机构中的职位不在第25条（寅）项的范围内。

[22.65] **斯塔拉·科斯塔诉乌拉圭**（*Stalla Costa v Uruguay*, 198/1985）
该案的案情如下：

2.1. 提交人声称，他曾向多个政府机构提出求职申请，以便进入该国的公职部门并获得工作。但据说他被告知，该国的公职部门目前只招收由于1977年6月《第7号组织法令》的适用而被解职的前公职雇员。在这方面，他提到了1985年3月22日的《第15.737号法》第25条，该条规定，由于《第7号组织法令》的适用而被解职的所有公职雇员都有权恢复其各自的职位。

2.2. 提交人声称，《第15.737号法》第25条向前公职雇员提供了比其他人——如提交人本人——更多的权利，因此是歧视性的，违反了《公约》第25条（寅）项和第26条。

人权事务委员会在审议实质问题后，驳回了申诉：

10. 委员会需要处理的主要问题是，提交人是否系《公约》第25条（寅）项被违反的受害者，因为据他声称，他未获得在一般平等之条

---

49 在委员会意见的第6.6段。See alsao *Lindgren et al. v Sweden* (298－99/1988), para 10.4.
50 另见委员会对私营监狱的评论，第［9.197］及以下各段。
51 Joseph, 'Political Participation as a Human Right', 556.

件下担任公职的机会。考虑到乌拉圭在军事统治年代里的社会和政治局势，特别是考虑到许多公职人员按照《第 7 号组织法令》被解职的事实，委员会将乌拉圭新的民主政府在 1985 年 3 月 22 日制定的《第 15.737 号法》理解为一项平反措施。确实，委员会指出，由于意识形态的、政治的或涉及工会的原因而被解职的乌拉圭公职官员是违反《公约》第 25 条的行为的受害者，并因此根据《公约》第 2 条第 3 款（子）项有权获得一项有效的救济。该法应被视为一项这样的救济。因此，不能认为该法的实施不符合《公约》第 25 条（寅）项所提到的"一般平等之条件"，也不能认为该法的实施属于第 2 条第 1 款规定的歧视性的差别待遇，或将其视为《公约》第 26 条的范围之内的应予禁止的歧视行为。

[22.66] 斯塔拉·科斯塔案提出了在有关担任公职的机会方面，基于政治意见的歧视问题，并表明这样的歧视根据第 25 条是不允许的。[52] 在这一方面，也可注意人权事务委员会对爱沙尼亚提出的结论性意见：[53]

> 14. 委员会关切的是，在国家或地方政府机构中得到任命或雇佣担当任何职位的条件，特别是将无法满足就其原先（在前政权之下的）一些活动填写书面良心宣誓书要求的人自动排除在外的情况，可能造成对有机会不受歧视地担任公职的权利的不合理限制。

[22.67] 在斯塔拉·科斯塔案中，人权事务委员会支持了一种有利于那些先前基于其政治意见而受到歧视的人的积极歧视形式。对此，还可见第 [23.87] 段中对积极歧视的讨论，特别是对有关公职配额的雅各布诉比利时案（*Jacobs v Belgium*, 943/2000）的讨论。

[22.68] 然而，在所有国家，某些公职人员的任命受到候选人政治意见的影响，例如国家情报部门的首长。[54] 可以说，这种区别构成对第 25 条规定的权利的合理而正当的限制。在卡尔诉波兰案（*Kall v Poland*, 552/1993）中，提交人在 1990 年前曾在共产党政府担任过公职。1990 年，提交人的职

52　See also *Aduayom v Togo*(422 – 424/1990).
53　(1996) UN doc CCPR/C/79/Add.59, para 14.
54　Nowak, *UN Covenant on Civil and Political Rights: CCPR Commentary*, 584 – 5.

位被归类为安全警察的一种。安全警察在 1990 年被解散,因此提交人失去了工作。提交人声称他失去工作引起了对第 25 条(寅)项的违反。提交人未能提供足够的证据表明,缔约国一直未能以其他身份重新雇用他构成了按他所声称的基于其左翼政治意见的歧视。[55] 提交人和人权事务委员会均同意,解散安全警察——这导致了许多人失去工作——符合第 25 条(寅)项。委员会接受了缔约国的论点,即解散安全警察对于促进该国成为代议民主制国家的"深刻政治转型"以及恢复"民主和法治"是必要的。[56]

[22.69] 关于第 25 条(寅)项的许多案件证实,该项不仅保障担任公职的可能,而且保障在与其他人平等的基础上保留公职的权利。[57] 在对德国的结论性意见中,人权事务委员会重申了对于遵守第 25 条,明确规定公职人员任职条件的法律的重要性:[58]

> 17. 委员会表示关切的是,为留任或解雇前德意志民主共和国的公务员(包括法官和教师在内)而使用的评估标准含混不清,并可能导致有人因其持有或表达的政治意见而被剥夺就业机会。因此,委员会提议,应将解雇前德意志民主共和国的公务员的标准定得更为精确,使公务员不致因其持有或表达的政治意见而被解职。

[22.70] 但是,也许需要注意阿尔巴雷达诉乌拉圭案(*Albareda v Uruguay*, 1637/2007, 1757/2008, 1765/2008),其中的申诉有关某些年过 60 岁的公务员被强制降级。人权事务委员会认定,提交人的申诉根据第 25 条(寅)项甚至不可受理。情况可能是,这项规定并不适用,因为提交人能够保留其公职,但所处地位低于他们曾有的地位。然而,这种解释似乎没有必要地讲究形式和狭隘。[59]

---

55   在委员会意见的第 13.6 段。

56   在委员会意见的第 7.2 、13.3 段。

57   See also *Chira Vargas Machuca v Peru* (906/2000); *Toro Gedumbe v Democratic Republic of the Congo* (641/1995); *Pastukhov v Belarus* (814/1998); *Busyo et al. v Democratic Republic of the Congo* (933/2000), para 5.2; and *Bandaranayake v Sri Lanka* (1376/2005), paras 7.1 – 7.2.

58   (1997) UN doc CCPR/C/79/Add.73, para 17.

59   可以注意到,本案中认定了第 26 条被违反 [23.63]。

[22.71] 伊诺斯特罗扎·索利斯诉秘鲁（*Inostroza Solís v Peru*，1016/2001）

该案的提交人曾是一名公职人员。根据缩减公职部门规模的政策，秘鲁法律规定，裁减所有55岁以上的女性公务员和60岁以上的男性公务员。提交人因为年已61岁而被解职，因此他声称第25条（寅）项被违反。秘鲁对于将提交人解职，提出了如下理由：

4.1.……关于案件的实质问题，缔约国指出，在1991年1月8日的最高法令中，政府宣布重组所有公共机构，包括中央政府、区域政府、地方公共机构、发展公司和特别项目，这一法令的法律依据是1979年宪法第211条，并且是鉴于人浮于事的情况以及为了确保国家经济稳定和财政平衡而制定的。就此而言，1991年3月14日的最高法令宣布重组国家海关局，以作为开放对外贸易过程的一部分，改善海关服务。重组计划内容包括精简人员，规定未参加自愿辞职方案的职员有可能因为改组而被宣布裁撤。海关局于1991年4月4日颁布了2412号决议，确立了宣布裁撤未参加自愿辞职方案职员时要考虑的标准，并确定了工作人员中那些达到了第199900号和第20530号法令的规则所订立的年龄限度的人，即对女性为55岁，对男性为60岁。

人权事务委员会认定不存在对第25条（寅）项的违反：

6.2. 提交人提出的问题是，出于公共机构重组的原因而解除其公务员职位是否构成对《公约》第25条（寅）项的违反。……为了确保一般平等之条件下的机会，任命、晋升、停职和解职的标准和程序必须客观且合理。

6.3. 委员会忆及其与第26条有关的案例，即并非每一区别都构成歧视，但是区别必须基于客观且合理的理由具有正当合理性。虽然第26条并未将年龄本身列为禁止歧视的理由之一，但委员会认为，有关年龄的区别如果不是基于客观且合理的标准，则可能相当于基于所涉条款所规定的"其他身分"之理由的歧视，或相当于剥夺第26条第一句含义内的法律的平等保护。这一推理也适用于与《公约》第2条第1款相结合的第25条（寅）项。

6.4. 委员会注意到，在本案中提交人并非丢掉工作的唯一公务员，国家海关局的其他职员也由于该机构的改组而被解职。缔约国表示，这一改组是根据1991年1月8日的最高法令进行的，政府在法令中宣布重组所有公共机构。选择要予以解职的雇员的标准是依照一项一般实施计划确定的。委员会认为，本案中为继续留任所设定的年龄限制是一个客观的划分标准，而且其在改组公务员制度的普遍规划范围内的实施并非不合理。在此情况下，委员会认为，提交人并未遭受违反第25条（寅）项的情况。

奈杰尔·罗德利爵士、希勒先生和韦奇伍德夫人在一项单独意见中表示附议。他们对终止雇用男性和女性雇员的不同年龄表示关切。不过，提交人并未提出这一问题，这一情况看来也没有对其不利。

[22.72] 卡林先生、约翰逊先生、奥弗莱厄蒂先生和索拉里-伊里格延先生则表示异议如下：

　　1. 在本案中，委员会多数委员的结论是，年龄本身"是一种客观的划分标准"，而且"其在改组公务员制度的普遍规划范围内的实施并非不合理"（第6.4段）。我们认为，这无异于是说，年龄本身是可以决定哪些人应该离开公职部门的客观、合理标准。……委员会在本案中，本应当如同其在拉夫诉澳大利亚案（*Love v. Australia*）[23.62] 中所做的那样，审议是否有客观、合理的根据来证明采用年龄作为划分标准合理。委员会并没有这样做，因此偏离了在拉夫诉澳大利亚案中采取的思路，这在我们看来是没有道理的。

　　2. 本案中，缔约国未能说明改组国家海关局计划的目的是正当的。就此方面，我们注意到，委员会尤其没有涉及提交人的主张，即《宪法》和议会所通过的法律均保障他的就业安全，而取消这些保障并不是通过民主程序修订相关规定的结果，而是由当时的秘鲁总统颁布的一项法令的结果。此外，对提交人所适用的年龄标准并不客观、合理，原因有几方面。第一，本案所涉及的问题是解职而不是退休。第二，虽然在有些情况中，如果年龄影响所涉之人履行职责的能力或所涉之人已经工作足够长时间而足以获得全部或至少是相当的退休权益，基于年龄解职可能是有道理的，但缔约国并未表明，在提交人虽然年事已高，却已受雇工作11年的情况下，存在任何此类理由。因此我们认为，提交人是《公约》第25条（寅）项被违反的受害者。

可以说，这些少数委员的意见远比多数委员的意见更可取。[60]

[22.73] **马宙诉喀麦隆**（*Mazou v Cameroon*，630/1995）

提交人曾是喀麦隆的一名治安法官。1984年，在并无证据的情况下，他被认定犯有窝藏其身为逃犯的兄弟之罪（后者涉嫌参与未遂政变），并被判处五年监禁。1987年6月2日，在其被拘禁期间，他被总统令正式解除职务，但在1998年复职。他根据第25条提出的申诉如下：

7.2. 提交人首先确认，他实际上已经恢复了在司法部的职位，而且政府确实已发还了从1987年4月1日起追补的工资。

7.3. 然而，提交人认为，政府并未充分认清最高法院1997年1月30日裁决的重要意义。鉴于上述裁决溯及既往，提交人认为，他有权恢复他的职业前途，即应恢复他若不遭解职就本应获得的级别。然而，尽管他就此向司法部提出了要求，但提交人尚未获悉任何决定。

人权事务委员会支持了提交人的申诉：

8.4. 关于提交人的指称，即该缔约国违反了《公约》第2条和第25条，委员会认为，最高法院的诉讼虽于1997年1月30日下达了满足提交人在来文中所提要求的裁决，却有不合理的拖延——在提交人被解除其职务十多年以后才作出，而且没有恢复提交人享有的职业前途，而鉴于1997年1月30日废除解职的裁决，他在法律上有此权利。因此，这样的诉讼不能被认为是《公约》第2条和第25条含义之内的令人满意的救济。

9. 因此，该缔约国有义务对于根据喀麦隆法律形成的一切后果，恢复来文提交人的职业前途，并且必须确保今后不再发生类似的违反。

[22.74] 在德尔加多·帕埃兹诉哥伦比亚案中，人权事务委员会认定，"对［提交人］人身的骚扰和各种威胁（对此缔约国未做到提供保护）使得他继续作为一种公职工作的教学不可能"。[61] 因此，委员会认定第25条

60　See also *Albareda v Uruguay* (1637/2007) [23.63] and *Martín Gómez v Spain* (865/1999).

61　在委员会意见的第5.9段（原书此处为"第5.1段"，有误，经与作者核实更正。——译者注）。就该案，另见第［11.03］段。

（寅）项被违反。

结　语

［22.75］第 25 条（子）项一般性地保障所有人都有得到负责任的政府以民主方式治理的权利。在这方面，人权事务委员会将第 25 条解释为包含了各种类型的政治和选举传统。第 25 条（丑）和（寅）项保障更具体的权利，如投票权和担任公职的权利。委员会尚未探讨一些有关有效之政治参与的更复杂问题。例如，所有政治制度似乎都包含着使某些精英的权力长久存在的体系性缺陷。并不确定的是，在何种程度上此类问题可以根据第 25 条得到补救。

第二十三章　不受歧视权

——第二条第一款、第三条和第二十六条

歧视的定义	[23.04]
《公约》中不歧视条款的范围	[23.13]
禁止的歧视理由	[23.25]
间接歧视	[23.39]
可予允许和不可允许的歧视	[23.48]
种族形象定性	[23.50]
性别歧视	[23.51]
基于性情况的歧视	[23.54]
基于信念或宗教的歧视	[23.57]
语言歧视	[23.61]
年龄歧视	[23.62]
与财产有关的歧视	[23.65]
国籍歧视	[23.74]
基于婚姻状况的歧视	[23.77]
其他据称的歧视理由	[23.80]
肯定性行动	[23.83]
反向歧视	[23.87]
打击私领域中歧视的措施	[23.95]
体系性的不平等	[23.104]
教育义务	[23.113]

对歧视的调查	[23.117]
对歧视受害者的救济	[23.118]
向下取平	[23.119]
法律前的平等	[23.120]
结语	[23.131]

第2条第1款

本公约缔约国承允尊重并确保所有境内受其管辖之人，无分种族、肤色、性别、语言、宗教、政见或其他主张、民族本源或社会阶级、财产、出生或其他身分等等，一律享受本公约所确认之权利。

第3条

本公约缔约国承允确保本公约所载一切公民及政治权利之享受，男女权利，一律平等。

第26条

人人在法律上一律平等，且应受法律平等保护，无所歧视。在此方面，法律应禁止任何歧视，并保证人人享受平等而有效之保护，以防因种族、肤色、性别、语言、宗教、政见或其他主张、民族本源或社会阶级、财产、出生或其他身分而生之歧视。

[23.01]《公约》在第2条第1款和第26条中载有对歧视的全面禁止。这些保障得到第3条（禁止性别歧视）、第4条第1款（禁止与克减有关的

歧视）以及第 23、24、25 条——保障与特定实质性权利有关的不歧视——的加强。最后，还可以注意到第 20 条要求各国禁止对歧视的各种形式的煽动。曾有人提出，"平等和不歧视构成了《公约》单一的支配性主题"。《公约》对不歧视的着重强调恰如其分，因为歧视是几乎所有人权侵犯的根源。

[23.02] 歧视和对《公约》的其他违反之间的广泛联系体现在有关男女权利平等的第 28 号一般性意见中。

第 28 号一般性意见

13. 各缔约国应提供有关女性在公共场合应穿服装的任何具体条例的资料。委员会强调，这种条例有可能涉及对《公约》保障的若干权利的侵犯，如第 26 条，规定不歧视；第 7 条，如果为强制执行此种条例而实行体罚；第 9 条，如果不遵守该条例即受逮捕的惩罚；第 12 条，如果迁徙自由受到此种条例的限制；第 17 条，保障所有人享有隐私权，不受无理或非法侵扰；第 18 条和第 19 条，如果制约妇女的着装要求不符合其宗教或其自我表现的权利；及最后，第 27 条，如果服装方面的要求与妇女可予以主张的文化相冲突。

[23.03] 另有两项联合国人权条约专门涉及歧视问题，即 1966 年的《消除种族歧视公约》和 1979 年的《消除对妇女歧视公约》。这两项公约进一步详细规定了在种族和性别领域中不歧视义务的范围。人权事务委员会有望在其解释《公民及政治权利国际公约》中的相关保障时，受到《消除种族歧视公约》和《消除对妇女歧视公约》的先例的影响，因此本章将参考消除种族歧视委员会和消除对妇女歧视委员会的某些判例。实际上可以说，《公民及政治权利国际公约》的义务实质上吸收了《消除种族歧视公约》和《消除对妇女歧视公约》的义务，而且因为禁止基于更多理由的歧视而大大地超前。如今，从残疾人权利委员会——2006 年《残疾人权利公约》的监督机构——那里也将产生相关的判例法。

歧视的定义

[23.04] **第 18 号一般性意见**

7.……委员会认为，本《公约》中所用"歧视"一词应被理解为基于种族、肤色、性别、语言、宗教、政见或其他主张、民族本源或社会阶级*、财产、出生或其他身分等任何理由的任何区别、排斥、限制或优惠，其目的或效果乃是否认或妨碍所有的人在平等的基础上肯认、享有或行使一切权利和自由。……

13. 最后，委员会指出，并非所有区别待遇都会构成歧视，只要这种区别的标准是合理、客观的，并且其目标是达到根据《公约》正当合理的目的。

[23.05] 第 3 条保障一项男女"平等"的权利。"平等"是与"不歧视"实质上不同的概念吗？从语言上讲，平等的概念似乎比"不歧视"的概念包含更多的积极义务。[1]

[23.06] 在斯米德克诉捷克共和国案（*Smídek v Czech Republic*, 1062/2002）中，申诉涉及司法职位的一位候选人与其他候选人的据称差别待遇。他不得不接受人格测试，而其他候选人则不必。该申诉被裁定为不可受理，因为他的情况与其他候选人的情况有很大的不同：其他人都曾有司法经验，而他没有。该案证明了有关歧视的一个自明之理。对处于类似情况中的人的

---

* "民族本源或社会阶级"在《公约》中文本中出现了三次——第 2 条第 1 款、第 24 条第 1 款和第 26 条，《公约》英文本中与之对应的用语为"national or social origin"，"社会阶级"在《公约》中文本中单独出现了一次——第 4 条第 1 款，《公约》英文本中与之对应的用语为"social origin"。"social origin"亦可理解为"社会本源/出身"；"社会阶级"中的"阶级"一词不应理解为社会生产关系意义上的"阶级"。

1 Lord Lester of Herne Hill QC and S Joseph, 'Obligations of Non-Discrimination', in D Harris and S Joseph (eds), *The International Covenant on Civil and Political Rights and United Kingdom Law* (Clarendon Press, 1995), 565. 关于积极义务，参见第 [23.83] 及以下各段。See also B Ramcharan, 'Equality and Non-discrimination', in L Henkin (ed), *The International Bill of Rights: The Covenant on Civil and Political Rights* (Columbia University Press, 1981), 254.

不同待遇会引起歧视，对处于不同情况中的人的不同待遇则不会引起歧视。

[23.07] 在沃尔德曼诉加拿大案（*Waldman v Canada*，694/1996）中，被指控的歧视涉及的情况是，与其他少数宗教团体的学校相比，罗马天主教学校得到优惠待遇［23.60］。人权事务委员会在认定第 26 条被违反时确认，当处境有利的群体是某一可比较的少数群体时——正如处境有利的群体是多数群体时一样，也有人是歧视的受害者。[2] 对此，可另见第［23.71］段对哈拉尔德森和斯文森诉冰岛案（*Haraldsson and Sveinsson v Iceland*，1306/2004）的讨论。

另一方面可以注意的是，布林克霍夫诉荷兰案（*Brinkhof v the Netherlands*，402/1990）中的申诉涉及对不同类型的基于信念拒服兵役者的不同待遇。大多数基于信念的拒服兵役者必须从事一段时间的替代服务，而耶和华见证人信徒不必从事任何服务。委员会认定，布林克霍夫未能证实，为何对耶和华见证人信徒的优待损害了他的权利。[3] 事实上，这一决定是相当不和谐的，因为委员会接着非正式地向荷兰建议说，它应同等对待具有同等强烈信念的基于信念拒服兵役者。[4]

[23.08] 受到禁止的歧视可以在无意或并无恶意的情况中发生。[5] 这一点多次得到证实，包括在希姆内克等人诉捷克共和国案（*Simunek et al. v Czech Republic*，516/1992）中：

> 11.7. 缔约国辩称，不存在对《公约》的违反，因为捷克和斯洛伐克立法者在通过第 87/1991 号法令时，并无歧视的意图。但是，委员会认为，在判定是否存在对《公约》第 26 条的违反时，立法机关的意图本身不是决定性的。出于政治动机的区分不太可能符合第 26 条。但即使一项并非出于政治动机的行为，如果具有歧视性的效果，也仍然可能有违第 26 条。

[23.09] 不过，以下案件表明，人权事务委员会可能会受到某一措施并

2　但是见，*Tadman v Canada* (816/1998)[3.05]。
3　在委员会意见的第 9.3 段。
4　在委员会意见的第 9.4 段。
5　See also eg *Broeks v the Netherlands* (172/84), para 16.

非有意具有歧视性之事实的影响。

瓦肯海姆诉法国（*Wackenheim v France*，854/1999）

提交人是一个侏儒，曾受雇作为抛掷侏儒表演中被抛掷的人。他穿着合适的衣服，被组织这项表演的迪斯科舞厅的客人扔到一个气垫上。1991年11月，抛掷侏儒在法国被禁止，因为政府决定，这是一种有辱人格的场面。提交人的申诉如下：

2.6. ……提交人虽然希望继续这种"抛掷侏儒"表演，但由于没有任何人组织而从此失业。

3. 提交人断言，禁止他工作给他的生活带来了不利后果并损害了他的尊严。他声称是法国侵害其自由权、就业权、私生活受到尊重权和享有适足生活水准权的受害者，而且也是一种歧视行为的受害者。他还称，在法国，没有侏儒能做的工作，而且他的工作没有损害人的尊严，因为尊严包括有一份工作。……

委员会的认定有利于缔约国：

7.3. ……本案中的问题是，将缔约国颁布的禁令覆盖的人与该禁令不适用的人区别开来，是否可能有成立的正当理由。

7.4. 在本案中，缔约国颁布的禁止抛掷表演的命令只适用于侏儒（如前面2.1段所述）。然而，该禁令之所以只针对这些人而非其他人，是因为他们是唯一可能被抛掷的人。因此，将该禁令所覆盖的那些人即侏儒与该禁令不适用的人即未患有侏儒症的人区别开来，是基于客观的理由，其目的不具有歧视性。委员会认为，缔约国在本案中证明，禁止提交人所从事的抛掷侏儒表演并不构成一种过分的措施，而是为保护公共秩序所必要的措施，这尤其会引出与《公约》的目标相符的、对人的尊严的各种考虑。委员会因此得出结论认为，将提交人与缔约国颁布的禁令不适用的其他人区别开来，乃是基于客观且合理的理由。

7.5. 委员会意识到，还有其他一些活动，虽尚未被禁止，但根据与作为禁止抛掷侏儒表演之理由类似的理由，也可予以禁止。不过，委员会认为，鉴于禁止抛掷侏儒表演基于客观且合理的标准，而且提交人没能证实该措施的目的具有歧视性，因此，仅仅是或许有其他也应被禁止的活动这一事实本身，不足以说明禁止抛掷侏儒具有歧视性。出于这些理由，委员会认为，在本案中，缔约国颁布上述禁令并没有侵犯提交人依据《公约》第 26 条所享有的权利。

[23.10] **马丁内兹·德伊鲁霍诉西班牙**（*Martinez de Irujo v Spain*, 1008/2001）

这一申诉涉及的事实是，一位已故公爵的女儿无法继承她父亲的各种勋位和头衔，因为这都由她的弟弟继承。她主张，与继承贵族头衔有关的固有性别歧视违反了第 26 条。人权事务委员会认定，这一申诉不可受理：

> 6.5. 委员会注意到，虽然缔约国声称世袭的贵族头衔没有任何法律和实质意义，不过它们仍得到缔约国法律和包括司法当局在内的各当局的承认。……委员会认为，不能援用第 26 条来支持对世袭的贵族头衔的主张，由于贵族头衔具有不可分割性和专有性，这种体制处于第 26 条所保护的法律前平等和不歧视原则背后的基本价值观的范围之外。因此，委员会的结论是，提交人的来文基于属事理由与《公约》的规定不符，根据《任择议定书》第 3 条不可受理。

委员会实际上认定，关于世袭头衔的问题与不歧视的概念完全不相容，以至于这些头衔问题根据《公约》是不可诉的。另一种同时也可以说更合乎逻辑的认识方式是，可以认定头衔问题与不歧视的概念如此不相容，以至于在这方面侵犯了相关权利。或者，委员会本可以在推理中说明为什么这种歧视在当代多少是合理的。相反，多数委员作出了一个软弱且基本上未经推理的决定，这一决定在单独的异议意见中受到了正确的批评。[6] 在巴采策贵诉西班牙案（*Barcaiztegui v Spain*, 1019/2001）中，多数委员和少数委员也作出了类似的决定。[7]

[23.11] 消除种族歧视委员会发布的第 19 号一般性建议证实，隔离是一种歧视形式 [23.111]。联合国各机构不接受被隔离的群体"分离但平

---

[6] 里瓦斯-波萨达先生和索拉里-伊里格延先生认定存在对第 26 条的违反，而韦奇伍德夫人显然被多数委员的决定所困扰。

[7] See also *Muñoz Vargas and Vicuña v Spain*（CEDAW 7/2005）.

等"的主张。[8]

[23.12] 歧视也可以表现为基于受到禁止的根据而鼓吹对人之诋毁和仇恨的攻击性言论。最明显的是，《公民及政治权利国际公约》第 20 条和《消除种族歧视公约》第 4 条禁止种族诋毁，前者还禁止基于宗教或民族的诋毁。由于这些歧视情形对表达自由权有不可避免的影响，因此在本书第十八章予以讨论。

《公约》中不歧视条款的范围

[23.13]《公约》第 2 条第 1 款禁止在行使《公约》所列举之权利（即第 6～27 条所列举之权利）时基于某些理由的歧视。第 3 条强调禁止性别歧视，保障男女平等地享有所有《公约》权利。第 26 条的适用范围远远超过第 2 条第 1 款和第 3 条，就如在以下案件中得到确认的。

[23.14] **布鲁克斯诉荷兰**（*Broeks v the Netherlands*, 172/1984）

该案的案情如下：

2.3. 布鲁克斯夫人声称，根据现行法律——《失业救济法》（WWV）第 13 条第 1 (1) 款以及使该款生效的 1976 年 4 月 5 日第 61 452/IIIa 号法令，存在一种基于性别和身分的令人无法接受的区分。她这样声称的根据是：如果她是一个男子，则无论已婚或未婚，上述法律都不会剥夺她的失业福利。因为她是女性而且在事件发生之时已婚，所以根据法律她不能再继续享有失业福利。她声称这使得她成为以性别和身分为根据而违反《公约》第 26 条的受害者。她声称，《公民及政治权利国际公约》第 26 条也有在《公约》所载的具体公民权利和政治权利之外保护个人的意图。

对于布鲁克斯夫人所指控的第 26 条被违反，缔约国作出了数个反应：

4.1. 缔约国在 1985 年 5 月 29 日提交的意见中，除其他事项外，强

---

8 例如见美国最高法院开创性的案件，*Brown v Board of Education* 347 US 483 (1954)。

调以下几点：

（a）在实现社会保障权时应消除歧视因素的原则包含在《经济社会文化权利国际公约》第9条中——与第2条和第3条相结合；

（b）荷兰政府同意根据《经济社会文化权利国际公约》的规定实施这一原则。根据这些规定，各缔约国承允尽其资源能力所及，采取种种步骤，务期逐渐使该公约所确认之各种权利完全实现（第2条第1款）；

（c）在资源能力所及范围内逐渐实现的过程在荷兰正取得稳步进展。在实现权利的过程中，残存的歧视因素正在并将被逐渐消除；

（d）《经济社会文化权利国际公约》已经建立了它自己的、对缔约国履行其义务的方式进行国际监管的制度。为达到这一目的，缔约国已承诺向经济及社会理事会提交报告，说明它们所采取的措施和取得的进展。荷兰王国已经为此在1983年提交了其首次报告。[9] ……

8.3. 关于《公约》第26条的适用范围，缔约国除其他外，辩称：

荷兰政府认为，《公约》第26条确实规定了避免歧视的义务，但是对这一条的援引只能是根据《公约》的《任择议定书》、在公民权利和政治权利的领域之内，不过并不必然局限于《公约》所包含的那些公民权利和政治权利。例如，荷兰政府可以设想根据《任择议定书》受理一项有关税收领域中歧视的申诉。但是，它不能同意一项有关经济、社会和文化权利之享有的来文可予受理。后一类型的权利是另一联合国人权公约的调整对象。布鲁克斯夫人的申诉有关社会保障领域中的权利，这属于《经济社会文化权利国际公约》的范围。该《公约》第2、3、9条与此案特别有关。该公约有其本身特定的制度和机关对缔约国如何履行它们的义务进行国际监督，并且特意没有规定个人申诉程序。

荷兰政府认为，以下情况不符合人权两公约以及《任择议定书》的目标，即人权事务委员会可以通过以《公民及政治权利国际公约》第26条为基础的、《任择议定书》规定的个人申诉的方式，处理个人的关于——如《经济社会文化权利国际公约》第9条所提及之——社会保障

---

[9] 《经济社会文化权利国际公约》现在由经济、社会和文化权利委员会监督。

权的申诉。

荷兰政府向经济及社会理事会报告，说明它在社会保障权方面、根据《经济社会文化权利国际公约》中的相关规则，履行其义务之方式的有关事项……

如果人权事务委员会认为《公民及政治权利国际公约》第 26 条应予更宽泛的解释，由此该条可适用于有关社会保障领域中的歧视的申诉，则荷兰政府将认为，在此情况下，第 26 条也必须参照规定了在经济、社会和文化权利领域中打击和消除歧视义务的、其他类似的联合国公约来解释。荷兰政府要特别指出《消除一切形式种族歧视国际公约》和《消除对妇女一切形式歧视公约》。

如果《公民及政治权利国际公约》第 26 条被认为适用于有关这些公约调整的领域内、国内立法中歧视成分的申诉，那么肯定不能认为这意味着一个缔约国在批准《公民及政治权利国际公约》之时，就需要已经消除它在这些领域内的法律中所有可能的歧视成分。为了审查国内法律的整个架构、搜寻其中的歧视成分，需要数年的工作。这种搜寻永远也不可能完成，因为法律中根据最开始立法时普遍的社会观念和条件具有正当合理性的区分，可能随着社会中的观念发生的改变而变得可以争辩。……

如果人权事务委员会决定《公民及政治权利国际公约》第 26 条规定了与经济、社会和文化领域中的立法有关的义务，则荷兰政府认为，这些义务不能超过一项义务，即国家在批准《公约》之后，应定期审查其国内立法以期找出其中的歧视成分，且一旦找到这些成分，便尽该国资源能力所及，逐渐采取措施加以消除。就歧视的各个方面，包括男女之间的歧视，荷兰正在进行这些审查。

8.4. 关于与《失业救济法》第 13 条第 1（1）款之未经修正形式有关的、《公约》第 26 条规定的平等原则，缔约国解释了《失业救济法》的立法历史，特别是"养家活口者"这一概念在法律起草之时的社会合理性。缔约国辩称，运用"养家活口者"这一概念，"以下两个方面之间达成了一个适当的平衡：一方面是可用公共经费的有限程度（这使得必须将这些经费用于有限的、详加考虑的、有选择性的用途），另一方面是政府提供社会保障的义务；政府不认为这样一种'养家活口者'的概念具有法律以不平等的方式对待相同情况之意义上的'歧视性'"。另外，荷兰政府主张，《失业救济法》的规定"是以原先不具有歧视性的、合理的社会和经济考虑为基础的。使这项规定不适用于男子的限制并非出自任何重男轻女的歧视意图，而是出自当该法律通过之时存在的、使其没有必要宣布该规定适用于男子的实际社会和经济状况。在布鲁克斯夫人申请失业救济福利之时，该实际状况基本上并无不同。因此，并不存在对《公约》第26条的违反。最近几年发展出来的、使得该规定在目前的社会境况中不宜继续有效的新的社会趋势，也没有改变这一点。"

受质疑的法律实际上在1985年修正，并追溯至1984年12月23日起有效。因为布鲁克斯夫人的津贴已经在1980年被停止，该修正对她的申诉只提供了部分救济。

人权事务委员会对实质问题作出的决定有利于布鲁克斯夫人：

12.1. 缔约国辩称，第26条的规定与《经济社会文化权利国际公约》第2条的规定重复极多。委员会认为，某一特定事项即使在其他国际文书如《消除一切形式种族歧视国际公约》《消除对妇女一切形式歧视公约》或就本案而言的《经济社会文化权利国际公约》中提及或规定，《公民及政治权利国际公约》仍将适用。尽管人权两公约的起草历史互相联系，委员会仍有必要充分适用《公民及政治权利国际公约》的规定。在这方面，委员会认为，《经济社会文化权利国际公约》第2条的规定并不减损《公民及政治权利国际公约》第26条的充分适用。

委员会然后指出，《公约》的准备工作对于第26条的范围，并不具有决定性：

12.3. 为了判定第26条的范围，委员会按该条的上下文并参照其目的及宗旨考虑了该条各组成要素的"通常意义"（《维也纳条约法公约》第31条）。委员会首先指出，第26条并不仅仅是重复第2条已经规定的保障。该条源于不受歧视地得到法律平等保护的原则——就如《世界人权宣言》第 7 条所载的，禁止在任何由公共当局调整和保护的领域内、法律或实践中的歧视。因此，第 26 条有关就立法及其适用而言加诸国家的义务。

12.4. 尽管第 26 条要求法律禁止歧视，但是对于法律可以规定的事项，该条本身没有包含任何义务。因此举例而言，该条并不要求任何国家制定提供社会保障的法律。然而，在一个国家行使主权权力通过这样的法律时，就必须遵守《公约》第 26 条。

12.5. 在这方面，委员会认为，问题不在于荷兰是否应该逐渐建立社会保障制度，而在于规定社会保障的法律是否违反了《公民及政治权利国际公约》第 26 条包含的对歧视的禁止以及给予所有人的、针对歧视获得平等且有效保护的保障。

13. 在法律前平等并无所歧视地得到法律的平等保护的权利并不使得所有待遇上的差别都成为歧视性的。基于合理、客观标准的区分并不构成第 26 条的含义之内禁止的歧视。

14. 因此应由委员会判定的是，在事件发生时适用于布鲁克斯夫人的荷兰法律中的区分是否构成了第 26 条含义之内的歧视。委员会注意到，在荷兰法律中，《荷兰民法典》第 84 条、第 85 条的规定为配偶双方对他们的共同收入设立了平等的权利和义务。按照《失业救济法》第 13 条第 1（1）款，已婚女性为了获得该法规定的救济福利，就必须证明她是"养家活口者"——这是一个并不适用于已婚男子的条件。因此，这种在一个层次上看来属于身分上的区分事实上是一种性别区分，将已婚女子置于较已婚男子不利的地位。这样一种区分是不合理的；而且缔约国通过 1985 年 4 月 29 日对法律作出的一项改变——其效力回溯至 1984 年 12 月 23 日（见上文第 4.5 段），似乎也已切实承认这一点。

15. 布鲁克斯夫人发现自己处于一个关键时期以及适用当时有效的荷兰法律的情况使她成为基于性别而违反《公民及政治权利国际公约》第 26 条的行为的受害者，因为她被拒绝在与男子平等的地位上享有社会保障的福利。

16. 委员会注意到缔约国并没有故意歧视女性的意图，还赞赏地注意到适用于布鲁克斯夫人的法律中的歧视性规定随后已被消除。虽然缔约国已经如是采取必要措施终结了布鲁克斯夫人在提出申诉时所蒙受的那种歧视,但委员会认为应给予布鲁克斯夫人以适当的救济。

[23.15] **第 18 号一般性意见**

人权事务委员会对布鲁克斯案的决定非常有争议。[10] 不过,这一决定得到了第 18 号一般性意见的支持,委员会在其中称:

> 12. 尽管第 2 条将针对歧视得到保护的各项权利的范围限定为本《公约》所规定的权利,第 26 条却未具体规定这种限制。这就是说,第 26 条规定,所有的人在法律前平等,并有权受法律的平等保护,无所歧视,并且法律应保障所有的人得到平等和有效的保护,以免受基于任何所列原因的歧视。委员会认为,第 26 条并不仅仅重复第 2 条已经规定的保障,而是本身就规定了一项自主性的权利。它禁止在公共当局管理和保护的任何领域中法律上或事实上的歧视。因此,第 26 条关涉的是缔约国在立法及其适用方面承担的义务。因此,当某一缔约国立法时,必须遵守第 26 条的要求,其内容不应是歧视性的。换言之,第 26 条所载的非歧视原则之适用不仅限于《公约》所规定的那些权利。

[23.16] 第 26 条所规定的"法律前平等"保障的是在法律执行方面的平等。法官和其他掌管法律者不得以任意或歧视的方式适用法律。[11] "法律平等保护"保障的是法律上的平等,使法律无所歧视地对所有人分配权利和义务。[12] 第 26 条中的不歧视"是一项高于法律的原则",对法律本身的合法性

10　See M Schmidt, ' The Complementarity of the Covenant and the European Convention on Human Rights—Recent Developments', in Harris and Joseph (eds), *The International Covenant on Civil and Political Rights and United Kingdom Law*, 637 – 9. See also T Opsahl, ' Equality in Human Rights Law with Particular Reference to Article 26 of the International Covenant on Civil and Political Rights', in M Nowak, D Steurer, and H Tretter (eds), *Festschrift für Felix Ermacora* (NP Engel, 1988), 51.

11　M Nowak, *UN Covenant on Civil and Political Rights: CCPR Commentary* (2nd edn, NP Engel, 2005), 605 – 6. 就该责任适用于法官而言,它反映了第 14 条第 1 款中"法院之前平等"的类似权利,见第 [14.21] 段。另见以下第 [23.20] 及以下各段。

12　Lester and Joseph, ' Obligations of Non-Discrimination', 566.

作出限定。[13]

[23.17] 可将第 26 条与《欧洲人权公约》第 14 条相区别,后者仅保障与《欧洲人权公约》规定的其他权利有关的不歧视。相反,第 26 条是对有关任何权利的不歧视的独立保障。现在《欧洲人权公约第十二议定书》第 1 条也规定了欧洲人权公约体系内的一项独立的不受歧视权利。

[23.18] 无数案件确认了人权事务委员会在布鲁克斯案中的决定,即第 26 条针对歧视所提供的保护,既有关公民权利和政治权利,也有关经济、社会和文化权利。例如,委员会认定有关以下"权利"——并未在《公约》中得到独立保障的权利——之歧视的申诉可予受理:养老金(*Johannes Vos v the Netherlands*,786/1997)、解职金(*Valenzuela v Peru*,309/1988)、失业津贴(*Zwaan-de-Vries v the Netherlands*,182/1984;*Cavalcanti Araujo-Jongen v the Netherlands*,418/1990;*García Pons v Spain*,454/1991)、残疾津贴(*Danning v the Netherlands*,180/1984;*Vos v the Netherlands*,218/1986)、教育补贴(*Blom v Sweden*,191/1985;*Lindgren et al. v Sweden*,298-9/1988;*Waldman v Canada*,694/1996)、失业(*Bwalya v Zambia*,314/1988;*Wackenheim v France*,854/1999)、退役金(*Gueye et al. v France*,196/1985)、公共医疗保险(*Sprenger v the Netherlands*,395/1990)、遗属津贴(*Pauger v Austria*,415/1990;*Pepels v the Netherlands*,484/1991;*Hoofdman v the Netherlands*,602/1994)、儿童津贴(*Oulajin & Kaiss v the Netherlands*,406,426/1990)、财产权(*Simunek v Czech Republic*,516/1992;*Adam v Czech Republic*,586/1994;*Haraldsson and Sveinsson v Iceland*,1306/2004)、对土地的计算(*Pohl v Austria*,1160/2003)以及对需纳税收入的计算(*Bartolomeu v Portugal*,1783/2008;*Gonçalves et al. v Portugal*,1783/2008)。在金德勒诉加拿大案(*Kindler v Canada*,470/1991)中,少数委员认定"不被引渡的自由"可以作为根据第 26 条提出申诉的理由,但多数委员没有对这一点提出意见。[14] 实际上,根据第 26 条提交的来文,从来没有一件是因为未能提出一项据称就

---

13 Opsahl, 'Equality in Human Rights Law', 61.
14 另见拉拉赫先生在贾治诉加拿大案(*Judge v Canada*, 829/1998)中的附议意见。

其发生了歧视的相关"权利",而被明确裁决为不可受理。

[23.19] 不过,少数委员的若干意见——如同以下所摘引的——对布鲁克斯案中的推理提出了质疑。

斯普伦格诉荷兰(Sprenger v the Netherlands,395/1990)

在该案中,提交人诉称,荷兰有关失业津贴的法律基于她的婚姻状况对其有歧视。人权事务委员会最终没有认定《公约》被违反[23.78]。安藤先生、亨德尔先生和恩迪亚耶先生提出了有关第26条之范围的如下附议意见:

> 当然,也有必要考虑如下现实,即某一社会的经济-社会和文化需要是不断演变的,因此立法,特别是社会保障领域中的立法,很可能、事实上也经常落后于情况发展。因此,《公约》第26条不应被解释为要求所有时候都在这一领域中实行绝对的平等或非歧视;相反,它应被看作是《公约》缔约国的一项一般性义务,即定期审查其法律以保证法律与社会的不断变化的需要相适应。在公民权利和政治权利领域,从《公约》生效之日起,缔约国就必须立即尊重诸如公正审判权、表达自由权和宗教自由权等《公约》规定的权利,而且不得有任何歧视。另一方面,对于《经济社会文化权利国际公约》规定的权利,一般的理解是,缔约国可能需要时间以逐渐实施这些权利、分阶段地调整有关法律;而且,还需要不断作出努力,以确保在制定社会保障规定之时合理的、客观的区分不会随着该社会的社会-经济演变而成为不合理的、歧视性的。最后,我们承认,立法审查是一个复杂的过程,需要考虑多种因素,包括有限的财政资源,以及相关修改对其他的现行法律产生的可能影响。

亨德尔先生、谬勒森先生、恩迪亚耶先生和萨迪先生在欧拉因和凯斯诉荷兰案(Oulajin and Kaiss v the Netherlands,406,426/1990)中,也提出了类似的单独意见。[15]

---

[15] 另见安藤先生在以下案件中的决定:*Love v Australia* (983/2001) and *Derksen and Bakker v the Netherlands* (976/2001)。

[23.20] **JHW 诉荷兰**（*JHW v the Netherlands*, 501/1992）

该案中的申诉涉及有关在评估收入税方面的据称歧视。人权事务委员会在认定该案不可受理时称：

> 5.2. ……委员会注意到，缔约国已经于1989年采取措施，废除了来文中引起争议的豁免。委员会认为，考虑到社会保障立法及其实施通常落后于社会经济发展，以及被废除的豁免的目的在当时并不被大多数人视为具有歧视性，因此提交人在来文中所提出的问题已无实际意义，他根据《任择议定书》第2条所提的要求不成立。

[23.21] 人权事务委员会在 JHW 案中的推理似乎与在布鲁克斯案中的不一致，而且在作出决定时（1993年7月），可以被解释为赞同斯普伦格案以及欧拉因和凯斯案中少数委员持有的保守意见。然而，布鲁克斯案中的推理从那以后一直在支持有关决定，现在已经根深蒂固。

[23.22] 歧视申诉所联系权利的性质可能影响人权事务委员会关于某一区别根据《公约》是否合理并因此是否可予允许的决定。对许多有关经济、社会和文化权利的区别，委员会没有认定构成对第26条的违反。这可能是由于许多申诉根本没有实质性的理由。或者，也可能是委员会在处理对经济领域中的歧视的申诉时，更愿意遵从缔约国的政策，正如安藤先生在亚当诉捷克共和国案（*Adam v Czech Republic*, 586/1994）中的单独意见中所建议的那样 [23.66]。

[23.23] 自布鲁克斯案以来，许多依据第26条提出的案件都涉及对社会保障津贴方面歧视的指控。可以推测，在社会保障方面作出立法区分的普遍原因是为了节省资金。人权事务委员会在布鲁克斯案 [23.14] 和沃尔德曼案 [23.60] 中，几乎没有考虑基于预算局限本身提出的论点。然而，在卡瓦尔坎蒂·阿劳约－荣恩诉荷兰案（*Cavalcanti Araujo-Jongen v the Netherlands*, 418/1990）[23.43] 中，所涉法律中被指责的区分可能只有基于纯粹的预算局限才是合理的。在该案中，委员会认定，对于就过去的失业期间获得追溯性的失业救济金的资格，在就业者和失业者之间的区分是合理、客观的。问题是，在确定对一段过去的失业期间获得失业救济金的资格时，特别是在失业救济金最初因性别歧视而被拒绝的情况下，为何一个人目前的就业状况具有相关性？

[23.24]《消除种族歧视公约》第 1 条和《消除对妇女歧视公约》第 1 条以及这两项公约中大多数实质性条款都确认，这两项公约分别禁止与所有公民、政治、经济、社会和文化权利有关的种族歧视和性别歧视。[16]

禁止的歧视理由

[23.25] 第 3 条禁止基于性别的歧视。第 2 条第 1 款和第 26 条更进一步，而且可以说吸收了第 3 条。第 2 条第 1 款和第 26 条包含了相同的被禁止之歧视理由的清单：种族、肤色、性别、语言、宗教、政见或其他主张、民族本源或社会阶级、财产、出生或"其他身分"。

[23.26] 在沃斯诉荷兰案（*Vos v the Netherlands*，218/1986）中，阿吉拉-乌尔维纳先生和文纳尔格伦先生在一项单独意见中，对于"其他身分"的含义声称如下：

> 1.《公约》第 26 条一直被解释为：只要区分人之不同群体或类别的法律不符合客观标准，该条即提供免受歧视的保护。第 26 条也曾被解释为具有这样的含义，即任何一项规定，只要待遇的差别并不影响一群人，而只影响个别人时，就不能被认为是歧视性的：对一个人的不利影响不能够被视为第 26 条范围之内的歧视。

一群单独的个人在何时构成由其共同的"身分"联系在一起的一个独特群体？一个足球俱乐部或哲学学会的成员会构成一个独特的群体吗？

[23.27] 人权事务委员会对于"其他身分"的含义尚未提出一份详细的、共识性的评论，而是更愿意在逐案基础上决定某一申诉是否提出了一种有关的歧视理由。

[23.28] **范乌德诉荷兰**（*Van Oord v the Netherlands*，658/1995）

该案中的申诉除其他外，有关根据荷兰与其他国家缔结的不同双边条约给予前荷兰国民的不同退休金待遇。人权事务委员会认定不存在违反：

16　例如见《消除种族歧视公约》第 5 条（卯）和（辰）项。

8.5. 关于这一申诉，委员会注意到并不存在争议的是，用于确定提交人退休金权利的标准平等适用于现在生活在美国的所有前荷兰公民……。根据提交人的说法，现生活在澳大利亚、加拿大和新西兰的前荷兰公民受益于其他特惠［更高的退休金］的事实造成了歧视。不过，委员会认为，现在用来比较的退休人员的类别是可区分的，而且有争议的特惠［荷兰给国外的荷兰公民的退休金］符合经分别谈判达成的双边条约，这些条约必然反映基于对等的协议。委员会忆及其判例，即基于合理、客观标准的差别并不相当于第26条含义之内所禁止的歧视。

8.6. 因此委员会认为，提交人陈述的事实不引起《公约》第26条规定的问题……

在范乌德案中，委员会给出了如何确定"其他身分"的线索，表明一个人可以受到与另一人——其身分妥且地"可予区别"——的待遇相比，可予允许的不同待遇。在范乌德案中，从评估对其养老金的税收的目的来看，居住在美国的荷兰公民和居住在其他国家的荷兰公民之间显然存在着相关的区别。然而，"相关区别"的检验似乎并不比沃斯案中属于某一"群体"的检测更容易适用。事实上，某一区别的相关性可能根据所涉"权利"而有所不同。例如，虽然为了养老金税收的目的区分在国外的荷兰人的海外住所可能是合理的，但为了确定他们在荷兰选举中的投票权而区分这些人看来是不合理的。[17]

［23.29］人权事务委员会认定，出于确定有关违反《公约》不歧视规定的申诉可否受理之目的，以下情况构成"其他身分"：年龄（*Schmitz-de-Jong v the Netherlands*，855/1999[18]；*Love v Australia*，983/2001[19]）、国籍（*Gueye v France*，196/1985[20]；*Adam v Czech Republic*，586/1994；*Karakurt v Austria*，

---

[17] See also *Shergill v Canada* (1506/2006) and *Gallego Díaz v Spain* (988/2001). 可以比较，*Karakurt v Austria* (965/2000)［23.74］。

[18] 委员会最终认定，将年长公民的公交卡限于年满65岁者及其年满60岁的配偶并不违反《公约》。该案中的提交人是一位年过65岁的男子的44岁妻子。另见对波兰的结论性意见，(2010) UN doc CCPR/C/ POL/CO/6, para 5。

[19] 在一项异议意见中，安藤先生否认年龄构成《公约》规定的"其他身分"，因为"年龄可适用于所有人类"。

[20] 另见委员会对日本的结论性意见，(2008) UN doc CCPR/C/JPN/CO/5, para 30。

965/2000)、婚姻状况（*Danning v the Netherlands*, 180/1984; *Sprenger v the Netherlands*, 395/1990; *Hoofdman v the Netherlands*, 602/1994)、身为侏儒（*Wackenheim v France*, 854/1999)、不识字（*Derksen and Bakker v Denmark*, 976/2001[21])、在一国之内的居住地点（*Lindgren et al. v Sweden*, 298-9/1988[22])、"收养"和"亲生"子女之间的区别（*Oulajin & Kaiss v the Netherlands*, 406, 426/1990)、公立和私立学校学生之间的区别（*Blom v Sweden*, 191/1985; *Lindgren et al. v Sweden*, 298-9/1988)、受雇者和未受雇者之间的区别（*Cavalcanti Araujo-Jongens v the Netherlands*, 418/1990[23])、以军事身分和非军事身分履行其强制性国民义务的人之间的区别（*Järvinen v Finland*, 295/1988; *Foin v France*, 666/1995)、不同住房类型之间的区分（*Neefs v the Netherlands*, 425/1990; *Snijders et al. v the Netherlands*, 651/1995)、不同的雇佣类型之间的区别（*Bartolomeu v Portugal*, 1783/2008; *Gonçalves et al. v Portugal*, 1783/2008; *Castell-Ruiz v Spain*, 1164/2003）以及不同的土地拥有者类型之间的区别（*Pohl v Austria*, 1160/2003)。

[23.30] 以下区分被认定并未引起可根据第 26 条提出申诉的相关"理由"：囚犯和普通工人的工资之间的区分（*Radosevic v Germany*, 1292/2004; *Novotny v Czech Republic*, 1778/2008, 两案均不可受理)、为监管之目的区分不同的商业（*Castaño López v Spain*, 1313/2004）以及对于不同类型公务员的遗孀的津贴方案之间的区分（*Jongenburger-Veerman v the Netherlands*, 1238/2004)。[24] 在拉多舍维奇案（*Radosevic v Germany*, 1292/2004）中，人权事务委员会称：

> 7.2.……委员会认为，提交人未能为了可否受理的目的充分证实其申诉，即因为他只得到了劳动市场有可能支付的工资之一小部分，所以

21　另见委员会的结论性意见：法国，(2008) UN doc CCPR/C/FRA/CO/4, para 9; 荷属安德列斯，(2009) UN doc CCPR/C/NLD/CO/4, para 21。

22　不过，需要注意的是，在赫斯诉澳大利亚案中，一个联邦国家的不同部分对诉讼时效的法律规定不同没有被认定为引起有关第 26 条的问题：*Hesse v Australia* (1087/2002), para 4.2。

23　不过，在以下两案中，同样的申诉被认为不可受理：*JAMB-R v the Netherlands* (477/1991) and *APL v dM v the Netherlands* (478/1991)。

24　在委员会意见的第 7.2 段。

他基于其囚犯的身分而成为歧视的受害者。尤其是，他没有提供资料，说明他在监禁期间从事工作的种类、劳动市场中是否有此类工作、在劳动市场上为类似工作支付的薪资。仅仅提到基数的某一百分比，即根据德国法定养恤保险金计划应支付的福利平均数额，不足以证实，在其工作的报酬与一般劳动力从事的工作报酬之间，存在着所指控的歧视性差异。……

[23.31] 图纳恩诉澳大利亚案（*Toonen v Australia*，488/1992）除其他外，涉及对基于性倾向的歧视。[25] 人权事务委员会认定，第 2 条第 1 款和第 26 条中提到的"性"（sex）* 应被视为包括性倾向在内。不过，"性倾向"似乎更适于被归类为"另一种身分"，而非某人之性别的一个方面。在杨诉澳大利亚案（*Young v Australia*，941/2000）和 X 诉哥伦比亚案（*X v Colombia*，1361/2005）中，委员会证实，"性倾向"是《公约》禁止的歧视理由之一 [23.54]。[26] 委员会的结论性意见也表明，以下情况属于引起《公约》禁止歧视之保护的"其他身分"：家庭责任[27]、怀孕[28]、感染艾滋病毒/艾滋病[29]、位于农村[30]、

---

[25] 见图纳恩案的实质性问题 [16.50]。

* 在《公约》中文本中，与"sex"的对应用词为"性别"，从字面上可理解为男女两性之别。但英文本中的"sex"的含义不仅限于此——委员会的解释显然超出了中文中"性别"一词的含义。

[26] 另见委员会的结论性意见：奥地利，(1998) UN doc CCPR/C/79/Add. 103, para 13；多米尼加共和国，(2001) UN doc CCPR/CO/71/DOM, para 14；纳米比亚，(2004) UN doc CCPR/CO/81/NAM, para 22；希腊，(2005) UN doc CCPR/CO/83/GRC, para 19；美国，(2006) UN doc CCPR/C/USA/CO/3/Rev. 1, para 25；巴巴多斯，(2007) UN doc CCPR/C/BRB/CO/3, para 13；日本，(2008) UN doc CCPR/C/JPN/CO/5, para 29；波兰，(2010) UN doc CCPR/C/POL/CO/6, para 5；蒙古，(2011) UN doc CCPR/C/MNG/CO/5, para 9；伊朗伊斯兰共和国，(2011) UN doc CCPR/C/IRN/CO/3, para 10。不过，见奥马尔先生和哈利勒先生在 X 诉哥伦比亚案(*X v Colombia*)中的异议意见。

[27] 委员会对英国（香港）的结论性意见，(1996) UN doc CCPR /C/79/Add. 57, para 13；在香港回归中华人民共和国之后，委员会重复了这一意见：(1999) UN doc CCPR/C/79/Add. 117，para 15。

[28] 委员会的结论性意见：墨西哥，(2010) UN doc CCPR/C/MEX/CO/5, para 7；危地马拉，(2012) CCPR/C/GTM/CO/3, para 9。两处都提到了在特别出口加工（*maquiladora*）产业对妇女是否怀孕的体检。

[29] 委员会在对特立尼达和多巴哥的结论性意见中，批评该国未做到禁止基于这些理由以及"年龄"和"性倾向"的歧视，(2000) UN doc CCPR/CO/70/TTO, para 11；另见委员会的结论性意见：摩尔多瓦共和国，(2009) UN doc CCPR/C/ MDA/CO/2, para 12；土库曼斯坦，(2012) UN doc CCPR/C/TKM/CO/1, para 15。

[30] 委员会对苏里南的结论性意见，(2004) UN doc CCPR/CO/80/SUR, para 19。

性别认同（gender identity）[31]、间性（intersex）[32]、残疾[33]和无家可归[34]。在对俄罗斯联邦的结论性意见中，委员会称：[35]

> 9. 委员会关切的是，在缔约国有大量无国籍人和无证明文件的人，特别是一些苏联公民在苏联解体后无法获得公民身分或国籍，无法使其身分地位在俄罗斯联邦或他们与其有着重大联系的任何其他国家正规化，因此仍然处于无国籍或国籍未定状态。委员会还注意到，来自许多地区的某些族裔群体的成员，特别是来自中亚和高加索地区的人，由于规范归化入籍的复杂立法和严格的居住登记要求所造成的障碍，在获得公民资格方面面临困难（第2条、第3条、第20条和第26条）。
>
> 缔约国应该采取一切必要措施，使其领土内无国籍人的身分正规化，方式是赋予他们永久居留的权利和取得俄罗斯公民身分的可能性。此外，缔约国还应考虑加入1954年《关于无国籍人地位的公约》和1961年《减少无国籍状态公约》，并进行必要的立法和行政改革，使其法律和程序符合这些标准。

[23.32] **HAEdJ 诉荷兰**（*HAEdJ v the Netherlands*, 297/1988）

该案的提交人是一位基于信念拒服兵役者，因此履行了替代国民服务。他申诉说，他作为履行替代服务者所得到的生活津贴，与普通平民得到的生活津贴存在差别。因此，据称的歧视理由是他作为一个应征服役者（虽然是履行替代服务）的身分与普通平民的身分之间的区分。

> 8.2. 委员会注意到，提交人诉称自己是基于"其他身分"（《公约》

---

[31] 委员会的结论性意见：日本，(2008) UN doc CCPR/C/JPN/CO/5, para 29；蒙古，(2011) UN doc CCPR/C/MNG/CO/5, para 10；多米尼加共和国，(2012) CCPR/C/DOM/CO/5, para 16。

[32] 见委员会对危地马拉的结论性意见，(2012) CCPR/C/GTM/CO/3, para 11。

[33] 见委员会的结论性意见，爱尔兰，(2000) UN doc A/55/40, paras 422–51, para 29(e)；巴拿马，(2008) UN doc CCPR/C/PAN/CO/3, para 8；瑞典，(2009) UN doc CCPR/C/SWE/CO/6, para 10；波兰，(2010) UN doc CCPR/C/POL/CO/6, para 5；比利时，(2010) UN doc CCPR/C/BEL/CO/5, para 11；蒙古，(2011) UN doc CCPR/C/MNG/CO/5, para 9；多米尼加共和国，(2012) CCPR/C/DOM/CO/5, para 9。在一起案件中，一项基于残疾的申诉因为未能用尽国内救济而被裁定不可受理：*Cziklin v Canada* (741/1997)。

[34] 委员会对澳大利亚的结论性意见，(2009) UN doc CCPR/C/AUS/CO/5, para 18。

[35] (2009) UN doc CCPR/C/RUS/CO/6.

第26条结尾）的理由而被歧视的受害者，因为他作为一个基于信念拒服兵役者在其履行替代服务期间，没有被看作一个平民而是被看作一个应征服役者，并因此没有资格根据《一般援助法》得到补助津贴。委员会认为——就如其对第245/1987号来文（R.T.Z.诉荷兰）和第267/1987号来文（M.J.G.诉荷兰）所认为的那样，《公约》并未禁止缔约国实行义务性国民服务制度，该制度应该支付一定的适中报酬。但是，履行这种强制性国民服务的方式无论是服兵役还是从事得到允许的替代服务，都不存在好像仍然过着平民生活那样的得到报酬的权利。在这方面，委员会认为——就如其对第218/1986号来文（沃斯诉荷兰）所认为的那样，第26条的适用范围并不延及在分配社会保险的福利时，统一适用法律所导致的差异。在本案中，没有迹象表明《一般援助法》没有平等地适用于所有履行替代服务的公民。因此委员会的结论是，来文不符合《公约》的规定，根据《任择议定书》第3条不可受理。

在 RTZ 诉荷兰案（*RTZ v the Netherlands*, 245/1987）和 MJG 诉荷兰案（*MJG v the Netherlands*, 267/1987）中，人权事务委员会裁决，有关应征军人不能拒绝军事法院的传唤——而与之相比，平民则能够拒绝普通法庭的民事传唤——的申诉不可受理。在德雷克和朱利安诉新西兰案（*Drake and Julian v New Zealand*, 601/1994）中，一项有关为支付津贴之目的而区分平民和军人战争受害者的申诉也被裁决为不可受理。

[23.33] 人权事务委员会的上述决定是否表明，从《公约》的目的来看，与"平民"相对的"军人"从来不会是一种相关的"其他身分"——即使某人完全基于其军人身分而受到了不合理待遇？就此，可以考虑以下案件。

沃兰纳诉芬兰（*Vuolanne v Finland*, 265/1987）

该案很大程度上涉及根据第7条和第9条提出的指控，有关提交人受到的军事拘禁的情节。[36] 委员会在其有关实质问题的推理中称：

9.3.……第2条第1款规定，"本公约缔约国承允尊重并确保所有

---

[36] 见第[9.29]、[11.89]段。

境内受其管辖之人，无分种族、肤色、性别、语言、宗教、政见或其他主张、民族本源或社会阶级、财产、出生或其他身分等等，一律享受本公约所确认之权利"。这一条款的用语的总括性质在将《公约》适用于某一情况而不适用于另一情况的限度内，没有为区分不同类型的人——例如平民和军人——留下任何空间。……

［23.34］对于军人和平民的区分，可注意人权事务委员会在对波斯尼亚和黑塞哥维纳的结论性意见中表达的如下关切：[37]

> 15.……委员会还关切的是，在该国的两个实体中，战争的平民受难者得到的个人残疾津贴比退伍军人的津贴低得多（第2、7、26条）。
>
> 缔约国应确保两个实体中遭精神折磨的受害者获准战争受难者的地位，并在两个实体和各州之间协调统一战争的平民受难者得到的个人残疾津贴，并按照退伍军人领取的津贴幅度，调高个人残疾津贴。……

［23.35］可以主张说，"理由"的问题应被认为是与所指控的区别是否可予允许或是否合理有关的一个方面。[38] 第18号一般性意见中"歧视"的定义［23.04］以提到"任何理由"而支持了这一观点。如果是这样，"理由"问题可能完全被合理性问题所吸收：一种不合理的区分就可能引致对第26条的违反，而不论作出该区分的理由为何。"理由"在有助于确立或反驳合理性的限度内，仍然重要。

［23.36］人权事务委员会可能认为，某些区分的理由与其他理由相比，在本质上更可疑并值得予以更多的审查。[39] 换言之，看来对于某些区分的理由，与其他理由相比，更容易认定存在违反情势。防止基于某些"理由"，诸如明确列举的理由[40]以及国籍、与性有关的情况、年龄或残疾等"其他身分"受到歧视，比防止因其他理由，如公立和私立学校学生之间的区别受到

---

[37] (2006) UN doc CCPR/C/BIH/CO/1.
[38] 例如见纳里克诉奥地利案（*Nahlik v Austria*, 608/1995）中少数委员的意见。
[39] A Bayefsky, 'The Principle of Equality and Non-Discrimination in International Law' (1990) 11 *Human Rights Law Journal* 1, 18–24; Lester and Joseph, 'Obligations of Non-Discrimination', 589–90.
[40] 在这一方面见，*Müller and Engelhard v Namibia* (919/2000), para 6.7 [23.53]。

歧视，似乎在本质上更为重要。不过，难以归结出最重要的"理由"的共同特征。一些最重要的理由是不变的，例如一个人的种族或肤色。当然，特别重要的是，一个人不得因为自己不能改变的特征而遭受歧视。然而，其他重要的理由是一个人自我的内在特征，例如一个人的宗教或政治意见，甚至一个人的"财产"也是如此——如果这个术语等同于"财富"（wealth）或"阶级"（class）。也许，任一重要"理由"的最常见的特征是，这一"理由"描述了一个历史上遭受不合理歧视并因此特别容易受到这种待遇的群体。

[23.37] 可以说，寻找一个明显的歧视理由很简单，特别是对于那些属于多重弱势群体的人。在凯尔诉加拿大案（*Kell v Canada*，CEDAW 19/2008）中，消除对妇女歧视委员会认定，由于受害者身为遭受家庭暴力的土著妇女的双重身分，因此她遭受了"跨界交叉歧视"（intersectional discrimination）。[41] 人权事务委员会尚未表现出对跨界交叉歧视之现实的相同承认。

[23.38] 如下文所述，当申诉涉及第 26 条规定的"法律前的平等"时[23.121]，人权事务委员会似乎并不要求存在一种明显的歧视"理由"。

间接歧视

[23.39] 直接歧视所涉及的，是在类似情况中，由于被禁止的理由，申诉人所受待遇不如其他人的待遇。当某一做法、规则、要求或条件表面上中立，但对特定群体有比例上过分的影响时，就会发生间接歧视。[42] 例如，考虑以下假设的法律：只有六英尺以上的人才能上大学。这一法律构成基于身高的直接歧视。它还构成了基于性别的间接歧视，因为女性往往比男性矮，而且作为一个群体，达到身高标准的可能性更低。

41　在委员会意见的第 10.2 段。See also *Teixiera v Brazil*（CEDAW 17/2008），para 7.7.

42　Lester and Joseph, 'Obligations of Non-Discrimination', 575. 另见，*HM v Sweden*（CRPD 3/2011），这是残疾人权利委员会作出的第一个对实质问题的决定。

第二十三章　不受歧视权

[23.40]《公约》禁止间接歧视。注意人权事务委员会第18号一般性意见中对"歧视"的定义：

> 7.……"歧视"一词应被理解为基于……任何理由的任何区别……，其目的或效果乃是否认或妨碍所有的人在平等的基础上认识、享有或行使一切权利和自由。（强调为后加）

间接歧视发生在一项法律的"效果"具有歧视性之时，而非在歧视乃是一项法律之表面上的"目的"之时。

[23.41] 人权事务委员会对于禁止间接歧视的最清楚阐明来自阿尔塔莫诉奥地利案（*Althammer v Austria*，998/2001）：

> 10.2.……委员会忆及，表面上中立或无歧视意图的规则或措施的歧视性效果，也可能造成对第26条的违反。然而，只有在某一规则或决定的损害性效果仅仅或者不成比例地影响具有特定种族、肤色、性别、语言、宗教、政见或其他主张、民族本源或社会阶级、财产、出生或其他身分的人时，才可称之为基于《公约》第26条所述理由的间接歧视。此外，如果基于客观或合理的理由，则造成此类影响的规则或决定不算是歧视。……

[23.42] **辛格·宾德诉加拿大**（*Singh Bhinder v Canada*，208/1986）

该案的案情如下：

> 1. 1986年6月9日来文的提交人是一位归化的加拿大公民卡内尔·辛格·宾德，他于1942年出生于印度，于1974年移民到加拿大。他声称自己是加拿大违反《公民及政治权利国际公约》第18条的受害者。他是一位锡克教徒，每天戴裹头巾，因此拒绝工作时戴安全帽，这导致他的劳动合同被终止。

人权事务委员会认定申诉可予受理，并且在其对实质问题的决定中总结了提交人的主张：

> 6.1. 委员会指出，在所审议的案件中，立法从表面上来看是中立的，毫无区别地适用于所有人，但据说其实际实施的方式歧视了信仰锡克教的人。提交人声称《公约》第18条被违反，委员会还联系《公约》第26条来审查该问题。

虽然戴安全帽的要求适用于所有相关工人,但其不成比例地影响了锡克教徒躬行其宗教。不过,提交人在实质问题上败诉[17.31]。

[23.43] **卡瓦尔坎蒂·阿劳约－荣恩诉荷兰**（*Cavalcanti Araujo-Jongen v the Netherlands*,418/1990）

该案体现出人权事务委员会对间接歧视问题的多少有些混乱的处理方式。该案的事实如下。根据荷兰法律,提交人作为一名失业的已婚妇女,在1983年8月至1984年4月被拒绝领取失业救济金,而根据当时荷兰立法中的"养家活口者"标准,失业的已婚男子却可以领取失业救济金。事实上,在布鲁克斯案中,在委员会前对这项法律的挑战已经成功[23.14]。1985年,相关立法取消了"养家活口者"的区分,其效力追溯至1984年12月23日。选择此日期是为了遵守相关的欧洲共同体指令。这对卡瓦尔坎蒂夫人没有帮助。

1991年,在委员会仍在审议该申诉之时,荷兰又进一步修订了法律:

5.2. 缔约国提出,作为拒绝提交人失业救济福利之根据的《失业救济法》第13条第1(1)款已被1985年4月24日的法律废止。但是,新法律规定,包括有争议的第13条第1(1)款在内的至该日有效的法律,对于1984年12月23日前失业的已婚妇女依然有效。由于这些过渡性规定受到很多批评,它们被1991年6月6日的一项法令废除。据此,过去因为"养家活口者"标准而没有资格申请《失业救济法》所规定之福利的女性,可以追溯地要求这一福利,但要满足该法令规定的若干其他条件,其中之一是,申请人在提出申请之时,必须处于失业状态。

5.3. 因此,缔约国辩称,如果提交人在申请《失业救济法》规定的福利时处于失业状态,她就有资格以其自1983年2月1日失业为基础,追溯地要求这一福利。但是,由于提交人自1984年4月起重新就业,因此不能追溯地要求《失业救济法》规定的福利。缔约国强调,自该法于1991年6月修改之后,阻碍提交人申请这一福利的不再是"养家活口者"标准,而是因为她未能满足这一法律规定的、平等地适用于男女的其他要求。

5.4. 缔约国提出,随着修正这一方面的法律,它已经遵守了《公约》第 26 条规定的在法律前平等的原则。

卡瓦尔坎蒂夫人的律师答复：

6.2. 提交人的律师提出，即使根据新修正的法律，已经找到新工作的提交人依然无法主张她以前被拒绝的失业救济。在这一方面，律师指出，提交人在其失业期间未能申请这一福利，是因为当时的法律没有赋予她享有《失业救济法》规定的福利的权利。提交人申请这一福利是在女性也是养家活口者的要求于 1984 年 12 月 23 日被废除之后，而她当时已经找到了新工作。提交人的律师因此主张，《失业救济法》的所述规定的歧视性效果对提交人并未废除，而是仍在继续。

委员会对实质问题作出的决定有利于缔约国：

7.4. 委员会注意到，即使在 1983 年有效的法律不符合《公约》第 26 条的要求，该缺陷也已通过具有追溯力的 1991 年 6 月 6 日的法律修正得到纠正。委员会注意到提交人的主张，即经修正的法律仍然对她构成间接歧视，因为它要求申请者在申请时处于失业状态，这一要求实际上使她不能追溯地要求得到救济福利。委员会认定，鉴于有关立法的目标是为失业者提供帮助，在申请救济福利时处于失业状态这一要求是合理的、客观的。因此委员会的结论是，其所知事实没有揭示对《公约》第 26 条的违反。

委员会认定，此处基于"当前就业"的区分是合理和客观的，因此根据《公约》是可予允许的。然而，委员会没有明确考虑法律中任何潜在的基于性别的区分的"合理性"。这一法律事实上也间接歧视已婚妇女。为了对 1984 年 12 月 23 日之前的期间主张追溯性的失业救济金，她们必须目前处于失业状态。这种限制不适用于已婚男子。[43] 事实上，这一申诉可能表明对已婚妇女的直接歧视。可以争辩说，直接歧视已婚妇女的"养家活口者"标准只不过被"当前就业"标准所取代，而"当前就业"标准又只影响已婚妇女。唯一的区别是，"养家活口者"立法明确只适用于妇女。因此，卡瓦尔坎蒂案与布鲁克斯案不一致。

43　见上文第 [23.23] 段中的讨论，有关适用"目前就业"的标准的相关性与合理性。

[23.44] 人权事务委员会在沃斯诉荷兰案（Vos v the Netherlands，218/1986）、JAMB-R 诉荷兰案（JAMB-R v the Netherlands，477/1991）和 APL-v dM 诉荷兰案（APL-v dM v the Netherlands，478/1991）中的决定也支持在卡瓦尔坎蒂案中的推理。在这些案件中，社会保障法的"统一适用"导致女性申诉者与处于同一境地的男性相比，得到的社会保障利益更少。委员会本应该更多地关注有关荷兰立法的歧视性效果，而不是这些法律的形式上中立的适用。[44]

[23.45] **巴兰坦等人诉加拿大**（Ballantyne et al. v Canada，359，385/1989）

提交人申诉的是加拿大魁北克省的一项法律——该法律禁止在商业招牌上使用法语以外的语言。人权事务委员会认定第 26 条没有被违反：

11.5. 提交人声称，他们根据第 26 条享有的在法律前平等的权利遭到了侵犯；魁北克政府辩称，第 178 号法案第 1、6 节是适用于所有从事商业者而不论其语言如何的普遍措施。委员会注意到，第 178 号法案第 1、6 节禁止以法语以外的其他语言做户外商业广告。这种限制既适用于说英语者，也适用于说法语者，因此，希望以英语做广告以招徕说英语客户的说法语者，也不能这样做。因此，委员会认定，提交人并没有因为其语言而受到歧视，并得出结论认为，不存在对《公约》第 26 条的违反。

巴兰坦案中受质疑的法律可能是间接歧视的一个例证。所有的提交人都是说英语者，他们主张说，他们的客户也主要是说英语者。如果有证据表明，说英语的从商者比说法语的从商者有多得多的说英语的客户，这一法律看来会对那些说英语的从商者有更糟糕的影响。实际上，巴兰坦案中受质疑的法律，由于其内在的偏向性，可能构成了基于语言的直接歧视。委员会后来在迪尔加特诉纳米比亚案（Diergaardt v Namibia，760/1997）中的决定，实际上在这一方面与巴兰坦案不一致 [23.61]。

44　Lester and Joseph, 'Obligations of Non-Discrimination', 576.

第二十三章　不受歧视权

[23.46] **普林斯诉南非**（*Prince v South Africa*，1474/2006）

普林斯是一位拉斯塔法里（Rastafari）教信徒。他声称南非禁止持有大麻对他构成了间接歧视，因为使用大麻是其宗教的一个信条。人权事务委员会同意使用大麻是其宗教的一种表现[17.05]，但并未支持他根据第 26 条提出的申诉：

> 7.5. 提交人辩称他是事实歧视的受害者，因为他与别人不同，不得不在坚持他的宗教与尊重该国的法律之间作出抉择。委员会忆及，表面上中立或无歧视意图的规则或措施的歧视性效果，可能造成对第 26 条的违反。然而，只有在某一规则或决定的损害性效果仅仅或者不成比例地影响具有特定种族、肤色、性别、语言、宗教、政见或其他主张、民族本源或社会阶级、财产、出生或其他身分的人时，才可称之为基于《公约》第 26 条所述理由的间接歧视。此外，如果基于客观或合理的理由，则造成此类影响的规则或决定不算是歧视。在本案的情况中，委员会注意到，禁止拥有和使用大麻平等地影响所有人，包括可能也相信毒品的有益性质的其他宗教运动的成员。因此，委员会认为，该禁止是以客观与合理的理由为依据的，得出的结论是，缔约国不向拉斯塔法里教信徒提供豁免不构成违反第 26 条的区别待遇。

委员会再一次表明，它并不完全理解间接歧视。的确，大麻禁令适用于所有个人，包括那些可能提倡使用大麻的其他（未列名）宗教的成员。然而，基于有关法律可能平等地影响其他一些假设性的宗教而驳回对歧视的申诉，并不令人满意。此外，一项法律有可能间接歧视多个群体——例如，该法律可以解释为歧视所有将使用大麻作为一项关键信条的宗教。如果委员会认定所涉法律及其对拉斯塔法里信徒的歧视性影响是基于客观与合理的理由，因此根据第 26 条可予允许，那么它的推理本来会更加合理。

[23.47] 对于认定间接歧视的另一例证，见德克森和巴克诉荷兰案（*Derksen and Bakker v the Netherlands*，976/2001）[23.79]。

可予允许和不可允许的歧视

[23.48] 如第 18 号一般性意见第 13 段所确认的 [23.04],"合理与客观"的区分不构成《公约》禁止的歧视。因此,为实现正当目标而设计的成比例的措施是可予允许的。[45]

[23.49] "合理与客观"的检验有可能非常主观。人权事务委员会一直是在个案基础上处理,它在这方面的判例无法轻易地连成一个整体,用以准确地预见这种检验在将来如何适用。以下案件摘要显示了这一检验的实际应用的例证。

种族形象定性

[23.50] **勒克拉夫特诉西班牙**(*Lecraft v Spain*, 1493/2006)

这一案件涉及明显的种族形象定性。基于其种族特征,一位妇女被拦住以检查其身份证件,因为据说有关警察被告知要对"有色人种"进行这种检查。她诉称,这一情况违反了第 26 条。西班牙为这种情况提出的辩解是:

4.2. 缔约国还声称,事实没有表明对《公约》的违反。控制非法移民是完全合法的,《公约》并未禁止警察为此目的进行身份证检查。这是由西班牙法律所规定的:具体地说,在事件发生之时,根据关于外国人在西班牙的权利和自由的第 7/1985 号《组织法》实施条例第 72.1 条,外国人必须随身携带其护照或他们在西班牙入境时使用的证件以及——合适情况时——居留证,并且应要求向当局出示。《公共安全(组织)法》和《国民身份证件法令》还赋予当局权力检查身份证,并要求包括西班牙公民在内的任何人,出示身份证件。

4.3. 目前西班牙人口中黑人的数量相对较少,1992 年他们的人数甚至更少。另一方面,西班牙的非法移民的主要来源地之一是撒哈拉以

---

[45] Lester and Joseph, 'Obligations of Non-Discrimination', 585–6.

南的非洲。这些人抵达西班牙往往经历的艰难条件——他们常常是犯罪组织的受害者——时常吸引媒体的关注。人们如果同意国家控制非法移民具有正当性，就势必也会接受警察为此目的进行的检查在带有适当尊重和必要分寸感的情况下，可以考虑某些外表或民族特征，将其作为显示一个人的非西班牙血统的合理指示。此外，在本案中，并不存在对某一特定种族的个人进行身份查验的命令或具体指示。提交人15年来没有再受到过身份证检查，因此指称存在一种种族歧视动机没有道理。

4.4. 对提交人的身份证检查是以尊重人的方式进行的，并且是在通常人们会携带身份证件的时间和地点。警方行动所费的只是为检查身份所需的时间，而且在发现提交人是西班牙人后即告结束。综上所述，对提交人的身份检查有必要的法律授权，基于合理和成比例的标准，并且是以尊重人的方式进行；因此不存在对《公约》第26条的违反。

人权事务委员会认定第26条被违反：

7.2. 委员会必须确定，被警察拦截检查身份证，是否意味着提交人遭到了种族歧视。委员会认为，为一般性公共安全或预防犯罪或控制非法移民而进行身份证检查，是服务于一种正当目的。然而，在当局进行此种检查时，不应将被检查者的外表或民族特征本身视为其可能在该国非法逗留的指示。进行检查之方式也不应当仅针对具有特定外表或民族特征的人。否则这种检查不仅会对有关人员的尊严产生不利影响，而且还会助长仇外态度在一般公众中的蔓延，并将与旨在打击种族歧视的有效政策背道而驰。……

7.4. 在本案中，根据案卷可以推断出，所涉及的身份证检查属一般性质。提交人声称，她周边的任何人都没有被检查身份证，而且拦截并询问她的那位警员提到了她的外表特征，以此解释为什么是她而非其周边的其他任何人被要求出示身份证件。对于这些说法，收到提交人案件的行政机关和司法机关都没有反驳，在委员会的审议过程中也没有争议。在这种情况下，委员会只能得出这样的结论，即把提交人单挑出来进行身份证检查，仅仅是基于其种族特征，而这些特征是她被怀疑有非法行为的决定性因素。此外，委员会忆及其判例，即并非所有区别待遇都会构成歧视,只要这种区别的标准是合理、客观的,并且其目标是达到根据《公约》正当合理的目的。在审议的本案中,委员会认为,合理性和客观性的标准没有得到满足。此外,对提交人没有给予任何满意的解决,例如,以道歉作为救济。

8. 鉴于上述情况,人权事务委员会……认为,委员会所获事实显示存在对与《公约》第2条第3款结合解读的《公约》第26条的违反。

委员会相当明确地指出,种族形象定性违反《公约》第26条。[46] 虽然出于维护法律和秩序的目的,检查身份或——据估计——搜身是合理的,但进行此类检查或搜查的决定必须不仅仅基于个人的外表以及/或者族裔特征。

性别歧视[47]

[23.51] 奥弥尔鲁迪－斯吉弗拉等人诉毛里求斯(*Aumeeruddy-Cziffra et al. v Mauritius*,35/1978)

提交人申诉说,毛里求斯的移民法歧视毛里求斯妇女,因为毛里求斯男子的外籍妻子被准予在毛里求斯的自动居住权利,而毛里求斯妇女的外籍丈夫则不能。[48]

9.2 (b) 2 (ii) 3. ……《公约》必然导致这样的结果,即对家庭的保护不得因为某一配偶的性别而有不同。尽管毛里求斯可能有正当理由限制外国人进入本国领土,并因为安全原因驱逐他们,但委员会认为,将这些限制仅仅施加给毛里求斯妇女的外籍丈夫而不施加给毛里求斯男子的外籍妻子的立法,对于毛里求斯妇女是歧视性的,而且无法以安全要求作为正当理由。

9.2 (b) 2 (ii) 4. 因此,委员会认定在与第23条第1款规定的那三位已婚妇女的权利相联系的意义上,还存在着对《公约》第2条第1款、第3条和第26条的违反。

---

46 另见委员会的结论性意见:美国,(2006) UN doc CCPR/C/USA/CO/ 3/Rev.1, para 24;英国,(2008) UN doc CCPR/C/GBR/CO/6, para 29。

47 See also *Jacobs v Belgium* (943/2000) [23.94]。

48 另见第 [16.24]、[20.18] 段。

［23.52］在布鲁克斯案中［23.14］，人权事务委员会拒绝同意的主张是，社会保障津贴应基于性别假定即男性是"养家活口者"而区别男女。"养家活口者"立法在兹万－德弗里斯诉荷兰案（*Zwaan-de Vries v the Netherlands*，182/1984，一个与布鲁克斯案基本相同的案件）和鲍格尔诉奥地利案（*Pauger v Austria*，415/1990）中，也被认定为违反了第26条。在后一案件中，"养家活口者"假定意味着，根据奥地利的*遗属抚恤金立法，鳏夫得到的待遇劣于寡妇。这被认为构成了对第26条的违反。因此，对于男女之挣钱角色的假定看来并不能证明表面上的性别区分正当合理，至少是在像荷兰一样的西方国家中——在这些国家中，这种假定明显与社会价值观脱节。

［23.53］**穆勒和恩格尔哈德诉纳米比亚**（*Müller and Engelhard v Namibia*，919/2000）

该案中提交人的申诉如下：

3.1. 穆勒先生诉称，他是《公约》第26条被违反的受害者，因为《外国人法》第9条第1款阻止他在不履行向政府有关部门提出申请的既定程序的情况下，采用妻子的姓，而希望采用丈夫的姓的妇女则不需要履行这一程序即可改姓。同样，恩格尔哈德女士诉称，如果不遵守这些程序，则不能以她的姓作为全家的姓，这违反了第26条。他们认为，法律的这条规定以歧视性的方式将男女明显区别开来，因为妇女在结婚时可以自动采用丈夫的姓，而男人则必须经过特定的申请程序。……

人权事务委员会的认定有利于提交人：

6.7. 关于提交人根据《公约》第26条提出的申诉，委员会注意到案件各方均无争议的一个事实，即《外国人法》第9条第1款在男方或女方使用另一方姓氏的权利问题上，作出了基于性别的区别。委员会重申它一贯的判例，即法律前平等和不受任何歧视地得到法律平等保护的权利并不使得所有待遇上的差别都成为歧视性的。基于合理、客观标准的区别不构成第26条含义之内受到禁止的歧视。然而，基于《公约》第26条第二句所列具体理由之一的差别待遇要求缔约国承担一种重大

---

* 原文作"荷兰的"（Dutch），显系笔误，经与作者核实更正。

的责任，说明此种差别的理由何在。因此，委员会必须考虑《外国人法》第9条第1款规定的基于性别的差别的背后理由，能使这一规定不被判定为歧视性的。

6.8. 委员会注意到缔约国的主张，即《外国人法》第9条第1款的宗旨是实现正当的社会和法律目的，特别是为了确保法律安全。委员会还注意到缔约国提出，《外国人法》第9条所作的区别是基于在纳米比亚妇女通常改随夫姓的长期传统，事实上，迄今还没有男子希望改用妻子的姓。因此，这项处理正常事态的法律只是反映了纳米比亚社会中一种得到普遍接受的状态。夫妻双方希望以妻子的姓作为家庭的姓这一不大常见的要求，可以很容易通过按照《外国人法》设定的程序提出改姓申请得到考虑。然而，委员会不明白《外国人法》第9条第1款采用的基于性别的做法为何可以起到确保法律安全的目的，因为选择妻子的姓可以与选择丈夫的姓一样登记。鉴于男女平等原则的重要性，长期传统的论点不能成为有违《公约》的、男女之间不同待遇的普遍理由。对于选择妻子的姓作为家庭的姓的可能，施予比另一种方式（选择丈夫的姓作为家庭的姓）更为严格、更加烦琐的条件，不能被判断为是合理的；无论如何，此种区分的理由没有重要到可以压倒被普遍排除的基于性别的做法。因此，委员会认定，提交人是歧视做法和《公约》第26条被违反的受害者。

基于性情况的歧视

[23.54] **杨诉澳大利亚**（*Young v Australia*，941/2000）

提交人与退伍军人C先生维持38年的同性伴侣关系。在C先生于1998年12月去世后，提交人于1999年3月1日作为退伍军人的眷属申请养恤金。有关的立法即《退伍军人待遇法》规定，退伍军人的伴侣只有在曾与退伍军人结婚或曾与异性的退伍军人处于一种事实关系中时，才能获得养恤金。提交人申诉称，这一立法基于他的性情况（sexuality）对其构成歧视。人权事务委员会表示同意：

10.2. 提交人诉称，缔约国因他与C先生是同性伴侣关系、不符合

"眷属"定义的理由，拒绝准予他领取养恤金，这基于提交人的性倾向，侵犯了他根据《公约》第26条享有的权利。……委员会注意到，国内当局就驳回提交人案件提供的唯一理由是，认定提交人不符合"与某一异性共同生活"的条件。……

10.4. 委员会忆及其以往判例，即根据第26条禁止的歧视也包括基于性倾向的歧视。委员会忆及，在先前的来文中，委员会认定，在已婚夫妇与异性未婚同居伴侣之间就领取津贴方面存在差别是合理、客观的，因为有关伴侣可选择结婚，并承担随之而来的一切后果。从《退伍军人待遇法》有争议的章节来看，某人作为已婚夫妇一方或（能够证明他们处于"类似婚姻"关系中的）异性同居伴侣中的一方，符合"伴侣中一方"的定义，并因此是符合领取抚恤金资格的"眷属"。在本案中，很显然，提交人作为同性伴侣的一方，没有结婚的可能。由于他的性别或者性倾向，他也不可能基于领取抚恤金的目的被承认为C先生的同居伴侣。委会忆及其一贯的判例，即并非所有区别对待都相当于《公约》所禁止的歧视，只要这种区别是基于合理、客观的标准，就不是歧视。缔约国没有阐明，按照法律不可领取养恤金的同性伴侣与被批准可领取养恤金的未婚异性伴侣之间的区别待遇，为何是合理、客观的，而且也没有提出证据，说明存在能证明这种区别具有合理性的因素。为此，委员会认定，缔约国基于提交人的性别或性倾向，拒绝向他发放养恤金，违反了《公约》第26条。

[23.55] 缔约国并没有辩称，立法中对同性伴侣和异性伴侣的区分是有效的。实际上，该国主张的是，依据该立法中的其他标准，提交人并非一位退伍军人的眷属。

[23.56] 在案情与杨诉澳大利亚案类似的以下案件中，有关缔约国对于受到质疑的规定，稍微多给出了一点解释。

X 诉哥伦比亚（*X v Colombia*，1361/2005）

提交人的22岁的同性伴侣身故，提交人申请将其伴侣的津贴转移给他。哥伦比亚法律并不允许将津贴转移给同性伴侣。缔约国解释说，这些措施旨在保护异性伴侣——包括结婚的和事实上的，而不是意在损害同性伴侣。人权事务委员会认定第26条被违反：

7.1. 提交人声称，哥伦比亚的法院基于提交人的性倾向拒绝准许他续领津贴侵犯了他根据《公约》第26条享有的权利。委员会注意到缔约国的主张是，法律的起草者考虑了众多社会和法律因素，而不只是一对伴侣是否生活在一起的问题，而且缔约国没有义务为所有不同种类的伴侣和社会团体建立类似于《1990年第54号法》中所规定的财产制度，这些伴侣和团体可能会以性或情感纽带联系在一起，也可能不会。委员会也注意到缔约国声称，规范这一制度的规则的目的只是要保护异性结合，而不是要破坏其他结合或对他们造成任何损伤。

7.2. 委员会注意到，提交人就续领津贴的目的不被认为是Y先生的永久伴侣，因为法院根据《1990年第54号法》的裁决认定，领取津贴福利的权利只限于异性的事实婚姻结合。委员会忆及其以往判例，即根据第26条禁止的歧视也包括基于性倾向的歧视。委员会还忆及，它在先前的来文中认定，在已婚夫妇与异性未婚同居伴侣之间就领取津贴权利存在差别是合理、客观的，因为有关伴侣可选择结婚与否，并承担随之而来的一切后果。委员会也注意到，虽然提交人无法与其同性的永久伴侣结婚，但该《1990年第54号法》并没有区分已婚或未婚伴侣，却区分了同性或异性伴侣。委员会认为，缔约国没有提出任何论点证明，在没有资格领取津贴福利的同性伴侣和有资格领取津贴福利的未婚异性伴侣之间作出区分，是合理、客观的。缔约国也没有提出任何证据，显示存在可以证明这种区分合理的因素。在这种情况下，委员会认定，缔约国基于提交人的性倾向而拒绝他有权续领其生活伴侣的津贴，违反了《公约》第26条。

基于信念或宗教的歧视

[23.57] **亚维宁诉芬兰**（*Järvinen v Finland*, 295/1988）

根据芬兰立法，基于信念拒服兵役者需要服16个月的国民服务，而服兵役者只需要服役8个月。亚维宁作为一位基于信念拒服兵役者，主张这一法律构成了基于哲学意见的歧视。

对提交人所适用的一项新法律的理由如下：

2.2.……由于不再审查申请从事民事服务的应征服役者的信念，因此应以另外的方式确定是否存在这种信念，以避免新的程序鼓励应征入伍者纯粹基于个人利益或方便的原因寻求免服兵役。因此，适足延长此类服务的期限被认为是表明应征服役者信念的最合适标志。

在实质问题上，人权事务委员会同意缔约国的意见：

6.4. 在判断适用于亚维宁先生的、根据第647/85号法令将替代性服务的期限从12个月延长到16个月的情况是否基于合理、客观的标准之时，委员会特别考虑了这一法令的立法理由（见上文第2.2段）并认定，设计新的安排是为了便于替代性服务的管理工作。该法令是基于实际的考虑，并没有歧视的目的。

6.5. 然而，委员会认识到，这种立法作出的区分所起的作用是损害了那些真正的基于信念拒服兵役者——他们的基本信念必然要求他们接受民事服务。同时，这种新的安排不只对国家方便。新的安排消除了基于信念拒服兵役者往往难以使审查委员会相信其信仰属实的任务；而且使得更大范围的人有可能选择替代性服务。

6.6. 综合所有情况，延长的替代服务期限既非不合理，也不具有惩罚性。

委员会在亚维宁案中的决定似乎与其早先在居耶诉法国案（*Gueye v France*, 196/1985）[23.76] 中的决定不一致。在这两起案件中，通过受到质疑的法律，显然都是为了促进行政管理方便。不过，在亚维宁案中，有关法律被认定为有效，但在居耶案中，委员会则在其意见第9.5段中称，"仅仅是行政管理上的不便……不能援以证明不平等待遇的正当合理性"。也许重要的一点是，亚维宁案中，歧视的受害者从有关法律中有所受益（即他们不必再证明其信念），而居耶和其他塞内加尔籍退伍军人并未从受质疑的法国法律中受益。无论如何，委员会在其对以下案件的决定中，偏离了其在亚维宁案中的推理。

[23.58] **弗因诉法国**（*Foin v France*, 666/1995）

弗因诉称，基于他的意见和信念，他受到了歧视，因为他要服的24个月的强制性民事服务两倍于那些服强制性兵役者的 12 个月的期限。人权事务委员会的认定有利于提交人：

> 10.3. 委员会要处理的问题是，提交人必须要服的替代服务的具体条件是否构成对《公约》的违反。委员会指出，根据《公约》第 8 条，各缔约国可以要求具有军事性质的服务，而在基于信念拒绝的情况中，则可以要求服替代国民服务，但这种服务不得是歧视性的。提交人声称，法国法律要求国民替代服务的期限为 24 个月，而不是兵役的 12 个月，这是歧视性的，违反了《公约》第 26 条规定的法律前平等的原则和法律的平等保护。委员会重申它的立场，即第 26 条并不禁止所有的待遇差别。但是，如同委员会曾多次声明的那样，任何区别都必须基于合理、客观的标准。在这一方面，委员会承认，法律和惯例可以规定兵役和国民替代服务之间的差别，而且在特殊情况下，这样的差别可以成为更长服役期的理由，但区别必须基于合理、客观的标准，如有关的具体服务的性质或者为完成这项服务而需要专门培训。然而，在本案中，缔约国提出的理由没有提到这类标准，或者只是笼统地提到了一些标准而没有具体涉及提交人的情况。这些理由实际上以如下论点为基础，即将服役期增加一倍是检验个人信念是否真诚的唯一途径。委员会认为，这种论点没有满足如下要求，即本案所涉的待遇差别是基于合理、客观的标准。在这种情况下，委员会认定，发生了违反第 26 条的情况，因为提交人由于其信念而受到了歧视。

[23.59] 人权事务委员会在该案中的决定似乎推翻了其在亚维宁案中的决定——就如少数持异议意见的委员指出的那样，但是这一与先前判例的偏离在决定中并未得到明确承认。在梅耶诉法国案（*Maille v France*，689/1996）以及维尼尔和尼古拉斯诉法国案（*Venier and Nicolas v France*，690 - 91/1997）中，出现了类似的多数委员的决定和少数委员的意见。

[23.60] **沃尔德曼诉加拿大**（*Waldman v Canada*，694/1996）

沃尔德曼的申诉有关对于不同宗教信仰的学校的不同教育补贴。他对其诉求的描述如下：

> 1.2. 提交人是两个学龄儿童的父亲，信仰犹太教，将其子女送到一

所犹太教私立走读学校就读。在安大略省，罗马天主教教会学校是唯一直接得到全额国家资金拨款的非世俗学校。其他教会学校的资金都只能来源于私人途径，包括收取学费。

提交人详细介绍了加拿大安大略省资助学校的相关历史：

2.1. 安大略省的公立学校制度向全省的所有居民提供免费教育，不得有基于宗教或其他任何理由的任何歧视。公立学校不得进行任何宗教灌输。个人享有开设私立学校和将其子女送往私立学校而非公立学校的自由。对在安大略省开办私立学校的唯一法定要求是提交一份"开办私立学校的意向书"。安大略省的私立学校既无须领执照，也不必事先得到政府的任何批准。截至1989年9月30日，安大略省有64699名学生在494所私立学校就读。私立学校的学生人数为整个安大略省走读学校学生人数的3.3%。

2.2. 安大略省的分立学校资助制度源自加拿大1867年宪法的规定。1867年，天主教徒占安大略人口的17%，而新教徒为82%。所有其他宗教教徒合在一起占人口的0.2%。加拿大联邦时期，一种顾虑是，新的安大略省将会由占多数的新教徒控制，而他们可能会行使其对教育的权力来剥夺罗马天主教少数者的权利。解决办法是保障后者的教派教育的权利，并通过将其写入加拿大联邦时期的国家法律的方式，来明确这些权利。

2.3. 因此，1867年加拿大宪法的第93条规定了对教派学校权利的明确保障。1867年的《宪法法》第93条准予加拿大每个省制定有关教育之权利的专属管辖权，只受1867年准予的教派学校权利的限制。在安大略，第93条规定的权力是通过《教育法》行使的。根据《教育法》，每一所公立学校均有权得到全额政府资助。而分立学校则被界定为罗马天主教学校。《教育法》规定："1.（1）'分立学校教务委员会'是指为罗马天主教执行教务委员会工作的委员会；……122.（1）每一所分立学校将以与公立学校同等的方式分享法律规定的拨款。"结果是，罗马天主教学校成为唯一有权与公立世俗学校一样享有同等政府资助的教会学校。……

3.1. 提交人诉称，由1867年加拿大《宪法法》第93条批准并根据（安大略省）《教育法》第122条和第128条执行的资助罗马天主教学校的立法授权违反了《公约》第26条。提交人声称，这些规定造成了一种区分或偏袒，其根据是宗教，其效果是损害了所有人对其宗教权利和自由的平等享受或行使。他主张，只给一个宗教团体利益的做法不可持续。如果接受由政府资助的宗教教育的权利得到缔约国承认，就不应该根据个人的具体信仰的性质对其作出区分。提交人坚持认为，只对罗马天主教学校提供全额资助不能被认为是合理的。安大略省政府的歧视性资助做法在历史上的理由，即针对占多数的新教徒保护罗马天主教少数者，现在已经消失，如果说还有这种理由的话，则其已经转移到安大略的其他少数宗教团体。所引用的1991年的人口调查表明，安大略人口中44%是新教徒，36%是天主教徒，8%则分属其他教派。鉴于加拿大其他省份及地区在分配教育资金方面并不基于宗教而歧视，上述做法也是不合理的。[49]

缔约国对受质疑的安大略省的法律提出的辩护理由如下：

8.3. ……缔约国解释说，如果没有对罗马天主教徒少数者的权利的保护，加拿大建立就是不可能的，而且分立学校制度仍是一个有争议的问题，不时威胁加拿大的国家统一。缔约国解释说，这种资助在罗马天主教社群看来是对历史错误的一种纠正。

8.4. 缔约国提出，不取消给安大略省罗马天主教分立学校的资助有着合理而客观的理由。取消这项资金将被视为宣告加拿大联邦为保护安大略弱势少数者的利益而谈成的协议作废，而且会引起罗马天主教社群的愤怒和抵制。这还将引起一定程度的经济动荡，包括对提供给罗马天主教学校的设施和土地提出索赔。另外，保护少数者的利益，包括少数者的宗教权利和受教育的权利，是加拿大宪法制度的一项基本原则，与取消给罗马天主教分立学校的政府资助格格不入。取消给安大略省分立学校的政府资助还会进一步对加拿大其他省份带来压力，要求其取消其

---

49 在魁北克和纽芬兰，适用不同的宪法安排。

境内对少数者的保护。

人权事务委员会的有利于提交人的意见如下：

10.2. 委员会要处理的问题是，为罗马天主教学校提供政府资助，而不为提交人所信仰宗教的教会学校提供政府资助，致使他必须为其子女在教会学校就读支付全额费用，是否构成对提交人根据《公约》享有的权利的侵犯。

10.3. 缔约国争辩说，没有发生歧视问题，因为这种区分是基于客观、合理的标准：优待罗马天主教学校是《宪法》明文规定的；由于罗马天主教学校已融为公立学校制度的一个独特部分，因此有区别的是私立学校与公立学校，而不是私立罗马天主教学校与其他宗教的私立学校；公立世俗教育制度的目的符合《公约》的规定。

10.4. 委员会首先指出，《宪法》明文规定了某种区分这一事实并不等于使其合理且客观。在本案中，1867年时作出这种区分是为了保护安大略的罗马天主教徒。委员会所获材料并没有表明，现在罗马天主教社群的成员或其任何可识别的部分，与希望保证其子女在教会学校受教育的犹太社群成员相比，处于不利地位。因此，委员会不同意缔约国的论点，即因为其《宪法》规定的义务，优待罗马天主教学校就不是歧视性的。

10.5. 关于缔约国的主张，即在分配政府资助方面，区分私立学校和公立学校属于合理，委员会注意到，罗马天主教以外的信仰其他宗教派别的成员无法让他们的教会学校融入公立学校制度中。在本案中，提交人将其子女送到一所私立教会学校，不是因为他希望他的子女在不依赖政府资助的私立学校中受教育，而是因为政府资助的学校制度中不包括他所信仰的宗教派别，但信仰罗马天主教的人可以在政府资助的教会学校上学。根据其所获知的事实，委员会认为，以下方面之间的待遇差别不能被视为是合理、客观的：一方面是作为公共教育制度中一个独特部分而得到政府资助的罗马天主教教会学校，另一方面是只能属于私立性质的、提交人所信仰之宗教的教会学校。

10.6. 委员会注意到缔约国的论点，即其世俗公共教育制度的目标符合《公约》规定的非歧视原则。委员会对此并无不同意见，但注意到，该制度宣称的目标并不能证明专门资助罗马天主教教会学校是正当合理的。委员会还注意到提交人的陈述，即如果政府停止资助任何教会学校，则安大略省的公立学校制度将得到更多的资源。对此，委员会指出，《公约》并未要求缔约国必须资助建立在宗教信仰基础上的学校。然而，如果缔约国选择向教会学校提供政府资助，即应无所歧视地提供这种资助。这意味着，向一个宗教团体的学校提供资助而不向另一个宗教团体的学校提供资助必须基于合理、客观的标准。在本案中，委员会的结论是，其所获材料没有表明，在罗马天主教信仰与提交人的宗教派别之间的差别待遇是基于这种标准的。因此，存在对提交人根据《公约》第26条享有的得到公平有效保护、免受歧视之权利的侵犯。

为了补救这一侵犯，安大略省必须或者增加对所有宗教学校的资助（这将对安大略省的预算有重大影响），或者在其公立学校制度之内允许对所有宗教群体的教育（与其主流的世俗模式相反），或者停止对罗马天主教学校的资助。后一解决方法在政治上以及——鉴于加拿大1867年宪法第93条——法律上都会很困难。[50] 加拿大政府在有关沃尔德曼案的后续答复中通知委员会，安大略省政府基本上没有计划实施委员会在沃尔德曼案中的决定。[51]

语言歧视

[23.61] **迪尔加特诉纳米比亚**（*Diergaardt v Namibia*，760/1997）

3.4.……律师指出，《[纳米比亚]宪法》第3条宣布英语是纳米比亚的唯一官方语言，该条第3款允许根据议会通过的立法而使用其他语

50　经受影响的省和联邦政府协商，有可能修正该第93条（见委员会意见的第5.5段）。魁北克和纽芬兰最近就作出了这种修正。加拿大最高法院裁决称，准予罗马天主教学校的优惠待遇并不违反《加拿大权利和自由宪章》，因为安大略省在宪法中有义务赋予这种优待：*Reference Re Bill 30, An Act to amend the Education Act (Ont.)* [1987] 1 SCR 1148；*Adler v Ontario* [1996] 3 SCR 609；另见沃尔德曼案，委员会意见的第2.6–2.11段。

51　(2000) UN doc. A/55/40, Vol. I, para 608. 委员会在其对加拿大的结论性意见中，表示关切加拿大对其在沃尔德曼案中的意见的消极反应，并要求"给予提交人一项有效救济，消除在向学校分配补贴方面基于宗教的歧视"：(2006) UN doc CCPR/C/CAN/CO/5, para 21。

言。律师声称，在独立已经 7 年之后，这样的法律仍未获得通过，并诉称这构成对说非英语者的歧视。据律师称，反对派试图让这样的立法通过的努力受到政府的阻挠——后者宣布不打算在这个问题上采取任何立法行动。在这方面，律师提到了 1991 年的人口调查，根据调查结果，在纳米比亚人口中，以英语作为母语的人只占 0.8%。

3.5. 结果是，提交人被剥夺了在行政、司法、教育和公共生活中使用其母语的权利。据说这侵犯了他们根据《公约》第 26、27 条享有的权利。

在这一点上，人权事务委员会的认定有利于提交人。如下所示，对委员会产生重大影响的，是提交人的律师提交的"一份 1992 年 3 月 4 日里赫伯斯中区区域专员发出的通告的副本，其中明确禁止在与区域官方机构的电话交谈中使用南非荷兰语"。少数委员认定这一通告被误解。

10.10. 提交人还称，纳米比亚缺乏语言方面的立法造成他们被剥夺了在行政、司法、教育和公共生活中使用其母语的权利。委员会注意到提交人已经表明，缔约国指示其公务人员不要答复提交人以南非荷兰语向当局提出的书面和口头交涉，即使他们完全有能力这样做。禁止使用南非荷兰语的这些指示不仅涉及印发公文，甚至还涉及电话交谈。在缔约国政府未作任何答复的情况下，委员会必须适当看重提交人的指控，即政府的上述通告是故意针对在与公共机关打交道时使用南非荷兰语的可能性。因此，委员会认定，提交人作为使用南非荷兰语的人，是《公约》第 26 条被违反的受害者。

如果迪尔加特案遵循了巴兰坦案的模式［23.45］，那么也有可能不认定存在违反。禁止在回答问询时使用南非荷兰语，无论问询来自何人，均适用。在迪尔加特案中，委员会觉得，这一规则会对使用南非荷兰语者有损害性影响，而在巴兰坦案中，委员会未承认标识法律会对并非说法语者有不成比例的影响。

年龄歧视

[23.62] 拉夫诉澳大利亚（*Love v Australia*，983/2001）

提交人申诉的情况是，他在 60 岁时被航空公司强制辞退：

3. 提交人诉称，澳大利亚未做到保护他们免遭基于年龄原因终止其工作合同的做法，从而侵犯了他们根据第26条享有的不受基于年龄的歧视的权利。……

人权事务委员会认定第26条没有被违反：

8.2. 就实质事项，委员会要解决的问题是，提交人是否遭受了有违《公约》第26条的歧视。委员会忆及其一贯判例，即并非每一项区分都构成违反第26条的歧视，但是区分必须基于合理、客观的理由而正当合理，是为了实现根据《公约》正当的某个目标。虽然第26条第二句中，没有将年龄本身列为禁止歧视的理由之一，但委员会认为，并非基于合理、客观标准的与年龄有关的区分有可能相当于所涉条款规定的基于"其他身分"的歧视，或相当于剥夺第26条第一句含义之内的法律的平等保护。然而，对于强制性退休年龄是否在一般意义上构成年龄歧视并不明确。委员会注意到的事实是，强制性退休年龄制度可能包括对工人保护的因素，即限定一生中的工作时间，在存在全面的社会保障制度、能保证达到这一年龄的人的生活的情况中，尤其如此。此外，与就业政策相关的原因，也可能是制定强制性退休年龄的立法或政策的背景。委员会指出，虽然国际劳工组织建立了详细的保护体制以防止就业方面的歧视，但该组织的任何一项公约似乎都未禁止强制性退休年龄。上述考虑当然不排除委员会根据《公约》第26条，就任何具体的强制性退休年龄安排是否具有歧视性作出评断的任务。

8.3. 如同缔约国指出的，在本案中，最大限度确保乘客、机组人员和其他受空中旅行影响者的安全的目标，根据《公约》是一个正当目标。至于基于年龄作出的区分的合理性与客观性，委员会考虑到，当提交人被辞退时，该国国内和国际上广泛通行的做法都是规定60岁为强制退休年龄。为了证实当初维持这种辞退做法的正当合理性，缔约国援引了国际民航组织的制度，该制度的目的在于确保，同时也被理解为确保了最高程度的航空安全。在这种情况下，委员会不能得出结论认为，在辞退拉夫先生时作出的这种区分不是基于客观、合理的考虑。因此，委员会认为，不能确定存在对第26条的违反。

8.4. 鉴于上述认定，即拉夫先生并未遭受违反第 26 条的歧视，因此没有必要决定的是，他被辞退是否应由缔约国直接负责，或未能防止第三方的歧视是否会引起缔约国的责任。

[23.63] **阿尔巴雷达诉乌拉圭**（*Albareda v Uruguay*，1637/2007）

该案涉及某些超过 60 岁的公务员被强制降职。尤其是，低级公务员要服从这一规定，而高级公务员则不必。最终，不同级别的公务员在待遇上的这种差别被认定违反了第 26 条。[52] 有意思的是，人权事务委员会认定年龄歧视是可以接受的：

9.3. ……乌拉圭最高法院提到，作为受争议条款的一个可能的法律理由，反应力和记忆力的丧失可能会对履行一等秘书职责的工作人员的效能产生不利影响。该法院并不认为这种推理不合理。

9.4. 委员会认为，对某一特定职业规定强制退休年龄，本身并不构成基于年龄的歧视；但在本案中，秘书和其他 M 类公务员的退休年龄不相同，缔约国对于这一区分并未提出正当理由。……

[23.64] 人权事务委员会曾在伊诺斯特罗扎·索利斯诉秘鲁案（*Inostroza Solís v Peru*，1016/2001）中认定，在公务员就业方面的年龄歧视符合《公约》第 25 条（寅）项和第 26 条 [22.71]。事实上，委员会在阿尔巴雷达案中明确表示，对于乌拉圭以精神和身体能力下降的可能性作为将超过 60 岁的人强制降职的理由，委员会并不认为这是"不合理的"。在给予委员会其应得尊重的同时，其赞同的推理并不合适，因为基本上不能说大多数超过 60 岁的人无法继续其工作。令人遗憾的是，委员会似乎赞同这种普遍化的歧视性推理，而且迄今尚未显示出对年龄歧视的显著敏感性。[53]

与财产有关的歧视

[23.65] **亚当诉捷克共和国**（*Adam v The Czech Republic*，586/1994）

该案之案情如下：

---

52 在委员会意见的第 9.4 段。
53 See also *Marín Gómez v Spain* (865/1999).

《公民及政治权利国际公约》：案例、资料和评注

2.1. 提交人的父亲弗拉迪斯拉夫·亚当是捷克公民，他的财产和业务于1949年被捷克斯洛伐克政府没收。亚当先生逃离了捷克斯洛伐克，最后迁居澳大利亚。他的三个儿子（包括来文提交人在内）都出生在澳大利亚。1985年，弗拉迪斯拉夫·亚当去世，在他的遗嘱中将他在捷克的资产留给了他的三个儿子。自那时起，兄弟三个一直在努力收回他们的资产，却始终未果。

2.2. 1991年捷克和斯洛伐克联邦共和国颁布了一项法律，为在前政权的压力下离国出走的捷克公民平反，并归还他们的财产或赔偿财产所遭损失。1991年12月6日，提交人及其兄弟通过捷克律师提出了归还其财产的要求。他们的索还要求被驳回，理由是他们并不符合当时适用的第87/1991号法的两项规定，即索赔人必须具备捷克国籍，并长期居住在捷克共和国境内。……

3. 提交人声称，只有在索赔人系捷克公民时，才可适用于归还资产或赔偿损失的法律规定，使他及其兄弟成为《公约》第26条规定的歧视的受害者。

缔约国为其受质疑的法律提出的辩解是：

9.1. 缔约国还竭力解释了这一案件更为广泛的政治和法律背景，并辩称提交人对事实的陈述具有误导性。在1989年11月开始民主化进程之后，捷克和斯洛伐克共和国以及后来的捷克共和国作出了相当大的努力，以消除前政权在财产方面的一些不公正做法。《平反法》所述的归还财产的努力在部分程度上是该国政府的一种自愿和道德上的行为，而非一项职责或法律上的义务。"同时还有必要指出的事实是，不可能消除过去的政权四十多年来所造成的一切损害，而考虑到需要保护当前捷克共和国公民的正当合理利益，这甚至是不可取的。"

9.2. 要求归还或赔偿必须以公民身分为先决条件不应当被解释为违反了《公约》第26条所规定的禁止歧视。……

人权事务委员会的决定有利于提交人：

12.5. 在审查得到归还或赔偿的条件是否符合《公约》时，委员会必须审议所有有关的因素，包括提交人的父亲对有关财产的原始所有权

以及没收的性质。缔约国本身承认，在前政权统治下实行的没收是有损害的，而这就是颁布了具体立法来规定某种归还形式的原因。委员会指出，这类立法不得在早先没收行为的各受害者之间作出歧视性区别，因为所有受害者都有权获得补救，而不应有武断区分。鉴于提交人通过继承权获得的原始所有权并不取决于公民身分，委员会认定，第87/1991号法关于公民身分的条件是不合理的。

12.6. 在这一方面，委员会忆及它对第516/1992号来文即希姆内克等人诉捷克共和国案（*Simunek et al. v Czech Republic*）的意见所载的理由，其中委员会认为，该案的提交人和处于类似情况中的许多其他人都因其政治意见而离开了捷克斯洛伐克，并在其他国家寻求避免政治迫害的庇护，他们最终在这些庇护国中长期定居并获得了新的国籍。鉴于缔约国本身应为提交人的父母1949年离境承担责任，而要求提交人及其兄弟具备捷克公民身分，以之作为归还其财产或者（作为替代方案的）获得适当赔款的先决条件，将不符合《公约》。

亚当案中多数委员的意见实际上支持了委员会早先在希姆内克等人诉捷克共和国案（*Simunek et al. v Czech Republic*，516/1992）中的决定。

[23.66] 在亚当案中，安藤先生提出了一项单独意见：

考虑到人权事务委员会对第516/1992号来文［希姆内克等人诉捷克共和国］的意见，我并不反对委员会就本案所通过的意见，但想指出如下：

首先，根据一般国际法的目前规则，各国可自由选择其经济制度。实际上，当联合国在1966年通过《公民及政治权利国际公约》时，当时的各社会主义国家实行计划经济制度，据此私有制受到很大限制或原则上被禁止。即使现在，也有一些《公约》缔约国——包括采用以市场为导向的经济的国家——仍限制或禁止外国人对其领土内的不动产的私人所有权。

其次，某个缔约国将其领土内的不动产所有权仅限于本国国民或公民，从而排除其具有不同国籍或公民身分的妻子或子女继承这些不动产，也不是不可能的。这类继承受各有关国家的国际私法的调整，而我并不知道有任何得到普遍公认的"对私有财产的绝对继承权"。

最后,虽然《公民及政治权利国际公约》规定了不歧视和法律前平等的原则,但并未禁止基于客观且合理标准的"正当区分"。《公约》既未界定也不保护经济权利本身。这就意味着人权事务委员会在处置经济领域中的歧视问题时,应极为审慎小心地行事。例如,对某些经济权利的限制或禁止,包括基于国籍或公民身分对继承权的限制或禁止,很可能有理由被认为是正当区分。

尽管安藤有明显的疑虑,但他"并不反对"多数委员的决定。这显然是由于存在希姆内克案的先例。[54] 如今,希姆内克案和亚当案已经在一长串案件中得到遵从,包括如下案件:布拉泽克等人诉捷克共和国(*Blazek et al. v Czech Republic*,857/1999)、德斯·福斯·瓦尔德罗德和卡莫兰德诉捷克共和国(*Des Fours Walderode and Kammerlander v Czech Republic*,747/1997)、阿门德森诉捷克共和国(*Amundson v Czech Republic*,1508/2006)、克利茨诉捷克共和国(*Kriz v Czech Republic*,1054/2002)、马瑞克诉捷克共和国(*Marik v Czech Republic*,945/2000)和克霍特科诉捷克共和国(*Kohoutek v Czech Republic*,1448/2006)。

[23.67] **德罗贝克诉斯洛伐克**(*Drobek v Slovakia*,643/1995)

在该案中,提交人诉称,对捷克斯洛伐克政府在第二次世界大战后从其德裔家庭中夺走的财产,他没有资格获得返还。在他提出申诉时,斯洛伐克法律规定只归还共产主义政权没收的财产。人权事务委员会没有认定第26条被违反:

6.4. 委员会在其对第516/1992号来文即希姆内克等人诉捷克共和国案(*Simunek et al. v Czech Republic*)的意见中认为,1991年法律之所以违反了《公约》,是因为该法律仅仅因为其财产于1948年后被没收的个人在1989年执政政权垮台后不是该国国民或居民,就将他们排除在适用范围之外。本案不同于上案中表示的意见,因为本案中的提交人所指称的并非有关1948年后的财产没收这一方面的歧视待遇。相反,他

---

54 另见第[1.78]及以下各段,有关先例对《公约》判例理论的影响。

争辩说，因为1991年法律没有同样赔偿当时执政政权之前的政权在1945年下令的没收行为的受害人，所以该法律是歧视性的。

6.5. 委员会一贯认为，并非待遇方面的每一区分或差别都相当于第2条和第26条含义之内的歧视。委员会认为，在本案中，在捷克斯洛伐克1989年执政政权垮台后通过的补偿该政权受害者的立法，并不仅仅因为如提交人所说，该立法不补偿据称由以前的政权造成的不公正的受害者，而显得具有第26条含义之内的表面上成立的歧视性。提交人未能证实这一有关第2条和第26条的申诉。

[23.68] 在马利克诉捷克共和国案（*Malik v Czech Republic*，669/1995）*和施罗瑟诉捷克共和国案（*Schlosser v Czech Republic*，670/1995）中，提交人申诉说，捷克法律补偿了共产主义政权实行的征收的受害者，但没有补偿其他政权——如共产主义政权之前的纳粹政权——实行的不适当征收的受害者。人权事务委员会认定，这两个案件都不可受理，因为捷克法律根据不公正的来源区分不公正的受害者是合理的，就如德罗贝克案一样。可将这些案件与以下案件进行比较。

[23.69] **布罗克和布罗科娃诉捷克共和国**（*Brok and Brokova v Czech Republic*，774/1997）

1939年在布拉格，纳粹政权没收了提交人父母的财产，因为他们是犹太人。1945年，根据贝奈斯第5/1945号法令，纳粹基于种族迫害而做出的大部分财产转让都被废止。然而，提交人父母的财产是在1945年之前被国有化的，这项法令不适用于此类财产。提交人的申诉如下：

2.4. 随着该国转变成一个民主政府并通过财产归还立法以后，提交人根据经第116/1994号法令修正的第87/1991号法令申请归还财产。所述法律规定，对于前政权统治期间（1948年2月25日至1990年1月1日）由于政治原因而实行的非法没收的受害者，返还财产或提供赔偿。该法律还规定对于第二次世界大战期间种族迫害的受害者，返还财产或

---

* 原书作"马利克诉捷克斯洛伐克（*Malik v Czechoslovakia*，669/1995）"，有误，经与作者核实更正。

提供赔偿——这些人根据第 5/1945 号法令应当有此权利。然而，法院驳回了提交人的诉求（区法院 1995 年 11 月 20 日第 26 C 49/95 号裁决和布拉格市法院 1996 年 2 月 28 日第 13 Co 34/94－29 号裁决）。区法院在其裁决中称，经修正的法令将获得返还权扩大到在德国占领时期失去财产的人和由于政治迫害其财产无法得到返还的人，或者在 1948 年 2 月 25 日经历了侵犯其人权的法律程序的人——条件是他们必须符合第 87/1991 号法令中规定的条件。不过，法院认为，提交人不符合返还财产的条件，因为这一财产是在 1948 年 2 月 25 日以前被国有化的，而这一日期是第 87/1991 号法令第 1 条第 1 款和第 6 条规定的追溯截止日期。布拉格市法院维持了这一裁决。

人权事务委员会同意，所质疑的法令侵犯了提交人根据第 26 条享有的权利：

7.3. 这些法律规定，对于在前政权统治期间由于政治原因而实行的非法没收的受害者返还财产或提供赔偿。该法律还规定对于第二次世界大战期间种族迫害的受害者，返还财产或提供赔偿——这些人根据第 5/1945 号法令应当有此权利。委员会认为，该立法不得对其所适用的先前的财产没收行为的受害者采取差别对待，因为所有受害者都有权得到补救，不得有任意区分。

7.4. 委员会注意到，经第 116/1994 号法令修正的第 87/1991 号法令导致提交人提出返还财产的要求，但这项要求被拒绝，理由是，根据贝奈斯第 100/1945 号法令，1946~1947 年实行的国有化不属于 1991 年和 1994 年法律的范围。因此，提交人无法得益于财产返还法，尽管提交人的财产在德国占领期间被纳粹当局没收而只能在 1946~1947 年被捷克收归国有。委员会认为，这种做法揭示了，与以下类别的人相比，对提交人的一种歧视待遇：那些人的财产虽然被纳粹当局没收，但因为在二战结束后没有立即被捷克收归国有，所以他们能够得益于 1991 年和 1994 年的法律。无论上述任意武断性是否属于法律本身所固有，或者它是否是缔约国法院适用法律的结果，委员会都认定，提交人被剥夺了得到法律平等保护的权利，这违反了《公约》第 26 条。

第二十三章 不受歧视权

[23.70] 在1994年之前,并非当时执政政权的歧视性征收的捷克受害者没有资格获得现任捷克政府的立法返还。因此,他们受到了平等对待。人权事务委员会在德罗贝克案、马利克案和施罗瑟案中并不接受的是,提交人所受与当时执政政权的受害者不同的待遇可引起第26条之下的申诉。然而,在布罗克案中,一些纳粹政权的受害者有权得到赔偿,而其他人则没有。在这种情况下,委员会认定没有得到赔偿的一组人遭受了令人不满的歧视。布罗克案与其他三个案件的结果之间的差异显示了不受歧视权的性质。委员会在布罗克案中,认定存在对一个非当时执政政权的受害者的歧视,虽然事实上法律对这些受害者比在另外三个案件中更有利——在这些案件中委员会没有认定任何违反。如果人们受到同等恶劣的待遇,就不会产生歧视。布罗克案中之所以产生了歧视,是因为受害者所受待遇比其他处境相似的人差。

[23.71] **哈拉尔德森和斯文森诉冰岛**(*Haraldsson and Sveinsson v Iceland*,1306/2004)

该案涉及冰岛捕鱼权的分配。未经许可而捕捞和收获某些物种受到禁止。渔业许可证制度的作用是使那些拥有既有许可证的人——特别是在1980～1983年的"参考期"内获得许可证的人——享有特权。捕鱼许可证的所有人被允许出售许可证之全部或部分。提交人声称,他们根据许可证获得的捕鱼配额不足,而且他们无法从国家渔业局获得更多的捕鱼资格。因此,他们被迫购买其他船舶以高价出售的额外捕鱼资格。

冰岛为这种制度提出的辩解是:

8.4. 缔约国认为,对提交人业务的限制并不构成对第26条的违反。在提交人和根据第38/1990号法令第7条获得捕鱼额度分配的人之间,并不存在任何不合法的歧视。在属于冰岛海员这一大群体的提交人和渔船经营人之间的差别待遇是正当合理的。……

8.5. 关于差别待遇的目的,缔约国提出,保护和节俭地利用渔产关系到重要的、明显的公共利益。缔约国已经承担了确保合理利用这些资源的国际法律义务,尤其是《联合国海洋法公约》规定的义务。由于捕鱼技术的进步、捕获量的增加及船队的扩大,冰岛面临着实际、紧迫的过度捕捞危险。渔产枯竭会对冰岛全国产生灾难性影响,因为对冰岛人民来说，捕鱼自古以来就是一项主要职业。以限制捕获量的方式来防止过度捕捞的措施，是保护和合理利用渔产的一个必要因素。因此，出于公共利益考虑，必须限制个人从事商业捕捞的自由。此种限制详细地规定在渔业法中。缔约国提出了该国有限的渔产资源如何分配的问题，并认为，向全体公民平均分配额度是不可能的。

8.6. 缔约国主张，冰岛立法机构决定通过一种配额制度限制和控制渔产捕获量——其中捕获权根据渔船以往的捕获情况而不是采用其他渔业管理方法加以分配，有着合理、客观的理由。缔约国提到了冰岛最高法院在瓦尔迪马（Valdimar）案中的判决：

"使捕获资格具有永久和可转让性质的安排，还得到以下考虑的支持，即这使得经营者能够长远地规划其活动，并且在任何特定时间酌情增加或减少某些海产的捕获资格。在这方面，第 38/1990 号法令依据的评估是，捕获资格的永久性质产生的经济益处以及转让捕获资格和配额的可能性，将使渔产得到有效利用，从而有利于国民经济。"

8.7. 缔约国提及第 85/2002 号法令，该法令规定，对于渔船经营人使用渔场的权利征收一种特别的捕获费，该费用是考虑到渔场的经济业绩计算的。该捕获费的效果等同于对渔船经营人征收的特别税。这表明，立法机构在不断探索为了冰岛的利益、实现高效率地管理渔业这一目标的最佳途径。议会总是会对渔业管理安排和捕获权作进一步修正。议会还可使这项权利受某些条件的约束，或者选择更好的方法来实现公共利益。

8.8. 缔约国指出，对冰岛和国外的各项渔业管理制度所作的比较，以及海洋生物学和经济学领域的科学人员的研究成果都明确地得出的结论是，如冰岛所实行的这种配额制度是实现现代渔业管理制度的经济和生物学目标的最佳途径。……

8.9. 缔约国指出，个体可转让配额制度出台时存在的客观、合理的理由至今仍然存在。如果全体冰岛公民依据法律前平等的原则，都享有从事捕鱼活动的平等权利，并因此获得捕获配额，那么冰岛渔业管理制度的基础就会崩溃。这种状况将会损害制度的稳定性。原先根据捕获业绩分配的配额权，后来在很大程度上已经转让给他人。后来获得配额的人，不是按照十足市值购买的，就是租赁的。他们并不构成一个"特权群体"。他们接受了在冰岛渔业管理制度中适用的规则。如果这些所有人的资格被突然削减或取消，而将这些资格在有意开展捕鱼业的人当中平均分配，这对已经投资于这些资格并对他们能够继续享有这些资格抱有正当期望的人的权利，将构成严重的侵犯。

8.10. 缔约国表示，这些法律和条例的后果对提交人并不是过分严重，因而并没有违反比例性原则，而是与《公约》第 26 条相一致的。……

人权事务委员会并不同意这些意见，而是认定第 26 条被违反：

10.2. 委员会需要处理的主要问题是，提交人是否因为以下情况而是违反《公约》第 26 条的歧视的受害者：他们必须依法向同胞付钱，以便获取从事某些鱼类的商业捕捞所需的配额，并由此获得属于冰岛全国的共同财产的此种渔产。……

10.3. 委员会首先注意到，提交人的申诉依据的是两类渔业人员之间的差别。第一类人员免费获得了定额，因为这些人在 1980 年 11 月 1 日至 1983 年 10 月 31 日这一时期从事受配额影响的鱼类的捕捞活动。这类人员不仅有权自己使用这些配额，而且可以向他人出售或出租这些配额。而第二类人员如果想要捕捞受配额影响的鱼类，就必须从第一类人员那里购买或租赁配额，原因则很简单，那就是他们并没有在上述基准期内拥有并经营渔船。委员会的结论是，这种区分依据的是相当于财产理由的理由。

10.4. 尽管委员会认为，缔约国实行这种区分的目的，即保护本国的属于有限资源的渔产，是一种正当的目的，但委员会必须确定，这种区分是否基于合理、客观的标准。委员会指出，每一种为管理获取有限资源而实行的配额制度，都会在某种程度上使此种配额的持有人享有特权，并使他人处于不利地位，但这样做并不一定是歧视性的。同时，委员会注意到本案的独特性：一方面，第 38/1990 号《渔业管理法》第 1 条规定，冰岛周围的渔场属于冰岛全国的共同财产；而另一方面，基于基准期内活动的区分最初作为一种临时措施，也许属于一种合理、客观的标准，但该区分不仅随着《渔业管理法》的通过变得具有永久性质，而且还将原先使用和利用公共财产的权利变成了个人财产。原先的持有人不再使用的配额可以按市场价格出售或租赁，而不是归还给国家，以便按照公正和公平的标准分配给新的配额持有人。缔约国没有证明这一配额制度的独特设计和实施方式符合合理性的要求。尽管委员会无须处理关于使用有限资源的配额制度是否符合《公约》的问题，但委员会得出结论认为，从本案的特殊情况来看，将财产资格特权永久赋予原先的配额所有人而损害提交人权益的做法，并非基于合理的理由。

11. 人权事务委员会根据《公民及政治权利国际公约任择议定书》第5条第4款行事，认为其所获事实揭示了对《公约》第26条的违反。

因此，多数委员没有认定配额制度本身违反《公约》，也没有认定现有许可证持有人的特权地位本身构成了这种违反。相反，委员会多数委员质疑的是，为什么现有许可证持有人的未使用资格可以按市场价格出售，而不是干脆由政府重新分配——据估计应以较低的价格。

[23.72] 人权事务委员会若干委员在该案中提出了异议。帕尔姆女士、希勒先生和莫托科女士称：

……缔约国认为，改变渔业管理制度将对已经从原先的配额持有人那里购买配额的人产生严重后果，而且还有损害渔业稳定的风险。缔约国认为，这样做还会对整个国家造成后果，因为它在维护渔业稳定方面有着正当利益。缔约国在曾经多次设法规范渔业管理但均未奏效之后，才开始实行现行制度，而且该制度已证明具有经济效益和可持续性。

考虑到所有上述因素和现行制度给冰岛的渔业管理带来的益处——特别是建立一项稳定和有力制度的必要，以及该制度给提交人带来的不利之处，即对提交人从事商业捕捞的自由的限制，我们认为，缔约国已经通过立法和司法程序小心地兼顾了总体利益和个别渔业人员的利益。此外，我们认为，上述两类渔业人员之间的区分依据的是客观理由，而且与谋求的正当目标成比例。因此，在本案中不存在对第26条的违反。

奈杰尔·罗德利爵士称：

缔约国提请注意支持其论点的证据：个体可转让配额制度在经济上是最为有效的……，因而是合理的、成比例的。而对于这些现实的主张，提交人却未能在答复中予以充分应对……。提交人有必要正视这一问题，尤其是考虑到一个非专业性的国际机构本身难以驾驭争讼的问题，因而需要尊重缔约国的主张。

岩泽先生称：

　　……委员会应当铭记其本身的专门知识在审查通过民主程序妥为制定的经济政策方面的局限性。……

　　由于冰岛捕鱼船队的能力超出渔场的产量，因此有必要采取措施保护有限的自然资源。缔约国非常恰当地主张，出于公共利益考虑，为了避免过度捕捞，必须限制个人从事商业捕捞的自由，就如《公约》的许多其他缔约国所做的那样。确定永久的和可转让的捕获权，被认为从缔约国的情况来看很有必要，因为对于已经投资于渔业经营的人来说，这样做可以保障稳定，而且还能够使他们长远地规划其活动。2002年，这一制度得到修改，目的是对渔船经营人进入渔场的权利征收一种特别的捕获费。缔约国解释说，捕获费的效果等同于对渔船经营人征收的一种特别税。现行制度已证明具有经济效益和可持续性。缔约国主张，如果在当前改变这项制度，这将对目前从事捕鱼业务而且已经投资于渔业经营的当事方造成严重后果，甚至还可能危及渔业的稳定。

　　曾经投资于渔业经营活动并在基准期内拥有渔船的渔业人员获得了配额，而其他渔业人员如果不向持有配额的人购买或租赁配额，就不能从事商业捕捞并处于相应的不利地位。然而，渔业管理制度必然包含一些对个人从事商业捕捞自由的限制，只有这样才能实现其预计目标。鉴于现行制度所具有的益处，我无法认定，提交人由此面临的不利状况——他们按照自己的意愿从事所选定的经济活动的权利受到限制——属于不合比例的情况。出于这些理由，我无法赞同多数委员的结论，即缔约国依据基准期内每艘渔船的捕获业绩所作的区分"不合理"，因而违反第26条。

韦奇伍德夫人补充的异议意见是：

……先进入行业者先得利（先辈权）仍然是许多国家的一种通常做法，包括出租车经营牌照、农业补贴额及电信频谱的发放等。自由进入新的经济部门也许是可取的，但是，《公民及政治权利国际公约》不是一份解除经济管制的纲领。为了切实保护属于《公约》范围之内的重要权利，委员会还必须保持对其法律和实际职权的限度的清醒认识。

[23.73] 人权事务委员会多数委员和少数委员的分歧在于，究竟应在多大程度上尊重国家对于本国渔业资源这一复杂问题的管理。毕竟，冰岛提出了证据，声称其制度的设计是为了适当地平衡环境和经济问题。冰岛法院也曾就提交委员会的问题，考虑了这些问题是否符合冰岛宪法。鉴于委员会缺乏环境资源之经济管理方面的专门知识，在这种情况中，也许有理由更多地遵从国家的决定。另一方面，可能需要冰岛承担责任证明，其捕鱼许可制度的这一导致了委员会认定其违反《公约》的单个方面正当合理，这一方面即现有许可证持有人可以出售它们，而不是由国家重新分配。

国籍歧视[55]

[23.74] **卡拉库特诉奥地利**（*Karakurt v Austria*, 965/2000）

该案的案情体现在以下摘引的人权事务委员会意见中：

3.1. 提交人（仅）具有土耳其公民身分，同时在奥地利持有无时间限制的居留证。他是林茨"支持外国人协会"的一名雇员，该协会总共雇用了 10 名人员。1994 年 5 月 24 日，举行了该协会工会（德语"Betriebsrat"）的选举，该工会具有法定权利和责任来促进职工的利益并监督遵守工作条件的情况。提交人符合正式的法律要求，即年龄为 19 岁以上和受雇时间超过 6 个月，他与另一名雇员弗拉迪米尔·波拉克（Vladimir Polak）先生同时当选该工会的两个空缺职位。

3.2. 1994 年 7 月 1 日，波拉克先生向林茨地方法院申请解除提交人当选的职位，理由是他没有资格担任工会的候选人。1994 年 9 月 15 日，法院同意上述申请，其根据是，有关的劳工法，即《产业关系法》

---

[55] See also *Adam v Czech Republic* (596/1994) [23.65].

（Arbeitsverfassungsgesetz）第53条第1款规定，竞选这种工会职务的资格仅限于奥地利公民或欧洲经济区的成员。因此，提交人由于不符合其中任何一项标准而不得竞选工会职务。……

4.1. 提交人称，《产业关系法》第53条第1款以及缔约国法院适用该规定的各项裁决侵犯了《公约》第26条所载的他在法律前平等和不受歧视的权利。……提交人辩称，缔约国法律在奥地利/欧洲经济区国民和其他国民之间在当选工会职务的资格方面所作的区分并没有合理或客观的根据。

缔约国的答复如下：

5.5. ……缔约国指出，如果委员会要评估在提交人和奥地利/欧洲经济区国民之间的待遇差别是否合理，那么这种区分是基于合理、客观的理由。缔约国主张，赋予欧洲经济区国民的特权是缔约国基于对等接受的一项国际法义务的结果，寻求的是消除在欧洲共同体/欧洲经济区成员国内部工人待遇差别的正当目标。缔约国提到了委员会的判例（范乌德案［23.28］）来支持其主张，即根据国际法的协定所创设的、某些国家国民的特权地位从《公约》第26条的角度来看是可予允许的。委员会认为，基于对等创设某些可以加以区分的优惠人员类别，是在合理、客观的基础上实行的。

委员会的认定有利于提交人：

8.4. 在本案中，缔约国赋予提交人——一个非奥地利/欧洲经济区国民——在其境内无限期工作的权利。因此问题是，是否有合理、客观的理由证明以下做法正当合理：仅仅根据提交人的公民身分，就排除其得到欧洲经济区国民都可以得到的、一种与在缔约国内就业相关且自然的机会，即竞选有关工会的职务。虽然委员会在一个案件（第658/1995号，范乌德诉荷兰）［23.28］中认为，一项国际协议如果给予该协议缔约国的公民以优惠待遇，就可能构成区别待遇的一种客观、合理的理由，但是，从中并不能得出一条一般性的规则，即对于《公约》第26条的要求，此等协议本身就构成一种充分理由。相反，必须根据每一案件本身的事实来对其作出判断。对于本案，委员会得考虑工会成员的职司，即促进职工的利益和监督遵守工作条件的情况（见3.1段）。有鉴于此，仅仅因其不同的国籍而在外国人之间就其是否能竞选担任工会职务加以区分不是合理的。因此，委员会认为，提交人受到了违反第26条的歧视。

[23.75] **波尔佐夫诉爱沙尼亚**（*Borzov v Estonia*，1136/2002）

提交人从1967年到1986年在苏联军队服役并驻扎在爱沙尼亚，后因健康原因被除役。苏联解体后，他于1994年申请爱沙尼亚国籍，但基于他曾受雇于外国政府的军事部门而被拒绝。他声称这一拒绝违反了第26条，而爱沙尼亚以国家安全为由辩称拒绝他是正当合理的。人权事务委员会认定不存在违反：

7.3. ……虽然《公约》第19、21、22条就基于国家安全理由的限制确立了一种必要性的标准，但第26条规定的可适用标准更具通用性，要求对于与第26条所列的个人特征——包括"其他身分"——有关的区别，存在合理、客观的理由与正当的目的。委员会同意，与国家安全有关的考虑在缔约国行使其主权授予公民身分时，可以充当一种正当目的，至少在一个新独立国家援引与其早先地位相关的国家安全考虑的情况下。

7.4. 在本案中，缔约国的结论的是，授予提交人公民身分之所以会引起国家安全问题，总的说来是因为提交人在苏联武装部队中接受的军事训练的时间和水平、其军衔和背景。委员会注意到，提交人持有缔约国颁发的居留许可，他在爱沙尼亚居住期间，一直领取养恤金。尽管委员会认识到，没有爱沙尼亚公民身分将会影响提交人享有某些《公约》权利，主要是第25条规定的权利，但它指出，无论《公约》还是国际法一般都没有详细说明通过归化授予公民身分的具体标准，而且提交人确实享有了一项权利，即由缔约国法院复查对其公民身分申请的拒绝。委员会还注意到，缔约国法院在审查行政决定——包括那些事关国家安全的行政决定——时看来进行了真正的实质性审查，因此得出的结论是，提交人没能证实他的案件，即缔约国有关提交人的决定不是基于合理、客观的理由。因此，在本案的特定情况下，委员会无法认定存在对

《公约》第 26 条的违反。

波尔佐夫诉称,爱沙尼亚拒绝他获得该国公民身分,加上苏联解体,使他成为无国籍人。目前从该案的事实尚不清楚的是,他是否有权从任何其他国家取得公民身分。无论如何,委员会对实质问题的决定都没有明确考虑到波尔佐夫可能无国籍的事实,表明这在爱沙尼亚审议他的公民身分申请时,对爱沙尼亚根据《公约》承担的义务而言,是一个无关紧要的事项。[56]

在该案中,若干因素的结合导致了委员会的认定不利于波尔佐夫。首先,看来各国在决定是否给予外国人公民身分方面,有相当大的自由度,特别是在基于国家安全理由的考虑发挥作用之时。其次,委员会无意干涉当地法院的决定——这些法院对拒绝给予波尔佐夫公民身分的决定进行了真正的、实质性的审查。

委员会对波尔佐夫案的决定在以下案件中也得到了支持:希品诉爱沙尼亚(Sipin v Estonia,1423/2005)——该案涉及与波尔佐夫案非常相似的事实,以及沙尔乔夫诉爱沙尼亚(Tsarjov v Estonia,1223/2003)——该案中爱沙尼亚拒绝给予苏联情报机构(克格勃)的一位前成员长期居留资格。

[23.76] **居耶等人诉法国**(Gueye et al. v France,196/1985)

该来文也涉及对基于国籍之歧视的指控:

9.2. 提交人是塞内加尔籍退伍军人,他们在 1960 年塞内加尔独立前在法国军队中服役。依照 1951 年《军人退役金法》,法国陆军的退伍军人,不论为法国人或塞内加尔人,待遇一视同仁。塞内加尔籍士兵的退役金权利与法国士兵的一样,直到 1974 年 12 月颁布的一项新法律规定了对塞内加尔人的差别待遇。1979 年 12 月 21 日第 79/1102 号法,将自 1961 年 1 月 1 日以来已经适用于其他有关国家国民的、被称为"固化"退役金的制度进一步扩大到原属法兰西联邦的、包括塞内加尔在内的四个国家的国民。……

"固化"立法的效力是,将塞内加尔籍退伍军人的退役金冻结在 1975 年 1 月 1 日的数值上。对法国籍退伍军人并不适用同样的冻结。

---

56 另见第[23.31]段,委员会对俄罗斯的结论性意见节选。

9.3. 委员会要处理的主要问题是：提交人是否是《公约》第 26 条含义之内的歧视的受害者，或者基于是否是法国国民而给予前法国军人不同的退役金待遇是否应被认为符合《公约》。在判断这一问题时，委员会的考虑如下。

9.4. 委员会注意到提交人声称，他们基于种族理由——第 26 条明确规定的理由之一——遭到了歧视。委员会认定，没有证据支持缔约国对提交人实行了种族歧视行为的指控。但是仍需决定的是，提交人所遭遇的情况是否属于第 26 条的范围。委员会忆及，提交人一般而言不受法国管辖，只是在有关退役金权利的数量问题上，要依靠法国的立法。委员会指出，国籍本身没有出现在第 26 条列举的被禁止的歧视理由之中，《公约》也不保护获得退役金的权利本身。根据第 26 条，在法律的平等保护中禁止基于种族、肤色、性别、语言、宗教、政见或其他主张、民族本源或社会阶级、财产、出生或其他身分的歧视。本案中存在基于国家独立时所获得国籍的区分。委员会的意见是，这属于第 26 条第二句中提到的"其他身分"。委员会的考虑是——就如其对第 182/1984 号来文［兹万-德弗里斯诉荷兰］所考虑的，"在法律前平等并无所歧视地得到法律的平等保护的权利并不使得所有待遇上的差别都成为歧视性的。基于合理、客观的标准的区别并不构成第 26 条的含义之内受到禁止的歧视"。

9.5. 在决定提交人的待遇是否基于合理、客观的标准时，委员会注意到，决定给予提交人退役金的不是国籍问题，而是他们过去的服役经历。他们曾和法国公民一样，在同等的条件下在法国军队中服役；而且在塞内加尔独立之后的 14 年间，尽管他们的国籍不是法国而是塞内加尔，但他们在退役金权利方面和法国退伍军人得到同样的对待。国籍的后来改变本身不能被认为是差别待遇的充分理由，因为给予退役金的基础是提交人和仍是法国公民的军人在过去提供的同等服役。法国和塞内加尔在经济、金融和社会条件方面的差别也不得援用为正当合理的理由。如果比较同样生活在塞内加尔的塞内加尔籍和法国籍退伍军人的情况，他们显然享有同样的经济和社会条件，但他们在退役金方面的待遇会不同。最后，缔约国主张它不再能够检查有关人员的身分和家庭情况以防止在退役金的管理中出现滥用，但这不能作为区别对待的理由。委员会认为，仅仅是行政管理上的不便或滥用退役金权利的可能性不得援用来证明不平等待遇正当合理。委员会的结论是，对提交人的待遇的差别不是基于合理、客观的标准，构成了《公约》禁止的歧视。

基于婚姻状况的歧视

[23.77] **丹宁诉荷兰**（*Danning v the Netherlands*，180/1984）

该申诉有关对于已婚受益者的残疾津贴不同于那些生活在"普通法婚姻"中的人。荷兰政府解释了荷兰残疾人立法中在结婚的和未结婚的伴侣之间的区分：

> 8.4. 对于《公约》第26条中的歧视的概念，缔约国对荷兰法律中作出的区分解释如下：
>
> 在荷兰，人们作为已婚和未婚伴侣共同生活长久以来被认为是可能具有某些法律后果的有关因素。作为未婚同居者生活在一起的人可以自由选择是否结婚，并由此受某一类别法律的调整。两类法律之间差别很大：已婚同居比未婚同居受到的法律调整更多。……

人权事务委员会的决定有利于荷兰：

> 14. ……根据缔约国所作的关于荷兰法律对已婚夫妇和未婚伴侣有不同规定的解释……，委员会相信，丹宁先生所申诉的区分是基于合理、客观的标准。委员会认为，在这方面，决定是否通过婚姻达成某种法律地位——这种地位在荷兰法律中既提供了某些益处，也产生了某些责任和义务，完全在于同居双方。由于丹宁先生及其同居者选择不结成婚姻关系，因此他们在法律上也没有全面承担已婚夫妇应尽的责任和义务。其结果是，丹宁先生没有得到荷兰法律为已婚夫妇规定的全部福利。委员会的结论是，丹宁先生所指控的区分没有构成《公约》第26条意义上的歧视。

[23.78] 人权事务委员会在以下案件中，也作出了类似的决定：斯普伦格诉荷兰（*Sprenger v the Netherlands*，395/1990），有关荷兰失业救济立

法中对结婚的和未结婚的伴侣的区别；霍夫德曼诉荷兰（*Hoofdman v the Netherlands*, 602/1994），有关结婚的和未结婚的伴侣在遗属抚恤金方面的区别。不过，可以注意伊瓦特夫人在霍夫德曼案中提出的勉为其难的附议意见：

> 我虽然同意委员会就这个问题所作的决定，但想强调指出，缔约国已同意，为了某些目的，同居者将被作为一个家庭单元考虑。在审查为维持已婚夫妇和同居者之间的区分而提出的理由在给付抚恤金方面是否合理、客观时，必须考虑这一因素。在这方面，我不认为缔约国基于婚姻法或继承法的法律后果提出的论点令人信服，或对于旨在暂时减轻丧失亡故伴侣的痛苦而发放一笔抚恤金，有什么特别关联。要使不同家庭组别之间的区分被看成是合理、客观的，这些区分就应该是协调的并且照顾到社会现实。

伊瓦特夫人的意见暗示了这样一个事实："合理的"区分可能随着时间的推移而变得不合理。例如，在荷兰，为了确定养老金待遇之目的，男女之间"养家活口者"的区分可能一度是"合理的"。诸如布鲁克斯案*等案例已经证实，这种区分已经过时，没有跟上荷兰的社会现实 [23.14]。伊瓦特夫人在霍夫德曼案中警告说，20 世纪 90 年代荷兰的福利法中对事实夫妻的普遍歧视也与荷兰的社会习俗不一致，因此接近于跨越"合理的"与不合理的、不可允许的歧视之间的界限。[57]

[23.79] 德克森和巴克诉荷兰（*Derksen and Bakker v the Netherlands*, 976/2001）

该案涉及在提交人的未婚男性伴侣死亡后，拒绝向她和她的孩子支付遗属抚恤金。事实上，缔约国已经修改了其立法、规定了此种抚恤金，但该修正案没有使提交人受益，因为她的伴侣在该立法于 1996 年 7 月 1 日生效前已经去世。人权事务委员会没有认定作为母亲的提交人的权利受到了侵犯，

---

* 原书此处尚有"和鲍格尔案"的表述，但由于该案不是针对荷兰而是针对奥地利的（参见第 [23.52] 段），因此经与作者核实，删除此表述。

57 比较荷兰政府在布鲁克斯案中的主张（在委员会意见的第 8.3 段 [23.14]）和斯普伦格案中的单独意见 [23.19]。

但的确就女儿的权利受到侵犯作出了认定：

9.2. 委员会要审议的第一个问题是，来文提交人是否是《公约》第 26 条被违反的受害者，因为规定伴侣死亡后与其曾结婚与未曾结婚的被扶养人享有同等福利的新立法不适用于在新的法律生效日之前未结婚的伴侣死亡的情况。委员会忆及其判例——有关过去针对荷兰提出的、关于社会保障立法方面的歧视的申诉。委员会重申，并非每一区分都相当于《公约》所禁止的歧视，只要这种区分基于合理、客观的标准，就不是歧视。委员会忆及，它过去曾认定，区别结婚和未结婚的伴侣并不构成对《公约》第 26 条的违反，因为已婚和未婚伴侣受不同的法律制度调整，而是否通过结婚确立某种法律地位的决定完全取决于同居者双方。缔约国通过颁布新立法，为已婚和未婚的同居者在遗属抚恤金方面提供了平等待遇。考虑到过去区别已婚和未婚伴侣的做法并不构成所禁止的歧视，委员会的意见是，缔约国没有任何义务使其法律修正具有追溯效力。委员会认为，该立法仅对新案件适用并不构成对《公约》第 26 条的违反。

9.3. 委员会要审议的第二个问题是，拒绝给予提交人的女儿抚恤金，是否构成《公约》第 26 条所禁止的歧视。缔约国解释说，决定抚恤金津贴的，不是子女的地位，而是该子女未亡父母的地位，而且抚恤金不是发给子女，而是发给父母的。但提交人主张，即使区分已婚和未婚伴侣不构成歧视——因为所适用的法律制度不同，而且结婚与否的选择完全取决于伴侣双方，但不结婚的决定不得影响父母对子女所承担的义务，而且子女对父母的决定也没有任何影响力。委员会忆及，第 26 条既禁止直接歧视也禁止间接歧视，后一概念所涉及的情况是，某一规则或措施也许表面上是中立的，并无任何歧视的意图，但是，由于其对某一类人具有排他性的或不成比例的负面作用，而造成了歧视后果。然而，区分只有在并非基于客观、合理的标准时，才构成《公约》第 26 条含义之内所禁止的歧视。就本案的情况，委员会注意到，根据先前的法律，子女的津贴取决于父母的地位，因此未婚父母的子女没有资格享有津贴。但根据新的法律，未婚父母 1996 年 7 月 1 日之前生育的子女不得享有津贴,而该日期之后出生的同样处境的子女却可以享有津贴。委员会认为,对婚生子女或1996年7月1日之后出生的非婚生子女与1996年7月1日之前出生的非婚生子女之间的区分,并不是基于合理的理由。委员会在得出这一结论时强调,缔约国当局在决定颁布新的法律以纠正这一局面时,完全明白旧的法律具有这一歧视效力,而且本来很容易通过将新法律的适用延及1996年7月1日之前出生的非婚生子女,来停止对这种子女的歧视。停止目前对那些对其父母选择结婚与否毫无发言权的子女的歧视,本来可以具有也可以不具有追溯效力。然而,由于来文只有涉及1996年7月1日之后阶段的部分被宣布为可以受理,因此委员会只处理缔约国未能从该日起停止歧视的问题;委员会认为,对于被拒绝通过其母亲获得《遗属法》所规定的半孤儿津贴的提交人的女儿而言,这种情况违反了第26条。

因此,委员会在2004年作出的这一决定中,坚持认定区分结婚的和未结婚的伴侣是可予允许的。然而,为了获得福利津贴,区分结婚的和未结婚的伴侣的子女则是不可允许的。奈杰尔·罗德利爵士在异议意见中指出,相关津贴流向了仍在世的伴侣而不是孩子:父母根本没有义务将抚恤金的任何一部分花在孩子身上。可以说,奈杰尔·罗德利爵士在这里采用了一种过于狭隘的对歧视的定义。的确,母亲可以随其意花费遗属抚恤金。然而,这种抚恤金根据受该遗属抚养者的数目而不同,因此认定受不适格之人抚养的人因为这个人不适格而受到了间接损害,是合理的。

其他据称的歧视理由

[23.80] 如同上文已经预示的 [23.36],有些关于某一区分之合理性的决定与据称的歧视理由存在联系。这一趋势体现在以下几个案件中。[58]

58　See also *Oulajin and Kaiss v the Netherlands* (406, 426/1990); *Neefs v the Netherlands* (425/1990); *Somers v Hungary* (566/1993); *Lindgren et al. v Sweden* (298 - 99/1988), para 10.4; *Debreczeny v the Netherlands* (500/1992), para 9.4; *Drake and Julian v the New Zealand* (601/1994), para 8.5; *García Pons v Spain* (454/1991), para 9.5. See also Bayefsky, 'The Principle of Equality and Non-Discrimination in International Law', 18 - 24.

[23.81] **布洛姆诉瑞典**（*Blom v Sweden*，191/1985）

该案的案情体现在人权事务委员会对实质问题的决定中：[59]

  10.2. 委员会需要审议的主要问题是：提交人是否因为据称的瑞典有关教育资助的条例不符合《公约》第26条，而是该条被违反的受害者。为了决定缔约国的以下行为是否违反了《公约》第26条，即缔约国拒绝给予提交人——一所私立学校的学生——1981~1982学年度的教育津贴，而公立学校的学生则可以获得该学年度的教育津贴，委员会以下列意见为其认定的基础。

  10.3. 缔约国的教育制度同时承认私立和公立教育。即使缔约国没有对两类学校提供同等程度的补贴，但在私立学校不受国家监管之时，就不能认为缔约国以歧视性的方式行事。……

可以将布洛姆案与沃尔德曼诉加拿大案 [23.60] 区别开来的是，沃尔德曼案中被质疑的区分是明确列出的宗教理由，而在布洛姆案中被质疑的区分是在私立学校和公立学校的学生之间。委员会更严肃地对待前一种区分，并不令人奇怪。

[23.82] **斯奈德等人诉荷兰**（*Snijders et al. v the Netherlands*，651/1995）

该案的几位提交人均为荷兰一所养老院的居民。他们声称，他们基于自己的单身状况而遭受了歧视。他们必须为入住养老院缴纳比夫妇——其中只有一方入住——更高的费用。人权事务委员会认为，这种区分是合理的，不违反第26条：

  8.4. ……委员会注意到缔约国的解释，即缴费方面的区分依据的是下述事实方面的差别：已婚或同居的人入住养老院后，其伴侣要继续住在他们共同的住户内，因此不像接受养老院护理的单身者那样节省同样数额的金钱。他们需要为此理由支付一笔固定的 [而且数额较少的] 费用。委员会认为，这一区分是客观、合理的，因为其基于一项假设，而该假设的根据则是从保险办法获益的人的实际生活情况，因此不构成对《公约》第26条的违反。……

---

59 See also *Lindgren et al. v Sweden* (298 – 99/88), para 10.3.

肯定性行动

[23.83] 某一社会中的歧视可能根深蒂固，因此必须采取"积极"或"肯定"行动，以适当地补救某些群体所遭受的历史劣势。肯定性行动*是指一个国家为改善处境不利群体的地位而采取的积极措施。典型的肯定性行动政策是实行有利于处境不利群体的"积极"歧视。下一节将讨论这种情况。然而，"肯定性行动"与"积极"或"反向"歧视并不是同义词。例如，为残疾人提供能使其进入公共场所的坡道是一项积极措施，弥补了残疾人的不利处境。然而，这并不是一种"积极歧视"措施，因为这一措施并不歧视有行走能力的人。[60] 同样，提供更多的儿童保育设施也有助于弥补母亲在就业机会方面遭受的歧视。然而，这种提供并不歧视男性。

[23.84] 人权事务委员会已确认，肯定性行动根据《公约》肯定是可予允许的；委员会可能还表明，在某些情况下，各国必须采取这种行动。

第 18 号一般性意见

10. 委员会还希望指出，平等原则有时要求缔约国采取肯定性行动，以减少或消除会引起本《公约》所禁止的歧视或使其持续下去的条件。例如，如果一国中某一部分人口的普遍状况阻碍或损害他们享有人权，国家就应采取具体行动纠正这种状况。……

第 3 号一般性意见

第 3 号一般性意见涉及国家根据《公约》第 2 条承担的义务：

1. ……委员会认为必须提请各缔约国注意这样的事实，即《公约》规定的义务并不局限于尊重人权，而且各缔约国也已承允确保其管辖下的一切个人享有这些权利。这一方面要求缔约国采取具体行动，以使个人能享有其权利。……

---

* 英文中为"affirmative action"，亦可译为"平权行动"。
60 Lester and Joseph, 'Obligations of Non-Discrimination', 582.

第 4 号一般性意见

第 4 号一般性意见涉及国家根据《公约》第 3 条承担的义务：

> 2. 首先，第 3 条如同第 2 条第 1 款和第 26 条一样——后两者主要涉及禁止基于各种理由（性别是其中之一）的歧视，不仅要求采取保护措施，还要求采取旨在确保积极享有权利的肯定性行动。这不能单凭制定法律来完成。因此，通常需要更多有关妇女在实践中的地位的资料，以确定在纯粹的法律保护措施以外，还采取了或正在采取什么措施，以落实第 3 条规定的明确、积极的义务，并确定在这方面有何进展和遇到什么因素或困难。

第 28 号一般性意见

该一般性意见有关"男女之间权利平等"：

> 3. 《公约》第 2 条和第 3 条规定的确保一切个人享有《公约》承认之权利的义务要求各缔约国采取一切必要步骤，使每个人能享有这些权利。这些步骤包括消除影响平等享受这些权利之每一项的障碍、对民众和国家官员开展人权教育和调整国内立法以落实《公约》设定的义务。缔约国不仅必须采取保护措施，还应在各领域采取积极措施，以达到对妇女的平等和有效赋权（empowerment）。缔约国必须提供有关妇女在社会中的实际作用的资料，以便委员会可确定除了立法规定外，为履行这些义务已经采取或应该采取何种措施、已取得何种进展、遇到什么困难和为克服它们采取了何种步骤。

[23.85]《消除种族歧视公约》第 1 条第 4 款允许采取肯定性行动，而根据该公约第 2 条第 2 款，"于情况需要时"，则明显是强制性的。消除种族歧视委员会在其第 14 号一般性建议中，确定了一项相关的积极责任，即提供培训，以确保执法人员认识到种族歧视的社会危害。根据《消除对妇女歧视公约》第 4 条，肯定性行动看来可予允许，但不是强制性的。然而，《消除对妇女歧视公约》的其他更具体的条款，如第 12 条第 2 款，似乎规定了采取肯定性行动的强制性义务。

[23.86] 在以下部分摘引的案件和结论性意见中，对于肯定性行动可以正当地采取的形式以及应该采取这种行动的情况，人权事务委员会已经给出了一些指示。

反向歧视

[23.87] **第 18 号一般性意见**

10. ……[肯定性]行动可包括在一定时间内、在具体事务上,给予有关部分人口比其他人口更为优惠的某些待遇。但是,只要这种行动是纠正事实上的歧视所必要的,那么根据《公约》就是合法的差别待遇。

[23.88] 在斯塔拉·科斯塔诉乌拉圭案(*Stalla Costa v Uruguay*,198/1985)中,提交人诉称,由于乌拉圭法律给予因政治原因被前政府开除公职的人优先权,他未能获得平等地成为乌拉圭公职人员的机会 [22.65]。人权事务委员会认定不存在对第 26 条的违反,因为乌拉圭法律对以前遭受歧视的人提供的是一种"补救措施"。因此,这项法律是一项可予允许的积极或反向歧视措施。

[23.89] **巴兰坦等人诉加拿大**(*Ballantyne et al. v Canada*,359,385/1989)

该案涉及的申诉有关加拿大魁北克省的法律,这些法律禁止使用法语以外的语言作广告。魁北克政府在通过缔约国提交的一份意见中主张,这些措施是为了保护法语的地位所必要的 [18.39]。换言之,魁北克政府认为,这些法律构成了旨在保护一个弱势群体即说法语者的肯定性措施。提交人的律师反对这种主张:

9.6. 在进一步的评论中,[提交人之一]麦金太尔先生的律师重申,第 178 号法案侵犯了《公约》所保护的基本权利。他主张,尽管魁北克政府提到数据表明,在加拿大各地使用法语的人数缓慢下降,但它没有指出的是,在魁北克省,法语正在超过英语,而英语社区人数正在下降。此外,魁北克政府声称,1982 年的宪法修正是对法语语言的冲击,而反过来也可以这样说,经修正的《权利与自由宪章》第 23 节在协助魁北克省以外的法语人口方面特别有效。

9.7. ……此外,尽管说法语的少数者过去在加拿大其他地方往往受到不公正待遇,但这种状况现在正在改善。因此律师否认,根据《公约》第19条、第26条或第27条，历史或法律论点可以证明第178号法案实行的限制是正当合理的。

> 9.8. 律师……重申，在有争议的立法规定和对法语语言的任何合理辩护或保护之间，没有任何联系。

人权事务委员会驳回了巴兰坦根据第26条提出的申诉［23.45］，同时也驳回了以肯定性行动作为对有关《公约》规定的表达自由权的申诉的辩护理由。[61] 委员会暗示地接受了提交人律师的反驳意见。

［23.90］在斯塔拉·科斯塔案中，人权事务委员会的结论是，肯定性行动措施与向受到前政权迫害的人提供正义的目的成比例。在巴兰坦案中，委员会的结论是，肯定性行动措施与其目的不成比例；历史上对说法语的魁北克人的歧视并不能证明所涉法律正当合理。与其他区分一样，肯定性行动措施是否可予允许要参考"合理与客观"的检验来判断。

［23.91］**沃尔德曼诉加拿大**（*Waldman v Canada*，694/1996）

如上所述，受到质疑的区分有关罗马天主教学校与渥太华其他少数宗教学校相比得到的优惠待遇［23.60］。人权事务委员会认定，这些受到质疑的法律构成了在罗马天主教和其他少数宗教之间的有违第26条的歧视。舍伊宁先生在一份单独附议意见中表示：

> 5. 在落实委员会对本案的意见时，我认为缔约国应当记住的是，第27条施予各缔约国促进少数者宗教的宗教指导的积极义务，而在公立教育制度中将这种宗教教育作为可供选择的安排是一种为实现这一目的可予允许的安排。为那些希望以少数者的语言接受教育的人提供政府资助的这种教育，其本身并不具歧视性；尽管当然要注意的是，对不同的少数者语言的可能区分要基于客观、合理的理由。同一条规则也适用于少数者宗教的宗教教育。为了避免在向部分而不是所有少数宗教（或语言）教育提供资助方面出现歧视问题，缔约国可正当合理地以是否存在对此种教育的经常性需求为依据。对于许多宗教上的少数者而言，在公立教育制度中存在完全世俗的备选方案便已足够，因为有关少数者社群

---

61 另见第［24.51］段，恩迪亚耶先生的异议意见。

希望将宗教教育安排在课余时、校舍外。如果确实出现了对宗教学校的需求,那么对于确定不设公立少数者学校或未向私立少数者学校提供相当的政府资助是否构成歧视,有一条合理的标准便是,在这种学校就读的儿童人数是否足以使其能作为整体教育制度中一个可行的部分来运作。本案符合这一条件。[62] 因此,间接划拨用于提交人子女教育的政府资助的数额,与安大略省公立罗马天主教学校得到的全额资助相比,构成了歧视。

给予罗马天主教徒的优惠待遇源于规定在加拿大宪法中的一项历史协议,是为了——考虑到他们在联邦中(与新教多数相比)的少数地位——保护他们的文化。委员会在沃尔德曼案中的决定表明,各国不能通过赋予优惠待遇来保护一个少数群体,即使这种优惠待遇在历史上一度是合理的,而不赋予其他可比较少数群体类似的优惠待遇。换言之,各国在实施肯定性行动方案时,不得在可比较群体之间加以歧视。

[23.92]《消除种族歧视公约》(第 2 条第 2 款)和《消除对妇女歧视公约》(第 4 条)都规定,一旦机会和待遇平等的目标实现,就必须停止对不同群体"维持不平等或分别的标准"。*

[23.93] "反向歧视"或"积极歧视"方案旨在惠及处境不利群体的成员。一种常见的反向歧视措施是在某些机构中对某些群体实行配额。人权事务委员会已明确赞同印度的一项宪法修正案,该修正案为妇女在地方民选机构保留三分之一的席位,还赞同为某些部落和种姓保留民选职位的做法。[63] 配额问题出现在以下案件中。

[23.94] **雅各布诉比利时**(*Jacobs v Belgium*, 943/2000)

该案涉及比利时高等司法委员会中的配额。该机构由 44 名成员组成,

---

62 提交人是犹太人。鉴于安大略省有大量的犹太人口,显然存在对犹太学校的足够需求。

* 这是《消除对妇女歧视公约》第 4 条中的用语,其对应英文表述为 "the maintenance of unequal or separate standards";在《消除种族歧视公约》中,相应的中英文表述为 "保持隔别行使之权利"和 "maintenance of separate rights"。

63 委员会的结论性意见:印度,(1998) UN doc CCPR/C/79/Add. 81, para 10;波斯尼亚和黑塞哥维纳,(2006) UN doc CCPR/C/BIH/CO/1, para 11;日本,(2008) UN doc CCPR/C/JPN/CO/5, para 12;约旦,(2010) UN doc CCPR/C/JOR/CO/4, para 19。

包括两个议事团（College），各由 22 名说法语的成员和 22 名说佛兰芒语的成员组成。每个议事团由 11 个司法成员和 11 个非司法成员组成。提交人寻求在佛兰芒语议事团的非司法成员职位，但没有成功。比利时法律规定，在这 11 个非司法成员职位中，男女成员至少要有各 4 名。提交人声称，性别配额构成对他的歧视，违反了《公约》的非歧视规定，包括第 2 条、第 3 条、第 25 条（寅）项［22.67］和第 26 条。为支持其论点，他指出，对其中一个职位必须再次征聘申请人，据估计是因为没有足够的合格女性申请人。人权事务委员会认定没有违反。虽然委员会的推理主要涉及第 25 条，但同样的考虑也适用于第 26 条：

9.3. 委员会忆及，根据《公约》第 25 条（寅）款，每一位公民都有权不受第 2 条所列之任何区别且不受不合理的限制，以一般平等之条件，担任本国公职。为了确保一般平等的任职机会，任命的标准和程序必须客观、合理。缔约国可以采取措施来确保法律保障女性在与男性同等的条件下享有第 25 条规定的权利。因此，委员会必须确定，目前审理的案件中采用的性别要求，是否由于其本身的歧视性质，或由于《公约》关于歧视的其他条款，尤其是提交人援用的《公约》第 2 条和第 3 条，构成了对《公约》第 25 条的违反；或者，这样的性别要求是否具有客观、合理的理由。本案的问题是，基于属于某一性别而区分候选人是否有任何站得住脚的正当理由。

9.4. 首先，委员会注意到，议会根据 1990 年 7 月 20 日的法律采取的性别要求，是为了增进咨询机构中男女比例的平衡。在此情况中，这是考虑到女性成员代表在各类咨询机构中比例极低的情况，旨在提高女性成员在这些机构中的代表和参与程度。就这一点，委员会认定，提交人的断言，即本案中，第一次征聘时女性应征人数不足表明男女之间不存在不平等现象，没有说服力；这种情况恰恰相反，可能表明需要鼓励女性申请诸如高等司法委员会这类公务机构的工作，以及为此采取措施的必要。对于本案，在委员会看来，可以符合情理地预料，诸如高等司法委员会这样的机构需要纳入司法专长以外的其他视角。确实，鉴于司法机构的责任，增强对于和法律适用相关的性别议题的认识，可以被理解为需要将此视角列入一个涉及司法任命的机构。因此,委员会无法得出结论认为这样的要求不具有客观、合理的理由。

9.5. 其次,委员会注意到,性别条款要求,在要任命的11位非法官成员中,至少得有男女各4位成员,也就是说,仅略高于当选候选人的三分之一。委员会认为,本案中的这种要求并不相当于不成比例地限制候选人以一般平等之条件担任公职的权利。此外,与提交人的论点相反,性别要求并没有使得资格无关紧要,因为明确要求是,所有的非法官申请者都必须具有至少10年的资历。提交人主张,性别要求有可能导致非法官组中三类人员之间的差别,例如,由某一类职位中只任命了男性的情况所导致。对此,委员会认为,在这种情况下将有三种可能性:或者女性申请者比男性申请者更有资格,则任命这些女性完全正当合理;或者女性申请者与男性申请者资格一样,则鉴于法律关于增进男女之间平等的目的——这种平等尚付阙如,优先任命女性也不属于歧视;或者女性候选人的资格比不上男性候选人,则参议会不得不发布第二次征聘,以便调和法律的两个目的即资格和性别的平衡——这两者并不相互排斥。据此看来,不存在重新发布征聘的法律障碍。最后,委员会认定,在下述各项之间维持了合理的比例性:性别要求的目的,即促进咨询机构中的男女平等;上述适用的方式及其模式;法律的主要目标之一,即建立一个由够资格的人员组成的高等司法委员会。因此,委员会认为,[规定配额的法律]符合具有客观、合理理由的要求。

9.6. 有鉴于此,委员会认为第295条(之一)第3款没有侵犯提交人根据《公约》第2条、第3条、第25条(寅)项和第26条享有的权利。

打击私领域中歧视的措施[64]

[23.95] 如果允许歧视在私营部门盛行,一个社会将无法提供真正的机

---

64 另见第[1.114]、[4.19]及以下各段。

会和待遇平等。《公约》显然禁止国家机关以及国家法律之内的歧视。《公约》还使各缔约国有义务采取积极步骤，打击私人行为者的歧视。这种责任可以从第 2 条中的"尊重并确保"所有人享受所有《公约》权利的义务中得出，也可以从第 26 条中得出："法律应禁止任何歧视，并保证人人享受平等而有效之保护。"

[23.96] **第 28 号一般性意见**

4. 缔约国有责任确保对权利的平等享受，不受任何歧视。第 2 条和第 3 条责成缔约国采取一切必要步骤，包括禁止基于性别的歧视，制止公私营部门中有损对权利之平等享受的歧视行为。……

31. ……各缔约国应审查它们的立法和惯例，并率先实施一切必要措施以消除在一切领域对妇女的歧视，例如禁止私人行为者在诸如就业、教育、政治活动和提供住宿、货物和服务等领域实行歧视。……

[23.97] 对于第 31 号一般性意见中含混地提到的国家"在影响日常生活之基本方面的领域中"禁止私人歧视的义务 [4.19]，以下案件可能给出了一种更详细的含义。

纳里克诉奥地利（*Nahlik v Austria*，608/1995）

在该案中，提交人申诉的歧视来自一项集体谈判协议。缔约国主张该来文不可受理，理由如下：

4. ……缔约国主张来文不可受理，因为提交人所质疑的是缔约国对其并无影响力的一项集体协定中的条例。缔约国解释说，集体协定是基于私法并且完全属于缔约各方任意决定范围内的合同。缔约国的结论是，来文根据《任择议定书》第 1 条不可受理，因为谈不上存在缔约国的违反行为。

人权事务委员会断然拒绝了上述主张，具体如下：

8.2. 委员会注意到缔约国的主张，即来文根据《任择议定书》第 1 条不可受理，因为来文涉及据称在一项私人协定中存在的歧视，而缔约国对此并无影响力。委员会认为，根据《公约》第 2 条和第 26 条，缔约国有义务确保在其领土内和受其管辖的一切个人免遭歧视，因此缔约国的各法院有义务保护个人免遭歧视，不论这是发生在公共领域中，还是发生在准公共领域（例如就业）中的私人当事方之间。委员会还指出，本案所涉及的集体协定受到法律调整，而且只有得到联邦劳工和社会事务部长的确认才可生效。此外，委员会注意到，这一集体协定有关社会保险委员会这样一个实施公共政策的公法机构的工作人员。鉴于这些原因，委员会不能同意缔约国的主张，即来文根据《任择议定书》第1条应被宣布为不可受理。[65]

[23.98] 人权事务委员会对纳里克案的意见的第 8.2 段提到的"准公共"领域具有指导意义，但不明确。虽然《公约》要求对诸如就业、住房或获得公共物品和服务的途径等"准公共"领域中私营部门的歧视予以规制，但在"完全私人"或个人的领域内——如住家、家庭或其他私人关系，可能不要求此类规制。[66] 例如，一个国家如何能有意义地规制父母不赞成其子女之配偶的种族的情况？事实上，完全私人领域中的歧视或许最好通过教育措施来解决，而不是通过强制性法律。[67] 当然，必须禁止在个人领域内实施极为恶劣的歧视或侵犯人权，如实施家庭暴力。

[23.99] **贾扎伊里诉加拿大**（*Jazairi v Canada*, 958/2000）

提交人声称他的雇主——多伦多市的约克大学——基于他的政治意见，特别是他对以色列的看法，对他有歧视。相关的法律即《安大略人权法》并未禁止基于政治意见的歧视。人权事务委员会称：

> 7.4. 对于主要的申诉，即《安大略人权法》所列举的禁止的歧视理由中缺失政治信仰这一点违反《公约》，委员会指出，缺少针对基于该理由的歧视的保护确实引起了《公约》之下的问题。此外，《安大略人权法》排除将政治意见作为一项受禁止的歧视理由表明，缔约国可能未做到确保，在适当的情况中，因政治理由而在就业领域受到歧视的受害者有救济可用。但是，委员会注意到，上诉法院在认为提交人的观点

---

65 纳里克案因为未证实指控而不可受理。
66 See Ramcharan, 'Equality and Non-discrimination', 262. 这并不意味着国家本身可以通过立法、强迫或助长"纯粹私人的"或个人领域中的歧视；只意味着国家无需规制私人在此领域中的歧视。不过，见第 [20.53] 及以下各段，有关在婚姻之内促进配偶平等的责任。
67 见下文第 [23.113] 及以下各段。

并不构成受保护的"信仰"之后，接着得出结论，即使以有利于提交人的方式来审议案情，也没有记录表明，他的政治信仰使他无法得到在经济系晋升的考虑。……委员会认为，提交人未能充分履行举证责任，即表明国内法院的事实审查存在缺陷。鉴于这一结论，根据第26条提出的有关《安大略人权法》缺乏对政治信仰之保护的申诉便成为假设性的。据此，这一申诉未得到证实，根据《任择议定书》第2条不可受理。

少数委员即夏内女士、阿汉汉佐先生、哈利勒先生和拉拉赫先生得出了不同的事实结论，并认定，由于法律未能保护提交人不受基于其政治意见的歧视，而存在对第26条的违反。

[23.100] 拉夫诉澳大利亚案（*Love v Australia*，983/2001）涉及对于私人领域中歧视的申诉，虽然申诉人因为其所指控的年龄歧视被认定为合理、客观而败诉[23.62]。

[23.101] 人权事务委员会在多项结论性意见中，建议各缔约国采取行动遏制私人领域中的歧视。例如，对毛里求斯，委员会称：[68]

23.……委员会还建议，修订《宪法》第16（2）节和第16（4）（c）节，使其符合《公约》第2条第1款、第3条和第26条，并采取步骤制定全面的禁止歧视的法律，以涵盖受《公约》保护的所有公共或私人领域。……

[23.102]《公约》第20条规定了一项具体义务，即制定法律禁止基于种族、宗教或民族煽动歧视的言论。

[23.103]《消除种族歧视公约》第2条第1款（卯）项和《消除对妇女歧视公约》第2条第1款（e）项明确要求缔约国采取一切适当措施，分别消除任何个人、团体或组织的种族歧视和性别歧视。纠正私人歧视的责任还得到了这两项条约的其他条款的加强。[69]

68　委员会对毛里求斯的结论性意见，(1997) UN doc CCPR/C/79/Add.60。另见委员会的结论性意见：智利，(1999) UN doc CCPR/C/79/Add.104, para 23；哥斯达黎加，(1999) UN doc CCPR/C/79/Add.107, para 15；韩国，(1999) UN doc CCPR/C/79/Add.114, para 10。

69　See eg *Yilmaz-Dogan v Netherlands* (CERD 1/1984).

体系性的不平等

[23.104] 所有社会都从根本上受到主导社会价值观的影响。这些主导价值观总是男性的、异性恋的和身体健全的。它们还会反映一个国家普遍存在的种族、宗教和语言。例如，在美国、英国和澳大利亚，主导的范式反映了白人、基督徒和讲英语的人的价值观。一个国家的社会通常会通过例如反映主流价值观的习俗延续和法律制定来加强其主导范式。主导性规范的加强产生了对主导性规范之外的人的体系性歧视，并由此产生了对他们的体系性不平等。体系性不平等的原因和后果可能非常微妙，甚至在社会的某些部分是不可见的，因为这种不平等在历史上同时被占主导地位的人和被边缘化的人认为是"正常的"。

[23.105] 造成体系性不平等的原因是如此复杂，以至于令人怀疑，能否在一项根据《任择议定书》提出的申诉中，向人权事务委员会成功地质疑这种体系性的不平等。可能也难以证明一个人是体系性歧视的"受害者"。对"受害者身分"之解释的"个人"和直接性质并不能容纳有关社会中根本的、体系性问题的申诉。[70] 这样的情况可以在缔约国报告程序这一宏观层面上加以质疑，并在随后得出的结论性意见中得到说明。例如，对印度，委员会谴责了许多促成妇女和低种姓民众被持续压制的法律和文化习俗。[71] 对波兰，委员会指出了关于两性不平等的统计数据（例如，妇女的平均工资是男性平均工资的70%）。[72] 对美国，委员会指出，非洲裔美国人在无家可归者中占一半，而他们在总人口中只占12%。[73] 然而，统计数据本身很可能并不足以证明单个的歧视情况。

---

[70] 另见第 [1.116] 及以下各段。

[71] (1985) UN doc CCPR/C/79/Add. 81, paras 15 – 17.

[72] (1999) UN doc CCPR/C/79/Add. 110, para 12.

[73] 委员会对美国的结论性意见，(2006) UN doc CCPR/C/USA/CO/3/Rev. 1, para 22；另见该结论性意见第26段，有关在卡特丽娜飓风救灾期间，穷人和非洲裔美国人遭受的不利待遇。

[23.106] **LNP 诉阿根廷**（*LNP v Argentina*, 1610/2007）

该案涉及一个 15 岁女孩所受到的待遇——她是一个少数族裔的成员，声称自己被三个男人强奸。[74] 人权事务委员会认定，她后来从阿根廷各当局处受到的待遇违反了第 26 条：

> 13.3. 委员会注意到提交人的指控：在审讯期间、在警察站以及在她接受医检期间，因为她是女孩和土著人的事实，她成为歧视的受害者。提交人指控，埃尔·埃斯皮尼洛（El Espinillo）警察站的工作人员让她含着眼泪、穿着血迹斑斑的衣服等待了几个小时，但没有记录任何申诉，只在最后将她交给地方医疗中心了事。提交人进一步指控，在抵达医疗中心后，她遭到了令她难受的测试，这些测试对于确定她遭受的攻击的性质是没有必要的，而是为了确定她是否是处女。审理案件的法庭还引用了歧视性和攻击性的标准，例如提交人"有着长期遭奸污的现象"，并得出结论，她没有同意性行为并未得到证明。提交人进一步声称，法庭询问所有证人她是否是名妓女。委员会认为，以上所有证词——缔约国都没有反驳——反映了警方、医疗和司法当局实行的、目的在于对受害者的道德制造怀疑的歧视性待遇。委员会尤其注意到，刑事法庭的判决的根据，是对提交人的性生活以及她是否是一名"妓女"的分析。刑事法庭还将提交人失去童贞作为主要因素确定她是否同意性行为。委员会根据所获得的并无争议的事实得出的结论是，这些事实揭示了存在基于提交人性别和族裔的、违反《公约》第 26 条的歧视。

在该案中，据称的强奸受害者——一名少数族裔的少女所受的待遇令人震惊。国内调查显然着眼于确定据称的受害者而非施暴者的名誉和可信度。

[23.107] 在所有联合国人权条约机构中，消除对妇女歧视委员会表现出对体系性不平等的最深刻认识。这并不奇怪，因为女性在所有社会中都是体系性歧视的受害者。例如，社会对基于性别的暴力的默许、冷漠甚至赞同，都会导致体系性歧视和不平等。例如，消除对妇女歧视委员会在其第 19

---

74 另见, *Vertido v Philippines*（CEDAW 18/2008）；对前南斯拉夫马其顿共和国的结论性意见, (2008) UN doc CCPR/C/MKD/CO/2, para 10。

号一般性建议中，提请注意性别歧视与对妇女的暴力之间的密切联系。事实上，消除对妇女歧视委员会审议的很多来文都涉及对妇女的暴力，包括弗提多诉菲律宾案（*Vertido v Philippines*，CEDAW 18/2008）、伊尔迪林诉奥地利案（*Yildirim v Austria*，CEDAW 6/2005）、AT 诉匈牙利案（*AT v Hungary*，CEDAW 2/2003）、郭科齐诉奥地利案（*Goekce v Austria*，CEDAW 5/2005）、凯尔诉加拿大案（*Kell v Canada*，CEDAW 19/2008）和 VK 诉保加利亚案（*VK v Bulgaria*，CEDAW 20/2008）。

[23.108] 在众多结论性意见中，人权事务委员会加强了消除对妇女歧视委员会对基于性别的暴力的谴责。[75] 例如，对也门，人权事务委员会关切的是，有报道称，女性生殖器残割在该国某些地区是一种常见做法，而且"也门法律没有关于处理家庭暴力的规定"。[76] 对危地马拉，人权事务委员会"敦促将针对妇女的暴力（尤其是家庭中的暴力）和歧视妇女的行为（如工作场所的性骚扰）确定为可惩处的犯罪"。[77] 对日本，人权事务委员会关切的是，"日本法院似乎认为家庭暴力，包括强迫性交，是婚姻生活的正常情况"。[78] 对波兰，人权事务委员会关切的是，"为遭受家庭暴力的家庭成员提供的住宿和庇护场所短缺"。[79] 对塞浦路斯，人权事务委员会建议：[80]

> 12.……改革证据法时，考虑是否能够消除家庭暴力的受害者指证配偶时所遇到的障碍。

[23.109] 消除对妇女歧视委员会在其第 19 号一般性建议第 24（m）段中提到了非法堕胎。人权事务委员会已经对两件有关无法堕胎的申诉作出决

---

[75] 另见委员会的结论性意见：日本，(2008) UN doc CCPR/C/JPN/CO/5, para 15；伊朗伊斯兰共和国，(2011) UN doc CCPR/C/IRN/CO/3, para 11。

[76] (1995) UN doc CCPR/C/79/Add. 51, para 14. 另见第 [9.57] 及以下各段。

[77] (1996) UN doc CCPR/C/79/Add. 63, para 33.

[78] (1998) UN doc CCPR/C/79/Add. 102, para 30. 另见委员会的结论性意见：坦桑尼亚联合共和国，(1998) UN doc CCPR/C/79/Add. 97, para 11（谴责该国未做到将婚内强奸和女性生殖器残割规定为犯罪）；乌拉圭，(1998) UN doc CCPR/C/79/Add. 90, para 9D；委内瑞拉，(2001) UN doc CCPR/CO/71/VEN, para 20（其中谴责的情况是，强奸者随后与受害人结婚，即从轻处理强奸者和其他参与强奸罪行的人）。

[79] (1999) UN doc CCPR/C/79/Add. 110, para 14.

[80] (1998) UN doc CCPR/C/79/Add. 88.

定，认定两起案件中都存在违反《公约》的情况。然而，在蓝托伊-瓦曼诉秘鲁案（*Llantoy-Huamán v Peru*，1153/2003）中——该案有关在提交人怀孕期间，其胎儿被诊断为患有危及母亲身心健康的致命疾病的情况中，拒绝提交人实施治疗性堕胎，委员会未能认定有关歧视的申诉可予受理。[81] 委员会声称，没有足够的证据证明存在性别歧视。然而，从表面上看，任何限制堕胎的法律都具有基于性别的歧视性，因为只有妇女才会希望或需要堕胎。事实上，在 LMR 诉阿根廷案（*LMR v Argentina*，1608/2007）中，委员会认定，拒绝一位患有精神病的强奸受害者堕胎违反了与《公约》其他条款相结合的第 3 条。[82] 因此，看来委员会在后一案件中接受了拒绝堕胎本质上就是基于性别的歧视。

[23.110] 在斯吉贾托诉匈牙利案（*Szijjarto v Hungaria*，CEDAW 4/2004）中，消除对妇女歧视委员会认定未经一位女性充分同意实行绝育违反了《消除对妇女歧视公约》。与堕胎一样，未经同意的绝育是一种侵犯人权的行为，对妇女的影响远甚于对男子的影响。

[23.111] 消除种族歧视委员会在其第 19 号一般性建议中确定了体系性歧视的一种具体情况。

消除种族歧视委员会第 19 号一般性建议

    3. 委员会注意到，虽然在某些国家全面或部分种族分隔的情况也许是由政府政策造成的，但部分种族分隔的情况也有可能是因为个人无意的行动而形成的附带情况。在许多城市，居住模式受收入差别影响，这些差别有时与种族、肤色、世系和民族或族裔差别结合在一起，造成一些居民可能被污名化，某些个人会遭受某种形式的歧视，其中种族原因和其他原因混在一起。

    4. 因此，委员会确认，种族分隔的情况也可能出现在并没有公共当局的任何倡议或直接参与的情况中。委员会请各缔约国监测所有可造成种族分隔的倾向，努力消除因此而产生的任何消极后果，并在其定期报

---

81 在委员会意见的第 5.3 段。
82 在委员会意见的第 9.4 段。

告中描述这类行动。

［23.112］人权事务委员会对斯洛伐克的下列评论是其认识体系性歧视之思路的一个典型：[83]

18.……缔约国应采取一切必要措施以消除对罗姆人的歧视，并促进罗姆人有效地享有《公约》规定的权利。缔约国还应作出更大努力为罗姆人提供能够在官方通信中使用其语言的机会、方便易得的社会服务，为罗姆人提供培训以使之具备就业的条件并为他们创造就业机会。委员会希望收到有关在这方面所采取的政策及其实际结果的充分细节。

教育义务

［23.113］人权事务委员会在第 4 号一般性意见第 2 段中称，对第 2 条第 1 款、第 3 条和第 26 条规定的权利的积极享有，"不能单凭制定法律来完成"［23.84］。由这一意见可以想到法律的适当执行。它还可能指向采取积极的、法律以外的措施打击歧视的义务。这些法律之外的措施应包括例如处理对处境不利群体刻板成见的教育或促进义务。[84] 在打击歧视方面，促进义务非常重要。法律救济只能走到一定地步；有关案件只能影响数量相对较少的个人，而且证明歧视总是一项艰巨的任务。此外，通过警醒地促进反歧视原则来补充法律原则，将有望促进社会内基本的、一致的（而不是强迫的）非歧视。

［23.114］人权事务委员会在对瑞典的结论性意见中，鉴于 2001 年 9 月 11 日美国遭受恐怖袭击后瑞典发生的事件，指出了以下几点：[85]

12.……（c）缔约国还需要通过传媒开展教育运动，以保护外国血

---

[83] (2003) UN doc CCPR/CO/78/SVK.

[84] 在对奥地利的结论性意见中，委员会关切的情况是，就防止歧视少数族裔，包括罗姆人，缺少对警察的强制性培训：(2008) UN doc CCPR/C/AUT/CO/4, para 9。

[85] (2002) UN doc CCPR/CO/74/SWE.

统者，尤其是阿拉伯人和穆斯林，避免将他们与恐怖主义、极端主义和狂热主义联系在一起的成见。

［23.115］《消除种族歧视公约》第 2 条（辰）项、第 7 条和《消除对妇女歧视公约》第 5 条、第 10 条（c）项规定了有关种族歧视和性别歧视的促进和教育义务。

［23.116］人权事务委员会曾建议各国采取促进性运动。例如，对于毛里求斯：[86]

> 23.……委员会还建议，所拟设立的平等机会委员会应审议是否有必要采取包括教育措施在内的肯定性行动措施，以扫除诸如有关妇女作用和地位的陈旧态度等实现平等的残余障碍。

对芬兰，委员会称：[87]

> 16.……委员会……建议芬兰进一步采取积极措施克服歧视和仇外态度与偏见，并提倡容忍。

对歧视的调查

［23.117］适当调查歧视指控的义务必然暗含在《公民及政治权利国际公约》《消除种族歧视公约》和《消除对妇女歧视公约》的不歧视和有效救济的条款中。这一义务是消除种族歧视委员会审议的一系列案件的主题，例如艾哈迈德·哈巴西诉丹麦（*Ahmed Habassi v Denmark*，CERD 10/1997）、塞菲克诉丹麦（*Sefic v Denmark*，CERD 32/2003）、杜米奇诉塞尔维亚和黑山（*Durmic v Serbia and Montenegro*，CERD 29/2003）、阿丹诉丹麦（*Adan v Denmark*，CERD 43/2008）以及达瓦斯和沙瓦诉丹麦（*Dawas and Shava v Denmark*，CERD 46/2009）。

---

[86] (1996) UN doc CCPR/C/79/Add.60.
[87] (1998) UN doc CCPR/C/79/Add.91.

对歧视受害者的救济

[23.118] 除第 2 条特别是第 2 条第 3 款中的标准救济规定外,《公民及政治权利国际公约》没有明确规定对歧视受害者的必要救济。[88]《消除种族歧视公约》第 6 条同样要求各缔约国提供有效救济,包括"有权就因[种族]歧视而遭受之任何损失……请求公允充分之赔偿或补偿",而第 2 条第 1 款(寅)项则要求各国"采取有效措施对政府及全国性与地方性之政策加以检讨检查",并对促成种族歧视的法律,"予以修正、废止或宣告无效"。[89] 同样,《消除对妇女歧视公约》第 2 条(f)和(g)项要求各国修改或废除构成对妇女歧视的法律或刑事规定。

向下取平

[23.119] 两种选择似乎可用于纠正违反《公约》非歧视条款的行为:将受害者的权利提高到比其待遇更好的人的水平,或将其他人的权利降低到受害者的水平。后一种解决方式会减损他人的权利,但对最初的受害者往往没有什么助益。[90] 第 5 条第 2 款禁止缔约国援用《公约》,将其作为减少本国之内个人的基本人权的借口。第 5 条第 2 款可以防止各国通过"向下取平"来补救对第 2 条第 1 款、第 3 条和第 26 条的违反。[91] 然而,人权事务委员会本身在其对沃尔德曼诉加拿大案的意见的第 10.6 段中[23.60],讨论了"向下取平"作为一种适当救济的选项,因此,这样的救济似乎是对所认定之违反情势的有效回应。[92]

---

88 见第[1.121]段。(原书如此,但第[1.121]段中没有任何内容有关对歧视受害者的救济。作者建议删除该脚注,但中译本为保持与原书脚注排序一致,保留此注。——译者注)

89 有关《消除种族歧视公约》规定的救济的案件,见,*BJ v Denmark*(CERD 10/1997)。

90 Lester and Joseph, 'Obligations of Non-Discrimination', 594.

91 Lester and Joseph, 'Obligations of Non-Discrimination', 594.

92 安藤先生在对鲍格尔案(*Pauger v Austria*, 415/1990)的单独意见中,承认"向下取平"作为一种对违反第 26 条之救济的可能,但是提出这样的救济会很难得到有关社会的支持。

第二十三章　不受歧视权

法律前的平等

[23.120] 大多数依据《任择议定书》提出的歧视案件都涉及"法律的平等保护",而不是"法律前的平等"。后一项权利保障在法律的执行和运行方面的平等和公正。法官和其他法律工作人员不得以无理或歧视性的方式适用立法。[93] 就这一义务适用于法官而言,它反映了第14条第1款中"法院前的平等"所体现的类似权利 [14.21]。然而,第26条比第14条更宽泛,因为后者似乎只保障某人确实出现在"法院"或其他法庭"面前"时的"平等"。人权事务委员会在圣约瑟修女诉斯里兰卡案(*Sister Immaculate Joseph v Sri Lanka*, 1249/2004)中认定第26条被违反,其起因是缔约国未能允许一个宗教修会在明显涉及其权利的诉讼中发表意见。[94] 相关诉讼涉及从宪法上质疑宗教修会根据该国法律申请成为法人的情况 [17.22]。如果这一修会事实上曾参与诉讼,那么第14条本可用来在实际诉讼中解决不公正的问题。也许由于这一修会未能参加,因此第14条无法用来解决不公正的问题,而第26条却可以。

[23.121] 有关法律前不平等的案件通常涉及公共机构有关某一个人而非一个群体的行为。因此,有必要审查某一有关"法律前平等"的申诉是否需要确定一种个人据以受到不平等对待的独特"理由"。以下两案中就出现了这一问题。

[23.122] **BdB 等人诉荷兰**(*BdB et al. v the Netherlands*, 273/1988)

该案的提交人申诉的是他们因一个行政错误而遭受的不利。提交人是理疗医师,他们被要求缴纳处于同样情况中的其他理疗医师无须缴纳的保险费用。

6.6. 提交人申诉的是具有强制性质的法律规则对他们的适用,据称

93　Nowak, *UN Covenant on Civil and Political Rights: CCPR Commentary*, 605–6.
94　在委员会意见的第7.5段。

这些规则没有同样地适用于其他一些理疗所，原因不明……。

6.7. ……委员会注意到，提交人并没有声称他们受到的差别对待是由于他们属于任何可以辨识的清楚类别——这样的类别有可能使他们基于《公约》第 26 条列明的某一理由或提到的"其他身分"而遭受歧视。委员会因此认定提交人的来文的这一方面根据《任择议定书》第 3 条不可受理。

BdB 案中的申诉人未能确立的是，他们作为一个由某一共同的"其他身分"联系起来的群体的成员而受到了歧视。不过，可将该案与以下案件相比较。

[23.123] **法博廖娃诉捷克共和国**（*Fábryová v Czech Republic*，765/1997）

该申诉涉及的是，对于前政权没收其父亲的财产，提交人根据捷克法律无法获得返还。她获得返还的资格被土地事务处 1994 年 10 月 14 日的一项决定所否认。捷克宪法法院后来在与提交人无关的诉讼中裁决，土地事务处所使用的对有关立法的解释是错误的。结果，1994 年的决定在 1997 年 10 月 9 日被中央土地事务局推翻。然而，提交人解释说，由于一个行政错误，1997 年的决定对她并无用处。人权事务委员会的认定有利于提交人：

9.2. 委员会注意到，缔约国承认，由于宪法法院后来作出的解释，根据第 243/1992 号法律，处于与提交人类似情况的个人有资格获得返还……。缔约国还承认，吉赫拉瓦（Jihlava）土地事务处 1994 年 10 月 14 日的决定是错误的，提交人应当有机会向吉赫拉瓦土地事务处重新申请。但是，提交人旨在获得补救的再次努力由于缔约国本身的原因而失败：缔约国农业部在 1998 年 5 月 25 日以信件通知提交人，吉赫拉瓦土地事务处 1994 年 10 月 14 日的决定已是最后决定，理由是中央土地事务局推翻吉赫拉瓦土地事务处决定的决定的送达已经过时。

9.3. 根据上述情况，委员会的结论是，如果中央土地事务局推翻吉赫拉瓦土地事务处决定的决定的送达已经过时，这属于应归咎于当局的行政错误。结果是，提交人没能得到与对于先前被没收的财产具有同样资格的人的待遇同等的待遇，这侵犯了她根据《公约》第 26 条享有的权利。

委员会在认定第26条被违反时,没有援引或明显要求歧视的"理由"。这一决定可能表明,委员会使用了第26条中"法律前的平等"这一分支,虽然在其推理中没有明确指出这一分支。如同在以下案件所能看到的,在有关法律前的平等的案件中,委员会似乎根本不需要一个独特的"理由"。[95]

[23.124] **卡瓦纳诉爱尔兰**(*Kavanagh v Ireland*,819/1998)

提交人对该案之案情的背景描述如下:

2.1. 爱尔兰宪法第38条第3款规定,对于可以依法确定普通法院"不能充分保证有效的司法工作以及维护公共治安和秩序"的情况,以法律设立特别法院审判这些情况中的罪行。1972年5月26日,政府行使职权,根据1939年《危害国家罪行法》第35节第2款宣布成立特别刑事法院来审判某些罪行。……

2.2. 根据《危害国家罪行法》第47节第1款,特别刑事法院对"明确规定的罪行"(即清单中具体载明的罪行)有管辖权,只要总检察长"认为"如此受到指控的人由特别刑事法院而不是普通法院审判"妥当"即可。[这些有关罪行中,有许多往往涉及恐怖主义,虽然有些罪行有可能在非政治性犯罪的过程中出现。]如果总检察长根据《危害国家罪行法》第47节第2款证明,其认为"对于审判受某项指控的某人,普通法院不足以保证有效的司法工作",则特别刑事法院也对非明确规定的罪行有管辖权。公诉主任行使总检察长下放的权力。

2.3. 与实行陪审团制度的普通刑事管辖法院不同,特别刑事法院则由三名法官组成,他们经多数表决作出裁决。特别刑事法院还使用有别于普通刑事法院的程序,包括对某些证人的证据,被告不能使用预先诘问程序。

这些事实导致提交人的来文和实际申诉如下:

3.2. 1994年7月19日,提交人受到七项与事件有关的指控而被逮捕,即非法监禁、抢劫、勒索金钱、共谋勒索金钱、为企图非法监禁而拥有枪支。六项指控为非明确规定的罪行,第七项指控(为企图非监

---

[95] See also *Pezoldova v Czech Republic* (757/1997) and *Blaga v Romania* (1158/2003).

禁而拥有枪支）为"明确规定的罪行"。*

3.3. 1994年7月20日，经公诉主任1994年7月15日依据《危害国家罪行法》第47节下达的命令——分别有关明确规定的罪行和非明确规定的罪行的第1、2款，提交人直接在特别刑事法院受到所有七项罪行的指控。……

4.1. 提交人声称，公诉主任要求特别刑事法庭审判他的命令违反了《公约》第14条第1款和第3款保护的公正原则和诉讼手段平等的原则。提交人诉称，与受到类似或同等刑事罪指控的其他人相比，他处于严重不利地位，因为其他人与他不一样，由普通法院审判，因此可以利用范围更广的可能保障。提交人强调，在他的案件中，由陪审团审判以及有可能预先诘问证人将特别重要。评估若干关键证人的可信度将是他的案件的主要问题。因此，提交人指称受到任意限制和在程序权利方面受到不公正待遇，因为公诉主任对其决定没有提出任何原因或理由。……

4.7. 提交人还指称，存在违反第26条规定的不歧视原则的情况，因为他在没有客观理由的情况下，被剥夺了被指控类似罪行的其他被告可享有的重要法律保障。……

缔约国为其特别刑事法院提出的辩解是：

7.4. 关于提交人的主张，即他因"普通"刑事指控而受到特别刑事法院审判侵犯了他的权利，缔约国坚称，正常的司法工作必须受到保护，免遭各种破坏性威胁，包括社会上的颠覆集团、有组织的犯罪和恫吓陪审员的危险等产生的威胁。正如公诉主任在这里所证明的，在存在对正常陪审程序完整性的这种威胁的情况中，被指控者的权利实际上受到由三名无私法官组成的法庭的更好保护，他们比陪审团更不易受到不当外来影响。缔约国指出，公诉主任必须确信普通法院不能胜任，方可启用特别刑事法院。造成普通法院不能胜任的情况不仅有"政治性的"、"颠覆性的"或准军事性的罪行，而且还有"普通匪徒或资金雄厚和组

---

* 委员会意见原文对提交人所受指控数目的说明就是如此，译文照录。

织周密的贩毒交易，或者有可能相信陪审团因某种腐败原因、受到威胁或受到非法干扰而无法主持公道的情况"。……

人权事务委员会支持了卡瓦纳根据第 26 条提出的申诉，并因此觉得无须处理其有关第 14 条第 1 款的主张：

> 10.1. ……委员会认为，在除了普通法院以外的其他法院审判本身并不一定违反获得公正审理的权利，而且本案的事实没有表明存在这样一种违反。

> 10.2. 提交人声称第 14 条第 1 款所载法院和法庭前平等的要求被违反，与此并列的，是他声称根据第 26 条享有的法律前平等和得到法律平等保护的权利受到侵犯。公诉主任作出的在特别刑事法院指控提交人的决定，导致提交人在以非通常方式构成的法院面临非通常的审判程序。这一区分剥夺了提交人享有国内法律规定的某些程序，将提交人与在普通法院被指控类似罪行的其他人区别开来。根据缔约国的审判制度，由陪审团审判尤其被视为被告通常应能得到的一种重要保护。因此，根据第 26 条，缔约国必须表明这种由另一程序审判某人的决定是基于合理、客观的理由。在这方面，委员会注意到缔约国在法律（《危害国家罪行法》）中规定了可根据公诉主任的选择由特别刑事法院审判的若干具体罪行。该法还规定，如果公诉主任认为普通法院"不足以保证有效的司法工作"，任何其他罪行可由特别刑事法院审判。即使假定审判某些严重罪行的刑事制度，虽不完整但只要公平就可以接受，委员会仍认为下述做法有问题：议会用立法手段规定，经公诉主任不受制约的酌处权（"他认为妥当"），具体严重罪行即属特别刑事法院管辖，还允许对于任何其他罪行（如本案），只要公诉主任认为普通法院不胜任，则也由特别刑事法院审判。对于特别刑事法院审判"妥当"或普通法院"不胜任"的决定，不需要给出任何理由；缔约国也没有向委员会提供为何在本案中作此决定的理由。此外，对公诉主任的决定的司法审查实际上局限于特殊和几乎无法表明的情况。

> 10.3. 委员会认为，缔约国未能表明由特别刑事法院审判提交人的决定是基于合理、客观的理由。因此，委员会的结论是，第 26 条规定

的提交人在法律前平等和受到法律平等保护的权利受到了侵犯。鉴于有关第 26 条的这一认定，在本案中没有必要审查《公约》第 14 条第 1 款所载"在法院和法庭"前一律平等是否遭到违反的问题。……

12. 根据《公约》第 2 条第 3 款（子）项，缔约国有义务给予提交人有效救济。缔约国还有义务确保将来不再发生类似的违反情况：缔约国应确保人们不再受到特别刑事法院的审判，除非能提出作此决定的合理、客观标准。

[23.125] 因此，缔约国未能证明在特别刑事法院审判卡瓦纳的决定是正当合理的。[96] 在没有对公诉主任的决定进行严格司法审查或披露公诉主任作出决定的理由的情况下，人权事务委员会不准备假定该决定是基于合理、客观的标准。[97]

缔约国则辩称：

7.6. ……要求公诉主任对其决定提出理由或加以解释，这也不可取，因为这将会引起对具有机密性质资料的具有安全影响的调查，破坏建立特别刑事法院的根本目的，而且也不符合整体公共利益。

显然，委员会没有接受这样一种观点，即出于安全考虑不公布理由是正当合理的。在没有这些理由的情况下，无法认定卡瓦纳在特别刑事法院接受审判是基于合理、客观的理由，因此委员会认定第 26 条被违反。[98] 卡瓦纳案表明，仅仅援用"安全顾虑"并不能构成一种遮掩，其下的所有国家行动都可予允许。[99]

[23.126] 在对英国的结论性意见中，人权事务委员会对在北爱尔兰使用特别法院表示了关切：[100]

18. 委员会依然关切的是，尽管北爱尔兰治安状况有所改善，但刑事程序的有些内容在北爱尔兰和该缔约国领土的其余部分之间仍然存在

---

[96] 另见委员会对爱尔兰的结论性意见，(2008) UN doc CCPR/C/IRL/CO/3, para 20。

[97] S Joseph, 'Human Rights Committee: Recent Cases' (2001) 1 *Human Rights Law Review* 305, 311-12.

[98] Joseph, 'Human Rights Committee: Recent Cases', 312.

[99] Joseph, 'Human Rights Committee: Recent Cases', 312. 另见第 [14.26]、[18.49] 段。

[100] (2008) UN doc CCPR/C/GBR/CO/6.

差异。委员会尤其关切的是，根据《2007年司法与治安（北爱尔兰）法》，其案件经北爱尔兰总检察长核实的人，可受到没有陪审团参与的审判。委员会还关切的是，对北爱尔兰总检察长作出的决定，没有提出上诉的权利。委员会忆及其将《公约》解释为，在对特定案件适用不同刑事程序规则的情况中，要求适当的检察当局提出客观、合理的理由（第14条）。

缔约国应持续认真监督北爱尔兰的紧急情势是否继续构成这类区分的理由，以期予以废除。缔约国尤其应确保，对北爱尔兰总检察长所核实的每个需要无陪审团参与审判的案件，都提供客观、合理的理由，而且存在对这些理由提出质疑的权利。

[23.127] 可以指出的是，特别刑事法庭本身并不违反《公约》，如曼扎诺诉哥伦比亚案（*Manzano v Colombia*，1616/2007）所示。该案涉及根据第14条提出的申诉［14.26］，并被认定未提出可受理的问题。如果提交人主张他们受到的差别待遇（即在特别法院受审）违反了第26条，而不是诉讼情况不符合第14条规定的公正标准，那么他们在该案件中本可能会更成功。

[23.128] **奥尼尔和奎因诉爱尔兰**（*O'Neill and Quinn v Ireland*，1314/2006）

两位提交人因于1996年在爱尔兰杀害了一位爱尔兰警察麦凯布警官（*Garda* McCabe）而被定罪。麦凯布是在恐怖团体爱尔兰共和国军（IRA）临时派企图抢劫时被杀的。1998年，英国政府和爱尔兰政府缔结了《耶稣受难日协定》（GFA），旨在终止在北爱尔兰的长期冲突。该协定中有一章涉及释放囚犯，包括冲突双方定罪的恐怖分子。这一释放计划在爱尔兰根据1998年《刑事司法（释放囚犯）法》实施，按照这一法律，"适格囚犯"会被释放。看来对适格囚犯的界定留由司法部部长酌处决定。提交人根据信息自由立法获得了文件，这些文件似乎确认，他们被排除在"适格囚犯"的分类之外。看来在《耶稣受难日协定》缔结之前、以爱尔兰共和军的名义犯下罪行者属于适格囚犯。许多因杀害爱尔兰警察被定罪者也属此类。最后，在《耶稣受难日协定》之后以爱尔兰共和军的名义犯下罪行者也属于适格囚犯。

但是，提交人被明确排除，明显是为了确保公众支持释放计划和《耶稣受难日协定》的需要。他们对于被排除在适格囚犯名单之外提出了上诉，但没有成功。提交人声称，爱尔兰没有根据《耶稣受难日协定》规定的释放计划释放他们是歧视性的，有违《公约》第 2 条第 1 款和第 26 条，因为其他因类似或更严重罪行而被定罪的人都已获得释放。他们声称，这种区别对待是无理的，因为将他们排除在释放计划之外只是基于政治考虑。爱尔兰辩称，这一申诉不在第 26 条的范围之内，并对将提交人排除在《耶稣受难日协定》之外提出了辩解：

4.6. ……缔约国提出，这些申诉是在第 26 条和第 2 条的范围之外。在国内法庭已成功地主张，任何关于平等的申诉的实质必须是同样的人得到同样的待遇。在所涉案件中所有被定罪的人在囚犯释放计划方面都得到同样的待遇。那些涉及麦凯布警官谋杀案的人被认为构成一组不同的囚犯，根据《耶稣受难日协定》作出的任何安排对他们不适用。提交人知道这一点，并在政府明确宣布这一政策时认罪。他们不同于该计划的任何其他可能的受益者，因为缔约国政府认为，释放他们将不会被爱尔兰人民所容忍。缔约国拒绝以下的论点，即准予其他处于类似情况中的人一种酌处性的国家特惠产生了一种在法律上可执行的权利……。

4.7. 缔约国提出，提交人的罪行和周遭情况无法与其他罪行比较。有关事件发生在有人破坏爱尔兰共和军停火期间，是在缔约国政府正在进行将产生《耶稣受难日协定》的高层谈判的阶段。自爱尔兰共和军停火以后，这是第一次有人因谋杀一名警察而被定罪。肇事者使用的暴力特别野蛮，受害者是爱尔兰警队的成员，爱尔兰共和军临时派的高级成员参与了该事件。……

人权事务委员会认定没有发生违反：

8.2. 委员会依据下列事实审查提交人的申诉。一项基于制定法的提早释放囚犯计划根据多党协议即《耶稣受难日协定》确立，并通过 1998 年《刑事司法（释放囚犯）法》实施。该多党协议是一项政治协定。没有争议的是：《耶稣受难日协定》和实施该协定的 1998 年《刑事司法（释放囚犯）法》都没有赋予一项释放囚犯的一般性权利。同样没有争议的是,虽然1998年的法并不意在赋予司法部部长任何额外的减刑或赦免权力,但该法授权司法部部长认定某人是一名"适格囚犯"。该法并没有纳入司法部部长据以有权指定某些囚犯为"适格囚犯"的标准——缔约国并不否认这一点,但看来司法部部长确定了某些标准,来评估某一囚犯是否应被如此指定。从缔约国的角度来说,司法部部长确定和适用的标准与本案的案情无关,因为他从来没有打算在该计划中考虑提交人。

8.3. 提交人声称,司法、平等和法律改革部部长拒绝按照《耶稣受难日协议》指定他们为提早释放囚犯计划所规定的"适格囚犯"是任意武断的和歧视性的。委员会认为,缔约国根据第26条有义务在它们的立法、司法和行政行动中确保每个人都得到同等对待,免受基于种族、肤色、性别、语言、宗教、政见或其他主张、民族本源或社会阶级、财产、出生或其他身分等任何理由的歧视。委员会忆及其一贯的判例,即并非每一区分都构成违反第26条的歧视,但这种区别必须基于合理、客观的理由正当合理,并且是为了实现根据《公约》正当合理的目标。关于禁止歧视,委员会注意到,缔约国对提交人和那些被包括在提早释放计划的囚犯之间作出的区分并不是基于第26条中所列的任何理由。特别是,提交人并不是因为他们的政治见解而被排除。然而,第26条不仅禁止歧视,而且包含在法律前平等和得到法律平等保护的保障。

8.4. 委员会注意到,"释放囚犯计划"是根据一项多党协定——这是一项政治协定——制定的,并认为不能在其政治背景之外审查该案件。委员会注意到,提早释放计划并没有创设任何获得提早释放的权利,而是留由有关当局酌处决定,在具体个案中,有关人员应否得益于该计划。委员会认为,这种酌处权相当宽泛,因此,仅仅其他处于类似情况的囚犯获得释放之情况并不自动地构成对第26条的违反。委员会注意到,缔约国将提交人(以及其他涉及麦凯布警官被杀事件的人)排除在该计划之外的理由是所涉事件的综合情况:其发生时间(在破坏停火协定的情况中)、其凶残性质和确保获得公众对《耶稣受难日协议》之支持的需要。在1996年该事件发生时,政府将该事件的影响评估为异乎寻常。为此，政府认为，所有涉案者都应被排除在后来的任何释放囚犯协定之外。这一决定是在该事件发生后但负责任者被定罪前作出的，因此所针对的是事件本身的影响而不是涉案个人。所有负责任者从一开始就被告知，如果他们被判定参与了该事件，他们就会被排除在释放计划之外。委员会也注意到，显然其他因杀害爱尔兰警察被定罪、获益于提早释放计划的人已经服刑很长时间……。委员会认为，它无法以自己的观点代替缔约国对事实的评估，特别是关于一项几乎在十年前、在一种政治背景下作出并导致了一项和平协定的决定。委员会认定，它收到的材料并没有揭示任意武断情况，并得出结论认为，提交人根据第26条享有的法律前平等的权利和受法律平等保护的权利没有受到侵犯。

该案揭示了对《公约》权利的基于务实的"政治"限制，这并不明确见于该条约本身[1.137]。这一决定可以说破坏了对《公约》权利的限制应作狭义解释的一般原则。韦奇伍德女士在其单独附议意见中，尤其明确地承认了这种限制：

> ……第26条并不允许委员会行使行政法院的功能，像一个国家行政法庭那样审查每一项政府决定。在把握《任择议定书》赋予我们的决定能力方面，这是特别重要的一点。

多数委员的决定承认爱尔兰具有该案的政治背景所致的非常广泛的酌处权。这种酌处权的广泛范围意味着委员会不会以自己的决定代替爱尔兰的政治决定，即基于公然的政治理由将提交人排除在释放计划之外。

[23.129] 相比之下，少数委员并不承认，该案的政治背景使得爱尔兰政府的行为可以少受人权事务委员会的严格审查。通过适用这样的审查标准，他们认定第26条被违反。例如，索拉里-伊里格延先生称：

> 3. 不论《耶稣受难日协议》是不是政治性的，委员会面对的关键问题仍是要确定将提交人排除在提早释放计划之外是否符合《公约》第26条，该条规定在法律前的平等并禁止基于其明定之理由的歧视。即使提早释放计划留由当局酌处决定是否包括或排除某一特定个人，一项将某人排除在外的决定仍必须基于公正、合理的标准——这是缔约国甚至没有试着要去做的。……

5. 基于提交人之一被判犯下了杀人罪（在麦凯布警官一案中），另一名被判犯下了共谋抢劫罪（虽然他甚至不在犯罪现场），必须得出的结论是，缔约国没有表明其将提交人排除在提早释放计划之外的决定是基于公正、合理的理由。这项决定所依据的是政治性考虑和其他根据《公约》所不能接受的考虑，诸如提早释放提交人对公众意见的潜在影响。正如委员会已在第 18 号一般性意见中指出的，《公约》第 26 条并不仅仅重复第 2 条已经规定的保障，而是规定了一项自主性的权利，禁止在公共当局管理和保护的任何领域中法律上或事实上的歧视。

拉拉赫先生和夏内女士在异议意见中称：

5. 无论如何，1998 年法创造了一种"适格囚犯"的特别类型；他们不同于囚犯的一般类型，有权被列入部长名单并由法定委员会审议他们的案件。第 26 条虽然在原则上允许根据合理、客观的标准区别对待若干申诉人，但这些标准如果以第 26 条明文禁止的、实际上是政治性的考虑为依据，就不再是合理、客观的，不论是就法律的颁布，还是就其实施或司法裁判，都是如此。提交人因此被剥夺了作为"适格囚犯"被列入名单的资格，这侵犯了他们根据第 26 条享有的获得平等待遇和法律平等保护的权利。

[23.130] 在提斯达尔诉特立尼达和多巴哥案（*Teesdale v Trinidad and Tobago*, 677/1996）中，提交人声称第 26 条被违反，因为他的死刑被减为 75 年不得假释的监禁，而其他 53 人被减为"终身监禁"，而这意味着他们有资格在服刑 12~15 年后获得假释。[101] 人权事务委员会多数委员认定不存在违反，因为提交人没有提供其他案件的性质的细节。[102] 由克雷茨梅尔先生、希勒先生和索拉里－伊里格延先生组成的少数委员认定出现了违反情势，因为缔约国没有提供解释，"说明在提交人与被判处死刑的其他人之间的据称待遇差异"。因此，委员会内部的分歧似乎事关如何适当分配举证责任。

---

101 在委员会意见的第 3.9 段。
102 在委员会意见的第 9.8 段。

结 语

[23.131] 人权事务委员会以及消除种族歧视委员会和消除对妇女歧视委员会对于不受歧视权,发布了大量的判例。在禁止歧视方面,《公民及政治权利国际公约》比《消除种族歧视公约》和《消除对妇女歧视公约》更进了一步,因为它将禁止扩展到种族和性别的理由之外。《公民及政治权利国际公约》迫使各缔约国预防和补救公共机构所为的、在国家法律之内的以及私人实体所为的令人厌恶的歧视。在某些情况中,可能适当地需要积极措施或者说"肯定性行动"以补救歧视。委员会对于众多的歧视理由以及众多权利之享有,在认定指控歧视的案件可予受理方面,一向慷慨大度。

第二十四章　少数者权利

——第二十七条

第 27 条与《公约》其他各条 …………………………………… [24.02]
少数者的定义 ……………………………………………………… [24.06]
少数群体的成员身分 ……………………………………………… [24.12]
土著民族和第 27 条 ……………………………………………… [24.15]
个人权利和群体权利 ……………………………………………… [24.18]
实质内容：第 27 条保护什么？ ………………………………… [24.22]
　　文化 …………………………………………………………… [24.22]
　　　　经济发展及其对文化的影响 ………………………… [24.27]
　　　　土著人的土地权利主张 ………………………………… [24.40]
　　宗教 …………………………………………………………… [24.44]
　　语言 …………………………………………………………… [24.46]
积极保护措施 ……………………………………………………… [24.53]
结语 ………………………………………………………………… [24.55]

第 27 条

　　凡有种族、宗教或语言少数团体之国家，属于此类少数团体之人，与团体中其他分子共同享受其固有文化、信奉躬行其固有宗教或使用其固有语言之权利，不得剥夺之。

[24.01] 第 27 条保护少数者的权利，即保护属于少数群体*的个人，这种保护是对所有个人根据《公约》享有的权利的补充。[1] 人权事务委员会在第 23 号一般性意见中解释了第 27 条的补充性：

第 23 号一般性意见

1. ……委员会认为，这一条规定确立并确认了赋予属于少数群体的个人的权利，这种权利有别于并额外于他们作为个人和其他任何人的一样的、已经能够根据《公约》享受的一切其他权利。……

9. ……保护这些权利的目的是要确保有关少数群体的文化、宗教和社会特性得以存活和持续发展，从而使整个社会的组成更加丰富。[2] 因此，委员会认为，这些权利应该以上述方式加以保护，而不应该同依照《公约》赋予一个人和所有人的其他个人权利相混淆。……

第 27 条和上述一般性意见清楚地表明，保持和维护少数者的身分特性至关重要。必须得到保护的少数者身分特性的基本组成是其文化、宗教和语言表现。[3]

第 27 条与《公约》其他各条

[24.02] **第 23 号一般性意见**

人权事务委员会解释了第 1 条保障的民族自决权与少数者权利的区别：

---

* 与"少数群体"对应的用词，在原书中为"minority groups"。在《公约》中英文本中，出现的相关用词分别为"少数团体"和"minorities"——注意英文用词中并无"groups"一词。由于"团体"具有"有一定组织之群体"的含义，对于第 27 条所指"minorities"并不合适，因此中译本选择以"少数群体"作为"minority groups"或"minorities"的对应用词——联合国大会 1992 年 12 月 18 日第 47/135 号决议通过的《在民族或族裔、宗教和语言上属于少数群体的人的权利宣言》中英本中，相互对应的用词即"少数群体"和"minorities"。

1　文化权利在《经济社会文化权利国际公约》第 15 条中也得到某种承认。
2　另见委员会对希腊的结论性意见，(2005) UN doc CCPR/CO/83/GRC, para 20。
3　See P Thornberry, 'The UN Declaration on the Rights of Persons Belonging to National or Ethnic, Religious and Linguistic Minorities: Background, Analysis, Observations and an Update', in A Phillips and A Rosas (eds), *Universal Minority Rights* (Institute for Human Rights, Åbo Akademi University, 1995), 20–5.

2. 在根据《任择议定书》提交委员会的一些来文中，根据第 27 条受到保护的权利与《公约》第 1 条中所宣示的民族自决权被混淆。……

3.1.《公约》区分了自决权和根据第 27 条受到保护的权利。前者被表述为属于民族的权利，在《公约》的一个单独部分（第一编）中规定。自决并不是可依《任择议定书》予以审理的权利。另一方面，第 27 条则涉及赋予个人的权利，并且同涉及给予个人的其他个人权利一样，载于《公约》的第三编，并且能够根据《任择议定书》予以审理。

3.2. 第 27 条中所载述权利的享受不得有损缔约国的主权和领土完整。同时，依照该条受到保护的个人权利的这个或那个方面——例如享有某一种特定文化——可能构成一种生活方式，这种生活方式与领地以及使用这一领地上的资源密切相关。对构成少数者的土著社群成员来说，这一点可能特别真切。

[24.03] 因此，第 27 条与第 1 条的区别依据在于，除其他外，前者保障个人权利而非集体权利。然而，由于第 27 条所保护的权利适用于少数群体的成员，因此可以部分地将其视为集体权利，但可由个人单独行使。[4] 这对于解释第 1 条，也是一种同样站得住脚的论点。[5] 如下文所示，[6] 某些少数者的权利要求所具有的不可否认的"群体"方面，有时会与同一群体内的个人根据第 27 条提出的权利要求相冲突。

[24.04] 第 23 号一般性意见还区分了第 27 条与第 2 条第 1 款和第 26 条规定的不受歧视的权利：

4.《公约》也区别根据第 27 条受到保护的权利与第 2 条第 1 款和第 26 条规定的保障。依照第 2 条第 1 款不受歧视地享受《公约》规定之权利的资格适用于在国家领土内或受其管辖的一切个人，无论这些人是否属于第 27 条所述的少数者。……有些缔约国声称它们并没有基于

---

[4] 见第 23 号一般性意见第 9 段 [24.01]；进一步见，Thornberry, 'The UN Declaration on the Rights of Persons Belonging to National or Ethnic, Religious and Linguistic Minorities', 173–6。

[5] 有关第 1 条的不可诉性，进一步见第 [7.24] 及以下各段。

[6] 见第 [24.18] 及以下各段。

族裔*、语言或宗教原因进行歧视,并且仅仅以这一点为依据,错误地辩称它们没有任何少数群体。

[24.05] 基于以下各条的案件——第 25 条(政治参与权)[7]、第 17 条(隐私权)和第 23 条(家庭权利)[8],也提出了可能与少数者权利问题相重叠的问题。还可以预期第 27 条与第 18 条规定的宗教自由权,在事关宗教少数者方面相重叠。

少数者的定义

[24.06] 第 27 条中,并没有对于什么构成少数者的固定定义。从一般性意见中可以清楚地看出,在这种语境中,少数者被理解为"那些属于某一群体的人,这些人共同享有某种文化、宗教和/或语言"。[9]

[24.07] **巴兰坦等人诉加拿大**(Ballantyne et al. v Canada, 359, 385/1989)

在该案中,提交人力图辩称,加拿大魁北克省的语言法,除其他外,构

---

* 与"族裔"对应的用词,在原书中为"ethnicity"。在《公约》中英文本中,出现的相关用词分别为"种族"和"ethnic"。由于《公约》第 2 条第 1 款、第 4 条第 1 款、第 24 条和第 26 条的中文本中,与其英文本中的"race"的对应用词为"种族",中译本选择以"族裔"作为"ethnic/ethnicity"的对应用词——《儿童权利公约》第 2 条以及《在民族或族裔、宗教和语言上属于少数群体的人的权利宣言》中英本中,相互对应的用词即"族裔"和"ethnic"。在国际人权法律制度或理论中,对于两个经常并列使用的概念"national/民族"和"ethnic/族裔"——如在《儿童权利公约》、《在民族或族裔、宗教和语言上属于少数群体的人的权利宣言》以及《消除种族歧视公约》(其第 1 条、第 5 条中文本中与英文本中的"national or ethnic origin"对应的用语为"原属国或民族本源")中,并没有权威的界定或阐释。

7 见,Marshall v Canada, 205/1986, 该案也被称为米克马克部落社群诉加拿大案(Mikmaq Tribal Society v Canada)[22.16]。

8 Hopu and Bessert v France, 549/1993[20.14] and[24.39]。

9 在另一处,"少数者"一词被界定为"一个群体":"数量上少于一国的其余人口,处于非主导地位,其成员——作为该国的国民——具有与其余人口不同的族裔、宗教或语言特征,并且显示出——即使只是暗含地——一种相互团结的心态,致力于维护他们的文化、传统、宗教或语言。" F Capotorti, *Study on the Rights of Persons Belonging to Ethnic, Religious and Linguistic Minorities* (United Nations, 1991), para 568. (这是联合国防止歧视及保护少数小组委员会任命的有关属于族裔、宗教和语言少数群体者之权利的特别报告员卡波多蒂完成的报告。——译者注)

成了对第 27 条的违反。提交人是魁北克省说英语的少数群体的一部分。在所涉城镇 15600 人的总人口中，有 5600 人说英语。有争议的法律禁止他们用英语展示商业标识。他们声称，与说法语的商业竞争对手相比——他们被允许不受限制地使用其母语，他们处于劣势地位。对于申诉有关第 27 条的方面，人权事务委员会的结论是：

> 11.2. 就第 27 条，委员会认为，该规定指的是各国之内的少数者……。另外，《公约》第 50 条规定，《公约》规定扩及联邦国家的所有部分，没有任何限制和例外。因此，第 27 条所指的少数者是一个国家之内的少数者，而非任何省份之内的少数者。一个群体在某一省份内可能构成多数，但在一个国家里可能仍是少数，并因此有权享有第 27 条规定的利益。加拿大的说英语的公民不能被认为是语言上的少数者。因此提交人不能根据《公约》第 27 条提出权利要求。

因此，少数者是一个在整个国家数量上处于少数的群体，而非仅仅是在一个省或地区数量上处于少数的群体。

[24.08] 对巴兰坦案，伊瓦特夫人提出了强有力的异议——安藤先生、布鲁尼-塞利先生和迪米特里耶维奇先生也在此意见上署名：

> 我难以理解这一决定的原因在于，它完全根据有关群体在缔约国内的人数来解释第 27 条中的"少数者"这一用语。其理由是，因为说英语的加拿大人在该国并不是数量上的少数，所以他们不可能是第 27 条意义上的少数者。
>
> 但是，我不同意这样的看法，即如果某一群体在一国的自治省份中是族裔、语言或文化上的少数者，但在该国作为一个整体之内显然不是数量上的少数，那么他们就必然被排除在第 27 条的保护之外。对于确定谁是（第 27 条意义上的）一国之内的少数者的标准，委员会尚未加以考虑，而且没有必要由于本案中的决定而受到阻碍，因为本案可以根据其他理由来判定。

[24.09] 在巴兰坦案中，人权事务委员会中的多数委员认为 [24.07]，在一个国家中占多数的一个群体永远不能被归类为少数者，尽管该群体从第 1 条之目的来看可能被归类为一个民族。这种推理的一个缺陷是，第 1 条规

定的权利不能根据《任择议定书》强制执行 [7.24]，因此，被压迫的多数人的权利可能会受到巴兰坦案的判决的不当限制。不过，其他权利通常也可适用，例如不受歧视的权利和政治参与的权利，或者如在巴兰坦案中，表达自由的权利 [18.39]。

[24.10] **第 23 号一般性意见**

5.2. 第 27 条赋予属于在某一缔约国之内"存在"的少数群体的人一些权利。鉴于该条所设想的权利的性质和范围，确定"存在"一词所指的永久程度无关紧要。这些权利只是：属于这种少数群体的个人不应该被剥夺与他们群体的其他成员共同享受自己的文化、躬行自己的宗教和使用自己的语言的权利。正如同他们不必是国民或公民一样，他们也不必是永久居民。因此，在缔约国内构成这种少数群体的移徙工人甚或游客行使上述权利的权利都是不容剥夺的。……某一缔约国内是否存在族裔的、宗教的或语言的少数者并不取决于该缔约国的决定，而应该按照客观的标准予以确定。

[24.11] 在 TK 诉法国案（*TK v France*, 220/1987）中，希金斯夫人在一项单独意见中称：

……就某些缔约国，委员会已经否定了这样一种观点，即存在少数者就是以某种方式预示了对歧视的承认。实际上，委员会坚持认为，第 27 条含义之内的少数者的存在是一种既存事实，而且这样的少数者在那些法律上和事实上致力于保证在其管辖范围内的所有个人享有充分平等的缔约国确实存在。……

在对法国的结论性意见中，人权事务委员会称：[10]

24.……然而，委员会不能同意法国是一个没有族裔、宗教或语言上的少数者的国家。在这一方面，委员会忆及，仅仅给予所有个人平等的权利和所有个人在法律前平等并不排除少数者在一个国家中事实上的存在，以及他们同他们群体中的其他成员共同享受自己的文化、躬行自

10　(1997) UN doc CCPR/C/79/Add.80. 不过，法国得益于其对第 27 条的保留。例如见，*TK v France*, 220/1987 [26.09]。

己的宗教或使用自己的语言的权利。

在对斯洛文尼亚的结论性意见中,委员会指出:[11]

12.……该缔约国单挑出意大利裔和匈牙利裔作为少数者给予特殊保护,包括给予政治代表权。吉普赛人作为少数者也受到某种特殊保护。这种保护值得欢迎,但是所有少数者都有权享有第 27 条对其权利的保护。根据第 27 条规定的含义,构成少数者的移民社群有权享受该条提供的权益。

在对奥地利的结论性意见中,委员会称:[12]

14. 委员会关切地注意到,该缔约国似乎将少数者的定义限制为某些经法律承认的群体的范围。……

在对匈牙利的结论性意见中,委员会称:[13]

22. 委员会对 1993 年《关于少数民族和少数族裔权利问题的第 77 号法律》所规定的法律条件表示关切,因为该法律规定,只有那些表现为数量上的少数人并在缔约国境内居住了至少一个世纪的群体,才能被认为是该法律的规定所指的少数群体或族裔群体(第 26 条和第 27 条)。

在对爱尔兰的结论性意见中,委员称:[14]

23. 委员会关切的是,缔约国不打算承认漂泊者社群为少数族裔。委员会还关切的是,漂泊者问题高级别小组中没有漂泊者社群成员的代表。……

……缔约国……应修订立法以满足漂泊者家庭的特定住宿要求。

---

11 (1994) UN doc CCPR/C/79 Add. 40. 进一步见委员会的结论性意见:爱沙尼亚,(1995) UN doc CCPR/C/79/Add. 5, para 23; 俄罗斯联邦,(1995) UN doc CCPR/C/79/Add. 54, para 23。

12 (1998) UN doc CCPR/C/79/Add. 103.

13 (2010) UN doc CCPR/C/HUN/CO/5.

14 (2008) UN doc CCPR/C/IRL/CO/3.("漂泊者社群"是译者对"Traveller community"的翻译——联合国发布的人权事务委员会和消除种族歧视委员会对爱尔兰的结论性意见中文本中的对应用词为"旅行者群体"和"游民"。"漂泊者社群"是爱尔兰等国的一个少数族裔群体,其生活方式和特征是四处漂泊。爱尔兰政府于 2017 年承认该社群为族裔少数群体,见消除种族歧视委员会对爱尔兰根据《消除种族歧视公约》提交的第五次至第九次合并定期报告的结论性意见:(2020) UN doc CERD/C/IRL/CO/5-9, para 31。——译者注)

在对丹麦的结论性意见中，委员称：[15]

13. 委员会关切地注意到，最高法院在2003年11月28日的裁决中不承认格陵兰的图勒（Thule）部落是一个能够主张其传统权利的单独群体，尽管该部落的认识相反（第2条、第26条和第27条）。

缔约国在确定某些个人属于少数群体或土著民族的身分时，应该特别注意有关个人的自我认定。

因此，委员会指出，它关切国家立法限制少数者定义[16]以及/或者法律仅承认相关国家内某些少数群体的情况。这些类型的法律通常限制或排除特定的永久和非永久居民，并不全面承认他们是具有少数者权利的少数群体。

少数群体的成员身分

[24.12] 拉夫雷斯诉加拿大（*Lovelace v Canada*, 24/1977）

该案确认，各缔约国既不能限制特定"少数者"的定义，也不能界定少数群体的成员身分。对该案案情之概述如下：

1. 来文的提交人是一位生活在加拿大的32岁女子。她在出生时是并被登记为"马里希特印第安人"，但在她于1970年5月23日与一位非印第安人结婚后，根据《印第安人法》的第12（1）（b）节，失去了作为印第安人的权利和身分。……

缔约国答复称：

5. ……缔约国……承认，"《印第安人法》的许多规定，包括第12（1）（b）节，需要慎重地重新考虑和改革……"，但仍然强调了《印第安人法》作为旨在根据《公约》第27条保护印第安少数人的文书的必

---

[15] (2008) UN doc CCPR/C/DNK/CO/5.
[16] 另见委员会的结论性意见：乌克兰，(1995) UN doc CCPR/C/79/Add. 52, para 18；塞内加尔，(1997) UN doc CCPR/C/79/Add. 5, para 17；利比亚，(1998) UN doc CCPR/C/79/Add. 101, para 19；日本，(2008) UN doc CCPR/C/JPN/CO/5, para 32。

要性。考虑到给予印第安社群的特别优惠，尤其是占有保留土地的权利，对印第安人的界定是必须的。在传统上，在决定法律权利时，需要考虑父系家庭关系。再者，因为在19世纪的农耕社会中，感觉上非印第安男子比非印第安女子对保留土地的威胁更大，所以自1869年以来的立法规定，与非印第安男子结婚的印第安女子将失去其印第安人的身分。这些理由至今成立。任何改变法律的努力，都必须征询印第安人自己的意见，但印第安人对平等权利的问题有不同的态度。印第安社群不应该受到立法变化的威胁。因此，尽管加拿大政府在原则上有意修正《印第安人法》第12（1）（b）节，但不能期望迅速及时的立法行动。

人权事务委员会的决定有利于提交人：

13.1. 委员会认为本申诉的实质有关《印第安人法》的持续后果，这一后果即否认了桑德拉·拉夫雷斯作为印第安人的法律身分，特别是因为她由于这一原因不能主张在她愿意居住的地方即托比克保留地居住的法律权利。……在这方面，重要的是她最后的主张，即"对于一个不再是印第安人的人，主要损失是失去了在印第安社群中生活的文化利益，失去了与家庭、家族、朋友和邻居的情感联系，并失去了身份认同"。

13.2. ……必须审议的是，由于桑德拉·拉夫雷斯被拒绝了在托比克保留地居住的法律权利，她是否由此事实而被拒绝了第27条保障的属于少数群体的个人享有的权利，即同他们集团中的其他成员共同享受他们的文化和使用他们自己的语言的权利。

14.《公约》第27条规定的权利必须保障给"属于少数群体之人"。目前根据加拿大的立法，桑德拉·拉夫雷斯并不具有印第安人的资格。但是，《印第安人法》主要有关若干优惠，这些优惠如上所述，并不在《公约》的范围之内。因此，《印第安人法》规定的保护和《公约》第27条规定的保护必须区分开来。在保留地上出生、长大、和他们的社群保持着联系并希望维持这种联系的人，在《公约》的含义之内，通常必须被认为属于少数群体。因为桑德拉·拉夫雷斯在族裔上是马里希特印第安人,并且只在其婚姻存续期间的几年中离开了她的保留地家乡,所以委员会的意见是,她有权利被认为是"属于"这一少数群体,而且有权主张《公约》第 27 条规定的利益。她是否被拒绝得到这些利益的问题,取决于这些利益的范围。

15. 在保留地上生活的权利本身并没有得到《公约》第 27 条的保障。再者,《印第安人法》并没有直接干涉该条所明确提及的功能。但是,委员会的意见是,桑德拉·拉夫雷斯与其群体中的"其他成员共同"享受她自己的土生文化和语言的权利在事实上受到了并继续受到干涉,因为在托比克保留地以外,无处有这样的社群存在。另一方面,并非任何干涉都可以被认为是对第 27 条含义之内的权利的拒绝。以国家立法对居住权利的限制,不能根据《公约》第 27 条排除。从《公约》第 12 条第 3 款规定的对第 12 条第 1 款的限制也能得出同样的结论。委员会认识到,出于政府所解释的、有关保护保留地的资源和维护其人民的身份认同的目的,需要界定有权利在保留地居住的人的类型。不过,政府根据《公约》承担的义务也必须加以考虑。

16. 在这一方面,委员会的观点是,影响一个属于有关少数群体的人在保留地居住权利的立法限制,必须具有合理的、客观的理由,而且要符合作为一个整体的《公约》的其他规定。解释和适用第 27 条,必须参考以上的规定,诸如第 12 条、第 17 条和第 23 条,只要这些规定可能与本案有关;还需要视情况参考禁止歧视的规定,诸如第 2 条、第 3 条和第 26 条。但是,没有必要以一般的方式确定哪些限制——特别是作为婚姻的结果——根据《公约》可能是合理的,因为本案的情况是特殊的。

17. 审议桑德拉·拉夫雷斯一案,应参考她与非印第安人的婚姻已经破裂这一事实。在这种情况中,她很自然地希望返回她出生的环境,特别是在其婚姻结束以后,她的主要文化联系又恢复到马里希特部落。无论《印第安人法》在其他方面的优点如何,在委员会看来,拒绝桑德拉·拉夫雷斯在保留地居住的权利并不是合理的,也不是为了维护该部落的身份认同所必要的。委员会因此认为,禁止她认为自己属于该部落，根据提到的其他条款解读，是对她根据《公约》第27条享有的权利的不合理拒绝。

因此，委员会认定，拉夫雷斯女士享有土著文化和语言的权利受到《印第安人法》的不合理限制，因此出现了对第27条的违反。这一决定表面上仅适用于拉夫雷斯被排斥的特殊情况，其中包括她与非印第安人丈夫离婚的事实。但无论如何，对《印第安人法》的基于性别的适用都有可能违反《公约》。[17]

[24.13] 加拿大的《印第安人法》随后修正，以解决拉夫雷斯案的决定提出的问题。所作修正允许1985年以前与非印第安人结婚的妇女重新加入他们的部落，但对接受1985年以后出生的跨种族婚姻的子女施加了限制。有意思的是，在RL等人诉加拿大案（*RL et al. v Canada*, 358/1989）中，提交人申诉说，所作修正限制了部落决定其成员资格的权利。该申诉最终因为没有用尽当地救济而被认定为不可受理。人权事务委员会未能审议该申诉的实质问题令人遗憾。第23号一般性意见第5.2段指出，对少数群体之成员身分的分类是"客观的"[24.10]。虽然这种客观性明确地阻止一个国家基于第27条之目的而绝对地界定少数者，但也可能阻止少数群体对其成员身分作出绝对界定，特别是在破坏某一推定成员的个人少数者权利的情况下。[18]

[24.14] 在1999年对加拿大的结论性意见中，人权事务委员会对加拿大在拉夫雷斯案之后所作的修正评论道：[19]

> 19. ……虽然印第安妇女因结婚而失去的印第安人的身分得以重新确立，但该修正案只影响妇女及其子女，而不影响以后的后代，他们仍可能无法获得印第安社群的成员资格。委员会建议该缔约国解决这些问题。

---

17 这些规定有可能会违反与第2条第1款、第3条和第26条中不歧视的保障结合解读的第27条。另见第28号一般性意见，第32段。

18 例如见，第[24.18]及以下各段。

19 (1999) UN doc CCPR/C/79/Add.105.

《公民及政治权利国际公约》：案例、资料和评注

土著民族和第 27 条

[24.15] 在国际语境中，"土著民族"可以理解为"那些在外人入侵前在现今被其他人统治的土地上生活的居民的后代"。[20] 从适用第 27 条的目的而言，土著民族被视为"少数者"。这一点未顾及一些土著民族的断言，即他们不是"少数者"，而是在事实上根据国际法具有一种不同的、特殊的地位。虽然一些现代文书，如《联合国土著人民权利宣言》和国际劳工组织《关于独立国家土著和部落民族公约》（第 169 号公约）将土著民族视为独立的群体处理，而与一般的少数者分开，但人权事务委员会没有采纳这一分析。在第 23 号一般性意见第 3.2 段 [24.02] 和第 7 段 [24.22] 中，委员会确认土著民族是从第 27 条目的来看的少数者。实际上，许多根据第 27 条提出的案件都涉及土著少数者的权利。[21]

[24.16] 消除种族歧视委员会根据《消除种族歧视公约》发布了一项关于土著人权利的一般性建议。

消除种族歧视委员会第 23 号一般性建议

3. 委员会认识到，在世界许多区域土著民族一直并且仍然受到歧视，被剥夺了人权和基本自由，尤其是他们的土地和资源落入殖民主义者、商业公司和国家企业之手。因此，他们的文化和历史身份的维护一直并且仍然岌岌可危。

---

[20] SJ Anaya, *Indigenous People and International Law* (Oxford University Press, 1996), 3. 阿纳亚解释说，土著民族"被剥夺了大片的土地和利用延续生活之资源的可能，他们还遭受了对其政治和文化制度的积极压制。结果是，土著民族在经济上和社会上都受到摧残，他们作为社群的内在和谐受到损害或威胁，他们文化的完整性受到破坏"。（该书第 4 页）

[21] 除了阿纳亚提供的范围极广的分析 (Anaya, *Indigenous People and International Law*)，对于国际法中土著民族的权利的性质，还有大量的评论，例如见，R Barsh, 'Indigenous Peoples in the 1990s: From Object to Subject of International Law?' (1994) 7 *Harvard Human Rights Journal* 33; B Kingsbury, 'Reconciling Five Competing Conceptual Structures of Indigenous Peoples' Claims in International and Comparative Law' (2001) 34 *NYU Journal of International Law and Politics* 189; and Alexandra Xanthaki, *Indigenous Rights and United Nations Standards: Self-determination, Culture and Land* (Cambridge University Press, 2007)。

4. 委员会特别吁请缔约国：

（a）承认并尊重独特的土著文化、历史、语言和生活方式，以其丰富缔约国的文化特征，并促进维护这种丰富性；

（b）确保土著民族成员的自由及在尊严和权利方面的平等，不受任何歧视，尤其是基于土著血统或身份的歧视；

（c）向土著人民提供条件，使其能够以符合自己文化特征的方式获得可持续的经济和社会发展；

（d）确保土著民族成员享有有效参与公共生活的平等权利，未经他们的知情同意，不得作出与他们的权利和利益直接有关的决定；

（e）确保土著社群能够行使他们的权利，躬行和振兴自己的文化传统和习俗，保持并使用自己的语言。

[24.17] 尽管大多数根据第 27 条提出的申诉来自土著民族，但是这类根据《任择议定书》提出的申诉的成功记录非常少，如下所示。这可能是因为，土著人权未得到保障所具有的系统性，使得处理个体性而非系统性侵犯的《任择议定书》作为解决此类侵犯的手段，并不充分 [1.116]。

个人权利和群体权利

[24.18] **基托克诉瑞典**（*Kitok v Sweden*，197/1985）
该案的案情体现在人权事务委员会的决定中：

9.1. 委员会需要审查的主要问题是，是否如来文提交人指称的，他被任意剥夺了准予萨米社群的传统权利，特别是属于萨米社群成员的权利和牧养驯鹿的权利，因此成为《公约》第 27 条被违反的受害者。委员会在决定来文提交人是否被拒绝了第 27 条规定的"享受其固有文化"的权利，以及 1971 年《驯鹿牧养法》第 12 节第 2 款——根据该款，只有在存在着容许属于萨米社区成员资格的特殊理由时，才准予对某一萨米社群拒绝成员资格的决定提出上诉——是否违反了《公约》第 27 条时，根据以下考虑作出认定。……

9.5. 据缔约国称,《驯鹿牧养法》的目的是基于经济和生态理由限制驯鹿饲养者的人数,并确保萨米少数者的存续和福祉。双方都同意需要有效措施来确保驯鹿饲养业的未来以及那些以饲养驯鹿为主要收入来源的人的生计。缔约国为确保实现这些目标而选择的方式是将从事驯鹿饲养的权利限于萨米村庄的成员。委员会认为,所有这些目标和措施都是合理的,符合《公约》第27条。

9.6. 不过,委员会非常怀疑《驯鹿牧养法》的某些规定及其对提交者的适用是否符合《公约》第27条。《驯鹿牧养法》第11节规定:

"萨米社群的成员为:

1. 有资格从事驯鹿牧养、在社群的牧地参与牧养驯鹿的人。

2. 有资格从事驯鹿牧养、一直在村庄的牧地牧养驯鹿并以此为永久职业而未去从事任何其他主要经济活动的人。

3. 有资格从事驯鹿牧养、为住在合于1或2项所述资格的成员家中的丈夫或子女,或已故成员的在世丈夫或未成年子女。"

《驯鹿牧养法》第12节规定:

"萨米社群可接纳第11节所指明人员之外有资格从事驯鹿牧养的人为其成员,如果该人有意在社群的牧地范围内牧养属于自己的驯鹿。

如果申请人被否决成员资格,如存在特殊理由,镇行政局可准予其成员资格。"

9.7. 因此可以看出,《驯鹿牧养法》为参与一个族裔少数群体的生活规定了一些标准,根据这些标准,一个在族裔上是萨米人的人从该法的目的来看,可能不被视为萨米人。委员会关切的是,在判定一个少数群体的成员资格时,忽略客观的族裔标准以及将所述规则适用于基托克先生,可能与该立法试图实现的正当目的不成比例。委员会还注意到,基托克先生一直保持着与萨米社群的某些联系,一直生活在萨米土地上,并一直试图恢复成为一个全职的驯鹿牧养者——只要在他的情况中,他在财力上有可能这么做。

9.8. 在这一问题中存在明显的冲突:一方面是看来要保护作为一个整体的少数者的权利的立法,另一方面是该立法对这一少数者群体的某

第二十四章 少数者权利

一单个成员的适用。指导委员会解决这一问题的，是拉夫雷斯案中的裁决理由，即对某一少数者群体的个别成员的权利的限制，必须表明具有合理的、客观的理由，而且为少数者作为一个整体的持续生存和福祉所必要。在仔细审查了本案所涉及的因素后，委员会认为不存在缔约国对第 27 条的违反。在这方面，委员会注意到，基托克先生被允许牧养他的驯鹿并从事渔猎，尽管并不是作为一项权利。

[24.19] 基托克案直截了当地提出了个人的少数者权利与群体的少数者权利之间潜在冲突的问题。[22] 事实上，这一案例表明了一个人的少数者权利如何能够被与之抵触的群体的少数者权利有效地限制，虽然《公约》保护的权利通常被理解为由个人持有，而不是由群体持有。因此，根据第 27 条得到保护的群体权利似乎长期处于紧张状态。[23] 同样的紧张关系也体现在拉夫雷斯案的申诉与未获受理的 RL 诉加拿大案的申诉的比较中——在后一案件中，受拉夫雷斯案启发而作出的立法修正是申诉的主题对象 [24.13]。在对加拿大的结论性意见中，人权事务委员会称：[24]

> 22. 委员会关切地注意到，《加拿大人权法》不能影响《印第安人法》的任何条款或依据该法作出的任何规定，由此使得歧视只要根据《印第安人法》有道理，就可继续实行。委员会关切的是，《印第安人法》对于土著妇女和子女在保持其部落成员资格方面的歧视性影响仍然没有得到纠正，而保留地内婚后地产的问题仍然没有得到适当解决。委员会强调缔约国有义务在作出影响土著人的各项决定之前寻求土著人民的知情同意 [24.35]，并欢迎该国为此采取的举措，但同时指出，在平衡保留地内集体利益和个人利益的同时唯独损害妇女利益的情况不符合《公约》（第 2、3、26 和 27 条）。
>
> 缔约国应当毫不拖延地废除《加拿大人权法》第 67 节。缔约国应当与各土著民族协商，采取措施，结束土著妇女在保留地成员资格和婚

---

22 See also J Debeljak, 'Barriers to the Recognition of Indigenous Peoples' Human Rights at the United Nations' (2000) 26 *Monash University Law Review* 159 at 169.

23 另见第 23 号一般性意见第 9 段 [24.01]。

24 (2005) UN doc CCPR/C/CAN/CO/5.

后财产方面实际遭受的歧视,并高度优先考虑这一问题。缔约国还应确保向土著男性和女性协会提供同等的资助。

[24.20] 在一个指定群体的成员的少数者权利之间的冲突,体现在以下案件中。

马慧卡诉新西兰(*Mahuika v New Zealand*, 547/1993)

该案的提交人是属于7个不同部落(*iwi*)的19位毛利人。他们声称,他们传统的捕鱼权利被新西兰1992年《怀唐伊条约(渔业要求)解决法》所取消,这违反了《公约》第27条。申诉的背景如下:1840年英国人在新西兰定居后,英国政府与土著毛利人签订了《怀唐伊条约》;该条约保障了毛利人的自决权,包括他们控制部落渔业的权利;该条约本身在新西兰法律中并不可强制执行,但它确实具有强大的政治和道德力量。

在20世纪80年代末和90年代初,新西兰政府和毛利谈判代表试图就毛利人在商业和非商业捕鱼方面的权利的确切范围达成协议。曾经实施过一项配额制度以解决有关鱼群减少的担忧,但其早期形式被认为侵犯了毛利人的权利。

谈判最终的结果是通过1992年《怀唐伊条约(渔业权)解决法》(以下简称《解决法》),使毛利人获得了新西兰商业捕鱼配额的40%以上。非商业性捕鱼将由经与毛利人进一步协商后制定的条例规范。该法令代表了对所有毛利人渔业权利的最终解决,无论是商业的还是非商业的,因此传统的毛利人渔业权利在普通法院不再是可诉的。在谈判过程中获得毛利人对解决方案之同意的责任表面上由毛利人谈判人员承担。谈判人员在1992年报告说,代表208681名毛利人的50个部落支持该解决方案,代表24501名毛利人的15个部落反对所提议的解决方案,由84225名毛利人组成的7个部落则有意见分歧。在收到这份报告后,新西兰政府感到满意的是,毛利人对于该解决方案有足够的授权。1992年9月23日,新西兰政府与毛利人代表执行了一份《解决契约》(*Deed of Settlement*),其条款已列入《解决法》。

马慧卡诉新西兰案的提交人是反对该解决方案的部落的成员。此外,他们认为,寻求毛利人同意的过程不够充分。

5.8. 提交人认为,《谅解备忘录》*的内容没有始终向部落和分部落充分透露和解释清楚,因此在有些情况下,对《谅解备忘录》所载提议的知情决策受到严重阻碍。提交人强调,虽然有些部落支持提议的"海王交易",[25] 但大量的部落和分部落不是完全反对该项交易,就是准备只给予有条件的支持。提交人还指出,毛利谈判人员努力表明他们没有权力,也不打算就"海王交易"的任何方面,包括缔结和签署《解决契约》方面,代表各部落和分部落。

5.9.《解决契约》由110人签署……提交人认为,查明签署《解决契约》的确切部落数目的难点之一是核实代表部落签署的权力;他们声称,显而易见,一些签署人不拥有这种权力,或者在他们是否拥有这种权力方面有疑点。提交人指出,声称拥有主要的商业性渔业资源的部落不在签署人之列。

提交人根据第27条提出的申诉如下:

6.2. 提交人声称,政府的行动威胁他们的生活方式和他们部落的文化,违反《公约》第27条。他们提出,捕鱼是他们传统文化中的一个主要内容,他们当前在捕鱼方面拥有利益,并强烈希望通过在最大范围的传统领地内捕鱼来表现自己的文化。他们还提出,他们的传统文化包括各种商业内容,而且不明确区分商业性捕鱼和其他捕鱼。他们声称,新立法除了在有限的意义上由法律保留的权利外,取消了他们从事传统捕鱼的权利,拒绝了他们的捕鱼的商业方面,换来的是一部分捕鱼配额。……

8.3. ……他们对缔约国的立场提出争辩,即毛利人从事渔业活动的

---

* 该《谅解备忘录》是新西兰政府与毛利谈判人员经过谈判于1992年8月签署的。根据这份备忘录,政府向毛利人提供购买"海王"渔业公司的50%配额所必需的资金,"海王"渔业公司拥有当时配额的26%。反过来,毛利人撤回所有待审诉讼,支持废除《毛利人渔业法》第88条第2款和对《怀唐伊条约法》的一项修正,并将涉及商业性捕鱼的诉讼排除在怀唐伊法庭的管辖权范围之外。新西兰政府与毛利人代表所执行的《解决契约》就是为了落实该《谅解备忘录》。见委员会意见的第5.6~5.7段。

25 这一解决方案经常被称为"海王交易"(Sealords deal),因其涉及毛利人部分购买新西兰的一家叫"海王"的主要渔业公司。

权利得到 1992 年《怀唐伊条约（渔业要求）解决法》和 1989 年《毛利人渔业法》的"保证"。他们甚至主张，这些权利实际上已被取消或废除，根据立法给毛利人的利益不构成合法补偿。他们提出，1992 年《怀唐伊条约（渔业要求）解决法》人为地划分他们在渔业中的捕鱼权利或利益，而没有考虑提交人（个人和部落）与他们的渔业之间存在的神圣关系；实际上削弱了提交人及其部落或分部落为后代保护渔业的能力；取消和/或实际上废除了共同法和《怀唐伊条约》为他们规定的权利或利益；影响了他们根据自己的文化宗教习惯和传统收获和管理自己的渔业的能力；强加了一种制度，将对毛利人渔业的管理权转移到渔业局总局长的手中。

人权事务委员会的决定有利于缔约国：

9.3. 因此，委员会要解决的第一个问题是，《解决契约》和 1992 年《怀唐伊条约（渔业要求）解决法》所反映的渔业解决办法是否侵犯了提交人根据《公约》第 27 条享有的权利。没有争议的是，提交人是《公约》第 27 条含义之内的少数群体的成员；同样没有争议的是，使用和控制渔业是他们文化中的一个基本内容。在这方面，委员会忆及，经济活动如果是某一社群文化中的一个基本内容，就可以归于第 27 条的范围。《怀唐伊条约》承认毛利人对渔业的权利，这确认了行使这些权利是毛利人文化的一个重要部分。但是，1992 年的法律是否与《怀唐伊条约》一致，不是委员会能确定的问题。……

9.5. ……委员会承认，1992 年《怀唐伊条约（渔业要求）解决法》及其机制限制了提交人享受自己文化的权利。

9.6. 委员会注意到，缔约国开展了复杂的磋商进程，以获得毛利人对渔业活动的全国性解决和管理的广泛支持。征询了毛利人社群和全国毛利人组织的意见，他们的建议也确实影响了作出的安排。只是在毛利人代表的报告说，大量毛利人支持《解决法》之后，该法才颁布。对许多毛利人来说，该法是对他们的权利要求的可以接受的解决办法。委员会注意到提交人声称，他们及其部落的大多数成员不同意《解决法》；他们声称，他们作为毛利少数群体成员的权利遭到了践踏。在这种情况下,如果个人享受自己文化的权利与少数者群体其他成员或者整个少数者群体行使同样的权利发生冲突,那么委员会可以考虑引起争论的限制是否符合少数群体所有成员的利益,对其适用于声称受到不利影响的个人是否有合理、客观的理由。

9.7. 至于协议的效力,委员会注意到,在达成《解决法》的谈判之前,法院已经裁决,配额管理制有可能侵犯毛利人的权利,因为实际上毛利人不在这项制度的范围内,因此被剥夺了他们的渔业。由于《解决法》,毛利人获得了很大比例的配额,因此对渔业的实际拥有权归还给了他们。关于商业性渔业,《解决法》的效果是,《怀唐伊条约》承认的毛利人权利和传统的控制方法在整体上被新的控制结构取代,在这一结构中,毛利人不仅分担保障他们渔业利益的作用,而且还分享有效控制。关于非商业性渔业,国家政府继续根据《怀唐伊条约》承担义务,并制定规章,承认和规定习惯性的食物获取方式。

9.8. 在磋商进程中,特别注意了捕鱼对于毛利人的文化和宗教意义,特别是注意保证毛利族个人和社群有可能从事非商业性捕鱼活动。虽然这种解决办法及其过程成为毛利人之间分歧的原因之一这一情况令人关切,但委员会的结论仍然是,缔约国通过在着手立法之前开展广泛的磋商进程并特别注意毛利人捕鱼活动的可持续性,已经采取了必要的步骤确保《解决法》及其以立法形式颁布——包括配额管理制——符合第 27 条。

9.9. 委员会强调,缔约国继续受第 27 条的约束。该条要求,在实施《怀唐伊条约(渔业要求)解决法》时必须充分注意捕鱼对于毛利人的文化和宗教重要性。……委员会强调,为遵守第 27 条,在采取影响毛利人经济活动的措施时,其方式必须使得提交人能继续享受自己的文化,并与其群体的其他成员一起信奉和躬行自己的宗教。缔约国在进一步实施《怀唐伊条约(渔业要求)解决法》时,有义务牢记这一点。在马慧卡案中,如同基托克案一样,提交人的少数者权利实际上被其他毛利人的相抵触的少数者权利所压倒。

[24.21] 对于其他国家对未决传统土著权利主张的任何立法解决,只要

能表明相关土著群体对解决方案给予强有力的支持，人权事务委员会很可能得出相同的结论。[26] 考虑到《解决契约》的存在，这种支持在马惠卡案中很明显。[27] 然而，鉴于对土著谈判者代表其民族行事的授权可能存在争议，以及可能缺乏对所达成之协议的一致支持，此类解决方案将始终存在争议。然而，考虑到处理土著民族和非土著民族的相互冲突的主张和利益的法律过程随后所获得的稳定性，以及补救土著民族遭受的所有历史不公的实际困难，公平的立法解决可能是值得欢迎的。[28]

实质内容：第 27 条保护什么？

文化

[24.22] **第 23 号一般性意见**

7. 关于根据第 27 条受到保护的文化权利的行使，委员会认为，文化本身以多种形式表现出来，包括与使用土地资源有联系的特定生活方式，特别是在土著民族的情况中。这种权利可能包括捕鱼[29]或狩猎等传统活动和在受到法律保护的保留区内生活的权利。为了享受上述权利，可能需要采取积极的法律保护措施，以及确保少数社群的成员切实参与对他们有影响的决定的措施。

[24.23] 在一系列有关北欧萨米民族及其牧养驯鹿习俗的案件中，人权事务委员会必须审议的是，牧养驯鹿是否构成第 27 条保护范围之内的文化活动。在基托克诉瑞典案中，这一问题得到了肯定回答：

9.2. 对经济活动的规制通常属于由国家独自决定的事务。但是，在

---

[26] 另见委员会对新西兰的结论性意见，(2010) UN doc CCPR/C/NZL/CO/5, paras 19 and 20。

[27] See also *Länsman et al. v Finland*, 671/1995, para 10.5[24.31]。

[28] See S Joseph, 'Human Rights Committee: Recent Cases' (2001) 1 *Human Rights Law Review* 83 at 86.

[29] 在霍华德诉加拿大案中，捕鱼被认定为"提交人之文化中的一个有机组成部分"：*Howard v Canada* (879/1999), para 10.3。See also *Mahuika v New Zealand* (547/1993) [24.20]。

这种活动在某一族裔社群的文化中构成了一项基本要素的情况中，该活动对个人的适用就可能属于《公约》第27条的范围。……

[24.24] 基托克案证实了对第27条范围之内"文化"的一种广泛而灵活的解释。"文化"当然包括维护传统信仰和习俗，但也包括作为群体传统之一部分的社会和经济活动。[30] 事实上，在兰斯曼诉芬兰案（*Länsman v Finland*，511/1992）这一有关萨米人放牧驯鹿的文化权利的案件中，人权事务委员会称：

> 9.3. 享受自己文化的权利不能抽象地确定，而必须将其放在特定背景中。关于这一点，委员会认为，第27条不仅仅保护少数民族的传统生计方式，就如缔约国的意见所指出的那样。因此，提交人在过去几年间可能已经调整了其驯鹿放牧方式并借助现代技术放牧驯鹿这一事实并不妨碍他们援用《公约》第27条。……

在马慧卡诉新西兰案中，委员会再次确认第27条保护调整传统文化以适应"现代生活方式"。[31]

[24.25] **迪尔加特诉纳米比亚**（*Diergaardt v Namibia*，760/1997）

该案的事实如下：

> 2.1. 里赫伯斯巴斯特社群的成员是土著科伊族（Khoi）和荷兰殖民者的后裔，后者最初住在开普地区，但于1872年迁移到目前居住的地区。他们由其"父系法律"规范，该法律规定了首领的选举以及公民的权利和义务。目前，该社群总人数约有35000人，他们所占的面积（在温得和克以南）有14216平方公里。在这个地区，巴斯特人发展了自己的社会、文化、语言和经济，并且基本上维持了自己的学校和社群中心等机构。

在20世纪的大部分时间里，纳米比亚的领土实际上处于南非的控制之下。国际法院1970年在纳米比亚案中认定南非对纳米比亚领土的控制违反

---

[30] See B Kingsbury, 'Claims by Non-State Groups in International Law' (1992) 25 *Cornell International Law Journal* 481 at 491.

[31] 在委员会意见的第9.4段。

了国际法。[32] 1976 年，南非准予里赫伯斯人自治。据来文称，1989 年，里赫伯斯人"在极端政治压力下，被迫接受将他们的立法权和行政权暂时转移给西南非总行政官，以便遵守联合国安理会第 435（1978）号决议"。[33] 然而，提交人认为，这种转移是暂时的（根据他们自己的立法动议），并在 1990 年纳米比亚获得独立前一天到期。因此，根据提交人的说法，他们的法律地位是纳米比亚境内的一个独立民族。

2.5. 提交人称，纳米比亚政府不承认他们的独立，不同意回到原先的状况，而是通过适用宪法第 5 号附件，征收了该社区的所有公地。……

据律师称，这种情况的后果是毁灭了该社群的基本生存手段，因为社群公用土地和财产被剥夺。

3.1. ……律师提出，这一政策威胁到该社群作为一个主要是养牛农户组成的集体的传统生存方式。他还解释说，在干旱时（例如在提交来文时）该社群需要公有土地，该社群的成员有权在那里轮流放牧。公有土地被征收然后被私有化，以及没有经验的新来者对土地的过度使用，导致社群中的许多农民破产，他们不得不将牲口杀死。因此，他们无法支付发展公司给予他们的贷款的利息（该公司原来是公有财产，现在已被政府占有），他们的住宅被卖给银行，他们现在已经无家可归。

律师强调，没收该社群集体共有的所有财产，使得该社群失去了其经济生计的基础，而这种生计又是其文化、社会和民族特性的基础。据说，这构成了对第 27 条的违反。

人权事务委员会的认定有利于缔约国：

10.4. 提交人向委员会提供了最高法院于 1996 年 5 月 14 日作出的判决，有关对于高等法院对巴斯特社区要求公有财产权利所作宣判的上诉。这些法院依照它们评估的证据认定了若干事实，并对适用的国内法作了某些解释。提交人声称，其社群的土地被征用，造成他们作为少数者的权利受到侵犯，因为他们的文化与使用专属社群成员的公有土地联

---

[32] See *Legal Consequences for States of the Continued Presence of South Africa in Nambia (South-West Africa) notwithstanding Security Council Resolution* 276, Advisory Opinion [1971] ICJ Rep 16.

[33] 在委员会意见的第 2.4 段。

系在一起。据说,这种征用违反了《公约》第 27 条。……

10.6. 为了对申诉的这一方面作出结论,委员会指出,应由国内法院结合并根据对国内法律的解释来认定事实。根据已认定的事实,如果确实发生过"征用",也是在 1976 年,或无论如何是在《公约》和《任择议定书》于 1995 年 2 月 28 日对纳米比亚生效之前。至于与此相关的土地使用问题,提交人声称第 27 条被违反,因为传统上由里赫伯斯社群成员用于放牧的部分土地事实上不再专由社群成员使用。而放牧据说是该社群文化的重要内容。正如委员会先前的案件所表明的,少数群体成员根据第 27 条享有其文化的权利包括其独特生活方式受到保护,这种生活方式与通过经济活动(例如狩猎和捕鱼)使用土地资源相关联,特别是对土著民族来说。然而,在本案上,委员会无法认定提交人可以依靠第 27 条来支持其关于专用所涉放牧用地的主张。这一结论所根据的,是委员会对提交人的生活方式与其主张所涉及的土地之间关系的评估。虽然里赫伯斯社群与该土地的联系上溯到 125 年之前,但这种联系不是会产生一种独特文化的关系的结果。此外,虽然里赫伯斯社群在自治的历史形式上具有一定独特性,但提交人没有表明这些因素如何是以其放牧的生活方式为基础的。委员会因此认定,在本案上不存在对《公约》第 27 条的违反。

[24.26] 里赫伯斯巴斯特人的特殊文化习俗仅可追溯到 125 年前,这一时期明显短于在有关土著萨米民族和毛利民族的案件中确认的文化权利所存在的时期。此外,据称的文化活动即放牧没有被认定足够"独特",以至于可以激活第 27 条。令人遗憾的是,人权事务委员会在该案中的推理只是没有证据的推想,并没有给读者提供很多关于如何确定独特性的线索 [22.05]。伊瓦特夫人和梅迪娜-基罗加女士在一项附议意见中,对这个问题给出了一些亟须的说明:

从事实以及 1996 年高等法院的裁决可以清楚看出,纳米比亚政府在《公约》和《任择议定书》[对纳米比亚] 生效之前,就已经获得了该社群公有土地的所有权,提交人不能以征收的说法来证实其申诉。然而,提交人按照第 27 条所提出的申诉的一个重要方面是,他们从那时起被剥夺了使用土地以及某些办公用房和会议厅的权利，而在这之前这些财产一直归他们的政府所有，并且完全用来服务于社群的成员。他们提出，土地的私有化以及其他外来者的过度使用剥夺了他们从事传统的放牧活动的机会。他们声称，由于失去这一活动的经济基础，他们被剥夺了与其他人共同享受自己的文化的权利。这一申诉提出了一些困难的问题，比如应如何界定《公约》保护的少数人的文化，经济活动在这种文化中起什么样的作用。这些问题对于土著社群比较容易解决，因为他们常常能够证明，他们特别的生活方式或文化长久以来在经济以及其他文化和精神活动方面，与某些土地有密切的联系，因此剥夺或拒绝他们使用这些土地就剥夺了他们全面享受自己文化的权利。而在本案上，提交人几乎完全从放牧这种经济活动来界定其文化。他们无法证明，他们享有一种与使用这些特定土地密不可分或依赖于这种使用的独特文化——他们是在一个多世纪前移居到这里的，或减少他们使用这些土地的机会削弱了这种文化。从根本上说，他们的申诉是一项经济性质而非文化性质的申诉，并不享有第27条的保护。

因此，虽然基托克案和其他案件已经证实，文化可以包括经济活动[24.24]，但经济活动本身并不等同于文化活动。里赫伯斯巴斯特人未能表明，对于他们的放牧活动，在超出其简单直白的经济目的之外，还存在任何文化/精神上的依恋。

经济发展及其对文化的影响

[24.27] 加拿大艾伯塔省北部的卢比康湖克里印第安人部落，由其首领伯纳德·奥米纳亚克（Bernard Ominayak）代表，诉称他们享有自己文化的权利受到了侵犯。他们声称，艾伯塔省——以及由此加拿大[34]——允许私营公司的石油和天然气开采活动威胁了他们的生活方式，因此也威胁了他们的文化。侵犯情势表现为威胁摧毁该部落的经济基础以及其土著传统和习俗的延续，因而危及该部落作为一个民族的生存。对于实质问题，人权事务委员会认定：

---

[34] 见第［1.29］段有关《公约》在联邦国家中之适用的讨论。

32.2.……委员会承认,第 27 条保护的权利包括人们和其他人共同从事作为他们所属社群文化一部分的经济和社会活动的权利。

33. 缔约国提到了历史上的不公正现象,以及近期某些威胁卢比康湖营居群的生活方式和文化、只要继续存在就将违反第 27 条的事态发展。……

委员会对奥米纳亚克案的决定非常简短,令人奇怪。不过,它确认国家保护第 27 条中的文化权利的义务可以压倒经济开发项目。

[24.28] 人权事务委员会在对奥米纳亚克案的意见的第 33 段继续说,"缔约国提议以一种救济纠正这种情况,委员会认为这一救济属于《公约》第 2 条含义之内的适当救济"。提议的救济是对受到非难的征收 95 平方英里卢比康土地的情况予以赔偿。奇怪的是,同样的救济曾被认为对于来文可否受理的目的来说是无效的[6.22]。值得注意的是,到 2005 年,即奥米纳亚克案 15 年后,加拿大和卢比康湖营居群之间的谈判陷入了"僵局",委员会则"关切有资料称,该营居群的土地继续因伐木和大规模油气开采而受到损害"。[35]

[24.29] 第 27 条规定的权利未受到明确的限制。不过,他们受到暗示的限制,就如以下案件所解释的:

兰斯曼诉芬兰(*Länsman v Finland*,511/1992)

该案中,伊尔马里·兰斯曼和 47 名穆特卡吞图里(Muotkatunturi)牧民委员会和安杰利(Angeli)地方社群的其他成员(他们都是萨米人)声称是芬兰违反《公约》第 27 条的受害者,因为政府授权采石工程扰乱了提交人牧养驯鹿的传统习俗。人权事务委员会的决定有利于缔约国。该案的有关事实体现在如下摘引的委员会决定中:

9.1. 人权事务委员会根据各方提供的资料审查了本来文。委员会需要确定的是,在留图斯瓦拉山的一侧开采石料就其下列数量而言是否会侵犯提交人根据《公约》第 27 条享有的权利:从该地至今已实际开采的数量或按照颁发给已表明打算在此采石的公司的许可证所允许的开采

---

35 见委员会对加拿大的结论性意见,(2006) UN doc CCPR/C/CAN/CO/5, para 9。

数量（总量5000立方米）。

9.2. 不存在争议的是，提交人是第27条所指的少数群体的成员，并因此有权享受自己的文化；另外没有争议的是，驯鹿牧养业是他们文化的一个重要组成部分。在这一方面，委员会忆及，如果经济活动是某一族裔社群文化的重要组成部分，那么这些经济活动属于第27条所涵盖的范围（对第197/1985号来文基托克诉瑞典案的意见，1988年7月27日通过，第9.2段）。

9.3. 享受自己文化的权利不能抽象地确定，而必须将其放在特定背景中。关于这一点，委员会认为，第27条不仅仅保护少数民族的传统生计方式，就如缔约国的意见所指出的那样。因此，提交人在过去几年间可能已经调整了其驯鹿放牧方式并借助现代技术放牧驯鹿这一事实并不妨碍他们援用《公约》第27条。此外，留图斯瓦拉山一直对其文化具有精神方面的重要意义。委员会还注意到提交人的担心，即环境受到破坏可能会对所宰驯鹿肉的质量产生不利影响。

9.4. 一个国家希望鼓励发展或允许企业从事经济活动是可以理解的，但国家如此行事的自由的范围并不能依据自由判断余地来评估，而应依据它根据第27条所承担的义务来评估。第27条要求，不得剥夺少数群体的成员享受自己文化的权利。因此，无论何种措施，只要其影响相当于剥夺少数群体的成员享受自己文化的权利，就不符合第27条规定的义务。然而，对属于少数群体的人的生活方式只具有某种有限影响的措施，并不必然构成对第27条规定的权利的剥夺。

9.5. 因此本案中出现的问题是，在留图斯瓦拉山采石所产生的影响是否严重到如此程度，以至于实际上剥夺了提交人在该地区享受其文化的权利。委员会忆及其有关第27条的一般性意见的第7段，其中指出，少数群体或土著群体有权利使其诸如狩猎、捕鱼或本案所涉的驯鹿牧养业等传统活动受到保护，而且必须采取措施"确保少数社群的成员切实参与对他们有影响的决定"。

9.6. 在这种情况下，委员会的结论是，在留图斯瓦拉山坡采石一事，就已经开采的数量来看，并不构成对第27条规定的提交人享受自己文化的权利的剥夺。委员会特别注意到，在导致签发采矿许可证的过程中，穆特卡吞图里牧民委员会以及提交人的利益曾得到考虑，而且在此过程中也曾与提交人磋商；看来该地区的驯鹿放牧没有受到已发生的采石活动的不利影响。

9.7. 关于主管当局可能批准的将来活动，委员会进一步注意到，它所掌握的资料表明，缔约国主管当局已经努力做到只允许这样的采石活动，即要最大限度减少对南留图斯瓦拉地区的驯鹿放牧活动和环境的不利影响；有关最大限度减少从该地区开采石料对驯鹿牧养所产生之影响的意向已反映在采石许可证所规定的条件中。此外，双方一致认为，此种活动应该在该地区驯鹿放牧期之外的时间内进行。没有任何情况表明，对于穆特卡吞图里牧民委员会成员放牧方法的变化……，地方林业主管当局和/或采石公司无法适应容纳。

9.8. 关于提交人对未来活动的担心，委员会指出，为了遵守第27条，开展经济活动的方式必须保证使提交人能够继续从驯鹿牧养中受益。再者，如果在安杰利地区开展采矿活动真的得到大规模批准，并由那些已经拿到开采许可证的公司大幅度扩展，那么这可能构成对提交人根据第27条享有的权利的侵犯，尤其是侵犯他们享受自己文化的权利。缔约国在扩充现有合同或批准新合同时有责任考虑这一情况。

委员会实际上决定的是，受非难的采矿活动对于萨米人的文化活动并不具有不适当的损害效果。促成这一决定的，是缔约国提出证据说明，采石活动只在驯鹿群离开这一区域的季节进行，[36] 以及采石场的规模和采石量都相对较小。[37]

[24.30] 芬兰提出的辩解如下：

7.12. 缔约国……声称，人权事务委员会对于基托克案的意见意味着委员会赞同这样一条原则，即缔约国在适用第27条时享有一定的酌处权——这在对经济活动的所有规制中都是正常的。缔约国认为，一些

---

[36] 在委员会意见的第7.4段。
[37] 在委员会意见的第7.5、7.9段。

《公约》缔约国的最高法院和欧洲人权委员会的多项决定都支持这一点。

7.13. 缔约国的结论是,"国内主管当局在适用和实施相关的国内立法和措施的过程中,始终考虑到了"第27条的各项要求。缔约国重申,即使在适用第27条时,也必须给国内主管当局一定的酌处余地……

虽然人权事务委员会在其意见第9.4段中显然承认采矿活动具有非常有限的影响,但它拒绝了一种论点,即可以参照缔约国的"酌处余地"来判定案件。[38] 因此,委员会表示,它将在监测第27条的实施方面,保持强有力的监督作用。然而,委员会似乎也愿意在认定发展措施对传统文化构成如此威胁以至违反第27条之前,给缔约国留出相当大的回旋余地。这在以下摘引中的第二个兰斯曼案中有体现。

[24.31] **兰斯曼等人诉芬兰**(*Länsman et al. v Finland*, 671/1995)

这是芬兰萨米人再次向人权事务委员会提出的申诉,其中援引了第一个兰斯曼案中委员会意见的第9.8段[24.29],将其解释为对缔约国关于实施影响当地萨米人生活状况的新措施的一种警告。在第二个兰斯曼案例中,提交人质疑的,是芬兰中央林业局计划批准在穆特卡吞图里牧民委员会冬季放牧地的占地约3000公顷的一个区域内伐木和筑路。委员会表达的观点如下:

10.1. ……所要决定的问题是,在穆特卡吞图里牧民委员会(提交人为该委员会成员)地区的一个占地约3000公顷的地方伐木,即已经进行和计划进行的伐木,是否侵犯了提交人根据《公约》第27条享有的权利。……

10.3. 第27条要求,不得剥夺少数群体的成员享受自己文化的权利。无论何种措施,只要其影响相当于剥夺少数群体的成员享受自己文化的权利,就不符合第27条规定的义务。然而,正如委员会以前在其对于第511/1992号来文的意见中所指出的那样,对属于少数群体的人的生活方式和生计只具有某种有限影响的措施,并不必然构成对第27条规定的权利的剥夺。

10.4. 本案中要决定的关键问题是:已经在来文中所述地区内进行

---

[38] 有关酌处余地(margin of discretion)或自由判断余地(margin of appreciation),见第[18.69]段。

的伐木以及诸如已经批准今后将要进行并将延续若干年的伐木,是否已经达到了剥夺提交人在这一地区内享受其文化的权利的地步。委员会忆及其有关第27条的一般性意见的第7段,其中指出,少数群体或土著群体有权利使其诸如狩猎、捕鱼或本案所涉的驯鹿牧养业等传统活动受到保护,而且必须采取措施"确保少数社群的成员切实参与对他们有影响的决定"。

10.5. 经过对各方提交给它的材料的仔细审议,并适当注意到各方对已经进行和计划进行的伐木活动的长期影响没有达成共识,委员会无法得出结论认为,已经进行以及已经核准的活动构成对提交人享受其文化的权利的剥夺。没有争议的是,在拟定伐木计划过程中,曾经与穆特卡吞图里牧民委员会(提交人属于其成员)磋商,而在磋商过程中,穆特卡吞图里牧民委员会并未对伐木计划作出消极反应。这一磋商过程令提交人不满以及本来可能有更多的互动并没有改变[人权事务]委员会的评价。在委员会看来,缔约国当局在决定最适当的林业管理措施,即伐木方法、选择伐木区和在这些地区修筑公路时,确实经过了权衡提交人的利益和申诉所述地区中的一般经济利益的过程。国内法院专门审议了拟议中的活动是否构成对第27条所述权利的剥夺。委员会无法根据提交给它的证据得出结论认为,伐木计划的影响可能严重到构成对提交人根据第27条享有的权利的剥夺,或者鉴于其所获事实,由最高法院确认的上诉法院的裁决不正确地理解和/或不正确地适用了第27条。

10.6. 就今后的伐木活动而言,委员会注意到,根据它所获得的资料,缔约国林业当局已经核准的伐木规模尽管会导致提交人和其他驯鹿放牧者的更多工作和额外开支,但看来不会威胁驯鹿牧养业的存续。根据现有资料,牧养驯鹿之所以成为一项低经济效益的活动,并不是缔约国在所述地区鼓励其他经济活动的结果,而是由其他外部经济因素造成的。

10.7. 委员会认为,如果所要核准的伐木计划的规模大于已经议定的今后几年即将在所述地区执行的伐木计划的规模,或者如果能够证明已经计划的伐木的影响比目前预计的更为严重,它就可能不得不考虑这是否会构成对提交人在第27条的含义之内享受其文化的权利的侵犯。委员会根据早先的来文了解到，在萨米人居住的地区，目前正在规划并实施涉及自然环境的其他大规模开发项目，例如采石。即使在本来文中委员会得出的结论是，本案的事实没有揭示对提交人权利的侵犯，委员会也认为指出以下一点很重要：缔约国在采取影响第27条规定的权利的步骤时必须铭记，尽管各种不同的活动本身可能不会构成对这一条的违反，但是这些活动加在一起，就可能侵蚀萨米人享有自己的文化的权利。

11. 人权事务委员会根据《公民及政治权利国际公约任择议定书》第5条第4款行事，认为委员会认定的事实没有揭示对《公约》第27条的违反。

因此，对于事实问题，委员会认定没有违反情势，但是提醒注意对文化权利的可能侵蚀。委员会在尤尼·兰斯曼案（Jouni Länsman et al. v Finland, 1023/2001）中，作出了类似的决定。

[24.32] **阿雷拉和纳卡拉亚维诉芬兰**（Äärelä and Näkkäläjärvi v Finland, 779/1997）

该案的事实类似于三个兰斯曼案。人权事务委员会需要判定的是，某些伐木作业对于提交人牧养驯鹿的活动是否会具有足以违反第27条的有害影响。委员会的认定有利于缔约国，就如以往针对芬兰的类似案件一样：

7.5. 关于允许在卡利塞卡（Kariselkä）地区伐木违反了第27条的申诉，委员会注意到，不存在争议的是，提交人是文化少数者群体的成员，而且驯鹿牧养业是他们文化的一个重要组成部分。委员会以往的做法一直是去查证，缔约国对牧养业的干涉是否已经严重到了其未能适当地保护提交人享受其文化的权利。因此，委员会要处理的问题是，在卡利塞卡地区92公顷土地上的伐木规模是否达到了这一门槛。

7.6. 委员会注意到，林业管理局在制定伐木计划时，曾经与提交人和其他主要的利益攸关团体磋商，并且应上述各方提出的批评意见，部分地修改了计划。区法院对部分有冲突的专家证据的评估加上实地勘察确定，卡利塞卡地区是为提交人根据《公约》第27条享受的文化权利所必需的。上诉法院的裁决对证据采取了不同的看法——但也是从第 27 条的角度出发，认定拟议的伐木尤其可使地表苔藓重新生长，从而会部分地促进驯鹿牧养业的长期可持续性；此外，从集体牧场的总体情况来看，所涉这片牧区对牧养业仅具有次要的地位。委员会根据提交人和缔约国提交的意见，认为委员会没有得到充分的资料，无法就该牧区对牧养业的实际重要性和对牧养业的可持续性的长期性影响，以及根据《公约》第 27 条出现的后果，得出独立的结论。因此，委员会无法得出结论认为，在 92 公顷土地上的伐木活动在这种情况下，相当于缔约国未适当地保护提交人享受萨米文化的权利、违反《公约》第 27 条。

[24.33] 有关是否成比例的结论取决于对事实的认定和解释，而不是法律的严格适用。人权事务委员会是以书面形式审查证据的，因此在面对相互矛盾的证据和对事实的解释时，并不适宜对事实作出独立的认定。实际上，委员会一般而言支持当地法院的事实认定。在没有明显错误的情况下，它很少充当"第四审级法院"，[39] 因此并不令人惊讶的是，它在阿雷拉案中最终支持了芬兰法院的最终裁决。同样地，在几个兰斯曼案中，委员会无法就事实问题认定，拟议中的措施对文化活动的影响如此严重，以至违反第 27 条。

[24.34] 同样，在霍华德诉加拿大案（*Howard v Canada*，879/1999）中，人权事务委员会面对的是提交人（一位土著人）和缔约国有关提交人之实际捕鱼权利的范围的非常不同的主张。根据这些情况，委员会无法认定第 27 条被违反：

> 12.11. 委员会认为，委员会无法就提交人可行使其捕鱼权的实际情况及其对他享受自己的文化的权利的后果，得出独立的结论。虽然委员会理解提交人的关切，尤其铭记所涉保留地的面积相当小以及对在保留地之外捕鱼设有限制，……但委员会认为，委员会所获资料不足以成为认定《公约》第 27 条被违反的理由。

[24.35] 在上述所有根据第 27 条针对芬兰提出的案件中，人权事务委员会都明显受到了一个事实的影响，即少数群体的代表"有效参与了……影

39　见第 [1.53]、[14.63] 段。

响他们的［受到质疑的］决定"。[40] 相比之下，在奥米纳亚克诉加拿大案中，没有证据表明，对于卢比康湖营居群——他们质疑艾伯塔省政府允许在其家园开采石油和天然气的决定，也有类似的参与。值得注意的是，委员会在该案中认定，受到质疑的开发违反了第 27 条 ［24.27］。因此，在决策中遵行适当的磋商过程，是判断影响少数者权利的后续决定是否符合第 27 条的一个很好指标。委员会强调作出决定的过程，而不是决定的文化影响这一实质性问题，这可以归因于，客观地评估过程的适当性比评估有争议的结果，更为容易。当然，磋商并不能挽救公然不成比例的措施，使其不违反第 27 条。然而，这种"公然"很少会出现，因为据称受害的提交人和国家通常会对一种事实情况提出不同的解释。

［24.36］ 在对智利的结论性意见中，人权事务委员会称：[41]

22.……委员会关切可能影响属于马普切（Mapuche）和其他土著社群的人的生活方式和权利的水电项目和其他开发项目。为了遵守《公约》第 27 条，搬迁和补偿可能是适当的做法。因此：

在规划影响土著社群成员的行动时，该缔约国必须首先注意土著文化和生活方式的可持续性，并让土著社群的成员参与影响他们的决定。

同样是对智利，委员会后来在 2007 年仍表示，"失望地得悉，'祖传土地'仍然遭到林业扩张以及建筑和能源方面超大项目的威胁"。[42]

［24.37］ 以下案件表明了一种很罕见的对缔约国违反第 27 条的认定。

珀马－珀马诉秘鲁（*Poma Poma v Peru*，1457/2006）

提交人诉称，秘鲁政府自 20 世纪 80 年代以来实行的在土著人的湿地上钻井的政策破坏了属于她和其他土著民族的当地农场的用水。她声称，这一环境灾难侵犯了她根据第 27 条享有的权利，因为这影响了她的家庭根据传统习惯养殖美洲羊驼的能力。对此，人权事务委员会表示同意：

---

40 见第 23 号一般性意见第 7 段 ［24.22］。参见，*Marshall v Canada*, 205/1986）［22.16］。另见委员会的结论性意见：哥伦比亚，(2004) UN doc CCPR/CO/80/COL, para 20; 苏里南，(2004) UN doc CCPR/CO/80/SUR, para 21; 泰国，(2005) UN doc CCPR/CO/84/THA, para 24; 澳大利亚，(2009) UN doc CCPR/C/AUS/CO/5, para 13; 俄罗斯联邦，(2009) UN doc CCPR/C/RUS/CO/6, para 29。

41 (1999) UN doc CCPR/C/79/Add. 104。

42 委员会对智利的结论性意见，(2007) UN doc CCPR/C/CHL/CO/5, para 19。

7.3.……本案中，不存在争议的是，提交人是一个少数族裔社群的成员，而且养殖羊驼是该艾马拉（Aymara）社群文化的一个重要组成部分，因为这是他们的一种生存形式、一种从父母传给子女的祖传传统。提交人本人就从事此项活动。

7.4. 委员会承认，缔约国可以正当地采取步骤促进其经济发展。不过，委员会忆及，经济发展不得损害《公约》第 27 条保护的权利。因此，国家在这方面的回旋余地应与其根据第 27 条必须承担的义务比例相称。委员会还指出，无论何种措施，只要其影响相当于剥夺一个社群享受自己文化的权利，就不符合第 27 条规定的义务；然而，对属于该社群的人的生活方式和生计只具有某种有限影响的措施，并不必然构成对第 27 条规定的权利的剥夺。

7.5. 本案中的问题是，对于养殖羊驼，缔约国授权的用水转移的后果，对于提交人享受其所属社群的文化生活的权利，是否有重大的负面影响。在这方面，委员会注意到提交人指称，由于艾马拉的 1 万公顷牧场退化——这种退化是 90 年代实施的塔克纳特别项目造成的直接后果，已经有数以千计的牲畜死亡，这毁掉了她的生活方式和社群的经济，迫使其成员放弃了自己的土地及其传统经济活动。委员会注意到，缔约国没有质疑这些说法，而只是力图证明在塔克纳特别项目内修建水井是合理的。

7.6. 委员会认为，严重影响或妨碍少数社群或土著社群的具有文化重要性的经济活动的措施是否可以接受，取决于以下事实，即该社群的成员是否曾有机会参与有关这些措施的决策过程，以及他们能否继续从其传统的经济活动获益。委员会认为，参与决策过程必须是有效的，这所要求的不是简单的磋商，而是社群成员自由、事先和知情的同意。此外，所采取的措施必须尊重比例原则，由此不会威胁社群及其成员的生存。

7.7. 在本案中，委员会注意到，就建设水井，缔约国在任何时候都没有与提交人或其所属社群磋商。此外，缔约国没有要求由一个合格的独立机构开展研究，以判断建设水井对传统经济活动的影响，也没有采取措施尽量减少其有害影响并弥补掘井造成的损害。委员会还注意到，由于土地干旱及其家畜损失，提交人无法继续从其传统的经济活动获益。因此，委员会认为，缔约国的行为已经严重损害了提交人作为其社群成员的生活方式和文化。委员会的结论是，缔约国从事的活动侵犯了提交人与其群体的其他成员根据《公约》第27条共同享受自己的文化的权利。

[24.38] 珀马-珀马案与上述针对芬兰提出的案件相比，关键区别在于文化活动受到损害的明显程度，以及政府与相关少数群体没有就相关经济发展（即钻井）磋商的事实。有意思的是，在该案中，为了使开发项目符合第27条，人权事务委员会支持进行高水平的必要磋商：即不仅必须磋商，而且在第7.6段中称，还必须有"自由、事先和知情的同意"。这是委员会第一次支持这项原则——该原则先前已经得到消除种族歧视委员会第23号一般性建议[24.40]、美洲人权法院以及最近的可能更具影响力的《联合国土著人民权利宣言》的支持。[43] 这种支持是否会从根本上改变委员会有关第27条的、先前侧重于磋商而非同意之必要的案例法，目前尚不清楚。当然，土著社群对其土地开发的"自由、事先和知情的同意"的要求已在一些结论性意见中得到支持；[44] 不过，委员会2012年在对危地马拉的结论性意见中提到，有必要的，是与土著民族进行"事先和知情的磋商"而不是"同意"。[45] 还有待观察的是，这一原则是只适用于土著民族，还是更广泛地延及其他少数群体。

[24.39] 在霍普和贝瑟特诉法国案（*Hopu and Bessert v France*，549/1993）中，提交人声称，在他们祖先的神圣墓地上建设一家酒店侵犯了他们的隐私权和家庭得到保护的权利。人权事务委员会多数委员表示同意。[46] 该

---

43 See generally Melissa Castan, 'DRIP Feed: The Slow Reconstruction of Self-determination for Indigenous Peoples', in Sarah Joseph and Adam McBeth (eds), *Research Handbook on International Human Rights Law* (Edward Elgar, 2010), 492 at 501 – 7.

44 见委员会的结论性意见：巴拿马，(2008) UN doc CCPR/C/PAN/CO/3, para 21；多哥，(2011) UN doc CCPR/C/TGO/CO/4, para 21。

45 (2012) UN doc CCPR/C/GTM/CO/3, para 27.

46 见第[20.14]段。

案的事实清楚地提出了有关少数者权利的问题。但是，法国对第 27 条提具了保留，因此在该案中无法考虑这一保障。这是少数几个在委员会面前实际成功的"少数者权利案件"之一，但考虑到其决定不是根据第 27 条作出的，这种情况颇具讽刺意味。

土著人的土地权利主张

[24.40] 消除种族歧视委员会在其第 23 号一般性建议中，暗示了在土著文化和土地之间的至为重要的联系。

消除种族歧视委员会第 23 号一般性建议

5. 委员会特别吁请各缔约国承认并保护土著民族拥有、开发、控制和使用自己的社群土地、领地和资源的权利，并且，如果没有征得他们在自由和知情情况下的同意而剥夺他们传统上拥有或以其他方式居住或使用的土地和领地，则必须采取步骤归还这些土地和领地。只有在由于事实上的理由不可能做到这一点时，才能以获得公正、公平和迅速赔偿的权利取代恢复原状的权利。此种赔偿应尽可能采取土地和领地的形式。

[24.41] 对于根据第 27 条保护土著民族的土地权利，人权事务委员会发布了众多的结论性意见。[47] 例如，委员会在 1995 年对瑞典称：[48]

18. 委员会注意到，议会最近通过的、规定人人有权在公共土地上捕鱼和狩猎的立法条款，可能会对萨米民族的传统权利产生不利的后果。……

26. 委员会建议，应遵照《公约》第 27 条，全面保护萨米民族的得到公认的习惯权利。

七年以后，委员会对瑞典称：[49]

委员会关切的是，对于影响土著萨米民族的传统土地和经济活动的问题，诸如水力发电、采矿和林业等领域中的项目以及土地私有化，萨

---

47 例如见委员会对日本的结论性意见，(1998) UN doc CCPR/C/79/Add. 102, para 14。
48 委员会对瑞典的结论性意见，(1995) UN doc CCPR/C/79/Add. 58。
49 (2002) UN doc CCPR/CO/74/SWE。

米人议会在决策过程中能发挥重要作用的程度有限……。

巴西如何对待其土著民族引起了委员会的如下意见:[50]

15. 委员会特别关切对黑人和土著人的种族歧视和其他形式的歧视。委员会注意到,缔约国政府正在巴西划分土著人土地,以之作为处理土著社群的权利的方式,但委员会遗憾的是,这一进程远没有完成。

委员会还曾对墨西哥称:[51]

12. 最后,委员会对土著居民的状况表示关切。《宪法》中关于土地改革的第27条的实施往往损害了属于这类群体的人。迟迟不解决与分配土地有关的问题削弱了这些居民对地方当局和联邦当局的信任。而且,这些人受到特别法律的制约,在恰帕斯(Chiapas)尤其如此,这会造成一种在《公约》第26条的含义之内的歧视的局面。……

18. 委员会建议墨西哥政府在土地改革的框架内考虑更公平地分配土地,并在这一方面考虑土著居民的权利和愿望。……土著居民应有机会参与和他们有关的事务的决策过程。[52]

对澳大利亚,委员会称:[53]

16. 委员会……关切地注意到,适用于根据《土著土地所有权法》索赔的举证规则成本高,复杂而且严格。……

[24.42] **约纳森诉挪威**(*Jonassen v Norway*, 942/2000)

提交人是某一特定萨米群体的驯鹿牧养者。他们诉称,某些有关划定他们土地权利的司法判决是歧视性的,因为这些判决受到了一个1897年的案件的过度影响,而该案是在一个萨米人文化受到普遍蔑视的时代裁决的。据称,后来缺乏对某些土地权利的承认违反了第26条和第27条。缔约国为有关法院裁决提出了辩解,人权事务委员会则同意缔约国的主张:

8.3. 关于第26条和第2条,委员会注意到提交人的论点,即最高

---

[50] (1996) UN doc CCPR/C/79/Add. 66.

[51] (1994) UN doc CCPR/C/79/Add. 32.

[52] 与委员会早先处理参与权的方式相比——这体现在第[22.16]段讨论的马歇尔诉加拿大案(*Marshall v Canada*, 205/1986)中,该段中的建议很有意思。

[53] (2009) UN doc CCPR/C/AUS/CO/5.

法院在 1997 年奥尔逊登案（Aursunden）中重视 1897 年最高法院的裁决，而后一项裁决是根据对萨米人的歧视性观点作出的。然而，提交人没有提供资料，可据以怀疑最高法院在 1997 年奥尔逊登案中的认定，即 1897 年最高法院并没有对萨米人持有偏见。不能由委员会重新评估最高法院在 1997 年奥尔逊登案中已经审议过的事实。委员会认为，提交人没有为了可否受理的目的证实其申诉的这一部分，因此这一部分根据《任择议定书》第 2 条不可受理。

这一决定表明了委员会拒绝充当"第四审级法院"的决心；委员会一般不会重新评估国内法院关于事实和国内法问题的裁决[1.54]。委员会拒绝回顾挪威最高法院的裁决，认定先前 1897 年的裁决歧视了萨米人，尽管有大量证据表明，芬兰各政府机关在 19 世纪末对萨米人的态度是轻蔑的。这一决定对于将来在委员会提出有关土地权利的申诉，并非一个好预兆，因为这样的申诉往往涉及质疑当地法院对事实、法律和当地历史的复杂问题的判决。委员会对此类判决的一贯遵从可能会妨碍有效利用第 27 条来维护或恢复该项保障意图保护的重要权利，即土著人的土地权利。

[24.43] 对用尽国内救济的问题，人权事务委员会也同意缔约国的意见[6.05]。亨金先生、舍伊宁先生和索拉里–伊里格延先生对此持有异议，认为该来文根据第 27 条本应获得受理[6.06]。

宗教

[24.44] 第 27 条明确保护宗教少数者。有关宗教权利的事项已经根据对宗教自由的独立保障即第 18 条以及不受歧视的一般保障得到处理。如果一个国家对某一少数群体规定或强施国家宗教，就可能违反第 18 条和第 27 条。因此可以说，根据第 27 条对宗教少数者的保护被第 18 条的保护所吸收。

[24.45] **普林斯诉南非**（*Prince v South Africa*，1474/2006）

该案的提交人是拉斯塔法里教信徒（Rastafarian）。他声称，缔约国禁止使用大麻侵犯了他根据第 18 条享有的权利[17.34]以及他作为一个宗教少数群体的成员根据第 27 条享有的权利，因为使用大麻是拉斯塔法里教的一项基本原则。人权事务委员会认定没有发生违反情况：

7.4. 提交人声称，没有向拉斯塔法里教信徒提供豁免侵犯了他根据第 27 条享有的权利。对此，委员会注意到，没有争论的是，提交人是一个少数宗教群体的成员，而使用大麻是躬行其宗教的一个重要部分。因此，缔约国的立法构成了对提交人作为一个少数宗教群体的成员与其群体的其他成员共同躬行其宗教的权利的干涉。然而，委员会忆及，并不是所有干涉都可以被视为在第 27 条含义之内对权利的剥夺。对于通过使用毒品躬行某人之宗教的权利的某些限制，与《公约》第 27 条所规定的这一权利的行使并行不悖。委员会不能得出结论认为，普遍禁止拥有和使用大麻对于干涉提交人根据该条享有的权利，构成了一种不合理的理由，因此委员会得出的结论是，这些事实没有揭示对第 27 条的违反。

语言

[24.46] **第 23 号一般性意见**

5.3. 属于语言少数群体的个人在他们之间私下或公开地使用自己语言的权利有别于依照《公约》得到保护的其他语言权利。尤其是，它应该有别于依照第 19 条得到保护的表达自由的一般权利。所有的人都能够享有后一权利，不论他们是否属于少数群体。此外，依照第 27 条得到保护的权利应该有别于《公约》第 14 条第 3 款（巳）项赋予被告的，当他们如不通晓或不能使用法院所用之语言时，获得翻译的特定权利。在任何其他情形下，第 14 条第 3 款（巳）项都不给予被告在法庭诉讼中使用或说自己选择的语言的权利 [14.177]。

[24.47] **马沃洛诺夫和萨迪诉乌兹别克斯坦**（*Mavlonov and Sa'di v Uzbekistan*，1334/2004）

该申诉涉及乌兹别克斯坦拒绝一份面向该国的塔吉克少数民族的报纸《奥伊纳报》（"Oina"）重新登记，这意味着编辑失去了发行其报纸的权利 [18.28]。提交人诉称，拒绝重新登记违反了第 27 条，人权事务委员会表示同意：

8.7. ……委员会注意到提交人的未受辩驳的申诉，即《奥伊纳报》

发表的文章包含了提供给塔吉克族学生和年轻人的教育和其他资料,有关他们感兴趣的文化事件和事项,还报道向塔吉克族年轻人继续提供其本民族语言的教育所面临的特别困难,包括缺乏塔吉克语教材、教师工资低和在某些塔吉克语学校中强行开办乌兹别克语班级。委员会认为,从第27条来看,少数民族语言教育是少数者文化的一个基本内容。最后,委员会提到其判例,其中明确指出,第27条是否被违反的问题在于,被质疑的限制是否具有一种"影响,已经严重到如此程度,以至于实际上剥夺了提交人……享有其文化权利的权利"。在本案的情况中,委员会认为,编辑和读者使用少数民族出版物作为提出对乌兹别克斯坦境内的塔吉克少数社群具有显著和重要意义的问题的手段,是塔吉克少数文化的一个基本内容。鉴于缔约国剥夺享有塔吉克少数民族文化的权利,委员会认定存在违反与第2条结合解读的第27条的情况。

因此,为少数者出版报纸,特别是以少数语言提供教育资料,受到第27条的保护。[54]

[24.48] 如同马沃洛诺夫和萨迪案所强调的,教育对维护少数语言的完整性和持续性至关重要。在对日本的结论性意见中,人权事务委员会称:[55]

31. 委员会关切的是,国家对于以朝鲜语教学的学校的补贴大大低于对普通学校的补贴,使这些学校严重依赖私人捐款,而这些私人捐款与给私立日本语学校或国际学校的捐款不同,没有减免税待遇,而且朝鲜语学校的毕业文凭不能使学生自动获得进入大学的资格(第26条和第27条)。

[24.49] 在对苏丹的结论性意见中,人权事务委员会称:[56]

20. 委员会关切的是,法律没有承认在公务通信以及行政或法庭程序中使用当地方言的权利,而且宗教上的少数者可能会受到一系列自行酌处的行政措施的不利影响,这些措施包括依照城镇规划条例拆毁学校和教育设施。因此:

54　另见第34号一般性意见,第14段 [18.18]。
55　(2008) UN doc CCPR/C/JPN/CO/5.
56　(1997) UN doc CCPR/C/79/Add.85.

应根据《公约》第27条的要求，重视族裔和宗教上的少数者寻求和发展他们的传统、文化和语言的需要，而不论他们居住在苏丹何处。

对波兰，委员会称：[57]

20. 委员会注意到《民族和族裔少数及地方语言法》的草案，委员会关切的是，目前的立法不允许语言上的少数者在其人数达到要求的地区，在与行政当局交往时使用其本族语言（第26、27条）。

缔约国应确保有关少数者的新立法充分符合《公约》第27条，尤其是在此等少数者得到承认及使用其自己语言的权利方面。

对加拿大，委员会称：[58]

10. 委员会注意到缔约国在保护、振兴和促进土著语言和文化方面所作的答复，但是仍然关切的是，有报告称，加拿大的土著语言正走向衰落（第27条）。

缔约国应当加紧努力保护并促进土著语言和文化。缔约国应当向委员会提供统计数据或对目前情况的评估，并提供资料说明今后为了实施土著语言与文化特别工作组的建议而采取的行动以及取得的具体成果。

对挪威，委员会表扬了该缔约国的举措：[59]

6. 委员会……表示赞赏的是，将处理影响萨米人社群成员生活和文化的事务的责任转交给了萨米议会（Sametinget），并且满意地注意到，在与政府机构接触时以及在法庭上可以使用萨米语。

[24.50] 在迪尔加特诉纳米比亚案中，人权事务委员会多数委员认定保障非歧视的第26条被违反，因为纳米比亚政府在"行政、司法、教育和公共生活"中只使用英语。[60] 不过，可以指出的是，在该案中有大量的异议意见，其中少数委员极力支持一国采用单一官方语言的权利。持异议者之一的拉拉赫先生称：

---

[57] (2004) UN doc CCPR/CO/82/POL. 另见委员会对阿尔及利亚的结论性意见，(1998) UN doc CCPR/C/79/Add. 95, para 15。

[58] (2006) UN doc CCPR/C/CAN/CO/5. 另见委员会对哥斯达黎加的结论性意见，(2007) UN doc CCPR/C/CRI/CO/5, para 5。

[59] (1993) UN doc CCPR/C/79/Add. 27.

[60] 在委员会意见的第10.10段。

5. 应该注意到，提交人除了声称第 26 条被违反外，还声称第 27 条被违反。委员会似乎没有认定第 27 条被违反，该条除其他外，规定在语言上的少数者的权利，即不被剥夺同其群体中的其他成员共同使用自己的语言的权利。事实上，如果暗示公共当局在存在一种官方语言时，必须能够保证在公务中使用一种非官方语言（南非荷兰语）——委员会实际上给人的可能印象就是这样，这就过分地扩张了第 27 条的含义。在这方面，需要指出，委员会本身在意见的第 10.9 段里也说，提交人没有证明，在法庭诉讼中使用英语如何影响了他们获得公正审理的权利。而公正审理要求当事人能够理解法庭上发生的情况，以便能够在案件处理中，合适地向其律师提供指示。

这些情绪——反映了多达六位委员的看法——并不符合上述委员会对苏丹和波兰提出的声明。

[24.51] **巴兰坦等人诉加拿大**（*Ballantyne et al. v Canada*，359，385/1989）

该案中，加拿大魁北克省的一项法律禁止以法语以外的语言展示商业标识。提交人诉称，除其他外，这侵犯了他们作为在魁北克的说英语的少数者的权利以及他们根据第 19 条享有的表达自由权。魁北克省政府主张说，这些措施为在英语占主导地位的加拿大维护说法语者的文化特性至为必要。然而，人权事务委员会多数委员认定第 19 条被违反，但没有认定第 27 条被违反 [24.07]。多数委员认定，这些措施与保护法语的目的不成比例 [18.39]。然而，恩迪亚耶先生提出了强烈的异议意见。他认为，该法律构成了对第 19 条所规定之权利的可予允许的限制，因为该法律实际上根据第 27 条支持说法语的少数者的权利：

在向委员会提交的陈述中，……魁北克认为，"自 1763 年以来的历史发展充分证明了说法语者努力保护其语言和文化的必要性"。因此，经第 178 号法案修正的《法语语言宪章》所追求的目标与《公约》第 27 条所针对的目标是相同的，这一目标必须加以落实，若有必要则应根据第 19 条第 3 款限制表达自由。

第 19 条第 3 款（子）（丑）项载列的限制可适用于加拿大说法语的

少数者的情况。而且，正如该国所坚持的——尽管其中对表达自由的定义太过狭窄，"经……修正的《法语语言宪章》可向魁北克提供一种维护其特定语言特性的手段，并给予说法语者以一种语言安全感"。这是合理的，而且指向符合《公约》即其第 27 条的目的。

令人遗憾的是，人权事务委员会没有支持缔约国的意见，而且没有同意将实施第 27 条的要求纳入其决定中。在委员会看来，在加拿大不存在语言问题，或即使存在，也没有如此严重，以至于值得该国当局决定在这种程度上对待该问题。我只能表示不认同这样的结论。

莱赫曼诉拉脱维亚（*Raihman v Latvia*，1621/2007）

该案涉及拉脱维亚的一项法律，该法律要求基于官方使用的目的，以拉脱维亚语拼写提交人原本是俄罗斯犹太裔的姓名。多数委员认定该法律违反了第 17 条［16.14］。[61] 里瓦斯-波萨达先生和特林先生不同意这一认定，他们也是考虑这一措施是否违反了第 27 条的仅有的两名委员。

8.6. 最后，关于第 27 条，委员会首先指出，没有争议的是，提交人是在拉脱维亚的讲俄语的犹太裔少数群体的成员。委员会援引先前的判例，忆及《公约》缔约国可以规制构成少数者文化之基本内容的活动，条件是这种规制不得相当于实际上剥夺这项权利。在本案的情况中，委员会认为，在名字和姓氏的词尾添加改变性别属性的后缀，并没有不利地影响提交人与拉脱维亚讲俄语的犹太裔少数群体的其他成员共同享受其文化、信奉躬行犹太教或使用俄语的权利。在这种情况下，委员会的结论是，所涉限制不等于违反《公约》第 27 条。[62]

［24.52］在对以色列的结论性意见中，人权事务委员会称：[63]

23. 委员会尽管注意到缔约国努力促进其阿拉伯裔少数者获得公共行政服务，但表示关切的是，缔约国当局继续限制阿拉伯语的使用，包括没有把最高法院的主要案件翻译成阿拉伯语。它还关切缔约国将路标

---

[61] 另见委员会对拉脱维亚的结论性意见，(2003) UN doc CCPR/CO/79/LVA, para 20。

[62] 虽然这一段写得好像是委员会的意见，但实际上只是持异议者认为委员会的意见本应具有的内容。

[63] (2010) UN doc CCPR/C/ISR/CO/3.

从希伯来文译成阿拉伯文的过程以及通常没有阿拉伯语路标。委员会还关切的是，由于禁止到"敌对国家"——大多数是阿拉伯国家——旅行，与其他阿拉伯社群进行文化接触的权利受到了严厉限制（第26条和第27条）。

缔约国应继续努力，使其公共行政服务对所有少数语言群体充分可及，并确保以所有正式语言包括阿拉伯语充分提供。缔约国也应考虑将最高法院的案件翻译成阿拉伯语。另外，它应确保所有路标上都有阿拉伯语，并重新考虑其将希伯来语译为阿拉伯语的过程。另外，缔约国应当加大努力，保障少数民族享有自己的文化的权利，包括出国旅行。

积极保护措施

[24.53] **第23号一般性意见**

6.1. 虽然第27条用否定的措辞方式表示，但该条的确承认有某种"权利"存在，而且要求不应剥夺这种权利。因此，缔约国有义务确保这种权利的存在和行使受到保护，免遭剥夺和违反。因此需要采取积极的措施，不仅针对缔约国本身的行为——不管是通过其立法、司法或行政当局，而且针对缔约国境内任何其他人的行为。

6.2. 虽然依照第27条受到保护的权利是个人的权利，但是它们又取决于少数者群体维持其文化、语言或宗教的能力。因此，国家也可能有必要采取积极措施以保护少数者群体的特性，以及其成员同群体内的其他成员共同享受和发展自己的文化和语言并躬行自己的宗教的权利。在这方面，应该注意的是，上述积极措施就不同少数者群体之间的待遇以及少数者群体成员与人口中其余部分之间的待遇，必须尊重《公约》第2条第1款和第26条的规定。但是，只要这些措施的目的是改正妨碍或损害对第27条所保障的权利的享受的各种状况，它们可能根据《公约》就构成某种正当的区别，条件是这些区别是以合理的、客观的标准为基础。

此外，第 23 号一般性意见第 7 段确认，需要"积极的法律保护措施"来维护传统活动，如狩猎和捕鱼 [24.22]。

[24.54] 因此，各国有义务采取必要的积极措施，以确保补救因少数者地位而产生的任何不利情况，并遏制同化主义压力。[64] 各国具有一种比保障容忍或不干涉少数者权利的表达更大的责任；必须采取"具体行动"以解决适用于少数群体的实际负担。例如，人权事务委员会建议，对于保护美国的美洲原住民的少数者权利，应采取积极措施：[65]

25. 委员会关切的是，国会可能以法律取消土生美国人的土著权利。委员会也关切土生美国人中大量的贫穷、疾病和酗酒情况，尽管《自治示范规划》取得了一定的改善。……

37. 委员会建议，应当采取步骤来确保不得取消以前承认的土生美国人的权利。委员会敦促美国政府，应确保在联邦政府判定对部落的承认时，应有充分的司法审查。应当加强自治示范规划和类似的规划，以便继续消灭土生美国人普遍的贫穷、疾病和酗酒。

38. 委员会希望，当美国决定是否应当取消目前的面向少数者和妇女的肯定性行动方案时，应铭记事实上和法律上提供《公约》所规定之权利的义务。

结　语

[24.55] 人权事务委员会提出的有关第 27 条的案例法和一般性意见表明了一套判例，该判例支持保护少数者的身份特性，并重视作为各个社会和国家的基本"结构"之一部分的多样性。委员会明确表示，各国有积极义务保证和加强作为基本人权的少数者的权利。若干案件涉及与维护文化有关的申诉，特别是土著群体的文化。虽然委员会承认"文化"具有各种理论上值

---

[64] See Thornberry, 'The UN Declaration on the Rights of Persons Belonging to National or Ethnic, Religious and Linguistic Minorities', 24 – 5.

[65] 委员会对美国的结论性意见，(1995) UN doc CCPR/C/79/Add. 50。

得保护的表现形式,但它在诸如几个兰斯曼案和阿雷拉案等案件的决定中,表现出不愿就事实问题认定第 27 条被违反。此外,对于委员会是否有能力——至少是根据《任择议定书》——为纠正历史上对少数者的不公正提供一条有效途径,约纳森案提出了疑问。然而,在最近的珀马-珀马案中,委员会支持了一种有意义的磋商要求,以便国家授权的开发项目符合第 27 条:不仅必须进行磋商,而且必须有"自由、事先和知情的同意",这是一项见于其他人权文书但《公约》本身并没有明确规定的标准。这些决定表明,委员会将平衡第 27 条规定的权利与其他对抗性的利益,诸如一国主张的经济发展。希望是,委员会不允许这种"平衡"过于偏向经济利益,而以损害少数群体和土著民族的存续为代价。

第二十五章　获得救济权

——第二条第三款

第2条第3款的可诉性 …………………………………………… [25.07]
调查的义务 ……………………………………………………… [25.11]
执行救济的义务 ………………………………………………… [25.16]
大赦 ……………………………………………………………… [25.24]
国际救济 ………………………………………………………… [25.28]
结语 ……………………………………………………………… [25.30]

第2条第3款

三、本公约缔约国承允：

（子）确保任何人所享本公约确认之权利或自由如遭受侵害，均获有效之救济，公务员执行职务所犯之侵权行为，亦不例外；

（丑）确保上项救济声请人之救济权利，由主管司法、行政或立法当局裁定，或由该国法律制度规定之其他主管当局裁定，并推广司法救济之机会；

（寅）确保上项救济一经核准，主管当局概予执行。

[25.01]《公约》第三编规定的实质性权利受到侵犯的受害者获得救济的权利包含在第2条第3款中，该款是第二编中总体性的支撑保障之一

[1.121]。这一权利是《公约》的关键内容之一。认定《公约》第三编规定的实质性权利之一被侵犯,对于受害者来说是一项重要的澄清措施,而第2条第3款使得缔约国有义务通过向受害者或其身故后的家人提供救济,尽可能"修补"侵权情况。

[25.02] **第 31 号一般性意见**

在该一般性意见中,人权事务委员会概述了能够据以向《公约》被违反的受害者提供救济的制度:

> 15. 第2条第3款要求,除了有效保护《公约》的权利之外,各缔约国还必须确保个人具有可得到的、有效的救济以维护这些权利。对这些救济还应当加以适当调整,以考虑到某些类别的人(尤其包括儿童)的特别脆弱性。委员会十分重视缔约国设立适当的司法机制和行政机制,以便根据国内法来处理有关侵犯权利的指控。委员会注意到,司法部门可用许多不同的方式以有效保证人们享有《公约》所承认的权利,其中包括直接适用《公约》,适用类似的宪法或者其他法律的规定,或者在适用国内法时《公约》起到解释性的作用。尤其需要设立行政机制,以落实有关通过独立和公正无偏的机构迅速、彻底和有效地调查关于侵犯权利指控的一般性义务。具有适当授权的国家人权机构可为达到这项目的作出贡献。如果缔约国不调查侵犯权利的指控,这种不行为本身就可能构成对《公约》的一项单独违反。制止目前还在进行的侵权行为是获得有效救济权的关键内容。

[25.03] 人权事务委员会还概述了第2条第3款规定的救济可采取的多种形式:

> 16. 第2条第3款要求各缔约国必须向其《公约》权利遭到侵犯的个人作出补救(reparation)。如果不对那些《公约》权利遭到侵犯的个人作出补救,在第2条第3款的效力中起着关键作用的提供有效救济的义务就没有得到履行。除了第9条第5款 [11.104] 和第14条第6款 [14.204] 规定的明确补救之外,委员会认为,《公约》普遍涉及适当的赔偿。委员会指出,补救可以酌情涉及恢复原状、复原(rehabilitation)以及以下补偿(satisfaction)措施,如公开道歉、公开纪念、保

证不再重犯、改变有关法律和惯例以及将侵犯人权的肇事者绳之以法。……[1]

19. 委员会还认为，获得有效救济权在某些情况下还可能要求各缔约国提供和实施临时或暂行措施，以免侵权行为继续发生，并且努力尽早补救这些侵犯行为可能已经造成的任何伤害。

[25.04] 在许多情况中，提供救济的义务使得缔约国必须采取超越特定受害者之自身情况的措施，就如第31号一般性意见所解释的：

17. 一般来说，如果不将采取措施防止违反《公约》的行为再次发生作为第2条规定之义务的内在组成部分，《公约》的宗旨将无法实现。因此，委员会根据《任择议定书》审议案件时的一个通常做法，是在其意见中指出，除了具体为受害者提供救济以外，还必须采取措施以避免这种侵权行为再次发生。采取这种措施可能需要改变缔约国的法律或者惯例。

[25.05] 在对危地马拉的结论性意见中，人权事务委员会称：[2]

5. 委员会关切的是，民众、法律官员和律师对《公约》条款的认知程度明显有限，这导致的结果是，几乎没有什么司法官员在其中援用或适用过《公约》规定的案件（第2条）。

[25.06] 在对前南斯拉夫马其顿共和国的结论性意见中，人权事务委员会评论说，需要打击腐败以适当地实施第2条，包括第2条第3款。[3]

第2条第3款的可诉性

[25.07] 人权事务委员会一直主张，获得救济的权利不是一项自主独立的权利。例如，SE 诉阿根廷案（*SE v Argentina*，275/1988）中的申诉有关

---

[1] 另见委员会对危地马拉的结论性意见，(2012) CCPR/C/GTM/CO/3, para 7。
[2] (2012) UN doc CCPR/C/GTM/CO/3, para 5.
[3] (2008) UN doc CCPR/C/MKD/CO/2, para 8. 另见委员会的结论性意见：乍得，(2009) UN doc CCPR/C/TCD/CO/1, para 11；土库曼斯坦，(2012) UN doc CCPR/C/TKM/CO/1/Add. 1, para 13。

提交人的亲人在国家手中失踪。不过，这些失踪情况发生在《公约》和《任择议定书》于1986年对阿根廷生效之前［2.11］。提交人无法就这些失踪情况主张获得救济权，因为这些情况发生在《公约》对阿根廷生效之前，故而本身没有违反《公约》。第2条第3款无法"孤立援用"。[4] 因此，根据SE诉阿根廷案，第2条第3款并未规定一项自主性权利。[5]

［25.08］ **卡赞奇斯诉塞浦路斯**（*Kazantzis v Cyprus*，972/2001）

在该案中，人权事务委员会有关第2条第3款之可诉性的立场看来有所松动。该案本身涉及对第17、25和26条的据称违反，但相关申诉被认定不可受理。卡赞奇斯还诉称，第2条第3款被违反，理由是在塞浦路斯并不存在对其冤情的救济。委员会认定这一申诉也不可受理，但作出了如下声明：

> 6.6. 与《公约》第17条、第25条（寅）项和第26条一道，提交人还援用了第2条。这引起了一个问题，即提交人不可能对他没有被任命为法官提出质疑，是否构成了对《公约》第2条第3款（子）项和（丑）项规定的获得有效救济权的侵犯。第2条第3款要求缔约国除了有效保护《公约》权利外，还必须确保个人也具有可用的、有效的、可执行的救济以维护《公约》权利。委员会忆及，第2条只能在与《公约》其他条款相结合时才得被个人援用，并注意到第2条第3款（子）项规定每个缔约国必须承允"确保任何人所享本公约确认之权利或自由如遭受侵害，均获有效之救济"。对这一规定的字面理解似乎要求，对《公约》规定之某项保障的实际违反得到正式确定，是获得诸如补救或复原等救济的必要前提。然而，第2条第3款（丑）项要求缔约国有义务确保由一个主管司法、行政或立法当局对获得此种救济的权利作出裁定，如果在某一违反尚未被确定时就无法利用这种保障，这一保障就将是无效的。尽管不能合理地要求缔约国对于无论如何没有道理的申诉都根据第2条第3款（丑）项确保这种程序可以得到运用，但如果据称的受害者的申诉从《公约》来看可以说有充分的根据，那么第2条第3款

---

[4] 在委员会意见的第5.3段［2.11］。

[5] See also *Inostroza et al. v Chile* (717/96) and *Vargas v Chile* (718/96).

就为其提供保护。考虑到提交人的来文未能为了受理的目的证实他根据第 17、25 和 26 条提出的申诉，他关于《公约》第 2 条被违反的指控根据《任择议定书》第 2 条也不可受理。

因此，在该案中，案例法发生了重大的变化。在 SE 诉阿根廷案中，看来只有在确证一项实质性的《公约》权利被实际侵犯的情况中，第 2 条第 3 款才会被违反。而在卡赞奇斯案中，委员会则称，对于"从《公约》来看可以说有充分的根据的申诉"，就必须提供救济以在国内检验根据《公约》提出的申诉。在该案中，委员会并未认定任何违反，因为提交人的申诉没有得到足够证实，以使其根据《公约》可被受理，而且因此不具有为第 2 条第 3 款之目的所需的充分理由。同样的推理和结论也出现在许多不受理来文的决定中，例如皮克诉法国案（*Picq v France*，1632/2007）、吉贝尔诉加拿大案（*Kibale v Canada*，1562/2007）和斯密德克诉捷克共和国案（*Smídek v Czech Republic*，1062/2002）。

[25.09] **弗雷诉澳大利亚**（*Faure v Australia*，1036/01））

该案有关对第 8 条的据称违反 [10.06]。最终，人权事务委员会在审议案件的实质问题之后，没有支持根据第 8 条提出的申诉。然而，这一申诉十分有力，足以使其被受理。提交人还诉称，第 2 条被违反，因为对于导致其根据第 8 条提出申诉的立法（是一种叫做"以工作换救济"的项目的法律基础），并没有任何国内质疑渠道可用。人权事务委员会支持了提交人有关第 2 条的申诉：

7.3. 将 [卡赞奇斯案的] 这一推理运用到本来文的申诉，即缔约国对于据称的违反《公约》第 8 条的情况没有提供有效的救济，委员会参考上面有关用尽国内救济方面提到的来文可否受理的考虑，认为在缔约国的法律制度中，诸如提交人一样的个人过去和现在都无法对"以工作换救济"项目的实质性内容提出质疑，即无法质疑法律对诸如提交人这样的个人——他们满足了加入该项目的先决条件——所施加的从事劳动以领取失业福利的义务。委员会忆及，缔约国提出的救济针对的是个人是否事实上满足了加入该项目的要求的问题，但是对于那些依法应加入该项目的人，却不存在可用以质疑该项目的实质性安排的救济。

7.4. 正如委员会审议有关实体性的第 8 条的实质争议的情况所显示的，所提出的问题无疑提出了一个需要讨论的事项，而该事项——按照委员会在卡赞奇斯案中的决定所使用的语言——"从《公约》来看可以主张说有充分的根据"。由此可见，不存在可用于审查根据《公约》第 8 条提出的合理申诉（如同本案中一样）的救济，这构成了对与《公约》第 8 条结合解读的第 2 条第 3 款的违反。

该案中的申诉有关澳大利亚的"以工作换救济"项目的运作。并不存在能据以质疑项目是否符合人权的国内渠道。因此，委员会遵循卡赞奇斯案中的思路，认定各缔约国不仅必须根据第 2 条第 3 款向违反《公约》的情况提供救济，而且必须提供场域，使个人能提出其可以主张但并不成功的《公约》被违反的申诉。并不是非要为无论如何没有道理的申诉提供这样的场域，但对于可能有道理的情况，人们应有机会寻求救济。有关第 2 条第 3 款的这种认定加强了各国根据《公约》承担的程序性义务。各国必须提供补救的程序性渠道，即使在并无对《公约》的实质性违反时亦然。与 SE 诉阿根廷案相比，这极大地扩展了第 2 条第 3 款的范围。

［25.10］对于那些没有固化的（entrenched）宪法性权利法案的国家来说，弗雷案具有不良影响，因为在这些国家，不可能基于人权理由质疑基本立法的有效性。这种影响在人权事务委员会对新西兰的结论性意见中得到了加强，其中委员会称：[6]

> 7. 委员会重申其对 1990 年《权利法案》并未体现所有《公约》权利的关切。委员会还继续关切的是，《权利法案》并不优先于普通法律，尽管委员会在 2002 年已就此提出过建议。此外，委员会继续关切的是，缔约国制定了一些对保护人权有不利影响的法律，虽然总检察长已承认这些法律与《权利法案》相悖（第 2 条）。
>
> 缔约国应在国内法律制度中，制定全面落实《公约》权利的法律，并向受害者提供获得有效救济的途径。缔约国亦应加强现有机制，以确保国内法与《公约》相一致。

---

[6] (2010) UN doc CCPR/C/NZL/CO/5，然而，需要比较第［1.26］段。

另外，委员会还向多米尼加共和国建议，"《公约》应优先于国内法"。[7]

调查的义务

[25.11] 为了正确地提供获得救济权，一国必须采取多种积极步骤，对可信的《公约》被违反的指控作出反应。例如，一国应恪尽职守调查对侵犯人权行为的申诉。[8]

[25.12] **伯尼特兹诉巴拉圭**（*Benitez v Paraguay*，1829/2008）

在这一涉及警察的残暴行为违反第7条的案件中 [9.47]，人权事务委员会认定对第2条第3款的违反如下：

> 7.5. 关于提交人就事件的调查提出的申诉，委员会忆及，……主管当局必须及时、全面和公正无偏地调查指控第7条被违反的申诉，而且必须针对被查明有罪者采取适当行动。本案中，委员会注意到，提交人于2003年6月10日提起申诉，而在一年多以后，即2004年7月12日，检察官才起诉了两名嫌疑人。2005年3月18日，检察官请求暂停诉讼，以便收集进一步的证据。但刑事法院不允许收集这类证据，并驳回了案件。在这些情况下，再加上缔约国没有合理说明为何中断对案件的调查，委员会认定，提交人没有获得有效救济，委员会所获事实构成了对与《公约》第7条结合解读的第2条第3款的违反。

[25.13] **珀马-珀马诉秘鲁**（*Poma Poma v Peru*，1457/2006）

该案有关根据第27条提出的申诉，这一申诉最终得到了人权事务委员会的支持 [24.37]。申诉的一部分有关提交人在向一位高级检察官上诉之后，对塔克纳卫生福利公司提起的有关其损害环境的刑事责任的地方刑事诉讼。该案在一年之后终止：

> 2.10. 在提出控诉约一年后，塔克纳第一刑事法院的法官退出了该

---

7 见委员会对多米尼加共和国的结论性意见，(2012) UN doc CCPR/C/DOM/CO/5, para 5。
8 另见第 [8.16] 及以下各段和第 [9.161] 及以下各段。

案，因为他和该公司的法律顾问结了婚；案件被移送给塔克纳第二刑事法院。2004 年 7 月 13 日，该法院宣布无法开始审判，理由是一项程序性要求未能满足——缺乏主管国家机关即国家自然资源研究所提出的报告。根据这一法律要求，在开始审判前，主管机关必须提交一份有关指控环境违法行为的报告。提交人声称，尽管检察官坚持应开展初步调查，认为国家自然资源研究所的报告就在案卷之中，但法官仍然驳回了此案。

对于损害了她根据第 27 条享有的少数者权利的行为，提交人提出了如下有关救济权的申诉：

3.2. 提交人还诉称，她被剥夺了获得有效救济的权利，违反了《公约》第 2 条第 3 款（子）项。国家要求在法官能够开始审理案件前，要有一份正式报告提交，这使得国家既成为法官，又成为当事方，并在法院发表意见之前，就对是否有人犯下一项罪行发表了意见。提交人还申诉说，《刑法典》没有规定强占土著人用于其传统活动的水乃是犯罪行为，并声称她已经用尽了国内救济。

委员会认定，存在对于和第 27 条相结合的第 2 条第 3 款的违反：

7.8. 关于提交人有关《公约》第 2 条第 3 款（子）项的指控，委员会注意到提交人提交给塔克纳第一检察官和高级检察官的案件。委员会注意到，尽管提交人针对塔克纳卫生福利公司提出了控诉，但主管刑事法院拒绝开庭审理，原因是一项程序错误——据说缺乏当局本身应该提供的一份报告。鉴于这些特定情况，委员会认为，缔约国拒绝了提交人对于其得到《公约》确认的权利受到的侵犯，按照与第 27 条结合解读的第 2 条第 3 款（子）项的规定，获得有效救济的权利。

针对这一公司的刑事诉讼未能进行，过错在于国家，这表明了一种对获得救济权的侵犯。[9]

[25.14] 在众多涉及强迫失踪的案件中，第 2 条第 3 款被违反之所以得到认定，是因为有关国家没有适当地调查这些失踪事件。实际上，未进行调

9　另见委员会的认定，*Novaković v Serbia* (1556/07)，para 7.3[8.45]。

查在很大程度上就是为何失踪者的命运往往一直不为人所知的原因。[10]

[25.15] 对于哥伦比亚,人权事务委员会曾声明:[11]

11. 委员会关切的是,基于行政部门的命令,准军事集团领导人因贩运毒品的指控被引渡至美国,这造成了一种妨碍对他们粗暴侵犯人权的责任开展调查的状况。因此,在这种情况下实行引渡阻碍了受害者诉诸司法、了解真相和获得补救的权利,违反了缔约国调查、审判和惩处侵犯人权的行为的责任(第2、6、7条)。

缔约国应确保引渡不妨碍为调查、审判和惩处粗暴侵犯人权的行为所需的努力。缔约国应采取步骤,确保被引渡者对于在哥伦比亚就严重侵犯人权的行为开展的调查,不会躲过他们的责任。缔约国还应确保今后的引渡在一个承认《公约》规定的义务的法律框架内实行。

执行救济的义务

[25.16] **第31号一般性意见**

18. 如果上文第15段中所提到的调查显示某些《公约》权利遭到侵犯,缔约国必须确保将肇事者绳之以法。与不调查的情况一样,如果不把侵犯权利的肇事者绳之以法,这本身就可能引起对《公约》的一项单独违反。对于国内法或者国际法确认为罪行的侵犯行为,例如酷刑和类似的残忍、不人道和侮辱之待遇(第7条)、即决处决和任意杀害(第6条)以及强迫失踪(第7条和第9条,还经常有第6条)而言,就尤其会出现这些义务。实际上,对于这种侵权行为的有罪不罚问题(这是委员会长期关注的一个事项)很可能是这种侵犯再次发生的重要促成因素。如果这些侵权行为是对平民人口的广泛或者系统攻击的一部分,那么这些对《公约》的违反就构成了危害人类罪(见《国际刑事

---

[10] 另见第[8.27]及以下各段。
[11] (2010) UN doc CCPR/C/COL/CO/6.

法院罗马规约》第 7 条)。……

[25.17] **基巴亚诉刚果民主共和国**（*Kibaya v Democratic Republic of Congo*，1483/2006）

提交人诉称，其过世的父亲遭到了军人的逮捕和折磨。相关军事部门的指挥官被一个军事法院定罪并被判处 12 个月监禁。然而，该指挥官从未服刑。提交人声称，国家未能执行这一监禁刑侵犯了他父亲根据第 2 条第 3 款——与第 7 条相结合——享有的权利。人权事务委员会同意这一点：

> 6.2. 关于《公约》第 7 条和第 2 条第 3 款（寅）项被违反的指称，委员会注意到提交人指称，其父亲因为报告自己武器被强行夺走而受到司令官基夫瓦·穆库纳（Kifwa Mukuna）的卫兵根据司令官的命令实施的拘禁和鞭笞。委员会还注意到提交人指称，公诉机关没有执行军事法庭判决的很轻的刑罚，因为被定罪者从未服刑。在缔约国未提供任何可能反驳提交人指控的相关资料的情况下，委员会认为其所获事实揭示了《公约》第 7 条连同第 2 条被违反的情况。

该缔约国的法院没有执行其本身判处的刑罚违反了该国根据第 2 条第 3 款（寅）项承担的执行救济的义务。不确定的是，这种很轻的刑罚如果确实得到执行，是否会侵犯获得有效救济的权利。

[25.18] **瑟切雷默利斯等人诉希腊**（*Sechremelis et al. v Greece*，1507/2006）

对于德国在第二次世界大战期间造成的损害，几位提交人在希腊的地方法院赢得了一项针对德国的判决。然而，希腊政府没有执行判决，因为否则就将违反有关主权豁免的国际法 [1.93]。提交人声称，这违反了与第 14 条第 1 款相结合的第 2 条第 3 款。人权事务委员会最终认定不存在违反：

> 10.4. 委员会认为，《公约》第 2 条第 3 款和第 14 条第 1 款保障的保护，如果不延及对于法院充分遵守第 14 条规定的条件作出的裁决的执行，那么这种保护就是不完整的。委员会注意到，在本案中，由于《民事诉讼法》第 923 条要求司法部部长事先同意希腊当局执行第 137/1997 号裁决，该条对获得公正审理的权利和获得有效救济的权利施加了限制。问题在于这种限制是否正当合理。

10.5. 委员会注意到，缔约国提及有关国家豁免的相关国际法以及 1969 年《维也纳条约法公约》。委员会还注意到缔约国的如下声明：此种限制并未损害提交人获得有效司法保护的权利的实质；不能排除国家法院的裁决可能在稍后的日期执行，例如，如果享有执行豁免权的外国同意接受希腊当局采取的制约措施，从而自愿放弃适用对之有利的国际法规定，而这是国际法有关规定明确规定的一种可能性。委员会还注意到提交人的论点，即德国不属于法律诉讼程序豁免的范围。鉴于本案的具体情况，在不妨碍国际法今后的发展以及 1944 年 6 月 10 日的屠杀事件以来可能发生的事态进展的情况下，委员会认为，司法部部长根据《民事诉讼法》第 923 条拒绝同意采取执行措施，并未违反与《公约》第 14 条第 1 款连同解读的第 2 条第 3 款。

[25.19] 拉拉赫先生、布齐德先生和萨尔维奥利先生持异议，提出多数委员的推理否定了该案涉及的《公约》权利：

8. "限制"一词在用于缔约国根据《公约》第 14 条和第 2 条的强制性规定对受害个人所承担义务的语境中，多少是一种委婉用语。"否定"一词或许能更正确地说明缔约国根据其现行《民事诉讼法》第 923 条行使的权力的效果，因为此种效果是将缔约国根据《公约》承担的义务，转变为仅仅是在一段无时限的期间内，其酌处之善意的行使，而行使者不再是根据《公约》承担义务的缔约国，而是一个外国——在提交人根据《任择议定书》针对缔约国提交的来文中，这两项条款规定的义务对于这一外国并不适用。

9. 推测说受害者有可能在其他地方或在今后不确定的时间通过外国单方面的和酌处之善意而执行其获得补偿的救济，这也不能被认为是《公约》所要求的有效或及时的救济。有赖于第三方单方面酌处决定的救济不是真正的救济。……

这几位少数委员接着梳理了国家豁免规则与希腊根据《公约》所承担义务之间的关系：

17. 对于目的在于确保外国豁免的规定，不存在有损其效能的任何明示或默示的限制或其他减损。否则，国家豁免将在实质和效果上基本上成为国家有罪不罚的现象,可根据另一国的意愿而行使。在国家豁免与《公约》第2条第3款(寅)项、第14条第1款之间任何紧张关系的问题,根本就没有真正出现。原因很简单:关于外国豁免的国际法中没有任何内容阻止《公约》和《任择议定书》缔约国在外国拒绝执行的情况下,自己执行其司法当局的判决,然后寻求外国作出赔偿性的弥补。

18. 该缔约国行使《民事诉讼法》第923条规定的权力——以其目前有缺陷的形式——来履行国际法规定的对另一国的义务,不得以损害某些其权利受到侵犯的受害者的利益为代价——这些权利规定在一套不同的、缔约国对受其保护和管辖之人承担的义务中。这些义务同缔约国的其他国际义务一样,也是公共利益的组成部分。《民事诉讼法》第923条未载有任何弥补性规定,要求缔约国本身提供其司法当局裁定的救济,并寻求从有关外国得到弥补。

[25.20] **LMR 诉阿根廷**(*LMR v Argentina*,1608/2007)

某一低级法院的一项有误命令错误地禁止提交人堕胎,而该命令被撤销的时间太晚,此时由于提交人已经处于妊娠晚期,她已经无法找到愿意合法地堕胎的医生。人权事务委员会认定违反情势如下:

9.4. 委员会注意到提交人指称,由于缺乏能够使 L.M.R. 接受中止妊娠手术的机制,缔约国因不作为而对《公约》第2条被违反负有责任。委员会注意到,关于为保障获得中止妊娠手术而在国内一级寻求的司法救济问题,已经通过最高法院作出的有利于 L.M.R. 的裁决而解决。不过,为得到这一结果,提交人不得不在三个不同的法院出庭,这使怀孕时间又拖长了几周,给提交人的健康造成的后果是,她最终求助于非法堕胎。出于这些原因,委员会认为,提交人没有获得有效救济,其所获事实构成了对与《公约》第3条、第7条和第17条相关联的第2条第3款的违反。

[25.21] **马丁内兹等人诉乌拉圭**(*Martinez et al. v Uruguay*,1607/2007)

提交人的人权受到了乌拉圭军政府的侵犯,多年以后他们遭受的损害得到了赔偿,但他们向人权事务委员会申诉说,决定赔偿的方式违反了乌拉圭法律。委员会认定申诉不可受理：

6.3. 委员会需要处理的问题是，对于国内法院已经针对乌拉圭国家作出判决的无理拘禁、酷刑和剥夺公职行为，当最高法院裁定应给予提交人的赔偿金额时，缔约国是否侵犯了提交人根据《公约》享有的权利。委员会注意到，上诉法院在确定赔偿时，依据的是在上诉裁决日期而非提交人所主张的申诉日期估算的数额，而最高法院在裁定赔偿金额时，认为上诉法院这么做是正确地解释了第14.500号法令。最高法院认为，这种方式已经暗含地考虑了自申诉日期以来可能发生的任何贬值情况。

6.4. 委员会忆及，它一再重申它不是一个终审法院，无权重新评估对事实的认定或对国内立法的适用，除非可以查证在国内法院的诉讼具有任意性，或相当于拒绝司法公正。委员会认为，提交人未能为了来文可予受理的目的证实缔约国最高法院的行为相当于具有任意性或拒绝司法公正。因此，来文根据《任择议定书》第2条不可受理。

提交人申诉称，乌拉圭法院在确定对人权侵犯的赔偿数额时，没有正确地适用当地法律。委员会并不准备干涉当地法院在这一方面的认定。该案涉及的，是有关救济人权侵犯的乌拉圭法律的正确适用这一狭窄问题，而非所准予的赔偿是否满足了第2条第3款这一实质性的问题。

[25.22] 达哈纳亚克诉斯里兰卡案（*Dahanayake v Sri Lanka*，1331/2004）有关强行搬迁民众以便为重大的修路开发项目让路。斯里兰卡地方法院裁决，这些人因为歧视问题而应得到赔偿。人权事务委员会无法认定赔偿不足，由于提交人不能再被认为是任何未得到救济的歧视的受害者，因此任何向委员会提交的有关歧视的申诉都是不可受理的。[12] 同样，在斯米尔诺娃诉俄罗斯联邦案（*Smirnova v Russian Federation*，712/1996）中，委员会认定，在欧洲人权法院已经对提交人的申诉作出对其有利的裁决的情况中，这些申诉不可受理，因为欧洲人权法院的裁决已经构成了相关的救济。[13]

12　在委员会意见的第6.5段。
13　在委员会意见的第9.3段。

第二十五章　获得救济权

[25.23] **古纳拉特纳诉斯里兰卡**（*Gunaratna v Sri Lanka*, 1432/2005）

该案中申诉有关提交人遭受的逮捕、拘禁和酷刑。在据称的违反发生 6 年后，斯里兰卡最高法院实际认定，提交人的遭遇违反了该国的宪法。他诉称，最高法院因为拖延而没有给出适当的救济，而且他获得的赔偿不足。人权事务委员会表示同意：

> 8.3. 委员会注意到，提交人向最高法院提出的基本权利申诉，在拖延了 6 年之久后才获处理。此外，尽管自提交人被捕以来已有 8 年，但缔约国提供的有关起诉负责任者的资料微乎其微，而且尽管接到请求，但缔约国还是没有表明是否已实际提出起诉书以及案件可能会在何时审理。根据第 2 条第 3 款，缔约国有义务确保救济切实有效。在裁决涉及酷刑的案件中，尽速而有效尤为重要。委员会认为，缔约国无法通过主张国内主管当局已经或仍然在处理该事项，而逃避其根据《公约》承担的责任，因为很显然缔约国提供的救济被不当拖延且没有任何站得住脚的原因或理由，这说明这些救济没有落实。由于这些原因，委员会认定缔约国违反了与第 7 条和第 9 条结合解读的第 2 条第 3 款。至于有关第 7 条和第 9 条被单独违反的申诉，委员会注意到，缔约国最高法院在这一方面已经作出了有利于提交人的裁定。

最终，拖延情况使得委员会认定斯里兰卡法院在本案中的裁决不适足。对于法院准予的赔偿的适当性或其数额，委员会没有专门评论。

大　赦

[25.24] **第 31 号一般性意见**

> 18. ……因此，如果政府官员或者国家工作人员侵犯了本段所指的《公约》权利，有关缔约国就不能免除肇事者的个人责任，就像根据某些大赦（见第 20 号一般性意见 [9.183]）以及事先的法定豁免和免责而出现的情况那样。此外，不能以那些可能被指控应对这些侵犯行为负责的人的官方身分为理由，而免除他们的法律责任。还应该消除在确立

法律责任方面的其他障碍，例如以服从上级命令进行辩解，或者在可以适用时效的情况中法定时效过短。各缔约国还应互相帮助，将那些涉嫌犯有违反《公约》之行为并且根据国内法或者国际法应予惩处的人绳之以法。

[25.25] 贝纳吉扎诉阿尔及利亚（*Benaziza v Algeria*，1588/2007）

该案有关一个叫道维亚·贝纳吉扎的人失踪一事，由其家人提出申诉。**申诉涉及如下主张：**

3.4. 提交人指出，没有人承认道维亚·贝纳吉扎遭到拘禁，因此她被剥夺了《公约》所保障的获得有效救济的权利。其家人也被剥夺了有效救济，因为虽然他们提出了许多申诉，但是有关部门没有理睬或者采取行动。提交人解释说，《和平与民族和解宪章》第四节声明，阿尔及利亚人民不接受任何关于国家应为强迫失踪承担责任的说法。用以实施该《宪章》的2006年2月27日第06-01号法令第45条规定："不得对为保护人身和财产、捍卫国家或者维护共和国各机构而采取行动的共和国国防或者安全部队的个人或者团体提起法律诉讼。对于此类指控申诉，主管司法当局应宣布不予受理。"这项法令还规定，如果失踪者的家人谈论或者报告这些罪行，有可能会被处以巨额罚金或者严厉监禁。因此，该《宪章》剥夺了贝纳吉扎家人提起诉讼的权利。在道维亚·贝纳吉扎失踪10年之后，其家人仍然无从知道她的遭遇。因此，提交人认为，缔约国没有履行根据《公约》第2条第3款承担的义务。

阿尔及利亚则辩称：

4.1. ……缔约国认为，指控政府官员或者代表公共机关行事的人员同1993年至1998年的强迫失踪事件有牵连的来文，都必须在一种更为广泛的背景中考虑，即在政府努力打击恐怖主义期间主导性的国内社会、政治以及安全环境。……

4.3. 缔约国强调，正是考虑到失踪这一概念所涵盖的情况的多样性和复杂性，阿尔及利亚的立法机关在有关《和平与民族和解宪章》的公民投票之后，建议对失踪问题采取一种综合性的解决办法。将根据这种办法处理所有在民族悲剧时期失踪人员的案件；将向所有的受害者提供支持，帮助他们渡过难关；所有失踪事件的受害者及其受益人将有权获得补救。根据内务部的数据，总计报告了 8023 起失踪事件，6774 起案件得到了审查，其中 5704 起经核准获得赔偿，934 起被驳回，另有 136 起未决。向所有失踪事件的受害者支付了总额为 371459390 阿尔及利亚第纳尔以作赔偿。此外，每月还支付了总额为 1320824683 第纳尔的津贴。……

4.6. 然后，缔约国提请委员会注意《和平与民族和解宪章》的性质、原则、内容及其实施法律。该国强调，根据和平不可剥夺的原则——这已经成为一项国际和平权，委员会应该支持和巩固和平，并且鼓励民族和解，以期壮大受内乱影响的国家。作为实现民族和解努力的一部分，缔约国通过了《宪章》。实施《宪章》的法律对于任何被判定犯有恐怖主义罪行的人或者可得益于有关公民异见分子之立法的人，规定了中止刑事程序以及减刑或者赦免的法律措施；但是犯有大屠杀、强奸或者在公共场所实施爆炸等罪行者或其同谋除外。这项法律还确立了一项程序以帮助解决失踪问题，即官方对推定受害人已经死亡予以认定，这使其受益人作为民族悲剧的受害者有权领取赔偿。这项法律还规定了社会和经济措施，包括为所有被认为是民族悲剧受害者的人提供就业安排援助和赔偿。最后，这项法律规定了一些政治措施，例如禁止过去利用宗教助长造成民族悲剧的人担任政治职位，并规定不得受理对为保护人身和财产、捍卫国家或者维护共和国各机构而采取行动的共和国国防或者安全部队的个人或者团体提起的任何诉讼。

4.7. 据缔约国称，除了为所有民族悲剧的受害者建立补偿基金之外，享有主权的阿尔及利亚人民还同意民族和解进程是治愈创伤的唯一方法。缔约国坚持认为，宣告实施《宪章》反映了人们希望避免在法院中的对抗、媒体论战以及政治上的秋后算账。因此，缔约国认为，提交人的指控属于《宪章》所规定的全面内部处理机制的处理范围。

人权事务委员会并不接受阿尔及利亚的主张，而且其对违反《公约》的认定中还充满了对阿尔及利亚的大赦规定的批评：

9.2. 十分明显，缔约国更愿意认为，指控政府官员或者代表公共机关行事的人员同1993年至1998年的强迫失踪事件有牵连的来文，都必须在一种更为广泛的背景中考虑，即在政府努力打击恐怖主义期间主导性的国内社会、政治以及安全环境，以及因此，委员会不应该根据个人申诉机制审议这些来文。委员会希望回顾它在第九十一届会议上对阿尔及利亚提出的结论性意见[14]及其判例——根据这些判例，该缔约国不应援用《和平与民族和解宪章》的规定来反对援用《公约》规定的人、已经或者可能向委员会提交来文的人。正如委员会在其有关阿尔及利亚的结论性意见中所强调指出的，委员会认为，如果不按照委员会的建议修订，第06-01号法令看来就是在助长有罪不罚的现象；因此其目前状态无法被视为符合《公约》。此外，委员会拒绝接受缔约国的观点，即提交人没有采取任何步骤将其指控送交审查，因此使得阿尔及利亚有关当局至今无法就《宪章》的适用范围和局限采取立场。……

9.9. 提交人援用了《公约》第2条第3款，该款规定缔约国有义务确保所有人都有可及的、有效的和确能付诸执行的救济，以便行使这些权利。委员会十分重视各缔约国为解决侵权申诉而建立适当的司法和行政机制。委员会提到它2004年关于缔约国根据《公约》承担的一般法律义务的性质问题的第31号一般性意见。除其他外，这项意见规定，缔约国不调查侵犯权利的指控，这种不行为本身就可能造成对《公约》的一项单独违反。在本案中，委员会所获得的资料表明，提交人并没有获得有效的救济。因此，委员会的结论是，它所获得的事实显示，提交人的祖母根据《公约》第2条第3款——结合第6条第1款和第7、9、16条解读——享有的权利受到了侵犯；提交人及其家人根据《公约》第2条第3款——结合第7条解读——享有的权利受到了侵犯。

[25.26] **德杰布洛尼诉阿尔及利亚**（*Djebrouni v Algeria*，1781/2008）

8.10. 提交人援用了《公约》第2条第3款，该款规定缔约国有义务确保所有人都有可及的、有效的和确能付诸执行的救济，以便行使这些权利。委员会十分重视各缔约国为解决侵权申诉而建立适当的司法和

---

[14] (2007) UN doc CCPR/C/DZA/CO/3, para 7(a).

行政机制。委员会提到它 2004 年关于缔约国根据《公约》承担的一般法律义务的性质问题的第 31 号一般性意见。除其他外，这项意见规定，缔约国不调查侵犯权利的指控，这种不行为本身就可能造成对《公约》的一项单独违反。在本案中，受害者的家人多次就卡梅尔·德杰布洛尼失踪一事联系主管当局，但他们的所有努力都是徒劳的，缔约国对提交人的儿子的失踪没有进行任何全面和有效的调查。此外，关于落实《和平与民族和解宪章》的第 06-01 号法令颁布之后，不存在提起司法诉讼的法律权利的情况继续剥夺卡梅尔·德杰布洛尼和提交人获得有效救济的可能，因为该法令禁止为澄清强迫失踪等最严重罪行而寻求法律救济，否则将被处以监禁。委员会的结论是，它所获事实显示，对于卡梅尔·德杰布洛尼，《公约》第 2 条第 3 款——结合第 6 条第 1 款、第 7 条、第 9 条和第 16 条解读——被违反；对于提交人，第 2 条第 3 款——结合第 7 条解读——被违反。

在许多有关阿尔及利亚的失踪事件的案件中，人权事务委员会都表达了这种观点。如同第 31 号一般性意见所证实的那样，委员会不容忍有罪不罚的规定——这样的规定践踏了针对粗暴侵犯人权的情况获得救济的权利，即使通过这些规定是出于和解的目的，也是如此。

[25.27] 对于巴西，人权事务委员会称：[15]

18. 委员会注意到，缔约国对于巴西军事独裁政权侵犯人权行为的受害者确立了一种获得赔偿的权利，但是对于独裁政权严重侵犯人权的行为，没有进行正式调查或直接追责（第 2、14 条）。

为打击有罪不罚现象，缔约国应考虑采取其他方式，追查在军事独裁政权之下所犯的侵犯人权罪行的责任，包括剥夺严重侵犯人权者担任相关公职的资格，并建立正义和真相调查程序。缔约国应公布所有与侵犯人权行为相关的文件，包括目前根据第 4553 号总统令保密的文件。

15　(2005) UN doc CCPR/C/BRA/CO/2. 另见委员会对西班牙的结论性意见，(2009) UN doc CCPR/C/ESP/CO/5, para 9。

国际救济

[25.28] 第 2 条第 3 款是否在任何程度上适用于国际救济？以下案件探讨了这一问题。

廓尔宁科诉白俄罗斯（*Korneenko v Belarus*，1634/2007）

在一个早先的案件中，人权事务委员会曾认定提交人的权利受到了侵犯。[16] 然而，缔约国没有落实委员会的意见，因此提交人针对缔约国这种不作为，提出了一项进一步的申诉。委员会认定这一申诉不可受理：

6.2. 委员会注意到，本来文的提交人提出的申诉实质上只有关缔约国未能落实委员会对第 1274/2004 号来文的意见。

6.3. 委员会指出，有关缔约国采取措施落实委员会意见的问题是由委员会设立的现行后续程序处理的事项。委员会还指出，提交人的申诉并非基于与其根据《公约》享有的权利有关的任何新的事态发展，没有超出其试图就委员会确定的侵犯获得救济但未果的情况……。根据这些情况，委员会认为，提交人没有根据《公约》提出另外的、超出委员会就提交人先前的来文业已作出决定的范围以外的申诉。有鉴于此，委员会的结论是，该来文根据《任择议定书》第 1 条和第 2 条不可受理。

照此看来，第 2 条第 3 款规定的获得救济权不包括使得委员会对根据《任择议定书》提交的来文作出的意见得到落实的权利。

[25.29] 与之形成对照，可以注意人权事务委员会于 2004 年对塞尔维亚和黑山提出的如下建议，这一建议看来表明国际救济对于第 2 条第 3 款具有某种相关性：[17]

11. 委员会注意到缔约国的公开声明，其强调承诺与前南斯拉夫国际刑事法庭（前南刑庭）合作，以确保所有涉嫌犯有严重侵犯人权行为

---

[16] *Korneenko v Belarus* (1274/04) [19.18].

[17] (2004) UN doc CCPR/Co/81/SEMO——译者注。另见委员会对克罗地亚的结论性意见，(2009) UN doc CCPR/C/HRV/CO/2, para 20。

(包括战争罪和危害人类罪）的嫌疑人被交付审判。然而，委员会仍然关切的是，缔约国屡次三番未做到与前南刑庭充分合作，包括在逮捕被起诉者方面（第2条）。

缔约国应当在所有领域向前南刑庭提供充分合作，包括调查和起诉被指控严重违反国际人道法的人，逮捕和移送那些虽遭起诉却仍然在逃的人，并且允许前南刑庭充分查阅必要的文件和询问可能的证人。

结　语

[25.30] 获得救济权出现在很多根据《公约》提出的案件中，而人权事务委员会在这一方面作出的认定的例证贯穿本书以及本章。实施《公约》要求各国采取积极步骤开展调查并向有关个人提供救济，以补偿其根据《公约》享有的权利受到的侵犯。第2条第3款尽管仍是一项支持性的保障而非一种独立自主的权利，但自从委员会对卡赞奇斯诉塞浦路斯案（*Kazantzis v Cyprus*, 972/2001）的决定起，就在根据《任择议定书》作出的决定中，发挥愈加显著的作用。

第四部分
《公民及政治权利国际公约》义务的更改

第二十六章　保留、退出、继承和克减

保留 ·· [26.02]
　　声明 ·· [26.08]
　　保留的解释 ·· [26.12]
　　对国家保留权利之限制 ·· [26.16]
　　　　判断不符合之保留 ·· [26.17]
　　　　何种保留不符合《公约》？ ·· [26.23]
　　　　对《第一任择议定书》之保留 ··· [26.30]
　　　　对《第二任择议定书》之保留 ··· [26.34]
　　　　不符合之保留的效果 ·· [26.35]
　　结语 ·· [26.38]
退约 ·· [26.40]
继承 ·· [26.45]
克减 ·· [26.51]
　　对克减权力之实质性限制 ·· [26.53]
　　　　紧急状态，危及国本 ·· [26.53]
　　　　比例性之要求 ··· [26.56]
　　　　符合国际法 ·· [26.60]
　　　　克减措施中的不歧视 ·· [26.62]
　　　　不可克减的权利 ·· [26.64]
　　　　第4条中的程序性要求 ·· [26.74]
　　　　举证责任和人权事务委员会的监督作用 ······························ [26.79]

1121

结语 ……………………………………………………………………… [26.80]

[26.01] 在批准《公民及政治权利国际公约》时，缔约国可通过提具保留限制其法律义务。在批准后，缔约国在社会紧急状态时期，根据第4条，可通过克减其《公约》义务而改变其责任，只要满足了第4条规定的严格要求即可。不过，人权事务委员会已经提出，缔约国不得通过以退出的方式撤回其对《公约》的批准而摒弃其根据《公约》承担的责任。以下评注探讨缔约国如何能够改变其根据《公约》及其两项任择议定书承担的责任，还探讨继承《公约》义务的问题，即一国不必批准即继承另一国之《公约》义务的情况。

保　留

[26.02] 在批准《公约》时，一国得对其某些条款提具保留。一项保留使得被保留的条款不再具有约束力。一项保留也可能部分地起作用，即减少某一保障之效力，而非整个取消其适用。

[26.03] 保留无疑稀释了条约的效能。国际条约法允许保留实际上代表了在条约的规范力量与对该条约之批准的最大化之间的一种折中。

[26.04] 在瓦肯海姆诉法国案（*Wackenheim v France*，854/99）中，缔约国在对申诉作出答复时，未能援用一项可能有关的保留。人权事务委员会称，这一保留"由此不阻碍委员会审议该来文"。[1]

[26.05] 人权事务委员会曾发布一项有关对《公约》之保留的一般性意见即第24号一般性意见。该一般性意见引起了争议：英国、美国和法国

1　在委员会意见的第6.2段。有关的保留实际上是对《任择议定书》而非《公约》提出的，但是这种推理看来适用于所有保留，除非出现一种不太可能的情况，即一国未能援用对《公约》提出的一项实质性保留。

都对其提出了正式的回应。[2] 2011年，联合国国际法委员会发布了《有关对条约的保留实践指南》，[3] 这些指导方针并未完全支持该第24号一般性意见。

[26.06] **第24号一般性意见**

1. 截至1994年11月1日，在《公民及政治权利国际公约》的127个缔约国中，有46个缔约国在它们之间就接受《公约》的义务，提出了150项重要程度不同的保留。其中一些保留排除了提供和保障《公约》中某些特定权利的责任。其他保留则以更为一般的措辞表述，常常面向确保某些国内法律规定继续具有至高性。另外还有一些保留则针对人权事务委员会的职权。保留的数目、内容和范围可能有损《公约》的有效实施，削弱对缔约国义务的尊重。对各缔约国而言，了解自己和其他缔约国事实上究竟承担了什么义务，是非常重要的。而委员会在按照《公约》第40条或两项任择议定书履行责任时，必须知道某个国家是否受到某一特定义务的约束，或者在什么程度上受到约束。这就需要确定，任一单方面的声明是否属于保留或解释性声明，也需要确定其是否可予接受及其效果。……

4. 提具保留的可能性可以鼓励那些认为难以保障《公约》一切权利的国家接受其中规定的义务的普遍性。保留能够起到一个有益的功能，即使得各国能调整其法律中的特别因素，使其适应《公约》宣明的人人固有的权利。不过，原则上，各国最好能够接受全部的义务，因为人权规范是每一个人作为人都应享有的基本权利的法律表现。

[26.07] 看来，人权事务委员会在第24号一般性意见中承认，对《公约》之保留乃是一种令人遗憾但必不可少之恶。实际上，委员会对提具对《公约》之保留的这种反感，在第24号一般性意见的最后一段中有非常清楚的说明：

20.……提具保留的国家最好精确地指出那些它认为不符合被保留

---

[2] 见以下各国对第24号一般性意见提出的评论，美国，(1996) 3 IHRR 265（以下称"美国的评论"）；英国，(1995) 3 IHRR 261（以下称"英国的评论"）；法国，(1997) 4 IHRR 6（以下称"法国的评论"）。

[3] 'Guide to Practice on Reservations to Treaties', (2011) UN doc A/66/10, Add 1.

的《公约》义务的国内立法或做法；并解释为使自己的法律和做法符合《公约》所需的时限，或为什么它无法使自己的法律和做法符合《公约》。国家也应当确保定期审查继续维持保留的必要性，在审查时考虑委员会在审议它们的报告期间提出的任何意见和建议。应当尽可能早日撤回保留。提交委员会的报告应当载有资料，说明为审查、重新考虑或撤回保留而采取了什么行动。

声明

[26.08] 就如第24号一般性意见第1段所提到的 [26.06]，保留可与缔约国在批准时提出的其他说明——经常叫做"理解"或"声明"——区分开来。后一类说明实际上是记录一国对《公约》之解释，并无国际法中的效力。

第24号一般性意见

    3. 在保留和某个国家有关如何理解对某一条款的解释的声明之间，或在保留与政策声明之间，并不总是容易作出区分。必须顾及该国的意图，而非文书的形式。任何声明，不论其名称或标题如何，如果其目的在于摒除或更改条约中若干规定对该国适用时之法律效果，就构成了一项保留。与此相反，如果一项所谓的保留只提出了某一国家对某项规定的理解，但并不摒除或更改这项规定对该国之适用，则在实际上就不是一项保留。

[26.09] **TK 诉法国**（*TK v France*，220/1987）

在该案中，人权事务委员会需要决定法国在批准《公约》时提出的下述声明的效力：

    鉴于《法兰西共和国宪法》第2条，法国政府声明第27条不可适用于共和国。

对于该案，委员会多数委员的意见如下：

    8.6.……对于判断一个缔约国加入《公约》时所作的单方面宣明——无论被称为保留还是声明——是否具有排除性的效力，《公约》本身没有提供任何指导。委员会认为，在这方面，决定该宣明之性质的，并不是其形式上的名称，而是其旨在具有的效力。如果该宣明显示缔约国有明确意图摒除或更改一项条约之某一特定条款的法律效果，则该宣明必须被看作是一项具有约束力的保留，即使该宣明被表达为一项声明。在本案中，法国政府在加入《公约》时所提出的宣明是很清楚的：它意在摒除第 27 条对法国的适用，并且以"不可适用"的用词从语义上强调了这种摒除。该宣明的意图是毫不含糊的，因此无论其使用的术语如何，均应具有排除性效力。此外，该缔约国在其 1989 年 1 月 15 日提交的意见中也谈到法国有关第 27 条的"保留"。因此，委员会认为，它无权审议针对法国提出的、指称《公约》第 27 条被违反的申诉。

[26.10] 对于这一点，希金斯夫人提出了强烈的反对：

……我不能同意委员会的认定，即法国 1980 年 11 月 4 日的声明使得委员会不能审查提交人提出的申诉，因其与《公约》第 27 条有关。《公约》本身没有区分保留与声明这一事实并不意味着就《公约》而言，这两个概念之间不存在区别。而且，我认为，这一问题也不是通过援引《维也纳条约法公约》第 2 条第 1 款（甲）项所能处理的——该项规定强调了关键在于意图而非专门术语。

对 1982 年 1 月 4 日通知的审查表明，法国政府有两项任务：列出某些保留以及提出某些解释性声明。因此，对于第 4 条第 1 款、第 9 条、第 14 条和第 19 条，它使用了"提具保留"的措辞。在其他段落中，它声明在它看来，《公约》的规定应如何联系法国宪法、立法或《欧洲人权公约》规定的义务去理解。通过参考《维也纳条约法公约》第 2 条第 1 款（丁）项可以指出，一项保留无论以怎样的措辞或名称提出，都不能做到将这些解释性声明转变为保留。这些内容显然就是声明的内容。另外，法国的通知表明，慎重地选择不同的语言是为了服务于不同的法律目的。在法国政府十分了解其法律后果的情况下，没有理由认为在不同段落中对照使用"保留"和"声明"的措辞不是完全有意的。……

[26.11] 在 MK 诉法国案（*MK v France*，222/1987）、SG 诉法国案

(*SG v France*, 347/1988)和 GB 诉法国案(*GB v France*, 348/1989)中,对于法国的宣明,也有类似的多数委员和少数委员的意见。多数委员的意见在 RLM 诉法国案(*RLM v France*, 368/1989)和 CLD 诉法国案(*CLD v France*, 439/1990)中再次得到了支持,而且并无异议意见。

保留的解释

[26.12] **马勒基诉意大利**(*Maleki v Italy*, 699/1996)

提交人的申诉有关缔约国对他的缺席审判。意大利在批准《公约》时作了一项说明,即规范个人亲自参加审判的意大利的做法符合《公约》第 14 条第 3 款(卯)项之规定。意大利主张,这一说明是一项保留,使得提交人不得对意大利提出有关申诉。人权事务委员会没有决定这一说明是一项声明还是一项保留,而是决定如下:

> 9.2. 缔约国的主张是,其有关第 14 条第 3 款(卯)项的声明是一项保留,使得委员会不能审查提交人的申诉,即对他的缺席审判不公正。但是,这一声明只涉及第 14 条第 3 款(卯)项,而与第 14 条第 1 款的要求无关。……根据这一规定,即使一项缺席审判从事后看并未违反缔约国的义务,也必须坚持公正审判的基本要求。这些要求包括及时向被告送达传票以及通知他针对他提出的诉讼的情况。

由此,意大利对于《公约》第 14 条第 3 款(卯)项中的特定正当程序权利的"保留",并不排除委员会根据第 14 条第 1 条中更为一般性的保障审查意大利的做法是否符合《公约》[14.143]。这表明委员会将尽力对保留作狭义解读。

[26.13] **霍普和贝瑟特诉法国**(*Hopu and Bessert v France*, 549/1993)

除其他事项外,该案再次涉及如何解释法国对第 27 条的保留。提交人所申诉的,是他们的权利在法国殖民地塔希提岛受到了侵犯。人权事务委员会多数委员将此保留解释为在法国境内及其包括塔希提岛在内的所有附属领土内适用,因此涉及第 27 条的申诉不可受理。少数几位委员,即伊瓦特夫人、梅迪纳-基罗加夫人、波卡尔先生、舍伊宁先生和约尔登先生却认定,这一保留在塔希提岛并不适用:

无论法国就第 27 条的适用性所作的声明对于法国本土的法律相关性如何，我们并不认为上述声明中提出的理由对法国主权之下的海外领土具有相关性。上述声明的文本提及了 1958 年《法国宪法》第 2 条，这被理解为不允许在法律面前区别对待法国公民。不过，该宪法的第 74 条却包括了一项对海外领土的特别条款，据此，它们将拥有一种特别的、在共和国的总体利益范围内考虑其自身利益的组织形式。正如法国在对本来文所提交的陈述中指出的那样，这一特别组织形式可能会导致制定考虑这些领土的地理、社会和经济特殊情况的不同法律。因此对于海外领土，正如法国合理证明的那样，正是这一声明本身使得《公约》第 27 条可适用。

看来，委员会有可能从文本上将法国的保留（少数委员坚持称其为一项声明）解释为在法国的附属领土上并无效力。因此，委员会并非总是尽可能对保留作狭义解读。

[26.14] **GE 诉德国**（*GE v Germany*，1789/2008）

该案涉及根据《公约》第 26 条提出的、有关与工作权相关的年龄歧视的申诉。该来文本身最后由于没有用尽国内救济而未获受理。德国主张，基于德国对《任择议定书》所提具的有关《公约》第 26 条的保留，这一来文不可受理。对此，人权事务委员会不予同意，并声明如下：

7.3. 委员会注意到，缔约国的论证出于其对《任择议定书》之保留的（c）段，质疑委员会是否有处理本案的职权；该段称，委员会的职权"不得适用于以来文之形式申告的对［所述《公约》］第 26 条的违反，如果所申告之违反有关上述《公约》所保障之权利以外的权利"。缔约国在其陈述中将提交人的申诉解读为基本上涉及对他的择业或从业权的据称侵犯，而这一权利实际上并不在《公民及政治权利国际公约》的范围之内。……

第 26 条已经被解释为一种独立的不受歧视权，而不仅仅是一项与其他《公约》权利相关联的不受歧视的权利，就像《欧洲人权公约》中类似的不歧视规定第 14 条一样［23.17］。实际上，这是一项与所有权利相关联的不受歧视权，包括例如本案所涉及的择业和从业权。德国的保留可以说意在将该第 26 条限定在类似于《欧洲人权公约》第 14 条的范围之内。不过，委员会的多数委员却解释成另外一个样子：

> 7.3.……但委员会认为，本来文涉及对《公约》第 26 条规定的平等和不歧视的自主性权利的据称侵犯。因此，委员会可以继续审查来文是否达到了受理标准。

换言之，委员会解释德国的保留的方式如下。第 26 条的范围被限定为《公约》中保护的权利。这一范围包括第 26 条本身。因此，德国的保留根本不适用于限定其范围。这种解释使得德国的保留不再具有任何适用价值。这表明，委员会对于采取这样的解释没有任何疑虑不安，只要这样的解释在语言上说得通。

[26.15] 纽曼先生、奥弗莱厄蒂先生、岩泽先生、奈杰尔·罗德利爵士对结果表示附议——萨尔维奥利先生基本赞同他们的观点，但不同意处理德国的保留的方式。

> 德国对《任择议定书》之保留的（c）段拒绝委员会有权审议的来文，是"申告对［所述《公约》］第 26 条的违反，如果所申告之违反有关上述《公约》所保障之权利以外的权利"。从表述和上下文来看，该项保留的意图显然在于将委员会审议与第 26 条有关之申诉的职权限于这样的情况，即提交人所指控的歧视涉及《公约》第 26 条之外其他规定中包含的其他权利。因此，该保留将委员会的职权削减到只能审议第 26 条在其中起"从属"作用的案件，这种作用类似于《欧洲人权公约》第 14 条中的非歧视规则的作用。……
>
> ……委员会在决定第 7.3 段中认为，该保留不适用于提交人关于年龄歧视的申诉，因为提交人的申诉所主张的，是第 26 条规定的平等和不歧视的自主性权利受到了侵犯。这种解读不仅违背所涉保留的明确含义，而且看来使得该保留的任何内容都失去了意义。……
>
> 我看不出这种使得保留无效的解释有任何道理。相反，正是因为该申诉是自主性的而非从属性的——这是该保留的含义之所在，所以该保留（若其可予允许）将使得委员会无权审议提交人关于年龄歧视的申诉。德国的保留可能不得允许，但多数委员未提及这一问题……。

可以说，少数委员的解释更清楚地体现了德国的保留背后的意图。

对国家保留权利之限制

[26.16] 对于国家提具保留的自由，存在限制，就如第 24 号一般性意见所列举的：

第 24 号一般性意见

5. 《公约》没有禁止保留，也没有提到任何可予允许的保留类型。《第一任择议定书》也是这样。……

6. 没有禁止保留并不表示允许任何保留。有关《公约》和《第一任择议定书》的保留问题由国际法规范。《维也纳条约法公约》第 19 条（丙）项提供了有关的指示。其中规定，如果条约不禁止保留或者某一保留属于明确允许的类型，国家就可以提具保留，但是该保留必须符合条约的目的及宗旨。即便如此，《公约》也不同于其他人权条约，它并没有具体提到目标及宗旨的检验标准——这些标准规制对保留的解释和保留是否可予接受。

1969 年通过的《维也纳条约法公约》直到 1980 年，即《公约》生效以后，才生效。不过，该公约的第 19 条（丙）项中的规范反映了有关保留的习惯法，[4] 因此其对《公约》之下的保留问题的相关性是没有争议的。

判断不符合之保留

[26.17] 人权事务委员会确认，国家不得提具与《公约》之目的及宗旨不符合之保留。那么？如何判断这种不符合之保留？

第 24 号一般性意见

16. 委员会认为，有必要说明什么机构有法律权力判断具体的保留是否符合《公约》的目的及宗旨。关于一般的国际条约，国际法院在"对《灭绝种族罪公约》的保留的咨询案"（1951 年）中指出，以不符合条约的目的及宗旨为由而对某一保留提出反对的国家可以通过反对行为而认为该条约在本国与提具保留的国家之间无效。1969 年《维也纳

4　See *Reservations to the Genocide Case* [1951] ICJ Rep 15.

条约法公约》的第 20 条第 4 款包含的若干规定，与目前有关接受和反对保留的情况最为相关。这使得一个国家有可能反对另外一个国家提具的保留。第 21 条涉及国家反对其他国家提具的保留所产生的法律后果。基本上，保留排除了被保留的规定在保留国与他国之间的施行；对该保留的反对导致该保留只在未受到反对的限度内，在保留国与反对国之间施行。

17. 上面已经指出，《维也纳条约法公约》规定了保留的定义以及在缺乏其他具体规定情况下目的及宗旨的检验标准的适用。但是，委员会认为，《维也纳条约法公约》中有关国家对保留之反对的作用的规定并不适宜于解决对人权条约的保留问题。这样的条约，尤其是《公约》，并不是国家之间交换彼此义务的一个网络。人权条约有关赋予个人权利。国家之间的对等性原则并没有地位，除非可能是在这样的有限情况中：对根据第 41 条就委员会的职权作出的声明提具保留。[5] 而且，由于有关保留之传统规则的施行对《公约》非常不足，因此各国经常看不到有任何法律利益或必要去反对保留。国家没有提出抗议并不意味着保留符合或不符合《公约》的目的及宗旨。反对只是偶尔的：一些国家会提出，但是其他国家则不，即使反对也不一定总是说明理由；当提出反对时，也经常不明确指出法律后果，有时候甚至表示反对方并不认为《公约》在有关各方之间没有效力。简而言之，模式十分不清楚，使得无法安全地假设未提出反对的国家就认为某一保留是可以接受的。委员会认为，由于《公约》作为人权条约的特别性质，尚待解决的问题是，反对在国家之间究竟产生什么效果。不过，国家对保留提出的反对，可以对委员会解释这一保留是否符合《公约》的目的及宗旨，提供某些指导。

[26.18] 英国和法国不同意人权事务委员会的主张，即《维也纳条约法公约》的规则不能完全适用于判断对于《公约》的保留的有效性。[6] 联合国国际法委员会在其 1997 年发布的有关保留问题的初步结论中，同意英国和

---

[5] 第 41 条规定的是国家间申诉程序，但迄今没有被使用过。见第 [1.45] 及以下各段中的讨论。

[6] 见英国的评论的第 2 段，法国的评论的第 6 段。

法国的意见。[7]

国际法委员会的初步结论

1. 委员会重申其观点，即1969年和1986年《维也纳条约法公约》第19条至第23条规范条约保留制度，尤其是，是否符合条约的目的及宗旨是判断保留可否接受的最重要标准；

2. 委员会认为，由于其灵活性，这一制度适宜于所有条约的要求，而无论其目的或性质如何，并在保持条约约文的完整性和争取使条约获得普遍参加之间达到令人满意的平衡。

3. 委员会认为，这些目标同样适用于对规范性多边条约，包括人权领域内的条约的保留，因此，上述两项《维也纳条约法公约》中所阐明的一般规则也规范对这些文书的保留……

[26.19] 国际法委员会在2011年提出其最终的《实践指南》时，承认在《维也纳条约法公约》规定的保留制度中，有重大的缺陷和不确定性。国际法委员会还作出了最后决定，即没有必要为人权条约提出单独的指南，这再一次辩驳了人权事务委员会的主张，即需要一种特别的保留制度。

[26.20] 由于人权事务委员会认为缔约国的反对并非判定保留之相符性的合适方式，因此它接着确立了自己判断这种相符性的职权：

第24号一般性意见

18. 必须要由委员会来判断某项具体保留是否符合《公约》的目的及宗旨。这部分地是因为——如上面已经指出的，对于人权条约，这并不是一个适宜于让缔约国承担的任务，也部分地是因为，这是委员会在履行其职能时无法避免的任务。为了了解其根据第40条审查国家的遵守情况或根据《第一任择议定书》审查来文的职责的范围，委员会必须检查某项保留是否符合《公约》的目的及宗旨和一般国际法。由于人权条约的特别性质，一项保留是否符合《公约》目的及宗旨，必须参照法律原则，客观地确立，而委员会担当这项任务尤为合适。……

人权事务委员会的立场得到欧洲人权法院和美洲人权法院的支持，后两

---

[7] (1997) UN doc A/52/10, para 157.

者都曾适用类似的推理以证明它们有权判断保留是否与相关的区域性人权条约相符合。[8]

[26.21] 国际法委员会在其 2011 年《实践指南》的下列准则中，叙述了其对于人权事务委员会之职权的立场 [26.05]。在第 3.2 条准则中，国际法委员会确认"条约监督机构"可以评估对有关条约的保留是否可予准许。

国际法委员会实践指南

3.2.1 条约监督机构评估保留是否可予允许的权限

1. 条约监督机构为履行其所负职能之目的，可评估一国……提具之保留是否可予允许。

2. 这种机构行使这一职权所作之评估的法律效力不超过载有该评估意见的文件。……

3.2.3 ……对设有条约监督机构的条约提具保留之国家……应考虑该机构对其保留是否可予允许所作出的评估。

3.2.4 ……如果一项条约设有条约监督机构，该机构之职权不影响缔约国……评估对该条约提出之保留是否可予允许的权限……。

因此，国际法委员会承认，诸如人权事务委员会这样的条约机构，可以对保留的相符性发表意见。不过，它们的意见没有严格的法律效力，就如联合国条约机构的所有意见一样，因为这些机构都不是法院 [1.60]。

[26.22] 在下述案件中，人权事务委员会重申其认识，即它有权判断保留是否有效。

肯尼迪诉特立尼达和多巴哥（Kennedy v Trinidad and Tobago，845/1998）

肯尼迪诉称，他被判处死刑以及被拘禁在死囚牢中导致对《公约》的多项违反。缔约国对来文的可受理性提出了反对，因为它曾对《任择议定书》提出了一项相关保留。[9]

4.2. 所涉缔约国认为，由于这一保留……，委员会无权审议本来

---

[8] See *Belilos v Switzerland* (1988) 10 EHRR 466 at 485 – 7; See also *Advisory Opinion on the Effect of Reservations on the Entry into Force of the American Convention on Human Rights*, Inter-American Court of Human Rights Advisory Opinion OC-2/82, 24 September 1982 (1982) 22 ILM 37 at 47.

[9] 见第 [26.31] 段，有关这一保留的背景情况。

文。缔约国声称，委员会登记来文并准备根据委员会的《议事规则》第86条采取临时措施超越了其管辖权限，因此缔约国认为，委员会对于本来文采取的行动是无效的，不具任何约束力。

委员会对该缔约国作出了激烈反应：

6.4. 正如委员会第24号一般性意见指出的那样，应当由作为《公民及政治权利国际公约》及其《任择议定书》的条约机构的委员会，来解释并判断对于这些条约所作保留的有效性。委员会不同意缔约国的意见，即委员会登记来文并根据议事规则第86条要求采取临时措施超越了管辖权限。在这一方面，委员会指出，不言而喻的是，委员会肯定有权登记来文，以判断该来文是否因为一项保留而可予或不可予受理。至于保留的效果，如果从表面而言这一保留似乎有效，而且提交人也未提出相反主张，那么这一保留将使委员会无权审议本来文的案情实质。但是，委员会必须判断是否能够有效地作出这种保留。

委员会有关特立尼达和多巴哥的保留之相符性的认定将在下文摘录[26.31]。

何种保留不符合《公约》？

[26.23] **第24号一般性意见**

7. 在一份宣明了相当多项公民权利和政治权利的文书中，许多条款之每一个以及它们之间的相互作用确保了《公约》的目的。《公约》的目的及宗旨在于，通过界定若干公民权利和政治权利，并且将这些权利放在对那些批准《公约》的国家有法律约束力的义务架构中，从而建立有法律约束力的人权标准；目的及宗旨还在于为国家承担的义务提供高效率的监督机制。

[26.24] 在第24号一般性意见第7段中，人权事务委员会宽泛地列举了《公约》的"目的及宗旨"。在随后的段落中，委员会明确地列举了将不符合《公约》之目的及宗旨的保留：

8. 那些违反强制性规范的保留将不符合《公约》的目的及宗旨。虽然只规定各国之间义务交换的条约允许国家彼此之间对一般国际法规则的适用提具保留，但是，在利益在于受国家管辖的个人的人权条约中，情况则不是如此。因此，《公约》中体现了习惯国际法（何况具有强制性规范特点）的条款不得成为保留的对象。因此，一国可能不得保留权利去从事奴役，酷刑，使人遭受残忍、不人道或侮辱之待遇或惩罚，[10] 无理剥夺人的生命，无理逮捕和拘禁人，拒绝思想、信念和宗教自由，假定某人有罪除非他证明自己无辜，处决孕妇或儿童，允许鼓吹民族、种族或宗教仇恨，拒绝已达婚龄者的结婚权利，拒绝少数人享有自己的文化、信奉躬行自己的宗教、使用自己的语言的权利。而且，虽然对于第 14 条的某些款项的保留可能是可以接受的，但是，对于公正审判权的一般性保留则不是。[11]

[26.25] 国际法委员会在其《实践指南》第 4.4.3 条准则中同意，保留"不得以违反一般国际法强制性规范的方式排除或更改条约的法律效力"。不过，人权事务委员会将某些规范确定为强制性规范引起了争议，因为它很显然将强制性规范和习惯法规范混为一谈。

法国对第 24 号一般性意见的评论

3. 第 24 号一般性意见第 8 段的表述方式将"强制性规范"和"习惯国际法规则"这两个不同的法律概念相联系，达到了将它们混淆的程度。……[12]

5. 为消除任何混淆的风险，法国愿提出以下意见：

国际习惯是某一普遍实践被接受为法律的一种证明。必须承认——不论这可能多么令人遗憾，要在人权领域确定有哪些实践完全符合这一定义是很难的。至少可以说，宣称该一般性意见中所摘引的所有例子都符合国际习惯的上述定义还为时过早。

虽然可以接受，某些人权条约将一些习惯性原则正式化，但这并不意味着可以将一个国家遵守某项一般习惯性原则的义务混同于它同意受一项条约中所表现的这一原则的约束，特别是混同于这种正式化所涉及的发展和澄清。

10　另见委员会对博茨瓦纳的结论性意见，(2008) UN doc CCPR/C/BWA/CO/1, para 14。

11　另见第 32 号一般性意见，第 5 段。

12　另见国际法委员会《实践指南》的第 4.4.2 条准则。

最后，不言而喻的是，决不能将习惯性规则的概念和国际法的强制性规范等同起来。……

法国对保障少数者权利的第 27 条提具了保留。在第 24 号一般性意见发布之前，人权事务委员会显然承认了这一保留的有效性，因为它在诸如 TK 诉法国案（*TK v France*，220/1987）［26.09］等布列塔尼人提交的、指控法国违反第 27 条的来文中，拒绝审议这样的申诉。委员会的一般性意见表明，它的立场现在可能反转了。不过，法国的这一保留的有效性在霍普和贝瑟特诉法国案（*Hopu and Bessert v France*，549/1993）中得到了确认，而该案是在第 24 号一般性意见发布以后决定的［26.13］。

［26.26］ **美国对第 24 号一般性意见的评论**

很清楚，国家无法通过对《公约》提具保留而免受国际法强制性规范的约束。不完全清楚的是，国家能否通过提具保留，反对将某些特定规范包括在其《公约》义务中，来选择排除这些规范的一种执行手段。……[13]

另外，对于什么样的情况违反习惯国际法的精确说明，是一个比委员会的一般性意见所指出的要大得多的问题。即使某一条规则在习惯国际法中已经一般性地确立，仍然需要考虑习惯法的精确范围和含义。

不过，第 8 段以一种总结的方式断言，许多规定属于习惯国际法，但坦白说来并非如此。例如，根据实践或其他权威都无法确定，仅仅表达民族、种族或宗教仇恨（并无公开行动或准备相伴随）——尽管这令人遗憾——受到习惯国际法的禁止。委员会似乎暗示说，许多缔约国对第 20 条提具的保留本身就属于无效。与此类似，虽然许多缔约国反对死刑，尤其是对未成年人的死刑，但是，各国的实践显示，目前在习惯国际法中没有全面明确的禁止。[14] 这种对于国际法的行侠仗义的态度本身就引起了对委员会的方法和权威的严重关切。

---

[13] 英国的评论的第 5 段赞同这一点。

[14] 美国实际上对第 20 条和第 6 条第 5 款（禁止判处未成年人死刑）提具了保留，因此其评论在部分程度上可能是旨在捍卫其自身的保留的有效性。

[26.27] **第 34 号一般性意见**

人权事务委员会在有关规定意见和表达自由的第 19 条的一般性意见中，对于对第 19 条提具的保留声明如下：

5. 考虑到第 19 条第 1 款的具体规定，以及意见与思想（第 18 条）的关系，对第 1 款提具的保留不符合《公约》的目的及宗旨。……

6. 考虑到表达自由与《公约》中其他权利的关系，虽然对第 19 条第 2 款的某些特定内容提具的保留可以接受，但对第 2 款规定的权利的笼统保留不符合《公约》的目的及宗旨。

[26.28] 第 24 号一般性意见中下列对于其他特定保留是否具有相符性的意见，看来更少有争议。

9. 委员会更为一般地适用《公约》的目的及宗旨的检验标准而指出，例如，对第 1 条的保留——否认各民族决定他们的政治地位并谋求他们的经济、社会和文化的发展的权利，将不符合《公约》的目的及宗旨。同样，对尊重和确保《公约》权利的义务的保留——而且是在非歧视的基础上尊重和确保权利的义务（第 2 条第 1 款），也是不可接受的。一个国家也不得保留权利，不在国内层面上采取必要的步骤以落实《公约》规定的权利（第 2 条第 2 款）。

10. 委员会进一步审查了各种类型的保留是否可能有违"目的及宗旨"的检验标准。尤其是，要由委员会审议，对于《公约》规定的不可克减条款的保留是否符合其目的及宗旨。……对第 4 条之规定的保留就属于这种，因为该条精确地规定了在紧急状态期间国家利益与个人权利之间应当达成的平衡。某些不可克减的权利由于具有强制性规范的地位而在任何情况下都不得予以保留，这些权利也具有这个特点——禁止酷刑和无理剥夺生命即例证。对于不可克减条款的保留与有违《公约》目的及宗旨的保留之间，没有当然的联系，但是，国家负有重大责任来证明对不可克减条款的保留正当合理。

11. 《公约》不仅仅规定具体的权利，而且也有重要的辅助性保障。这些保障为确保《公约》中的权利提供了必要的架构，因此对于《公约》的目的及宗旨至关重要。某些保障属于国家一级，某些保障则属于国际一级。旨在取消这些保障的保留因此是不可接受的。由此，任何国家不可对《公约》第 2 条第 3 款提具保留，指出它不打算对侵犯人权之情况提供救济。像这样的保障是《公约》整个结构的有机组成部分，属于《公约》效能的根本基础。《公约》为了更好地达到既定目标，也为委员会规划了监督作用。旨在逃避《公约》的这种设计中的实质要素——其目的也在于确保权利的享有——的保留，也不符合其目的及宗旨。任何国家都不得保留权利，不向委员会提交报告并由其审议报告。《公约》第 40 条或两项任择议定书规定的委员会的作用必然意味着解释《公约》的条款和发展判例。因此，拒绝委员会解释《公约》任何条款之要求的职权的保留，也违反《公约》的目的及宗旨。

12. 《公约》的意图是，应当对处于缔约国管辖下的所有人确保《公约》中规定的权利。为此目的，很可能需要某些附带的要求。可能需要适当地修改国内法以反映《公约》的要求；也需要国内一级的机制以便《公约》权利可在地方一级强制执行。保留经常揭示出一种倾向，即国家不愿意改变某项法律。有时候，这种倾向被提高到了一般政策。尤其令人关切的是，措辞广泛的保留使得一切需要改变国内法以确保遵守《公约》义务的权利基本上归于无效。因此，没有接受真正的国际权利或义务。而且，如果没有确保《公约》权利在国内法院可诉的规定，又不允许按照《第一任择议定书》将个人申诉提交委员会，则《公约》之保障的一切根本要素就都被取消了。……[15]

19. 保留必须具体和透明，以便委员会、处于保留国管辖下的人和其他缔约国能够明白保留国承担或没有承担遵守的人权义务有哪些。因此，保留不可以是一般性的，而是必须提到《公约》的特定条款并精确地指出其与保留相关的范围。在考虑可能的保留是否符合《公约》目的及宗旨时，各国应当考虑每项保留对《公约》的完整性的影响——完整性仍是一个根本性的考虑，还应当考虑一组保留的综合影响。各国不应

---

[15] 《维也纳条约法公约》第 27 条禁止援用国内法作为违反条约的理由。见国际法委员会《实践指南》第 3.1.5.5 条准则。

当提具太多保留，以免实际上只接受若干有限的人权义务，而非《公约》本身。为了使保留不会导致永远达不到国际人权标准，保留就不应当系统地减少承担的义务，将其仅限于那些目前存在于要求不那么高的国内法标准中的义务。解释性声明或保留也不应当试图抹去《公约》义务的自主含义，声称这些义务与国内法中的现存规定相一致，或只在这些义务与国内法中的现存规定相一致的范围内，才接受这些义务。各国不应当试图通过保留或解释性声明决定，《公约》之某一条款的含义同某个其他国际条约机构赋予的含义是一样的。

[26.29] 人权事务委员会在若干案件中维护了保留，指出这些保留实际上是有效的。例如，在哈瓦德诉挪威案（*Harward v Norway*，451/1991）中，由于挪威的一项保留，委员会没有审议这一有关第14条第5款的申诉。在霍普和贝瑟特案（*Hopu and Bessert v France*，549/1993）中，委员会维护了法国对第27条的保留。在卡巴尔·伯特兰和帕西尼·伯特兰诉澳大利亚案（*Cabal and Pasini Bertran v Australia*，1020/2001）和米诺格诉澳大利亚案（*Minogue v Australia*，954/2000）中，委员会也维护了澳大利亚对第10条第2款（子）项的保留——有关将未定罪和已定罪囚徒分隔开来。

对《第一任择议定书》之保留

[26.30] **第24号一般性意见**

13. 出现的问题是，根据《第一任择议定书》，是否允许保留，以及如果允许，任何此类保留是否会违反《公约》或《第一任择议定书》的目的及宗旨。显然，《第一任择议定书》本身就是一项国际条约，有别于《公约》但与其联系密切。其目的及宗旨在于承认委员会有权接受并审查个人声称为某个缔约国侵犯《公约》所载任何权利的受害者的来文。国家按照《公约》而非《第一任择议定书》接受个人的实质性权利。《第一任择议定书》的功能在于，允许将有关这些权利的申诉提交委员会检验。因此，在《第一任择议定书》之下提出的对国家尊重和确保《公约》规定之某项权利的义务的保留——如果以前没有就《公约》规定的同样权利提具这样的保留，并不影响该国遵守其实质性义务的责任。不可以通过《第一任择议定书》对《公约》提具保留，但是，这样的保留可以确保委员会不能够根据《第一任择议定书》检验该国是否遵守了义务。因为《第一任择议定书》的目的及宗旨在于让委员会检验对国家来说是义务性的权利的情况，因此目的在于排除这点的保留就会违反《第一任择议定书》的目的及宗旨，即使不算违反《公约》的目的及宗旨的话。在《第一任择议定书》之下首次对某一实质性义务提具的保留看来反映了有关国家的一种意图，即它打算阻止委员会在个案中，就《公约》的某项特定条款发表其意见。

法国强烈地不同意这一第 13 段，声明"看来国际法中没有任何内容必然禁止一国对其接受《［第一任择］议定书》规定条件或予以限制"。[16]

肯尼迪诉特立尼达和多巴哥（Kennedy v Trinidad and Tobago, 845/1998）

［26.31］本案的指控有关提交人被判处死刑一事的若干方面。在本案中，人权事务委员会必须判断特立尼达和多巴哥对《第一任择议定书》的如下保留是否有效：

4.1. 所涉缔约国在其 1999 年 4 月 8 日提交的陈述中，提到了它 1998 年 5 月 26 日加入《任择议定书》的文书，其中包括了如下保留：

"……特立尼达和多巴哥重新加入《公民及政治权利国际公约任择议定书》并对其第 1 条作出一项保留，其效果是人权事务委员会不得接受和审查任何被判处死刑的人，就与其被起诉、拘禁、审判、定罪、量刑或死刑之执行以及任何有关联之事项有关的事项提出的来文。"

导致特立尼达和多巴哥提出这一保留的情况直接在下面作了交代：

6.2. 1998 年 5 月 26 日，特立尼达和多巴哥政府宣布退出《公民及政治权利国际公约第一任择议定书》。同一天，它重新加入该任择议定书，但在重新加入书中包括了上文第 4.1 段中所列之保留。

6.3. 在解释采取这种措施的原因时，所涉缔约国提到了枢密院司法委员会对普拉特和摩尔根诉牙买加总检察长（Pratt and Morgan v the Attorney General for Jamaica, 2 A.C.1, 1994）一案作出的裁决，其中认定，"在任何案件中，如果在作出死刑判决 5 年多以后才执行死刑，这

---

[16] 法国的评论的第 4 段。

会构成坚实的理由,使人认为这种延误构成了违反《牙买加宪法》第17条的'不人道或侮辱之惩罚或其他待遇'"。[17] 这项裁决对特立尼达和多巴哥的影响是,过分延误执行死刑将有违《特立尼达和多巴哥宪法》第5条第2款（b）项,其中包含着类似于《牙买加宪法》第17条的规定。所涉缔约国解释说,由于枢密院司法委员会的裁决对特立尼达和多巴哥代表了宪法标准,因此政府有责任确保通过消除体制内部的延误来加快上诉进程,以便能够执行根据特立尼达和多巴哥法律作出的死刑判决。因此,缔约国决定退出《任择议定书》:

"在这种情况下,并由于希望坚持其国内法,不使任何人遭受不人道和侮辱之惩罚或待遇,且由此遵守其根据《公民及政治权利国际公约》第7条承担的义务,特立尼达和多巴哥政府被迫退出《任择议定书》。但是,在采取这一行动之前,它于1998年3月31日与人权事务委员会主席和主席团进行了磋商,以期求得以下保证,即死刑案将得到迅速处理,并在登记后8个月内结案。出于某些原因——特立尼达和多巴哥政府对此表示尊重,这些案件将在所寻求的时间范围内结案的保证,无法给出。"

促使特立尼达和多巴哥提具保留的,是想要取消在处决死囚牢中的犯人方面存在的拖延,以便符合枢密院的一项裁决——该裁决判定超过5年的拖延在牙买加（以及特立尼达和多巴哥）是违宪的。而被关押在死囚牢中的犯人能继续利用《任择议定书》规定的申诉机制必然会延长他们被拘禁在死囚牢中的时间,因为特立尼达和多巴哥有义务在委员会正审议这些人的申诉时,不处决他们。[18] 在肯尼迪案中,委员会多数委员以下述方式裁决这一保留是无效的:

6.7. 在第24号一般性意见发布之后提具的本项保留无意排除委员会根据《任择议定书》对《公约》的任何具体条款所具有的权限,而是要针对一个特定的申诉者群体,即被判处死刑的囚犯,排除委员会对

---

[17] 对于"死囚牢现象"是否符合人权,人权事务委员会采取了一种不同于枢密院的观点。见第［9.81］及以下各段。

[18] 关于临时命令——这往往在涉及死刑的案件中作出,见第［1.64］及以下各段。

整个《公约》所具有的权限。但是，这并不使其符合《任择议定书》的目的及宗旨。相反，委员会不能接受这样一种单挑出某一人群、给予其少于其他人口所享有的程序性保护的保留。委员会认为，这构成了有违《公约》及其两项议定书所载的一些基本原则的歧视，正是出于这种原因，这一保留不能被视为符合《任择议定书》的目的及宗旨。其后果是，该保留不能阻止委员会根据《任择议定书》审议本来文。

[26.32] 在肯尼迪案中，安藤先生、巴格瓦蒂先生、克莱因先生和克雷茨梅尔先生提出了异议意见：

> 6. ……一个国家承担确保和保护《公约》所载所有权利的义务，并不意味着给予委员会审议个人申诉的职权。只有当《公约》的缔约国也加入了《任择议定书》时，委员会才能获取这种职权。如果一个缔约国可以任意接受或不接受一种国际监督机制，那么就很难明白为什么它不能够自由决定这一机制只适用于某些权利或情况，只要条约本身并不排除这一可能性。要么全盘接受，要么全盘拒绝，这并不是人权法中的一项合理准则。

> 7. 委员会认为，本案中缔约国所作保留是不可接受的，因为该缔约国单挑出某一人群，即那些被判处死刑者的群体，给予其少于其他人口所享有的程序性保护。根据委员会的思路，这一行为构成了有违《公约》及其两项议定书中所载的一些基本原则的歧视。我们认为这一主张不能令人信服。

> 8. 不言而喻，任何缔约国不能提出一项触犯国际法之强制性规则的保留。因此，例如对《任择议定书》提出一项基于种族、宗教或性别而区别对待个人的保留就是无效的。但是，这绝不意味着缔约国对违约行为的各类潜在受害者所作的任何区分都是不可接受的。一切均取决于这种区分本身以及作出这种区分的客观理由。

> 9. 在处理《公约》第26条所禁止的歧视时，委员会一贯认为，并非对个人所作的任何区分均构成歧视。对于为何在此不能适用这一进路，并没有任何充分的理由。由于我们在此谈论的是对《任择议定书》而不是对《公约》本身的一项保留，因此这要求我们审视的，并不是被判处死刑者的实质权利和其他人的实质权利之间应有什么不同，而是被

判处死刑者提交的来文与所有其他人提交的来文之间有什么不同。委员会选择对问题的这一方面置之不理,而这一方面恰恰构成了所涉缔约国提出的保留的依据。

10. 所涉缔约国退出《任择议定书》的理由在委员会意见的第6.3段中已有陈述,因此无须在此赘述。十分明确的是,被判处死刑者提交的来文与其他人的来文之间的区别在于它们会产生不同的结果。即使得知的情况是缔约国遵守了《公约》规定的义务,但由于缔约国受宪法的限制,因此只要某一被判处死刑者提交一份来文,即可阻止该缔约国执行已判处的刑罚。换句话说,来文的结果并不取决于委员会的意见——是否发生了侵权行为,如果发生,建议采取的救济如何,而只是取决于提交来文这一行为。对于任何其他类别的可能提交来文的人,情况都不是这样。

11. 必须强调指出,如果缔约国受到的宪法限制使它处于一种侵犯《公约》规定的实质性权利的境地,则退出《任择议定书》、接着又重新加入就不是一种合法的步骤,因为其目的可能是要使所涉缔约国能够继续违反《公约》而不遭受责罚。令人庆幸的是,本案的情况并非如此。对于仅仅是关押在死囚牢中的时间是否使拖延执行死刑构成残忍和不人道惩罚的问题,尽管委员会的意见与枢密院采取的立场大相径庭[9.81],但是一个遵行枢密院意见的缔约国并未违反它根据《公约》承担的义务。

12. 根据上述情况,我们看不出有理由认为,所涉缔约国的保留不符合《任择议定书》的目的及宗旨。鉴于保留明确覆盖目前的来文(提交人对这一事实未提出质疑),我们认为本来文不可受理。

[26.33] **第24号一般性意见**

14. 委员会认为,与《第一任择议定书》规定的必要程序有关的保留不符合其目的及宗旨。委员会必须按照《第一任择议定书》及其《议事规则》的明确规定,控制自己的程序。然而,某些保留的意图在于将委员会的职权限制在《第一任择议定书》对有关国家开始生效之后的行为和事件。委员会认为,这不属于保留,而是极为通常的符合委员会在属时理由方面正常权限的声明。同时,委员会即使在面对这样的声明或意见之时，仍坚持其对于以下情况的职权：事件或行为发生在《第一任择议定书》生效之日以前，但在该日期之后仍继续对受害者的权利有影响。所提出的某些保留的效果是，当同一事件已经由另一类似程序审查之时，排除委员会对来文的审查，这样的保留为第5条第2款规定的不予受理的理由又增添了一项。由于最基本的义务在于保证由独立的第三方审查个人的人权，因此委员会认为，当《公约》和另外一项国际文书规定的法律权利和主题完全一样时，这样的保留没有违反《第一任择议定书》的目的及宗旨。

在这一第14段的末尾，人权事务委员会婉转地提到的情况是，《第一任择议定书》的若干欧洲缔约国所提具的保留阻止了委员会审查一项已经根据《欧洲人权公约》得到过审查的申诉。这些保留被认定为符合《第一任择议定书》。

对《第二任择议定书》之保留

[26.34] **第24号一般性意见**

15. 《第二任择议定书》的主要宗旨在于，通过禁止处决和废除死刑以扩大《公约》规定的、与生命权有关的实质性义务的范围。它自己有关于保留的规定，这对允许什么样的保留是决定性的。第2条第1款规定只可提具这样一种保留：可对在战时因犯下最严重军事性罪行而被判罪的人适用死刑。希望利用这种保留的缔约国必须担当两项程序性义务。第2条第1款要求这样的国家必须在批准或加入时，将战时适用的本国法律的有关规定，通知秘书长。这显然指向具体性和透明性的目标，而且委员会认为，未同时提供这些资料的保留不会产生法律效果。第2条第3款要求提具这样一项保留的国家将适用于其本国领土的任何战争状态的开始或结束，通知秘书长。委员会认为，除非符合第2条第3款的程序要求，否则没有任何国家可以试图援用其保留（就是说，要求承认战时处决为合法）。

不符合之保留的效果

[26.35] 联合国国际法院在其有关对《灭绝种族罪公约》保留的咨询意见中称，如果一国对所涉条约提具了一项不符合的保留，则该国不能被认

为是这一条约的缔约国。[19] 然而，人权事务委员会不同意这一制度可用于《公民及政治权利国际公约》的情况。

第 24 号一般性意见

18.……不可接受之保留的正常后果并非《公约》将对保留国根本不生效。更确切地说，这种保留通常是可以割离的（severable），其含义即是说，《公约》将对保留国有效，保留国不能从该保留中得益。

委员会的立场在一定程度上得到了欧洲人权法院判例的支持。在洛吉多诉土耳其案（Louzidou v Turkey）中，欧洲人权法院认定，土耳其对《欧洲人权公约》所作的某些保留不符合该公约的目的及宗旨。[20] 尽管如此，土耳其仍是《欧洲人权公约》的缔约国，而其无效的保留被割离，使得"被保留的"条款规定的义务不受触动。欧洲人权法院在得出这一结论时，使用了一种意图检测并认定，基于其批准，即使发生这种割离，土耳其仍愿意作为缔约国。[21]

[26.36] 三个对第 24 号一般性意见作出反应的国家都反对人权事务委员会有关无效保留之效果的主张。[22] 国际法委员会的《实践指南》第 4.5.3 条准则提出了一种支持人权事务委员会的假定。除非能确定一种相反的意图，否则所涉国家仍是条约的缔约国，而不能从保留中得益。不过，如果诸如人权事务委员会这样的条约监督机构表示观点，认为某一特定的保留无效，则国际法委员会指示，受影响的国家在 12 个月内通知该条约机构其若不能从保留中得益即不受条约约束的意图。因此，这种假定是很弱的。

[26.37] **肯尼迪诉特立尼达和多巴哥**（Kennedy v Trinidad and Tobago, 845/1998）

在该案中，人权事务委员会的多数委员通过含蓄地将特立尼达和多巴哥的保留与其对《第一任择议定书》之接受割离开来，而确认了其有关无效保留之效果的认识 [26.31]。持异议意见的少数委员（安藤先生、巴格瓦蒂先生、克莱因先生和克雷茨梅尔先生）对于无效保留之效果，作出了更详细的评论：

---

[19] [1951] ICJ Rep 15 at 29.
[20] (1995) 20 EHRR 99 at para 89.
[21] (1995) 20 EHRR 99 at paras 90 – 8.
[22] 见英国的评论的第 14 段、美国的评论（无段落标记）和法国的评论的第 7 段。

15. 委员会在第 24 号一般性意见中，讨论了使一项保留不符合《公约》之目的及宗旨的因素。在第 18 段中，委员会审议了一项不符合《公约》的保留造成的后果，并指出：

"不可接受之保留的正常后果并非《公约》将对保留国根本不生效。更确切地说，这种保留通常是可以割离的，其含义即是说，《公约》将对保留国有效，保留国不能从该保留中得益。"

众所周知，委员会的这一思路受到了激烈的批评。许多国际法专家认为，这一思路不符合任何条约制度的基本前提，即一个国家的条约义务是其同意承担这些义务的一种体现。批评者坚持认为，如果一项保留不符合一项条约的目的及宗旨，则保留国就不成为该项条约的缔约国，除非它撤回这一保留。根据批评者的观点，在处理对《公约》提具的保留时，脱离条约法的一般原则是没有充分理由的。

16. 我们无意在本案的框架内重新辩论第 24 号一般性意见中所涉及的整个问题。指出以下一点就足以：即使在处理对《公约》本身提具的保留时，委员会也并不认为，无论在任何情况下一项不可接受的保留都会不起作用，使保留国成为《公约》的缔约国，却不能从保留中得益。从上文援引的第 24 号一般性意见的片段可以看到，委员会只是说这会是通常的情况。通常的假设是，批准或加入并不取决于保留是否可被接受，而且，保留不可接受也不会使保留国同意成为《公约》缔约国的决定失效。但是，当保留国同意成为《公约》缔约国取决于保留是否可以被接受这一点极为明确时，就不能适用这一假设。对《任择议定书》提出的保留也是同样的情况。

17. 正如委员会意见第 6.2 段中解释的那样［26.31］，1998 年 5 月 26 日，所涉缔约国退出了《任择议定书》，随后又立刻重新加入了该议定书，但附带着保留。缔约国还解释了它为何不能接受委员会有权处理被判处死刑者提交的来文的理由。在这种特殊情况下，十分明显，特立尼达和多巴哥如果不提具这一特别保留，就不准备加入《任择议定书》，而且重新加入取决于该项保留是否能被接受。因此，如果我们接受委员会的保留无效的意见，那么我们就必须认为特立尼达和多巴哥不是《任择议定书》的一个缔约国。当然这也将使来文不可受理。

结语

[26.38] 人权事务委员会第 24 号一般性意见确认，各缔约国可以在批准时提具减少其根据《公约》所承担之义务的保留。不过，委员会还确定了许多使得保留无效的、与《公约》不合的情况。事实上，该一般性意见表明，许多现存的"保留"实际上是无效的，而且因此对保留国的《公约》义务的实际范围并无影响。委员会的多数委员在委员会对肯尼迪诉特立尼达和多巴哥案（845/1998）可否受理的决定中，加强了对第 24 号一般性意见的信念。[23] 然而，也必须注意那些反对第 24 号一般性意见的主张所具有的说服力，包括其偏离国际法院的咨询意见和《维也纳条约法公约》中所表现的国际法的主张。[24]

[26.39] 围绕着对《公约》的保留问题，存在着不确定性。这种不确定性表明了在以下两方面之间明显的紧张关系：一方面，是条约创建国家间双边和多边关系的传统观点，这形成了有关保留的习惯法；另一方面，是人权条约实际上创建缔约国与个人之间双边关系的现代观点。

退　约

[26.40] 当一个缔约国撤回其作为某一条约之成员的资格时，发生的就是退出条约的情况。1997 年 8 月，朝鲜民主主义人民共和国史无前例地意欲退出《公约》，以此终止其《公约》义务。[25] 人权事务委员会作为回应，发布了一项有关退约的一般性意见。

---

[23] 见第 [26.21] 和 [26.31] 段。

[24] See S Joseph, 'A Rights Analysis of the Covenant on Civil and Political Rights' (1999) 5 *Journal of International Legal Studies* 58 at 91.

[25] 联合国秘书长将这一退出通知周知了所有缔约国，C. N. 1997. TREATIES – 10 of 12 November 1997。

第 26 号一般性意见

1. 《公民及政治权利国际公约》中没有包含有关终止《公约》的任何规定，也没有关于废止或退出《公约》的规定。因此，终止、废止或退出*《公约》的可能性必须根据《维也纳条约法公约》中所反映的、可适用的习惯国际法规则来考虑。据此，除非可以断定各缔约国原先打算认可废止或退出《公约》的可能性，或条约的性质包含了这样做的权利，否则就不得废止或退出《公约》。

2. 《公约》第 41 条第 2 款许可一个缔约国提出适当的有关通知，撤回它对委员会审查国家间来文的权限的接受，但同时没有任何有关准许废止或退出《公约》本身的规定。这一事实表明，《公约》的各缔约国并未认可退约的可能性，而且没有提到退约问题并不单纯是它们的疏忽。此外，与《公约》同时期谈判和通过的《任择议定书》准许缔约国退出该议定书。另外，相比之下，比《公约》早一年通过的《消除一切形式种族歧视国际公约》明确准许退出。因此，可以得出结论说，《公约》的起草者有明确意图要排除退约的可能性。这一结论也可适用于《第二任择议定书》，因为在该议定书的起草过程中，退约条款被有意省略。

3. 此外，很显然，《公约》并非那种在性质上蕴含退约权利的条约。与同时起草和通过的《经济社会文化权利国际公约》一道，《公约》以条约形式将《世界人权宣言》所载明的普遍人权编集成典。这三份文书常常被统称为"国际人权宪章"。因此，《公约》没有条约通常所带有的临时性特点——就这些条约而言，就算没有有关退约的具体规定，但人们通常认为退约权利是得到认可的。

4. 《公约》所载的各项权利属于生活在缔约国领土上的人民。人权事务委员会的长期做法表明它一贯认为，一旦人民获得了《公约》规定

---

* "终止、废止或退出"的对应英文用词为"termination, denunciation or withdrawal"。在《维也纳条约法公约》有关规定（如第 42、43、56 条）的中英文本中，相互对应的用词也是"终止、废止或退出"和"termination, denunciation or withdrawal"。《任择议定书》第 12 条英文本中使用了"denounce/denunciation"，但与其对应的中文用词为"退出/退约"（《消除种族歧视公约》第 21 条的用词情况与《任择议定书》完全一致）。本部分对于"denunciation"和"withdrawal"相并列的情况，将其译为"废止"和"退出"；对于单独使用的"denounce/denunciation"，则将其译为"退出/退约"。

的人权的保护，则这种保护即随领土转移并持续归他们所有，而不论缔约国政府是否更迭，包括解体成一个以上国家或国家继承或缔约国后来为推卸《公约》所保障的权利而从事的任何行为。

5. 因此，委员会坚决认为，国际法不允许已批准、加入或继承《公约》的国家废止或退出《公约》。

因此，按照委员会的看法，朝鲜打算的退约对其根据《公约》承担的义务没有任何作用。任何缔约国均无权以退约方式消灭其《公约》义务。[26] 任何缔约国也不得退出《第二任择议定书》。

[26.41] 与上述情况形成对照的是，《第一任择议定书》第12条明文允许缔约国退出。特立尼达和多巴哥在1998年8月26日行使了这一权利，但同日又重新加入了《第一任择议定书》，只不过带有一项有关死刑问题的保留。[27] 圭亚那在1999年4月5日先是退出了《第一任择议定书》，随后重新加入，但以有关死刑的保留为条件。牙买加于1997年10月23日退出《第一任择议定书》，但直到2003年6月，并未重新加入。[28] 所有这些退约都是由枢密院在普拉特和摩尔根诉牙买加总检察长案中的裁决所促动的。[29]

[26.42] 2000年3月27日，特立尼达和多巴哥再次退出《第一任择议定书》，据估计是对人权事务委员会在肯尼迪诉特立尼达和多巴哥案（Kennedy v Trinidad and Tobago，845/1998）中所作决定的一种反应 [26.31]。这一新的退约于2000年6月27日生效。因此，委员会仍有权审议在此日期之前提交的、针对特立尼达和多巴哥的来文的实质问题，虽然委员会要在此日

---

[26] 看来朝鲜接受了这一立场，因为该国在2000年提交了其第二次定期报告，(2000) UN doc CCPR/C/PRK/2000/2；并在2002年对委员会对这一报告的结论性意见作出了答复，(2002) UN doc CCPR/CO/72/PRK/Add.1。

[27] 该保留禁止根据《任择议定书》审议因为判处死刑而出现的问题。不过，在肯尼迪诉特立尼达和多巴哥案（Kennedy v Trinidad and Tobago, 845/1998）中，委员会多数委员判定该保留无效 [26.31]。

[28] See generally N Schiffrin, 'Jamaica Withdraws the Right of Individual Petition under the International Covenant on Civil and Political Rights' (1998) 92 American Journal of International Law 563.

[29] [1994] 2 AC 1. See Kennedy v Trinidad and Tobago (845/1999), para 6.3 [26.31]。

期之后，才提出其意见。[30]

[26.43] 托马斯诉牙买加（*Thomas v Jamaica*，800/1998）

牙买加退出《任择议定书》的效果在本案中得到了确认。提交人所指控的有违《公约》第 7 条和第 10 条的虐待不可受理，因为这些指控"在牙买加退出《任择议定书》生效之后，才被转交给该缔约国"。[31] 索拉里－伊里格延先生提出了如下异议意见：

> 尽管该缔约国退出了《任择议定书》——这在 1998 年 1 月 23 日生效，但提交人在申诉中所述事件发生在此日期之前，因此可予受理。

[26.44] 对于来自这几个加勒比海地区国家的案件，如果申诉是在作出退约通知之前提交的，那么人权事务委员会保有审理这些案件的管辖权。例如，在托马斯诉牙买加案中，某些申诉可予受理，因为这些申诉是在此日期前提交的。同样的情况也发生在迪欧拉尔诉圭亚那案（*Deolall v Guyana*，912/2000）和珀萨乌德和兰珀萨乌德诉圭亚那案（*Persaud and Rampersaud v Guyana*，812/1998）中。在迪欧拉尔案中，委员会解释说：

> 4.5. 委员会注意到，来文是在圭亚那于 1999 年 1 月 5 日退出《任择议定书》后重新加入，但对委员会审查死刑案件的职权提具了一项保留之前提交的。因此，委员会认定，它对此案的管辖权不受上述退约的影响。

继　承

[26.45] 人权事务委员会通常采取的观点是，继承国自动继承其被继承国根据《公约》和《任择议定书》承担的义务。[32] 委员会在其第 26 号一般性意见中称：

30　例如见委员会于 2002 年 4 月 2 日在布杜诉特立尼达和多巴哥案（*Boodoo v Trinidad and Tobago*，721/1996）中发表的意见。该来文最初是在 1994 年 6 月 13 日提交的。

31　在委员会意见的第 6.3 段。

32　见，UN doc CCPR/C/SR 1178,（1993）15 EHRR 233），有关在前南斯拉夫领土上的继承国的《公约》义务。见，UN doc A/48/40 (I), para 41,有关在苏联领土上的继承国的《公约》义务。

4. 《公约》所载的各项权利属于生活在缔约国领土内的人民。人权事务委员会的长期做法表明它一贯认为，一旦人民获得了《公约》规定的人权的保护，则这种保护即随领土转移并持续归他们所有，而不论缔约国政府是否更迭，包括解体成一个以上国家或国家继承或缔约国后来为推卸《公约》所保障的权利而从事的任何行为。

[26.46] 人权事务委员会的立场也符合诸如国际劳工组织、红十字国际委员会、联合国人权委员会[33]和联合国秘书长[34]等其他国际人权和人道机构的立场。另外，1978年《关于国家在条约方面的继承的维也纳公约》规定，继承国一般而言受被继承国之条约义务的约束，尽管其第16条从这一规则中免除了"新独立国家"。

[26.47] 没有任何《公约》的潜在继承国未做到明确表示承担《公约》规定的义务，尽管在本书第三版写作之时，判断在2011年年中才被承认为一个国家的南苏丹的态度还为时过早。中华人民共和国甚至明确继承了英国和葡萄牙就它们转移给中华人民共和国的领土即香港和澳门所承担的《公约》义务，尽管中华人民共和国本身不是《公约》的一个缔约方。[35]

[26.48] 不过，若干有关国家，尤其是苏联解体后出现的国家，明确地"加入了"《公约》，意味着它们并非继承了苏联的《公约》义务。[36] 苏联的加盟共和国的这种加入的做法有可能表明，并不存在足够的国家实践来支持人权条约义务自动适用于继承国的主张。另一种理解方式是，这种加入可能具有的是象征性而非法律性的效果，而真正的法律立场仍然是继承。[37]

33　UN doc E/CN. 4/1995/80 (1995).

34　UN doc E/CN. 4/1996/76 (1996).

35　不过，对于《任择议定书》在澳门的地位，仍存在一些困惑。见第[26.49]段。

36　另见安藤先生在尹国驹诉葡萄牙案（*Kuok Koi v Portugal*, 925/2000) 中的异议意见。

37　见委员会对阿塞拜疆的结论性意见，(1994) UN doc CCPR/C/79/Add. 38。H Beemelmans, 'State Succession in International Law: Remarks on Recent Theory and State Praxis' (1997) 15 *Boston University International Law Journal* 71, 该文章第89页提出的主张是，有一种"正在出现的习惯规则，即各国自动继承条约中的义务，除非这些条约的成员资格是'封闭的'"，虽然"苏联的继承国显然对此有怀疑"。另参见，M Beato, 'Newly Independent and Separating States' Succession to Treaties: Considerations on the Hybrid Dependency of the Republics of the Former Soviet Union' (1994) 9 *American University Journal of International Law and Policy* 526。

[26.49] 在尹国驹诉葡萄牙案（*Kuok Koi v Portugal*，925/2000）中，提交人是一位澳门居民，其申诉有关在澳门的一次据称不公正的审判。在他提交来文时，澳门由葡萄牙治理；但在人权事务委员会审议来文时，澳门已经被交还中华人民共和国。中国明确同意《公约》继续对澳门适用。然而，中国对于《任择议定书》的适用情况，并未发表这样的声明。在尹国驹案中，委员会的多数委员判定《任择议定书》在澳门被交还中国之前，对澳门适用 [4.06]。委员会不必决定中国是否继承了这些义务。[38] 可以主张说，委员会在第 26 号一般性意见中阐述的法理显然只是与《公约》的实质性规定有关，而不适用于《任择议定书》的程序性规定。对于继承《任择议定书》，几乎不存在什么国家实践。不过，《关于国家在条约方面的继承的维也纳公约》表明，中国继承了《任择议定书》，因为澳门这片领土不能被界定为该公约所述的一个新独立国家。

[26.50] 2006 年，联合国科索沃临时行政当局特派团（UNMIK）就《公约》权利在科索沃的实施情况，提交了一份报告。对于科索沃人的《公约》权利，人权事务委员会声明如下：[39]

> 4. 委员会注意到以下情况带来的一些问题：科索沃临时行政当局特派团既是一个临时行政机构，又是一个其成员享有特权与豁免的联合国机构；科索沃临时行政当局特派团向临时自治机构逐步移交职能；科索沃境内某些地方存在着塞尔维亚的平行法院和行政机构。而且，科索沃未来地位的不确定性又引起了责任归属问题，同时也妨碍了《公约》在科索沃的实施。然而，委员会忆及关于义务连续性的第 26 号一般性意见，其中声明，《公约》保障的各项权利属于生活在缔约国领土内的人民，一旦人民获得了《公约》规定的人权的保护，则这种保护即随领土转移并持续归他们所有，而不论该领土的行政当局如何变化。保护和增进人权是安理会第 1244（1999）号决议赋予科索沃临时行政当局特派团的主要责任之一。此外，作为科索沃境内可适用的法律和临时自治机构宪制框架的一部

---

38 克莱因先生、里瓦斯-波萨达先生和约尔登先生看来认定，《任择议定书》就澳门并不对中国适用。见第 [6.41] 段。

39 (2006) UN doc CCPR/C/UNK/CO/1.

分，《公约》对临时自治机构具有约束力。因此，科索沃临时行政当局特派团以及临时自治机构或今后科索沃境内的任何行政机构，都必须尊重和确保科索沃领土内受其管辖的一切个人享有《公约》承认的权利。

因此，非同寻常的一点是，委员会声称，一个国际组织而非一个国家，因为继承了塞尔维亚和黑山的义务，而根据《公约》承担义务 [4.27]。

克　减

第 4 条

一、如经当局正式宣布紧急状态，危及国本，本公约缔约国得在此种危急情势绝对必要之限度内，采取措施，减免履行其依本公约所负之义务，但此种措施不得抵触其依国际法所负之其他义务，亦不得引起纯粹以种族、肤色、性别、语言、宗教或社会阶级为根据之歧视。

二、第六条、第七条、第八条（第一项及第二项）、第十一条、第十五条、第十六条及第十八条之规定，不得依本条规定减免履行。

三、本公约缔约国行使其减免履行义务之权利者，应立即将其减免履行之条款，及减免履行之理由，经由联合国秘书长转知本公约其他缔约国。其终止减免履行之日期，亦应另行移文秘书长转知。

[26.51] 根据第 4 条，各国可"克减"* 或限制《公约》规定的保障，以此作为对严重的公共紧急状态的成比例应对。克减权如同保留权一样，可能代表着一种"必要的恶"。尽管可以说，在公共紧急状态时期，必须缩减公民自由（civil liberties）以确保普遍的公共安全，但同样毫无疑问地成立

---

* 英文用词为"derogate"。在《公约》第 4 条中文本中，与其英文本中的"derogate/derogation"对应的用词为"减免履行"。鉴于联合国人权文件中文本和中国法学界一律使用"克减"作为"derogate/derogation"的对应中文用词，因此本中译本也使用"克减"而非"减免履行"。

的是，某些对人权的最恶劣侵犯恰恰是在所谓的公共紧急状态时期发生的。[40]因此，非常重要的一点是，克减情况受到严格的监督，而且不得被用作"肆无忌惮、精心策划地摧毁政府之反对者的权利"的挡箭牌。[41]

[26.52] 基本没有根据《任择议定书》提交的案件有关克减。虽然有若干案件涉及"紧急措施"，但所涉缔约国很少援用克减作为这些措施的理由。[42] 人权事务委员会在2001年发布的第29号一般性意见*对第4条的含义作了大量阐释，因此在下面中将广泛摘引。不幸的是，该一般性意见是在美国于9月11日遭受极端恐怖袭击之前几个月发布的，因此没有涉及各国为应对这一波袭击而采取的某些非常措施。以下评论中，作为补充和支持，还参考了在有关克减人权的专家研讨会中出现的某些标准，即《关于〈公民及政治权利国际公约〉的各项限制条款和克减条款的锡拉库萨原则》[43] 和《紧急状态时期人权规范的巴黎最低准则》。[44] 尽管委员会不必遵循这些原则，但有望在其将来对第4条的解释中，受到这些原则的影响。

对克减权力之实质性限制

紧急状态，危及国本**

[26.53] 对于克减的情况，有严格的规定。首先，必须存在"危及国家

40　See D McGoldrick, *The Human Rights Committee* (Clarendon Press, 1994), 301.

41　PR Ghandhi, 'The Human Rights Committee and Derogation in Public Emergencies' (1989) 32 *German Yearbook of International Law* 323 at 323.

42　例如，在一起涉及审判恐怖活动嫌疑人的特别措施的案件中，并没有提到克减权：*Polay Campos v Peru*, 577/1994[14.101]。

*　原书在本章有关克减的部分中，多次将有关第4条的第29号一般性意见误作第28号一般性意见。对此统一予以更正，不再一一说明。

43　'Siracusa Principles on the Limitation and Derogation Provisions in the ICCPR' (1985) 7 *Human Rights Quarterly* 1，以下称《锡拉库萨原则》。这些原则是在有31位杰出的国际法专家参加的、在意大利西西里召开的一次会议上提出的。

44　'Paris Minimum Standards of Human Rights Norms in a State of Emergency' (1985) 79 *American Journal of International Law* 1072，以下称《巴黎准则》。这些准则是国际法协会于1984年通过的。

**　这是《公约》第4条第1款中文本中与英文本中的"public emergency which threatens the life of the nation"对应的用语。由于其中并无与英文本中的"public"对应的用词，而且"life of the nation"的含义广于意味着立国之基础、根本的"国本"，因此中译本将使用"危及国家存亡的公共紧急状态"的直译。

存亡的公共紧急状态",例如战争、恐怖主义危急状态,或者是严重的自然灾害,例如大洪水或地震。

[26.54] 看来能将实际紧急状态局限于一定的地理范围之内,英国因为恐怖主义活动而在北爱尔兰实行紧急状态就是这种情况。这样的紧急状态仍会影响整个国家的民众。[45] 不过,没有得到确认的是,第4条第1款是否包括了只影响一定地理范围的紧急状态,诸如局限于某地的洪水。《锡拉库萨原则》第39项指出,整个人口都必须受到紧急状态的影响。[46] 然而,《巴黎准则》却声明如下:

(A) 1 (b). "公共紧急状态"之表述意指一种现实的或迫在眉睫的危机或公共危险的特殊形势,它影响全体民众或者声明所适用地区的全体民众,并构成对组成国家之社会的有组织性生活的威胁。……

(A) 4. 宣布紧急状态,依据促成此等宣布之情况所实际影响的区域,可包括国家之全部领土或其任何部分。这不阻碍在必要时将紧急措施延及国家的其他部分,或排除此等情况不复存在的部分。

可以认为,十分严重但其影响限于一定地理范围的紧急状态也应使国家有权作出适当的克减。否则,诸如俄罗斯联邦和加拿大等具有广阔领土的国家在这一方面就会处于不利地位。

[26.55]《锡拉库萨原则》第41项声明,"经济困难本身不能作为采取克减措施的理由"。公共紧急状态在本质上是非常情势,而在许多国家,经济发展不足很不幸是一种司空见惯的现象。

比例性之要求

[26.56] 可予允许的克减措施必须只在"绝对必要之限度内"限制《公约》权利,这将比例原则纳入对克减之正当性的判断中。

第29号一般性意见

4. 第4条第1款规定了对任何克减《公约》的措施的一个基本要

45　M Nowak, *UN Covenant on Civil and Political Rights: CCPR Commentary* (2nd edn, NP Engel, 2005), 91. 实际上,我们也许会注意到,大量恐怖袭击发生在英国本土。

46　See also Ghandhi, 'The Human Rights Committee and Derogation in Public Emergencies', 336.

求,即这类措施必须限于紧急情势所绝对必要的限度之内。这一要求涉及紧急状态的期限、地理范围和事项范围,以及由于紧急状态所援用的任何克减措施。在紧急情况下对某些《公约》义务的克减,显然有别于《公约》若干条款规定的即使在正常情况下也允许的限制或限定。然而,任何克减只限于紧急情势所绝对必要之限度内这一义务,反映了对克减权力和限制权力都适用的比例原则。此外,对某一具体条款的一项可允许克减可能因情势之紧急而合理,但仅仅这一事实并没有排除这样一个要求,即根据克减所采取的特定措施也必须反映这是情势紧急之所需。实践中,这将确保《公约》的任何条款,不管受到怎样的有效克减,都不会完全不适用于缔约国的行为。在审议缔约国报告时,委员会曾表示过它对比例原则未受到充分注意的关切。

5. 在什么时候可以克减权利以及克减到什么程度这两个问题不能脱离《公约》第 4 条第 1 款的规定,根据该款的规定,任何克减缔约国根据《公约》所承担之义务的措施,必须限于"紧急情势绝对必要之限度"。这个条件要求缔约国不仅要为它们宣布紧急状态的决定,也要为根据这一宣布采取的任何具体措施提出确切的正当理由。如果国家意图在某些情况下援引克减《公约》的权利,如发生自然灾害、大规模示威游行(包括发生暴力情况)或重大工业事故之时,它必须能够提出正当理由,不但证明这一情势危及国家存亡,而且证明它采取的克减《公约》的所有措施都是情势之紧急所绝对必要的。委员会认为,在上述情况中,根据诸如有关迁徙自由(第 12 条)或集会自由(第 21 条)等条款的规定采取措施限制某些《公约》权利的可能性一般而言已经足够,情势之紧急不足以成为克减有关条款的正当理由。

6.《公约》的一些条款在第 4 条第 2 款中被列为不可克减的条款,这一事实并不意味着《公约》的其他条款可受到随意克减,即使在存在危及国家存亡之情势的情况下。将所有克减缩减到紧急情势所绝对必要之限度这一法律义务,为缔约国和委员会这两方面都规定了一项责任,即根据对实际情势的客观评估,依照《公约》每一条仔细分析。

[26.57] 鉴于对绝大多数《公约》权利的可予允许的限制相当广泛,

例如第 12 条至第 19 条中所列举的限制，或对于第 17 条中的隐私权的非无理侵扰可以容忍，或允许对第 25 条中的政治参与权和第 26 条中的不受歧视权作合理限制，难以理解超出这些可予容许的限制之外的措施如何能满足比例性的严格检验，哪怕是在最严重的紧急状态中。例如，在第 12 条第 3 款允许的限制之外，即那些为"保护国家安全、公共秩序、公共卫生或道德，或他人权利与自由所必要"的限制，对迁徙自由提出的限制如何能够具有比例性？同样，考虑到对某一措施是否"无理"的评估会涉及适用比例性的检验，也不容易想象对隐私的"无理"侵扰（这违反第 17 条第 1 款）如何能够被认为是成比例的。[47]

[26.58]《锡拉库萨原则》

54. 严格必要的原则应以客观方式予以适用，每项措施均应针对实际的、明确的、已经出现或即将出现的威胁，不得仅仅因为担心潜在的危险而采取。

第 54 项原则具有争议性，因为其意在禁止目的在于减少可预见之未来威胁的克减。许多这样的限制的确是不成比例的，因为它们只不过构成了具有压迫性的政府对于正当的政治反对的压制，[48] 或者是对被认为存在的颠覆性因素的粗暴的过度反应。不过，必须提出的一个问题是，在允许克减之前，某一危险究竟要多么"紧迫"，因为可以说，最好的办法是预防某种公共紧急状态出现，而非在其爆发后予以"整治"。第 29 号一般性意见没有涉及这一问题。

[26.59] 人权事务委员会在第 5 号一般性意见中称，"根据第 4 条采取的措施属于特殊和临时性质，只有在情况危及国家存亡期间才能适用"。[49] 在第 29 号一般性意见中，委员会重申，"克减《公约》条款的措施，必须具有非常性质和临时性质"。[50] 另外，"恢复正常状态，以重新确保对《公约》的

47　S Joseph, 'Human Rights Committee: General Comment 29' (2002) 2 *Human Rights Law Review* 81 at 97. 见，*Toonen v Australia* (488/1992), para 8.3[16.50]，以及有关第 17 条的第 16 号一般性意见，第 4 段 [16.10]。

48　这种压制体现在大量根据《任择议定书》针对乌拉圭提出的早期案件的案情中。

49　第 5 号一般性意见，第 3 段。

50　第 29 号一般性意见，第 2 段。

全面尊重，必须是克减《公约》义务的缔约国的主要目标"。[51] 因此，紧急措施必须在有关危机终结时即告停止。不幸的是，在许多国家，紧急措施已经"成为推迟正常状态的一种方式，甚或可以说，它们就成了正常状态"，[52] 并延续好多年，甚至几十年。

符合国际法

[26.60]《公约》第4条明确拒绝缔约国有权克减其他国际法规定的措施，这一规则也更一般地表述在《公约》第5条中。

第29号一般性意见

9. 此外，第4条第1款要求，任何克减《公约》规定的措施不得抵触缔约国根据国际法所承担的其他义务，特别是不得抵触国际人道法的规则。如果克减《公约》会导致违反一国之不论基于条约或一般国际法的其他国际义务，则《公约》第4条都不能被解释为克减《公约》的正当理由。这一点也反映在《公约》第5条第2款中，该款规定对其他文书中规定的任何基本权利，均不得借口《公约》未予承认或只在较小范围上予以承认而加以限制或克减。

10. 虽然人权事务委员会并没有审查缔约国在其他条约下的行为的职能，但委员会在行使《公约》赋予它的职能、审议《公约》是否允许缔约国克减《公约》的具体条款时，有权将缔约国的其他国际义务考虑在内。因此，缔约国在援引第4条第1款时，或按照第40条报告有关紧急情势的法律框架时，应提出它们的、与所涉权利之保护有关的其他国际义务的资料，特别是那些适用于紧急状态时期的义务。在这方面，缔约国应充分考虑国际法内可适用于紧急状态的人权标准的发展。

[26.61] 上面摘引的第10段有一个脚注，人权事务委员会在其中提到了几处具有相关性的"其他国际法"，[53] 包括几乎得到所有国家批准的《儿

51　第29号一般性意见，第1段。
52　S Marks, 'Civil Liberties at the Margin: The UK Derogation and the European Court of Human Rights' (1995) 15 *Oxford Journal of Legal Studies* 69 at 86.
53　其他相关的法律包括国际人道法方面的各项日内瓦公约和其他联合国人权条约。See also Nowak, *UN Covenant on Civil and Political Rights: CCPR Commentary*, 99.

童权利公约》。《儿童权利公约》第 38 条明确规定，该公约即使在紧急状态中也适用。由于《儿童权利公约》中的权利在很大程度上与《公民及政治权利国际公约》第 24 条中的权利相重叠，因此对于后者的绝大部分缔约国来说，很可能无法再根据第 4 条克减第 24 条，尽管第 4 条第 2 款并未将这一条列为不可克减的权利。[54]

克减措施中的不歧视

[26.62] **第 29 号一般性意见**

8. ……即使第 26 条或有关非歧视的其他《公约》条款（第 2 条、第 3 条、第 14 条第 1 款、第 23 条第 4 款、第 24 条第 1 款和第 25 条）未被列入第 4 条第 2 款中的不可克减条款，不受歧视权利的一些要素和方面在任何情况下也都不能予以克减。特别是，在采取克减《公约》的措施时，如对不同的人作出任何区分，就必须遵守第 4 条第 1 款的规定。

[26.63] 克减措施不得"纯粹"基于所列举的理由而有歧视性。所列举的理由与《公约》保障非歧视的规定所禁止的歧视理由并不完全对应。例如，基于民族本源或政治意见的差别对待，从表面上来看，就是第 4 条允许的；而根据紧急状态法，这样的差别对待的确时有发生。[55] 另外，第 4 条第 1 款所列举的理由看来是穷尽的。[56] 最后，曾经担任人权事务委员会委员的罗莎琳·希金斯提出，第 4 条的不歧视保障中使用"纯粹"一词意味着，只有刻意而为的歧视而非出于无心的歧视，才被禁止。[57] 例如，局限于一定地理范围的紧急措施可能对某一特定种族群体有更恶劣的影响，而这样间接歧视并不违反第 4 条第 1 款。[58]

54　Joseph, ' Human Rights Committee: General Comment 29', 89.

55　Nowak, *UN Covenant on Civil and Political Rights: CCPR Commentary*, 99 – 100.

56　比较第 [23.25] 及以下各段讨论的一般性的不歧视保障。

57　R Higgins, ' Derogations Under Human Rights Treaties' (1976 – 77) 48 *British Yearbook of International Law* 281 at 287. 另见第 [23.09] 段和第 [23.39] 及以下各段。

58　T Buergenthal, ' To Respect and to Ensure: State Obligations and Permissible Derogations', in L Henkin (ed), *The International Bill of Rights: The International Covenant on Civil and Political Rights* (Columbia University Press, 1981), 83.

不可克减的权利

[26.64] 第 4 条第 2 款明确列举了某些从来不得予以克减的权利：生命权（第 6 条）；免受酷刑以及残忍、不人道或侮辱之待遇或惩罚的自由（第 7 条）；免于成为奴隶的自由（第 8 条第 1 款）和免受奴役的自由（第 8 条第 2 款）；不因无力履行契约义务而受监禁的权利（第 11 条）；免受追溯性刑事处罚的自由（第 15 条）；在法律前被承认为人的权利（第 16 条）；思想、信念和宗教自由（第 18 条）。《第二任择议定书》第 6 条规定，对于该议定书的缔约国，禁止死刑是不可克减的。

[26.65] **第 24 号一般性意见**

人权事务委员会在这一有关保留的一般性意见中，对于不可克减之权利的性质，提出了一些看法：

> 10.……虽然《公约》规定的权利不存在重要性上的位阶，但是，不可以暂时停止某些权利，甚至在国家紧急状态时期亦然。这突出了不可克减权利的极高重要性。但是，并非所有十分重要的权利，例如《公约》第 9 条和第 27 条规定的权利，实际上都被规定为不可克减。规定某些权利不可克减的一个理由是，暂停这些权利对于合法控制国家紧急状态无关紧要（例如第 11 条规定的禁止债务监禁）。另外一个理由是，克减实际上是不可能的（例如信念自由）。同时，某些条款属于不可克减的原因恰恰是如果没有这些条款，就不存在法治。……

[26.66] **第 29 号一般性意见**

> 7.……理论上，一项《公约》条款被定性为不可克减，并不意味着任何限制或限定都不是正当合理的。第 4 条第 2 款中提到第 18 条——其第 3 款包括了关于限制的一项特别规定——表明，是否允许限制与可否予以克减的问题无关。……

[26.67] 在第 29 号一般性意见中，人权事务委员会进一步列出了暗含的不可克减的权利。[59]

---

59 See generally Joseph, 'Human Rights Committee: General Comment 29', 91–5.

11. 第 4 条对不可克减条款的列明，与某些人权义务是否具有国际法之强制规范性质的问题有关但不等同于这一问题。在第 4 条第 2 款中宣布《公约》某些条款具有不可克减的性质应视为部分地承认了《公约》中以条约形式保证的一些基本权利的强制性质（例如第 6 条和第 7 条）。然后，《公约》的一些其他条款（如第 11 条和第 18 条）被包括在不可克减条款清单内，显然是因为在紧急状态下，从来没有必要克减这些权利。此外，强制规范的范畴超过第 4 条第 2 款所列的不可克减条款清单。缔约国不论在什么情况下都不得援引《公约》第 4 条作为违反人道法或国际法强制规范的行为的理由，这些行为如劫持人质、强加集体性惩罚、任意剥夺自由或偏离包括无罪假定在内的公正审判的基本原则。[60]

12. 在评估合法克减《公约》的范围时，可在对某些侵犯人权的行为构成危害人类罪行的界定中找到一项标准。如果根据一国之权力采取的行动构成了参与此类行动的人员犯有危害人类罪的个人刑事责任的基础，《公约》第 4 条就不能用作理由来证明，紧急状态免除了有关国家对同一行为的责任。因此，最近为了司法管辖的目的将危害人类罪编纂在《国际刑事法院罗马规约》中，这对于《公约》第 4 条的解释是有用的。

13. 在第 4 条第 2 款没有列出的《公约》条款中，委员会认为有些要素不能根据第 4 条受到合法的克减。下面举出一些说明性的例证。

（甲）所有被剥夺自由的人应得到人道及尊重其固有的人格尊严的待遇。虽然《公约》第 10 条规定的这项权利并没有在第 4 条第 2 款的不可克减权利清单中被单独提及，但委员会认为，《公约》在这里表达了一项不可予以克减的一般国际法规范。《公约》序言中提到的固有人格尊严以及第 7 条和第 10 条之间的密切关系都支持这一看法。

（乙）禁止劫持人质、绑架或拘禁而不予承认的规定也不得克减。这些禁止具有绝对性质——即使是在紧急状态期间——的理由在于，它

---

[60] 另见第 32 号一般性意见，第 6 段。

们具有一般国际法规范的地位。

（丙）委员会认为，对属于少数群体者的权利的国际保护包括在所有情况下都必须予以尊重的要素。这反映在国际法中对灭绝种族的禁止、第 4 条本身包括了一项不歧视的规定（第 1 款）以及第 18 条的不可克减性质中。

（丁）正如《国际刑事法院罗马规约》所确证的，没有国际法所允许的理由而实行的放逐或强行迁移人口，不论是以驱逐还是其他胁迫手段强迫有关人员迁离其合法居住的地区，都构成危害人类罪。在紧急状态时期克减《公约》第 12 条的合法权利绝不能被接受为证明这些措施正当合理的理由。

（戊）缔约国不能援引按照第 4 条第 1 款作出的紧急状态声明，作为其违反第 20 条，从事战争宣传或鼓吹可构成煽动歧视、敌视或强暴的民族、种族或宗教仇恨的正当理由。

14.《公约》第 2 条第 3 款要求《公约》缔约国为任何违反《公约》条款的情况提供救济。第 4 条第 2 款所列的不可克减条款清单中没有提到这一规定，但它构成《公约》整体所必然蕴涵的一项条约义务。即使一个缔约国在某一紧急状态期间并在紧急情势绝对必要之措施的限度内，可调整它们规范司法或其他救济的程序的实际运作，缔约国也必须遵守第 2 条第 3 款规定的基本义务，提供有效的救济。

［26.68］人权事务委员会在第 29 号一般性意见第 11～14 段中对《公约》中可能的额外不可克减因素的推断，很可能是该一般性意见中，最有争议的方面。正是在这一方面，委员会看来最明显地偏离了第 4 条的文本。对于明显地增加更多的不可克减权利，理由可能是委员会自称具有的权力，即审查克减措施是否违反了一国的其他国际义务，诸如那些受强行法保护的强制规范，或者习惯国际法或一般国际法承认的权利。还有一种可能是，委员会推测，克减某些权利在它看来从来不可能合乎比例，因此这些权利实际上也是不可克减的。[61]

---

[61] Joseph, 'Human Rights Committee: General Comment 29', 91.

[26.69] 在吉里诉尼泊尔案（Giri v. Nepal, 1761/2008）中，人权事务委员会重复了第 10 条规定了不可克减权利的论断。[62] 在第 34 号一般性意见中，委员会声称，第 19 条第 1 款规定的自由持有意见的权利，不得克减。[63]

[26.70] **第 29 号一般性意见**

15. 在保护第 4 条第 2 款明确承认为不可克减的权利时，一个固有的要求是，必须通过程序性保障（其中通常包括司法保障）来保证这些权利。《公约》中有关程序性保障的条款，绝不能受到会规避保护不可克减权利的措施的制约。不得以会导致克减不可克减权利的方式援用第 4 条。因此，举例而言，由于《公约》第 6 条作为一个整体不可克减，因此在紧急状态期间，任何导致死刑判决的审判必须符合《公约》各条款，包括第 14 条和第 15 条的所有要求。

16. 《公约》第 4 条所体现的有关克减之保障的根据，是《公约》作为一个整体必然蕴含的法定原则和法治原则。由于国际人道法明确保障武装冲突时期获得公正审判权的某些内容，委员会认为没有理由在其他紧急状态期间克减这些保障。委员会认为，法定原则和法治原则要求在紧急状态期间必须尊重公正审判的基本规定。只有法庭才能就刑事罪行审判某人、将其定罪。必须尊重无罪假定的原则。为了保护不可克减的权利，缔约国克减《公约》的决定不得减损这样的权利：向法庭提出诉讼，以便法庭能不拖延地决定拘禁是否合法。

[26.71] 第 29 号一般性意见第 14~16 段意欲在不可克减权利清单上添加若干权利——理由是这些权利为保障第 4 条第 2 款中明示的不可克减权利的不可侵犯性所切实必要，这可能比列出更多的不可克减权利本身引起较少的争议。[64] 例如，可以指出，1969 年《美洲人权公约》中的克减规定即第 27

---

[62] 委员会意见的第 7.9 段。

[63] 第 5 段。

[64] See generally Joseph, 'Human Rights Committee: General Comment 29', 94. 另见委员会的结论性意见：埃及，(1993) UN doc CCPR/C/79/Add. 23, para 9; 以色列，(1999) UN doc CCPR/C/79/Add. 93, para 21; 斯里兰卡，(1996) UN doc CCPR/C/79/Add. 56, para 13。

条，禁止克减若干所列举的权利，以及"为保护这些权利所必要的司法保障"。[65] 类似的"功能性的"不可克减权利，[66] 在《锡拉库萨原则》[67] 和《巴黎准则》[68] 中，也曾提到。

[26.72] **第32号一般性意见**

这一有关第14条规定的公正审判权的一般性意见，阐述了第14条的功能性的不可克减性：

> 6. ……克减措施对公正审判保障之限制，绝不得有损对不可克减权利的保护。因此，举例而言，由于《公约》第6条作为一个整体不可克减，因此在紧急状态期间，任何导致判处死刑的审判必须符合《公约》各项条款，包括第14条的所有要求。……

[26.73] 在对阿尔巴尼亚的结论性意见中，人权事务委员会称：[69]

> 9. 委员会关切地注意到缔约国关于在紧急状况期间可能克减《公约》第9条第4款和第10条第1款的解释（第4条）。
>
> 根据委员会第29号一般性意见，为了保护不可克减权利，缔约国应该确保向法庭提起诉讼的权利，以便法庭能不拖延地决定拘禁是否合法；同时，在紧急状态期间，不得因为对于《公约》条款的克减，而减少被剥夺自由者享有人道待遇、其固有人格尊严得到尊重的权利。

第4条中的程序性要求

[26.74] 第4条第1款要求为应对公共紧急状态采取的克减措施需"正式宣布"。人权事务委员会在第29号一般性意见中称：这一"要求对于维持在紧急状态时期最需要的法定原则和法治原则至关紧要。在宣布可能引起克

---

65 见美洲人权法院的咨询意见，*Habeas Corpus in Emergency Situations*, Advisory Opinion OC – 8/87, 30 January 1987, 11 EHRR 33, 其中确认人身保护令和拉丁美洲的宪法权利保护（*writ of ampaco*）是这种"必要的"司法保障的例证。

66 See J Fitzpatrick, 'Protection Against Abuse of the Concept of "Emergency"', in L Henkin and JL Hargrove (eds), *Human Rights: An Agenda for the Next Century* (American Society of International Law, 1994), 203 at 218. see also A Svensson-McCarthy, *The International Law of Human Rights and States of Exception* (Martinus Nijhoff, 1998), 445 – 7, 580 – 1.

67 第70项原则，另见第60项原则。

68 草案第5、7、16条。《巴黎准则》在草案第10~16条中，提出了更多不可克减的权利。

69 (2004) UN doc CCPR/CO/82/ALB.

减《公约》任何条款的紧急状态时,各国必须根据其规范紧急状态之宣布和紧急权力之行使的宪法以及其他法律规定行事"。[70] 因此,各国必须援用某种国内程序以通知其民众存在所涉紧急状态。委员会在一些结论性意见中确认,规范紧急状态之条件的法律必须清楚、精确。[71] 这一要求反映了对于《公约》权利的可予允许的限制应"由法律所规定"的一般性要求。[72]

[26.75] 第4条第3款要求缔约国通知联合国任何有关的克减以及这些克减之撤销。第4条第1款规定的是国内法中程序性的"通知"要求,而第4条第3款规定的是国际层面的通知要求。需要注意的是,第4条第3款没有规定通知人权事务委员会有关克减的明确义务,不过可以推断,联合国秘书长会将有关信息转告委员会。

[26.76] **第29号一般性意见**

17. 根据第4条第3款,缔约国在诉诸第4条为其规定的克减权力时,承诺遵守一项国际通知制度。援用克减权的缔约国必须立即经由联合国秘书长,将它已克减的各项规定和实行这种克减的理由通知其他缔约国。这种通知,不但对于委员会履行其职能极为重要——特别是在评估缔约国所采取的措施是否为紧急情势所绝对必要之时,而且对于允许其他缔约国监督它是否遵守《公约》各条款也很重要。鉴于过去收到的许多通知的草率性质,委员会强调缔约国的通知中应包括有关所采取之措施的全部资料,以及对采取措施之理由的明确解释,并附上有关其法律的全部文献。如果缔约国随后根据第4条采取进一步措施,例如延长紧急状态的时间,它必须作出进一步通知。立即通知的规定也同样适用于终止克减的情况。这些义务并不总是得到遵守:缔约国没有经由秘书长通知其他缔约国自己宣布紧急状态的情况和因此采取的、克减《公约》一项或多项条款的措施;缔约国在行使其紧急权力时,有时候忽略

---

[70] 第2段。

[71] 委员会的结论性意见:阿塞拜疆,(1994) UN doc CCPR/C/79/Add.38, para 7;尼泊尔,(1995) UN doc CCPR/C/79/Add.42, para 9;赞比亚,(1996) UN doc CCPR/C/79/Add.62, para 11;摩洛哥,(2004) UN doc CCPR/CO/82/MAR, para 10。

[72] 例如见第[16.06]及以下各段;参见第[1.83]段有关"由法律所规定"的要求的讨论。

了作出有关领土方面或其他变动的通知。有时候，只是在审议缔约国报告的过程中，委员会才偶然注意到紧急状态的存在和缔约国是否克减了《公约》条款的问题。委员会强调，每当缔约国采取措施克减其《公约》义务时，都有立即作出国际通知的义务。委员会监督任何缔约国的法律和做法是否遵守第4条的责任并不取决于该缔约国是否作出了通知。

[26.77] 迄今为止根据《公约》提交的克减通知中，几乎没有哪个能满足上文所列的人权事务委员会确定的要求。这可能表明，委员会对第4条第3款的解释太严格了。不过，可以认为，这只不过证明了现有的克减通知的糟糕质量。大部分克减通知都只有几行内容，基本没有包括对克减措施之精确性质的解释。[73]

[26.78] **兰迪内利·席尔瓦诉乌拉圭**（*Landinelli Silva v Uruguay*，34/1978）

该案表明了第4条的实质性要素与程序性要素之间的相互关系。[74] 提交人诉称，有多项《公约》规定被违反；作为回应，乌拉圭援用了其克减权。人权事务委员会的如下决定否定了缔约国的观点：

8.1. 尽管乌拉圭政府援用《公约》第4条来证明其对来文提交人所施加之禁止合理，但人权事务委员会无法同意《公约》第4条第1款设定的要求已经得到满足。

8.2. 根据《公约》第4条第1款，在公共紧急状态危及国家存亡且经正式宣布时，缔约国可以采取措施克减其依《公约》承担的义务。但即使在这种情况中，克减程度也应以该紧急情势之绝对必要为限。在其为遵守《公约》第4条第3款所规定之正式要求而于1979年6月28日致送联合国秘书长的照会（载 CCPR/C/2/Add.3，第4页）中，乌拉圭政府提到了该国的紧急状态，这在若干"组织法"中得到了法律上的确认。但是，当时没有提供事实细节。乌拉圭的照会仅限于声称紧急状态

---

[73] Joseph, 'Human Rights Committee: General Comment 29', 96. 见委员会对叙利亚的结论性意见，(2005) UN doc CCPR/CO/84/SYR, para 6. 另见《锡拉库萨原则》，第45项原则。

[74] See also *Salgar de Montejo v Colombia* (64/1979), para 10.3.

的存在是"众所周知之事";但既未试图指明对《公约》保障的权利实际施行之克减的性质和范围,也未表明这些克减属于绝对必要。实际上,乌拉圭政府声明,在根据《公约》第40条提交的国家报告中,将提供更多的资料。迄今为止,既未收到这一报告,也没有收到要补充这一报告的资料。

8.3. 尽管《公约》缔约国宣布紧急状态的主权权利不容置疑,但在本来文的具体情况中,人权事务委员会认为,一个国家不能仅仅通过援引例外情况的存在来规避其通过批准《公约》而承担的义务。尽管采取克减措施的实体权利也可能不取决于根据《公约》第4条第3款作出的一项正式通知,但有关缔约国在根据《任择议定书》进行的诉讼中援用《公约》第4条第1款时,有义务对相关事实提供足够详细的说明。人权事务委员会根据《任择议定书》承担的职能是负责注意缔约国遵守他们根据《公约》所负的承诺。为了履行这一职能和评估在有关国家中是否存在《公约》第4条第1款所述之情况,委员会需要充分和全面的资料。如果相应政府没有按照《任择议定书》第4条第2款和《公约》第4条第3款的要求自行提供所需的正当理由,则人权事务委员会不能总结认为,存在有效理由,能合法地证明对《公约》所规定之正常法律制度的偏离。

因此,一国未能遵守第4条规定的程序性义务并不使其丧失克减的实质性权利。实际上,在早先的案件中,在一国并未具体倚靠第4条的情况下,委员会依据职权考虑了以第4条作为辩解理由的可能性。[75] 到委员会于2007年对阿博诉阿尔及利亚案(*Aber v Algeria*, 1439/2005)作出决定之时,委员会似乎停止了这种做法。在这一涉及阿尔及利亚之紧急状态立法的案件中,阿尔及利亚没有提出有关可能之克减的主张,委员会也没有提到克减的可能性。[76] 不管怎样,一国一直未做到提供对于其所称的克减的相关事实情况,

---

[75] See eg *Weismann and Lanza Perdomo v Uruguay* (8/1977), para 15; *Torres Ramírez v Uruguay* (4/1977), para 17; *Pietraroia v Uruguay* (44/1979), para 14. See also Ghandhi, 'The Human Rights Committee and Derogation in Public Emergencies', 334–6; McGoldrick, *The Human Rights Committee*, 311.

[76] See also *Polay Campos v Peru* (577/1994).

诸如相关公共紧急状态之性质和危急情况的细节，这就意味着该国将无法尽到其证明这些克减为正当合理的举证责任，因此也将无法以第4条的实质性内容作为辩解其行动的理由。

举证责任和人权事务委员会的监督作用

［26.79］兰迪内利·席尔瓦案和许多类似的针对乌拉圭的案件都证明，对于证明其所欲克减的正当合理性，国家承担着举证责任。在这些案件中，很明显，该缔约国未能尽到这一责任。并不清楚的是，如果某一缔约国试图出自真诚善意证明其克减的正当合理性，人权事务委员会将如何反应，因为这从来没有在根据《任择议定书》提起的案件中出现过。欧洲人权法院在其根据1950年《欧洲人权公约》第15条对克减的监督中曾声明，各缔约国在决定紧急状态之存在和如何妥当应对之时，享有一种广泛的"自由判断余地"，[77] 这实际上在这一方面给予了各国一种很强的在情况存疑时利益归于国家的好处，[78] 极大地缓解了它们的举证责任。与之不同，委员会在第29号一般性意见中指出，考虑到许多国家在紧急状态时期滥用其权力的习性，它将仔细地审查一国实行克减的理由。[79] 这在该一般性意见有关比例性的段落中，表现得尤为明显［26.56］。[80]

结语

［26.80］人权事务委员会在第29号一般性意见中指出，克减权事实上是非常狭窄的。[81] 例如，委员会提出了对于《公约》之不可克减要素的事实扩展。委员会还证实，为应对公共紧急状态而采取之措施必须与其造成的危

77　See *Brannigan and McBride v United Kingdom*, Series A, No 258 – B, reported in (1994) 17 EHRR 539, para 43.

78　See T Jones, 'The Devaluation of Human Rights under the European Convention' [1995] *Public Law* 430 at 430 – 1.

79　另见，欧洲人权法院法官马滕斯(Martens)在以下案件中的附议判决，*Brannigan and McBride v United Kingdom* (1994) 17 EHRR 539；《巴黎准则》，第A7项。参见第［18.69］段对自由判断余地的讨论。

80　See also Joseph, 'Human Rights Committee: General Comment 29', 86.

81　Joseph, 'Human Rights Committee: General Comment 29', 97 – 8.

险严格成比例，而且一旦这一严格的比例降低，就必须撤销或减少这些措施。一种严格的比例性检验尽管不如委员会意图扩大不可克减权利那么有争议，但对于各缔约国有实际意义的实质性克减权能否成立，提出了更大的挑战。如上所述，难以想象这样一种情境：那些超出《公约》中有限权利所允许之程度的限制，如何为应对公共紧急状态所必需［26.57］。也许仅有的真正可以克减的权利是那些被表达为具有绝对性质之权利，诸如第9条第3款所保障的因受刑事指控而被拘禁者被迅即解送法官的权利。[82] 也许可以指出，《公约》中的许多绝对权利明确地不可克减（例如第7条、第8条第1款和第2款、第11条、第15条和第16条）。另外，各国在这一方面将克减用作逃生的通道被委员会的如下界定所进一步关闭，即将第10条第1款和第20条中的绝对权利界定为不可克减。委员会还确认，第4条第3款规定的通知要求非常严格，以至于迄今提出的克减通知中，只有极少数符合这些要求。

［26.81］ 最后，必须记住的一点是，紧急状态太经常地被用作粗暴侵犯人权的掩饰借口。一种希望是，人权事务委员会对于评判所有的克减措施，起到一种保持警惕的监督作用，就如第29号一般性意见所承诺的那样，以协助防范过分压制性的紧急措施。在正在持续的"反恐战争"中，这一作用变得更为重要。

---

[82] 《欧洲人权公约》第5条第3款规定的同等权利对英国的适用，受到一项有效之克减的限制：*Brannigan and McBride v United Kingdom* (1994) 17 EHRR 539。

附 录

缩略语

CAT	《禁止酷刑和其他残忍、不人道或有辱人格的待遇或处罚公约》（Convention against Torture and Other Cruel, Inhumanor Degrading Treatment or Punishment）
CEDAW	《消除对妇女一切形式歧视公约》（Convention on the Elimination of All Forms of Discrimination Against Women）
CERD	消除种族歧视委员会（Committee on the Elimination of Racial Discrimination）
CRC	《儿童权利公约》（Convention of the Rights of the Child）
CROC	儿童权利委员会（Committee on the Rights of the Child）
ECHR	《欧洲人权公约》（European Convention on Human Rights）
ESD	对外自决权（Right of External Self Determination）
HRC	人权事务委员会（Human Rights Committee）
ICCPR	《公民及政治权利国际公约》（International Covenant on Civil and Political Rights）
ICERD	《消除一切形式种族歧视国际公约》（International Convention on the Elimination of All Forms of Racial Discrimination）
ILC	国际劳工组织（International Law Commission）
ICESCR	《经济社会文化权利国际公约》（International Covenant on Economic, Social and Cultural Rights）
ISD	对内自决权（Right of Internal Self Determination）
OP	第一任择议定书（First Optional Protocol）
UN	联合国（United Nations）

人权事务委员会一般性意见

第 1 号一般性意见：报告义务，1981 年

第 2 号一般性意见：报告准则，1981 年

第 3 号一般性意见：第 2 条（国内一级的实施），1981 年

第 4 号一般性意见：第 3 条（男女平等享有所有公民权利和政治权利），1981 年

第 5 号一般性意见：第 4 条（克减），1981 年

第 6 号一般性意见：第 6 条（生命权），1982 年

第 7 号一般性意见：第 7 条（禁止酷刑和其他残忍、不人道或侮辱之处遇或惩罚），1982 年

第 8 号一般性意见：第 9 条（个人享有人身自由和安全的权利），1982 年

第 9 号一般性意见：第 10 条（被剥夺自由者的待遇问题），1982 年

第 10 号一般性意见：第 19 条（意见自由），1983 年

第 11 号一般性意见：第 20 条（禁止宣传战争和鼓吹仇恨），1983 年

第 12 号一般性意见：第 1 条（自决权），1984 年

第 13 号一般性意见：第 14 条（司法工作），1984 年

第 14 号一般性意见：第 6 条（生命权），1984 年

第 15 号一般性意见：《公约》所规定的外国人地位，1986 年

第 16 号一般性意见：第 17 条（隐私权），1988 年

第 17 号一般性意见：第 24 条（儿童权利），1989 年

第 18 号一般性意见：不歧视，1989 年

第 19 号一般性意见：第 24 条（家庭），1990 年

第 20 号一般性意见：第 7 条（禁止酷刑和其他残忍、不人道或侮辱之处遇或惩罚），1992 年

第 21 号一般性意见：第 10 条（被剥夺自由者的待遇问题），1992 年

第 22 号一般性意见：第 18 条（思想、信念和宗教自由），1993 年，CCPR/C/21/Rev. 1/Add. 4

第 23 号一般性意见：第 27 条（少数者的权利），1994 年，CCPR/C/21/Rev. 1/Add. 5

第 24 号一般性意见：关于批准或加入《公约》或其《任择议定书》时提具的保留或者有关《公约》第 41 条下声明的问题，1994 年，CCPR/C/21/Rev. 1/Add. 6

第 25 号一般性意见：第 25 条（参与政事和投票的权利），1996 年，CCPR/C/21/Rev. 1/Add. 7

第 26 号一般性意见：义务的持续性，1997 年，CCPR/C/21/Rev. 1/Add. 8/Rev. 1

第 27 号一般性意见：第 12 条（迁徙自由），1999，CCPR/C/21/Rev. 1/Add. 9

第 28 号一般性意见：第 3 条（男女权利平等），2000 年，CCPR/C/21/Rev. 1/Add. 10

第 29 号一般性意见：第 4 条（紧急状态期间的克减问题），2001 年，CCPR/C/21/Rev. 1/Add. 11

第 30 号一般性意见：《公约》第 40 条规定的缔约国报告义务，2002 年，CCPR/C/21/Rev. 2/Add. 12

第 31 号一般性意见：《公约》缔约国承担的一般法律义务的性质，2004 年，CCPR/C/21/Rev. 1/Add. 13

第 32 号一般性意见：第 14 条（在法院和法庭前一律平等和获得公正审判的权利），2007 年，CCPR/C/GC/32

第 33 号一般性意见：缔约国在《公民及政治权利国际公约任择议定书》下的义务，2008 年，CCPR/C/GC/33

第34号一般性意见：第19条（意见和表达自由），2011年，CCPR/C/GC/34

第1号至第21号一般性意见无单独编号，被统一收入联合国：《国际人权文书：各人权条约机构通过的一般性意见和一般性建议汇编》第1号至第9号（HRI/GEN/1/Rev.1-9）；第22号至第34号一般性意见标题后的文件编号为各该一般性意见本身的文号。

人权事务委员会委员名单[*]

姓名	译名	国籍
Aguilar Urbina, Francisco José	弗朗西斯科·何塞·阿吉拉-乌尔维纳	哥斯达黎加
Amor, Abdelfattah	阿卜杜勒法塔赫·奥马尔	突尼斯
Ando, Nisuke	安藤仁介	日本
Bán, Tamás	塔马斯·巴恩	匈牙利
Bhagwati, Prafullachandra N.	普拉富拉钱德拉·N.巴格瓦蒂	印度
Bouzid, Lazhari	莱兹赫里·布齐德	阿尔及利亚
Bouziri, Néjib	奈吉卜·布齐里	突尼斯
Bruni Celli, Marco Tulio	马可·图里奥·布鲁尼-塞利	委内瑞拉
Buergenthal, Thomas	托马斯·伯根索尔	美国
Castillero Hoyos, Alfredo	阿尔弗雷多·卡斯蒂列罗-奥约斯	巴拿马
Chanet, Christine	克里斯汀·夏内	法国
Colville, Lord	科尔维尔勋爵	英国
Dimitrijević, Vojin	沃因·迪米特里耶维奇	南斯拉夫
El-Shafei, Omran	奥摩兰·艾尔-莎菲	埃及
Evatt, Elizabeth	伊丽莎白·伊瓦特	澳大利亚
Fathalla, Ahemd Amin	艾哈迈德·阿明·法塔拉	埃及
Flinterman, Cees	凯斯·弗林特曼	荷兰
Gaitán de Pombo, Pilar	皮拉尔·盖坦-德庞波	哥伦比亚
Glèlè Ahanhanzo, Maurice	莫里斯·格莱莱-阿汉汉左	贝宁

[*] 本名单并非人权事务委员会所有前任或现任委员名单,而只是本书中出现的委员的名单。除了"安藤仁介""岩泽雄司"外,均为音译。翻译时参考了人权事务委员会有关年度报告中文本中使用的译名,但因为其中的中文译名也不完全统一,翻译时有一定调整。

《公民及政治权利国际公约》：案例、资料和评注

续表

姓名	译名	国籍
Graefrath, Bernhard	伯恩哈德·格雷弗拉特	民主德国
Henkin, Louis	路易斯·亨金	美国
Herndl, Kurt	库尔特·亨德尔	奥地利
Higgins, Rosalyn	罗莎林·希金斯	英国
Iwasawa, Yuji	岩泽雄司	日本
Johnson López, Edwin	埃德温·约翰逊－洛佩兹	厄瓜多尔
Kälin, Walter	沃尔特·卡林	瑞士
Keller, Helen	海伦·凯勒	瑞士
Khalil, Ahmed Tawfik	艾哈迈德·陶菲克·哈利勒	埃及
Klein, Eckart	埃卡特·克莱因	德国
Kretzmer, David	戴维·克雷茨梅尔	以色列
Lallah, Rajsoomer	拉吉苏默·拉拉赫	毛里求斯
Majodina, Zonke Zanele	赞克·扎内莱·马约迪纳	南非
Mavrommatis, Andreas V.	安德烈斯·V. 马弗罗马提斯	塞浦路斯
Médina Quiroga, Cecilia	塞西莉亚·梅迪纳－基罗加	智利
Motoc, Iulia Antoanella	尤利亚·安托阿尼拉·莫托科	罗马尼亚
Myullerson, Rein Avovich	雷恩－阿沃维奇·缪勒森	苏联/俄罗斯
Neuman, Gerald L.	杰拉尔德·L. 纽曼	美国
Ndiaye, Birame	比拉默·恩迪亚耶	塞内加尔
O'Flaherty, Michael	迈克尔·奥弗莱厄蒂	爱尔兰
Opsahl, Torkel	托克尔·奥普萨尔	挪威
Palm, Elizabeth	伊丽莎白·帕尔姆	瑞典
Pocar, Fausto	福斯托·波卡尔	意大利
Prado Vallejo, Julio	胡利奥·普拉多－巴列霍	厄瓜多尔
Rivas Posada, Rafael	拉斐尔·里瓦斯－波萨达	哥伦比亚
Rodley, Nigel	奈杰尔·罗德利	英国
Sadi, Waleed	瓦利德·萨迪	约旦
Salvioli, Fabián Omar	法比安·奥马尔·萨尔维奥利	阿根廷
Scheinin, Martin	马丁·舍伊宁	芬兰
Shearer, Ivan	伊万·希勒	澳大利亚

续表

姓名	译名	国籍
Solari Yrigoyen, Hipólito	伊波利托·索拉里-伊里戈延	阿根廷
Thelin, Krister	克里斯特·特林	瑞典
Tomuschat, Christian	克里斯蒂安·托姆沙特	德国
Vella, Patrick	帕特里克·维拉	马耳他
Wako, S. Amos	S. 阿莫斯·瓦科	肯尼亚
Wedgwood, Ruth	露丝·韦奇伍德	美国
Wennergren, Bertil	伯蒂尔·文纳尔格伦	瑞典
Wieruszewski, Roman	罗曼·维鲁谢夫斯基	波兰
Yalden, Maxwell	马克斯韦尔·约尔登	加拿大
Zakhia, Abdallah Zakhia	阿卜杜拉·扎基亚·扎基亚	黎巴嫩
Zielinski, Adam	亚当·杰林斯基	波兰

索 引[*]

土著民族（aboriginal peoples），见少数者权利

堕胎（abortion）

保护儿童 8.94，21.13；作为手段 8.95；文化相对主义 1.131；强迫 9.57；对妇女健康的危害 8.94 - 8.95；生命权 8.90 - 8.95，8.104；隐私权 16.53，16.54 - 16.56；强奸导致的怀孕 8.94，9.57；救济权 25.20；酷刑 9.57；未出生儿 3.37

诉诸法院（access to courts）

上诉 14.47；诉因的判断 14.45 - 14.46；民事诉讼 14.36，14.42，14.47；费用 14.37 - 14.41；刑事案件 14.29，14.38，14.46，14.47；对损害赔偿的请求权 14.43；获得有效救济权 14.43；法院前的平等 14.30，14.31，14.35；用尽国内救济 6.29，6.30；诉讼费 14.37 - 14.41；《第一任择议定书》14.46；保障 14.33；人身保护令 11.72；法律援助 14.33 - 14.39；已婚妇女 14.32；婚姻财产 14.32；移徙工人 14.29；少数者权利 14.39；国籍 14.29；不歧视 14.29；法律人格权 10.19；实质性权利 14.43 - 14.47；诉讼案 14.29

被告（accused, defendants）

缺席判决 14.141；被告知指控的权利 14.113；审判不得无故拖延 14.129；公正审判 14.141 - 14.168；少年的权利 14.183 - 14.186；法律援助 14.152；获得法律代理的权利 14.126，14.145；无罪假定 14.105；通知审判的日期和地点 14.141；自我代理 14.85；与被判决有罪之人分别羁押 9.232 - 9.236

休庭（adjournments）14.78，14.80，14.118，14.120

行政诉讼（administrative proceedings）14.07，14.09，14.12，另见**诉讼案**

---

[*] 原书附有 65 页的三级主题交叉索引。中译本仅保留两级索引，将第三级索引纳入第二级索引；仅保留第一级索引的原英文用词；删掉了若干不重要的或反复出现的主题词。本索引为主题索引，因此所指向的原书段落中出现的不一定是主题词本身，而可能是与主题词相关的内容。

索　引

依据《公约》提出的申诉可否受理（admissibility of complaints under the ICCPR）

另一国际程序的审议 5.01－5.14；用尽国内救济 6.01－6.49；《任择议定书》规定的个人来文 1.48－1.55；属时规则 2.01－2.23；领土和管辖限制 4.01－4.41；受害者要求 3.01－3.49

肯定性行动（affirmative action），另见反向歧视

一般情况 23.83－23.86；比例性 23.90；合理与客观的检验 23.90；与反向歧视的区别 23.83，23.87－23.94

年龄（age）

同意的年龄 21.22，21.42；刑事责任的年龄 14.183，21.20；死刑 8.65，8.66；选举 22.41；少年被告 14.183；成年的年龄 21.19－21.22；婚龄 20.51，20.52，21.22；不歧视 23.62－23.64，23.100；退休 23.62；投票 22.25

艾滋病/艾滋病毒（AIDS/HIV） 3.48，8.39，8.82，16.23，16.26，16.50，23.31

外国人（aliens），另见寻求庇护者

进入某人之本国的权利 12.34，12.36，12.39－12.43；拘禁 11.24－11.29，11.88，11.106；将家庭成员递解出境 9.62，20.24，20.25；家庭佣工 10.10；引渡、驱逐和推回 11.88，12.39－12.43，13.01－13.26；家庭和住宅受尊重的权利 16.19，16.22；迁徙自由 12.12－12.16；较少的权利 12.14－12.16；非法移民 13.09；在一国领土内合法居留 12.12，12.13，13.09；与国民结婚的外国人的居住地位 16.24；国家安全 12.14，13.19－13.25；与国民的区别 12.36；公共秩序 12.14；居住 12.12，13.02，16.24；免于奴隶制、奴役和强迫劳役的自由 10.10；自决 7.05；奴役（subjugation）7.05；在一国领土内 12.12－12.14；嫌疑恐怖分子 12.14

《美洲人权公约》（American Convention on Human Rights） 1.11，5.06，26.71

大赦（amnesties）

救济 25.24－25.27；免受酷刑 9.183－9.187

另一国际程序的审议（another international procedure, consideration under）

申诉根据《公约》可否受理 5.01－5.14；"国际调查或解决程序"的含义 5.03－5.06；禁止酷刑委员会 5.06；同时审议事件 5.01；欧洲人权委员会 5.01，5.07，5.09，5.10－5.11；《欧洲人权公约》5.06，5.08，5.10，5.13－5.16；欧洲人权法院 5.09，5.10－5.13；欧洲缔约国的保留 5.08－5.14；择地行诉 5.02；人权事务委员会 5.01－5.14；美洲人权委员会 5.03，5.05；政府间组织、非政府组织 5.03；与国际人权机构的比较 5.01，5.03，5.14；其他机构先前的审议 5.01－5.02；程序上可否受理 5.10，

5.12；区域性人权机构 5.03；"同一事件"的含义 5.07；实质上可否受理 5.10，5.11；联合国条约机构 5.06

反犹太主义（anti-semitism）1.136，17.09，18.75，18.83，18.84，18.86，18.90-18.94

种族隔离（apartheid）22.06

叛教（apostasy）1.131

上诉（appeals），另见**刑事案件中的上诉**

诉诸法院 14.29；民事案件 14.89；审判不得无故拖延 14.129；用尽国内救济 6.04，6.12，6.17，6.25；引渡、驱逐或推回 13.12-13.13，13.16-13.18；公正审判 14.62；独立无私之法定管辖法庭 14.48；法律援助 14.157，14.158；法律代理 14.157，14.161；说明理由的裁决 14.89；相反先例 6.25；公开审理 14.97

刑事审判中的上诉（appeals in criminal cases）

上诉可能 14.187，14.190；"依法" 14.187，14.190；宣告无罪 14.198，14.199；自动上诉权 14.192；制度符合《公约》14.192；以口头或书面形式进行 14.191；定罪 14.187，14.188，14.189；重审 14.187，14.188；审查辩护理由 14.190；不得无故拖延 14.202；获得文件 14.194-14.196；经济相对主义 1.123；准许使用新证据 14.188；重新评估事实 14.188-14.189；公正审理 14.187；获得判决 14.194-14.196；司法审查 14.188；审查法律问题 14.188-14.189；特许上诉 14.192，14.197；法律代理 14.201；误审 14.204-14.209；多级上诉 14.193；拒绝的理由 14.197；获得合格代理的权利 14.201；对刑罚上诉 14.187，14.188，14.189，14.190；对严重罪行的有罪判决 14.187；法庭 14.187；放弃 14.200

不被无理拘禁（arbitrary detention, freedom from），见**被告知刑事指控的权利、因刑事指控被拘禁者的权利、人身保护令、自由权**

武装冲突（armed conflict），见**战争和武装冲突**

武装部队（armed forces），见**兵役**

逮捕（arrest）

无理的 11.01，11.11-11.15；赔偿 11.102；离开一国的自由 12.22；审判不得无故拖延 14.129-14.140；引渡、驱逐或推回 13.03；人身保护令 11.70；软禁 12.03；通译 11.50-11.51；自由权 11.01，11.12-11.14，11.17，11.23；逮捕理由 11.25-11.29，11.30，14.113；安全措施 11.30；非法的 11.11-11.14

艺术表达（artistic expression）18.08，18.10

国家暗杀（assassination by the state）8.06，8.15，8.17，8.18

集会自由（assembly, freedom of）

不是一项绝对权利 19.01，19.05，19.07；缺乏案例 19.01，19.36；公民不服从 19.05；覆盖范围 19.01；人群控制 19.05；示威 19.08；表达自由 18.03，18.11；重要性 19.01；限制 19.01，19.05 – 19.08；含义 19.02 – 19.04；动态集会 19.04；国家安全 19.07，19.12；提前通知 19.06，19.08 – 19.11；和平集会 19.05，19.07；培训警察 19.05；私人集会 19.02；比例性要求 19.06；未经许可的公开集会 19.08 – 19.12；公共秩序 19.07，19.09 – 19.12；公共安全、卫生或道德 19.07；宗教集会 19.02；暴动 19.05；静态集会 19.04；暴力性集会 19.05

结社自由（association, freedom of）

武装部队 19.15；不结社的自由 19.28，19.31 – 19.36；"封闭店铺" 19.35；与选举的关系 22.56；例证 19.13；家庭 19.13；法西斯政党 18.33，19.14；资助 19.19；国际劳工组织 19.21，19.23 – 19.26；《经济社会文化权利国际公约》19.23 – 19.26，19.29；加入的自由 19.28；缺乏判例 19.36；限制 19.14 – 19.19；兵役 19.15；国家安全 19.16；非政府组织 19.13，19.18 – 19.19；警察 19.15；政党 18.07，18.33，19.13 – 19.15，19.33；私人协会 19.13；承认的程序性手续 19.17，19.18；俱乐部 19.13；比例性要求 19.14，19.15；公共秩序 19.16；登记程序 19.17，19.18；罢工权 19.23 – 19.26；工会 19.13，19.17，19.18，19.20 – 19.30，19.35，19.36

寻求庇护者（asylum seekers），另见**难民**

自动驱逐 9.120；船民 11.24，11.91 – 11.92；保护儿童 21.09，21.10，21.12；拘禁 9.73，9.124，9.131，11.24 – 11.29；引渡、驱逐或推回 9.116 – 9.120，13.08，13.09；保护家庭单位 20.2，20.23；迁徙自由 12.15；人身保护令 11.85 – 11.86，11.88，11.91 – 11.92；非法入境者 13.09；自由权 11.24 – 11.29；迁徙自由 12.15；代理权 13.18；《公约》的领土和管辖限制 4.15；嫌疑恐怖分子 13.10；酷刑 9.116 – 9.120

无神论（atheism）17.02，17.12，17.51

独裁政治（autocracies）22.13

保释（bail）3.06，11.18，11.64 – 11.69，14.105

流放（banishment, exile）2.17，9.125，9.195，12.04，12.34

《北京规则》（Beijing Rules）9.237

重婚（bigamy）20.46

权利法案（bills of rights）1.05，1.09，1.26，1.120，25.10

《公民及政治权利国际公约》：案例、资料和评注

亵渎（blasphemy） 18.67

债役劳工（bonded labour） 10.09，21.47

举证责任（burden of proof）

民事诉讼 14.87；审判不得无故拖延 14.133；克减 26.79；用尽国内救济 6.44 - 6.48；无罪假定 14.105；生命权 8.12；军事法庭 14.57；不歧视 23.130；《任择议定书》14.133；倒置 14.106；自证其罪 14.179

不公开审理（camera, hearings in） 14.104

放牧（cattle grazing） 24.18，24.25 - 24.26

审查（censorship）

侵扰通信 9.221，16.31 - 16.35；拘禁的条件 9.221；表达自由 18.15，18.18，18.68；仇恨言论 18.72；媒体对政党的影响 22.56；囚犯 16.32；隐私权 16.08

剥削儿童（child exploitation） 另见保护儿童、《儿童权利公约》

被遗弃儿童 21.44，21.58；诱拐 21.31 - 21.33，21.55；虐待 21.41；同意的年龄 21.42；童兵 21.52 - 21.54；童工 21.47；债务质役 10.09；家庭佣工 21.42；贩毒 21.15；雇佣的基本条件 21.47；监护 21.51；兵役 21.52 - 21.54；《儿童权利公约任择议定书》21.46；身体虐待 21.41；卖淫 10.06，10.08，21.15，21.42，21.46；买卖儿童 21.46，21.50，21.55；性旅游业 21.45；性剥削 21.41 - 21.46；免于奴隶制、奴役和强迫劳役的自由 10.06，10.08，21.16；街头儿童 21.44；贩运儿童 10.11，21.48 - 21.49，21.55

保护儿童（children, protection of），另见剥削儿童、《儿童权利公约》、少年犯

诱拐 21.31 - 21.33，21.55；堕胎 8.94，21.13；探视 20.06，20.08，20.09，20.58 - 20.67，21.29 - 21.34；收养 20.10，21.28，21.51；绑架 21.50 - 21.51；刑事责任 21.20；成年年龄 21.19 - 21.22；同意发生性关系的年龄 21.22，21.42；照料 21.38 - 21.39；辅助性质 21.06 - 21.14，21.48；责任分配 21.26；寻求庇护者 21.09，21.10，21.12；《北京规则》9.237；"儿童的最大利益" 21.03，21.10，21.11，21.31 - 21.32，21.36，21.48；出生 21.55 - 21.60；儿童的安康 20.05，21.15，23.79；儿童照料措施 21.27，23.83；童工 21.17，21.47；禁止儿童色情制品 21.42，21.43，21.46；童兵 21.52 - 21.54；公民权利 21.01，21.07，21.17；肉体惩罚 9.127，21.08；残忍和不人道待遇 21.15；羁押儿童 14.42，20.58 - 20.67，21.29 - 21.34；禁止死刑 8.65，9.86，21.06；递解出境 20.29 - 20.32，20.34，21.14，21.48 - 21.49；拘禁 9.237，21.09 - 21.12，21.20；离婚 20.07，20.53，20.58 - 20.67；家庭佣工 21.42；经济、社会和文化权利

21.15－21.18；教育 17.54，21.15，21.17，21.18，21.24，21.47；选举 21.07；性剥削 21.41－21.46；贩运 21.48－21.49；驱逐 21.35，21.49；公正审判 14.183；人权事务委员会不愿推翻家庭法院的判决 20.39，20.61－20.62，21.30－21.32，21.34；家庭 20.01，20.39，21.26－21.39；被强行带离父母 20.38－20.40；女童 21.17，21.24，21.55－21.60；监护 21.51；身份权 21.55；基于非婚生的歧视 21.25，21.55，21.61，23.79；土著民族 21.57；婴儿死亡率 8.75，8.82，8.49，21.15；杀婴 8.99；制度支持 1.27；少年犯 14.132，21.06；儿童的法律人格权 10.19，10.24，21.55，21.56；法律程序 14.183，21.06，21.42；生命权 21.14；不得假释的终身监禁 21.21；生活费 20.53；营养不良 21.15；可结婚年龄 21.22；姓名权 21.55－21.60；国籍 21.61－21.62；不歧视 20.58，21.22，21.23－21.25，23.79；父母 20.38－20.40，20.58－20.67，21.16，21.17，21.18，21.26，21.27，21.29－21.34，21.38－21.39；人格的发展 21.15，21.17；政治权利 21.07；贫困 21.16，21.44；怀孕 21.17；强奸 21.14；难民 21.09，21.10，21.12；登记权 21.55－21.60；宗教 17.50－17.56，21.18；获得救济权 25.02；与其他权利的关系 21.06，21.68；买卖儿童 21.46，21.50，21.55；性旅游业 21.45；免于奴隶制、奴役和强迫劳役的自由 10.11，10.13，21.15；特别措施、积极措施 21.06，21.08，21.19，21.55；街头儿童 8.44，21.16，21.44；贩运 21.15，21.48－21.49，21.55；未出生儿的权利 3.37；受害者要求 3.24，3.33－3.35，3.37；免遭暴力 8.44，21.15；投票权 21.07

公民身份（citizenship）

殖民地 12.37，12.38；进入某人之本国的权利 12.33－12.45；证据 12.35，12.37；入籍 22.02－22.03；不歧视 22.02－22.03；政治和公共参与权 22.01－22.04；居住 12.13；权利 12.37，12.38；《公约》的领土和管辖限制 4.02

公民权利和政治权利（civil and political rights）

文化相对主义 1.119－1.137；与经济、社会和文化权利比较 1.22；人权事务委员会的判例 1.31－1.67；自然权利 1.03－1.08；不歧视 23.14，23.18；哲学背景 1.03－1.11；保留 26.24；体系性的人权侵犯 1.116－1.118；《世界人权宣言》1.09

公民不服从（civil disobedience） 19.05

民事诉讼（civil proceedings）

诉诸法院 14.29－14.47；上诉 14.47，14.89；举证责任 14.57；与刑事指控比较 14.04；审判不得无故拖延 14.90－14.96；迅速 14.90；公正审判 14.01，14.60－14.89；无罪假定 14.87，14.112；法律援助 14.34，14.160；溯及既往 15.03；严格责任 14.87；

《公民及政治权利国际公约》：案例、资料和评注

诉讼案 14.07 – 14.20

封闭店铺（closed shops）19.35

衣着（clothing）

拘禁条件 9.26，9.38，9.52，9.132，9.202，9.204，9.211，9.215；表达自由 23.02；头盔 17.31，17.32，23.42；间接歧视 23.42；宗教自由 17.31，17.32，23.03；性别歧视 23.03；锡克人 17.31，17.32，23.42

集体谈判（collective bargaining）23.97

殖民地（colonies）

公民身份 12.38；进入某人之本国的权利 12.38，12.44；非殖民化 7.10；居住权利 12.38；自决 7.10，7.16；《公约》义务的继承 26.49；《公约》的领土和管辖限制 4.05 – 4.10

禁止酷刑委员会（Committee Against Torture）

一般情况 9.02；另一国际程序 5.06；获得赔偿权 9.174；残忍、不人道或侮辱之待遇或惩罚 9.02，9.11，9.12，9.22 – 9.23；酷刑的定义 9.03；引渡、驱逐或推回 9.108；与人权事务委员会判例的一致性 9.02，9.250；对酷刑的普遍管辖权 9.188 – 9.192；有关酷刑可诉性的观点 9.41

经济、社会和文化权利委员会（Committee on Economic and Social Rights）7.26

消除对妇女歧视委员会（Committee on the Elimination of Discrimination Against Women）

一般情况 23.01，23.03，23.24，23.85，23.107 – 23.110；肯定性行动 23.85；妇女积极参与选举 22.59；婚姻 20.56；政治和公共生活中的妇女 22.59；反向歧视 23.92；体系性不平等 23.111；针对妇女的暴力 23.107

消除种族歧视委员会（Committee on the Elimination of Racial Discrimination）

一般情况 23.01；肯定性行动 23.83；仇恨言论 18.85 – 18.89；土著民族 24.16 – 24.17；间接歧视 23.39；私营部门中的歧视 23.95；培训执法人员 23.85；不歧视 23.03，23.24，23.85，23.107 – 23.110；种族诋毁 18.72；分隔 23.11；自决权 7.02，7.06，7.09 – 7.18

获得赔偿权（compensation, right to）

一般情况 1.21；诉诸法院 14.204 – 14.209；适足充分 8.24，8.25，9.174，9.175，9.178，9.181，25.22，25.23；适当 25.03，25.22，25.23；无自动赔偿权 25.07 – 25.09；无理或非法拘禁 11.01 – 11.102；征收 24.28；被国家杀害 8.03，8.17；误审

14.73，14.204－14.210；种族歧视 23.118－23.119；酷刑 9.174；非法杀害 8.03，8.17

强迫或强制劳动（compulsory or forced labour），见**免于奴隶制、奴役和强迫劳役的自由**

供述、供认（confessions）9.156，14.69，14.124，14.169，14.179

保密（confidentiality）

侵扰通信 16.31－16.35；准备辩护 14.116；法律代理 14.76，16.36，16.37；隐私权 16.36－16.38；职业义务 16.36－16.38

基于信念拒绝的权利（conscientious objection, right of）

兵役 17.41－17.47；国家安全 17.43；不歧视 17.42，23.07，23.32－23.33，23.57－23.59；拒绝发放护照 12.25；免于奴隶制、奴役和强迫劳役的自由 10.05；拒绝纳税 17.49

藐视法庭（contempt of court）18.32，18.55

合同（contract）10.19，14.07

不因无力履行契约而被监禁的自由（contract, freedom from imprisonment for inability to fulfil a）

一般情况 10.14－10.17，10.25；不可克减权利 10.17，10.25，26.64

《禁止酷刑公约》（Convention against Torture and Other Cruel, Inhuman or Degrading Treatment or Punishment），另见**禁止酷刑委员会**

免于酷刑的绝对权利 9.01；另一国际程序的审议 5.06；适当程序 9.152，9.153；肉体惩罚 9.129；残忍、不人道或侮辱之待遇 9.34－9.39；酷刑的定义 9.04－9.24；拘禁的条件 9.131－9.135；赔偿受害者的义务 9.174；调查义务 9.168－9.171；通过和执行立法的义务 9.159；惩罚违犯者的义务 9.180；培训人员的义务 9.150；用尽救济 6.01，6.31；引渡、驱逐和推回 9.98－9.126；域外管辖 4.15；不得使用通过酷刑获取的供词 9.156，9.157；国家的不作为 9.08；对警察的调查 9.161－9.173；公共紧急状态 9.26，9.40；救济 9.169－9.171，9.188－9.190

《消除对妇女歧视公约》（Convention on the Elimination of All Forms of Discrimination Against Women），另见**消除对妇女歧视委员会**

一般情况 23.03，23.24；堕胎 23.109；肯定性行动 23.85；歧视的理由 23.37；经济、社会和文化权利 23.24；教育义务 23.115，23.117；用尽救济 6.01；维持不平等或分别的标准 23.92；调查 23.117；婚姻 20.56；政治权利 22.59；消除的积极义务 23.103，23.115；促进义务 23.117；对性别歧视的救济 23.118；未经同意的绝育 23.110；体系性不平等 23.107；基于性别的暴力 23.108

《公民及政治权利国际公约》：案例、资料和评注

《儿童权利公约》（Convention on the Rights of the Child）

一般情况 1.01，21.01，21.02 – 21.05；堕胎 21.13；四个目标 21.03；"儿童的最大利益" 21.03；公民权利和政治权利 21.01，21.04；覆盖范围 21.02；克减 26.61；对人权事务委员会的影响；与《经济社会文化权利国际公约》的重叠 21.04；父母的权利和责任 21.03；缔约国 21.02；基础原则 21.02；与其他权利的关系 21.04；儿童的意见 21.03；儿童的安康 21.04

肉体惩罚（corporal punishment）9.127 – 9.130，21.08

侵扰通信（correspondence, interference with）

审查 9.221，16.31 – 16.35；隐私权 16.08，16.31 – 16.35；窃听电话 16.07，16.34，16.35，16.37，16.38

腐败（corruption）1.93，22.18，22.33，25.06

费用（costs）

诉诸法院 14.36，14.37，14.38，14.39 – 14.41；用尽国内救济 6.28 – 6.31，6.49；法律援助 14.33

离开一国的自由（country, freedom to leave a）

行政措施 12.17；外国人 12.17 – 12.18，12.24；逮捕令 12.22；怀疑犯罪 12.25；选择目的地国 12.17；移居 12.17 – 12.18；驱逐 12.17；外籍工人 12.24；横向效力 12.24；需要丈夫的同意 12.24；限制 12.22，12.25 – 12.26，12.27 – 12.32；兵役 12.25 – 12.26；国家安全 12.23，12.25，12.26；国民服务 12.25 – 12.26；国籍国的义务 12.19，12.22；拒绝发放护照 12.19 – 12.21，12.24，12.25；比例性 12.25，12.28；公共秩序 12.23，12.25；恐怖主义威胁 12.23；有权获得旅行文件 12.19 – 12.22；出境签证 12.18；妇女 12.24

进入某人之本国的权利（country, right to enter one's own）

外国人 12.34，12.36，12.39 – 12.43；无理 12.33，12.37，12.39，12.40；公民身份 12.35，12.37，12.38；殖民地 12.37，12.38，12.44；犯刑事罪行者 12.39 – 12.42；面临递解出境令的人 12.39 – 12.42；旅行文件 12.35；驱逐 12.39 – 12.43；对家庭联系的干涉 12.39；移民 12.41；一国并入另一国 12.37，12.44；国家安全 12.44；区分国民与外国人 12.36；国籍 12.33，12.36，12.37，12.39，12.42；"本国" 12.35 – 12.37，12.39 – 12.41；护照 12.35；强迫人口迁徙 12.33；公共秩序 12.44；与一国的真实联系 12.36 – 12.38；合理拒绝 12.33，12.40，12.44；重新进入的权利 12.39；遣返难民 12.33；居住权利 12.07，12.39；返回权利 12.33，12.36，12.44，12.45；无国籍人 12.36

法院（courts），另见**诉诸法院、公正审判权、独立无私之法定管辖法庭、法官**

蔑视 18.32，18.55；法院前的平等 14.01，14.21 – 14.28；人身保护令 11.70 – 11.99；法庭中的敌视 14.73，14.76；诉讼豁免 14.28；语言 14.122；军事法院 14.55 – 14.59；对家庭法院法官的遵从 14.65，20.62，20.64，20.68

因刑事指控被拘禁者的权利（criminal charges, rights of persons detained on）

逮捕 11.45 – 11.52，14.113；联系律师 11.55；审判不得无故拖延 14.90；干扰证据 11.64，11.67；延长拘禁 11.56 – 11.57；与外界隔绝的拘禁 11.54；告知、通知 11.45 – 11.52，14.113 – 14.116；"体制客观性和无私性""依法执行司法权力之其他官员" 11.56 – 11.57；通译 11.50；迅即被带见司法官员 11.53 – 11.57；离开国家的风险 11.68；审前拘禁的期限 11.48，11.56 – 11.63，11.67；检察官 11.56 – 11.57；审前被释放的权利 11.18，11.59，11.64 – 11.69

刑事罪行和诉讼（criminal offences and proceedings），另见**刑事案件中的上诉、因刑事指控被拘禁者的权利、禁止追溯性刑法**

堕胎 8.92，8.94；诉诸法院 14.29 – 14.47；供述、供认 9.156，14.69，14.124，14.169，14.179；基于信念拒绝者 17.41；离开一国的自由 12.22；进入某人之本国的权利 12.33 – 12.34；审判不得无故拖延 14.90 – 14.96；双重归罪 14.210 – 14.215；法院前的平等 14.21；尽速审理 14.90；公正审判、审理 14.01，14.60，14.85，14.97；无罪假定 14.105 – 14.112；被国家杀害的救济 8.22；法律援助 14.152 – 14.159；法律代理 14.126 – 14.128，14.145 – 14.151；性侵儿童案件 21.42；特别刑事法院 14.26，23.124 – 23.127；不得使用通过酷刑获取的供词 9.156 – 9.158；轻微案件 14.154；受害者要求 3.48

残忍、不人道或侮辱之待遇或惩罚（cruel, inhuman and degrading treatment or punishment）

焚烧和毁坏房屋 9.39；保护儿童 21.15；赔偿 9.174 – 9.175；肉体惩罚 9.127 – 9.130；死刑 9.78；死囚牢现象 9.81；影响判断的因素 9.30；拘禁中的条件 9.131 – 9.144；引渡、驱逐或推回 9.98 – 9.126，13.09；审讯技术 9.32；意图 9.35，9.36；法律制裁 9.22；有关立法 9.159 – 9.160；痛苦 9.29；尽量减少风险的义务 9.151 – 9.152；疏忽 9.25；积极义务 9.34；以私人身份行事者 9.18，9.19；公职人员 9.19；种族主义动机 9.39；救济 9.159 – 9.182；移送 9.38；单独关押 9.29；主观性 9.30；酷刑的含义 9.04，9.25

文化相对主义（cultural relativism）

堕胎 1.131；有关叛教的伊斯兰法律 1.131；公民权利和政治权利 1.119 – 1.124；集

《公民及政治权利国际公约》：案例、资料和评注

体权利 1.120；殖民 1.136；文化多样性 1.128，1.130 - 1.131；发展中国家 1.124；经济相对主义 1.123 - 1.124；经济、社会和文化权利 1.122；保护家庭 1.133，20.06，20.07，20.14 - 20.15；对同性恋的态度 1.130 - 1.131；个人权利 1.120；解释 1.129；含义 1.119；非西方国家 1.119，1.120，1.121；影响委员会决定的政治考虑 1.137；一人多配偶制 1.131；监狱条件 1.133；种族主义 1.136；保留 1.127；权利和义务 1.121；性别歧视 1.132，1.135；扭转传统态度 1.135；美国 1.120，1.122；《公约》的普遍化语言 1.125；西方国家 1.119，1.136

文化（culture），另见**少数者的权利**

一般情况 24.22 - 24.52；低种姓被压制 23.105；衣着 23.02；对经济发展的影响 24.27 - 24.39；文化的演变 23.19，24.24；土著人土地权利 24.40 - 24.43；妇女受压制 23.105；

习惯国际法（customary international law）

退约 26.40；克减 26.68；对《公约》的保留 26.16，26.24，26.26，26.39；追溯性的刑法 15.16；免于奴隶制、奴役和强迫劳役的自由 10.02；国家豁免 1.93；国家继承 26.48

损害（damages），见**获得赔偿权**

数据保护（data protection） 16.58 - 16.60

死刑（death penalty；capital punishment），另见**死囚牢现象**

废除 8.46，8.58 - 8.59，8.69 - 8.73，8.101，9.81；年龄 8.65；大赦 8.63 - 8.64；任意武断和不成比例的惩罚 8.56；禁止判处儿童死刑 8.65，9.86，21.06；减刑 8.54，8.63 - 8.64，14.20；肉体惩罚 9.128；有可能判处死刑的陪审团 14.71；死囚牢现象 9.87；免于死刑 8.58，8.65 - 8.66；扩展死刑罪名清单 8.60；引渡到保留死刑的国家 3.41 - 3.43，4.38，8.67 - 8.73，8.101；公正审判 8.52，8.53，8.55，8.101，14.138，14.152；家庭 8.51，9.93；精神残疾者 8.65，9.92；临时措施请求 1.64 - 1.66；法律援助 14.34；生命权的例外 8.46，9.79；限制 8.65；强制死刑 8.56 - 8.57，8.59，8.101；精神痛苦 9.79，9.94；赦免特权 8.61 - 8.64；"最重大之罪"的含义 8.48 - 8.51；不递解出境的义务 8.74；保留死刑的国家 8.67 - 8.73；减刑和不歧视 23.130；非暴力犯罪 8.50；赦免 8.61 - 8.64；禁止处决孕妇 8.65；程序性保障 8.48；禁止 8.47；处决方式 9.94 - 9.97；公开处决 9.97；恢复死刑 8.58 - 8.60；报复 8.50；《第二任择议定书》 1.02，8.47，9.55，26.34；石刑 9.94；《公约》的领土和管辖限制 4.32 - 4.40；并非故意的或粗心大意的杀人 8.49；战时 26.34

"死囚牢现象"（'death row phenomenon'）

一般情况 9.78 - 9.93；原因 9.79；儿童 9.86；作为一种残忍、不人道或侮辱之惩罚 9.78 - 9.93；与死刑的关系 9.87；关押在死囚牢中的时长 9.78，9.81 - 9.93；拘禁中的条件 9.84，9.87，9.131 - 9.144；心理健康恶化 9.78，9.86，9.87；欧洲人权法院 9.79；枢密院司法委员会 9.79；含义 9.78；精神残疾者 9.92；造成精神紧张 9.79，9.84，9.88；通知暂停处决 9.89 - 9.92；死刑执行令 9.89 - 9.93

死亡威胁（death threats） 11.03，11.05

债（debt） 10.09，10.14

《友好关系宣言》（Declaration of Friendly Relations） 7.05

《美国独立宣言》（Declaration of Independence, United States） 1.04

《法国人权宣言》（Declaration of the Rights of Man, France） 1.04，1.05

《公约》之下的声明（declarations under the ICCPR） 26.08 - 26.12

宣告性判决（declaratory judgments） 6.45

诽谤（defamation） 18.36，18.44，18.46，18.95

准备辩护（defence, preparation of the） 14.116 - 14.128

获得法律意见 14.126 - 14.128；休庭 14.118，14.120，14.121；死刑案件 14.120，14.124；保密 14.126；与外界隔绝的拘禁 14.128；获得文件 14.122，14.123，14.125；诉讼手段平等 14.116；证据 14.122 - 14.125；提供通译 14.116；语言 14.122，14.125；法律援助 14.124；法律代理 14.116 - 14.118，14.126 - 14.128；充分时间 14.116，14.118 - 14.121

侮辱之待遇或惩罚（degrading treatment or punishment），见残忍、不人道或侮辱之待遇或惩罚

审判不得无故拖延（delay, trials without undue）

一般情况 14.90 - 14.96，14.129 - 14.140；拖延归咎于提交人 14.95，14.137；缺乏行政支持 14.140；上诉 14.137，14.139 - 14.140；逮捕和审判之间的时长 14.130，14.131 - 14.136；拒绝保释 14.130；举证责任 14.133；因刑事指控被拘禁者的权利 11.53 - 11.69；民事审理 14.90，14.131；案件的复杂性 14.94，14.95，14.131，14.135，14.136；刑事审判 14.136；死刑案件 14.138；审前拘禁的时长 14.130，14.134，14.135；经济原因 14.90，14.140；家庭问题诉讼 14.92，14.93；人身保护令 11.70 - 11.82；负责人员或机构 14.136；"迅即" 11.54；所有阶段 14.129；"无故拖延"的含义 14.129，14.131；不合理拖延 14.91，14.130

《公民及政治权利国际公约》：案例、资料和评注

民主（democracy） 22.08，22.68

示威和抗议（demonstrations and protests）

集会自由 19.08；表达自由 18.11；国家安全 18.49；意见自由 18.06

退出《公约》（denunciations under the ICCPR） 26.01，26.40 - 26.44

递解出境（deportation），另见引渡、驱逐和驱回

一般情况 9.98 - 9.126；无理的 12.39；保护儿童 20.24，21.14，21.36，21.48；进入某人之本国的权利 12.33 - 12.45；有犯罪记录的人 9.125，12.39 - 12.43，20.24 - 20.28；到保留死刑的国家 4.36，8.67 - 8.73；非常规移送 1.67，9.13，9.38；家庭成员 20.29 - 20.36；保护家庭单位 9.125，20.24；临时措施请求 1.65，1.67；集体递解出境 12.33，13.03 - 13.04；诉讼案 14.17；到某人可能被施以酷刑的国家 9.98 - 9.126

对《公约》的克减（derogations from the ICCPR）

一般情况 26.01，26.51 - 26.81；举证责任 26.79；《儿童权利公约》26.61；危害人类罪 26.67；习惯法 26.68；经济困难 26.55；《欧洲人权公约》和自由判断余地 26.79；不可克减的权利 26.64 - 26.73，26.80；人权事务委员会的监督作用 26.79；符合国际法 26.60 - 26.61，26.68；强行法 26.68；合法性 26.70；监督 26.51；迁徙自由 26.57；国家安全 26.57；不歧视 23.01，26.62 - 26.63；国际法强制规范 26.67，26.68；程序性要求 26.74 - 26.78；比例性 26.51，26.55 - 26.59，26.69；危及国家存亡的公共紧急状态 1.21，5.01，26.51，26.53 - 26.59，26.76；法律人格权 26.64；救济 26.67；通知 26.75 - 26.76；法治 26.70；《锡拉库萨原则》26.52，26.54，26.55，26.58；严格必要 26.58；实质性限制 26.53

被拘禁者获得人道待遇的权利（detained persons to humane treatment, right To），另见拘禁的条件

受到同监囚犯虐待 9.216；与被判决有罪之人分别羁押 9.232 - 9.236；年龄 9.202；寻求庇护者 9.213；放逐期间 9.195；笼床 9.217；保护儿童/少年 9.234 - 9.239；拘禁的条件 9.195，9.210；矫正机构 9.195；死因牢现象 9.223；作为可克减权利 9.193；拘留所 9.195；国家的发展水平 9.200，9.203；残疾囚犯 9.231；积极义务 9.225 - 9.231；教育和培训 9.240；未能保留记录 9.228；与亲朋的联系 9.98，9.142，9.149，9.153，9.221；苦役 9.243；适足的医疗 9.230 - 9.231；监狱中的医院 9.195；高度安全戒备监狱 9.248；获得医疗记录 9.222；精神残疾 9.202；最低限度的拘禁条件 9.200 - 9.217；影响所有被拘禁者的情况 9.205；有害健康的条件 9.206；生活的总体条件 9.203；假释 9.243 - 9.244；刑事政策 9.241；积极义务 9.225 - 9.231，9.253；报告提供资料 9.225；

怀孕的和生育后的囚犯 9.229；培训人员 9.225；程序性义务 9.225－9.228；监狱 9.195，9.226，9.241；私营拘禁机构 9.196－9.199；改造目的 9.240－9.249；报复 9.241；性罪犯 9.243；单独关押 9.219，9.220，9.242；监狱中的自杀 9.201；残忍、不人道或侮辱之待遇或惩罚 9.134－9.135，9.193，9.204，9.210，9.252；《囚犯待遇最低限度标准规则》9.197，9.200，9.214－9.215；投票权 9.246；弱势的被拘禁者 9.202；囚犯的工资 9.245；女性囚犯 9.236；女性狱卒 9.212

拘禁（detention），另见被拘禁者获得人道待遇的权利、人身保护令、自由权、囚犯

行政拘禁 10.23，11.17；年龄 21.20；无理的 11.01，11.15－11.44；寻求庇护者 9.73，9.116－9.124，9.213，9.251，11.24－11.29；儿童 9.131，9.149，9.166－9.167；幽闭恐惧症 9.22，9.31；衣着 9.93，9.149；《禁止酷刑公约》9.152；作为残忍、不人道或侮辱之待遇 9.26－9.29，9.35，9.93－9.98，9.103－9.106，9.131－9.135，9.142，9.138－9.156；将来危险性 11.32；死囚牢 9.57，9.136，9.142，9.144－9.145，9.155；等待被递解出境 9.14－9.15，9.21，9.62，9.100，11.24－11.29；与外界隔绝的拘禁和失踪 9.142－9.144，9.145；惩戒措施 9.94，9.149；经济相对主义 1.101；证据 9.152；平等 9.140，9.149，9.164；引渡、驱逐或推回 9.101；食物和水 9.93，9.140，9.146，9.149，9.160；不受拘禁 11.01－11.02；移民拘禁 11.24－11.29；联系律师 9.103，9.142，14.84；法律代理 14.107；合法性要求 11.11－11.14；审查邮件 9.153；体力劳动 9.146；医疗 9.35－9.36，9.52，9.93，9.101，9.132，9.136－9.140，9.143，9.148，9.149，9.154，9.161；精神病机构 9.150，11.21－11.23；精神痛苦 9.26，9.48－9.53，9.57，9.60；军事拘禁 9.26－9.29；军纪 11.09，23.33；最低限度标准 9.132－9.135，9.137－9.139，9.138－9.156；对监狱的监督 9.157－9.159；来自非政府实体的威胁 9.14；痛苦和疼痛 9.26；期间 11.13－11.14，11.16－11.19；法律人格权 10.14，10.23；锻炼身体 9.132；警察 9.102，9.160；积极义务 9.138，9.157－9.162；怀孕的和生育后的囚犯 9.161；预防性拘禁 11.24，11.31－11.37；私营拘禁中心 9.135－9.137；强奸 9.06，9.147；保留记录 9.103，9.160；难民 11.24－11.29；还押囚犯 9.149，9.163－9.164；人身安全 11.03－11.07；镣铐 9.32，9.94；单独关押 9.26，9.93－9.94，9.97－9.98，9.132，9.141，9.151－9.152；改造 9.170；在一国领土内 12.02；寻求庇护者 9.73；酷刑 9.32－9.36，9.39，9.92－9.98，9.103－9.106，9.133－9.172；培训 9.102，9.150，9.157；联合国准则 9.93，9.138，9.148－9.149；成比例使用武力 9.96；通风 9.93，9.149

国家的发展水平（development, state's level of）

腐败 1.124；相对主义 1.119，1.123－1.124；审判不得无故拖延 14.149；拘禁

《公民及政治权利国际公约》：案例、资料和评注

9.132，11.63；克减 26.55；表达自由 18.60；少数者的权利 24.27 - 24.39

可予允许的区别（differentiation, permissible），另见**肯定性行动**

一般情况 23.48 - 23.82；行政便利 23.57；养家活口者 23.14，23.43，23.51，23.78；预算限制 23.23；不歧视 23.04，23.06，23.09，23.14，23.21，23.22，23.48 - 23.86；征收财产 23.65；"合理与客观的检验" 23.04，23.43，23.45，23.49 - 23.82；反向歧视 23.87 - 23.94

残疾人（disabled persons）

堕胎 9.59，17.26；肯定性行动 23.83；《残疾人权利公约》1.140，23.03，23.39；死刑 8.65；拘禁 9.202，9.231；用尽国内救济 6.18；便利 21.22；杀婴 8.99；婚姻状况 23.10；不歧视 23.18，23.31，23.36，23.83；监狱 14.09 - 14.11；诉讼案 14.09 - 14.11；使用武力 9.48；投票权 22.55

失踪（disappearances）

一般情况 8.27 - 8.34；条件 9.141；免受无理拘禁 11.105；死亡的证据 8.32，8.33；与外界隔绝的拘禁 9.141，9.154 - 9.155，9.218 - 9.220；国家的调查义务 8.16 - 8.21；生命权 8.27 - 8.34；法律人格权 10.22；国家的预防义务 8.27；属时规则 2.11 - 2.13；获得救济权 25.16，25.25，25.26；酷刑 9.145

审判中止（discontinuance）14.42，14.75，14.96

国内流离失所（displacement, internal）12.02

离婚（divorce）

探视子女 20.59 - 20.67；逐渐实施的义务 20.61；父母的单方反对 20.65；家庭财产 20.54；生活费 20.53；国内法院的裁决 20.62 - 20.64；再婚的权利 20.46

DNA 检测（DNA testing）16.61，20.22

《公约》与国内法（domestic law, ICCPR and）1.25 - 1.30

权利法案 1.26，25.10；直接效力 1.30；落实和执行 1.16，1.20，1.25 - 1.30；联邦政府 1.29；省法律 1.29；地区差别 1.29；国家责任 1.29；国家主权 1.25；制定法解释 1.30

家庭暴力（domestic violence）

用尽国内救济 6.27；保护家庭 20.01；人身安全 11.06；性别歧视 23.37，23.98，23.108；酷刑 9.160

家庭佣工（domestic workers）

剥削儿童 21.38；非法移徙工人 10.10，10.11

索 引

禁止双重归罪（double jeopardy, freedom from） 14.210 – 14.215

基于犯罪记录递解出境 14.213 – 14.214；因拒服兵役反复监禁 14.211；预防性拘禁 14.212；一罪不二审 14.210 – 14.211

因嫁妆不足遭杀害（dowry killings） 8.88

毒品（drugs）

剥削儿童 21.48 – 21.49；引渡、驱逐或推回 13.25；宗教自由 17.04，17.05，17.34；贩运 21.48 – 21.49

经济相对主义（economic relativism） 1.123，1.125，1.126，1.130，1.133，1.134

保护家庭（family, protection of the） 20.05

经济、社会和文化权利（economic, social and cultural rights），另见《**经济社会文化权利国际公约**》

儿童的权利 21.15 – 21.18；与公民权利和政治权利的比较 1.122；东方社会主义国家集团 1.11；经济相对主义 1.123；欧洲联盟 1.122；不可分割 1.11，1.104，1.105；法律援助 6.29；生命权 8.75；自然权利 1.06 – 1.08；不歧视 23.15，23.18，23.19 – 23.24；与政治权利的比较 1.11；积极权利 1.100，1.104，1.105；自决 7.01；美国 1.91；《世界人权宣言》1.09

教育（education），另见**宗教和道德教育**

一般情况 21.15，21.17；堕胎 8.95；保护儿童 21.15，21.17，21.47，21.48，21.57；被拘禁者获得人道待遇的权利 9.240；女童 21.24；自由权 11.08；少数者 24.47；不歧视 21.21，23.21，23.60，23.83，23.113 – 23.116；怀孕或充当父母的影响 21.15；培训人员的义务 8.11，8.35 – 8.40，9.150，19.05；投票 22.25，22.33

选举（elections），另见**投票**

一般情况 22.41 – 22.59；年龄 22.41；与结社自由的关系 22.56；自动投票系统 22.60；候选人 22.41，22.44，24.49；儿童 21.07；公务员 22.47；消除对妇女歧视委员会 22.59；利益冲突 22.41；费用 22.41，22.46，22.50，22.52；残疾人 22.55；扭曲的结果 22.26，22.54；选举制度 22.35 – 22.37，22.54；投票人意志的自由表达 22.50 – 22.54；表达自由 18.43，22.56；国家提供选举设施 22.33，22.34；调查缺陷 22.59；国际观察员 22.51；语言要求 22.49；媒体 22.56 – 22.59；歧视 22.41，22.48，23.74；民意测验 18.43；一党制 22.42；警察 22.47；政治和经济权力的不平等分配 22.59；政治见解 22.41；政党 22.42，22.45，22.56 – 22.59；积极歧视 22.48；配额 22.48，23.94；限制 22.41，22.42，22.47，23.74；无记名投票 22.55；被选举权 22.41 – 22.59；选举

《公民及政治权利国际公约》：案例、资料和评注

期间 22.53；暴力 22.50；妇女 22.48 – 22.49

紧急状态（emergencies），另见克减

一般情况 1.21，5.01，26.54；虐待 26.51；通知 26.76；酷刑 9.40 – 9.42，9.49 – 9.53；克减 26.53 – 26.55；持续期间 26.59；经济困难 26.55；非常和临时性质 26.59；地理范围 26.54；程序要求 26.74 – 26.78；受影响的人口 26.54；比例性 26.51，26.55 – 26.59

雇佣（employment），另见移徙工人；免于奴隶制、奴役和强迫劳役的自由

年龄 21.19；童工 21.47；解雇 14.14 – 10.17，23.86；自然权利 1.03 – 1.08；性别歧视 23.43，23.62，23.83；工作许可 10.10

法院前的平等（equality before the courts）

一般情况 14.21 – 14.28；诉诸法院 14.29；民事诉讼 14.22；刑事诉讼 14.22，14.23，14.24；诉讼手段平等 14.22；公正审判 14.01，14.21 – 14.28；诉讼豁免 14.28；司法官员 14.21；不歧视 14.10，14.21，23.124 – 23.127；诉讼当事方 14.24；检察官 14.21，14.27；特别刑事法院 14.25，14.26，23.124

法律上的平等权（equality before the law, right to），另见不受歧视的权利

与《欧洲人权公约》的比较 23.17；公正审判 14.21；不歧视 23.15，23.16，23.38，23.120 – 23.130；权利的范围 23.15

男女平等（equality between men and women），见性别歧视

诉讼手段平等（equality of arms） 14.18，14.22，14.31，14.61，14.74，14.77，14.87，14.116，14.119，14.169，14.170，14.177

欧洲人权委员会（European Commission on Human Rights） 5.01，5.07，5.09，5.10 – 5.11

《欧洲人权公约》（European Convention on Human Rights），另见欧洲人权法院

另一国际程序的审议 5.06，5.10，5.13 – 5.16；死囚牢现象 1.77，9.81；克减 26.79；生命权 8.05；自由判断余地 18.35，18.69，26.79；不歧视 23.17，26.14；酷刑 9.25

欧洲人权法院（European Court of Human Rights） 5.09，5.10 – 5.13，26.20

欧洲联盟（European Union） 1.19

安乐死（euthanasia） 8.96 – 8.98，8.99，8.104

证据（evidence），另见证人（witnesses）

行政诉讼 14.77；刑事案件中的上诉 14.63；因刑事指控被拘禁者的权利 11.45；准

备辩护 14.116 – 14.128；专家 14.174；公正审判 14.60，14.62；个人来文 1.51 – 1.54；干扰 11.57；国家安全 13.21；搜查 16.27 – 16.30；酷刑 9.54 – 9.56

用尽国内救济（exhaustion of domestic remedies）

一般情况 6.01 – 6.49；行政救济 6.05 – 6.07；可否受理 6.01 – 6.49；上诉 6.04，6.12，6.17，6.25；举证责任 6.44 – 6.48；宪法动议 6.29；《禁止酷刑公约》6.01；《消除对妇女歧视公约》6.01，6.27；昂贵的救济 6.28 – 6.31，6.49；支付法庭费用 6.17；事实上和法律上的救济 6.20，6.21；死刑 6.04，6.09；拖延 6.01，6.22，6.32 – 6.39，6.49；拘禁的条件 6.18，6.21，6.33，9.131；惩戒措施 6.04；家庭暴力 6.27；事后救济 6.08；非常救济 6.04，6.48；公正审判 6.09，6.12，6.20 – 6.21，6.29，6.40；家庭法院 6.34；无效救济 6.19 – 6.27，6.49；对法律的无知不是理由 6.12，6.13；土著民族的土地权利 6.05 – 6.07，6.22，24.42 – 24.43；最终判决 6.02；司法救济 6.02 – 6.04；司法审查 6.16，6.26；未能告知被告救济 6.12，6.14；缺乏法律援助 6.28 – 6.30；法律程序中的拖延 6.01，6.32 – 6.39，6.49；方式要求 6.09 – 6.18；多级诉讼 6.11，6.12；无进一步救济 6.15；繁重性质 6.26；先例 6.25 – 6.26，6.49；救济不合理拖延 6.01，6.06，6.22，6.24，6.32 – 6.39，6.49；国家继承 6.40 – 6.43；提出实质性权利的要求 6.09 – 6.18；寻求救济的期间 6.12，6.14，6.16；必须用尽救济的类型 6.03 – 6.08；取消要求 6.02

表达自由（expression, freedom of），另见**仇恨言论**

一般情况 18.01 – 18.95；学术自由 18.70；获得信息 18.22 – 18.27；广告、商业表达 18.10，18.39；公共卫生 18.65；集会、游行、抗议 18.11；审查 18.15，18.18，18.68；法庭上使用的语言 18.12；文化表达 18.08，18.10；文化相对主义 1.119；民主社会 18.02，18.18；发展中国家 18.60；责任及义务 18.01；受影响的实体 18.04；自由判断余地 18.69；批评政府 18.45；涂抹 18.14；同性恋 18.62，18.68；绝食 18.62；与《公约》其他权利的关系 18.03；自我实现 18.01，18.02；信息 18.15 – 18.17，18.22 – 18.29；互联网 18.21；新闻业 18.18，18.47，18.49；劳资纠纷 18.52；语言 18.10，18.12，18.39，18.41，18.42，18.52，24.46 – 24.52；左右翼观点 18.54；诽谤 18.46，18.47；可予允许的限制 18.01，18.30 – 18.71；"酌处余地" 18.69；媒体 18.15，18.18 – 18.20，18.28，18.61，22.56；少数者的权利 24.09，24.46；国家安全 18.18，18.23，18.28，18.48 – 18.54，18.61，18.64；不歧视 18.31，23.12，23.89；非口头表达 18.11；淫秽和色情材料 18.71；官方机密 18.48；意见自由 18.02，18.05 – 18.07；他人权利或名誉 18.36 – 18.47；议会特权、程序 18.32，18.61；政治表达 18.09，18.10，18.60，18.81；

《公民及政治权利国际公约》：案例、资料和评注

政党 18.52，18.53，18.60，18.83，22.56；新闻发布会 18.13；新闻自由 18.15，18.18，18.28；审前报道 18.36；隐私 18.36；宣传 18.05；比例性 18.30，18.40，18.43，18.58；公共机构 18.22；公共卫生和道德 18.18，18.65-18.71；公共秩序 18.18，18.55-18.64；公开演讲 18.58-18.59；出版教材 18.16-18.17；接受信息 18.26，18.28-18.29；宗教 17.30，18.70；与其他权利的关系 18.03；受害者要求 3.19；投票 22.33

引渡、驱逐和推回（extradition, expulsion and refoulement），另见**递解出境**

一般情况 9.98-9.126；行政程序 13.12；外国人 9.101-9.102，9.116-9.119，9.124，12.39-12.43，13.01-13.26；上诉 9.107，13.16；无理根据 13.02，13.03，13.24；逮捕 13.03；寻求庇护者 9.101-9.102，9.116-9.119，9.124，13.09，13.10，13.15，13.18；禁止酷刑委员会 9.100-9.126；保护儿童 21.14，21.36，21.48；集体驱逐 12.27，13.03-13.04，13.17；主管当局 9.108，13.01，13.09，13.12-13.14，13.16-13.17；《关于难民地位的公约》9.116-9.117；离开一国的自由 12.14，13.03；进入某人之本国的权利 12.33；覆盖范围 13.02；残忍、不人道或侮辱之待遇 9.98-126，13.09；引渡到保留死刑的国家 3.41-3.43，4.32-4.40，8.67-8.73；拘禁的条件 9.101；保护的外交保证 9.104-9.106；族裔群体 9.111；用尽国内救济 6.23；申请引渡 13.05；与公正审判的关系 13.07-13.08；可预见酷刑、酷刑的可能性 9.98-9.126，13.02，13.09，13.23；驱逐的理由 9.108，13.01，13.03，13.19-13.25；针对驱逐的保障 13.02，13.04，13.06，13.26；人身保护令 11.88；得到主管当局审理的权利 13.10，13.12-13.14；移民审理 13.12-13.15；法律 13.02，13.10-13.11；法律代理权 13.18；精神问题 9.101；国家安全 9.113，13.01，13.11，13.19-13.25；紧迫证据 13.21，13.24；不歧视 13.02，13.13；驱逐通知 13.14；起诉 9.100，9.103；程序 13.01-13.26；不可弥补损害的真实风险 9.99-9.100；接收国 9.101，9.125，13.03；代理权 13.18；得到主管当局复判的权利 13.14，13.16-13.17，13.19-13.26；安全等级的评估 13.20-13.25；"诉讼案" 13.07；《公约》的领土和管辖限制 4.32-4.40；嫌疑恐怖分子 9.104，13.23；递解到第三国 9.112；引渡施用酷刑者 9.189，9.192；受害者要求 3.41-3.43；战争罪犯 9.119；妇女 13.06，13.15

公正审判权（fair trial, right to a），另见**诉诸法院、审判不得无故拖延、公开审理**

一般情况 14.01-14.216；被告 14.141-14.144，14.182-14.186；获得法律咨询 14.126-14.128，14.145-14.151；休庭 14.118，14.120，14.121；对抗式诉讼 14.87；刑事责任年龄 14.183，21.20；上诉 14.82，14.89，14.187-14.203；司法偏向 14.48-

14.54；举证责任 14.87，14.104，14.105，14.179；民事诉讼 2.08，14.01，14.87-14.89，14.90-14.96，14.105-14.112，14.141，14.187；误审的赔偿 14.204-14.209；保证合格代理 14.161-14.168；供述、供认 14.179，14.180；保密 14.126；审判的费用 6.28；法院 14.01，14.48-14.59，14.64，14.65，14.76，14.83；刑事上诉 14.187-14.203；刑事指控 14.03-14.05，14.113-14.115，14.177；刑事审判 14.01，14.11，14.22-14.27，14.08，14.74，14.84-14.89，14.90-14.96，14.105-14.112，14.126-14.128，14.141-14.151，14.179-14.182，14.187-14.203，14.210-14.215；死刑 8.52-8.55，8.72，8.101；准备辩护 14.116-14.128；克减 26.72；拘禁 14.111，14.128；获得文件 14.122-14.125；禁止双重归罪 14.210-14.215；审判公正的要素 14.60-14.89，14.126-14.128，14.145-14.151；法院前的平等 14.01，14.20-14.28；与法律上平等的区别 14.21；诉讼手段平等 14.22，14.41，14.42，14.45，14.48，14.79；程序性平等 14.01，14.60；证据 14.77，14.116-14.117；用尽国内救济 6.09，6.12，6.20-6.21，6.40；尽速审理 14.90-14.96；尊重家庭法院 14.65-14.66；认罪 14.75，14.179-14.182；法庭中的敌意 14.76；诉讼豁免 14.28；不公开审理 14.103-14.104；无罪假定 14.75，14.101，14.105-14.112；获得免费通译 14.22，14.116，14.177-14.178；法官 14.21，14.48-14.54，14.67，14.68，14.70，14.72，14.101；司法错误 14.60，14.64；陪审团 14.02，14.57，14.72；丰富的判例 14.216；少年被告 14.97，14.183-14.186；语言 24.46；法律援助 6.26，14.34，14.149，14.152-14.160；法律代理 14.82，14.85，14.86，14.105，14.116-14.121，14.126-14.128，14.145-14.151，14.161-14.168；军事法院 14.55-14.59；对误审的赔偿 14.73，14.204-14.209；罪名分类 14.150；滥用辩诉交易 14.73；警察 14.21，14.81，14.179；出席审判 14.141-14.144；无罪假定 14.11，14.105-14.112，14.181，14.182；作为程序性权利 14.64；检察官 14.21；公开审理 14.97-14.104；保留 26.12；沉默权 14.181；自证其罪 14.179-14.182；严格责任 14.87；"诉讼案" 14.07-14.20，14.87；法庭的特征 14.48-14.54；证人 14.74，14.78，14.80，14.102，14.169-14.176

保护家庭（family, protection of the）16.20，20.01-20.68

一般情况 20.01-20.68；收养 20.10；祖先 16.06，20.14-20.15，24.39；儿童 20.02，20.10，20.29-20.34，20.59-20.67，21.01-21.05，21.35-21.37；递解出境 9.88，20.24-20.34；进入某人之本国的权利 12.33；文化相对主义 1.119；文化传统 20.06，20.07，20.14-20.15；死刑 8.51；离婚 20.06，20.59-20.67；平等待遇 20.18；引渡、驱逐或推回 13.02；家庭暴力 20.01；经济相对主义 20.05；用尽国内救济 6.34，6.46-6.47；

《公民及政治权利国际公约》：案例、资料和评注

大家庭 20.06；家庭生活 20.10，20.11，20.12，20.13，20.25；含义 20.06 – 20.15，20.68；财政支持 20.03 – 20.05；社会基本单位 20.01 – 20.02；外籍丈夫 20.18 – 20.19；移民 20.10，20.12，20.17 – 20.37，20.68；侵扰、干涉 20.01 – 20.03，20.24，20.26，20.29，20.36，20.68；采取立法措施 20.04 – 20.05；婚姻 20.07，20.09，20.12；最低限度的要求 20.11；与少数者权利的比较 24.05；不歧视 20.18，20.19，23.31，23.53，23.98；核心家庭 20.06，20.21；亲子关系 20.07；积极义务 20.03；难民 20.22，20.23；隐私权 20.03；居住地位 3.40；家庭团聚 20.17，20.20 – 20.24，20.35，20.37，20.38，20.50，21.35 – 21.37；与其他权利的关系 20.03；性别歧视 20.18，20.19；同性关系 20.08；单亲家庭 20.06；未婚伴侣 20.06，20.09；受害者要求 3.30；福利 20.05

家庭和住宅受尊重的权利（family and home, right to respect for），另见隐私权

一般情况 16.18 – 16.30；外籍男女的不同居住地位 16.24 – 16.25；无理 16.23；将外国人递解出境 16.26；迁离 16.21；干涉 16.18；含义 16.18；警察的骚扰 16.20；居住 16.24 – 16.25；撤销承租权 16.19；工作场所 16.18

成立家庭的权利（family, right to found a）

一般情况 20.47 – 20.50；不是绝对权利 20.49；计划生育 20.47；人工生殖方法 20.49；同性恋 20.48；限制 20.48 – 20.49；结婚的权利 20.48；以胁迫的方式控制人口 20.47；与其他权利的关系 20.47；时限 20.49

女性生殖器残割（female genital mutilation）

文化相对主义 1.131；递解出境 21.14；引渡、驱逐或推回 9.62，21.14；生命权 8.43；性别歧视 23.108；酷刑 9.18，9.57，9.62

《第一任择议定书》（First Optional Protocol）

可否受理 1.51 – 1.54；另一国际程序的审议 5.01 – 5.03，5.08 – 5.14；案件积压 1.139；举证责任 6.44 – 6.48，14.133；持续侵犯 2.06 – 2.22；退约 26.40，26.41；用尽国内救济 6.07；公正审判 14.63；严重违反 1.66；个人来文 1.02，1.48 – 1.63；临时措施 1.65；解释《公约》规范 1.68，1.69 – 1.78；管辖权 1.52；国家不合作 1.62，1.63；缔约国数目 1.13；程序规则 1.59；属时规则 2.06 – 2.22；批准 1.13，1.59，2.04；保留 26.30，26.33；自决 7.24 – 7.25，7.26；受害者要求 7.24；国家继承 26.45；体系性的人权侵犯 1.116 – 1.118；时间限制 1.55，1.56 – 1.57

渔猎（fishing and hunting） 24.18，24.20，24.22，24.25，24.29，24.31，24.41，24.53

索　引

未出生儿的权利（foetus, rights of）3.37

强迫劳动（forced labour），见免于奴隶制、奴役和强迫劳役的自由

择地行诉（forum shopping）5.02

信息自由（freedom of information）18.22－18.29

迁徙自由（freedom of movement），另见离开一国的自由、进入某人之本国的权利

一般情况 12.01－12.46；外国人 12.12－12.16；在一国领土内 12.02－12.06，12.13－12.14；寻求庇护者 12.15；横向效力 12.05；限制 12.25，12.27－12.32，12.46；记者 12.29；国家安全 12.28，12.30；非政府组织成员 12.16；私人干涉 12.05；嫌疑恐怖分子 12.31；签证 12.16；妇女 12.05

性别不平等（gender inequality），见性别歧视

性别重置（gender reassignment）10.24，20.44

灭绝种族（genocide）26.17，26.35

真正之选举（genuine elections），另见投票

一般情况 22.50－22.54，22.57；选举透明 22.51；竞选开支 22.50，22.52；扭曲的结果 22.35，22.54；独立的选务机构 22.50；国际观察员 22.51；媒体的影响 22.56－22.59；不歧视 22.41；无记名投票 22.55；选举之间的间隔 22.53；免受暴力 22.50；投票人意志 22.50－22.59；妇女的参与 22.48

为某种特定利益划分选区（gerrymandering）22.35

涂抹（graffiti）18.14

监护（guardianship）21.51，21.56

获得人身保护令的权利（habeas corpus, right of）

一般情况 11.70－11.99；诉诸法院 11.72；获得文件 11.87；联系律师 11.83－11.86；等待引渡的外国人 11.88；逮捕 11.70；寻求庇护者、移民 11.70－11.78，11.85－11.86，11.88－11.92，11.99；拖延 11.70－11.84，11.86，11.88，11.91－11.99，11.106；与外界隔绝的拘禁 11.73，11.83；合法性 11.70－11.71，11.92－11.94，11.97－11.98；联系律师 11.83－11.86；法律援助 11.84－11.85；自由权 11.70－11.90；军事监狱 11.89；预防性拘禁 11.79－11.82，11.90，11.106；拘禁在精神病院 11.77，11.106；审查 11.73－11.82；质疑其有效性的权利 11.90－11.99

骚扰（harassment）

持有意见的权利 18.06；担任公职 22.74；搜查 16.27；性骚扰 23.108

《公民及政治权利国际公约》：案例、资料和评注

仇恨言论（hate speech）

一般情况 18.01，18.72 – 18.94；教育 18.84；表达自由 18.73 – 18.75；资助种族主义活动 18.85；性别 18.71；否认种族大屠杀 1.114，18.90 – 18.94；调查 18.88；可诉性 18.79 – 18.81；种族歧视 18.85 – 18.89，23.102；种族仇恨 18.85 – 18.89；诋毁 18.72，18.75，18.76，18.79，18.82 – 18.84；宗教自由，23.102；保留 18.73；范围 18.76；种族冒犯性的词语 18.89；思想和信念自由 18.84；对性少数者的暴力犯罪 18.76；战争宣传 18.72，18.77 – 18.78；《联合国宪章》18.78

健康、卫生（health），另见医疗；公共安全、卫生或道德

剥削儿童 21.47；残忍、不人道或侮辱之待遇 9.126；递解出境 9.126；拘禁的条件 9.132，9.134，9.138，9.153，9.200，9.202，9.206，9.215，9.229，9.230；生命权 8.12，8.24，8.37，8.40；缺乏资源 8.37，8.81；酷刑 9.71，9.146

否认种族大屠杀（Holocaust, denial of） 1.143，18.90 – 18.94

无家可归（homelessness） 8.82

同性恋（homosexuality）

审查 18.68；有关刑事罪行 3.48，16.50 – 16.52；文化相对主义 1.130，1.131；表达自由 18.62，18.68；保护家庭 20.08；成立家庭的权利 20.48；媒体节目 18.68；结婚的权利 20.42；不歧视 16.49 – 16.52，23.54 – 23.56；隐私权 1.98，16.49 – 16.52；公共道德 16.50 – 16.52，18.68；同性关系 20.08，20.42，20.48，20.68，23.54 – 23.56

名誉及信用/名誉（honour and reputation）

一般情况 16.41 – 16.48；表达自由 18.44 – 18.47；同性恋 16.49；含义 16.41，16.48；隐私权 16.41 – 16.48；精神病检查 16.42；"非法"的含义 16.06，16.48

《公约》中的义务（obligations in ICCPR）

一般情况 1.106 – 1.115，4.19 – 4.24；恪尽职守 1.111，1.113；非国家义务 1.113；国家责任 1.107，1.109；《公约》的纵向实施 1.106；纵向义务 1.106 – 1.110

医院（hospitals）

被拘禁者获得人道待遇的权利 9.136 – 9.140；人身保护令 11.70，11.77；拘禁在精神病院 11.08 – 11.09，11.21 – 11.23，11.77，11.106

住房（housing） 12.07，23.98

人权事务委员会（Human Rights Committee）

审议可否受理 1.52；积压 1.139；根据《第一任择议定书》提交的来文 1.52 – 1.54，1.58 – 1.59，1.72；结论性意见 1.40；保守主义 1.77，1.80；建立 1.02，1.31；批评

1.143；文化和经济相对主义 1.123 – 1.137；决定 1.35，1.58 – 1.62，1.78 – 1.81，1.141；拖延 1.139；不尊重 1.141；国内法 1.25 – 1.30；经济、社会和文化权利的解释 1.122；委员 1.31 – 1.36；紧急报告 1.39；执行的问题 1.93 – 1.94；与欧洲人权法院的比较 1.77；证据 1.51；不落实委员会的意见 1.61；后续程序 1.61；第四审级原则 1.53 – 1.54，14.63；一般性意见 1.36，1.43 – 1.44，1.117；临时措施 1.64 – 1.67；《公约》的解释 1.41 – 1.42，1.61，1.69 – 1.81，1.87 – 1.99；国家间申诉 1.36，1.45 – 1.47；自由主义 1.77；多数意见 1.35；会议 1.31，1.33，1.139；监督 1.36，1.37，1.142，1.144；《公约》规范的解释和发展 1.68 – 1.118；兼职性质 1.139；积极权利和义务 1.99 – 1.105；先例的作用 1.78 – 1.81；议事规则 1.35；意见的质量 1.138 – 1.143；激进主义 1.77；报告制度 1.37 – 1.42；缺乏资源 1.133；特别报告员 1.40，1.42；缔约国报告 1.37 – 1.42；监督机制作为次级渊源 1.25；体系性的人权侵犯 1.116 – 1.118；联合国条约制度 1.140；《公约》中的纵向义务 1.106

身份特性（identity）

保护儿童 21.52；少数者的权利 24.01，24.26，24.51；隐私权 16.03 – 16.05；社会身份特性 24.01

非婚生（illegitimacy；wedlock，born out of）

保护儿童 21.25，21.55，21.61；不歧视 21.25，21.55，21.61，23.79

文盲（illiteracy）22.33

移民（immigration）

离开一国的自由 12.17 – 12.26；进入某人之本国的权利 12.33 – 12.45；拘禁 1108，11.09，11.24 – 11.29；驱逐 12.35，13.09；保护家庭 20.10，20.12，20.68；家庭的完整 20.24 – 20.34，20.68；人身保护令 11.70 – 11.82；获得法律代理 11.83，11.85 – 11.86；性别歧视 23.51

豁免（immunities）

法院前的平等 14.28；国家元首 14.28；国家豁免 1.93

煽动种族、宗教或民族仇恨（incitement to racial, religious or national hatred），见**仇恨言论**

与外界隔绝的拘禁（incommunicado detention）

一般情况 9.97 – 9.98，9.151 – 9.152，9.218；因刑事指控被拘禁者的权利 11.31；失踪 9.105；预防的义务 9.151，9.154 – 9.155；人身保护令 11.47，11.53，11.73，11.83；被拘禁者的人道待遇 9.218，9.221；酷刑 9.39，9.97 – 9.98，9.105 – 9.106，

《公民及政治权利国际公约》：案例、资料和评注

9.115，9.141 - 9.144，9.151 - 9.152；违反的类型 9.155；联系律师 14.84；受害者要求 3.31，3.32

独立无私之法定管辖法庭（independent, impartial and competent tribunals）

一般情况 14.48 - 14.54；绝对权利 14.48；上诉 14.59；基于习惯法的法院 14.53；司法机关独立于行政机关 14.49；法官 14.48 - 14.54，14.65，22.73；军事法院 14.55 - 14.59；程序性保障 14.54，14.59；公开审理 14.97 - 14.104；宗教法院 14.53；分权 14.49

土著人（indigenous persons），见少数者的权利

根据《任择议定书》提交的个人来文（individual communications under First Optional Protocol）

可否受理 1.48 - 1.57；合并申诉 1.50；标准 1.52；证据 1.51 - 1.54；人权事务委员会 1.48 - 1.63；违反《公约》1.48 - 1.63；不符合《公约》的来文 1.52；临时措施 1.64 - 1.67；审议实质问题 1.58 - 1.59；国家不合作 1.62 - 1.63；谴责和批评 1.61；救济建议 1.61；时间限制 1.55，1.56 - 1.57

个人的权利（individuals, rights of）

一般情况 1.120 - 1.121；集体权利 1.120，3.11 - 3.13；文化相对主义 1.120；个人的责任 1.121；经济和社会权利 1.122；横向义务 1.106 - 1.115；自然权利 1.03 - 1.08；体系性的人权侵犯 1.116 - 1.118；受害者要求 3.10

体系性不平等（inequality, systemic）

一般情况 23.104 - 23.112；原因 23.105；主导性规范的加强 23.104；基于性别的 23.107 - 23.111

婴儿死亡率（infant mortality） 8.75，8.82，8.49，21.15

无罪假定（innocence, presumption of）

一般情况 14.105 - 14.112；负面公开报道 14.108，14.109；拒绝保释 14.111；举证责任 14.105；民事、刑事诉讼 14.112；被告在法庭上的形象 14.105，14.110；预防性拘禁 14.111；公正审判 14.105 - 14.112；媒体报道 14.105；对误审的赔偿 14.206；审前拘禁 14.105；公开声明有罪 14.107；自证其罪 14.179 - 14.182

美洲人权委员会（Inter-American Commission on Human Rights） 5.03，5.05，5.07

美洲人权法院（Inter-American Court of Human Rights） 1.11，24.38，26.18

拦截通信（interception of communications） 16.31，16.34，16.35，16.37 - 16.38

临时措施（interim measures requests） 1.64 - 1.67

干涉他国内政（internal affairs of other countries, interfering with）7.22

《消除种族歧视公约》（International Convention on the Elimination of All Forms of Racial Discrimination），另见消除种族歧视委员会

一般情况 23.03，23.14；肯定性行动 23.83；公民权利和政治权利 1.12；退约 26.40；教育补贴 23.60；仇恨言论 18.85 – 18.89；不歧视 23.03；对私营部门的适用 23.111；种族分隔 23.111；保留 26.40；反向歧视 23.85

国际法院（International Court of Justice）

一般情况 1.141；纳米比亚 22.06，22.45；对《公约》的保留 26.17；自决 7.12 隔离墙咨询意见 4.12，12.06

《公民及政治权利国际公约》（International Covenant on Civil and Political Rights）1.12 – 1.14，1.25 – 1.30，1.68 – 1.118，1.125 – 1.137，另见《第一任择议定书》《第二任择议定书》

通过 1.01；改变责任 26.01；违反 1.48 – 1.63；直接效力 1.30；国内法 1.16，1.20，1.25 – 1.30；经济、社会和文化权利 1.122；生效 1.13；横向义务 1.106 – 1.115；人权事务委员会的建立 1.02；实施 1.16，1.20，1.25 – 1.30；重要性 1.01；个人的权利 1.21；解释 1.69 – 1.81，1.87 – 1.99，1.100 – 1.105，1.116 – 1.118；实质性权利的清单 1.14；降低保护水平 1.23；监督 1.02，1.36，1.37，1.142；国内法 1.16 – 1.20；自然权利 1.03 – 1.08；规范的解释和发展 1.30，1.69 – 1.118，4.19 – 4.24；缔约国数目 1.13；属人范围 1.18；积极权利和义务 1.100 – 1.105；批准 1.01，1.13，26.01；国内救济 1.02，1.21 – 1.24；保留规定 1.23；支持保障 1.15 – 1.24；普遍的覆盖面 1.01；《世界人权宣言》1.09；纵向义务 1.106 – 1.115

《经济社会文化权利国际公约》（International Covenant on Economic, Social and Cultural Rights）

一般情况 1.10，1.125，7.01；与《儿童权利公约》的重叠 21.04；文化/经济相对主义 1.125，1.133；退约 26.40；不歧视 23.14；规定的义务 1.17；权利的逐渐实施 1.11，1.17；罢工权 19.29；《世界人权宣言》1.10

国际刑事法院（International Criminal Court）

童兵 21.53；危害人类罪 25.16，26.67；失踪 1.98，2.13；法国 22.17；一罪不二审 14.210；匿名证人 14.102

国际法委员会（International Law Commission）

对《公约》的保留 26.05，26.18，26.19，26.21，26.36；国家责任 1.107

《公民及政治权利国际公约》：案例、资料和评注

国际组织（international organizations）

科索沃 4.27，26.50；国家对国际组织行为的责任 4.25 - 4.31；继承 26.50

通译（interpreters）

指控书和指控表格 14.177；被告知刑事指控的权利 11.50，11.51；公正审判 14.113，14.177 - 14.178；免费协助 14.177 - 14.178

国家间申诉（inter-state complaints） 1.36，1.45 - 1.47

领土内侵犯（intra-territorial violations） 4.04

调查的义务（investigate, duty to） 25.11 - 25.15

《禁止酷刑公约》9.168 - 9.173；失踪 8.27 - 8.34；仇恨言论 18.88；不被国家杀害的权利 8.16 - 8.22；不歧视 23.117；警察 9.162 - 9.163，9.169，9.170，9.172；种族歧视 23.117；获得救济权 25.02，25.11 - 25.15；人身安全 11.03，11.05；暗杀嫌疑恐怖分子 8.06；酷刑 9.161 - 9.173

记者（journalists）

结社自由 19.31；表达自由 18.18；不披露信息来源 18.18；诽谤诉讼 18.47；国家安全 18.49，18.60；议会新闻设施 18.61；信息权 18.26，18.28

法官（judges）

匿名、不露脸 14.101；任命 14.44，14.48；偏向 14.48；资质 14.52；法官或依法执行司法权力之其他官员 11.56 - 11.57；解职 14.48，14.50，14.51；选举 14.51；法院前的平等 14.21；独立 14.48，14.49；公正审判 14.48 - 14.54；独立无私 14.48；行为不当 14.51；不歧视 14.10，23.12，23.120；多元性 14.52；政治影响 14.48；晋升 14.48；担任公职的平等机会 22.01，22.61；资格 14.48，22.62；分权 14.49；任期保障 14.48，14.51；不受威胁 14.54；培训 14.52；调职 14.48；女性 14.52

获得判决（judgments, access to） 14.187

司法审查（judicial review）

刑事案件中的上诉 14.187 - 14.203；用尽国内救济 6.16，6.26；人身保护令 11.70；诉讼案 14.07 - 14.20；时间限制 6.12

陪审团（juries）

可判处死刑的 14.71；指示 14.60，14.63；排除妇女 3.02

《公约》的管辖限制（jurisdictional limits of the ICCPR），见《公约》的领土和管辖限制

判例（jurisprudence），见人权事务委员会

索 引

强行法（*jus cogens*）26.68

少年犯（juvenile offenders）

与成年人分别羁押 9.237，21.06；刑事责任年龄 9.237，14.183，21.19，21.20；反社会行为命令 14.186；拘禁条件、设施 9.237 – 9.238，14.183，14.184；获得人道待遇的权利 9.237 – 9.238；公正审判 14.183 – 14.186；不得假释的终身监禁 9.239；军法制度 14.185；公开审理 14.97；重适社会生活 14.183，21.06

绑架儿童（kidnapping of children）21.50 – 21.51

不被国家杀害的权利（killed by the State, right not to be），另见**死刑**

一般情况 8.02 – 8.26；无理杀害 8.02 – 8.04；逮捕 8.03，8.05，8.17，8.18，8.20，8.24；暗杀 8.06，8.15；赔偿 8.17；刑法"救济"8.17；羁押期间死亡 8.12；杀害囚犯 8.08；杀死越界者 15.17；情况的比例性 8.03 – 8.05；防止逃跑 8.05；《欧洲人权公约》8.05；过分的武力 8.09，8.13，8.22；用尽当地救济 8.25 – 8.26；使用枪支 8.07，8.10，8.20，8.24；故意杀害 8.08，8.09；国家的调查义务 8.10，8.11，8.12，8.14，8.16 – 8.21；对执法的要求 8.05；"合法""非法"杀害 8.03，8.04；致命武力 8.07，8.15；过失性杀人 8.08，8.09；警察 8.03，8.05，8.07，8.10，8.17，8.20，8.24，8.35；监狱官员 8.12，8.35；囚犯 8.08，8.36 – 8.40；保护生命的义务 8.01；国家惩罚违犯者的义务 8.17，8.22 – 8.26；鲁莽造成的死亡 8.44；禁止追溯性刑法 15.16；安全部队 8.02，8.22；自卫 8.05；监狱中的自杀 8.37；暗杀嫌疑恐怖分子 8.06；培训警察和监狱官员的义务 8.36；使用武力 8.05 – 8.10，8.13，8.22

劳资纠纷（labour disputes），见**罢工权**（strike, right to）

土地（land）

神圣的墓地 16.05，20.14 – 20.15，24.39；烧毁房屋 9.12，9.39；集体土地 24.25 – 24.26；赔偿 24.28，24.36，24.40；文化 24.22 – 24.43；拆除住宅 12.07；经济发展 24.27 – 24.39；用尽国内救济 6.05 – 6.06，6.22，6.24；征收 23.68，23.70，24.25 – 24.26，24.28；水电建设 24.36，24.41；有限影响 24.30；土著民族 7.18，12.28，24.15 – 24.17，24.40 – 24.43；伐木 24.28，24.31，24.32；油气勘探 24.27 – 24.28，24.35；采石 24.29 – 24.31；种族歧视 24.74；牧养驯鹿 24.18 – 24.19，24.23，24.24，24.29 – 24.30，24.32，24.42；保留地 12.09，24.12 – 24.14，24.19，24.22；资源 24.02，24.12，24.16，24.22，24.40；筑路 24.31；自决 7.18

语言（language）

一般情况 24.46 – 24.52；限制 18.10，18.39 – 18.41，24.46 – 24.52；行政事务中只

《公民及政治权利国际公约》：案例、资料和评注

使用英语 18.42；行政诉讼 24.49 – 24.50；广告标牌 18.10，18.39 – 18.41，23.45，23.89，24.07 – 24.09，24.51；选择 18.12；公民身份 22.03；法院中的语言 18.12，24.46，24.49 – 24.50；刑事指控 11.45，14.177；双语 18.10，18.39 – 18.41，23.45，23.89，24.07 – 24.09，24.51；选举 22.49；表达自由 18.10，18.12，18.39 – 18.42，18.52，24.46；公正审理 24.49；间接歧视 23.45；少数者 18.10，18.28，18.39 – 18.42，23.45，24.01，24.07，24.12，24.46 – 24.52；教科书 18.16 – 18.17；不歧视 18.46，23.39，23.61，24.50；官方语言 18.42，23.61，24.49，24.52；政治和公共参与权 22.04，22.05 – 22.06；公共和私人使用 18.41；公共秩序 18.41；宗教少数者 24.49；有限机会 24.12；反向歧视 23.89；使用的权利 24.46，24.49；与其他权利的关系 24.46；路标 18.14；萨米人 24.47；使用特定语言 24.46；受害者要求 3.13，3.47

获得自己的律师的权利（lawyer, right to one's own），另见法律代理

一般情况 14.145 – 14.151；上诉 14.148；与律师通信 14.126 – 14.128；法院指定的律师 14.148；刑事指控和刑罚 14.150；拒绝律师 14.126 – 14.128，14.145 – 14.151；与外界隔绝的拘禁 14.128；法律援助 14.148，14.155；有效代理 14.161 – 14.168；自我代理 14.145，14.151

法律援助（legal aid）

一般情况 14.152 – 14.160；诉诸法院 14.33 – 14.36；上诉 14.157，14.158；民事诉讼 14.160；与私人聘雇律师的比较 14.152，14.168；宪法动议 6.26；费用 14.37；刑事诉讼 14.33，14.153 – 14.160；死刑 14.158；死因牢囚犯 14.34；经济、社会和文化权利 6.26；用尽国内救济 6.28 – 6.30；公正审判 14.52 – 14.160；罪行的严重性 14.152，14.154，14.155；人身保护令 11.84；无足够偿付能力之被告 14.152 – 14.160；法律代理 14.52 – 14.168；罪行 14.152，14.154，14.155，14.158；初步审理 14.158；合格代理 14.161 – 14.168；成功的客观机会 14.157；轻微罪行 14.154

法律代理（legal representation）

获得 11.55，14.126 – 14.128；上诉 14.157，14.162；选择律师 14.145 – 14.151；与法律代理联系 14.126 – 14.128；合格标准 14.152 – 14.153，14.161 – 14.168；保密 14.126，16.36；法院任命的 14.161；因刑事指控被拘禁者 11.55，14.113；刑事诉讼 14.152 – 14.168；死刑案件 14.158，14.163；辩护 14.76 – 14.80，14.164，14.167；拘禁 9.131，14.153；有效的 14.152，14.153，14.162；用尽国内救济 6.13；引渡、驱逐或推回 13.18；公正审判 14.116，14.126 – 14.128，14.145 – 14.151，14.161 – 14.160；人身保护令 11.83 – 11.86；法律援助 14.52 – 14.160，14.162 – 14.165；私人聘雇的 14.148，

14.166；国家提供的 14.148，14.152，14.162-14.165；受害者授权 3.27；证人 14.145

注射死刑（lethal injection, death penalty by）9.95，9.96

自由权（liberty, right to）

一般情况 11.01-11.02，11.08-11.10；行政拘禁 11.15，11.28；"无理" 11.01，11.15-11.20，11.24-11.30；逮捕 11.01，11.12-11.15，11.17，11.31-11.37；寻求庇护者 11.24-11.29，21.10；控制令 11.10，11.37；法院控制 11.08；刑事指控 11.08-11.09，11.45-11.52；将来危险性 11.34；拘禁 11.16-11.17，11.24-11.27，11.31-11.37；等待递解出境 11.24；剥夺自由 11.01-11.02，11.08-11.11，11.31；根据国内法合法 11.91；毒瘾 11.08；教育目的 11.08；迁徙自由 11.10；人身保护令 11.70-11.99；移民 11.08，11.09，11.24-11.29；合法性要求 11.11-11.14；可予允许的限制 11.01，11.11-11.14；含义 11.08；精神疾病 11.08，11.09，11.21-11.23；军纪 11.09，11.89；行动限制 11.10；国家安全拘禁 11.30；撤销或拒绝假释 11.38-11.39；预防性拘禁 11.09，11.31-11.37，11.106，14.111；程序性保障 11.01，11.08，11.31；精神治疗 11.09，11.21-11.23，11.77，11.106；隔离措施 11.09；决定难民地位 11.24-11.29；下令释放 11.17；获得有效救济权 11.08；居住限制 11.10；与人身安全的区别 11.04；刑罚 11.17，11.19，11.30，11.34，11.40-11.44；严重剥夺自由 11.10；实质性保障 11.01，11.08，11.31；在一国领土内 12.02-12.03；禁止旅行 11.10；流浪 11.08，11.17；违反的例证 11.15-11.20

生命权（life, right to）8.01-8.104，另见**死刑**、**不被国家杀害的权利**

一般情况 8.01-8.100；堕胎 8.90-8.95，8.90-8.95，8.104；禁止无理剥夺 8.02-8.04，8.100；武装冲突 8.83-8.87；暗杀 8.06，8.15，8.17，8.18；举证责任 8.12；儿童 8.44；传染病 8.40；羁押期间死亡 8.08，8.13，8.19，8.22，8.24，8.37，8.38；经济剥夺 8.81；犯罪行为 8.02；保护被拘禁者 8.08，8.38，8.40；失踪 8.20，8.23，8.27-8.34；疾病 8.38；因嫁妆不足杀害 8.88；环境和社会——法律方面 8.75-8.82；传染病 8.75；《欧洲人权公约》1.96-1.97，8.05；例外 8.46；预期寿命 8.75，8.82；杀害女婴 8.88；计划生育 8.94-8.95；枪支 8.43；法国核试验 8.85；健康的环境 8.77-8.80；无理杀人 8.102；为维护荣誉而犯罪 8.43；死亡原因 8.12，8.13，8.16；饥饿 8.75；非法堕胎 8.92，8.94；婴儿死亡率 8.75，8.82；杀婴 8.99；故意杀害 8.03，8.08；使用致命武力 8.03-8.08；私刑 8.43；营养不良 8.75；医疗服务 8.38-8.40，8.81；失踪者 8.27；消极的成分 8.01；疏忽造成的死亡 8.08，8.13，8.44；不递解出境的义务 8.67-8.74；核废料 8.76；核武器 8.84-8.87，8.103；警察使用枪支 8.03-8.05，8.07-

8.11；积极的成分 8.01，8.08，8.35－8.45，8.100－8.104；怀孕期间死亡 8.88，8.94，8.95；囚犯 8.08，8.13，8.36－8.39；控制私人实体的义务 8.41－8.45；以法律保护 8.42－8.43；惩罚的义务 8.22－8.26；鲁莽造成的死亡 8.44；软法义务 8.75；国家工作人员 8.03－8.15；国家杀害 8.10，8.11，8.16－8.26，8.100；街头儿童 8.44；自杀 8.36－8.37，8.94，8.96－8.99；作为最重要的权利 8.01；培训有关人员 8.35；受害者要求 8.91；煽动强暴 8.83；参加战争 8.83－8.89；剥夺水 8.80；妇女 8.88－8.95

伐木（logging）24.28，24.31，24.32

儿童生活费（maintenance of children）21.30－21.33

成年年龄（majority, age of）21.19－21.22，21.42

营养不良（malnutrition）8.75，21.15

强制性刑罚（mandatory sentencing）8.48，8.56－8.57，8.101，9.244，11.22，11.40

婚姻状况（marital status）

"养家活口者标准" 23.14，23.43，23.52，23.78；普通法婚姻 23.77；外籍丈夫 23.51；不歧视 23.77－23.79；法律人格权 10.21；居住 23.51；失业救济 23.15－23.17，23.78；福利 23.15－23.17，23.43－23.44

婚姻（marriage），另见离婚、婚姻状况、结婚的权利

一般情况 20.41－20.46；绝对权利 20.45；已婚妇女和诉诸法院 14.32；同意的年龄 21.22，21.42；实现平等 20.55；消除对妇女歧视 20.56；儿童 20.07，20.53，20.54，20.58－20.67；普通法 23.77；同意 20.51－20.52；强迫 20.52；离婚和平等 20.53，20.54，20.56；离婚权 20.46；平等权 20.01，20.53－20.57；同性恋伴侣 20.08，20.42，20.43；乱伦 20.45；土著人因婚姻失去身分 24.12－24.14；继承权 20.54；跨宗教 17.18；限制 20.51；婚姻财产 14.15，20.54；含义 20.41；保留原姓 20.53；妇女失去国籍 20.53，20.54；一人多配偶制 1.131，20.52；逐渐义务 20.55；财产权 20.54；强奸 9.66，9.160，20.52；登记 20.41；宗教自由 17.18，20.41；宗教仪式 20.41，20.52；再婚的权利 20.46，20.52；选择居所 20.53；同性婚姻 20.08，20.42，20.43；性别歧视 20.52，20.55；主导性社会规范 20.55；已婚者的特别权利 20.09；跨性别者 20.44；福利 23.43－23.44；妇女 20.52

媒体广播（media broadcasting）

滥用权力 18.19；广播许可 18.18；对选举的影响 22.56－22.59；平等机会 18.18；表达自由 18.18－18.20，18.61；政府控制 18.19，18.20；议会新闻设施 18.61；政党

22.56－22.59；私人所有 18.19；公共资助 18.20

医学试验（medical experimentation）9.146－9.149

医疗（medical treatment）

强制提供 9.148；同意 9.147，9.148；死囚牢 9.76；拒绝或不足 9.26，9.50，9.51，9.76，9.132，9.136－9.140；拘禁的条件 9.26，9.50，9.51，9.76，9.132，9.136－9.140，9.147，9.148；引渡、驱逐或推回 9.98；医疗事故 8.45；医疗记录 9.222；囚犯 8.38－8.39，9.136－9.140，9.229；隐私权 16.39－16.40；酷刑 9.148

精神紧张和残疾（mental distress and disabilities）

一般情况 9.68－9.77；撤销公民身份 9.77；禁止酷刑委员会 9.68；残忍、不人道或侮辱之待遇或惩罚 9.68；死刑 8.32，9.70，9.76；死囚牢现象 9.79－9.85，9.90，9.223；拘禁 9.72－9.75，11.09，11.21－11.23，11.77，11.106；引渡、驱逐或推回 9.101，9.125；人身保护令 11.77；自由权 11.08－11.09，11.21－11.23，11.77；医学试验 9.146；未能提供 9.76；失踪者 9.68；法律人格权 10.19；隐私权 16.42；心理评估 14.48，16.42；精神病院 9.52，9.195，9.217，11.08－11.09，11.21－11.23，11.77，11.106；精神治疗 11.09，11.21－11.23，11.77，11.106；诉讼案 14.14；刑罚 11.21；酷刑 9.04，9.05，9.52，9.69；投票 22.25

赦免的特权（mercy, prerogative of）6.04，8.61，9.224

移徙工人（migrant workers）

家庭佣工 10.10；诉诸法院 14.29；《移徙工人权利公约》1.114；少数者的权利 24.10；迁徙自由 4.02；限制 10.10

兵役（military service），另见**基于信念拒绝的权利**

结社自由 19.15；童兵 21.52－21.54；民事地位 23.32－23.34；征兵 12.25，17.43，23.32－23.34；离开一国的自由 12.25；拘禁 9.131－9.134，11.08，11.70；人身保护令 11.70；羞辱新兵 9.52；公正调查 9.161－9.173；军事法院 14.55－14.59；国籍 23.75－23.76；不歧视 23.32－23.33，23.57－23.59，23.75－23.76；拒绝发放护照 12.25；免于奴隶制、奴役和强迫劳役的自由 10.05；国家责任 4.11，4.16，4.17；《公约》的领土和管辖限制 4.11，4.16，4.17，4.31

少数者的权利（minorities, rights of）

一般情况 24.01－24.55；同化压力 24.54；墓地 24.39；公民身份 22.03；分类 24.13；集体权利 24.03，24.18－24.21；国家不承认 24.10－24.13；协商程序 24.35，24.38；《消除种族歧视公约》24.38，24.40；覆盖范围 24.01；文化 22.15，24.01，

24.02, 24.06, 24.18 - 24.20, 24.22 - 24.52；《土著人民权利宣言》24.15, 24.38；克减 26.67；正当区分 24.53；经济发展的影响 24.27 - 24.39；语言和公正审理 24.49；家庭 24.05；捕鱼权 24.20, 24.34；群体 24.03, 24.18 - 24.21；渔猎 24.53；身份特征 24.01, 24.16；土著土地权利 24.40 - 24.43；移民社群 24.11；土著民族 7.18, 7.20, 7.21, 9.60, 9.202, 11.40, 12.09, 14.24, 16.05, 16.56, 18.89, 20.14 - 20.15, 21.57, 22.16, 22.19, 22.20, 22.37, 23.106, 24.02, 24.11, 24.12 - 24.17, 24.20, 24.34, 24.37 - 24.43；个人权利 23.01 - 24.03, 24.18 - 24.21；语言 18.10, 18.39 - 18.42, 24.01, 24.06, 24.07, 24.12, 24.46 - 24.52；对权利的限制 24.29；印第安人 24.12 - 24.14, 24.27 - 24.28, 24.35；马普切人 24.36；移徙工人 24.10；"少数者"的含义 24.06 - 24.11；适应现代生活 24.24；不歧视 23.07, 24.11；油气勘探 24.27；政治和公共参与权 22.16 - 22.22, 24.05；积极保护措施 1.74, 24.53 - 24.55；采石 24.29 - 24.30；属时规则 2.07, 2.17；客观与合理标准 24.12, 24.53；驯鹿牧养业 24.18 - 24.19, 24.29 - 24.30, 24.31, 24.32, 24.42；宗教 17.02, 17.50, 23.07, 23.60, 23.81, 23.91, 24.01, 24.05, 24.06, 24.44 - 24.45；有关保留 20.14, 24.39, 26.13, 26.25；与其他权利比较 24.02 - 24.05；萨米人 24.18 - 24.19, 24.23, 24.24, 24.29 - 24.32, 24.41, 24.42, 24.49；自决权 7.13, 24.02；自我认定 24.11；传统信仰和习俗 24.24；漂泊者社群 22.34, 24.11；投票 22.38；钻井 24.37

未成年人（minors），见保护儿童

误审（miscarriages of justice） 14.204 - 14.209

道德（morals），见公共安全、卫生或道德、宗教和道德教育

不愿意干涉国内法院的裁决（municipal courts, reluctance to interfere with the decisions of） 20.62 - 20.64

国内立法（municipal legislation），见《公约》与国内法

姓名（names）

儿童的权利 21.55 - 21.60；《儿童权利公约》21.55；印度教 17.36；隐私权 16.03, 16.04, 16.13 - 16.14；宗教自由 17.36；性别歧视 23.53；改姓 16.03, 16.04, 16.13 - 16.14, 17.36, 23.53

国家安全（national security）

外国人的安全等级 13.20 - 13.25；集会自由 19.07, 19.12；结社自由 19.16；离开一国的自由 12.22, 12.23, 12.28, 12.30；进入某人之本国的权利 12.44；特别刑事法院 23.124；游行 18.51；证据 13.19；表达自由 18.48 - 18.54；引渡、驱逐或推回 13.19 -

13.25；劳资纠纷 18.52；含义 18.48；不歧视 23.124 – 23.128；官方机密 18.48；公共秩序 18.64；宗教自由 17.30；居住 12.10；罢工 18.52

国籍（nationality）

外国人 12.36；儿童的国籍 21.61 – 21.62；进入某人之本国的权利 12.33，12.36，12.37，12.39，12.42；选举 23.74；因婚姻失去 20.53；不歧视 23.08，23.74 – 23.76，23.102；剥夺 12.33，12.37；担任工会职位 19.22

入籍（naturalization） 22.02 – 22.03

自然权利（natural rights） 1.03 – 1.08

天然财富及资源（natural wealth and resources） 7.19 – 7.21

疏忽（negligence）

造成死亡 8.44 – 8.45；酷刑的含义 9.06

报纸（newspapers）

所有权集中 18.19；作为表达方式 18.08；登记 18.28；

不可克减的权利（non-derogable rights）

一般情况 26.64 – 26.73；不因无力履行契约而被监禁 10.17，26.64；危害人类罪 26.67；残忍、不人道或侮辱之待遇或惩罚 9.01，26.64；公正审判权 26.67，26.72；暗含的 26.67，26.68，26.80；限制 26.66；医学和科学试验 26.64；性质 26.65 – 26.66；国际法的强制规范 26.67；比例性 26.68；法律人格权 10.25，26.64；禁止追溯性刑法 15.02，26.64；免于奴隶制、奴役和强迫劳役的自由 10.02，26.64；思想、信念和宗教自由 17.02，26.64；酷刑 9.01，26.64

不歧视（non-discrimination） 见间接歧视、种族歧视、反向歧视、性别歧视

一般情况 23.01 – 23.131；堕胎 8.57，23.109；执法工作 23.120；行政便利 23.57；处境有利的群体 23.07；肯定性行动 23.83 – 23.86；年龄 23.62 – 23.64，23.100；"其他身份" 23.25 – 23.39，23.122；任意区分 23.65，23.69，23.120 – 23.121，23.128；自主权利 23.15；预算限制 23.23；举证责任 23.130；种姓和类似制度 23.93；儿童 21.23 – 21.25，21.55，21.61，23.29，23.79；公民身份 22.02 – 22.03，23.75；生活在国外的公民 23.28；平民与军人比较 23.32 – 23.34；阶级 23.36；基于信念拒绝者 17.23，23.07，23.32 – 23.33，23.57 – 23.59；《消除对妇女歧视公约》23.03，23.24，23.85，23.107 – 23.110；文化相对主义 1.119；法律上的平等 23.16；克减 26.62 – 26.63；基于世系的理由 23.10，23.111；待遇差别 23.04，23.06，23.14，23.22，23.48 – 23.86；残疾 21.22，23.03，23.31，23.77；"歧视性的"与"无理的"比较 23.120 – 23.121；区分 23.22，

《公民及政治权利国际公约》：案例、资料和评注

23.25 – 23.30, 23.35 – 23.38, 23.62 – 23.64；家庭暴力 23.108；主导社会价值观 23.104；侏儒 23.09；保护经济和社会权利 23.15, 23.18, 23.19 – 23.24；教育 21.18, 21.24, 23.07, 23.29, 23.60, 23.81, 23.113 – 23.116；获得有效救济权 23.103, 23.117, 23.118 – 23.119；选举 22.41, 23.74；法律的平等保护 23.16, 23.120；法院前的平等 23.120, 23.124, 23.125, 23.126, 23.127；法律上的平等 23.15, 23.16, 23.38, 23.120 – 23.130；与"平等"比较 23.05；向下取平 23.119；与《欧洲人权公约》比较 23.17；征收 23.68, 23.70；公正审判 14.105, 23.124, 23.127；家庭 23.31, 23.53, 23.98；禁止的理由 23.25 – 23.38, 23.121 – 23.123；仇恨言论 23.102；继承头衔 23.10；无家可归 23.31；同性恋、性歧视 23.31, 23.54 – 23.56；身份检查 23.50；非婚生 21.23, 21.39, 23.79；不变特征 23.36；意图 23.08, 23.09, 23.14；《经济社会文化权利国际公约》23.13；《消除种族歧视公约》23.03, 23.10, 23.24, 23.85；跨界交叉歧视 23.37；间性 23.31；语言 18.31, 23.61；婚姻状况 23.77 – 23.79；含义 23.04 – 23.12；兵役 23.32 – 23.33, 23.57 – 23.59, 23.75；少数者 23.07, 23.61, 24.50；国籍 23.31, 23.74 – 23.76；养恤金权利 23.54 – 23.56, 23.79；可予允许和不可允许的区分 23.48 – 23.86；政治和公共参与权 22.02 – 22.04, 22.59；政治限制 23.128 – 23.129；政治见解 22.67, 22.68, 22.69, 23.99；积极歧视 23.83；积极义务 23.05, 23.95, 23.96；怀孕 23.31；隐私权 16.25, 16.53 – 16.57；私营部门的歧视 23.95 – 23.103；财产 23.65 – 23.73；比例性 23.48；国家的促进义务 23.84, 23.113 – 23.116；公共机构的无理行为 23.121；申请公职 22.61, 22.65；准公共领域 23.97, 23.98；种族形象定性 23.50；体系性歧视 23.106；合理与客观的检验 23.04, 23.43, 23.45, 23.49 – 23.82；宗教 17.02, 17.27, 17.38, 17.52 – 17.54, 23.57 – 23.60, 23.102；救济 23.103, 23.117, 23.118 – 119；返还被没收的财产 23.65, 23.67, 23.69, 23.70, 23.123；反向歧视 23.87 – 23.94；与其他权利的关系 23.02, 23.13 – 23.15；"尊重并确保" 23.95；作为人权侵犯的根源 23.01；学校 23.07, 23.36, 23.60；范围 23.13 – 23.24；与分隔比较 23.11；实质性权利 23.01；体系性不平等 1.85, 23.104 – 23.112；长期传统 23.53；无意的歧视 23.08；诋毁 23.12；投票权 22.35；财富 23.36；福利 23.10, 23.14, 23.19, 23.23, 23.33, 23.44, 23.52, 23.78

非政府组织（non-governmental organizations）

另一国际程序的审议 5.03；结社自由 19.13, 19.18, 19.19；登记的要求 19.18；诉讼资格 3.14 – 3.15

《公约》规范的解释和发展（norms of the ICCPR, interpretation and development of）

一般情况 1.69 – 1.77；文化和经济相对主义 1.119 – 1.136；死刑 1.64, 1.80；欧洲

人权法院 1.96–1.98；横向和纵向义务 1.106–1.115，4.19–4.24；人权事务委员会判例 1.69–1.80，1.87–1.99；国际法 1.87–1.99；限制 1.82–1.86；积极义务 1.100–1.105；先例 1.78–1.80；比例性 1.84–1.85；体系性的人权侵犯 1.116–1.118

核武器（nuclear power）

法国核试验 7.24，8.85；生命权 8.83–8.87，8.103；禁止 8.83；自决 7.24；受害者 3.34–3.35，8.83，8.87

宣誓（oaths） 17.18

淫秽（obscenity） 18.71

油气勘探（oil and gas exploration） 24.27–24.28，24.35

意见自由（opinion, freedom of） 18.02，18.05–18.07

赦免（pardons）

死刑 8.46，8.57，8.61–8.64；误审 14.150，14.204

父母（parents）

虐待 21.41；联系 20.58–20.67，21.29–21.34；替代照料 21.38–21.39；责任分配 21.26；教育 21.15，21.18；儿童 21.15–21.18，21.26–21.41，21.55–21.61；《儿童权利公约》21.03；疏忽 21.41；贫困 21.16；宗教观点 17.28–17.31，21.18；权利和责任 21.03；诉讼资格 3.33–3.34；在家外工作 21.27

《巴黎准则》（Paris Standards） 26.52，26.54

议会特权（parliamentary privilege） 18.32

假释条件（parole conditions） 3.39，15.07，15.11，15.15

护照（passports）

行政费用 12.19；没收 4.14；领事馆 12.20；离开一国的自由 12.19–12.21，12.25；进入某人之本国的权利 12.35；拒发 12.19–12.21，12.25，12.35；丢失 12.35；《公约》的领土和管辖限制 4.14

福利金、养恤金（pensions）

残疾 14.07，14.09–14.10；前公民 23.38；军人 23.54–23.55，23.76；国籍 23.76；不歧视 23.18，23.30，23.38，23.54–23.56，23.76，23.79；诉讼案 14.07，14.09–14.10；寡妇 23.30

民族（peoples），另见少数者的权利

殖民 7.10，7.16；没有普遍的标准 7.06；含义 7.06–7.08；享有和利用天然财富及资源的权利 7.19–7.21；自决权 7.01–7.26

《公民及政治权利国际公约》：案例、资料和评注

警察（police）

逮捕 8.03 – 8.05，8.07 – 8.11，11.14；集会自由 19.05；结社自由 19.15；因刑事指控被拘禁者的权利 11.53；羁押的条件 9.131 – 9.135，9.141 – 9.144；选举 22.47；枪支 8.10；讯问记录 14.179；不被国家杀害的权利 8.03 – 8.05，8.10，8.11，8.16 – 8.26，8.100；培训 8.11，8.35，9.150；使用武力 8.07，8.10，8.13

政治和公共参与权（political and public participation, rights of），另见选举、担任公职的平等机会、投票

一般情况 22.01 – 22.75；负责 22.01，22.13，22.75；种族隔离 22.06；行贿受贿 22.23；限于公民 22.01，22.02；公民身份的概念 22.02 – 22.04；消除对妇女歧视委员会 22.59；腐败 22.23；覆盖范围 22.01；民主 22.07 – 22.08；直接参与 22.16 – 22.23；平等 22.05，22.61 – 22.74；政府 22.01，22.08，22.14；土著民族的代表 22.16，22.19；通过选举的代表间接参与 22.12 – 22.15；语言 22.03，22.06；立法机关 22.14；少数者的权利 22.03，22.05，22.16 – 22.19，24.05；入籍 22.02 – 22.03；权利的性质 22.05 – 22.06；非公民 22.04；政事 22.07 – 22.23；政治权利 22.05 – 22.06；政治制度 22.08 – 22.09，22.14；公共参与的一般权利 22.07 – 22.23

政治表达（political expression） 11.17，18.09，18.10，18.60，18.72，18.81，22.56，22.67 – 69，23.99

政党（political parties）

反民主的 18.53；结社自由 18.53，19.13 – 19.15，19.33，22.10；禁止 15.04，19.14，22.45；审查 22.56；选举 22.42，22.45，22.56 – 22.59；表达自由 18.53，18.60，18.83，22.58；法西斯政党 18.52，19.14，22.45；新闻自由 22.56；媒体 22.56 – 22.59；兵役 19.15；警察 19.15；政治精英 22.57；得到承认的 22.42；禁止追溯性刑法 15.04；受害者要求 3.16

政治权利（political rights），见公民权利和政治权利

一人多配偶制（polygamy）

文化相对主义 1.132；婚姻中的平等 20.53；同意结婚 20.52

人口转移（population transfers） 12.33

色情制品（pornography）

剥削儿童 21.42，21.43，21.46；表达自由 18.71

积极歧视（positive discrimination），见反向歧视

积极权利和义务（positive rights and obligations）

一般情况 1.100 - 1.105；保护儿童 21.08；拘禁的条件 9.200，9.225 - 9.231；失踪 8.27；经济、社会和文化权利 1.100；例证 1.100，1.101；保护家庭 20.03；《公约》中的横向义务 1.106 - 1.115；人权事务委员会 1.103；《公约》1.100 - 1.105；生命权 8.01，8.37，8.75；含义 1.100 - 1.105；少数者权利 1.103，24.53 - 24.54；不歧视 23.05，23.95，23.96；隐私权 16.15 - 16.17；防止私人破坏 9.19；自决 7.22；酷刑 9.150 - 9.154，9.159 - 9.187

贫困（poverty）

针对剥削的保护 21.16，21.44；生命权 8.81，8.82

先例（precedent）

用尽国内救济 6.25 - 6.26，6.49；《公约》规范的解释和发展 1.78 - 1.81

怀孕（pregnancy）

保护儿童 21.17；生育期间死亡 8.94 - 8.95；拘禁的条件 9.229；教育 21.13；囚犯的医疗 9.229；隐私权 16.53；强奸 8.55，9.57，9.59；性别歧视 23.31；检测 16.53

新闻自由（press, freedom of the）

一般情况 18.18；广播许可 18.18；表达自由 18.15，18.18，18.28；信息自由 18.27；政府控制 18.19，18.20；政府补贴 18.20；记者 18.18；诽谤 18.46；媒体所有权 18.19；媒体对政党的影响 22.56

审前拘禁（pre-trial detention）

预算限制 11.63；审判不得无故拖延 14.63；期限 11.58 - 11.63；误审 14.208；罪行的严重性 11.62

囚犯（prisoners）

审查 9.221，16.31 - 16.35；侵扰通信 3.03，16.31 - 16.35；被告知逮捕原因 11.45 - 11.52；用尽国内救济 6.21，6.45；强迫劳役 10.01，10.04；生命权 8.08，8.36 - 8.40；医疗 9.136 - 9.140；意见自由 18.07；歧视和假释 23.128；孕妇 9.229；隐私权 16.08；宗教自由 17.16；分别羁押 9.232 - 9.236；《囚犯待遇最低限度标准规则》9.198；自杀 8.37；培训监狱官员 8.35，9.150；投票权 1.74，9.246，22.27 - 22.29；妇女 9.212，9.229

隐私权（privacy, right to） 另见**家庭和住宅受尊重的权利**

一般情况 16.01 - 16.62；禁止堕胎法 16.53 - 16.56；侵扰、干涉 16.01，16.03 - 16.17，16.25，16.31 - 16.35，16.38，16.39，16.48，16.62；个人自主 16.01，16.53；在墓地上开发 16.05，20.14 - 20.15，24.39；审查囚犯的邮件 16.08；规定申诉制度 16.17；计算机技术 16.58 - 16.59；保密的职业义务 16.36 - 16.38；数据保护 16.58 -

1215

《公民及政治权利国际公约》：案例、资料和评注

16.60；DNA 检测 16.61；保护家庭 20.03，20.14；性别和隐私权 16.53 – 16.57；同性恋 16.49 – 16.52；名誉及信用/名誉 16.46，16.41 – 16.48；横向义务 1.114；拦截通信 16.31，16.34，16.35；限制 16.06 – 16.14；含义 16.01 – 16.05；医疗 16.39 – 16.40；未经同意的医疗 16.40；与少数者权利的比较 24.05；公共道德 16.50 – 16.52；姓名 16.03，16.04，16.13 – 16.14；不歧视 16.25，16.53 – 16.57；非政府实体 1.114；个人数据保护 16.60；采取积极措施的义务 16.15 – 16.17；怀孕检测 16.53；私营部门 16.16；精神评估 16.42；公共道德 16.50 – 16.52；强奸 16.53，16.55 – 16.56；提供救济 16.16 – 16.17；生育决定 16.53；搜查住宅 16.27 – 16.30；性别歧视 16.53；性隐私 16.49 – 16.52；绝育 16.53；监听、窃听 16.07，16.31，16.34，16.35，16.37，16.38；承认跨性别者 16.57；"非法"的含义 16.06 – 16.09；妇女 16.53

私营拘禁机构（private detention institutions）9.196 – 9.199

私有化（privatization）22.63，22.64

财产（property），另见土地

诉诸法院 14.29；婚姻财产 14.29，20.55；不歧视 23.65 – 23.73，23.108；诉讼案 14.07

卖淫（prostitution）10.11 – 10.12，21.15，21.42，21.46

精神病院（psychiatric hospitals）9.52，9.195，9.217，11.21 – 11.23，11.77，11.87

公共紧急状态（public emergencies），见紧急状态

公开处决（public executions）9.97

公共卫生（public health），见公共安全、卫生或道德

公开审理（public hearings）14.97 – 14.104

公共道德（public morals），见公共安全、卫生或道德

公共秩序（public order）

集会自由 19.07，19.09 – 19.12；结社自由 19.16；离开一国的自由 12.14，12.22，12.23，12.24 – 12.25，12.28，12.30；克减 26.57；表达自由 18.55 – 18.64；含义 18.56；国家安全 18.64；公共秩序（ordre public）18.56

检察官（public prosecutors）11.56 – 11.57

公共安全、卫生或道德（public safety, health or morals）

集会自由 19.08；克减 26.57；《欧洲人权公约》18.69；表达自由 18.65 – 18.71；同性恋 16.50 – 16.52，18.68；色情制品 18.71；隐私权 16.50 – 16.52；宗教自由 17.31 –

17.34, 17.37

担任公职的平等机会（public service, equal access to）

一般情况 22.01, 22.61 – 22.74；年龄 22.71, 22.72；自治机关 22.64；任期 22.69；降级 22.70；解职 22.68 – 22.74；一般平等之条件 22.61, 22.65, 22.71；对法官的教育要求 22.62；不歧视 22.61, 22.66, 22.67, 22.68, 22.71, 22.72, 23.99；良心宣誓 22.66；基于政见的歧视 22.66, 22.68；积极歧视 22.67；私有化 22.63, 22.64；公职的含义 22.63；复职 22.73；限制 22.62；反向歧视 22.61, 22.65, 23.87, 23.94；救济的可用情况 22.18；代表 22.12 – 22.15；自决权 7.13, 7.25, 22.05 – 22.06；体系性缺陷 22.59；并非以民主方式产生的机构 22.15；参与和代表不足 22.59；妇女 22.59

配额（quotas）

选举 22.48；居住 20.29；反向歧视 23.93, 23.94；妇女 22.48, 23.93

种族歧视（race discrimination），另见《消除种族歧视公约》

肯定性行动 23.83；国家的教育义务 23.113 – 23.116；获得有效救济权 23.118；仇恨言论 18.72 – 18.89, 23.102；否认种族大屠杀 1.71, 1.74, 1.143, 18.90 – 18.94；调查 23.117；执法官员 23.85；国籍 23.102；攻击性言论 23.12, 23.102；退役金 23.76；私营部门 23.97, 23.102；配额 23.83；种族诋毁 23.12；救济 23.103, 23.118 – 23.119；反向歧视 23.87 – 23.94；罗姆人 23.112；体系性不平等 23.104 – 23.112

种族仇恨（racial hatred），见仇恨言论

放射性（radioactivity） 8.76

强奸（rape）

堕胎 8.92, 9.59；拘禁中的强奸 9.05, 9.27；婚内强奸 9.66；强迫婚姻 20.52；导致的怀孕 8.92, 9.59；隐私权 16.53, 16.55 – 16.56；酷刑 9.18, 9.57, 9.59, 9.60

批准（ratification）

延及殖民地 4.05 – 4.10；《第一任择议定书》1.13；《公约》1.01, 1.13, 26.01；《第二任择议定书》1.13

属时规则（ratione temporis rule）

根据《公约》可否受理 2.01 – 2.23；确认原则 2.14 – 2.22；消除对妇女歧视委员会的宽松进路 2.22；赔偿 2.14；持续侵犯 2.06 – 2.22；拒绝刑事调查 2.09；事件发生的日期 2.03 – 2.22；失踪 2.11 – 2.13, 2.17；《公约》生效 2.03, 2.05；知晓引起申诉的事件 2.02；征收 2.14, 2.17；《第一任择议定书》1.48, 2.01, 2.03, 2.04, 2.06 – 2.22；含义 2.01；少数者权利 2.07, 2.17；确认侵犯人权行为的程序性决定 2.10；救济

《公民及政治权利国际公约》：案例、资料和评注

权 2.11；不溯及既往 2.01

法律人格权（recognition as a person before the law, right to）

一般情况 10.18 – 10.24，10.25；儿童 10.19，10.24；缔结契约 10.19；受到行政拘禁的人 10.23；失踪 10.22；性别重置 10.24；犹太人 10.18；提起法律诉讼的能力 10.19；限制 10.19；解释 10.19；精神残疾 10.19，10.24；属时规则 10.22；性别歧视 10.20 – 10.21；不可克减权利 10.25，26.64；与其他权利的重叠 10.25；受害者 10.22；已婚妇女 10.20 – 10.21

推回（refoulement），见**引渡、驱逐推回**

难民（refugees），另见**庇护**

保护儿童 21.62；进入某人之本国的权利 12.33；等待确定地位的拘禁 11.24 – 11.29；引渡、驱逐或推回 9.98 – 9.126；《关于难民地位的公约》9.116 – 9.119；遣返 12.33

宗教自由（religion, freedom of），另见**宗教和道德教育**

一般情况 17.01 – 17.57；采奉的自由 17.12 – 17.13；作为绝对权利 17.13，17.18；有关叛教的伊斯兰法律 1.131，17.12；"信仰" 17.02，17.10；改变宗教的自由 17.12；儿童 17.20，21.18；衣着 17.17，23.02；胁迫 17.18 – 17.27；邪教 17.06，17.11；文化相对主义 1.119，1.127；确立宗教 17.38 – 17.40；资助 17.39；仇恨言论 17.11，18.72 – 18.94；"保有或采奉"的含义 17.12；历史基础 17.03；横向效力 17.21；意识形态 17.25；间接歧视 23.46；对跨宗教婚姻的限制 17.18；表示宗教或信仰之自由 17.02，17.14 – 17.17，17.19，17.28 – 17.37；少数者的权利 17.02，23.06，24.01，24.05，24.07，24.44 – 24.45；改变姓名 17.36；使用毒品 17.04，17.05，17.34，23.46；国家安全 17.30；新的宗教 17.08；不歧视 17.27，17.38，23.02，23.04，23.07，23.12，23.25，23.36，23.42，23.46，23.57 – 23.60；宣誓 17.18；开除出政党 17.24；囚犯 17.16；私人胁迫 17.21 – 17.25；劝使人改宗 17.22 – 17.23；公共道德 17.37；公共秩序 17.35 – 17.36；公共安全和卫生 17.31 – 17.34；拉斯塔法里教 17.04，17.05，17.34；登记 17.33；宗教符号 17.20；与其他权利的关系 17.02，17.30；性别歧视 17.27，23.02；锡克裹头巾 17.31，17.32，17.35，23.42；国家侵扰 17.26；国教 17.38，17.39，17.40；传统宗教 7.02，17.38；联合国《消除基于宗教或信仰原因的一切形式的不容忍和歧视宣言》17.01；妇女 17.26，17.27；宗教群体对堕胎的威胁 17.26；礼拜的概念 17.14

宗教和道德教育（religious and moral education）

一般情况 17.50 – 17.56；学术自由 18.70；儿童权利 17.54，21.18；强制性的

17.51;豁免 17.51,17.52;表达自由 18.70;更优惠资助 17.55,23.60;少数宗教 17.54,23.60;中立性和客观性 17.50;不歧视 17.52,17.53,17.54,23.07,23.60;反对 17.51;父母的信念 17.50,17.53,17.54,21.18;多元的 17.51;更优惠待遇 23.91;公共教育 17.50;宗教指导 17.53;反向歧视 23.91;选择教学方法的自由 18.70

还押候审囚犯（remand prisoners） 9.232-9.236

获得救济权（remedies, right to）,另见赔偿、用尽国内救济

一般情况 1.21,25.01-25.30;缺乏国内救济 25.08,25.09;防止堕胎 25.20;诉诸法院 14.29;大赦 25.24-25.27;自主性权利 25.07;避免持续侵犯 25.03;儿童 25.02;赔偿 25.03,25.21,25.22;打击腐败的措施 25.06;失踪 25.16,25.25,25.26;克减 26.67;国内救济 1.02,1.21;通过和执行立法的义务 9.159-9.160;执行 25.16-25.23;引渡、驱逐或推回 9.117,13.16;未将肇事者绳之以法 25.16;形式 25.03;国际救济 25.28-25.29;调查 8.16-8.21,9.161-9.173,25.02,25.11-25.15;未能执行刑罚/判决 25.17-25.19;司法机关的作用 25.02;权利的可诉性 25.07-25.10;提供救济的机构 25.02;防止重犯的措施 25.04;国家人权机构 25.02;不歧视 23.118-23.119;隐私权 16.16-16.17;属时规则 2.11;国家豁免 25.18-25.19;国家未落实委员会的意见 25.28;与实质性权利的关系 25.08;即决处决和任意杀害 25.16;临时措施 25.03;种族歧视 23.118-23.119;性别歧视 23.118-23.119;酷刑 9.159-9.182,25.16,25.17,25.23

报告限制（reporting restrictions） 21.06

对《公约》的保留（reservations under the ICCPR）

一般情况 26.01,26.02-26.39;被告缺席审判 26.12;另一国际程序的审议 5.08-5.13;争议 26.05;文化相对主义 1.127;习惯法 26.16,26.24,26.25,26.26;与声明的区别,26.08-26.11;判断 26.17-26.22;效果 26.35-26.37;《欧洲人权公约》26.14,26.15;欧洲人权法院 26.20,26.33;公正审判 26.12;《第一任择议定书》26.30-26.33;支持性保障 26.28;仇恨言论 18.73;解释 1.95,26.12-26.15;美洲人权法院 26.20;国际法院 26.17;国际法委员会 26.05,26.18,26.21,26.28,26.36;不相符的保留 26.17-26.29,26.35-26.37;目的及宗旨 26.02,26.23,26.24;强制性规范 26.25,26.26;范围 26.06,26.14;《第二任择议定书》26.34;具体和透明 26.28;联合国条约机构的意见无法律效力 26.21;有效保留 26.29;《维也纳条约法公约》26.10,26.16-26.18,26.21,26.38

《公民及政治权利国际公约》：案例、资料和评注

居住、居所（residence）

一般情况 12.07 – 12.11；外国人 12.12 – 12.13，16.24 – 16.25；寻求庇护者 12.10；建房许可 12.07；少于公民的权利 12.13；殖民地 12.37，12.38，12.45；进入某人之本国的权利 12.33，12.39 – 12.44；拆毁住宅 12.07；国家限制 12.09；驱逐 12.10；家庭 12.06，16.18 – 16.26，20.17，20.20 – 20.24，20.35，20.38；选择自由 12.07，12.11；住房方面的歧视 12.07，12.11；土著保留地 12.09，24.12 – 24.14；在一国领土内合法居留 12.12 – 12.13；自由权 11.10；限制 12.09 – 12.11；婚姻状况 23.51；含义 12.07；国家安全 12.10；不歧视 23.42；永久的 12.07，24.12 – 24.14；隐私权 16.24；登记 12.08；居住许可 12.16；居住权 12.07，23.50；性别歧视 3.31，23.51；临时的 12.07，24.10 – 24.11；在一国领土内 12.02；受害者要求 3.40；签证 12.16；投票 22.32，22.33；妇女 12.05

退休年龄（retirement age） 23.62

禁止追溯性刑法（retroactive criminal law, freedom from）

与民事案件的区别 15.03；刑罚的相对严厉性 15.08；危害人类罪 15.16 – 15.17；某些行为非罪化 15.13；更重的刑罚 15.01，15.07 – 15.12；国际人道法 15.16；终身监禁 15.08；较轻的刑罚 15.01，15.05，15.13 – 15.15；强制性监督 15.07；"法无明文不为罪""法无明文不得罚" 15.01；假释条件 15.11，15.15；预防性拘禁 15.10；程序改变 15.05；根据模糊法律所处刑罚 15.02；禁止的范围 15.04；战争罪 15.16 – 15.17

反向歧视（reverse discrimination）

一般情况 23.83，23.87 – 23.94；肯定性行动 23.83 – 23.87；处境不利的群体 23.93；被选举权 22.48；正当区分 23.87；维持不平等或分别的标准 23.92；比例性 23.90；拒绝担任公职 22.65，23.88；配额 23.93，23.94；理由 23.83

权利（rights）

绝对权利 1.82；禁止国家侵犯 1.23；无理性 1.84；具体化 1.86；无须花费 1.100；边缘 1.86；可予允许的限制 1.82 – 1.86；消极的 1.100；积极义务 1.100 – 1.105；比例性 1.84，1.85；合理与客观的措施 1.84；《公约》规定的实质性权利清单 1.14；体系性权利侵犯 1.116 – 1.118；西方观点 1.03 – 1.08

暴乱（riots） 19.05

买卖儿童（sale of children） 21.44，21.46，21.50，21.55

同性关系（same sex relationships）

保护家庭 20.08；成立家庭的权利 20.48；结婚的权利 20.42；不歧视 23.54 – 23.56；津贴 23.54，23.55，23.56

非法科学试验（scientific experimentation, unlawful）9.146－9.149

搜查（searches）16.27－16.30

拘禁的条件 9.45；同性搜查 16.27

分离权（secession, right to）7.10－7.12

《第二任择议定书》（Second Optional Protocol）

禁止死刑 1.02，8.47，9.81；退约 26.40；缔约国数目 1.13；批准 1.13；保留 25.34

无记名投票（secret ballots）22.55

人身安全权（security of the person, right to）

一般情况 11.03－11.07；死亡威胁 11.03，11.05；家庭暴力 11.06；不限于剥夺自由 11.03；国家保护个人不受私人攻击的义务 11.06

自卫（self-defence）8.05，8.83

自决权（self-determination, right of）7.01－7.26

一般情况 7.01－7.26；异族奴役 7.05；第 1 条 7.01，7.19－7.23；国家边界 7.10；殖民统治 7.16；经济、社会和文化权利委员会 7.26；消除种族歧视委员会 7.02，7.06，7.09－7.18；《友好关系宣言》7.05；非殖民化 7.10；定义 7.03－7.18；国家的义务 7.22；经济、社会和文化权利 7.01；对外自决权 7.09－7.12；根据《任择议定书》不可诉 7.03，7.24－7.25，7.26；联合国大会（联大）决议 7.05；仇恨言论 18.77；重要性 7.01，7.24；土著人土地权利 7.19－7.21；干涉他国内政 7.23；对内自决权 7.08，7.13－7.18；国际法院的裁决 7.12；国际法义务 7.05；不同的层次 7.15；含义 7.03－7.18；少数者 7.13，24.02；天然财富及资源 7.19－7.21；新殖民统治 7.16；"民族" 7.06－7.08；政治参与 7.13，7.25，22.05－22.06；国家的义务 7.22－7.23；分离权 7.10－7.12；"自决单位" 7.10；体系性的人权侵犯 1.86；国家的领土完整 7.11；全民公决中的投票权 7.07

自证其罪（self-incrimination）14.179－14.182

判刑（sentencing），另见死刑

替代刑罚 11.44；上诉 14.139，14.150；无理的 11.19；减刑 11.19；强制性的 8.27－8.30，8.61，11.17，23.128；不歧视 23.128；比例性 11.40－11.44

分权（separation of powers）14.49

性别歧视（sex discrimination），另见《消除对妇女歧视公约》、女性生殖器残割

一般情况 23.01，23.51－23.53；堕胎 23.109，23.110；肯定性行动 23.83－23.96；养家活口者的概念 23.14，23.43，23.52，23.78；衣着 23.03；《消除对妇女歧视公约》

《公民及政治权利国际公约》：案例、资料和评注

23.03，23.85；需要丈夫的同意才能出国12.24；文化习俗23.91，23.105；区分的理由23.51-23.53；家庭暴力23.37，23.98，23.108；主导社会价值观23.104；国家的教育责任23.113-23.116；雇佣23.43，23.62，23.83；法律的平等保护23.16，23.120；法律上的平等23.15，23.16，23.38，23.120-23.130；保障23.01，23.03；仇恨言论18.76；继承头衔23.10；移民23.51；土著民族24.12-24.14；间接的23.39；判例23.131；待遇不如其他人23.39；婚姻状况12.24，20.53，23.14，23.19，23.23，23.33，23.44，23.51，23.52，23.77-23.79；妇女的姓23.53；妇女因为婚姻失去国籍20.53；福利津贴23.54，23.79；政治权利22.59；一人多配偶制20.52；怀孕23.31；隐私权16.53；私营部门23.96，23.103；配额23.93，23.94；合理与客观的检验23.15，23.51-23.53；法律人格权10.20-10.21；宗教17.27，23.03；救济23.118-23.119；居住权利23.31，23.51；退休年龄23.54，23.62，23.79；反向歧视23.93，23.94；性骚扰23.108；社会保障23.14，23.19，23.23，23.33，23.44，23.51，23.52，23.78；未经同意的绝育23.110；体系性歧视23.111；税23.20；长期传统23.53；贩运10.06-10.07；受害者要求3.02，3.40；基于性别的暴力23.37，23.98，23.107，23.108；福利津贴23.14，23.19，23.23，23.33，23.44，23.51，23.52，23.78；寡妇23.52

对儿童的性剥削（sexual exploitation of Children）21.41-21.46

对妇女的性剥削（sexual exploitation of women）23.108

性骚扰（sexual harassment）23.108

性倾向（sexual orientation），见同性恋

性隐私（sexual privacy）16.49-16.52

重置性别的人（sexually reassigned persons）20.44

给拘禁者戴镣铐（shackling detainees）9.37，9.45，9.66

沉默权（silence，right to）14.181

《锡拉库萨原则》（Siracusa Principles）26.52，26.54，26.55，26.58-26.73

免于奴隶制、奴役和强迫劳役的自由（slavery, servitude and forced labour, freedom from）

一般情况10.01-10.13；儿童10.11，10.13；强制或强迫的10.01，10.03，10.04，10.06，10.07；基于信念拒绝10.01，10.05；习惯国际法10.02；家庭佣工10.10，10.11；经济剥削或控制10.03；比奴隶制更宽泛的概念10.03；最初的人权运动10.02；非法外国人、家庭佣工10.10；苦役徒刑10.01；缺少判例10.01；劳动10.01，10.04，10.05，10.11，10.13，21.47；对移徙工人的限制10.10；强制兵役10.01，10.05；不可克

减 10.02，26.64；积极义务 10.12；监狱劳动 10.01，10.04；私主体的侵犯 10.08；卖淫 10.11 – 10.13；征税 10.07；贩运妇女和儿童 10.11；失业救济 10.06；妇女 10.11，10.12

社会护理院（social care homes）9.217

社会保障（social security）

儿童 20.05，23.18；保护家庭 20.05；间接歧视 23.43；婚姻状况 23.43 – 23.44；不歧视 23.14，23.19，23.23，23.33，23.43 – 23.44，23.52，23.78；诉讼案 14.07

社会契约（social contract）1.05，1.07

使用童兵（soldiers, use of children as）21.52 – 21.54

单独关押（solitary confinement）

一般情况 9.141 – 9.145，9.218 – 9.220；条件 9.29，9.52，9.133，9.218 – 9.220；酷刑或残忍、不人道或侮辱之待遇或惩罚 9.141 – 9.145，9.218 – 9.220；死囚牢 9.207；期间 9.143

特别报告员（Special Rapporteurs）1.40，1.42

《囚犯待遇最低限度标准规则》（Standards Minimum Rules for the Treatment of Prisoners）9.132，9.137，9.138，9.139，9.197，9.200，9.214 – 9.215，9.231，9.237

缔约国报告（State Party Reports）

国家代表缺席审议 1.42；积压 1.139；协商一致 1.43 – 1.44；《儿童权利公约》21.06；结论性意见 1.40；拖延 1.139，1.141；紧急情况 1.39；审查 1.40，1.42；准则 1.37；初次报告 1.37；问题清单 1.41；国家不合作 1.42；定期报告 1.37，1.40，1.41；反应 1.141；特别程序 1.40，1.42；国家代表 1.40；工作组 1.31

国家责任（State responsibility）

国内法 1.26；恪尽职守 1.113；域外 4.11 – 4.17；《公约》中的横向义务 1.106 – 1.115；国际法委员会 1.107；国际组织 4.25 – 4.31；领土内 4.18；兵役 4.16；私人行为 4.19 – 4.24；国家工作人员 1.107；《公约》的领土和管辖限制 4.01 – 4.02，4.11 – 4.17，4.19 – 4.24，4.25 – 4.41；《公约》规定的纵向义务 1.107

国家主权（State sovereignty）1.25

国家继承（State succession）

一般情况 26.01，26.45 – 26.50；中华人民共和国 26.47，26.49；习惯国际法 26.45；用尽国内救济 6.40 – 6.43；《第一任择议定书》26.45；政府改变 26.45；人权事务委员会的意见 26.46；其他国际机构的意见 26.46；国际组织作为继承者 26.50；科索沃 26.50；"新独立国家" 26.46；保护随领土转移 26.45；《第二任择议定书》26.45；苏

《公民及政治权利国际公约》：案例、资料和评注

联 26.48；《关于国家在条约方面的继承的维也纳公约》26.45

绝育（sterilization） 9.57，9.148，13.06，16.55，23.110

石刑（stoning） 9.63

街头儿童（street children）

剥削 21.16，21.44；生命权 8.44

罢工权（strike, right to）

一般情况 19.23 – 19.26；结社自由 19.23 – 19.26；表达自由 18.52；《经济社会文化权利国际公约》19.23 – 19.26，19.29；国际劳工组织公约 19.21，19.23 – 19.26；国家安全 18.39；工会 19.20 – 19.30

脱光衣服搜查（strip searches） 16.30

自杀（suicide）

拘禁中的 8.36 – 8.37；经协助的 8.96

诉讼案（suit at law）

一般情况 14.07 – 14.20；民事诉讼 14.07；公务员的职业不当行为 14.13；合同 14.19；刑事起诉 14.08；死刑减刑 14.20；递解出境程序 14.17 – 14.18；残疾金请求 14.09 – 14.11；解除公务员职位 14.12；法律制度的多样性 14.54；解除雇佣 14.12；证据 14.73，14.78；在司法机构的诉讼 14.13；司法审查 14.07，14.09；含义 14.07，14.19；私法权利 14.19；财产权 14.14；拒绝晋升 14.15；心理能力的审理 14.14；公开审理 14.06；对公法决定的司法审查 14.19；公职的任命和解职 14.16；判定权利和义务 14.07；确定社会保障的诉讼 14.14；侵权 14.07

上级命令作为辩护理由（superior orders defence） 9.40，15.17

体系性的人权侵犯（systemic human rights abuse）

公民权利和政治权利 1.116 – 1.119；土著民族 24.17；不歧视 23.104 – 23.112；政治和公共参与的权利 22.23，22.59；反向歧视 1.116 – 1.118；体系性不平等 1.116，23.104 – 23.112

税（tax）

诉诸法院 14.47；基于信念拒绝者 17.47；保护家庭 20.03；隐私权 16.44；性别歧视 23.20

窃听电话（telephone tapping） 16.07，16.34

《公约》的领土和管辖限制（territorial and jurisdictional limits of the ICCPR）

一般情况 1.17，4.01 – 4.41；申诉可否受理 1.17，4.01 – 4.41；将寻求庇护者拘禁在另一国家 4.15；公民身份 4.02；殖民地 4.05 - 4.10；国家对公司在国外行为的责任 4.24；申诉人所处的地点 4.12 - 4.17；递解出境 9.100；另一国家的拘禁设施 4.17；引渡 4.33，4.36，4.38 - 4.40；国家对国际组织行为的责任 4.25 - 4.31；领土内侵犯 4.18；以色列 4.12；兵役和国家责任 4.16，4.17，4.31；没收护照 4.14；国家对私人行为的责任 4.19 - 4.24；国家工作人员的域外行为 4.13，4.21；国家责任 4.01 - 4.02，4.11 - 4.40；对其他国家行为的责任 4.32 - 4.40；条约的继承国 4.06 - 4.10；联合国机构 4.26 - 4.31；普遍管辖权 9.188 - 9.192；《维也纳条约法公约》4.06

在一国领土内（territory of a State, within the）12.02 - 12.07，12.09 - 12.11

恐怖主义（terrorism）

寻求庇护者 13.10；离开一国的自由 12.23；引渡、驱逐或推回 13.23；审问 9.05，9.26，9.32，9.42，9.104；迁徙自由 12.10，12.14；不歧视 23.114；移送 1.67，9.13，9.38，13.23，9.104；酷刑 9.05，9.26，9.32，9.42，9.104，9.119，9.123

思想和信念自由（thought and conscience, freedom of），见基于信念拒绝、宗教自由

免于酷刑和获得人道待遇的权利（torture and rights to humane treatment, freedom from），另见《禁止酷刑公约》、酷刑

堕胎 9.58 - 9.60；作为绝对权利 9.01，9.40 - 9.42；大赦 9.183 - 9.187；截肢 9.43；确立程序以尽量减少"第 7 条待遇"之风险的义务 9.151 - 9.153；强制性拘禁寻求庇护者 9.73 - 9.75；举证责任 9.55；儿童 9.57；行为的分类 9.43；赔偿 9.174 - 9.175；不得使用供述 9.156 - 9.158；肉体惩罚 9.127 - 9.130；残忍、不人道或侮辱之待遇或惩罚 9.03，9.28 - 9.39，9.78 - 9.93；"残忍"的含义 9.23；通知家人死刑的时间和地点 9.70；死囚牢现象 9.78 - 9.93；"侮辱"的含义 9.31，9.35；辩护理由 9.160，9.182；递解出境 9.61 - 9.65；不可克减 9.01，9.40 - 9.41，26.64；拘禁的条件 9.131 - 9.135；失踪 9.145；惩戒 9.01；缺乏有关家庭暴力的法律 9.160；经济和预算理由 9.46；老年 9.67，9.77；紧急状态 9.40；证据要求 9.54 - 9.56；引渡、驱逐或推回 9.61 - 9.65，9.98 - 9.126，13.02，13.09；形式 9.49 - 9.149；酷刑的可预见性 9.14，9.65，9.94，9.100，9.104，9.109，9.111，9.121；基于性别的酷刑 9.01 - 9.09，9.61 - 9.65；恶劣待遇或惩罚 9.01；有罪不罚的法规 9.187；与外界隔绝的拘禁 9.52，9.141 - 9.144，9.154 - 9.155；"不人道"的含义 9.35；审问恐怖分子 9.42；调查 9.161 - 9.173；在司法诉讼中不使用口供 9.156 - 9.158；被剥夺自由者的含义 9.195；不得限制 9.40，9.179；普遍管辖权 9.188 - 9.192；理由 9.42 - 9.46；独立医务检查 9.167；未经授权的

《公民及政治权利国际公约》：案例、资料和评注

医学试验 9.01，9.146 – 9.149；同意医疗 9.101；精神痛苦 9.30，9.68 – 9.77；兵役 9.52，9.167；必要性作为辩护理由 9.182；国家的不作为 9.58，9.59；痛苦和疼痛 9.37，9.47；培训人员的义务 9.150；心理压力 9.42；对警察的公正无私调查 9.162 – 9.163；政治不稳定 9.40；积极义务 9.19，9.159；私人施用酷刑 9.11 – 9.12，9.160；国家禁止酷刑的义务 9.19；比例性 9.42 – 9.43；国家的起诉和惩罚义务 9.176 – 9.182；种族主义动机 9.39；强奸 9.58，9.66，9.160；理由 9.01 – 9.02；合理性 9.43；推回 9.65，9.98 – 9.126；救济 9.159 – 9.187；限制 9.40 – 9.48；科学试验 9.01；待遇的严重性 9.05；性别歧视 9.236；关押在小囚室中 9.29；单独关押 9.29，9.52，9.141 – 9.144，9.154；强迫绝育 9.57，9.148；主观评价 9.30；上级的命令 9.40；恐怖主义 9.4，9.42；施用酷刑者 9.03，9.176 – 9.192；普遍管辖权 9.188 – 9.192；非法移送 9.13，9.38；受害、受害者 9.29，9.120，9.173；侵犯/违反 9.43，9.49 – 9.149，9.151 – 9.153，9.159 – 9.182；特别保护弱势者 9.151；战争 9.40；妇女 9.57；绝育 9.148

酷刑的含义（torture, meaning of）

一般情况 9.03 – 9.24；默许 9.11 – 9.21；《禁止酷刑公约》9.01，9.04 – 9.24，9.35；与残忍、不人道或侮辱之待遇或惩罚的比较 9.03，9.28，9.31；恪尽职守 9.18；《欧洲人权公约》9.25；故意不给食物或医疗 9.08；形式 9.05，9.34 – 9.39；人权事务委员会未明确列举酷刑 9.25，9.35；蓄意施加 9.04，9.06 – 9.07；较低程度的待遇 9.03；精神痛苦 9.04，9.05；疏忽大意 9.06；针对非政府群体的保护 9.14 – 9.18；不作为 9.09；痛苦和疼痛 9.04 – 9.07，9.11 – 9.22；积极义务 9.19；私人的酷刑 9.19 – 9.21，9.110；公职人员 9.11 – 9.21；意图 9.09 – 9.10；种族仇恨 9.12；强奸 9.05，9.12；法律制裁 9.22；严重性的门槛 9.05；主观性 9.29；待遇的标准 9.01，9.25；违反《公约》9.25 – 9.27

工会（trade unions）

一般情况 19.20 – 19.30，19.36；结社自由 19.20 – 19.30；议价能力 19.35；"封闭店铺" 19.35；禁止强制性成员资格 19.35；表达自由 18.52；外籍工人 19.22；历史上的迫害 19.20；国际劳工组织公约 19.21；《经济社会文化权利国际公约》19.25，19.26；加入的自由 19.25；含义 19.20；罢工权 19.23 – 19.26；《公约》的领土和管辖限制 4.20

贩运人口（trafficking in humans）

儿童 21.48 – 21.49；剥削儿童 10.06 – 10.07，21.48 – 21.49，21.51；免于奴隶制、奴役和强迫劳役的自由 10.09 – 10.10；妇女 10.09，10.10

培训（training）

《公约》1.102；法官 14.51，14.52；生命权 8.11，8.35；警察 8.11，8.35，9.150；

狱卒 8.35，9.150；酷刑 9.150

跨性别（transsexuals）9.52，16.57，20.44，20.52

获得旅行证件的权利（travel documents, right to obtain）12.19－12.22

未出生儿的权利（unborn children, rights of）3.37

失业救济（unemployment benefits）23.14－23.15，23.18

联合国人权委员会（United Nations Commission on Human Rights）18.25，18.26，26.46

联合国人权理事会（United Nations Human Rights Council）1.33，1.39，1.144

联合国人权事务高级专员办事处（United Nations Office of the High Commissioner for Human Rights）1.39，9.65

联合国人权条约机构（United Nations treaty bodies），另见人权事务委员会

另一国际程序的审议 5.06；《公约》的领土和管辖限制 4.26－4.31

《世界人权宣言》（Universal Declaration of Human Rights）

公民权利和政治权利 1.09，1.10；经济、社会和文化权利 1.09，1.10；自然权利 1.03－1.08；哲学背景 1.03

使用武力（use of force），另见暴力

拘禁的条件 9.131－9.135；不被国家杀害的权利 8.05－8.10，8.13，8.15；警察 8.06，8.10，8.13；比例性 8.05；战争 8.83

受害者要求（victim requirement）

获得信息 3.06；申诉根据《公约》可否受理 3.01－3.49；匿名 3.07；寻求庇护者 3.27，3.32；违反保释条件 3.08；儿童、未成年人 3.24，3.33－3.35；集体权利 3.11－3.13；个人来文 1.48－1.63，3.01－3.02，3.07，3.31－3.32；公司 3.17－3.20；已故受害者 3.29；引渡到保留死刑的国家 3.41－3.43；与外界隔绝的拘禁 3.31，3.32；作为受害者的期间 3.04；用尽国内救济 3.38；与受害者的家庭联系 3.30；《第一任择议定书》1.48－1.63，3.01－3.49，7.24；未出生儿 3.37；合理的可预见性 3.39－3.45；将来的侵犯 3.38－3.48；后代人 3.38；集体行动 3.13；只能是个人 3.01，3.10；规则的例外 3.01，3.25；法律代理 3.27；可能违反《公约》的国内立法 3.46－3.48；含义 3.01－3.02；非政府组织 3.14－3.15；合伙 3.21；政党 3.16；委托书 3.26；宗教组织 3.22－3.23；作为受害者的代表 3.26－3.37；自决权 3.12，7.24；诉讼资格 3.24－3.33；受害者的继承人 3.36；第三方 3.01，3.24－3.34

暴力（violence）

集会自由 19.05；保护儿童 8.43，21.15；拘禁中的条件 9.135；家庭暴力 9.160，

《公民及政治权利国际公约》：案例、资料和评注

11.06，20.01，23.37，23.98，23.108；选举 22.50；煽动 8.83；生命权 8.83；保护家庭 20.01；人身安全 11.06；性别歧视 23.51 – 23.53；性暴力 9.65；酷刑 9.57，9.65，9.66；拘禁中使用 9.135

签证（visas）

离开一国的自由 12.17，12.18；进入某人之本国的权利 12.34；用尽国内救济 6.26；出国签证 12.18；家庭的完整 20.29，20.33；迁徙自由 12.16；居住 12.16

投票（voting）

一般情况 22.24 – 22.40；不是绝对权利 22.27；充分的机会 22.34；年龄 22.25；结社和集会自由 22.33；自动系统 22.60；儿童 21.07；被定罪者 22.27；标准 22.25；被拘禁者获得人道待遇的权利 9.246；处境不利的公民 22.34 – 22.35；教育 22.33；平等 22.36 – 22.40；用尽国内救济 6.45；表达自由 22.33；克服困难 22.33；边际席位 22.39；心智能力丧失 22.25；少数群体 22.38；君主制 22.31；迁徙自由 22.33；不歧视 22.35；一人一票 22.35；反对党 22.30；政治制度 22.08；积极歧视 22.38；积极义务 22.33；贫困 22.33；囚犯的权利 6.41 – 6.42，9.246，22.27 – 22.29；比例性 22.25，22.28；担任公职的平等机会 22.61；投票的质量 22.35 – 22.40；全民公决 7.07，22.32；登记的要求 22.24，22.33；居住限制 22.32，22.33；对投票权的限制 22.25 – 22.33；与其他权利的关系 22.33；安全席位 22.39；无记名投票 22.55；自决 7.07；国家义务 22.33 – 22.34；投票制度 22.35 – 22.40

战争和武装冲突（war and armed conflict）

童兵 21.52 – 21.54；死刑 25.34；仇恨言论 18.72；煽动强暴 8.83；生命权 8.83 – 8.87；核武器 8.84 – 8.87；宣传 1.115，8.83，18.72；追溯性的刑法 15.16 – 15.17；自卫 8.83；国家义务 8.83 – 8.87；酷刑 9.16，9.40；《联合国宪章》18.72；使用武力 8.83；战争罪 15.16 – 15.17，21.53

福利国家（welfare state） 1.08

寡妇（widows）

烧死 8.88；性别歧视 23.30，23.52

窃听（wire tapping） 16.07，16.31

证人（witnesses）

一般情况 14.169 – 14.176；匿名的 14.102，14.176；出庭 14.169 – 14.171；传唤 14.119，14.169，14.170；胁迫 14.73；死刑案件 14.172；表现 14.176；拘禁 14.74；诉讼手段平等 14.169，14.170；诘问 14.169 – 14.176；专家 14.174；公正审判 14.73 –

14.74，14.78；法庭中的敌意 14.76；《国际刑事法院罗马规约》14.102；身份 14.176；通译 14.24，14.177；法律代表 14.145，14.171；保障的限制 14.169，14.170；公开审理 14.102；陈述的副本 14.173；威胁 14.76；无法到场 14.171 – 14.172

妇女（women），另见《消除对妇女歧视公约》、女性生殖器残割、性别歧视

堕胎 8.88，8.90 – 8.95；外国人 12.05，13.06，13.15；女童的出生登记 21.55；生育期间死亡 8.88；儿童 21.29；离开一国的自由 12.24；诉诸法院 14.29；文化习俗 21.15；文化相对主义 1.119；禁止对孕妇执行死刑 8.65；拘禁中的条件 9.57 – 9.67，9.131 – 9.135；教育 21.17，21.24；选举 22.48，22.49；驱逐 13.06，13.15；迁徙自由 12.05；法官 14.52；生命权 8.88 – 8.95；同意结婚的年龄 21.22；已婚妇女 10.20 – 10.21，14.32，20.51 – 20.52；迁徙自由 12.05；津贴 23.18，23.30；法律人格权 10.20 – 10.21；政治和公共生活中的平等 22.59；怀孕 8.65，8.88，8.92，9.59，16.53；囚犯的待遇 9.57 – 9.67，9.131 – 9.135；隐私权 16.53；卖淫 10.11，10.12；担任公职的平等机会 22.59；配额 22.93；强奸 8.92，9.59，16.53，20.51；宗教自由 17.26，21.24；生育决定 16.53；居住权利 12.05，20.18；自杀 8.94；绝育 9.44，9.148，16.53；体系性不平等 23.104 – 23.112；在一国领土内 12.05；酷刑 9.57 – 9.67；贩运 10.11；失业救济 23.14 – 23.15；烧死寡妇 8.88

图书在版编目(CIP)数据

《公民及政治权利国际公约》：案例、资料和评注 /（澳）萨拉·约瑟夫（Sarah Joseph），（澳）梅莉莎·卡斯坦（Melissa Castan）著；孙世彦译. -- 北京：社会科学文献出版社，2023.8
（国际人权公约评注译丛）
书名原文：THE INTERNATIONAL COVENANT ON CIVIL AND POLITICAL RIGHTS Cases, Materials, and Commentary
ISBN 978-7-5228-1423-0

Ⅰ.①公… Ⅱ.①萨…②梅…③孙… Ⅲ.①国际人权公约(1966)-研究 Ⅳ.①D815.7

中国国家版本馆CIP数据核字(2023)第059873号

国际人权公约评注译丛
《公民及政治权利国际公约》：案例、资料和评注

| 著　　者 / | ［澳］萨拉·约瑟夫（Sarah Joseph）　［澳］梅莉莎·卡斯坦（Melissa Castan） |
| 译　　者 / | 孙世彦 |

出 版 人 / 冀祥德
组稿编辑 / 刘骁军
责任编辑 / 易　卉
责任印制 / 王京美

出　　版 / 社会科学文献出版社·集刊分社（010）59367161
　　　　　　地址：北京市北三环中路甲29号院华龙大厦　邮编：100029
　　　　　　网址：www.ssap.com.cn
发　　行 / 社会科学文献出版社（010）59367028
印　　装 / 三河市东方印刷有限公司
规　　格 / 开 本：787mm×1092mm 1/16
　　　　　　印 张：78.25　字 数：1228千字
版　　次 / 2023年8月第1版　2023年8月第1次印刷
书　　号 / ISBN 978-7-5228-1423-0
著作权合同
登 记 号 / 图字01-2023-0750号
定　　价 / 398.00元

读者服务电话：4008918866

版权所有 翻印必究